澳门回归二十年经验丛书

澳门与内地
两地交通法规对接初探

(第一卷)

芦海滨 赖崇斌 麦桂霞◎编

SPM
南方出版传媒
广东经济出版社
·广州·

图书在版编目（CIP）数据

澳门与内地两地交通法规对接初探：全三册／芦海滨，赖崇斌，麦桂霞编.—广州：广东经济出版社，2019.12

（澳门回归二十年经验丛书）

ISBN 978-7-5454-7087-1

Ⅰ.①澳… Ⅱ.①芦…②赖…③麦… Ⅲ.①交通运输管理-法规-研究-中国 Ⅳ.①D922.144

中国版本图书馆 CIP 数据核字（2019）第 268984 号

出 版 人：李　鹏
责任编辑：毛一飞　高文彪
责任技编：陆俊帆

澳门与内地两地交通法规对接初探
AOMEN YU NEIDI LIANGDI JIAOTONG FAGUI DUIJIE CHUTAN

出版发行	广东经济出版社（广州市环市东路水荫路 11 号 11～12 楼）
经销	全国新华书店
印刷	广东鹏腾宇文化创新有限公司 （珠海市高新区科技九路 88 号七号厂房）
开本	787 毫米 ×1092 毫米　1/16
印张	17.5
字数	331 千字
版次	2019 年 12 月第 1 版
印次	2019 年 12 月第 1 次
书号	ISBN 978-7-5454-7087-1
定价	268.00 元（全三册）

广东经济出版社网址：http://www.gebook.com　微博：http://e.weibo.com/gebook
图书营销中心地址：广州市环市东路水荫路 11 号 11 楼
电话：（020）87393830　邮政编码：510075
如发现印装质量问题，影响阅读，请与承印厂联系调换。
广东经济出版社常年法律顾问：胡志海律师
·版权所有　翻印必究·

澳门经验主题鲜明，内涵丰富

——在《澳门回归二十年经验丛书》研讨会上的发言

（代总序）

2019年，澳门迎来回归祖国20周年。过去的20年，在中央政府和祖国内地的大力支持下，在澳门特别行政区政府和行政长官的带领下，在澳门社会各界人士的齐心协力、团结奋斗下，澳门社会安定，经济社会快速发展，取得了一系列令人瞩目的成果。

在此，我想就"澳门经验"这个命题谈一点个人体会。

首先，我认为"一国两制"方针在澳门的伟大实践，是澳门20年发展所取得的首要的也是最重要的经验。"一国两制"的成功实践，为进一步完善与澳门特别行政区基本法实施相配套的制度和法律体系，不断夯实依法治澳的制度基础，为进一步打造勤政、廉洁、高效、公正的法治政府，使澳门特别行政区发展始终沿着法治轨道推进，为进一步强化澳门公职人员队伍建设和管理，不断增强依法履职能力奠定了坚实基础。总结"一国两制"在澳门20年实践的成功经验，是新时代开启依法治澳新征程的必然要求。

其次，澳门同祖国内地的交流合作关系，是澳门经验的重要内涵。澳门回归的20年，是与祖国内地全面交流的20年，是与祖国内地深度合作的20年，是与祖国内地同呼吸共命运的20年。总结这20年来澳门同祖国内地关系持续稳定、良性互动所取得的成功经验，是澳门与祖国内地进一步深化交流合作，共同肩负实现中华民族伟大复兴中国梦的历史使命的必然要求。

再次，澳门走经济适度多元可持续发展道路，是澳门经验的重要内涵。澳门回归祖国之后，澳门特别行政区政府坚守"一国"之本，善用"两制"之利，抓住国家全面深化改革的重大机遇，紧紧围绕建设"世界旅游休闲中心"和"中国与葡语国家商贸合作服务平台"的目标定位，充分运用中央支持澳门发展的各项政策，顶层设计，周密部署，稳步推动经济适度多元可持续发展的总体战略，使澳门经济社会发展呈现出良好局面。总结20年来澳门经济社会繁荣发展所取得的成功经验，是在区域合作中进一步拓宽澳门发展空间，增强澳门发展动力，提升澳门自身发展素质能力，努力实现与祖国内地共同发展、共同进步的必然要求。

最后，由澳门灿烂文化的历史底蕴和当代传承所凝聚的爱国爱澳社会主流价值观，是澳门经验的重要内涵。20年来，澳门特别行政区政府秉持"从人文关怀出发，以文化铸造城市的灵魂"之理念，有效保护文化遗产，弘扬优秀传统文化，扶持文创产业发展，促进多层面文化交流，走出了一条澳门文化多元发展之路，闯出了一条利用澳门历史文化资源创新文化产业发展之路。而基于澳门文化积淀所凝练的爱国爱澳、包容共济、务实进取的优良传统，成为20年来澳门社会良性发展的力量源泉。总结20年来澳门文化历久弥新、文化事业欣欣向荣所取得的成功经验，是澳门坚持道路自信、理论自信、制度自信、文化自信的必然要求，是澳门同胞加深民族自豪感与爱国爱澳情怀、增强投身"一国两制"事业责任感与使命感的必然要求。

毫无疑问，20年来澳门走过了不平凡的发展历程，其所积累的经验是多方面的，其内涵是丰富的，其意义是深远的，是值得澳门同胞和全国各族人民珍惜和铭记的。在澳门回归祖国20年之际，我们对这些经验作全面、系统、科学的总结，不仅是为了回顾过往岁月，更是为了继往开来，为澳门全面准确贯彻"一国两制"方针，沿着正确的方向行稳致远，为实现"两个一百年"奋斗目标、实现中华民族伟大复兴的中国梦，为澳门拥有更加美好的明天夯实理论基础，提供思想源泉。

在此，我们要感谢广东经济出版社、澳门启元出版社，这两家出版社以高度的责任感和敏锐的洞察力，把《澳门回归二十年经验丛书》列入重点选题。这一选题站位高、立意远，既有很高的理论价值，更有鲜明的实践意义。

李国强
中国社会科学院中国历史研究院副院长，研究员

前　言

中国正在经历一个大发展的历史时期，在国际上的地位逐渐提升，国际影响力也今非昔比。粤港澳大湾区是中国经济的重要增长极之一，也是最活跃的地区之一。由于历史的原因，近在咫尺的内地、香港、澳门有着各自的法律，人们在创造内地、香港、澳门协同高速发展的同时，也在努力搭建法律对接的桥梁，这一切都是为了我国经济进一步发展。

交通法规是人们日常生活使用十分频繁的应用法规，虽然国际上对交通建设、交通设施、交通信号等已经有了大量的规范，但各国在具体的交通管理上还是各有特色的。以往对于陆路连通的国家或地区而言，略有不同的各国交通法规似乎并不成为人们跨境出行的障碍，而且各国各具特色的管理规则还有可能成为各国特色的一部分。然而随着人们跨境交通出行的日益频繁，不同的交通法规给人们带来诸多不便。最为典型的例子就是欧洲，由于欧洲各国交通法规、执法机构不同且边界林立，人们驾车前往另一国家异常麻烦。但现在欧盟各国使用统一的车牌，在相当多的规则领域求同存异，尽可能建立统一的欧盟交通安全法规，使执法者和驾驶人都易于掌握。现在，欧盟国家的人们可以轻松地在一天之内驾车穿越几个国家。人们早上从阿姆斯特丹驾车出门，下午赶去巴黎开会成为很平常的事，而挂有欧盟车牌的车辆无论停在欧盟哪个国家哪个城市的停车场都可以。我们会感叹这种神奇的变化，事实上地理没有变化，道路也没有增加，变化的只是法律的统一。

我们再回到粤港澳大湾区，各种交通法规的趋同显然是大势所趋。以往三个法域的车辆往来比较少，协调不同的交通法规并不是特别的紧要。随着港珠澳大桥的建成通车，内地、香港、澳门从物理上实现了真正的连通，未来的交通交往将更为频繁，交通法规的对接成为迫切的事情。

本书将各地的交通法规进行汇集，并做了大体的分类，以便读者直观地了解其中的异同。法律是行为规范，是最容易形成思维定式的事物，当我们已经形成了某些逻辑关系、定义、流程、范围和责任的惯性思维后，对同一社会事物的另外一种规范会很不适应，甚至也许只是语言表述上的不同都会让我们觉得别扭，这些都是惯性思维在起作用。当人们习惯了内地的交通法规后，再看香港的交通法规时会有一种烦琐复杂的感觉；而习惯了香港的交通法规，再看内地交通法规，也会有一种不明就里的茫然；而澳门的交通法又介于香港和内地之间。三者从法律体系到规则定义、管理理念、交通习惯都有很多的不同，这些不同有法理的因素，也有地域以及文化的因素。

当我们准备将内地、香港、澳门的交通法规进行梳理时，发现这项工作的强度和难度非常大，因为内地、香港、澳门都没有合适的交通法规的汇集，内地虽出版了各种交通法规的汇集，但是限于法规的时效性和编者的视野，这些书籍只能为我们提供参考。而香港和澳门并没有按照内地思维整理成册的交通法规汇编，我们需要在相关有权部门发布的法律中进行遴选，再汇集、编辑、排版。通过我们的梳理，发现内地、香港、澳门仅交通法规纯文字就达110万字，其中，内地法规约37万字；香港法规约55万字；澳门法规约18万字。

本次，我们首先将内地与澳门的交通法规进行整理、对比。不久的将来，我们将会把内地、香港、澳门三地的交通法规放在一起整理、对比。

本书共三卷，第一卷为内地与澳门两地交通法规的异同对比；第二卷至第三卷分别是内地、澳门的交通法规汇集。交通法规与社会生活密切相关，常有修正之举，为此本书的法规引用以2018年7月31日为基准日。在第一卷中我们将内地与澳门的交通法规进行了总论分析后，从道路、车辆、驾驶人、交通设施、道路通行一般规定、机动车通行规定、交通事故处理、交通违法处罚一般规定、机动车驾驶人违法处罚九个方面进行了异同对比，这个结构是按照内地交通法的逻辑结构。第二卷内地交通法规汇集主要由三部法律、六部行政法规、四条广东省指导意见、多个部门规章以及一些行业规范组成。第三卷澳门交通法规汇集主要由《道路交通法》和与之配套的《道路交通规章》以及一些行政法规组成。除了上述正式的法律，我们也整理了有权机构的约束性要求以及办理指引，以供读者进一步理解内地与澳门两地的交通法规。

这次仅仅进行的是一些初级的异同对比,希望能在以后开展更高一级的交通法统一研究工作,也希望我们的工作能对内地、香港特别行政区、澳门特别行政区政府、司法界、学界、管理机构以及社会各界有所帮助。

疏漏之处在所难免,恳请批评指正。

编者

2018 年 7 月 31 日

目　　录

第一章　总论 ·· 1
　　第一节　两地的交通法律体系 ··· 1
　　第二节　立法和执法机构 ·· 8
　　第三节　法规查询索引 ··· 12
第二章　道路 ··· 15
　　第一节　道路的定义及分类 ·· 15
　　第二节　高速公路 ··· 20
第三章　车辆 ··· 24
　　第一节　车辆的定义及种类 ·· 24
　　第二节　车辆登记 ··· 33
　　第三节　车辆保险 ··· 59
　　第四节　车辆检验 ··· 66
第四章　驾驶人 ·· 74
　　第一节　驾驶执照 ··· 74
　　第二节　驾驶资格取得 ··· 80
　　第三节　驾驶证检验 ··· 111
　　第四节　非机动车的驾驶人 ·· 123
　　第五节　两地间驾驶证的相互承认 ··· 124

第五章　交通设施 … 128
第一节　交通信号 … 128
第二节　铁路道口 … 132
第三节　行人过街设施 … 133
第四节　占道 … 135
第五节　停车场 … 139

第六章　道路通行一般规定 … 142
第一节　车道划分 … 142
第二节　交通管制 … 146
第三节　非机动车通行规定 … 153
第四节　行人和乘车人通行规定 … 155
第五节　高速公路的特别规定 … 158

第七章　机动车通行规定 … 161
第一节　行驶速度 … 161
第二节　交叉路口处理 … 165
第三节　机动车载物 … 167
第四节　机动车载人 … 179
第五节　货运车运营 … 182
第六节　特种车和作业车的特别权利 … 185

第八章　交通事故处理 … 187
第一节　处理程序 … 187
第二节　责任认定 … 197
第三节　受伤人员抢救和费用 … 204
第四节　交通事故赔偿责任 … 206
第五节　事故的调解或起诉 … 213
第六节　道路外交通事故处理 … 217

第九章　交通违法处罚一般规定 219
第一节　处罚种类 219
第二节　对违法非驾驶人的处罚 223
第三节　证牌不当的处理 225
第四节　伪造行为的处理 227
第五节　道路施工管理不当的责任 229
第六节　罚款管理 230
第七节　运输单位和生产厂家的管理 232
第八节　执法监督 234

第十章　机动车驾驶人违法处罚 238
第一节　对违法机动车驾驶人的处罚 238
第二节　酒驾处理 245
第三节　超载处罚 252
第四节　违法泊车 256
第五节　扣留车辆 259

附录一　《澳门与内地两地交通法规对接初探（第二卷）》 263

附录二　《澳门与内地两地交通法规对接初探（第三卷）》 265

第一章 总 论

第一节 两地的交通法律体系

一、内地交通法律体系和管辖范围

法律体系通常是指一个国家全部现行法律规范分类组合为不同的法律部门而形成的有机联系的统一整体。内地现行法律体系由法律、行政法规、地方性法规三个层次，宪法及宪法相关法、民法、商法、行政法、经济法、社会法、刑法、诉讼与非诉讼程序法等组成。

道路交通安全法律法规作为其中一个部门法的分支，经历了从无到有、从分散到系统、从欠缺到不断完善的发展历程，目前已基本形成了由国家法律、行政法规、部门规章和地方性法规、规章以及执法规范性文件组成的较为完整的法律法规体系。处于主体地位的是《中华人民共和国道路交通安全法》（简称《道路交通安全法》）和《中华人民共和国道路交通安全法实施条例》。根据以上两个法律文件的授权，公安部和各省、自治区、直辖市和经国务院批准的较大的市陆续制定了适合本地区的相关配套法规。截至目前，内地道路交通安全管理形成了以《道路交通安全法》为龙头，还包括1个行政法规、9个部门规章、200余个交通管理国家和行业技术标准、30余个配套地方性法规和规章以及其他相关法律、行政法规、规章在内的较为完整的法律法规体系。

内地的道路交通安全法律、法规、规章等法律规范，由于它们制定的国家机关不同，形成了一个具有不同法律地位和效力的，自上而下的、统一的多层次的道路交通法律法规体系。根据法律法规的层级和渊源来分，内地的道路交通法律法规体系主要包括：

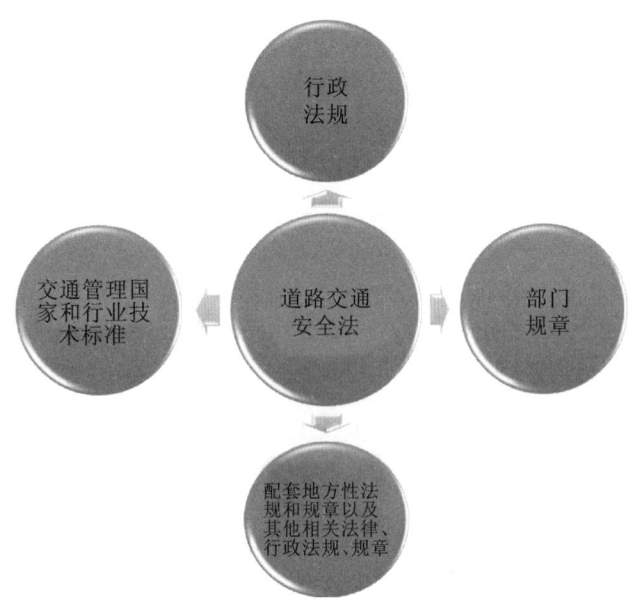

（一）交通法律

法律由享有立法权的立法机关（全国人民代表大会和全国人民代表大会常务委员会）行使国家立法权，依照法定程序制定、修改并颁布。交通法律主要有《中华人民共和国道路交通安全法》，该法于2003年10月28日第十届全国人民代表大会常务委员会第五次会议通过，之后又经过数次修改。2007年12月29日第十届全国人民代表大会常务委员会第三十一次会议通过《关于修改〈中华人民共和国道路交通安全法〉的决定》；2011年4月22日第十一届全国人民代表大会常务委员会第二十次会议通过《关于修改〈中华人民共和国道路交通安全法〉的决定》，该决定自2011年5月1日起施行，是《道路交通安全法》至今（2018年5月）的最后一次修改。

《道路交通安全法》是道路交通法律法规体系的主要组成部分，它规定了公安交通管理机关进行交通管理活动的基本原则、方式方法、职责范围和管理权限，是公安交通管理机关执法的基本依据。它不仅调整了公安交通管理机关与公民、企事业单位之间的关系，而且还确定了单位与单位之间、单位与公民之间、公民与公民之间在交通活动中处理相互关系的准则。

除此之外，与交通法律相关的法律还有于2004年8月28日施行的《中华人民共和国公路法》(简称《公路法》),2007年3月16日施行的《中华人民共和国物权法》(简称《物权法》),2009年8月27日施行的《中华人民共和国行政处罚法》(简称《行政处罚法》),以及《中华人民共和国民法通则》(简称《民法通则》,2017年10月1日后为《民法总则》)、《中华人民共和国侵权责任法》(简称《侵权责任法》)、《中华人民共和国行政强制法》(简称《行政强制法》)、《中华人民共和国民事诉讼法》(简称《民事诉讼法》)、《中华人民共和国国家赔偿法》(简称《国家赔偿法》)、《中华人民共和国刑法》(简称《刑法》)等。以上这些法律在与交通密切相关的道路设施的建设与维护、车辆的权属、交通法律关系参与人及其之间有关责任包括民事责任、行政责任以及刑事责任等的界定及承担,相关部门在交通法律关系中的职责及管理的程序,因交通事故等事宜发生纠纷的救济方法及程序等方面做出了规范。

(二) 交通行政法规

行政法规,是指国务院根据宪法和法律,按照法定程序制定的有关行使行政权力、履行行政职责的规范性文件的总称。行政法规的制定主体是国务院,行政法规的特点是:根据宪法和法律的授权制定,必须经过法定程序制定,具有法的效力。行政法规一般有条例、办法、实施细则、规定等形式。发布行政法规需要国务院总理签署国务院令。它的效力次于法律、高于部门规章和地方法规。

道路交通法律法规体系中主要的行政法规是《中华人民共和国道路交通安全法实施条例》(简称《道路交通安全法实施条例》),于2004年4月28日国务院第49次常务会议通过。该法规进一步细化并完善了《道路交通安全法》,为国家管理道路交通,维护交通秩序,保障交通安全提供了一个切实有力的法律依据;为公安交通管理机关严格执法以及每一个交通行为人合法使用道路、参与交通提供了法律保障。除此之外,道路交通法律法规体系还有《中华人民共和国公路安全保护条例》(简称《公路安全保护条例》)、《中华人民共和国道路运输条例》(简称《道路运输条例》)、《中华人民共和国机动车交通事故责任强制保险条例》(简称《机动车交通事故责任强制保险条例》)等,分别对道路交通中的道路保护、道路运输及车辆强制保险等方面做出了规范。

(三) 交通地方性法规

地方性法规是由省、自治区、直辖市和设区的市人民代表大会及其常务委员会，根据本行政区域的具体情况和实际需要，在不与宪法、法律、行政法规相抵触的前提下制定，由大会主席团或者常务委员会用公告公布施行的文件。地方性法规在本行政区域内有效，其效力低于宪法、法律和行政法规。如《广东省道路交通安全条例》，就是广东省按照《道路交通安全法》及其实施条例的授权，根据本省的具体情况与实际需要，对交通活动中相关问题进行规范而制定的地方性法规。

（四）交通行政规章

规章主要指国务院组成部门及直属机构，省、自治区、直辖市人民政府及省、自治区政府所在地的市和设区的市的人民政府，在它们的职权范围内，为执行法律、行政法规，需要制定的事项或属于本行政区域的具体行政管理事项而制定的规范性文件。

规章分为部门规章和政府规章。部门规章是指国务院各组成部门以及具有行政管理职能的直属机构根据法律和国务院的行政法规、决定、命令，在本部门权限内按照规定程序制定的规范性文件的总称。政府规章是指省、自治区、直辖市以及设区的市的人民政府根据法律、行政法规、地方性法规所制定的普遍适用于本地区行政管理工作的规范性文件的总称。行政规章是行政管理活动的重要根据，数量众多，适用范围广，使用率高。

部门规章方面为公安部制定发布的、与《道路交通安全法》配套实施的、适用于全国的交通安全规章，主要有：

《超限运输车辆行驶公路管理规定》；

《机动车驾驶员培训管理规定》；

《临时入境机动车和驾驶人管理规定》；

《道路交通事故处理程序规定》；

《交通警察道路执勤执法工作规范》；

《道路交通安全违法行为处理程序规定》；

《道路交通事故社会救助基金管理试行办法》；

《机动车驾驶证申领和使用规定》；

《机动车登记规定》；

《公安机关办理行政案件程序规定》；

《机动车强制报废标准规定》。

政府规章，如石家庄市政府发布的《石家庄市道路交通安全管理办法》，在所属辖区内起规范作用。

(五) 技术标准

技术标准分为国家标准和部颁标准,它们也是交通安全法律体系的重要组成部分。例如:国家质量监督检验检疫总局发布的《道路交通标志和标线 第1部分:总则》(GB 5768.1—2009)、《道路交通标志和标线 第2部分:道路交通标志》(GB 5768.2—2009)、《道路交通标志和标线 第3部分:道路交通标线》(GB 5768.3—2009)、《道路交通标志和标线 第4部分:作业区》(GB 5768.4—2017)、《道路交通标志和标线 第5部分:限制速度》(GB 5768.5—2017)、《道路交通标志和标线 第6部分:铁路道口》(GB 5768.6—2017)、《机动车运行安全技术条件》(GB 7258—2017),以及公安部颁布的《道路交通事故现场图绘制》(GA 49—2014),交通部发布的《公路工程技术标准》(JTG B01—2014)等。

(六) 国际公约及协定

我国于2000年10月10日加入1998年6月25日于日内瓦通过的《关于对轮式车辆、可安装和/或用于轮式车辆的装备和部件制定全球性技术法规的协议书》,但尚未加入1949年9月19日在日内瓦签订的《道路交通公约》。在法律效力上,我国签署并承认的国际条约高于国内法。

二、澳门交通法律体系和管辖范围

(一) 澳门的法律体系

澳门特别行政区的法律制度,建立在法治和司法独立的基础上。根据"一国两制"的原则,澳门特别行政区的法律制度以大陆法为根基,制定法为主要法律渊源。澳门现行法律制度由《中华人民共和国澳门特别行政区基本法》(简称基本法)、国际法、特区成立前的与基本法不抵触的法律、法令及其他规范性文件,以及特区成立后制定的法律、行政法规和其他规范性文件构成。

其中,基本法是澳门特别行政区的宪制性文件,由全国人民代表大会根据《中华人民共和国宪法》(简称《宪法》)制定通过,基本法规定澳门特别行政区实行的制度,确保国家对澳门的基本方针政策得以实施。换言之,澳门特别行政区的制度和政策,包括社会制度、经济制度、有关保障居民基本权利和自由的制度、行政管理制度、立法和司法方面的制度,以及有关政策,均以基本法的规定为依据。

此外,澳门特别行政区原有的法律、法令、行政法规和其他规范性文件,只要不抵触基本法,仍继续生效。《澳门刑法典》(简称《刑法典》)、《澳门刑事诉讼法典》(简称《刑事诉讼法典》)、《澳门民法典》(简称《民法典》)、《澳门民事诉讼法典》(简称《民事诉讼法典》)、《澳门商法典》(简称《商法典》)是澳门法律体系的重要组成部分。有关国防、外交及其他在澳门特区自治范围以外的事务的全国性法律,可由特区公布或自行立法,在澳门特区施行。中华人民共和国尚未参加但已适用于澳门的国际协议仍可继续适用。中华人民共和国的全国性法律,除列于基本法附件有关国防和外交的法律外,不在澳门特区实施。

澳门行政特区成立后立法会制定颁布的法律以及行政长官制定颁布的行政法规等也是澳门法律制度的重要组成部分。

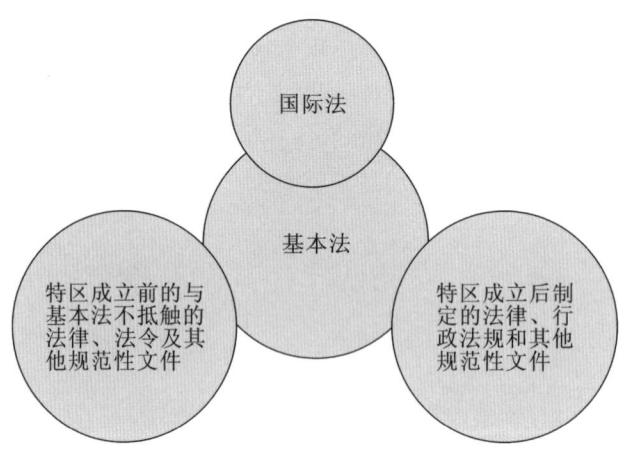

(二) 澳门的交通法律体系

澳门交通法主要由以下部分组成。

(1) 国际公约。

① 《道路交通公约》。

《道路交通公约》于1949年9月19日在日内瓦签订。澳门在回归祖国前已参加该公约，虽然我国未参加该公约，但是根据基本法第一百三十八条的规定，中华人民共和国尚未参加但已适用于澳门的国际协议仍可继续适用。同时中华人民共和国政府声明：根据公约附件六第四部分 b 项声明，澳门特别行政区只允许一辆牵引车拖曳一辆挂车，不允许铰接式车辆拖曳挂车和运送乘客。在上述范围内，该公约当事方的国际权利和义务将由中华人民共和国政府承担。

②《关于对轮式车辆、可安装和/或用于轮式车辆的装备和部件制定全球性技术法规的协定书》。

中华人民共和国已于 2000 年 10 月 10 日将其加入 1998 年 6 月 25 日于日内瓦通过的《关于对轮式车辆、可安装和/或用于轮式车辆的装备和部件制定全球性技术法规的协定书》的加入书送交联合国秘书长保管，并声明该协议书适用于澳门特别行政区。

（2）澳门特别行政区成立前的与基本法不抵触的立法性法规、法令、省令、训令、批示等。

如部分废止和更改后的《道路交通规章》《嘉乐庇大桥、友谊大桥及引桥规章》《核准澳门运输法律制度的一般基础》《调整在本澳行使之中华人民共和国汽车司机情况》。

（3）立法会制定的法律。其中《道路交通法》是澳门特别行政区道路交通的一般原则及规则。

（4）行政长官制定的行政法规。如旨在订定使用西湾大桥应遵守的规定的《西湾大桥规章》，旨在规范驾驶学习暨考试中心使用的《驾驶学习暨考试中心使用规章》《陆路跨境客运规章》《公共泊车服务规章》。

1.交通法律
2.交通行政法规
3.交通地方性法规
4.交通行政规章
5.技术标准
6.国际公约及协定

内地道路交通法律法规体系

1.国际公约
2.澳门特别行政区成立前的与基本法不抵触的立法性法规、法令、省令、训令、批示等
3.立法会制定的法律
4.行政长官制定的行政法规

澳门的交通法律体系

第二节 立法和执法机构

一、内地交通立法和执法机构

（一）内地交通立法机构

根据《中华人民共和国立法法》（简称《立法法》的规定，法律的立法机构为全国人民代表大会和全国人民代表大会常务委员会。全国人民代表大会制定和修改刑事、民事、国家机构的和其他的基本法律。全国人民代表大会常务委员会制定和修改除应当由全国人民代表大会制定的法律以外的其他法律；在全国人民代表大会闭会期间，对全国人民代表大会制定的法律进行部分补充和修改，但是不得同该法律的基本原则相抵触。

行政法规的立法机构为国务院，地方性法规的立法机构为省、自治区、直辖市、设区的市的人民代表大会及其常务委员会。根据本行政区域的具体情况和实际需要，在不与宪法、法律、行政法规相抵触的前提下，可以制定地方性法规。

设区的市的人民代表大会及其常务委员会根据本市的具体情况和实际需要，在不与宪法、法律、行政法规和本省、自治区的地方性法规相抵触的前提下，可以对城乡建设与管理、环境保护、历史文化保护等方面的事项制定地方性法规，法律对设区的市制定地方性法规的事项另有规定的，从其规定。设区的市的地方性法规须报省、自治区的人民代表大会常务委员会批准后施行。省、自治区的人民代表大会常务委员会对报请批准的地方性法规，应当对其合法性进行审查，与宪法、法律、行政法规和本省、自治区的地方性法规不抵触的，应当在四个月内予以批准。

内地现行交通法律法规的立法机构有：①全国人民代表大会常务委员会，《道路交通安全法》由其制定和修改。②国务院，《道路交通安全法实施条例》由其制定和修改。③省、自治区、直辖市、设区的市的人民代表大会及其常务委员会，如《广东省道路交通安全条例》系由广东省人民代表大会常务委员会制定和修改，《珠海经济特区道路交通安全管理条例》系由珠海市人民代表大会常务委员会制定和修改。

除此之外，国务院各组成部门以及具有行政管理职能的直属机构根据法律和

```
┌─────────────────────────────────────────┐
│        全国人民代表大会常务委员会            │
├─────────────────────────────────────────┤
│   《道路交通安全法》由其制定和修改           │
└─────────────────────────────────────────┘
                    ▼
┌─────────────────────────────────────────┐
│              国务院                      │
├─────────────────────────────────────────┤
│  《道路交通安全法实施条例》由其制定和修改    │
└─────────────────────────────────────────┘
                    ▼
┌─────────────────────────────────────────┐
│  省、自治区、直辖市、设区的市的人民代表大会常务委员会  │
├──────────────────────┬──────────────────┤
│《广东省道路交通安全条例》系由广东 │《珠海经济特区道路交通安全管理条例》系│
│省人民代表大会常务委员会制定和修改 │由珠海市人民代表大会常务委员会制定和修改│
└──────────────────────┴──────────────────┘
```

国务院的行政法规、决定、命令，在本部门权限内按照规定程序制定和修改部门规章。如《机动车驾驶证申领和使用规定》《机动车登记规定》系由公安部制定和修改。省、自治区、直辖市以及设区的市的人民政府根据法律、行政法规、地方性法规制定普遍适用于本地区行政管理工作的政府规章。

（二）内地交通执法机构

根据《道路交通安全法》规定，国务院公安部门负责全国道路交通安全管理工作。县级以上地方各级人民政府公安机关交通管理部门负责本行政区域内的道路交通安全管理工作。即道路交通管理执法机构为公安机关交通管理部门。公安机关交通管理部门的职能部门就是公安机关的交警部门和车辆管理所，其职责各有不同。

交警部门的主要职责：依法查处道路交通违法行为和交通事故；维护城乡道路交通秩序和公路治安秩序；开展道路交通安全宣传教育活动；道路交通管理科研工作；参与城市建设、道路交通和安全设施的规划。同时，还包括组织宣传交通法规，依法管理道路交通秩序，管理车辆、驾驶员和行人，教育交通违章者，勘查处理交通事故，以维护正常的交通秩序，保证交通运输的畅通与安全。

车辆管理所的主要职责：负责机动车安全技术检验、注册登记、核发牌证、转籍、过户、转出、转入等；负责机动车驾驶证的核发、补发，并负责机动车驾驶员考试。

二、澳门交通立法和执法机构

（一）澳门交通立法机构

立法会是澳门的立法机关，根据《中华人民共和国澳门特别行政区基本法》第七十一条，立法会行使下列职权：依照基本法规定和法定程序制定、修改、暂停实施和废除法律，包括制定、修改交通法律。

此外，根据《中华人民共和国澳门特别行政区基本法》第五十条，澳门特别行政区行政长官有权制定行政法规并颁布执行。

立法会
依照基本法规定和法定程序制定、修改、暂停实施和废除法律，包括制定、修改交通法律

⬇

澳门特别行政区行政长官
根据基本法第五十条，澳门特别行政区行政长官有权制定行政法规并颁布执行

（二）澳门交通执法机构

澳门拥有交通执法权的机构有交通高等委员会、土地工务运输局、治安警察局、民政总署、海关。各机构根据各自的职责在其管理范围内履行相应的交通管理职责。日常交通执法机构主要为交通事务局及治安警察局。

交通事务局为澳门特别行政区的公共部门，负责研究、规划、推广和执行陆路运输政策，整治道路，管理车辆，以及设置、维修、优化交通基础建设。交通事务局的职责为：

①参与订定、落实及评估陆路运输业的政策；②持续规划、推广和评估陆路运输系统的发展，并确保与其他运输模式的协调和衔接；③规划、建议和协调道路网络、公共泊车设施、行车天桥及隧道等行人及交通基础设施的兴建及优化工作；④推广研究工作和落实陆路运输方面的崭新方案，尤其是智能运输系统；

⑤开展交通安排的研究，并为确保行人及车辆交通安全和畅通建议必需的措施；⑥研究、跟进和协调跨境交通安排；⑦推广预防交通事故及交通安全的教育；⑧规划并管理口岸的交通基础设施；⑨监察道路网络系统的运作，并研究和引入新的系统；⑩监察供公众使用的停车场及公共道路收费泊车位的运作，并监督有关的经营活动；⑪监察陆路客运尤其是集体运输业务的活动，并评估其服务素质；⑫检验机动车辆；⑬发出驾驶学校执照、驾驶学校校长及教练员的准照，监察有关业务，并更新有关记录；⑭发出学习驾驶准照、驾驶执照、特别驾驶执照及特别驾驶许可证，并更新有关档案及驾驶员记录；⑮发出国际驾驶执照；⑯发出的士司机专业工作证并为其续期，以及检验的士及其计程表；⑰发出的士执照，并监察有关营业情况；⑱为机动车辆注册，并发出有关车辆识别文件及已缴付车辆使用牌照税的证明标签；⑲实施道路重整工程和其他工程，以改善交通运作环境、加强预防交通事故及交通安全；⑳就实施有碍车辆或行人正常通行的工程发出许可；㉑就使用公共道路而有碍车辆或行人正常通行发出许可；㉒设置、维修和保养路面标记、交通标志牌、讯息标志及交通讯号灯；㉓就可能对陆路运输造成较大影响的建设发展项目提供意见；㉔协调大型活动举行时的交通安排；㉕接收、跟进和处理涉及交通事务的建议或投诉；㉖研究并建议属本身职责范围内的规范性、技术性及行政性措施；㉗监控无铅汽油的质量；㉘提出属本身职责范围内的法规草案；㉙与治安警察局合作，移走违例停泊、阻碍公众通行或弃置于公共道路的车辆；㉚协助公共道路使用者以遵守交通法规，并记录有关违法行为；㉛实施法律赋予的其他职责。

治安警察局具体负责交通执法的部门为其下属交通厅之交通警司处，其权限为：①根据法律、规章性规定或所接收之指示，管理及组织交通；②根据法律规定，监察车辆与行人之通行；③监察一切车辆及其驾驶员；④任命由上级指定之安全护卫；⑤依法将车辆锁扣、解锁及移走；⑥对违反《道路法典》及《道路法典规章》之行为做笔录，并科处罚款；⑦应有权限实体之要求及在法律所规定之情况下扣押车辆；⑧执行治安警察局局长所命令之其他工作。

民政总署在交通执法方面主要负责驾驶员档案记录的编制和更新。根据《道路交通法》，民政总署应为每名驾驶员编制档案记录，如有关驾驶员被科处禁止驾驶或吊销驾驶执照或《道路交通法》第八十条第一款（四）项所指文件的处罚，亦应载于记录内。法院应将所有科处禁止驾驶或吊销驾驶执照或《道路交通法》第八十条第一款（四）项所指文件的裁判通知民政总署。在审理驾驶员的责任的卷宗内，应附入该名驾驶员的记录副本。

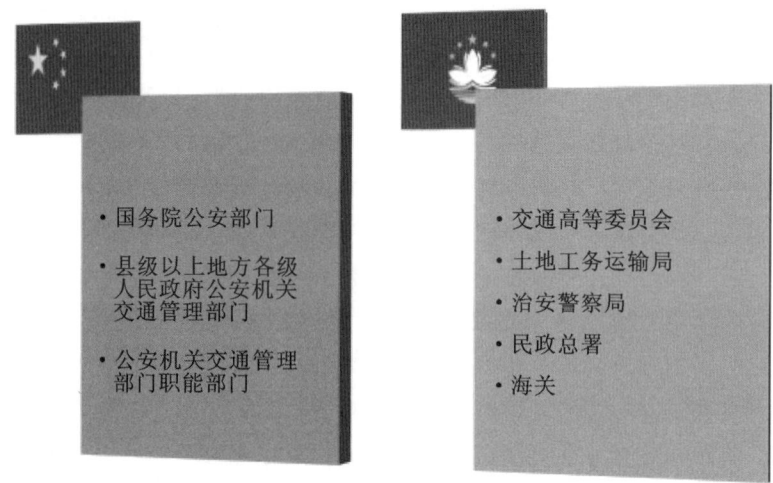

两地交通执法机构

第三节　法规查询索引

一、内地交通法规查询索引

内地交通法律法规索引表

序号	发布单位	法律法规
1	全国人民代表大会常务委员会	中华人民共和国道路交通安全法
2	全国人民代表大会常务委员会	中华人民共和国公路法
3	全国人民代表大会	中华人民共和国刑法
4	国务院	中华人民共和国道路交通安全法实施条例
5	国务院	中华人民共和国道路运输条例
6	国务院	公路安全保护条例
7	国务院	城市道路管理条例
8	国务院	中华人民共和国车船税法实施条例

续表

序号	发布单位	法律法规
9	国务院	机动车交通事故责任强制保险条例
10	最高人民法院	最高人民法院关于审理交通肇事刑事案件具体应用法律若干问题的解释
11	最高人民法院	最高人民法院关于审理道路交通事故损害赔偿案件适用法律若干问题的解释
12	最高人民法院、最高人民检察院、公安部	关于办理醉酒驾驶机动车刑事案件适用法律若干问题的意见
13	公安部	机动车登记规定
14	公安部	机动车驾驶证申领和使用规定
15	公安部	公安部关于印发《机动车驾驶证业务工作规范》的通知
16	公安部	临时入境机动车和驾驶人管理规定
17	公安部	道路交通安全违法行为处理程序规定
18	公安部	道路交通事故处理程序规定
19	商务部、发改委、公安部	机动车强制报废标准规定
20	交通运输部	超限运输车辆行驶公路管理规定
21	海关总署	中华人民共和国海关关于来往香港、澳门公路货运企业及其车辆和驾驶员的管理办法
22	中国保险监督管理委员会(已撤销)	中国保险监督管理委员会关于印发《机动车交通事故责任强制保险费率浮动暂行办法》的通知
23	广东省人民代表大会常务委员会	广东省道路交通安全条例
24	广东省高级人民法院、广东省公安厅	广东省高级人民法院、广东省公安厅关于处理道路交通事故案件若干具体问题的意见
25	广东省高级人民法院、广东省公安厅	广东省高级人民法院、广东省公安厅关于处理道路交通事故案件若干具体问题的补充意见
26	广东省人民政府	广东省人民政府关于加强直通港澳车辆管理工作问题的通知
27	交通运输部	公路工程技术标准(JTG B01—2014)
28	国家质量监督检验检疫总局、国家标准化管理委员会	机动车运行安全技术条件(GB 7258—2017)

二、澳门交通法规查询索引

澳门交通法律法规查询索引表

序号	制定部门	法律法规
1	立法会	道路交通法
2	立法会	车辆使用牌照税规章
3	立法会	机动车辆税规章
4	立法会	规范澳门特别行政区车辆的一般原则
5	澳门	订定车辆在道路上停泊之管制措施
6	澳门总督	调整在本澳行使之中华人民共和国汽车司机情况
7	澳门总督	核准澳门运输法律制度的一般基础
8	澳门	道路交通规章
9	护理总督	规范在刑事诉讼程序内被扣押、被宣告归本地区所有,或被遗弃之车辆之法律处理方式
10	澳门总督	核准汽车登记制度
11	澳门总督	汽车民事责任强制保险制度
12	澳门	核准汽车行业之保险费及条件
13	澳门	制定汽车保险之一般及特殊条件
14	澳门	核准《驾驶学校及教学规章》
15	行政长官	陆路跨境客运规章
16	行政长官	公共泊车服务规章
17	代理行政长官	车辆进出澳门特别行政区陆路边境的监管
18	行政长官	修改《道路交通规章》115条
19	行政长官	驾驶学习暨考试中心使用规章
20	行政长官	修改《陆路跨境客运规章》
21	代理行政长官	《道路交通法》的修订
22	行政长官	核准《交通事务局费用及价金表》
23	行政长官	核准《公共泊车服务规章》的修改

第二章 道　　路

第一节　道路的定义及分类

《辞海》将道路解释为"通行车辆和行人的各种道路的统称。包括公路、城市街道、工矿企业专用道路、农村道路以及行驶兽力车的大车道等"。《现代汉语词典》将道路解释为"地面上供人或车马通行的部分"。这些是一般基于日常生活语境之下对道路的解释。在内地和澳门的交通法规中，道路作为专业法律术语有更进一步的定义，而且两地的法规对道路的定义各有不同。道路作为道路交通基础设施，是道路交通三要素人、车、路中比较固定的因素。无论是内地，还是澳门的交通法规，均对道路的范围、分类、标准等做出了详细规定。相对于澳门而言，内地幅员辽阔，行政管理层级相对复杂，交通法规所涉及的道路种类更为繁多。

一、内地规定

（一）道路的定义

《道路交通安全法》对道路的定义：公路、城市道路和虽在单位管辖范围但允许社会机动车通行的地方，包括广场、公共停车场等用于公众通行的场所。

①公路。根据《公路管理条例实施细则》的规定，公路是指在中华人民共和国境内，按照国家规定的公路工程技术标准修建，并经公路主管部门验收认定的城间、城乡间、乡间可供汽车行驶的公共道路，包括陆面道路（含公路隧道）、公路桥梁和公路渡口。

②城市道路。根据《城市道路管理条例》的规定，城市道路是指城市供车辆、行人通行的，具备一定技术条件的道路、桥梁及其附属设施。

公路与城市道路的划分，以是否形成街道或者近期城市发展规划区域为界限，由省级公路主管部门与当地城建部门共同商定，并随城市建设区域的发展变化进行合理调整。

③属于单位管辖范围但允许社会车辆通行的道路。如厂矿道路、港区公路、机场道路等，凡是社会机动车可以自由通行的，均按照道路进行管理。

④广场。广场是指城市规划在道路用地范围内，专供公众集会、游憩、步行和交通集散的地块。一般分为城市中心广场、站前广场等。

⑤公共停车场。公共停车场是指规划在道路用地范围内专划设出供车辆停放的车辆集散地，是道路系统中的一个重要组成部分。

（二）公路的分类

内地在道路的主要组成部分，即公路的管理方面制定了包括法律、行政法规及行政规章等在内的多个规范性文件。各个文件对道路的定义及分类大致相同但各有侧重。其中《公路法》主要从公路网中的地位及技术等级方面对道路进行分类。按其在公路网中的地位分为国道、省道、县道和乡道，并按技术等级分为高速公路、一级公路、二级公路、三级公路和四级公路。《公路管理条例》及其实施细则从行政等级上对公路进行了分类，与《公路法》从公路网中的地位方面所做的分类类别基本一致，只是增加了专用公路。

（1）按公路在公路网中的地位及行政等级，分为国家干线公路（国道，代号G）、省、自治区、直辖市干线公路（省道，代号S）、县公路（县道，代号X）、乡公路（乡道，代号Y）和专用公路（代号Z）。

国道是指具有全国性政治、经济意义的主要干线公路。其包括重要的国际公路、国防公路，联结首都与各省、自治区首府和直辖市的公路，联结各大经济中心、港站枢纽、商品生产基地和战略要地的公路。

省道是指具有全省（自治区、直辖市）政治、经济意义，联结省内中心城市和主要经济区的公路，以及不属于国道的省际的重要公路。

县道是指具有全县（旗、县级市）政治、经济意义，联结县城和县内主要乡（镇）、主要商品生产和集散地的公路，以及不属于国道、省道的县际间的公路。

乡道是指主要为乡（镇）内部经济、文化、行政服务的公路，以及不属于县道以上公路的乡与乡之间及乡与外部联络的公路。

专用公路是指专供或者主要供厂矿、林区、油田、农场、旅游区、军事要地等与外部联络的公路。当专用公路的专用性质改变时，经专用单位申请，省级公路主管部门批准，可改划为省道或者县道。

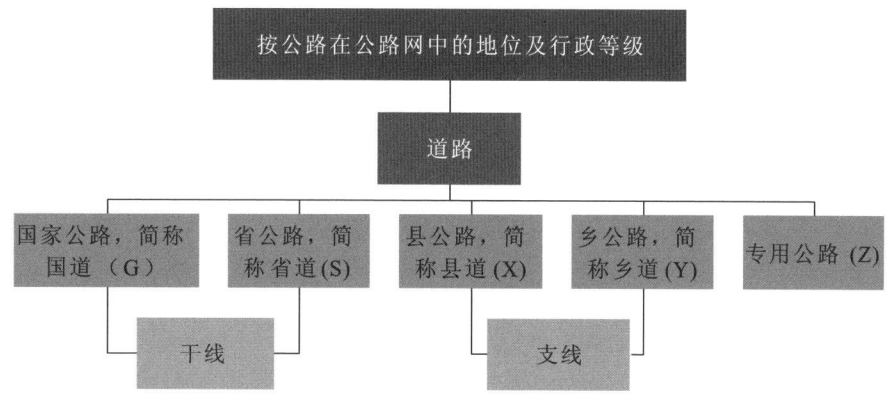

（2）按公路技术等级，分为高速公路、一级公路、二级公路、三级公路和四级公路。

中华人民共和国交通部发布的《公路工程技术标准》（JTG B01—2014）规定：

高速公路为专供汽车分向分车道行驶并应全部控制出入的多车道公路。四车道高速公路应能适应将各种汽车折合成小客车的年平均日交通量 25 000～55 000辆；六车道高速公路应能适应将各种汽车折合成小客车的年平均日交通量 45 000～80 000辆；八车道高速公路应能适应将各种汽车折合成小客车的年平均日交通量 60 000～100 000辆。

一级公路为供汽车分向分车道行驶并可根据需要控制出入的多车道公路。四车道一级公路应能适应将各种汽车折合成小客车的年平均日交通量 15 000～30 000辆；六车道一级公路应能适应将各种汽车折合成小客车的年平均日交通量 25 000～55 000辆。

二级公路为供汽车行驶的双车道公路。双车道二级公路应能适应将各种汽车折合成小客车的年平均日交通量 5 000～15 000辆。

三级公路为主要供汽车行驶的双车道公路。双车道三级公路应能适应将各种车辆折合成小客车的年平均日交通量 2 000～6 000辆。

四级公路为主要供汽车行驶的双车道或单车道公路。双车道四级公路应能适应将各种车辆折合成小客车的年平均日交通量在 2 000辆以下；单车道四级公路应能适应将各种车辆折合成小客车的年平均日交通量在 400辆以下。

将各种汽车折合成小客车的年平均日交通量	高速公路	一级公路	二级公路	三级公路	四级公路
八车道	60 000～100 000 辆	—	—	—	—
六车道	45 000～80 000 辆	25 000～55 000 辆	—	—	—
四车道	25 000～55 000 辆	15 000～30 000 辆	—	—	—
双车道	—	—	5 000～15 000 辆	2 000～6 000 辆	2 000 辆以下
单车道	—	—	—	—	400 辆以下

二、澳门规定

根据澳门《道路交通法》（澳门特别行政区 第 3/2007 号法律），其定义的道路包括公共道路及等同公共道路的道路。其中公共道路是指属澳门特别行政区的公产或私产且开放予公众陆上通行的道路。等同公共道路的道路是指开放予公众陆上通行的私人道路。

澳门交通法中与道路有关的定义：

（1）公共道路：属澳门特别行政区的公产或私产且开放予公众陆上通行的道路；

（2）等同公共道路的道路：开放予公众陆上通行的私人道路；

（3）快速道路：最高车速限制超过一般规定的最高车速限制的公共道路；

（4）高速公路：用于快速行车并有限制进入的公共道路，其上装有车行道分隔设施及有信号标明为高速公路，且在同一平面无交叉路口及不通往沿途路边的建筑物；

（5）路缘：车行道旁非专供车辆通行的公共道路路面；

（6）简易道路：非都市化区域内专供本区交通之用的道路；

（7）专用车道：专供特定类别车辆或特定运输使用的车道；

（8）车行道：公共道路上专供车辆通行的部分；

（9）车行道中心线：将一条车行道分成两部分的纵向线，且每部分只供一个方向行车，而不论有否以信号划定；

（10）T 字形交叉路口：公共道路的接合或岔口区；

（11）交汇处：两条或以上公共道路在同一平面接合或相交的车行道连接区；

（12）十字形交叉路口：属同一平面的公共道路的交汇区；

（13）圆形地：由十字形或 T 字形交叉路口形成的、供环形方向行车并有信号标明为圆形地的地带；

（14）车道：只供一排车辆通行的车行道纵向区；

（15）减速路：由车行道扩阔而成的、供拟驶离公共道路的车辆在主线之外减速的车道；

（16）加速路：由车行道扩阔而成的、供拟驶进公共道路的车辆适当加速以驶入主线的车道；

（17）特别路径：有信号标明的、局部或全部专供行人或特定类别车辆通行的公共道路；

（18）人行横道：有适当信号标明供行人横过车行道的、以白色平行条纹划定的条状地带；

（19）行人道：车行道旁专供行人通行的公共道路路面，该路面一般高出地面；

（20）行人区：专供行人通行的区域，除优先通行车辆或其他获适当许可的车辆外，其余车辆一律禁止在该区域内通行；

（21）城镇：设有建筑物并以规章性法规所订信号标明范围的区域；

（22）泊车处：专供泊车的地方；

（23）泊车区：在公共道路上建造的专供泊车的地方或有信号标明为专供泊车的地方；

（24）住宅区：供居住用途并受本身通行规则约束的特别规划区域，其出入口均有适当信号标明。

内地	澳门
• 公路、城市道路和虽在单位管辖范围但允许社会机动车通行的地方，包括广场、公共停车场等用于公众通行的场所	• 公共道路、等同公共道路的道路、快速道路、高速公路、路缘、简易道路、专用车道、车行道、车行道中心线、T字形交叉路口、交汇处、十字形交叉路口、圆形地、车道、减速路、加速路、特别路径、人行横道、行人道、行人区、城镇、泊车处、泊车区、住宅区

两地交通法中对道路的定义

第二节　高速公路

欧洲自 20 世纪 30 年代开始建设高速公路。中国内地自 20 世纪 80 年代开始建设高速公路后，高速公路建设飞速发展。目前，中国内地高速公路总里程已超过 100 000 km，居世界首位。澳门由于面积较小，暂没有高速公路。

一、内地规定

(一) 高速公路的命名和编号

根据《国家高速公路网命名和编号规则》规定，内地高速公路由国家高速公路、地区环线、城市绕城环线和省级高速公路四个层次组成。

1. 高速公路的命名规则

国家高速公路网路线的命名应遵循公路命名的一般规则。其中：

(1) 国家高速公路名称按照路线起讫点的顺序，在起讫点地名中间加连接符"—"组成，全称为"××—××高速公路"，如"北京—港澳高速公路"。路线简称采用起讫点地名的首位汉字表示，也可以采用起讫点所在省（市）的简称表示，格式为"××高速"，如"北京—港澳高速公路"简称为"京港澳高速"。国家高速公路网路线名称及简称不可重复。如出现重复时，采用以行政区划名称的第二或第三位汉字替换等方式加以区别。

(2) 地区环线名称，全称为"××地区环线高速公路"，简称为"××环线高速"。如"珠江三角洲地区环线高速公路"，简称为"珠三角环线高速"。

(3) 城市绕城环线名称以城市名称命名，全称为"××市绕城高速公路"，简称为"××绕城高速"。如"广州市绕城高速公路"，简称"广州绕城高速"。

当两条以上路段起讫点相同时，则按照由东向西或由北向南的顺序，依次命名为"××—××高速公路东（中、西）线"或"××—××高速公路北（中、南）线"，简称为"××高速东（中、西）线"或"××高速北（中、南）线"。

路线地名应采用规定的汉字或罗马字母拼写表示。路线起讫点地名的表示，应取其所在地的主要行政区划的单一名称，一般为县级（含）以上行政区划名称。

北南纵向路线以路线北端为起点，以路线南端为终点；东西横向路线以路线东端为起点，以路线西端为终点。放射线的起点为北京。

2. 高速公路的编号规则

国家高速公路网编号由字母标识符和阿拉伯数字组成。其中，国家高速公路、地区环线、城市绕城环线编号由"G"开头，如京港澳高速的编号为G4，珠三角环线的编号为G94。省级高速公路编号由"S"开头，如广东西部沿海高速公路的编号为粤高速S32。

部分高速公路标志

（二）高速公路的通行规则

1. 不允许进入高速公路通行的规定

由于高速公路对于最低通行速度有要求，行人不能进入高速公路。此外，非机动车、拖拉机、轮式专用机械车、铰接式客车、全挂拖斗车以及其他设计最高速度低于70 km/h的机动车，不得进入高速公路。

另外在特定时段，如春节、国庆期间客车流量大时，在一定时间内禁止运输危险物品的车辆进入高速公路。

2. 高速公路的限速规定

高速公路应当标明车道的行驶速度，最高车速不得超过120 km/h，最低车速不得低于60 km/h。

在高速公路上行驶的小型载客汽车最高车速不得超过120 km/h，其他机动车不得超过100 km/h，摩托车不得超过80 km/h。

同方向有 2 条车道的，左侧车道的最低车速为 100 km/h；同方向有 3 条以上车道的，最左侧车道的最低车速为 110 km/h，中间车道的最低车速为 90 km/h。道路限速标志标明的车速与上述车道行驶车速的规定不一致的，按照道路限速标志标明的车速行驶。

3. 安全车距的规定

机动车在高速公路上行驶，车速超过 100 km/h 时，应当与同车道前车保持 100 m 以上的距离，车速低于 100 km/h 时，与同车道前车距离可以适当缩短，但最小距离不得少于 50 m。

4. 进出高速公路的规定

机动车从匝道驶入高速公路，应当开启左转向灯，在不妨碍已在高速公路内的机动车正常行驶的情况下驶入车道。机动车驶离高速公路时，应当开启右转向灯，驶入减速车道，降低车速后驶离。

5. 恶劣气象条件通行的规定

机动车在高速公路上行驶，遇有雾、雨、雪、沙尘、冰雹等低能见度气象条件时，应当遵守下列规定：

(1) 能见度小于 200 m 时，开启雾灯、近光灯、示廓灯和前后位灯，车速不得超过 60 km/h，与同车道前车保持 100 m 以上的距离；

(2) 能见度小于 100 m 时，开启雾灯、近光灯、示廓灯、前后位灯和危险报警闪光灯，车速不得超过 40 km/h，与同车道前车保持 50 m 以上的距离；

(3) 能见度小于 50 m 时，开启雾灯、近光灯、示廓灯、前后位灯和危险报警闪光灯，车速不得超过 20 km/h，并从最近的出口尽快驶离高速公路。

遇有前款规定情形时，高速公路管理部门应当通过显示屏等方式发布速度限制、保持车距等提示信息。

6. 高速公路的禁止行为

(1) 在高速公路上行驶的载货汽车车厢不得载人。两轮摩托车在高速公路行驶时不得载人。

(2) 机动车在高速公路上行驶，不得倒车、逆行、穿越中央分隔带掉头或者在车道内停车；不得在匝道、加速车道或者减速车道上超车；不得骑、轧车行道分界线或者在路肩上行驶；非紧急情况时不得在应急车道行驶或者停车；不得试车或者学习驾驶机动车。

（3）任何单位、个人不得在高速公路上拦截检查行驶的车辆，公安机关的人民警察依法执行紧急公务除外。

7. 高速公路上的故障处理

机动车在高速公路上发生故障，需要停车排除故障时，驾驶人应当立即开启危险报警闪光灯，将机动车移至不妨碍交通的地方停放；难以移动的，应当持续开启危险报警闪光灯，并通过在来车方向设置警告标志等措施扩大示警距离，警告标志应当设置在故障车来车方向 150 m 以外，车上人员应当迅速转移到右侧路肩上或者应急车道内，并且迅速报警。

机动车在高速公路上发生故障或者交通事故，无法正常行驶的，应当由救援车、清障车拖曳、牵引。

二、澳门规定

澳门道路交通法所述的高速公路是指用于快速行车并有限制进入的公共道路，其上装有车行道分隔设施及有信号标明为高速公路，且在同一平面无交叉路口及不通往沿途路边的建筑物。

但是由于澳门特别行政区总体面积较小，陆地仅有 32.8 km²，海域面积 85 km²，因此澳门境内没有真正意义上的高速公路，澳门境内基本是作为高速公路的出入口，如港珠澳大桥澳门段。

第三章 车　　辆

第一节　车辆的定义及种类

车辆是交通三要素人、车、路中的重要组成部分，是道路交通中的动态部分。内地、澳门两地交通法均对车辆的范围作了定义。

一、内地规定

（一）内地车辆的定义

根据《道路交通安全法》的定义，车辆是指机动车和非机动车。根据《机动车类型术语和定义》（GA 802—2014），道路车辆（road vehicle）是指设计和制造上用于在道路上载运人员、运送物品或进行专项作业，法律允许上道路行驶的车辆，包括机动车和非机动车。

机动车是指以动力装置驱动或者牵引，上道路行驶的供人员乘用或者用于运送物品以及进行工程专项作业的轮式车辆。

非机动车，是指以人力或者畜力驱动，上道路行驶的交通工具，以及虽有动力装置驱动但设计最高时速、空车质量、外形尺寸符合有关国家标准的残疾人机动轮椅车、电动自行车等交通工具。

（二）内地车辆的种类

《道路交通安全法》将车辆分为机动车及非机动车。

车辆分为机动车及非机动车的主要根据为，是否有动力来源即是否由动力装置驱动或牵引。但《道路交通安全法》附则对机动车及非机动车的规定并不完全根据上述分类标准，而是从便于道路交通安全管理的角度进行分类。非机动车中也包括了具有机动车属性但依照非机动车进行管理的车辆，如有动力装置驱动但设计最高时速、空车质量、外形尺寸符合有关国家标准的残疾人机动轮椅车、电动自行车等交通工具。

1. 机动车

《道路交通安全法》附则对机动车的定义作了规定。与机动车相关的一些国家标准对机动车也作了说明性的规定，如根据国家质量监督检验检疫总局及国家标准化管理委员会于2017年9月29日发布的《机动车运行安全技术条件》(GB 7258—2017)，机动车（power-driven vehicle）是指由动力装置驱动或牵引，上道路行驶的供人员乘用或用于运送物品以及进行工程专项作业的轮式车辆，包括汽车及汽车列车、摩托车、拖拉机运输机组、轮式专用机械车、挂车。根据《机动车类型术语和定义》(GA 802—2014)，机动车是指以动力装置驱动或者牵引，上道路行驶的供人员乘用或用于运送物品以及进行工程专项作业的轮式车辆，包括汽车及汽车列车、摩托车、轮式专用机械车、挂车、有轨电车、特型机动车和上道路行驶的拖拉机，但不包括虽有动力装置但最大设计车速、整备质量、外廓尺寸符合有关国家标准的残疾人机动轮椅车、电动自行车。

（1）按机动车规格及结构分类。

① 汽车（motor vehicle），即由动力驱动，具有四个或四个以上车轮的非轨道承载的车辆，主要用于载运人员和/或货物（物品），牵引载运货物（物品）的车辆或特殊用途的车辆，专项作业。同时，还包括与电力线相连的车辆，如无轨电车，整车整备质量超过400kg的不带驾驶室的三轮车辆，整车整备质量超过600kg带驾驶室的三轮车辆；还包括载客汽车、载货汽车，专项作业车。

② 有轨电车（tram），即以电动机驱动，有轨道承载的机动车。

③ 摩托车（motorcycle），即由动力装置驱动的，具有两个或三个车轮的道路车辆，但不包括整车整备质量超过 400 kg 的不带驾驶室的三轮车辆；整车整备质量超过 600 kg 的带驾驶室的三轮车辆；最大设计车速、整车整备质量、外廓尺寸等指标符合有关国家标准和规定的，专供残疾人驾驶的机动轮椅车；电动机驱动的，最大设计车速不大于 20 km/h，具有人力骑行功能，且整车整备质量、外廓尺寸、电动机额定功率等指标符合相关国家标准规定的两轮车辆。

④ 挂车（trailer），设计和制造上需由汽车或拖拉机牵引，才能在道路上正常使用的无动力道路车辆，用于载运货物及特殊用途。包括全挂车、中置轴挂车及半挂车。

⑤ 轮式专用机械车，也称轮式自行机械车，即有特殊结构和专门功能，装有橡胶车轮可以自行行驶，最大设计车速大于 20 km/h 的轮式机械，如装载机、平地机、挖掘机、推土机等，但不包括叉车。

（2）按使用性质分类。

① 营运机动车，是指个人或者单位以获取利润为目的而使用的机动车。包括以下类型：

公路客运，专门从事公路旅客运输的机动车。

公交客运，城市内专门从事公共交通客运的机动车。

出租客运，以行驶里程和时间计费，将乘客运载至其指定地点的机动车。

旅游客运，专门运载游客的机动车。

租赁，专门租赁给其他单位或者个人使用，以租用时间或者里程计费的机动车。

教练，专门从事加码技能培训的机动车。

货运，专门从事货物（危险货物除外）运输的机动车。

危化品运输，专门用于运输剧毒化学品、爆炸品、放射性物品、腐蚀性物品等危险化学品的机动车。

② 非营运机动车，是指个人或者单位不以获取利润为目的而使用的机动车。包括以下类型：

警用，公安机关、国家安全机关、监狱、劳动教养管理机关和人民法院、人民检察院用于执行紧急职务的机动车。

消防，公安消防部队和其他消防部门用于灭火的专用机动车和现场指挥机动车。

救护，急救、医疗机构和卫生防疫部门用于抢救危重病人或处理紧急疫情的专用机动车。

工程救险，防汛、水利、电力、矿山、城建、交通、铁道等部门用于抢修公用设施、抢救人民生命财产的专用机动车和现场指挥机动车。

营转非，原为营运机动车，现改为非营运机动车。

出租转非，原为出租客运机动车，现改为非营运机动车。

③运送学生机动车，是指用于有组织地接送3周岁以上学龄前幼儿或义务教育阶段学生上下学的7座及7座以上的载客汽车，即校车。包括以下类型：

运送幼儿（幼儿校车），用于有组织地接送3周岁以上学龄前幼儿上下学的7座及7座以上的载客汽车。

运送小学生（小学生校车），用于有组织地接送小学生上下学的7座及7座以上的载客汽车。

运送中小学生（中小学生校车），用于有组织地接送义务教育阶段（小学生和初中生）上下学的7座及7座以上的载客汽车。

运送初中生（初中生校车），用于有组织地接送初中生上下学的7座及7座以上的载客汽车。

其他非营运，非营运机动车没有对应细类的，使用性质确定为非营运的机动车。

2. 非机动车

非机动车按其物理特性为没有动力装置驱动的车辆，如以人力或者畜力驱动、上道路行驶的车辆。但是《道路交通安全法》从便于道路交通安全管理的角度，将虽有动力装置驱动但设计最高时速、空车质量、外形尺寸符合有关国家标准的残疾人机动轮椅车、电动自行车等交通工具也归类为非机动车。

非机动车主要分为两大类，一为没有动力装置驱动的车辆，二为虽有动力装置驱动，但被《道路交通安全法》归类为非机动车的残疾人机动轮椅车、电动自行车等车辆，该类车辆设计最高时速、空车质量、外形尺寸须符合有关国家标准。

机动轮椅车，作为非机动车的残疾人机动轮椅车须符合《残疾人机动轮椅车国家技术标准》（GB 12995—2006）的规定。其是由内燃机提供动力的轮椅车

（注：①在本标准中内燃机均为汽油机。②此车是为下肢残障者设计，一般为正三轮，全部由上肢操作，并贴有残疾人专用车标志，是道路行驶的交通工具，又称残疾人三轮摩托车）。

机动轮椅车分为轻便机动轮椅车和普通机动轮椅车（汽油机名义排量小于等于 50 mL 的机动轮椅车称为轻便机动轮椅车，汽油机名义排量大于 50 mL 小于等于 150 mL 的机动轮椅车称为普通机动轮椅车）。机动轮椅车的启动、油门、制动及其他控制装置应全部由驾驶员上肢操纵。机动轮椅车应安装下肢防护装置。驾驶员的座位应有靠背和能限制髋部左右移动的装置。机动轮椅车应有放置拐杖的位置，并能固定。除汽油机驱动外，由下肢残障较重者驾驶的轻便机动轮椅车应具备手移动装置，以使车辆实现避让性的短距离移动。机动轮椅车除符合《机动车运行安全技术条件》车辆标志要求外，其外部明显部位应有残疾人专用车标志。机动轮椅车最高设计车速不应大于 50 km/h。轻便机动轮椅车的外廓尺寸不应大于 2 000 mm×1 000 mm×1 200 mm（长×宽×高），普通机动轮椅车的外廓尺寸不应大于 2 500 mm×1 200 mm×1 400 mm（长×宽×高）。

电动自行车，是以蓄电池作为辅助能源，具有两个车轮，能实现人力骑行、电动或电助动功能的特种自行车。其必须符合《电动自行车安全技术规范》（GB 17761—2018）的规定。电动自行车是以车载蓄电池作为辅助能源，具有脚踏骑行能力，能实现电助动或/和电驱动功能的两轮自行车。

电动自行车应当符合下列要求：①具有脚踏骑行能力。②具有电驱动或/和电助动功能。③电驱动行驶时，最高设计车速不超过 25 km/h；电助动行驶时，车速超过 25 km/h，电动机不得提供动力输出。④装配完整的电动自行车的整车质量小于或等于 55 kg。⑤蓄电池标称电压小于或等于 48 V。⑥电动机额定连续输出功率小于或等于 400 W。

电动自行车的尺寸限值应当符合下列要求：①整车高度小于或等于 1 100 mm，车体宽度（除车把、脚蹬部分外）小于或等于 450 mm，前、后轮中心距小于或等于 1 250 mm，鞍座高度大于或等于 635 mm；②鞍座长度小于或等于 350 mm；③后轮上方的衣架平坦部分最大宽度小于或等于 175 mm。电动自行车的最高车速应不大于 20 km/h，整车质量（重量）应不大于 40 kg。

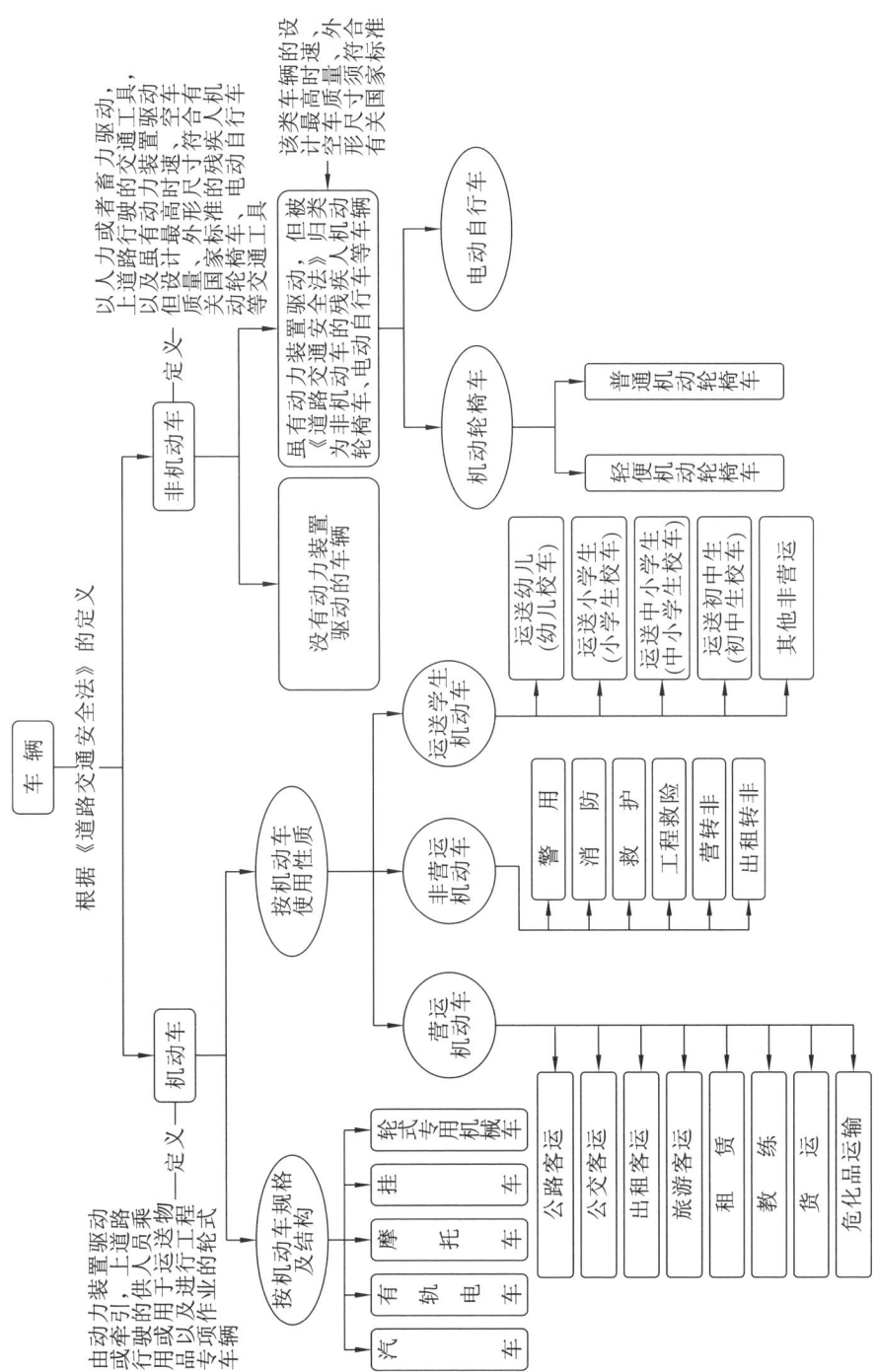

（三）机动车与非机动车在道路交通安全管理上的主要区别

1. 是否需要登记

机动车必须登记才能在道路上行驶，国家对机动车实行登记制度。机动车经公安机关交通管理部门登记后，方可上道路行驶。尚未登记的机动车，需要临时上道路行驶的，应当取得临时通行牌证。

不是所有的非机动车都必须登记，除依法应当登记的非机动车，经公安机关交通管理部门登记后，方可上道路行驶外，其他非机动车无须登记，只要符合非机动车安全技术标准，即可上道路行驶。依法应当登记的非机动车的种类，由省、自治区、直辖市人民政府根据当地实际情况规定。各地规定的需登记的非机动车的种类略有不同，如《广东省道路交通安全条例》规定电动自行车、残疾人机动轮椅车等安装有动力装置的非机动车实行登记制度，经公安机关交通管理部门登记后，方可上道路行驶。

《上海市非机动车管理办法》规定下列非机动车，应当经本市公安机关交通管理部门登记，取得非机动车号牌和行车执照（以下称非机动车牌证），方可上道路行驶。

（1）电动自行车；

（2）残疾人机动轮椅车；

（3）人力三轮车；

（4）市人民政府规定应当登记上牌的其他非机动车。

自行车、残疾人手摇轮椅车实行自愿登记，其所有人申请登记上牌的，公安机关交通管理部门应当予以办理。

2. 对驾驶员的要求

根据《道路交通安全法》，驾驶机动车，应当依法取得机动车驾驶证。国家对驾驶证的取得条件和程序作了详细的规定。

而对于驾驶非机动车的人员，不要求取得驾驶证，但驾驶人须符合相应的条件。如上海市规定驾驶电动自行车、残疾人机动轮椅车上道路行驶，驾驶人须年满16周岁且最高速度不得超过15 km/h，非下肢残疾人员不得驾驶残疾人机动轮椅车。广西壮族自治区规定未满16周岁不得在道路上驾驶电动自行车、机动轮椅车，非下肢残疾人员不得驾驶机动轮椅车上道路行驶。

3. 购买交强险

机动车要求必须购买机动车第三者责任强制保险（交强险），非机动车则是鼓励购买保险，不作强制要求。

4. 发生交通事故的责任承担

机动车发生交通事故造成人身伤亡、财产损失的，由保险公司在机动车第三者责任强制保险责任限额范围内予以赔偿；不足的部分，按照下列规定承担赔偿责任：

机动车之间发生交通事故的，由有过错的一方承担赔偿责任；双方都有过错的，按照各自过错的比例分担责任。

机动车与非机动车驾驶人、行人之间发生交通事故，非机动车驾驶人、行人没有过错的，由机动车一方承担赔偿责任；有证据证明非机动车驾驶人、行人有过错的，根据过错程度适当减轻机动车一方的赔偿责任；机动车一方没有过错的，承担不超过10％的赔偿责任。

交通事故的损失是由非机动车驾驶人、行人故意碰撞机动车造成的，机动车一方不承担赔偿责任。

二、澳门规定

在澳门的交通法律体系中，对车辆的定义规定在《道路交通法》中。

澳门《道路交通法》对车辆有关的定义：

（1）汽车，装有发动机并具3个或以上车轮的车辆，其设计最高车速超过25 km/h且在公共道路上无需使用路轨而通行。

（2）轻型汽车，设计总质量不少于350 kg但不多于3 500 kg的、连驾驶员在内载客量不超过9人的车辆，并可作如下分类：用于载货者属轻型货车、用于载客者属轻型客车、兼载客货者属轻型客货车。

（3）重型汽车，设计总质量超过3 500 kg或连驾驶员在内载客量超过9人的车辆，并可作如下分类：用于载货者属重型货车、用于载客者属重型客车、兼载客货者属重型客货车。

（4）轻型摩托车，装有汽缸容量不超过50 cm³的热能发动机或输出功率不超过4 kW的电动机的两轮或三轮车辆，其设计最高车速在平地上不超过45 km/h。

（5）重型摩托车，设或不设旁卡车的、装有汽缸容量超过50 cm³的内燃机或输出功率超过4 kW的电动机的两轮或三轮车辆，其设计最高车速在平地上超过45 km/h。

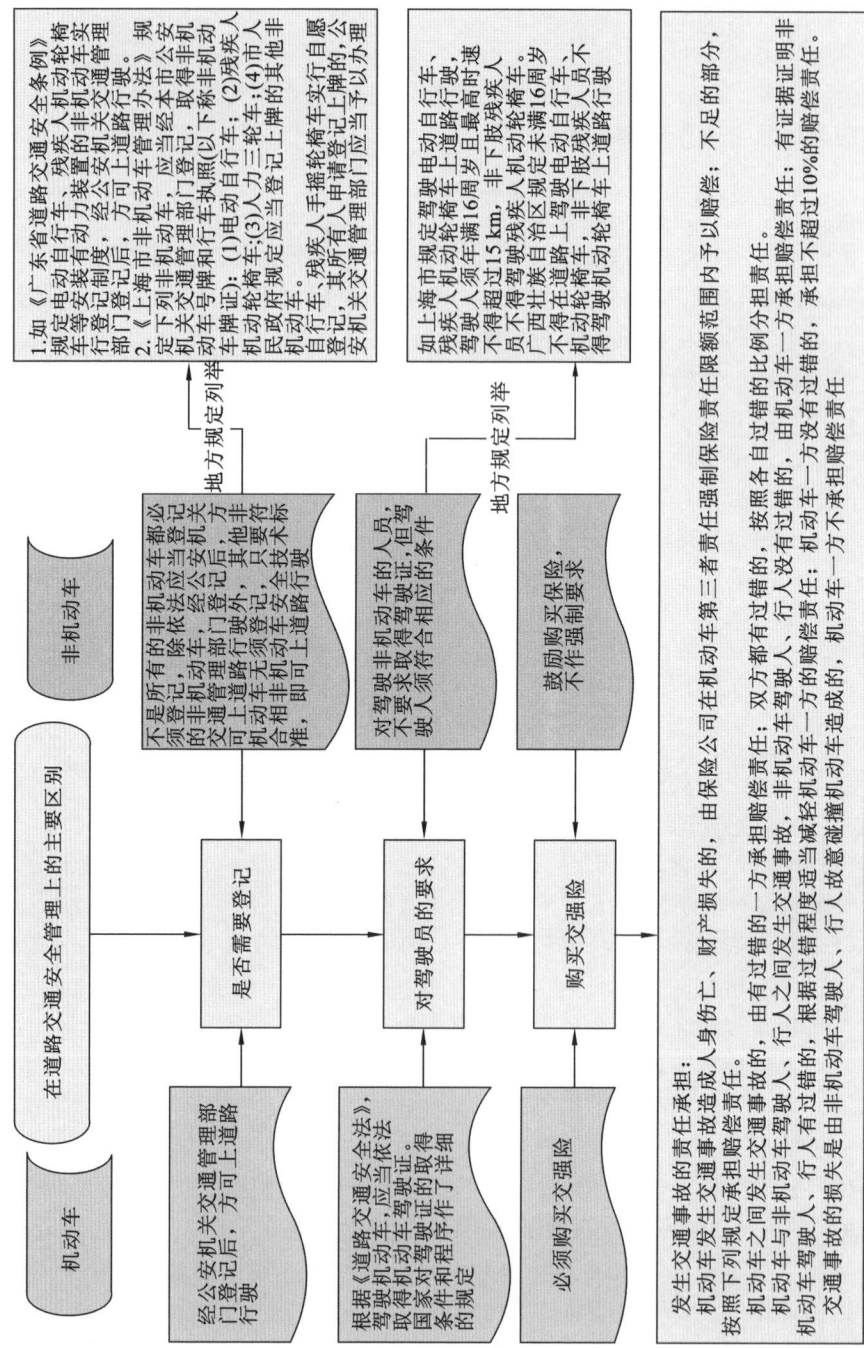

(6) 轻型四轮摩托车，装有汽缸容量不超过 50 cm³ 的强制点火式发动机或最大输出功率不超过 4 kW 的其他内燃机或电动机的四轮车辆，其设计最高车速在平地上不超过 45 km/h，且无负载重量不超过 350 kg。如属电动车辆，其电池的重量不计入无负载重量内。

(7) 重型四轮摩托车，装有输出功率不超过 15 kW 的发动机的四轮车辆，如用于载客，其无负载重量不超过 400 kg，如用于载货，其无负载重量不超过 550 kg。如属电动车辆，其电池的重量不计入无负载重量内。

(8) 工业机器车，非经常性在公共道路上通行且用于工业性质的工程或作业的、装有发动机的两轮轴或以上的车辆，总质量超过 3 500 kg 者属重型工业机器车，总质量不超过 3 500 kg 者属轻型工业机器车。

(9) 挂车，拴挂于另一机动车辆并由其拖带的车辆。

(10) 半挂车，前端拴挂于另一机动车辆并由其分担重量及拖带的车辆。

(11) 牵引车，装有发动机且不具有效载荷的两轮轴或以上的车辆，其设计主要用于产生牵引力，总质量超过 3 500 kg 者属重型牵引车，总质量不超过 3 500 kg 者属轻型牵引车。

(12) 铰接车，由 2 个以铰接装置连接的硬节部分组成的车辆。

(13) 优先通行车辆，执行警务、紧急救援任务或紧急公益任务且以适当信号显示其行进的车辆。

(14) 脚踏车，靠驾驶员以脚蹬或类似装置自力驱动的两轮或三轮车辆。

(15) 机动脚踏车，装有最大持续输出功率为 0.25 kW 的辅助电动机的脚踏车，其电动机随着车速的增加而递减供电，且当车速达 25 km/h 时中断供电或当驾驶员于车速达 25 km/h 前停止脚踏时中断供电。

第二节 车 辆 登 记

一、内 地 规 定

内地交通法规关于车辆的登记规定，道路交通安全及其实施条例及其配套法规主要规定了必须登记的机动车的登记，而非机动车的登记种类及登记办法由省、自治区、直辖市的人民政府规定。《道路交通安全法》及《道路交通安全法实施条例》以及公安部发布的《机动车登记规定》，详细规定了机动车的登记，包括注册登记、变更登记、转移登记、抵押登记和注销登记。

（一）机动车登记

国家明确规定对机动车实行登记制度，《道路交通安全法》规定机动车经公安机关交通管理部门登记后，方可上道路行驶。尚未登记的机动车，需要临时上道路行驶的，应当取得临时通行牌证。《道路交通安全法实施条例》规定初次申领机动车号牌、行驶证的，应当向机动车所有人住所地的公安机关交通管理部门申请注册登记。《机动车登记规定》规定初次申领机动车号牌、行驶证的，机动车所有人应当向住所地的车辆管理所申请注册登记。

1. 登记机关

机动车的登记部门为公安机关交通管理部门，具体由公安机关交通管理部门的车辆管理所负责，其中直辖市公安机关交通管理部门车辆管理所、设区的市或者相当于同级的公安机关交通管理部门车辆管理所负责办理本行政辖区内机动车登记业务。县级公安机关交通管理部门车辆管理所可以办理本行政辖区内摩托车、三轮汽车、低速载货汽车登记业务。条件具备的，可以办理除进口机动车、危险化学品运输车、校车、中型以上载客汽车以外的其他机动车登记业务。具体业务范围和办理条件由省级公安机关交通管理部门确定。

除公安机关交通管理部门外，根据《道路交通安全法》附则第一百二十一条"对上道路行驶的拖拉机，由农业（农业机械）主管部门行使本法第八条、第九条、第十三条、第十九条、第二十三条规定的公安机关交通管理部门的管理职权。农业（农业机械）主管部门依照前款规定行使职权，应当遵守本法有关规定，并接受公安机关交通管理部门的监督；对违反规定的，依照本法有关规定追究法律责任。本法施行前由农业（农业机械）主管部门发放的机动车牌证，在本法施行后继续有效"的规定，对上路行驶的拖拉机，在《道路交通安全法》施行前农业（农业机械）主管部门负责登记注册并发放机动车牌证，该部分牌证在《道路交通安全法》施行后继续有效。《道路交通安全法》施行后，继续由农业（农业机械）主管部门行使对上路行驶的拖拉机的登记注册的职权。

《道路交通安全法》施行后，除了由农业（农业机械）主管部门负责登记上路行驶的拖拉机外，其他机动车的登记，均由公安机关交通管理部门负责。

2. 登记种类

根据《道路交通安全法实施条例》及《机动车登记规定》的规定,机动车的登记,分为注册登记、变更登记、转移登记、抵押登记和注销登记。

(1) 注册登记。

注册登记是机动车的"出生"登记。机动车只有通过注册登记,才能取得参与道路交通活动的合法主体资格,取得自己特定的身份。经过注册登记之后,机动车正式成为道路交通的一个活动主体,从而正式纳入《道路交通安全法》的管理范围。机动车注册登记是机动车管理的基础制度,也是确立机动车其他登记制度的前提。对机动车进行注册登记是世界各国机动车管理和道路交通安全管理的通例。

① 应当办理注册登记的情形。

注册登记为初次申领机动车号牌及行驶证所需办理的机动车登记。

② 登记机关。

初次申领机动车号牌、行驶证的,机动车所有人应当向住所地的车辆管理所申请注册登记。

③ 注册登记所需证明。

申请注册登记的,机动车所有人应当填写申请表,交验机动车,并提交以下证明、凭证:

(一) 机动车所有人的身份证明;

(二) 购车发票等机动车来历证明;

(三) 机动车整车出厂合格证明或者进口机动车进口凭证;

(四) 车辆购置税完税证明或者免税凭证;

(五) 机动车交通事故责任强制保险凭证;

(六) 车船税纳税或者免税证明;

(七) 法律、行政法规规定应当在机动车注册登记时提交的其他证明、凭证。

不属于经海关进口的机动车和国务院机动车产品主管部门规定免予安全技术检验的机动车,还应当提交机动车安全技术检验合格证明。

④ 不予办理注册登记的情形。

有下列情形之一的,不予办理注册登记:

(一) 机动车所有人提交的证明、凭证无效的;

(二) 机动车来历证明被涂改或者机动车来历证明记载的机动车所有人与身份证明不符的;

（三）机动车所有人提交的证明、凭证与机动车不符的；

（四）机动车未经国务院机动车产品主管部门许可生产或者未经国家进口机动车主管部门许可进口的；

（五）机动车的有关技术数据与国务院机动车产品主管部门公告的数据不符的；

（六）机动车的型号、发动机号码、车辆识别代号或者有关技术数据不符合国家安全技术标准的；

（七）机动车达到国家规定的强制报废标准的；

（八）机动车被人民法院、人民检察院、行政执法部门依法查封、扣押的；

（九）机动车属于被盗抢的；

（十）其他不符合法律、行政法规规定的情形。

⑤ 特殊车辆的注册登记。

除按普通机动车的注册登记规定外，对于一些特殊车辆，注册登记时作一些特别的规定。

（一）车辆管理所办理消防车、救护车、工程救险车注册登记时，应当对车辆的使用性质、标志图案、标志灯具和警报器进行审查。

（二）车辆管理所办理全挂汽车列车和半挂汽车列车注册登记时，应当对牵引车和挂车分别核发机动车登记证书、号牌和行驶证。

（2）变更登记。

① 应当办理变更登记的情形。

已注册登记的机动车有下列情形之一的，机动车所有人应当向登记地车辆管理所申请变更登记：

（一）改变车身颜色的；

（二）更换发动机的；

（三）更换车身或者车架的；

（四）因质量问题更换整车的；

（五）营运机动车改为非营运机动车或者非营运机动车改为营运机动车等使用性质改变的；

（六）机动车所有人的住所迁出或者迁入车辆管理所管辖区域的。

机动车所有人为两人以上，需要将登记的所有人姓名变更为其他所有人姓名的，可以向登记地车辆管理所申请变更登记。

②机动车变更登记所需资料。

申请机动车变更登记的，机动车所有人应当填写申请表，交验机动车，并提交以下证明、凭证：

（一）机动车所有人的身份证明；

（二）机动车登记证书；

（三）机动车行驶证；

（四）属于更换发动机、车身或者车架的，还应当提交机动车安全技术检验合格证明；

（五）属于因质量问题更换整车的，还应当提交机动车安全技术检验合格证明，但经海关进口的机动车和国务院机动车产品主管部门认定免予安全技术检验的机动车除外。

③ 不予办理变更登记的情形。

有下列情形之一的，不予办理变更登记：

（一）改变机动车的品牌、型号和发动机型号的，但经国务院机动车产品主管部门许可选装的发动机除外；

（二）改变已登记的机动车外形和有关技术数据的，但法律、法规和国家强制性标准另有规定的除外；

（三）机动车所有人提交的证明、凭证无效的；

（四）机动车达到国家规定的强制报废标准的；

（五）机动车被人民法院、人民检察院、行政执法部门依法查封、扣押的；

（六）机动车属于被盗抢的。

④ 无须办理机动车变更登记的情形。

有下列情形之一，在不影响安全和识别号牌的情况下，机动车所有人不需要办理变更登记：

（一）小型、微型载客汽车加装前后防撞装置；

（二）货运机动车加装防风罩、水箱、工具箱、备胎架等；

（三）增加机动车车内装饰。

⑤ 备案事项。

已注册登记的机动车，机动车所有人住所在车辆管理所管辖区域内迁移或者机动车所有人姓名（单位名称）、联系方式变更的，应当向登记地车辆管理所备案。

（一）机动车所有人住所在车辆管理所管辖区域内迁移、机动车所有人姓名（单位名称）变更的，机动车所有人应当提交身份证明、机动车登记证书、行驶证和相关变更证明。车辆管理所应当自受理之日起 1 日内，在机动车登记证书上签注备案事项，重新核发行驶证。

（二）机动车所有人联系方式变更的，机动车所有人应当提交身份证明和行驶证。车辆管理所应当自受理之日起 1 日内办理备案。

机动车所有人的身份证明名称或者号码变更的，可以向登记地车辆管理所申请备案。机动车所有人应当提交身份证明、机动车登记证书。车辆管理所应当自受理之日起 1 日内，在机动车登记证书上签注备案事项。

发动机号码、车辆识别代号因磨损、锈蚀、事故等原因辨认不清或者损坏的，可以向登记地车辆管理所申请备案。机动车所有人应当提交身份证明、机动车登记证书、行驶证。车辆管理所应当自受理之日起 1 日内，在发动机、车身或者车架上打刻原发动机号码或者原车辆识别代号，在机动车登记证书上签注备案事项。

（3）转移登记。

① 应当办理转移登记的情形及前提条件。

已注册登记的机动车所有权发生转移的，现机动车所有人应当自机动车交付之日起 30 日内向登记地车辆管理所申请转移登记。

机动车所有人申请转移登记前，应当将涉及该车的道路交通安全违法行为和交通事故处理完毕。

② 转移登记所需提交资料。

申请转移登记的，现机动车所有人应当填写申请表，交验机动车，并提交以下证明、凭证：

（一）现机动车所有人的身份证明；

（二）机动车所有权转移的证明、凭证；

（三）机动车登记证书；

（四）机动车行驶证；

（五）属于海关监管的机动车，还应当提交"中华人民共和国海关监管车辆解除监管证明书"或者海关批准的转让证明；

（六）属于超过检验有效期的机动车，还应当提交机动车安全技术检验合格证明和交通事故责任强制保险凭证。

③ 不予办理转移登记的情形。

有下列情形之一的，不予办理转移登记：

（一）机动车与该车档案记载内容不一致的；

（二）属于海关监管的机动车，海关未解除监管或者批准转让的；

（三）机动车在抵押登记、质押备案期间的；

（四）机动车所有人提交的证明、凭证无效的；

（五）机动车来历证明被涂改或者机动车来历证明记载的机动车所有人与身份证明不符的；

（六）机动车达到国家规定的强制报废标准的；

（七）机动车被人民法院、人民检察院、行政执法部门依法查封、扣押的；

（八）机动车属于被盗抢的。

④ 被采取司法措施而发生机动车所有权转移的登记。

被人民法院、人民检察院和行政执法部门依法没收并拍卖，或者被仲裁机构依法仲裁裁决，或者被人民法院调解、裁定、判决机动车所有权转移时，原机动车所有人未向现机动车所有人提供机动车登记证书、号牌或者行驶证的，机动车所有人在办理转移登记时，应当提交人民法院出具的未得到机动车登记证书、号牌或者行驶证的"协助执行通知书"，或者人民检察院、行政执法部门出具的未得到机动车登记证书、号牌或者行驶证的证明。车辆管理所应当公告原机动车登记证书、号牌或者行驶证作废，并在办理转移登记的同时，补发机动车登记证书。

（4）抵押登记。

① 应当办理抵押登记的情形。

机动车所有人将机动车作为抵押物抵押的，应当向登记地车辆管理所申请抵押登记；抵押权消灭的，应当向登记地车辆管理所申请解除抵押登记。

② 抵押登记申请。

申请抵押登记的，机动车所有人应当填写申请表，由机动车所有人和抵押权人共同申请，并提交下列证明、凭证：

（一）机动车所有人和抵押权人的身份证明；

（二）机动车登记证书；

（三）机动车所有人和抵押权人依法订立的主合同和抵押合同。

③ 解除抵押登记。

申请解除抵押登记的，机动车所有人应当填写申请表，由机动车所有人和抵押权人共同申请，并提交下列证明、凭证：

（一）机动车所有人和抵押权人的身份证明；

（二）机动车登记证书。

人民法院调解、裁定、判决解除抵押的，机动车所有人或者抵押权人应当填写申请表，提交机动车登记证书、人民法院出具的已经生效的"调解书""裁定书"或者"判决书"，以及相应的"协助执行通知书"。

车辆管理所应当自受理之日起1日内，审查提交的证明、凭证，在机动车登记证书上签注解除抵押登记的内容和日期。

④ 不予抵押登记及解除抵押登记的情形。

（一）机动车所有人提交的证明、凭证无效的，不予办理抵押登记；

（二）机动车达到国家规定的强制报废标准的；

（三）机动车被人民法院、人民检察院、行政执法部门依法查封、扣押的；

（四）机动车属于被盗抢的；

（五）属于海关监管的机动车，海关未解除监管或者批准转让的；

（六）对机动车所有人提交的证明、凭证无效，或者机动车被人民法院、人民检察院、行政执法部门依法查封、扣押的。

（5）注销登记。

① 应当注销登记的情形。

已达到国家强制报废标准的机动车，机动车所有人向机动车回收企业交售机动车时，应当填写申请表，提交机动车登记证书、号牌和行驶证。机动车回收企业应当确认机动车并解体，向机动车所有人出具"报废机动车回收证明"。报废的校车，大型客、货车及其他营运车辆应当在车辆管理所的监督下解体。

机动车回收企业应当在机动车解体后 7 日内将申请表、机动车登记证书、号牌、行驶证和"报废机动车回收证明"副本提交车辆管理所，申请注销登记。

车辆管理所应当自受理之日起 1 日内，审查提交的证明、凭证，收回机动车登记证书、号牌、行驶证，出具注销证明。

除本规定第二十七条规定的情形外，机动车有下列情形之一的，机动车所有人应当向登记地车辆管理所申请注销登记：

（一）机动车灭失的；

（二）机动车因故不在我国境内使用的；

（三）因质量问题退车的。

已注册登记的机动车有下列情形之一的，登记地车辆管理所应当办理注销登记：

（一）机动车登记被依法撤销的；

（二）达到国家强制报废标准的机动车被依法收缴并强制报废的。

机动车因故不在我国境内使用的或因质量问题退车的，机动车所有人申请注销登记前，应当将涉及该车的道路交通安全违法行为和交通事故处理完毕。

② 申请注销登记程序。

机动车所有人申请注销登记的，应当填写申请表，并提交以下证明、凭证：

（一）机动车登记证书；

（二）机动车行驶证；

（三）属于机动车灭失的，还应当提交机动车所有人的身份证明和机动车灭失证明；

（四）属于机动车因故不在我国境内使用的，还应当提交机动车所有人的身份证明和出境证明，其中属于海关监管的机动车，还应当提交海关出具的"中华人民共和国海关监管车辆进（出）境领（销）牌照通知书"；

（五）属于因质量问题退车的，还应当提交机动车所有人的身份证明和机动车制造厂或者经销商出具的退车证明。

车辆管理所应当自受理之日起1日内，审查提交的证明、凭证，收回机动车登记证书、号牌、行驶证，出具注销证明。

③ 特殊情形下的注销登记。

因车辆损坏无法驶回登记地的，机动车所有人可以向车辆所在地机动车回收企业交售报废机动车。交售机动车时应当填写申请表，提交机动车登记证书、号牌和行驶证。机动车回收企业应当确认机动车并解体，向机动车所有人出具"报废机动车回收证明"。报废的校车，大型客、货车及其他营运车辆应当在报废地车辆管理所的监督下解体。

机动车回收企业应当在机动车解体后7日内将申请表、机动车登记证书、号牌、行驶证和"报废机动车回收证明"副本提交报废地车辆管理所，申请注销登记。

报废地车辆管理所应当自受理之日起1日内，审查提交的证明、凭证，收回机动车登记证书、号牌、行驶证，并通过计算机登记系统将机动车报废信息传递给登记地车辆管理所。

登记地车辆管理所应当自接到机动车报废信息之日起1日内办理注销登记，并出具注销证明。

已注册登记的机动车有下列情形之一的，车辆管理所应当公告机动车登记证书、号牌、行驶证作废：

（一）达到国家强制报废标准，机动车所有人逾期不办理注销登记的；

（二）机动车登记被依法撤销后，未收缴机动车登记证书、号牌、行驶证的；

（三）达到国家强制报废标准的机动车被依法收缴并强制报废的；

（四）机动车所有人办理注销登记时未交回机动车登记证书、号牌、行驶证的。

④ 不予办理注销登记的情形。

（一）机动车所有人提交的证明、凭证无效的；

（二）机动车被人民法院、人民检察院、行政执法部门依法查封、扣押的；

（三）机动车属于被盗抢的；

（四）机动车与该车档案记载内容不一致的；

（五）机动车在抵押登记、质押备案期间的。

3. 临时牌

（1）应当申请临时牌的情形。

① 尚未登记的机动车，需要临时上道路行驶的机动车。

机动车具有下列情形之一，需要临时上道路行驶的，机动车所有人应当向车辆管理所申领临时行驶车号牌：

（一）未销售的；

（二）购买、调拨、赠予等方式获得机动车后尚未注册登记的；

（三）进行科研、定型试验的；

（四）因轴荷、总质量、外廓尺寸超出国家标准不予办理注册登记的特型机动车。

② 临时入境的机动车。

境外机动车入境行驶，应当向入境地的公安机关交通管理部门申请临时通行号牌、行驶证。临时通行号牌、行驶证应当根据行驶需要，载明有效日期和允许行驶的区域。

临时入境的机动车，即在国外注册登记，需临时进入中国境内行驶的机动车。根据公安部发布的《临时入境机动车和驾驶人管理规定》，临时入境机动车为临时进入中华人民共和国境内不超过3个月的机动车，包括经国家主管部门批准，临时入境参加有组织的旅游、比赛以及其他交往活动的外国机动车及临时入境后仅在边境地区一定范围内行驶的外国机动车。

（2）申请临时牌所需的资料。

① 境内机动车临时行驶车号牌。

机动车所有人申领临时行驶车号牌应当提交以下证明、凭证：

（一）机动车所有人的身份证明；

（二）机动车交通事故责任强制保险凭证；

（三）属于未销售的机动车以及因轴荷、总质量、外廓尺寸超出国家标准不予办理注册登记的特型机动车，还应当提交机动车整车出厂合格证明或者进口机动车进口凭证；

（四）属于购买、调拨、赠予等方式获得机动车后尚未注册登记的机动车，还应当提交机动车来历证明，以及机动车整车出厂合格证明或者进口机动车进口凭证；

（五）属于进行科研、定型试验的机动车的，还应当提交书面申请和机动车安全技术检验合格证明。

② 临时入境机动车。

申请临时入境机动车号牌、行驶证的，应当用中文填写"临时入境机动车号牌、行驶证申请表"，交验机动车，并提交以下证明、凭证：

（一）境外主管部门核发的机动车登记证明，属于非中文表述的，还应当出具中文翻译文本；

（二）中国海关等部门出具的准许机动车入境的凭证；

（三）属于有组织的旅游、比赛以及其他交往活动的，还应当提交中国相关主管部门出具的证明；

（四）机动车安全技术检验合格证明，属于境外主管部门核发的，还应当出具中文翻译文本；

（五）不少于临时入境期限的中国机动车交通事故责任强制保险凭证。

（3）临时牌的期限。

① 境内机动车临时行驶车号牌。

（一）未销售的以及购买、调拨、赠予等方式获得机动车后尚未注册登记的，需要在本行政辖区内临时行驶的，核发有效期不超过 15 日的临时行驶车号牌；需要跨行政辖区临时行驶的，核发有效期不超过 30 日的临时行驶车号牌。机动车所有人需要多次申领临时行驶车号牌的，车辆管理所核发临时行驶车号牌不得超过三次。

（二）进行科研、定型试验的机动车以及因轴荷、总质量、外廓尺寸超出国家标准不予办理注册登记的特型机动车，核发有效期不超过 90 日的临时行驶车号牌。

（三）因号牌制作的原因，无法在规定时限内核发号牌的，车辆管理所应当核发有效期不超过 15 日的临时行驶车号牌。

② 临时入境机动车号牌。

临时入境机动车号牌和行驶证有效期应当与入境批准文件上签注的期限一致，但最长不得超过 3 个月。临时入境机动车号牌和行驶证有效期不得延期。

4. 校车标牌核发

（1）校车使用许可的取得条件及取得程序。

① 取得条件。

根据《校车安全管理条例》规定，取得校车使用许可应当符合下列条件：

（一）车辆符合校车安全国家标准，取得机动车检验合格证明，并已经在公安机关交通管理部门办理注册登记；

（二）有取得校车驾驶资格的驾驶人；

（三）有包括行驶线路、开行时间和停靠站点的合理可行的校车运行方案；

（四）有健全的安全管理制度；

（五）已经投保机动车承运人责任保险。

② 取得程序。

学校或者校车服务提供者申请取得校车使用许可，应当按照《校车安全管理条例》向县级或者设区的市级人民政府教育行政部门提交书面申请和证明其符合规定条件的材料。教育行政部门应当自收到申请材料之日起3个工作日内，分别送同级公安机关交通管理部门、交通运输部门征求意见，公安机关交通管理部门和交通运输部门应当在3个工作日内回复意见。教育行政部门应当自收到回复意见之日起5个工作日内提出审查意见，报本级人民政府。本级人民政府决定批准的，由公安机关交通管理部门发给校车标牌，并在机动车行驶证上签注校车类型和核载人数；不予批准的，书面说明理由。

（2）领取校车标牌所需提交资料。

学校或者校车服务提供者按照《校车安全管理条例》取得校车使用许可后，应当向县级或者设区的市级公安机关交通管理部门领取校车标牌。领取时应当填写表格，并提交以下证明、凭证：

（一）机动车所有人的身份证明；

（二）校车驾驶人的机动车驾驶证；

（三）机动车行驶证；

（四）县级或者设区的市级人民政府批准的校车使用许可；

（五）县级或者设区的市级人民政府批准的包括行驶线路、开行时间和停靠站点的校车运行方案。

公安机关交通管理部门应当在收到领取表之日起三日内核发校车标牌。对属于专用校车的，应当核对行驶证上记载的校车类型和核载人数；对不属于专用校车的，应当在行驶证副页上签注校车类型和核载人数。

（3）校车标牌的记载事项。

校车标牌应当记载本车的号牌号码、机动车所有人、驾驶人、行驶线路、开行时间、停靠站点、发牌单位、有效期限等信息。校车标牌分前后两块，分别放置于前风窗玻璃右下角和后风窗玻璃适当位置。

校车标牌有效期的截止日期与校车安全技术检验有效期的截止日期一致，但不得超过校车使用许可有效期。

（4）校车标牌的交回、重领、换领及补领。

校车使用许可被吊销、注销或者撤销的，学校或者校车服务提供者应当拆除校车标志灯、停车指示标志，消除校车外观标识，并将校车标牌交回核发的公安机关交通管理部门。

校车行驶线路、开行时间、停靠站点或者车辆、所有人、驾驶人发生变化的，经县级或者设区的市级人民政府批准后，应当按规定重新领取校车标牌。

校车标牌灭失、丢失或者损毁的，学校或者校车服务提供者应当向核发标牌的公安机关交通管理部门申请补领或者换领。申请时，应当提交机动车所有人的身份证明及机动车行驶证。公安机关交通管理部门应当自受理之日起三日内审核，补发或者换发校车标牌。

（二）非机动车的登记

根据内地交通法规定，并非所有的非机动车都需要进行登记，除依法应当登记的非机动车，经公安机关交通管理部门登记后，方可上道路行驶外，其他非机动车只要符合非机动车安全技术标准，无须登记即可上道路行驶。

依法应当登记的非机动车的种类及登记办法，由省、自治区、直辖市人民政府根据当地实际情况规定。各地规定的需登记的非机动车的种类略有不同，广东省规定的实行登记制度的非机动车种类为电动自行车、残疾人机动轮椅车等安装有动力装置的非机动车，此类非机动车经公安机关交通管理部门登记后，方可上道路行驶。而上海规定的应当登记的非机动车为电动自行车、残疾人机动轮椅车及人力三轮车；自行车、残疾人手摇轮椅车则实行自愿登记原则。

二、澳门规定

澳门《道路交通法》对车辆采取强制注册制度，已注册车辆方可在公共道路上通行，但两轮脚踏车或装有一排两个以上车轮且超过一对脚蹬的脚踏车除外。一般来讲，型号获认可的机动车辆方可给予注册，但特别法例或互惠待遇协议另有规定除外。

机动车辆、挂车及半挂车由从事该类车辆的进口、组装或制造的实体办妥清关手续后，可按补充法规所订条件豁免注册离开海关。

《道路法典》第四条第二款所指之机械及专用于工业之机械，得不受注册之约束，但在公共道路上通行时，则需依特别、个别及不可移转之准照，并需为该许可缴付有关表内所订定之费用，并应遵守下列之规定：

（1）请求获得该许可之申请书应指出有关机械之分类、商标及出厂号码，并附上利害关系人对机械可能引致公共道路及物品或第三人之任何性质之负损害赔偿之声明，以及澳门市政厅认为必须之其他数据，尤其是保险单；

(2) 工业机械之定义如下：捆扎机、收割机、耕田机挂车组、叉车、起重机、混凝土拌合车、挖掘机、欧几里得机、翻斗车、压路机、附推土器之牵引车及其他备有发动机并可在公共道路通行之类似机械。

不容许新客运之三轮车类脚踏车注册。

（一）必须登记的事项

(1) 下列者须作登记：
① 所有权及用益权；
② 在机动车辆转让合同内规定之所有权之保留及使用权；
③ 抵押权、抵押权之变更及抵押权之让与，以及有关登记之优先级之让与；
④ 已登记之权利或债权之移转，以及债权之质权、假扣押及查封；
⑤ 机动车辆之假扣押及查封，以及本法规规定之扣押；
⑥ 车辆之所有人、用益权人或使用人先前已登记之权利或负担之消灭或变更、其姓名或名称组成之更改，以及其常居所或住所之变更；
⑦ 其他在澳门《民法典》内特别规定须作登记之法律事实。

(2) 对于所有权、用益权以及从中产生之权利之转移，均须作登记；而对于上款②项所指之保留或使用权，以及车辆之所有人、用益权人或使用人之姓名或名称、常居所或住所之变更，亦须作登记。

(3) 在必须登记而不作登记之情况下，有权限监察交通法律之执行之当局，应扣押车辆及有关文件，并将之送交登记局存放，直至完成登记为止。

下列者亦须作登记：
① 以承认、变更或消灭上述所指权利为主要或次要目的之诉讼；
② 以一项登记之再造、宣告登记无效、撤销登记或取消登记为主要或次要目的之诉讼；
③ 关于上两项所包括之诉讼经确定之终局裁判。

（二）车辆登记的申请

(1) 登记行为之申请，系缮写于官方格式之印件上，并应载有下列资料：
① 申请人之全名、婚姻状况及常居所；如属法人，则为名称或商业名称及其住所并可载有获分配车辆之业务中心或分支之所在地；
② 所申请之登记及应构成登记标的之法律或事实之载明，以及详细列明有

关之必要资料；

③ 对登记所涉及车辆之认别，其系透过指明车辆之注册编号、商标、等级、种类、型号作出；

④ 申请人及所申请行为之主动及被动主体之身份证明文件编号；

⑤ 申请人之签名须由公证员认定，或申请人属官方实体且以此资格签名时，须经钢印认证。

（2）如所申请之登记属所有权登记，申请表上应载明登记折内已指明之车辆特征。

（3）对于以口头买卖合约为依据之所有权登记之申请，应附有出售声明，该声明由出售者签名，并经公证认定。

（4）如属共有权之登记，应指明有关份额之数目。

（5）如属抵押权登记，申请表应载有投保金额之总额。

（6）如登记所涉及之车辆属未分割遗产中之一部分，应载明此情况。

（7）如申请人未婚，应指明是否为成年人。

（8）如对有关之申请无上级核准之格式之印件，申请得在法定规格之普通纸张上作出。

（9）如一张印件不能容纳关于申请之登记行为之全部载明，不论登记行为之标的为何，载明得在另一张相同格式之印件上继续作出。

登记行为之申请表，应以清晰易读之方式填写，且不容许作订正或涂改。

登记记载事项：

在登记凭证内应载有下列资料：

① 登记日期及有关之顺序编号；

② 按车辆之种类作出认别，并载明有关注册编号及商标；

③ 所有人、用益权人或使用人之全名、商业名称或名称，以及常居所或住所；

④ 如属共有制度，应指明有关份额之数目；

⑤ 以往之所有权登记编号；

⑥ 现仍生效之其他登记之载明，但属查封、假扣押或扣押者，不在此限。

如为附所有权保留之车辆移转，除上款所指资料外，应载明在何种事件发生时约定之保留随即受限制。

(三) 车辆所有权首次登记

(1) 进口车辆及在澳门装配、制造或重新制造之车辆，其所有权之首次登记系以有关官方格式之申请表，连同登记折及交通事务署为登记目的而发给之凭单为依据。

(2) 首次登记仅得对凭单上指明之自然人或法人作出。

(四) 所有权其他登记

(1) 对于以口头买卖合同取得之所有权之嗣后登记，系根据买受人以专有格式印件提出之申请，及出售者在该印件上确认有关事实之后作出。

(2) 凡以与上款所指事实不同者为基础之所有权登记，应以下列文件中之任一项作为依据：

① 须承认、取得或分割车辆所有权之法律事实之任何证明文件；

② 在民事或刑事程序中作出并已确定之司法裁判之证明，以明示或暗示方式承认作为登记之权利人对车辆之所有权；

③ 在透过继承而取得财产之情况下，从继承及赠与税结算程序之卷宗中摘录之证明，其中应载有包括列入有关财产目录内之车辆，所有利害关系人及享有一半财产之配偶之姓名，以及无强制财产清册之声明。

(3) 在财产分割中为所有利害关系人，包括享有一半财产之配偶所作之共同登记中，或在应任一名有关利害关系人之申请，为一名或数名利害关系人所作之登记中，上款③项所指之证明足以作为登记之依据之件。

对于未成年人买卖之车辆，即使欠缺其法定代理人同意之书证，亦不妨碍对有关车辆之所有权进行登记，但须有另一订立合同人在所呈交之申请表内声明，即使在此情况下，仍要求作出登记。

(五) 抵押登记

自愿抵押之登记，系以有关合同之证明文件为依据。

（六）消灭登记

（1）对以往已作登记之任何权利或行为之消灭作登记，系根据关于要作登记之事实之证明文件作出。

（2）如登记属抵押或所有权之保留，且申请人系抵押权人或转让人，则免除呈交文件。

（七）变更登记

（1）车辆之所有人、用益权人或使用人之姓名或名称，其组成之更改，或常居所或住所之变更，系根据利害关系人在官方格式印件上所作之通知作出登记，如属姓名或名称之更改，尚须附同证明文件。

（2）在所有权、用益权或使用权实体组织范围内，车辆分配之变更，等同于居所之变更。

（八）"试验"制度及"特别"制度

澳门"试验"制度及"特别"制度与内地未登记车辆的临时牌制度相似。

（1）在办理汽车及重型摩托车之注册手续期间，得许可此等车辆以"试验"制度通行15日，为此，澳门市政厅得应利害关系人之请求，提供专有之牌，而利害关系人应填妥有关表格并缴纳有关费用。

（2）试验牌仅可使用于所申请之车辆，否则处罚款澳门币1 000至5 000元，应在10日内对有关注册提出申请，违者罚款澳门币1 000至5 000元。

（3）在"试验"制度下之车辆，应在15日内往澳门市政厅接受检验，如不获通过，试验制度得延长15日，在该期间应从新受检。

（4）如将"试验"制度下之车辆作有报酬之用途，取消其临时准照，并处罚款澳门币1 000至5 000元。

（5）供出售且存放于已领有适当获发准照的商人的场所中的车辆，或以个人名义进口供个人使用的车辆，在注册前得以"特别"制度在公共道路通行，并须附同交通事务局提供的相应号牌和缴付相应费用。

（6）为上款规定之效力，由车辆所有人、有关之雇员或由上述人士陪同他人作示范驾驶或试验用途之车辆，视为处于"特别"制度，该等车辆不得作其他非上述之用途之使用，违者处罚款澳门币 2 500 至 12 500 元。

（7）有关有效期间届满后，应将保养良好之"试验"及"特别"牌交还澳门市政厅，违者处罚款澳门币 500 至 2 500 元，遗失时申请人应缴纳有关费用。

（8）"试验"或"特别"制度下之车辆通行，未领有有关之牌或使用非由澳门市政厅提供之牌者，处罚款澳门币 2 500 至 12 500 元。

（9）在商标及型号获核准后，未经主管实体预先许可而更改规格之机动车辆，如以特别制度在公共道路上通行，科处罚款澳门币 3 000 元。

（10）上款所指罚款由车辆所有人负责缴纳。

（九）取消注册

澳门的车辆取消注册规定类似于内地的注销登记。

1. 应取消注册

（1）车辆的注册可应利害关系人申请或依职权取消。

（2）如证实车辆报废或下落不明，又或在补充法规所定的其他情况下，可依职权取消该车辆的注册。

（3）车辆的所有人应在其车辆报废后 30 日内申请取消该车辆的注册，但不影响上款的适用。违反本款规定者，科处罚款澳门币 300 元。

（4）经取消注册而仍在公共道路上停泊或通行的车辆视为未注册车辆，其所有人须接受本法律规定的处罚。

（5）如保险公司曾参与因车辆报废而进行的行为，须自其参与之日起计 30 日内，将该事实通知有职权取消注册的实体。违反本款规定者，科处罚款澳门币 300 元。

（6）如法院、交通监察实体或其他当局知悉第二款所指情况，应通知有职权取消注册的实体。

2. 与取消注册相关的规定

（1）根据《道路法典》第五十五条第一及第二款规定所作之请求取消注册之申请书，应附同车辆之登记折，如遗失登记折，则应在申请书中载明此情况。

（2）如因车辆所有人下落不明、已死亡或其他值得接受之情事而不可能由车辆所有人申请取消注册，则任何适当之人士均得为之，但须声明承担一切由此而可能引起之后果。

（3）澳门市政厅如在检验或由其下令进行之查验中，发现车辆确实失去效用，下令取消注册，且不得为该车辆重新注册。

（4）注册已被取消之车辆，如泊于公共道路或在公共道路上通行者，将被扣押。

（5）注册之取消端视由登记局所发出之证明之呈交，其中应载明车辆无任何未取消或未失效之负担，以及其用途。

（6）在检验中获通过且已缴纳应付费用后，澳门市政厅得许可已被取消注册之车辆重新注册。

《道路交通法》：

第七十六条 强制注册

一、已注册车辆方可在公共道路上通行，但两轮脚踏车或装有一排两个以上车轮且超过一对脚蹬的脚踏车除外。

二、型号获认可的机动车辆方可给予注册，但特别法例或互惠待遇协议另有规定除外。

三、机动车辆、挂车及半挂车由从事该等车辆的进口、组装或制造的实体办妥清关手续后，可按补充法规所订条件豁免注册离开海关。

四、透过互惠待遇协议，可准许在澳门特别行政区以外地方注册的机动车辆通行。

五、违反第一款规定者，科处罚款澳门币3 000元。

第七十七条 车辆的识别

一、每部已注册机动车辆均获发注册证明文件，当中载明可识别有关车辆的规格资料。

二、车辆在公共道路上通行时，其驾驶员应携带上款所指车辆识别文件及车辆所有权登记凭证，又或该等文件的认证缮本。

三、上条第三款所指车辆的驾驶员只须携带进口准照。

四、每部已注册车辆应按补充法规的规定装有注册号牌。

五、违反第二款规定者，科处罚款澳门币300元。

六、如车辆识别文件的认证缮本或车辆所有权登记凭证的认证缮本所载资料有别于正本所载的更新资料，当其他法律规定无订定较重处罚，则对车辆的所有人、保留所有权的取得人、用益权人或以任何名义实际占有车辆的人科处罚款澳门币300元。

七、驾驶装有非依法获给予的注册号码的车辆者，如其他法律规定无订定较重处罚，则科处罚款澳门币 3 000 元。

第七十八条　取消注册

一、车辆的注册可应利害关系人申请或依职权取消。

二、如证实车辆报废或下落不明，又或在补充法规所定的其他情况下，可依职权取消该车辆的注册。

三、车辆的所有人应在其车辆报废后 30 日内申请取消该车辆的注册，但不影响上款的适用。

四、经取消注册而仍在公共道路上停泊或通行的车辆视为未注册车辆，其所有人须接受本法律规定的处罚。

五、如保险公司曾参与因车辆报废而进行的行为，须自其参与之日起计 30 日内，将该事实通知有职权取消注册的实体。

六、如法院、交通监察实体或其他当局知悉第二款所指情况，应通知有职权取消注册的实体。

七、违反第三款或第五款规定者，科处罚款澳门币 300 元。

《道路交通规章》：

第五十二条　注册之申请

一、车辆之注册申请，系由其所有人以专有表格向澳门市政厅为之，并应遵守下列规定：

b) 申请书应附同有关车辆来源地的证明文件及进口准照，而进口准照应载明车辆主要规格；

c) 按照有关法例之规定，暂时进口之车辆得为临时注册。

二、办理车辆注册之有关文件，应由临时通行准照发出之日起计十日内递交。因逾期引起注册前其他手续所为之延误，均归责于利害关系人，利害关系人须为上述之临时通行准照续期及缴纳罚款澳门币 150 至 750 元。

四、应按号码顺序及主管实体所订方式给予注册，但可容许透过缴纳所需费用，于可供选择之号码范围内为首次注册之车辆选择号码，又或更改已注册车辆之号码。

五、按照现行法例规定，由在澳门无永久居所并属外国使馆之非葡萄牙行政人员及技术员所办理免税结关之车辆，其规格应由检定员在进口许可证上作附注。

六、出售车辆之场所须在车辆出售后 30 日内通知澳门市政厅，违者按车辆出售之数量，每辆罚款澳门币 100 至 500 元。

七、专门用作农业服务之动物拖引车辆之注册，以普通纸张申请，利害关系人无须支付任何负担。

八、《道路法典》第四条第二款所指之机械及专用于工业之机械,得不受注册之约束,但在公共道路上通行时,则需依特别、个别及不可移转之准照,并需为该许可缴付有关表内所订定之费用,并应遵守下列之规定:

a) 请求获得该许可之申请书应指出有关机械之分类、商标及出厂号码、并附上利害关系人对机械可能引致公共道路及物品或第三人之任何性质之负损害赔偿之声明,以及澳门市政厅认为必须之其他资料,尤其是保险单;

b) 工业机械之定义如下:捆扎机、收割机、耕田机挂车组、叉车、起重机、混凝土拌合车、挖掘机、欧几里得机、翻斗车、压路机、附推土器之牵引车及其他备有发动机并可在公共道路通行之类似机械。

九、不容许新客运之三轮车类脚踏车注册。

十、注册完成后将发出登记折,登记折应附同一份凭单,由澳门市政厅送交有关进口商、制造商或所有人,凭单上应适当记上日期并以钢印认证,其中应列明车辆进口商、所有人或制造商之姓名或商业名称,以及其商标及注册号码。

十一、上款之登记折及凭单,利害关系人应递交予商业与汽车登记局,以便登记车辆之所有权。

十二、登记折内车辆登录规格之一切变更,应在车辆所有人申请之检验获通过后在登记折中作附注,并将新登记折交予所有人,当改变为根本部分之替代或发动机以非制造商于说明书内指示作为得随车辆供应之其他发动机替代时,应指出车辆为重新制造。

十三、由私人用途转为租赁服务或由租赁服务转为私人用途之所有车辆,利害关系人应申请接受强制性检验,违者处罚款澳门币 2 500 至 12 500 元。

十四、车辆如被用于提供有别于获许可或注册用途且有报酬之服务,则向车辆驾驶员科处罚款澳门币 30 000 元,且不影响第 3/2007 号法律第一百二十三条之适用。

十五、机动车辆以底盘注册者,禁止进行任何性质之运输。

十六、第五款所指车辆被出售而需变更其注册号码,应制作另一张新单,其中应载明买受人与出卖人之姓名及在澳门市政厅之注册号码,因该新单之存在,应取消以前之注册并重新进行注册。

第五十三条 "试验"制度及"特别"制度

一、在办理汽车及重型摩托车之注册手续期间,得许可此等车辆以"试验"制度通行 15 日,为此,澳门市政厅得应利害关系人之请求,提供专有之牌,而利害关系人应填妥有关表格并缴纳有关费用。

二、试验牌仅可使用于所申请之车辆，否则处罚款澳门币1 000至5 000元，应在十日内对有关注册提出申请，违者罚款澳门币1 000至5 000元。

三、在"试验"制度下之车辆，应在15日内往澳门市政厅接受检验，如不获通过，试验制度得延长15日，在该期间应从新受检。

四、如将"试验"制度下之车辆作有报酬之用途，取消其临时准照，并处罚款澳门币1 000至5 000元。

五、供出售且存放于已领有适当获发准照的商人的场所中的车辆，或以个人名义进口供个人使用的车辆，在注册前得以"特别"制度在公共道路通行，并须附同交通事务局提供的相应号牌和缴付相应费用。

六、为上款规定之效力，由车辆所有人"商人"、有关之雇员或由上述人士陪同他人作示范驾驶或试验用途之车辆，视为处于"特别"制度，该等车辆不得作其他非上述之用途之使用，违者处罚款澳门币2 500至12 500元。

七、有关有效期间届满后，应将保养良好之"试验"及"特别"牌交还澳门市政厅，违者处罚款澳门币500至2 500元，遗失时申请人应缴纳有关费用。

八、"试验"或"特别"制度下之车辆通行，未领有有关之牌或使用非由澳门市政厅提供之牌者，处罚款澳门币2 500至12 500元。

九、在商标及型号获核准后，未经主管实体预先许可而更改规格之机动车辆，如以特别制度在公共道路上通行，科处罚款澳门币3 000元。

十、上款所指罚款由车辆所有人负责缴纳。

第五十四条　注册之取消

一、根据《道路法典》第五十五条第一及第二款规定所作之请求取消注册之申请书，应附同车辆之登记折，如遗失登记折，则应在申请书中载明此情况。

二、如因车辆所有人下落不明、已死亡或其他值得接受之情事而不可能由车辆所有人申请取消注册，则任何适当之人士均得为之，但须声明承担一切由此而可能引起之后果。

三、澳门市政厅如在检验或由其下令进行之查验中，发现车辆确实失去效用，下令取消注册，且不得为该车辆重新注册。

四、注册已被取消之车辆，如泊于公共道路或在公共道路上通行者，将被扣押。

五、注册之取消端视由登记局所发出之证明之呈交，其中应载明车辆无任何未取消或未失效之负担，以及其用途。

六、在检验中获通过且已缴纳应付费用后，澳门市政厅得许可已被取消注册之车辆重新注册。

第五十五条　注册号码

一、汽车、重型摩托车之注册号码，由一个或两个字母及两组数字，每组为两个数字，并以适当之方式排列。

二、根据澳门市政厅订定之条件并缴纳应付之费用，容许汽车之注册人格化，其字母及数字以车辆所有人之全名或简写替代，或以一个或两个字母再随同一个或两个数字组成。

三、挂车之注册号码，由一个或两个字母再加一个顺序编号组成。

四、轻型摩托车及其他车辆之注册号码，根据澳门市政厅订定之条件组成。

第五十六条　汽车、重型摩托车及挂车之注册号牌

一、除总督专用之车辆外，所有汽车、重型摩托车及挂车之注册号码应以不可移动之方式，固定于号牌上或直接涂于车辆上，在任一情况下，均应尽量处于垂直位置并与车辆中央纵向面垂直，以便在任何情况下，均不会全部或部分被遮挡，并在 20 m 距离内清楚看见。

二、上款所指之图文应装置在汽车及重型摩托车之前后端，挂车则仅装置于后端。

三、第一款所指之号牌由板块制成，装置于车前端之号牌距地面高度不少于 25 cm，车后则不少于 30 cm，并应使号牌维持于保养良好之状态，数字及字母均得清楚阅读，且不得更改其任何规格。

四、第一款所指号牌之底为黑色，字母、数字及笔画均为白色，得使用反光物料。

五、号牌，字母、数字及笔画之形状及尺码，字母、数字及笔画之粗细及有关之空间，根据澳门市政厅核准之式样订定；在缴纳有关费用后，澳门市政厅提供所有号牌。

六、汽车后端之号牌，如尺码为 52 cm×12 cm，字母组与数字组应并行排列；如尺码为 34 cm×23 cm，字母组应位于数字组之上。

七、重型摩托车前端之号牌，应装置于前轮上之平面，注册号码应题记于号牌两面，如无法依此方式装置，则应设有两个号牌，车辆每侧各一，或在车前设单独一个长方形号牌。车后之号牌，应装置于后轮挡泥板或有旁卡之重型摩托车之旁卡后壁板上。

八、如不影响规定之尺码及视线，澳门市政厅得许可拥有用作装置注册号码之框架之汽车使用其框架。

九、"试验"制度下之车辆，发给与注册号牌款式相同之识别牌，但图文以红底白色字母及数字作成，其式样由澳门市政厅订定，应在号牌上题记字母"EX"并附随一个顺序编号。

十、"特别"制度下之车辆，发给与注册号牌款式相同之识别牌，但图文以白底红色字母及数字作成，其式样由澳门市政厅订定，应在号牌上题记字母"ES"并附随一个顺序编号。

十一、根据有关法例获许可暂时进口之车辆，发给与注册号牌款式相同之识别牌，但图文以黄底黑色字母及数字作成，应在号牌上题记字母"T"并附随一个顺序编号。

十二、如注册号码直接题记于车辆上，则应涂为白色而底则为黑色，形状及尺码按本条为注册号牌所规定者，如于重型摩托车车前，该号码则应涂于车辆两侧。

十三、以上各款规定之轻微违反，处下列之罚款：
a) 使用保养不良之注册号牌，罚款澳门币 100 至 500 元；
b) 无注册号牌车辆之通行，罚款澳门币 1 500 至 7 500 元；
c) 其他情况，罚款澳门币 500 至 2 500 元。

十四、除适当获许可之情况外，附有在本地区有效之注册号牌之车辆，其通行方被容许，违者处罚款澳门币 200 至 1 000 元。

第五十七条　其他车辆之注册号牌

一、轻型摩托车注册号码之图文，应遵守为重型摩托车规定之条件，但式样则由澳门市政厅订定。

二、动物拖引车辆注册号码之图文系涂瓷釉。涂漆或印刷于金属牌上，其底为白色，字母为黑色或红色，号牌应以不可移动之方式，固定于车辆上。

四、三轮车类脚踏车，应在后壁板之垂直位置，安装一个金属注册号牌，该注册号牌须与车辆中央纵向面垂直，且不致全部或部分被遮挡。

五、无注册号牌之通行，处下列之罚款：
a) 轻型摩托车，罚款澳门币 1 500 至 7 500 元；
b) 本条规定之其他情况，罚款澳门币 150 至 750 元。

六、使用保养不良之注册号牌，处下列之罚款：
a) 轻型摩托车，罚款澳门币 100 至 500 元；
b) 本条规定之其他情况，罚款澳门币 50 至 250 元。

《核准汽车登记制度》：

第一条　登记之目的

一、汽车登记之主要目的系对有关所有人作认别，以及一般旨在公开对机动车辆之权利。

二、汽车登记系透过采用崭新之信息处理科技进行。

第二条　登记之标的

一、为登记之目的，机动车辆仅指《道路法典》界定为机动车辆，且获交通事务署给予注册之车辆。

二、具有临时注册之车辆，只可作为所有权登记之标的。

三、以机动车辆为标的之法律行为，除有相反之表示外，系包括存在于车辆中之后备配件及附加设备或对象，而不论其对车辆之运行是否必要。

第三条　注册之取消

一、交通事务署应将其对注册所作出之取消及恢复，知会有权限之登记局。

二、取消车辆之注册后所作出之登记无效。

三、交通事务署对注册所作出之取消，不妨碍曾对车辆生效之登记。

第五条　须作登记之事实

一、下列者须作登记：

a) 所有权及用益权；

b) 在机动车辆转让合同内规定之所有权之保留及使用权；

c) 抵押权、抵押权之变更及抵押权之让与，以及有关登记之优先级之让与；

d) 已登记之权利或债权之移转，以及债权之质权、假扣押及查封；

e) 机动车辆之假扣押及查封，以及本法规规定之扣押；

f) 车辆之所有人、用益权人或使用人先前已登记之权利或负担之消灭或变更、其姓名或名称组成之更改，以及其常居所或住所之变更；

g) 其他在《民法典》内特别规定须作登记之法律事实。

二、对于所有权、用益权以及从中产生之权利之转移，均须作登记；而对于上款 b 项所指之保留或使用权，以及车辆之所有人、用益权人或使用人之姓名或名称、常居所或住所之变更，亦须作登记。

三、在必须登记而不作登记之情况下，有权限监察交通法律之执行之当局，应扣押车辆及有关文件，并将之送交登记局存放，直至完成登记为止。

第六条　须作登记之诉讼及裁判

下列者亦须作登记：

a) 以承认、变更或消灭上条所指权利为主要或次要目的之诉讼；

b) 以一项登记之再造、宣告登记无效、撤销登记或取消登记为主要或次要目的之诉讼；

c) 关于上两项所包括之诉讼经确定之终局裁判。

第七条 登记之性质

一、第五条及第六条列举之权利或事实，仅在应作出确定性质之登记时，方得作登记。

二、对查封、假扣押及诉讼，得作属性质之临时登记。

第九条 有关登记凭证之强制性

每一机动车辆均有一相应之所有权登记凭证。

第十条 在凭证内注录之资料

一、在所有权登记凭证内，应载有一切生效之登记，但属质权、假扣押或扣押之登记，不在此限。

二、在登记凭证内，亦须注录已登录之所有人、用益权人或使用人常居所或住所之变更。

三、登记局局长在知悉凭证内之注录不符合现况时，得通知其持有人在指定期限内向登记局呈交凭证，逾期受到违令罪所科处之处罚。

第十一条 登记凭证之呈交

一、须在登记凭证内注录之行为，或以消灭或变更已注录事实为标的之行为，在未呈交已发出之凭证时，不得登记。

二、债权人如欲声请法定或司法抵押之登记，而不具登记凭证时，得透过出示证明其债权之文件，向有权限之登记局局长作口头请求，使凭证之占有人获通知，将凭证在指定期限内送交登记局，逾期受上条第三款所指之告诫。

三、通知系以具收件回执之挂号信作出，其费用由利害关系人支付，或应利害关系人之请求，以登记局其他可行之途径作出。

四、如通知未能收到，或凭证不在指定期限内送交登记局，登记局局长得请求任何行政当局或警察当局扣押该凭证。

五、第三款之规定经必要配合后，适用于诉讼登记及有关终局裁判之登记。

第十二条 登记凭证之换发

对保存不善之登记凭证，应由有权限监察交通法律之执行之当局扣押，并送交登记局进行换发。

第三节　车　辆　保　险

车辆保险包括机动车交通事故责任强制保险及车辆所有人自愿购买的机动车商业保险。内地、澳门两地交通法都要求车辆必须购买保险才能上路行驶。

一、内　地　规　定

（一）机动车第三者责任强制保险（交强险）

国家实行机动车第三者责任强制保险制度，车辆所有人在申请机动车注册登记时及定期安全技术检测时均要求提供机动车交通事故责任强制保险凭证。根据国务院制定发布的《机动车交通事故责任强制保险条例》，机动车交通事故责任强制保险，是指由保险公司对被保险机动车发生道路交通事故造成本车人员、被保险人以外的受害人的人身伤亡、财产损失，在责任限额内予以赔偿的强制性责任保险。机动车第三者责任强制保险的保险人，是经国务院保险监督管理机构批准，从事机动车交通事故责任强制保险业务的保险公司。为了保证机动车交通事故责任强制保险制度的实行，国务院保险监督管理机构有权要求保险公司开展机动车交通事故责任强制保险业务。机动车第三者责任强制保险的投保人，是指与保险公司订立机动车交通事故责任强制保险合同，并按照合同负有支付保险费义务的机动车的所有人、管理人。机动车第三者责任强制保险的被保险人是指投保人及其允许的合法驾驶人。

1. 机动车第三者责任强制保险制度的主要特点

（1）强制性，即机动车所有人、管理人必须投保机动车交通事故责任强制保险，而保险监管部门也有权要求保险公司必须承保机动车交通事故责任强制保险。投保人与保险人非因条例规定情形，不得解除合同。即一是，保险公司不得解除机动车交通事故责任强制保险合同，但是，投保人对重要事项未履行如实告知义务的除外。投保人对重要事项未履行如实告知义务，保险公司解除合同前，应当书面通知投保人，投保人应当自收到通知之日起 5 日内履行如实告知义务；投保人在上述期限内履行如实告知义务的，保险公司不得解除合同。二是，投保人不得解除机动车交通事故责任强制保险合同，但有下列情形之一的除外：①被保险机动车被依法注销登记的；②被保险机动车办理停驶的；③被保险机动车经公安机关证实丢失的。

（2）第三者责任险，为保险人仅对除被保险机动车本车人员、被保险人之外的因被保险机动车发生交通事故遭受人身伤亡或财产损失的受害人在责任限额内予以赔偿。即保险公司对本车人员、被保险人的人身伤亡、财产损失不承担赔偿责任。

（3）保险公司在交通事故中按规定承担垫付责任。因抢救受伤人员需要保险公司支付或者垫付抢救费用的，保险公司在接到公安机关交通管理部门通知后，经核对应当及时向医疗机构支付或者垫付抢救费用。

（4）被保险人对交通事故无责任的，保险人也须按规定承担赔偿责任。

（5）保险费率与道路交通安全违法行为和道路交通事故关联。被保险机动车没有发生道路交通安全违法行为和道路交通事故的，保险公司应当在下一年度降低其保险费率。在此后的年度内，被保险机动车仍然没有发生道路交通安全违法行为和道路交通事故的，保险公司应当继续降低其保险费率，直至最低标准。被保险机动车发生道路交通安全违法行为或者道路交通事故的，保险公司应当在下一年度提高其保险费率。多次发生道路交通安全违法行为、道路交通事故，或者发生重大道路交通事故的，保险公司应当加大提高其保险费率的幅度。但在道路交通事故中被保险人没有过错的，不提高其保险费率。降低或者提高保险费率的标准，由国务院保险监督管理机构会同国务院公安部门制定。

2. 交通事故责任强制保险的责任限额

机动车交通事故责任强制保险实行统一的保险条款和基础保险费率。国务院保险监督管理机构按照机动车交通事故责任强制保险业务总体上不盈利不亏损的原则审批保险费率。机动车交通事故责任强制保险在全国范围内实行统一的责任限额。责任限额分为死亡伤残赔偿限额、医疗费用赔偿限额、财产损失赔偿限额以及被保险人在道路交通事故中无责任的赔偿限额。

根据国务院保险监督管理机构制定的《机动车交通事故责任强制保险条款》，

被保险人在使用被保险机动车过程中发生交通事故，致使受害人遭受人身伤亡或者财产损失，依法应当由被保险人承担的损害赔偿责任，保险人对每次事故的赔偿责任限额如下。

（1）机动车在道路交通事故中有责任的赔偿限额：
① 死亡伤残赔偿限额：110 000 元人民币；
② 医疗费用赔偿限额：10 000 元人民币；
③ 财产损失赔偿限额：2 000 元人民币。

（2）机动车在道路交通事故中无责任的赔偿限额：
① 死亡伤残赔偿限额：11 000 元人民币；
② 医疗费用赔偿限额：1 000 元人民币；
③ 财产损失赔偿限额：100 元人民币。

3. 交强险不予赔偿及垫付的损失和费用

（1）被保险机动车在驾驶人未取得驾驶资格、驾驶人醉酒、被保险机动车被盗抢期间肇事、被保险人故意制造交通事故的情形下发生交通事故，造成受害人受伤需要抢救的，保险人在接到公安机关交通管理部门的书面通知和医疗机构出具的抢救费用清单后，按照国务院卫生主管部门组织制定的《道路交通事故人员创伤临床诊疗指南》和国家基本医疗保险标准进行核实。对于符合规定的抢救费用，保险人在医疗费用赔偿限额内垫付。被保险人在交通事故中无责任的，保险人在无责任医疗费用赔偿限额内垫付。对于其他损失和费用，保险人不负责垫付和赔偿。对于垫付的抢救费用，保险人有权向致害人追偿。

（2）下列损失和费用，交强险不负责赔偿和垫付：
① 因受害人故意造成的交通事故的损失；
② 被保险人所有的财产及被保险机动车上的财产遭受的损失；
③ 被保险机动车发生交通事故，致使受害人停业、停驶、停电、停水、停气、停产、通信或者网络中断、数据丢失、电压变化等造成的损失以及受害人财产因市场价格变动造成的贬值、修理后因价值降低造成的损失等其他各种间接损失；
④ 因交通事故产生的仲裁或者诉讼费用以及其他相关费用。

4. 保险期间

机动车交通事故责任强制保险的保险期间为 1 年，但有下列情形之一的，投保人可以投保短期机动车交通事故责任强制保险。

(1) 境外机动车临时入境的；

(2) 机动车临时上道路行驶的；

(3) 机动车距规定的报废期限不足 1 年的；

(4) 国务院保险监督管理机构规定的其他情形。

保险期间内被保险机动车所有权转移的，应当办理机动车交通事故责任强制保险合同变更手续。

（二）机动车商业保险

机动车所有人、管理人在投保交强险之外，还可以对其所有或管理的机动车投保机动车商业保险。

相对于交强险仅有第三者责任险单一险种，机动车商业保险的险种较为丰富，包括基本险和附加险，基本险分为车辆损失险、第三者责任险、全车盗抢险和车上人员责任险。在保险条款和基础保险费率上，机动车商业保险不同于交强险，各保险公司承保机动车商业保险的保险条款可在中国保险行业协会制定的机动车商业保险条款示范文本的基础上根据实际情况自行约定，基础保险费率可在国务院保险监督管理机构核定的范围内确定。并且机动车商业保险属自愿投保，国家不作强制性要求。机动车所有人或管理人可以不投保商业险，也可以只投保一个或数个险种。此外，机动车商业保险的赔偿限额不同于交强险，商业保险最高赔偿限额由投保人和保险人在投保时协商确定。

机动车商业保险的基本险可单独购买，附加险必须在购买基本险的基础上进行选择。各个保险公司所承保的附加险险种略有不同，主要有发动机涉水损失险、玻璃单独破碎险、自燃损失险、车身划痕损失险、不计免赔特约险等险种。

车辆损失险：车辆损失险是指保险车辆遭受保险责任范围内的自然灾害（不包括地震）或意外事故，造成保险车辆本身损失，保险人依据保险合同的规定给予赔偿。

第三者责任险：第三者责任险是指保险车辆因保险人责任事故，致使他人遭受人身伤亡或财产的直接损失，保险人依照保险合同的规定给予赔偿。

全车盗抢险：保险车辆全车被盗窃、被抢劫、被抢夺后未查明下落，以及被盗窃、被抢劫、被抢夺后受到损坏或车上零部件、附属设备丢失需要修复的合理费用，由保险人在保险金额内予以赔偿。

车上人员责任险：指的是被保险人允许的合格驾驶员在使用保险车辆过程中发生保险事故，致使车内乘客人身伤亡，依法应由被保险人承担的赔偿责任，保险人按照保险合同进行赔偿。

玻璃单独破碎险：车辆在停放或使用过程中，其他部分没有损坏，仅玻璃单独破裂或破碎，玻璃的损失由保险人赔偿。

自燃损失险：车辆因电路、线路、供油系统发生故障以及因运载货物自身起火燃烧造成保险车辆的损失。

不计免赔特约险：车辆发生车辆损失险或第三者责任险的保险事故造成赔偿，对应由被保险人承担的免赔金额，由保险人负责赔偿。

二、澳门规定

澳门法律亦规定机动车辆及其挂车须按规定购买民事责任保险后，方可在公共道路上通行。就所购买的每项保险应发出经依法核准式样的证明文件，而车辆在公共道路上通行时，驾驶员应带备该证明文件。不按规定购买民事责任保险及不随车携带购买保险证明文件，则予以处罚。

澳门法律规定了车辆的强制保险，也规定了机动车体育比赛的保险。

（一）强制保险

1. 第三者保险

任何类型的车辆包括轻型车辆、重型车辆、牵引车、半牵引车、轻型摩托车与重型摩托车，只有在投保民事责任险之后方能通行。保险合同应与得到合法授权而成立的保险公司签订，此等保险目的在于，当使用车辆给第三者造成伤害而必须赔偿时，保障赔偿之履行。

2. 乘客险

重型客运车，配备或不配备司机的轻型出租车及计程车均须为乘客购买保险，是为乘客险。

3. 保险金额

所有强制保险都有最低保险数额，最低费用额依保险的种类不同而不同，其金额载于保险法规的费用表中。

汽车民事责任保险的最低金额表

（一九九四年十一月二十八日第57/94/M号法令第六条第一款所指者）

"湖北项目"总体规划

（单位：元，澳门币）

车辆类别	保险金额	
	每年	每起事故
具备辅助发动机的脚踏车、轻型摩托车及农业牵引车	30 000 000.00	750 000.00
轻型机动车辆及重型摩托车	30 000 000.00	1 500 000.00
属的士的轻型机动车辆及属不论配备驾驶员与否的出租车的轻型机动车辆	30 000 000.00	3 000 000.00
集体客运重型机动车辆		
对非乘客的第三人造成损害	30 000 000.00	4 000 000.00
对乘客造成损害	30 000 000.00	每名乘客的保险金额为200 000.00，而总保险金额则为200 000.00乘以车辆载客量。
集体货运重型车辆	30 000 000.00	4 000 000.00
重型货车及工业牵引车	30 000 000.00	4 000 000.00
体育比赛		
重型摩托车比赛	30 000 000.00	10 000 000.00
汽车比赛	100 000 000.00	30 000 000.00

（1）保险之保障不包括对下列人士造成之任何损害：

a）车辆驾驶员及保险单权利人；

b）所有根据……规定，尤其是因共有被保车辆而责任受保障之人士；

c）上两项所指人士之配偶、直系血亲尊亲属、直系血亲卑亲属或其所收养者，及直至第三亲等之其他血亲或与其共同居住或由其供养之直至第三亲等之姻亲；

d）在执行职务时发生交通事故且应对该事故负责任之法人或公司之法定代

理人，以及替被保险人服务之雇员、散工及受托人；

　　e）因与上数项所指人士有联系，而根据《民法典》之规定有权要求赔偿之人士。

　　（2）保险之保障亦不包括下列之任何损害：

　　a）对被保车辆本身造成之损害；

　　b）在运送、上货或卸货过程中对被保车辆运输之财货造成之损害；

　　c）因上货及卸货而对第三人造成之损害；

　　d）违反《道路法典》有关运输之规定而运送乘客时，对其造成之损害；

　　e）直接或间接由原子蜕变或聚变、人工粒子加速或放射现象所引致之爆炸、热能释放或辐射造成之损害；

　　f）在体育比赛及与比赛有关之正式练习中造成之损害，但按本法规规定有特定保障者除外。

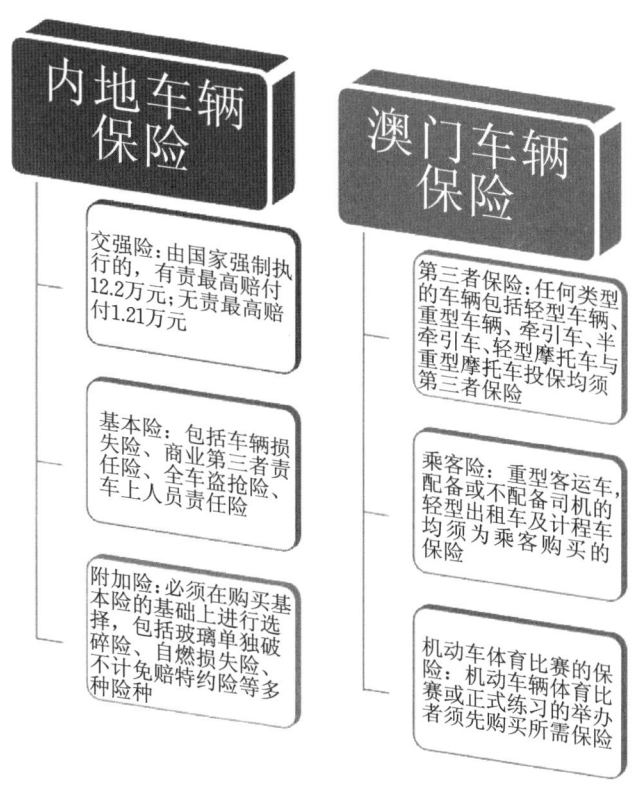

两地车辆保险差异

（二）机动车体育比赛的保险

机动车辆体育比赛或正式练习的举办者须先购买所需保险，以承保参赛车辆的所有人或占有人及参赛者因该等车辆导致的事故所造成的损害而应承担的民事责任，方可获准在公共道路上举行机动车辆体育比赛或正式练习。

（1）每次机动车辆之体育比赛及与比赛有关之正式练习，须在机动车辆设有保险后方得进行，该保险保障主办者、车辆所有人、持有人及驾驶员因车辆造成事故而负之民事责任。

（2）在不妨碍上条规定之情况下，上款所指保险之保障不包括对参与者、有关辅助组、参与者及辅助组所使用车辆造成之损害，及对主办实体、服务人员或任何协助者造成之损害。

第四节 车辆检验

车辆检验是保障道路交通安全，预防和减少交通事故的重要措施。内地、澳门两地交通法规均对车辆注册登记及使用过程中的检验做出了明确的规定。

一、内地规定

机动车检验即机动车安全技术检验，是指根据《道路交通安全法》及其实施条例规定，按照机动车国家安全技术标准等要求，对上道路行驶的机动车进行检验检测的活动，包括机动车注册登记时的初次安全技术检验和登记后的定期安全技术检验。

（一）检验机构

机动车安全技术检验由机动车安全技术检验机构实施。具体为具备检验资格的检测站。

机动车安全技术检验机构是指在中华人民共和国境内，根据《道路交通安全法》及《道路交通安全法实施条例》的规定，按照机动车国家安全技术标准等要求，对上道路行驶的机动车进行检验，并向社会出具公正数据的检验机构。

机动车安全技术检验机构应当依照国家有关法律法规的规定，取得计量认证、检验资格许可后,方可在批准的检验范围内承担机动车安全技术检验。

机动车安全技术检验机构应当按照国家机动车安全技术检验标准对机动车进行检验,对检验结果承担法律责任。

质量技术监督部门负责对机动车安全技术检验机构实行计量认证管理,对机动车安全技术检验设备进行检定,对执行国家机动车安全技术检验标准的情况进行监督。

(二) 检验依据的标准

机动车检验由检验机构以《机动车运行安全技术条件》为检验依据,按照《机动车安全技术检验项目和方法》规定的检验项目和检验方法进行。根据《道路交通安全法》规定,机动车安全技术检验项目由国务院公安部门会同国务院质量技术监督部门规定。国家质量监督检验检疫总局及国家标准化管理委员会发布的《机动车安全技术检验项目和方法》规定了机动车安全技术检验的检验项目、检验方法、检验要求和检验结果处置。

对于检验机动车是否符合机动车国家安全技术标准,所依据的机动车国家安全技术标准为《机动车运行安全技术条件》。该标准规定了机动车整车,发动机和驱动电机,转向系,制动系,照明、信号装置和其他电气设备,行驶系,传动系,车身,安全防护装置,消防车、救护车、工程救险车和警车的附加要求、残疾人专用汽车的附加要求等基本技术要求及检验办法。

(三) 检验类型

1. 注册登记时的初次检验

内地交通法规定机动车在申请注册登记时应当接受对机动车的安全技术检验,同时规定了国产机动车新车登记注册时的免检制度。

机动车在申请注册登记的同时接受安全技术检验。这是机动车进行注册登记的一个必要条件,对申请注册的机动车进行安全技术检验,是减少道路交通安全隐患的重要举措。鉴于我国车辆制造技术的发展,我国所制造的车辆的技术性质和质量不断提高,为提高车辆登记效率,减轻车辆所有人负担,《道路交通安全法》规定了国产机动车新车登记注册时的免检制度。

新车免检应符合以下条件:

(1) 免检机动车型必须是经国家机动车产品主管部门依据机动车国家安全技

术标准认定的企业生产的机动车型。

国家有关部门对免检机动车型根据实际情况进行更新。2014年4月29日，公安部联合质检总局所发布的通知规定所有新出厂的轿车和其他小型、微型载客汽车，以及经工业和信息化部认定免予安全技术检验的其他新出厂的机动车，在办理机动车注册登记前，不再进行安全技术检验。

（2）免检车型的新车在出厂时经检验符合机动车国家安全技术标准，获得检验合格证。新车免检仅是在登记注册时免检，并非完全不经检验，在出厂时须对具体车辆是否符合机动车国家安全技术标准进行检验，才能确保质量和安全。

免予安全技术检验的机动车有下列情形之一的，应当进行安全技术检验：
①国产机动车出厂后两年内未申请注册登记的；
②经海关进口的机动车进口后两年内未申请注册登记的；
③申请注册登记前发生交通事故的。

2. 登记后的定期安全技术检验

机动车的检验除了注册登记前的注册登记检验（初次检验）外，还有投入使用后的定期检验、临时检验和特殊检验。

定期检验是对已经注册登记领取正式号牌和行驶证上路行驶的机动车，定期按照《机动车运行安全技术条件》国家标准进行的检验。定期检验的目的在于检查机动车的主要技术状况，督促加强汽车的维护保养，确保机动车行驶安全，减少交通事故的发生。

《道路交通安全法》规定，对登记后上道路行驶的机动车，应当依照法律、行政法规的规定，根据车辆用途、载客载货数量、使用年限等不同情况，定期进行安全技术检验。对提供机动车行驶证和机动车第三者责任强制保险单的，机动车安全技术检验机构应当予以检验，任何单位不得附加其他条件。对符合机动车国家安全技术标准的，公安机关交通管理部门应当发给检验合格标志。

对机动车的安全技术检验实行社会化。具体办法由国务院规定。

机动车安全技术检验实行社会化的地方，任何单位不得要求机动车到指定的场所进行检验。

公安机关交通管理部门、机动车安全技术检验机构不得要求机动车到指定的场所进行维修、保养。

机动车安全技术检验机构对机动车检验收取费用，应当严格执行国务院价格主管部门核定的收费标准。

（1）定期检验的项目。

根据《机动车安全技术检验项目和方法》，机动车安全技术检验项目包括车辆唯一性检查、联网查询、车辆特征参数检查、车辆外观检查、安全装置检查、底盘动态检验、车辆底盘部件检查、仪器设备检验。

（2）定期检验的期限。

《道路交通安全法实施条例》对机动车的检验期限做出了规定，即机动车应当从注册登记之日起，按照下列期限进行安全技术检验：

①营运载客汽车 5 年以内每年检验 1 次；超过 5 年的，每 6 个月检验 1 次。

②载货汽车和大型、中型非营运载客汽车 10 年以内每年检验 1 次；超过 10 年的，每 6 个月检验 1 次。

③小型、微型非营运载客汽车 6 年以内每 2 年检验 1 次；超过 6 年的，每年检验 1 次；超过 15 年的，每 6 个月检验 1 次。

④摩托车 4 年以内每 2 年检验 1 次；超过 4 年的，每年检验 1 次。

⑤拖拉机和其他机动车每年检验 1 次。

营运机动车在规定检验期限内经安全技术检验合格的，不再重复进行安全技术检验。

已注册登记的机动车进行安全技术检验时，机动车行驶证记载的登记内容与该机动车的有关情况不符，或者未按照规定提供机动车第三者责任强制保险凭证的，不予通过检验。

除《道路交通安全法实施条例》的规定外，公安部门在实施交通管理中也就机动车的检验期限做了一些临时性的规定。如自 2014 年 9 月 1 日起，试行 6 年以内的非营运轿车和其他小型、微型载客汽车（面包车、7 座及 7 座以上车辆除外）免检制度。对注册登记 6 年以内的非营运轿车和其他小型、微型载客汽车（面包车、7 座及 7 座以上车辆除外），每 2 年需要定期检验时，机动车所有人提供交通事故强制责任保险凭证、车船税纳税或者免征证明后，可以直接向公安机关交通管理部门申请领取检验标志，无须到检验机构进行安全技术检验。申请前，机动车所有人应当将涉及该车的道路交通安全违法行为和交通事故处理完毕。但车辆如果发生过造成人员伤亡的交通事故，仍应按原规定的周期进行检验。上述车辆注册登记超过 6 年（含 6 年）的，仍按规定每年检验 1 次；超过 15 年（含 15 年）的，仍按规定每 6 个月检验 1 次。

3. 临时检验和特殊检验

机动车临时检验，是指公安机关交通管理部门根据国家或上级部门的某种指示或者特殊的情况下进行的临时性的机动车安全技术检验。如：春运时的客运车辆安全技术检验、暑期时的客运车辆安全技术检验等临时性检验，检验不合格的不准参加客运。

机动车特殊检验，是指公安机关交通管理部门针对特殊的车辆进行的特别检验，包括肇事车辆、改装车辆和报废车辆等技术检验。

二、澳门规定

澳门交通法规定了车辆的检验制度，主要是为了核实车辆是否遵守所定之规章以及审查车辆是否符合安全条件，即是否符合《道路法典》与《道路交通法》的要求，同时也规定了为公共利益而对车辆所做的特别测试。

（一）检验机构

检验机构主要为交通事务局汽车检验中心，亦可为交通事务局汽车检验中心指定的其他地点。

（二）检验所依据的标准

澳门特区检验车辆所依据的标准是《检验及确定机动车辆各种规格的规章》。该规章对有关车辆检验须遵守的程序、条件及规则作出了规定。如《在用车辆尾气排放污染物的排放限值及测量方法》《进口新重型及轻型摩托车应遵守的气体污染物排放限值的规定》《重型载客车辆之类型及技术特征条例》《订定运送气体瓶及液体燃料鼓有车厢之汽车应遵之规格事宜》《进口新汽车应遵守的尾气排放标准的规定》《道路法典规章》。

（三）检验的种类

1. 首次检验

机动车辆、挂车及半挂车获准通行之前，须接受主管实体的初次检验。首次验车时，有关车辆具备可通过的条件则可被认可及注册。

澳门的机动车辆均为进口车辆，无论是销售还是自用，车辆进口前，须由机动车辆商标和型号核准委员会（下称委员会）进行车辆商标及型号的核准，包括认可阶段及检验阶段。认可为检验的前提。认可阶段，委员会以审查文件方式核实车辆的商标及型号、有关的空气动力学配件、永久性结构物的建造及安装或车厢的更改是否符合技术规格的要求；检验阶段，从技术上确认在认可阶段所递交的文件数据。

完成认可阶段后，须通知申请人可进口获认可商标及型号的车辆，以便接受检验。该检验即为首次检验。证实有关车辆符合在认可阶段所递交的文件资料后，所申请的商标及型号可获核准，并可根据现行法例的规定，自获通知核准有关商标及型号之日起计 5 年内进口有关车辆，以作销售或自用。申请人须于指定的日期及时间将车辆送往交通事务局汽车检验中心或该局指定的其他地点进行首次检验。接受检验的车辆应备有原厂使用手册，并应内外清洁，其识别数据应清晰可见，且不得运载乘客及货物。除前述文件外，申请人尚须递交一份运输文件或产地来源证的副本，其内应载明货物的说明及数量、商标、型号、车辆识别号码或发动机号码、发货地点、受货人的身份数据，以及倘有的中转港或转运机场。委员会认为有需要时，可要求申请人补充有关车辆的资料。倘接受检验的车辆规格与在认可阶段所递交的文件数据不相符，申请人须在 90 日内补正有关不相符之处，否则其申请不获批准。车辆的技术规格载于随后发出的车辆识别文件内。

交通事务局认为有需要时，可决定对车辆进行测试或试验，测试或试验应在交通事务局订定的期间内，按技术要求在汽车检验中心或其他地方进行，以确保车辆具备安全条件及符合其规格。有需要时，交通事务局可要求澳门特别行政区或外地的专家参与测试及试验。

除用作货运之开放式车厢之重型汽车及挂车外，如未经澳门市政厅核准之车厢设计，所有车辆均不得受检。

2. 定期及特别检验

定期及特别检验是由申请人提出要求或根据法律规定由有权限官方实体订定进行。汽车、重型摩托车、轻型摩托车、挂车、半挂车及工业机械车须接受定期检验。各种类型车辆定期检验的时间间隔如下：

（1）教练车、的士、供自行驾驶的轻型出租汽车、旅游车、校车、重型客车、包括驾驶员座位在内超过 6 个座位且作商业用途的轻型客车、货车、客货车、挂车、半挂车、混凝土拌合车、工业机器车、作商业用途的重型摩托车及轻型摩托车，均须接受每年强制检验。

（2）非属上款范围内的轻型汽车、重型摩托车及轻型摩托车的定期检验依下述规定为之：

a) 轻型汽车及重型摩托车自为取得注册而接受初次检验之日起计满 8 年后，须接受每年强制检验；

b) 轻型摩托车自为取得注册而接受初次检验之日起计满 5 年后，须接受一次强制检验，并自为取得注册而接受初次检验之日起计满 8 年后，须接受每年强制检验。

汽车、重型摩托车、轻型摩托车、挂车、半挂车及工业机械车在下列情况下，另须接受特别检验：

（1）载于车辆识别文件的规格有所变更，但如属须接受每年强制检验的车辆，经利害关系人申请，并获主管实体许可，则可进行车辆规格变更而无须接受特别检；

（2）为检定车辆是否符合安全条件或本法律及补充法规所定的要件，由主管实体主动或应监察实体的提议而决定进行特别检验；

（3）车辆的结构或功能规格，尤其是主结构、悬挂系统、制动系统或转向系统因事故而受影响。

通过定期或特别检验的车辆将获发证明文件，而车辆在公共道路上通行时应备有该证明文件。

（四）检验应遵守之规则

（1）检验由澳门市政厅之技术人员在该机构预先订定之地点、日期及时间为之。

（2）澳门市政厅得例外应利害关系人之申请，许可在利害关系人指出之其他地方进行检验，除应给付之费用外，如检验技术员得收取交通费及公干津贴时，均由申请人支付。

（3）用作公共服务路线之重型汽车之定期检验，如不得在惯常之地点进行，应在其泊车地点为之，但应给付之费用及以上所指之开支，均由申请人支付。

（4）通过检验之车辆，应发给有关所有人一张检验表以作证明。

（5）不获通过之车辆，应发给一张列明其不获通过原因之表。

（6）检验中发现与车辆安全条件无关之缺陷或不规则之情况，不应阻止车辆行驶，而应为其所有人订定适当之期间进行必要之修理或更改，以便车辆接受复验，此项检验为免费。

（7）当缺陷与转向器、制动器之运作或与其他安全条件有关时，则车辆不得行驶，而有关之登记折应被扣押至检验获通过。

（8）遇以上规定之情况，登记折由容许车辆在修理后往检之凭单替代。

（9）如车辆未于指定日期前往受检，应另订检验日期及将该日期通知车辆所有人。

（10）除有合理原因外，检验之缺席并不免除车辆所有人缴纳应付之费用。

（11）如公共运输汽车应在以上所指另行订定之日期接受检验而无如期前往受检，除非能提出合理解释，否则，自该日期起计 60 日后取消有关注册。

（12）如车辆应在以上所指另行订定之日期接受检验而无如期前往受检，除非能提出合理解释，否则，自该日期起计6个月后取消有关注册，如发现该车辆在公共道路上通行或停泊，则予以扣押。

（13）在检验中被证实永久报废之车辆，不得在公共道路上通行或停泊，否则将被扣押，而主管实体可依职权取消有关注册。

内地	澳门
内地交通法规定机动车在申请注册登记时应当接受对机动车的安全技术检验。同时规定了国产机动车新车登记注册时的免检制度：	教练车、的士、供自行驾驶的轻型出租汽车、旅游车、校车、重型客车、包括驾驶员座位在内超过六个座位且作商业用途的轻型客车、货车、客货车、挂车、半挂车、混凝土拌合车、工业机器车、作商业用途的重型摩托车及轻型摩托车，均须接受每年强制检验
1.营运载客汽车5年以内每年检验1次；超过5年的，每6个月检验1次；	
2.载货汽车和大型、中型非营运载客汽车10年以内每年检验1次；超过10年的，每6个月检验1次；	非属上款范围内的轻型汽车、重型摩托车及轻型摩托车的定期检验依下述规定为之： a) 轻型汽车及重型摩托车自为取得注册而接受初次检验之日起计满8年后，须接受每年强制检验； b) 轻型摩托车自为取得注册而接受初次检验之日起计满5年后，须接受一次强制检验，并自为取得注册而接受初次检验之日起计满8年后，须接受每年强制检验
3.小型、微型非营运载客汽车6年以内每2年检验1次；超过6年的，每年检验1次；超过15年的，每6个月检验1次；	
4.摩托车4年以内每2年检验1次；超过4年的，每年检验1次；	
5.拖拉机和其他机动车每年检验1次	

两地车辆年检差异

第四章　驾　驶　人

第一节　驾驶执照

一、内地规定

在内地交通法律体系中，将驾驶执照的定义规定在《道路交通安全法》《道路交通安全法实施条例》《机动车驾驶证申领和使用规定》中。

《道路交通安全法》：

第十九条　驾驶机动车，应当依法取得机动车驾驶证。

申请机动车驾驶证，应当符合国务院公安部门规定的驾驶许可条件；经考试合格后，由公安机关交通管理部门发给相应类别的机动车驾驶证。

持有境外机动车驾驶证的人，符合国务院公安部门规定的驾驶许可条件，经公安机关交通管理部门考核合格的，可以发给中国的机动车驾驶证。

驾驶人应当按照驾驶证载明的准驾车型驾驶机动车；驾驶机动车时，应当随身携带机动车驾驶证。

公安机关交通管理部门以外的任何单位或者个人，不得收缴、扣留机动车驾驶证。

《道路交通安全法实施条例》：

第十九条　符合国务院公安部门规定的驾驶许可条件的人，可以向公安机关交通管理部门申请机动车驾驶证。

机动车驾驶证由国务院公安部门规定式样并监制。

《机动车驾驶证申领和使用规定》：

第八条 驾驶机动车，应当依法取得机动车驾驶证。

第九条 机动车驾驶人准予驾驶的车型顺序依次分为：大型客车、牵引车、城市公交车、中型客车、大型货车、小型汽车、小型自动挡汽车、低速载货汽车、三轮汽车、残疾人专用小型自动挡载客汽车、普通三轮摩托车、普通二轮摩托车、轻便摩托车、轮式自行机械车、无轨电车和有轨电车。

第十条 机动车驾驶证记载和签注以下内容：

（一）机动车驾驶人信息：姓名、性别、出生日期、国籍、住址、身份证明号码（机动车驾驶证号码）、照片；

（二）车辆管理所签注内容：初次领证日期、准驾车型代号、有效期限、核发机关印章、档案编号。

第十一条 机动车驾驶证有效期分为 6 年、10 年和长期。

二、澳门规定

在澳门的交通法律体系中，将驾驶执照的定义规定在《道路交通法》《澳门居民手册》和澳门特别行政区政府网站中。

《道路交通法》：

第十五条 驾 驶 员

一、在公共道路上通行的车辆，应由一名驾驶员驾驶。

二、驾驶员不具备适当的体格或心理条件时，不应驾驶。

三、不论任何时候，驾驶员均应控制所驾驶的车辆，且不得作出任何可影响安全驾驶的行为或活动。

澳门特别行政区政府网站中对澳门驾驶执照的申请有进一步的说明：

驾驶考试——首次申请如何办理；

服务对象及申请资格：欲考取澳门驾驶执照者。

办理手续及所需文件：

1. 填妥表格第一号——驾驶考试申请书；

2. 车辆驾驶员体格及健康证明书正本；

3. 澳门特别行政区有效居民身份证或澳门特别行政区有效合法逗留证明文

件清晰影印本 1 张；

4. 1.5 吋（1 吋＝1 英寸）半近照 4 张（彩色白底）。

必须出示文件：

1. 澳门特别行政区居民有效身份证；

2. 澳门特别行政区有效合法逗留证明文件正本。

服务办理地点及时间：

交通事务局（马交石）服务专区；

地址：澳门马交石炮台马路 33 号地下；

办公时间：周一至周五，上午 9 时至下午 6 时。

费用：

费用（或税项）：根据第 525/2016 号行政长官批示核准"交通事务局费用及价金表"刊登于 2016 年 12 月 31 日澳门政府公报（第一组/特刊）。

表格费用：无须缴付表格费用；

印花税：无须缴付印花税；

保证金：无须缴付保证金。

备注事项/申请须知：

1. 驾驶考试申请书须具驾驶学校印章及教练员签名；申请驾驶考试资格。

2. 获得有关类别驾驶执照，必须符合下列条件。

轻型摩托车、重型摩托车及轻型汽车：18 岁；

重型货车及重型客车及铰接式车：21 岁。

3. 获接纳参加 D1 及 D2 小类车辆之驾驶考试之条件如下：

a) 考取 D1 小类驾驶执照须持有效 C 类驾驶执照或有效 B 类驾驶执照至少 3 年；

b) 考取 D2 小类驾驶执照须持有效 C 类驾驶执照至少 1 年或持有有效 D1 小类驾驶执照。

4. 投考轻型/重型摩托车人士，应在发出学习驾驶执照时，同时递交已购买第三者保险之证明文件。

5. 学员必须在驾驶理论或驾驶实习教学等每一类教程，获所规定授课方可接受考试。

6. 缺席任何考试之投考人可自其已通过之最后一项测验之日起计 2 年内，

第四章 驾 驶 人   77

申请重考及缴纳相关费用,而先通过之测验仍视为有效。

7. 倘申请人有个人身份数据更改,需先行办妥数据更新手续,然后再提交所需之项目申请。

《澳门居民手册·3-1》:

驾驶证是证明持证人有能力驾驶机动车辆、轻型摩托车及重型摩托车之官方文件,由澳门市政厅交通处签发。

两地驾驶证图例如下:

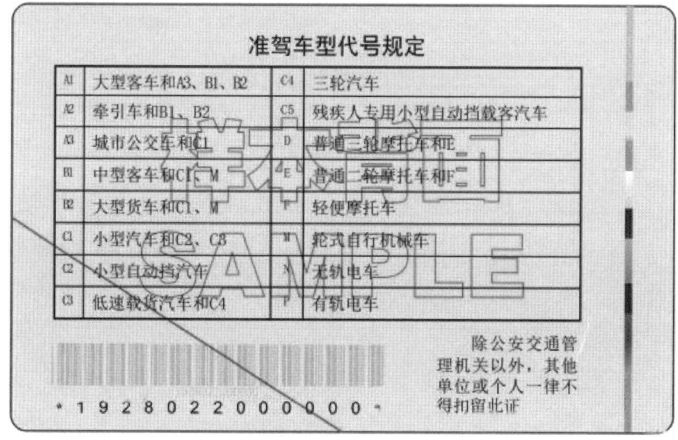

内地机动车驾驶证

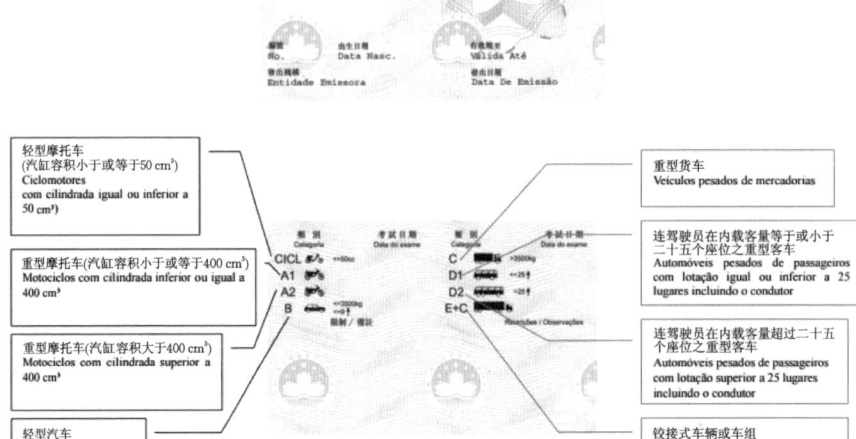

澳门驾驶执照

两地驾驶执照的分类及代码

内地		澳门	
准驾车型	代号	准驾车型	代号
大型客车	A1	轻型摩托车	CICL
牵引车	A2	汽缸容积等于或小于 400 cm³ 之重型摩托车	A1
城市公交车	A3	汽缸容积超过 400 cm³ 之重型摩托车	A2
中型客车	B1	总质量不超过 3 000 kg 之汽车，不包括驾驶员座位在内之座位数目不超过 8 座	B
大型货车	B2	用作货运之汽车，总质量超过 3 500 kg	C
小型汽车	C1	连驾驶员在内载客量等于或小于 25 个座位或车厢长度等于或小于 8 公尺之重型客车	D1
小型自动挡汽车	C2	连驾驶员在内载客量超过 25 个座位或车厢长度超过 8 公尺之重型客车	D2

续表

内地		澳门	
准驾车型	代号	准驾车型	代号
低速载货汽车	C3	由 B 类牵引车辆及一部总质量超过 750 kg 之挂车组成之车组，两者系于一起时，挂车之总质量不超过汽车之自重且车组之总质量不超过 3 500 kg	E+B
三轮汽车	C4	由一属于 C 类之牵引车辆与一部总质量超过 750 kg 之挂车组成之车组或属于 C 类之牵引车辆与一部总质量超过 750 kg 之半挂车之铰接式车辆	E+C
残疾人专用小型自动挡载客汽车	C5	由一部 D1 小类牵引车及一部总质量超过 750 kg 之挂车组成之车组	E+D1
普通三轮摩托车	D	由一部 D2 小类牵引车及一部总质量超过 750 kg 之挂车组成之车组	E+D2
普通二轮摩托车	E		
轻便摩托车	F		
轮式自行机械车	M		
无轨电车	N		
有轨电车	P		
1. 申请 C1、C2、C5、F 准驾车型的，在 18 周岁以上、70 周岁以下； 2. 申请 C3、C4、D、E 或者 M 准驾车型的，在 18 周岁以上、60 周岁以下； 3. 申请 A3、B2、N 或者 P 准驾车型的，在 20 周岁以上、50 周岁以下； 4. 申请 B1 准驾车型的，在 21 周岁以上、50 周岁以下； 5. 申请 A2 准驾车型的，在 24 周岁以上、50 周岁以下； 6. 申请 A1 准驾车型的，在 26 周岁以上、50 周岁以下； 7. 接受全日制驾驶职业教育的学生，申请 A1、A2 准驾车型的，在 20 周岁以上、50 周岁以下		A1、A2、E+B：18 岁；C、D1、D2、E+C、E+D1 及 E+D2：21 岁。 按《道路交通规章》之规定，A、B、C、E（不含 E+D）类的持有人在执照期满前 6 个月便能续期，只要将证明其适合驾驶之医生证明及相关检验报告递交之便可。但《道路交通规章》第六十条第四款同时规定，65 岁以下之驾驶员方可驾驶 D 类及 E+D 类车辆	

第二节　驾驶资格取得

一、内地规定

在内地交通法律体系中，将驾驶资格取得规定在《道路交通安全法》《道路交通安全法实施条例》《机动车驾驶证申领和使用规定》《机动车驾驶证业务工作规范》中。

《道路交通安全法》：

第十九条　驾驶机动车，应当依法取得机动车驾驶证。

申请机动车驾驶证，应当符合国务院公安部门规定的驾驶许可条件；经考试合格后，由公安机关交通管理部门发给相应类别的机动车驾驶证。

持有境外机动车驾驶证的人，符合国务院公安部门规定的驾驶许可条件，经公安机关交通管理部门考核合格的，可以发给中国的机动车驾驶证。

驾驶人应当按照驾驶证载明的准驾车型驾驶机动车；驾驶机动车时，应当随身携带机动车驾驶证。

公安机关交通管理部门以外的任何单位或者个人，不得收缴、扣留机动车驾驶证。

第二十条　机动车的驾驶培训实行社会化，由交通主管部门对驾驶培训学校、驾驶培训班实行资格管理，其中专门的拖拉机驾驶培训学校、驾驶培训班由农业（农业机械）主管部门实行资格管理。

驾驶培训学校、驾驶培训班应当严格按照国家有关规定，对学员进行道路交通安全法律、法规、驾驶技能的培训，确保培训质量。

任何国家机关以及驾驶培训和考试主管部门不得举办或者参与举办驾驶培训学校、驾驶培训班。

《道路交通安全法实施条例》：

第十九条　符合国务院公安部门规定的驾驶许可条件的人，可以向公安机关交通管理部门申请机动车驾驶证。

机动车驾驶证由国务院公安部门规定式样并监制。

第二十条　学习机动车驾驶，应当先学习道路交通安全法律、法规和相关知识，考试合格后，再学习机动车驾驶技能。

在道路上学习驾驶，应当按照公安机关交通管理部门指定的路线、时间进行。在道路上学习机动车驾驶技能应当使用教练车,在教练员随车指导下进行,与教学无关的人员不得乘坐教练车。学员在学习驾驶中有道路交通安全违法行为或者造成交通事故的,由教练员承担责任。

第二十一条 公安机关交通管理部门应当对申请机动车驾驶证的人进行考试,对考试合格的,在5日内核发机动车驾驶证;对考试不合格的,书面说明理由。

第二十二条 机动车驾驶证的有效期为6年,本条例另有规定的除外。

机动车驾驶人初次申领机动车驾驶证后的12个月为实习期。在实习期内驾驶机动车的,应当在车身后部粘贴或者悬挂统一式样的实习标志。

机动车驾驶人在实习期内不得驾驶公共汽车、营运客车或者执行任务的警车、消防车、救护车、工程救险车以及载有爆炸物品、易燃易爆化学物品、剧毒或者放射性等危险物品的机动车;驾驶的机动车不得牵引挂车。

《机动车驾驶证申领和使用规定》:

第十二条 申请机动车驾驶证的人,应当符合下列规定:

(一)年龄条件

1. 申请小型汽车、小型自动挡汽车、残疾人专用小型自动挡载客汽车、轻便摩托车准驾车型的,在18周岁以上、70周岁以下;

2. 申请低速载货汽车、三轮汽车、普通三轮摩托车、普通二轮摩托车或者轮式自行机械车准驾车型的,在18周岁以上、60周岁以下;

3. 申请城市公交车、大型货车、无轨电车或者有轨电车准驾车型的,在20周岁以上、50周岁以下;

4. 申请中型客车准驾车型的,在21周岁以上、50周岁以下;

5. 申请牵引车准驾车型的,在24周岁以上、50周岁以下;

6. 申请大型客车准驾车型的,在26周岁以上、50周岁以下;

7. 接受全日制驾驶职业教育的学生,申请大型客车、牵引车准驾车型的,在20周岁以上、50周岁以下。

(二)身体条件

1. 身高:申请大型客车、牵引车、城市公交车、大型货车、无轨电车准驾车型的,身高为155 cm以上。申请中型客车准驾车型的,身高为150 cm以上;

2. 视力:申请大型客车、牵引车、城市公交车、中型客车、大型货车、无轨电车或者有轨电车准驾车型的,两眼裸视力或者矫正视力达到对数视力表5.0以上。申请其他准驾车型的,两眼裸视力或者矫正视力达到对数视力表4.9以上。单眼视力障碍,优眼裸视力或者矫正视力达到对数视力表5.0以上,且水平视野达到150°的,可以申请小型汽车、小型自动挡汽车、低速载货汽车、三轮汽车、残疾人专用小型自动挡载客汽车准驾车型的机动车驾驶证；

3. 辨色力：无红绿色盲；

4. 听力：两耳分别距音叉50 cm能辨别声源方向。有听力障碍但佩戴助听设备能够达到以上条件的，可以申请小型汽车、小型自动挡汽车准驾车型的机动车驾驶证；

5. 上肢：双手拇指健全，每只手其他手指必须有三指健全，肢体和手指运动功能正常。但手指末节残缺或者左手有三指健全，且双手手掌完整的，可以申请小型汽车、小型自动挡汽车、低速载货汽车、三轮汽车准驾车型的机动车驾驶证；

6. 下肢：双下肢健全且运动功能正常，不等长度不得大于5 cm。但左下肢缺失或者丧失运动功能的，可以申请小型自动挡汽车准驾车型的机动车驾驶证；

7. 躯干、颈部：无运动功能障碍；

8. 右下肢、双下肢缺失或者丧失运动功能但能够自主坐立，且上肢符合本项第5目规定的，可以申请残疾人专用小型自动挡载客汽车准驾车型的机动车驾驶证。一只手掌缺失，另一只手拇指健全，其他手指有两指健全，上肢和手指运动功能正常，且下肢符合本项第6目规定的，可以申请残疾人专用小型自动挡载客汽车准驾车型的机动车驾驶证。

第十三条 有下列情形之一的，不得申请机动车驾驶证：

（一）有器质性心脏病、癫痫病、美尼尔氏症、眩晕症、癔症、帕金森病、精神病、痴呆以及影响肢体活动的神经系统疾病等妨碍安全驾驶疾病的；

（二）3年内有吸食、注射毒品行为或者解除强制隔离戒毒措施未满3年，或者长期服用依赖性精神药品成瘾尚未戒除的；

（三）造成交通事故后逃逸构成犯罪的；

（四）饮酒后或者醉酒驾驶机动车发生重大交通事故构成犯罪的；

（五）醉酒驾驶机动车或者饮酒后驾驶营运机动车依法被吊销机动车驾驶证未满5年的；

（六）醉酒驾驶营运机动车依法被吊销机动车驾驶证未满10年的；

（七）因其他情形依法被吊销机动车驾驶证未满2年的；

（八）驾驶许可依法被撤销未满3年的；

（九）法律、行政法规规定的其他情形。

未取得机动车驾驶证驾驶机动车，有第一款第五项至第七项行为之一的，在规定期限内不得申请机动车驾驶证。

第十四条 初次申领机动车驾驶证的，可以申请准驾车型为城市公交车、大型货车、小型汽车、小型自动挡汽车、低速载货汽车、三轮汽车、残疾人专用小型自动挡载客汽车、普通三轮摩托车、普通二轮摩托车、轻便摩托车、轮式自行机械车、无轨电车、有轨电车的机动车驾驶证。

已持有机动车驾驶证,申请增加准驾车型的,可以申请增加的准驾车型为大型客车、牵引车、城市公交车、中型客车、大型货车、小型汽车、小型自动挡汽车、低速载货汽车、三轮汽车、普通三轮摩托车、普通二轮摩托车、轻便摩托车、轮式自行机械车、无轨电车、有轨电车。

第十五条　已持有机动车驾驶证,申请增加准驾车型的,应当在本记分周期和申请前最近 1 个记分周期内没有记满 12 分记录。申请增加中型客车、牵引车、大型客车准驾车型的,还应当符合下列规定:

(一)申请增加中型客车准驾车型的,已取得驾驶城市公交车、大型货车、小型汽车、小型自动挡汽车、低速载货汽车或者三轮汽车准驾车型资格 3 年以上,并在申请前最近连续 3 个记分周期内没有记满 12 分记录;

(二)申请增加牵引车准驾车型的,已取得驾驶中型客车或者大型货车准驾车型资格 3 年以上,或者取得驾驶大型客车准驾车型资格 1 年以上,并在申请前最近连续 3 个记分周期内没有记满 12 分记录;

(三)申请增加大型客车准驾车型的,已取得驾驶城市公交车、中型客车或者大型货车准驾车型资格 5 年以上,或者取得驾驶牵引车准驾车型资格 2 年以上,并在申请前最近连续 5 个记分周期内没有记满 12 分记录。

正在接受全日制驾驶职业教育的学生,已在校取得驾驶小型汽车准驾车型资格,并在本记分周期和申请前最近 1 个记分周期内没有记满 12 分记录的,可以申请增加大型客车、牵引车准驾车型。

第十六条　有下列情形之一的,不得申请大型客车、牵引车、城市公交车、中型客车、大型货车准驾车型:

(一)发生交通事故造成人员死亡,承担同等以上责任的;

(二)醉酒后驾驶机动车的;

(三)被吊销或者撤销机动车驾驶证未满 10 年的。

第十七条　持有军队、武装警察部队机动车驾驶证,或者持有境外机动车驾驶证,符合本规定的申请条件,可以申请相应准驾车型的机动车驾驶证。

第十八条　申领机动车驾驶证的人,按照下列规定向车辆管理所提出申请:

(一)在户籍所在地居住的,应当在户籍所在地提出申请;

(二)在户籍所在地以外居住的,可以在居住地提出申请;

(三)现役军人(含武警),应当在居住地提出申请;

（四）境外人员，应当在居留地或者居住地提出申请；

（五）申请增加准驾车型的，应当在所持机动车驾驶证核发地提出申请；

（六）接受全日制驾驶职业教育，申请增加大型客车、牵引车准驾车型的，应当在接受教育地提出申请。

第十九条　初次申请机动车驾驶证，应当填写申请表，并提交以下证明：

（一）申请人的身份证明；

（二）县级或者部队团级以上医疗机构出具的有关身体条件的证明。属于申请残疾人专用小型自动挡载客汽车的，应当提交经省级卫生主管部门指定的专门医疗机构出具的有关身体条件的证明。

第二十条　申请增加准驾车型的，应当填写申请表，提交第十九条规定的证明和所持机动车驾驶证。属于接受全日制驾驶职业教育，申请增加大型客车、牵引车准驾车型的，还应当提交学校出具的学籍证明。

第二十一条　持军队、武装警察部队机动车驾驶证的人申请机动车驾驶证，应当填写申请表，并提交以下证明、凭证：

（一）申请人的身份证明。属于复员、转业、退伍的人员，还应当提交军队、武装警察部队核发的复员、转业、退伍证明；

（二）县级或者部队团级以上医疗机构出具的有关身体条件的证明；

（三）军队、武装警察部队机动车驾驶证。

第二十二条　持境外机动车驾驶证的人申请机动车驾驶证，应当填写申请表，并提交以下证明、凭证：

（一）申请人的身份证明；

（二）县级以上医疗机构出具的有关身体条件的证明。属于外国驻华使馆、领馆人员及国际组织驻华代表机构人员申请的，按照外交对等原则执行；

（三）所持机动车驾驶证。属于非中文表述的，还应当出具中文翻译文本。

申请人属于内地居民的，还应当提交申请人的护照或者"内地居民往来港澳通行证""大陆居民往来台湾通行证"。

第二十三条　实行小型汽车、小型自动挡汽车驾驶证自学直考的地方，申请人可以使用加装安全辅助装置的自备机动车，在具备安全驾驶经历等条件的人员随车指导下，按照公安机关交通管理部门指定的路线、时间学习驾驶技能，按照第十九条或者第二十条的规定申请相应准驾车型的驾驶证。

小型汽车、小型自动挡汽车驾驶证自学直考管理制度由公安部另行规定。

第二十四条　申请机动车驾驶证的人，符合本规定要求的驾驶许可条件，具

有下列情形之一的,可以按照第十四条第一款和第十九条的规定直接申请相应准驾车型的机动车驾驶证考试:

(一)原机动车驾驶证因超过有效期未换证被注销的;

(二)原机动车驾驶证因未提交身体条件证明被注销的;

(三)原机动车驾驶证由本人申请注销的;

(四)原机动车驾驶证因身体条件暂时不符合规定被注销的;

(五)原机动车驾驶证因其他原因被注销的,但机动车驾驶证被吊销或者被撤销的除外;

(六)持有的军队、武装警察部队机动车驾驶证超过有效期的;

(七)持有的境外机动车驾驶证超过有效期的。

有前款第六项、第七项规定情形之一的,还应当提交超过有效期的机动车驾驶证。

第二十五条　申请人提交的证明、凭证齐全、符合法定形式的,车辆管理所应当受理,并按规定审核申请人的机动车驾驶证申请条件。属于第二十二条第二款规定情形的,还应当核查申请人的出入境记录;属于第二十四条第一款第一项至第五项规定情形之一的,还应当核查申请人的驾驶经历。

对于符合申请条件的,车辆管理所应当按规定安排预约考试;不需要考试的,1日内核发机动车驾驶证。

第二十六条　车辆管理所对申请人的申请条件及提交的材料、申告的事项有疑义的,可以对实质内容进行调查核实。

调查时,应当询问申请人并制作询问笔录,向证明、凭证的核发机关核查。

经调查,申请人不符合申请条件的,不予办理;有违法行为的,依法予以处理。

第三章　机动车驾驶人考试

第一节　考试内容和合格标准

第二十七条　机动车驾驶人考试内容分为道路交通安全法律、法规和相关知识考试科目(以下简称"科目一")、场地驾驶技能考试科目(以下简称"科目二")、道路驾驶技能和安全文明驾驶常识考试科目(以下简称"科目三")。

第二十八条　考试内容和合格标准全国统一,根据不同准驾车型规定相应的考试项目。

第二十九条　科目一考试内容包括:道路通行、交通信号、交通安全违法行为和交通事故处理、机动车驾驶证申领和使用、机动车登记等规定以及其他道路交通安全法律、法规和规章。

第三十条　科目二考试内容包括：

（一）大型客车、牵引车、城市公交车、中型客车、大型货车考试桩考、坡道定点停车和起步、侧方停车、通过单边桥、曲线行驶、直角转弯、通过限宽门、通过连续障碍、起伏路行驶、窄路掉头，以及模拟高速公路、连续急弯山区路、隧道、雨（雾）天、湿滑路、紧急情况处置；

（二）小型汽车、小型自动挡汽车、残疾人专用小型自动挡载客汽车和低速载货汽车考试倒车入库、坡道定点停车和起步、侧方停车、曲线行驶、直角转弯；

（三）三轮汽车、普通三轮摩托车、普通二轮摩托车和轻便摩托车考试桩考、坡道定点停车和起步、通过单边桥；

（四）轮式自行机械车、无轨电车、有轨电车的考试内容由省级公安机关交通管理部门确定。

对第一款第一项、第二项规定的准驾车型，省级公安机关交通管理部门可以根据实际增加考试内容。

第三十一条　科目三道路驾驶技能考试内容包括：大型客车、牵引车、城市公交车、中型客车、大型货车、小型汽车、小型自动挡汽车、低速载货汽车和残疾人专用小型自动挡载客汽车考试上车准备、起步、直线行驶、加减挡位操作、变更车道、靠边停车、直行通过路口、路口左转弯、路口右转弯、通过人行横道线、通过学校区域、通过公共汽车站、会车、超车、掉头、夜间行驶；其他准驾车型的考试内容，由省级公安机关交通管理部门确定。

大型客车、中型客车考试里程不少于20 km，其中白天考试里程不少于10 km，夜间考试里程不少于5 km。牵引车、城市公交车、大型货车考试里程不少于10 km，其中白天考试里程不少于5 km，夜间考试里程不少于3 km。小型汽车、小型自动挡汽车、低速载货汽车、残疾人专用小型自动挡载客汽车考试里程不少于3 km，在白天考试时，应当进行模拟夜间灯光考试。

对大型客车、牵引车、城市公交车、中型客车、大型货车，省级公安机关交通管理部门应当根据实际增加山区、隧道、陡坡等复杂道路驾驶考试内容。对其他汽车准驾车型，省级公安机关交通管理部门可以根据实际增加考试内容。

第三十二条　科目三安全文明驾驶常识考试内容包括：安全文明驾驶操作要求、恶劣气象和复杂道路条件下的安全驾驶知识、爆胎等紧急情况下的临危处置方法以及发生交通事故后的处置知识等。

第三十三条　持军队、武装警察部队机动车驾驶证的人申请大型客车、牵引车、城市公交车、中型客车、大型货车准驾车型机动车驾驶证的，应当考试科目一和科目三；申请其他准驾车型机动车驾驶证的，免予考试核发机动车驾驶证。

第三十四条　持境外机动车驾驶证申请机动车驾驶证的，应当考试科目一。申请准驾车型为大型客车、牵引车、城市公交车、中型客车、大型货车机动车驾驶证的，还应当考试科目三。

内地居民持有境外机动车驾驶证，取得该机动车驾驶证时在核发国家或者地区连续居留不足三个月的，应当考试科目一、科目二和科目三。

属于外国驻华使馆、领馆人员及国际组织驻华代表机构人员申请的，应当按照外交对等原则执行。

第三十五条　各科目考试的合格标准为：

（一）科目一考试满分为100分，成绩达到90分的为合格；

（二）科目二考试满分为100分，考试大型客车、牵引车、城市公交车、中型客车、大型货车准驾车型的，成绩达到90分的为合格，其他准驾车型的成绩达到80分的为合格；

（三）科目三道路驾驶技能和安全文明驾驶常识考试满分分别为100分，成绩分别达到90分的为合格。

第二节　考试要求

第三十六条　车辆管理所应当按照预约的考场和时间安排考试。申请人科目一考试合格后，可以预约科目二或者科目三道路驾驶技能考试。有条件的地方，申请人可以同时预约科目二、科目三道路驾驶技能考试，预约成功后可以连续进行考试。科目二、科目三道路驾驶技能考试均合格后，申请人可以当日参加科目三安全文明驾驶常识考试。

申请人预约科目二、科目三道路驾驶技能考试，车辆管理所在60日内不能安排考试的，可以选择省（自治区、直辖市）内其他考场预约考试。

车辆管理所应当使用全国统一的考试预约系统，采用互联网、电话、服务窗口等方式供申请人预约考试。

第三十七条　初次申请机动车驾驶证或者申请增加准驾车型的，科目一考试合格后，车辆管理所应当在1日内核发学习驾驶证明。

属于自学直考的，车辆管理所还应当按规定发放学车专用标识。

第三十八条　申请人在场地和道路上学习驾驶，应当按规定取得学习驾驶证明。学习驾驶证明的有效期为3年，申请人应当在有效期内完成科目二和科目三考试。未在有效期内完成考试的，已考试合格的科目成绩作废。

学习驾驶证明可以采用纸质或者电子形式，纸质学习驾驶证明和电子学习驾驶证明具有同等效力。申请人可以通过互联网交通安全综合服务管理平台打印或者下载学习驾驶证明。

第三十九条　申请人在道路上学习驾驶，应当随身携带学习驾驶证明，使用教练车或者学车专用标识签注的自学用车，在教练员或者学车专用标识签注的指导人员随车指导下，按照公安机关交通管理部门指定的路线、时间进行。

申请人为自学直考人员的，在道路上学习驾驶时，应当在自学用车上按规定放置、粘贴学车专用标识，自学用车不得搭载随车指导人员以外的其他人员。

第四十条　初次申请机动车驾驶证或者申请增加准驾车型的，申请人预约考试科目二，应当符合下列规定：

（一）报考小型汽车、小型自动挡汽车、低速载货汽车、三轮汽车、残疾人专用小型自动挡载客汽车、轮式自行机械车、无轨电车、有轨电车准驾车型的，在取得学习驾驶证明满10日后预约考试；

（二）报考大型客车、牵引车、城市公交车、中型客车、大型货车准驾车型的，在取得学习驾驶证明满20日后预约考试。

第四十一条　初次申请机动车驾驶证或者申请增加准驾车型的，申请人预约考试科目三，应当符合下列规定：

（一）报考低速载货汽车、三轮汽车、轮式自行机械车、无轨电车、有轨电车准驾车型的，在取得学习驾驶证明满20日后预约考试；

（二）报考小型汽车、小型自动挡汽车、残疾人专用小型自动挡载客汽车准驾车型的，在取得学习驾驶证明满30日后预约考试；

（三）报考大型客车、牵引车、城市公交车、中型客车、大型货车准驾车型的，在取得学习驾驶证明满40日后预约考试。

第四十二条　持军队、武装警察部队或者境外机动车驾驶证申请机动车驾驶证的，应当自车辆管理所受理之日起3年内完成科目考试。

第四十三条　申请人因故不能按照预约时间参加考试的，应当提前1日申请取消预约。对申请人未按照预约考试时间参加考试的，判定该次考试不合格。

第四十四条　每个科目考试1次，考试不合格的，可以补考1次。不参加补考或者补考仍不合格的，本次考试终止，申请人应当重新预约考试，但科目二、科目三考试应当在10日后预约。科目三安全文明驾驶常识考试不合格的，已通过的道路驾驶技能考试成绩有效。

在学习驾驶证明有效期内，科目二和科目三道路驾驶技能考试预约考试的次数不得超过5次。第五次预约考试仍不合格的，已考试合格的其他科目成绩作废。

第四十五条　车辆管理所组织考试前应当使用全国统一的计算机系统当日随机选配考试员，随机安排考生分组，随机选取考试路线。

第四十六条　从事考试工作的人员，应当持有省级公安机关交通管理部门颁发的资格证书。公安机关交通管理部门应当在车辆管理所公安民警中选拔足够数量的专职考试员，可以在公安机关交通管理部门公安民警、文职人员中配置兼职考试员。可以聘用运输企业驾驶人、警风警纪监督员等人员承担考试辅助评判和监督职责。

考试员应当认真履行考试职责，严格按照规定考试，接受社会监督。在考试前应当自我介绍，讲解考试要求，核实申请人身份；考试中应当严格执行考试程序，按照考试项目和考试标准评定考试成绩；考试后应当当场公布考试成绩，讲评考试不合格原因。

每个科目的考试成绩单应当有申请人和考试员的签名。未签名的不得核发机动车驾驶证。

第四十七条　考试员、考试辅助和监管人员及考场工作人员应当严格遵守考试工作纪律，不得为不符合机动车驾驶许可条件、未经考试、考试不合格人员签注合格考试成绩，不得减少考试项目、降低评判标准或者参与、协助、纵容考试作弊，不得参与或者变相参与驾驶培训机构经营活动，不得收取驾驶培训机构、教练员、申请人的财物。

第四十八条　直辖市、设区的市或者相当于同级的公安机关交通管理部门应当根据本地考试需求建设考场，配备足够数量的考试车辆。对考场布局、数量不能满足本地考试需求的，应当采取政府购买服务等方式使用社会考场，并按照公平竞争、择优选定的原则，依法通过公开招标等程序确定。

考试场地建设、路段设置、车辆配备、设施设备配置以及考试项目、评判要求应当符合相关标准。考试场地、考试设备和考试系统应当经省级公安机关交通管理部门验收合格后方可使用。公安机关交通管理部门应当加强对辖区考场的监督管理，定期开展考试场地、考试车辆、考试设备和考场管理情况的监督检查。

第三节　考试监督管理

第四十九条　车辆管理所应当在办事大厅、候考场所和互联网公开各考场的考试能力、预约计划、预约人数和约考结果等情况，公布考场布局、考试路线和流程。考试预约计划应当至少在考试前10日在互联网上公开。

车辆管理所应当在候考场所、办事大厅向群众直播考试视频，考生可以在考试结束后3日内查询自己的考试视频资料。

第五十条　车辆管理所应当对考试过程进行全程录音、录像，并实时监控考试过程，没有使用录音、录像设备的，不得组织考试。严肃考试纪律，规范考场秩序，对考场秩序混乱的，应当中止考试。考试过程中，考试员应当使用执法记录仪记录监考过程。

车辆管理所应当建立音视频信息档案，存储录音、录像设备和执法记录仪记录的音像资料。建立考试质量抽查制度，每日抽查音视频信息档案，发现存在违反考试纪律、考场秩序混乱以及音视频信息缺失或者不完整的，应当进行调查处理。

省级公安机关交通管理部门应当定期抽查音视频信息档案，及时通报、纠正、查处发现的问题。

第五十一条　车辆管理所应当根据考试场地、考试设备、考试车辆、考试员数量等实际情况，核定每个考场、每个考试员每日最大考试量。

车辆管理所应当对驾驶培训机构教练员、教练车、训练场地等情况进行备案。

第五十二条　车辆管理所应当每周通过计算机系统对机动车驾驶人考试和机动车驾驶证业务办理情况进行监控、分析。省级公安机关交通管理部门应当建立全省（自治区、直辖市）机动车驾驶人考试监管系统，每月对机动车驾驶人考试、机动车驾驶证业务办理情况进行监控、分析，及时查处、通报发现的问题。

车辆管理所存在为未经考试或者考试不合格人员核发机动车驾驶证等严重违规办理机动车驾驶证业务情形的，上级公安机关交通管理部门可以暂停该车辆管理所办理相关业务或者指派其他车辆管理所人员接管业务。

第五十三条　直辖市、设区的市或者相当于同级的公安机关交通管理部门应当每月向社会公布车辆管理所考试员考试质量情况、3年内驾龄驾驶人交通违法率和交通肇事率等信息。

直辖市、设区的市或者相当于同级的公安机关交通管理部门应当每月向社会公布辖区内驾驶培训机构的考试合格率、3年内驾龄驾驶人交通违法率和交通肇事率等信息，按照考试合格率对驾驶培训机构培训质量公开排名，并通报培训主管部门。

第五十四条　对3年内驾龄驾驶人发生1次死亡3人以上交通事故且负主要以上责任的，省级公安机关交通管理部门应当倒查车辆管理所考试、发证情况，向社会公布倒查结果。对3年内驾龄驾驶人发生1次死亡1～2人的交通事故且负主要以上责任的，直辖市、设区的市或者相当于同级的公安机关交通管理部门应当组织责任倒查。

直辖市、设区的市或者相当于同级的公安机关交通管理部门发现驾驶培训机构及其教练员存在缩短培训学时、减少培训项目以及贿赂考试员、以承诺考试合格等名义向学员索取财物、参与违规办理驾驶证或者考试舞弊行为的，应当通报培训主管部门，并向社会公布。

公安机关交通管理部门发现考场、考试设备生产销售企业存在组织或者参与考试舞弊、伪造或者篡改考试系统数据的，不得继续使用该考场或者采购该企业考试设备；构成犯罪的，依法追究刑事责任。

第四章　发证、换证、补证

第五十五条　申请人考试合格后，应当接受不少于的0.5 h交通安全文明驾驶常识和交通事故案例警示教育，并参加领证宣誓仪式。

车辆管理所应当在申请人参加领证宣誓仪式的当日核发机动车驾驶证。属于申请增加准驾车型的，应当收回原机动车驾驶证。属于复员、转业、退伍的，应当收回军队、武装警察部队机动车驾驶证。

第五十六条　机动车驾驶人在机动车驾驶证的6年有效期内，每个记分周期均未记满12分的，换发10年有效期的机动车驾驶证；在机动车驾驶证的10年有效期内，每个记分周期均未记满12分的，换发长期有效的机动车驾驶证。

第五十七条　机动车驾驶人应当于机动车驾驶证有效期满前90日内，向机动车驾驶证核发地或者核发地以外的车辆管理所申请换证。申请时应当填写申请表，并提交以下证明、凭证：

（一）机动车驾驶人的身份证明；

（二）机动车驾驶证；

（三）县级或者部队团级以上医疗机构出具的有关身体条件的证明。属于申请残疾人专用小型自动挡载客汽车的，应当提交经省级卫生主管部门指定的专门医疗机构出具的有关身体条件的证明。

第五十八条　机动车驾驶人户籍迁出原车辆管理所管辖区的，应当向迁入地车辆管理所申请换证。机动车驾驶人在核发地车辆管理所管辖区以外居住的，可以向居住地车辆管理所申请换证。申请时应当填写申请表，提交机动车驾驶人的身份证明和机动车驾驶证，并申报身体条件情况。

第五十九条　年龄在60周岁以上的，不得驾驶大型客车、牵引车、城市公交车、中型客车、大型货车、无轨电车和有轨电车；持有大型客车、牵引车、城市公交车、中型客车、大型货车驾驶证的，应当到机动车驾驶证核发地或者核发地以外的车辆管理所换领准驾车型为小型汽车或者小型自动挡汽车的机动车驾驶证。

年龄在70周岁以上的，不得驾驶低速载货汽车、三轮汽车、普通三轮摩托车、普通二轮摩托车和轮式自行机械车；持有普通三轮摩托车、普通二轮摩托车驾驶证的，应当到机动车驾驶证核发地或者核发地以外的车辆管理所换领准驾车型为轻便摩托车的机动车驾驶证。

申请时应当填写申请表，并提交第五十七条规定的证明、凭证。

机动车驾驶人自愿降低准驾车型的,应当填写申请表,并提交机动车驾驶人的身份证明和机动车驾驶证。

第六十条　具有下列情形之一的,机动车驾驶人应当在30日内到机动车驾驶证核发地或者核发地以外的车辆管理所申请换证:

(一)在车辆管理所管辖区域内,机动车驾驶证记载的机动车驾驶人信息发生变化的;

(二)机动车驾驶证损毁无法辨认的。

申请时应当填写申请表,并提交机动车驾驶人的身份证明和机动车驾驶证。

第六十一条　机动车驾驶人身体条件发生变化,不符合所持机动车驾驶证准驾车型的条件,但符合准予驾驶的其他准驾车型条件的,应当在30日内到机动车驾驶证核发地或者核发地以外的车辆管理所申请降低准驾车型。申请时应当填写申请表,并提交机动车驾驶人的身份证明、机动车驾驶证、县级或者部队团级以上医疗机构出具的有关身体条件的证明。

机动车驾驶人身体条件发生变化,不符合第十二条第二项规定或者具有第十三条规定情形之一,不适合驾驶机动车的,应当在30日内到机动车驾驶证核发地车辆管理所申请注销。申请时应当填写申请表,并提交机动车驾驶人的身份证明和机动车驾驶证。

机动车驾驶人身体条件不适合驾驶机动车的,不得驾驶机动车。

第六十二条　车辆管理所对符合第五十七条至第六十条、第六十一条第一款规定的,应当在1日内换发机动车驾驶证。对符合第六十一条第二款规定的,应当在1日内注销机动车驾驶证。其中,对符合第五十八条至第六十一条规定的,还应当收回原机动车驾驶证。

第六十三条　机动车驾驶证遗失的,机动车驾驶人应当向机动车驾驶证核发地或者核发地以外的车辆管理所申请补发。申请时应当填写申请表,并提交以下证明、凭证:

(一)机动车驾驶人的身份证明;

(二)机动车驾驶证遗失的书面声明。

符合规定的,车辆管理所应当在1日内补发机动车驾驶证。

机动车驾驶人补领机动车驾驶证后,原机动车驾驶证作废,不得继续使用。

机动车驾驶证被依法扣押、扣留或者暂扣期间,机动车驾驶人不得申请补发。

第六十四条　机动车驾驶人向核发地以外的车辆管理所申请办理第五十七条、第五十九条、第六十条、第六十一条第一款、第六十三条规定的换证、补证业务时,应当同时按照第五十八条规定办理。

机动车驾驶人考试内容和合格标准

	道路交通安全法律、法规和相关知识考试科目（以下简称"科目一"）	场地驾驶技能考试科目（以下简称"科目二"）	道路驾驶技能和安全文明驾驶常识考试科目（以下简称"科目三"）	
			道路驾驶技能考试	安全文明驾驶常识考试
考试内容	道路通行、交通信号、交通安全违法行为和交通事故处理、机动车驾驶证申领和使用、机动车登记等规定以及其他道路交通安全法律、法规和规章	（1）大型客车、牵引车、城市公交车、中型客车、大型货车考试桩考、坡道定点停车和起步、侧方停车、通过单边桥、曲线行驶、直角转弯、通过限宽门、通过连续障碍、起伏路行驶、窄路掉头，以及模拟高速公路、连续急弯山区路、隧道、雨（雾）天、湿滑路、紧急情况处置； （2）小型汽车、小型自动挡汽车、残疾人专用小型自动挡载客汽车和低速载货汽车考试倒车入库、坡道定点停车和起步、侧方停车、曲线行驶、直角转弯； （3）三轮汽车、普通三轮摩托车、普通二轮摩托车和轻便摩托车考试桩考、坡道定点停车和起步、通过单边桥； （4）轮式自行机械车、无轨电车、有轨电车的考试内容由省级公安机关交通管理部门确定。 对第一款第一项、第二项规定的准驾车型，省级公安机关交通管理部门可以根据实际增加考试内容	大型客车、牵引车、城市公交车、中型客车、大型货车、小型汽车、小型自动挡汽车、低速载货汽车和残疾人专用小型自动挡载客汽车考试上车准备、起步、直线行驶、加减挡位操作、变更车道、靠边停车、直行通过路口、路口左转弯、路口右转弯、通过人行横道线、通过学校区域、通过公共汽车站、会车、超车、掉头、夜间行驶；其他准驾车型的考试内容，由省级公安机关交通管理部门确定。 大型客车、中型客车考试里程不少于20km，其中白天考试里程不少于10km，夜间考试里程不少于5km。牵引车、城市公交车、大型货车考试里程不少于10km，其中白天考试里程不少于5km，夜间考试里程不少于3km。 小型汽车、小型自动挡汽车、低速载货汽车、残疾人专用小型自动挡载客汽车考试里程不少于3km，在白天考试时，应当进行模拟夜间灯光考试。 对大型客车、牵引车、城市公交车、中型客车、大型货车，省级公安机关交通管理部门应当根据实际增加山区、隧道、陡坡等复杂道路驾驶考试内容。对其他汽车准驾车型，省级公安机关交通管理部门可以根据实际增加考试内容	安全文明驾驶操作要求、恶劣气象和复杂道路条件下的安全驾驶知识、爆胎等紧急情况下的临危处置方法以及发生交通事故后的处置知识等
合格标准	满分为100分，成绩达到90分的为合格	满分为100分，考试大型客车、牵引车、城市公交车、中型客车、大型货车准驾车型的，成绩达到90分的为合格，其他准驾车型的成绩达到80分的为合格	满分为100分，成绩达到90分的为合格	满分为100分，成绩达到90分的为合格

《机动车驾驶证业务工作规范》：
第二章 机动车驾驶证申领
第一节 初次申领

第五条 车辆管理所办理初次申领机动车驾驶证业务的流程和具体事项为：

（一）受理岗按照下列程序审核申请材料：

1. 审核机动车驾驶证申请人提交的"机动车驾驶证申请表""机动车驾驶人身体条件证明"（以下简称"身体条件证明"）和身份证明；属于申请人符合《机动车驾驶证申领和使用规定》第二十四条第一款第六项、第七项情形直接申请机动车驾驶证的，还应当审核超过有效期的军队、武装警察部队机动车驾驶证或者境外机动车驾驶证，境外机动车驾驶证属于非中文表述的，还应当审核其中文翻译文本；申请人属于自学直考的，可以一并审核申请签注学车专用标识的材料。确认申请人年龄、身体条件、申请的准驾车型等符合规定；

2. 通过计算机管理系统核查，确认申请人未申领机动车驾驶证，以及不具有《机动车驾驶证申领和使用规定》第十三条第一款第二项至第八项规定的情形；属于申请人符合《机动车驾驶证申领和使用规定》第二十四条第一款第一项至第五项情形直接申请机动车驾驶证的，还应当核查确认申请人具有曾经取得机动车驾驶证的记录和不具有道路交通安全违法行为或者交通事故未处理的记录；

3. 符合规定的，受理申请，并按照规定将相关信息录入计算机管理系统，在"机动车驾驶证申请表"的"受理岗"栏内签字或者签章，收存相关资料；

4. 因计算机网络问题暂时无法完成核查的，可以先受理，在每次考试预约前进行核查，并在核发机动车驾驶证前完成最终核查。核查结果证实具有不符合申请机动车驾驶证情形的，终止考试预约、考试或者核发机动车驾驶证，出具"不予受理/许可申请决定书"。

（二）受理岗受理科目一考试预约申请，录入考试预约信息，核发预约考试凭证。申请人属于驾校培训的，可以通过计算机计时培训管理系统核查培训情况。

（三）考试岗按规定进行科目一考试。考试合格的，确定"学习驾驶证明"编号，并制作、核发"学习驾驶证明"。

（四）受理岗受理科目二或者科目三考试预约申请，审核申请考试的时限和考试的次数，录入考试预约信息，核发预约考试凭证。申请人属于驾校培训的，可以通过计算机计时培训管理系统核查培训情况；申请人属于自学直考的，应当通过计算机系统核查申请人领取学车专用标识的记录。

（五）考试岗按规定进行科目二或者科目三考试。

（六）受理岗复核科目二、科目三考试资料；确认核查结果，核对计算机管理系统信息。符合规定的,在科目三安全文明驾驶常识考试合格后当日内,确定机动车驾驶证档案编号,制作机动车驾驶证,并安排申请人接受交通安全文明驾驶常识和交通事故案例警示教育、参加领证宣誓仪式后核发机动车驾驶证。

(七)档案管理岗核对计算机管理系统信息,复核、整理资料,装订、归档。

第六条 下列资料存入机动车驾驶证档案:

(一)"机动车驾驶证申请表"原件;

(二)申请人的身份证明复印件,属于在户籍地以外居住的内地居民,还需收存公安机关核发的居住证明复印件;

(三)"身体条件证明"原件;

(四)考试成绩表原件;

(五)属于申请人符合《机动车驾驶证申领和使用规定》第二十四条第一款第六项、第七项情形直接申请机动车驾驶证的,还需收存超过有效期的军队、武装警察部队机动车驾驶证或者境外机动车驾驶证复印件,境外机动车驾驶证属于非中文表述的,还需收存其中文翻译文本原件。

第二节 增加准驾车型申领

第七条 车辆管理所办理增加准驾车型申领业务的流程和具体事项为:

(一)受理岗按照本规范第五条第一项规定办理,同时审核申请人所持机动车驾驶证;申请人属于正在接受全日制驾驶职业教育的在校学生,申请增加大型客车、牵引车准驾车型的,还应当审核学校出具的学籍证明。通过计算机管理系统核查,确认申请人年龄、身体条件、驾龄、申请的准驾车型和累积记分符合《机动车驾驶证申领和使用规定》第十二条、第十五条、第七十八条第三款的规定。对申请大型客车、牵引车、城市公交车、中型客车、大型货车准驾车型的,还应当通过计算机管理系统核查,确认申请人不具有《机动车驾驶证申领和使用规定》第十六条规定的情形。

(二)符合规定的,受理岗、考试岗、档案管理岗按照本规范第五条第二项至第七项规定的流程和具体事项办理机动车驾驶证增加准驾车型业务。在核发机动车驾驶证时,受理岗还应当收回原机动车驾驶证。

第八条 下列资料存入机动车驾驶证档案:

(一)本规范第六条第一项至第四项规定的资料;

(二)原机动车驾驶证原件;

(三)属于正在接受全日制驾驶职业教育的,还应当收存学校出具的学籍证明。

第九条 车辆管理所在受理增加准驾车型申请至核发机动车驾驶证期间,发现申请人在1个记分周期内记满12分,机动车驾驶证转出及被注销、吊销、撤销,或者申请大型客车、牵引车、城市公交车、中型客车和大型货车准驾车型,具有《机动车驾驶证申领和使用规定》第十六条规定情形之一的,终止考试预约、考试或者核发机动车驾驶证,出具"不予受理/许可申请决定书"。

车辆管理所在核发机动车驾驶证时,距原机动车驾驶证有效期满不足90日,或者已超过机动车驾驶证有效期但不足1年的,应当合并办理增加准驾车型和有效期满换证业务。

车辆管理所在核发机动车驾驶证时,原机动车驾驶证被公安机关交通管理部门扣押、扣留或者暂扣的,应当在驾驶证被发还后核发机动车驾驶证。

第三节 持军队、武装警察部队机动车驾驶证申领

第十条 车辆管理所办理持军队、武装警察部队机动车驾驶证申领机动车驾驶证业务的流程和具体事项为:

(一)受理岗按照本规范第五条第一项规定办理,同时审核申请人所持的军队、武装警察部队机动车驾驶证,确认初次领取军队、武装警察部队机动车驾驶证时申请人已年满18周岁。申请人属于复员、退伍、转业的,还应当审核其复员、退伍、转业证明,并收回军队、武装警察部队机动车驾驶证。

(二)受理岗对申请准驾车型为大型客车、牵引车、城市公交车、中型客车、大型货车或者申请两种以上准驾车型,其中之一为大型客车、牵引车、城市公交车、中型客车、大型货车机动车驾驶证的,应当受理科目一、科目三考试预约申请,核发预约考试凭证。

(三)受理岗对申请其他准驾车型机动车驾驶证的,确定机动车驾驶证档案编号,制作并核发机动车驾驶证。

(四)考试岗对已预约科目一、科目三考试的申请人,按规定进行科目一、科目三考试。

(五)受理岗复核科目一、科目三考试资料;核对计算机管理系统信息,符合规定的,在科目三安全文明驾驶常识考试合格当日内,确定机动车驾驶证档案编号,制作机动车驾驶证,并安排申请人接受交通安全文明驾驶常识和交通事故案例警示教育、参加领证宣誓仪式后核发机动车驾驶证。

(六)档案管理岗核对计算机管理系统信息,复核、整理资料,装订、归档。

第十一条 下列资料存入机动车驾驶证档案:

(一)本规范第六条第一项至第三项规定的资料;

(二)经过考试的,还需收存考试成绩表原件;

(三)军队、武装警察部队机动车驾驶证复印件,但属于复员、退伍、转业的,应当收存军队、武装警察部队机动车驾驶证原件和复员、退伍、转业证明复印件。

第四节 持境外机动车驾驶证申领

第十二条 持有境外机动车驾驶证的外国人，有居留证件的应当向居留证件签发地的车辆管理所申请机动车驾驶证，没有居留证件但持有有效签证或者停留证件的应当向出具住宿登记证明的公安机关所在地的车辆管理所申请机动车驾驶证。

持有境外机动车驾驶证的外国驻华使馆、领馆人员、国际组织驻华代表机构人员应当向使馆、领馆、国际组织驻华代表机构所在地的车辆管理所申请机动车驾驶证。

持有境外机动车驾驶证的华侨，香港特别行政区、澳门特别行政区、台湾地区居民，应当向出具住宿登记证明的公安机关所在地的车辆管理所申请机动车驾驶证。

持有境外机动车驾驶证的内地居民、现役军人，应当向户籍地、居住地的车辆管理所申请机动车驾驶证。

第十三条 车辆管理所办理持境外机动车驾驶证申领机动车驾驶证业务的流程和具体事项为：

（一）受理岗按照本规范第五条第一项规定办理，同时审核申请人所持的境外机动车驾驶证，境外机动车驾驶证属于非中文表述的，还应当审核其中文翻译文本。申请人属于内地居民的，还应当审核申请人前往核发境外机动车驾驶证的国家或地区所持的护照、"往来港澳通行证"或者"大陆居民往来台湾通行证"，并通过公安部出入境管理系统核查、下载打印申请人出入境记录，确认其在境外的时间、地点与核发境外机动车驾驶证的情况相符；对取得该机动车驾驶证时在核发国家或者地区连续居留不足3个月的，将信息录入计算机管理系统，书面告知申请人需要参加科目一、科目二和科目三考试。申请人为外国驻华使馆、领馆人员及国际组织驻华代表机构人员的，按照外交对等原则审核"身体条件证明"。

（二）受理岗对持有与我国签订互相认可机动车驾驶证协议国家的机动车驾驶证或者外国驻华使馆、领馆人员及国际组织驻华代表机构人员持有境外机动车驾驶证，按照协议规定或者外交对等原则免于考试的，确定机动车驾驶证档案编号，制作并核发机动车驾驶证。

（三）受理岗受理科目一考试预约申请，核发预约考试凭证，考试岗按规定进行科目一考试。申请准驾车型为大型客车、牵引车、城市公交车、中型客车、大型货车或者申请两种以上准驾车型，其中之一为大型客车、牵引车、城市公交车、中型客车、大型货车机动车驾驶证的，受理岗还应当受理科目三考试预约申请,核发预约考试凭证,考试岗按规定进行科目三考试;申请人属于内地居民,在核发境外机动车驾驶证的国家或地区连续居留不足 3 个月的,受理岗还应当受理科目二、科目三考试预约申请,核发预约考试凭证,考试岗按规定进行科目二、科目三考试;外国驻华使馆、领馆人员及国际组织驻华代表机构人员持境外机动车驾驶证申请的,按照外交对等原则进行考试。

(四)受理岗复核考试资料;核对计算机管理系统信息,符合规定的,确定机动车驾驶证档案编号,制作并核发机动车驾驶证。

(五)档案管理岗核对计算机管理系统信息,复核、整理资料,装订、归档。

(六)下列资料存入机动车驾驶证档案:

1. 本规范第六条第一项至第二项规定的资料;
2. "身体条件证明"原件;但按照外交对等原则免于审核的,可以不收存;
3. 经过考试的,还需收存考试成绩表原件;
4. 境外机动车驾驶证复印件;非中文表述的,还需收存中文翻译文本原件;
5. 申请人属于内地居民的,还需收存下载打印的申请人出入境记录原件,但与公安部出入境管理系统联网核查申请人出入境记录的,可以不收存。

第十四条 车辆管理所办理临时机动车驾驶许可申领业务的流程和具体事项为:

(一)受理岗按照下列程序审核申请材料:

1. 审核申请人提交的"临时机动车驾驶许可申请表"、出入境身份证件、年龄及身体条件符合中国驾驶许可条件的证明文件、境外机动车驾驶证,境外机动车驾驶证属于非中文表述的,还应当审核其中文翻译文本。参加有组织的比赛以及其他交往活动的,还应当审核中国相关主管部门出具的证明。属于驾驶自带临时入境机动车的,还需审核其自带临时入境机动车号牌、行驶证;
2. 通过计算机管理系统,对申请人以前的入境记录进行核查,发现有道路交通违法行为和交通事故未处理完毕的,告知其处理完毕后再申请;在中国境内有驾驶机动车交通肇事逃逸记录的,不予核发临时机动车驾驶许可;
3. 符合规定的,受理申请,录入相关信息,在"临时机动车驾驶许可申请表"的"经办人意见"栏内签字或者签章,收存相关资料。

(二)受理岗组织申请人参加道路交通安全法律、法规学习。学习完毕的,在"临时机动车驾驶许可申请表"的"参加交通安全法律、法规学习情况"栏内签字或者签章。制作并核发临时机动车驾驶许可,告知申请人临时驾驶许可的有效期限和使用要求。

(三)档案管理岗核对计算机管理系统信息,复核、整理资料,装订、归档。

（四）下列资料存入临时机动车驾驶许可档案：

1. "临时机动车驾驶许可申请表"原件。
2. 出入境身份证件复印件。
3. 境外机动车驾驶证复印件；非中文表述的，还需收存中文翻译文本复印件。
4. 年龄及身体条件符合中国驾驶许可条件的证明文件复印件。
5. 参加有组织的比赛以及其他交往活动的，收存中国相关主管部门出具的证明复印件。

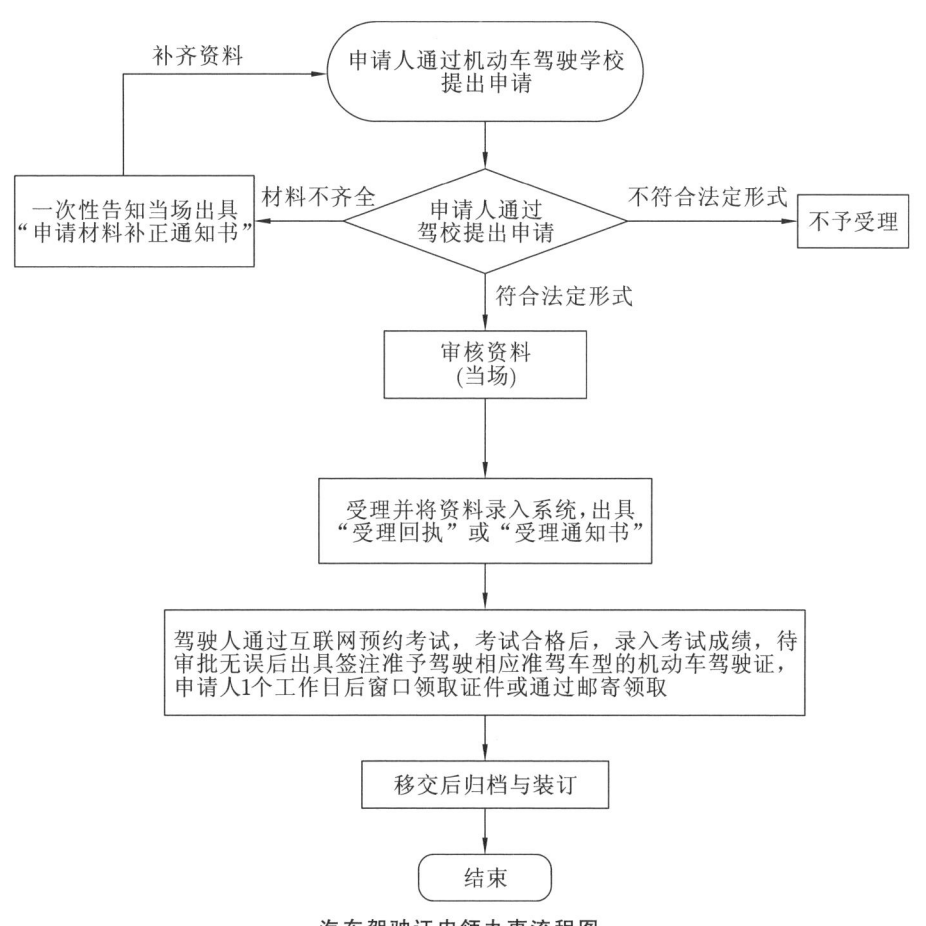

汽车驾驶证申领办事流程图

（该流程图来源于广东省网上办事大厅网站）

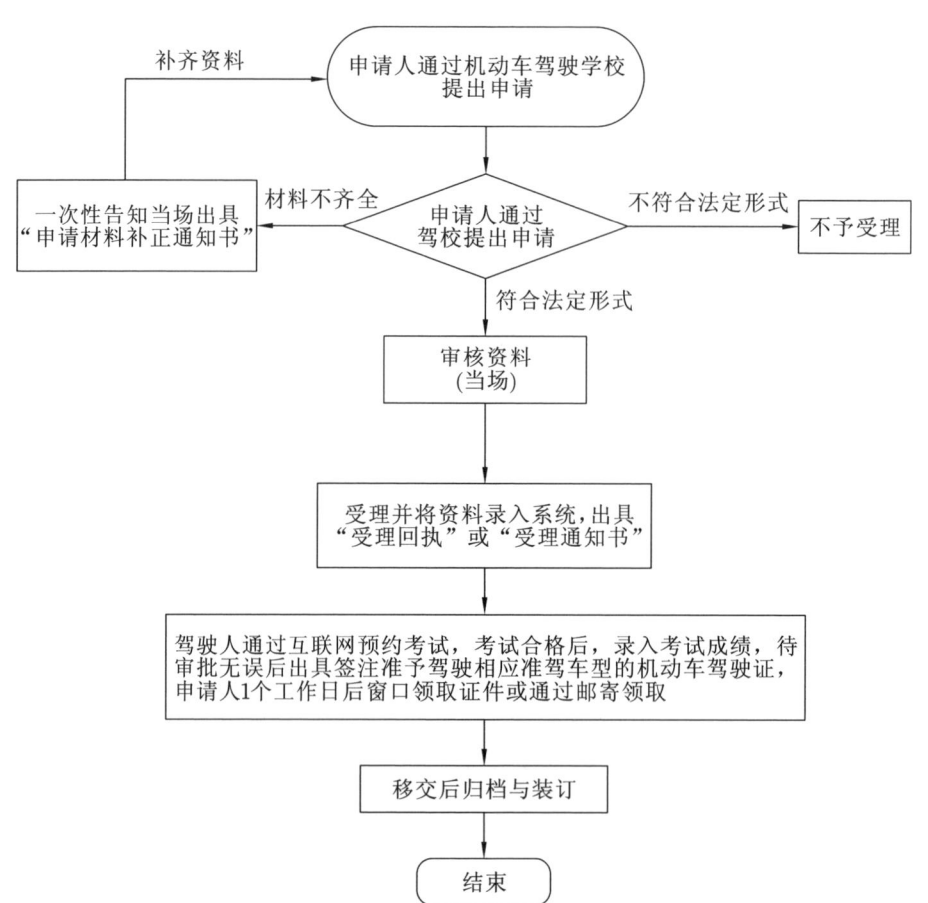

摩托车驾驶证申领办事流程图

（该流程图来源于广东省网上办事大厅网站）

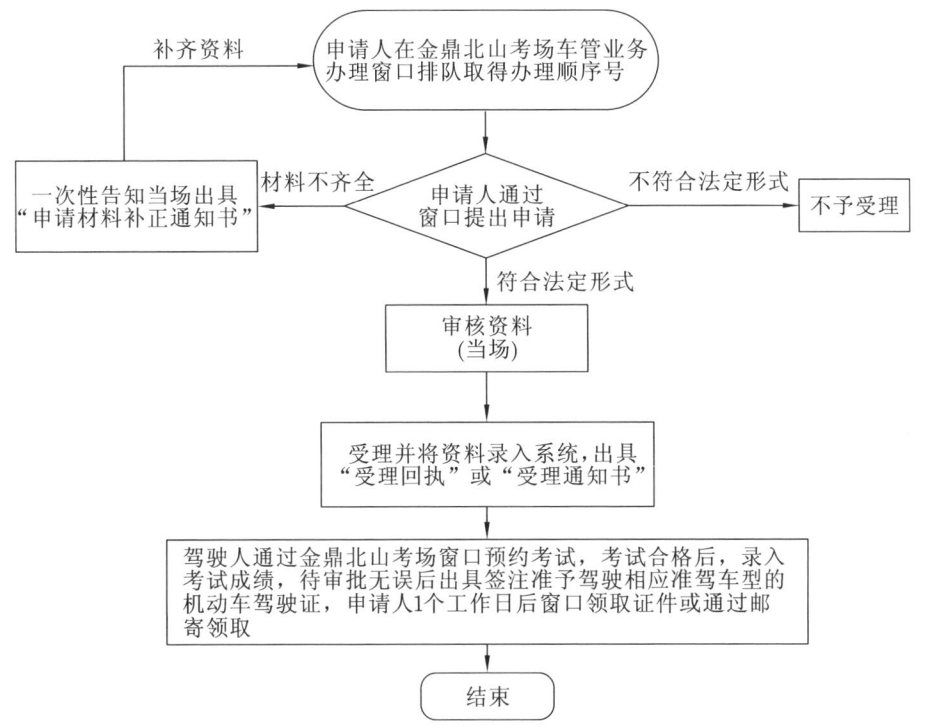

持境外机动车驾驶证人员申领机动车驾驶证办事流程图

(该流程图来源于广东省网上办事大厅网站)

二、澳门规定

在澳门的交通法律体系中,将驾驶资格取得规定在《道路交通法》《道路交通规章》中。

《道路交通法》:

第五章 驾驶资格
第七十九条 驾驶执照

一、依法具备驾驶机动车辆资格者,方可按补充法规的规定在公共道路上驾驶机动车辆。

二、证明具备驾驶机动车辆资格的文件称为驾驶执照。

三、持有效学习驾驶准照的学习驾驶员或应考人,可分别在教练员或考核员的陪同下，于许可学习驾驶或进行驾驶考试的公共道路上驾驶。

四、行车时，驾驶员应携带有效驾驶执照或临时替代驾驶执照的等同文件，又或在上款所指情况下应携带有效学习驾驶准照。

五、当驾驶员出示存有其驾驶执照资料的澳门特别行政区居民身份证时，不适用上款的规定。

六、违反第四款规定者，科处罚款澳门币 300 元。

第八十条 证明驾驶资格的其他文件

一、除上条所指文件外，下列文件亦证明具备驾驶相应类型机动车辆的资格：

（一）澳门特别行政区依国际公约或条约而须认可的国际驾驶执照；

（二）获国际公约赋予等同上项所指国际驾驶执照效力的外国驾驶执照；

（三）对澳门特别行政区发出的驾驶执照采取互惠待遇的其他国家或地区发出的驾驶执照；

（四）未有对澳门特别行政区发出的驾驶执照采取互惠待遇的内地、其他国家或地区发出的驾驶执照，但其持有人须通过由公布于《澳门特别行政区公报》的行政长官批示订定的特别驾驶考试，而通过该项考试的证明文件的式样及有效期亦由有关行政长官批示订定；

（五）外交驾驶执照；

（六）特别驾驶执照；

（七）学习驾驶准照，只要在通过驾驶实习考试后由签发实体延续有效期，并直至由澳门特别行政区驾驶执照替代为止。

二、上款（一）项及（二）项所指执照的持有人，如在澳门特别行政区逗留超过 14 日，且拟在此 14 日期间之后于澳门特别行政区驾驶，则应前往治安警察局或补充法规指定的其他实体办理有关登记，但不影响下款的适用。

三、如外国驾驶执照的签发国家或地区与澳门特别行政区之间有互惠待遇，且相关互惠制度规定免除登记，则第一款（二）项所指执照的持有人可豁免登记。

四、透过补充法规，可订定第一款（一）项至（三）项所指文件持有人在澳门特别行政区驾驶的期间上限。

第八十一条 获取驾驶执照的要件

一、为获取机动车辆驾驶执照，申请人必须同时符合下列要件：

（一）年满 18 岁，但获取重型汽车驾驶执照者，除补充法规订定的特别情况外，必须年满 21 岁；

（二）具备必要的体格及心理条件；

（三）持有澳门特别行政区居民身份证或在澳门特别行政区合法逗留的证明文件；

（四）懂阅读及书写澳门特别行政区其中一种正式语文；

（五）并非正在接受禁止驾驶的处罚；

（六）并非处于第一百零八条所指任一状况。

二、为获取驾驶执照，投考人尚须通过有关驾驶考试。

三、投考人能合理解释其无法符合第一款（四）项所指要件而申请豁免时，主管实体如具备条件以投考人懂阅读及书写的语言安排驾驶考试，则可豁免该项要件。

四、可按补充法规的规定，以被视为等同驾驶执照的文件换取驾驶执照。

《道路交通规章》：

第三章 驾 驶 员

第一节 指 引 规 定

第五十九条 驾 驶 执 照

一、根据驾驶证内之注明，驾驶证准许其权利人驾驶一项或多项下列类别之车辆：

a) A 类——重型摩托车；

b) B 类——总质量不超过 3 500 kg 之汽车，不包括驾驶员座位在内之座位数目不超过 8 座；

c) C 类——用作货运之汽车，总质量超过 3 500 kg；

d) D 类——用作客运之汽车，不包括驾驶员座位在内之座位数目超过 8 座；

e) E 类——牵引车部分属于 B、C 或 D 类之铰接式车辆或车组，但铰接式车辆或车组本身并不纳入此等类别。

二、具有 C 类驾驶资格之驾驶证之权利人获赋予 B 类车辆之驾驶资格。

三、A 类及 D 类分别包括下列小类：

a) A1 小类——汽缸容量等于或小于 400 cm^3 之重型摩托车；

b) A2 小类——汽缸容量超过 400 cm^3 之重型摩托车；

c) D1 小类——连驾驶员在内载客量等于或小于 25 个座位或车厢长度等于或小于 8 m 之重型客车；

d) D2 小类——连驾驶员在内载客量超过 25 个座位或车厢长度超过 8 m 之

重型客车。

四、为第一款之效力,由 B 类牵引车辆及一挂车组成之车组,视为包括于 B 类:
a) 总质量不超过 750 kg 之挂车;
b) 挂车之总质量不超过汽车之自重且车组之总质量不超过 3 500 kg。

五、为相同之效力,由 C 或 D 类汽车及一总质量不超过 750 kg 之挂车组成之车组,视为包括于有关类别之内。

六、E 类包括下列小类:
a) 小类 E+B——由 B 类牵引车辆及一总质量超过 750 kg 之挂车组成之车组,两者系于一起时,超过第四款 b 项规定之各项限度;
b) 小类 E+C——由一属于 C 类之牵引车辆与一总质量超过 750 kg 之挂车组成之车组或属于 C 类之牵引车辆与一总质量超过 750 kg 之半挂车之铰接式车辆;
c) 小类 E+D1——由一部 D1 小类牵引车及一部总质量超过 750 kg 之挂车组成之车组;
d) 小类 E+D2——由一部 D2 小类牵引车及一部总质量超过 750 kg 之挂车组成之车组。

七、持有效 E+C 小类驾驶资格,同时具有 D 类或 D2 小类驾驶资格的驾驶执照者,获赋予 E+D2 小类铰接式重型客车的驾驶资格。

第六十条 获取驾驶执照之条件

获取下列类别驾驶执照,申请人必须至少达到相应类别规定之年龄:
a) A、B 及 E+B——18 岁;
b) C、D1、D2、E+C、E+D1 及 E+D2——21 岁。

65 岁以下之驾驶员方可驾驶 D 及 E+D 类车辆。

第三节 驾驶考试

第六十五条 准予考试

一、符合法定要件且由驾驶学校或举办 C 或 D 类驾驶员职业培训课程之实体向澳门市政厅建议之人士,得接受驾驶考试。

二、非属强制性参与驾驶课之人士,得免除驾驶学校建议而以个人名义申请考试。

三、申请书应附同下列之文件:
a) 居民身份证或在澳门特别行政区合法逗留之证明文件;
b) 体格及健康证明。

四、凭出示上款 a 及 b 项所指文件而获学习驾驶执照之权利人，免除出示该等文件。

五、年满 21 岁、符合下列要件之人士经驾驶学校建议，或公共运输企业根据民政总署核准之大纲举办之驾驶员培训课程毕业并经该企业建议，获接纳参加 D1 及 D2 小类车辆之驾驶考试：

a) 持有效 C 类驾驶执照者或持有效 B 类驾驶执照至少 3 年者，如属考取 D1 小类驾驶执照之情况；

b) 持有效 C 类驾驶执照至少 1 年或持有效 D1 小类驾驶执照者，如属考取 D2 小类驾驶执照的情况。

六、在上款规定之情况，心理及生理健全应透过体格及健康特别检验以及心理技术测验之通过证明之。

七、具有 B、C 或 D 类驾驶资格之驾驶证之权利人，取得 E＋B、E＋C 或 E＋D 小类之资格，经驾驶学校建议后，得接受为 E 类车辆之驾驶考试。

八、如投考人为葡萄牙政府接受之外交团成员，当其申请接受考试时，免除出示第三款所指任何文件及缴纳有关费用。

九、申请人被接受后，澳门市政厅应订定申请人出席应考之日期、时间及地点。

第六十六条　考试所包括之测验

一、考试包括下列之测验：

a) 理论测验，用以核实投考人对道路通行规则、交通讯号及道路安全规范，尤其有关预防事故之知识；

b) 驾驶实习测验，旨在审查投考人之镇定、谨慎及技巧，尤其是使用获驾驶类别车辆资格之原则及交通规则之遵守。

二、持有效的其他类别车辆驾驶证的投考人，在获得该证时已通过理论测验；持有效的农用拖拉机类驾驶执照者，在获得该类别资格时已通过在交通事务局所作的理论笔试，可免除上款 a 项所指的理论测验。

三、农用拖拉机之驾驶考试，包括一项对拖拉机及已具适当负重之有关挂车之驾驶考试，以及一项关于交通规则、讯号及关于预防事故知识之讯问。

四、轻型摩托车之驾驶考试，包括一项得设有自动变速箱之两轮轻型摩托车之驾驶测验，及一项关于交通规则、讯号及关于预防事故知识之讯问。

五、缺席驾驶实习测验或该测验不合格的投考人，可自其通过理论测验之日起计 2 年内，藉缴付相应费用申请重考，而原先已通过的理论测验仍视为有效；

如申请人有合理解释且为交通事务局接受的不可抗力的原因而缺席驾驶实习测验，上述重考费用可获豁免。

六、当考试之其中一项测验，因不可预见或不可抗力之情况而中断，应另订复考日期，但无须重新缴纳费用。

七、下列人士所作之考试，视为无效及不生任何效力且不妨碍可能发生之刑事程序，已缴纳之费用概不退还：

a）被禁止驾驶者；

b）作虚假声明及出示虚假或被更改之文件者；

c）在驾驶考试时由他人替代或作其他之欺诈者。

八、澳门市政厅经考虑驾驶员及车辆之类别，得命令公布考试之大纲及规章。

九、通过考试之投考人获发给有关之驾驶证，澳门市政厅应给予每个驾驶员一个顺序编号，并进行有关登记。

十四、通过第一款所指的理论测验，有效期为2年，投考人应在该期间申请参加驾驶实习测验。

十五、第3/2007号法律生效前取得重型摩托车或轻型摩托车临时驾驶证明文件之驾驶员，在该证明文件有效期届满之前或之后，应其申请，获发给驾驶执照，但只限于该证明文件没有因其驾驶时实施犯罪被判刑或因实施违法行为被禁止驾驶而被取消的情况。

十六、在递交上款所指申请时，如重型摩托车或轻型摩托车临时驾驶证明文件仍然有效，则其持有人将获发给一份文件以替代有关证明文件，其有效期由签发实体订定。

十七、如在重型摩托车或轻型摩托车临时驾驶证明文件有效期内，或有效期届满后一年内，作出第十五款所指申请，则豁免有关发出驾驶执照之费用。

十八、持有效期已过之重型摩托车或轻型摩托车临时驾驶证明文件驾驶者，科处罚款澳门币1 500元。

第六十七条　实习测验

一、驾驶实习测验，应由投考人以申请驾驶证之类别之车辆为之。

二、教练员得随同实习测验，并应坐于所使用轻型汽车后排座椅之左方座位。

四、禁止随同重型货车之实习测验。

五、得透过澳门市政厅主席之批示，禁止曾以任何方式妨碍或骚扰考试工作正常运作之教练员随同实习测验。

六、汽车驾驶员投考人之实习测验，仅得在有教练服务准照之车辆上进行，但非属强制性参与驾驶实习课之考车人或牵引车之驾驶员投考人而其私人汽车已按适用之法例投保者则除外。

七、重型摩托车驾驶员投考人之实习测验，得按投考人之申请在汽缸容积小于 400 cm³ 之车辆上进行，获通过之投考人不得驾驶汽缸容积超过该容积之重型摩托车。

八、重型货车及牵引车之挂车以及 E 类车辆之挂车，应按澳门市政厅之规定载重。

九、实习测验中，投考人须快捷及不犹豫地作出指定之操作。

十、在驾驶实习测验中，操作不熟练或不谨慎导致不获通过之原因，尤其为下列者：

a) 碰撞任何障碍物；

b) 在斜坡两次尝试均不能起动；

c) 在斜坡尝试起动时，使车辆后退多于 1 m；

d) 因不熟练，致发动机熄火两次；

e) 进入十字路口或视线不足之弯角时，态度不谨慎；

f) 不作必要之讯号指示；

g) 进行掉头操作时，欠缺快捷及熟练；

h) 不懂得不用制动器辅助下坡之方式；

i) 不认识与优先、讯号、起动时之小心、泊车或转换车道有关之交通规则；

j) 不正确使用头盔（重型或轻型摩托车之考试）；

l) 不能保持行进中车辆之平衡，尤其在进行掉头时（重型或轻型摩托车）。

十一、应投考人申请，可采用设有自动变速箱的机动车辆进行 A1 小类的重型摩托车、轻型汽车以及 D1 及 D2 小类的重型客车的驾驶实习测验。

十二、持有按上款规定获得的驾驶执照者，不得驾驶设有手动变速箱的车辆，而其驾驶执照应载明该项限制。

十三、为一切法定效力，违反上款规定者，视为不具备驾驶资格。

第四节 驾驶执照

第七十条 驾驶证

一、由澳门市政厅发出之驾驶证，不得在证内作任何附注、任何指示、盖上印章或钢印，但得由澳门市政厅为之。

二、发给需要特别改装车辆之伤残人士驾驶证，须说明对驾驶员所规定之一切限制及许可驾驶员驾驶之车辆之各项改装，属该等情况之人士驾驶无有关改装之车辆者，处罚款澳门币 1 500 至 7 500 元。

三、当驾驶员为超过一个驾驶证之权利人时，所有驾驶证应由一张驾驶证替代，并给予最旧之号码或在替换时所给予之号码，驾驶证内应载明其他驾驶证上已作之附注，被替代之驾驶证正本则送交原发证机关。

四、如更改居所，驾驶员必须在 60 日期限内通知澳门市政厅，违者罚款澳门币 100～500 元。

第七十一条　其他驾驶执照

一、轻型摩托车驾驶执照由民政总署发给通过有关考试且年满 18 岁之人士。

二、民政总署有职权将农用牵引车驾驶执照发给通过有关考试且年满 18 岁之人士。

三、具 C 类车辆驾驶资格之有效驾驶证之权利人得驾驶农用拖拉机，具 B 类车辆驾驶资格之有效驾驶证之权利人得驾驶不附拖车且自重不超过 3 500 kg 之拖拉机或附挂车且车组总质量不超过 6 000 kg 之拖拉机。

四、经澳门市政厅许可在公共道路通行之农业或工业机械之驾驶，仅得由具 C 类车辆驾驶资格之有效驾驶证之权利人为之，如其总质量不超过 3 500 kg，具 B 类车辆驾驶资格之有效驾驶证或农用拖拉机驾驶执照之权利人亦得为之。

六、由有权限之军事或保安当局发出，且对驾驶属于保安部队并与第五十九条所指类别或小类相同之车辆为有效之文件之权利人，在其维持职务期间、休假、待安排工作、复员、转为后备役或退伍后 1 年内得申请发给同等类别或小类之有效驾驶证，申请书应送交澳门市政厅主席，并应附同其有关资格之文件之经认证影印本。

第七十二条　驾驶之特别许可

一、澳门市政厅有权限对非葡萄牙人、在澳门无永久居所且经葡萄牙政府接受之外交团成员及职业领事或外国使节团之行政及技术职员，发给容许该等人士在澳门驾驶之驾驶执照，只要该等人士申请该执照并为具同等效力且仍有效之执照之权利人。

二、依上述情况发给之驾驶执照之有效期，与该外国证明文件上之有效期相同。

三、根据本条发给之驾驶执照之权利人，当其在澳门之外交任务完结时，应交还驾驶执照予澳门市政厅以作取消。

四、澳门市政厅得按其主席以批示订定之规定，给予在澳门无永久居所之外国军事使节团成员或来自内地的救护车驾驶员发给特别驾驶许可。

五、澳门市政厅得按订定之规定及条件，给予在澳门无住所之外国人一个不超过6个月期限及不超过有关证明文件内之有效期之驾驶许可，该外国人须具有由其所属国家发出有驾驶资格之执照，而在该国境内为驾驶证权利人之葡萄牙人不得合法驾驶。

六、上款之规定不适用于按现行法例发给内地公民之特别驾驶执照。

七、如监察当局要求，以上六款所指证明文件应连同其权利人所持有之外国驾驶执照一并出示。

第七十三条　外　国　执　照

一、《道路交通公约》加入方发给澳门特别行政区居民之驾驶执照、因互惠制度而容许持驾驶执照之澳门特别行政区居民在其境内驾驶之国家或地区发给澳门特别行政区居民之驾驶执照，又或澳门特别行政区居民在外地获发之驾驶执照（国际驾驶执照除外），其持有人如同时符合下列规定，可自定居澳门特别行政区之日或取得上述驾驶执照后首次进入澳门特别行政区之日起计1年内，免试换领由民政总署发出之驾驶执照：

a) 递交所持外地驾驶执照之认证副本，如该执照之签发实体规定只准使用执照正本，则应递交执照正本；

b) 符合本规章第六十条及第3/2007号法律第八十一条第一款所指要件。

二、为申请换领执照，持有人应在申请书内声明其所持驾驶执照真实且有效，并声明其未有被禁止驾驶，此外，尚须证明其身心健康，以及递交一份证明其在执照签发地居住不少于6个月之文件，但主管实体可应利害关系人以适当理据提出之申请，免除其递交该文件。

三、对为换领目的而递交之证明文件之真实性或其附注有疑问，权利人应递交澳门市政厅要求之附加证明，但澳门市政厅得拒绝该换领，并得根据《道路法典》第五十二条之规定，建议利害关系人重新接受驾驶考试。

四、当执照并非以葡萄牙文、中文、法文或英文书写，则应附同葡萄牙文或中文之官方译本。

五、澳门市政厅应将作为换发对象之证明文件正本送交原发出实体，如发现该等文件并非真实或并非依法获得时，并附上给予通知之请求。

六、如被交换之执照载有职业驾驶员之类别，或权利人出示证明其在驾驶执照发出国从事司机职业之文件，则应在驾驶证上作职业驾驶员类别之附注。

七、当外国之执照并非凭通过考试而获得或考试对投考人能力之要求程度低于澳门现行法例所规定者，得拒绝该换领。

八、第3/2007号法律第八十条第一款（一）项至（三）项所指文件持有人在澳门特别行政区驾驶之期间上限为1年。

九、持上款所指文件于上款所指期间之后在澳门特别行政区驾驶者，科处罚款澳门币1 500元。

十、上款之规定不适用于：

a) 已按本条之规定向主管实体申请换领澳门特别行政区驾驶执照之驾驶员，直至其接获申请不予批准之通知之日为止，又或直至其获发澳门特别行政区驾驶执照为止；

b) 证明在最近6个月期间于澳门特别行政区以外地方连续逗留不少于3个月之驾驶员。

十一、对澳门特别行政区发出之驾驶执照采取互惠待遇之其他国家或地区发出之驾驶执照之持有人，如相关互惠制度要求登记，则在澳门特别行政区逗留超过14日，且拟在此14日期间之后于澳门特别行政区驾驶者，必须前往治安警察局办理有关登记。

十二、违反上款规定者，科处罚款澳门币300元。

第七十四条　驾驶执照之有效性

一、驾驶证之有效期间附注于驾驶证内。

二、持有人应在驾驶执照有效期届满前6个月内，将证明其适合驾驶之医生证明及相关检验报告递交民政总署，以办理驾驶执照续期。

三、驾驶证有效期间之终止，原则上相应于权利人在下列年龄届满之日期：

a) 有A、B、E+B类附注之驾驶员——40岁、50岁、60岁、65岁、70岁及高于70岁者每两年为一阶段；

b) 载有C、D、D1、D2、E+C、E+D、E+D1、E+D2附注之驾驶员——35岁、45岁、50岁、55岁、60岁、65岁及自65岁起计每两年1个年龄段，但不影响第六十条第四款之适用；

c) 农用牵引车及轻型摩托车驾驶执照应按a项规定续期。

四、得透过医学或心理技术检验之决定，为驾驶员规定更短之重检期，如属此情况，有关检验之证明，应在规定日期前 1 个月之最后 1 日或以前递交。

五、65 岁以上驾驶员应经特别体格检验获得证明其适合驾驶之医生证明。

六、持有效期已过之驾驶执照驾驶者，科处罚款澳门币 1 500 元，且不影响下款之适用。

七、为一切法律效力，下列人士仅得通过考试之测验后，其驾驶证才重新有效，违者被视为无驾驶资格：

a) 根据第一至第五款之规定，超过为重新有效所规定之 1 个年龄等级之人士，但能显示在此期间为其他有效驾驶执照之权利人，不在此限；

b) 体格及健康检验不获通过。

八、在第二款所指期限内递交驾驶执照续期申请时，驾驶执照持有人获发一份文件以替代驾驶执照，其有效期由签发实体订定，但不短于有关驾驶执照之剩余有效期。

第三节　驾驶证检验

一、内地规定

在内地交通法律体系中，将驾驶证检验规定在《道路交通安全法》《道路交通安全法实施条例》《机动车驾驶证申领和使用规定》《道路运输条例》中。

《道路交通安全法》：

第二十三条　公安机关交通管理部门依照法律、行政法规的规定，定期对机动车驾驶证实施审验。

第二十四条　公安机关交通管理部门对机动车驾驶人违反道路交通安全法律、法规的行为，除依法给予行政处罚外，实行累积记分制度。公安机关交通管理部门对累积记分达到规定分值的机动车驾驶人，扣留机动车驾驶证，对其进行道路交通安全法律、法规教育，重新考试；考试合格的，发还其机动车驾驶证。

对遵守道路交通安全法律、法规，在一年内无累积记分的机动车驾驶人，可以延长机动车驾驶证的审验期。具体办法由国务院公安部门规定。

《道路交通安全法实施条例》：

第二十二条　机动车驾驶证的有效期为6年，本条例另有规定的除外。

机动车驾驶人初次申领机动车驾驶证后的12个月为实习期。在实习期内驾驶机动车的，应当在车身后部粘贴或者悬挂统一式样的实习标志。

机动车驾驶人在实习期内不得驾驶公共汽车、营运客车或者执行任务的警车、消防车、救护车、工程救险车以及载有爆炸物品、易燃易爆化学物品、剧毒或者放射性等危险物品的机动车；驾驶的机动车不得牵引挂车。

第二十三条　公安机关交通管理部门对机动车驾驶人的道路交通安全违法行为除给予行政处罚外，实行道路交通安全违法行为累积记分（以下简称记分）制度，记分周期为12个月。对在一个记分周期内记分达到12分的，由公安机关交通管理部门扣留其机动车驾驶证，该机动车驾驶人应当按照规定参加道路交通安全法律、法规的学习并接受考试。考试合格的，记分予以清除，发还机动车驾驶证；考试不合格的，继续参加学习和考试。

应当给予记分的道路交通安全违法行为及其分值，由国务院公安部门根据道路交通安全违法行为的危害程度规定。

公安机关交通管理部门应当提供记分查询方式供机动车驾驶人查询。

第二十四条　机动车驾驶人在一个记分周期内记分未达到12分，所处罚款已经缴纳的，记分予以清除；记分虽未达到12分，但尚有罚款未缴纳的，记分转入下一记分周期。

机动车驾驶人在一个记分周期内记分2次以上达到12分的，除按照第二十三条的规定扣留机动车驾驶证、参加学习、接受考试外，还应当接受驾驶技能考试。考试合格的，记分予以清除，发还机动车驾驶证；考试不合格的，继续参加学习和考试。

接受驾驶技能考试的，按照本人机动车驾驶证载明的最高准驾车型考试。

第二十五条　机动车驾驶人记分达到12分，拒不参加公安机关交通管理部门通知的学习，也不接受考试的，由公安机关交通管理部门公告其机动车驾驶证停止使用。

第二十六条　机动车驾驶人在机动车驾驶证的6年有效期内，每个记分周期均未达到12分的，换发10年有效期的机动车驾驶证；在机动车驾驶证的10年有效期内，每个记分周期均未达到12分的，换发长期有效的机动车驾驶证。

换发机动车驾驶证时，公安机关交通管理部门应当对机动车驾驶证进行审验。

第二十七条　机动车驾驶证丢失、损毁，机动车驾驶人申请补发的，应当向公安机关交通管理部门提交本人身份证明和申请材料。公安机关交通管理部门经与机动车驾驶证档案核实后，在收到申请之日起 3 日内补发。

第二十八条　机动车驾驶人在机动车驾驶证丢失、损毁、超过有效期或者被依法扣留、暂扣期间以及记分达到 12 分的，不得驾驶机动车。

《机动车驾驶证申领和使用规定》：

第五十六条　机动车驾驶人在机动车驾驶证的 6 年有效期内，每个记分周期均未记满 12 分的，换发 10 年有效期的机动车驾驶证；在机动车驾驶证的 10 年有效期内，每个记分周期均未记满 12 分的，换发长期有效的机动车驾驶证。

第五十七条　机动车驾驶人应当于机动车驾驶证有效期满前 90 日内，向机动车驾驶证核发地或者核发地以外的车辆管理所申请换证。申请时应当填写申请表，并提交以下证明、凭证：

（一）机动车驾驶人的身份证明；

（二）机动车驾驶证；

（三）县级或者部队团级以上医疗机构出具的有关身体条件的证明。属于申请残疾人专用小型自动挡载客汽车的，应当提交经省级卫生主管部门指定的专门医疗机构出具的有关身体条件的证明。

第五十八条　机动车驾驶人户籍迁出原车辆管理所管辖区的，应当向迁入地车辆管理所申请换证。机动车驾驶人在核发地车辆管理所管辖区以外居住的，可以向居住地车辆管理所申请换证。申请时应当填写申请表，提交机动车驾驶人的身份证明和机动车驾驶证，并申报身体条件情况。

第五十九条　年龄在 60 周岁以上的，不得驾驶大型客车、牵引车、城市公交车、中型客车、大型货车、无轨电车和有轨电车；持有大型客车、牵引车、城市公交车、中型客车、大型货车驾驶证的，应当到机动车驾驶证核发地或者核发地以外的车辆管理所换领准驾车型为小型汽车或者小型自动挡汽车的机动车驾驶证。

年龄在 70 周岁以上的，不得驾驶低速载货汽车、三轮汽车、普通三轮摩托车、普通二轮摩托车和轮式自行机械车；持有普通三轮摩托车、普通二轮摩托车驾驶证的，应当到机动车驾驶证核发地或者核发地以外的车辆管理所换领准驾车型为轻便摩托车的机动车驾驶证。

申请时应当填写申请表，并提交第五十七条规定的证明、凭证。

机动车驾驶人自愿降低准驾车型的，应当填写申请表，并提交机动车驾驶人的身份证明和机动车驾驶证。

第六十条 具有下列情形之一的,机动车驾驶人应当在30日内到机动车驾驶证核发地或者核发地以外的车辆管理所申请换证:

(一)在车辆管理所管辖区域内,机动车驾驶证记载的机动车驾驶人信息发生变化的;

(二)机动车驾驶证损毁无法辨认的。

申请时应当填写申请表,并提交机动车驾驶人的身份证明和机动车驾驶证。

第六十一条 机动车驾驶人身体条件发生变化,不符合所持机动车驾驶证准驾车型的条件,但符合准予驾驶的其他准驾车型条件的,应当在30日内到机动车驾驶证核发地或者核发地以外的车辆管理所申请降低准驾车型。申请时应当填写申请表,并提交机动车驾驶人的身份证明、机动车驾驶证、县级或者部队团级以上医疗机构出具的有关身体条件的证明。

机动车驾驶人身体条件发生变化,不符合第十二条第二项规定或者具有第十三条规定情形之一,不适合驾驶机动车的,应当在30日内到机动车驾驶证核发地车辆管理所申请注销。申请时应当填写申请表,并提交机动车驾驶人的身份证明和机动车驾驶证。

机动车驾驶人身体条件不适合驾驶机动车的,不得驾驶机动车。

第六十二条 车辆管理所对符合第五十七条至第六十条、第六十一条第一款规定的,应当在一日内换发机动车驾驶证。对符合第六十一条第二款规定的,应当在一日内注销机动车驾驶证。其中,对符合第五十八条至第六十一条规定的,还应当收回原机动车驾驶证。

第六十三条 机动车驾驶证遗失的,机动车驾驶人应当向机动车驾驶证核发地或者核发地以外的车辆管理所申请补发。申请时应当填写申请表,并提交以下证明、凭证:

(一)机动车驾驶人的身份证明;

(二)机动车驾驶证遗失的书面声明。

符合规定的,车辆管理所应当在一日内补发机动车驾驶证。

机动车驾驶人补领机动车驾驶证后,原机动车驾驶证作废,不得继续使用。

机动车驾驶证被依法扣押、扣留或者暂扣期间,机动车驾驶人不得申请补发。

第六十四条 机动车驾驶人向核发地以外的车辆管理所申请办理第五十七条、第五十九条、第六十条、第六十一条第一款、第六十三条规定的换证、补证业务时,应当同时按照第五十八条规定办理。

第五章　机动车驾驶人管理
第一节　记　分

第六十五条　道路交通安全违法行为累积记分周期（即记分周期）为12个月，满分为12分，从机动车驾驶证初次领取之日起计算。

依据道路交通安全违法行为的严重程度，一次记分的分值为：12分、6分、3分、2分、1分五种。

第六十六条　对机动车驾驶人的道路交通安全违法行为，处罚与记分同时执行。

机动车驾驶人一次有两个以上违法行为记分的，应当分别计算，累加分值。

第六十七条　机动车驾驶人对道路交通安全违法行为处罚不服，申请行政复议或者提起行政诉讼后，经依法裁决变更或者撤销原处罚决定的，相应记分分值予以变更或者撤销。

第六十八条　机动车驾驶人在一个记分周期内累积记分达到12分的，公安机关交通管理部门应当扣留其机动车驾驶证。

机动车驾驶人应当在15日内到机动车驾驶证核发地或者违法行为地公安机关交通管理部门参加为期7日的道路交通安全法律、法规和相关知识学习。机动车驾驶人参加学习后，车辆管理所应当在20日内对其进行道路交通安全法律、法规和相关知识考试。考试合格的，记分予以清除，发还机动车驾驶证；考试不合格的，继续参加学习和考试。拒不参加学习，也不接受考试的，由公安机关交通管理部门公告其机动车驾驶证停止使用。

机动车驾驶人在一个记分周期内有两次以上达到12分或者累积记分达到24分以上的，车辆管理所还应当在道路交通安全法律、法规和相关知识考试合格后10日内对其进行道路驾驶技能考试。接受道路驾驶技能考试的，按照本人机动车驾驶证载明的最高准驾车型考试。

第六十九条　机动车驾驶人在一个记分周期内记分未达到12分，所处罚款已经缴纳的，记分予以清除；记分虽未达到12分，但尚有罚款未缴纳的，记分转入下一记分周期。

第二节　审　验

第七十条　机动车驾驶人应当按照法律、行政法规的规定，定期到公安机关交通管理部门接受审验。

机动车驾驶人按照本规定第五十七条、第五十八条换领机动车驾驶证时，应当接受公安机关交通管理部门的审验。

持有大型客车、牵引车、城市公交车、中型客车、大型货车驾驶证的驾驶人，应当在每个记分周期结束后30日内到公安机关交通管理部门接受审验。但在一个记分周期内没有记分记录的，免予本记分周期审验。

持有本条第三款规定以外准驾车型驾驶证的驾驶人，发生交通事故造成人员死亡承担同等以上责任未被吊销机动车驾驶证的，应当在本记分周期结束后30日内到公安机关交通管理部门接受审验。

机动车驾驶人可以在机动车驾驶证核发地或者核发地以外的地方参加审验、提交身体条件证明。

第七十一条　机动车驾驶证审验内容包括：

（一）道路交通安全违法行为、交通事故处理情况；

（二）身体条件情况；

（三）道路交通安全违法行为记分及记满12分后参加学习和考试情况。

持有大型客车、牵引车、城市公交车、中型客车、大型货车驾驶证一个记分周期内有记分的，以及持有其他准驾车型驾驶证发生交通事故造成人员死亡承担同等以上责任未被吊销机动车驾驶证的驾驶人，审验时应当参加不少于3小时的道路交通安全法律法规、交通安全文明驾驶、应急处置等知识学习，并接受交通事故案例警示教育。

对交通违法行为或者交通事故未处理完毕的、身体条件不符合驾驶许可条件的、未按照规定参加学习、教育和考试的，不予通过审验。

第七十二条　年龄在70周岁以上的机动车驾驶人，应当每年进行一次身体检查，在记分周期结束后30日内，提交县级或者部队团级以上医疗机构出具的有关身体条件的证明。

持有残疾人专用小型自动挡载客汽车驾驶证的机动车驾驶人，应当每三年进行一次身体检查，在记分周期结束后30日内，提交经省级卫生主管部门指定的专门医疗机构出具的有关身体条件的证明。

机动车驾驶人按照本规定第七十条第三款、第四款规定参加审验时，应当申报身体条件情况。

第七十三条　机动车驾驶人因服兵役、出国（境）等原因，无法在规定时间内办理驾驶证期满换证、审验、提交身体条件证明的，可以向机动车驾驶证核发地车辆管理所申请延期办理。申请时应当填写申请表，并提交机动车驾驶人的身份证明、机动车驾驶证和延期事由证明。

延期期限最长不超过3年。延期期间机动车驾驶人不得驾驶机动车。

《道路运输条例》：

第九条　从事客运经营的驾驶人员，应当符合下列条件：

（一）取得相应的机动车驾驶证；

（二）年龄不超过60周岁；

（三）3年内无重大以上交通责任事故记录；

（四）经设区的市级道路运输管理机构对有关客运法律法规、机动车维修和旅客急救基本知识考试合格。

第二十二条　从事货运经营的驾驶人员，应当符合下列条件：

（一）取得相应的机动车驾驶证；

（二）年龄不超过60周岁；

（三）经设区的市级道路运输管理机构对有关货运法律法规、机动车维修和货物装载保管基本知识考试合格。

驾驶人年审对照表

序号	是否参加	相关情形
1	不需参加年审驾驶人	年龄在60周岁以下，持C1、C2、C3、C4、C5、D、E、F、M、N、P驾驶证的健康人士（但1个记分周期内发生交通事故造成人员死亡承担同等以上责任未被吊销机动车驾驶证的除外）
2	免予年审驾驶人	持有A1、A2、A3、B1、B2驾驶证的，1个记分周期内没有扣分的，免予本周期年审，第二年依此类推
3	需参加年审驾驶人	1. 持有A1、A2、A3、B1、B2驾驶证的，1个记分周期内有扣分的。 2. 持有C1、C2、C3、C4、C5、D、E、F、M、N、P驾驶证的，1个记分周期内发生交通事故造成人员死亡承担同等以上责任未被吊销机动车驾驶证的。 3. 校车驾驶人。 4. 残疾人持有C5驾驶证的。 5. 年龄在60周岁以上的

记分周期的计算方法：道路交通安全违法行为累积记分周期（即记分周期）为12个月，满分为12分，从机动车驾驶证初次领取之日起计算。例如：张三驾驶证的初次领证日期为2009年3月12日，2009年3月12日至2010年3月12日为1个记分周期，第2个、3个记分周期依此类推

驾驶人年审方式对照表

序号	需参加年审的驾驶人	年审方式	年审内容
1	1.持有 A1、A2、A3、B1、B2 驾驶证的,1 个记分周期内有扣分但未记满 12 分的。 2.持有 C1、C2、C3、C4、C5、D、E、F、M、N、P 驾驶证的,记分周期内发生交通事故造成人员死亡承担同等以上责任未被吊销机动车驾驶证的	交通法规学习	1.每个记分周期结束后 30 日之内学习交通安全法规不少于 3 小时。 2.现场填表如实申报身体条件,不需提交医疗机构出具的身体条件证明
2	年龄在 60 周岁以上的	提交身体条件证明	每个记分周期结束后提交县级或者部队团级以上医疗机构出具的有关身体条件证明
3	残疾人持有 C5 驾驶证的	提交身体条件证明	每三个记分周期结束后提交省级卫生主管部门指定的医疗机构出具的有关身体条件证明
4	校车驾驶人	提交身体条件证明	每个记分周期结束后参加交通法规学习,并提交县级或者部队团级以上医疗机构出具的有关身体条件证明

1.交通法规学习流程:本人携带驾驶证,一寸白底彩色照片,到辖区车辆管理所受理窗口填写"机动车驾驶人身体情况申报表",受理后持"大中型客货车驾驶人未记满 12 分安全警示教育通知书"参加交通安全法律法规学习(不少于 3 个小时)。学习时间:上午 9 点开课,下午 3 点开课。

2.提交身体条件证明流程:携带医疗机构出具的有关身体条件证明,到辖区车辆管理所受理窗口递交

二、澳门规定

在澳门的交通法律体系中,将驾驶证检验规定在《道路交通规章》中。

《道路交通规章》：

第二节 体格及健康检验

第六十一条 一般规定

一、体格及健康检验得为一般检验、特别检验及医学委员会检验。

二、每次体格及健康检验中，投考人应呈交适当更新之身份证、护照或其他身份证明文件及式样获澳门市政厅核准之健康及健全证明表格以及检验报告表格各一份，如特别检验或医学委员会检验前已作另一检验，则无须呈交检验报告表格。

三、受检人通过检验后，获发给一张健康及健全证明书，该证明书自检验日起计 6 个月有效。

四、卫生司规定之检验或澳门市政厅为澄清关于任何检验结果之疑问而向卫生司要求进行之检验属免费。

五、在任何检验中，医生或医学委员会得要求利害关系人接受专门检验或提供作为决定或意见之依据之其他必要资料。

六、检验通过之条件为必须配戴眼镜、隐形眼镜、辅助器，而驾驶之车辆须经特别改装、特别复验期或受其他限制者，该等条件应明文载于证明及驾驶证中。

八、当驾驶证权利人之驾驶证，系按第六款规定而获得者，不遵守驾驶证内缮写之条件驾驶，处罚款澳门币 500 至 2 500 元。

第六十二条 一般体格检验

一、一般检验应由任何一位在澳门卫生司注册之医生进行。

二、当医生发现受检人有被认为可能使之无能力驾驶之任何情况，应在一般检验中不获通过。

三、不论医生作何判断，下列任一限制，均为不通过之限定原因：

a) 本条第四款列明之容忍度不包括持久性或进行性之伤害或变形，该等伤害或变形能导致驾驶能力之减低，尤其是四肢或脊柱之伤害或变形；

b) 导致相同效果之慢性或有进行性质之疾病；

c) 神经精神疾病、病变或表现在智力水平明显降低或以任何方式导致驾驶效能或安全减低之神经精神状态；

d) 严重之心血管病变；

e) 如有屈光缺陷，经使用适当调度之镶有光学玻璃之眼镜矫正，使双眼影像完全重合时，以世界标准量度之视力锐度数值，按情况而定，达不到本条第四款所指者；

f) 光感及色感显著错乱——色感仅与红、绿及黄色有关，斜视、眼球震颤、复视、无晶状体、一眼视觉丧失、双眼视觉缺失、深度感觉明显降低或双眼水平视野小于150°；

g) 视力惯常降至低于e项规定之限度或在恶化或并发时产生同样效果之慢性眼炎，尤其是颗粒状结膜炎；

h) 按情况而定，听力锐度之数值低于本条第四款所指之数值；

i) 连续或阵发之晕眩状态，不论其原因为何；

j) 酗酒或其他毒瘾。

四、有关上款a、e及h项规定之限制，下列为检查医生之一般容忍度权限：

a) 手并指或多指，只要双手均有足够之握力；

b) 缺失脚趾；

c) 按车辆级别及投考人拟驾驶之类别而特定之容限如下：

	双手	视力锐度	听力锐度
农用牵引车、重型摩托车、三轮车或轻型摩托车之驾驶员	缺失三指，只要一拇指完整且双手均有足够之握力	一眼为2/10及另一眼为6/10	有或无经过辅助器矫正：每一耳听力锐度相当于距离1m处之低声或一耳听不到但另一耳之听力锐度相当于距离2m处之低声
轻型汽车之驾驶员	缺失三指，只要两拇指完整并可与其他手指良好对触且双手均有足够之握力	双眼均为6/10；一眼为5/10及另一眼为7/10；或一眼为4/10及另一眼为8/10	经或未经助听器矫正后，一耳能听到1m距离之低声，而另一耳能听到2m距离之低声
重型汽车（农用牵引车除外）之驾驶员	缺失两指，只要两拇指完整并可与其他手指良好对触且双手均有足够之握力	双眼均为8/10；一眼为7/10及另一眼为9/10；一眼为6/10及另一眼为10/10	无辅助器矫正；双耳之听力锐度相当于距离2m处之低声

五、一般体格检验结束而受检人合格通过检验，医生于填写检验报告及发出证明后，应将该等文件交予受检人，以便将之送交民政总署。

六、当检查医生对受检人合符资格存有疑问、认为投考人不合符资格或发现须接受特别检验时，不应发出证明，而应填具检验报告并在48小时内递交卫生司。

第六十三条　特别体格检验

一、有下列各项情况之一者，应在卫生司或官方认可之卫生中心进行特别检验：

a) 经一般检验之医生建议；

b) 应一般检验中不合资格之利害关系人之请求；

c) 应利害关系人欲证明其使用隐形眼镜后之视力锐度之请求；

d) 应利害关系人在特别检验不合格且欲得到重新判定之请求；

e) 应 65 岁以上驾驶员申请；

f) 应为获得 C 及 D 类资格之投考人，或有该等类别注录之外国驾驶执照且欲以该等执照换取驾驶证之权利人之请求。

二、无上条第三款所指之其中一种情况及限制之受检人，得在特别检验中获通过，对于该款 a 及 e 项规定之限制，卫生司之医生得接受下列之容忍度：

	上肢	下肢	脊柱	
轻型汽车之驾驶员	部分缺失一肢，只要该肢具有效之辅助器及另一肢完整	一肢全缺或完全残废又或两肢部分缺失或部分残废，只要车辆经有效改装以使驾驶员可以无须放开方向盘操纵车辆	不灵活或构造不良得由所指之车辆经有效改装补足	一眼无视力及另一眼为8/10；如一眼之视力锐度等于或低于1/10，则适用本条第四款
三轮车之驾驶员	除六十二条第四款所指之容忍度外，无其他容忍度	一肢全缺或完全残废又或两肢部分缺失或部分残废，只要座位以有手枕之座椅代替及车辆经有效改装以使驾驶员可以无须放开把手操纵车辆		
农用拖拉机、重型摩托车或轻型摩托车驾驶员，但三轮车之驾驶员除外	除第六十二条第四款所指之容忍度外，无其他容忍度			

三、脊柱不灵活或构造不良又或缺失其中一肢或其中一肢之功能残废，不论完全或部分，且被卫生司宣告为合符资格之受检人，除应受认为必要之其他设定条件约束外，按情况而定，并须受下列其中一或两项设定条件之约束：

a) 强制性使用有效之辅助器；

b) 禁止驾驶未经必要及有效改装之车辆。

四、轻型汽车类别之驾驶员或驾驶投考人如在特别体格检验中被证实视力锐度经隐形眼镜矫正后处于上条第四款、本条第二款及第五款所指容限以内,则通过该项特别体格检验。

五、其中一眼之视力锐度等于或低于1/10之受检人视为独眼者,如无眼科检验之良好结果以证明具有下列条件,不得被宣告为合符资格:
a) 无经镶有光学玻璃之适当眼镜矫正,眼睛之视力锐度最小为8/10;
b) 光感、色感、深度感及距离评估之感觉适合驾驶;
c) 视野、颞部及鼻部范围均正常。

六、通过上款规定之眼科检验之受检人,不得驾驶无固定挡风玻璃之车辆。

七、双眼患无晶状体症之轻型汽车之非职业驾驶员及驾驶投考人,经有框眼镜或隐形眼镜矫正后,只要经过不少于3个月之适应期,眼科检验证明每一眼睛之视力至少为8/10及心理检查良好,得在特别检验获通过。

八、按上款规定而获通过之受检人,应接受包括强制性眼科检验之每年体格复检。

九、特别检验结束时,卫生司之医生应在报告中记录检验之结果或须接受医学委员会检验之建议,并应遵守下列之规定:
a) 如发出其为合符资格之证明,该证明应交予利害关系人,其内应附有检验报告已被存盘之指示;
b) 如建议接受医学委员会检验,已填具之检验报告应由卫生司送交利害关系人。

十、根据本条第二款明定之任一容忍度而被卫生司认为合符资格之受检人,应直接向进行特别检验之地方要求将来须接受之体格检验。

十一、在特别检验中不获通过之受检人,其状况已改变,并达至可重新对其作出判定时,得在任何时间以有说明理由之申请书向卫生司要求复检。

十二、除上述各款所指设施及医生外,透过公布于《澳门特别行政区公报》之行政长官批示,可容许在其他设施或由在澳门卫生局注册之医生进行特别体格检验。

第六十四条　医学委员会

一、下列情况,得接受医学委员会检验:
a) 如受检人之缺陷不包括在一般及特别检验接受之容忍度内,并经为其进行特别检验之医生建议受检人接受医学委员会检验,以证明该等缺陷不致完全妨碍受检人之驾驶;
b) 于特别检验中不获通过之受检人,申请接受医学委员会检验。

二、医学委员会由卫生司之三名医生组成,并由有关司长任命。

三、接受医学委员会检验之受检人之档案,应附同有关检验报告副本,由此委员会送交卫生司作最后决定。

第四节　非机动车的驾驶人

一、内地规定

在内地交通法律体系中，对非机动车的驾驶人的相关内容规定在《道路交通安全法》中。

《道路交通安全法》：

第五十七条　驾驶非机动车在道路上行驶应当遵守有关交通安全的规定。非机动车应当在非机动车道内行驶；在没有非机动车道的道路上，应当靠车行道的右侧行驶。

第五十八条　残疾人机动轮椅车、电动自行车在非机动车道内行驶时，最高时速不得超过 15 km。

第五十九条　非机动车应当在规定地点停放。未设停放地点的，非机动车停放不得妨碍其他车辆和行人通行。

第六十条　驾驭畜力车，应当使用驯服的牲畜；驾驭畜力车横过道路时，驾驭人应当下车牵引牲畜；驾驭人离开车辆时，应当拴系牲畜。

二、澳门规定

在澳门的交通法律体系中，对非机动车的驾驶人的相关内容规定在《道路交通法》中。

《道路交通法》：

第十四条　动物及由动物牵引的车辆

一、禁止动物及由动物牵引的车辆在公共道路上通行，但经补充法规准许或获主管实体许可，并按许可批示所订条件通行者除外。

二、违反上款规定者，科处罚款澳门币 900 元。

第七十一条　等　同

下列情况等同行人通行，但另有规定除外：

（一）推动手推车；

（二）以手推动两轮或三轮脚踏车、婴儿车或残疾人士车辆；

（三）轮椅通行。

第五节　两地间驾驶证的相互承认

一、内地规定

在内地交通法律体系中，对内地、香港、澳门三地间驾驶证的相互承认规定在《道路交通安全法》及公安机关公布的办事指南中。

《道路交通安全法》：

第九十八条　……对机动车驾驶证有互相认可协议的，按照协议办理。……签订有关协定涉及机动车驾驶证的，按照协定执行。

广东省公安厅网站办事指南：

持境外机动车驾驶人员申领机动车驾驶证受理条件：

1. 具备港、澳、台及外国人申领汽车驾驶证申请条件的个人。

2. 符合下列全部条件，可提出申请：

(1) 年龄条件：①申请小型汽车、小型自动挡汽车、残疾人专用小型自动挡载客汽车、轻便摩托车准驾车型的，在18周岁以上、70周岁以下；②申请低速载货汽车、三轮汽车、普通三轮摩托车、普通二轮摩托车或者轮式自行机械车准驾车型的，在18周岁以上、60周岁以下；③申请城市公交车、大型货车、无轨电车或者有轨电车准驾车型的，在20周岁以上、50周岁以下；④申请中型客车准驾车型的，在21周岁以上、50周岁以下；⑤申请牵引车准驾车型的，在24周岁以上、50周岁以下；⑥申请大型客车准驾车型的，在26周岁以上、50周岁以下。

(2) 身体条件：①身高：申请大型客车、牵引车、城市公交车、大型货车、无轨电车准驾车型的，身高为155 cm以上。申请中型客车准驾车型的，身高为150 cm以上；②视力：申请大型客车、牵引车、城市公交车、中型客车、大型货车、无轨电车或者有轨电车准驾车型的，两眼裸视力或者矫正视力达到对数视力表5.0以上。申请其他准驾车型的，两眼裸视力或者矫正视力达到对数视力表4.9以上；③辨色力：无红绿色盲；④听力：两耳分别距音叉50 cm能辨别声源方向。有听力障碍但佩戴助听设备能够达到以上条件的，可以申请小型汽车、小型自动挡汽车准驾车型的机动车驾驶证；⑤上肢：双手拇指健全，每只手其他手指必须有三指健全,肢体和手指运动功能正常。但手指末节残缺或者右手拇指缺失的,可以申请小型汽车、小型自动挡汽车、低速载货汽车、三轮汽车准驾车型的机动车驾驶证;⑥下肢:双下肢健全且运动功能正常,不等长度不得大于5 cm。但左下肢缺失或者丧失运动功能的,可以申请小型自动挡汽车准驾车型的机动车驾驶证。右下肢、双下肢缺失或者丧失运动功能但能够自主坐立的,可以申请残疾人专用小型自动挡载客汽车准驾车型的机动车驾驶证;⑦躯干、颈部:无运动功能障碍。

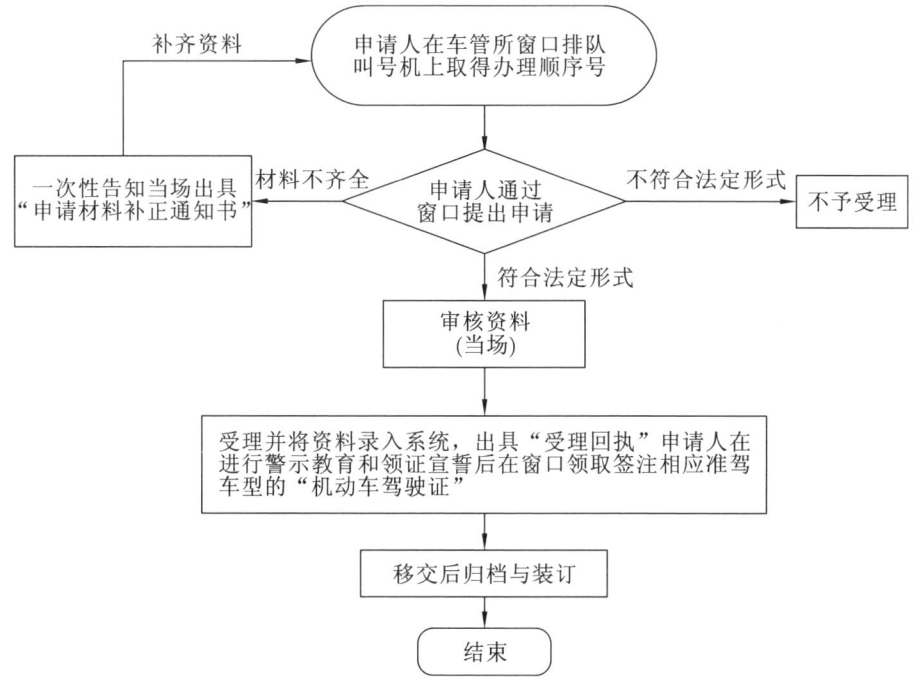

香港居民免试换领机动车驾驶证办事流程图

(该流程图来源于广东省网上办事大厅网站)

二、澳门规定

在澳门的交通法律体系中,对内地、香港、澳门三地间驾驶证的相互承认规定在《调整在本澳行使之中华人民共和国汽车司机情况》中。

《调整在本澳行使之中华人民共和国汽车司机情况》：

第 67/84/M 号法令

1984 年 6 月 30 日

在澳门公共道路上驾驶机动车辆运载乘客及货物之中华人民共和国之驾驶员，人数相当多并不断增长，虽然明显有利于本地区之发展，但该类驾驶员却不具有在本地区合法驾驶之资格。

为此，有必要在不妨碍每日两地大量人及货物往来之前提下，解决此驾驶资格问题。

鉴于中华人民共和国未加入《一九四七年国际道路交通公约》，使上述驾驶员不适用《道路法典》第四十六条第一款 d 项及 e 项之规定，因此，中华人民共和国不能向该等驾驶员发出在澳门有效之驾驶执照。

然而，鉴于该等驾驶执照之存续并不稳定且在例外情况下发出，故所发出之驾驶执照不完全具备其他驾驶执照之效力。

鉴于上述情况并根据《道路法典》第七十一条第五款之规定，经听取咨询会意见后，澳门总督行使经 2 月 17 日第 1/76 号宪法性法律颁布之《澳门组织章程》第十三条第一款所赋予之权能，命令制定在澳门地区具有法律效力之条文如下：

第一条

具有中华人民共和国合法驾驶资格之中华人民共和国公民，得免试而取得特别驾驶执照，以便根据下条之规定，在澳门地区驾驶车辆。

第二条

一、为获发特别驾驶执照，须提交下列文件：

a) 有效护照或其他有效之身份证明文件；

b) 中华人民共和国发出且未逾有效期之驾驶执照；

c) 住所设在中华人民共和国之公司之澳门合法代表之声明书。声明书中应承诺使驾驶员有良好行为，并承诺在不聘用驾驶员时，将驾驶执照交还发出执照之实体。

二、持有特别驾驶执照者，仅可驾驶载货或载客之轻型车辆或重型车辆。

三、执照持有人仅可驾驶本条第一款 c 项所指公司之车辆，且该等车辆必须挂有澳门及内地两地之注册号牌。

四、特别驾驶执照有效期为 1 年，可续期，续期时应遵守本条第一款 c 项之规定。

五、特别驾驶执照为蓝色，其式样载于本法规之附件，且该附件为本法规之组成部分。

六、发出特别驾驶执照之费用为澳门币 100 元。

七、为特别驾驶执照续期，上述第一款 c 项所指之公司代表应于驾驶执照有效期届满前 30 日将执照送交市政厅。

第三条

本法规自 7 月 1 日开始生效。

1984 年 6 月 28 日签署。

命令公布。

总督 高斯达

澳门特区政府公报于 2018 年 4 月 16 日公布一项行政命令，行政长官授权运输工务司司长罗立文，代表澳门与国家公安部签署内地与澳门关于互认换领机动车驾驶证的协议。《内地与澳门关于互认换领机动车驾驶证的协议》将在不久后公布并实施。

内地

对澳门驾驶证的承认：
1. 互认方案对于汽车类型有限制，仅适用于轻型汽车。一般来说，只有澳门特别行政区B类驾照和内地的C1和C2驾照的持有者符合资格。
2. 持有澳门轻型汽车驾照的居民在内地可以免去重新考试过程，直接换取相对应的内地驾照。

澳门

与内地驾驶证互认：
1. 互认方案对于汽车类型有限制，仅适用于轻型汽车。一般来说，只有澳门特别行政区B类驾照和内地的C1和C2驾照的持有者符合资格。
2. 持有内地轻型汽车驾照的居民到了澳门，在符合合法逗留资格的情况下，登记后就能在当地驾车，但不能换取澳门驾照。若在澳门驾驶超过14天，才需向交通厅登记。

内地、香港、澳门三地互认换领机动车驾驶证

（澳门资料来源于澳门交通事务局网站的"粤澳小型汽车驾驶证互认之社会观点调查研究"报告及网站相关内容）

第五章　交通设施

第一节　交通信号

一、内地规定

在内地交通法律体系中，将交通信号的相关内容规定在《道路交通安全法》《道路交通安全法实施条例》中。

《道路交通安全法》：

第二十五条　全国实行统一的道路交通信号。

交通信号包括交通信号灯、交通标志、交通标线和交通警察的指挥。

交通信号灯、交通标志、交通标线的设置应当符合道路交通安全、畅通的要求和国家标准，并保持清晰、醒目、准确、完好。

根据通行需要，应当及时增设、调换、更新道路交通信号。增设、调换、更新限制性的道路交通信号，应当提前向社会公告，广泛进行宣传。

第二十六条　交通信号灯由红灯、绿灯、黄灯组成。红灯表示禁止通行，绿灯表示准许通行，黄灯表示警示。

第二十七条　铁路与道路平面交叉的道口，应当设置警示灯、警示标志或者安全防护设施。无人看守的铁路道口，应当在距道口一定距离处设置警示标志。

第二十八条　任何单位和个人不得擅自设置、移动、占用、损毁交通信号灯、交通标志、交通标线。

道路两侧及隔离带上种植的树木或者其他植物，设置的广告牌、管线等，应当与交通设施保持必要的距离，不得遮挡路灯、交通信号灯、交通标志，不得妨碍安全视距，不得影响通行。

第二十九条　道路、停车场和道路配套设施的规划、设计、建设，应当符合道路交通安全、畅通的要求，并根据交通需求及时调整。

公安机关交通管理部门发现已经投入使用的道路存在交通事故频发路段，或者停车场、道路配套设施存在交通安全严重隐患的，应当及时向当地人民政府报告，并提出防范交通事故、消除隐患的建议，当地人民政府应当及时作出处理决定。

第三十条　道路出现坍塌、坑槽、水毁、隆起等损毁或者交通信号灯、交通标志、交通标线等交通设施损毁、灭失的，道路、交通设施的养护部门或者管理部门应当设置警示标志并及时修复。

公安机关交通管理部门发现前款情形，危及交通安全，尚未设置警示标志的，应当及时采取安全措施，疏导交通，并通知道路、交通设施的养护部门或者管理部门。

第一百零五条　道路施工作业或者道路出现损毁，未及时设置警示标志、未采取防护措施，或者应当设置交通信号灯、交通标志、交通标线而没有设置或者应当及时变更交通信号灯、交通标志、交通标线而没有及时变更，致使通行的人员、车辆及其他财产遭受损失的，负有相关职责的单位应当依法承担赔偿责任。

第一百零六条　在道路两侧及隔离带上种植树木、其他植物或者设置广告牌、管线等，遮挡路灯、交通信号灯、交通标志，妨碍安全视距的，由公安机关交通管理部门责令行为人排除妨碍；拒不执行的，处200元以上2 000元以下罚款，并强制排除妨碍，所需费用由行为人负担。

《道路交通安全法实施条例》：

第二十九条　交通信号灯分为：机动车信号灯、非机动车信号灯、人行横道信号灯、车道信号灯、方向指示信号灯、闪光警告信号灯、道路与铁路平面交叉道口信号灯。

第三十条　交通标志分为：指示标志、警告标志、禁令标志、指路标志、旅游区标志、道路施工安全标志和辅助标志。道路交通标线分为：指示标线、警告标线、禁止标线。

第三十一条　交通警察的指挥分为：手势信号和使用器具的交通指挥信号。

第三十二条　道路交叉路口和行人横过道路较为集中的路段应当设置人行横道、过街天桥或者过街地下通道。

在盲人通行较为集中的路段，人行横道信号灯应当设置声响提示装置。

第三十八条　机动车信号灯和非机动车信号灯表示：

（一）绿灯亮时，准许车辆通行，但转弯的车辆不得妨碍被放行的直行车辆、行人通行；

（二）黄灯亮时，已越过停止线的车辆可以继续通行；

（三）红灯亮时，禁止车辆通行。

在未设置非机动车信号灯和人行横道信号灯的路口，非机动车和行人应当按照机动车信号灯的表示通行。

红灯亮时，右转弯的车辆在不妨碍被放行的车辆、行人通行的情况下，可以通行。

第三十九条 人行横道信号灯表示：

（一）绿灯亮时，准许行人通过人行横道；

（二）红灯亮时，禁止行人进入人行横道，但是已经进入人行横道的，可以继续通过或者在道路中心线处停留等候。

第四十条 车道信号灯表示：

（一）绿色箭头灯亮时，准许本车道车辆按指示方向通行；

（二）红色叉形灯或者箭头灯亮时，禁止本车道车辆通行。

第四十一条 方向指示信号灯的箭头方向向左、向上、向右分别表示左转、直行、右转。

第四十二条 闪光警告信号灯为持续闪烁的黄灯，提示车辆、行人通行时注意瞭望，确认安全后通过。

第四十三条 道路与铁路平面交叉道口有两个红灯交替闪烁或者一个红灯亮时，表示禁止车辆、行人通行；红灯熄灭时，表示允许车辆、行人通行。

在交通管理部门的官方网站中，对于交通信号的控制系统，又有如下的介绍。

控制方法：可以分为定时控制、感应控制、自适应控制。

定时控制：交叉口交通信号控制机均按事先设定的配时方案运行，也称定周期控制。一天只用一个配时方案的称为单段式定时控制，一天按不同时段的交通量采用几个配时方案的称为多段式定时控制。

最基本的控制方式是单个交叉口的定时控制。线控制、面控制都可用定时控制的方式，也叫静态线控系统、静态面控系统。

感应控制：感应控制是在交叉口进口道上设置车辆检测器，交通信号灯配时方案由计算机或智能化信号控制机计算，可随检测器检测到的车流信息而随时改变。感应控制的基本方式是单个交叉的感应控制，简称单点控制感应控制。单点感应控制随检测器设置方式的不同可分为半感应控制和全感应控制。

自适应控制：把交通系统作为一个不确定系统，能够连续测量其状态，如车流量、停车次数、延误时间、排队长度等，逐渐了解和掌握对象，把他们与希望的动态特性进行比较,并利用差值以改变系统的可调参数或产生一个控制,从而保证不论环境如何变化,均可使控制效果达到最优或次优控制。

一些交通信号图例示范如下:

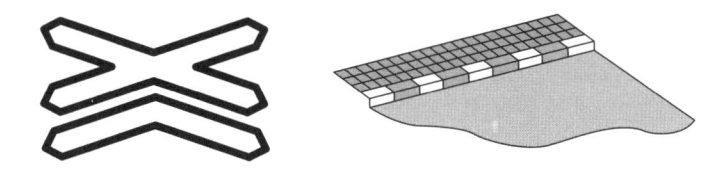

叉形符号(表示多股铁道与道路交叉)　　禁止路边长时停放车辆线

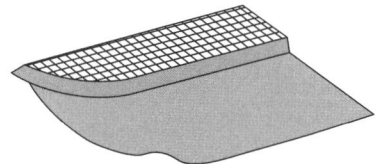 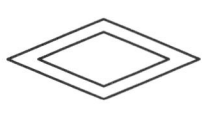

禁止路边临时或长时停放车辆线　　　人行横道预告标示

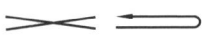

禁止调头标记

无人看守铁路道口　　　无人看守铁路道口　　　无人看守铁路道口

表示距铁道口的距离,　表示距铁道口的距离,　表示距铁道口的距离,
一道斜杠距离道口50 m　二道斜杠距离道口100 m　三道斜杠距离道口150 m

二、澳门规定

在澳门的交通法律体系中,将交通信号的相关内容规定在《道路交通法》中。

《道路交通法》：

第八条 交通信号

一、在可能对交通构成危险的地点或应特别限制交通的地点，又或当有需要提供有用指示时，均应使用相关的交通信号，而信号的图文、含义、规格及使用条件由补充法规订定。

二、交通信号不得附有装饰图案或任何类别的广告。

三、在公共道路或其附近，不得放置可引致下列任一情况的牌匾、广告、海报、图文、任何宣传品或发光体：

（一）与交通信号相混淆；

（二）妨碍看见或辨别交通信号；

（三）影响在弯角、十字形交叉路口或 T 字形交叉路口的视线；

（四）令驾驶员目眩。

四、只可由主管实体或获其许可者在公共道路上安装交通信号。

五、违反第三款或第四款规定者，科处罚款澳门币 3 000 元。

第九条 交通规则、交通信号及命令的等级

一、指挥交通的人员的命令优于交通信号的规定及交通规则。

二、交通信号的规定优于交通规则。

三、交通信号的规定按下列次序由高至低排列等级：

（一）临时放置且用于变更道路的正常使用规则的交通信号；

（二）交通灯；

（三）垂直标志；

（四）路面标记。

第二节 铁路道口

一、内地规定

在内地交通法律体系中，将铁路道口的相关内容规定在《道路交通安全法》《道路交通安全法实施条例》中。

《道路交通安全法》：

第二十七条 铁路与道路平面交叉的道口，应当设置警示灯、警示标志或者安全防护设施。无人看守的铁路道口，应当在距道口一定距离处设置警示标志。

第四十六条　机动车通过铁路道口时，应当按照交通信号或者管理人员的指挥通行；没有交通信号或者管理人员的，应当减速或者停车，在确认安全后通过。

《道路交通安全法实施条例》：

第六十五条　机动车载运超限物品行经铁路道口的，应当按照当地铁路部门指定的铁路道口、时间通过。

机动车行经渡口，应当服从渡口管理人员指挥，按照指定地点依次待渡。机动车上下渡船时，应当低速慢行。

二、澳门规定

澳门没有铁路，因而没有涉及铁路道口的交通法规。

第三节　行人过街设施

一、内地规定

在内地交通法律体系中，将行人过街设施的相关内容规定在《道路交通安全法》《道路交通安全法实施条例》中。

《道路交通安全法》：

第三十四条　学校、幼儿园、医院、养老院门前的道路没有行人过街设施的，应当施画人行横道线，设置提示标志。

城市主要道路的人行道，应当按照规划设置盲道。盲道的设置应当符合国家标准。

《道路交通安全法实施条例》：

第三十二条　道路交叉路口和行人横过道路较为集中的路段应当设置人行横道、过街天桥或者过街地下通道。

在盲人通行较为集中的路段，人行横道信号灯应当设置声响提示装置。

二、澳门规定

在澳门的交通法律体系中，将行人过街设施的相关内容规定在《道路交通法》中。

《道路交通法》：

第六十八条 一般规定

一、行人应在行人道、供行人使用的路径、区域或信道上通行，如无该等途径，则应在顾及自身及他人安全的情况下沿路缘通行。

二、在下列情况下，行人可在车行道上通行，但以不影响车辆行驶为限：

（一）按第七十条第五款的规定横过车行道；

（二）无第一款所指途径或不可能使用该等途径时；

（三）在禁止车辆通行的道路上；

（四）在督导员引领下结队步行，又或巡游；

（五）搬运因性质或尺寸而可能危及其他行人的物品时。

三、在上款（二）项、（四）项及（五）项所指情况下，只要交通状况容许，行人可在第六十三条第一款所指特别路径上通行，但以不影响在该等路径上行驶的车辆为限。

四、违反本条规定者，科处罚款澳门币300元。

第六十九条 道路上应占的位置

一、行人应在供其通行的路径靠左步行，但属上条第一款最后部分及第二款（三）项所指情况除外。

二、在上条第二款（二）项及（四）项所指情况下，行人应尽量靠车行道右侧路缘通行，但此举会危及其安全则除外。

三、违反本条规定者，科处罚款澳门币300元。

第七十条 横过车行道

一、行人拟横过车行道时，应注意来车的距离及车速，并在确保安全的情况下尽快横过。

二、行人应在有适当信号标明的人行横道上横过车行道，且不影响第五款规定的适用。

三、在装有交通灯的人行横道上，行人应遵守交通灯号的指示。

四、当交通灯或执法人员仅指挥车辆通行时,行人不应在车辆放行时横过车行道。

五、在 50 m 距离内没有经适当信号标明的人行横道时,行人在不影响车辆通行的情况下方可在人行横道以外的地方横过车行道,且应依循最短路线尽快横过。

六、违反本条规定者,科处罚款澳门币 300 元。

第四节 占 道

一、内地规定

在内地交通法律体系中,将占道的相关内容规定在《道路交通安全法》《道路交通安全法实施条例》《公路法》中。

《道路交通安全法》:

第二十八条 任何单位和个人不得擅自设置、移动、占用、损毁交通信号灯、交通标志、交通标线。

道路两侧及隔离带上种植的树木或者其他植物,设置的广告牌、管线等,应当与交通设施保持必要的距离,不得遮挡路灯、交通信号灯、交通标志,不得妨碍安全视距,不得影响通行。

第三十一条 未经许可,任何单位和个人不得占用道路从事非交通活动。

第三十二条 因工程建设需要占用、挖掘道路,或者跨越、穿越道路架设、增设管线设施,应当事先征得道路主管部门的同意;影响交通安全的,还应当征得公安机关交通管理部门的同意。

施工作业单位应当在经批准的路段和时间内施工作业,并在距离施工作业地点来车方向安全距离处设置明显的安全警示标志,采取防护措施;施工作业完毕,应当迅速清除道路上的障碍物,消除安全隐患,经道路主管部门和公安机关交通管理部门验收合格,符合通行要求后,方可恢复通行。

对未中断交通的施工作业道路,公安机关交通管理部门应当加强交通安全监督检查,维护道路交通秩序。

第四十五条 机动车遇有前方车辆停车排队等候或者缓慢行驶时,不得借道超车或者占用对面车道,不得穿插等候的车辆。

在车道减少的路段、路口，或者在没有交通信号灯、交通标志、交通标线或者交通警察指挥的交叉路口遇到停车排队等候或者缓慢行驶时，机动车应当依次交替通行。

第四十七条　机动车行经人行横道时，应当减速行驶；遇行人正在通过人行横道，应当停车让行。

机动车行经没有交通信号的道路时，遇行人横过道路，应当避让。

第一百零四条　未经批准，擅自挖掘道路、占用道路施工或者从事其他影响道路交通安全活动的，由道路主管部门责令停止违法行为，并恢复原状，可以依法给予罚款；致使通行的人员、车辆及其他财产遭受损失的，依法承担赔偿责任。

有前款行为，影响道路交通安全活动的，公安机关交通管理部门可以责令停止违法行为，迅速恢复交通。

《道路交通安全法实施条例》：

第七十条　驾驶自行车、电动自行车、三轮车在路段上横过机动车道，应当下车推行，有人行横道或者行人过街设施的，应当从人行横道或者行人过街设施通过；没有人行横道、没有行人过街设施或者不便使用行人过街设施的，在确认安全后直行通过。

因非机动车道被占用无法在本车道内行驶的非机动车，可以在受阻的路段借用相邻的机动车道行驶，并在驶过被占用路段后迅速驶回非机动车道。机动车遇此情况应当减速让行。

《公路法》：

第七条　公路受国家保护，任何单位和个人不得破坏、损坏或者非法占用公路、公路用地及公路附属设施。

第二十八条　任何单位和个人不得擅自设置、移动、占用、损毁交通信号灯、交通标志、交通标线。

道路两侧及隔离带上种植的树木或者其他植物，设置的广告牌、管线等，应当与交通设施保持必要的距离，不得遮挡路灯、交通信号灯、交通标志，不得妨碍安全视距，不得影响通行。

第四十四条　任何单位和个人不得擅自占用、挖掘公路。

因修建铁路、机场、电站、通信设施、水利工程和进行其他建设工程需要占用、挖掘公路或者使公路改线的，建设单位应当事先征得有关交通主管部门的同意；影响交通安全的，还须征得有关公安机关的同意。占用、挖掘公路或者使公路改线的，建设单位应当按照不低于该段公路原有的技术标准予以修复、改建或者给予相应的经济补偿。

第七十条　交通主管部门、公路管理机构负有管理和保护公路的责任，有权检查、制止各种侵占、损坏公路、公路用地、公路附属设施及其他违反本法规定的行为。

二、澳门规定

在澳门的交通法律体系中，将占道的相关内容规定在《道路交通法》中。

《道路交通法》：

第十八条　道路上应占的位置

一、车辆应靠车行道左方通行，并尽量靠近路缘或行人道通行，但应与之保持足够的距离，以避免发生意外。

二、在可作两条或以上车道使用的单向行车车行道上，如最左侧车道已无位置，又或如驾驶员拟右转或超车，则不适用上款的规定。

三、在双向行车的车行道上，如已适当划有三条或以上车道，驾驶员不得使用相反行车方向的车道。

四、违反第一款规定者，科处罚款澳门币900元。

第四十条　超车操作

一、如驾驶员未能确定其超车操作不会引致其车辆与同向或对向行驶的车辆碰撞的危险，则不应开始超车。

二、驾驶员开始超车前尤应确定：

（一）车行道在安全超车所需的距离及宽度方面均畅通无阻；

（二）无其他驾驶员已开始进行超越己车的操作；

（三）同一车道的前车驾驶员并无示意拟超车或绕过障碍物；

（四）在正常情况下可驶回原车道。

三、超车完毕后，驾驶员应在不危及其他道路使用者的情况下尽早驶回原车道。

四、如同一行车方向有两条或以上的车道，而驾驶员超车完毕后拟立即再次超车，只要不阻碍其他车速较快且正驶近以超越己车的车辆，则可继续沿所占车道行驶。

五、违反本条规定者，科处罚款澳门币900元。

第四十二条　禁　止　超　车

一、禁止在下列地点或情况下超车：

（一）有信号标明的人行横道之前及之内；

（二）驼峰路、弯角或其他能见度不足的地点，但属适当划有供同一行车方向使用的两条或以上车道者除外；

（三）交汇处之前及之内；

（四）道路宽度不足。

二、在下列情况下，不适用上款（三）项的禁止规定：

（一）沿环形方向行车时；

（二）驾驶员在有信号标明其于交汇处优先行车的道路上通行时；

（三）超越两轮车辆时；

（四）交通由执法人员或交通灯指挥时；

（五）第三十九条第一款所指情况。

三、禁止超越正在超车的车辆。

四、如有超过一条供同一行车方向使用的车道，当车辆已占用所沿车行道的全部宽度，而车辆的速度又取决于前车的速度，则任何一条车道上的车辆速度高于其余车道上的车辆的速度，不视为超车。

五、在上款所指情况下，沿最左侧车道行车的驾驶员不得驶离其所在行列，但拟转向或停车者除外。

六、违反第一款（二）项、（三）项或（四）项、第三款或第五款规定者，科处罚款澳门币900元。

第七节　转向、掉头及倒车

第四十三条　转　　向

一、驾驶员拟左转时，应预先及尽量驶近车行道左缘，并以最短路线左转。

二、驾驶员拟右转时，如所处道路属单向行车，应预先占用车行道右侧，如所处道路属双向行车，应预先及尽量驶近车行道中心线，然后，沿供其行车方向一侧驶进拟转入的车行道。

三、在上款所指情况下，如即将驶离的车道及拟驶入的车道均属双向行车，转向时，交汇处的中心部分应在驾驶员的右方，但有信号另作指示除外。

四、违反本条规定者，科处罚款澳门币900元。

第五节 停 车 场

一、内地规定

在内地交通法律体系中，将停车场的相关内容规定在《道路交通安全法》中。
《道路交通安全法》：
第二十九条　道路、停车场和道路配套设施的规划、设计、建设，应当符合道路交通安全、畅通的要求，并根据交通需求及时调整。

公安机关交通管理部门发现已经投入使用的道路存在交通事故频发路段，或者停车场、道路配套设施存在交通安全严重隐患的，应当及时向当地人民政府报告，并提出防范交通事故、消除隐患的建议，当地人民政府应当及时作出处理决定。

第三十三条　新建、改建、扩建的公共建筑、商业街区、居住区、大（中）型建筑等，应当配建、增建停车场；停车泊位不足的，应当及时改建或者扩建；投入使用的停车场不得擅自停止使用或者改作他用。

在城市道路范围内，在不影响行人、车辆通行的情况下，政府有关部门可以施划停车泊位。

二、澳门规定

在澳门的交通法律体系中，将停车场的相关内容规定在《道路交通法》中。
《道路交通法》：

第四十六条　一般规定

一、车辆因上落乘客或短暂装卸货物而在必需的时间内不移动，视为停车。
二、车辆既非停车，亦非因交通状况所需而不移动，视为泊车。
三、只准在下列地点及按下列规定停车或泊车：

（一）在车行道上，尽量靠近车行道左侧的路缘或行人道，并以与之平行的方式停车或泊车，但根据特别信号、泊车位的布置或几何形状而应以其他方式停车或泊车除外；

（二）在车行道上专供停车或泊车的地点顺行车方向停泊；

（三）在车行道以外特别规划的或专供停车或泊车的地点。

四、驾驶员离开其停泊的车辆前，应预留足够空间让其他车辆驶离泊车位或泊进空出的泊车位，并应采取防止其车辆滑行所需的措施。

五、违反上款规定者，科处罚款澳门币 300 元。

第四十七条 禁止停车

一、禁止在下列地点停车：

（一）交汇处及距车行道相交处 5 m 以内；

（二）桥梁、行车天桥、隧道及其他能见度不足的地点；

（三）标示集体客运车辆停车处的信号前后 10 m 以内；

（四）有信号标明的人行横道；

（五）交通灯及不包括停车及泊车标志在内的垂直标志前 20 m 以内，但仅以车辆连同所载货物在内的高度可遮挡该等灯号或标志的情况为限；

（六）脚踏车路径、分隔设施、导向岛、环形交通圆形地的中央安全岛及专供行人通行的地点；

（七）车道之间划有纵向实线的车行道，但仅以该纵向实线与车辆之间的距离不足 3 m 的情况为限。

二、其他禁止停车的情况可由补充法规订定。

三、违法停车者，如其他法律规定无订定较重处罚，则科处罚款澳门币 300 元。

四、在桥梁、行车天桥或隧道违法停车者，科处罚款澳门币 900 元，但补充法规另有规定除外。

第四十八条 禁止泊车

一、除上条所指地点或情况外，亦禁止在下列地点或情况下泊车：

（一）在车行道上双排泊车；

（二）在单向行车道路上泊车而阻碍一排车辆通行，又或在双向行车道路上泊车而阻碍两排车辆通行；

（三）在阻碍其他已适当停泊的车辆离开的地点泊车；

（四）燃料供应站前后 5 m 以内；

（五）在车辆或行人进出建筑物或泊车位必经之处泊车而阻挡或妨碍车辆或行人进出该等建筑物或泊车位；

（六）有信号标明供特定车辆泊车的地方；

（七）行人道及行人区；

（八）工业机器车、未拴挂于牵引车的挂车或半挂车在非专供其泊车的地方。

二、其他禁止泊车的情况可由补充法规订定。

三、违法泊车者，如其他法律规定无订定较重处罚，则科处罚款澳门币 300 元。

四、在桥梁、行车天桥或隧道违法泊车者，科处罚款澳门币 900 元，但补充法规另有规定除外。

五、违反第一款（八）项规定者，科处罚款澳门币 3 000 元。

六、如违法者持续或重复在同一地点违法泊车，则视每 24 小时新查获的违法泊车为一项独立的行政违法行为。

澳门交通事务所网站资料：

咪表

泊车位及泊车处供停泊的车辆类型	准许泊车的时间上限（小时）	收费种类〔元（澳门币/小时）〕	咪表柱身颜色
轻型汽车	1	10	红柱
	2	6	黄柱
	4	3	绿色
重型汽车	2	10	黄色
	5	5	灰色
重型及轻型摩托车	2	2	黄色
	4	1	绿色

现时使用的咪表收费设备为"一管多"运作模式，可接受投币，及受澳门金融管理局监管的经营机构所发行的电子货币卡的付款方式。

市民于使用咪表期间如有任何操作问题，可致电咪表公司联络电话查询，以便作出实时之处理，每一个咪表亦有注明其咪表编号。

第六章 道路通行一般规定

第一节 车道划分

一、内地规定

在内地交通法律体系中，将车道的划分规则规定在《道路交通安全法》《道路交通安全法实施条例》中。

《道路交通安全法》：

第三十五条 机动车、非机动车实行右侧通行。

第三十六条 根据道路条件和通行需要，道路划分为机动车道、非机动车道和人行道的，机动车、非机动车、行人实行分道通行。没有划分机动车道、非机动车道和人行道的，机动车在道路中间通行，非机动车和行人在道路两侧通行。

第三十七条 道路划设专用车道的，在专用车道内，只准许规定的车辆通行，其他车辆不得进入专用车道内行驶。

《道路交通安全法实施条例》：

第四十四条 在道路同方向划有2条以上机动车道的，左侧为快速车道，右侧为慢速车道。在快速车道行驶的机动车应当按照快速车道规定的速度行驶，未达到快速车道规定的行驶速度的，应当在慢速车道行驶。摩托车应当在最右侧车道行驶。有交通标志标明行驶速度的，按照标明的行驶速度行驶。慢速车道内的机动车超越前车时，可以借用快速车道行驶。

在道路同方向划有2条以上机动车道的，变更车道的机动车不得影响相关车道内行驶的机动车的正常行驶。

第四十八条 在没有中心隔离设施或者没有中心线的道路上，机动车遇相对方向来车时应当遵守下列规定：

（一）减速靠右行驶，并与其他车辆、行人保持必要的安全距离；

（二）在有障碍的路段，无障碍的一方先行；但有障碍的一方已驶入障碍路段而无障碍的一方未驶入时，有障碍的一方先行；

（三）在狭窄的坡路，上坡的一方先行；但下坡的一方已行至中途而上坡的一方未上坡时，下坡的一方先行；

（四）在狭窄的山路，不靠山体的一方先行；

（五）夜间会车应当在距相对方向来车 150 m 以外改用近光灯，在窄路、窄桥与非机动车会车时应当使用近光灯。

二、澳门规定

在澳门的交通法律体系中，将车道的划分规则规定在《道路交通法》《道路交通规章》中。

《道路交通法》：

第十八条　道路上应占的位置

一、车辆应靠车行道左方通行，并尽量靠近路缘或行人道通行，但应与之保持足够的距离，以避免发生意外。

二、在可作两条或以上车道使用的单向行车车行道上，如最左侧车道已无位置，又或如驾驶员拟右转或超车，则不适用上款的规定。

三、在双向行车的车行道上，如已适当划有三条或以上车道，驾驶员不得使用相反行车方向的车道。

四、违反第一款规定者，科处罚款澳门币 900 元。

第十九条　安全岛、避车处、隔离区及类似装置

一、车辆在十字形交叉路口、T 字形交叉路口及圆形地通行时，路面的中心部分应在驾驶员的右方；如车辆驶离的车行道的中心线设有安全岛、避车处、隔离区或其他类似装置，通行时该等装置应在驾驶员的右方。

二、在不影响上条规定的情况下，如车行道设有上款所指任一装置，通行时该装置应在驾驶员的右方，但如有关装置设于单向行车的道路或车行道上只供单向行车的路段，通行时该装置可在驾驶员的右方或左方，视乎何者较为合适而定。

三、违反本条规定者，科处罚款澳门币 900 元。

第二十条 路缘及行人道

一、车辆因进出建筑物所需,方可横过路缘或行人道。

二、违反上款规定者,科处罚款澳门币600元。

《道路交通规章》:

第九条 标 线

一、本规章附表六刊载之道路标记用以管制通行及提醒以及指引公共道路用户,并可以其他讯号补足。

二、除有相反规定外,道路标记须为白色。

三、纵向标记为置于车行道内,用作分隔交通方向或车道之线段,其意义如下:

a) 实线(标记M1):对驾驶员之意义为禁止在其上行驶及越过,当该线用作分隔交通方向时,驾驶员有义务在其左方通行;

b) 虚线(标记M2):对驾驶员之意义为保持在所界定车道内行驶之义务,而在进行其他各项操作时,方可在其上行驶或越过;

c) 虚实线,由一实线邻接另一虚线组成(标记M3):对驾驶员之意义按照接近驾驶员之线段为实线或虚线,为a或b项所指者;

d) 通告虚线,由正常宽度之线段组成,线段间之距离短(标记M4),指示接近实线或危险通道;

e) 可逆方向车道之界定线,由两条相邻之虚线组成(标记M5),用以界定车道两侧之交通方向,其界定由其他讯号为之;

f) 减速或加速虚线,由宽阔线段组成(标记M6及M6a),用以指示转至不同速度之车道。

四、由宽阔实线或宽阔虚线组成之界定车道标记,用以识别该车道系用作公共运输车辆之专用车道,而"BUS"符号应补足置于专用车道起点并重复置于十字交叉路口或T形交叉路口(标记M7及M7a)。

五、在接近对通行构成特殊危险之驼峰、十字交叉路口、T形交叉路口或视线不足之地点,得例外使用两条相邻之实线,其意义与实线相同。

六、横向标记,在车行道宽阔之方向设置并得由一定符号补足,该等标记如下:

a) 停车线,为一条横实线(标记M8):指示由其他讯号规定强制性停车之地点,当停车由标志规定时,该线得由题记于路面之"STOP"符号补足(标记M8a);

b）让先线，为一条横虚线（标记M9）：当标志规定驾驶员应让先通过时，该线指示可能之停车地点，该线得由题记于路面之三角形符号补足，三角形之底线边应与横虚线平行（标记M9a）；

c）自行车横道，由正方形或平行四边形组成（标记M10及M10a）：指示自行车应横越道路之地点；

d）人行横道，由与道路中心线平行之斑马线或两条横实线组成（标记M11及M11a）：指示行人应横越道路之地点。

七、下列为管制泊车及停车之黄色标记：

a）置于车行道边缘之实线（标记M12）或置于接近车行道之行人道旁之实线（标记M12a）：指示车行道一侧及该线全部范围内禁止停车或泊车，该项禁止得根据标志所载之指示，仅在时间上或仅对一定种类车辆作限制；

b）置于车行道边缘之虚线（标记M13）或置于接近车行道之行人道旁之虚线（标记M13a）：指示车行道一侧及该线全部范围内禁止泊车，该项禁止亦可根据标志所载之指示，仅在时间上或仅对一定种类车辆作限制；

c）折线（标记M14）：意义为该线所在之车行道一侧及该线全部范围内禁止泊车。

八、可使用与道路中心线平行、垂直或倾斜之虚线，定出长方形空间，以界定车辆泊车之地方。

九、可使用选择性之箭头（标记M15至M17）指引十字交叉路口式T形交叉路口附近之交通方向，当该等选择性箭头置于实线界定之车道时，其意义是强制跟随箭头所指方向或跟随其中一个方向，该等箭头前可置同一形状，功能为预告之其他箭头或无出口道路之指示。

十、单向道路中，可使用与选择性箭头形状相同之箭头，目的为确定通行之方向。

十一、方向与道路中心线倾斜并且重复之偏向箭头（标记M16及M16a），指示应适当转至箭头所指之车道或指示由于其他讯号之故而强制转至箭头所指之车道。

十二、得使用下列各标记以提供一定指示或重复已由其他讯号给予之指示：

a）以实线界定之导流线（标记M17及M17a）：意义是禁止进入其所包括之区；

b）以虚线界定之导流线：意义为除作出明显无危险之操作外，禁止在其所包括之区泊车或进入此区；

c）黄黑相间条纹（标记M18）：显示存在可能构成危险之障碍物或建筑物。

十三、为清楚界定车行道，得在车行道边缘附近使用根据第三款之规定并不视为纵向标记线组成之导向线（标记 M19）。

十四、黄色标记（标记 M20）之使用，目的为显示十字交叉路口或 T 形交叉路口区域，当驾驶员得预见因交通流量而被迫停留在十字交叉路口或 T 形交叉路口内，而造成通过困难或妨碍通过时，即使有优先权或自动讯号许可其前进，仍不得进入该区。

十五、道路标记得以漆油、路石、小石、固定于路面之金属或其他物料使之实质化。

十六、不遵守本条道路标记之指示者，处下列罚款：

a）违反第三款 b 或违反第三款 c 项之规定而最接近虚线之驾驶员，违反第六款 c 项或第七款 b 项，处罚款澳门币 100 至 500 元；

b）违反第六款 b 项或停车时违反第七款 a 项之规定，违反第十二款 b 项之规定，处罚款澳门币 200 至 1 000 元；

c）违反第三款 a 或违反第三款 c 项之规定而最接近实线之驾驶员，违反第五款或泊车时违反第七款 a 项，违反第七款 c 项、第九款或第十二款 a 项，处罚款澳门币 300 至 1 500 元。

第二节 交通管制

一、内地规定

在内地交通法律体系中，将交通管制规定在《道路交通安全法》中。

《道路交通安全法》：

第三十九条 公安机关交通管理部门根据道路和交通流量的具体情况，可以对机动车、非机动车、行人采取疏导、限制通行、禁止通行等措施。遇有大型群众性活动、大范围施工等情况，需要采取限制交通的措施，或者做出与公众的道路交通活动直接有关的决定，应当提前向社会公告。

第四十条 遇有自然灾害、恶劣气象条件或者重大交通事故等严重影响交通安全的情形，采取其他措施难以保证交通安全时，公安机关交通管理部门可以实行交通管制。

第四十一条 有关道路通行的其他具体规定，由国务院规定。

二、澳门规定

在澳门的交通法律体系中,将交通管制规定在《道路交通法》《道路交通规章》中。

《道路交通法》:

第二节 一般原则

第六条 通行自由

一、在澳门特别行政区公共道路上可自由通行,但须受本法律及补充法规的限制。

二、公共道路使用者不得作出任何可阻碍交通、影响其他使用者的安全或对其他使用者造成不便的行为。

第七条 当局人员的命令

一、公共道路使用者应服从有职权指挥及监察交通且已适当表明身份的执法人员的命令。

二、违反上款规定者,如其他法律规定无订定较重处罚,则科处罚款澳门币600元。

第八条 交通信号

一、在可能对交通构成危险的地点或应特别限制交通的地点,又或当有需要提供有用指示时,均应使用相关的交通信号,而信号的图文、含义、规格及使用条件由补充法规订定。

二、交通信号不得附有装饰图案或任何类别的广告。

三、在公共道路或其附近,不得放置可引致下列任一情况的牌匾、广告、海报、图文、任何宣传品或发光体:

(一)与交通信号相混淆;

(二)妨碍看见或辨别交通信号;

(三)影响在弯角、十字形交叉路口或T字形交叉路口的视线;

(四)令驾驶员目眩。

四、只可由主管实体或获其许可者在公共道路上安装交通信号。

五、违反第三款或第四款规定者,科处罚款澳门币3 000元。

第九条 交通规则、交通信号及命令的等级

一、指挥交通的人员的命令优于交通信号的规定及交通规则。

二、交通信号的规定优于交通规则。

三、交通信号的规定按下列次序由高至低排列等级：

（一）临时放置且用于变更道路的正常使用规则的交通信号；

（二）交通灯；

（三）垂直标志；

（四）路面标记。

第二章 通行限制

第十条 中止或限制交通

一、只可由主管实体基于安全、重大紧急情况、工程或维修路面、设施或道路设施的理由命令中止或限制交通，而该等措施可仅针对道路的某部分或仅针对特定类别、重量或尺寸的车辆实施。

二、如有合理理由，亦可命令中止或限制某一道路的交通，但以能确保由该道路连贯的地点之间的交通者为限。

三、应预先公布中止或限制交通的措施，但遇重大紧急情况或须进行紧急工程除外。

第十一条 特别许可

一、工业机器车、超过法定重量或尺寸的车辆，又或运载超出车厢范围但属不可分拆的物品的车辆须经许可方准通行，并须按许可批订所订条件行车。

二、不可分拆的物品是指一经分拆即丧失其经济价值或功能的物品。

三、特别规格车辆必须符合补充法规的规定，方准通行。

四、为确保承担因第一款或第三款所指车辆导致的损害而产生的民事责任，可要求提供保证金、保险或其他形式的担保。

五、作出第一款所指许可属土地工务运输局的职权。

六、违反第一款或第三款规定者，如其他法律规定无订定较重处罚，则科处罚款澳门币 3 000 元。

第十二条 禁止特定车辆通行

一、主管实体可临时或永久禁止或限制特定类别车辆或运载特定货物的车辆在全部或部分公共道路上通行。

二、机动脚踏车、轻型四轮摩托车及重型四轮摩托车必须符合补充法规的规定，方准通行。

三、禁止装有 1 排 2 个以上车轮及超过 1 对脚蹬的脚踏车在公共道路上通行，但属主管实体明示许可通行的地点除外。

四、禁止机动或非机动滑板车在公共道路上通行，但属主管实体明示许可通行的地点除外。

五、透过补充法规，可将上款所指的禁止规定适用于其他类似通行工具。

六、如违反第二款的规定，驾驶机动脚踏车者，科处罚款澳门币 600 元，驾驶四轮摩托车者，科处罚款澳门币 3 000 元。

七、违反第三款或第四款规定者，科处罚款澳门币 600 元。

第十三条　公共道路的特别使用

一、使用公共道路以进行集会或示威，由专门法规规范。

二、在公共道路上举行可能影响正常交通的体育比赛、庆典或其他活动，须经主管实体按具体情况预先许可，并须按规定的条件举行。

《道路交通规章》：

第三节　执法人员之交通指挥讯号

第十条　执法人员之交通指挥讯号

一、本规章附表七刊载之执法人员交通指挥讯号如下：

a) 前方交通停止：手臂垂直举起，掌心向前；
b) 后方交通停止：讯号所指交通一侧之手臂水平伸出，掌心向前；
c) 前、后方交通停止：a 及 b 项所指讯号同时作出；
d) 前方交通前进讯号：手臂举起，掌心向后，小臂由前向后运动；
e) 右方交通前进讯号：右臂举起，掌心向左，小臂由右向左运动；
f) 左方交通前进讯号：左臂举起，掌心向右，小臂由左向右运动。

二、讯号应在最适当之时刻执行，以便交通获良好协调，并避免阻缓交通或使交通过度聚集且避免行人及驾驶员或动物之导引者对其意义产生疑问。

三、指挥交通之执法人员所在地点应被清楚看见，晚间则须有适当之照明。

第十一条　处　　罚

一、车辆驾驶员或动物之导引者，不遵守上条规定之其中一种讯号时，处罚款澳门币 300 至 1 500 元。

二、不遵守有关讯号之行人，处罚款澳门币 50 至 250 元。

第四节　交通灯讯号

第十二条　交通灯讯号

一、得按下列各款所载之规定，以交通灯讯号指挥交通。

二、指挥车辆及动物交通之灯光讯号由三个圆灯之系统组成，灯不闪动，颜色为红、黄及绿色，其相应之意义如下：

a) 红灯：禁止通过，驾驶员必须在抵达讯号指挥之区前停车。

b) 黄灯：绿灯至红灯之过渡，禁止进入由讯号指挥之区，但该灯亮起时，驾驶员已非常接近该区且不能在安全情况下停定时则除外；已在受管制区内之驾驶员，必须继续行进，或红灯至绿灯之过渡，向驾驶员指示红灯快将过渡至绿灯。

c) 绿灯：许可通过，但在进入广场、十字交叉路口或T形交叉路口时，得预料由于地方之交通情况而在红灯出现后，将被迫停留在讯号指挥区内，则不得继续行进。

三、上款所指之交通灯讯号亦得以下列形状表现，分别为：

a) 红色圆底上有黑色箭头；

b) 黄色圆底上有黑色箭头；

c) 黑色圆底上有绿色箭头。

四、上款规定之情况，该等讯号给予之指示，仅应指箭头所指之一个或数个方向，向上垂直箭头之意义按情况而为禁止或许可向前行驶。

五、第二款所指之系统，得由一盏或多盏形状为黑色圆底上有箭头之补充性绿灯补足，在该情况，不论主系统之灯号发出之指示为何，驾驶员均可继续行进，并应按补充性绿灯箭头指示之一个或数个方向为之。

六、补充灯号应位于该系统绿灯附近且与之在同一水平。

七、绿灯不得与同一系统之其他灯号同时亮起，补充性绿灯之情况不在此限，不论主系统传达之讯号为何，亦得许可行进。

八、第二款所指系统之灯号，应依下列次序由上至下垂直排列：红、黄、绿，因地点之条件而不能如前述般安装时，该等灯号应依下列次序，由左至右水平排列：红、黄、绿。

九、由闪动、圆形或形状为黄色底黑色箭头之黄灯组成之讯号，许可驾驶员在特别谨慎下通过，其意义与两盏垂直放置交替亮起之黄灯组成之讯号相同。

十、由纵向线实际分成两条或多条车道之车行道之使用，得由安装于每一车道上方之两盏灯号系统，以下列方式指挥：

a) 形状为黑色圆底上有两条相交斜线条之红灯：禁止在有关车道通行；

b) 形状为黑色圆底上有箭尖垂直向下之绿灯：许可在有关车道通行。

十一、为指挥集体运输车辆之通行，得使用由白灯组成之讯号，其形状及意义如下：

a) 黑色圆底上有垂直线段：许可通过；

b) 黑色圆底上有水平线段：禁止通过。

十二、线段得由若干个圆替代，其方向与该线段相同。

十三、由一盏闪动红色圆灯或安装于独一支持物上同一高度、朝同一方向并交替亮起之两盏红色圆灯系统组成之讯号，对驾驶员之意义为强制性停车。该讯号为用作下列之指示：

a) 活动桥或港口之入口；

b) 消防车辆或救护车辆之通过；

c) 有须在车行道上空低飞之飞机接近。

十四、指挥行人通行之交通灯讯号，由红色及绿色之灯号系统组成，其意义如下：

a) 红灯：禁止行人开始横过车行道；

b) 绿灯：许可行人通过，闪动时，表示快将出现红灯。

十五、上款所指之灯号系统由上至下垂直安装，红灯在绿灯之上，红灯应显示不动之行人形状，绿灯应显示正步行之行人形状。

十六、指挥车辆或动物通行之交通灯讯号，一般应安装于有关道路交通方向之左侧，但在下列情况，得在车行道上方或右侧安装或重复安装：

a) 当地点之条件使装置于道路左侧之交通灯讯号不能在适当之距离看见时，应在右侧或在车行道上方重复安装；

b) 当车行道分成两条或多条相同方向之车道时，供最接近右方之一条或数条车道使用之交通灯讯号，得安装于此侧。

十七、交通灯讯号应以驾驶员或行人容易看到之方式安装。供行人使用之交通灯讯号，应以避免为驾驶员理解用作管制车辆或动物通行之形式设计及安装。

十八、当交通灯讯号安装于车行道旁时，其高度由地面至其底部，应为 2 m 至 3.5 m 之间，当安装于车行道上方，高度则为 5 m，供行人使用之交通灯讯号，离地面之高度为 1.7 m 至 2.2 m。

第十三条　处　　罚

一、不遵守管制车辆及动物之红色交通灯讯号或上条第三款或第四款所指之绿灯箭头指示之方向又或上条第十一款 b 项规定之讯号，处罚款澳门币 300 至 1 500 元。

二、不遵守其他灯光讯号或上条第二款 c 项第二部分之规定，处罚款澳门币

200 至 1 500 元。

三、不遵守为行人而设之灯光讯号，处罚款澳门币 50 至 250 元。

第五节 驾驶员讯号

第十四条 一般要件

驾驶员讯号应提前显示，并以被清楚看见之方式及不导致其他道路使用者或指挥交通之执法人员对其意义造成疑问之方式为之。

第十五条 对公共道路用户之讯号

一、当驾驶员向其他公共道路用户发出讯号时，应根据下列各项为之：

a) 减速：右臂平伸，掌心向地面，在垂直平面由上向下反复缓慢挥动；

b) 让车：右臂平伸，向地面倾斜，掌心向前，从后向前及从前向后反复移动（任意性讯号）；

c) 停车：右臂平伸，掌心向后；

d) 左转弯：左臂平伸，掌心向后；

e) 右转弯：右臂平伸，掌心向前。

二、方向盘在右方之轻型或重型汽车，以右手作出上款 a、b 及 c 项所指之讯号，方向盘在左方者，则以左手作出前述之讯号，该等车辆之驾驶员，应透过转向讯号灯作出 d 及 e 项所指之讯号，当转向讯号灯损坏时，应以下列方式为之：

a) 汽车往方向盘所在之一边转弯：靠近方向盘一边之手臂平伸，掌心向前；

b) 汽车往方向盘所在相反之一边转弯：举起靠近方向盘一边之手臂，使之由右向左及由左向右挥动，掌心倾向方向盘相反之一边。

三、驾驶员如须执行下条所指之讯号，则免除执行上款 a 及 b 项所指之讯号。

第十六条 执法人员指挥交通之讯号

一、在执法人员指挥交通之地点，驾驶员应以下列方式，向执法人员表示前往之方向：

a) 左转弯：手臂伸展指向左；

b) 右转弯：手臂伸展指向右。

二、驾驶员无作任何上款所指之讯号，视为向前行驶。

三、当为轻型或重型汽车时，第一款所指之讯号，应以下列方式为之：

a) 左转弯：讯号应以转向讯号灯为之，如该灯损坏，则以左臂平伸方式作出，在此情况，如方向盘在右方，手应伸向挡风玻璃之左上方；

b) 右转弯：讯号应以转向讯号灯为之，如该灯损坏，则以右臂平伸方式作出，在此情况，如方向盘在左方，手应伸向挡风玻璃之右上方。

第三节　非机动车通行规定

一、内　地　规　定

在内地交通法律体系中，将非机动车通行规则规定在《道路交通安全法》《道路交通安全法实施条例》中。

《道路交通安全法》：

第五十七条　驾驶非机动车在道路上行驶应当遵守有关交通安全的规定。非机动车应当在非机动车道内行驶；在没有非机动车道的道路上，应当靠车行道的右侧行驶。

第五十八条　残疾人机动轮椅车、电动自行车在非机动车道内行驶时，最高时速不得超过 15 km。

第五十九条　非机动车应当在规定地点停放。未设停放地点的，非机动车停放不得妨碍其他车辆和行人通行。

第六十条　驾驭畜力车，应当使用驯服的牲畜；驾驭畜力车横过道路时，驾驭人应当下车牵引牲畜；驾驭人离开车辆时，应当拴系牲畜。

《道路交通安全法实施条例》：

第六十八条　非机动车通过有交通信号灯控制的交叉路口，应当按照下列规定通行：

（一）转弯的非机动车让直行的车辆、行人优先通行。

（二）遇有前方路口交通阻塞时，不得进入路口。

（三）向左转弯时，靠路口中心点的右侧转弯。

（四）遇有停止信号时，应当依次停在路口停止线以外。没有停止线的，停在路口以外。

（五）向右转弯遇有同方向前车正在等候放行信号时，在本车道内能够转弯的，可以通行；不能转弯的，依次等候。

第六十九条　非机动车通过没有交通信号灯控制也没有交通警察指挥的交叉

路口，除应当遵守第六十八条第（一）项、第（二）项和第（三）项的规定外。

（一）有交通标志、标线控制的，让优先通行的一方先行；

（二）没有交通标志、标线控制的，在路口外慢行或者停车瞭望，让右方道路的来车先行；

（三）相对方向行驶的右转弯的非机动车让左转弯的车辆先行。

第七十条　驾驶自行车、电动自行车、三轮车在路段上横过机动车道，应当下车推行，有人行横道或者行人过街设施的，应当从人行横道或者行人过街设施通过；没有人行横道、没有行人过街设施或者不便使用行人过街设施的，在确认安全后直行通过。

因非机动车道被占用无法在本车道内行驶的非机动车，可以在受阻的路段借用相邻的机动车道行驶，并在驶过被占用路段后迅速驶回非机动车道。机动车遇此情况应当减速让行。

第七十一条　非机动车载物，应当遵守下列规定：

（一）自行车、电动自行车、残疾人机动轮椅车载物，高度从地面起不得超过 1.5 m，宽度左右各不得超出车把 0.15 m，长度前端不得超出车轮，后端不得超出车身 0.3 m；

（二）三轮车、人力车载物，高度从地面起不得超过 2 m，宽度左右各不得超出车身 0.2 m，长度不得超出车身 1 m；

（三）畜力车载物，高度从地面起不得超过 2.5 m，宽度左右各不得超出车身 0.2 m，长度前端不得超出车辕，后端不得超出车身 1 m。

自行车载人的规定，由省、自治区、直辖市人民政府根据当地实际情况制定。

第七十二条　在道路上驾驶自行车、三轮车、电动自行车、残疾人机动轮椅车应当遵守下列规定：

（一）驾驶自行车、三轮车必须年满 12 周岁；

（二）驾驶电动自行车和残疾人机动轮椅车必须年满 16 周岁；

（三）不得醉酒驾驶；

（四）转弯前应当减速慢行，伸手示意，不得突然猛拐，超越前车时不得妨碍被超越的车辆行驶；

（五）不得牵引、攀扶车辆或者被其他车辆牵引，不得双手离把或者手中持物；

（六）不得扶身并行、互相追逐或者曲折竞驶；

（七）不得在道路上骑独轮自行车或者 2 人以上骑行的自行车；

（八）非下肢残疾的人不得驾驶残疾人机动轮椅车；

（九）自行车、三轮车不得加装动力装置；

（十）不得在道路上学习驾驶非机动车。

第七十三条　在道路上驾驭畜力车应当年满16周岁，并遵守下列规定：

（一）不得醉酒驾驭；

（二）不得并行，驾驭人不得离开车辆；

（三）行经繁华路段、交叉路口、铁路道口、人行横道、急弯路、宽度不足4米的窄路或者窄桥、陡坡、隧道或者容易发生危险的路段，不得超车，驾驭两轮畜力车应当下车牵引牲畜；

（四）不得使用未经驯服的牲畜驾车，随车幼畜须拴系；

（五）停放车辆应当拉紧车闸，拴系牲畜。

二、澳门规定

在澳门的交通法律体系中，将非机动车通行规则规定在《道路交通法》中。

《道路交通法》：

第十四条　动物及由动物牵引的车辆

一、禁止动物及由动物牵引的车辆在公共道路上通行，但经补充法规准许或获主管实体许可，并按许可批示所订条件通行者除外。

二、违反上款规定者，科处罚款澳门币900元。

第四节　行人和乘车人通行规定

一、内地规定

在内地交通法律体系中，将行人和乘车人的通行规定在《道路交通安全法》《道路交通安全法实施条例》中。

《道路交通安全法》：

第三十六条　根据道路条件和通行需要，道路划分为机动车道、非机动车道和人行道的，机动车、非机动车、行人实行分道通行。没有划分机动车道、非机动车道和人行道的，机动车在道路中间通行，非机动车和行人在道路两侧通行。

第六十一条　行人应当在人行道内行走，没有人行道的靠路边行走。

第六十二条　行人通过路口或者横过道路，应当走人行横道或者过街设施；通过有交通信号灯的人行横道，应当按照交通信号灯指示通行；通过没有交通信号灯、人行横道的路口，或者在没有过街设施的路段横过道路，应当在确认安全后通过。

第六十三条　行人不得跨越、倚坐道路隔离设施，不得扒车、强行拦车或者实施妨碍道路交通安全的其他行为。

第六十四条　学龄前儿童以及不能辨认或者不能控制自己行为的精神疾病患者、智力障碍者在道路上通行，应当由其监护人、监护人委托的人或者对其负有管理、保护职责的人带领。

盲人在道路上通行，应当使用盲杖或者采取其他导盲手段，车辆应当避让盲人。

第六十五条　行人通过铁路道口时，应当按照交通信号或者管理人员的指挥通行；没有交通信号和管理人员的，应当在确认无火车驶临后，迅速通过。

第六十六条　乘车人不得携带易燃易爆等危险物品，不得向车外抛洒物品，不得有影响驾驶人安全驾驶的行为。

《道路交通安全法实施条例》：

第七十四条　行人不得有下列行为：

（一）在道路上使用滑板、旱冰鞋等滑行工具；

（二）在车行道内坐卧、停留、嬉闹；

（三）追车、抛物击车等妨碍道路交通安全的行为。

第七十五条　行人横过机动车道，应当从行人过街设施通过；没有行人过街设施的，应当从人行横道通过；没有人行横道的，应当观察来往车辆的情况，确认安全后直行通过，不得在车辆临近时突然加速横穿或者中途倒退、折返。

第七十六条　行人列队在道路上通行，每横列不得超过2人，但在已经实行交通管制的路段不受限制。

第七十七条　乘坐机动车应当遵守下列规定：

（一）不得在机动车道上拦乘机动车；

（二）在机动车道上不得从机动车左侧上下车；

（三）开关车门不得妨碍其他车辆和行人通行；

（四）机动车行驶中，不得干扰驾驶，不得将身体任何部分伸出车外，不得跳车；

（五）乘坐两轮摩托车应当正向骑坐。

二、澳门规定

在澳门的交通法律体系中，将行人和乘车人的通行规定在《道路交通法》中。
《道路交通法》：

第十四节 行人通行

第六十八条 一般规定

一、行人应在行人道、供行人使用的路径、区域或信道上通行，如无该等途径，则应在顾及自身及他人安全的情况下沿路缘通行。

二、在下列情况下，行人可在车行道上通行，但以不影响车辆行驶为限：

（一）按第七十条第五款的规定横过车行道；

（二）无第一款所指途径或不可能使用该等途径时；

（三）在禁止车辆通行的道路上；

（四）在督导员引领下结队步行，又或巡游；

（五）搬运因性质或尺寸而可能危及其他行人的物品时。

三、在上款（二）项、（四）项及（五）项所指情况下，只要交通状况容许，行人可在第六十三条第一款所指特别路径上通行，但以不影响在该等路径上行驶的车辆为限。

四、违反本条规定者，科处罚款澳门币300元。

第六十九条 道路上应占的位置

一、行人应在供其通行的路径靠左步行，但属上条第一款最后部分及第二款（三）项所指情况除外。

二、在上条第二款（二）项及（四）项所指情况下，行人应尽量靠车行道右侧路缘通行，但此举会危及其安全则除外。

三、违反本条规定者，科处罚款澳门币300元。

第七十条 横过车行道

一、行人拟横过车行道时，应注意来车的距离及车速，并在确保安全的情况下尽快横过。

二、行人应在有适当信号标明的人行横道上横过车行道，且不影响第五款规定的适用。

三、在装有交通灯的人行横道上，行人应遵守交通灯号的指示。

四、当交通灯或执法人员仅指挥车辆通行时，行人不应在车辆放行时横过车行道。

五、在 50 m 距离内没有经适当信号标明的人行横道时，行人在不影响车辆通行的情况下方可在人行横道以外的地方横过车行道，且应依循最短路线尽快横过。

六、违反本条规定者，科处罚款澳门币 300 元。

第七十一条　等　同

下列情况等同行人通行，但另有规定除外：

（一）推动手推车；

（二）以手推动两轮或三轮脚踏车、婴儿车或残疾人士车辆；

（三）轮椅通行。

第五节　高速公路的特别规定

一、内地规定

在内地交通法律体系中，将高速公路通行的规则规定在《道路交通安全法》《道路交通安全法实施条例》中。

《道路交通安全法》：

第六十七条　行人、非机动车、拖拉机、轮式专用机械车、铰接式客车、全挂拖斗车以及其他设计最高速度低于 70 km/h 机动车，不得进入高速公路。高速公路限速标志标明的最高速度不得超过 120 km/h。

第六十八条　机动车在高速公路上发生故障时，应当依照本法第五十二条的有关规定办理；但是，警告标志应当设置在故障车来车方向 150 m 以外，车上人员应当迅速转移到右侧路肩上或者应急车道内，并且迅速报警。

机动车在高速公路上发生故障或者交通事故，无法正常行驶的，应当由救援车、清障车拖曳、牵引。

第六十九条　任何单位、个人不得在高速公路上拦截检查行驶的车辆，公安机关的人民警察依法执行紧急公务除外。

《道路交通安全法实施条例》：

第七十八条　高速公路应当标明车道的行驶速度，最高车速不得超过 120 km/h，最低车速不得低于 60 km/h。

在高速公路上行驶的小型载客汽车最高车速不得超过 120 km/h，其他机动车不得超过 100 km/h，摩托车不得超过 80 km/h。

同方向有 2 条车道的，左侧车道的最低车速为 100 km/h；同方向有 3 条以上车道的，最左侧车道的最低车速为 110 km/h，中间车道的最低车速为 90 km/h。道路限速标志标明的车速与上述车道行驶车速的规定不一致的，按照道路限速标志标明的车速行驶。

第七十九条　机动车从匝道驶入高速公路，应当开启左转向灯，在不妨碍已在高速公路内的机动车正常行驶的情况下驶入车道。

机动车驶离高速公路时，应当开启右转向灯，驶入减速车道，降低车速后驶离。

第八十条　机动车在高速公路上行驶，车速超过 100 km/h 时，应当与同车道前车保持 100 m 以上的距离，车速低于 100 km/h 时，与同车道前车距离可以适当缩短，但最小距离不得少于 50 m。

第八十一条　机动车在高速公路上行驶，遇有雾、雨、雪、沙尘、冰雹等低能见度气象条件时，应当遵守下列规定：

（一）能见度小于 200 m 时，开启雾灯、近光灯、示廓灯和前后位灯，车速不得超过 60 km/h，与同车道前车保持 100 m 以上的距离；

（二）能见度小于 100 m 时，开启雾灯、近光灯、示廓灯、前后位灯和危险报警闪光灯，车速不得超过 40 km/h，与同车道前车保持 50 m 以上的距离；

（三）能见度小于 50 m 时，开启雾灯、近光灯、示廓灯、前后位灯和危险报警闪光灯，车速不得超过 20 km/h，并从最近的出口尽快驶离高速公路。

遇有前款规定情形时，高速公路管理部门应当通过显示屏等方式发布速度限制、保持车距等提示信息。

第八十二条　机动车在高速公路上行驶，不得有下列行为：

（一）倒车、逆行、穿越中央分隔带掉头或者在车道内停车；

（二）在匝道、加速车道或者减速车道上超车；

（三）骑、轧车行道分界线或者在路肩上行驶；

（四）非紧急情况时在应急车道行驶或者停车；

（五）试车或者学习驾驶机动车。

第八十三条　在高速公路上行驶的载货汽车车厢不得载人。两轮摩托车在高速公路行驶时不得载人。

第八十四条　机动车通过施工作业路段时，应当注意警示标志，减速行驶。

第八十五条　城市快速路的道路交通安全管理，参照本节的规定执行。

高速公路、城市快速路的道路交通安全管理工作，省、自治区、直辖市人民政府公安机关交通管理部门可以指定设区的市人民政府公安机关交通管理部门或者相当于同级的公安机关交通管理部门承担。

二、澳门规定

澳门没有高速公路，在澳门的交通法律体系中没有对高速公路通行的规定。

第七章　机动车通行规定

第一节　行驶速度

一、内地规定

在内地交通法律体系中，将机动车行驶速度规定在《道路交通安全法》《道路交通安全法实施条例》中。

《道路交通安全法》：

第四十二条　机动车上道路行驶，不得超过限速标志标明的最高时速。在没有限速标志的路段，应当保持安全车速。

夜间行驶或者在容易发生危险的路段行驶，以及遇有沙尘、冰雹、雨、雪、雾、结冰等气象条件时，应当降低行驶速度。

第四十三条　同车道行驶的机动车，后车应当与前车保持足以采取紧急制动措施的安全距离。有下列情形之一的，不得超车：

（一）前车正在左转弯、掉头、超车的；

（二）与对面来车有会车可能的；

（三）前车为执行紧急任务的警车、消防车、救护车、工程救险车的；

（四）行经铁路道口、交叉路口、窄桥、弯道、陡坡、隧道、人行横道、市区交通流量大的路段等没有超车条件的。

《道路交通安全法实施条例》：

第四十五条　机动车在道路上行驶不得超过限速标志、标线标明的速度。在没有限速标志、标线的道路上，机动车不得超过下列最高行驶速度：

（一）没有道路中心线的道路，城市道路为 30 km/h，公路为 40 km/h；

（二）同方向只有 1 条机动车道的道路，城市道路为 50 km/h，公路为 70 km/h。

第四十六条　机动车行驶中遇有下列情形之一的，最高行驶速度不得超过 30 km/h，其中拖拉机、电瓶车、轮式专用机械车不得超过 15 km/h：

（一）进出非机动车道，通过铁路道口、急弯路、窄路、窄桥时；

（二）掉头、转弯、下陡坡时；

（三）遇雾、雨、雪、沙尘、冰雹，能见度在 50 m 以内时；

（四）在冰雪、泥泞的道路上行驶时；

（五）牵引发生故障的机动车时。

第四十七条　机动车超车时，应当提前开启左转向灯、变换使用远、近光灯或者鸣喇叭。在没有道路中心线或者同方向只有 1 条机动车道的道路上，前车遇后车发出超车信号时，在条件许可的情况下，应当降低速度、靠右让路。后车应当在确认有充足的安全距离后，从前车的左侧超越，在与被超车辆拉开必要的安全距离后，开启右转向灯，驶回原车道。

第四十八条　在没有中心隔离设施或者没有中心线的道路上，机动车遇相对方向来车时应当遵守下列规定：

（一）减速靠右行驶，并与其他车辆、行人保持必要的安全距离。

（二）在有障碍的路段，无障碍的一方先行；但有障碍的一方已驶入障碍路段而无障碍的一方未驶入时，有障碍的一方先行。

（三）在狭窄的坡路，上坡的一方先行；但下坡的一方已行至中途而上坡的一方未上坡时，下坡的一方先行。

（四）在狭窄的山路，不靠山体的一方先行。

（五）夜间会车应当在距相对方向来车 150 m 以外改用近光灯，在窄路、窄桥与非机动车会车时应当使用近光灯。

二、澳门规定

在澳门的交通法律体系中，将机动车行驶速度规定在《道路交通法》《道路交通规章》中。

《道路交通法》：

第三十条　一般原则

一、驾驶员应根据道路的特征及状况、车辆的规格及状况、运载的货物、天气情况、交通状况及其他特殊情况而调节车速，使其车辆可在前方无阻且可见的空间内安全停车，以及避开在正常情况下可预见的任何障碍物。

二、驾驶员如未能确定其突然减速不会对其他道路使用者，尤其不会对后随车辆的驾驶员构成危险，又或不会扰乱或阻塞交通，则不应突然减速，但因迫在眉睫的危险而有此需要除外。

三、违反本条规定者，科处罚款澳门币 300 元。

第三十一条　一般车速限制

一、车辆必须遵守补充法规订定的一般最高车速限制，但亦须遵守因应交通状况而以适当信号另订的最高或最低车速限制。

二、驾驶员超过上款所指最高车速限制，视为超速。

第三十二条　减　　速

一、尽管订有最高车速限制，驾驶员接近下列地点时尤应减慢车速：

（一）车行道上标明供行人横过的通道；

（二）以适当信号标明的学校、医院、托儿所及类似场所；

（三）狭窄道路或路缘为建筑物的道路；

（四）人群聚集处；

（五）弯角、十字形交叉路口、T 字形交叉路口、圆形地、驼峰路及其他能见度不足的地点；

（六）坡度大的下坡路段；

（七）以危险信号标明的地点。

二、违反上款规定者，如其他法律规定无订定较重处罚，则科处罚款澳门币 900 元。

第三十三条　慢　　驶

一、行车速度不应缓慢至无理阻碍其他道路使用者或违反规定的最低车速限制。

二、违反上款规定者，如其他法律规定无订定较重处罚，则科处罚款澳门币 300 元。

《道路交通规章》：

第二十条　一般最高速度限制

第 3/2007 号法律第三十一条第一款规定之一般最高速度限制如下：

车辆级别及类别	以 km/h 表示之速度
重型摩托车：	
两轮	60
设旁卡车	50
轻型汽车：	
客车及客货车：	
不附挂车	60
附挂车	50
货车：	
不附挂车	60
附挂车	50
重型汽车：	
客车	50
货车及客货车	50
牵引车：	
附挂车及不附挂车	30
轻型摩托车	40

内地、澳门两地机动车行驶速度对比

最高时速规定	内地	澳门
一般规定	机动车在道路上行驶不得超过限速标志、标线标明的速度。在没有限速标志、标线的道路上，机动车不得超过下列最高行驶速度：（一）没有道路中心线的道路，城市道路为 30 km/h，公路为 40 km/h；（二）同方向只有 1 条机动车道的道路，城市道路为 50 km/h，公路为 70 km/h	一般最高速度限制如下：双轮重型摩托车、轻型汽车类不附挂车的客车及客货车、货车的最高速度限制为 60 km/h。设旁卡车的重型摩托车、轻型汽车类附挂车的客车及客货车、货车、重型汽车类的客车、货车及客货车的最高速度限制为 50 km/h。附挂车及不附挂车的牵引车的最高速度限制为 30 km/h。轻型摩托车的最高速度限制为 40 km/h

续表

最高时速规定	内地	澳门
特殊规定	机动车行驶中遇有下列情形之一的,最高行驶速度不得超过 30 km/h,其中拖拉机、电瓶车、轮式专用机械车不得超过 15 km/h: (一)进出非机动车道,通过铁路道口、急弯路、窄路、窄桥时; (二)掉头、转弯、下陡坡时; (三)遇雾、雨、雪、沙尘、冰雹,能见度在 50 m 以内时; (四)在冰雪、泥泞的道路上行驶时; (五)牵引发生故障的机动车时	尽管订有最高车速限制,驾驶员接近下列地点时尤应减慢车速: (一)车行道上标明供行人横过的通道; (二)以适当信号标明的学校、医院、托儿所及类似场所; (三)狭窄道路或路缘为建筑物的道路; (四)人群聚集处; (五)弯角、十字形交叉路口、T字形交叉路口、圆形地、驼峰路及其他能见度不足的地点; (六)坡度大的下坡路段; (七)以危险信号标明的地点

第二节 交叉路口处理

一、内地规定

在内地交通法律体系中,将交叉路口的处理规定在《道路交通安全法》《道路交通安全法实施条例》中。

《道路交通安全法》:

第四十四条　机动车通过交叉路口,应当按照交通信号灯、交通标志、交通标线或者交通警察的指挥通行;通过没有交通信号灯、交通标志、交通标线或者交通警察指挥的交叉路口时,应当减速慢行,并让行人和优先通行的车辆先行。

第四十五条　机动车遇有前方车辆停车排队等候或者缓慢行驶时,不得借道超车或者占用对面车道,不得穿插等候的车辆。

在车道减少的路段、路口，或者在没有交通信号灯、交通标志、交通标线或者交通警察指挥的交叉路口遇到停车排队等候或者缓慢行驶时，机动车应当依次交替通行。

《道路交通安全法实施条例》：

第四十三条　道路与铁路平面交叉道口有2个红灯交替闪烁或者1个红灯亮时，表示禁止车辆、行人通行；红灯熄灭时，表示允许车辆、行人通行。

第四十九条　机动车在有禁止掉头或者禁止左转弯标志、标线的地点以及在铁路道口、人行横道、桥梁、急弯、陡坡、隧道或者容易发生危险的路段，不得掉头。

机动车在没有禁止掉头或者没有禁止左转弯标志、标线的地点可以掉头，但不得妨碍正常行驶的其他车辆和行人的通行。

第五十条　机动车倒车时，应当查明车后情况，确认安全后倒车。不得在铁路道口、交叉路口、单行路、桥梁、急弯、陡坡或者隧道中倒车。

第五十一条　机动车通过有交通信号灯控制的交叉路口，应当按照下列规定通行：

（一）在划有导向车道的路口，按所需行进方向驶入导向车道；

（二）准备进入环形路口的让已在路口内的机动车先行；

（三）向左转弯时，靠路口中心点左侧转弯。转弯时开启转向灯，夜间行驶开启近光灯；

（四）遇放行信号时，依次通过；

（五）遇停止信号时，依次停在停止线以外。没有停止线的，停在路口以外；

（六）向右转弯遇有同车道前车正在等候放行信号时，依次停车等候；

（七）在没有方向指示信号灯的交叉路口，转弯的机动车让直行的车辆、行人先行。相对方向行驶的右转弯机动车让左转弯车辆先行。

第五十二条　机动车通过没有交通信号灯控制也没有交通警察指挥的交叉路口，除应当遵守第五十一条第（二）项、第（三）项的规定外，还应当遵守下列规定：

（一）有交通标志、标线控制的，让优先通行的一方先行；

（二）没有交通标志、标线控制的，在进入路口前停车瞭望，让右方道路的来车先行；

（三）转弯的机动车让直行的车辆先行；

（四）相对方向行驶的右转弯的机动车让左转弯的车辆先行。

二、澳门规定

在澳门的交通法律体系中,将交叉路口的处理规定在《道路交通法》中。

《道路交通法》:

第三十二条　减　　速

一、尽管订有最高车速限制,驾驶员接近下列地点时尤应减慢车速:

(一) 车行道上标明供行人横过的通道;

(二) 以适当信号标明的学校、医院、托儿所及类似场所;

(三) 狭窄道路或路缘为建筑物的道路;

(四) 人群聚集处;

(五) 弯角、十字形交叉路口、T字形交叉路口、圆形地、驼峰路及其他能见度不足的地点;

(六) 坡度大的下坡路段;

(七) 以危险信号标明的地点。

二、违反上款规定者,如其他法律规定无订定较重处罚,则科处罚款澳门币900元。

第三节　机动车载物

一、内地规定

在内地交通法律体系中,将机动车载物规定在《道路交通安全法》《道路交通安全法实施条例》《公路安全保护条例》《超限运输车辆行驶公路管理规定》中。

《道路交通安全法》:

第四十八条　机动车载物应当符合核定的载质量,严禁超载;载物的长、宽、高不得违反装载要求,不得遗洒、飘散载运物。

机动车运载超限的不可解体的物品,影响交通安全的,应当按照公安机关交通管理部门指定的时间、路线、速度行驶,悬挂明显标志。在公路上运载超限的不可解体的物品,并应当依照公路法的规定执行。

机动车载运爆炸物品、易燃易爆化学物品以及剧毒、放射性等危险物品，应当经公安机关批准后，按指定的时间、路线、速度行驶，悬挂警示标志并采取必要的安全措施。

《道路交通安全法实施条例》：

第五十四条　机动车载物不得超过机动车行驶证上核定的载质量，装载长度、宽度不得超出车厢，并应当遵守下列规定：

（一）重型、中型载货汽车，半挂车载物，高度从地面起不得超过 4 m，载运集装箱的车辆不得超过 4.2 m；

（二）其他载货的机动车载物，高度从地面起不得超过 2.5 m；

（三）摩托车载物，高度从地面起不得超过 1.5 m，长度不得超出车身 0.2 m。两轮摩托车载物宽度左右各不得超出车把 0.15 m；三轮摩托车载物宽度不得超过车身。

载客汽车除车身外部的行李架和内置的行李箱外，不得载货。载客汽车行李架载货，从车顶起高度不得超过 0.5 m，从地面起高度不得超过 4 m。

第五十六条　机动车牵引挂车应当符合下列规定：

（一）载货汽车、半挂牵引车、拖拉机只允许牵引 1 辆挂车。挂车的灯光信号、制动、连接、安全防护等装置应当符合国家标准。

（二）小型载客汽车只允许牵引旅居挂车或者总质量 700 kg 以下的挂车。挂车不得载人。

（三）载货汽车所牵引挂车的载质量不得超过载货汽车本身的载质量。

大型、中型载客汽车，低速载货汽车，三轮汽车以及其他机动车不得牵引挂车。

第六十五条　机动车载运超限物品行经铁路道口的，应当按照当地铁路部门指定的铁路道口、时间通过。

机动车行经渡口，应当服从渡口管理人员指挥，按照指定地点依次待渡。机动车上下渡船时，应当低速慢行。

《公路安全保护条例》：

第三十五条　车辆载运不可解体物品，车货总体的外廓尺寸或者总质量超过公路、公路桥梁、公路隧道的限载、限高、限宽、限长标准，确需在公路、公路桥梁、公路隧道行驶的，从事运输的单位和个人应当向公路管理机构申请公路超限运输许可。

第三十六条　申请公路超限运输许可按照下列规定办理：

（一）跨省、自治区、直辖市进行超限运输的，向公路沿线各省、自治区、直辖市公路管理机构提出申请,由起运地省、自治区、直辖市公路管理机构统一受理,并协调公路沿线各省、自治区、直辖市公路管理机构对超限运输申请进行审批,必要时可以由国务院交通运输主管部门统一协调处理;

（二）在省、自治区范围内跨设区的市进行超限运输,或者在直辖市范围内跨区、县进行超限运输的,向省、自治区、直辖市公路管理机构提出申请,由省、自治区、直辖市公路管理机构受理并审批;

（三）在设区的市范围内跨区、县进行超限运输的,向设区的市公路管理机构提出申请,由设区的市公路管理机构受理并审批;

（四）在区、县范围内进行超限运输的,向区、县公路管理机构提出申请,由区、县公路管理机构受理并审批。

公路超限运输影响交通安全的,公路管理机构在审批超限运输申请时,应当征求公安机关交通管理部门意见。

《超限运输车辆行驶公路管理规定》：

第三条 本规定所称超限运输车辆,是指有下列情形之一的货物运输车辆：

（一）车货总高度从地面算起超过 4 m。

（二）车货总宽度超过 2.55 m。

（三）车货总长度超过 18.1 m。

（四）二轴货车,其车货总质量超过 18 000 kg。

（五）三轴货车,其车货总质量超过 25 000 kg；三轴汽车列车,其车货总质量超过 27 000 kg。

（六）四轴货车,其车货总质量超过 31 000 kg；四轴汽车列车,其车货总质量超过 36 000 kg。

（七）五轴汽车列车,其车货总质量超过 43 000 kg。

（八）六轴及六轴以上汽车列车,其车货总质量超过 49 000 kg,其中牵引车驱动轴为单轴的,其车货总质量超过 46 000 kg。

前款规定的限定标准的认定,还应当遵守下列要求：

（一）二轴组按照两个轴计算,三轴组按照三个轴计算；

（二）除驱动轴外,二轴组、三轴组以及半挂车和全挂车的车轴每侧轮胎按照双轮胎计算,若每轴每侧轮胎为单轮胎,限定标准减少 3 000 kg,但安装符合国家有关标准的加宽轮胎的除外；

（三）车辆最大允许总质量不应超过各车轴最大允许轴荷之和；

（四）拖拉机、农用车、低速货车,以行驶证核定的总质量为限定标准；

（五）符合《汽车、挂车及汽车列车外廓尺寸、轴荷及质量限值》(GB 1589—

2016)规定的冷藏车、汽车列车、安装空气悬架的车辆,以及专用作业车,不认定为超限运输车辆。

第四条 交通运输部负责全国超限运输车辆行驶公路的管理工作。

县级以上地方人民政府交通运输主管部门负责本行政区域内超限运输车辆行驶公路的管理工作。

公路管理机构具体承担超限运输车辆行驶公路的监督管理。

县级以上人民政府相关主管部门按照职责分工,依法负责或者参与、配合超限运输车辆行驶公路的监督管理。交通运输主管部门应当在本级人民政府统一领导下,与相关主管部门建立治理超限运输联动工作机制。

第五条 各级交通运输主管部门应当组织公路管理机构、道路运输管理机构建立相关管理信息系统,推行车辆超限管理信息系统、道路运政管理信息系统联网,实现数据交换与共享。

第二章 大件运输许可管理

第六条 载运不可解体物品的超限运输(以下称大件运输)车辆,应当依法办理有关许可手续,采取有效措施后,按照指定的时间、路线、速度行驶公路。未经许可,不得擅自行驶公路。

第七条 大件运输的托运人应当委托具有大型对象运输经营资质的道路运输经营者承运,并在运单上如实填写托运货物的名称、规格、重量等相关信息。

第八条 大件运输车辆行驶公路前,承运人应当按下列规定向公路管理机构申请公路超限运输许可:

(一)跨省、自治区、直辖市进行运输的,向起运地省级公路管理机构递交申请书,申请机关需要列明超限运输途经公路沿线各省级公路管理机构,由起运地省级公路管理机构统一受理并组织协调沿线各省级公路管理机构联合审批,必要时可由交通运输部统一组织协调处理;

(二)在省、自治区范围内跨设区的市进行运输的,或者在直辖市范围内跨区、县进行运输的,向该省级公路管理机构提出申请,由其受理并审批;

(三)在设区的市范围内跨区、县进行运输的,向该市级公路管理机构提出申请,由其受理并审批;

(四)在区、县范围内进行运输的,向该县级公路管理机构提出申请,由其受理并审批。

第九条 各级交通运输主管部门、公路管理机构应当利用信息化手段,建立公路超限运输许可管理平台,实行网上办理许可手续,并及时公开相关信息。

第十条 申请公路超限运输许可的,承运人应当提交下列材料:

（一）公路超限运输申请表，主要内容包括货物的名称、外廓尺寸和质量，车辆的厂牌型号、整备质量、轴数、轴距和轮胎数，载货时车货总体的外廓尺寸、总质量、各车轴轴荷，拟运输的起讫点、通行路线和行驶时间；

（二）承运人的道路运输经营许可证，经办人的身份证件和授权委托书；

（三）车辆行驶证或者临时行驶车号牌。

车货总高度从地面算起超过 4.5 m，或者总宽度超过 3.75 m，或者总长度超过 28 m，或者总质量超过 100 000 kg，以及其他可能严重影响公路完好、安全、畅通情形的，还应当提交记录载货时车货总体外廓尺寸信息的轮廓图和护送方案。

护送方案应当包含护送车辆配置方案、护送人员配备方案、护送路线情况说明、护送操作细则、异常情况处理等相关内容。

第十一条　承运人提出的公路超限运输许可申请有下列情形之一的，公路管理机构不予受理：

（一）货物属于可分载物品的；

（二）承运人所持有的道路运输经营许可证记载的经营资质不包括大件运输的；

（三）承运人被依法限制申请公路超限运输许可未满限制期限的；

（四）法律、行政法规规定的其他情形。

载运单个不可解体物品的大件运输车辆，在不改变原超限情形的前提下，加装多个品种相同的不可解体物品的，视为载运不可解体物品。

第十二条　公路管理机构受理公路超限运输许可申请后，应当对承运人提交的申请材料进行审查。属于第十条第二款规定情形的，公路管理机构应当对车货总体外廓尺寸、总质量、轴荷等数据和护送方案进行核查，并征求同级公安机关交通管理部门意见。

属于统一受理、集中办理跨省、自治区、直辖市进行运输的，由起运地省级公路管理机构负责审查。

第十三条　公路管理机构审批公路超限运输申请，应当根据实际情况组织人员勘测通行路线。需要采取加固、改造措施的，承运人应当按照规定要求采取有效的加固、改造措施。公路管理机构应当对承运人提出的加固、改造措施方案进行审查，并组织验收。

承运人不具备加固、改造措施的条件和能力的，可以通过签订协议的方式，委托公路管理机构制定相应的加固、改造方案，由公路管理机构进行加固、改造，或者由公路管理机构通过市场化方式选择具有相应资质的单位进行加固、改造。

采取加固、改造措施所需的费用由承运人承担。相关收费标准应当公开、透明。

第十四条 采取加固、改造措施应当满足公路设施安全需要，并遵循下列原则：

（一）优先采取临时措施，便于实施、拆除和可回收利用；

（二）采取永久性或者半永久性措施的，可以考虑与公路设施的技术改造同步实施；

（三）对公路设施采取加固、改造措施仍无法满足大件运输车辆通行的，可以考虑采取修建临时便桥或者便道的改造措施；

（四）有多条路线可供选择的，优先选取桥梁技术状况评定等级高和采取加固、改造措施所需费用低的路线通行；

（五）同一时期，不同的超限运输申请，涉及对同一公路设施采取加固、改造措施的，由各承运人按照公平、自愿的原则分担有关费用。

第十五条 公路管理机构应当在下列期限内作出行政许可决定：

（一）车货总高度从地面算起未超过 4.2 m、总宽度未超过 3 m、总长度未超过 20 m 且车货总质量、轴荷未超过本规定第三条、第十七条规定标准的，自受理申请之日起 2 个工作日内作出，属于统一受理、集中办理跨省、自治区、直辖市大件运输的，办理的时间最长不得超过 5 个工作日；

（二）车货总高度从地面算起未超过 4.5 m、总宽度未超过 3.75 m、总长度未超过 28 m 且总质量未超过 100 000 kg 的，属于本辖区内大件运输的，自受理申请之日起 5 个工作日内作出，属于统一受理、集中办理跨省、自治区、直辖市大件运输的，办理的时间最长不得超过 10 个工作日；

（三）车货总高度从地面算起超过 4.5 m，或者总宽度超过 3.75 m，或者总长度超过 28 m，或者总质量超过 100 000 kg 的，属于本辖区内大件运输的，自受理申请之日起 15 个工作日内作出，属于统一受理、集中办理跨省、自治区、直辖市大件运输的，办理的时间最长不得超过 20 个工作日。

采取加固、改造措施所需时间不计算在前款规定的期限内。

第十六条 受理跨省、自治区、直辖市公路超限运输申请后，起运地省级公路管理机构应当在 2 个工作日内向途经公路沿线各省级公路管理机构转送其受理的申请资料。

属于第十五条第一款第二项规定的情形的，途经公路沿线各省级公路管理机构应当在收到转送的申请材料起 5 个工作日内作出行政许可决定；属于第十五条第一款第三项规定的情形的，应当在收到转送的申请材料起 15 个工作日内作出行政许可决定,并向起运地省级公路管理机构反馈。需要采取加固、改造措施的,由相关省级公路管理机构按照本规定第十三条执行;上下游省、自治区、直辖市范围内路线或者行驶时间调整的,应当及时告知承运人和起运地省级公路管理机构,由起运地省级公路管理机构组织协调处理。

第十七条　有下列情形之一的,公路管理机构应当依法作出不予行政许可的决定:

(一)采用普通平板车运输,车辆单轴的平均轴荷超过 10 000 kg 或者最大轴荷超过 13 000 kg 的;

(二)采用多轴多轮液压平板车运输,车辆每轴线(一线两轴八轮胎)的平均轴荷超过 18 000 kg 或者最大轴荷超过 20 000 kg 的;

(三)承运人不履行加固、改造义务的;

(四)法律、行政法规规定的其他情形。

第十八条　公路管理机构批准公路超限运输申请的,根据大件运输的具体情况,指定行驶公路的时间、路线和速度,并颁发"超限运输车辆通行证"。其中,批准跨省、自治区、直辖市运输的,由起运地省级公路管理机构颁发。

"超限运输车辆通行证"的式样由交通运输部统一制定,各省级公路管理机构负责印制和管理。申请人可到许可窗口领取或者通过网上自助方式打印。

第十九条　同一大件运输车辆短期内多次通行固定路线,装载方式、装载物品相同,且不需要采取加固、改造措施的,承运人可以根据运输计划向公路管理机构申请办理行驶期限不超过 6 个月的"超限运输车辆通行证"。运输计划发生变化的,需按原许可机关的有关规定办理变更手续。

第二十条　经批准进行大件运输的车辆,行驶公路时应当遵守下列规定:

(一)采取有效措施固定货物,按照有关要求在车辆上悬挂明显标志,保证运输安全。

(二)按照指定的时间、路线和速度行驶。

(三)车货总质量超限的车辆通行公路桥梁,应当匀速居中行驶,避免在桥上制动、变速或者停驶。

(四)需要在公路上临时停车的,除遵守有关道路交通安全规定外,还应当在车辆周边设置警告标志,并采取相应的安全防范措施;需要较长时间停车或者遇有恶劣天气的,应当驶离公路,就近选择安全区域停靠。

(五)通行采取加固、改造措施的公路设施,承运人应当提前通知该公路设施的养护管理单位,由其加强现场管理和指导。

(六)因自然灾害或者其他不可预见因素而出现公路通行状况异常致使大件

运输车辆无法继续行驶的，承运人应当服从现场管理并及时告知作出行政许可决定的公路管理机构，由其协调当地公路管理机构采取相关措施后继续行驶。

第二十一条　大件运输车辆应当随车携带有效的"超限运输车辆通行证"，主动接受公路管理机构的监督检查。

大件运输车辆及装载物品的有关情况应当与"超限运输车辆通行证"记载的内容一致。

任何单位和个人不得租借、转让"超限运输车辆通行证"，不得使用伪造、变造的"超限运输车辆通行证"。

第二十二条　对于本规定第十条第二款规定的大件运输车辆，承运人应当按照护送方案组织护送。

承运人无法采取护送措施的，可以委托作出行政许可决定的公路管理机构协调公路沿线的公路管理机构进行护送，并承担所需费用。护送收费标准由省级交通运输主管部门会同同级财政、价格主管部门按规定制定，并予以公示。

第二十三条　行驶过程中，护送车辆应当与大件运输车辆形成整体车队，并保持实时、畅通的通讯联系。

第二十四条　经批准的大件运输车辆途经实行计重收费的收费公路时，对其按照基本费率标准收取车辆通行费，但车辆及装载物品的有关情况与"超限运输车辆通行证"记载的内容不一致的除外。

第二十五条　公路管理机构应当加强与辖区内重大装备制造、运输企业的联系，了解其制造、运输计划，加强服务，为重大装备运输提供便利条件。

大件运输需求量大的地区，可以统筹考虑建设成本、运输需求等因素，适当提高通行路段的技术条件。

第二十六条　公路管理机构、公路经营企业应当按照有关规定，定期对公路、公路桥梁、公路隧道等设施进行检测和评定，并为社会公众查询其技术状况信息提供便利。

公路收费站应当按照有关要求设置超宽车道。

第三章　违法超限运输管理

第二十七条　载运可分载物品的超限运输（以下称违法超限运输）车辆，禁止行驶公路。

在公路上行驶的车辆，其车货总体的外廓尺寸或者总质量未超过本规定第三条规定的限定标准，但超过相关公路、公路桥梁、公路隧道限载、限高、限宽、限长标准的，不得在该公路、公路桥梁或者公路隧道行驶。

第二十八条　煤炭、钢材、水泥、砂石、商品车等货物集散地以及货运站等场所的经营人、管理人（以下统称货运源头单位），应当在货物装运场（站）安装合格的检测设备，对出场（站）货运车辆进行检测，确保出场（站）货运车辆合法装载。

第二十九条　货运源头单位、道路运输企业应当加强对货运车辆驾驶人的教育和管理，督促其合法运输。

道路运输企业是防止违法超限运输的责任主体，应当按照有关规定加强对车辆装载及运行全过程监控，防止驾驶人违法超限运输。

任何单位和个人不得指使、强令货运车辆驾驶人违法超限运输。

第三十条　货运车辆驾驶人不得驾驶违法超限运输车辆。

第三十一条　道路运输管理机构应当加强对政府公布的重点货运源头单位的监督检查。通过巡查、技术监控等方式督促其落实监督车辆合法装载的责任，制止违法超限运输车辆出场（站）。

第三十二条　公路管理机构、道路运输管理机构应当建立执法联动工作机制，将违法超限运输行为纳入道路运输企业质量信誉考核和驾驶人诚信考核，实行违法超限运输"黑名单"管理制度，依法追究违法超限运输的货运车辆、车辆驾驶人、道路运输企业、货运源头单位的责任。

第三十三条　公路管理机构应当对货运车辆进行超限检测。超限检测可以采取固定站点检测、流动检测、技术监控等方式。

第三十四条　采取固定站点检测的，应当在经省级人民政府批准设置的公路超限检测站进行。

第三十五条　公路管理机构可以利用移动检测设备，开展流动检测。经流动检测认定的违法超限运输车辆，应当就近引导至公路超限检测站进行处理。

流动检测点远离公路超限检测站的，应当就近引导至县级以上地方交通运输主管部门指定并公布的执法站所、停车场、卸载场等具有停放车辆及卸载条件的地点或者场所进行处理。

第三十六条　经检测认定违法超限运输的，公路管理机构应当责令当事人自行采取卸载等措施，消除违法状态；当事人自行消除违法状态确有困难的，可以委托第三人或者公路管理机构协助消除违法状态。

属于载运不可解体物品，在接受调查处理完毕后，需要继续行驶公路的，应当依法申请公路超限运输许可。

第三十七条　公路管理机构对车辆进行超限检测，不得收取检测费用。对依法扣留或者停放接受调查处理的超限运输车辆，不得收取停车保管费用。由公路管理机构协助卸载、分装或者保管卸载货物的，超过保管期限经通知当事人仍不领取的,可以按照有关规定予以处理。

第三十八条 公路管理机构应当使用经国家有关部门检定合格的检测设备对车辆进行超限检测;未定期检定或者检定不合格的,其检测数据不得作为执法依据。

第三十九条 收费高速公路入口应当按照规定设置检测设备,对货运车辆进行检测,不得放行违法超限运输车辆驶入高速公路。其他收费公路实行计重收费的,利用检测设备发现违法超限运输车辆时,有权拒绝其通行。收费公路经营管理者应当将违法超限运输车辆及时报告公路管理机构或者公安机关交通管理部门依法处理。

公路管理机构有权查阅和调取公路收费站车辆称重数据、照片、视频监控等有关资料,经确认后可以作为行政处罚的证据。

第四十条 公路管理机构应当根据保护公路的需要,在货物运输主通道、重要桥梁入口处等普通公路以及开放式高速公路的重要路段和节点,设置车辆检测等技术监控设备,依法查处违法超限运输行为。

第四十一条 新建、改建公路时,应当按照规划,将超限检测站点、车辆检测等技术监控设备作为公路附属设施一并列入工程预算,与公路主体工程同步设计、同步建设、同步验收运行。

第四章 法律责任

第四十二条 违反本规定,依照《公路法》《公路安全保护条例》《道路运输条例》和本规定予以处理。

第四十三条 车辆违法超限运输的,由公路管理机构根据违法行为的性质、情节和危害程度,按下列规定给予处罚:

(一)车货总高度从地面算起未超过 4.2 m、总宽度未超过 3 m 且总长度未超过 20 m 的,可以处 200 元以下罚款;车货总高度从地面算起未超过 4.5 m、总宽度未超过 3.75 m 且总长度未超过 28 m 的,处 200 元以上 1 000 元以下罚款;车货总高度从地面算起超过 4.5 m、总宽度超过 3.75 m 或者总长度超过 28 m 的,处 1 000 元以上 3 000 元以下的罚款。

(二)车货总质量超过本规定第三条第一款第四项至第八项规定的限定标准,但未超过 1 000 kg 的,予以警告;超过 1 000 kg 的,每超 1 000 kg 罚款 500 元,最高不得超过 30 000 元。

有前款所列多项违法行为的,相应违法行为的罚款数额应当累计,但累计罚款数额最高不得超过 30 000 元。

第四十四条 公路管理机构在违法超限运输案件处理完毕后 7 个工作日内,

应当将与案件相关的下列信息通过车辆超限管理信息系统抄告车籍所在地道路运输管理机构：

（一）车辆的号牌号码、车型、车辆所属企业、道路运输证号信息；

（二）驾驶人的姓名、驾驶人从业资格证编号、驾驶人所属企业信息；

（三）货运源头单位、货物装载单信息；

（四）行政处罚决定书信息；

（五）与案件相关的其他资料信息。

第四十五条　公路管理机构在监督检查中发现违法超限运输车辆不符合《汽车、挂车及汽车列车外廓尺寸、轴荷及质量限值》（GB 1589—2016），或者与行驶证记载的登记内容不符的，应当予以记录，定期抄告车籍所在地的公安机关交通管理部门等单位。

第四十六条　对1年内违法超限运输超过3次的货运车辆和驾驶人，以及违法超限运输的货运车辆超过本单位货运车辆总数10%的道路运输企业，由道路运输管理机构依照《公路安全保护条例》第六十六条予以处理。

前款规定的违法超限运输记录累计计算周期，从初次领取道路运输证、道路运输从业人员从业资格证、道路运输经营许可证之日算起，可跨自然年度。

第四十七条　大件运输车辆有下列情形之一的，视为违法超限运输：

（一）未经许可擅自行驶公路的；

（二）车辆及装载物品的有关情况与"超限运输车辆通行证"记载的内容不一致的；

（三）未按许可的时间、路线、速度行驶公路的；

（四）未按许可的护送方案采取护送措施的。

第四十八条　承运人隐瞒有关情况或者提供虚假材料申请公路超限运输许可的，除依法给予处理外，并在1年内不准申请公路超限运输许可。

第四十九条　违反本规定，指使、强令车辆驾驶人超限运输货物的，由道路运输管理机构责令改正，处30 000元以下罚款。

第五十条　违法行为地或者车籍所在地公路管理机构可以根据技术监控设备记录资料，对违法超限运输车辆依法给予处罚，并提供适当方式，供社会公众查询违法超限运输记录。

第五十一条　公路管理机构、道路运输管理机构工作人员有玩忽职守、徇私舞弊、滥用职权的，依法给予行政处分；涉嫌犯罪的，移送司法机关依法查处。

第五十二条　对违法超限运输车辆行驶公路现象严重，造成公路桥梁垮塌等重大安全事故，或者公路受损严重、通行能力明显下降的，交通运输部、省级交通运输主管部门可以按照职责权限,在1年内停止审批该地区申报的地方性公路工程建设项目。

第五十三条 相关单位和个人拒绝、阻碍公路管理机构、道路运输管理机构工作人员依法执行职务,构成违反治安管理行为的,由公安机关依法给予治安管理处罚;构成犯罪的,依法追究刑事责任。

第五十四条 因军事和国防科研需要,载运保密物品的大件运输车辆确需行驶公路的,参照本规定执行;国家另有规定的,从其规定。

二、澳门规定

在澳门的交通法律体系中,将机动车载物规定在《道路交通法》中。

《道路交通法》:

第四十九条 一般规定

一、车辆未完全停稳时,禁止任何人进出车辆或装卸货物。

二、在不对其他道路使用者构成危险或阻碍的情况下,方可上落乘客或装卸货物,且应尽快进行,但车辆已适当停泊或所装卸的货物不占用车行道除外。

三、违反本条规定者,科处罚款澳门币600元。

第五十二条 装卸货物

一、在公共道路上装卸货物应从车辆停泊时靠近的路缘或行人道一方进行,又或从车辆后方进行。

二、如载荷车辆因载货而可能对其他道路使用者构成危险或阻碍,又或可能损毁路面、基础设施、道路设施或沿途路边建筑物,则禁止通行,但不影响适用于供特别运输的车辆的规定。

三、安放及整理货物时,应特别注意下列事项:

(一)确保车辆在不移动或行车时保持平衡;

(二)确保货物不掉落路上,又或不因摇曳而使运输变得危险或给其他使用者造成不便或导致碎屑或物料散落在公共道路上;

(三)确保货物不阻碍驾驶员的视线;

(四)确保货物不在路面拖曳;

(五)确保货物不超出从地面起计4 m的高度;

(六)如属客车,确保货物不妨碍正确识别信号装置、灯光装置及注册号牌,以及不超出车辆外廓;

（七）如属货车，确保货物长度及宽度不超出车厢。

四、与车辆各端点相交的垂直平面，视为车辆外廓。

五、禁止车辆运载货物重量超过法定上限。

六、违反第一款规定者，科处罚款澳门币 600 元。

七、违反第二款、第三款或第五款规定者，科处罚款澳门币 900 元，且不影响下款的规定。

八、如车辆运载货物重量超过法定上限 20% 或以上，科处罚款澳门币 3 000 元。

第四节　机动车载人

一、内地规定

在内地交通法律体系中，将机动车载人规定在《道路交通安全法》《道路交通安全法实施条例》《道路运输条例》中。

《道路交通安全法》：

第四十九条　机动车载人不得超过核定的人数，客运机动车不得违反规定载货。

《道路交通安全法实施条例》：

第五十五条　机动车载人应当遵守下列规定：

（一）公路载客汽车不得超过核定的载客人数，但按照规定免票的儿童除外，在载客人数已满的情况下，按照规定免票的儿童不得超过核定载客人数的 10%。

（二）载货汽车车厢不得载客。在城市道路上，货运机动车在留有安全位置的情况下，车厢内可以附载临时作业人员 1~5 人；载物高度超过车厢栏板时，货物上不得载人。

（三）摩托车后座不得乘坐未满 12 周岁的未成年人，轻便摩托车不得载人。

《道路运输条例》：

第八条　申请从事客运经营的，应当具备下列条件：

（一）有与其经营业务相适应并经检测合格的车辆；

（二）有符合本条例第九条规定条件的驾驶人员；

（三）有健全的安全生产管理制度。

申请从事班线客运经营的，还应当有明确的线路和站点方案。

第九条　从事客运经营的驾驶人员，应当符合下列条件：

（一）取得相应的机动车驾驶证；

（二）年龄不超过60周岁；

（三）3年内无重大以上交通责任事故记录；

（四）经设区的市级道路运输管理机构对有关客运法律法规、机动车维修和旅客急救基本知识考试合格。

第十条　申请从事客运经营的，应当依法向工商行政管理机关办理有关登记手续后，按照下列规定提出申请并提交符合本条例第八条规定条件的相关材料：

（一）从事县级行政区域内客运经营的，向县级道路运输管理机构提出申请；

（二）从事省、自治区、直辖市行政区域内跨2个县级以上行政区域客运经营的，向其共同的上一级道路运输管理机构提出申请；

（三）从事跨省、自治区、直辖市行政区域客运经营的，向所在地的省、自治区、直辖市道路运输管理机构提出申请。

依照前款规定收到申请的道路运输管理机构，应当自受理申请之日起20日内审查完毕，作出许可或者不予许可的决定。予以许可的，向申请人颁发道路运输经营许可证，并向申请人投入运输的车辆配发车辆营运证；不予许可的，应当书面通知申请人并说明理由。

对从事跨省、自治区、直辖市行政区域客运经营的申请，有关省、自治区、直辖市道路运输管理机构依照本条第二款规定颁发道路运输经营许可证前，应当与运输线路目的地的省、自治区、直辖市道路运输管理机构协商；协商不成的，应当报国务院交通主管部门决定。

第十一条　取得道路运输经营许可证的客运经营者，需要增加客运班线的，应当依照本条例第十条的规定办理有关手续。

第十二条　县级以上道路运输管理机构在审查客运申请时，应当考虑客运市场的供求状况、普遍服务和方便群众等因素。

同一线路有3个以上申请人时，可以通过招标的形式作出许可决定。

第十三条　县级以上道路运输管理机构应当定期公布客运市场供求状况。

第十四条　客运班线的经营期限为4~8年。经营期限届满需要延续客运班线经营许可的，应当重新提出申请。

第十五条　客运经营者需要终止客运经营的，应当在终止前30日内告知原许可机关。

第十六条　客运经营者应当为旅客提供良好的乘车环境，保持车辆清洁、卫生，并采取必要的措施防止在运输过程中发生侵害旅客人身、财产安全的违法行为。

第十七条　旅客应当持有效客票乘车，遵守乘车秩序，讲究文明卫生，不得携带国家规定的危险物品及其他禁止携带的物品乘车。

第十八条　班线客运经营者取得道路运输经营许可证后，应当向公众连续提供运输服务，不得擅自暂停、终止或者转让班线运输。

第十九条　从事包车客运的，应当按照约定的起始地、目的地和线路运输。

从事旅游客运的，应当在旅游区域按照旅游线路运输。

第二十条　客运经营者不得强迫旅客乘车，不得甩客、敲诈旅客；不得擅自更换运输车辆。

第六十九条　违反本条例的规定，客运经营者、货运经营者有下列情形之一的，由县级以上道路运输管理机构责令改正，处 1 000 元以上 3 000 元以下的罚款；情节严重的，由原许可机关吊销道路运输经营许可证：

（一）不按批准的客运站点停靠或者不按规定的线路、公布的班次行驶的；

（二）强行招揽旅客、货物的；

（三）在旅客运输途中擅自变更运输车辆或者将旅客移交他人运输的；

（四）未报告原许可机关，擅自终止客运经营的；

（五）没有采取必要措施防止货物脱落、扬撒等的。

二、澳门规定

在澳门的交通法律体系中，将机动车载人规定在《道路交通法》中。

《道路交通法》：

第四十九条　一般规定

一、车辆未完全停稳时，禁止任何人进出车辆或装卸货物。

二、在不对其他道路使用者构成危险或阻碍的情况下，方可上落乘客或装卸货物，且应尽快进行，但车辆已适当停泊或所装卸的货物不占用车行道除外。

三、违反本条规定者，科处罚款澳门币 600 元。

第五十条　载　　客

一、载客人数不得超过车辆的载客量，并禁止以危及乘客或驾驶安全的方式载客。

二、除非符合补充法规所定的例外条件，禁止以座位以外的位置载客，但在后座手抱儿童不在此限。

三、乘客应尽可能从车辆停泊时靠近的路缘或人行道一方进出。

四、禁止在汽车前座运载未满 12 岁的儿童，但同时符合下列条件者除外：

（一）汽车本身并无后座；

（二）运载时使用适合儿童的体形及重量的安全束缚设备。

五、禁止驾驶员及乘客：

（一）在车辆未完全停稳时开启车门或让车门继续敞开；

（二）在未确定不会对其他道路使用者构成危险或阻碍的情况下开启车门、让车门继续敞开或离开车辆。

六、关于提供有报酬的客运服务，尤其是从事有关行业的条件，由补充法规规范。

七、驾驶员违反第一款、第二款或第四款的规定，按每名违法运载的乘客计算，向驾驶员科处罚款澳门币 300 元。

八、驾驶员违反第五款的规定，科处罚款澳门币 300 元。

九、乘客违反第三款或第五款的规定，科处罚款澳门币 300 元。

第五十一条　安　全　带

一、轻型汽车的驾驶员及前座乘客必须使用安全带。

二、强制使用安全带的规定可由补充法规延伸适用于后座乘客或其他类别汽车。

三、不使用或不正确使用安全带者，科处罚款澳门币 300 元，且不影响下款的适用。

四、轻型汽车驾驶员以前座运载未满 16 岁的乘客时，如容许其不使用或不正确使用安全带，科处罚款澳门币 300 元，且不影响上条第四款的适用。

第五节　货运车运营

一、内地规定

在内地交通法律体系中，将货运车运营规定在《道路交通安全法》《道路运输条例》中。

《道路交通安全法》：

第五十条　禁止货运机动车载客。

货运机动车需要附载作业人员的，应当设置保护作业人员的安全措施。

《道路运输条例》：

第二十一条　申请从事货运经营的，应当具备下列条件：

（一）有与其经营业务相适应并经检测合格的车辆；

（二）有符合本条例第二十二条规定条件的驾驶人员；

（三）有健全的安全生产管理制度。

第二十二条　从事货运经营的驾驶人员，应当符合下列条件：

（一）取得相应的机动车驾驶证；

（二）年龄不超过60周岁；

（三）经设区的市级道路运输管理机构对有关货运法律法规、机动车维修和货物装载保管基本知识考试合格。

第二十三条　申请从事危险货物运输经营的，还应当具备下列条件：

（一）有5辆以上经检测合格的危险货物运输专用车辆、设备；

（二）有经所在地设区的市级人民政府交通主管部门考试合格，取得上岗资格证的驾驶人员、装卸管理人员、押运人员；

（三）危险货物运输专用车辆配有必要的通信工具；

（四）有健全的安全生产管理制度。

第二十四条　申请从事货运经营的，应当依法向工商行政管理机关办理有关登记手续后，按照下列规定提出申请并分别提交符合本条例第二十一条、第二十三条规定条件的相关材料：

（一）从事危险货物运输经营以外的货运经营的，向县级道路运输管理机构提出申请。

（二）从事危险货物运输经营的，向设区的市级道路运输管理机构提出申请。

依照前款规定收到申请的道路运输管理机构，应当自受理申请之日起20日内审查完毕，作出许可或者不予许可的决定。予以许可的，向申请人颁发道路运输经营许可证，并向申请人投入运输的车辆配发车辆营运证；不予许可的，应当书面通知申请人并说明理由。

第二十五条　货运经营者不得运输法律、行政法规禁止运输的货物。

法律、行政法规规定必须办理有关手续后方可运输的货物，货运经营者应当查验有关手续。

第二十六条　国家鼓励货运经营者实行封闭式运输，保证环境卫生和货物运输安全。

货运经营者应当采取必要措施，防止货物脱落、扬撒等。

运输危险货物应当采取必要措施，防止危险货物燃烧、爆炸、辐射、泄漏等。

第二十七条　运输危险货物应当配备必要的押运人员，保证危险货物处于押运人员的监管之下，并悬挂明显的危险货物运输标志。

托运危险货物的，应当向货运经营者说明危险货物的品名、性质、应急处置方法等情况，并严格按照国家有关规定包装，设置明显标志。

二、澳门规定

在澳门的交通法律体系中，将货运车运营规定在《道路交通法》中。

《道路交通法》：

第五十三条　运载危险物品

一、运载危险物品的车辆应以适当信号标明。

二、上款所指车辆只可在专供其泊放的地点泊车，但按补充法规所订例外条件泊车者除外。

三、车厢内不得兼载乘客及危险物品。

四、危险物品的分类、其他通行条件、泊车条件及相关信号由补充法规订定。

五、违反第一款至第三款任一规定者，科处罚款澳门币 3 000 元。

第五十四条　运载特别物品

一、只准以密封式车厢的车辆并在完全符合卫生条件的情况下运载食用肉类。

二、只准以密封式车厢的车辆，又或在开放式车厢的车辆上以密封容器运载动物尸体、生皮、废渣、不卫生物品、恶臭物品或肥料。

三、如运载粉末状物品的车辆没有配备密封式车厢，则须先以尺寸足够的油布、帆布或其他合适物料完好覆盖所载物品以免其散于空气或地上，方准通行。

四、违反本条规定者，科处罚款澳门币 900 元。

第六节 特种车和作业车的特别权利

一、内地规定

在内地交通法律体系中,将特种车和作业车的特别权利规定在《道路交通安全法》《道路交通安全法实施条例》中。

《道路交通安全法》：

第五十三条 警车、消防车、救护车、工程救险车执行紧急任务时,可以使用警报器、标志灯具;在确保安全的前提下,不受行驶路线、行驶方向、行驶速度和信号灯的限制,其他车辆和行人应当让行。

警车、消防车、救护车、工程救险车非执行紧急任务时,不得使用警报器、标志灯具,不享有前款规定的道路优先通行权。

第五十四条 道路养护车辆、工程作业车进行作业时,在不影响过往车辆通行的前提下,其行驶路线和方向不受交通标志、标线限制,过往车辆和人员应当注意避让。

洒水车、清扫车等机动车应当按照安全作业标准作业;在不影响其他车辆通行的情况下,可以不受车辆分道行驶的限制,但是不得逆向行驶。

《道路交通安全法实施条例》：

第六十六条 警车、消防车、救护车、工程救险车在执行紧急任务遇交通受阻时,可以断续使用警报器,并遵守下列规定：

(一) 不得在禁止使用警报器的区域或者路段使用警报器;

(二) 夜间在市区不得使用警报器;

(三) 列队行驶时,前车已经使用警报器的,后车不再使用警报器。

二、澳门规定

在澳门的交通法律体系中,将特种车和作业车的特别权利规定在《道路交通法》中。

《道路交通法》：

第五十五条　优先通行车辆

一、基于任务所需，优先通行车辆驾驶员可不遵守交通规则及信号，但须遵守指挥交通的人员发出的信号。

二、在任何情况下，上款所指驾驶员均不得危及其他道路使用者，尤应在下列情况下中止行车：

（一）遇指挥交通的红灯信号，但采取适当措施后，无须待灯号转变便可继续前进；

（二）在交汇处遇强制停车信号。

三、紧急行车时，应以特别信号显示。

四、如非执行警务、紧急救援任务或紧急公益任务，禁止优先通行车辆使用识别其行车的特别信号。

五、违反本条规定者，科处罚款澳门币 900 元。

第五十六条　遇优先通行车辆时的处理方法

一、遇优先通行车辆时，公共道路使用者均应让路，并于必要时中止行车，以便该等车辆通行。

二、为使优先通行车辆可在交通堵塞的道路上通行，驾驶员应让出其行车方向的车行道的右侧。

三、如有专用车道，驾驶员应方便优先通行车辆驶入该车道。

四、可能阻碍优先通行车辆通过的任何车辆，包括在公共道路上合法泊车的车辆，均可由监察实体的执法人员移走。

五、遇有用于运载严重伤病者的、以适当信号尤其是以危险警示闪光信号显示正在紧急行进的私人车辆者，亦应遵守第一款至第四款所订规则。

第八章　交通事故处理

第一节　处理程序

一、内地规定

在内地交通法律体系中,将交通事故处理的程序规定在《道路交通安全法》《道路交通安全法实施条例》《道路交通事故处理程序规定》中。

《道路交通安全法》:

第七十条　在道路上发生交通事故,车辆驾驶人应当立即停车,保护现场;造成人身伤亡的,车辆驾驶人应当立即抢救受伤人员,并迅速报告执勤的交通警察或者公安机关交通管理部门。因抢救受伤人员变动现场的,应当标明位置。乘车人、过往车辆驾驶人、过往行人应当予以协助。

在道路上发生交通事故,未造成人身伤亡,当事人对事实及成因无争议的,可以即行撤离现场,恢复交通,自行协商处理损害赔偿事宜;不即行撤离现场的,应当迅速报告执勤的交通警察或者公安机关交通管理部门。

在道路上发生交通事故,仅造成轻微财产损失,并且基本事实清楚的,当事人应当先撤离现场再进行协商处理。

第七十二条　公安机关交通管理部门接到交通事故报警后,应当立即派交通警察赶赴现场,先组织抢救受伤人员,并采取措施,尽快恢复交通。

交通警察应当对交通事故现场进行勘验、检查,收集证据;因收集证据的需要,可以扣留事故车辆,但是应当妥善保管,以备核查。

对当事人的生理、精神状况等专业性较强的检验,公安机关交通管理部门应当委托专门机构进行鉴定。鉴定结论应当由鉴定人签名。

第七十三条 公安机关交通管理部门应当根据交通事故现场勘验、检查、调查情况和有关的检验、鉴定结论，及时制作交通事故认定书，作为处理交通事故的证据。交通事故认定书应当载明交通事故的基本事实、成因和当事人的责任，并送达当事人。

第七十七条 车辆在道路以外通行时发生的事故，公安机关交通管理部门接到报案的，参照本法有关规定办理。

《道路交通安全法实施条例》：

第八十六条 机动车与机动车、机动车与非机动车在道路上发生未造成人身伤亡的交通事故，当事人对事实及成因无争议的，在记录交通事故的时间、地点、对方当事人的姓名和联系方式、机动车牌号、驾驶证号、保险凭证号、碰撞部位，并共同签名后，撤离现场，自行协商损害赔偿事宜。当事人对交通事故事实及成因有争议的，应当迅速报警。

第八十七条 非机动车与非机动车或者行人在道路上发生交通事故，未造成人身伤亡，且基本事实及成因清楚的，当事人应当先撤离现场，再自行协商处理损害赔偿事宜。当事人对交通事故事实及成因有争议的，应当迅速报警。

第八十八条 机动车发生交通事故，造成道路、供电、通信等设施损毁的，驾驶人应当报警等候处理，不得驶离。机动车可以移动的，应当将机动车移至不妨碍交通的地点。公安机关交通管理部门应当将事故有关情况通知有关部门。

第八十九条 公安机关交通管理部门或者交通警察接到交通事故报警，应当及时赶赴现场，对未造成人身伤亡，事实清楚，并且机动车可以移动的，应当在记录事故情况后责令当事人撤离现场，恢复交通。对拒不撤离现场的，予以强制撤离。

对属于前款规定情况的道路交通事故，交通警察可以适用简易程序处理，并当场出具事故认定书。当事人共同请求调解的，交通警察可以当场对损害赔偿争议进行调解。

对道路交通事故造成人员伤亡和财产损失需要勘验、检查现场的，公安机关交通管理部门应当按照勘查现场工作规范进行。现场勘查完毕，应当组织清理现场，恢复交通。

第九十七条 车辆在道路以外发生交通事故，公安机关交通管理部门接到报案的，参照道路交通安全法和本条例的规定处理。

车辆、行人与火车发生的交通事故以及在渡口发生的交通事故，依照国家有关规定处理。

《道路交通事故处理程序规定》：

第四条　道路交通事故的调查处理应当由公安机关交通管理部门负责。

财产损失事故可以由当事人自行协商处理，但法律法规及本规定另有规定的除外。

第五条　交通警察经过培训并考试合格，可以处理适用简易程序的道路交通事故。

处理伤人事故，应当由具有道路交通事故处理初级以上资格的交通警察主办。

处理死亡事故，应当由具有道路交通事故处理中级以上资格的交通警察主办。

第六条　公安机关交通管理部门处理道路交通事故应当使用全国统一的交通管理信息系统。

鼓励应用先进的科技装备和先进技术处理道路交通事故。

第七条　交通警察处理道路交通事故，应当按照规定使用执法记录设备。

第八条　公安机关交通管理部门应当建立与司法机关、保险机构等有关部门间的数据信息共享机制，提高道路交通事故处理工作信息化水平。

第九条　道路交通事故由事故发生地的县级公安机关交通管理部门管辖。未设立县级公安机关交通管理部门的，由设区的市公安机关交通管理部门管辖。

第十条　道路交通事故发生在两个以上管辖区域的，由事故起始点所在地公安机关交通管理部门管辖。

对管辖权有争议的，由共同的上一级公安机关交通管理部门指定管辖。指定管辖前，最先发现或者最先接到报警的公安机关交通管理部门应当先行处理。

第十一条　上级公安机关交通管理部门在必要的时候，可以处理下级公安机关交通管理部门管辖的道路交通事故，或者指定下级公安机关交通管理部门限时将案件移送其他下级公安机关交通管理部门处理。

案件管辖权发生转移的，处理时限从案件接收之日起计算。

第十二条　中国人民解放军、中国人民武装警察部队人员、车辆发生道路交通事故的，按照本规定处理。依法应当吊销、注销中国人民解放军、中国人民武装警察部队核发的机动车驾驶证以及对现役军人实施行政拘留或者追究刑事责任的，移送中国人民解放军、中国人民武装警察部队有关部门处理。

上道路行驶的拖拉机发生道路交通事故的，按照本规定处理。公安机关交通管理部门对拖拉机驾驶人依法暂扣、吊销、注销驾驶证或者记分处理的，应当将决定书和记分情况通报有关的农业（农业机械）主管部门。吊销、注销驾驶证的，还应当将驾驶证送交有关的农业（农业机械）主管部门。

第十三条 发生死亡事故、伤人事故的，或者发生财产损失事故且有下列情形之一的，当事人应当保护现场并立即报警：

（一）驾驶人无有效机动车驾驶证或者驾驶的机动车与驾驶证载明的准驾车型不符的；

（二）驾驶人有饮酒、服用国家管制的精神药品或者麻醉药品嫌疑的；

（三）驾驶人有从事校车业务或者旅客运输，严重超过额定乘员载客，或者严重超过规定时速行驶嫌疑的；

（四）机动车无号牌或者使用伪造、变造的号牌的；

（五）当事人不能自行移动车辆的；

（六）一方当事人离开现场的；

（七）有证据证明事故是由一方故意造成的。

驾驶人必须在确保安全的原则下，立即组织车上人员疏散到路外安全地点，避免发生次生事故。驾驶人已因道路交通事故死亡或者受伤无法行动的，车上其他人员应当自行组织疏散。

第十四条 发生财产损失事故且有下列情形之一，车辆可以移动的，当事人应当组织车上人员疏散到路外安全地点，在确保安全的原则下，采取现场拍照或者标划事故车辆现场位置等方式固定证据，将车辆移至不妨碍交通的地点后报警：

（一）机动车无检验合格标志或者无保险标志的；

（二）碰撞建筑物、公共设施或者其他设施的。

第十五条 载运爆炸性、易燃性、毒害性、放射性、腐蚀性、传染病病原体等危险物品车辆发生事故的，当事人应当立即报警，危险物品车辆驾驶人、押运人应当按照危险物品安全管理法律、法规、规章以及有关操作规程的规定，采取相应的应急处置措施。

第十六条 公安机关及其交通管理部门接到报警的，应当受理，制作受案登记表并记录下列内容：

（一）报警方式、时间，报警人姓名、联系方式，电话报警的，还应当记录报警电话；

（二）发生或者发现道路交通事故的时间、地点；

（三）人员伤亡情况；

（四）车辆类型、车辆号牌号码，是否载有危险物品以及危险物品的种类、是否发生泄漏等；

（五）涉嫌交通肇事逃逸的，还应当询问并记录肇事车辆的车型、颜色、特征及其逃逸方向、逃逸驾驶人的体貌特征等有关情况。

报警人不报姓名的，应当记录在案。报警人不愿意公开姓名的，应当为其保密。

第十七条　接到道路交通事故报警后，需要派员到现场处置，或者接到出警指令的，公安机关交通管理部门应当立即派交通警察赶赴现场。

第十八条　发生道路交通事故后当事人未报警，在事故现场撤除后，当事人又报警请求公安机关交通管理部门处理的，公安机关交通管理部门应当按照本规定第十六条规定的记录内容予以记录，并在3日内作出是否接受案件的决定。

经核查道路交通事故事实存在的，公安机关交通管理部门应当受理，制作受案登记表；经核查无法证明道路交通事故事实存在，或者不属于公安机关交通管理部门管辖的，应当书面告知当事人，并说明理由。

第二十三条　公安机关交通管理部门可以适用简易程序处理以下道路交通事故，但有交通肇事、危险驾驶犯罪嫌疑的除外：

（一）财产损失事故；

（二）受伤当事人伤势轻微，各方当事人一致同意适用简易程序处理的伤人事故。

适用简易程序的，可以由一名交通警察处理。

第二十四条　交通警察适用简易程序处理道路交通事故时，应当在固定现场证据后，责令当事人撤离现场，恢复交通。拒不撤离现场的，予以强制撤离。当事人无法及时移动车辆影响通行和交通安全的，交通警察应当将车辆移至不妨碍交通的地点。具有本规定第十三条第一款第一项、第二项情形之一的，按照《中华人民共和国道路交通安全法实施条例》第一百零四条规定处理。

撤离现场后，交通警察应当根据现场固定的证据和当事人、证人陈述等，认定并记录道路交通事故发生的时间、地点、天气、当事人姓名、驾驶证号或者身份证号、联系方式、机动车种类和号牌号码、保险公司、保险凭证号、道路交通事故形态、碰撞部位等，并根据本规定第六十条确定当事人的责任，当场制作道路交通事故认定书。不具备当场制作条件的，交通警察应当在3日内制作道路交通事故认定书。

道路交通事故认定书应当由当事人签名，并现场送达当事人。当事人拒绝签名或者接收的，交通警察应当在道路交通事故认定书上注明情况。

第二十五条　当事人共同请求调解的，交通警察应当当场进行调解，并在道路交通事故认定书上记录调解结果，由当事人签名，送达当事人。

第二十六条　有下列情形之一的，不适用调解，交通警察可以在道路交通事故认定书上载明有关情况后，将道路交通事故认定书送达当事人：

（一）当事人对道路交通事故认定有异议的；

（二）当事人拒绝在道路交通事故认定书上签名的；

（三）当事人不同意调解的。

第二十七条　除简易程序外，公安机关交通管理部门对道路交通事故进行调查时，交通警察不得少于2人。

交通警察调查时应当向被调查人员出示"人民警察证"，告知被调查人依法享有的权利和义务，向当事人发送联系卡。联系卡载明交通警察姓名、办公地址、联系方式、监督电话等内容。

第二十八条　交通警察调查道路交通事故时，应当合法、及时、客观、全面地收集证据。

第二十九条　对发生一次死亡3人以上道路交通事故的，公安机关交通管理部门应当开展深度调查；对造成其他严重后果或者存在严重安全问题的道路交通事故，可以开展深度调查。具体程序另行规定。

第二节　现场处置和调查

第三十条　交通警察到达事故现场后，应当立即进行下列工作：

（一）按照事故现场安全防护有关标准和规范的要求划定警戒区域，在安全距离位置放置发光或者反光锥筒和警告标志，确定专人负责现场交通指挥和疏导。因道路交通事故导致交通中断或者现场处置、勘查需要采取封闭道路等交通管制措施的，还应当视情在事故现场来车方向提前组织分流，放置绕行提示标志。

（二）组织抢救受伤人员。

（三）指挥救护、勘查等车辆停放在安全和便于抢救、勘查的位置，开启警灯，夜间还应当开启危险报警闪光灯和示廓灯。

（四）查找道路交通事故当事人和证人，控制肇事嫌疑人。

（五）其他需要立即开展的工作。

第八章　交通事故处理

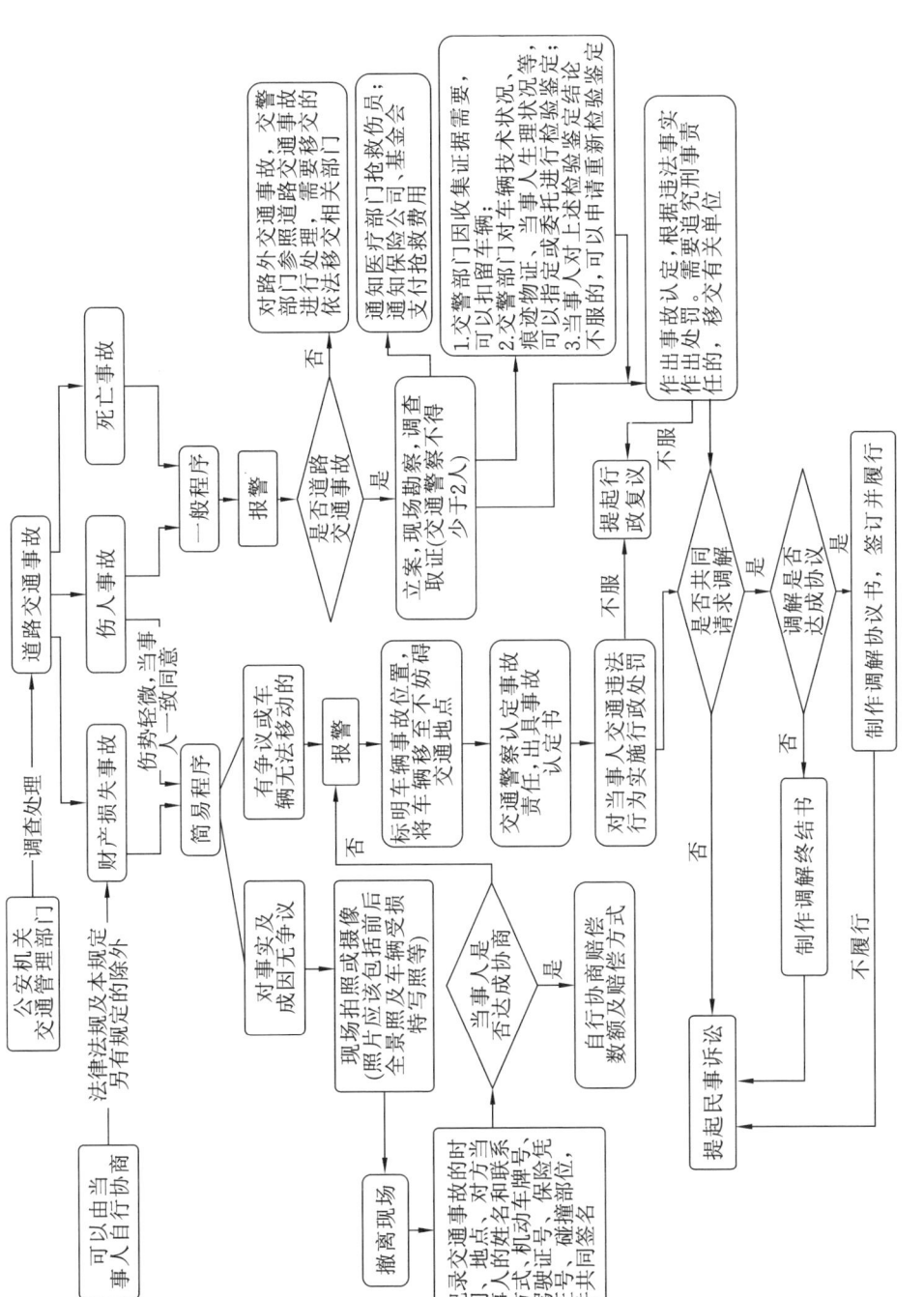

内地交通事故处理流程图

二、澳门规定

在澳门的交通法律体系中，将交通事故处理的程序规定在《道路交通法》中。

《道路交通法》：

第八十三条 适用的制度

一、因公共道路交通事故或触犯本法律的行为而产生的民事、刑事或轻微违反责任，由一般法及本章的特别规定规范。

二、对行政违法行为，适用本章规定的特别制度，以及补充适用10月4日第52/99/M号法令订定的制度。

第一百一十二条 适用的制度

一、追究因公共道路交通事故或触犯本法律的违法行为而产生的民事、刑事或轻微违反责任的程序，由相关程序规定及本章的特别规定规范。

二、针对行政违法行为提起的程序，适用本章规定的特别制度，并补充适用10月4日第52/99/M号法令订定的制度及《行政程序法典》。

三、在不影响下条适用的情况下，除《行政程序法典》所定的通知方式外，亦可透过补充法规增加其他通知方式，但以不减少利害关系人的权利及保障为限。

第一百一十三条 通　知

一、除本章第四节所指通知外，在行政处罚程序中，凡按下列地址以单挂号信寄出的通知，推定自信件挂号日起计第3日作出，如第3日并非工作日，则推定在紧接该日的首个工作日作出：

（一）车辆所有权登记所载的常居所或法人住所，如应被通知人为车辆所有人；

（二）签发驾驶执照实体的档案所载的常居所，如应被通知人为驾驶员；

（三）应被通知人指定的地址。

二、如利害关系人身处澳门特别行政区以外地方，上款所指期间于《行政程序法典》第七十五条所定延期期间届满后方起计。

三、仅在因可归咎于邮政服务的事由而令被通知人在推定作出通知的日期之后才收到通知的情况下，方可由被通知人推翻第一款及第二款所指的推定。

四、在轻微违反程序中，第一款至第三款的规定适用于行政实体在将笔录移交有管辖权的司法机关之前作出的通知。

五、本章第四节所指通知，按《行政程序法典》的规定作出。

第一百二十条　交通事故笔录

一、有职权监察公共道路交通的执法人员，如知悉发生任何交通事故，应制作笔录，当中除载有驾驶员、受害人、车辆及其所有人的识别资料外，尚应记载下列资料：

（一）事故发生的过程、原因、后果、日期、时间及地点的详细描述；

（二）各车辆位置及受害人位置，并指出该等位置与任何定点之间的准确距离；

（三）各车辆的行车方向、车轮痕迹的位置及描述或其他应可显示行车路线的痕迹的位置及描述，以及刹车起点或转向起点；

（四）各车辆的制动、转向、声响信号及车灯信号等装置的运作状况；

（五）有助查明事故原因或确定责任的所有情节；

（六）伤者接受观察或留医的医护场所；如涉事者已投保，亦应记载保险公司、保险单编号及保险类别；

（七）制作笔录者是否目睹事故发生的记述，以及目睹事故发生者或向制作笔录者提供笔录所载事故详情者的身份资料。

二、在可能的情况下，且基于事故的严重性所需，制作笔录者应将观察所得的细节绘成草图，又或拍摄可反映该等细节的对象或痕迹。

三、按上款规定编制的资料，如有可能，应立即附于笔录内。

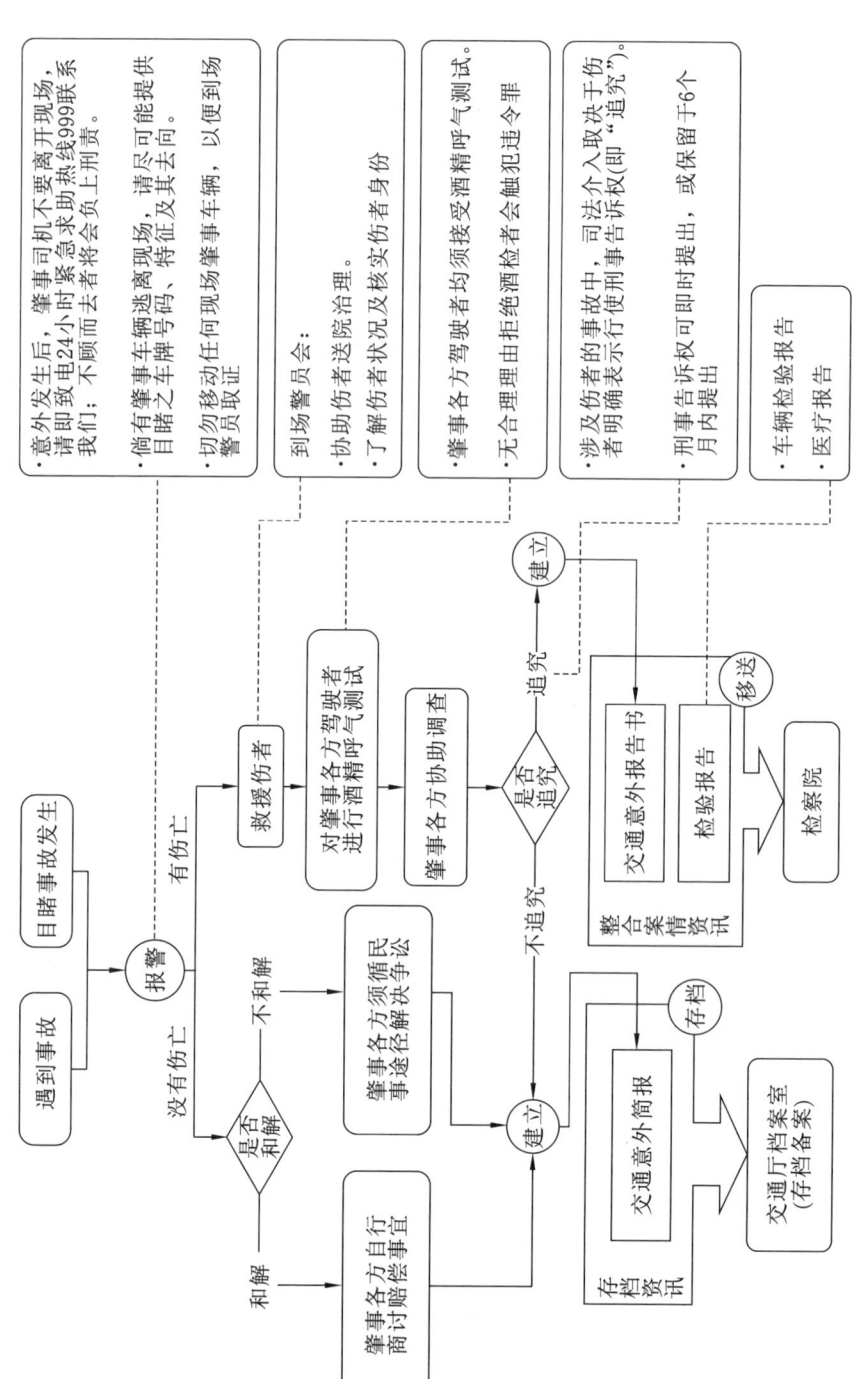

澳门交通事故处理流程图
（该流程图来源于澳门治安警察局网站）

第二节 责任认定

一、内地规定

在内地交通法律体系中，对交通事故中的责任认定规定在《道路交通安全法》《道路交通安全法实施条例》《道路交通事故处理程序规定》以及《最高人民法院关于审理道路交通事故损害赔偿案件适用法律若干问题的解释》中。

《道路交通安全法》：

第七十三条　公安机关交通管理部门应当根据交通事故现场勘验、检查、调查情况和有关的检验、鉴定结论，及时制作交通事故认定书，作为处理交通事故的证据。交通事故认定书应当载明交通事故的基本事实、成因和当事人的责任，并送达当事人。

第七十四条　对交通事故损害赔偿的争议，当事人可以请求公安机关交通管理部门调解，也可以直接向人民法院提起民事诉讼。

经公安机关交通管理部门调解，当事人未达成协议或者调解书生效后不履行的，当事人可以向人民法院提起民事诉讼。

《道路交通安全法实施条例》：

第九十一条　公安机关交通管理部门应当根据交通事故当事人的行为对发生交通事故所起的作用以及过错的严重程度，确定当事人的责任。

第九十二条　发生交通事故后当事人逃逸的，逃逸的当事人承担全部责任。但是，有证据证明对方当事人也有过错的，可以减轻责任。

当事人故意破坏、伪造现场、毁灭证据的，承担全部责任。

第九十三条　公安机关交通管理部门对经过勘验、检查现场的交通事故应当在勘查现场之日起10日内制作交通事故认定书。对需要进行检验、鉴定的，应当在检验、鉴定结果确定之日起5日内制作交通事故认定书。

第九十四条　当事人对交通事故损害赔偿有争议，各方当事人一致请求公安机关交通管理部门调解的，应当在收到交通事故认定书之日起10日内提出书面调解申请。

对交通事故致死的，调解从办理丧葬事宜结束之日起开始；对交通事故致伤的，调解从治疗终结或者定残之日起开始；对交通事故造成财产损失的，调解从确定损失之日起开始。

第九十五条 公安机关交通管理部门调解交通事故损害赔偿争议的期限为10日。调解达成协议的，公安机关交通管理部门应当制作调解书送交各方当事人，调解书经各方当事人共同签字后生效；调解未达成协议的，公安机关交通管理部门应当制作调解终结书送交各方当事人。

交通事故损害赔偿项目和标准依照有关法律的规定执行。

第九十六条 对交通事故损害赔偿的争议，当事人向人民法院提起民事诉讼的，公安机关交通管理部门不再受理调解申请。

公安机关交通管理部门调解期间，当事人向人民法院提起民事诉讼的，调解终止。

《道路交通事故处理程序规定》：

第五十九条 道路交通事故认定应当做到事实清楚、证据确实充分、适用法律正确、责任划分公正、程序合法。

第六十条 公安机关交通管理部门应当根据当事人的行为对发生道路交通事故所起的作用以及过错的严重程度，确定当事人的责任。

（一）因一方当事人的过错导致道路交通事故的，承担全部责任；

（二）因两方或者两方以上当事人的过错发生道路交通事故的，根据其行为对事故发生的作用以及过错的严重程度，分别承担主要责任、同等责任和次要责任；

（三）各方均无导致道路交通事故的过错，属于交通意外事故的，各方均无责任。

一方当事人故意造成道路交通事故的，他方无责任。

第六十一条 当事人有下列情形之一的，承担全部责任：

（一）发生道路交通事故后逃逸的；

（二）故意破坏、伪造现场、毁灭证据的。

为逃避法律责任追究，当事人弃车逃逸以及潜逃藏匿的，如有证据证明其他当事人也有过错，可以适当减轻责任，但同时有证据证明逃逸当事人有第一款第二项情形的，不予减轻。

第六十二条 公安机关交通管理部门应当自现场调查之日起十日内制作道路交通事故认定书。交通肇事逃逸案件在查获交通肇事车辆和驾驶人后十日内制作道路交通事故认定书。对需要进行检验、鉴定的，应当在检验报告、鉴定意见确定之日起五日内制作道路交通事故认定书。

有条件的地方公安机关交通管理部门可以试行在互联网公布道路交通事故认

定书，但对涉及的国家秘密、商业秘密或者个人隐私，应当保密。

第六十三条　发生死亡事故以及复杂、疑难的伤人事故后，公安机关交通管理部门应当在制作道路交通事故认定书或者道路交通事故证明前，召集各方当事人到场，公开调查取得的证据。

证人要求保密或者涉及国家秘密、商业秘密以及个人隐私的，按照有关法律法规的规定执行。

当事人不到场的，公安机关交通管理部门应当予以记录。

第六十四条　道路交通事故认定书应当载明以下内容：

（一）道路交通事故当事人、车辆、道路和交通环境等基本情况；

（二）道路交通事故发生经过；

（三）道路交通事故证据及事故形成原因分析；

（四）当事人导致道路交通事故的过错及责任或者意外原因；

（五）作出道路交通事故认定的公安机关交通管理部门名称和日期。

道路交通事故认定书应当由交通警察签名或者盖章，加盖公安机关交通管理部门道路交通事故处理专用章。

第六十五条　道路交通事故认定书应当在制作后3日内分别送达当事人，并告知申请复核、调解和提起民事诉讼的权利、期限。

当事人收到道路交通事故认定书后，可以查阅、复制、摘录公安机关交通管理部门处理道路交通事故的证据材料，但证人要求保密或者涉及国家秘密、商业秘密以及个人隐私的，按照有关法律法规的规定执行。公安机关交通管理部门对当事人复制的证据材料应当加盖公安机关交通管理部门事故处理专用章。

第六十六条　交通肇事逃逸案件尚未侦破，受害一方当事人要求出具道路交通事故认定书的，公安机关交通管理部门应当在接到当事人书面申请后10日内，根据本规定第六十一条确定各方当事人责任，制作道路交通事故认定书，并送达受害方当事人。道路交通事故认定书应当载明事故发生的时间、地点、受害人情况及调查得到的事实，以及受害方当事人的责任。

交通肇事逃逸案件侦破后，已经按照前款规定制作道路交通事故认定书的，应当按照本规定第六十一条重新确定责任，制作道路交通事故认定书，分别送达当事人。重新制作的道路交通事故认定书除应当载明本规定第六十四条规定的内容外，还应当注明撤销原道路交通事故认定书。

第六十七条　道路交通事故基本事实无法查清、成因无法判定的，公安机关交通管理部门应当出具道路交通事故证明，载明道路交通事故发生的时间、地点、当事人情况及调查得到的事实，分别送达当事人，并告知申请复核、调解和提起民事诉讼的权利、期限。

第六十八条　由于事故当事人、关键证人处于抢救状态或者因其他客观原因导致无法及时取证，现有证据不足以认定案件基本事实的，经上一级公安机关交通管理部门批准，道路交通事故认定的时限可中止计算，并书面告知各方当事人或者其代理人，但中止的时间最长不得超过60日。

当中止认定的原因消失，或者中止期满受伤人员仍然无法接受调查的，公安机关交通管理部门应当在5日内，根据已经调查取得的证据制作道路交通事故认定书或者出具道路交通事故证明。

第六十九条　伤人事故符合下列条件，各方当事人一致书面申请快速处理的，经县级以上公安机关交通管理部门负责人批准，可以根据已经取得的证据，自当事人申请之日起5日内制作道路交通事故认定书：

（一）当事人不涉嫌交通肇事、危险驾驶犯罪的；

（二）道路交通事故基本事实及成因清楚，当事人无异议的。

第七十条　对尚未查明身份的当事人，公安机关交通管理部门应当在道路交通事故认定书或者道路交通事故证明中予以注明，待身份信息查明以后，制作书面补充说明送达各方当事人。

第七十一条　当事人对道路交通事故认定或者出具道路交通事故证明有异议的，可以自道路交通事故认定书或者道路交通事故证明送达之日起3日内提出书面复核申请。当事人逾期提交复核申请的，不予受理，并书面通知申请人。

复核申请应当载明复核请求及其理由和主要证据。同一事故的复核以一次为限。

第七十二条　复核申请人通过作出道路交通事故认定的公安机关交通管理部门提出复核申请的，作出道路交通事故认定的公安机关交通管理部门应当自收到复核申请之日起2日内将复核申请连同道路交通事故有关材料移送上一级公安机关交通管理部门。

复核申请人直接向上一级公安机关交通管理部门提出复核申请的，上一级公安机关交通管理部门应当通知作出道路交通事故认定的公安机关交通管理部门自收到通知之日起5日内提交案卷材料。

第七十三条　除当事人逾期提交复核申请的情形外，上一级公安机关交通管理部门收到复核申请之日即为受理之日。

第七十四条　上一级公安机关交通管理部门自受理复核申请之日起30日内，对下列内容进行审查，并作出复核结论：

（一）道路交通事故认定的事实是否清楚、证据是否确实充分、适用法律是否正确、责任划分是否公正；

（二）道路交通事故调查及认定程序是否合法；

（三）出具道路交通事故证明是否符合规定。

复核原则上采取书面审查的形式，但当事人提出要求或者公安机关交通管理部门认为有必要时，可以召集各方当事人到场，听取各方意见。

办理复核案件的交通警察不得少于2人。

第七十五条　复核审查期间，申请人提出撤销复核申请的，公安机关交通管理部门应当终止复核，并书面通知各方当事人。

受理复核申请后，任何一方当事人就该事故向人民法院提起诉讼并经人民法院受理的，公安机关交通管理部门应当将受理当事人复核申请的有关情况告知相关人民法院。

受理复核申请后，人民检察院对交通肇事犯罪嫌疑人作出批准逮捕决定的，公安机关交通管理部门应当将受理当事人复核申请的有关情况告知相关人民检察院。

第七十六条　上一级公安机关交通管理部门认为原道路交通事故认定事实清楚、证据确实充分、适用法律正确、责任划分公正、程序合法的，应当作出维持原道路交通事故认定的复核结论。

上一级公安机关交通管理部门认为调查及认定程序存在瑕疵，但不影响道路交通事故认定的，在责令原办案单位补正或者作出合理解释后，可以作出维持原道路交通事故认定的复核结论。

上一级公安机关交通管理部门认为原道路交通事故认定有下列情形之一的，应当作出责令原办案单位重新调查、认定的复核结论：

（一）事实不清的；

（二）主要证据不足的；

（三）适用法律错误的；

（四）责任划分不公正的；

（五）调查及认定违反法定程序可能影响道路交通事故认定的。

第七十七条　上一级公安机关交通管理部门审查原道路交通事故证明后，按下列规定处理：

（一）认为事故成因确属无法查清，应当作出维持原道路交通事故证明的复核结论；

（二）认为事故成因仍需进一步调查的，应当作出责令原办案单位重新调查、认定的复核结论。

第七十八条 上一级公安机关交通管理部门应当在作出复核结论后3日内将复核结论送达各方当事人。公安机关交通管理部门认为必要的,应当召集各方当事人,当场宣布复核结论。

第七十九条 上一级公安机关交通管理部门作出责令重新调查、认定的复核结论后,原办案单位应当在10日内依照本规定重新调查,重新作出道路交通事故认定,撤销原道路交通事故认定书或者原道路交通事故证明。

重新调查需要检验、鉴定的,原办案单位应当在检验报告、鉴定意见确定之日起5日内,重新作出道路交通事故认定。

重新作出道路交通事故认定的,原办案单位应当送达各方当事人,并报上一级公安机关交通管理部门备案。

第八十条 上一级公安机关交通管理部门可以设立道路交通事故复核委员会,由办理复核案件的交通警察会同相关行业代表、社会专家学者等人员共同组成,负责案件复核,并以上一级公安机关交通管理部门的名义作出复核结论。

《最高人民法院关于审理道路交通事故损害赔偿案件适用法律若干问题的解释》:

第一条 机动车发生交通事故造成损害,机动车所有人或者管理人有下列情形之一,人民法院应当认定其对损害的发生有过错,并适用《侵权责任法》第四十九条的规定确定其相应的赔偿责任:

(一)知道或者应当知道机动车存在缺陷,且该缺陷是交通事故发生原因之一的;

(二)知道或者应当知道驾驶人无驾驶资格或者未取得相应驾驶资格的;

(三)知道或者应当知道驾驶人因饮酒、服用国家管制的精神药品或者麻醉药品,或者患有妨碍安全驾驶机动车的疾病等依法不能驾驶机动车的;

(四)其他应当认定机动车所有人或者管理人有过错的。

第二条 未经允许驾驶他人机动车发生交通事故造成损害,当事人依照侵权责任法第四十九条的规定请求由机动车驾驶人承担赔偿责任的,人民法院应予支持。机动车所有人或者管理人有过错的,承担相应的赔偿责任,但具有侵权责任法第五十二条规定情形的除外。

第三条 以挂靠形式从事道路运输经营活动的机动车发生交通事故造成损害,属于该机动车一方责任,当事人请求由挂靠人和被挂靠人承担连带责任的,人民法院应予支持。

第四条 被多次转让但未办理转移登记的机动车发生交通事故造成损害,属于该机动车一方责任,当事人请求由最后一次转让并交付的受让人承担赔偿责任的,人民法院应予支持。

第五条　套牌机动车发生交通事故造成损害,属于该机动车一方责任,当事人请求由套牌机动车的所有人或者管理人承担赔偿责任的,人民法院应予支持;被套牌机动车所有人或者管理人同意套牌的,应当与套牌机动车的所有人或者管理人承担连带责任。

第六条　拼装车、已达到报废标准的机动车或者依法禁止行驶的其他机动车被多次转让,并发生交通事故造成损害,当事人请求由所有的转让人和受让人承担连带责任的,人民法院应予支持。

第七条　接受机动车驾驶培训的人员,在培训活动中驾驶机动车发生交通事故造成损害,属于该机动车一方责任,当事人请求驾驶培训单位承担赔偿责任的,人民法院应予支持。

第八条　机动车试乘过程中发生交通事故造成试乘人损害,当事人请求提供试乘服务者承担赔偿责任的,人民法院应予支持。试乘人有过错的,应当减轻提供试乘服务者的赔偿责任。

第九条　因道路管理维护缺陷导致机动车发生交通事故造成损害,当事人请求道路管理者承担相应赔偿责任的,人民法院应予支持,但道路管理者能够证明已按照法律、法规、规章、国家标准、行业标准或者地方标准尽到安全防护、警示等管理维护义务的除外。

依法不得进入高速公路的车辆、行人,进入高速公路发生交通事故造成自身损害,当事人请求高速公路管理者承担赔偿责任的,适用侵权责任法第七十六条的规定。

第十条　因在道路上堆放、倾倒、遗撒物品等妨碍通行的行为,导致交通事故造成损害,当事人请求行为人承担赔偿责任的,人民法院应予支持。道路管理者不能证明已按照法律、法规、规章、国家标准、行业标准或者地方标准尽到清理、防护、警示等义务的,应当承担相应的赔偿责任。

第十一条　未按照法律、法规、规章或者国家标准、行业标准、地方标准的强制性规定设计、施工,致使道路存在缺陷并造成交通事故,当事人请求建设单位与施工单位承担相应赔偿责任的,人民法院应予支持。

第十二条　机动车存在产品缺陷导致交通事故造成损害,当事人请求生产者或者销售者依照侵权责任法第五章的规定承担赔偿责任的,人民法院应予支持。

第十三条　多辆机动车发生交通事故造成第三人损害,当事人请求多个侵权人承担赔偿责任的,人民法院应当区分不同情况,依照侵权责任法第十条、第十一条或者第十二条的规定,确定侵权人承担连带责任或者按份责任。

二、澳门规定

在澳门的交通法律体系中，对交通事故中的责任认定规定在《道路交通法》中。

《道路交通法》：

第八十九条　逃避责任

牵涉交通事故者意图以其可采用的法定方法以外的其他方法，使自己免于承担民事或刑事责任，科处最高1年徒刑或最高120日罚金。

第三节　受伤人员抢救和费用

一、内地规定

在内地交通法律体系中，对交通事故中受伤人员的抢救和费用规定在《道路交通安全法》《道路交通安全法实施条例》《道路交通事故处理程序规定》中。

《道路交通安全法》：

第七十五条　医疗机构对交通事故中的受伤人员应当及时抢救，不得因抢救费用未及时支付而拖延救治。肇事车辆参加机动车第三者责任强制保险的，由保险公司在责任限额范围内支付抢救费用；抢救费用超过责任限额的，未参加机动车第三者责任强制保险或者肇事后逃逸的，由道路交通事故社会救助基金先行垫付部分或者全部抢救费用，道路交通事故社会救助基金管理机构有权向交通事故责任人追偿。

《道路交通安全法实施条例》：

第九十条　投保机动车第三者责任强制保险的机动车发生交通事故，因抢救受伤人员需要保险公司支付抢救费用的，由公安机关交通管理部门通知保险公司。

抢救受伤人员需要道路交通事故救助基金垫付费用的，由公安机关交通管理部门通知道路交通事故社会救助基金管理机构。

《道路交通事故处理程序规定》：

第四十二条　投保机动车交通事故责任强制保险的车辆发生道路交通事故，

因抢救受伤人员需要保险公司支付抢救费用的,公安机关交通管理部门应当书面通知保险公司。

抢救受伤人员需要道路交通事故社会救助基金垫付费用的,公安机关交通管理部门应当书面通知道路交通事故社会救助基金管理机构。

道路交通事故造成人员死亡需要救助基金垫付丧葬费用的,公安机关交通管理部门应当在送达尸体处理通知书的同时,告知受害人亲属向道路交通事故社会救助基金管理机构提出书面垫付申请。

二、澳门规定

在澳门的交通法律体系中,对交通事故中受伤人员的抢救和费用规定在《道路交通法》中。

《道路交通法》:

第八十八条 遗弃受害人

一、导致交通事故发生后遗弃交通事故受害人者,科处最高3年徒刑或罚金。

二、行为人确定受害人如被遗弃可能会产生的结果,但仍接受或漠视该等结果而遗弃受害人,科处与不作为犯的故意犯罪相应的刑罚。

三、如第一款所指行为是由行为人的过失导致,则科处最高1年徒刑或最高120日罚金。

同时澳门治安警察局对于交通意外处理中有关伤者的及时救治,有进一步规定。

(1) 涉及伤者。

和解的处理方法:

①警员到场后,会协助伤者送院治理;

②肇事各方驾驶者须向警员出示驾驶所需文件;

③肇事各方驾驶者须依法接受酒精呼气测试;

④伤者出院后须前往交通厅跟进事件;

⑤倘肇事各方达成和解,伤者须签署声明书以表示放弃追究刑事责任。

不和解的处理方法:

①警员到场后,会协助伤者送院治理;

②肇事各方驾驶者须向警员出示驾驶所需文件;

③肇事各方驾驶者须依法接受酒精呼气测试;

④伤者出院后须前往交通厅跟进事件；
⑤倘肇事各方未能达成和解，伤者可提出追究刑事责任；
⑥警方会整合案情资讯制作意外报告并移送检察院，由检察院领导侦查。
(2) 涉及死者。
处理方法：
①警员到场后，会协助处理死伤者；
②肇事各方驾驶者须向警员出示驾驶所需文件；
③肇事各方驾驶者须依法接受酒精呼气测试；
④警方会通知司法警察局，及通知死者亲属到交通厅跟进事件；
⑤其他伤者出院后须前往交通厅跟进事件；
⑥警方会整合案情资讯制作意外报告并移送检察院，由检察院领导侦查。

第四节　交通事故赔偿责任

一、内地规定

在内地交通法律体系中，对交通事故的赔偿责任规定在《道路交通安全法》《道路交通安全法实施条例》《民法通则》《侵权责任法》《道路交通事故处理程序规定》《机动车交通事故责任强制保险条例》《最高人民法院关于审理道路交通事故损害赔偿案件适用法律若干问题的解释》中。

《道路交通安全法》：

第七十六条　机动车发生交通事故造成人身伤亡、财产损失的，由保险公司在机动车第三者责任强制保险责任限额范围内予以赔偿；不足的部分，按照下列规定承担赔偿责任：

（一）机动车之间发生交通事故的，由有过错的一方承担赔偿责任；双方都有过错的，按照各自过错的比例分担责任。

（二）机动车与非机动车驾驶人、行人之间发生交通事故，非机动车驾驶人、行人没有过错的，由机动车一方承担赔偿责任；有证据证明非机动车驾驶人、行人有过错的，根据过错程度适当减轻机动车一方的赔偿责任；机动车一方没有过错的，承担不超过10%的赔偿责任。

交通事故的损失是由非机动车驾驶人、行人故意碰撞机动车造成的，机动车一方不承担赔偿责任。

《道路交通安全法实施条例》：

第九十条　投保机动车第三者责任强制保险的机动车发生交通事故，因抢救受伤人员需要保险公司支付抢救费用的，由公安机关交通管理部门通知保险公司。

抢救受伤人员需要道路交通事故救助基金垫付费用的，由公安机关交通管理部门通知道路交通事故社会救助基金管理机构。

第九十一条　公安机关交通管理部门应当根据交通事故当事人的行为对发生交通事故所起的作用以及过错的严重程度，确定当事人的责任。

第九十二条　发生交通事故后当事人逃逸的，逃逸的当事人承担全部责任。但是，有证据证明对方当事人也有过错的，可以减轻责任。

当事人故意破坏、伪造现场、毁灭证据的，承担全部责任。

第九十三条　公安机关交通管理部门对经过勘验、检查现场的交通事故应当在勘查现场之日起 10 日内制作交通事故认定书。对需要进行检验、鉴定的，应当在检验、鉴定结果确定之日起 5 日内制作交通事故认定书。

《民法通则》：

第一百一十九条　侵害公民身体造成伤害的，应当赔偿医疗费、因误工减少的收入、残废者生活补助费等费用；造成死亡的，并应当支付丧葬费、死者生前扶养的人必要的生活费等费用。

第一百二十八条　因正当防卫造成损害的，不承担民事责任。正当防卫超过必要的限度，造成不应有的损害的，应当承担适当的民事责任。

第一百二十九条　因紧急避险造成损害的，由引起险情发生的人承担民事责任。如果危险是由自然原因引起的，紧急避险人不承担民事责任或者承担适当的民事责任。因紧急避险采取措施不当或者超过必要的限度，造成不应有的损害的，紧急避险人应当承担适当的民事责任。

第一百三十条　2 人以上共同侵权造成他人损害的，应当承担连带责任。

第一百三十一条　受害人对于损害的发生也有过错的，可以减轻侵害人的民事责任。

第一百三十二条　当事人对造成损害都没有过错的，可以根据实际情况，由当事人分担民事责任。

第一百三十三条　无民事行为能力人、限制民事行为能力人造成他人损害的，由监护人承担民事责任。监护人尽了监护责任的，可以适当减轻他的民事责任。

有财产的无民事行为能力人、限制民事行为能力人造成他人损害的,从本人财产中支付赔偿费用。不足部分,由监护人适当赔偿,但单位担任监护人的除外。

第一百三十四条　承担民事责任的方式主要有:

1. 停止侵害;2. 排除妨碍;3. 消除危险;4. 返还财产;5. 恢复原状;6. 修理、重做、更换;7. 赔偿损失;8. 支付违约金;9. 消除影响、恢复名誉;10. 赔礼道歉。

以上承担民事责任的方式,可以单独适用,也可以合并适用。

人民法院审理民事案件,除适用上述规定外,还可以予以训诫、责令具结悔过、收缴进行非法活动的财物和非法所得,并可以依照法律规定处以罚款、拘留。

《侵权责任法》:

第四十八条　机动车发生交通事故造成损害的,依照道路交通安全法的有关规定承担赔偿责任。

第四十九条　因租赁、借用等情形机动车所有人与使用人不是同一人时,发生交通事故后属于该机动车一方责任的,由保险公司在机动车强制保险责任限额范围内予以赔偿。不足部分,由机动车使用人承担赔偿责任;机动车所有人对损害的发生有过错的,承担相应的赔偿责任。

第五十条　当事人之间已经以买卖等方式转让并交付机动车但未办理所有权转移登记,发生交通事故后属于该机动车一方责任的,由保险公司在机动车强制保险责任限额范围内予以赔偿。不足部分,由受让人承担赔偿责任。

第五十一条　以买卖等方式转让拼装或者已达到报废标准的机动车,发生交通事故造成损害的,由转让人和受让人承担连带责任。

第五十二条　盗窃、抢劫或者抢夺的机动车发生交通事故造成损害的,由盗窃人、抢劫人或者抢夺人承担赔偿责任。保险公司在机动车强制保险责任限额范围内垫付抢救费用的,有权向交通事故责任人追偿。

第五十三条　机动车驾驶人发生交通事故后逃逸,该机动车参加强制保险的,由保险公司在机动车强制保险责任限额范围内予以赔偿;机动车不明或者该机动车未参加强制保险,需要支付被侵权人人身伤亡的抢救、丧葬等费用的,由道路交通事故社会救助基金垫付。道路交通事故社会救助基金垫付后,其管理机构有权向交通事故责任人追偿。

《道路交通事故处理程序规定》：

第十九条　机动车与机动车、机动车与非机动车发生财产损失事故，当事人应当在确保安全的原则下，采取现场拍照或者标划事故车辆现场位置等方式固定证据后，立即撤离现场，将车辆移至不妨碍交通的地点，再协商处理损害赔偿事宜，但有本规定第十三条第一款情形的除外。

非机动车与非机动车或者行人发生财产损失事故，当事人应当先撤离现场，再协商处理损害赔偿事宜。

对应当自行撤离现场而未撤离的，交通警察应当责令当事人撤离现场；造成交通堵塞的，对驾驶人处以200元罚款。

第二十条　发生可以自行协商处理的财产损失事故，当事人可以通过互联网在线自行协商处理；当事人对事实及成因有争议的，可以通过互联网共同申请公安机关交通管理部门在线确定当事人的责任。

当事人报警的，交通警察、警务辅助人员可以指导当事人自行协商处理。当事人要求交通警察到场处理的，应当指派交通警察到现场调查处理。

第二十一条　当事人自行协商达成协议的，制作道路交通事故自行协商协议书，并共同签名。道路交通事故自行协商协议书应当载明事故发生的时间、地点、天气、当事人姓名、驾驶证号或者身份证号、联系方式、机动车种类和号牌号码、保险公司、保险凭证号、事故形态、碰撞部位、当事人的责任等内容。

第二十二条　当事人自行协商达成协议的，可以按照下列方式履行道路交通事故损害赔偿：

（一）当事人自行赔偿；

（二）到投保的保险公司或者道路交通事故保险理赔服务场所办理损害赔偿事宜。

当事人自行协商达成协议后未履行的，可以申请人民调解委员会调解或者向人民法院提起民事诉讼。

《机动车交通事故责任强制保险条例》：

第二十一条　被保险机动车发生道路交通事故造成本车人员、被保险人以外的受害人人身伤亡、财产损失的，由保险公司依法在机动车交通事故责任强制保险责任限额范围内予以赔偿。

道路交通事故的损失是由受害人故意造成的，保险公司不予赔偿。

第二十二条　有下列情形之一的，保险公司在机动车交通事故责任强制保险责任限额范围内垫付抢救费用，并有权向致害人追偿：

（一）驾驶人未取得驾驶资格或者醉酒的；

（二）被保险机动车被盗抢期间肇事的；

（三）被保险人故意制造道路交通事故的。

有前款所列情形之一，发生道路交通事故的，造成受害人的财产损失，保险公司不承担赔偿责任。

第四十二条　挂车不投保机动车交通事故责任强制保险。发生道路交通事故造成人身伤亡、财产损失的，由牵引车投保的保险公司在机动车交通事故责任强制保险责任限额范围内予以赔偿；不足的部分，由牵引车方和挂车方依照法律规定承担赔偿责任。

《最高人民法院关于审理道路交通事故损害赔偿案件适用法律若干问题的解释》：

第十四条　道路交通安全法第七十六条规定的"人身伤亡"，是指机动车发生交通事故侵害被侵权人的生命权、健康权等人身权益所造成的损害，包括侵权责任法第十六条和第二十二条规定的各项损害。

道路交通安全法第七十六条规定的"财产损失"，是指因机动车发生交通事故侵害被侵权人的财产权益所造成的损失。

第十五条　因道路交通事故造成下列财产损失，当事人请求侵权人赔偿的，人民法院应予支持：

（一）维修被损坏车辆所支出的费用、车辆所载物品的损失、车辆施救费用；

（二）因车辆灭失或者无法修复，为购买交通事故发生时与被损坏车辆价值相当的车辆重置费用；

（三）依法从事货物运输、旅客运输等经营性活动的车辆，因无法从事相应经营活动所产生的合理停运损失；

（四）非经营性车辆因无法继续使用，所产生的通常替代性交通工具的合理费用。

第十六条　同时投保机动车第三者责任强制保险（以下简称"交强险"）和第三者责任商业保险（以下简称"商业三者险"）的机动车发生交通事故造成损害，当事人同时起诉侵权人和保险公司的，人民法院应当按照下列规则确定赔偿责任：

（一）先由承保交强险的保险公司在责任限额范围内予以赔偿；

（二）不足部分，由承保商业三者险的保险公司根据保险合同予以赔偿；

（三）仍有不足的，依照道路交通安全法和侵权责任法的相关规定由侵权人予以赔偿。

被侵权人或者其近亲属请求承保交强险的保险公司优先赔偿精神损害的，人民法院应予支持。

第十七条　投保人允许的驾驶人驾驶机动车致使投保人遭受损害，当事人请求承保交强险的保险公司在责任限额范围内予以赔偿的，人民法院应予支持，但投保人为本车上人员的除外。

第十八条　有下列情形之一导致第三人人身损害，当事人请求保险公司在交强险责任限额范围内予以赔偿，人民法院应予支持：

（一）驾驶人未取得驾驶资格或者未取得相应驾驶资格的；

（二）醉酒、服用国家管制的精神药品或者麻醉药品后驾驶机动车发生交通事故的；

（三）驾驶人故意制造交通事故的。

保险公司在赔偿范围内向侵权人主张追偿权的，人民法院应予支持。追偿权的诉讼时效期间自保险公司实际赔偿之日起计算。

第十九条　未依法投保交强险的机动车发生交通事故造成损害，当事人请求投保义务人在交强险责任限额范围内予以赔偿的，人民法院应予支持。

投保义务人和侵权人不是同一人，当事人请求投保义务人和侵权人在交强险责任限额范围内承担连带责任的，人民法院应予支持。

第二十条　具有从事交强险业务资格的保险公司违法拒绝承保、拖延承保或者违法解除交强险合同，投保义务人在向第三人承担赔偿责任后，请求该保险公司在交强险责任限额范围内承担相应赔偿责任的，人民法院应予支持。

第二十一条　多辆机动车发生交通事故造成第三人损害，损失超出各机动车交强险责任限额之和的，由各保险公司在各自责任限额范围内承担赔偿责任；损失未超出各机动车交强险责任限额之和，当事人请求由各保险公司按照其责任限额与责任限额之和的比例承担赔偿责任的，人民法院应予支持。

依法分别投保交强险的牵引车和挂车连接使用时发生交通事故造成第三人损害，当事人请求由各保险公司在各自的责任限额范围内平均赔偿的，人民法院应予支持。

多辆机动车发生交通事故造成第三人损害，其中部分机动车未投保交强险，当事人请求先由已承保交强险的保险公司在责任限额范围内予以赔偿的，人民法院应予支持。保险公司就超出其应承担的部分向未投保交强险的投保义务人或者侵权人行使追偿权的，人民法院应予支持。

第二十二条　同一交通事故的多个被侵权人同时起诉的，人民法院应当按照各被侵权人的损失比例确定交强险的赔偿数额。

第二十三条 机动车所有权在交强险合同有效期内发生变动,保险公司在交通事故发生后,以该机动车未办理交强险合同变更手续为由主张免除赔偿责任的,人民法院不予支持。

机动车在交强险合同有效期内发生改装、使用性质改变等导致危险程度增加的情形,发生交通事故后,当事人请求保险公司在责任限额范围内予以赔偿的,人民法院应予支持。

前款情形下,保险公司另行起诉请求投保义务人按照重新核定后的保险费标准补足当期保险费的,人民法院应予支持。

第二十四条 当事人主张交强险人身伤亡保险金请求权转让或者设定担保的行为无效的,人民法院应予支持。

广东省道路交通事故主要情形损害赔偿责任比例(试行)

机动车与行人(非机动车)之间		公安机关认定责任	全责	主责	同责	次责	无责
		损害赔偿责任比例	100%	80%	60%	40%	10%
机动车之间	两机动车	公安机关认定责任	全责;无责	主责;次责	同责		
		损害赔偿责任比例	100%;0%	70%;30%	50%;50%		
	三机动车	公安机关认定责任	全责;无责;无责	主责;主责;次责	共同主责;次责	同责	主责;次责;次责	主责;共同次责	主责;次责;无责
		损害赔偿责任比例	100%;0%;0%	40%;40%;20%	70%;30%	各1/3	60%;20%;20%	70%;30%	70%;30%;0%
备注	1.上述损害赔偿责任比例为一般性原则,个案存在特殊情形的可以适当调整。2.涉案电动车是否属于机动车由公安机关认定。3.商业保险合同约定了免赔率的,按照合同约定执行							

(来源于广东省公安厅网站)

二、澳门规定

在澳门的交通法律体系中,将交通事故的赔偿责任规定在《道路交通法》中。

《道路交通法》:

第八十三条 适用的制度

一、因公共道路交通事故或触犯本法律的行为而产生的民事、刑事或轻微违反责任,由一般法及本章的特别规定规范。

二、对行政违法行为,适用本章规定的特别制度,以及补充适用10月4日第52/99/M号法令订定的制度。

第八十九条 逃避责任

牵涉交通事故者意图以其可采用的法定方法以外的其他方法,使自己免于承担民事或刑事责任,科处最高1年徒刑或最高120日罚金。

第五节 事故的调解或起诉

一、内地规定

在内地交通法律体系中,将交通事故的调解或起诉规定在《道路交通安全法》《道路交通安全法实施条例》《道路交通事故处理程序规定》《最高人民法院关于审理道路交通事故损害赔偿案件适用法律若干问题的解释》中。

《道路交通安全法》:

第七十四条 对交通事故损害赔偿的争议,当事人可以请求公安机关交通管理部门调解,也可以直接向人民法院提起民事诉讼。

经公安机关交通管理部门调解,当事人未达成协议或者调解书生效后不履行的,当事人可以向人民法院提起民事诉讼。

《道路交通安全法实施条例》:

第九十四条 当事人对交通事故损害赔偿有争议,各方当事人一致请求公安机关交通管理部门调解的,应当在收到交通事故认定书之日起10日内提出书面调解申请。

对交通事故致死的，调解从办理丧葬事宜结束之日起开始；对交通事故致伤的，调解从治疗终结或者定残之日起开始；对交通事故造成财产损失的，调解从确定损失之日起开始。

第九十五条　公安机关交通管理部门调解交通事故损害赔偿争议的期限为10日。调解达成协议的，公安机关交通管理部门应当制作调解书送交各方当事人，调解书经各方当事人共同签字后生效；调解未达成协议的，公安机关交通管理部门应当制作调解终结书送交各方当事人。

交通事故损害赔偿项目和标准依照有关法律的规定执行。

第九十六条　对交通事故损害赔偿的争议，当事人向人民法院提起民事诉讼的，公安机关交通管理部门不再受理调解申请。

公安机关交通管理部门调解期间，当事人向人民法院提起民事诉讼的，调解终止。

《道路交通事故处理程序规定》：

第八十四条　当事人可以采取以下方式解决道路交通事故损害赔偿争议：

（一）申请人民调解委员会调解；

（二）申请公安机关交通管理部门调解；

（三）向人民法院提起民事诉讼。

第八十五条　当事人申请人民调解委员会调解，达成调解协议后，双方当事人认为有必要的，可以根据《中华人民共和国人民调解法》共同向人民法院申请司法确认。

当事人申请人民调解委员会调解，调解未达成协议的，当事人可以直接向人民法院提起民事诉讼，或者自人民调解委员会作出终止调解之日起3日内，一致书面申请公安机关交通管理部门进行调解。

第八十六条　当事人申请公安机关交通管理部门调解的，应当在收到道路交通事故认定书、道路交通事故证明或者上一级公安机关交通管理部门维持原道路交通事故认定的复核结论之日起10日内一致书面申请。

当事人申请公安机关交通管理部门调解，调解未达成协议的，当事人可以依法向人民法院提起民事诉讼，或者申请人民调解委员会进行调解。

第八十七条　公安机关交通管理部门应当按照合法、公正、自愿、及时的原则进行道路交通事故损害赔偿调解。

道路交通事故损害赔偿调解应当公开进行，但当事人申请不予公开的除外。

第八十八条　公安机关交通管理部门应当与当事人约定调解的时间、地点，并于调解时间 3 日前通知当事人。口头通知的，应当记入调解记录。

调解参加人因故不能按期参加调解的，应当在预定调解时间 1 日前通知承办的交通警察，请求变更调解时间。

第八十九条 参加损害赔偿调解的人员包括：

（一）道路交通事故当事人及其代理人；

（二）道路交通事故车辆所有人或者管理人；

（三）承保机动车保险的保险公司人员；

（四）公安机关交通管理部门认为有必要参加的其他人员。

委托代理人应当出具由委托人签名或者盖章的授权委托书。授权委托书应当载明委托事项和权限。

参加损害赔偿调解的人员每方不得超过 3 人。

第九十条 公安机关交通管理部门受理调解申请后，应当按照下列规定日期开始调解：

（一）造成人员死亡的，从规定的办理丧葬事宜时间结束之日起；

（二）造成人员受伤的，从治疗终结之日起；

（三）因伤致残的，从定残之日起；

（四）造成财产损失的，从确定损失之日起。

公安机关交通管理部门受理调解申请时已超过前款规定的时间，调解自受理调解申请之日起开始。

公安机关交通管理部门应当自调解开始之日起 10 日内制作道路交通事故损害赔偿调解书或者道路交通事故损害赔偿调解终结书。

第九十一条 交通警察调解道路交通事故损害赔偿，按照下列程序实施：

（一）告知各方当事人权利、义务；

（二）听取各方当事人的请求及理由；

（三）根据道路交通事故认定书认定的事实以及《中华人民共和国道路交通安全法》第七十六条的规定，确定当事人承担的损害赔偿责任；

（四）计算损害赔偿的数额，确定各方当事人承担的比例，人身损害赔偿的标准按照《中华人民共和国侵权责任法》《最高人民法院关于审理人身损害赔偿案件适用法律若干问题的解释》《最高人民法院关于审理道路交通事故损害赔偿案件适用法律若干问题的解释》等有关规定执行，财产损失的修复费用、折价赔偿费用按照实际价值或者评估机构的评估结论计算；

（五）确定赔偿履行方式及期限。

第九十二条 因确定损害赔偿的数额，需要进行伤残评定、财产损失评估的，由各方当事人协商确定有资质的机构进行，但财产损失数额巨大涉嫌刑事犯罪的，由公安机关交通管理部门委托。

当事人委托伤残评定、财产损失评估的费用，由当事人承担。

第九十三条　经调解达成协议的，公安机关交通管理部门应当当场制作道路交通事故损害赔偿调解书，由各方当事人签字，分别送达各方当事人。

调解书应当载明以下内容：

（一）调解依据；

（二）道路交通事故认定书认定的基本事实和损失情况；

（三）损害赔偿的项目和数额；

（四）各方的损害赔偿责任及比例；

（五）赔偿履行方式和期限；

（六）调解日期。

经调解各方当事人未达成协议的，公安机关交通管理部门应当终止调解，制作道路交通事故损害赔偿调解终结书，送达各方当事人。

第九十四条　有下列情形之一的，公安机关交通管理部门应当终止调解，并记录在案：

（一）调解期间有一方当事人向人民法院提起民事诉讼的；

（二）一方当事人无正当理由不参加调解的；

（三）一方当事人调解过程中退出调解的。

第九十五条　有条件的地方公安机关交通管理部门可以联合有关部门，设置道路交通事故保险理赔服务场所。

《最高人民法院关于审理道路交通事故损害赔偿案件适用法律若干问题的解释》：

第二十五条　人民法院审理道路交通事故损害赔偿案件，应当将承保交强险的保险公司列为共同被告。但该保险公司已经在交强险责任限额范围内予以赔偿且当事人无异议的除外。

人民法院审理道路交通事故损害赔偿案件，当事人请求将承保商业三者险的保险公司列为共同被告的，人民法院应予准许。

第二十六条　被侵权人因道路交通事故死亡，无近亲属或者近亲属不明，未经法律授权的机关或者有关组织向人民法院起诉主张死亡赔偿金的，人民法院不予受理。

侵权人以已向未经法律授权的机关或者有关组织支付死亡赔偿金为理由，请求保险公司在交强险责任限额范围内予以赔偿的，人民法院不予支持。

被侵权人因道路交通事故死亡，无近亲属或者近亲属不明，支付被侵权人医疗费、丧葬费等合理费用的单位或者个人，请求保险公司在交强险责任限额范围内予以赔偿的，人民法院应予支持。

第二十七条　公安机关交通管理部门制作的交通事故认定书，人民法院应依法审查并确认其相应的证明力，但有相反证据推翻的除外。

二、澳门规定

在澳门的交通法律体系中，将交通事故的调解或起诉公示在澳门治安警察局——交通意外处理信息中。

澳门治安警察局——交通意外处理信息：

没有伤者：可把事件交由各自保险公司或通过民事途径解决事件。

就民事赔偿问题，可透过轻微民事途径或一般民事途径处理；轻微民事案件法庭仅受理利益值不高于第一审法院的法定上诉利益限额（现时为澳门币50 000元）的案件。

涉及伤者：

一、和解：倘肇事各方达成和解，伤者须签署声明书以表示放弃追究刑事责任。

二、不和解：倘肇事各方未能达成和解，伤者可提出追究刑事责任；警方会整合案情资讯制作意外报告并移送检察院，由检察院领导侦查。

涉及死者：警方会整合案情资讯制作意外报告并移送检察院，由检察院领导侦查。

第六节　道路外交通事故处理

一、内地规定

在内地交通法律体系中，将道路外交通事故的处理规定在《道路交通安全法》《道路交通安全法实施条例》《道路交通事故处理程序规定》《最高人民法院关于审理道路交通事故损害赔偿案件适用法律若干问题的解释》中。

《道路交通安全法》：

第七十七条　车辆在道路以外通行时发生的事故，公安机关交通管理部门接到报案的，参照本法有关规定办理。

《道路交通安全法实施条例》：

第九十七条　车辆在道路以外发生交通事故，公安机关交通管理部门接到报案的，参照道路交通安全法和本条例的规定处理。

车辆、行人与火车发生的交通事故以及在渡口发生的交通事故，依照国家有关规定处理。

《道路交通事故处理程序规定》：

第一百一十条　车辆在道路以外通行时发生的事故，公安机关交通管理部门接到报案的，参照本规定处理。涉嫌犯罪的，及时移送有关部门。

《最高人民法院关于审理道路交通事故损害赔偿案件适用法律若干问题的解释》：

第二十八条　机动车在道路以外的地方通行时引发的损害赔偿案件，可以参照适用本解释的规定。

二、澳门规定

在澳门的交通法律体系中，将道路外交通事故的处理规定在《道路交通法》中。

《道路交通法》：

第六十二条　留用道路及专用车道

一、透过信号，可将车行道保留予特定类别车辆通行或特定运输之用，亦可在车行道上设立具相同用途的专用车道。

二、禁止其余车辆的驾驶员使用上款所指车行道及专用车道，但优先通行车辆除外。

三、如信号或路面标记准许车辆为转向、进出车房或私人建筑物而横过专用车道，则可使用及横过专用车道。

四、违反第二款规定者，科处罚款澳门币300元。

第六十三条　特别路径

一、如有专供特定类别车辆使用的特别路径，该等车辆应在特别路径上通行，其余车辆的驾驶员一律禁止使用该等路径。

二、因进出建筑物或泊车处所需，可横过上款所指路径。

三、违反第一款规定者，科处罚款澳门币300元。

第九章　交通违法处罚一般规定

第一节　处罚种类

一、内地规定

交通违法处罚的一般规定包括行政处罚和与交通违法行为有关的刑事处罚。在内地交通法律体系中，将处罚种类规定在《道路交通安全法》《道路交通安全法实施条例》《道路交通安全违法行为处理程序规定》中。

《道路交通安全法》：

第八十八条　对道路交通安全违法行为的处罚种类包括：警告、罚款、暂扣或者吊销机动车驾驶证、拘留。

《道路交通安全法实施条例》：

第一百零九条　对道路交通安全违法行为人处以罚款或者暂扣驾驶证处罚的，由违法行为发生地的县级以上人民政府公安机关交通管理部门或者相当于同级的公安机关交通管理部门作出决定；对处以吊销机动车驾驶证处罚的，由设区的市人民政府公安机关交通管理部门或者相当于同级的公安机关交通管理部门作出决定。

公安机关交通管理部门对非本辖区机动车的道路交通安全违法行为没有当场处罚的，可以由机动车登记地的公安机关交通管理部门处罚。

《道路交通安全违法行为处理程序规定》：

第六条　对违法行为人处以警告、罚款或者暂扣机动车驾驶证处罚的，由县级以上公安机关交通管理部门作出处罚决定。

对违法行为人处以吊销机动车驾驶证处罚的，由设区的市公安机关交通管理部门作出处罚决定。

对违法行为人处以行政拘留处罚的，由县、市公安局、公安分局或者相当于县一级的公安机关作出处罚决定。

第二十二条　公安机关交通管理部门及其交通警察在执法过程中，依法可以采取下列行政强制措施：

（一）扣留车辆；

（二）扣留机动车驾驶证；

（三）拖移机动车；

（四）检验体内酒精、国家管制的精神药品、麻醉药品含量；

（五）收缴物品；

（六）法律、法规规定的其他行政强制措施。

第二十三条　采取本规定第二十二条第（一）（二）（四）（五）项行政强制措施，应当按照下列程序实施：

（一）口头告知违法行为人或者机动车所有人、管理人违法行为的基本事实、拟作出行政强制措施的种类、依据及其依法享有的权利。

（二）听取当事人的陈述和申辩，当事人提出的事实、理由或者证据成立的，应当采纳。

（三）制作行政强制措施凭证，并告知当事人在15日内到指定地点接受处理。

（四）行政强制措施凭证应当由当事人签名、交通警察签名或者盖章，并加盖公安机关交通管理部门印章；当事人拒绝签名的，交通警察应当在行政强制措施凭证上注明。

（五）行政强制措施凭证应当当场交付当事人；当事人拒收的，由交通警察在行政强制措施凭证上注明，即为送达。

现场采取行政强制措施的，可以由一名交通警察实施，并在24小时内将行政强制措施凭证报所属公安机关交通管理部门备案。

第四十八条　一人有两种以上违法行为，分别裁决，合并执行，可以制作一份行政处罚决定书。

一人只有一种违法行为，依法应当并处两个以上处罚种类且涉及两个处罚主体的，应当分别制作行政处罚决定书。

第四十九条　对违法行为事实清楚，需要按照一般程序处以罚款的，应当自违法行为人接受处理之时起二十四小时内作出处罚决定；处以暂扣机动车驾驶证的，应当自违法行为人接受处理之日起三日内作出处罚决定；处以吊销机动车驾驶证的，应当自违法行为人接受处理或者听证程序结束之日起 7 日内作出处罚决定，交通肇事构成犯罪的，应当在人民法院判决后及时作出处罚决定。

二、澳门规定

在澳门的交通法律体系中没有将交通违法处罚的种类集中表述，而是表述在《道路交通法》的各条款中，处罚的种类以罚款为主，还有禁止驾驶、吊销驾驶执照、承担刑事责任等。

《道路交通法》：

第七条　当局人员的命令

一、公共道路使用者应服从有职权指挥及监察交通且已适当表明身份的执法人员的命令。

二、违反上款规定者，如其他法律规定无订定较重处罚，则科处罚款澳门币 600 元。

第十四条　动物及由动物牵引的车辆

一、禁止动物及由动物牵引的车辆在公共道路上通行，但经补充法规准许或获主管实体许可，并按许可批示所订条件通行者除外。

二、违反上款规定者，科处罚款澳门币 900 元。

第二十五条　灯光信号

一、车辆因能见度不足而亮灯通行时，可按下列规定以灯光信号替代声响信号：

（一）在照明良好的地点，间歇使用近光灯；

（二）在其余情况下，交替使用远光灯及近光灯，但不得令人目眩。

二、晚间行车时，必须按上款的规定以灯光信号替代声响信号，但属下列车辆或情况除外：

（一）优先通行车辆；

（二）遇有迫在眉睫的危险而需避免发生意外。

三、警车、执行救援或紧急公益任务的车辆方可使用特别灯光警示装置。

四、车辆因进行与其专属用途相符的作业而须在公共道路上停车或慢驶时，应使用特别灯光警示装置，其规格及使用条件由补充法规订定。

五、违反第二款或第四款规定者，科处罚款澳门币 300 元。

六、违反第三款规定者，如其他法律规定无订定较重处罚，则科处罚款澳门币 3 000 元，且可将所使用的特别灯光警示仪器或装置扣押，并宣告归澳门特别行政区所有。

第三节　各种犯罪

第八十八条　遗弃受害人

一、导致交通事故发生后遗弃交通事故受害人者，科处最高 3 年徒刑或罚金。

二、行为人确定受害人如被遗弃可能会产生的结果，但仍接受或漠视该等结果而遗弃受害人，科处与不作为犯的故意犯罪相应的刑罚。

三、如第一款所指行为是由行为人的过失导致，则科处最高 1 年徒刑或最高 120 日罚金。

第九十六条　受酒精影响下驾驶

一、禁止在受酒精影响下于公共道路上驾驶，而为适用本法律的规定，"受酒精影响下"是指驾驶员的每公升血液中的酒精含量等于或超过 0.5 g，又或根据本法律或补充法规的规定进行测试后按医生的报告，驾驶员被视为受酒精影响。

二、在公共道路上驾驶车辆者的每公升血液中的酒精含量等于或超过 0.5 g 但低于 0.8 g 处罚金澳门币 2 000～10 000 元。

三、在公共道路上驾驶车辆者的每公升血液中的酒精含量等于或超过 0.8 g 低于 1.2 g 处罚金澳门币 6 000～30 000 元及禁止驾驶 2 个月～6 个月。

四、累犯者，处罚如下：

（一）如实施第二次违法行为时每公升血液中的酒精含量低于 0.8 g 处罚金澳门币 4 000～20 000 元及禁止驾驶 6 个月～1 年；

（二）如实施第二次违法行为时每公升血液中的酒精含量等于或超过 0.8 g 低于 1.2 g 处最高 6 个月徒刑或罚金澳门币 12 000～60 000 元，以及禁止驾驶 1～3 年。

五、按法院命令进行鉴定检测后，被宣告为惯常酗酒者，科处禁止驾驶 1～3 年。

六、上款规定的禁止驾驶期间可延续，直至驾驶员痊愈为止。

第一百零八条　吊销驾驶执照

一、如驾驶员自首次判罚其禁止驾驶的判决转为确定之日起计五年内已两次被判罚禁止驾驶，而又实施另一可科处禁止驾驶的违法行为，法院应裁定吊销其驾驶执照或第八十条第一款（四）项所指文件，且不影响第九十二条的适用。

二、在不影响上款规定的情况下，如驾驶员所实施的重过失犯罪符合第九十三条第三款所定的任一要件，法院可裁定吊销其驾驶执照或第八十条第一款

（四）项所指文件。

三、在吊销驾驶执照的情况下，驾驶员自判罚吊销其驾驶执照的判决转为确定之日起计一年后，方可申请再参加驾驶考试；但如上一次判决所科的禁止驾驶期间在该一年期间届满之后才终结，则仅在该禁止驾驶期间届满之后，方可申请再参加驾驶考试。

四、在第九十二条第二款所指情况下，上款所指不得申请再参加驾驶考试的一年期间中断，并自判罚驾驶员加重违令罪的判决转为确定之日重新开始计算该期间。

第二节　对违法非驾驶人的处罚

一、内地规定

在内地交通法律体系中，将对违法非驾驶人的处罚规定在《道路交通安全法》《道路交通安全法实施条例》中。

《道路交通安全法》：

第八十九条　行人、乘车人、非机动车驾驶人违反道路交通安全法律、法规关于道路通行规定的，处警告或者5元以上50元以下罚款；非机动车驾驶人拒绝接受罚款处罚的，可以扣留其非机动车。

《道路交通安全法实施条例》：

第一百零二条　违反本条例规定的行为，依照道路交通安全法和本条例的规定处罚。

二、澳门规定

在澳门的交通法律体系中，将对违法非驾驶人的处罚规定在《道路交通法》《道路交通规章》中。

《道路交通法》：

第十四节　行人通行

第六十八条　一般规定

一、行人应在行人道、供行人使用的路径、区域或信道上通行，如无该等途径，则应在顾及自身及他人安全的情况下沿路缘通行。

二、在下列情况下，行人可在车行道上通行，但以不影响车辆行驶为限：

（一）按第七十条第五款的规定横过车行道；

（二）无第一款所指途径或不可能使用该等途径时；

（三）在禁止车辆通行的道路上；

（四）在督导员引领下结队步行，又或巡游；

（五）搬运因性质或尺寸而可能危及其他行人的物品时。

三、在上款（二）项、（四）项及（五）项所指情况下，只要交通状况容许，行人可在第六十三条第一款所指特别路径上通行，但以不影响在该等路径上行驶的车辆为限。

四、违反本条规定者，科处罚款澳门币 300 元。

第六十九条　道路上应占的位置

一、行人应在供其通行的路径靠左步行，但属上条第一款最后部分及第二款（三）项所指情况除外。

二、在上条第二款（二）项及（四）项所指情况下，行人应尽量靠车行道右侧路缘通行，但此举会危及其安全则除外。

三、违反本条规定者，科处罚款澳门币 300 元。

第七十条　横过车行道

一、行人拟横过车行道时，应注意来车的距离及车速，并在确保安全的情况下尽快横过。

二、行人应在有适当信号标明的人行横道上横过车行道，且不影响第五款规定的适用。

三、在装有交通灯的人行横道上，行人应遵守交通灯号的指示。

四、当交通灯或执法人员仅指挥车辆通行时，行人不应在车辆放行时横过车行道。

五、在 50 m 距离内没有经适当信号标明的人行横道时，行人在不影响车辆通行的情况下方可在人行横道以外的地方横过车行道，且应依循最短路线尽快横过。

六、违反本条规定者，科处罚款澳门币 300 元。

第七十一条　等　　同

下列情况等同行人通行，但另有规定除外：

（一）推动手推车；

（二）以手推动两轮或三轮脚踏车、婴儿车或残疾人士车辆；

(三) 轮椅通行。

《道路交通规章》：

第十一条 处 罚

一、车辆驾驶员或动物之导引者，不遵守上条规定之其中一种讯号时，处罚款澳门币 300 至 1 500 元。

二、不遵守有关讯号之行人，处罚款澳门币 50 至 250 元。

第三节　证牌不当的处理

一、内地规定

在内地交通法律体系中，对证牌不当的处理规定在《道路交通安全法》《道路交通安全违法行为处理程序规定》《机动车驾驶证申领和使用规定》中。

《道路交通安全法》：

第九十五条　上道路行驶的机动车未悬挂机动车号牌，未放置检验合格标志、保险标志，或者未随车携带行驶证、驾驶证的，公安机关交通管理部门应当扣留机动车，通知当事人提供相应的牌证、标志或者补办相应手续，并可以依照本法第九十条的规定予以处罚。当事人提供相应的牌证、标志或者补办相应手续的，应当及时退还机动车。

故意遮挡、污损或者不按规定安装机动车号牌的，依照本法第九十条的规定予以处罚。

《道路交通安全违法行为处理程序规定》：

第二十五条　有下列情形之一的，依法扣留车辆：

(一) 上道路行驶的机动车未悬挂机动车号牌，未放置检验合格标志、保险标志，或者未随车携带机动车行驶证、驾驶证的；

(二) 有伪造、变造或者使用伪造、变造的机动车登记证书、号牌、行驶证、检验合格标志、保险标志、驾驶证或者使用其他车辆的机动车登记证书、号牌、行驶证、检验合格标志、保险标志嫌疑的；

(三) 未按照国家规定投保机动车交通事故责任强制保险的；

(四) 公路客运车辆或者货运机动车超载的；

（五）机动车有被盗抢嫌疑的；

（六）机动车有拼装或者达到报废标准嫌疑的；

（七）未申领"剧毒化学品公路运输通行证"通过公路运输剧毒化学品的；

（八）非机动车驾驶人拒绝接受罚款处罚的。

对发生道路交通事故，因收集证据需要的，可以依法扣留事故车辆。

《机动车驾驶证申领和使用规定》：

第八十八条　隐瞒有关情况或者提供虚假材料申领机动车驾驶证的，申请人在一年内不得再次申领机动车驾驶证。

申请人在考试过程中有贿赂、舞弊行为的，取消考试资格，已经通过考试的其他科目成绩无效；申请人在一年内不得再次申领机动车驾驶证。

申请人以欺骗、贿赂等不正当手段取得机动车驾驶证的，公安机关交通管理部门收缴机动车驾驶证，撤销机动车驾驶许可；申请人在三年内不得再次申领机动车驾驶证。

二、澳门规定

在澳门的交通法律体系中，对证牌不当的处理规定在《道路交通法》中。

《道路交通法》：

第七十七条　车辆的识别

一、每部已注册机动车辆均获发注册证明文件，当中载明可识别有关车辆的规格资料。

二、车辆在公共道路上通行时，其驾驶员应携带上款所指车辆识别文件及车辆所有权登记凭证，又或该等文件的认证缮本。

三、上条第三款所指车辆的驾驶员只须携带进口准照。

四、每部已注册车辆应按补充法规的规定装有注册号牌。

五、违反第二款规定者，科处罚款澳门币 300 元。

六、如车辆识别文件的认证缮本或车辆所有权登记凭证的认证缮本所载资料有别于正本所载的更新资料，当其他法律规定无订定较重处罚，则对车辆的所有人、保留所有权的取得人、用益权人或以任何名义实际占有车辆的人科处罚款澳门币 300 元。

七、驾驶装有非依法获给予的注册号码的车辆者，如其他法律规定无订定较重处罚，则科处罚款澳门币 3 000 元。

第七十八条　取消注册

一、车辆的注册可应利害关系人申请或依职权取消。

二、如证实车辆报废或下落不明，又或在补充法规所定的其他情况下，可依职权取消该车辆的注册。

三、车辆的所有人应在其车辆报废后 30 日内申请取消该车辆的注册，但不影响上款的适用。

四、经取消注册而仍在公共道路上停泊或通行的车辆视为未注册车辆，其所有人须接受本法律规定的处罚。

五、如保险公司曾参与因车辆报废而进行的行为，须自其参与之日起计 30 日内，将该事实通知有职权取消注册的实体。

六、如法院、交通监察实体或其他当局知悉第二款所指情况，应通知有职权取消注册的实体。

七、违反第三款或第五款规定者，科处罚款澳门币 300 元。

第四节　伪造行为的处理

一、内地规定

在内地交通法律体系中，对伪造行为的处理规定在《道路交通安全法》《道路交通安全法实施条例》《道路交通安全违法行为处理程序规定》《机动车驾驶证申领和使用规定》中。

《道路交通安全法》：

第九十六条　伪造、变造或者使用伪造、变造的机动车登记证书、号牌、行驶证、驾驶证的，由公安机关交通管理部门予以收缴，扣留该机动车，处 15 日以下拘留，并处 2 000 元以上 5 000 元以下罚款；构成犯罪的，依法追究刑事责任。

伪造、变造或者使用伪造、变造的检验合格标志、保险标志的，由公安机关交通管理部门予以收缴，扣留该机动车，处 10 日以下拘留，并处 1 000 元以上 3 000 元以下罚款；构成犯罪的，依法追究刑事责任。

使用其他车辆的机动车登记证书、号牌、行驶证、检验合格标志、保险标志的，由公安机关交通管理部门予以收缴，扣留该机动车，处2 000元以上5 000元以下罚款。

当事人提供相应的合法证明或者补办相应手续的，应当及时退还机动车。

《道路交通安全法实施条例》：

第一百零三条　以欺骗、贿赂等不正当手段取得机动车登记或者驾驶许可的，收缴机动车登记证书、号牌、行驶证或者机动车驾驶证，撤销机动车登记或者机动车驾驶许可；申请人在3年内不得申请机动车登记或者机动车驾驶许可。

《道路交通安全违法行为处理程序规定》：

第三十七条　对伪造、变造或者使用伪造、变造的机动车登记证书、号牌、行驶证、检验合格标志、保险标志、驾驶证的，应当予以收缴，依法处罚后予以销毁。

对使用其他车辆的机动车登记证书、号牌、行驶证、检验合格标志、保险标志的，应当予以收缴，依法处罚后转至机动车登记地车辆管理所。

第六十四条　以欺骗、贿赂等不正当手段取得机动车登记的，应当收缴机动车登记证书、号牌、行驶证，由机动车登记地公安机关交通管理部门撤销机动车登记。

以欺骗、贿赂等不正当手段取得驾驶许可的，应当收缴机动车驾驶证，由驾驶证核发地公安机关交通管理部门撤销机动车驾驶许可。

非本辖区机动车登记或者机动车驾驶许可需要撤销的，公安机关交通管理部门应当将收缴的机动车登记证书、号牌、行驶证或者机动车驾驶证以及相关证据材料，及时转至机动车登记地或者驾驶证核发地公安机关交通管理部门。

《机动车驾驶证申领和使用规定》：

第九十六条　伪造、变造或者使用伪造、变造的机动车驾驶证的，由公安机关交通管理部门予以收缴，依法拘留，并处2 000元以上5 000元以下罚款；构成犯罪的，依法追究刑事责任。

二、澳门规定

在澳门的交通法律体系中，对伪造行为的处理规定在《道路交通法》中。

《道路交通法》：

第九十四条　因犯罪而被禁止驾驶

因下列犯罪而被判刑者，按犯罪的严重性，科处禁止驾驶2个月至3年，但法律另有规定除外：

（一）驾驶时实施的任何犯罪；

（二）第八十九条所指的逃避责任；

（三）伪造、移走或掩蔽车辆识别资料；

（四）伪造驾驶执照、其替代文件或等同文件；

（五）盗窃或抢劫车辆；

（六）窃用车辆；

（七）任何故意犯罪，只要继续持有驾驶执照可为其持有人提供特别有利于再犯罪的机会或条件。

第五节　道路施工管理不当的责任

一、内　地　规　定

在内地交通法律体系中，将道路施工管理不当的责任规定在《道路交通安全法》《道路交通安全违法行为处理程序规定》《公路法》中。

《道路交通安全法》：

第一百零四条　未经批准，擅自挖掘道路、占用道路施工或者从事其他影响道路交通安全活动的，由道路主管部门责令停止违法行为，并恢复原状，可以依法给予罚款；致使通行的人员、车辆及其他财产遭受损失的，依法承担赔偿责任。

有前款行为，影响道路交通安全活动的，公安机关交通管理部门可以责令停止违法行为，迅速恢复交通。

第一百零五条　道路施工作业或者道路出现损毁，未及时设置警示标志、未采取防护措施，或者应当设置交通信号灯、交通标志、交通标线而没有设置，或者应当及时变更交通信号灯、交通标志、交通标线而没有及时变更，致使通行的人员、车辆及其他财产遭受损失的，负有相关职责的单位应当依法承担赔偿责任。

第一百零六条　在道路两侧及隔离带上种植树木、其他植物或者设置广告牌、管线等，遮挡路灯、交通信号灯、交通标志，妨碍安全视距的，由公安机关交通管理部门责令行为人排除妨碍；拒不执行的，处200元以上2 000元以下罚款,并强制排除妨碍,所需费用由行为人负担。

《道路交通安全违法行为处理程序规定》:

第三十八条 对在道路两侧及隔离带上种植树木、其他植物或者设置广告牌、管线等,遮挡路灯、交通信号灯、交通标志,妨碍安全视距的,公安机关交通管理部门应当向违法行为人送达排除妨碍通知书,告知履行期限和不履行的后果。违法行为人在规定期限内拒不履行的,依法予以处罚并强制排除妨碍。

《公路法》:

第三十二条 改建公路时,施工单位应当在施工路段两端设置明显的施工标志、安全标志。需要车辆绕行的,应当在绕行路口设置标志;不能绕行的,必须修建临时道路,保证车辆和行人通行。

二、澳门规定

在澳门的交通法律体系中,没有道路施工管理不当的相关责任规定,对道路施工管理不当的责任规定在其他机构有关工程施工的管理规范中。

第六节 罚款管理

一、内地规定

在内地交通法律体系中,对罚款的管理规定在《道路交通安全法》《道路交通安全法实施条例》《道路交通安全违法行为处理程序规定》中。

《道路交通安全法》:

第一百零七条 对道路交通违法行为人予以警告、200元以下罚款,交通警察可以当场作出行政处罚决定,并出具行政处罚决定书。

行政处罚决定书应当载明当事人的违法事实、行政处罚的依据、处罚内容、时间、地点以及处罚机关名称,并由执法人员签名或者盖章。

第一百零八条 当事人应当自收到罚款的行政处罚决定书之日起15日内,到指定的银行缴纳罚款。

对行人、乘车人和非机动车驾驶人的罚款,当事人无异议的,可以当场予以收缴罚款。

罚款应当开具省、自治区、直辖市财政部门统一制发的罚款收据;不出具财政部门统一制发的罚款收据的,当事人有权拒绝缴纳罚款。

第一百零九条　当事人逾期不履行行政处罚决定的,作出行政处罚决定的行政机关可以采取下列措施:

(一)到期不缴纳罚款的,每日按罚款数额的3%加处罚款;

(二)申请人民法院强制执行。

《道路交通安全法实施条例》:

第一百零九条　对道路交通安全违法行为人处以罚款或者暂扣驾驶证处罚的,由违法行为发生地的县级以上人民政府公安机关交通管理部门或者相当于同级的公安机关交通管理部门作出决定;对处以吊销机动车驾驶证处罚的,由设区的市人民政府公安机关交通管理部门或者相当于同级的公安机关交通管理部门作出决定。

公安机关交通管理部门对非本辖区机动车的道路交通安全违法行为没有当场处罚的,可以由机动车登记地的公安机关交通管理部门处罚。

《道路交通安全违法行为处理程序规定》:

第五十一条　对行人、乘车人、非机动车驾驶人处以罚款,交通警察当场收缴的,交通警察应当在简易程序处罚决定书上注明,由被处罚人签名确认。被处罚人拒绝签名的,交通警察应当在处罚决定书上注明。

交通警察依法当场收缴罚款的,应当开具省、自治区、直辖市财政部门统一制发的罚款收据;不开具省、自治区、直辖市财政部门统一制发的罚款收据的,当事人有权拒绝缴纳罚款。

第五十二条　当事人逾期不履行行政处罚决定的,作出行政处罚决定的公安机关交通管理部门可以采取下列措施:

(一)到期不缴纳罚款的,每日按罚款数额的3%加处罚款,加处罚款总额不得超出罚款数额;

(二)申请人民法院强制执行。

二、澳门规定

在澳门的交通法律体系中,对罚款的管理规定在《道路交通法》、第3/2008号行政法规《交通事务局的组织及运作》中。

《道路交通法》：

第一百四十二条　罚款归属

一、对触犯本法律的行政违法行为科处的罚款所得，属澳门特别行政区的收入，但下款所指罚款除外。

二、在检验车辆、驾驶教学及驾驶考试的事宜上征收的罚款所得，属民政总署的收入。

第3/2008号行政法规《交通事务局的组织及运作》：

第二十九条　澳门特别行政区的收入

下列属澳门特别行政区的收入：

（一）由交通事务局收取的费用或价金，尤其是来自发出准照或提供服务所得；

（二）由交通事务局收取的罚款。

第七节　运输单位和生产厂家的管理

一、内地规定

在内地交通法律体系中，将运输单位和生产厂家的管理规定在《道路交通安全法》《道路交通安全法实施条例》《道路交通安全违法行为处理程序规定》中。

《道路交通安全法》：

第一百零三条　国家机动车产品主管部门未按照机动车国家安全技术标准严格审查，许可不合格机动车型投入生产的，对负有责任的主管人员和其他直接责任人员给予降级或者撤职的行政处分。

机动车生产企业经国家机动车产品主管部门许可生产的机动车型，不执行机动车国家安全技术标准或者不严格进行机动车成品质量检验，致使质量不合格的机动车出厂销售的，由质量技术监督部门依照《中华人民共和国产品质量法》的有关规定给予处罚。

擅自生产、销售未经国家机动车产品主管部门许可生产的机动车型的，没收非法生产、销售的机动车成品及配件，可以并处非法产品价值3倍以上5倍以下罚款；有营业执照的，由工商行政管理部门吊销营业执照，没有营业执照的，予以查封。

生产、销售拼装的机动车或者生产、销售擅自改装的机动车的，依照本条第三款的规定处罚。

有本条第二款、第三款、第四款所列违法行为，生产或者销售不符合机动车国家安全技术标准的机动车，构成犯罪的，依法追究刑事责任。

《道路交通安全法实施条例》：

第一百零七条 依照道路交通安全法第九十二条、第九十五条、第九十六条、第九十八条的规定被扣留的机动车，驾驶人或者所有人、管理人30日内没有提供被扣留机动车的合法证明，没有补办相应手续，或者不前来接受处理，经公安机关交通管理部门通知并且经公告3个月仍不前来接受处理的，由公安机关交通管理部门将该机动车送交有资格的拍卖机构拍卖，所得价款上缴国库；非法拼装的机动车予以拆除；达到报废标准的机动车予以报废；机动车涉及其他违法犯罪行为的，移交有关部门处理。

《道路交通安全违法行为处理程序规定》：

第三十六条 公安机关交通管理部门对扣留的拼装或者已达到报废标准的机动车，经县级以上公安机关交通管理部门批准后，予以收缴，强制报废。

二、澳门规定

在澳门的交通法律体系中，将运输单位和生产厂家的管理规定在《道路交通法》中。

《道路交通法》：

第七十五条　检　　验

一、机动车辆、挂车及半挂车获准通行之前，须接受主管实体的初次检验。

二、汽车、重型摩托车、轻型摩托车、挂车、半挂车及工业机械车须接受定期检验。

三、在下列情况下，上款所指车辆另须接受特别检验：

（一）载于车辆识别文件的规格有所变更，但下款所指情况除外；

（二）为检定车辆是否符合安全条件或本法律及补充法规所定的要件，由主管实体主动或应监察实体的提议而决定进行特别检验；

（三）车辆的结构或功能规格，尤其是主结构、悬挂系统、制动系统或转向系统因事故而受影响。

四、如属须接受每年强制检验的车辆，经利害关系人申请，并获主管实体许可，则可进行上款（一）项所指的车辆规格变更而无须接受特别检验。

五、通过定期或特别检验的车辆将获发证明文件，而车辆在公共道路上通行时应备有该证明文件。

六、本条所指检验须按补充法规的规定进行。

七、违反第三款规定者，科处罚款澳门币1 500元。

八、违反第五款规定者，科处罚款澳门币300元。

第八节　执 法 监 督

一、内地规定

在内地交通法律体系中，将交通执法的监督管理规定在《道路交通安全法》《道路交通安全法实施条例》《道路交通安全违法行为处理程序规定》《道路交通事故处理程序规定》《机动车驾驶证申领和使用规定》中。

《道路交通安全法》：

第一百一十五条　交通警察有下列行为之一的，依法给予行政处分：

（一）为不符合法定条件的机动车发放机动车登记证书、号牌、行驶证、检验合格标志的；

（二）批准不符合法定条件的机动车安装、使用警车、消防车、救护车、工程救险车的警报器、标志灯具、喷涂标志图案的；

（三）为不符合驾驶许可条件、未经考试或者考试不合格人员发放机动车驾驶证的；

（四）不执行罚款决定与罚款收缴分离制度或者不按规定将依法收取的费用、收缴的罚款及没收的违法所得全部上缴国库的；

（五）举办或者参与举办驾驶学校或者驾驶培训班、机动车修理厂或者收费停车场等经营活动的；

（六）利用职务上的便利收受他人财物或者谋取其他利益的；

（七）违法扣留车辆、机动车行驶证、驾驶证、车辆号牌的；

（八）使用依法扣留的车辆的；

（九）当场收取罚款不开具罚款收据或者不如实填写罚款额的；

（十）徇私舞弊，不公正处理交通事故的；

（十一）故意刁难，拖延办理机动车牌证的；

（十二）非执行紧急任务时使用警报器、标志灯具的；

（十三）违反规定拦截、检查正常行驶的车辆的；

（十四）非执行紧急公务时拦截搭乘机动车的；

（十五）不履行法定职责的。

公安机关交通管理部门有前款所列行为之一的，对直接负责的主管人员和其他直接责任人员给予相应的行政处分。

第一百一十六条　依照本法第一百一十五条的规定，给予交通警察行政处分的，在作出行政处分决定前，可以停止其执行职务；必要时，可以予以禁闭。

依照本法第一百一十五条的规定，交通警察受到降级或者撤职行政处分的，可以予以辞退。

交通警察受到开除处分或者被辞退的，应当取消警衔；受到撤职以下行政处分的交通警察，应当降低警衔。

第一百一十七条　交通警察利用职权非法占有公共财物，索取、收受贿赂，或者滥用职权、玩忽职守，构成犯罪的，依法追究刑事责任。

第一百一十八条　公安机关交通管理部门及其交通警察有本法第一百一十五条所列行为之一，给当事人造成损失的，应当依法承担赔偿责任。

《道路交通安全法实施条例》：

第九十八条　公安机关交通管理部门应当公开办事制度、办事程序，建立警风警纪监督员制度，自觉接受社会和群众的监督。

第九十九条　公安机关交通管理部门及其交通警察办理机动车登记，发放号牌，对驾驶人考试、发证，处理道路交通安全违法行为，处理道路交通事故，应当严格遵守有关规定，不得越权执法，不得延迟履行职责，不得擅自改变处罚的种类和幅度。

第一百条　公安机关交通管理部门应当公布举报电话，受理群众举报投诉，并及时调查核实，反馈查处结果。

第一百零一条　公安机关交通管理部门应当建立执法质量考核评议、执法责任制和执法过错追究制度，防止和纠正道路交通安全执法中的错误或者不当行为。

《道路交通安全违法行为处理程序规定》：

第五十五条　交通警察执勤执法时，应当按照规定着装，佩戴人民警察标志，随身携带人民警察证件，保持警容严整，举止端庄，指挥规范。

交通警察查处违法行为时应当使用规范、文明的执法用语。

第五十六条　公安机关交通管理部门所属的交警队、车管所及重点业务岗位应当建立值日警官和法制员制度，防止和纠正执法中的错误和不当行为。

第五十七条　各级公安机关交通管理部门应当加强执法监督，建立本单位及其所属民警的执法档案，实施执法质量考评、执法责任制和执法过错追究。

执法档案可以是电子档案或者纸质档案。

第五十八条 公安机关交通管理部门应当依法建立交通民警执勤执法考核评价标准，不得下达或者变相下达罚款指标，不得以处罚数量作为考核民警执法效果的依据。

《道路交通事故处理程序规定》：

第一百零三条 公安机关警务督察部门可以依法对公安机关交通管理部门及其交通警察处理道路交通事故工作进行现场督察，查处违纪违法行为。

上级公安机关交通管理部门对下级公安机关交通管理部门处理道路交通事故工作进行监督，发现错误应当及时纠正，造成严重后果的，依纪依法追究有关人员的责任。

第一百零四条 公安机关交通管理部门及其交通警察处理道路交通事故，应当公开办事制度、办事程序，建立警风警纪监督员制度，并自觉接受社会和群众的监督。

任何单位和个人都有权对公安机关交通管理部门及其交通警察不依法严格公正处理道路交通事故、利用职务上的便利收受他人财物或者谋取其他利益、徇私舞弊、滥用职权、玩忽职守以及其他违纪违法行为进行检举、控告。收到检举、控告的机关，应当依据职责及时查处。

第一百零五条 在调查处理道路交通事故时，交通警察或者公安机关检验、鉴定人员有下列情形之一的，应当回避：

（一）是本案的当事人或者是当事人的近亲属的；

（二）本人或者其近亲属与本案有利害关系的；

（三）与本案当事人有其他关系，可能影响案件公正处理的。

交通警察或者公安机关检验、鉴定人员需要回避的，由本级公安机关交通管理部门负责人或者检验、鉴定人员所属的公安机关决定。公安机关交通管理部门负责人需要回避的，由公安机关或者上一级公安机关交通管理部门负责人决定。

对当事人提出的回避申请，公安机关交通管理部门应当在 2 日内作出决定，并通知申请人。

第一百零六条 人民法院、人民检察院审理、审查道路交通事故案件，需要公安机关交通管理部门提供有关证据的，公安机关交通管理部门应当在接到调卷公函之日起 3 日内，或者按照其时限要求，将道路交通事故案件调查材料正本移送人民法院或者人民检察院。

第一百零七条 公安机关交通管理部门对查获交通肇事逃逸车辆及人员提供

有效线索或者协助的人员、单位，应当给予表彰和奖励。

公安机关交通管理部门及其交通警察接到协查通报不配合协查并造成严重后果的，由公安机关或者上级公安机关交通管理部门追究有关人员和单位主管领导的责任。

《机动车驾驶证申领和使用规定》：

第九十七条　交通警察有下列情形之一的，按照有关规定给予纪律处分；聘用人员有下列情形之一的予以解聘。构成犯罪的，依法追究刑事责任：

（一）为不符合机动车驾驶许可条件、未经考试、考试不合格人员签注合格考试成绩或者核发机动车驾驶证的；

（二）减少考试项目、降低评判标准或者参与、协助、纵容考试作弊的；

（三）为不符合规定的申请人发放学习驾驶证明、学车专用标识的；

（四）与非法中介串通谋取经济利益的；

（五）违反规定侵入机动车驾驶证管理系统，泄漏、篡改、买卖系统数据，或者泄漏系统密码的；

（六）参与或者变相参与驾驶培训机构经营活动的；

（七）收取驾驶培训机构、教练员、申请人或者其他相关人员财物的。

交通警察未按照第五十条第一款规定使用执法记录仪的，根据情节轻重，按照有关规定给予纪律处分。

公安机关交通管理部门有本条第一款所列行为之一的，按照国家有关规定对直接负责的主管人员和其他直接责任人员给予相应的处分。

二、澳门规定

在澳门的交通法律体系中，对交通执法的监督管理规定在《道路交通法》中。

《道路交通法》：

第一百四十一条　处罚职权

一、下列实体按其组织法或补充法规的规定有处罚职权：

（一）土地工务运输局局长；

（二）治安警察局局长；

（三）民政总署管理委员会；

（四）海关关长。

二、上款所指职权属可转授他人的职权。

第十章　机动车驾驶人违法处罚

第一节　对违法机动车驾驶人的处罚

一、内地规定

有关机动车驾驶人违法行为的界定和处罚，内地的法律体系中主要由《道路交通安全法》《关于修改机动车驾驶证申领和使用规定的决定》《刑法》和《最高人民法院关于审理交通肇事刑事案件具体应用法律若干问题的解释》予以规定。

《道路交通安全法》：

第九十条　机动车驾驶人违反道路交通安全法律、法规关于道路通行规定的，处警告或者20元以上200元以下罚款。本法另有规定的，依照规定处罚。

第九十九条　有下列行为之一的，由公安机关交通管理部门处200元以上2 000元以下罚款：

（一）未取得机动车驾驶证、机动车驾驶证被吊销或者机动车驾驶证被暂扣期间驾驶机动车的；

（二）将机动车交由未取得机动车驾驶证或者机动车驾驶证被吊销、暂扣的人驾驶的；

（三）造成交通事故后逃逸，尚不构成犯罪的；

（四）机动车行驶超过规定时速50％的；

（五）强迫机动车驾驶人违反道路交通安全法律、法规和机动车安全驾驶要求驾驶机动车，造成交通事故，尚不构成犯罪的；

（六）违反交通管制的规定强行通行，不听劝阻的；

（七）故意损毁、移动、涂改交通设施，造成危害后果，尚不构成犯罪的；

（八）非法拦截、扣留机动车辆，不听劝阻，造成交通严重阻塞或者较大财产损失的。

行为人有前款第二项、第四项情形之一的，可以并处吊销机动车驾驶证；有第一项、第三项、第五项至第八项情形之一的，可以并处15日以下拘留。

《关于修改机动车驾驶证申领和使用规定的决定》：

第九十四条　机动车驾驶人有下列行为之一的，由公安机关交通管理部门处20元以上200元以下罚款：

（一）机动车驾驶人补领机动车驾驶证后，继续使用原机动车驾驶证的；

（二）在实习期内驾驶机动车不符合第七十五条规定的；

（三）驾驶机动车未按规定粘贴、悬挂实习标志或者残疾人机动车专用标志的；

（四）持有大型客车、牵引车、城市公交车、中型客车、大型货车驾驶证的驾驶人，未按照第八十条规定申报变更信息的。

有第一款第一项规定情形的，由公安机关交通管理部门收回原机动车驾驶证。

第九十五条　机动车驾驶人有下列行为之一的，由公安机关交通管理部门处200元以上500元以下罚款：

（一）机动车驾驶证被依法扣押、扣留或者暂扣期间，采用隐瞒、欺骗手段补领机动车驾驶证的；

（二）机动车驾驶人身体条件发生变化不适合驾驶机动车，仍驾驶机动车的；

（三）逾期不参加审验仍驾驶机动车的。

有第一款第一项、第二项规定情形之一的，由公安机关交通管理部门收回机动车驾驶证。

《刑法》：

第一百三十三条　违反交通运输管理法规，因而发生重大事故，致人重伤、死亡或者使公私财产遭受重大损失的，处3年以下有期徒刑或者拘役；交通运输肇事后逃逸或者有其他特别恶劣情节的，处3年以上7年以下有期徒刑；因逃逸致人死亡的，处7年以上有期徒刑。

《最高人民法院关于审理交通肇事刑事案件具体应用法律若干问题的解释》：

第七条　单位主管人员、机动车辆所有人或者机动车辆承包人指使、强令他人违章驾驶造成重大交通事故，具有本解释第二条规定情形之一的，以交通肇事罪定罪处罚。

第八条　在实行公共交通管理的范围内发生重大交通事故的，依照刑法第一百三十三条和本解释的有关规定办理。

在公共交通管理的范围外，驾驶机动车辆或者使用其他交通工具致人伤亡或者致使公共财产或者他人财产遭受重大损失，构成犯罪的，分别依照刑法第一百三十四条、第一百三十五条、第二百三十三条等规定定罪处罚。

二、澳门规定

有关机动车驾驶人违法行为的界定和处罚，澳门的法律体系中主要由《道路交通法》予以规定。

《道路交通法》：

第十六条 禁止使用流动电话

一、禁止驾驶员于驾驶时使用流动电话，但利用免提功能通话除外。

二、透过补充法规，可将上款所指的禁止规定适用于其他视听或电信工具。

三、违反第一款规定者，科处罚款澳门币 600 元。

第十七条 开始行车

一、驾驶员于开始行车或重新起步前，必须预先示意及采取预防意外所需的措施。

二、违反上款规定者，科处罚款澳门币 600 元。

第二十一条 车辆间的安全距离

一、驾驶员行车时，应与前车保持足够距离，以免因前车突然停车或减速而发生意外。

二、驾驶员行车时，应与在同一车行道上同向或对向行驶的车辆保持足够的侧面距离，以避免发生意外。

三、违反本条规定者，科处罚款澳门币 600 元。

第二节 驾驶员发出的信号

第二十三条 操作信号

一、驾驶员拟减速、停车、泊车或进行任何使车辆侧移的操作，尤其是转向、转线、超车或掉头，应预先以相应信号向其他道路用户清楚示意。

二、信号于操作过程中应当持续，并于完成操作后立即停止。

三、违反本条规定者，科处罚款澳门币 600 元。

第二十四条 声响信号

一、声响信号应短促，且应尽量避免使用。

二、为避免意外，又或为预先将超车意图通知拟超越的车辆的驾驶员时，方可使用声响信号。

三、第一款及第二款的规定不适用于警车、执行救援或紧急公益任务的车辆所使用的声响信号。

四、警车、执行救援或紧急公益任务的车辆方可使用特别声响警示装置。

五、特别声响信号装置的规格由补充法规订定。

六、违反第一款或第二款规定者，科处罚款澳门币 300 元。

七、违反第四款规定者，如其他法律规定无订定较重处罚，则科处罚款澳门币 3 000 元，且可将所使用的特别声响警示仪器或装置扣押，并宣告归澳门特别行政区所有。

第二十五条　灯光信号

一、车辆因能见度不足而亮灯通行时，可按下列规定以灯光信号替代声响信号：

（一）在照明良好的地点，间歇使用近光灯；

（二）在其余情况下，交替使用远光灯及近光灯，但不得令人目眩。

二、晚间行车时，必须按上款的规定以灯光信号替代声响信号，但属下列车辆或情况除外：

（一）优先通行车辆；

（二）遇有迫在眉睫的危险而需避免发生意外。

三、警车、执行救援或紧急公益任务的车辆方可使用特别灯光警示装置。

四、车辆因进行与其专属用途相符的作业而须在公共道路上停车或慢驶时，应使用特别灯光警示装置，其规格及使用条件由补充法规订定。

五、违反第二款或第四款规定者，科处罚款澳门币 300 元。

六、违反第三款规定者，如其他法律规定无订定较重处罚，则科处罚款澳门币 3 000 元，且可将所使用的特别灯光警示仪器或装置扣押，并宣告归澳门特别行政区所有。

第三节　照　明

第二十七条　使用示宽灯

一、示宽灯是指用于在 150 m 范围内显示车辆的存在及宽度的车灯。

二、晚间或在能见度不足的情况下，停车或进行泊车操作时应使用示宽灯，但配备专供停泊时使用的灯光装置的车辆除外。

三、在下列地点停车或进行泊车操作时，不适用上款的规定：

（一）在照明良好的道路；

（二）在车行道以外地点；

（三）在住宅区道路或交通疏落的道路。

四、违反第二款规定者，科处罚款澳门币 600 元。

第二十八条　使用近光灯

一、近光灯是指光束能有效照射前方 30 m 距离内的地面而不令人目眩的车灯。

二、晚间或在能见度不足的情况下，应使用近光灯，但不影响下款的适用。

三、晚间在照明良好的道路上行车，可使用示宽灯替代近光灯。

四、违反第二款规定者，科处罚款澳门币 600 元。

第二十九条　使用远光灯

一、远光灯是指用于照亮前方至少 100 m 距离内的道路的车灯。

二、在下列地点或情况下，不得使用远光灯：

（一）照明状况可让驾驶员的能见距离至少达 100 m 的道路；

（二）与对向行驶的车辆或行人交会时；

（三）行车时与前车的距离少于 100 m；

（四）桥梁、行车天桥及隧道；

（五）停车或泊车时；

（六）车辆不移动或中止行车时。

三、违反上款（一）项规定者，科处罚款澳门币 600 元。

四、违反第二款（二）项至（六）项任一规定者，如其他法律规定无订定较重处罚，则科处罚款澳门币 1 500 元。

第三十八条　一般规定

一、应从车辆右方超车。

二、违反上款规定者，科处罚款澳门币 900 元。

第三十九条　例　外

一、如拟超越的车辆的驾驶员已表明其右转操作，且在车行道最左侧让出空间，则应从该车左方超车。

二、违反上款规定者，科处罚款澳门币 900 元。

第四十条　超车操作

一、如驾驶员未能确定其超车操作不会引致其车辆与同向或对向行驶的车辆碰撞的危险，则不应开始超车。

二、驾驶员开始超车前尤应确定：

（一）车行道在安全超车所需的距离及宽度方面均畅通无阻；

（二）无其他驾驶员已开始进行超越己车的操作；

（三）同一车道的前车驾驶员并无示意拟超车或绕过障碍物；

（四）在正常情况下可驶回原车道。

三、超车完毕后，驾驶员应在不危及其他道路使用者的情况下尽早驶回原车道。

四、如同一行车方向有两条或以上的车道，而驾驶员超车完毕后拟立即再次超车，只要不阻碍其他车速较快且正驶近以超越己车的车辆，则可继续沿所占车道行驶。

五、违反本条规定者，科处罚款澳门币900元。

第四十一条　方便他人超车的义务

一、如无障碍物阻挡，驾驶员应方便他人超车，并应尽量靠左行驶，或在第三十九条第一款所指情况下应尽量靠右行驶，而在未被超越的情况下不应加速。

二、如车行道的可用宽度、凹凸程度或保养状况不容许安全超车，重型汽车、工业机器车及慢驶车辆应减速或停车，以方便他人超车。

三、违反本条规定者，科处罚款澳门币600元。

第四十二条　禁　止　超　车

一、禁止在下列地点或情况下超车：

（一）有信号标明的人行横道之前及之内；

（二）驼峰路、弯角或其他能见度不足的地点，但属适当划有供同一行车方向使用的两条或以上车道者除外；

（三）交汇处之前及之内；

（四）道路宽度不足。

二、在下列情况下，不适用上款（三）项的禁止规定：

（一）沿环形方向行车时；

（二）驾驶员在有信号标明其于交汇处优先行车的道路上通行时；

（三）超越两轮车辆时；

（四）交通由执法人员或交通灯指挥时；

（五）第三十九条第一款所指情况。

三、禁止超越正在超车的车辆。

四、如有超过一条供同一行车方向使用的车道，当车辆已占用所沿车行道的全部宽度，而车辆的速度又取决于前车的速度，则任何一条车道上的车辆速度高于其余车道上的车辆的速度，不视为超车。

五、在上款所指情况下，沿最左侧车道行车的驾驶员不得驶离其所在行列，但拟转向或停车者除外。

六、违反第一款（二）项、（三）项或（四）项，第三款或第五款规定者，科处罚款澳门币 900 元。

第七节 转向、掉头及倒车

第四十三条 转　　向

一、驾驶员拟左转时，应预先及尽量驶近车行道左缘，并以最短路线左转。

二、驾驶员拟右转时，如所处道路属单向行车，应预先占用车行道右侧，如所处道路属双向行车，应预先及尽量驶近车行道中心线，然后，沿供其行车方向一侧驶进拟转入的车行道。

三、在上款所指情况下，如即将驶离的车道及拟驶入的车道均属双向行车，转向时，交汇处的中心部分应在驾驶员的右方，但有信号另作指示除外。

四、违反本条规定者，科处罚款澳门币 900 元。

第四十四条 掉　　头

一、在不危及交通安全或不阻碍交通的情况下方可掉头。

二、禁止在下列地点掉头：

（一）桥梁、行车天桥及隧道；

（二）驼峰路；

（三）弯角及能见度不足的交汇处；

（四）因能见度或其他道路条件而不宜掉头的地点。

第四十五条 倒　　车

一、倒车只可作为辅助或援助操作，并应在不阻碍交通的情况下以最短路线缓慢进行。

二、禁止在上条第二款所指地点倒车。

三、违反第一款规定者，如其他法律规定无订定较重处罚，则科处罚款澳门币 900 元。

第八十八条 遗弃受害人

一、导致交通事故发生后遗弃交通事故受害人者，科处最高 3 年徒刑或罚金。

二、行为人确定受害人如被遗弃可能会产生的结果，但仍接受或漠视该等结果而遗弃受害人，科处与不作为犯的故意犯罪相应的刑罚。

三、如第一款所指行为是由行为人的过失导致，则科处最高1年徒刑或最高120日罚金。

第八十九条　逃避责任

牵涉交通事故者意图以其可采用的法定方法以外的其他方法，使自己免于承担民事或刑事责任，科处最高1年徒刑或最高120日罚金。

第二节　酒驾处理

酒后驾车是一种危险的驾驶行为，内地、香港、澳门三地交通法规均将酒驾列为违法行为，分别对定性、取证、处罚、承担刑事责任作出规定。

一、内地规定

内地法律体系中，对于酒驾由《道路交通安全法》作出原则规定，查处酒驾的具体程序由公安部发布的《道路交通安全违法行为处理程序规定》规定。由于酒驾可能涉及刑事责任，《刑法》作了相应规定。最高人民法院也发布了两个针对酒驾的司法解释：《关于办理醉酒驾驶机动车刑事案件适用法律若干问题的意见》《最高人民法院关于审理交通肇事刑事案件具体应用法律若干问题的解释》。

《道路交通安全法》：

第九十一条　饮酒后驾驶机动车的，处暂扣6个月机动车驾驶证，并处1 000元以上2 000元以下罚款。因饮酒后驾驶机动车被处罚，再次饮酒后驾驶机动车的，处十日以下拘留，并处1 000元以上2 000元以下罚款，吊销机动车驾驶证。

醉酒驾驶机动车的，由公安机关交通管理部门约束至酒醒，吊销机动车驾驶证，依法追究刑事责任；5年内不得重新取得机动车驾驶证。

饮酒后驾驶营运机动车的，处15日拘留，并处5 000元罚款，吊销机动车驾驶证，5年内不得重新取得机动车驾驶证。

醉酒驾驶营运机动车的，由公安机关交通管理部门约束至酒醒，吊销机动车驾驶证，依法追究刑事责任；10年内不得重新取得机动车驾驶证，重新取得机动车驾驶证后，不得驾驶营运机动车。

饮酒后或者醉酒驾驶机动车发生重大交通事故，构成犯罪的，依法追究刑事责任，并由公安机关交通管理部门吊销机动车驾驶证，终生不得重新取得机动车驾驶证。

第一百零五条　机动车驾驶人有饮酒、醉酒、服用国家管制的精神药品或者麻醉药品嫌疑的，应当接受测试、检验。

《道路交通安全违法行为处理程序规定》：

第二十二条　公安机关交通管理部门及其交通警察在执法过程中，依法可以采取下列行政强制措施：

（一）扣留车辆；

（二）扣留机动车驾驶证；

（三）拖移机动车；

（四）检验体内酒精、国家管制的精神药品、麻醉药品含量；

（五）收缴物品；

（六）法律、法规规定的其他行政强制措施。

第二十三条　采取本规定第二十二条第（一）（二）（四）（五）项行政强制措施，应当按照下列程序实施：

（一）口头告知违法行为人或者机动车所有人、管理人违法行为的基本事实、拟作出行政强制措施的种类、依据及其依法享有的权利。

（二）听取当事人的陈述和申辩，当事人提出的事实、理由或者证据成立的，应当采纳。

（三）制作行政强制措施凭证，并告知当事人在15日内到指定地点接受处理。

（四）行政强制措施凭证应当由当事人签名、交通警察签名或者盖章，并加盖公安机关交通管理部门印章；当事人拒绝签名的，交通警察应当在行政强制措施凭证上注明。

（五）行政强制措施凭证应当当场交付当事人；当事人拒收的，由交通警察在行政强制措施凭证上注明，即为送达。

现场采取行政强制措施的，可以由一名交通警察实施，并在24小时内将行政强制措施凭证报所属公安机关交通管理部门备案。

第二十九条　有下列情形之一的，依法扣留机动车驾驶证：

（一）饮酒后驾驶机动车的。

第三十条　交通警察应当在扣留机动车驾驶证后24小时内，将被扣留机动车驾驶证交所属公安机关交通管理部门。

具有本规定第二十九条第（一）（二）（三）（四）项所列情形之一的，扣留机动车驾驶证至作出处罚决定之日；处罚决定生效前先予扣留机动车驾驶证的，扣留

1日折抵暂扣期限1日。只对违法行为人作出罚款处罚的，缴纳罚款完毕后，应当立即发还机动车驾驶证。具有本规定第二十九条第（五）项情形的，扣留机动车驾驶证至考试合格之日。

第三十三条　车辆驾驶人有下列情形之一的，应当对其检验体内酒精、国家管制的精神药品、麻醉药品含量：

（一）对酒精呼气测试等方法测试的酒精含量结果有异议的；

（二）涉嫌饮酒、醉酒驾驶车辆发生交通事故的；

（三）涉嫌服用国家管制的精神药品、麻醉药品后驾驶车辆的；

（四）拒绝配合酒精呼气测试等方法测试的。

对酒后行为失控或者拒绝配合检验的，可以使用约束带或者警绳等约束性警械。

第三十四条　检验车辆驾驶人体内酒精、国家管制的精神药品、麻醉药品含量的，应当按照下列程序实施：

（一）由交通警察将当事人带到医疗机构进行抽血或者提取尿样；

（二）公安机关交通管理部门应当将抽取的血液或者提取的尿样及时送交有检验资格的机构进行检验，并将检验结果书面告知当事人。

检验车辆驾驶人体内酒精、国家管制的精神药品、麻醉药品含量的，应当通知其家属，但无法通知的除外。

《刑法》：

第一百三十三条之一　在道路上驾驶机动车，有下列情形之一的，处拘役，并处罚金：

（一）追逐竞驶，情节恶劣的；

（二）醉酒驾驶机动车的；

（三）从事校车业务或者旅客运输，严重超过额定乘员载客，或者严重超过规定时速行驶的；

（四）违反危险化学品安全管理规定运输危险化学品，危及公共安全的。

机动车所有人、管理人对前款第三项、第四项行为负有直接责任的，依照前款的规定处罚。

有前两款行为，同时构成其他犯罪的，依照处罚较重的规定定罪处罚。

《关于办理醉酒驾驶机动车刑事案件适用法律若干问题的意见》：

一、在道路上驾驶机动车，血液酒精含量达到 80 mg/100 mL 以上的，属于醉酒驾驶机动车，依照《刑法》第一百三十三条之一第一款的规定，以危险驾驶罪定罪处罚。

前款规定的"道路""机动车",适用《道路交通安全法》的有关规定。

二、醉酒驾驶机动车,具有下列情形之一的,依照《刑法》第一百三十三条之一第一款的规定,从重处罚：

(一)造成交通事故且负事故全部或者主要责任,或者造成交通事故后逃逸,尚未构成其他犯罪的;

(二)血液酒精含量达到 200 mg/100 mL 以上的;

(三)在高速公路、城市快速路上驾驶的;

(四)驾驶载有乘客的营运机动车的;

(五)有严重超员、超载或者超速驾驶,无驾驶资格驾驶机动车,使用伪造或者变造的机动车牌证等严重违反道路交通安全法的行为的;

(六)逃避公安机关依法检查,或者拒绝、阻碍公安机关依法检查尚未构成其他犯罪的;

(七)曾因酒后驾驶机动车受过行政处罚或者刑事追究的;

(八)其他可以从重处罚的情形。

三、醉酒驾驶机动车,以暴力、威胁方法阻碍公安机关依法检查,又构成妨害公务罪等其他犯罪的,依照数罪并罚的规定处罚。

四、对醉酒驾驶机动车的被告人判处罚金,应当根据被告人的醉酒程度、是否造成实际损害、认罪悔罪态度等情况,确定与主刑相适应的罚金数额。

五、公安机关在查处醉酒驾驶机动车的犯罪嫌疑人时,对查获经过、呼气酒精含量检验和抽取血样过程应当制作记录;有条件的,应当拍照、录音或者录像;有证人的,应当收集证人证言。

六、血液酒精含量检验鉴定意见是认定犯罪嫌疑人是否醉酒的依据。犯罪嫌疑人经呼气酒精含量检验达到本意见第一条规定的醉酒标准,在抽取血样之前脱逃的,可以以呼气酒精含量检验结果作为认定其醉酒的依据。

犯罪嫌疑人在公安机关依法检查时,为逃避法律追究,在呼气酒精含量检验或者抽取血样前又饮酒,经检验其血液酒精含量达到本意见第一条规定的醉酒标准的,应当认定为醉酒。

七、办理醉酒驾驶机动车刑事案件,应当严格执行刑事诉讼法的有关规定,切实保障犯罪嫌疑人、被告人的诉讼权利,在法定诉讼期限内及时侦查、起诉、审判。

对醉酒驾驶机动车的犯罪嫌疑人、被告人，根据案件情况，可以拘留或者取保候审。对符合取保候审条件，但犯罪嫌疑人、被告人不能提出保证人，也不交纳保证金的，可以监视居住。对违反取保候审、监视居住规定的犯罪嫌疑人、被告人，情节严重的，可以予以逮捕。

《最高人民法院关于审理交通肇事刑事案件具体应用法律若干问题的解释》：

第二条 交通肇事具有下列情形之一的，处3年以下有期徒刑或者拘役：

（一）死亡1人或者重伤3人以上，负事故全部或者主要责任的；

（二）死亡3人以上，负事故同等责任的；

（三）造成公共财产或者他人财产直接损失，负事故全部或者主要责任，无能力赔偿数额在30万元以上的。

交通肇事致1人以上重伤，负事故全部或者主要责任，并具有下列情形之一的，以交通肇事罪定罪处罚：

（一）酒后、吸食毒品后驾驶机动车辆的；

（二）无驾驶资格驾驶机动车辆的；

（三）明知是安全装置不全或者安全机件失灵的机动车辆而驾驶的；

（四）明知是无牌证或者已报废的机动车辆而驾驶的；

（五）严重超载驾驶的；

（六）为逃避法律追究逃离事故现场的。

二、澳门规定

对于酒驾的界定和处罚，澳门的法律体系中由《道路交通法》予以规定。

《道路交通法》：

第九十条 醉酒驾驶或受麻醉品或精神科物质影响下驾驶

一、任何人在公共道路上驾驶车辆而其每公升血液中的酒精含量等于或超过1.2 g，如其他法律规定无订定较重处罚，则科处最高1年徒刑及禁止驾驶1～3年。

二、任何人受麻醉品或精神科物质的影响下在公共道路上驾驶车辆而其服食行为依法构成犯罪者，亦科处上款所定的刑罚。

三、过失者，亦予处罚。

第九十三条 过失犯罪的处罚

一、对驾驶时实施的过失犯罪，科处一般法规定的刑罚，而其法定刑下限则改为原下限加上限的1/3，但其他法律规定订定较重处罚除外。

二、如属重过失，则其法定刑下限改为原下限加上限的一半，但其他法律规定订定较重处罚除外。

三、驾驶时出现下列任一情况，则属重过失：

（一）醉酒驾驶或受酒精影响下驾驶；

（二）受麻醉品或精神科物质的影响下驾驶，只要其服食行为依法构成犯罪。

第九十六条 受酒精影响下驾驶

一、禁止在受酒精影响下于公共道路上驾驶，而为适用本法律的规定，"受酒精影响下"是指驾驶员的每公升血液中的酒精含量等于或超过0.5 g，又或根据本法律或补充法规的规定进行测试后按医生的报告，驾驶员被视为受酒精影响。

二、在公共道路上驾驶车辆者的每公升血液中的酒精含量等于或超过0.5 g，但低于0.8 g，科处罚金澳门币2 000元至10 000元。

三、在公共道路上驾驶车辆者的每公升血液中的酒精含量等于或超过0.8 g，但低于1.2 g，科处罚金澳门币6 000元至30 000元及禁止驾驶2个月至6个月。

四、累犯者，处罚如下：

（一）如实施第二次违法行为时每公升血液中的酒精含量低于0.8克，科处罚金澳门币4 000元至20 000元及禁止驾驶6个月至1年；

（二）如实施第二次违法行为时每公升血液中的酒精含量等于或超过0.8克，但低于1.2克，科处最高6个月徒刑或罚金澳门币12 000元至60 000元，以及禁止驾驶1~3年。

五、按法院命令进行鉴定检测后，被宣告为惯常酗酒者，科处禁止驾驶1~3年。

六、上款规定的禁止驾驶期间可延续，直至驾驶员痊愈为止。

第一百一十五条 酒精测试

一、执法人员可对驾驶员进行呼气酒精测试。

二、牵涉人员伤亡事故的驾驶员或其他人，在其状况容许的情况下，必须接受上款所指测试。

三、如不可能进行呼气酒精测试，官方或依法指定的医护场所的医生应向送检的涉事者收集血液样本，供嗣后诊断检测其受酒精影响的状况。

四、基于医学原因或受检者的拒绝而无法进行血液酒精测试时，应由医生进行检查，以诊断受检者受酒精影响的状况。

五、无合理理由而拒绝接受本条所指呼气酒精测试或医生检查者，以违令罪处罚。

六、如出现上款所指的拒绝情况，尚可科处第九十六条第三款规定的禁止驾驶的处罚。

内地、澳门两地对酒驾醉驾的相关处罚

地区	呼气、血液或尿液中的酒精比例	最短停牌期		罚款		行政/刑事处罚		备注
		首次定罪	第二次/再次定罪	首次定罪	第二次/再次定罪	首次定罪	第二次/再次定罪	
内地	酒驾							血液酒精含量达到200 mg/100 mL以上的，依照《刑法》第一百三十三条之一第一款的规定，从重处罚
	饮酒后驾驶机动车的	6个月	吊销	1 000～2 000元	1 000～2 000元	—	10日以下拘留	
	饮酒后驾驶营运机动车的	吊销,5年内不得重新取得		5 000元	—	15日拘留		
	醉驾（在道路上驾驶机动车,血液酒精含量达到80 mg/100 mL以上的,属于醉酒驾驶机动车）							
	醉酒驾驶机动车的	吊销,5年内不得重新取得		—	—	追究刑事责任		
	醉酒驾驶营运机动车的	吊销,10年内不得重新取得机动车驾驶证,重新取得机动车驾驶证后,不得驾驶营运机动车		—	—	追究刑事责任		

续表

地区	呼气、血液或尿液中的酒精比例	最短停牌期 首次定罪	最短停牌期 第二次/再次定罪	罚款 首次定罪	罚款 第二次/再次定罪	行政/刑事处罚 首次定罪	行政/刑事处罚 第二次/再次定罪	备注
澳门	每公升血液中的酒精含量等于或超过0.5 g,但低于0.8 g	—	禁止驾驶6个月至1年	澳门币2 000元~10 000元	澳门币4 000元~20 000元	—	—	按法院命令进行鉴定检测后,被宣告为惯常酗酒者,科处禁止驾驶1~3年
澳门	每公升血液中的酒精含量等于或超过0.8 g,但低于1.2 g	禁止驾驶2个月至6个月	禁止驾驶1~3年	澳门币6 000元~30 000元	澳门币12 000元~60 000元	—	6个月徒刑	
澳门	每公升血液中的酒精含量等于或超过1.2 g	禁止驾驶1~3年	—	—	最高1年徒刑	—	—	

第三节 超载处罚

一、内地规定

在内地交通法律体系中,对超载的处罚规定在《道路交通安全法》《道路交通安全法实施条例》《道路交通安全违法行为处理程序规定》《最高人民法院关于审理交通肇事刑事案件具体应用法律若干问题的解释》《公路安全保护条例》中。

《道路交通安全法》:

第九十二条 公路客运车辆载客超过额定乘员的,处200元以上500元以下罚款;超过额定乘员20%或者违反规定载货的,处500元以上2 000元以下罚款。

货运机动车超过核定载质量的，处 200 元以上 500 元以下罚款；超过核定载质量 30% 或者违反规定载客的，处 500 元以上 2 000 元以下罚款。

有前两款行为的，由公安机关交通管理部门扣留机动车至违法状态消除。

运输单位的车辆有本条第一款、第二款规定的情形，经处罚不改的，对直接负责的主管人员处 2 000 元以上 5 000 元以下罚款。

《道路交通安全法实施条例》：

第一百零六条　公路客运载客汽车超过核定乘员、载货汽车超过核定载质量的，公安机关交通管理部门依法扣留机动车后，驾驶人应当将超载的乘车人转运、将超载的货物卸载，费用由超载机动车的驾驶人或者所有人承担。

《道路交通安全违法行为处理程序规定》：

第二十五条　有下列情形之一的，依法扣留车辆：

（四）公路客运车辆或者货运机动车超载的。

第二十六条　交通警察应当在扣留车辆后 24 小时内，将被扣留车辆交所属公安机关交通管理部门。

公安机关交通管理部门扣留车辆的，不得扣留车辆所载货物。对车辆所载货物应当通知当事人自行处理，当事人无法自行处理或者不自行处理的，应当登记并妥善保管，对容易腐烂、损毁、灭失或者其他不具备保管条件的物品，经县级以上公安机关交通管理部门负责人批准，可以在拍照或者录像后变卖或者拍卖，变卖、拍卖所得按照有关规定处理。

第二十七条　对公路客运车辆载客超过核定乘员、货运机动车超过核定载质量的，公安机关交通管理部门应当按照下列规定消除违法状态：

（一）违法行为人可以自行消除违法状态的，应当在公安机关交通管理部门的监督下，自行将超载的乘车人转运、将超载的货物卸载；

（二）违法行为人无法自行消除违法状态的，对超载的乘车人，公安机关交通管理部门应当及时通知有关部门联系转运；对超载的货物，应当在指定的场地卸载，并由违法行为人与指定场地的保管方签订卸载货物的保管合同。

消除违法状态的费用由违法行为人承担。违法状态消除后，应当立即退还被扣留的机动车。

《最高人民法院关于审理交通肇事刑事案件具体应用法律若干问题的解释》：

第二条　交通肇事具有下列情形之一的，处 3 年以下有期徒刑或者拘役：

（一）死亡 1 人或者重伤 3 人以上，负事故全部或者主要责任的；

（二）死亡 3 人以上，负事故同等责任的；

（三）造成公共财产或者他人财产直接损失，负事故全部或者主要责任，无能力赔偿数额在30万元以上的。

交通肇事致一人以上重伤，负事故全部或者主要责任，并具有下列情形之一的，以交通肇事罪定罪处罚：

（五）严重超载驾驶的。

《公路安全保护条例》：

第六十四条 违反本条例的规定，在公路上行驶的车辆，车货总体的外廓尺寸、轴荷或者总质量超过公路、公路桥梁、公路隧道、汽车渡船限定标准的，由公路管理机构责令改正，可以处3万元以下的罚款。

第六十五条 违反本条例的规定，经批准进行超限运输的车辆，未按照指定时间、路线和速度行驶的，由公路管理机构或者公安机关交通管理部门责令改正；拒不改正的，公路管理机构或者公安机关交通管理部门可以扣留车辆。

未随车携带超限运输车辆通行证的，由公路管理机构扣留车辆，责令车辆驾驶人提供超限运输车辆通行证或者相应的证明。

租借、转让超限运输车辆通行证的，由公路管理机构没收超限运输车辆通行证，处1 000元以上5 000元以下的罚款。使用伪造、变造的超限运输车辆通行证的，由公路管理机构没收伪造、变造的超限运输车辆通行证，处3万元以下的罚款。

第六十六条 对1年内违法超限运输超过3次的货运车辆，由道路运输管理机构吊销其车辆营运证；对1年内违法超限运输超过3次的货运车辆驾驶人，由道路运输管理机构责令其停止从事营业性运输；道路运输企业1年内违法超限运输的货运车辆超过本单位货运车辆总数10%的，由道路运输管理机构责令道路运输企业停业整顿；情节严重的，吊销其道路运输经营许可证，并向社会公告。

第六十七条 违反本条例的规定，有下列行为之一的，由公路管理机构强制拖离或者扣留车辆，处3万元以下的罚款：

（一）采取故意堵塞固定超限检测站点通行车道、强行通过固定超限检测站点等方式扰乱超限检测秩序的；

（二）采取短途驳载等方式逃避超限检测的。

第六十八条 违反本条例的规定，指使、强令车辆驾驶人超限运输货物的，由道路运输管理机构责令改正，处3万元以下的罚款。

二、澳门规定

澳门法律将对超载的处罚规定在《道路交通法》中。

《道路交通法》：

第五十条 载 客

一、载客人数不得超过车辆的载客量，并禁止以危及乘客或驾驶安全的方式载客。

二、除非符合补充法规所定的例外条件，禁止以座位以外的位置载客，但在后座手抱儿童不在此限。

第五十二条 装卸货物

一、在公共道路上装卸货物应从车辆停泊时靠近的路缘或行人道一方进行，又或从车辆后方进行。

二、如载荷车辆因载货而可能对其他道路使用者构成危险或阻碍，又或可能损毁路面、基础设施、道路设施或沿途路边建筑物，则禁止通行，但不影响适用于供特别运输的车辆的规定。

三、安放及整理货物时，应特别注意下列事项：

（一）确保车辆在不移动或行车时保持平衡；

（二）确保货物不掉落路上，又或不因摇曳而使运输变得危险或给其他使用者造成不便或导致碎屑或物料散落在公共道路上；

（三）确保货物不阻碍驾驶员的视线；

（四）确保货物不在路面拖曳；

（五）确保货物不超出从地面起计 4 m 的高度；

（六）如属客车，确保货物不妨碍正确识别信号装置、灯光装置及注册号牌，以及不超出车辆外廓；

（七）如属货车，确保货物长度及宽度不超出车厢。

四、与车辆各端点相交的垂直平面，视为车辆外廓。

五、禁止车辆运载货物重量超过法定上限。

六、违反第一款规定者，科处罚款澳门币 600 元。

七、违反第二款、第三款或第五款规定者，科处罚款澳门币 900 元，且不影响下款的规定。

八、如车辆运载货物重量超过法定上限 20% 或以上，科处罚款澳门币 3 000 元。

第四节 违法泊车

一、内地规定

在内地交通法律体系中,将违法泊车规定在《道路交通安全法》《道路交通安全违法行为处理程序规定》中。

《道路交通安全法》:

第九十三条 对违反道路交通安全法律、法规关于机动车停放、临时停车规定的,可以指出违法行为,并予以口头警告,令其立即驶离。

机动车驾驶人不在现场或者虽在现场但拒绝立即驶离,妨碍其他车辆、行人通行的,处 20 元以上 200 元以下罚款,并可以将该机动车拖移至不妨碍交通的地点或者公安机关交通管理部门指定的地点停放。公安机关交通管理部门拖车不得向当事人收取费用,并应当及时告知当事人停放地点。

因采取不正确的方法拖车造成机动车损坏的,应当依法承担补偿责任。

《道路交通安全违法行为处理程序规定》:

第三十一条 违反机动车停放、临时停车规定,驾驶人不在现场或者虽在现场但拒绝立即驶离,妨碍其他车辆、行人通行的,公安机关交通管理部门及其交通警察可以将机动车拖移至不妨碍交通的地点或者公安机关交通管理部门指定的地点。

拖移机动车的,现场交通警察应当通过拍照、录像等方式固定违法事实和证据。

第三十二条 公安机关交通管理部门应当公开拖移机动车查询电话,并通过设置拖移机动车专用标志牌明示或者以其他方式告知当事人。当事人可以通过电话查询接受处理的地点、期限和被拖移机动车的停放地点。

二、澳门规定

澳门法律将违法泊车规定在《道路交通法》中。

《道路交通法》：

第四十六条　一 般 规 定

一、车辆因上落乘客或短暂装卸货物而在必需的时间内不移动，视为停车。

二、车辆既非停车，亦非因交通状况所需而不移动，视为泊车。

三、只准在下列地点及按下列规定停车或泊车：

（一）在车行道上，尽量靠近车行道左侧的路缘或行人道，并以与之平行的方式停车或泊车，但根据特别信号、泊车位的布置或几何形状而应以其他方式停车或泊车除外；

（二）在车行道上专供停车或泊车的地点顺行车方向停泊；

（三）在车行道以外特别规划的或专供停车或泊车的地点。

四、驾驶员离开其停泊的车辆前，应预留足够空间让其他车辆驶离泊车位或泊进空出的泊车位，并应采取防止其车辆滑行所需的措施。

五、违反上款规定者，科处罚款澳门币 300 元。

第四十七条　禁 止 停 车

一、禁止在下列地点停车：

（一）交汇处及距车行道相交处 5 m 以内；

（二）桥梁、行车天桥、隧道及其他能见度不足的地点；

（三）标示集体客运车辆停车处的信号前后 10 m 以内；

（四）有信号标明的人行横道；

（五）交通灯及不包括停车及泊车标志在内的垂直标志前 20 m 以内，但仅以车辆连同所载货物在内的高度可遮挡该等灯号或标志的情况为限；

（六）脚踏车路径、分隔设施、导向岛、环形交通圆形地的中央安全岛及专供行人通行的地点；

（七）车道之间划有纵向实线的车行道，但仅以该纵向实线与车辆之间的距离不足 3 m 的情况为限。

二、其他禁止停车的情况可由补充法规订定。

三、违法停车者，如其他法律规定无订定较重处罚，则科处罚款澳门币 300 元。

四、在桥梁、行车天桥或隧道违法停车者，科处罚款澳门币 900 元，但补充法规另有规定除外。

第四十八条　禁 止 泊 车

一、除上条所指地点或情况外，亦禁止在下列地点或情况下泊车：

（一）在车行道上双排泊车；

（二）在单向行车道路上泊车而阻碍一排车辆通行，又或在双向行车道路上泊车而阻碍两排车辆通行；

（三）在阻碍其他已适当停泊的车辆离开的地点泊车；

（四）燃料供应站前后 5 m 以内；

（五）在车辆或行人进出建筑物或泊车位必经之处泊车而阻挡或妨碍车辆或行人进出该等建筑物或泊车位；

（六）有信号标明供特定车辆泊车的地方；

（七）行人道及行人区；

（八）工业机器车、未拴挂于牵引车的挂车或半挂车在非专供其泊车的地方。

二、其他禁止泊车的情况可由补充法规订定。

三、违法泊车者，如其他法律规定无订定较重处罚，则科处罚款澳门币 300 元。

四、在桥梁、行车天桥或隧道违法泊车者，科处罚款澳门币 900 元，但补充法规另有规定除外。

五、违反第一款（八）项规定者，科处罚款澳门币 3 000 元。

六、如违法者持续或重复在同一地点违法泊车，则视每 24 小时新查获的违法泊车为一项独立的行政违法行为。

泊车位及泊车处供停泊的车辆类型	准许泊车的时间上限（小时）	收费种类［元（澳门币）/小时］	咪表柱身颜色
轻型汽车	1	10	红色
轻型汽车	2	6	黄色
轻型汽车	4	3	绿色
重型汽车	2	10	黄色
重型汽车	5	5	灰色
重型及轻型摩托车	2	2	黄色
重型及轻型摩托车	4	1	绿色

现时使用的咪表收费设备为"一管多"运作模式，可接受投币，及受澳门金融管理局监管的经营机构所发行的电子货币卡的付款方式。

市民于使用咪表期间如有任何操作问题，可致电咪表公司联络电话查询，以便作出即时之处理，每一个咪表亦有注明其咪表编号。

（澳门交通事务局网站资料）

第五节 扣留车辆

一、内地规定

内地交通法律将扣留车辆规定在《道路交通安全法》《道路交通安全违法行为处理程序规定》中。

《道路交通安全法》：

第九十八条 机动车所有人、管理人未按照国家规定投保机动车第三者责任强制保险的，由公安机关交通管理部门扣留车辆至依照规定投保后，并处依照规定投保最低责任限额应缴纳的保险费的 2 倍罚款。

依照前款缴纳的罚款全部纳入道路交通事故社会救助基金。具体办法由国务院规定。

《道路交通安全违法行为处理程序规定》：

第二十五条 有下列情形之一的，依法扣留车辆：

（一）上道路行驶的机动车未悬挂机动车号牌，未放置检验合格标志、保险标志，或者未随车携带机动车行驶证、驾驶证的；

（二）有伪造、变造或者使用伪造、变造的机动车登记证书、号牌、行驶证、检验合格标志、保险标志、驾驶证或者使用其他车辆的机动车登记证书、号牌、行驶证、检验合格标志、保险标志嫌疑的；

（三）未按照国家规定投保机动车交通事故责任强制保险的；

（四）公路客运车辆或者货运机动车超载的；

（五）机动车有被盗抢嫌疑的；

（六）机动车有拼装或者达到报废标准嫌疑的；

（七）未申领"剧毒化学品公路运输通行证"通过公路运输剧毒化学品的；

（八）非机动车驾驶人拒绝接受罚款处罚的。

对发生道路交通事故，因收集证据需要的，可以依法扣留事故车辆。

第二十六条 交通警察应当在扣留车辆后 24 小时内，将被扣留车辆交所属公安机关交通管理部门。

公安机关交通管理部门扣留车辆的，不得扣留车辆所载货物。对车辆所载货物应当通知当事人自行处理，当事人无法自行处理或者不自行处理的，应当登记并妥善保管，对容易腐烂、损毁、灭失或者其他不具备保管条件的物品，经县级以上公安机关交通管理部门负责人批准，可以在拍照或者录像后变卖或者拍卖，变卖、拍卖所得按照有关规定处理。

第二十七条 对公路客运车辆载客超过核定乘员、货运机动车超过核定载质量的，公安机关交通管理部门应当按照下列规定消除违法状态：

（一）违法行为人可以自行消除违法状态的，应当在公安机关交通管理部门的监督下，自行将超载的乘车人转运、将超载的货物卸载；

（二）违法行为人无法自行消除违法状态的，对超载的乘车人，公安机关交通管理部门应当及时通知有关部门联系转运；对超载的货物，应当在指定的场地卸载，并由违法行为人与指定场地的保管方签订卸载货物的保管合同。

消除违法状态的费用由违法行为人承担。违法状态消除后，应当立即退还被扣留的机动车。

第二十八条 对扣留的车辆，当事人接受处理或者提供、补办的相关证明或者手续经核实后，公安机关交通管理部门应当依法及时退还。

公安机关交通管理部门核实的时间不得超过10日；需要延长的，经县级以上公安机关交通管理部门负责人批准，可以延长至15日。核实时间自车辆驾驶人或者所有人、管理人提供被扣留车辆合法来历证明，补办相应手续，或者接受处理之日起计算。

发生道路交通事故因收集证据需要扣留车辆的，扣留车辆时间依照《道路交通事故处理程序规定》有关规定执行。

第三十六条 公安机关交通管理部门对扣留的拼装或者已达到报废标准的机动车，经县级以上公安机关交通管理部门批准后，予以收缴，强制报废。

二、澳门规定

澳门法律将扣留车辆规定在《道路交通法》《道路交通规章》《确定在刑事诉讼程序内所扣押之车辆，被宣告归本地区所有，或遗弃之车辆》（第24/93/M号法令）中。

《道路交通法》：

第一百二十三条 扣押车辆

一、如机动车辆、挂车、半挂车或三轮车类型的脚踏车在公共道路上处于下列狀況，可被扣押：

（一）裝有非依法獲給予或獲准使用的註冊號碼；

（二）未裝有註冊號牌或未經註冊；

（三）裝有在澳門特別行政區內不具通行效力的註冊號碼；

（四）其註冊已被取消；

（五）其車輛識別文件已被扣押；

（六）未依法購買民事責任保險而行車；

（七）未依法使車輛的所有權登記符合規定。

二、如有強烈跡象顯示機動車輛用作提供有別於獲許可或註冊用途且有報酬的服務，則將車輛扣押。

三、如在刑事方面作出第一款（一）項至（三）項所指扣押，則按刑事程序的規定處理。

四、在第一款（四）項及（五）項所指情況下，可指定車輛所有人為車輛的保管人。

五、在第二款所指情況下，一經自願繳交罰款或提供相當於罰款金額的保證金，又或作出歸檔或宣告不存在違法行為的決定，又或一經繳交處罰決定所科的罰款，扣押立即終止。

六、在未有開展刑事程序而進行第一款（一）項至（三）項所指扣押的情況中，又或在同一款（四）項至（七）項所指情況中，如車輛持續被扣押是因其所有人的過失而未使車輛狀況符合規定所致，持續扣押車輛的時間不得超過90日；如車輛基於上述原因而持續被扣押超過90日，則視為被棄置並由澳門特別行政區先占取得。

七、當出現第五款所述終止扣押車輛的情況，則應自接獲通知領回車輛之日起計90日內將車輛領回；如逾期不領回車輛，則視該車輛被棄置並由澳門特別行政區先占取得。

八、如已依法購買民事責任保險，又或在發生事故的情況下，如已就該事故作出賠償或已提供金額相等於最低強制保險額的保證金，則第一款（六）項所指扣押立即終止。

九、車輛的所有人、保留所有權的取得人、用益權人或以任何名義實際占有車輛的人，須負責繳付因車輛被扣押而產生的費用。

《道路交通规章》：

第十九条 锁 车

一、自任何有权限之当局张贴锁车指示通告或使用阻止车辆移动之适当设备起，车辆视为已被锁上。

二、如属上款规定之情况，车辆之开锁仅得由有权限之当局为之，其他人士开锁者，处罚款澳门币500至2 500元。

《确定在刑事诉讼程序内所扣押之车辆，被宣告归本地区所有，或遗弃之车辆》（第24/93/M号法令）：

3. 车辆之扣押。

除因登记折、产权登记证、缴纳保险费证明、缴纳通行准照证明等不合规范的行为而引起扣押车辆之类情况外，政府可以依据法律确定的标准与条件，移走明显遗弃之车辆，任意停放的车辆及危及交通的车辆。

如果被移走和保管的车辆内能够找到车主的姓名和地址，政府应通知其有关情事，以便领回。为此，车主需在法定期间内缴付罚款、移走费用及保管费用，逾期不取，将丧失其对车辆的所有权，车辆则被视为弃车而为政府以"先占"所有。

有权扣押车辆之当局为：澳门市政府厅交通处、治安警察、市政警察。在有些场合，刑事预审法院与司法警察也享有此权。

附录一
《澳门与内地两地交通法规对接初探（第二卷）》

内地交通法规汇集

目　　录

中华人民共和国道路交通安全法

中华人民共和国公路法

中华人民共和国刑法

中华人民共和国道路交通安全法实施条例

中华人民共和国道路运输条例

公路安全保护条例

城市道路管理条例

中华人民共和国车船税法实施条例

机动车交通事故责任强制保险条例

最高人民法院关于审理交通肇事刑事案件具体应用法律若干问题的解释

最高人民法院关于审理道路交通事故损害赔偿案件适用法律若干问题的解释

关于办理醉酒驾驶机动车刑事案件适用法律若干问题的意见

机动车登记规定

机动车驾驶证申领和使用规定

机动车驾驶证业务工作规范

临时入境机动车和驾驶人管理规定

道路交通安全违法行为处理程序规定

道路交通事故处理程序规定

机动车强制报废标准规定

超限运输车辆行驶公路管理规定

中华人民共和国海关关于来往香港、澳门公路货运企业及其车辆和驾驶员的管理办法

中国保险监督管理委员会关于印发《机动车交通事故责任强制保险费率浮动暂行办法》的通知

广东省道路交通安全条例

广东省高级人民法院、广东省公安厅关于处理道路交通事故案件若干具体问题的意见

广东省高级人民法院、广东省公安厅关于处理道路交通事故案件若干具体问题的补充意见

广东省人民政府关于加强直通港澳车辆管理工作问题的通知

公路工程技术标准

机动车运行安全技术条件

附录二
《澳门与内地两地交通法规对接初探(第三卷)》

澳门交通法规汇集

目　　录

道路交通法
车辆使用牌照税
通过《机动车辆税规章》
规范澳门特别行政区车辆的一般原则
订定车辆在道路上停泊之管制措施
核准澳门运输法律制度的一般基础
道路交通规章
确定在刑事诉讼程序内所扣押之车辆，被宣告归本地区所有，或遗弃之车辆
核准汽车登记制度
修正汽车民事责任之强制性保险制度
核准汽车行业之保险费及条件
制定汽车保险之一般及特殊条件

核准《驾驶学校及教学规章》
陆路跨境客运
公共泊车服务
车辆进出澳门特别行政区陆路边境的监管
驾驶学习暨考试中心使用规章
核准《交通事务费用及价金表》

澳门回归二十年经验丛书

澳门与内地
两地交通法规对接初探
(第三卷)

芦海滨 赖崇斌 麦桂霞 ◎ 编

SPM
南方出版传媒
广东经济出版社
·广州·

图书在版编目（CIP）数据

澳门与内地两地交通法规对接初探：全三册/芦海滨，赖崇斌，麦桂霞编．—广州：广东经济出版社，2019.12
（澳门回归二十年经验丛书）
ISBN 978－7－5454－7087－1

Ⅰ. ①澳… Ⅱ. ①芦… ②赖… ③麦… Ⅲ. ①交通运输管理－法规－研究－中国 Ⅳ. ①D922.144

中国版本图书馆 CIP 数据核字（2019）第 268984 号

出 版 人：李　鹏
责任编辑：毛一飞　高文彪
责任技编：陆俊帆

澳门与内地两地交通法规对接初探
AOMEN YU NEIDI LIANGDI JIAOTONG FAGUI DUIJIE CHUTAN

出版发行	广东经济出版社（广州市环市东路水荫路11号11~12楼）
经销	全国新华书店
印刷	广东鹏腾宇文化创新有限公司 （珠海市高新区科技九路88号七号厂房）
开本	787毫米×1092毫米　1/16
印张	20.25
字数	388千字
版次	2019年12月第1版
印次	2019年12月第1次
书号	ISBN 978－7－5454－7087－1
定价	268.00元（全三册）

广东经济出版社网址：http://www.gebook.com　微博：http://e.weibo.com/gebook
图书营销中心地址：广州市环市东路水荫路11号11楼
电话：（020）87393530　邮政编码：510075
如发现印装质量问题，影响阅读，请与承印厂联系调换。
广东经济出版社常年法律顾问：胡志海律师
·版权所有　翻印必究·

目 录

道路交通法 ··· 3
车辆使用牌照税 ·· 54
通过《机动车辆税规章》 ·· 64
规范澳门特别行政区车辆的一般原则 ······································ 80
订定车辆在道路上停泊之管制措施 ··· 84
核准澳门运输法律制度的一般基础 ··· 88
道路交通规章 ·· 92
确定在刑事诉讼程序内所扣押之车辆,被宣告归本地区所有,或遗弃之车辆 ······
 ·· 193
核准汽车登记制度 ·· 197
修正汽车民事责任之强制性保险制度 ······································ 216
核准汽车行业之保险费及条件 ·· 232
制定汽车保险之一般及特殊条件 ··· 249
核准《驾驶学校及教学规章》 ·· 262
陆路跨境客运 ·· 279
公共泊车服务 ·· 292
车辆进出澳门特别行政区陆路边境的监管 ································ 306
驾驶学习暨考试中心使用规章 ·· 310
核准《交通事务费用及价金表》 ··· 312

澳门与内地两地交通法规对接初探

（第三卷）

澳门交通法规汇编

澳门特别行政区

第 3/2007 号法律

道路交通法

立法会根据《澳门特别行政区基本法》第七十一条（一）项，制定本法律。

第一章　总　　则

第一节　标的及定义

第一条　标　　的

本法律订定澳门特别行政区道路交通的一般原则及规则。

第二条　与道路有关的定义

为适用本法律及补充法规的规定，下列用词定义如下：

（一）公共道路：属澳门特别行政区的公产或私产且开放予公众陆上通行的道路；

（二）等同公共道路的道路：开放予公众陆上通行的私人道路；

（三）快速道路：最高车速限制超过一般规定的最高车速限制的公共道路；

（四）高速公路：用于快速行车并有限制进入的公共道路，其上装有车行道分隔设施及有信号标明为高速公路，且在同一平面无交叉路口及不通往沿途路边的建筑物；

（五）路缘：车行道旁非专供车辆通行的公共道路路面；

（六）简易道路：非都市化区域内专供本区交通之用的道路；

（七）专用车道：专供特定类别车辆或特定运输使用的车道；

（八）车行道：公共道路上专供车辆通行的部分；

（九）车行道中心线：将一条车行道分成两部分的纵向线，且每部分只供一个方向行车，而不论有否以信号划定；

（十）T字形交叉路口：公共道路的接合或岔口区；

（十一）交汇处：两条或以上公共道路在同一平面接合或相交的车行道连接区；

（十二）十字形交叉路口：属同一平面的公共道路的交汇区；

（十三）圆形地：由十字形或T字形交叉路口形成的、供环形方向行车并有信号标明为圆形地的地带；

（十四）车道：只供一排车辆通行的车行道纵向区；

（十五）减速路：由车行道扩阔而成的、供拟驶离公共道路的车辆在主线之外减速的车道；

（十六）加速路：由车行道扩阔而成的、供拟驶进公共道路的车辆适当加速以驶入主线的车道；

（十七）特别路径：有信号标明的、局部或全部专供行人或特定类别车辆通行的公共道路；

（十八）人行横道：有适当信号标明供行人横过车行道的、以白色平行条纹划定的条状地带；

（十九）行人道：车行道旁专供行人通行的公共道路路面，该路面一般高出地面；

（二十）行人区：专供行人通行的区域，除优先通行车辆或其他获适当许可的车辆外，其余车辆一律禁止在该区域内通行；

（二十一）城镇：设有建筑物并以规章性法规所订信号标明范围的区域；

（二十二）泊车处：专供泊车的地方；

（二十三）泊车区：在公共道路上建造的专供泊车的地方或有信号标明为专供泊车的地方；

（二十四）住宅区：供居住用途并受本身通行规则约束的特别规划区域，其出入口均有适当信号标明。

第三条 车辆的定义

为适用本法律及补充法规的规定，下列用词定义如下：

（一）汽车：装有发动机并具三个或以上车轮的车辆，其设计最高车速超过25 km/h且在公共道路上无须使用路轨而通行；

（二）轻型汽车：设计总重量不少于350 kg但不多于3 500 kg的、连驾驶员在内载客量不超过九人的车辆，并可作如下分类：用于载货者属轻型货车、用于载客者属轻型客车、兼载客货者属轻型客货车；

（三）重型汽车：设计总重量超过3 500 kg或连驾驶员在内载客量超过九人的车辆，并可作如下分类：用于载货者属重型货车、用于载客者属重型客车、兼载客货者属重型客货车；

（四）轻型摩托车：装有汽缸容量不超过 50 cm³ 的热能发动机或输出功率不超过 4 kW 的电动机的两轮或三轮车辆，其设计最高车速在平地上不超过 45 km/h；

（五）重型摩托车：设或不设旁卡车的、装有汽缸容量超过 50 cm³ 的内燃机或输出功率超过 4 kW 的电动机的两轮或三轮车辆，其设计最高车速在平地上超过 45 km/h；

（六）轻型四轮摩托车：装有汽缸容量不超过 50 cm³ 的强制点火式发动机或最大输出功率不超过 4 kW 的其他内燃机或电动机的四轮车辆，其设计最高车速在平地上不超过 45 km/h，且无负载重量不超过 350 kg，如属电动车辆，其电池的重量不计入无负载重量内；

（七）重型四轮摩托车：装有输出功率不超过 15 kW 的发动机的四轮车辆，如用于载客，其无负载重量不超过 400 kg，如用于载货，其无负载重量不超过 550 kg，如属电动车辆，其电池的重量不计入无负载重量内；

（八）工业机器车：非经常性在公共道路上通行且用于工业性质的工程或作业的、装有发动机的两轮轴或以上的车辆，总重量超过 3 500 kg 者属重型工业机器车，总重量不超过 3 500 kg 者属轻型工业机器车；

（九）挂车：拴挂于另一机动车辆并由其拖带的车辆；

（十）半挂车：前端拴挂于另一机动车辆并由其分担重量及拖带的车辆；

（十一）牵引车：装有发动机且不具有效载荷的两轮轴或以上的车辆，其设计主要用于产生牵引力，总重量超过 3 500 kg 者属重型牵引车，总重量不超过 3 500 kg 者属轻型牵引车；

（十二）铰接车：由两个以铰接装置连接的硬节部分组成的车辆；

（十三）优先通行车辆：执行警务、紧急救援任务或紧急公益任务且以适当信号显示其行进的车辆；

（十四）脚踏车：靠驾驶员以脚蹬或类似装置自力驱动的两轮或三轮车辆；

（十五）机动脚踏车：装有最大持续输出功率为 0.25 kW 的辅助电动机的脚踏车，其电动机因应车速的增加而递减供电，且当车速达 25 km/h 时中断供电或当驾驶员于车速达 25 km/h 前停止脚踏时中断供电。

第四条　适 用 范 围

一、本法律适用于澳门特别行政区公共道路上的交通。

二、本法律亦适用于等同公共道路的道路上的交通，但特别法、行政合同或主管当局与该等道路所有人的协议另有规定除外。

第五条　职　　权

下列实体按其组织法或补充法规所定的职责，具有相应道路交通职权：

（一）交通高等委员会；

（二）土地工务运输局；

（三）治安警察局；

（四）民政总署；

（五）海关。

第二节　一般原则

第六条　通行自由

一、在澳门特别行政区公共道路上可自由通行，但须受本法律及补充法规的限制。

二、公共道路使用者不得作出任何可阻碍交通、影响其他使用者的安全或对其他使用者造成不便的行为。

第七条　当局人员的命令

一、公共道路使用者应服从有职权指挥及监察交通且已适当表明身份的执法人员的命令。

二、违反上款规定者，如其他法律规定无订定较重处罚，则科处罚款澳门币600元。

第八条　交通信号

一、在可能对交通构成危险的地点或应特别限制交通的地点，又或当有需要提供有用指示时，均应使用相关的交通信号，而信号的图文、含义、规格及使用条件由补充法规订定。

二、交通信号不得附有装饰图案或任何类别的广告。

三、在公共道路或其附近，不得放置可引致下列任一情况的牌匾、广告、海报、图文、任何宣传品或发光体：

（一）与交通信号相混淆；

（二）妨碍看见或辨别交通信号；

（三）影响在弯角、十字形交叉路口或 T 字形交叉路口的视线；

（四）令驾驶员目眩。

四、只可由主管实体或获其许可者在公共道路上安装交通信号。

五、违反第三款或第四款规定者，科处罚款澳门币 3 000 元。

第九条　交通规则、交通信号及命令的等级

一、指挥交通的人员的命令优于交通信号的规定及交通规则。

二、交通信号的规定优于交通规则。

三、交通信号的规定按下列次序由高至低排列等级：

（一）临时放置且用于变更道路的正常使用规则的交通信号；

（二）交通灯；

（三）垂直标志；

（四）路面标记。

第二章　通 行 限 制

第十条　中止或限制交通

一、只可由主管实体基于安全、重大紧急情况、工程或维修路面、设施或道路设施的理由命令中止或限制交通，而该等措施可仅针对道路的某部分或仅针对特定类别、重量或尺寸的车辆实施。

二、如有合理理由，亦可命令中止或限制某一道路的交通，但以能确保由该道路连贯的地点之间的交通者为限。

三、应预先公布中止或限制交通的措施，但遇重大紧急情况或须进行紧急工程除外。

第十一条　特 别 许 可

一、工业机器车、超过法定重量或尺寸的车辆，又或运载超出车厢范围但属不可分拆的物品的车辆须经许可方准通行，并须按许可批示所订条件行车。

二、不可分拆的物品是指一经分拆即丧失其经济价值或功能的物品。

三、特别规格车辆必须符合补充法规的规定，方准通行。

四、为确保承担因第一款或第三款所指车辆导致的损害而产生的民事责任，可要求提供保证金、保险或其他形式的担保。

五、作出第一款所指许可属土地工务运输局的职权。

六、违反第一款或第三款规定者，如其他法律规定无订定较重处罚，则科处

罚款澳门币 3 000 元。

第十二条　禁止特定车辆通行

一、主管实体可临时或永久禁止或限制特定类别车辆或运载特定货物的车辆在全部或部分公共道路上通行。

二、机动脚踏车、轻型四轮摩托车及重型四轮摩托车必须符合补充法规的规定，方准通行。

三、禁止装有一排两个以上车轮及超过一对脚蹬的脚踏车在公共道路上通行，但属主管实体明示许可通行的地点除外。

四、禁止机动或非机动滑板车在公共道路上通行，但属主管实体明示许可通行的地点除外。

五、透过补充法规，可将上款所指的禁止规定适用于其他类似通行工具。

六、如违反第二款的规定，驾驶机动脚踏车者，科处罚款澳门币 600 元，驾驶四轮摩托车者，科处罚款澳门币 3 000 元。

七、违反第三款或第四款规定者，科处罚款澳门币 600 元。

第十三条　公共道路的特别使用

一、使用公共道路以进行集会或示威，由专门法规规范。

二、在公共道路上举行可能影响正常交通的体育比赛、庆典或其他活动，须经主管实体按具体情况预先许可，并须按规定的条件举行。

第十四条　动物及由动物牵引的车辆

一、禁止动物及由动物牵引的车辆在公共道路上通行，但经补充法规准许或获主管实体许可，并按许可批示所订条件通行者除外。

二、违反上款规定者，科处罚款澳门币 900 元。

第三章　通行规则

第一节　一般规定

第十五条　驾驶员

一、在公共道路上通行的车辆，应由一名驾驶员驾驶。

二、驾驶员不具备适当的体格或心理条件时，不应驾驶。

三、不论任何时候，驾驶员均应控制所驾驶的车辆，且不得作出任何可影响安全驾驶的行为或活动。

第十六条　禁止使用流动电话

一、禁止驾驶员于驾驶时使用流动电话，但利用免提功能通话除外。

二、透过补充法规，可将上款所指的禁止规定适用于其他视听或电信工具。

三、违反第一款规定者，科处罚款澳门币 600 元。

第十七条　开始行车

一、驾驶员于开始行车或重新起步前，必须预先示意及采取预防意外所需的措施。

二、违反上款规定者，科处罚款澳门币 600 元。

第十八条　道路上应占的位置

一、车辆应靠车行道左方通行，并尽量靠近路缘或行人道通行，但应与之保持足够的距离，以避免发生意外。

二、在可作两条或以上车道使用的单向行车车行道上，如最左侧车道已无位置，又或如驾驶员拟右转或超车，则不适用上款的规定。

三、在双向行车的车行道上，如已适当划有三条或以上车道，驾驶员不得使用相反行车方向的车道。

四、违反第一款规定者，科处罚款澳门币 900 元。

第十九条　安全岛、避车处、隔离区及类似装置

一、车辆在十字形交叉路口、T 字形交叉路口及圆形地通行时，路面的中心部分应在驾驶员的右方；如车辆驶离的车行道的中心线设有安全岛、避车处、隔离区或其他类似装置，通行时该等装置应在驾驶员的右方。

二、在不影响上条规定的情况下，如车行道设有上款所指任一装置，通行时该装置应在驾驶员的右方，但如有关装置设于单向行车的道路或车行道上只供单向行车的路段，通行时该装置可在驾驶员的右方或左方，视乎何者较为合适而定。

三、违反本条规定者，科处罚款澳门币 900 元。

第二十条　路缘及行人道

一、车辆因进出建筑物所需，方可横过路缘或行人道。

二、违反上款规定者，科处罚款澳门币 600 元。

第二十一条　车辆间的安全距离

一、驾驶员行车时，应与前车保持足够距离，以免因前车突然停车或减速而发生意外。

二、驾驶员行车时，应与在同一车行道上同向或对向行驶的车辆保持足够的侧面距离，以避免发生意外。

三、违反本条规定者，科处罚款澳门币 600 元。

第二十二条　能见度不足

为适用本法律及补充法规的规定，如驾驶员不能看见至少 50 公尺（1 公尺＝1 米）范围内的车行道的全宽，视为能见度不足。

第二节　驾驶员发出的信号

第二十三条　操作信号

一、驾驶员拟减速、停车、泊车或进行任何使车辆侧移的操作，尤其是转向、转线、超车或掉头，应预先以相应信号向其他道路用户清楚示意。

二、信号于操作过程中应当持续，并于完成操作后立即停止。

三、违反本条规定者，科处罚款澳门币 600 元。

第二十四条　声响信号

一、声响信号应短促，且应尽量避免使用。

二、为避免意外，又或为预先将超车意图通知拟超越的车辆的驾驶员时，方可使用声响信号。

三、第一款及第二款的规定不适用于警车、执行救援或紧急公益任务的车辆所使用的声响信号。

四、警车、执行救援或紧急公益任务的车辆方可使用特别声响警示装置。

五、特别声响信号装置的规格由补充法规订定。

六、违反第一款或第二款规定者，科处罚款澳门币 300 元。

七、违反第四款规定者，如其他法律规定无订定较重处罚，则科处罚款澳门币 3 000 元，且可将所使用的特别声响警示仪器或装置扣押，并宣告归澳门特别行政区所有。

第二十五条　灯光信号

一、车辆因能见度不足而亮灯通行时，可按下列规定以灯光信号替代声响信号：

（一）在照明良好的地点，间歇使用近光灯；

（二）在其余情况下，交替使用远光灯及近光灯，但不得令人目眩。

二、晚间行车时，必须按上款的规定以灯光信号替代声响信号，但属下列车辆或情况除外：

（一）优先通行车辆；

（二）遇有迫在眉睫的危险而需避免发生意外。

三、警车、执行救援或紧急公益任务的车辆方可使用特别灯光警示装置。

四、车辆因进行与其专属用途相符的作业而须在公共道路上停车或慢驶时，应使用特别灯光警示装置，其规格及使用条件由补充法规订定。

五、违反第二款或第四款规定者，科处罚款澳门币 300 元。

六、违反第三款规定者，如其他法律规定无订定较重处罚，则科处罚款澳门币 3 000 元，且可将所使用的特别灯光警示仪器或装置扣押，并宣告归澳门特别行政区所有。

第三节　照　明

第二十六条　装　置

车辆须配备的照明装置、灯光信号装置及反光装置，以及该等装置的规格，由补充法规订定。

第二十七条　使用示宽灯

一、示宽灯是指用于在 150 公尺范围内显示车辆的存在及宽度的车灯。

二、晚间或在能见度不足的情况下，停车或进行泊车操作时应使用示宽灯，但配备专供停泊时使用的灯光装置的车辆除外。

三、在下列地点停车或进行泊车操作时，不适用上款的规定：

（一）在照明良好的道路；

（二）在车行道以外地点；

（三）在住宅区道路或交通疏落的道路。

四、违反第二款规定者，科处罚款澳门币 600 元。

第二十八条　使用近光灯

一、近光灯是指光束能有效照射前方 30 公尺距离内的地面而不令人目眩的车灯。

二、晚间或在能见度不足的情况下，应使用近光灯，但不影响下款的适用。

三、晚间在照明良好的道路上行车，可使用示宽灯替代近光灯。

四、违反第二款规定者，科处罚款澳门币 600 元。

第二十九条　使用远光灯

一、远光灯是指用于照亮前方至少 100 公尺距离内的道路的车灯。

二、在下列地点或情况下，不得使用远光灯：

（一）照明状况可让驾驶员的能见距离至少达 100 公尺的道路；

（二）与对向行驶的车辆或行人交会时；

（三）行车时与前车的距离少于 100 公尺；

（四）桥梁、行车天桥及隧道；

（五）停车或泊车时；

（六）车辆不移动或中止行车时。

三、违反上款（一）项规定者，科处罚款澳门币 600 元。

四、违反第二款（二）项至（六）项任一规定者，如其他法律规定无订定较重处罚，则科处罚款澳门币 1 500 元。

第四节　车　　速

第三十条　一般原则

一、驾驶员应根据道路的特征及状况、车辆的规格及状况、运载的货物、天气情况、交通状况及其他特殊情况而调节车速，使其车辆可在前方无阻且可见的空间内安全停车，以及避开在正常情况下可预见的任何障碍物。

二、驾驶员如未能确定其突然减速不会对其他道路使用者，尤其不会对后随车辆的驾驶员构成危险，又或不会扰乱或阻塞交通，则不应突然减速，但因迫在眉睫的危险而有此需要除外。

三、违反本条规定者，科处罚款澳门币 300 元。

第三十一条　一般车速限制

一、车辆必须遵守补充法规订定的一般最高车速限制，但亦须遵守因应交通状况而以适当信号另订的最高或最低车速限制。

二、驾驶员超过上款所指最高车速限制，视为超速。

第三十二条　减　　速

一、尽管订有最高车速限制，驾驶员接近下列地点时尤应减慢车速：

（一）车行道上标明供行人横过的通道；

（二）以适当信号标明的学校、医院、托儿所及类似场所；

（三）狭窄道路或路缘为建筑物的道路；

（四）人群聚集处；

（五）弯角、十字形交叉路口、T字形交叉路口、圆形地、驼峰路及其他能见度不足的地点；

（六）坡度大的下坡路段；

（七）以危险信号标明的地点。

二、违反上款规定者，如其他法律规定无订定较重处罚，则科处罚款澳门币900元。

第三十三条　慢　　驶

一、行车速度不应缓慢至无理阻碍其他道路使用者或违反规定的最低车速限制。

二、违反上款规定者，如其他法律规定无订定较重处罚，则科处罚款澳门币300元。

第五节　让　　先

第三十四条　一般原则

一、有义务让先的驾驶员应减慢车速或于必要时停车，又或会车时应当倒车，以便其他车辆能在无须变速或转向的情况下通过。

二、优先通行的驾驶员必须注意交通安全。

三、违反本条规定者，如其他法律规定无订定较重处罚，则科处罚款澳门币900元。

第三十五条　规　　则

一、驾驶员应让左方来车先行，但在下款所指情况下亦应让先。

二、在下列情况下，驾驶员应让先：

（一）驶离任何泊车处、住宅区、燃料供应站或建筑物时；

（二）驾驶任何非机动车辆时，但遇处于上项所指情况的驾驶员除外；

（三）遇优先通行车辆或警察车队时；

（四）驶进圆形地时。

三、两名驾驶员对向行车时，拟转向或掉头者应让先。

四、遇有在专用路径通行的脚踏车时，拟转向驶入该路径所横贯的道路的驾驶员应让先。

五、违反本条规定者，如其他法律规定无订定较重处罚，则科处罚款澳门币900元。

第三十六条　会　　车

一、两部对向行驶的车辆因车行道部分阻塞而无法会车时，须绕过障碍物的驾驶员应减速或停车，以便让对向来车先行。

二、在坡度大的道路上，下坡车辆的驾驶员应让先。

三、下列车辆于必要时应当倒车：

（一）最接近可会车地点的车辆；

（二）上坡车辆，但下坡车辆明显较易倒车除外；

（三）遇重型车辆的轻型车辆；

（四）遇车组的任何车辆。

四、在本条所指的任何情况下，均应让优先通行车辆及警察车队先行，但该等车辆应采取必要措施，以免阻塞交通或发生意外。

五、如车行道的可用宽度、凹凸程度或道路保养状况不容许安全会车，总宽度超过2公尺或包括所载货物在内总长度超过8公尺的车辆或车组驾驶员应减速或停车，以便与其他车辆会车。

六、违反第一款、第二款、第三款或第五款规定者，科处罚款澳门币900元。

第三十七条　驾驶员遇行人时的处理方法

一、接近有信号标明的人行横道时，如该人行横道由交通灯或执法人员指挥车辆通行或人、车通行，驾驶员即使获准前进，亦应让已开始横过车行道的行人通过。

二、接近有信号标明的人行横道时，如该人行横道非由交通灯或执法人员指挥车辆通行，驾驶员应减速或于必要时停车，以便让正在横过车行道的行人通过。

三、驾驶员转向时应减速或于必要时应停车，以便让正在其拟驶入的道路路口处横过车行道的行人通过，即使该处无人行横道亦然。

第六节 超 车

第三十八条 一般规定

一、应从车辆右方超车。

二、违反上款规定者，科处罚款澳门币900元。

第三十九条 例 外

一、如拟超越的车辆的驾驶员已表明其右转操作，且在车行道最左侧让出空间，则应从该车左方超车。

二、违反上款规定者，科处罚款澳门币900元。

第四十条 超车操作

一、如驾驶员未能确定其超车操作不会引致其车辆与同向或对向行驶的车辆碰撞的危险，则不应开始超车。

二、驾驶员开始超车前尤应确定：

（一）车行道在安全超车所需的距离及宽度方面均畅通无阻；

（二）无其他驾驶员已开始进行超越己车的操作；

（三）同一车道的前车驾驶员并无示意拟超车或绕过障碍物；

（四）在正常情况下可驶回原车道。

三、超车完毕后，驾驶员应在不危及其他道路使用者的情况下尽早驶回原车道。

四、如同一行车方向有两条或以上的车道，而驾驶员超车完毕后拟立即再次超车，只要不阻碍其他车速较快且正驶近以超越己车的车辆，则可继续沿所占车道行驶。

五、违反本条规定者，科处罚款澳门币900元。

第四十一条 方便他人超车的义务

一、如无障碍物阻挡，驾驶员应方便他人超车，并应尽量靠左行驶，或在第三十九条第一款所指情况下应尽量靠右行驶，而在未被超越的情况下不应加速。

二、如车行道的可用宽度、凹凸程度或保养状况不容许安全超车，重型汽车、工业机器车及慢驶车辆应减速或停车，以方便他人超车。

三、违反本条规定者，科处罚款澳门币 600 元。

第四十二条　禁　止　超　车

一、禁止在下列地点或情况下超车：

（一）有信号标明的人行横道之前及之内；

（二）驼峰路、弯角或其他能见度不足的地点，但属适当划有供同一行车方向使用的两条或以上车道者除外；

（三）交汇处之前及之内；

（四）道路宽度不足。

二、在下列情况下，不适用上款（三）项的禁止规定：

（一）沿环形方向行车时；

（二）驾驶员在有信号标明其于交汇处优先行车的道路上通行时；

（三）超越两轮车辆时；

（四）交通由执法人员或交通灯指挥时；

（五）第三十九条第一款所指情况。

三、禁止超越正在超车的车辆。

四、如有超过一条供同一行车方向使用的车道，当车辆已占用所沿车行道的全部宽度，而车辆的速度又取决于前车的速度，则任何一条车道上的车辆速度高于其余车道上的车辆的速度，不视为超车。

五、在上款所指情况下，沿最左侧车道行车的驾驶员不得驶离其所在行列，但拟转向或停车者除外。

六、违反第一款（二）项、（三）项或（四）项、第三款或第五款规定者，科处罚款澳门币 900 元。

第七节　转向、掉头及倒车

第四十三条　转　　向

一、驾驶员拟左转时，应预先及尽量驶近车行道左缘，并以最短路线左转。

二、驾驶员拟右转时，如所处道路属单向行车，应预先占用车行道右侧，如所处道路属双向行车，应预先及尽量驶近车行道中心线，然后，沿供其行车方向一侧驶进拟转入的车行道。

三、在上款所指情况下，如即将驶离的车道及拟驶入的车道均属双向行车，转向时，交汇处的中心部分应在驾驶员的右方，但有信号另作指示除外。

四、违反本条规定者，科处罚款澳门币 900 元。

第四十四条　掉　　头

一、在不危及交通安全或不阻碍交通的情况下方可掉头。

二、禁止在下列地点掉头：

（一）桥梁、行车天桥及隧道；

（二）驼峰路；

（三）弯角及能见度不足的交汇处；

（四）因能见度或其他道路条件而不宜掉头的地点。

第四十五条　倒　　车

一、倒车只可作为辅助或援助操作，并应在不阻碍交通的情况下以最短路线缓慢进行。

二、禁止在上条第二款所指地点倒车。

三、违反第一款规定者，如其他法律规定无订定较重处罚，则科处罚款澳门币 900 元。

第八节　停车及泊车

第四十六条　一　般　规　定

一、车辆因上落乘客或短暂装卸货物而在必需的时间内不移动，视为停车。

二、车辆既非停车，亦非因交通状况所需而不移动，视为泊车。

三、只准在下列地点及按下列规定停车或泊车：

（一）在车行道上，尽量靠近车行道左侧的路缘或行人道，并以与之平行的方式停车或泊车，但根据特别信号、泊车位的布置或几何形状而应以其他方式停车或泊车除外；

（二）在车行道上专供停车或泊车的地点顺行车方向停泊；

（三）在车行道以外特别规划的或专供停车或泊车的地点。

四、驾驶员离开其停泊的车辆前，应预留足够空间让其他车辆驶离泊车位或泊进空出的泊车位，并应采取防止其车辆滑行所需的措施。

五、违反上款规定者，科处罚款澳门币 300 元。

第四十七条　禁止停车

一、禁止在下列地点停车：

（一）交汇处及距车行道相交处 5 公尺以内；

（二）桥梁、行车天桥、隧道及其他能见度不足的地点；

（三）标示集体客运车辆停车处的信号前后 10 公尺以内；

（四）有信号标明的人行横道；

（五）交通灯及不包括停车及泊车标志在内的垂直标志前 20 公尺以内，但仅以车辆连同所载货物在内的高度可遮挡该等灯号或标志的情况为限；

（六）脚踏车路径、分隔设施、导向岛、环形交通圆形地的中央安全岛及专供行人通行的地点；

（七）车道之间划有纵向实线的车行道，但仅以该纵向实线与车辆之间的距离不足 3 公尺的情况为限。

二、其他禁止停车的情况可由补充法规订定。

三、违法停车者，如其他法律规定无订定较重处罚，则科处罚款澳门币 300 元。

四、在桥梁、行车天桥或隧道违法停车者，科处罚款澳门币 900 元，但补充法规另有规定除外。

第四十八条　禁止泊车

一、除上条所指地点或情况外，亦禁止在下列地点或情况下泊车：

（一）在车行道上双排泊车；

（二）在单向行车道路上泊车而阻碍一排车辆通行，又或在双向行车道路上泊车而阻碍两排车辆通行；

（三）在阻碍其他已适当停泊的车辆离开的地点泊车；

（四）燃料供应站前后 5 公尺以内；

（五）在车辆或行人进出建筑物或泊车位必经之处泊车而阻挡或妨碍车辆或行人进出该等建筑物或泊车位；

（六）有信号标明供特定车辆泊车的地方；

（七）行人道及行人区；

（八）工业机器车、未拴挂于牵引车的挂车或半挂车在非专供其泊车的地方。

二、其他禁止泊车的情况可由补充法规订定。

三、违法泊车者，如其他法律规定无订定较重处罚，则科处罚款澳门币 300 元。

四、在桥梁、行车天桥或隧道违法泊车者，科处罚款澳门币 900 元，但补充法规另有规定除外。

五、违反第一款（八）项规定者，科处罚款澳门币 3 000 元。

六、如违法者持续或重复在同一地点违法泊车，则视每二十四小时新查获的违法泊车为一项独立的行政违法行为。

第九节　载客及载货

第四十九条　一般规定

一、车辆未完全停稳时，禁止任何人进出车辆或装卸货物。

二、在不对其他道路使用者构成危险或阻碍的情况下，方可上落乘客或装卸货物，且应尽快进行，但车辆已适当停泊或所装卸的货物不占用车行道除外。

三、违反本条规定者，科处罚款澳门币 600 元。

第五十条　载　客

一、载客人数不得超过车辆的载客量，并禁止以危及乘客或驾驶安全的方式载客。

二、除非符合补充法规所定的例外条件，禁止以座位以外的位置载客，但在后座手抱儿童不在此限。

三、乘客应尽可能从车辆停泊时靠近的路缘或行人道一方进出。

四、禁止在汽车前座运载未满十二岁的儿童，但同时符合下列条件者除外：

（一）汽车本身并无后座；

（二）运载时使用适合儿童的体形及重量的安全束缚设备。

五、禁止驾驶员及乘客：

（一）在车辆未完全停稳时开启车门或让车门继续敞开；

（二）在未确定不会对其他道路使用者构成危险或阻碍的情况下开启车门、让车门继续敞开或离开车辆。

六、关于提供有报酬的客运服务，尤其是从事有关行业的条件，由补充法规规范。

七、驾驶员违反第一款、第二款或第四款的规定，按每名违法运载的乘客计算，向驾驶员科处罚款澳门币 300 元。

八、驾驶员违反第五款的规定，科处罚款澳门币 300 元。

九、乘客违反第三款或第五款的规定，科处罚款澳门币 300 元。

第五十一条　安　全　带

一、轻型汽车的驾驶员及前座乘客必须使用安全带。

二、强制使用安全带的规定可由补充法规延伸适用于后座乘客或其他类别汽车。

三、不使用或不正确使用安全带者,科处罚款澳门币 300 元,且不影响下款的适用。

四、轻型汽车驾驶员以前座运载未满十六岁的乘客时,如容许其不使用或不正确使用安全带,科处罚款澳门币 300 元,且不影响上条第四款的适用。

第五十二条　装卸货物

一、在公共道路上装卸货物应从车辆停泊时靠近的路缘或行人道一方进行,又或从车辆后方进行。

二、如载荷车辆因载货而可能对其他道路使用者构成危险或阻碍,又或可能损毁路面、基础设施、道路设施或沿途路边建筑物,则禁止通行,但不影响适用于供特别运输的车辆的规定。

三、安放及整理货物时,应特别注意下列事项:

(一) 确保车辆在不移动或行车时保持平衡;

(二) 确保货物不掉落路上,又或不因摇曳而使运输变得危险或给其他使用者造成不便或导致碎屑或物料散落在公共道路上;

(三) 确保货物不阻碍驾驶员的视线;

(四) 确保货物不在路面拖曳;

(五) 确保货物不超出从地面起计 4 公尺的高度;

(六) 如属客车,确保货物不妨碍正确识别信号装置、灯光装置及注册号牌,以及不超出车辆外廓;

(七) 如属货车,确保货物长度及宽度不超出车厢。

四、与车辆各端点相交的垂直平面,视为车辆外廓。

五、禁止车辆运载货物重量超过法定上限。

六、违反第一款规定者,科处罚款澳门币 600 元。

七、违反第二款、第三款或第五款规定者,科处罚款澳门币 900 元,且不影响下款的规定。

八、如车辆运载货物重量超过法定上限百分之二十或以上,科处罚款澳门币 3 000 元。

第五十三条　运载危险物品

一、运载危险物品的车辆应以适当信号标明。

二、上款所指车辆只可在专供其泊放的地点泊车，但按补充法规所订例外条件泊车者除外。

三、车厢内不得兼载乘客及危险物品。

四、危险物品的分类、其他通行条件、泊车条件及相关信号由补充法规订定。

五、违反第一款至第三款任一规定者，科处罚款澳门币 3 000 元。

第五十四条　运载特别物品

一、只准以密封式车厢的车辆并在完全符合卫生条件的情况下运载食用肉类。

二、只准以密封式车厢的车辆，又或在开放式车厢的车辆上以密封容器运载动物尸体、生皮、废渣、不卫生物品、恶臭物品或肥料。

三、如运载粉末状物品的车辆没有配备密封式车厢，则须先以尺寸足够的油布、帆布或其他合适物料完好覆盖所载物品以免其散于空气或地上，方准通行。

四、违反本条规定者，科处罚款澳门币 900 元。

第十节　紧急任务及集体客运服务

第五十五条　优先通行车辆

一、基于任务所需，优先通行车辆驾驶员可不遵守交通规则及信号，但须遵守指挥交通的人员发出的信号。

二、在任何情况下，上款所指驾驶员均不得危及其他道路使用者，尤应在下列情况下中止行车：

（一）遇指挥交通的红灯信号，但采取适当措施后，无须待灯号转变便可继续前进；

（二）在交汇处遇强制停车信号。

三、紧急行车时，应以特别信号显示。

四、如非执行警务、紧急救援任务或紧急公益任务，禁止优先通行车辆使用识别其行车的特别信号。

五、违反本条规定者，科处罚款澳门币 900 元。

第五十六条　遇优先通行车辆时的处理方法

一、遇优先通行车辆时，公共道路使用者均应让路，并于必要时中止行车，以便该等车辆通行。

二、为使优先通行车辆可在交通堵塞的道路上通行，驾驶员应让出其行车方向的车行道的右侧。

三、如有专用车道，驾驶员应方便优先通行车辆驶入该车道。

四、可能阻碍优先通行车辆通过的任何车辆，包括在公共道路上合法泊车的车辆，均可由监察实体的执法人员移走。

五、遇有用于运载严重伤病者的、以适当信号尤其是以危险警示闪光信号显示正在紧急行进的私人车辆者，亦应遵守第一款至第四款所订规则。

第五十七条　滥用紧急行车信号

一、禁止私人车辆滥用上条第五款所指的紧急行车信号。

二、违反上款规定者，科处罚款澳门币900元。

第五十八条　集体客运

一、驾驶员应减速或停车，以方便集体客运车辆重新起步以驶离有信号标明的车站。

二、集体客运车辆驾驶员应在特别规划的或专供其停车的地点停车，如无该等地点，则应尽量靠近车行道左侧的路缘或行人道停车。

三、上款所指驾驶员重新起步前，应适当表明其重新起步的意向，并慎防发生任何意外。

四、违反本条规定者，科处罚款澳门币600元。

第十一节　遇车辆故障及事故时的处理方法

第五十九条　无法开动

一、车辆因故障或事故而无法开动时，驾驶员应将车辆移往所沿车行道的左侧，但实际上不可能移动者除外。

二、驾驶员未能适当将车辆停泊或移走时，应采取必需措施，尤其是发出危险警示闪光信号，以便其他道路用户察觉车辆存在。

三、驾驶员应采取措施，将无法开动的车辆尽快移离道路。

四、禁止在公共道路上修理车辆，但属可容易及迅速修妥故障使车辆继续行进的必要修理除外。

五、违反第一款、第三款或第四款规定者，科处罚款澳门币 600 元。

六、违反第二款规定者，科处罚款澳门币 300 元。

第六十条　坏　　灯

一、晚间或能见度不足时，禁止因坏灯而无照明的车辆通行。

二、违反上款规定者，科处罚款澳门币 600 元。

第十二节　特定道路或路段上的交通

第六十一条　十字形交叉路口及 T 字形交叉路口

一、驾驶员根据交通状况而预见其车辆一旦驶入十字形交叉路口或 T 字形交叉路口后将不能移动而会影响横向交通，则不应驶入，即使让先规则或交通灯允许其驶入亦然。

二、在交通灯指挥交通的十字形交叉路口或 T 字形交叉路口上不能移动的车辆，可无须等候本身行车方向的交通放行而驶离该交叉路口，但以不影响其他道路使用者为限。

三、违反第一款规定者，科处罚款澳门币 300 元。

第六十二条　留用道路及专用车道

一、透过信号，可将车行道保留予特定类别车辆通行或特定运输之用，亦可在车行道上设立具相同用途的专用车道。

二、禁止其余车辆的驾驶员使用上款所指车行道及专用车道，但优先通行车辆除外。

三、如信号或路面标记准许车辆为转向、进出车房或私人建筑物而横过专用车道，则可使用及横过专用车道。

四、违反第二款规定者，科处罚款澳门币 300 元。

第六十三条　特　别　路　径

一、如有专供特定类别车辆使用的特别路径，该等车辆应在特别路径上通行，其余车辆的驾驶员一律禁止使用该等路径。

二、因进出建筑物或泊车处所需，可横过上款所指路径。

三、违反第一款规定者，科处罚款澳门币 300 元。

第十三节　对重型摩托车、轻型摩托车及脚踏车的特别规定

第六十四条　驾驶规则

一、重型摩托车、轻型摩托车或脚踏车的驾驶员不得：

（一）于驾驶时手离手把，但为表明拟进行的行车操作除外；

（二）于行车时脚离脚蹬或搁脚装置；

（三）拖带其他车辆或被拖带；

（四）与其他车辆并排而行，但脚踏车在特别路径通行时可并排而行。

二、以医生证明书证明有身体缺陷的驾驶员驾驶适合其身体缺陷的重型摩托车或轻型摩托车时，不适用上款（一）项及（二）项的规定。

三、重型摩托车及轻型摩托车的驾驶员不得在行人道或供行人使用的路径作出下列行为：

（一）驾驶；

（二）手推该等车辆。

四、违反第一款或第三款（一）项规定者，科处罚款澳门币 600 元。

五、违反第三款（二）项规定者，科处罚款澳门币 300 元。

第六十五条　使用头盔

一、轻型摩托车及重型摩托车的驾驶员及乘客须以头盔保护头部；使用头盔时不系紧安全扣带者，视为无使用头盔。

二、头盔型号由主管实体核准后，使用型号未经核准的头盔者，视为无使用头盔。

三、如头盔装有面罩，该面罩应由透明、不反光的不碎物料制成，从而可让人看见使用者脸部。

四、违反本条规定者，科处罚款澳门币 600 元。

第六十六条　载客

一、禁止重型摩托车及轻型摩托车运载未满六岁的乘客、以座位以外的位置载客，又或运载侧坐的乘客。

二、禁止取得重型摩托车或轻型摩托车驾驶资格未满一年的驾驶员以该等车辆运载乘客，而补充法规可规定考取驾驶执照未满一年的驾驶员必须在其驾驶的

车辆安装识别标志。

三、禁止两轮脚踏车运载乘客。

四、关于以三轮车类型的脚踏车运载乘客的事宜，由补充法规规范。

五、在上款所指补充法规生效之前，三轮车类型的脚踏车不得运载超过两名乘客。

六、违反第一款或第二款规定者，科处罚款澳门币600元。

七、违反第三款或第五款规定者，科处罚款澳门币300元。

第六十七条 载 货

一、重型摩托车、轻型摩托车或两轮脚踏车的驾驶员不得运载可影响驾驶、对人或物构成危险，又或影响交通的物品。

二、关于以三轮车类型的脚踏车运载货物的事宜，由补充法规规范。

三、在上款所指补充法规生效之前，禁止以三轮车类型的脚踏车运载货物。

四、违反第一款或第三款规定者，科处罚款澳门币600元。

第十四节 行 人 通 行

第六十八条 一 般 规 定

一、行人应在行人道、供行人使用的路径、区域或信道上通行，如无该等途径，则应在顾及自身及他人安全的情况下沿路缘通行。

二、在下列情况下，行人可在车行道上通行，但以不影响车辆行驶为限：

（一）按第七十条第五款的规定横过车行道；

（二）无第一款所指途径或不可能使用该等途径时；

（三）在禁止车辆通行的道路上；

（四）在督导员引领下结队步行，又或巡游；

（五）搬运因性质或尺寸而可能危及其他行人的物品时。

三、在上款（二）项、（四）项及（五）项所指情况下，只要交通状况容许，行人可在第六十三条第一款所指特别路径上通行，但以不影响在该等路径上行驶的车辆为限。

四、违反本条规定者，科处罚款澳门币300元。

第六十九条 道路上应占的位置

一、行人应在供其通行的路径靠左步行，但属上条第一款最后部分及第二款

（三）项所指情况除外。

二、在上条第二款（二）项及（四）项所指情况下，行人应尽量靠车行道右侧路缘通行，但此举会危及其安全则除外。

三、违反本条规定者，科处罚款澳门币 300 元。

第七十条　横过车行道

一、行人拟横过车行道时，应注意来车的距离及车速，并在确保安全的情况下尽快横过。

二、行人应在有适当信号标明的人行横道上横过车行道，且不影响第五款规定的适用。

三、在装有交通灯的人行横道上，行人应遵守交通灯号的指示。

四、当交通灯或执法人员仅指挥车辆通行时，行人不应在车辆放行时横过车行道。

五、在 50 公尺距离内没有经适当信号标明的人行横道时，行人在不影响车辆通行的情况下方可在人行横道以外的地方横过车行道，且应依循最短路线尽快横过。

六、违反本条规定者，科处罚款澳门币 300 元。

第七十一条　等　　同

下列情况等同行人通行，但另有规定除外：

（一）推动手推车；

（二）以手推动两轮或三轮脚踏车、婴儿车或残疾人士车辆；

（三）轮椅通行。

第十五节　环　　保

第七十二条　土地及空气污染

一、禁止排烟量或排气量超过补充法规所定限度的机动车辆通行，亦禁止会漏出油或其他污染物质的机动车辆通行。

二、违反本条规定者，如其他法律规定无订定较重处罚，则科处罚款澳门币 600 元。

第七十三条 噪声污染

一、禁止噪声音量超过补充法规所定最高限度的机动车辆通行。

二、使用安装于车辆的无线电收音或声响播放装置时，其发出的音量不得超过补充法规所定最高限度。

三、违反本条规定者，如其他法律规定无订定较重处罚，则科处罚款澳门币600元。

第四章 车 辆

第一节 规格及检验

第七十四条 车辆规格

车辆的规格及获准通行的条件由补充法规订定。

第七十五条 检 验

一、机动车辆、挂车及半挂车获准通行之前，须接受主管实体的初次检验。

二、汽车、重型摩托车、轻型摩托车、挂车、半挂车及工业机械车须接受定期检验。

三、在下列情况下，上款所指车辆另须接受特别检验：

（一）载于车辆识别文件的规格有所变更，但下款所指情况除外；

（二）为检定车辆是否符合安全条件或本法律及补充法规所定的要件，由主管实体主动或应监察实体的提议而决定进行特别检验；

（三）车辆的结构或功能规格，尤其是主结构、悬挂系统、制动系统或转向系统因事故而受影响。

四、如属须接受每年强制检验的车辆，经利害关系人申请，并获主管实体许可，则可进行上款（一）项所指的车辆规格变更而无须接受特别检验。

五、通过定期或特别检验的车辆将获发证明文件，而车辆在公共道路上通行时应备有该证明文件。

六、本条所指检验须按补充法规的规定进行。

七、违反第三款规定者，科处罚款澳门币1 500元。

八、违反第五款规定者，科处罚款澳门币300元。

第二节 注 册

第七十六条 强制注册

一、已注册车辆方可在公共道路上通行，但两轮脚踏车或装有一排两个以上车轮且超过一对脚蹬的脚踏车除外。

二、型号获认可的机动车辆方可给予注册，但特别法例或互惠待遇协议另有规定除外。

三、机动车辆、挂车及半挂车由从事该等车辆的进口、组装或制造的实体办妥清关手续后，可按补充法规所订条件豁免注册离开海关。

四、透过互惠待遇协议，可准许在澳门特别行政区以外地方注册的机动车辆通行。

五、违反第一款规定者，科处罚款澳门币3 000元。

第七十七条 车辆的识别

一、每部已注册机动车辆均获发注册证明文件，当中载明可识别有关车辆的规格资料。

二、车辆在公共道路上通行时，其驾驶员应携带上款所指车辆识别文件及车辆所有权登记凭证，又或该等文件的认证缮本。

三、上条第三款所指车辆的驾驶员只需携带进口准照。

四、每部已注册车辆应按补充法规的规定装有注册号牌。

五、违反第二款规定者，科处罚款澳门币300元。

六、如车辆识别文件的认证缮本或车辆所有权登记凭证的认证缮本所载资料有别于正本所载的更新资料，当其他法律规定无订定较重处罚，则对车辆的所有人、保留所有权的取得人、用益权人或以任何名义实际占有车辆的人科处罚款澳门币300元。

七、驾驶装有非依法获给予的注册号码的车辆者，如其他法律规定无订定较重处罚，则科处罚款澳门币3 000元。

第七十八条 取消注册

一、车辆的注册可应利害关系人申请或依职权取消。

二、如证实车辆报废或下落不明，又或在补充法规所定的其他情况下，可依职权取消该车辆的注册。

三、车辆的所有人应在其车辆报废后三十日内申请取消该车辆的注册，但不影响上款的适用。

四、经取消注册而仍在公共道路上停泊或通行的车辆视为未注册车辆，其所有人须接受本法律规定的处罚。

五、如保险公司曾参与因车辆报废而进行的行为，须自其参与之日起计三十日内，将该事实通知有职权取消注册的实体。

六、如法院、交通监察实体或其他当局知悉第二款所指情况，应通知有职权取消注册的实体。

七、违反第三款或第五款规定者，科处罚款澳门币 300 元。

第五章 驾驶资格

第七十九条 驾驶执照

一、依法具备驾驶机动车辆资格者，方可按补充法规的规定在公共道路上驾驶机动车辆。

二、证明具备驾驶机动车辆资格的文件称为驾驶执照。

三、持有效学习驾驶准照的学习驾驶员或应考人，可分别在教练员或考核员的陪同下，于许可学习驾驶或进行驾驶考试的公共道路上驾驶。

四、行车时，驾驶员应携带有效驾驶执照或临时替代驾驶执照的等同文件，又或在上款所指情况下应携带有效学习驾驶准照。

五、当驾驶员出示存有其驾驶执照资料的澳门特别行政区居民身份证时，不适用上款的规定。

六、违反第四款规定者，科处罚款澳门币 300 元。

第八十条 证明驾驶资格的其他文件

一、除上条所指文件外，下列文件亦证明具备驾驶相应类型机动车辆的资格：

（一）澳门特别行政区依国际公约或条约而须认可的国际驾驶执照；

（二）获国际公约赋予等同上项所指国际驾驶执照效力的外国驾驶执照；

（三）对澳门特别行政区发出的驾驶执照采取互惠待遇的其他国家或地区发出的驾驶执照；

（四）未有对澳门特别行政区发出的驾驶执照采取互惠待遇的内地、其他国家或地区发出的驾驶执照，但其持有人须通过由公布于《澳门特别行政区公报》

的行政长官批示订定的特别驾驶考试，而通过该项考试的证明文件的式样及有效期亦由有关行政长官批示订定；

（五）外交驾驶执照；

（六）特别驾驶执照；

（七）学习驾驶准照，只要在通过驾驶实习考试后由签发实体延续有效期，并直至由澳门特别行政区驾驶执照替代为止。

二、上款（一）项及（二）项所指执照的持有人，如在澳门特别行政区逗留超过十四日，且拟在此十四日期间之后于澳门特别行政区驾驶，则应前往治安警察局或补充法规指定的其他实体办理有关登记，但不影响下款的适用。

三、如外国驾驶执照的签发国家或地区与澳门特别行政区之间有互惠待遇，且相关互惠制度规定免除登记，则第一款（二）项所指执照的持有人可豁免登记。

四、透过补充法规，可订定第一款（一）项至（三）项所指文件持有人在澳门特别行政区驾驶的期间上限。

第八十一条　获取驾驶执照的要件

一、为获取机动车辆驾驶执照，申请人必须同时符合下列要件：

（一）年满十八岁，但获取重型汽车驾驶执照者，除补充法规订定的特别情况外，必须年满二十一岁；

（二）具备必要的体格及心理条件；

（三）持有澳门特别行政区居民身份证或在澳门特别行政区合法逗留的证明文件；

（四）懂阅读及书写澳门特别行政区其中一种正式语文；

（五）并非正在接受禁止驾驶的处罚；

（六）并非处于第一百零八条所指任一状况。

二、为获取驾驶执照，投考人尚须通过有关驾驶考试。

三、投考人能合理解释其无法符合第一款（四）项所指要件而申请豁免时，主管实体如具备条件以投考人懂阅读及书写的语言安排驾驶考试，则可豁免该项要件。

四、可按补充法规的规定，以被视为等同驾驶执照的文件换取驾驶执照。

第八十二条　出　示　文　件

一、驾驶员行车时未有携带依法应带备的文件，可被通知在八日内，于通知书所指定的地点出示该文件。

二、无合理理由而不遵守上款规定的义务者，构成违令罪。

第六章 责 任

第一节 一 般 规 定

第八十三条 适用的制度

一、因公共道路交通事故或触犯本法律的行为而产生的民事、刑事或轻微违反责任，由一般法及本章的特别规定规范。

二、对行政违法行为，适用本章规定的特别制度，以及补充适用十月四日第52/99/M号法令订定的制度。

第八十四条 违法行为的竞合

一、对违法行为的竞合，适用《刑法典》第一百二十六条及十月四日第52/99/M号法令第八条的规定，但不影响下款的适用。

二、如属行政违法行为的竞合情况，则只对违法者科处较重的处罚，但尚可科处针对所实施的行政违法行为而规定的附加处罚。

第八十五条 违法责任

一、下列者须对轻微违反负责：

（一）车辆的所有人、保留所有权的取得人、用益权人或以任何名义实际占有车辆的人，如属违反规范车辆获准在公共道路上通行的条件的规定；

（二）驾驶员，如属违反交通规则、交通信号或指挥交通的人员的命令；

（三）应考人，如在驾驶实习考试进行期间实施轻微违反。

二、除上款所指实体外，下列者亦须对行政违法行为负责：

（一）行人，如属涉及行人通行的违法行为；

（二）乘客，如属第五十条第九款及第五十一条第三款；

（三）委托人，如要求驾驶员作出明显危及驾驶安全的行为；

（四）父母或监护人，如明知其未成年子女或被监护人无能力或惯常不谨慎，而在可阻止他们驾驶的情况下不加以阻止。

三、对学习驾驶员在驾驶时非因不服从教练员指示而导致的违法行为，教练员被视为所实施的轻微违反或行政违法行为的行为人。

四、车辆的所有人、保留所有权的取得人、用益权人或以任何名义实际占有车辆的人，如能证明其车辆被驾驶员滥用，又或驾驶员于驾驶其车辆时违反其命令、指示或许可驾驶其车辆的条件，则第一款及第二款所指责任终止，并应由驾驶员承担责任。

五、除非属滥用车辆的情况，车辆所有人须对行政违法行为人应缴的罚款负补充责任，但不影响其对该行为人的求偿权。

第二节 承担民事责任的保证

第八十六条 投保义务

一、机动车辆及其挂车按补充法规的规定购买民事责任保险后，方可在公共道路上通行。

二、就所购买的每项保险应发出经依法核准式样的证明文件，而车辆在公共道路上通行时，驾驶员应带备该证明文件。

三、违反第一款规定者，科处罚款澳门币 3 000 元。

四、违反第二款规定者，科处罚款澳门币 300 元。

第八十七条 体育比赛的保险

机动车辆体育比赛或正式练习的举办者须先购买所需保险，以承保参赛车辆的所有人或占有人及参赛者因该等车辆导致的事故所造成的损害而应承担的民事责任，方可获准在公共道路上举行机动车辆体育比赛或正式练习。

第三节 各种犯罪

第八十八条 遗弃受害人

一、导致交通事故发生后遗弃交通事故受害人者，科处最高三年徒刑或罚金。

二、行为人确定受害人如被遗弃可能会产生的结果，但仍接受或漠视该等结果而遗弃受害人，科处与不作为犯的故意犯罪相应的刑罚。

三、如第一款所指行为是由行为人的过失导致，则科处最高一年徒刑或最高一百二十日罚金。

第八十九条　逃避责任

牵涉交通事故者意图以其可采用的法定方法以外的其他方法，使自己免于承担民事或刑事责任，科处最高一年徒刑或最高一百二十日罚金。

第九十条　醉酒驾驶或受麻醉品或精神科物质影响下驾驶

一、任何人在公共道路上驾驶车辆而其每公升血液中的酒精含量等于或超过1.2 g，如其他法律规定无订定较重处罚，则科处最高一年徒刑及禁止驾驶一年至三年。

二、任何人受麻醉品或精神科物质的影响下在公共道路上驾驶车辆而其服食行为依法构成犯罪者，亦科处上款所定的刑罚。

三、过失者，亦予处罚。

第九十一条　举办或参加未经许可的车辆体育比赛

一、未获主管当局许可，在公共道路上举办以机动车辆进行的速度赛或其他体育比赛而对他人生命构成危险、对他人身体完整性构成严重危险或对他人的巨额财产构成危险者，如其他法律规定无订定较重处罚，则科处最高三年徒刑。

二、驾驶机动车辆参加上款所指速度赛或体育比赛者，如其他法律规定无订定较重处罚，则科处最高三年徒刑。

第九十二条　在禁止驾驶期间驾驶

一、在实际禁止驾驶期间于公共道路上驾驶车辆者，即使出示其他证明驾驶资格的文件，均以加重违令罪处罚，并吊销驾驶执照或第八十条第一款（四）项所指文件。

二、在驾驶执照或第八十条第一款（四）项所指文件被实际吊销的情况下，自处罚判决转为确定之日起计一年内在公共道路上驾驶机动车辆者，即使出示其他证明驾驶资格的文件，均以加重违令罪处罚。

第九十三条　过失犯罪的处罚

一、对驾驶时实施的过失犯罪，科处一般法规定的刑罚，而其法定刑下限则改为原下限加上限的三分之一，但其他法律规定订定较重处罚除外。

二、如属重过失，则其法定刑下限改为原下限加上限的一半，但其他法律规定订定较重处罚除外。

三、驾驶时出现下列任一情况，则属重过失：

（一）醉酒驾驶或受酒精影响下驾驶；

（二）受麻醉品或精神科物质的影响下驾驶，只要其服食行为依法构成犯罪；

（三）轻型摩托车、重型摩托车或轻型汽车车速超过规定的最高车速限制 30 km/h 或以上，又或重型汽车车速超过规定的最高车速限制 20 km/h 或以上；

（四）逆法定方向驾驶；

（五）不遵守指挥交通的人员、指挥交通的红灯或交汇处强制停车信号所规定的停车义务；

（六）在强制亮灯行车的情况下不亮灯行车；

（七）使用远光灯而令人目眩。

第九十四条　因犯罪而被禁止驾驶

因下列犯罪而被判刑者，按犯罪的严重性，科处禁止驾驶两个月至三年，但法律另有规定除外：

（一）驾驶时实施的任何犯罪；

（二）第八十九条所指的逃避责任；

（三）伪造、移走或掩蔽车辆识别资料；

（四）伪造驾驶执照、其替代文件或等同文件；

（五）盗窃或抢劫车辆；

（六）窃用车辆；

（七）任何故意犯罪，只要继续持有驾驶执照可为其持有人提供特别有利于再犯罪的机会或条件。

第四节　各种轻微违反

第九十五条　无牌驾驶

一、不具备所需驾驶资格而在公共道路上驾驶机动车辆或工业机械车者，科处罚金澳门币 5 000 元至 25 000 元。

二、累犯者，科处最高六个月徒刑或罚金澳门币 10 000 元至 50 000 元。

第九十六条　受酒精影响下驾驶

一、禁止在受酒精影响下于公共道路上驾驶，而为适用本法律的规定，"受酒精影响下"是指驾驶员的每公升血液中的酒精含量等于或超过 0.5 g，又或根据本法律或补充法规的规定进行测试后按医生的报告，驾驶员被视为受酒精影响。

二、在公共道路上驾驶车辆者的每公升血液中的酒精含量等于或超过 0.5 g，但低于 0.8 g，科处罚金澳门币 2 000 元至 10 000 元。

三、在公共道路上驾驶车辆者的每公升血液中的酒精含量等于或超过 0.8 g，但低于 1.2 g，科处罚金澳门币 6 000 元至 30 000 元及禁止驾驶两个月至六个月。

四、累犯者，处罚如下：

（一）如实施第二次违法行为时每公升血液中的酒精含量低于 0.8 g，科处罚金澳门币 4 000 元至 20 000 元及禁止驾驶六个月至一年；

（二）如实施第二次违法行为时每公升血液中的酒精含量等于或超过 0.8 g，但低于 1.2 g，科处最高六个月徒刑或罚金澳门币 12 000 元至 60 000 元，以及禁止驾驶一年至三年。

五、按法院命令进行鉴定检测后，被宣告为惯常酗酒者，科处禁止驾驶一年至三年。

六、上款规定的禁止驾驶期间可延续，直至驾驶员痊愈为止。

第九十七条　举办未经许可的活动

一、未获主管当局许可，在公共道路上举办以机动车辆进行的速度赛或其他体育比赛者，科处罚金澳门币 30 000 元至 150 000 元，另按每一参赛者计加科罚金澳门币 3 000 元至 15 000 元。

二、未获主管当局许可，在公共道路上举办其他体育比赛或庆典者，科处罚金澳门币 3 000 元至 15 000 元，但不影响下款的适用。

三、未获主管当局许可，在受特别制度规范的桥梁或其引桥上举办体育比赛者，科处罚金澳门币 30 000 元至 150 000 元，另按每一参赛者计加科罚金澳门币 3 000 元至 15 000 元。

四、获许可举行体育比赛或庆典但不遵守主管当局订定的条件者，视乎属第一款、第二款或第三款所指情况而定，按上述相应罚金上下限的一半科罚。

五、累犯者，罚金上下限均提高至两倍。

第九十八条　超　　速

一、驾驶轻型摩托车、重型摩托车或轻型汽车车速超过规定的最高车速限制 30 km/h 以下者，又或驾驶重型汽车车速超过规定的最高车速限制 20 km/h 以下者，科处罚金澳门币 600 元至 2 500 元。

二、驾驶轻型摩托车、重型摩托车或轻型汽车车速超过规定的最高车速限制 30 km/h 或以上者，又或驾驶重型汽车车速超过规定的最高车速限制 20 km/h 或以上者，科处罚金澳门币 2 000 元至 10 000 元及禁止驾驶六个月至一年。

三、累犯者，处罚如下：

（一）如第二次违法行为属第一款所指的超速，科处罚金澳门币 750 元至 3 500 元；

（二）如对上一次违法行为属第一款所指的超速，且第二次违法行为属上款所指的超速，科处罚金澳门币 2 000 元至 10 000 元及禁止驾驶六个月至一年；

（三）如首次及第二次违法行为均属上款所指的超速，科处罚金澳门币 4 000 元至 20 000 元及禁止驾驶一年至三年。

四、自对上两次违法行为中的首次违法行为实施日起计两年内，如已就该两次违法行为自愿缴付罚金或有关判决转为确定，且该两次违法行为均属第一款所指轻微违反，第三次或续后实施该款所指轻微违反者，科处罚金澳门币 1 000 元至 5 000 元及禁止驾驶一个月至六个月。

五、自对上两次违法行为中的首次违法行为实施日起计两年内，如已就该两次违法行为自愿缴付罚金或有关判决转为确定，且该两次违法行为中的其中一次违法行为属第二款所指轻微违反，第三次或续后实施第一款所指轻微违反者，科处罚金澳门币 1 200 元至 6 000 元及禁止驾驶一个月至六个月。

六、在受特别制度规范的桥梁或其引桥上不遵守规定的最高速度限制者，处罚如下：

（一）驾驶轻型摩托车、重型摩托车或轻型汽车车速超过规定的最高速度限制 30 km/h 以下者，又或驾驶重型汽车车速超过规定的最高速度限制 20 km/h 以下者，科处罚金澳门币 2 000 元至 10 000 元；

（二）驾驶轻型摩托车、重型摩托车或轻型汽车车速超过规定的最高速度限制 30 km/h 或以上者，或驾驶重型汽车车速超过规定的最高速度限制 20 km/h 或以上者，科处罚金澳门币 4 000 元至 20 000 元及禁止驾驶六个月至一年。

七、累犯上款所指轻微违反者，处罚如下：

（一）如第二次违法行为属该款（一）项所指的超速，科处罚金澳门币 3 000 元至 15 000 元；

（二）如对上一次违法行为属该款（一）项所指的超速，而第二次违法行为属该款（二）项所指的超速，科处罚金澳门币 5 000 元至 25 000 元及禁止驾驶六个月至一年。

八、自对上两次违法行为中的首次违法行为实施日起计两年内，如已就该两次违法行为自愿缴付罚金或有关判决转为确定，且该两次违法行为均属第六款（一）项所指轻微违反，第三次或续后实施该项所指轻微违反者，科处罚金澳门币4 000元至20 000元及禁止驾驶一个月至六个月。

九、自对上两次违法行为中的首次违法行为实施日起计两年内，如已就该两次违法行为自愿缴付罚金或有关判决转为确定，且该两次违法行为中的其中一次违法行为属第六款（二）项所指轻微违反，第三次或续后实施该款（一）项所指轻微违反者，科处罚金澳门币5 000元至25 000元及禁止驾驶一个月至六个月。

十、累犯第六款（二）项所指轻微违反者，科处罚金澳门币8 000元至40 000元及禁止驾驶一年至三年。

第九十九条　不遵守停车义务

一、驾驶员不遵守指挥交通的红灯或交汇处强制停车信号所规定的停车义务，科处罚金澳门币1 000元至5 000元。

二、累犯上款所指轻微违反者，科处罚金澳门币2 000元至10 000元及禁止驾驶两个月至六个月。

三、驾驶员不遵守指挥交通的人员所规定的停车义务，科处罚金澳门币600元至2 500元。

四、累犯上款所指轻微违反者，科处罚金澳门币1 200元至5 000元及禁止驾驶两个月至六个月。

第一百条　逆　　驶

一、逆法定方向驾驶者，科处罚金澳门币1 000元至5 000元，但另有规定除外。

二、累犯上款所指轻微违反者，科处罚金澳门币2 000元至10 000元及禁止驾驶两个月至六个月。

三、在受特别制度规范的桥梁或其引桥上实施第一款所指轻微违反者，科处罚金澳门币6 000元至30 000元及禁止驾驶六个月至一年。

四、累犯上款所指轻微违反者，科处罚金澳门币12 000元至60 000元及禁止驾驶一年至三年。

第一百零一条　掉头或倒车

一、驾驶时在桥梁、行车天桥或隧道掉头或倒车者，科处罚金澳门币

2 500 元至 12 500 元及禁止驾驶两个月至六个月。

二、累犯上款所指轻微违反者,科处罚金澳门币 5 000 元至 25 000 元及禁止驾驶六个月至一年。

三、驾驶时,在驼峰路、弯角或能见度不足的交汇处,又或在基于能见度或其他道路条件不宜掉头或倒车的地点掉头或倒车者,科处罚金澳门币 600 元至 2 500 元,且不影响第一款及第二款的适用。

四、累犯上款所指轻微违反者,科处罚金澳门币 1 200 元至 5 000 元及禁止驾驶两个月至六个月。

第一百零二条　不让特定车辆先行

一、驾驶时不让优先通行车辆或警察车队先行者,科处罚金澳门币 600 元至 2 500 元。

二、违反第五十六条第五款规定者,科处罚金澳门币 600 元至 2 500 元。

三、累犯第一款及第二款所指轻微违反者,科处罚金澳门币 1 200 元至 5 000 元及禁止驾驶两个月至六个月。

四、在受特别制度规范的桥梁或其引桥上驾驶车辆时不让救援车辆或用于运载严重伤病者的私人车辆先行者,科处罚金澳门币 1 000 元至 5 000 元及禁止驾驶两个月至六个月。

五、累犯上款所指轻微违反者,科处罚金澳门币 2 000 元至 10 000 元及禁止驾驶六个月至一年。

第一百零三条　不让行人先行

一、违反第三十七条规定者,科处罚金澳门币 600 元至 2 500 元。

二、累犯者,科处罚金澳门币 1 200 元至 5 000 元及禁止驾驶两个月至六个月。

第一百零四条　在人行横道超车

一、驾驶时在有信号标明的人行横道之前或之内超车者,科处罚金澳门币 600 元至 2 500 元。

二、累犯者,科处罚金澳门币 1 200 元至 5 000 元及禁止驾驶两个月至六个月。

第一百零五条　累　犯

自对上一次轻微违反实施日起计两年内,如违法者已就该次轻微违反自愿缴付罚金或有关处罚判决转为确定，再次实施同一轻微违反者，视为累犯，但法律另有规定除外。

第一百零六条　易科徒刑

本节对轻微违反所规定的罚金可按《刑法典》的规定易科徒刑。

第一百零七条　重　考

一、如有理由相信所实施的犯罪或轻微违反是由于驾驶员无能力或驾驶技能不足所致，而此等无能力或驾驶技能不足的情况明显会危及人身或财产安全，法院可命令有关驾驶员重考，以及可命令在重考前接受医生检验或心理测验，亦可裁定该驾驶员禁止驾驶直至其通过考试为止。

二、取得某类别车辆的驾驶资格不足两年的驾驶员，如驾驶该类别车辆时实施任何可被科处禁止驾驶的轻微违反，法院亦可命令其重考。

三、第一款及第二款所指重考可包括全部或部分考试环节，且不予收费。

四、就一切法定效力而言，在本条所指重考中缺席或不及格者，视为不具备驾驶资格。

第一百零八条　吊销驾驶执照

一、如驾驶员自首次判罚其禁止驾驶的判决转为确定之日起计五年内已两次被判罚禁止驾驶，而又实施另一可科处禁止驾驶的违法行为，法院应裁定吊销其驾驶执照或第八十条第一款（四）项所指文件，且不影响第九十二条的适用。

二、在不影响上款规定的情况下，如驾驶员所实施的重过失犯罪符合第九十三条第三款所定的任一要件，法院可裁定吊销其驾驶执照或第八十条第一款（四）项所指文件。

三、在吊销驾驶执照的情况下，驾驶员自判罚吊销其驾驶执照的判决转为确定之日起计一年后，方可申请再参加驾驶考试；但如上一次判决所科的禁止驾驶期间在该一年期间届满之后才终结，则仅在该禁止驾驶期间届满之后，方可申请再参加驾驶考试。

四、在第九十二条第二款所指情况下，上款所指不得申请再参加驾驶考试的一年期间中断，并自判罚驾驶员加重违令罪的判决转为确定之日重新开始计算该期间。

第一百零九条　暂缓执行处罚

一、如有可接纳的理由，法院可暂缓执行禁止驾驶或吊销驾驶执照的处罚六个月至两年。

二、如在暂缓执行禁止驾驶的处罚期间内再次实施另一导致禁止驾驶的违法行为，所科处的禁止驾驶的处罚应与暂缓执行的禁止驾驶的处罚一并执行。

三、如在暂缓执行吊销驾驶执照的处罚期间内再次实施另一导致禁止驾驶的违法行为，则废止吊销驾驶执照的暂缓执行。

四、吊销驾驶执照的暂缓执行按上款的规定一经废止，驾驶执照即告吊销。

第五节　行政违法行为

第一百一十条　定　性

触犯本法律的违法行为，如不构成本章第三节及第四节规定的犯罪或轻微违反，则视为行政违法行为。

第一百一十一条　处　罚

对行政违法行为，如无规定特别处罚，则科处罚款澳门币 300 元。

第七章　程序规定

第一节　一般规定

第一百一十二条　适用的制度

一、追究因公共道路交通事故或触犯本法律的违法行为而产生的民事、刑事或轻微违反责任的程序，由相关程序规定及本章的特别规定规范。

二、针对行政违法行为提起的程序，适用本章规定的特别制度，并补充适用十月四日第 52/99/M 号法令订定的制度及《行政程序法典》。

三、在不影响下条适用的情况下，除《行政程序法典》所定的通知方式外，亦可透过补充法规增加其他通知方式，但以不减少利害关系人的权利及保障为限。

第一百一十三条　通　知

一、除本章第四节所指通知外，在行政处罚程序中，凡按下列地址以单挂号信寄出的通知，推定自信件挂号日起计第三日作出，如第三日并非工作日，则推定在紧接该日的首个工作日作出：

（一）车辆所有权登记所载的常居所或法人住所，如应被通知人为车辆所有人；

（二）签发驾驶执照实体的档案所载的常居所，如应被通知人为驾驶员；

（三）应被通知人指定的地址。

二、如利害关系人身处澳门特别行政区以外地方，上款所指期间于《行政程序法典》第七十五条所定延期期间届满后方起计。

三、仅在因可归咎于邮政服务的事由而令被通知人在推定作出通知的日期之后才收到通知的情况下，方可由被通知人推翻第一款及第二款所指的推定。

四、在轻微违反程序中，第一款至第三款的规定适用于行政实体在将笔录移交有管辖权的司法机关之前作出的通知。

五、本章第四节所指通知，按《行政程序法典》的规定作出。

第二节 监 察

第一百一十四条 监察仪器

一、监察道路所使用的仪器或工具，应预先经主管实体按补充法规的规定核准及检定。

二、上款所指补充法规生效之前，交通高等委员会有职权核准上述仪器或工具。

三、禁止在车辆安装可探测或干扰用于侦测或记录违法行为的仪器或工具的任何仪器、装置或物品。

四、违反上款规定者，如特别法例无订定较重处罚，则科处罚款澳门币3 000元，且可扣押有关仪器、装置或物品，并宣告归澳门特别行政区所有。

第一百一十五条 酒精测试

一、执法人员可对驾驶员进行呼气酒精测试。

二、牵涉人员伤亡事故的驾驶员或其他人，在其状况容许的情况下，必须接受上款所指测试。

三、如不可能进行呼气酒精测试，官方或依法指定的医护场所的医生应向送检的涉事者收集血液样本，供嗣后诊断检测其受酒精影响的状况。

四、基于医学原因或受检者的拒绝而无法进行血液酒精测试时，应由医生进行检查，以诊断受检者受酒精影响的状况。

五、无合理理由而拒绝接受本条所指呼气酒精测试或医生检查者，以违令罪处罚。

六、如出现上款所指的拒绝情况，尚可科处第九十六条第三款规定的禁止驾驶的处罚。

第一百一十六条 限制驾驶

一、上条第一款所指测试结果呈阳性者，又或拒绝或不能接受该项测试者，则被限制在十二小时内不得驾驶，但在该时限届满前，如透过本人申请的检测而证明其并无受酒精影响者除外。

二、不遵守上款所指限制而驾驶者，以加重违令罪处罚。

第一百一十七条 反　证

一、如呼气酒精测试结果呈阳性，受检者可立即申请采取反证措施。

二、为适用上款的规定，执法人员应尽快将受检者送交医生观察，而医生应收集化验所必需的血液数量，供澳门特别行政区内获许可的化验所或医院进行化验。

三、如反证措施结果呈阳性，则采取反证措施所需费用由受检者负责。

第一百一十八条 关于受麻醉品或精神科物质影响下驾驶的监察

一、如有迹象显示驾驶员受麻醉品或精神科物质影响，而服食该等物质依法构成犯罪者，则执法人员可对该名驾驶员进行测试。

二、无合理理由而拒绝接受上款所指测试者，以违令罪处罚。

三、如出现上款所指的拒绝情况，尚可科处禁止驾驶两个月至六个月的处罚。

第一百一十九条 关于监察的其他规定

一、关于受酒精影响下驾驶的监察条件及方法，由补充法规订定。

二、关于受麻醉品或精神科物质影响者状况的测试、检定方法及仪器，由补充法规订定。

第一百二十条 交通事故笔录

一、有职权监察公共道路交通的执法人员，如知悉发生任何交通事故，应制作笔录，当中除载有驾驶员、受害人、车辆及其所有人的识别资料外，尚应记载下列资料：

（一）事故发生的过程、原因、后果、日期、时间及地点的详细描述；

（二）各车辆位置及受害人位置，并指出该等位置与任何定点之间的准确距离；

（三）各车辆的行车方向、车轮痕迹的位置及描述或其他应可显示行车路线的痕迹的位置及描述，以及刹车起点或转向起点；

（四）各车辆的制动、转向、声响信号及车灯信号等装置的运作状况；

（五）有助查明事故原因或确定责任的所有情节；

（六）伤者接受观察或留医的医护场所，如涉事者已投保，亦应记载保险公司、保险单编号及保险类别；

（七）制作笔录者是否目睹事故发生的记述，以及目睹事故发生者或向制作笔录者提供笔录所载事故详情者的身份资料。

二、在可能的情况下，且基于事故的严重性所需，制作笔录者应将观察所得的细节绘成草图，又或拍摄可反映该等细节的对象或痕迹。

三、按上款规定编制的资料，如有可能，应立即附于笔录内。

第三节 扣　　押

第一百二十一条　扣押驾驶执照

一、在下列情况下，监察交通的执法人员应扣押驾驶执照：

（一）怀疑驾驶执照属伪造或曾作欺诈性的更改；

（二）驾驶执照的保存状况差劣；

（三）驾驶执照有效期已过。

二、在第一款（一）项及（二）项所指情况下，应获发驾驶凭单以替代驾驶执照，该凭单的有效期视具体需要而定，且在有合理理由的情况下可予续期。

三、在第一款（一）项所指情况下，当处罚判决转为确定后，驾驶凭单即告失效，而驾驶员必须在该判决指定的期限内将凭单送交签发实体，否则构成违令罪。

四、持失效驾驶凭单驾驶者，如其他法律规定无订定较重处罚，则科处罚款澳门币 300 元。

五、在第一款（二）项所指情况下，驾驶员应在三十日内申请更换驾驶执照。

六、在禁止驾驶期间，须扣押驾驶执照、第八十条第一款（四）项所指文件及其他证明具备驾驶资格的文件。

七、驾驶员必须在科处禁止驾驶或吊销驾驶执照或第八十条第一款（四）项所指文件的判决指定的期限内，将驾驶执照或该文件送交治安警察局，否则构成违令罪。

八、法院应将科处上款所指处罚的判决，以及判决内指定的期限通知治安警察局。

第一百二十二条　扣押车辆识别文件

一、在下列情况下，监察交通的执法人员应扣押车辆识别文件：

（一）怀疑车辆识别文件属伪造或曾作欺诈性的更改；

（二）车辆识别文件的保存状况差劣；

（三）车辆的规格与其识别文件所载者不符；

（四）车辆事故后报废；

（五）车辆被扣押；

（六）发现不符合补充法规所定安全条件的车辆正在通行；

（七）车辆不遵守关于噪声及空气污染的规则通行。

二、检验时，如证实车辆不符合法定安全条件或用于公共运输的车辆不符合安全或舒适条件，亦可扣押车辆的识别文件。

三、如扣押车辆识别文件，将一并扣押全部与车辆有关的其他文件。

四、在第一款（一）项、（二）项、（四）项、（六）项及（七）项所指情况下，应发给一份载明有效期及条件的凭单，以替代车辆识别文件。

五、在第一款（三）项所指情况下，应发给一份凭单，其有效期由签发实体按具体情况订定，且仅供车辆在前往目的地须经路程上使用。

六、在第一款（二）项所指情况下，利害关系人应在三十日内申请更换车辆识别文件。

七、在第一款（三）项至（七）项所指情况下，如驾驶员只携带车辆识别文件的认证缮本，则有关车辆的所有人可被通知在八日内于通知书指定的地点交出该文件的正本。

八、无合理理由而不遵守上款规定的义务者，构成违令罪。

第一百二十三条　扣押车辆

一、如机动车辆、挂车、半挂车或三轮车类型的脚踏车在公共道路上处于下列状况，可被扣押：

（一）装有非依法获给予或获准使用的注册号码；

（二）未装有注册号牌或未经注册；

（三）装有在澳门特别行政区内不具通行效力的注册号码；

（四）其注册已被取消；

（五）其车辆识别文件已被扣押；

（六）未依法购买民事责任保险而行车；

（七）未依法使车辆的所有权登记符合规定。

二、如有强烈迹象显示机动车辆用作提供有别于获许可或注册用途且有报酬的服务，则将车辆扣押。

三、如在刑事方面作出第一款（一）项至（三）项所指扣押，则按刑事程序的规定处理。

四、在第一款（四）项及（五）项所指情况下，可指定车辆所有人为车辆的保管人。

五、在第二款所指情况下，一经自愿缴交罚款或提供相当于罚款金额的保证金，又或作出归档或宣告不存在违法行为的决定，又或一经缴交处罚决定所科的罚款，扣押立即终止。

六、在未有开展刑事程序而进行第一款（一）项至（三）项所指扣押的情况中，又或在同一款（四）项至（七）项所指情况中，如车辆持续被扣押是因其所有人的过失而未使车辆状况符合规定所致，持续扣押车辆的时间不得超过九十日；如车辆基于上述原因而持续被扣押超过九十日，则视为被弃置并由澳门特别行政区先占取得。

七、当出现第五款所述终止扣押车辆的情况，则应自接获通知领回车辆之日起计九十日内将车辆领回；如逾期不领回车辆，则视该车辆被弃置并由澳门特别行政区先占取得。

八、如已依法购买民事责任保险，又或在发生事故的情况下，如已就该事故作出赔偿或已提供金额相等于最低强制保险额的保证金，则第一款（六）项所指扣押立即终止。

九、车辆的所有人、保留所有权的取得人、用益权人或以任何名义实际占有车辆的人，须负责缴付因车辆被扣押而产生的费用。

第四节　锁车、移走车辆及弃置车辆

第一百二十四条　超时泊车

一、车辆在依法允许停泊的免费泊车位连续泊车十五日，视为超时泊车。

二、超时泊车的车辆将被移离公共道路。

三、本条的规定不适用于在等同公共道路的道路上停泊的车辆。

第一百二十五条　锁车及移走车辆

一、在下列地点或情况下泊车的车辆，可被锁车或移离公共道路：

（一）在集体客运车辆停车处泊车；

（二）在行人道、有信号标明的人行横道或行人专用区泊车；

（三）在车行道上泊车但无靠近路缘或行人道；

（四）在车行道上距十字形交叉路口或 T 字形交叉路口 5 公尺范围以内泊车；

（五）在车辆或行人进出建筑物、车房或有适当信号标明为泊车位的地点必经之处泊车；

（六）泊车后会阻碍单向行车道路一排车辆通行或双向行车道路两排车辆通行；

（七）在阻碍其他已适当停泊的车辆驶离的地点泊车；

（八）在特定类别车辆或特定运输的留用道路或专用车道上泊车；

（九）在留用泊车地点泊车但不遵守有关使用条件；

（十）在有黄色实线或虚线标明的地点或在设有禁止泊车标牌的地点泊车；

（十一）以明显对行人或车辆的通行构成危险或严重影响的方式泊车。

二、发生事故后，如车辆无法开动，且处于上款所指任一地点或情况，亦可将之移离公共道路。

三、除可适用的法定处罚外，车辆的所有人、保留所有权的取得人、用益权人或以任何名义实际占有车辆的人，尚须负责支付锁车或移走车辆所需的一切费用，但对驾驶员有求偿权。

四、锁车及开锁的方式，由补充法规订定。

五、因锁车、移走车辆及存放车辆而应缴的费用，由补充法规订定。

六、公共泊车服务应遵守的规定，由补充法规订定。

第一百二十六条　弃　　置

一、按第一百二十四条及第一百二十五条第一款的规定移走车辆后，适用经作出必要配合的《民法典》第一千二百四十七条的规定，但该条第四款所指索取报酬的权利除外，而同一条文第三款规定的期限则减为九十日。

二、如因车辆的整体状况或其他值得考虑的情况而可预见公共拍卖该车辆所得价金不足以抵偿移走车辆及存放车辆所需费用,则上款所指期限减为三十日。

三、第一款及第二款所指期限自下条所指通知日起计。

四、如车辆在规定的期限内无人认领,则视为弃置车辆,并由澳门特别行政区先占取得。

五、按上条第二款规定移走的车辆,如自下条所指通知日起计九十日内无人认领,视为弃置车辆,并由澳门特别行政区先占取得。

六、如车辆所有人明确表示弃置该车辆,又或属保留所有权的情况,车辆的所有人及取得人均明确表示弃置该车辆,则实时视为弃置车辆。

第一百二十七条 认领车辆

一、须将移走车辆的事实通知车辆所有人,如属保留所有权的情况,亦须通知该车辆的取得人。

二、通知书内应指出被移走车辆的所在地点,且应载明须在上条所指期限内取回该车辆,否则视为弃置车辆。

三、经清缴移走车辆及存放车辆所需费用或提供一项等值保证金后,应将车辆交给认领人。

四、上款所指费用属下列实体的收入:

(一)民政总署,如车辆由其移走及存放;

(二)营运实体,如属公共泊车服务的情况;

(三)澳门特别行政区,如属其余情况。

第一百二十八条 抵押

一、如车辆已被抵押,亦应将移走车辆的事实通知抵押权人。

二、向抵押权人发出的通知书内,应载明通知车辆所有人的方式及第一百二十六条所指取回车辆的期限届满的日期。

三、抵押权人可提出申请,要求如车辆所有人在规定的期限届满后不取回车辆,则将该车辆交由其以保管人身份保管。

四、自收到通知后起计二十日内,又或如车辆所有人取回车辆的期限在该二十日期间届满之后才终结,则在领回车辆的期限届满之前,可提出上款所指申请。

五、如已缴付移走车辆及存放车辆所需的全部费用,应随即将车辆交予抵押权人;该等费用按具体情况而定,应在第一百二十六条第一款或第二款规定的期限届满后八日内缴付。

六、抵押权人就上款所指费用及其以保管人身份作出的开支，对车辆所有人有求偿权。

第一百二十九条 查 封

一、如移走车辆的当局知悉该车辆属查封或等同行为的标的，应将该情况通知法院。

二、在上款所指情况下，应将车辆交予法院指定的保管人，且无须预先缴付移走车辆及存放车辆所需的费用。

三、执行时，因移走车辆及存放车辆所需费用而产生的债权享有特别优先受偿权，且在债权受偿顺位上仅次于澳门特别行政区在税收方面的债权。

第五节 轻微违反的特别程序

第一百三十条 通知违法者

如有足够迹象显示已实施任何触犯本法律或其他交通法例但不可科处徒刑的轻微违反，制作笔录的实体应通知违法者在十五日内前往通知书所指地点自愿缴付罚金。

第一百三十一条 自愿缴付

按上条规定自愿缴付罚金者，只须缴付罚金下限。

第一百三十二条 识别轻微违反的行为人

一、如执法人员不能识别轻微违反的行为人，应通知车辆的所有人、保留所有权的取得人、用益权人或以任何名义实际占有车辆的人，在十五日内指出违法行为人的身份或自愿缴付罚金。

二、在规定的期限内，被通知者如不指出违法行为人的身份，亦不证明车辆曾被滥用，则被视为轻微违反的责任人。

第一百三十三条 移交法院

在下列情况下，卷宗将移交有管辖权的法院审理：

（一）所实施的轻微违反可被科处徒刑；

（二）在规定的期限内不自愿缴付罚金；

（三）已自愿缴付罚金，但对所实施的轻微违反亦可科处禁止驾驶的处罚。

第一百三十四条 罚金归属

对触犯本法律的轻微违反所科处的罚金所得，属澳门特别行政区的收入。

第六节 行政违法行为的特别程序

第一百三十五条 提起程序及控诉

一、在下列情况下，具监察权的人员可立即提起处罚程序及编制控诉书，并将控诉内容通知违法者：
（一）如上述人员目睹构成行政违法行为的事实；
（二）如有足够迹象显示已实施行政违法行为，即使其并无目睹该违法行为。

二、在上款所指控诉书内，须通知违法者有权自接获控诉书通知日起计十五日内，前往指定地点自愿缴付罚款或提交书面答辩。

第一百三十六条 识别违法者

一、如执法人员不能识别违法者，则对车辆的所有人、保留所有权的取得人、用益权人或以任何名义实际占有车辆的人作出控诉，并通知其有权自通知日起计十五日内，前往通知书所指地点自愿缴付罚款、提交书面答辩或指出违法者的身份。

二、如证实违法行为由另一人实施或车辆被滥用，则将上款所指卷宗归档。

第一百三十七条 自愿缴付

一、在第一百三十五条及第一百三十六条规定的期限内自愿缴付罚款者，只须缴付三分之二的罚款。

二、在第一百三十五条及第一百三十六条规定的期限届满后缴付罚款者，则须缴付全数罚款。

第一百三十八条 决定

一、预审员接获答辩书及采取措施以查明是否存在违法行为后，应编制有关决定的建议书，并将之呈交有处罚职权的实体审理。

二、审理建议书后，有处罚职权的实体决定可科处的处罚或着令将卷宗归档。

三、如在第一百三十五条及第一百三十六条规定的期限内，被控诉人不提交答辩书，亦不自愿缴付罚款，又或在第一百三十六条所指情况下也不指出违法者的身份，则上款所指实体应审理卷宗，并决定可科处的处罚或将卷宗归档。

四、应将决定通知被控诉人。

第一百三十九条 处罚决定作出后缴付罚款

科处罚款的决定作出后，应自通知该项决定之日起计十五日内缴付罚款。

第一百四十条 不缴付罚款

一、如不在上条所定期限内缴付罚款，则按税务执行程序的规定进行强制征收。

二、任何人如尚未缴付因触犯本法律或其他补充法规的行政违法行为而应负责缴付的罚款，且有关处罚决定已转为不可申诉的决定，则在清缴罚款之前，不得：

（一）缴纳涉及上述行政违法行为的，且其为所有人的车辆的车辆使用牌照税；

（二）以其名义为其他车辆进行注册；

（三）办理驾驶执照续期。

三、在经八月十二日第 16/96/M 号法律核准的《车辆使用牌照税规章》第七条第一款所定期限内曾要求缴纳车辆使用牌照税但按上款（一）项的规定被拒收者，如在紧接缴纳罚款之日的五个工作日内缴纳车辆使用牌照税，即使该五日期限在法定纳税期限届满之后方届满，亦视作依期缴纳。

四、在上款所指五日期限届满后不缴纳车辆使用牌照税者，须缴付逾期纳税应缴的迟延利息及罚款。

五、在第三款所指情况下，对未缴纳车辆使用牌照税而使用或享用有关车辆者，适用《车辆使用牌照税规章》第十三条第五款及第六款的规定。

第一百四十一条 处罚职权

一、下列实体按其组织法或补充法规的规定有处罚职权：

（一）土地工务运输局局长；

（二）治安警察局局长；

（三）民政总署管理委员会；

（四）海关关长。

二、上款所指职权属可转授他人的职权。

第一百四十二条 罚款归属

一、对触犯本法律的行政违法行为科处的罚款所得，属澳门特别行政区的收入，但下款所指罚款除外。

二、在检验车辆、驾驶教学及驾驶考试的事宜上征收的罚款所得，属民政总署的收入。

第七节 其他规定

第一百四十三条 执行判决

一、判罚禁止驾驶或裁定吊销驾驶执照或第八十条第一款（四）项所指文件的判决转为确定后产生效力，即使驾驶员仍未遵守第一百二十一条第七款的规定亦然。

二、驾驶员因法院裁判而被剥夺自由的时间，不计算在禁止驾驶期间或第一百零八条第三款所指期间内，即使按第一百零六条的规定，因罚金易科徒刑而被剥夺自由者亦然。

第一百四十四条 违法行为的记录

一、民政总署应为每名驾驶员编制记录，如有关驾驶员被科处禁止驾驶或吊销驾驶执照或第八十条第一款（四）项所指文件的处罚，亦应载于记录内。

二、为适用上款的规定，法院应将所有科处禁止驾驶或吊销驾驶执照或第八十条第一款（四）项所指文件的裁判通知民政总署。

三、在审理驾驶员的责任的卷宗内，应附入该名驾驶员的记录副本。

第八章 最后及过渡规定

第一百四十五条 轻微违反转换成行政违法行为

一、下列法规规定的轻微违反，均转换成行政违法行为，但本法律明示保留者除外：

（一）经六月二十九日第34/92/M号法令修改的六月二十五日第29/90/M号法令；

（二）十二月三日第73/90/M号法令；

（三）四月二十八日第17/93/M号法令；

（四）经四月二十八日第17/93/M号法令核准的《道路法典规章》；

（五）九月十三日第49/93/M号法令；

（六）十一月二十八日第57/94/M号法令；

（七）十月十六日第274/95/M号训令；

（八）经十二月二十六日第 70/95/M 号法令核准的《嘉乐庇大桥、友谊大桥及引桥规章》；

（九）经第 35/2003 号行政法规核准的《公共泊车服务规章》；

（十）经第 21/2005 号行政法规核准的《西湾大桥规章》。

二、对按上款的规定转换成行政违法行为科处的罚款金额，由行政法规订定。

第一百四十六条　修改第 7/2002 号法律

第 7/2002 号法律第九条第四款修改如下：

"第九条　车辆的识别

一、【……】。

二、【……】。

三、【……】。

四、违反上款规定者，构成行政违法行为，科处罚款澳门币 1 500 元，且不影响倘有的刑事责任。"

第一百四十七条　补充制度

第六章及第七章的规定，补充适用于第一百四十五条所指法规规定已转换的行政违法行为。

第一百四十八条　待决案件

一、程序规定只适用于在本法律生效后实施的违法行为，而在本法律生效日仍待决的轻微违反案件则继续按轻微违反诉讼程序及现被废止的《道路法典》的特别规定处理，直至就案件作出的最终裁判转为确定为止。

二、在上款所指的待决轻微违反案件中，法院适用按本法律转换为行政违法行为的处罚，但以该等处罚对嫌犯较有利为限。

第一百四十九条　补充法规

一、本法律的补充法规，包括有关处罚制度在内，由行政长官制定。

二、不抵触本法律的《道路法典》原有补充法规继续生效。

第一百五十条　主管实体的继受

透过补充法规，可将本法律所规定实体的职责、职权及有关收入转移至现有或将设立的实体。

第一百五十一条　对《道路法典》的准用

其他法律规定中对于经四月二十八日第 16/93/M 号法令核准的《道路法典》的准用，视为对本法律相应规定的准用。

第一百五十二条　废　　止

废止所有与本法律相抵触的法律规定，尤其是：

（一）十二月三日第 73/90/M 号法令第七条 a 项至 c 项，以及第八条；

（二）经四月二十八日第 16/93/M 号法令核准的《道路法典》；

（三）经四月二十八日第 17/93/M 号法令核准的《道路法典规章》第五条第八款 a 项、第九条第十六款 d 项、第一百零五条第三款及第一百二十一条第一款至第三款；

（四）九月十三日第 49/93/M 号法令第九条第二款；

（五）十一月二十八日第 57/94/M 号法令第四十二条。

第一百五十三条　生　　效

一、本法律于二○○七年十月一日生效。

二、上款的规定不适用于第一百四十五条第二款及第一百四十九条，该等规定自本法律公布翌日起生效。

二○○七年四月二十六日通过。

立法会主席 曹其真

二○○七年五月二日签署。

命令公布。

行政长官 何厚铧

第 16/96/M 号法律

一九九六年八月十二日

车辆使用牌照税

第一条 （税项的设立及规章的通过）

一、设立车辆使用牌照税。
二、通过附于本法律并成为其组成部分的车辆使用牌照税规章及有关附件。

第二条 （规章附件二的修改）

规章的附件二得由总督以训令修改。

第三条 （废止性规定）

一、废止下列法例：
a) 十二月十九日第 130/84/M 号法令；
b) 由四月二十八日第 17/93/M 号法令核准的《道路法典规章》第五十八条。
二、亦废止所有与本法律相抵触或不配合的法律规定及规范性规定。

第四条 （开始生效）

本法律于一九九七年一月一日开始生效。

车辆使用牌照税

第一章 课征对象

第一条 （以实物为课征对象）

一、车辆使用牌照税以在澳门地区根据法律规定使用及享用下列获发给准照、注册或登记的车辆为课征对象：
a）机动车辆；
b）工业机械。

二、为本规章规定的效力，道路法典所界定的轻型汽车、重型汽车、客车、货车、客货车、牵引车及铰接式车辆，以及重型摩托车及轻型摩托车，视为机动车辆。

三、车辆在街道及公共地方的利用、行驶或停泊，推定为车辆的使用及享用。

第二条 （以人为课征对象）

一、上条所指车辆的所有人为纳税义务主体。

二、为本规章规定的效力，以其名字取得车辆准照、注册或登记者，推定为车辆所有人，直至提出相反证明为止。

三、融资的承租人等同于所有人。

第三条 （发生纳税义务的期间）

每一历年均发生该年度的纳税义务。

第二章 豁免

第四条 （豁免）

一、车辆如属供下列实体专用，则获豁免使用牌照税：
a）于澳门设有代表处且本地区为其成员的国际机构及组织；
b）获澳门接受的外交实体或领事实体，但仅以互惠对待及作自用的情况为限；

c）本地区的本身管理机关；

d）法院及检察院；

e）澳门公共行政机构，包括市政机关及自治实体；

f）公益法人及行政公益法人；

g）集体运输的特许企业，但仅以用于集体运输乘客者为限；

h）经特别法给予豁免的其他实体。

二、作以下用途的车辆所有人，亦享有车辆使用牌照税的豁免：

a）用作集体运输残疾人士者；

b）用作个别运输残疾人士，但该等人士须为具有相等于或高于百分之六十无能力程度者，且车辆仅得为普通型号及汽缸容积不超过1 600 cc者。

三、如在十月三十一日后取得新车辆，则豁免在取得年份内的税。

第五条　（豁免的要求）

一、本规章所规定的豁免及任何特别法所设定的豁免，均须由所有人递交具说明理由的申请书向澳门市政厅厅长申请，但上条第一款 c 项、d 项、e 项及 g 项所规定者除外。

二、豁免的标志式样为本规章组成部分附件二第二式样所载者。

第三章　税　　额

第六条　（税额）

车辆使用牌照税的税额，载于作为本规章组成部分附件一的表内。

第四章　结算及征收

第七条　（税的结算及征收）

一、税的结算及缴纳，于每年一月至三月透过澳门市政厅进行，而缴税的方式为取得所适用税额相应的标志。

二、标志式样系本规章组成部分的附件二第一式样所载者。

三、新车辆税款须在注册日后五个工作日内缴纳。

四、对税额不作任何税收附加。

第八条 （标志的张贴）

一、根据下列规则规定，标志正面应朝车辆外方张贴：

a) 汽车——张贴在方向盘旁座一侧挡风玻璃的上角，并在外部能清楚看见；

b) 重型及轻型摩托车——张贴在显眼且防水之处。

二、标志遗失或损坏时应向澳门市政厅要求补发，并出示纳税凭单或豁免证明文件。

三、获第四条第一款 c 项、d 项、e 项及 g 项所指豁免使用牌照税的车辆，无须张贴任何标志。

四、除上款所指车辆外，发现无按第一款规定张贴有关标志的车辆，推定为未缴税，直至提出相反证明为止。

第九条 （迟延利息及欠缴税款百分之三的加收）

在所规定期间内欠缴税款，将导致在该期间届满后六十日内征收迟延利息及加收欠缴税款的百分之三。

第十条 （强制征收）

一、如纳税人未在上条所指征收期间内缴交已结算的税款、迟延利息及加收欠缴税款百分之三，则交由法院执行征收，但不影响对具体情况适用的处罚。

二、根据上条规定征收的迟延利息及欠缴税款百分之三，为本地区收入。*

三、澳门市政厅就上月所征收的迟延利息及加收欠缴税款百分之三的款额制作式样 B 收入凭单，并连同所征收款额交予澳门收纳处。*

*已废止-请查阅：第 17/2001 号法律

第十一条* （收入、迟延利息及欠缴税款百分之三的加收之归属）

一、税收收入及根据第九条的规定征收的迟延利息及欠缴税款百分之三的加收为澳门特别行政区的收入。

二、民政总署根据规章的规定将上款所指款项交予澳门财税厅收纳处。

*已更改-请查阅：第 17/2001 号法律

第五章 监　　察

第十二条　（监察）

一、所有具当局权力的实体有责任监察对本规章所规定义务的履行，尤其是澳门市政厅及治安警察厅，但所有具有当局权力的实体，在监察时不得超出其本身的权限。

二、负责监察的人员，如目睹任何违反本规章的违法行为，应立刻作有关实况笔录，并将之送交澳门市政厅以便展开处理有关违例的程序。

三、在作出笔录日起十五日内，同一违法行为不得成为展开新程序的标的。

第六章 处　　罚

第十三条　（违法行为）

一、不根据第八条第一款规定张贴标志者，科处相等于税款五分之一的罚款。

二、车辆上张贴的标志异于车辆须张贴的标志者，科处相等于该车辆所应缴税款四倍的罚款。

三、伪造或涂改标志者，科处相等于张贴该标志的车辆所应缴税款六倍的罚款。

四、在所规定期间内欠缴税款者，科处相等于应缴税款两倍的罚款。

五、使用及享用第一条所规定的任何车辆，而未缴付应缴税款者，科处相当于税款三倍的罚款。

六、在缴税期间内未缴税者，有关车辆及登记折将被扣押，而车辆所有人或占有人在未缴纳所欠的税款及加收款额，以及未支付移走、停放或停泊车辆的费用前，不得取回有关车辆及登记折。

第十四条　（科处罚款的权限）

澳门市政厅厅长有权限科处罚款，厅长得将有关权限转授。

第十五条　（罚款的缴纳）

一、罚款应于有关处罚批示的通知日起十日内缴纳。

二、罚款的缴纳不解除纳税人须支付有关税额及其他应有的费用。

第十六条　（罚款缴纳的责任）

一、在不妨碍下列各款的规定下，罚款的缴纳属违法者的责任。

二、在第十三条第五款规定的情况下，车辆驾驶者负连带责任。

三、倘属法人时，领导人、董事、经理、监事会成员及清算人负连带责任。

四、当违法行为由受权人或无因管理人作出时，分别由授权人或无因管理本人负连带责任。

第十七条　（程序及罚款的时效）

一、科处罚款的程序时效，由作出违法行为日起一年后成立。

二、罚款的时效期间为五年，由第二十六条规定的对处罚批示提起司法上诉的期间终结日起算，或由判定违法者须缴纳罚款的裁判转为确定之日起算。

第十八条　（不缴纳罚款）

未于第十五条第一款所规定的期限内缴纳罚款，则由法院征收有关债务。

第十九条　（罚款的归属）

因本规章所指违法行为而征收的罚款所得，为澳门市政厅的本身收入。

第二十条　（刑事责任的保留）

本章的规定并不妨碍对有关个案追究刑事责任。

第七章　保　　障

第一节　声明异议及行政上诉

第二十一条　（适用的法律）

凡不抵触本节规定者，主要适用行政程序法典。

第二十二条　（私人可使用的方式）

一、私人恒享有要求中止、废止或修改根据本规章规定而作出的决定及行为的权利。

二、上款所规定的权利，得透过下列方式行使：

a）对行为人提出声明异议；

b）对于根据第五条及第十四条订定的权限所作出的决定或行为，向总督提出任意性监督上诉。

第二十三条　（声明异议）

一、声明异议应于十五日内提出。

二、声明异议不具中止效力，并应于声明异议呈交日起三十日内对之作出决定。

第二十四条　（监督上诉的提出期限）

第二十二条第二款 b 项规定的监督上诉的提出期限为两个月。

第二节　司法上诉

第二十五条　（标的）

对下列者得提起司法上诉：

a）根据第二十二条第二款 b 项规定的监督上诉的决定；

b）强加或加重义务、负担、责任或处罚等的决定或行为；

c）损害私人受法律保护的权益的其他决定或行为。

第二十六条　（提起的期限）

提起司法上诉的期限为四十五天；倘属由总督或政务司作出的决定或行为时，上诉期限则为两个月。

第二十七条　（效力）

司法上诉不具中止效力。

附件一

车辆使用牌照税额表

A：轻型摩托车，重型摩托车及轻型客车

车辆	年税额（澳门币）
轻型摩托车：不超过 50cc	350
重型摩托车	
由 51cc 至 250cc	570
由 251cc 至 350cc	760
超过 350cc	1 090
轻型客车	
不超过 1 500cc	850
由 1 501cc 至 2 000cc	1 270
由 2 001cc 至 2 500cc	2 100
由 2 501cc 至 3 000cc	3 000
超过 3 000cc	4 500

B：轻型客货车及货车，重型汽车，牵引车及铰接式车辆

总重量	年税额（澳门币）
不超过 3 500 kg	1 500
由 3 500 kg 起，以 1 000 kg 为单位，每超过一单位（不足一单位，亦作一单位计）	200

C：工业机械

总重量	年税额（澳门币）
不超过 10 000 kg	1 500
由 10 000 kg 起，以 2 500 kg 为单位，每超过一单位（不足一单位，亦作一单位计）	200

附件二——标志

第一式样*

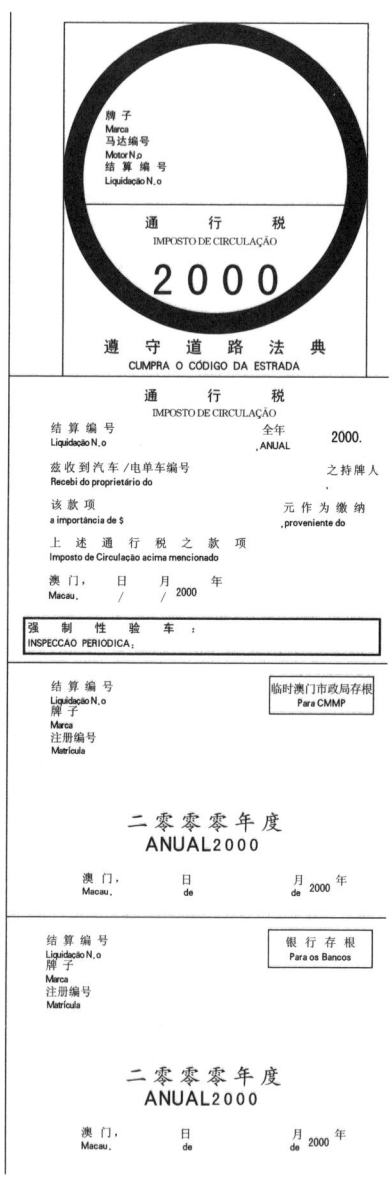

车辆使用牌照税 63

第二式样*

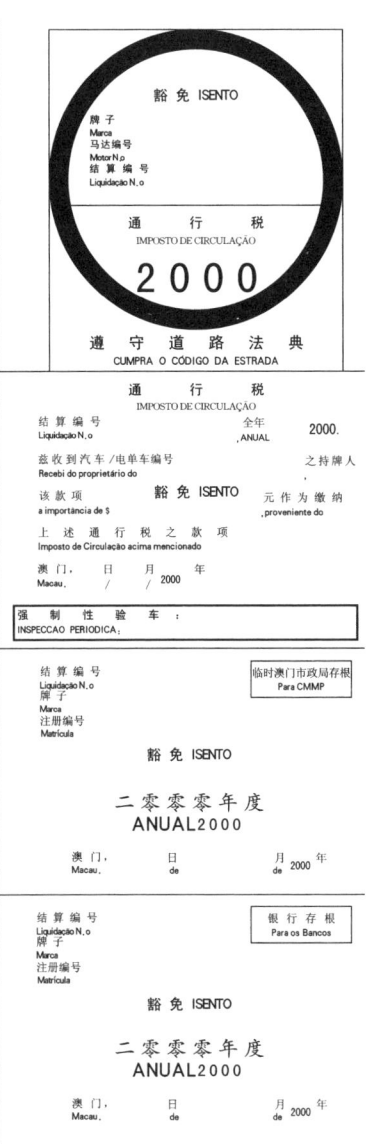

269mm×100mm

* 已更改-请查阅：第 16/2000 号行政法规

澳门特别行政区

第 5/2002 号法律

通过《机动车辆税规章》

立法会根据《澳门特别行政区基本法》第七十一条（一）及（三）项，制定本法律。

第一条 通过

通过《机动车辆税规章》，此规章以本法律附件的形式公布，并成为本法律的组成部分。

第二条 过渡性规定

《机动车辆税规章》第三条（一）项所指的纳税主体，应自该规章生效之日起三十日内向财政局递交一份载明尚未交易的全部车辆资料的 M/3 格式申报书，即使纳税主体因履行前规章所规定的义务而已递交者亦然。

第三条 已批给的豁免

根据八月十九日第 20/96/M 号法律通过的《机动车辆税规章》已批给的豁免不变。

第四条 以融资取得的机动车辆之登记

受融资租赁或长期租赁合同约束，又或向银行借款而取得的新机动车辆的所有权的登记，须遵守以下规则：

（一）属以融资租赁或长期租赁方式取得新机动车辆的情况，应将出租人注明为所有权人，并将根据机动车辆税规章规定视为消费者的承租人正当占有机动车辆的凭证作注录；

（二）属向银行借款取得新机动车辆的情况，应将根据机动车辆税规章规定视为消费者的消费借贷借用人注明为所有权人，并将双方协议之消费借贷担保注明属消费借贷贷与人所有。

第五条　废止性规定

废止八月十九日第 20/96/M 号法律、八月二十四日第 7/98/M 号法律及四月十九日第 1/99/M 号法律。

第六条　生　效

一、本法律于公布日之后满三十日生效。

二、本法律公布后即可成立机动车辆估价委员会，但不影响上款规定之适用。

二〇〇二年六月四日通过。

立法会主席 曹其真

二〇〇二年六月十一日签署。

命令公布。

行政长官 何厚铧

机动车辆税规章

第一章　课　征　对　象

第一条　定　义

为适用本规章的规定，下列用语的含义为：*

（一）机动车辆：经《道路法典》界定的轻型汽车、重型汽车、客车、货车、客货车、牵引车及铰接式车，以及重型摩托车及轻型摩托车；

（二）移转：以任何名义或任何性质转让、取得或转移机动车辆的拥有权，致使等同于行使所有权；

（三）消费者：新机动车辆的最终取得者；

（四）税务价格：为征税目的以行政手段对新机动车辆厘定的价格，不论新机动车辆在澳门特别行政区根据自由竞争制度所定的实际出售价如何；

（五）促销：按新机动车辆代理商采用的各种推销方法，在一定期间内促使该等车辆的销售，有关方法须以文件证明，且对商标的每一型号的推销方法期间不得逾两个月，超过此期间则适用税务价格；

（六）存货的堆积：新机动车辆待销售满一年或以上，致使在本地市场出售价贬值超过税务价格的 20%；*

（七）长期租赁：为期一年或逾一年的合同，其内容为承租人借支付租金，享有新机动车辆的使用及收益权。

*已更改-请查阅：第 14/2015 号法律

第二条　课税所针对之行为

对于下列行为，须征收机动车辆税：
（一）在澳门特别行政区将新机动车辆移转予消费者；
（二）进口新机动车辆供进口者自用；
（三）参与新机动车辆商业循环的经济参与人，特别是出售者、进口商及出口商，将新机动车辆拨作自用。

第三条　课税所针对之人

下列自然人及法人为纳税主体：
（一）将新机动车辆移转予消费者之自然人及法人，不论移转是否属其从事的业务范围，抑或只属一次性之行为；
（二）进口新机动车辆供自用之自然人及法人；
（三）第二条（三）项所指将车辆拨作自用之自然人及法人；
（四）使发票、收据或其他文件上不当地注明机动车辆税结算之自然人及法人；
（五）获豁免机动车辆税之自然人及法人将有关车辆用作异于获批给税务豁免所定用途，或以任何方式将有关车辆移转予第三人用作异于获批给税务豁免所定用途者；
（六）不遵守第七条第二款及第四款或第十一条第一款规定之获豁免税项之自然人及法人。

第四条　可要求纳税之时刻

在下列时刻可要求纳税：
（一）将车辆移转予消费者之时；
（二）属进口车辆供自用的情况，由经济局就发出进口准照作出通知之日期；
（三）参与机动车辆商业循环的经济参与人将车辆拨作自用之时；
（四）将车辆用作异于获批给税务豁免所定用途之时，或将车辆移转予改变车辆用途的第三人之时；
（五）载有不当结算机动车辆税的发票、收据或其他文件之发出日期。

第二章　豁　免

第五条　对人之豁免

一、供下列实体专用的新机动车辆之移转，获豁免本规章所定的税项：

（一）在澳门特别行政区设有代表处且澳门特别行政区有参与之国际机构及组织；

（二）获准驻澳门特别行政区之领事代表处，但以有互惠对待之情况为限；

（三）中华人民共和国中央人民政府驻澳机构；

（四）澳门特别行政区立法会及政府；

（五）澳门特别行政区法院及检察院；

（六）澳门特别行政区公共行政部门及自治实体；

（七）公益法人及行政公益法人；

（八）由法律豁免的其他实体，或因与澳门特别行政区签订公共服务特许合同而获豁免之其他实体。

二、上款（三）（四）（五）及（六）项规定的豁免，无须经确认即产生效力。

第六条　对行为的豁免*

一、作下列用途之新机动车辆的移转，同样获本规章所定税项之豁免：

（一）由集体运输特许企业取得而供其专用作集体运输乘客之车辆，但以除驾驶员座位不计算外载客量不少于十五座位之车辆为限；

（二）用作集体运输伤残人士之车辆；

（三）用作个别运输伤残程度为 60% 或以上的人士之车辆，如属轻型汽车，须为实用型号且汽缸容量不超过 1 600cc；

（四）专用作接送学校学生之车辆，但以除驾驶员座位不计算外载客量不少于十五座位之车辆为限；

（五）用作商业客运之轻型汽车，即一般称为"的士"之车辆；

（六）用作驾驶教学之车辆；

（七）用作专门技术用途而不可用作客运之车辆，特别是救援车、垃圾收集车、消防车、救护车、吊车、云梯车、混凝土拌合车、卸货车、叉式装卸车、挖掘机及压路机等；

（八）专用作运输货物之车辆；

（九）***

（十）专用作澳门国际机场范围内客运或货运之车辆；

（十一）用作运送贵重物品之车辆，而取得车辆的保险公司，为税务目的，已作从事该行业的适当注册。

二、只使用石油燃料替代能源的新机动车辆，其移转同样获本规章订定税项之豁免。

三、获第一款（三）项所指豁免之人每五年不得获多于一辆车辆的豁免，但属意外对车辆造成不可修复的损害或车辆被盗者，又或因其他不可抗力因素引致车辆在合理情况下失掉或损毁且已就该情况向交通事务局提出充分证明者除外。*

四、**

*已更改-请查阅：第1/2012号法律

**已废止-请查阅：第1/2012号法律

***已废止-请查阅：第14/2015号法律

第七条　登记折、标记及车牌

一、有关豁免情况应在所属车辆登记折概括载明，但第六条第一款（十）项所规定的豁免除外。

二、获第六条第一款除（三）项以外的其他各项所指豁免之人，必须将其姓名、商业名称、公司名称或标志，至少以澳门特别行政区其中一种正式语文，在机动车辆两外侧，使用与车辆颜色不同的颜色、不易燃和不易脱落的漆油明显标出，而所占的总面积不少于600 cm^2；但如按其他法律、规章的规定或按与澳门特别行政区签订的特许合同的规定，已标出使人识别该获豁免之人或识别已作为豁免理由之业务之其他资料者除外。

三、上款所指获豁免实体的识别资料，应其申请，得以下列识别资料代替，而该申请须与豁免申请一并提出：

（一）与获豁免实体有企业关系的其他实体的识别资料，但须获后者同意；

（二）使人识别获豁免实体所从事业务的商标或标志，但须获商标或标志权利人同意。

四、属第六条第一款（一）（二）（四）项及第二款规定的豁免情况，尚须使用与四月二十八日第17/93/M号法令核准，并经八月十二日第16/96/M号法律、十二月十七日第114/99/M号法令、第3/2007号法律以及第15/2007号、第13/2008号、第19/2013号及第20/2013号行政法规修改的《道路交通规章》第五十六条所定特征类同的特别车牌，但其底色为黑色，字母、数字及横划为黄色。*

*已更改-请查阅：第14/2015号法律

第八条　更改获豁免之车辆的用途或将之出售

一、获任何豁免之人，如自税务豁免批给之日起五年内，将有关车辆用作异于获批给税务豁免所定用途，或以任何方式将有关车辆移转予第三人用作异于获批给税务豁免所定用途者，必须缴纳取得车辆之日原应缴的税款。

二、下列实体必须向财政局递交 M/4 格式申报书，将获豁免车辆的用途改变或移转予第三人等事通知该局：

（一）属序言法第四条所规定终止承租人或消费借贷借用人合同地位的情况，在未确定取得车辆前，由有关受让人递交申报书；

（二）属其他情况，由豁免受益人递交申报书。

三、上两款之规定，不适用于第五条第一款（三）（四）（五）及（六）项所规定的豁免情况。

第九条　豁免之确认

一、属第五条第一款（一）（二）（七）及（八）项，以及第六条规定的豁免，系应利害关系人的申请，由行政行为确认。

二、豁免之确认属财政局局长的权限。

第十条　程　　序

一、豁免系应利害关系人在车辆移转前向财政局递交具说明理由之申请书而确认。

二、属第六条第一款（一）（四）（五）（六）（十一）项及第二款规定的豁免，有关申请书应按情况分别附同经利害关系人申请而由土地工务运输局、教育暨青年局或交通事务局发出的具约束力意见书。*,**

三、财政局须自申请书递交之日起十日内审核有关豁免的申请。

四、申请一经批准，即须通知利害关系人及交通事务局*，通知书内载明获豁免之人的姓名、商业名称或公司名称，如属第七条第三款的情况，则载明与获豁免之人有关系的实体的姓名、商业名称或公司名称；此外，尚须载明车辆的商标、型号，并指出批给豁免所依据的法律规定。

五、仅当有关车辆已实际进口到澳门特别行政区，且获豁免之人已透过填写专用表格通知财政局关于车辆的以下资料，豁免之确认方产生效力：

（一）进口准照编号；

（二）进口者之姓名、商业名称或公司名称；

（三）车辆种类；

（四）商标及型号；

（五）车辆识别号码，通称 VIN（Vehicle Identification Number）；

（六）发动机编号；

（七）汽缸容量；

（八）车辆到达澳门特别行政区时以澳门币计算之价值，包括一切费用在内，即通称 CIF（成本、保险费及运输费）之价值。

六、仅在收到上款所指通知后，交通事务局*方可对有关车辆作确定注册。

＊已更改-请查阅：第1/2012号法律

＊＊已更改-请查阅：第14/2015号法律

第十一条 检 验

一、须履行第七条第二款及第三款规定义务的获豁免之人，自获通知其豁免申请已批准后三十日内，应向交通事务局*申请检验，以证实有无遵守规定。

二、申请书应附同第七条第二款及第三款规定标出资料的详细图样，并说明有关字样的尺寸及颜色。

三、如证实未遵守有关规定，须实时定出特别性质的重新检验日期，以便有关车辆在十五日内再接受该检验。

四、为达到第一款内所定目的，在第七条第二款及第三款规定义务范围内的机动车辆每年须接受交通事务局*检验。

五、交通事务局*，须自已作出检验之日起或应检验而未进行检验之日起五日内，将未遵守规定或未到场之情况通知财政局。

＊已更改-请查阅：第1/2012号法律

第十二条 失 效

出现下列情况时，豁免之确认行为即失效：

（一）未履行第十一条第一款规定的义务；

（二）直至第十一条第三款规定的第二次检验之前，仍未遵守第七条第二款的规定；

（三）未到场接受第十一条所规定的任何检验；

（四）在第十一条第四款所指年检之日未遵守第七条第二款的规定。

第三章 计税基础及税率

第十三条 计税基础

机动车辆税以税务价格为计税基础。

第十四条 税务价格

一、税务价格由机动车辆估价委员会厘定；为此，机动车辆估价委员会具有公共当局的权力，对新机动车辆进行估价。

二、机动车辆估价委员会将参考一切所具备的资料以计算税务价格。

三、必须为每一商标及型号厘定税务价格；纳税主体应在进口机动车辆前，要求对尚未估价的每一新机动车辆厘定税务价格。

四、为适用本规章的规定，机动车辆估价委员会得将已在澳门特别行政区销售的型号的车辆，但其主要特征，特别是发动机及车架，经制造商改动而未有改变型号名称者，视为新机动车辆。

五、机动车辆估价委员会每半年将对在澳门特别行政区销售的机动车辆的税务价格复评。

六、机动车辆估价委员会就每半年实行的税务价格至少于实行前十五日向汽车业各商会公布，而有关资料存放在澳门财税厅供纳税主体参阅。

七、如上款所指的税务价目表未能在规定期间内公布，对上一次价目表所载的税务价格暂时维持有效。

八、税务价格的估价系对一特定半年所公布者，该价格维持有效至特定半年期届满止，嗣后则适用第五款的规定。

九、经第三条（一）项所指纳税主体预先申请，得特别复评税务价格；为此，纳税主体应向机动车辆估价委员会准备一份具说明理由的申请书，并附具所需的证明，以及将有关文件递交财政局；申请书应载明复评理由，而复评仅限于因促销新机动车辆手法为由或因积聚存货而使机动车辆额外贬值为由。

十、根据上款规定复评的税务价格维持有效至促销结束为止，或存货售完为止。

十一、新机动车辆的首次估价及每半年作出的复评系定出一切纳税主体的计税基础，但属第九款所指对税务价格的特别复评除外；有关特别复评将通知利害关系人，并仅适用于该等人。

第十五条 机动车辆估价委员会的成员及运作

一、机动车辆估价委员会的成员包括：

（一）财政局局长，任主席；

（二）专责税务工作的财政局副局长，如未有专责授权，则由局长指定的一名财政局主管为成员；

（三）由财政局局长指定的一名财政局职员，以及在其缺席时的替代人；

（四）在汽车工商业界具声望的人士两名，以及在其缺席时的替代人；

（五）能代表消费者利益的社会知名人士一名，以及在其缺席时的替代人；

（六）由交通事务局*指定的一名代表，以及在其缺席时的替代人；

（七）由财政局局长指定的一名财政局职员任秘书职务，以及在其缺席时的替代人；秘书无投票权。

二、第一款（三）（四）（五）（六）及（七）项所指机动车辆估价委员会的成员任期为一历年，经财政局局长建议，由行政长官以批示任命，有关任命公布于《澳门特别行政区公报》。

三、机动车辆估价委员会成员及秘书的薪酬系经财政局局长建议，由行政长官每年以批示厘定。

四、机动车辆估价委员会在财政局内运作。

五、机动车辆估价委员会以简单多数票通过决议，主席所投之票具决定性。

*已更改-请查阅：第1/2012号法律

第十六条 税　　率

一、机动车辆税的税率为累进式，载于本法规之附表，该表为本法规的组成部分。

二、计税时，应按照有关可课税金额选定所属级别；如该金额与表内之计税价格级别之最高额不符时，应把有关金额分成两部分计税：第一部分，将比所属级别较低一级之最高数额乘以（b）栏所示之平均税率；第二部分，将余下差额的数额乘以所属级别（a）栏之相应税率。

三、符合公布于《澳门特别行政区公报》的行政长官批示订定的环保排放标准的新机动车辆的移转，享有第一款规定的附表所载税率百分之五十的扣减，上限为澳门币六万元，但不影响第六条第二款规定的适用。*

*已更改-请查阅：第1/2012号法律

第四章 结算及征收

第十七条 结　　算

一、机动车辆税的结算，由纳税主体负责作出。

二、在发生应课税事实后十五日内，须向澳门财税厅递交 M/4 格式申报书，以便结算有关税款；如申报之计税基础数额低于税务价格，则不接受有关税款的结算或缴纳。

三、税额无任何附加收费。

第十八条 依职权结算

一、财政局局长一旦发现纳税主体未结算税项，又或发现已导致澳门特别行政区受损失的遗漏或错误，即须依职权作结算。

二、依职权结算后，须将 M/6 格式的通知书以邮政挂号寄送予纳税主体，以便通知其在十五日内缴纳所欠税款及附加于税款的款项。

三、倘因遗漏或错误引致依职权结算出现附加结算时，消费者与纳税主体对应缴税项差额负连带责任。

第十九条 结算权之失效

澳门特别行政区对机动车辆税项的结算权，自发生应课税事实之日起或自豁免失效之日起五年后失效。

第二十条 补偿性利息

一、因可归责于纳税主体的事实而引致延迟结算应缴的机动车辆税，纳税主体除缴纳所欠税款外，尚须缴纳按法定利率计算之补偿性利息。

二、利息以日计算，自应结算税款之期间届满之翌日起算，直至尚未作出结算之情况得到弥补或改正之日为止。

第二十一条 缴　　纳

一、机动车辆税系在结算期限届满前于澳门财税厅缴纳；如计税基础以低于税务价格的数额厘定，则不接受有关税款的缴纳。

二、如机动车辆的车主未向交通事务局* 出示证据以证明已缴纳或获豁免机动车辆税，则有关机动车辆不能在街道上行驶，亦不能在交通事务局* 获发临时或确定车牌。

*已更改-请查阅：第1/2012号法律

第二十二条　迟延征收

在规定期间内不缴纳机动车辆税，将引致在该期间届满后六十日内加征迟延利息以及欠缴税款之3%。

第二十三条　强制征收

如纳税主体未在上条所定期间届满后六十日内缴纳所结算出的机动车辆税、迟延利息及欠缴税款之3%，则催征有关欠款，且不妨碍就有关情况科处应有的处罚。

第五章　监　察

第二十四条　监察机构

一、监察本规章所定的义务是否有履行，由为此获授权，并持适当证件之财政局职员负责。

二、负责监察之职员除履行法律规定的其他职责外，亦特别负责：

（一）收集所需资料以厘定计税基础；

（二）要求纳税主体及倘有需要时要求消费者递交如何得出有关计算结果的证明及已缴纳款项的证明；

（三）举报违反本规章规定之行为并对所发现之违法行为作笔录；

（四）将执行职务时所获悉之违法行为通知上级，以便其知会应知悉有关事实的其他公共部门。

三、负责监察之职员在履行其职责时，可按其他法律对每一具体情况所作之规定，自由进出纳税主体之任何设施且有权要求纳税主体出示或送交与受本规章规范的商业行为有关的簿册、记录及文件之正本或副本。

四、各公共部门，在负责执行本规章之公务员的正式要求时，必须向其提供对执行其监察工作所需的资料。

五、经济局、交通事务局*、商业及汽车登记局以及治安警察局，有特别义务协助财政局监察是否有履行本规章所定的义务。

*已更改-请查阅：第1/2012号法律

第二十五条　进口车辆

经济局须在每月月底前，将上一月份每一获发确定进口准照的车辆之下列资料存入数码载体，并将之送交财政局：

（一）进口准照编号；
（二）进口者之姓名、商业名称或公司名称；
（三）车辆种类；
（四）商标；
（五）型号；
（六）车辆识别号码，通称 VIN（Vehicle Identification Number）；
（七）发动机编号；
（八）汽缸容量；
（九）车辆到达澳门时以澳门币计算之价值，包括一切费用在内，即通称为 CIF（成本、保险费及运输费）之价值；
（十）来源国或来源地区。

第二十六条　获发车牌之车辆

交通事务局*须在每月月底前，将上一月份每一获发车牌的车辆之下列资料存入数码载体，并将之送交财政局：

（一）纳税主体之姓名、商业名称或公司名称；
（二）购买者之姓名、商业名称或公司名称；
（三）商标；
（四）型号；
（五）车辆识别号码，通称 VIN（Vehicle Identification Number）；
（六）发动机编号；
（七）车牌；
（八）汽缸容量。

*已更改-请查阅：第 1/2012 号法律

第二十七条*

*已废止-请查阅：第 14/2015 号法律

第二十八条　向公众提供信息之义务

一、在机动车辆出售地点及陈列地点，必须于显眼处张贴待售车辆之公开售价表及详细列出对应的机动车辆税金额。

二、除上款所指之表外，亦应在每一车辆旁边明显标示其公开售价及机动车辆税金额。

第六章　处　罚

第二十九条　违法行为

违反本规章的规定之行为，按本章的规定受处罚；酌科罚款时须考虑所欠机动车辆税的金额、违法者的过错及其经济状况。

第三十条　未作结算或作虚假申报

对下列行为科处罚款，其最低额等于所欠的机动车辆税之总数，而最高额则等于该总数的两倍，但金额绝不少于澳门币二万元：

（一）在法定期限内，未递交机动车辆税结算申报书；

（二）在申报书上或在与应课税车辆有关的记账记录及文件上提供虚假资料。

第三十一条　逾期缴税及欠税

一、过期缴纳税款者，科下列罚款：

（一）在法定缴税期届满后三十日内缴税者，科所欠税款十分之一的罚款，其金额绝不少于澳门币二千五百元；

（二）在上项所定期间届满后十五日内缴税者，科所欠税款十分之一至半数的罚款，其金额绝不少于澳门币五千元。

二、在上款（二）项所规定的期间内仍未缴纳税款者，科所欠税款半数至全数的罚款，但金额绝不少于澳门币二万元。

第三十二条　其他违法行为

对本规章所载任何义务作出上述数条未规定的违法行为，科处澳门币五千元至五万元罚款。

第三十三条　累　犯

一、属累犯情况，本章所规定之罚款提高至两倍。

二、违法者在作出本规章所定的任何违法行为经受处罚后未满一年又作出相同违法行为，视为累犯。

第三十四条 罚款之减轻

一、如主动缴纳罚款，罚款即减半。
二、在税务当局之任何部门收到有关笔录、举报或检举前，违法者将有关违法行为告知该部门或要求使其税务状况符合规范者，方视违法者自发缴纳罚款。

第三十五条 科处罚款之权限

一、科处罚款属财政局局长的权限。
二、具适当说明理由的处罚批示，须于十五日内通知违法者。

第三十六条 程　　序

科处罚款系按十月四日第52/99/M号法令所规定之有关行政上的违法行为的程序为之。

第三十七条 罚款之缴纳

一、罚款应自处罚批示通知之日起十日内缴纳。
二、缴纳罚款并不免除违法者缴纳税款及应缴之其他收费。

第三十八条 缴纳罚款的责任

一、缴纳罚款属违法者的责任。
二、下列之人负缴纳罚款的连带责任：
（一）属违法者为法人的情况，领导人、董事、经理、监事会成员或清算人；
（二）属违法行为系由受权人或无因管理人作出的情况，委任人或无因管理本人；
（三）属经证实消费者与纳税主体串通作出违法行为的情况，消费者。

第三十九条 未缴纳罚款

如在所定期间未缴纳本章规定之罚款，则催征缴纳有关欠款。

第四十条 程序及罚款之时效

一、有关行政上违法行为的程序之时效，自作出该违法行为之日起经过两年完成。
二、罚款之时效，自处罚决定不可被申诉之日起经过四年完成。

第七章　对纳税人之保障

第四十一条　声明异议及上诉

一、对根据本规章作出的行政行为所声明的异议及所提起的诉愿，须遵守《行政程序法典》的规定。

二、对厘定税务价格的行政行为，仅可提起司法上诉，此项规定属上款规定的例外情况。

三、上款所指的司法上诉不具有中止效力。

四、以厘定税务价格的行政行为为标的之司法上诉或预防及保全程序的提起，不妨碍第十七条第二款及第二十一条第二款的规定。

第八章　最后规定

第四十二条　印　　件

一、财政局应将所使用印件之式样配合本规章之规定，并制作所需之印件式样。

二、印件式样之更新或更换，系经财政局局长建议，由行政长官于六十日内以批示决定。

附件 *

机动车辆税的税率表

Ⅰ-汽车

计税价格级别 （澳门币）	每一级别的 相应税率（a）	在结算时采用的 平均税率（b）
至 100 000 元	—	40%
由 100 000 元以上至 200 000 元	50%	46%
由 200 000 元以上至 300 000 元	80%	60%
由 300 000 元以上至 500 000 元	90%	72%
500 000 元以上	—	72%

Ⅱ-重型摩托车及轻型摩托车

计税价格级别 （澳门币）	每一级别的 相应税率（a）	在结算时采用的 平均税率（b）
至 15 000 元	—	24%
由 15 000 元以上至 25 000 元	35%	32%
由 25 000 元以上至 40 000 元	40%	42%
由 40 000 元以上至 70 000 元	45%	50%
70 000 元以上	—	50%

* 已更改-请查阅：第 14/2015 号法律

澳门特别行政区

第 7/2002 号法律

规范澳门特别行政区车辆的一般原则

立法会根据《澳门特别行政区基本法》第七十一条（一）项，制定本法律。

第一条　标的及范围

本法律订定的一般原则，适用于公共实体的车辆的取得、管理及使用，为适用本法律的规定，下列者视为公共实体：
（一）立法会辅助部门、终审法院院长办公室及检察长办公室；
（二）以任何形式设立的公务法人；
（三）无法律人格但具财产及财政自治权的其他公共部门及机构；
（四）以上数项没有指明的澳门特别行政区行政当局的其他公共部门及机构；
（五）由澳门特别行政区及/或任何澳门特别行政区公法人认购全部资本的公司。

第二条　车辆类别

为适用本法律的规定，公共实体的车辆按用途分为以下类别：
（一）供个人使用的车辆——分配予权利人专用的车辆，其主要用于与所担任职务有关的事务，也可用于私人事务；
（二）礼仪车辆——在执行庄严工作或接送官员时，为表示庄严而使用的车辆；
（三）特别车辆——具备一定规格或特别技术要件且用以执行特定工作的车辆；
（四）一般工作车辆——各公共实体一般用作运载本身人员或物资的车辆。

第三条　车辆的取得

一、取得车辆时，公共实体应确保多数的车辆在价格、保养及运行消耗方面合乎经济原则。

二、为适用上款的规定，行政长官以公布于《澳门特别行政区公报》的批示，为公共实体拟取得的车辆就每一类别订定在价格方面的一般要求以及在汽缸容积及马力方面的一般规格。

三、拟取得的车辆有别于上款所指批示订定的一般要求及规格时，须事先经行政长官许可，有关权限不得授予他人；如属第一条（一）项所指实体，则须经有权限许可作出登录于其本身预算的开支的机关的许可。

第四条　管理原则

公共实体的车辆，应按下列原则管理：
（一）定期调整有关的车辆数量，以提高现有车辆的效益；
（二）将过剩的车辆改作其他用途，以符合经济效益；
（三）按车辆的规格及指定的一般或特别用途，监控车辆的使用。

第五条　监控原则

一、公共实体的车辆，受适当的监控机制约束，主要为车辆的特别财产清册、每年燃料消耗上限、登记册及工作记录表。
二、公共实体的车辆，须定期检验。
三、非日常的车辆保养及车辆修理工作可安排在公营工场或私营工场进行。
四、私营工场修理工作的质量受监管；私营工场的违约可导致其被暂时排除参与日后举行的判给修理工作程序的报价。

第六条　车辆的配备

将适当数量的车辆分配予第一条（四）项所指公共实体，以满足其正常和惯常的运输需要以及重新分配该等车辆，均由行政长官决定。

第七条　对获分配车辆的责任

按上条规定获分配车辆的公共实体有责任：
（一）对有关车辆作出适当的看管、监控及保养；
（二）确保对获分配的车辆有最经济和合理的使用及管理；
（三）为执行本法律及其他适用法例所定规则，订定必要的内部规定。

第八条　供个人使用的车辆

一、下列人士有权获提供供个人使用的车辆：
（一）行政长官；

（二）立法会主席及副主席；

（三）终审法院院长及法官；

（四）政府主要官员；

（五）澳门特别行政区检察长；

（六）中级法院院长、初级法院院长、法院及检察院司法官；

（七）行政长官办公室主任；

（八）各主要官员办公室主任；

（九）行政会秘书长；

（十）立法会秘书长；

（十一）终审法院院长办公室主任；

（十二）检察长办公室主任；

（十三）各局级公共部门局长及实际职务等同于局长职务的官员；

（十四）按特别法例的规定，以及如属第一条（二）项及（五）项所指的公共实体，则按其章程、规章或其他内部规章所载的规定，确认为有权获提供供个人使用的车辆的其他人士。

二、由上款（六）项至（十四）项所指人士因私人事务所需而使用供个人使用的车辆时，应遵守以下原则，但属迫不得已的情况者除外：

（一）车辆只可由权利人驾驶；

（二）车辆须在不影响工作的情况下作私人用途。

第九条 车辆的识别

一、公共实体的所有车辆应使用：

（一）注册号码，使用方式须遵照《道路法典规章》的规定；

（二）使用实体的识别牌。

二、遇有下列情况，上款（二）项所指识别牌的使用则不属强制性：

（一）如属司法当局、警察当局、廉政公署及海关履行专有职责时用作执行调查任务的车辆；

（二）其他法规所指的特定情况。

三、不得在属私人或私人组织所有的车辆上安装或放置可与第一款（二）项所指识别牌产生混淆的金属片、板状物或任何书写物。

四、违反上款规定者，构成行政违法行为，科处罚款澳门币 1 500 元，且不影响倘有的刑事责任。*

＊已更改-请查阅：第 3/2007 号法律

第十条 事　　故

如发生导致车辆损毁的事故或其他事情，应将有关事实通知获配备车辆的实体或车辆所属机构，以便查明事故情节、损毁程度、有关人士的身份资料，以及查明有关人士被指称的责任。

第十一条 民 事 责 任

如供个人使用的车辆的权利人因过错而导致获分配的车辆损毁，须按民事法律规定承担责任；如上述情况发生在为私人事务而使用车辆时，亦须承担责任。

第十二条 补 足 法 规

一、由补足法规订定为妥善执行本法律所需的规定，尤其是有关下列事宜者：
（一）车辆的接收、汽车登记的注册及登录；
（二）属个人所有的车辆的使用许可及有关前提；
（三）车辆数量的管理及调整的专门机制；
（四）车辆的修理、保养、停放及报销。

二、第一条（二）项及（五）项所指的公共实体应自上款所指补足法规生效后九十日内，按本法律及补足法规中适用的规定，订定或调整其规章、指示、指引及其他内部规定，以规范属其所有的车辆的使用。

第十三条 废　　止

废止：
（一）七月十九日第36/93/M号法令；
（二）经九月十九日第207/94/M号训令修改的七月十九日第205/93/M号训令。

第十四条 生　　效

本法律自二〇〇二年十月一日起生效。
二〇〇二年七月九日通过。

立法会主席 曹其真

二〇〇二年七月十二日签署。
命令公布。

行政长官 何厚铧

第 31/78/M 号法令

一九七八年九月三十日

订定车辆在道路上停泊之管制措施

第一条

下列情况被视为滥用停泊：
a）车辆停泊在任何免缴费用的停车位/场连续满三十天者；
b）车辆停泊在停车位/场未缴相等于八天使用费者，但不妨碍其他法例所定较短的时间；
c）车辆停泊在有时间限制的地方超过所限时间二十四小时者；
d）拖卡、特殊车辆、工业机械车及宣传车辆停留在同一地点超过四十八小时者，但为此目的而设的停车位/场除外；
e）从外表可见不能由其动力安全行驶的车辆停泊超过四十八小时者；
f）车辆连续六天停泊在任何地方，而有显著迹象系被弃置者；
g）车辆停泊在留用车位而抵触留用规定者。

第二条

一、凡属滥用停泊之车辆，有关稽查当局根据车内标示之地址通知车主，限令二十四小时内移去。

二、倘从外表可见不能由其动力安全行驶的车辆，有关通知书应注明该车未修妥前不得在道路上停泊。

三、倘车辆并未依法将车主姓名地址标示者，以上两款的通知则免执行。

第三条

一、下列情况，有关稽查当局得立即将车辆移往适当地点、车房或市政停车场：
a）当滥用停泊的车主被通知后不依所定期限将车移去，或倘属上条三款之情况者；
b）当车辆之停泊足以对交通有危险或妨碍时；

c）当车辆停泊在留用的停车位而抵触留用规定者；
d）车辆停泊于划上黄色实线且已装设禁止泊车指示牌之地点。*

＊附加-请查阅：第22/88/M号法令

二、为着上款 b 项之目的起见，下列停泊情况，作为对交通有危险及妨碍：
a）在集体载客运输车辆站停泊；
b）在行人过路线上停泊；
c）在留为某级车辆行驶的马路或专线上停泊；
d）在行人路上停泊；
e）在非靠近马路旁或行人路旁之行车路上停泊；
f）在单行线路上阻塞一列车通过，双行线路上妨碍两列车通过之停泊；
g）在泊于行车路边之车辆作第二列平排停泊者；
h）在妨碍其他车辆进出之处停泊；
i）在妨碍车辆或行人进入建筑物或停车地点之处停泊；
j）晚间在行车路上停泊，但车辆发生故障而停下，并有适当表示者除外。

三、当查获上述各款情况时，有关稽查当局得将该等车辆加以拦阻。

四、凡被有关当局贴上被拦阻告示的车辆，即被视为经被拦阻。

五、此项拦阻亦得以适当阻限车辆移动的器具为之。

六、在上款情况，只限由有关当局解除阻拦，倘任何人擅自解除者处以罚款五百元澳门币。

第四条

执行本法例的拖车费及车房费，概由车主负责；同时不妨碍适用的法例所定处分，但车主得保留向驾驶人追偿之权。

第五条

一、拖车费及车房费如下：
a）拖车费：*
——脚踏车：澳门币二百五十元；
——轻重型电单车：澳门币七百五十元；
——轻型汽车：澳门币一千五百元；
——重型汽车及特别车辆：澳门币六千元。

b）车房费：*

——脚踏车：澳门币二十元；

——轻重型电单车：澳门币五十元；

——轻型汽车：澳门币一百元；

——重型汽车及特别车辆：澳门币六百元。

＊已更改-请查阅：第 556/2017 号行政长官批示

二、凡经被阻拦的车辆必须缴付拖车费，即使该项行动未有进行亦然。

三、车房费以每二十四小时或不足之数作计算，并由车辆移入车房时起计者。

四、本条一款所定收费，得以训令修正之，同时系拨归进行拖车及放置车辆的有关部门所有。

<h3 style="text-align:center">第六条</h3>

一、于按照任何许可拖车法例进行拖车后，将以民法第一千三百二十三条之规定作适应引用，但不执行该条三款所指之奖项，并将二款所指期限减为九十天。

二、上款所指期限由通知之日或下条所指最后公布之日起计。

三、倘在期限内不将车辆领回者，即作弃置论，并拨归交通委员会所有。

四、倘车主之意愿有此明确表示者即作弃置论。

五、民法第一千三百二十三条四款之规定亦适用于拖车。

<h3 style="text-align:center">第七条</h3>

一、进行拖车后，应通知车主。

二、通知书应指明车辆被拖往的地点，以及着车主于上条所指期限内完缴拖车费及车房费领回车辆，否则将被视为弃置车辆论等内容。

三、此项通知，按车辆标示的车主地址通知该处任何人，或以双挂号信寄往该地址，或在当地两家报章刊登布告连续两天为之。

四、倘车辆未依法将车主姓名地址标示者，该项通知则以在当地两家报章刊登布告连续两天作为通知。

<h3 style="text-align:center">第八条</h3>

一、倘车辆系负有按揭责任者，按揭债权人为着可能车主逾期不将车辆领回起见，得以保管人身份申请领回车辆。

二、申请书得于规定车主领回车辆之期限内，向看管车辆部门递交。

三、一经完缴拖车费及车房费，按揭债权人得立即领回车辆。

四、按揭债权人有权不但向车主索偿上款所指之费用，还得索回以保管人身份所付使费。

第九条

一、倘获知车辆系处于查封情况者，拖车当局应将拖车理由报知法院。

二、上款所指情况，应将车辆交与法院为此目的而指定的人，并免预先缴付拖车费及车房费。

第十条

凡车辆存在着使用权或以保留物业权而售出者，车主得申请将车辆交与其本人，并按第八条之规定作适应办理。

第十一条

当第七条三款所指之通知，并非以布告方式执行，同时存在着使用权、按揭、保留物业权或查封情况者，被通知人须于十天期内，将存有的各该情况报知看管车辆当局，并对倘有的损失负责。

第十二条

为着第八条四款之目的，有关当局所发列明拖车费及车房费的文件，将作为索偿的凭据。

第 50/88/M 号法令

一九八八年六月二十日

核准澳门运输法律制度的一般基础

本法令制定澳门陆上运输系统大纲,并制定在构思、组织及经营该系统时所遵守之属技术、经济及行政性质之总指引。

运输系统理解为一个由基础设施、设备及服务组成之系统,其有能力确保客运及货运适当配合在本地区所从事活动之正常发展,并有能力满足居民往来之需要。

亦制定指引陆上运输政策之原则,其中应强调公共运输优先原则及经营人在经济方面与行政当局分开之原则。

在遵守第一个原则之情况下,应订定行车及泊车之优先规定;在遵守第二个原则下,经营公共运输之收入应足以支付所有开支,而无须由本地区政府给予任何津贴或共同分担开支,但作为特许凭证之文书明确订定经营有关商业服务未盈利时应获补偿性赔偿者,不在此限。

除上述所指事宜外,提案亦订定不同种类之运输应遵守之一般规则及经营人应符合之主要要件,以及订定一套对用于经营道路集体交通运输之资产予以查封及假扣押之特别制度,其在尊重债权人正当权利之前提下使经营能够继续进行。因此,第十条具有特别意义,其详细列明较重要之事宜,并规定公布所需之规章性法例。

基于此;

经听取咨询会意见后;

行使六月二十日第 15/88/M 号法律赋予之立法许可;

澳门总督根据《澳门组织章程》第十三条之规定,命令制定在澳门地区具有法律效力之条文如下:

第一条 (范围及目的)

一、澳门地区陆上运输系统由与运输活动有关之基础设施、设备及服务组成。

二、运输系统应：

a）为生产系统之组成部分；

b）合理使用各种可动用之资源，从而尽可能以最低之经济及社会成本满足使用者之需要；

c）确保与来自境外及前往境外之运输工具之联系。

第二条　（职能）

运输系统之主要职能为：

a）确保提供各种类型及级别之客运及货运服务，以配合在本地区所从事活动之正常发展；

b）满足居民每日往来之需要。

第三条　（运输政策之原则）

一、在制定陆上运输政策时，无论在行车及泊车方面，抑或在建立运输总站及运输中途站方面，均应确保公共运输之优先。

二、在制定开拓陆上运输市场及该市场运作之规范性规定时，应顾及运输实体之自由竞争原则及使用者自由选择原则。

三、陆上运输系统之规划及管理，均受制于地域原则。

四、不得给予经营人任何财政帮助，无论属津贴方式抑或共同分担与设备或运输工具有关之投资，但作为特许凭证之文书订定经营有关商业服务未盈利时应给予补偿性赔偿者，不在此限。

第四条　（最低标准）

向使用者提供之服务，尤其在可达性、舒适及安全方面，须遵守与本地区之经济及社会发展状况相符之最低质量标准。

第五条　（运输之分类及经营制度）

一、以机动车辆运载乘客或货物之陆上运输，分为公共运输及私人运输。

二、得透过租赁制度、半集体制度及集体制度经营公共运输。

第六条　（特别性质）

一、不得用货车载客，亦不得用客车载货，但法律规定之特别情况除外。

二、为着上款规定之效力,任何财产,包括设备、车辆及动物,不论所使用之包装或安放方式,均视为货物。

三、公共客运或私人客运之轻型汽车,得分别运载属于顾客之物品又或属于车辆所有人或使用人之物品。

第七条　（经营人）

一、使用机动车辆之公共运输,仅得由住所或办事处设在本地区之自然人实体或法人实体经营,又或由在本地设有子公司、分公司、代办处或附属机构之个人实体或法人实体经营。

二、以重型车辆经营之集体客运,仅得由以股份有限公司形式合法设立之公司经营。

第八条　（客运经营人）

出租重型车辆之客运,仅得由下列实体经营:
a) 公共运输之被特许人;
b) 组织旅行团或短线旅游之旅行社;
c) 符合上项所指条件之旅行暨旅游社。

第九条　（查封及假扣押之制度）

一、直接辅助经营集体道路运输之固定设施,以及作接载站、保养及车间之用之固定设施,均不得查封、假扣押或禁制。

二、用于经营上款所指运输之车辆,在工务运输司未获预先通知作出意见之前,不得在上款所指之司法行为实施后予以转让。

三、工务运输司得向法院请求有关车辆继续使用,最长期间不超过六个月,以确保提供原有之公共服务。

第十条　（补足法例）

一、自本法规开始生效起一百八十日内,总督应公布执行本法规所需之补足法例,尤其是:
a) 运输之分类、公共运输之经营制度及使用私人运输之规定;*
b) 公共运输及私人运输之发出准照;*
c) 客运及货运之运输分类,以及两者之使用条件;*

d）提供公共运输服务之机动车辆所应符合之技术要件；

e）公共运输经营人需遵守之规定，尤其是与经营人之法律性质、办事处及住所有关之规定。

二、应在听取有关市政厅之意见后，才制定上款 a 项、b 项及 c 项所指之补足法例。

三、第一款所指之补足法规应订定罚则，以处罚违反该等法规所载规则之行为；有关罚则尤应包括按照违法行为之严重性酌科相应金额之罚款，又或在违法者之行为显示其无能力为公共利益服务之情况下解除特许或取消准照凭证。

* 已更改-请查阅：第 59/88/M 号法令

第十一条 （总督之权限）

一、总督有权限在运输系统之规划及管理方面监察对本法令及其补足法规之遵守，并透过有权限之部门或实体确保运输在技术、规章及收费方面作出协调。

二、总督尤其具有下列权限：

a）授予公共运输服务之特许；

b）批地又或批出使用土地或使用固定设施之准照，而该等设施用作辅助运输系统之基础设施，包括多层停车场及泊车处之设立及经营；

c）发出订定收费之批示；

d）透过训令订定经营人须符合之要件，以确保尤其与使用者安全及舒适有关之服务质量。

第 17/93/M 号法令

一九九三年四月二十八日

道路交通规章

第一章 交通讯号

第一节 一般规定

第一条 （讯号）

在可能对交通构成危险之地方、在通行须小心或受特别限制之地方，或当显示有需要给予驾驶员任何指示时，均应使用本规章所载之讯号。

第二条 （讯号之特征）

一、在公共道路之图形讯号及灯光讯号，应严格遵守以下各条及本规章附表所指形状及颜色之特征。此等特征应包括讯号中可能使用之文字及数字之字体。

二、上款所指之讯号，不得附有任何装饰或任何种类之广告。

第二节 图形讯号

第三条 （标志）

一、根据下列各条之规定，安装于公共道路之标志系统包括警告标志、绝对遵守标志及讯息标志。

二、标志背面之颜色应为中间色，唯安装于同一标牌两面之标志 14a、23e、14b、23f、16a、23c、19a、23a、19b、23b、41a 及 46a 除外。

三、当标志使用反光物料时，该等反光物料不应引致目眩或减低符号或图文之可见性。

四、每种标志有两种尺码：其一为正常尺码，另一为缩小尺码。

五、当安装地点之情况不容许使用正常尺码之标志时，应使用缩小尺码之标志。

六、在城镇内或为重复同一标志时，得例外使用尺码较第四款规定小之特别标志。

七、在城镇外，标志中心线与车行道界限之最大垂直距离，不应超过 2 m。

八、除绝对不可能之例外情况外，在城镇内，最接近车行道之标志之端点与车行道界限之垂直距离，不应小于 50 cm。

九、标志在地面上之高度，由标志下缘起至地面最高点计算。

十、除绝对不可能之情况外，同一路线内之标志高度，应保持统一。

十一、警告标志及绝对遵守标志，应安装于道路与该标志有关之交通方向之左方，其坐向应方便驾驶员实时确认，并应以可被看见及不影响行人通行之方式装置。

十二、标志 23a、23b、23c、23e、23f 及 46a，得安装于车道右侧，不受上款规定限制。

第四条　　（警告标志）

一、警告标志指示存在或可能出现对交通构成危险之特殊情况，提醒驾驶员特别小心及谨慎。

二、刊载于本规章图 1（A）、图 1（B）之警告标志如下：

a）向右转弯（标志 1a）；

b）向左转弯（标志 1b）；

c）先向右转后向左转弯（标志 1c）；

d）先向左转后向右转弯（标志 1d）；

e）十字交叉或 T 型交叉（标志 2a）；

f）有权先行（标志 2b）；

g）T 型交叉有权先行（标志 2c 至 2f）；

h）驼峰（标志 3a）；

i）洼穴（标志 3b）；

j）驼峰或沟渠（标志 3c）；

l）注意路缘低（标志 3d）；

m）注意儿童（标志 4a）；

n）注意行人（标志 4b）；

o）窄路（标志 5a 至 5c）；

p）下陡坡（标志 6a）；

q）上陡坡（标志 6b）；

r）施工（标志 7a）；

s）碎石辗射（标志 7b）；

t）路面滑（标志 7c）；

u）注意落石（标志 7d）；

v）活动桥（标志 7e）；

x）前方为堤岸或悬崖（标志 7f）；

z）注意横风（标志 7g）；

a1）注意交通灯讯号（标志 7h）；

b1）环形交叉（标志 7i）；

c1）自行车出口（标志 7j）；

d1）注意动物（标志 7l）

e1）航空跑道（标志 7m）；

f1）让先通过（标志 8a）；

g1）双向交通（标志 9a）；

h1）其他危险（标志 10a）

i1）有看管人铁道口（标志 11a）；

j1）无看管人铁道口（标志 11b）；

l1）有轨车辆（标志 11c）。

三、警告标志之形状为等边三角形，正常尺码标志之边长至少为 90 cm，缩小尺码标志之边长至少为 60 cm，警告标志为白色，配以宽度为三角形边长 1/12 之红色镶边，符号或图文则为黑色。

四、警告标志应装置于所指之车地道点 150 m 至 250 m 之间，唯该地点之情况不容许或为标志 7a、7e、9a、10a 则除外；当在城镇外，标志 8a 与所指交汇处之最大距离为 50 m，当在城镇内则为 25 m。

五、该等标志在地面上之高度，不应超过 2.2 m，在城镇外不应低于 60 cm。

六、应在公共道路上之工程或障碍物前面之区域装置预告标志，以提醒存在危险及可能之限制（标志 5a、7a 及 9a），其界限应透过位置讯号界定，该等位置讯号，应适当界定障碍物、施工区或其邻近之处（标志 47a、47b、47c、49a 及 49b）及应遵守下列规定：

a）当条件回复正常，应使用终止讯号（标志 23d 及 48a）；

b）在晚间，标志应以不闪动或闪动之黄色灯光设备补足，其装置为强制性定；

c）在暂时性讯号管制区工作之人员，应穿着黄色或橙色反光物料制成之背心，其前、后之最小可见面积，均应为 1 500 cm^2。

七、如在公共道路工程之判给合同内注明有需要装置上款规定之标志，当标志之装置为获判给工程之人之责任，应定有对不遵守合同规定之获判给工程之人适用之罚则之条款。

八、在有路缘、行人道或公共道路之安全岛，得装置红、黄或白色之灯或反射器，以便于夜间显示其界限。

九、显示车行道左侧之灯或反射器应为红色，显示车行道右侧之灯应为白色，而用以界定车道本身之安全岛、工程、障碍物或避车处者为黄色。

第五条 （绝对遵守标志）

一、绝对遵守标志指示禁止（禁止标志）或应遵义务（应遵标志）。

二、刊载于本规章图 2（A）、图 2（B）、图 2（C）附表二之禁止标志如下：

a）禁止通行（标志 12a）；

b）禁止驶入（标志 12b）；

c）禁止右转（标志 13a）；

d）禁止左转（标志 13b）；

e）禁止掉头（标志 13c）；

f）禁止超车（标志 14a）；

g）禁止重型汽车超车（标志 14b）；

h）十字交叉路口或 T 形交叉路口前必须停车（标志 15a）；

i）海关——必须停车（标志 15b）；

j）其他情况必须停车（标志 15c）；

l）禁止泊车（标志 16a）；

m）禁止停车（标志 16b）；

n）单日禁止泊车（标志 16c）；

o）双日禁止泊车（标志 16d）；

p）有时间限制泊车区（标志 16e）；

q）禁止汽车及附旁卡重型摩托车通行（标志 17a）；

r）禁止两轮重型摩托车通行（标志 17b）；

s）禁止汽车及重型摩托车通行（标志 17c）；

t）禁止汽车、重型摩托车及动物拖引车辆通行（标志 17d）；

u）禁止货运机动车辆及动物拖引车辆通行（标志 17e）；

v）禁止行人、动物、轻型摩托车及脚踏车通行（标志17f）；

x）禁止高度超过……公尺之车辆通行（标志18a）；

z）禁止宽度超过……公尺之车辆通行（标志18b）；

a1）禁止与前车距离小于……公尺通行（标志18c）；

b1）禁止长度超过……公尺之车辆通行（标志18d）；

c1）禁止总重量超过……公吨（1公吨＝吨）之载重车辆通行（标志18e）；

d1）禁止总重量超过……公吨之车辆通行（标志18f）；

e1）禁止每车轴承重超过……公吨之车辆通行（标志18g）；

f1）禁止时速超过……公里（标志19a）；

g1）禁止鸣号（标志19b）；

h1）窄路让先（标志19c）；

i1）禁止行人通行（标志20a）；

j1）禁止货车通行（标志20b）；

l1）禁止附两个或以上车轴之挂车之车辆通行（标志20c）；

m1）禁止手推车通行（标志20d）；

n1）禁止农用机动车辆通行（标志20e）；

o1）禁止动物拖引车辆通行（标志20f）；

p1）禁止动物通行（标志20g）；

q1）禁止脚踏车通行（标志20h）；

r1）禁止轻型摩托车及有发动机脚踏车通行（标志20i）；

s1）禁止运输易燃易爆物品之车辆通行（标志21a）；

t1）禁止运输可污染水质之物品之车辆通行（标志21b）；

u1）禁止运输危险及受特殊讯号规定物品之车辆通行（标志21c）；

v1）许可泊车区（标志22a）；

x1）禁止泊车区（标志22b及22c）；

z1）禁止停车及泊车区（标志22d）；

a2）速度限制区（标志22e）；

b2）禁止通行区（标志22f）；

c2）速度限制终止（标志23a）；

d2）禁止鸣号终止（标志23b）；

e2）禁止停车或泊车终止（标志23c）；

f2）对行进中车辆以讯号所作之一切禁止终止（标志23d）。

g2) 禁止超车终止（标志 23e）；
h2) 禁止重型汽车超车终止（标志 23f）；
i2) 有时间限制之泊车区终止（标志 23g）；
j2) 许可泊车区终止（标志 23h）；
12) 禁止停车及泊车区终止（标志 23i 及 23j）；
m2) 速度限制区终止（标志 23l）。

三、载于本规章图 3 之应遵标志如下：
a) 应遵方向（标志 24a 至 24c）；
b) 可选择之应遵方向（标志 24d）；
c) 必须绕过安全岛或障碍物（标志 25a）；
d) 环形应遵方向（标志 25b）；
e) 必须以超过……km/h 之速度通行（标志 26a）；
f) 公共运输车辆专用道路（标志 27a）；
g) 脚踏车必须使用之路径（标志 27b）；
h) 骑马者必须使用之路径（标志 27c）；
i) 行人必须使用之路（标志 27d）；
j) 应遵最低速度终止（标志 27e）。

四、标志 18e、18f 及 18g 指示之限制，包括车辆之重量以及其运载之货物及乘客之重量。

五、绝对遵守标志应遵守以下规格：
a) 除标志 15a 外，绝对遵守标志为圆形，其正常尺码之直径至少为 60 cm；其缩小尺码之直径至少为 40 cm；
b) 当使用中间标志，标志 16a 至 16d 之直径为 20 cm；
c) 除标志 12b、15a、16a 至 16e 及 23a 至 23j 外，禁止标志之底色为白色，并附红色镶边，符号及图文为黑包，镶边之宽等于圆直径六分之一；
d) 标志 12b 为红色，附有宽度为圆直径五分之一白色水平划。标志 23a 至 23f 之底色为白色，附有浅灰色符号或图文，而宽度等于圆直径五分之一黑色斜划；
e) 标志 15a 之形状为正八角形，其正常尺码之直径至少为 90 cm，缩小尺码之直径至少为 60 cm，其底色为红色，附有白色镶边以及其高不小于标志高三分之一白色"STOP"符号；
f) 标志 16a 至 16e 之底色为蓝色，附红色镶边及同色斜划，宽度分别为圆直径七分之一及十分之一，符号及图文均为白色；

g) 标志 16c 及 16d 之底色分为白色及蓝色两个相等部分，附红色镶边及同色斜划，宽度分别为圆直径七分之一及十分之一；

h) 应遵标志为蓝色，附白色符号及图文。

六、绝对遵守标志应装置于规定禁止或应遵开始与延续之地方之就近处。标志 13a、13b、13c、24a 至 24d、25a 及 25b 不受上述规定限制，得装置于距离规定禁止或应遵之地方之适当处。

七、标志 15a 应装置于十字交叉路口或 T 形交叉路口之就近处，尽可能在相当于驾驶员应停车等候在有优先权道路行驶之车辆通过之位置。

八、不遵守绝对遵守标志指示之情况，不相应于《道路法典》规定之较重罚款时，应科处下列罚款：

a)*

b) 当违反标志 16a、16c 至 16e，处罚款澳门币 100 至 500 元；

c) 当违反标志 16b，若为停车时，处罚款澳门币 100 至 500 元，若为泊车时，则处罚款澳门币 200 至 1 000 元；

d) 不遵守标志 17f、20a 或 20d 之行人，处罚款澳门币 50 至 250 元；

e) 不遵守其余标志之指示者，处罚款澳门币 300 至 1 500 元。

* 已废止-请查阅：第 3/2007 号法律

第六条　（讯息标志）

一、讯息标志仅用以给予驾驶员有用之指示。

二、刊载于本规章图 4(A)、图 4(B)、图 4(C)、图 4(D) 之讯息标志如下：

a) 许可泊车（标志 28a）；

b) 根据标志上之指示，许可某种车辆或公共机关或实体使用之车辆泊车（标志 28b）；

c) 医院（标志 29a）；

d) 无出口道路（标志 30a）；

e) 单向交通（标志 31a）；

f) 窄路先行（标志 32a）；

g) 人行横道（标志 33a）；

h) 有优先权道路（标志 34a）；

i) 速度忠告（标志 35a）；

j) 公共运输车辆专用车道（标志 36a 至 36d）；

l) 有优先权道路方向标志（标志 37a 及 37b）；

m）路线忠告（标志 38a）；

n）高速公路（标志 39a）；

o）快速道路（标志 39b）；

p）挂车营地（标志 40a）；

q）餐厅（标志 40b）；

r）露营地（标志 40c）；

s）电话（标志 40d）；

t）燃料供应站（标志 40e）；

u）工场（标志 40f）；

v）救护站（标志 40g）；

x）酒店（标志 40h）；

z）露营地及挂车营地（标志 40i）；

a1）青年旅舍（标志 40j）；

b1）咖啡室或小食店（标志 40l）；

c1）紧急电话（标志 40m）；

d1）城镇之识别（标志 41a）；

e1）方向预告（标志 42a）；

f1）紧急电话（标志 43a）；

g1）城镇内方向箭头（标志 43b）；

h1）城镇外方向箭头（标志 43c）；

i1）车道使用标志（标志 44a 至 44e 及 45a 至 45c）；

j1）城镇终止（标志 46a）；

l1）有优先权道路终止（标志 46b）；

m1）速度忠告终止（标志 46c）；

n1）高速公路终止（标志 46d）；

o1）快速道路终止（标志 46e）；

p1）道口标柱（标志 47a 至 47c）；

q1）施工终止（标志 48a）；

r1）导向标（标志 49a 及 49b）。

三、为给予接近旅游点之讯息，可使用本规章图 9 刊载之标志：

a）露营地；

b）旅舍或旅店；

c）纪念物；

d) 海滩；

e) 重要观景点。

四、标志 28a 至 33a 及 35a 之形状为正方形，正常尺码之正方形边长不应小于 60 cm，缩小尺码之正方形边长则不应小于 40 cm，正方形应为蓝色、符号及图文则为白色；但标志 32a 左边之箭头及标志 30a 之水平划则为红色。

五、标志 40a 至 40m 之形状为长方形、底为蓝色并附白色图文，而白色底上之符号则为黑色，但标志 40g 则除外，其符号为红色。长方形之宽为其高之三分之二，印在其上之正方形边长应等于长方形高之一半且不得小于 30 cm。

六、上述符号之颜色应为中间色。

七、讯息标志应安装于所指交通方向之道路左方。

八、除标志 40g 外，讯息标志得与道路中心线垂直或平行安装。标志 40g 应与道路中心线垂直安装。

第七条　（辅助标牌）

一、本规章图 5(A)、图 5(B) 所载之辅助标牌系用以补足标志之指示、限制标志对某些类别公共道路使用者之适用，将其有效性限制于一定时段或指示该等规定生效之道路范围。

二、辅助标牌应遵守下列各款所指之式样及使用规则。

三、距离指示标牌系式样 1，用以指示与危险地点或危险区之距离，以及预告标志与主标志间之距离或适用该标志所载规定之区之起点，该等标牌得在下列情况使用：

a) 当危险地点不能立即被驾驶员遥见或位于本规章第四条第四款所指以外之距离时；

b) 当地点之条件显示有需要安装让先义务之预告标志时，应使用有关标志，并以式样 1 之标牌补足，标牌应指示与所指地点之距离；

c) 标志 46b 前之标志作为预告标志使用；

d) 为预先向道路使用者发出接近有禁止或应遵规定之区之警告，在此情况，应装置有关标志及该式样之辅助标牌作为预告使用；

e) 连同讯息标志重复使用，以指出该标志与地点之距离；

f) 由于视线之缘故而认为其使用系有用之其他情况。

四、路段范围指示标牌系式样 2，用以指示有任何危险或适用标志所载规定之路段范围，该等标牌得在下列情况使用：

a) 当指示一定路段范围有一定危险存在时，例如路面滑或施工；

b) 城镇外一定路段被禁止通过或泊车时；

c) 当认为指示适用禁止之范围为有用时，连同标志19b使用。

五、受规范区开始或终止指示标牌系式样3^a至3^d，用以显示道路中泊车或停车规定开始或终止之点，当标志与道路中心线平行装置时，应使用式样3^a或3^c，当该等标志与道路中心线垂直装置时，应使用式样3^b或3^d。

六、受规范范围及重复范围指示标牌系式样4^a、4^b及5，用以指示标志所载泊车或停车规定适用于标牌所指之范围，如禁止停车或泊车仅适用于一定范围时，仅得装置一个标志并以式样4^a及4^b或5之标牌补足，该等标牌应与道路中心线平行装置。

七、泊车或停车受规范区延续指示标牌系式样6^a及6^b，用以重复之前已出现之禁止停车或泊车讯息，当标志与道路中心线平行装置时，应使用式样6^a，当标志与道路中心线垂直装置时，应使用式样6^b。

八、周期性指示标牌系式样7^a至7^d，用以限制有关规定在一定时段内生效；式样7^a用于指示标志所载禁止适用每月之日子，7^b则用于指示每星期之日子、7^c用于指示日子之时间、7^d用于指示星期之日子及日子之时间。

九、时间指示标牌系式样8，用以指示标志所载之规定，仅在标牌所指时段以外开始生效，当标志红色圈下部不能载明所指期间时，应使用此标牌。

十、重量指示标牌系式样9，用以指示车辆之重量超逾标牌所指者，才适用标志所载之禁止，并得连同标志14b或连同标志19a一并使用。

十一、适用指示标牌系式样10^a及10^b，用以通知该项规定不适用或只适用于一定车辆或操作。

十二、规范适用于车辆级别之指示标牌系式样11^a至11^c，用以指示标志所载之讯息仅适用于标牌所指之车辆级别。

十三、许可泊车位置之指示标牌系式样12^a至12^f，用以指示许可车辆泊车之位置，此等标牌须连同标志28a一并使用。

十四、其他讯息标牌系式样13，用以指示路段处于一定情况，而使使用者知悉该等情况为适当。

第八条　（辅助标牌之规格）

一、辅助标牌为长方形并装置于标志上，如为可能，其尺码应为图5（B）所载者，且应按照所装置标志之边长或外直径长而订定。

二、辅助标牌应为反光者，其底应为白色，镶边、文字、数字及符号则应为黑色。

三、当标志本身所载之指示，不能在法定之条件下透过标在本标志上之符号及数目字表达时，方可使用辅助标牌，标牌应装置于标志之支持物上且紧接标志之下。

四、当辅助标牌符合以上各款之规定时，该等标牌表达之规定方为强制性。

第九条　（标线）

一、本规章图 6(A)、6(B)、6(C)、6(D)刊载之道路标记用以管制通行及提醒以及指引公共道路用户，并可以其他讯号补足。

二、除有相反规定外，道路标记须为白色。

三、纵向标记为置于车行道内，用作分隔交通方向或车道之线段，其意义如下：

a) 实线（标记 M1）：对驾驶员之意义为禁止在其上行驶及越过，当该线用作分隔交通方向时，驾驶员有义务在其左方通行；

b) 虚线（标记 M2）：对驾驶员之意义为保持在所界定车道内行驶之义务，而在进行其他各项操作时，方可在其上行驶或越过；

c) 虚实线，由一实线邻接另一虚线组成（标记 M3）：对驾驶员之意义按照接近驾驶员之线段为实线或虚线，为 a 或 b 项所指者；

d) 通告虚线，由正常宽度之线段组成，线段间之距离短（标记 M4），指示接近实线或危险通道；

e) 可逆方向车道之界定线，由两条相邻之虚线组成（标记 M5），用以界定车道两侧之交通方向，其界定由其他讯号为之；

f) 减速或加速虚线，由宽阔线段组成（标记 M6 及 M6a），用以指示转至不同速度之车道。

四、由宽阔实线或宽阔虚线组成之界定车道标记，用以识别该车道系用作公共运输车辆之专用车道，而"BUS"符号应补足置于专用车道起点并重复置于十字交叉路口或 T 形交叉路口（标记 M7 及 M7a）。

五、在接近对通行构成特殊危险之驼峰、十字交叉路口、T 形交叉路口或视线不足之地点，得例外使用两条相邻之实线，其意义与实线相同。

六、横向标记，在车行道宽阔之方向设置并得由一定符号补足，该等标记如下：

a) 停车线，为一条横实线（标记 M8）：指示由其他讯号规定强制性停车之地点；当停车由标志规定时，该线得由题记于路面之"STOP"符号补足（标记 M8a）；

b) 让先线，为一条横虚线（标记 M9）：当标志规定驾驶员应让先通过时，该线指示可能之停车地点，该线得由题记于路面之三角形符号补足，三角形之底线边应与横虚线平行（标记 M9a）；

c) 自行车横道，由正方形或平行四边形组成（标记 M10 及 M10a）：指示自行车应横越道路之地点；

d) 人行横道，由与道路中心线平行之斑马线或两条横实线组成（标记 M11 及 M11a）：指示行人应横越道路之地点。

七、下列为管制泊车及停车之黄色标记：

a) 置于车行道边缘之实线（标记 M12）或置于接近车行道之行人道旁之实线（标记 M12a）：指示车行道一侧及该线全部范围内禁止停车或泊车，该项禁止得根据标志所载之指示，仅在时间上或仅对一定种类车辆作限制；

b) 置于车行道边缘之虚线（标记 M13）或置于接近车行道之行人道旁之虚线（标记 M13a）：指示车行道一侧及该线全部范围内禁止泊车，该项禁止亦可根据标志所载之指示，仅在时间上或仅对一定种类车辆作限制；

c) 折线（标记 M14）：意义为该线所在之车行道一侧及该线全部范围内禁止泊车。

八、可使用与道路中心线平行、垂直或倾斜之虚线，定出长方形空间，以界定车辆泊车之地方。

九、可使用选择性之箭头（标记 M15 至 M17）指引十字交叉路口式 T 形交叉路口附近之交通方向，当该等选择性箭头置于实线界定之车道时，其意义是强制跟随箭头所指方向或跟随其中一个方向，该等箭头前可置同一形状，功能为预告之其他箭头或无出口道路之指示。

十、单向道路中，可使用与选择性箭头形状相同之箭头，目的为确定通行之方向。

十一、方向与道路中心线倾斜并且重复之偏向箭头（标记 M16 及 M16a），指示应适当转至箭头所指之车道或指示由于其他讯号之故而强制转至箭头所指之车道。

十二、得使用下列各标记以提供一定指示或重复已由其他讯号给予之指示：

a) 以实线界定之导流线（标记 M17 及 M17a）：意义是禁止进入其所包括之区；

b) 以虚线界定之导流线：意义为除作出明显无危险之操作外，禁止在其所包括之区泊车或进入此区；

c) 黄黑相间条纹（标记 M18）：显示存在可能构成危险之障碍物或建筑物。

十三、为清楚界定车行道，得在车行道边缘附近使用根据第三款之规定并不视为纵向标记线组成之导向线（标记 M19）。

十四、黄色标记（标记 M20）之使用，目的为显示十字交叉路口或 T 形交叉路口区域，当驾驶员得预见因交通流量而被迫停留在十字交叉路口或 T 形交叉路口内，而造成通过困难或妨碍通过时，即使有优先权或自动讯号许可其前进，仍不得进入该区。

十五、道路标记得以漆油、路石、小石、固定于路面之金属或其他物料使之实质化。

十六、不遵守本条道路标记之指示者，处下列罚款：

a）违反第三款 b 或违反第三款 c 项之规定而最接近虚线之驾驶员，违反第六款 c 项或第七款 b 项，处罚款澳门币 100 至 500 元；

b）违反第六款 b 项或停车时违反第七款 a 项之规定，违反第十二款 b 项之规定，处罚款澳门币 200 至 1 000 元；

c）违反第三款 a 或违反第三款 c 项之规定而最接近实线之驾驶员，违反第五款或泊车时违反第七款 a 项，违反第七款 c 项、第九款或第十二款 a 项，处罚款澳门币 300 至 1 500 元；

d）*

*已废止-请查阅：第 3/2007 号法律

第三节　执法人员之交通指挥讯号

第十条　（执法人员之交通指挥讯号）

一、本规章图 7 刊载之执法人员交通指挥讯号如下：

a）前方交通停止：手臂垂直举起，掌心向前；

b）后方交通停止：讯号所指交通一侧之手臂水平伸出，掌心向前；

c）前、后方交通停止：a 及 b 项所指讯号同时作出；

d）前方交通前进讯号：手臂举起，掌心向后，小臂由前向后运动；

e）右方交通前进讯号：右臂举起，掌心向左，小臂由右向左运动；

f）左方交通前进讯号：左臂举起，掌心向右，小臂由左向右运动。

二、讯号应在最适当之时刻执行，以便交通获良好协调，并避免阻缓交通或使交通过度聚集且避免行人及驾驶员或动物之导引者对其意义产生疑问。

三、指挥交通之执法人员所在地点应被清楚看见，晚间则须有适当之照明。

第十一条　（处罚）

一、车辆驾驶员或动物之导引者，不遵守上条规定之其中一种讯号时，处罚款澳门币 300 至 1 500 元。

二、不遵守有关讯号之行人，处罚款澳门币 50 至 250 元。

第四节　交通灯讯号

第十二条　（交通灯讯号）

一、得按下列各款所载之规定，以交通灯讯号指挥交通。

二、指挥车辆及动物交通之灯光讯号由三个圆灯之系统组成，灯不闪动，颜色为红、黄及绿色，其相应之意义如下：

a）红灯：禁止通过，驾驶员必须在抵达讯号指挥之区前停车；

b）黄灯：绿灯至红灯之过渡，禁止进入由讯号指挥之区，但该灯亮起时，驾驶员已非常接近该区且不能在安全情况下停定时则除外，已在受管制区内之驾驶员，必须继续行进，或红灯至绿灯之过渡，向驾驶员指示红灯快将过渡至绿灯；

c）绿灯：许可通过，但在进入广场、十字交叉路口或 T 形交叉路口时，得预料由于地方之交通情况而在红灯出现后，将被迫停留在讯号指挥区内，则不得继续行进。

三、上款所指之交通灯讯号亦得以下列形状表现，分别为：

a）红色圆底上有黑色箭头；

b）黄色圆底上有黑色箭头；

c）黑色圆底上有绿色箭头。

四、上款规定之情况，该等讯号给予之指示，仅应指箭头所指之一个或数个方向，向上垂直箭头之意义按情况而为禁止或许可向前行驶。

五、第二款所指之系统，得由一盏或多盏形状为黑色圆底上有箭头之补充性绿灯补足，在该情况，不论主系统之灯号发出之指示为何，驾驶员均可继续行进，并应按补充性绿灯箭头指示之一个或数个方向为之。

六、补充灯号应位于该系统绿灯附近且与之在同一水平。

七、绿灯不得与同一系统之其他灯号同时亮起，补充性绿灯之情况不在此限，不论主系统传达之讯号为何，亦得许可行进。

八、第二款所指系统之灯号，应依下列次序由上至下垂直排列：红、黄、绿，因地点之条件而不能如前述般安装时，该等灯号应依下列次序，由左至右水平排列：红、黄、绿。

九、由闪动、圆形或形状为黄色底黑色箭头之黄灯组成之讯号，许可驾驶员在特别谨慎下通过，其意义与两盏垂直放置交替亮起之黄灯组成之讯号相同。

十、由纵向线实际分成两条或多条车道之车行道之使用，得由安装于每一车道上方之两盏灯号系统，以下列方式指挥：

　　a) 形状为黑色圆底上有两条相交斜线条之红灯：禁止在有关车道通行；

　　b) 形状为黑色圆底上有箭尖垂直向下之绿灯：许可在有关车道通行。

十一、为指挥集体运输车辆之通行，得使用由白灯组成之讯号，其形状及意义如下：

　　a) 黑色圆底上有垂直线段：许可通过；

　　b) 黑色圆底上有水平线段：禁止通过。

十二、线段得由若干个圆替代，其方向与该线段相同。

十三、由一盏闪动红色圆灯或安装于独一支持物上同一高度、朝同一方向并交替亮起之两盏红色圆灯系统组成之讯号，对驾驶员之意义为强制性停车。该讯号为用作下列之指示：

　　a) 活动桥或港口之入口；

　　b) 消防车辆或救护车辆之通过；

　　c) 有须在车行道上空低飞之飞机接近。

十四、指挥行人通行之交通灯讯号，由红色及绿色之灯号系统组成，其意义如下：

　　a) 红灯：禁止行人开始横过车行道；

　　b) 绿灯：许可行人通过，闪动时，表示快将出现红灯。

十五、上款所指之灯号系统由上至下垂直安装，红灯在绿灯之上，红灯应显示不动之行人形状，绿灯应显示正步行之行人形状。

十六、指挥车辆或动物通行之交通灯讯号，一般应安装于有关道路交通方向之左侧，但在下列情况，得在车行道上方或右侧安装或重复安装：

　　a) 当地点之条件使装置于道路左侧之交通灯讯号不能在适当之距离看见时，应在右侧或在车行道上方重复安装；

　　b) 当车行道分成两条或多条相同方向之车道时，供最接近右方之一条或数条车道使用之交通灯讯号，得安装于此侧。

十七、交通灯讯号应以驾驶员或行人容易看到之方式安装。供行人使用之交通灯讯号，应以避免为驾驶员理解用作管制车辆或动物通行之形式设计及安装。

十八、当交通灯讯号安装于车行道旁时，其高度由地面至其底部，应为 2 m 至 3.5 m 之间，当安装于车行道上方，高度则为 5 m，供行人使用之交通灯讯号，离地面之高度为 1.7 m 至 2.2 m 之间。

第十三条　（处罚）

一、不遵守管制车辆及动物之红色交通灯讯号或上条第三款或第四款所指之绿灯箭头指示之方向又或上条第十一款 b 项规定之讯号，处罚款澳门币 300 至 1 500 元。

二、不遵守其他灯光讯号或上条第二款 c 项第二部分之规定，处罚款澳门币 200 至 1 000 元。

三、不遵守为行人而设之灯光讯号，处罚款澳门币 50 至 250 元。

第五节　驾驶员讯号

第十四条　（一般要件）

驾驶员讯号应提前显示，并以被清楚看见之方式及不导致其他道路使用者或指挥交通之执法人员对其意义造成疑问之方式为之。

第十五条　（对公共道路用户之信号）

一、当驾驶员向其他公共道路用户发出讯号时，应根据下列各项为之：

a）减速：右臂平伸，掌心向地面，在垂直平面由上向下反复缓慢挥动；

b）让车：右臂平伸，向地面倾斜，掌心向前，从后向前及从前向后反复移动（任意性讯号）；

c）停车：右臂平伸，掌心向后；

d）左转弯：左臂平伸，掌心向后；

e）右转弯：右臂平伸，掌心向前。

二、方向盘在右方之轻型或重型汽车，以右手作出上款 a、b 及 c 项所指之讯号，方向盘在左方者，则以左手作出前述之讯号，该等车辆之驾驶员，应透过转向讯号灯作出 d 及 e 项所指之讯号，当转向讯号灯损坏时，应以下列方式为之：

a）汽车往方向盘所在之一边转弯：靠近方向盘一边之手臂平伸，掌心向前；

b）汽车往方向盘所在相反之一边转弯：举起靠近方向盘一边之手臂，使之由右向左及由左向右挥动，掌心倾向方向盘相反之一边。

三、驾驶员如须执行下条所指之讯号，则免除执行上款 a 及 b 项所指之讯号。

第十六条　（执法人员指挥交通之讯号）

一、在执法人员指挥交通之地点，驾驶员应以下列方式，向执法人员表示前往之方向：

a）左转弯：手臂伸展指向左；

b）右转弯：手臂伸展指向右。

二、驾驶员无作任何上款所指之讯号，视为向前行驶。

三、当为轻型或重型汽车时，第一款所指之讯号，应以下列方式为之：

a）左转弯：讯号应以转向讯号灯为之，如该灯损坏，则以左臂平伸方式作出，在此情况，如方向盘在右方，手应伸向挡风玻璃之左上方；

b）右转弯：讯号应以转向讯号灯为之，如该灯损坏，则以右臂平伸方式作出，在此情况，如方向盘在左方，手应伸向挡风玻璃之右上方。

第二章　车　辆

第一节　指引规定

第十七条　（适用范围）

本章规定之适用范围未作明确规定者，其规定适用于汽车、重型摩托车及挂车。

第十八条　（大型客车之类别）

为本章规定之效力，大型客车按下列类别分类：

a）第一类：为容许乘客在停站频繁之路线容易上落而设计，并具有座位及站位之车辆；

b）第二类：为运载座位乘客而设计之车辆，但得在车辆走廊运载短途之站位乘客；

c）第三类：为进行长途运输而设计及配有适当设施之车辆，该等车辆应以保证座位乘客舒适而设计，且不得运载站位乘客。

第十九条　（锁车）

一、自任何有权限之当局张贴锁车指示通告或使用阻止车辆移动之适当设备起，车辆视为已被锁上。

二、如属上款规定之情况，车辆之开锁仅得由有权限之当局为之，其他人士开锁者，处罚款澳门币 500 至 2 500 元。

第二十条* 　（一般最高速度限制）

第 3/2007 号法律第三十一条第一款规定之一般最高速度限制如下：

车辆级别及类别	以 km/h 表示之速度
重型摩托车：	
两轮	60
设旁卡车	50
轻型汽车：	
客车及客货车：	
不附挂车	60
附挂车	50
货车：	
不附挂车	60
附挂车	50
重型汽车：	
客车	50
货车及客货车	50
牵引车：	
附挂车及不附挂车	30
轻型摩托车	40

* 已更改-请查阅：第 15/2007 号行政法规

第二节 规 格

第二十一条*

*已废止-请查阅：第 19/2013 号行政法规

第二十二条 （载客量）

一、载客量系包括驾驶员在内之车辆运载人数。

二、澳门市政厅订定之载客量不得超过有关车辆之制造商所指定之载客量。

三、无单人座位之轻型客车及客货车以及货车驾驶室之载客量，应按有关座椅之尺码，并根据下列条件订定：

a) 如与车辆纵向面平行之方向盘轴心通过之平面与其最接近之车门，从座椅靠背高度之半量度，相距至少为 30 cm 而与另一车门至少相距为 100 cm 或 110 cm；前排座椅驾驶员旁仅得设 2 个座位，要视乎附于方向盘转向轴之变速杆是否对驾驶员造成困难而定，任何情况下，每位乘客之座位宽度最小为 40 cm；

b) 后排座椅每位乘客之座位宽度最小为 40 cm，但坐垫之宽度不小于 1.5 m 或 1.55 m，且座椅两端有扶手或其他类似之设备时，则座椅得为 3 或 4 座位；

c) 如活动椅并列且椅垫紧接，其总宽度不小于 1.2 m 者，则为 3 座位。

四、大型客车之载客量，应按申请人提出之设计，并考虑车辆总重量、本规章适用之规定及以下之规则：

a) 第二及第三类车辆，每个座位之承重量为 70 kg，第一类车辆为 65 kg，如属学校运输专用之车辆则为 40 kg；

b) 驾驶员座位之承重量为 75 kg，第三十二条第五款所指之座位之承重量则为 70 kg；

c) 在专有运输行李间隔内，其最小承重量为 100 kg/m³，当行李在车顶运输时，装备作行李运输之车顶面积最小承重量为 75 kg/m²。

五、重型摩托车之载客量，系按上条所指文件内制造商之指示订定。两轮重型摩托车运载一个乘客时，如该摩托车之自重超过 65 kg，发动机能在 9°之斜坡上发出使负载车辆起动之必须马力，且符合下列条件并装有为此目的而设之座椅，方可被容许：

a) 如为独立座椅，应至少为 25 cm 长、20 cm 宽，且位于后轮之上，而于该轮轴垂线后方之长度不超过其长度之 50%；

b) 如为单一座椅供驾驶员及乘客使用，应至少为 50 cm 长，20 cm 宽，且位于后轮之上，而于该轮轴垂线后方之长度不超过其长度之 25%。

六、经检验所订定之载客量不得更改，当车辆经修理或改装后，证明载客量为合理则除外，但有关设计必须获澳门市政厅事先核准。

第二十三条　（总重量）

一、澳门市政厅订定之总重量不得超过有关车辆之制造商所指定之数值，本条所用名词解释如下：

a) 总重：车辆所能运载之载荷及自重之和；

b) 车重：车辆处于行进状态之重量，不包括乘客及载荷，但包括满载之燃料箱、冷却液、润滑剂、工具及当规定存放时之备用轮胎。每个座位之承重量为 70 kg，但不妨碍上条第四款之规定。

二、车辆之总重量，不得超过下列数值：

a) 车辆：

两车轴	16 t
三车轴或以上	22 t

b) 铰接式车辆（牵引车及半挂车组）：

三车轴	26 t
四车轴	32 t
五车轴或以上	38 t

c) 车辆及挂车之组合：

四车轴	32 t
五车轴或以上	38 t

d) 挂车：

单车轴	10 t
两车轴	16 t
三车轴或以上	22 t

e) 农用拖拉机之挂车：

单车轴	8 t
两车轴或以上	12 t

三、挂车之总重量不得超过牵引车辆总重量50%。

四、机动车辆前轴所负之总重量不应超过7.5 t。

五、只要证实下列车辆之通行不对公共道路使用者构成危险，澳门市政厅得发出下列准照：

a) 超过规定重量限制之车辆之暂时进口；

b) 超过规定重量之车辆之注册。

六、发出上款规定之准照时，澳门市政厅在获得关于路面性质及许可路线旁之工程设施之稳固程度或公共道路技术特征之赞同意见，并将该等车辆之使用限制于技术特征容许之公共道路。

七、澳门市政厅或其他被咨询之实体，除得要求为保障安全而被认为适当之其他保证外，尚得要求因车辆可能引致且可归责于第五款所指之车辆所有人之损失作民事责任之担保或保险。

八、未获发给第五款所指车辆之准照而驾驶者或不遵守在发出准照时订定之条件者，处罚款澳门币1 000至5 000元，而车辆则禁止行驶，直至获得通行之许可，违者以加重违令罪论，且一年内，车辆所有人不获发给任何准照。

九、保安部队之车辆不受上款规定之限制。

十、本款所指重量之测量由有权限之当局，使用固定或活动之地磅或其他经适当核准之仪器监控之。

十一、轻型货车或重型汽车应在外部右边以明显可见字样表示车辆之总重量，当车辆用作运载货物时，应连同自重表示其重量；当车辆用作载客时，应连同载客量表示其重量。

十二、在牵引车上，应注有其所牵引之总重量及其自重。

十三、第十一、十二款规定之指示应按本规章图11表示在车辆之两侧，其图文得以不移动之牌固定于或直接涂于车辆，前者之底色为黑色，文字、数字及笔画均为白色；后者之文字、数字及笔画均为白色，唯车辆之颜色过浅而不能产生足够之对比时，则应使用黑色。

十四、上款规定之文字，数字及笔画之粗细应一致，并遵守本规章图11所指之最小尺码。

第二十四条　（最大尺码）

一、车辆上之货物及所有配件，除后视镜及转向灯外之车辆外在轮廓，不得大于下列之规定：

a) 长：

两车轴或以上之车辆	12 m
三车轴或以上之铰接式车辆	15 m
车辆及挂车之组合	18 m
单车轴或以上之挂车	12 m
单车轴农用拖拉机之挂车	7 m
两车轴或以上农用拖拉机之挂车	10 m
b) 宽	2.5 m
c) 高（自地面算起）	4 m

二、经特殊改装及用作货柜运输之铰接式车辆之最大长度为18m。

三、轮轴之轴心端点、制动器、用作缚固货物之钩及支持物以及其他配件，均不得突出于车辆侧面之外，唯后视镜及转向灯不在此限，但轮毂及动物拖引车辆之灯座得突出侧面，每侧为20 cm。

四、重型货车之载台面板及车厢，每边仅得超过有轴轮胎宽度之5 cm。

五、链及其他活动配件应固定，避免在路面上拖曳或在摇晃时突出车辆之外在轮廓。

六、交通事务局因公共利益，可例外许可：*

a) 因运输不可分割之物体而超过规定限制之车辆之暂时进口；

b) 用作任何种类运输且尺码超过所规定者之车辆之注册。

七、上条第七、八及九款之规定，经必要配合适用于上款规定之情况。

*已更改-请查阅：第20/2013号行政法规

第二十五条　（底盘）

一、机动车辆之底盘为可行驶之车辆部分，但不包括为运输目的所作之任何改装。

二、当底盘必须在后方延长时，延长物应以适当之金属物料制成，且不影响车辆之抵抗性、安全及平衡之良好条件。

三、除上款所指之延长物及纵构架端点切面外，底盘之结构及尺码之更改应事先获澳门市政厅核准。

四、上款规定之轻微违反，处罚款澳门币1 000至10 000元，车辆则被禁止行驶，直至在检验中获通过为止。

第二十六条 （发动机）

一、能源发生器、发动机及有关之配件应具备必要之安全及稳固之保证，以便不会引致发生危险、引致人不舒适或损害路面，尤其因烟或蒸汽之产生及因其他物质之散泄所引致者，违者处罚款澳门币300至1 500元。

二、发动机均应备有在排出燃烧物时消除其噪声之设备，在发动机开动时，其运作不得被驾驶员中止，禁止对排气系统作可能引致噪声增强之任何更改。

三、测量消音设备的效能，以分贝量度发动机排气噪声为之，测量时，应于车辆处于已停泊、车轮紧靠地面及发动机开动至最高转速的百分之五十的状态下进行，有关噪声强度不得超过下列数值：*

a）两轮车辆：

重型摩托车：

二冲程发动机：

汽缸容积：	分贝（A）
125 cm³ 以下	82
125 至 200 cm³	85
200 cm³ 以上	86

四冲程发动机：

汽缸容积：	
125 cm³ 以下	83
125 至 500 cm³	86
500 cm³ 以上	88

b）三轮车辆：

二冲程发动机（汽油）：

汽缸容积为 50 cm³ 以上	86

四冲程发动机（汽油）：

汽缸容积为 50 cm³ 以上	86
柴油发动机	88

c）四轮车辆：

轻型汽车	85

重型货车及重型客货车：
以公吨为单位之总重量：
由 3.5 t 至 12 t   88
12 t 以上   90
大型客车：
以公吨为单位之总重量：
5 t 以下   85
5 t 以上   88

四、上款所指的数值及其测量条件得以公布于《澳门特别行政区公报》的行政长官批示修改。*

五、第二、三款规定之轻微违反，处罚款澳门币 1 000 至 5 000 元。

六、除经澳门市政厅许可情况外，汽车均应以发动机能作倒车操作之方式建造。

七、发动机应在清楚看见处刻上有关之顺序编号及型号，而替换发动机则应刻有"替换发动机"字样及检验日期之指示。

八、第六及七款规定之轻微违反，处罚款澳门币 1 000 至 5 000 元。

九、排气管应朝向车辆后方或车辆右方，客车之排气管，应延长至车厢末端。

十、消音器及排气管与任何可燃物料应相距 10 cm 以上。

十一、专门运输爆炸品或易燃物品之车辆，排气管应设于驾驶室之下并朝向右方，其末端由防焰器保护。

十二、第九、十及十一款规定之轻微违反，除处立即扣押车辆外，并处罚款澳门币 1 500 至 7 500 元。

十三、禁止使用异于登记折上指定之燃料或混合燃料，违者处罚款澳门币 500 至 2 500 元。

十四、如机动车辆之有关发动机，由其他商标或燃料之发动机替换时，应据此更改登记折，并在登记折及发动机上注上"重新制造"之字样。

十五、用以在机动车辆发动机需要修理时替代该发动机者，称为"替换发动机"，并按下列规则为之：

a）替换发动机应使用与被替换发动机相同之燃料，并应其所有人之要求及透过事先之检验作登记；

b）"替换发动机"之型号，须事先获澳门市政厅核准。利害关系人应将说明书连同有关申请书一并递交该部门，说明书应载有发动机所有规格、关于功率之图表、活塞行程及耗油量以及其他被认为不可缺少之资料；

c) 澳门市政厅应订定应递交说明书之数量及申请人呈交之文件应遵守之条件。

十六、经澳门市政厅按第十四款之规定检验及登记之每部发动机，均获发给一张卡，使用"替换发动机"时，该卡须附同该车辆之登记折。

十七、上款规定之轻微违反，处罚款澳门币500至2 500元。当违例者在八日内不向被指示之当局出示该卡，除扣押车辆外，罚款增为澳门币1 000至5 000元。

十八、在发动机上装置用以改变其在规章内订定之任何规格之装备，须经澳门市政厅核准有关型号后，方得为之；为此目的而递交之文件应遵守之条件，由该部门指定。

十九、上款规定之轻微违反，处罚款澳门币1 000至5 000元。

*已更改-请查阅：第24/2016号行政法规

第二十七条　（照明装置、灯光讯号装置及反光装置）*

一、机动车辆按其为重型摩托车或汽车，应拥有一盏或两盏白色前灯（示宽灯）及至少一盏红色尾灯，但机动车辆之宽度超过2 m时，则强制在车后装置两盏红灯。

二、夜间及天色晴朗时该等灯光应在150 m外看见。

三、附旁卡之重型三轮摩托车之左上方，应有一盏向前发出白光及向后发出红光之车灯，如旁卡置于重型摩托车前或后时，该灯应装置于右侧。

四、除以上各款所指之灯外，重型摩托车及汽车，应分别具有下列之车灯：

a) 一盏或两盏白色或黄色灯，其光束在晚间及天色晴朗时，至少应到达100 m处（远光灯）；

b) 一盏或两盏白色或黄色会车灯，其光束照射于地面并有效照明距离30 m之地面，且不论其行驶方向均不应引致其他公共道路使用者目眩（近光灯）。

五、车辆按其为重型摩托车或汽车，其后方应分别配备一或两个红色反射器，重型汽车侧壁板后部，应备有相同之设备。

六、当远光灯之光束照射在反光器上，其应在100 m距离内被见到。

七、上述各款规定之轻微违反，处罚款澳门币300至1 500元。

八、总重量超过3 500 kg或总长度超过12 m的所有长车车辆或车组，应在车后壁板装置一个或两个由黄色反光及红色荧光物料制成的牌，以作讯号指示；

底盘车辆、用作篷车的特殊轻型车辆及有装甲防护的轻型客车除外。*

九、上款规定之轻微违反，处罚款澳门币 500 至 2 500 元。

十、汽车应设有一个用以显示车辆刹车之红色或橙色灯光讯号，使用汽车脚制动器时，该灯应亮起，如该灯为红色并与第一款所指之红灯聚集或合而为一时，其亮度应大于第一款所指红灯。

十一、汽车应备有用以显示转弯操作之灯光讯号。

十二、第十及十一款规定之轻微违反，处罚款澳门币 300 至 1 500 元。

十三、如挂车之宽度超过牵引车辆之宽度，应备有第一款所指之白灯，车后亦应备有汽车被要求装置之相同车灯，如系上挂车之车辆刹车灯为可见，则免除该灯之装置，挂车具四个红色反射器，后壁板每侧各一，用以显示两侧壁板之后部各一。

十四、以上各款规定之轻微违反，如为无灯者，处罚款澳门币 500 至 2 500 元；如为无反射器者，处罚款澳门币 300 至 1 500 元。

十五、以上各款所指之灯光设备，按其为汽车或重型摩托车者，应与纵向对称面对称装置或装置于该平面上。

十六、超过 2.1 m 宽之车辆应在其上装置四盏界定灯，两盏白色灯在前，两盏红色灯在后。

十七、超过 6 m 长之车辆应安装侧讯号装置，以便侧面看时可知悉车辆之存在。

十八、只要遵守本规章所载之一般条件及下列规则，容许使用以上各款规定以外之其他灯光设备：

a) 倒车灯由射程不小于 10 m 且不会引致目眩之白色或黄色灯构成；
b) 车后之雾灯，仅得因天气情况而有需要时使用；
c) 不得在公共道路使用手动射灯。

十九、题记于车辆后方之注册号码，应以在夜间 20 m 外清楚阅读号码之白色灯光照明。

二十、挂车之标志在夜间应以白色灯光照明，以便从两个交通方向均可在至少 100 m 外清楚看见。

二十一、警方车辆、消防车辆、救护车辆及专用于被认可之公共利益急救服务之其他车辆，得使用一盏或两盏装置于该等车辆顶部及在紧急服务行驶时，用以显示其行进之旋转或闪动之灯号。

二十二、禁止在其他车辆上装置上款所指之设备。

二十三、装置于车顶之一盏或两盏旋转或闪动之黄光灯号，系因服务目的而必须在公共道路上停车或慢驶时，显示车辆存在或行进。

二十四、用于一定公共性质服务之车辆，如道路施工及保养、拯救、讯号装置及清洁或当车辆移走时，上款所述灯号之装置为强制性，其余情况，须获澳门市政厅之许可。

二十五、车辆灯光设备之安装，应为永久性。

二十六、如车辆备有性质相同之多盏灯号，此等灯之颜色应相同。

二十七、除转向灯及第二十一款及第二十三款所指之灯光讯号外，其他灯号应不闪动。

二十八、第十六至二十二及二十四至二十七条规定之轻微违反，处罚款澳门币1 000至5 000元。

* 已更改-请查阅：第20/2013号行政法规

第二十八条　（灯光之特征）

一、上条所指之灯光颜色应遵守社会通用习惯，并具界定清楚及一致之相应色调，由调节良好及清晰之灯光设备发出，除远光灯外，强度不得引致目眩，如被要求着色时，不应仅于表面涂抹或粘贴，而应融于透明或半透明之原料中。

二、除近光灯及澳门市政厅特别许可之情况外，灯光方向应为水平。

三、只要所有光均不同，每一灯光设备均得发出多于一种规章内订定之光，反射器得合并于红灯之设备中。

四、对称之灯光颜色应相同，强度亦应相同。

五、上条第一及第十三款所指之灯，如在车前，应装置于离地面高度不超过155 cm处，如在车后，则应装置于离地面高度40 cm至190 cm之间；在任何情况，车灯均不得装置于距界定该车辆最大尺码之边缘超过40 cm，但上条第十五款之规定者除外。

六、汽车之示宽灯，在任何情况均不得装置于距该车辆对称纵向面少于30 cm处。

七、上条第四款b项所指之车灯，应装置于距地面高度60 cm至1.2 m之间，并且在安装时使之容易、快捷及安全调节，该项安装，应按照有关登记折所载之总重量或载客量在车辆满载时为之。

八、该等车灯照射置于前方距离10 m之目标时，如直接照亮部分及不被照亮部分间之涡渡区最大高度相等于车灯在地面上高度2/3，该等车灯被视为调节良好及不引致目眩。

九、机动车辆后反射器应垂直装置于距地面高度40 cm至1.2 m之间，与界定车辆最大尺码之边缘相距不超过 40 cm，与纵向对称面相距亦不少于 30 cm。

十、用以显示重型汽车侧壁板后部之反射器，应装置于距地面高度 40 cm 至 1.2 m 之间，与车辆后缘则不应超过 40 cm。

十一、全挂车及半挂车之反射器式样为本规章（图 8）所规定者，应以其中之一个顶点向上，顶点对边为水平之方式装置，并应遵守第九及第十款之规定。

十二、上条第十款所指之刹车讯号，应由装置于车后距地面高度为 40 cm 至 155 cm 间之一盏或两盏红色或橙色灯号组成，如讯号由两盏灯号组成，该等灯号应与车辆纵向对称面对称装置。

十三、上条第八款所指由澳门市政厅核准之讯号牌应为长方形，且颜色、图文及尺码应为本规章图 8 所载者，并须遵守下列规定：

a）总重量超过 3 500 kg 之车辆或车组之识别牌，应以黄色反光物料配合红色荧光物料，根据图 8 式样 1、2 或 3 制成；

b）长车应按该图式样 4 及 5，以底为反光黄及边缘为荧光红，图文为黑色之"VEICULO LONGO"牌作讯号指示；

c）如不能使用式样 1 或 2，经考虑车辆车厢之特征，方得容许使用式样 3 之牌；

d）本款所指之所有牌应置于车后，与车辆中央纵向面垂直并与此平面对称之垂直面上装置，以使不论车辆载荷为何，均可被完整看见；式样 2、3 及 5 之牌，应装置于尽可能接近车辆端点之处，但应使之不突出该等车辆之侧面；

e）该等牌之下缘应处于水平位置，与地面之高度应为 50 cm 至 150 cm；

f）所有牌应以不可移动之方式固定，并保持清洁及妥善保养状态。

十四、上条第十一款所指之转向灯得为下列其中一类：

a）长度最小为 15 cm，备有不闪动橙色灯之活动棒两枝，车辆每侧各一枝，距地面之高度应介乎 50 cm 至 190 cm 之间；

b）向前之白色或橙色及向后之红色或橙色闪动灯各两盏，车辆每侧各装置一盏，距地面之高度应介乎 50 cm 至 190 cm 之间；

c）前方设两盏闪动之白色或橙色灯及后方设两盏闪动之红色或橙色灯，任一情况下，距地面之高度应介乎 40 cm 至 190 cm 之间，与车辆纵向对称面之最小距离为 30 cm。

十五、任意装置之灯号，应在相应于规章所规定之灯号同一水平或较低水平装置。

十六、车辆后方之号牌及挂车标志之照明灯座，应以仅照亮该等号牌之方式装置。

十七、以上各款装置照明设备所指之尺寸不包括玻璃之直径,但有关最大高度之尺寸则除外。

十八、本条规定之轻微违反,当涉及缺少灯号时,处罚款澳门币 500 至 2 500 元,当涉及缺少反射器,处罚款 300 至 1 500 元。

第二十九条　（制动器）

一、所有车辆应安装驾驶员可到达之有效制动系统。

二、汽车及重型摩托车应安装两个制动器系统,不论其控制器或作用之方式均不同,两者各应有必要之缓速及制止车辆行进之效能,在陡峭斜路上亦能发挥该效能,但获澳门市政厅适当许可之特别情况,则不在此限。

三、在汽车上,上款所指之制动器系统分别命名为"脚制动器"及"停放制动器",后者应不必透过驾驶员持续作用而使车辆不动。

四、制动器应有足够效能使该车辆在平路上以速度 V 行驶时,在不列条件下使之不动：

a) 脚制动器应可使车辆在最多 $V^2/100$ m 之距离内停下；

b) 停放制动器应可使车辆在最多 $V^2/50$ m 之距离内停下。

五、以上各款规定之轻微违反,处罚款澳门币 500 至 2 500 元,车辆禁止行驶至检验中获通过止。

第三十条　（轮轴）

一、所有车辆应装有车轮,其轮架不得为凹凸而使车道受损害。

二、汽车、重型摩托车及挂车之车轮应装有与其承重量相应尺码之罩轮胎架或有相同规格机械。

三、被装置之轮胎,其规格未经核准前,上款所指之车辆不得在检验中获通过。

四、申请核准轮胎型号时,有关制造商、其代理人或进口商,应向澳门市政厅提供各种说明书,说明书内应载明可用作完整识别各种类及型号之资料及用作订定可负重之规格资料,以及该机构认为不可缺少之任何资料。

五、澳门市政厅有权限订定所需各说明书之数量及申请人呈交之文件应符合之条件。

六、当轮轴之数量为三个,一个在前及两个在后时,前轮轴与两后轮轴中点之距离,视为轴距。

七、如为两个前轮轴及一个后轮轴时,轴距则为第一轮轴与后轮轴之距离。

八、轮轴之数量为四个，两个在前及两个在后，前轮轴之第一轴与两后轮轴中点之距离，视为轴距。

九、前轮轴所负之总重量，按车辆后方为一个或多个车轴而定，分别不得小于全部总重量之 20% 或 15%。

第三十一条　（车厢）

一、车厢为车辆运输人或货物时，装置于底盘上容纳人或货物之车辆部分。

二、除重型货车或挂车之开放式车厢外，当有关设计未事先获澳门市政厅核准，不得制造任何车厢，为获澳门市政厅之核准，利害关系人应递交一式两份按比例尺为 1∶20 之方式适当标示之图，该图至少须显示制造车厢之平面、侧视及后视部分。

三、当认为必要，得要求该等设计附制造之所有详情、叙述备忘及较大数量之图。

四、第二、三款规定之轻微违反，除扣留车辆外，并处罚款澳门币 1 500 至 7 500 元。

五、车厢在任何情况下，不应损害车辆或挂车良好之平衡条件。

六、经过重型汽车车厢重心之垂线应位于后轴之前，且与后轴之距离不得少于轴距之 5%。轻型汽车车厢重心之垂线不位于后轴之后。

七、车厢仅得延长至后轴以外相等于轴距 50% 之距离。

八、前置式驾驶室的重型货车及大型客车可超过上款所定的限制至制造商所指的距离，但不得超过轴距的 65%。*

九、设有特殊车厢之汽车，澳门市政厅得许可其超过第七及第八款规定之限制，但不妨碍第五及第六款之规定。

十、大型客车以转向车轮最大弯转角度拐弯时，车辆之任何部分，不得超逾与车辆侧面平行且距车辆侧面 80 cm 之垂直平面之外。

十一、同时为货运及客运之汽车，留作货运之车厢地台板长度，不得小于轴距之 40%。

十二、开放式车厢之载重汽车及挂车之围板高度不得小于 45 cm，且在开启时应与地面垂直，通行时围板应缚固，以免摇晃及影响该等车辆之照明灯号及讯号灯号之可见性及识别性。

十三、"救护车"及"殡仪车"类车辆之封闭式车厢内部高度不得小于 120 cm。轻型客货车之该高度不得小于 115 cm，其中 90 cm 由车内顶部至座位，25 cm 由座位至车厢地台板。

十四、用于客运之大型汽车、救护车、殡仪车、运肉车之封闭式车厢,应备有抽气扇。

十五、用于客运之大型汽车之封闭式车厢,应可阻挡风雨。

十六、车厢地台板不应有妨碍乘客舒适之突起部分,并应遵守下列规定:

a) 车厢地台板得为斜面,第一类大型客车之倾斜度不应超过 6%,而位于后轴中心线前 150 cm 之横向垂直面后则得达 8%,倾斜度在车辆为空置及处于水平平面上而确定;

b) 大型客车得有位于车厢地台板之横向梯级,其高度应介乎 15 cm 至 25 cm 之间,位于接近最后排座椅之梯级高度,应小于 20 cm,最小深度应为 30 cm。确定车辆内部高度时,不应将该梯级计算在内。

十七、燃料箱加油口应位于车厢之外。

十八、第五款至第十七款规定之轻微违反,处罚款澳门币 1 000 至 5 000 元。

*已更改-请查阅:第 20/2013 号行政法规

第三十二条　（车门及车窗）

一、汽车及挂车之门窗,应可完全阻挡风雨。

二、车门及车窗,只可使用塑料、不碎玻璃或钢化玻璃,且透过该等透明物料观看对象时应不致物像变形,而驾驶员座位两侧车门或车窗玻璃最低透光度为百分之七十,驾驶员座位后方车门或车窗玻璃最低透光度为百分之四十四。*,**,***

三、仅得使用无色、完全透明且在温度 300 ℃ 以下不可燃烧之塑料。

四、车门之内外应容易开启,并应遵守下列规定:

a) 趟门或折门应易于操作及完全安全;**

b) 大型客车之所有中央控制车门,应在车门附近备有一个在内一个在外之控制器,并在必要时可以使用;

c) 上项所指车辆,驾驶员之直接视线不足时,应装置容许其清楚看见上落车门内外区域之光学仪器。

五、轻型客车车厢两侧,应备有车门,但获澳门市政厅特别许可者除外。

六、客货车车后应备有一扇车门,以方便进出载荷间格,而该车门之下缘不高于车内载荷间格之连续地台板。

七、大型客车上落梯级之第一级至地面高度,在车辆空置及处于水平平面状态下量度时,不得超过 43 cm,并应遵守下列规定:

a) 第一类车辆之高度不得超过 40 cm;

b) 梯级之最小深度应为 30 cm；

c) 不属上条第十六款规定之其他梯级，其高度不得超过 30 cm，其深度不小于 20 cm，任何情况，每一梯级之长方形平面最小尺码为 38 cm×20 cm；

d) 所有该等梯级应铺以高附着系数之物料且其边缘不应为锋利；

e) 总重量超过 2 500 kg 之客货车，其上落梯级之第一级至地面高度不得超过 43 cm；其他梯级之高度不得超过 30 cm，其深度不应小于 20 cm，任何情况，每一梯级之长方形平面最小尺码为 38 cm×20 cm；

f) 专门用作运载儿童之车辆仅设一扇供儿童上落之车门，并位于驾驶员左方，由驾驶员在其座位控制，且驾驶员应得透过该车门从其座位看到路面；

g) 大型客车车门之宽度，应有最小 60 cm 之可用空间供乘客上落，该空间内不包括车辆应配备以用作辅助乘客上落之设备；

h) 车门应有 170 cm 之最小可用高度。

八、大型客车内应设有符合下列规定之紧急出口：

a) 紧急车门：不论从车内或车外均应容易开启，不得为有线遥控亦不得为趟门，并得保持以最小 100°角开启；

b) 紧急车窗：不论在车内或车外，均得容易及快捷向外抛出或开启，或应以适当设备帮助下易于打破之安全玻璃；

c) 工作车门：得作紧急车门使用，如为有线遥控，应得容易及快捷以手开启；

d) 紧急出口应以车辆两侧出口数目差不超过一个之方式装置，并应沿车辆之一边协调分布；

e) 应保证容易到达任何紧急出口，该等车窗下缘至车辆内地台板之最小高度，应介乎 50 cm 至 100 cm 之间。除工作车门外，本款所指之所有出口，内外均应注有"SAÍDA DE EMERGÊNCIA"字样；

f) 当载客量为 23 座位以下者，紧急出口之最少数量为 3 个；载客量为 24 至 36 座位者，则为 4 个；36 座位以上者则为 5 个；

g) 紧急车门之最小尺码应为 50 cm×125 cm；紧急车窗之面积应不小于 3 800 cm²，并须保证可用之长方形面积最小为 50 cm×70 cm；

h) 除紧急出口外，该等车辆之其中一侧壁板，仅得设有一个供驾驶员上落之车门。*

九、当车厢为封闭式，用作货运之重型汽车之左壁板或车后，应有供装卸之车门，并应遵守下列规定：

a）右壁板仅得设有供驾驶员上落之车门，但用作肉类运输之车辆，不在此限；

b）供装卸之侧门在开启时，应可固定于所装置之壁板；

c）后门在开启时，不得超过车辆之最大宽度；

d）用作上落驾驶员之车门之宽度应为 65 cm，以该车门高度之半之中心线为量度标准。

十、在可能情况下，车厢为封闭式之大型客车及客货车之每一座椅，应与一个车窗相对应。

十一、重型汽车之后车窗得为固定，如用作客运，其最小尺码为 70 cm×30 cm，如用作货运则为 50 cm×25 cm。

十二、本条规定之轻微违反，处罚款澳门币 1 000 至 5 000 元。

＊已更改-请查阅：第 15/2007 号行政法规

＊＊已更改-请查阅：第 20/2013 号行政法规

＊＊＊已更改-请查阅：第 24/2016 号行政法规

第三十三条　（挡风玻璃）

一、汽车挡风玻璃应由不碎或钢化玻璃构成，且透过该等透明玻璃观看对象时应不致物像变形，而挡风玻璃最低透光度为百分之七十。*,**

二、重型汽车挡风玻璃之高，不应小于 40 cm，并应使驾驶员看见由通过车前之垂直平面起计最小距离为 3.5 m 之路面，挡风玻璃之支柱应连同用作支持之框架，支柱之宽度以不超过 11 cm 及不中断驾驶员视线之方式制造，该宽度以支柱高度之半之中心线为量度标准。

三、挡风玻璃应有必须之倾斜度，以使车辆内部光线反射时，不致影响驾驶员视线。

四、挡风玻璃之近处，应备有防止驾驶员因阳光而引致目眩之设备。

五、本条规定之轻微违反，处罚款澳门币 500 至 2 500 元。

＊已更改-请查阅：第 15/2007 号行政法规

＊＊已更改-请查阅：第 24/2016 号行政法规

第三十四条　（驾驶员座位）

一、驾驶员座位应以驾驶员拥有良好视线、容易操控所有控制器及不妨碍连续监察道路之方式装置。

二、驾驶员座椅应已填充并可纵向调节，大型客车中，该座椅并应可垂直调节。

三、大型客车之驾驶员座位应与乘客分开且适当隔离，控制装置应在乘客可到达之范围以外。

四、当许可在驾驶员座位处附近以站位载客时，驾驶员应受一固定，坚固之设备有效保护，以免受乘客任何撞击或挤压。

五、除农用拖拉机外，当驾驶员座位不在车厢内，所有汽车应设有适当保护该座位之驾驶室。

六、上款所指之驾驶室应为坚固，当独立于车厢时，则应与其距离至少 3 cm。

七、当驾驶员座位在货车之车厢内时，其应有效抵御载荷之任何移动，当为客货车时，为同样之目的，应有全部或局部保护物，以界定供货物使用之间格。

八、本条规定之轻微违反，处罚款澳门币 500 至 2 500 元。

第三十五条 （乘客座位）

一、乘客座位应确保以最大稳定性之方式，并以乘客重量所表示之作用力所产生之力位于后轴之前及距该轴不少于车辆轴距 5% 之方式，分布于车辆内部。

二、座椅应舒适及适当填充并朝向前方，但下款 b 项所指之情况及经澳门市政厅许可之特别情况，不在此限。

三、大型客车之座椅，应牢固固定于车辆，并应遵守下列条件：

a) 按大型客车为第一及第二或第三类车辆者，同方向座椅间之最小可用空间，分别应为 63 cm 或 68 cm；

b) 相反方向座椅间之可用空间应为 120 cm，该等座椅仅容许于第一类车辆内装置；

c) 由地台板至坐垫最高部分之高度为 40 cm 至 50 cm，但接近车轮凸处，如有舒适放置足部之面积，该高度得减为 35 cm；

d) 座椅之最小深度为 40 cm；

e) 座椅前之最小空间应为 25 cm，用于放置足部之空间应扩至 35 cm；

f) 位于最接近车门或上落踏板之座位前，应有由地台板起计最小高度为 65 cm 之保护物；

g) 由座位平分面起量度之每个座位最小宽度，第一及第二类车辆应为 20 cm，第三类应为 21 cm，由上述平分面起计，在坐垫表面上方 27 cm 至 65 cm 间高度处，每个座位之可用最小宽度应为 21 cm；

h) 第三类车辆之座椅应为已填充者，如为可能则应备有一个扶手；

i) 靠背垫之最小高度应为 50 cm；

j) 座椅不得以减小乘客进出之可用空间之方式装置；

l) 座椅靠背后部与任何壁板从坐垫上方高度 50 cm 处量度之距离，不得小于 5 cm。

四、第一及第二类重型汽车，得在走廊运载站立之乘客，第一类车辆得在平台上进行该项运载，但不容许司机座椅退至最后时位于椅靠背前部垂直面以前之区运载站立之乘客，该项限制应以鲜艳及有对比之颜色，以 5 cm 宽之线条划在地台板上作示意。

五、车辆内部宽度最大且无座椅之整个区视为平台，平台仅容许位于第一类车辆之乘客下车车门之前部。

六、每一站立乘客须被保留至少 1 500 cm² 之面积，该面积至少应相当于 180 cm 之高度，并应有足够数量之支持设备供站立乘客使用。

七、学校之专用运输车辆应遵守第三款 c、e、f、g、h、i、j 及 l 项为第二类车辆订定之条件，但免除遵守 g 项有关每个座位之最小可用宽度。

八、第三款 d 项所指座椅之最小深度减为 35 cm，上述第三款 a 项所指座椅间之最小可用空间得减为 60 cm。

九、总重量超过 2 500 kg 之客货车座椅间之最小可用空间，按第三款之规定量度，应为 65 cm。

十、重型摩托车之载客座椅，应有足够之舒适性及安全性，当为可能，应备有供双手使用之扶手，并应有供乘客双脚使用之脚踏或踏板。

十一、实施违反本条规定之行政违法行为者，科处罚款澳门币 900 元，但违反第四款、第五款及第六款之规定超载乘客者，按每名违法运载之乘客计算，科处罚款澳门币 300 元。*

*已更改-请查阅：第 15/2007 号行政法规

第三十六条　　（走廊）

一、容许乘客由任一座位或任一排座位通往其他任一座位或其他任一排座位或工作车门之空间，视为走廊。

二、走廊不包括每一座位或一排座位前，深度为 30 cm 以内，供坐着乘客双脚使用之空间，亦不包括梯级及位于每一座位或每一排座位前专供占用该座位乘客使用之空间。

三、位于车门前之走廊，至少应有 60 cm 宽，按照为第一、第二或第三类车辆而定，其他走廊之宽度分别不得小于 45 cm、35 cm 或 30 cm。

四、本条规定之轻微违反，处罚款澳门币 500 至 2 500 元。

第三十七条 （指示器、转向及操作机械）

一、指示器应可正常及有效运作，并装置于驾驶员容易观看之地方，且不致中断驾驶员对路面情况之注意，并于夜间应适当给予其照明。

二、所有汽车应有一个车速表。

三、载重车辆、大型客车及客货车之车速表，应以清楚容易识辨之红线标示车辆可达速度之极限。

四、转向及操作机械应具有必要之安全及坚固条件，以便让车辆容易作急弯之操作。

五、以上各款规定之轻微违反，处罚款澳门币 1 000 至 5 000 元。

第三十八条 （配件）

一、汽车应具有一个内后视镜、两个外后视镜及至少一个挡风玻璃自动雨刮。

二、外后视镜应在车辆每侧装置一个，以容许驾驶员在至少 100 m 之范围内易于观察道路。

三、当轻型客车后玻璃之面积，容许驾驶员有完善之视线且视线不受载荷或挂车影响时，则可免除在驾驶员座位另一侧装置外后视镜。

四、轻型摩托车及重型摩托车应具有两个分别装置于驾驶员左方和右方的后视镜，并须保证本条要求的视线条件。*

五、如车厢之宽度超过车辆前部每侧 10 cm，应在车辆前方装置两个最大宽度指示器。

六、汽车及挂车之后轮，应备有性能良好、保养适当之挡泥板，用以阻止水、泥浆或在道路上之任何物体向后辗射。底盘车辆、农用拖拉机及有关挂车，而按法律规定所有时速不得超过 40 km/h 之车辆，不在此限。

七、重型汽车应备有自记速度计，其装置、使用及控制之规格及条件，以总督之训令订定。底盘车辆及农用拖拉机免除此装置义务。

八、用作货运之车辆，除自重或总重量不超过 750 kg 之挂车及动物拖引车辆外，车后应备有保险杆，其技术及装置之规格以总督之训令订定。

九、轻型及重型货车、挂车及半挂车的左右两侧车轴之间须装有型号经交通事务局核准的、离地面高度不多于 450 mm 的防止卷入装置。*

十、以上各款规定之轻微违反，处罚款澳门币 200 至 1 000 元。*

* 已更改-请查阅：第 24/2016 号行政法规

第三十九条　（声响器）

一、汽车及重型摩托车应装有可连续发出声音之声响讯号器。

二、澳门市政厅应禁止其认为音量不足或不舒适之声响讯号器之装置。

三、违反第一款规定者，科处罚款澳门币 300 元。*

＊附加-请查阅：第 15/2007 号行政法规

第四十条　（安全带）

一、轻型汽车应在驾驶员座位及前排之每个乘客座位安装安全带。

二、安全带及其固定在车辆之系统，应遵守经澳门市政厅核准之型号及规定。

三、违反第一款或第二款规定者，科处罚款澳门币 300 元。*

＊已更改-请查阅：第 15/2007 号行政法规

第四十一条　（牌及图文）

一、*

二、*

三、*

四、属外交或领事团成员之车辆得在注册号牌旁使用一个白底红字有"CD"或"CC"图文之细小椭圆牌。

五、属本地区或市政厅之车辆之识别牌，由专有法例管制。

六、取得重型摩托车或轻型摩托车驾驶资格未满一年之驾驶员于驾驶有关车辆时，应在该车辆安装识别标志，其规格及使用条件由公布于《澳门特别行政区公报》之行政长官批示订定。＊＊

七、不得在车辆张贴、髹上或安装形状或内容可与法律规定用作识别特定性质或用途车辆之图文、物品或配件相混淆之物品。＊＊

八、违反第六款规定者，科处罚款澳门币 300 元。＊＊

九、违反第七款规定者，如其他法律规定无订定较重处罚，则科处罚款澳门币 1 500 元。＊＊

＊已废止-请查阅：第 15/2007 号行政法规

＊＊附加-请查阅：第 15/2007 号行政法规

第四十二条 （适用于大型客车之特别规定）

一、大型客车之底盘系属特别为运载乘客而制造之型号。

二、该等车辆之车厢每侧最宽仅得超过轮轴之宽度 12 cm，应为厢式且中央走廊之内部最小高度为 180 cm，但双层车辆则除外，其高度得减为 175 cm。运载站位乘客之第一类及第二类车辆之内部最小高度应为 180 cm。

三、燃料箱应遵守下列条件：

a) 装置于供人、行李或货物使用之车厢间隔以外，并以免受车辆前方及后方碰撞之后果之方式装置；

b) 避免以突出及有锋利边缘之方式装置；

c) 该箱之下方应完全空出，以使散泄或漏出之燃料，无受任何阻碍直接到达地面；

d) 补充燃料之入口应在车厢之外部且与任一车门之最小距离为 25 cm，如装置于壁板，则对邻接之车身表面，不应构成凸起。

四、蓄电池应装置于供人、行李或货物使用之间隔以外，并牢固固定且适当绝缘。

五、电气设施应正确装置，使电线适当绝缘、固定及阻抗短路。

六、该等车辆内部之噪声水平，应与有关大型客车内部噪声规格已核准之规范所规定者相符。

七、所有用于客运之大型客车，应设置一个备有急救物品、容易保存之药箱，该箱之规格，经听取卫生司意见后，由澳门市政厅订定。

八、本条规定之轻微违反，处罚款澳门币 200 至 1 000 元。

第四十三条 （适用于公共客运汽车之特别规定）

一、公共客运汽车应有：

a) 至少一个可立即使用之完整后备车轮，但重型客车除外；*

b) 得立即使用之若干个灭火器，而其置得清楚看见及容易到达之地方；

c) 澳门市政厅认为不可或缺之工具及配件。

二、灭火器之规格及其他防火规定，在听取消防队之意见后，由澳门市政厅订定。

三、第一款所指之车辆，其内外须处于整洁及保养良好之状态。

四、第一款所指车辆必须设有内部照明系统，该系统在重型客车内应适当照亮乘客上落梯级，但不应影响驾驶员或其他途经车辆驾驶员之良好视线。*

五、上述车辆应至少有两个车门，两者可同时为工作车门或其一为工作车门而另一为紧急车门，但载客量超过二十三个座位之第一类及第二类车辆其中一侧壁板应设有两个供乘客上落用车门。*

六、载客量超过六十个座位之第一类及第二类重型客车至少应设有两个工作车门，而所有工作车门均应设在其中一侧壁板。*

七、容许第三类大型客车装置供导游使用之座椅，该座椅得位于前车门之走廊，并应可活动及备有使其容易收合之设备，以使在不使用时可保证有为走廊订定之最小宽度。

八、公共客运汽车应设有运输行李之设备，车顶亦得装置运输行李之架，预计运输站位乘客之车辆及双层车辆为本规定之例外，但在接近车门处，应适当划出空间只供放置行李。

九、第三类大型客车之车窗，应设有窗帘或等同之设备。

十、大型客车应设有空气调节系统。

十一、第一款所指之汽车，应设有挡风玻璃之有效除露系统。

十二、第一及第二类大型客车，应设有一个由收银员或乘客使用之声响或灯光讯号，以提示车辆停站及重新行进；第一类车辆并应设有适当之声响设备，以便向乘客显示位于该车辆前轴后方任一中央控制车门之关闭。

十三、广告之张贴，仅得以澳门市政厅事先核准之车辆上之位置及条件为之。

十四、轻型出租汽车，亦称为出租车或的士，或轻型出租汽车及自行驾驶之出租汽车受专有法例管制。

十五、酒店、工厂之车辆及用作运载游客及学生之车辆之车身两侧，应涂有所属酒店、旅行社、学校或机构之全名，字体之颜色及尺码，应由澳门市政厅订定。

十六、**

十七、本条规定之轻微违反，处罚款澳门币 200 至 1 000 元。

* 已更改-请查阅：第 15/2007 号行政法规

* * 已废止-请查阅：第 15/2007 号行政法规

第四十四条　（适用于附挂车之汽车之特别规定）

一、所有附挂车通行之汽车应在车顶右半部及足以使两个方向均可见到之高度，设置一个图 8 规定式样之标志，如因挂车尺码之原因而遮挡该标志时，使车辆后方驾驶员看不见标志，该标志应设于挂车上。

二、上款所指之标志，由边长为 25 cm 蓝色之正方形组成，其内有一边长为 20 cm 黄色三角形，其一顶点向上，顶点之对边为水平。

三、挂车指示标志应有两面，并以车辆不附挂车行驶时得除去或遮挡之方式装置。

四、每一汽车不得牵引多于一辆挂车。

五、上款规定之情况，保安部队之车辆不在此限。澳门市政厅特别许可之情况，须经听取交通高等委员会之意见后，由澳门市政厅作个别订定。

六、请求拖带超过一辆挂车或拖带长度超过 18 m 车组行驶许可之申请书，应载明牵引车辆拖带之总重量、每辆挂车之总重量及数量、总长、车组之制动系统及行走路线。

七、第一及三款规定之轻微违反，处罚款澳门币 100 至 500 元。

八、违反第四款规定者，科处罚款澳门币 3 000 元。*

* 已更改-请查阅：第 15/2007 号行政法规

第四十五条　（适用于轻型摩托车之特别规定）

一、除有相反指示外，本规章关于重型摩托车之所有规定，均适用于轻型摩托车。

二、轻型摩托车消音设备之效能，应可使发动机之排气噪声之声响水平，根据澳门市政厅订定之标准中所指之测试技术量度，不超过 78 分贝（A）。

三、用作货运之两轮以上轻型摩托车载荷箱，包括载荷在内，不得超过下列尺码：

　　a) 长度　　　　　　　1.6 m
　　b) 宽度　　　　　　　1.2 m
　　c) 自地面起计之高度　　1.2 m

四、用作货运之轻型摩托车之有效载荷，不得超过 50 kg。

五、第二及第四款规定之轻微违反，处罚款澳门币 500 至 2 500 元。

六、申请核准轻型摩托车之型号时，利害关系人应向澳门市政厅递交载有轻型摩托车及有关发动机所有规格之技术规格说明书或单张。轻型摩托车依其在澳门制造、装组或进口，应分别附上制造商或进口商之声明书，并对所指规格之准确性负责。

七、当轻型摩托车缺乏上述所指之核准文件时，澳门市政厅应要求作认为必要之试验及测试，以替代该等文件，有关负担由车辆所有人支付。

八、制造商或进口商就轻型摩托车之规格为不正确之声明，致车辆被错误分类时，按制造或进口之车辆数量，每辆车处罚款澳门币 1 000 至 5 000 元，并扣押该等车辆至情况恢复正常止。更改上述规格致车辆不正确分类之澳门制造商、进口商或零售商，将受同样制裁。

九、为对上款规定进行监察，澳门市政厅得在工场、货仓或场所进行车辆检查，并得在适合之地点对车辆进行测试，该等测试中得作消音器运作之检查，尤其是有关其发出之音量。

十、当上款规定之检查中查出车辆与法定要件不符时，占有该等车辆之制造商、进口商或零售商，将按车辆数量，每辆车处罚款澳门币 1 500 至 7 500 元，当在五年内重复实行同一违法行为，得取消对商标及型号之核准。

十一、测试引致之一切费用为有关制造商、进口商或零售商之责任。

十二、轻型摩托车之照明设备，应符合下列条件：

a）车前有一盏使用电力之白色或黄色之大灯，固定于车辆中央纵向面，光束朝向车辆前方并有效照明距离为 20 m 至 30 m 之地面；该设备得由一盏示宽灯及一盏远光灯补足；

b）车后之红灯应使用电力，光束朝后，并装置于车辆之中央纵向面；

c）当轻型摩托车车后附有载荷箱，装置于车后之红灯及反射器与该箱右端之距离不应超过 40 cm；

d）以上各项所指之车灯，在天色晴朗之晚上，应可在 150 m 外清楚看见。

十三、制动器之效能，应足以使车辆在平地上以速度 V km/h 行驶时，在下列条件不作移动：

a）两轮轻型摩托车：

1. 制动器仅对后轮作用所获之制动效能，应符合公式：

$$S > \frac{V^2}{55}$$

2. 两个制动器同时对两轮作用所获之制动效能，应符合公式：

$$S < \frac{V^2}{110}$$

b）两轮以上之轻型摩托车：两个制动器同时对所有车轮作用所获之制动效能，应符合公式：

$$S < \frac{V^2}{90}$$

"S" 为从制动控制器作用之瞬间起，车辆以公尺表示所经过之距离。

十四、轻型摩托车发动机上或固定于发动机之牌，应以清楚看到之方式刻上有关顺序编号或制造编号、商标、型号及汽缸容积。

十五、对违反上款之规定，或将该等发动机之规格不当表示于其他发动机者，处罚款澳门币 500 至 2 500 元及扣押登记折，并得使车辆接受检验。

十六、轻型摩托车仅得运载有关之驾驶员，但设有多于一对踏板者不在此限，此情况下其载客量以踏板之对数为之。轻型摩托车具备规章内为重型摩托车订定之要件时，得运载一名乘客。本款规定之轻微违反，处罚款澳门币 300 至 1 500 元。

十七、*

十八、禁止轻型摩托车驾驶员，在城镇内使该车过度或反复加油，尤其是在起步或空挡时。本款规定之轻微违反，处罚款澳门币 300 至 1 500 元。

十九、轻型摩托车及重型摩托车不得在行人专用地方通行，即使以手推行亦然。本款规定之轻微违反处罚款澳门币 200 至 1 000 元。

*已废止-请查阅：第 15/2007 号行政法规

第四十六条　（适用于脚踏车之特别规定）

一、脚踏车车前应设有白灯或黄灯一盏，车后应设有红灯一盏。

二、为显示在夜间脚踏车之存在，车后应设有一个红色反射器，自挡泥板下端起计 25 cm 之范围应涂为白色，但当注册号牌固定于后挡泥板，且夜间有适当发出白光之照明设备时，得免除本项之髹涂。

三、反射器及反射物料使用之规格，由澳门市政厅订定。

四、上款所指之反射器，得按澳门市政厅订定之条件，合并于照明设备内。

五、车后反射器应处于保养良好及清洁之状态。

六、违反第一至第五款之规定，处罚款澳门币 200 至 1 000 元。

七、脚踏车应备有两个独立制动器，每一制动器应足以使车辆不作移动。本款规定之轻微违反，处罚款澳门币 100 至 500 元。

八、脚踏车应备有一个至少得在 50 m 外听到之声响器。本款规定之轻微违反，处罚款澳门币 50 至 250 元。

九、脚踏车之车轮应有处于保养良好状态及尺码相应于承载重量之轮胎或有等同规格之设备。违反本款之规定，处罚款澳门币 100 至 500 元。

第四十七条　（适用于教练车的特别规定）*

一、符合下列各款所载条件及获发为此效力之准照之车辆，方得为教练之用。

二、教练车应设有下列配件，但供教授驾驶 D1、D2 及 E＋C 小类车辆之教练车在 b 项所指配件方面无须设有两个方向控制器：*

a）教练员得到达之停放制动器；
b）方向控制器、脚制动器、离合器及调速控制器各两个；
c）**
d）两个内后视镜，轻型汽车之驾驶员旁应设有一个外后视镜，重型汽车则应有两个外后视镜，每侧各一。

三、轻型汽车应为厢式汽车，载客量至少为五个座位，可设有手动或自动变速箱。*

四、重型客车应为厢式车，可设有手动或自动变速箱，且须符合下列要件：*，***

a）D1 小类之载客量连驾驶员在内至少为二十个座位或车厢长度不少于 6.5 公尺；
b）D2 小类之载客量连驾驶员在内至少为二十八个座位。

五、重型载重之车辆应有厢式驾驶室，总重量不小于 5 000 kg，其长度最小为 6 公尺，宽度最小为 2 公尺。

六、A1 小类的重型摩托车的汽缸容积不应小于 120 cm³，重型侧三轮摩托车的汽缸容积不应小于 350 cm³，均可设有手动或自动变速箱。***

七、轻型摩托车应备有两个车轮，得设有自动变速箱。

八、教练车辆应有不可移动之记号，该记号由蓝底牌之上方载有白色字母"L"组成，记号应安装于车前及车后或于车顶上，如在车顶上或为重型摩托车，记号应为双面并置于足以使从交通两个方向均可见到之高度。号牌、文字及有关空间之形状及尺码须经澳门市政厅核准。

九、用作教授伤残人士驾驶之车辆，得备有自动变速箱或经澳门市政厅认可之其他改装，余者则应遵守第二至第八款之规定，唯设有该类变速箱之车辆，则免除双重之离合器。

十、第二至第九款规定之轻微违反，处罚款澳门币 1 000 至 5 000 元。

* 已更改-请查阅：第 15/2007 号行政法规
** 已废止-请查阅：第 15/2007 号行政法规
*** 已更改-请查阅：第 24/2016 号行政法规

第三节 检 验

第四十八条 （目的）

检验系为下列之一定目的而作出：

a) 透过核实规章所订定之规格识别车辆；
b) 审查安全条件，其是否与《道路法典》及本规章要求之要件相符；
c) 因公共利益而作之特别测试。

第四十九条　（首次检验）

一、汽车、重型摩托车、轻型摩托车及挂车须接受检验，以核准有关商标及型号，规章内订定之规格若未经核定者，不得注册。

二、下列为本规章所定汽车及重型摩托车之规格：

a) 分类：

1. 级别：轻型汽车、重型汽车、重型摩托车、轻型摩托车。

2. 种类：客车、货车、客货车；

救护车：有担架、无担架、卫生；

特种车：动物、肉类、电影、邮政、广播、电影拍摄、殡仪、瓶、奶、都市清洁、垃圾、篷车；

救援车（用作灭火）：有泵、有云梯；

辅助车：有云梯、有升降台、有起重及牵引机、有工场、用作拖车、用作拯救海难；

液体罐车；

电讯车。

3. 车厢：开放式（得加上"有硬篷"或"有软篷"之字句），厢式（得加上"有窗"之字句），可改变式，平板，货架，广告。

4. 总重量。

5. 每轴之承重：前轴、后轴。

6. 拖行之总重量。

7. 自重。

8. 载客量。

9. 无驾驶室之底盘重量。

10. 私人、公共服务：出租、集体、都市、教练、官方、售卖。

b) 识别：

1. 商标；

2. 型号；

3. 底盘号码；

4. 轴距；

5. 车轴数量；

6. 驱动轴数量；

7. 车轮数量；

8. 轮胎尺寸；

9. 发动机：商标、型号、运作模式、号码、汽缸、数量、直径及行程、汽缸容积、燃料、马力、转数、位置。

10. 方向盘位置；

11. 车厢尺码；

12. *

13. 年份；

14. 颜色；

15. 产地国；

16. 首次注册日期。

三、规章所订定之挂车规格如下：

a）分类：

1. 级别：全挂车、半挂车；

2. 种类：载重、露营、体育运动、行李；

3. 车厢：开放式（得加上"有硬篷"或"有软篷"之字句），厢式（得加上"有窗"之字句），可改变式，平板，货架，广告；

4. 总重量；

5. 每车轴承重：前轴、后轴；

6. 自重；

7. 底盘重量；

8. 私人、公共服务：出租、教练、官方、售卖。

b）识别：

1. 商标；

2. 型号；

3. 底盘号码；

4. 轴距；

5. 车轴数量；

6. 车轮数量；

7. 轮胎尺寸；

8. 车厢尺码；

9. 年份；

10. 颜色；

11. 产地国；

12. 首次注册日期。

四、为审查车辆及挂车之总重量，以及牵引挂车铰接系统之坚固程度，澳门市政厅得要求利害关系人呈交有关之计算证明。

五、除用作货运之开放式车厢之重型汽车及挂车外，如未经澳门市政厅核准之车厢设计，所有车辆均不得受检。

* 已废止-请查阅：第 20/2013 号行政法规

第五十条　　（定期检验）

一、为适用第 3/2007 号法律第七十五条第二款的规定，教练车、的士、供自行驾驶的轻型出租汽车、旅游车、校车、重型客车、包括驾驶员座位在内超过六个座位且作商业用途的轻型客车、货车、客货车、挂车、半挂车、混凝土拌合车、工业机器车、作商业用途的重型摩托车及轻型摩托车，均须接受每年强制检验。*,**

二、非属上款范围内的轻型汽车、重型摩托车及轻型摩托车的定期检验依下述规定为之：**（自二〇一七年七月一日起生效）

a）轻型汽车及重型摩托车自为取得注册而接受初次检验之日起计满八年后，须接受每年强制检验；**（自二〇一七年七月一日起生效）

b）轻型摩托车自为取得注册而接受初次检验之日起计满五年后，须接受一次强制检验，并自为取得注册而接受初次检验之日起计满八年后，须接受每年强制检验。**（自二〇一七年七月一日起生效）

三、上款的规定得以公布于《澳门特别行政区公报》的行政长官批示修改。**

* 已更改-请查阅：第 15/2007 号行政法规

** 已更改-请查阅：第 24/2016 号行政法规

第五十一条　　（检验应遵守之规则）

一、检验由澳门市政厅之技术人员在该机构预先订定之地点、日期及时间为之。

二、澳门市政厅得例外应利害关系人之申请，许可在利害关系人指出之其他地方进行检验，除应给付之费用外，如检验技术员得收取交通费及公干津贴时，均由申请人支付。

三、用作公共服务路线之重型汽车之定期检验，如不得在惯常之地点进行，应在其泊车地点为之，但应给付之费用及上款所指之开支，均由申请人支付。

四、通过检验之车辆，应发给有关所有人一张检验表作证明。

五、不获通过之车辆，应发给一张列明其不获通过原因之表。

六、检验中发现与车辆安全条件无关之缺陷或不规则之情况，不应阻止车辆行驶，而应为其所有人订定适当之期间进行必要之修理或更改，以便车辆接受复验，此项检验为免费。

七、当缺陷与转向器、制动器之运作或与其他安全条件有关时，则车辆不得行驶，而有关之登记折应被扣押至检验获通过。

八、遇上款规定之情况，登记折由容许车辆在修理后往检之凭单替代。

九、如车辆未于指定日期前往受检，应另订检验日期及将该日期通知车辆所有人。*

十、除有合理原因外，检验之缺席并不免除车辆所有人缴纳应付之费用。

十一、如公共运输汽车应在第九款所指另行订定之日期接受检验而无如期前往受检，除非能提出合理解释，否则，自该日期起计六十日后取消有关注册。*

十二、如车辆应在第九款所指另行订定之日期接受检验而无如期前往受检，除非能提出合理解释，否则，自该日期起计六个月后取消有关注册，如发现该车辆在公共道路上通行或停泊，则予以扣押。*

十三、在检验中被证实永久报废之车辆，不得在公共道路上通行或停泊，否则将被扣押，而主管实体可依职权取消有关注册。*

*已更改-请查阅：第15/2007号行政法规

第四节 注 册

第五十二条 （注册之申请）

一、车辆之注册申请，系由其所有人以专有表格向澳门市政厅为之，并应遵守下列规定：

a）**

b）申请书应附同有关车辆来源地的证明文件及进口准照，而进口准照应载明车辆主要规格；*

c）按照有关法例之规定，暂时进口之车辆得为临时注册。

二、办理车辆注册之有关文件，应由临时通行准照发出之日起计十日内递交。因逾期引起注册前其他手续所为之延误，均归责于利害关系人，利害关系人须为上述之临时通行准照续期及缴纳罚款澳门币 150 至 750 元。

三、**

四、应按号码顺序及主管实体所订方式给予注册，但可容许透过缴纳所需费用，于可供选择之号码范围内为首次注册之车辆选择号码，又或更改已注册车辆之号码。*

五、按照现行法例规定，由在澳门无永久居所并属外国使馆之非葡萄牙行政人员及技术员所办理免税结关之车辆，其规格应由检定员在进口许可证上作附注。

六、出售车辆之场所须在车辆出售后三十日内通知澳门市政厅，违者按车辆出售之数量，每辆罚款澳门币 100 至 500 元。

七、专门用作农业服务之动物拖引车辆之注册，以普通纸张申请，利害关系人无须支付任何负担。

八、《道路法典》第四条第二款所指之机械及专用于工业之机械，得不受注册之约束，但在公共道路上通行时，则需一特别、个别及不可移转之准照，并需为该许可缴付有关表内所订定之费用，并应遵守下列之规定：

a) 请求获得该许可之申请书应指出有关机械之分类、商标及出厂号码、并附上利害关系人对机械可能引致公共道路及物品或第三人之任何性质之负损害赔偿之声明，以及澳门市政厅认为必须之其他资料，尤其是保险单；

b) 工业机械之定义如下：捆扎机、收割机、耕田机挂车组、叉车、起重机、混凝土拌合车、挖掘机、欧几里得机、翻斗车、压路机、附推土器之牵引车及其他备有发动机并可在公共道路通行之类似机械。

九、不容许新客运之三轮车类脚踏车注册。

十、注册完成后将发出登记折，登记折应附同一份凭单，由澳门市政厅送交有关进口商、制造商或所有人，凭单上应适当记上日期并以钢印认证，其中应列明车辆进口商、所有人或制造商之姓名或商业名称，以及其商标及注册号码。

十一、上款之登记折及凭单，利害关系人应递交予商业与汽车登记局，以便登记车辆之所有权。

十二、登记折内车辆登录规格之一切变更，应在车辆所有人申请之检验获通过后在登记折中作附注，并应将新登记折交予所有人，当改变为根本部分之替代或发动机以非制造商于说明书内指示作为得随车辆供应之其他发动机替代时，应指出车辆为重新制造。

十三、由私人用途转为租赁服务或由租赁服务转为私人用途之所有车辆，利害关系人应申请接受强制性检验，违者处罚款澳门币2 500至12 500元。

十四、车辆如被用于提供有别于获许可或注册用途且有报酬之服务，则向车辆驾驶员科处罚款澳门币30 000元，且不影响第3/2007号法律第一百二十三条之适用。*

十五、机动车辆以底盘注册者，禁止进行任何性质之运输。

十六、第五款所指车辆被出售而需变更其注册号码，应制作另一张新单，其中应载明买受人与出卖人之姓名及在澳门市政厅之注册号码，因该新单之存在，应取消以前之注册并重新进行注册。

* 已更改-请查阅：第15/2007号行政法规

* * 已废止-请查阅：第15/2007号行政法规

第五十三条　（"试验"制度及"特别"制度）

一、在办理汽车及重型摩托车之注册手续期间，得许可此等车辆以"试验"制度通行十五日，为此，澳门市政厅得应利害关系人之请求，提供专有之牌，而利害关系人应填妥有关表格并缴纳有关费用。

二、试验牌仅可使用于所申请之车辆，否则处罚款澳门币1 000至5 000元，应在十日内对有关注册提出申请，违者罚款澳门币1 000至5 000元。

三、在"试验"制度下之车辆，应在十五日内往澳门市政厅接受检验，如不获通过，试验制度得延长十五日，在该期间应从新受检。

四、如将"试验"制度下之车辆作有报酬之用途，取消其临时准照，并处罚款澳门币1 000至5 000元。

五、供出售且存放于已领有适当获发准照的商人的场所中的车辆，或以个人名义进口供个人使用的车辆，在注册前得以"特别"制度在公共道路通行，并须附同交通事务局提供的相应号牌和缴付相应费用。**

六、为上款规定之效力，由车辆所有人"商人"、有关之雇员或由上述人士陪同他人作示范驾驶或试验用途之车辆，视为处于"特别"制度，该等车辆不得作其他非上述之用途之使用，违者处罚款澳门币2 500至12 500元。

七、有关有效期间届满后，应将保养良好之"试验"及"特别"牌交还澳门市政厅，违者处罚款澳门币500至2 500元，遗失时申请人应缴纳有关费用。

八、"试验"或"特别"制度下之车辆通行，未领有有关之牌或使用非由澳门市政厅提供之牌者，处罚款澳门币 2 500 至 12 500 元。

九、在商标及型号获核准后，未经主管实体预先许可而更改规格之机动车辆，如以特别制度在公共道路上通行，科处罚款澳门币 3 000 元。*

十、上款所指罚款由车辆所有人负责缴纳。*

* 附加-请查阅：第 15/2007 号行政法规

** 已更改-请查阅：第 24/2016 号行政法规

第五十四条　（注册之取消）

一、根据《道路法典》第五十五条第一及第二款规定所作之请求取消注册之申请书，应附同车辆之登记折，如遗失登记折，则应在申请书中载明此情况。

二、如因车辆所有人下落不明、已死亡或其他值得接受之情事而不可能由车辆所有人申请取消注册，则任何适当之人士均得为之，但须声明承担一切由此而可能引起之后果。

三、澳门市政厅如在检验或由其下令进行之查验中，发现车辆确实失去效用，下令取消注册，且不得为该车辆重新注册。

四、注册已被取消之车辆，如泊于公共道路或在公共道路上通行者，将被扣押。

五、注册之取消端视由登记局所发出之证明之呈交，其中应载明车辆无任何未取消或未失效之负担，以及其用途。

六、在检验中获通过且已缴纳应付费用后，澳门市政厅得许可已被取消注册之车辆重新注册。

第五十五条　（注册号码）

一、汽车、重型摩托车之注册号码，由一个或两个字母及两组数字，每组为两个数字，并以适当之方式排列。

二、根据澳门市政厅订定之条件并缴纳应付之费用，容许汽车之注册人格化，其字母及数字以车辆所有人之全名或简写替代，或以一个或两个字母再随同一个或两个数字组成。

三、挂车之注册号码，由一个或两个字母再加一个顺序编号组成。

四、轻型摩托车及其他车辆之注册号码，根据澳门市政厅订定之条件组成。

第五十六条 （汽车、重型摩托车及挂车之注册号牌）

一、除总督专用之车辆外，所有汽车、重型摩托车及挂车之注册号码应以不可移动之方式，固定于号牌上或直接涂于车辆上，在任一情况下，均应尽量处于垂直位置并与车辆中央纵向面垂直，以便在任何情况下，均不会全部或部分被遮挡，并在 20 m 距离内清楚看见。

二、上款所指之图文应装置在汽车及重型摩托车之前后端，挂车则仅装置于后端。

三、第一款所指之号牌由板块制成，装置于车前端之号牌距地面高度不少于 25 cm，车后则不少于 30 cm，并应使号牌维持于保养良好之状态，数字及字母均得清楚阅读，且不得更改其任何规格。

四、第一款所指号牌之底为黑色，字母、数字及笔画均为白色，得使用反光物料。

五、号牌，字母、数字及笔画之形状及尺码，字母、数字及笔画之粗细及有关之空间，根据澳门市政厅核准之式样订定；在缴纳有关费用后，澳门市政厅提供所有号牌。

六、汽车后端之号牌，如尺码为 52 cm×12 cm，字母组与数字组应并行排列；如尺码为 34 cm×23 cm，字母组应位于数字组之上。

七、重型摩托车前端之号牌，应装置于前轮上之平面，注册号码应题记于号牌两面，如无法依此方式装置，则应设有两个号牌，车辆每侧各一，或在车前设单独一个长方形号牌。车后之号牌，应装置于后轮挡泥板或有旁卡之重型摩托车之旁卡后壁板上。

八、如不影响规定之尺码及视线，澳门市政厅得许可拥有用作装置注册号码之框架之汽车使用其框架。

九、"试验"制度下之车辆，发给与注册号牌款式相同之识别牌，但图文以红底白色字母及数字作成，其式样由澳门市政厅订定，应在号牌上题记字母"EX"并附随一个顺序编号。

十、"特别"制度下之车辆，发给与注册号牌款式相同之识别牌，但图文以白底红色字母及数字作成，其式样由澳门市政厅订定，应在号牌上题记字母"ES"并附随一个顺序编号。

十一、根据有关法例获许可暂时进口之车辆，发给与注册号牌款式相同之识别牌，但图文以黄底黑色字母及数字作成，应在号牌上题记字母"T"并附随一个顺序编号。

十二、如注册号码直接题记于车辆上，则应涂为白色而底则为黑色，形状及尺码按本条为注册号牌所规定者，如于重型摩托车车前，该号码则应涂于车辆两侧。

十三、以上各款规定之轻微违反，处下列之罚款：

a) 使用保养不良之注册号牌，罚款澳门币 100 至 500 元；

b) 无注册号牌车辆之通行，罚款澳门币 1 500 至 7 500 元；

c) 其他情况，罚款澳门币 500 至 2 500 元。

十四、除适当获许可之情况外，附有在本地区有效之注册号牌之车辆，其通行方被容许，违者处罚款澳门币 200 至 1 000 元。

第五十七条　（其他车辆之注册号牌）

一、轻型摩托车注册号码之图文，应遵守为重型摩托车规定之条件，但式样则由澳门市政厅订定。

二、动物拖引车辆注册号码之图文系涂瓷釉。涂漆或印刷于金属牌上，其底为白色，字母为黑色或红色，号牌应以不可移动之方式，固定于车辆上。

三、*

四、三轮车类脚踏车，应在后壁板之垂直位置，安装一个金属注册号牌，该注册号牌须与车辆中央纵向面垂直，且不致全部或部分被遮挡。

五、无注册号牌之通行，处下列之罚款：

a) 轻型摩托车，罚款澳门币 1 500 至 7 500 元；

b) 本条规定之其他情况，罚款澳门币 150 至 750 元。

六、使用保养不良之注册号牌，处下列之罚款：

a) 轻型摩托车，罚款澳门币 100 至 500 元；

b) 本条规定之其他情况，罚款澳门币 50 至 250 元。

*已废止-请查阅：第 15/2007 号行政法规

第五十八条 *

*已废止-请查阅：第 16/96/M 号法律

第三章 驾 驶 员

第一节 指 引 规 定

第五十九条 （驾驶执照）*

一、根据驾驶证内之注明，驾驶证准许其权利人驾驶一项或多项下列类别之车辆：

a) A 类——重型摩托车；

b) B 类——总重量不超过 3 500 kg 之汽车，不包括驾驶员座位在内之座位数目不超过八座；

c) C 类——用作货运之汽车，总重量超过 3 500 kg；

d) D 类——用作客运之汽车，不包括驾驶员座位在内之座位数目超过八座；

e) E 类——牵引车部分属于 B、C 或 D 类之铰接式车辆或车组，但铰接式车辆或车组本身并不纳入此等类别。

二、具有 C 类驾驶资格之驾驶证之权利人获赋予 B 类车辆之驾驶资格。

三、A 类及 D 类分别包括下列小类：*

a) A1 小类——汽缸容量等于或小于 400 cm^3 之重型摩托车；*

b) A2 小类——汽缸容量超过 400 cm^3 之重型摩托车；*

c) D1 小类——连驾驶员在内载客量等于或小于二十五个座位或车厢长度等于或小于 8 公尺之重型客车；*

d) D2 小类——连驾驶员在内载客量超过二十五个座位或车厢长度超过 8 公尺之重型客车。*

四、为第一款之效力，由 B 类牵引车辆及一挂车组成之车组，视为包括于 B 类：

a) 总重量不超过 750 kg 之挂车；

b) 挂车之总重量不超过汽车之自重且车组之总重量不超过 3 500 kg。

五、为相同之效力，由 C 或 D 类汽车及一总重量不超过 750 kg 之挂车组成之车组，视为包括于有关类别之内。

六、E 类包括下列小类：*

a) 小类 E＋B——由 B 类牵引车辆及一总重量超过 750 kg 之挂车组成之车组，两者系于一起时，超过第四款 b 项规定之各项限度；

b) 小类 E＋C——由一属于 C 类之牵引车辆与一总重量超过 750 kg 之挂车

组成之车组或属于 C 类之牵引车辆与一总重量超过 750 kg 之半挂车之铰接式车辆；

c）小类 E＋D1——由一部 D1 小类牵引车及一部总重量超过 750 kg 之挂车组成之车组；*

d）小类 E＋D2——由一部 D2 小类牵引车及一部总重量超过 750 kg 之挂车组成之车组。

七、持有效 E＋C 小类驾驶资格，同时具有 D 类或 D2 小类驾驶资格的驾驶执照者，获赋予 E＋D2 小类铰接式重型客车的驾驶资格。**

*已更改-请查阅：第 15/2007 号行政法规

**已更改-请查阅：第 24/2016 号行政法规

第六十条 （获取驾驶执照之条件）*

一、**

二、为获取下列类别驾驶执照，申请人必须至少达到相应类别规定之年龄：*

a）A、B 及 E＋B—— 十八岁；

b）C、D1、D2、E＋C、E＋D1 及 E＋D2——二十一岁。*

三、**

四、六十五岁以下之驾驶员方可驾驶 D 及 E＋D 类车辆。

*已更改-请查阅：第 15/2007 号行政法规

**已废止-请查阅：第 15/2007 号行政法规

第二节 体格及健康检验

第六十一条 （一般规定）

一、体格及健康检验得为一般检验、特别检验及医学委员会检验。

二、每次体格及健康检验中，投考人应呈交适当更新之身份证、护照或其他身份证明文件及式样获澳门市政厅核准之健康及健全证明表格以及检验报告表格各一份，如特别检验或医学委员会检验前已作另一检验，则无须呈交检验报告表格。

三、受检人通过检验后，获发给一张健康及健全证明书，该证明书自检验日起计六个月有效。

四、卫生司规定之检验或澳门市政厅为澄清关于任何检验结果之疑问而向卫生司要求进行之检验属免费。

五、在任何检验中，医生或医学委员会得要求利害关系人接受专门检验或提供作为决定或意见之依据之其他必要资料。

六、检验通过之条件为必须配戴眼镜、隐形眼镜、辅助器，而驾驶之车辆须经特别改装、特别复验期或受其他限制者，该等条件应明文载于证明及驾驶证中。

七、*

八、当驾驶证权利人之驾驶证，系按第六款规定而获得者，不遵守驾驶证内缮写之条件驾驶，处罚款澳门币 500 至 2 500 元。

*已废止－请查阅：第 15/2007 号行政法规

第六十二条　（一般体格检验）*

一、一般检验应由任何一位在澳门卫生司注册之医生进行。

二、当医生发现受检人有被认为可能使之无能力驾驶之任何情况，应在一般检验中不获通过。

三、不论医生作何判断，下列任一限制，均为不通过之限定原因：

a) 本条第四款列明之容忍度不包括持久性或进行性之伤害或变形，该等伤害或变形能导致驾驶能力之减低，尤其是四肢或脊柱之伤害或变形；

b) 导致相同效果之慢性或有进行性质之疾病；

c) 神经精神疾病、病变或表现在智力水平明显降低或以任何方式导致驾驶效能或安全减低之神经精神状态；

d) 严重之心血管病变；

e) 如有屈光缺陷，经使用适当调度之镶有光学玻璃之眼镜矫正，使双眼影像完全重合时，以世界标准量度之视力锐度数值，按情况而定，达不到本条第四款所指者；

f) 光感及色感显著错乱——色感仅与红、绿及黄色有关，斜视、眼球震颤、复视、无晶状体、一眼视觉丧失、双眼视觉缺失、深度感觉明显降低或双眼水平视野小于 150°；

g) 视力惯常降至低于 e 项规定之限度或在恶化或并发时产生同样效果之慢性眼炎，尤其是颗粒状结膜炎；

h) 按情况而定，听力锐度之数值低于本条第四款所指之数值；

i) 连续或阵发之晕眩状态，不论其原因为何；

j) 酗酒或其他毒瘾。

四、有关上款 a、e 及 h 项规定之限制，下列为检查医生之一般容忍度权限：

a) 手并指或多指，只要双手均有足够之握力；
b) 缺失脚趾；
c) 按车辆级别及投考人拟驾驶之类别而特定之容限如下：*

	双手	视力锐度	听力锐度
农用牵引车、重型摩托车、三轮车或轻型摩托车之驾驶员*	缺失三指，只要一拇指完整且双手均有足够之握力	一眼为 2/10 及另一眼为 6/10	有或无经过辅助器矫正：每一耳听力锐度相当于距离 1 m 处之低声或一耳听不到但另一耳之听力锐度相当于距离 2 m 处之低声
轻型汽车之驾驶员*	缺失三指，只要两拇指完整并可与其他手指良好对触且双手均有足够之握力	双眼均为 6/10；一眼为 5/10 及另一眼为 7/10；或一眼为 4/10 及另一眼为 8/10	经或未经助听器矫正后，一耳能听到一公尺距离之低声，而另一耳能听到两公尺距离之低声*
重型汽车（农用牵引车除外）之驾驶员*	缺失两指，只要两拇指完整并可与其他手指良好对触且双手均有足够之握力	双眼均为 8/10；一眼为 7/10 及另一眼为 9/10；一眼为 6/10 及另一眼为 10/10	无辅助器矫正：双耳之听力锐度相当于距离 2 m 处之低声

五、一般体格检验结束而受检人合格通过检验，医生于填写检验报告及发出证明后，应将该等文件交予受检人，以便将之送交民政总署。*

六、当检查医生对受检人合符资格存有疑问、认为投考人不符合资格或发现须接受特别检验时，不应发出证明，而应填具检验报告并在四十八小时内递交卫生司。

*已更改-请查阅：第 15/2007 号行政法规

第六十三条　（特别体格检验）*

一、有下列各项情况之一者，应在卫生司或官方认可之卫生中心进行特别检验：
a) 经一般检验之医生建议；
b) 应一般检验中不合资格之利害关系人之请求；
c) 应利害关系人欲证明其使用隐形眼镜后之视力锐度之请求；
d) 应利害关系人在特别检验不合格且欲得到从新判定之请求；

e) 应六十五岁以上驾驶员申请;*

f) 应为获得 C 及 D 类资格之投考人,或有该等类别注录之外国驾驶执照且欲以该等执照换取驾驶证之权利人之请求。

二、无上条第三款所指之其中一种情况及限制之受检人,得在特别检验中获通过,对于该款 a 及 e 项规定之限制,卫生司之医生得接受下列之容忍度:

	上肢	下肢	脊柱	
轻型汽车之驾驶员	部分缺失一肢,只要该肢具有效之辅助器及另一肢完整	一肢全缺或完全残废又或两肢部分缺失或部分残废,只要车辆经有效改装以使驾驶员可以无须放开方向盘操纵车辆	不灵活或构造不良得由所指之车辆经有效改装补足	一眼无视力及另一眼为 8/10;如一眼之视力锐度等于或低于 1/10,则适用本条第四款
三轮车之驾驶员	除六十二条第四款所指之容忍度外,无其他容忍度	一肢全缺或完全残废又或两肢部分缺失或部分残废,只要座位以有手枕之座椅代替及车辆经有效改装以使驾驶员可以无须放开把手操纵车辆		
农用拖拉机、重型摩托车或轻型摩托车驾驶员,但三轮车之驾驶员除外	除第六十二条第四款所指之容忍度外,无其他容忍度			

三、脊柱不灵活或构造不良又或缺失其中一肢或其中一肢之功能残废,不论完全或部分,且被卫生司宣告为合符资格之受检人,除应受认为必要之其他设定条件约束外,按情况而定,并须受下列其中一或两项设定条件之约束:

a) 强制性使用有效之辅助器;

b) 禁止驾驶未经必要及有效改装之车辆。

四、轻型汽车类别之驾驶员或驾驶投考人如在特别体格检验中被证实视力锐度经隐形眼镜矫正后处于上条第四款、本条第二款及第五款所指容限以内,则通过该项特别体格检验。*

五、其中一眼之视力锐度等于或低于 1/10 之受检人视为独眼者,如无眼科检验之良好结果以证明具有下列条件,不得被宣告为合符资格:

a) 无经镶有光学玻璃之适当眼镜矫正,眼睛之视力锐度最小为 8/10;

b）光感、色感、深度感及距离评估之感觉适合驾驶；

c）视野、颞部及鼻部范围均正常。

六、通过上款规定之眼科检验之受检人，不得驾驶无固定挡风玻璃之车辆。

七、双眼患无晶状体症之轻型汽车之非职业驾驶员及驾驶投考人，经有框眼镜或隐形眼镜矫正后，只要经过不少于三个月之适应期，眼科检验证明每一眼睛之视力至少为 8/10 及心理检查良好，得在特别检验获通过。

八、按上款规定而获通过之受检人，应接受包括强制性眼科检验之每年体格复检。

九、特别检验结束时，卫生司之医生应在报告中记录检验之结果或须接受医学委员会检验之建议，并应遵守下列之规定：

a）如发出其为合符资格之证明，该证明应交予利害关系人，其内应附有检验报告已被存盘之指示；

b）如建议接受医学委员会检验，已填具之检验报告应由卫生司送交利害关系人。

十、根据本条第二款明定之任一容忍度而被卫生司认为合符资格之受检人，应直接向进行特别检验之地方要求将来须接受之体格检验。

十一、在特别检验中不获通过之受检人，其状况已改变，并达至可重新对其作出判定时，得在任何时间以有说明理由之申请书向卫生司要求复检。

十二、除上述各款所指设施及医生外，透过公布于《澳门特别行政区公报》之行政长官批示，可容许在其他设施或由在澳门卫生局注册之医生进行特别体格检验。**

*已更改-请查阅：第 15/2007 号行政法规

**附加-请查阅：第 15/2007 号行政法规

第六十四条　（医学委员会）

一、下列情况，得接受医学委员会检验：

a）如受检人之缺陷不包括在一般及特别检验接受之容忍度内，并经为其进行特别检验之医生建议受检人接受医学委员会检验，以证明该等缺陷不致完全妨碍受检人之驾驶；

b）于特别检验中不获通过之受检人，申请接受医学委员会检验。

二、医学委员会由卫生司之三名医生组成，并由有关司长任命。

三、接受医学委员会检验之受检人之档案，应附同有关检验报告副本，由此委员会送交卫生司作最后决定。

第三节 驾驶考试

第六十五条 （准予考试）*

一、符合法定要件且由驾驶学校或举办 C 或 D 类驾驶员职业培训课程之实体向澳门市政厅建议之人士，得接受驾驶考试。

二、非属强制性参与驾驶课之人士，得免除驾驶学校建议而以个人名义申请考试。

三、申请书应附同下列之文件：

a) 居民身份证或在澳门特别行政区合法逗留之证明文件；*

b) 体格及健康证明；

c) **

四、凭出示上款 a 及 b 项所指文件而获学习驾驶执照之权利人，免除出示该等文件。

五、年满二十一岁、符合下列要件之人士经驾驶学校建议，或公共运输企业根据民政总署核准之大纲举办之驾驶员培训课程毕业并经该企业建议，获接纳参加 D1 及 D2 小类车辆之驾驶考试：*

a) 持有效 C 类驾驶执照者或持有效 B 类驾驶执照至少三年者，如属考取 D1 小类驾驶执照之情况；*

b) 持有效 C 类驾驶执照至少一年或持有效 D1 小类驾驶执照者，如属考取 D2 小类驾驶执照之情况。*，***

六、在上款规定之情况，心理及生理健全应透过体格及健康特别检验以及心理技术测验之通过证明之。

七、具有 B、C 或 D 类驾驶资格之驾驶证之权利人，取得 E＋B、E＋C 或 E＋D 小类之资格，经驾驶学校建议后，得接受为 E 类车辆之驾驶考试。

八、如投考人为葡萄牙政府接受之外交团成员，当其申请接受考试时，免除出示第三款所指任何文件及缴纳有关费用。

九、申请人被接受后，澳门市政厅应订定申请人出席应考之日期、时间及地点。

* 已更改-请查阅：第 15/2007 号行政法规

** 已废止-请查阅：第 15/2007 号行政法规

*** 已更改-请查阅：第 24/2016 号行政法规

第六十六条　（考试所包括之测验）*

一、考试包括下列之测验：

a）理论测验，用以核实投考人对道路通行规则、交通讯号及道路安全规范，尤其有关预防事故之知识；

b）驾驶实习测验，旨在审查投考人之镇定、谨慎及技巧，尤其是使用获驾驶类别车辆资格之原则及交通规则之遵守；

c）*，*****

二、持有效的其他类别车辆驾驶证的投考人，在获得该证时已通过理论测验；或持有效的农用拖拉机类驾驶执照者，在获得该类别资格时已通过在交通事务局所作的理论笔试，可免除上款 a 项所指的理论测验。****

三、农用拖拉机之驾驶考试，包括一项对拖拉机及已具适当负重之有关挂车之驾驶考试，以及一项关于交通规则、讯号及关于预防事故知识之讯问。

四、轻型摩托车之驾驶考试，包括一项得设有自动变速箱之两轮轻型摩托车之驾驶测验，及一项关于交通规则、讯号及关于预防事故知识之讯问。

五、缺席驾驶实习测验或该测验不合格的投考人，可自其通过理论测验之日起计两年内，借缴付相应费用申请重考，而原先已通过的理论测验仍视为有效；如申请人有合理解释且为交通事务局接受的不可抗力的原因而缺席驾驶实习测验，上述重考费用可获豁免。*，****

六、当考试之其中一项测验，因不可预见或不可抗力之情况而中断，应另订复考日期，但无须重新缴纳费用。

七、下列人士所作之考试，视为无效及不生任何效力且不妨碍可能发生之刑事程序，已缴纳之费用概不退还：

a）被禁止驾驶者；

b）作虚假声明及出示虚假或被更改之文件者；

c）在驾驶考试时由他人替代或作其他之欺诈者。

八、澳门市政厅经考虑驾驶员及车辆之类别，得命令公布考试之大纲及规章。

九、通过考试之投考人获发给有关之驾驶证，澳门市政厅应给予每个驾驶员一个顺序编号，并进行有关登记。

十、**

十一、**

十二、**

十三、**

十四、通过第一款所指的理论测验，有效期为两年，投考人应在该期间申请参加驾驶实习测验。***，****

十五、第 3/2007 号法律生效前取得重型摩托车或轻型摩托车临时驾驶证明文件之驾驶员，在该证明文件有效期届满之前或之后，应其申请，获发给驾驶执照，但只限于该证明文件没有因其驾驶时实施犯罪被判刑或因实施违法行为被禁止驾驶而被取消的情况。***

十六、在递交上款所指申请时，如重型摩托车或轻型摩托车临时驾驶证明文件仍然有效，则其持有人将获发给一份文件以替代有关证明文件，其有效期由签发实体订定。***

十七、如在重型摩托车或轻型摩托车临时驾驶证明文件有效期内，或有效期届满后一年内，作出第十五款所指申请，则豁免有关发出驾驶执照之费用。***

十八、持有效期已过之重型摩托车或轻型摩托车临时驾驶证明文件驾驶者，科处罚款澳门币 1 500 元。***

* 已更改-请查阅：第 15/2007 号行政法规

** 已废止-请查阅：第 15/2007 号行政法规

*** 附加-请查阅：第 15/2007 号行政法规

**** 已更改-请查阅：第 24/2016 号行政法规

***** 已废止-请查阅：第 24/2016 号行政法规

第六十七条　　（实习测验）

一、驾驶实习测验，应由投考人以申请驾驶证之类别之车辆为之。

二、教练员得随同实习测验，并应坐于所使用轻型汽车后排座椅之左方座位。

三、***

四、禁止随同重型货车之实习测验。

五、得透过澳门市政厅主席之批示，禁止曾以任何方式妨碍或骚扰考试工作正常运作之教练员随同实习测验。

六、汽车驾驶员投考人之实习测验，仅得在有教练服务准照之车辆上进行，但非属强制性参与驾驶实习课之考车人或牵引车之驾驶员投考人而其私人汽车已按适用之法例投保者则除外。

七、重型摩托车驾驶员投考人之实习测验，得按投考人之申请在汽缸容积小于 400 cm^3 之车辆上进行，获通过之投考人不得驾驶汽缸容积超过该容积之重型摩托车。

八、重型货车及牵引车之挂车以及 E 类车辆之挂车，应按澳门市政厅之规定载重。

九、实习测验中，投考人须快捷及不犹豫地作出指定之操作。

十、在驾驶实习测验中，操作不熟练或不谨慎导致不获通过之原因，尤其为下列者：

    a）碰撞任何障碍物；

    b）在斜坡两次尝试均不能起动；**

    c）在斜坡尝试起动时，使车辆后退多于 1 m；

    d）因不熟练，致发动机熄火两次；**

    e）进入十字路口或视线不足之弯角时，态度不谨慎；

    f）不作必要之讯号指示；

    g）进行掉头操作时，欠缺快捷及熟练；

    h）不懂得不用制动器辅助下坡之方式；

    i）不认识与优先、讯号、起动时之小心、泊车或转换车道有关之交通规则；

    j）不正确使用头盔（重型或轻型摩托车之考试）；

    l）不能保持行进中车辆之平衡，尤其在进行掉头时（重型或轻型摩托车）。

十一、应投考人申请，可采用设有自动变速箱的机动车辆进行 A1 小类的重型摩托车、轻型汽车以及 D1 及 D2 小类的重型客车的驾驶实习测验。*,**

十二、持有按上款规定获得的驾驶执照者，不得驾驶设有手动变速箱的车辆，而其驾驶执照应载明该项限制。*,**

十三、为一切法定效力，违反上款规定者，视为不具备驾驶资格。*

    *附加-请查阅：第 15/2007 号行政法规

    **已更改-请查阅：第 24/2016 号行政法规

    ***已废止-请查阅：第 24/2016 号行政法规

第六十八条*

    *已废止-请查阅：第 24/2016 号行政法规

第六十九条*

    *已废止-请查阅：第 15/2007 号行政法规

第四节　驾驶执照

第七十条　（驾驶证）

一、由澳门市政厅发出之驾驶证，不得在证内作任何附注、任何指示、盖上印章或钢印，但得由澳门市政厅为之。

二、发给需要特别改装车辆之伤残人士驾驶证，须说明对驾驶员所规定之一切限制及许可驾驶员驾驶之车辆之各项改装，属该等情况之人士驾驶无有关改装之车辆者，处罚款澳门币 1 500 至 7 500 元。

三、当驾驶员为超过一个驾驶证之权利人时，所有驾驶证应由一张驾驶证替代，并给予最旧之号码或在替换时所给予之号码，驾驶证内应载明其他驾驶证上已作之附注，被替代之驾驶证正本则送交原发证机关。

四、如更改居所，驾驶员必须在六十日期限内通知澳门市政厅，违者罚款澳门币 100 至 500 元。

第七十一条　（其他驾驶执照）

一、轻型摩托车驾驶执照由民政总署发给通过有关考试且年满十八岁之人士。*

二、民政总署有职权将农用牵引车驾驶执照发给通过有关考试且年满十八岁之人士。*

三、具 C 类车辆驾驶资格之有效驾驶证之权利人得驾驶农用拖拉机，具 B 类车辆驾驶资格之有效驾驶证之权利人得驾驶不附拖车且自重不超过 3 500 kg 之拖拉机或附挂车且车组总重量不超过 6 000 kg 之拖拉机。

四、经澳门市政厅许可在公共道路通行之农业或工业机械之驾驶，仅得由具 C 类车辆驾驶资格之有效驾驶证之权利人为之，如其总重量不超过 3 500 kg，具 B 类车辆驾驶资格之有效驾驶证或农用拖拉机驾驶执照之权利人亦得为之。

五、**

六、由有权限之军事或保安当局发出，且对驾驶属于保安部队并与第五十九条所指类别或小类相同之车辆为有效之文件之权利人，在其维持职务期间、休假、待安排工作、复员、转为后备役或退伍后一年内得申请发给同等类别或小类之有效驾驶证，申请书应送交澳门市政厅主席，并应附同其有关资格之文件之经认证影印本。

　　* 已更改-请查阅：第 15/2007 号行政法规

　　** 已废止-请查阅：第 15/2007 号行政法规

第七十二条　（驾驶之特别许可）

一、澳门市政厅有权限对非葡萄牙人、在澳门无永久居所且经葡萄牙政府接受之外交团成员及职业领事或外国使节团之行政及技术职员，发给容许该等人士在澳门驾驶之驾驶执照，只要该等人士申请该执照并为具同等效力且仍有效之执照之权利人。

二、依上述情况发给之驾驶执照之有效期，与该外国证明文件上之有效期相同。

三、根据本条发给之驾驶执照之权利人，当其在澳门之外交任务完结时，应交还驾驶执照予澳门市政厅以作取消。

四、澳门市政厅得按其主席以批示订定之规定，给予在澳门无永久居所之外国军事使节团成员或来自内地之救护车驾驶员发给特别驾驶许可。

五、澳门市政厅得按订定之规定及条件，给予在澳门无住所之外国人一个不超过六个月期限及不超过有关证明文件内之有效期之驾驶许可，该外国人须具有由其所属国家发出有驾驶资格之执照，而在该国境内为驾驶证权利人之葡萄牙人不得合法驾驶。

六、上款之规定不适用于按现行法例发给内地公民之特别驾驶执照。

七、如监察当局要求，以上六款所指证明文件应连同其权利人所持有之外国驾驶执照一并出示。

第七十三条　（外国执照）

一、《道路交通公约》加入方发给澳门特别行政区居民之驾驶执照、因互惠制度而容许持驾驶执照之澳门特别行政区居民在其境内驾驶之国家或地区发给澳门特别行政区居民之驾驶执照，又或澳门特别行政区居民在外地获发之驾驶执照（国际驾驶执照除外），其持有人如同时符合下列规定，可自定居澳门特别行政区之日或取得上述驾驶执照后首次进入澳门特别行政区之日起计一年内，免试换领由民政总署发出之驾驶执照：*

a）递交所持外地驾驶执照之认证副本，如该执照之签发实体规定只准使用执照正本，则应递交执照正本；*

b）符合本规章第六十条及第3/2007号法律第八十一条第一款所指要件。*

二、为申请换领执照，持有人应在申请书内声明其所持驾驶执照真实且有效，并声明其未有被禁止驾驶，此外，尚须证明其身心健康，以及递交一份证明其在执照签发地居住不少于六个月之文件，但主管实体可应利害关系人以适当理据提出之申请，免除其递交该文件。*

三、对为换领目的而递交之证明文件之真实性或其附注有疑问，权利人应递交澳门市政厅要求之附加证明，但澳门市政厅得拒绝该换领，并得根据《道路法典》第五十二条之规定，建议利害关系人重新接受驾驶考试。

四、当执照并非以葡文、中文、法文或英文书写，则应附同葡文或中文之官方译本。

五、澳门市政厅应将作为换发对象之证明文件正本送交原发出实体，如发现该等文件并非真实或并非依法获得时，并附上给予通知之请求。

六、如被交换之执照载有职业驾驶员之类别，或权利人出示证明其在驾驶执照发出国从事司机职业之文件，则应在驾驶证上作职业驾驶员类别之附注。

七、当外国之执照并非凭通过考试而获得或考试对投考人能力之要求程度低于澳门现行法例所规定者，得拒绝该换领。

八、第 3/2007 号法律第八十条第一款（一）项至（三）项所指文件持有人在澳门特别行政区驾驶之期间上限为一年。*

九、持上款所指文件于上款所指期间之后在澳门特别行政区驾驶者，科处罚款澳门币 1 500 元。*

十、上款之规定不适用于：**

a) 已按本条之规定向主管实体申请换领澳门特别行政区驾驶执照之驾驶员，直至其接获申请不予批准之通知之日为止，又或直至其获发澳门特别行政区驾驶执照为止；**

b) 证明在最近六个月期间于澳门特别行政区以外地方连续逗留不少于三个月之驾驶员。**

十一、对澳门特别行政区发出之驾驶执照采取互惠待遇之其他国家或地区发出之驾驶执照之持有人，如相关互惠制度要求登记，则在澳门特别行政区逗留超过十四日，且拟在此十四日期间之后于澳门特别行政区驾驶者，必须前往治安警察局办理有关登记。**

十二、违反上款规定者，科处罚款澳门币 300 元。**

* 已更改-请查阅：第 15/2007 号行政法规

** 附加-请查阅：第 15/2007 号行政法规

第七十四条 （驾驶执照之有效性）*

一、驾驶证之有效期间附注于驾驶证内。

二、持有人应在驾驶执照有效期届满前六个月内，将证明其适合驾驶之医生证明及相关检验报告递交民政总署，以办理驾驶执照续期。*

三、驾驶证有效期间之终止，原则上相应于权利人在下列年龄届满之日期：

a）有 A、B、E＋B 类附注之驾驶员——四十岁、五十岁、六十岁、六十五岁、七十岁及高于七十岁者每两年为一阶段；

b）载有 C、D、D1、D2、E＋C、E＋D、E＋D1、E＋D2 附注之驾驶员——三十五岁、四十五岁、五十岁、五十五岁、六十岁、六十五岁及自六十五岁起计每两年一个年龄段，但不影响第六十条第四款之适用；*

c）农用牵引车及轻型摩托车驾驶执照应按 a 项规定续期。*

四、得透过医学或心理技术检验之决定，为驾驶员规定更短之重检期，如属此情况，有关检验之证明，应在规定日期前一个月之最后一日或以前递交。

五、六十五岁以上驾驶员应经特别体格检验获得证明其适合驾驶之医生证明。*

六、持有效期已过之驾驶执照驾驶者，科处罚款澳门币 1 500 元，且不影响下款之适用。*

七、为一切法律效力，下列人士仅得通过考试之测验后，其驾驶证才重新有效，违者被视为无驾驶资格：

a）根据第一至第五款之规定，超过为重新有效所规定之一个年龄等级之人士，但能显示在此期间为其他有效驾驶执照之权利人，不在此限；

b）体格及健康检验不获通过。

八、在第二款所指期限内递交驾驶执照续期申请时，驾驶执照持有人获发一份文件以替代驾驶执照，其有效期由签发实体订定，但不短于有关驾驶执照之剩余有效期。**

* 已更改-请查阅：第 15/2007 号行政法规

** 附加-请查阅：第 15/2007 号行政法规

第七十五条 （扣押驾驶执照）*

一、执法人员于扣押驾驶执照后，应尽可能在两个工作日内将之送交民政总署，并按具体情况而一并送交实况笔录或报案书，以及对提起程序属有用之其他文件。*

二、**

三、**

四、**

* 已更改-请查阅：第 15/2007 号行政法规

** 已废止-请查阅：第 15/2007 号行政法规

第四章 教　练

第一节　指引规定

第七十六条　（适用范围）

一、本章之规定不适用于由保安部队及其他公共机构之培训中心所举办之驾驶教学。

二、根据澳门市政厅所作之规定，得许可由道路公共运输特许企业之培训中心所举办之大型客车驾驶教学。

第七十七条　（规章之规定之制定）

澳门市政厅有权限为使本章获致良好执行而制定必要之规范，尤其是给予驾驶学校、学校设施、装备、教室容纳之人数、工作时间、车辆限额、教练员用作教练及培训之车辆、驾驶学校校长等之准照之发出。

第七十八条　（监察）

一、澳门市政厅及治安警察厅有权限监察驾驶学校之授课情况、组织及运作，并有权监察本章规定之执行。

二、澳门市政厅之领导人员及在交通事务署担任主管、检验或监察职务之人员在执行其职务时，等同于执法人员或治安人员。

三、已适当证明身份之属交通事务署之澳门市政厅人员，在执行检验或监察职务时，应得到最大之方便及协助，以使能履行其职务。

第二节　驾驶学校

第七十九条　（专有性）

一、驾驶之理论、技术及实习教学，视为公共利益，按本规章之规定仅得由获发执照之驾驶学校执行，该执照应由作为交通事务署之澳门市政厅批给之执照证明。

二、如违法者为教练员准照之权利人，违反上款规定，处取消该准照，如违法者未被赋予此执业资格，则处：

a) 罚款澳门币 1 500 至 7 500 元，此罚款得科处授课人士；
b) 罚款澳门币 5 000 至 25 000 元，此罚款得科处经营教学业务之人士。

第八十条　（分类）

一、驾驶学校分为一般及特殊两类。

二、一般驾驶学校之目的为进行下列一种或若干种车辆之驾驶教学：
a) 轻型摩托车；
b) 重型摩托车；
c) 轻型汽车；
d) 重型货车。

三、特殊驾驶学校之目的为提供大型客车之驾驶教学，但亦得进行上款规定之车辆类别之教学。

四、学校如进行其未获赋予资格之车辆级别之驾驶教学，处罚款澳门币 2 500 至 12 500 元。

第八十一条　（执照）

一、驾驶学校开办及运作之执照，由澳门市政厅根据规章之规定，批给具备为此效力所定要件之实体。

二、澳门市政厅基于需求问题而认为不适合开设新学校时，得暂时中止驾驶学校执照之批给。

第八十二条　（执照之拥有）

权利实体之经理或董事，因下列各项所指状况而未按法律恢复权利时，不得为驾驶学校执照之权利人：

a) 因下列情况而被判罪之人士：
1. 奸淫未成年人、强奸、淫媒、与未成年人有关之淫媒罪或引诱卖淫；
2. 匪徒集团；
3. 伪造文件、投机、贪污、诈骗或勒索；
4. 贩毒或其他违反公共卫生规定之故意犯罪；
5. 伪造硬币或钞票；
6. 对正在执行职务之考核员或交通事务署之其他公务员或人员，作故意之伤害身体、诽谤或侮辱者，又或由于考核员或交通事务署之其他公务员或人员执行职务而对其作伤害身体、诽谤或侮辱者；

7. 任何被科处徒刑之犯罪，其最高之限度超过十年；

b) 被宣告为习惯或倾向性不法分子者；

c) 经营驾驶学校或身为驾驶学校之董事、领导或管理人，而将学校之设施、装备或教练车辆用作协助或预备实施犯罪之工具或方法之任何犯罪而被判重监禁者；

d) 因导致驾驶学校执照被取消或因导致违法者无能力之违法行为而被判罪者。

第八十三条　（移转）

一、生前移转驾驶学校须获澳门市政厅之许可，并应以移转公证书为基础在执照内作附注。

二、如取得人不合于具有驾驶学校执照所订定之要件，则不获批给上款所指之许可。

三、驾驶学校因继承之移转必须在执照中作附注，且无须获事先之许可；如继承人处于第二款规定之情况，则应在一年内，按照第一款之规定而为学校移转，违者执照将被取消。

四、生前移转驾驶学校，如未经澳门市政厅事先许可，处罚款澳门币 2 500 至 12 500 元，本项罚款分别科处移转人及取得人。

第八十四条　（经营）

一、驾驶学校之经营，不论全部或部分，均不得为有偿或无偿让与之标的。

二、不遵守上款之规定者，处取消有关执照及罚款澳门币 2 500 至 12 500 元。本项罚款得科处受让人及让与人。

三、驾驶学校之执照权利人或权利实体之股东、经理或董事，阻碍校长正当执行职务或使校长难以正当执行职务者，处罚款澳门币 250 至 1 250 元。

四、对连续不运作超过一年、因过失或疏忽且由有关通知日起计仍维持其不当情事之状况超过六个月之驾驶学校，澳门市政厅得取消其执照。

第八十五条　（活动范围）

一、驾驶学校得在澳门市、氹仔岛及路环岛进行教学。

二、各市政厅得凭土地工务运输司之意见，禁止在一定公共道路学习驾驶。

第八十六条 *

* 已废止-请查阅：第 15/2007 号行政法规

第八十七条　（记录及统计资料）

一、驾驶学校应具有下列记录资料：
a）教练员之登录簿；
b）学习驾驶员表；
c）驾驶理论课及汽车机械课之记录簿；
d）驾驶实习课及考试之记录页；
e）投诉记录簿；
f）教练员记录簿。

二、下列情况，视为轻微违反：
a）无上款 a、c、e 及 f 项所指之任何簿册；
b）不使用学习驾驶员表；
c）不使用上款 d 项所指之页；
d）欠缺任何学习驾驶员之登录或欠缺与其有关之表；
e）未在有关学习驾驶员之簿册、页或表内记录已授予之课节。

三、上款所指之轻微违反，处下列之罚款，该等罚款得分别科处校长及因过错而引致违法行为之教练员：
a）a 项所指之轻微违反，按所缺之每一簿册数量，处罚款澳门币 250 至 1 250 元；
b）b 及 c 项所指之轻微违反，处罚款澳门币 200 至 1 000 元；
c）d 项所指之轻微违反，按学习驾驶员之人数，每个处罚款澳门币 100 至 500 元；
d）e 项所指之轻微违反，按课节数目，每节处罚款澳门币 50 至 250 元。

四、不完整或不正确填写记录资料，或不遵守该等文件之式样、保存期间、填写、使用及存档等之方式，处罚款澳门币 100 至 500 元，该罚款得分别科处校长或因过错而引致违法行为之教练员。

五、澳门市政厅有权限订定驾驶学校应具有之记录资料之保存期间、填写、式样、使用及存档等之方式。

六、驾驶学校应组织其统计部门，以便向澳门市政厅提供被要求之数据。

七、作出上款规定之轻微违反之校长，处罚款澳门币 500 至 2 500 元。

第八十八条 （设施）

一、驾驶学校应拥有适当之设施，设施应合乎良好卫生及清洁条件且有容易相通之阔大及通风之间格。

二、澳门市政厅有权限在规章内订定驾驶学校须具有强制性之间格及间格应符合之要件。

三、下列情况，视为轻微违反：

a）使用未经澳门市政厅核准之设施；

b）将设施用作进行驾驶教学以外之目的，即使部分使用亦然；

c）更改已获澳门市政厅核准之设施之间格；

d）将设施之构成间格用作非经核准之用途；

e）设施缺乏保养及不整洁。

四、上款规定之轻微违反，处下列罚款：

a）因作出 a 及 b 项规定之违法行为，处罚款澳门币 750 至 3 750 元；

b）因作出 c、d 及 e 项规定之违法行为，处罚款澳门币 500 至 2 500 元。

第八十九条 （设施之搬迁或更改）

一、驾驶学校设施之搬迁或更改，须经澳门市政厅事先许可。

二、对学校之教学质量或良好运作造成影响者，上款所指之许可则被拒绝。

三、设施之搬迁系因不可预料或不可延迟之原因而引致者，得许可学校在不符合必须之要件之临时设施内暂时运作，唯必须核实该等设施最低限度在有关投考人之教学中为必备者。

第九十条 （装备）

一、用以装备驾驶学校设施之教学设备，应包括使学习驾驶员获得驾驶考试内各项测验资格所不可缺少之用具，尤其容许仿真装置之使用，而其应以适当及完全之图解表示其所进行之教学。

二、澳门市政厅有权限订定驾驶学校须具有之强制性设备及该等设备应符合之要件。

三、下列情况视为轻微违反：

a）学校无经核准之设备、教材，或其不能运作；

b）使用未经澳门市政厅核准之装备；

c）驾驶学校之装备缺乏保养或不整洁。

四、上款规定之轻微违反，处下列罚款：
a) 因作出 a 项之违法行为，处罚款澳门币 1 000 至 5 000 元；
b) 因作出 b 及 c 项之违法行为，处罚款澳门币 500 至 2 500 元。

第九十一条　（课室之容纳量）

一、课室之容纳量根据澳门市政厅订定之规定，按有关之面积计算，但任何情况，每一课室之学习驾驶员均不得超过三十人。

二、使用容纳量超过规定之课室，按超过之学习驾驶员之人数，每个处罚款澳门币 500 至 2 500 元。

第三节　教练车辆

第九十二条　（车辆限额）

一、属于驾驶学校且获发教练准照之车辆数量，视为驾驶学校之车辆限额。

二、驾驶学校轻型汽车之最高车辆限额，系根据澳门市政厅之规定，按各有关之课室之容纳量而决定。

三、车辆限额得自由扩展至其最大限制或将之缩减，扩展仅取决于准照之发出，缩减仅取决于准照之取消。

第九十三条　（准照之发出）

一、在公共道路或在驾驶学校场地进行驾驶实习教学，仅得在获发教练准照之车辆上为之。

二、驾驶学校执照之权利实体为具所有权之实体或为融资租赁制度之承租实体之车辆，方得获发准照以进行教练服务。

三、教练准照由澳门市政厅批给，并在有关之注册内作附注。

四、驾驶学校使用未获发教练准照之车辆者，处罚款澳门币 1 000 至 5 000 元，本项罚款得分别科处学校之教练员、校长及学校执照权利人。

五、驾驶学校得获发一部经改装或备有自动变速箱之车辆准照以教授伤残人士，该车辆之登记折应载明仅用于本项之教学。

第九十四条　（转让及使用）

一、获发教练准照之车辆仅得由有关准照之权利人使用。

二、除下列情况外，禁止转让获发教练准照之车辆：

a) 取得人为驾驶学校执照之权利人，并能将该车辆纳入其车辆限额；
b) 车辆为被移转之驾驶学校之车辆限额之组成部分。

三、不遵守本条之规定者，按转让或让与车辆之数量，每辆处罚款澳门币1 000至5 000元，本项罚款得分别科处有关准照之权利人及车辆之取得人或使用权人，而其为驾驶学校执照之权利人。

第九十五条　（保险）

一、车辆已按法律规定对可能引致之民事责任，包括所运载之乘客购买保险后，方得获发教练准照。

二、为上款规定之效力，轻型教练车辆之意外事故之保险额适用出租之轻型汽车之订定，其余教练车辆，适用一般法律规定之强制保险额。

第四节　教　练　员

第九十六条　（教练员准照）

一、适当被赋予教练员准照之人士，方得执行驾驶教学。

二、教练员准照系在有关培训课程毕业之投考人通过考试后，由澳门市政厅发出。

三、澳门市政厅有权限规范各驾驶教学类型之资格、教练员准照之有效期间及重新有效之方式、教练员培训课程之编排及入学条件以及投考人知识评核之方式。

四、不遵守第一款之规定者，处罚款澳门币1 500至7 500元，而本项罚款亦得科处对授课者、提供服务之驾驶学校之执照权利人及有关之校长。

五、教练员准照权利人教授不被赋予资格之项目，处中止教练员准照效力六个月；驾驶学校执照权利人或有关之校长，分别处罚款澳门币500至2 500元。

六、教练员准照已失效之权利人提供教学者，处罚款澳门币500至2 500元及扣押该准照至该证明文件重新有效为止。

七、为一切效力，根据本规章之规定，在教练员准照被扣押或该执照效力被中止期间，其权利人等同于未被赋予进行教学之资格。

第九十七条　（无能力）

一、禁止下列人士求取教练员职业，但不妨碍澳门市政厅在规章内为教练员培训课程之收生另行订定要件：

a) 视为无能力拥有驾驶学校执照者；

b) 驾驶权被确定停止者；

c) 在四年或以内曾被四次或以上暂时停止驾驶权者；

d) 因家居盗窃、滥用信任或虚假声明被判罪，且未按法律之规定恢复权利者；

e) 因进行驾驶教学时所为之任何犯罪而被判重监禁者；

f) 曾为导致教练员准照被取消之违法行为者。

二、被处确定停止驾驶权者或因上款所指其中一项犯罪而被判罪者，将导致教练员准照被取消，虚假声明及第八十二条第六款 a 项规定之犯罪不在此限。

三、因作出上款所指之虚假声明或第八十二条第六款 a 项规定之犯罪，或第一款 c 项规定之犯罪要件而被判罪之教练员，处中止业务两个月至一年。

四、禁止教练员准照之权利人在暂时中止驾驶权期间，提供驾驶实习之教学，但不妨碍上款之规定。

五、当任何教练员或教练员投考人在教学能力方面显示出多种之技术、心理或生理问题，澳门市政厅得规定其接受教练员考试、心理技术试或体格及健康检查。

第九十八条　（义务）

一、教练员之义务尤其为：

a) 遵守该业务之规范，尤其与进行教学及教练人员之行为有关者；

b) 应用既定教学大纲，促进对其正确执行及完整进行教学；

c) 保证正确填写及更新为记录所提供课节所要求之文件、保证投考人取得一定程度之知识及有关考试；

d) 将驾驶员投考人之能力及与学校纪律有关之任何事件通知学校校长；

e) 应用学校校长指定之教学方法及教材之使用程序，并将在装备或教练车辆中发现之缺陷通知校长；

f) 向澳门市政厅提供所有被要求之解释，并在要求到场时出席；

g) 其行为应表现适当之态度，尤其与学习驾驶员之关系，并在履行业务固有之义务时，行为应端正；

h) 其所作出之行为，不应骚扰或阻碍驾驶考试之进行。

二、不履行上款所指之其中一项义务，处罚款澳门币 500 至 2 500 元。

三、当教练员准照之权利人作出下列行为，澳门市政厅得中止该准照之效力两个月至两年：

a) 对业务固有之职责严重或反复不遵守；

b）其行为明显阻碍或骚扰驾驶考试之进行；
c）对有关职务所固有之义务显示严重或反复不认识、疏忽或不履行；
d）阻碍或意图阻碍其他教练员、校长或驾驶学校执照权利人正当执行职责。

第五节 校　　长

第九十九条　（一般制度）

一、每间驾驶学校均应有校长一人，禁止校长在超过一间驾驶学校担任领导工作或提供教学，但不妨碍下款之规定。

二、凭有说明理由之申请，澳门市政厅得按照规章内订定之规定，许可校长在驾驶学校中兼任职务。

三、无校长者，处罚款澳门币1 500至7 500元。本项罚款得科处有关驾驶学校之执照权利人。

四、未经澳门市政厅许可而兼任领导职务者，处罚款澳门币500至2 500元。

第一百条　（校长准照）

一、适当被赋予校长准照之人士，方得执行驾驶学校之领导工作。

二、校长准照系在有关培训课程毕业之投考人通过考试后，由澳门市政厅发出。

三、澳门市政厅有权限在规章内订定校长培训课程之编排及入学条件以及评核投考人知识之方式。

四、不遵守第一款之规定者，处罚款澳门币1 500至7 500元。本项罚款得分别科处违法者及有关驾驶学校执照之权利人。

五、为一切效力，按本法规规定之校长准照之效力中止，等同于未被赋予领导驾驶学校之资格。

第一百零一条　（无能力）

一、禁止下列人士求取校长职务，但不妨碍在规章内为校长培训课程之收生另作订定要件：
a）被视为无能力从事教练员职业者；
b）曾为导致校长准照被取消之违法行为者。

二、教练员准照之取消导致校长准照之取消。

三、教练员准照效力之暂时中止，导致校长准照之效力在同一期间被中止。

四、当任何校长在领导驾驶学校之能力方面显示出严重之技术或心理技术问题时，澳门市政厅得规定其接受校长考试或心理技术测试。

第一百零二条 （职务及义务）

一、驾驶学校校长之责任尤其为：

a) 统筹、编排及监察教学，保证有关大纲之遵守及执行；

b) 指引及监察对学校业务规范之遵守，尤其与教学及教练人员之行为有关者；

c) 将可能对职业培训工作有更佳帮助之所有知识传授予教练员，对教练员担任教学使用之方法给予必要之指示；

d) 建议改善及适当配合设施、人员及装备，以便提高教学质量，并推动教材运用方面之新方法及新技术之应用；

e) 指引、统筹及监察一切与驾驶员投考人有关之办事处业务及推动有关记录之更新工作；

f) 评核驾驶员投考人之知识及为被认为合符驾驶考试资格之投考人签署有关考试之建议书；

g) 接受及分析对学校业务所提出之投诉，并进行记录。

二、校长之义务为：

a) 向澳门市政厅提供所有被要求之解释，并在要求到场时出席；

b) 其行为应表现适当之态度，尤其与学习驾驶员及教练员之关系上，并在担任其职务时，行为应端正；

c) 就对驾驶学校提出之投诉及就各项投诉之逐一解决方法知会澳门市政厅；

d) 其所作出之行为，不应骚扰或阻碍驾驶考试之进行。

三、不履行上款所指其中一项义务者，处罚款澳门币500至2 500元。

四、当校长准照之权利人作出下列之行为，澳门市政厅得中止其准照之效力两个月至两年：

a) 对其业务固有之职责严重或反复不遵守；

b) 对有关职务所固有之职责或义务显示严重或反复不认识、疏忽或不履行；

c) 阻碍或使教练员、校长或驾驶学校执照权利人难以正当执行职责。

第一百零三条 （代任校长）

一、每间驾驶学校均应有代任校长一人，凭有适当说明理由之申请，澳门市政厅得免除其设置。

二、在驾驶学校校长缺席、放假或因故不能视事期间，有关之职务属代任校长之权限。

三、为一切效力，代任校长在执行职务时等同于学校校长，当其并非为校长准照之权利人但为教练员准照之权利人时，校长准照之取消或效力之中止之处罚，由教练员准照之取消或效力之中止替代。

四、在有关学校服务之教练员准照权利人，方得执行代任校长之职务。

五、不遵守第一款之规定者，处罚款澳门币 1 000 至 5 000 元。本项罚款得科处执照权利人。

六、不遵守第二及第四款之规定，处罚款澳门币 500 至 2 500 元。本项罚款得分别科处执照权利人及代任校长。

第一百零四条　（记录）

一、澳门市政厅应在特别记录中，组织驾驶学校执照权利实体每个教练员、校长、权利人、经理或董事之个人记录，其中应载有：

a) 引致无执业能力之犯罪；

b) 轻微违反及按本规章规定所处之制裁。

二、上款所指之记录属保密文件。

三、教练员或校长以其身份三次或以上实施本章规定之违法行为，得经澳门市政厅主席之批示，下令重新接受教练员或校长之考试。

第一百零五条　（专案调查程序）

一、驾驶学校执照权利实体之教练员、校长、权利人、股东、经理或董事，就驾驶教学业务之执行过程中所为之一项或若干项义务之违反，不论其为一般或特别义务，如得导致有关准照或执照被取消或效力被中止者，均为专案调查程序之对象，《澳门公共行政工作人员通则》规定之纪律制度，经必要配合后适用于本专案调查程序。

二、上款所指之程序系由澳门市政厅提起，当违法行为属刑事性质时，应直接将其送交检察院。

三、*

四、当被定为违反本章之事实亦被视为刑事违法行为时，且刑事程序之时效期间为五年以上者，刑事诉讼程序订定之期间，适用于专案调查程序。

五、第三款所指之期间之前，与该违法行为有关且能影响项目调查程序进行之一定预审行为已发生者，时效则由最后一项预审行为之实施日起计。

* 已废止-请查阅：第 3/2007 号法律

第一百零六条　（刑事诉讼程序中判罪之效力）

一、如在控告诉讼程序或轻刑诉讼程序中，驾驶学校执照权利实体之教练员、校长、权利人、股东、经理或董事为嫌犯时，进行诉讼之法院之办事处，应在有罪判决确定后五日内，透过在卷宗内所作之书录，将一份副本送交检察院，以便检察院将之送交澳门市政厅。

二、澳门市政厅应下令立即执行规定取消教练员或校长之准照又或驾驶学校执照之刑事裁判，或引致取消教练员或校长之准照又或驾驶学校执照之刑事裁判，如专案调查程序已提起，应将之归档。

第六节　驾　驶　教　学

第一百零七条　（类型）

一、驾驶教学包括下列类型：

a) 驾驶理论，包括交通规则及讯号以及驾驶员之一般培训；

b) 汽车机械学，包括车辆机械装置及各部件之运作；

c) 驾驶实习，包括驾驶员之行为及对通行中车辆之操纵。

二、驾驶理论及汽车机械学之教学仅得在驾驶学校之课室内进行。

三、上款规定之轻微违反，处罚款澳门币 1 000 至 5 000 元，本项罚款得分别科处有关驾驶学校之教练员及校长。

四、得在公共道路或在驾驶学校场地进行驾驶实习教学，并仅得对学习驾驶执照权利人之学习驾驶员为之，学习驾驶执照系在通过理论测验后批给。

五、上款规定之轻微违反，处罚款澳门币 1 000 至 5 000 元，本项罚款得分别科处学习驾驶员、教练员及驾驶学校之校长。

六、实习教学时，教练员应直接指导学习驾驶员，违者处罚款澳门币 1 000 至 5 000 元。

七、在用作驾驶教学之轻型汽车内，学习驾驶员在参与驾驶实习课期间强制性使用安全带。

八、上款规定之轻微违反，得分别对学习驾驶员及教练员处罚款澳门币 250 至 1 250 元。

第一百零七-A 条 *,** （学习驾驶准照）

一、民政总署有职权向已通过驾驶考试之理论测验，且开始驾驶实习之驾驶执照投考人发出学习驾驶准照。

二、上款所指学习驾驶准照的有效期至进行实习测验之日止。***

三、禁止学习驾驶员在学习暨考试中心及依法获许可之公共道路以外地方驾驶。

四、民政总署亦可向第 3/2007 号法律第八十条第一款（四）项所指特别驾驶考试之投考人发出学习驾驶准照，并按订定该项考试之行政长官批示所定之条件发出有关准照。

*附加-请查阅：第 114/99/M 号法令
* *已更改-请查阅：第 15/2007 号行政法规
* * *已更改-请查阅：第 24/2016 号行政法规

第一百零八条 （大纲）

一、驾驶教学之进行受澳门市政厅订定之大纲约束。

二、学习驾驶员之培训包括参与为获取资格之相应课程。

三、教学大纲之工作，应在澳门市政厅订定之表内所载之最少及最多上课节数间完成。

四、为获取多于一个车辆级别驾驶资格之学习驾驶员，必须参与上款所指之表中所订定为每一级别而设之驾驶实习课。

五、当驾驶员投考人无驾驶轻型汽车之资格时，重型货车投考人首五节驾驶实习课得在轻型汽车上进行。

六、澳门市政厅得修改强制上课之节数。

七、未完全执行教学大纲者，处罚款澳门币 500 至 2 500 元，本项罚款得科处学校校长。

第一百零九条 （驾驶考试之建议）

驾驶考试之建议仅得对已登录于建议实体之学习驾驶员为之，该学习驾驶员须已在该实体接受或完成强制性之课节。

第一百一十条 （以模拟装置授课）

轻型汽车及重型货车类别之驾驶实习课，得以型号经澳门市政厅核准之模拟装置为之，任何情况下，为获得任何车辆级别驾驶资格之投考人，须在公共道路进行不少于二十节该级别之驾驶实习课。

第一百一十一条　（学习驾驶员之登录）

一、学习驾驶员在驾驶学校之登录手续，应在有关课程开始授课前办理，登录手续应包括表之开立及登录簿之填写。

二、澳门市政厅有权限订定注册取消之方式及程序、其失效以及效力。

三、第一款规定之轻微违反，处罚款澳门币 500 至 2 500 元，本项罚款得科处学校校长。

第一百一十二条　（学习驾驶员之转校）

一、为计算强制性上课节数之目的，学习驾驶员从一驾驶学校转换至另一驾驶学校并不导致丧失已参加之节数，唯该等课节系在最近六个月内进行，且学习驾驶员须将有关表之副本递交予新学校。

二、驾驶学校校长应在学习驾驶员声明转换学校之有关要求后两个工作日内，发出该学习驾驶员表之副本。

三、上款规定之轻微违反，处罚款澳门币 500 至 2 500 元。

第一百一十三条　（上课声明书）

一、已全部参与强制性课节且被认为合乎参加驾驶考试资格之学习驾驶员，应获发给经学校校长签署之上课声明书。

二、澳门市政厅有权限订定上课声明书之组档及归档之方式以及有关之式样。

三、声明书所载之资料为虚假者，处罚款澳门币 1 000 至 5 000 元。本项罚款得科处学习驾驶员或学校校长，但不妨碍因虚假声明而提起之刑事程序。

第一百一十四条　（例外）

一、本节之规定不适用于：
a) 本规章第七十四条第七款 a 项规定之驾驶考试；
b) 根据《道路法典》第五十二条所规定之驾驶考试；
c) 外国驾驶执照权利人之驾驶考试，其执照之失效期须少于两年，唯不论该执照曾否使之有资格在澳门驾驶；
d) 持军方驾驶执照之投考人之驾驶考试，倘未以该执照申请换取驾驶证。

二、上款 c 项规定之例外情况，仅适用于申请其外国驾驶执照所载之一个或数个车辆级别之驾驶考试。

第五章 机构及其职责

第一百一十五条＊ （一般规定）

一、下列为本规章的执行机构：

a）交通高等委员会；

b）交通事务局；

c）治安警察局。

二、交通高等委员会由下列成员组成：＊

a）＊＊

b）交通事务局局长，由其担任主席；＊

c）治安警察局局长；

d）港务局局长；

e）交通事务局交通管理厅厅长；

f）土地工务运输局的一名代表；

g）民政总署的一名代表。

三、交通高等委员会总部设于交通事务局。

四、交通高等委员会的秘书职务，由交通事务局局长指派该局的组织及资讯处的公务员或服务人员担任。

＊已更改-请查阅：第13/2008号行政法规，第7/2017号行政法规

＊＊已废止-请查阅：第7/2017号行政法规

第一百一十六条 （交通高等委员会之职责）

交通高等委员会之职责为：

a）监察对《道路法典》及其他关于交通法例规定之准确及严格之遵守；

b）解决《道路法典》及其他关于交通法例适用时可能引起之疑问；

c）向监督实体就其认为必须列入上述法典及其他关于交通法例内之修改作出建议；

d）就交通有关之任何事宜发表意见；

e）在特别记录中组织驾驶员之个人记录，并应按规章内订定之规定，在其内记录驾驶员因违反交通之法律或与驾驶有关之违法行为而被科处之制裁及保安处分。

第一百一十七条 （土地工务运输司之职责）

土地工务运输司之职责为：

a）在道路基础设施、通行及安全领域，以及运输发展系统领域担任统筹及规划之职务；

b）在本地区作交通方面之研究；

c）促进道路投资在技术及经济上可行性之研究；

d）通过发展方法论并订定一般原则，以促进能导致交通正确讯号化之研究；

e）作道路交通法之研究；

f）制定交通整治及控制计划；

g）促进造成交通事故原因及因素之研究；

h）协助统筹旨在预防事故及道路安全之行动；

i）关于集体、私人、出租、乘客及货物等陆上运输之研究；

j）制定收费系统之基础，并对不同类型道路运输之税捐系统发表意见；

l）以其专业研究之方式，在经营、设备及监察方面支持其他实体；

m）延续班车公共事业之特许政策、发给准照政策及有关经营制度政策，并促进交通分配于不同之运输系统；

n）组织特许专营之投承规则，并批给运输路线之准照；

o）促进地点选择之研究、订定各类公共运输总站之基本要件、确保有关设计之拟定、监管其建筑，并订定经营之各种典型制度；

p）拟定乘车庇荫处之典型设计并监管其建造；

q）规划及安排地区道路网；

r）保证作交通高等委员会之字处理并更新有关档案。

第一百一十八条 （澳门市政厅之职责）

一、澳门市政厅之职责为：

a）组织车辆及驾驶员之记录；

b）就关于车辆及工业机械检验及通行之申请作出决议，并发给检验折、通行准照及检验证明书；

c）就关于驾驶考试、驾驶教练员考试及驾驶学校校长考试之申请作出决议，并批给学习驾驶证；

d）举行驾驶员、教练员及驾驶学校校长投考人之考试，发给驾驶证、驾驶执照及教练或驾驶学校校长准照，进行驾驶证或执照之换领以及给予驾驶车辆之特别许可；

e）订定驾驶员、教练员及驾驶学校校长之培训及甄选方法；

f）由澳门市政厅提出或应利害关系人之申请检验所有车辆及工业机械、命令进行认为必要之特别检验，旨在使《道路法典》及本规章所定之技术及安全规定得以遵守；

g）批给驾驶学校准照并监察有关运作；

h）于登记折、执照及专有之注册记录簿内作所有权之取消及所有权更改之记录。

二、澳门市政厅以交通事务署之身份而获现行法例所赋予之所有职责属澳门市政厅之职责。

第一百一十九条　　（治安警察厅之职责）

治安警察厅之职责为：

a）监察对《道路法典》及其他关于交通法例之严格遵守；

b）组织在本地区发生交通事故之统计。

第六章　最后规定

第一百二十条　　（文书处理）

一、非强制性以表格呈交之申请及请求，应适当注明其日期并作签署。

二、不得在申请书、公函、通知或申述书中处理超过一个事项。

三、申请书、请求书或公函一经澳门市政厅或其他机关作有关收件登记后，即不得返还利害关系人，但得将上述文件或以其为对象之批示之证明发给利害关系人。

四、返还已递交作任何卷宗组成之文件，仅得以收据为之，文件内容之证明应存于卷宗内，应利害关系人申请得摘录该证明，费用由利害关系人支付。

五、关于驾驶证或登记折，其附注或替代之请求书应送交澳门市政厅，市政厅则征收应缴纳之费用。

六、请求书，包括驾驶考试之请求，因利害关系人之不作为而停止超过九十日者，得无须通知而被归档。

七、利害关系人为《道路法典》及有关规章规定之效力而递交之表格及有关式样，应由总督在《政府公报》公布之批示订定。

第一百二十一条　（责任）

一、**

二、**

三、**

四、本规章规定因车辆部件、器具、配件及仪器之欠缺而在规章所订定之罚款，同样适用于其不能运作，但得适当证明其不能运作系因偶然及不可预见之损坏者，则不在此限。

五、实施违反本规章之行政违法行为者，如未为有关行为订定相应之特别罚款，则科处罚款澳门币 300 元。*

* 已更改-请查阅：第 15/2007 号行政法规

** 已废止-请查阅：第 3/2007 号法律

  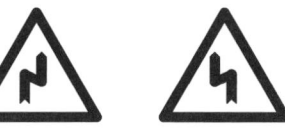 

| 1a) 向右转弯 | 1b) 向左转弯 | 1c) 先向右转后向左转弯 | 1d) 先向左转后向右转弯 | 2a) 十字交叉或T形交叉 |

| 2b) 有权先行 | 2c) T形交叉有权先行 | 2d) T形交叉有权先行 | 2e) T形交叉有权先行 | 2f) T形交叉有权先行 |

| 3a) 驼峰 | 3b) 洼穴 | 3c) 驼峰或沟渠 | 3d) 注意路缘低 | 4a) 注意儿童 |

| 4b) 注意行人 | 5a) 窄路 | 5d) 窄路 | 5c) 窄路 | 6a) 下陡坡 |

| 6b) 上陡坡 | 7a) 施工 | 7b) 碎石辗射 | 7c) 路面滑 | 7d) 注意落石 |

| 7e) 活动桥 | 7f) 前方为堤岸或悬崖 | 7g) 注意横风 | 7h) 注意交通灯讯号 | 7i) 环形交叉 |

图 1（A） 警告标志

道路交通规章

7j) 自行车出口　　7l) 注意动物　　7m) 航空跑道　　8a) 让先通过　　9a) 双向交通

10a) 其他危险　　11a) 有看管人铁道口　　11b) 无看管人铁道口　　11c) 有轨车辆

图1（B）　警告标志

12a) 禁止通行　　12b) 禁止驶入　　13a) 禁止右转　　13b) 禁止左转　　13c) 禁止掉头

14a) 禁止超车　　14b) 禁止重型汽车超车　　15a) 十字交叉路口或T形交叉路口前必须停车　　15b) 海关——必须停车　　15c) 其他情况必须停车

16a) 禁止泊车　　16b) 禁止停车　　16c) 单日禁止泊车　　16d) 双日禁止泊车　　16e) 有时间限制泊车区

图2（A）　禁止标志

17a) 禁止汽车及附旁卡重型摩托车通行　　17b) 禁止两轮重型摩托车通行　　17c) 禁止汽车及重型摩托车通行　　17d) 禁止汽车、重型摩托车及动物拖引车通行　　17e) 禁止货运机动车辆及动物拖引车辆通行

17f) 禁止行人、动物、轻型摩托车及脚踏车通行　　18a) 禁止高度超过……公尺之车辆通行　　18b) 禁止宽度超过……公尺之车辆通行　　18c) 禁止与前车距离小于……公尺通行　　18d) 禁止长度超过……公尺之车辆通行

18e) 禁止总重量超过……公吨之载重车辆通行　　18f) 禁止总重量超过……公吨之车辆通行　　18g) 禁止每车轴承重超过……公吨之车辆通行　　19a) 禁止时速超过……公里　　19b) 禁止鸣号

19c) 窄路让先　　20a) 禁止行人通行　　20b) 禁止货车通行　　20c) 禁止附两个或以上车轴之挂车之车辆通行　　20d) 禁止手推车通行

20e) 禁止农用机动车辆通行　　20f) 禁止动物拖引车辆通行　　20g) 禁止动物通行　　20h) 禁止脚踏车通行　　20i) 禁止轻型摩托车及有发动机脚踏车通行

图 2（B）　禁止标志

道路交通规章 | 179

21a) 禁止运输易燃易爆物品之车辆通行　21b) 禁止运输可污染水质之物品之车辆通行　21c) 禁止运输危险及受特殊讯号规定物品之车辆通行　22a) 许可泊车区　22b) 禁止泊车区

   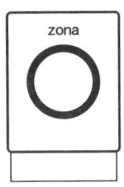 

22c) 禁止泊车区　22d) 禁止停车及泊车区　22e) 速度限制区　22f) 禁止通行区　23a) 速度限制终止

23b) 禁止鸣号终止　23c) 禁止停车或泊车终止　23d) 对行进中车辆以讯号所作之一禁止终止　23e) 禁止超车终止　23f) 禁止重型汽车超车终止

 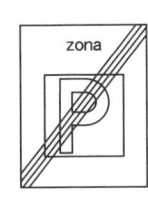  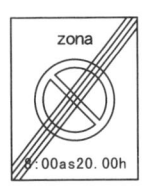 

23g) 有时间限制之泊车区终止　23h) 许可泊车区终止　23i) 禁止停车及泊车区终止　23j) 禁止停车及泊车区终止　23l) 速度限制区终止

图 2（C） 禁止标志

24a) 应遵方向　　24b) 应遵方向　　24c) 应遵方向　　24d) 可选择之应遵方向　　25a) 必须绕过安全岛或障碍物

25b) 环形应遵方向　　26a) 必须以超过……km/h之速度通行　　27a) 公共运输车辆专用道路　　27b) 脚踏车必须使用之路径　　27c) 骑马者必须使用之路径

27d) 行人必须使用之路　　27e) 应遵最低速度终止

图 3　应遵标志

28a) 许可泊车　　28b) 根据标志上之指示，许可某种车辆或公共机关或实体使用之车辆泊车　　29a) 医院　　30a) 无出口道路　　31a) 单向交通

图 4(A)　讯息标志

道路交通规章 | 181

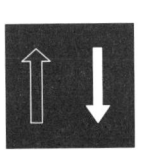    

32a) 窄路先行　　33a) 人行横道　　34a) 有优先权道路　　35a) 速度忠告　　36a) 公共运输车辆专用车道

36b) 公共运输车辆专用车道　　36c) 公共运输车辆专用车道　　36d) 公共运输车辆专用车道　　37a) 有优先权道路方向标志　　37b) 有优先权道路方向标志

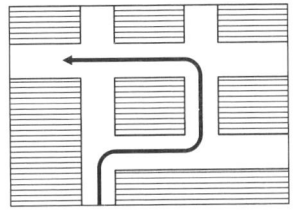    

38a) 路线忠告　　39a) 高速公路　　39b) 快速道路　　40a) 挂车营地　　40b) 餐厅

40c) 露营地　　40d) 电话　　40e) 燃料供应站　　40f) 工场　　40g) 救护站

40h) 酒店　　40i) 露营地及挂车营地　　40j) 青年旅舍　　40l) 咖啡室或小食店　　40m) 紧急电话

图 4(B)　讯息标志

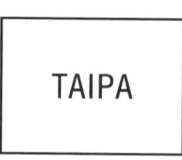  

41a) 城镇之识别 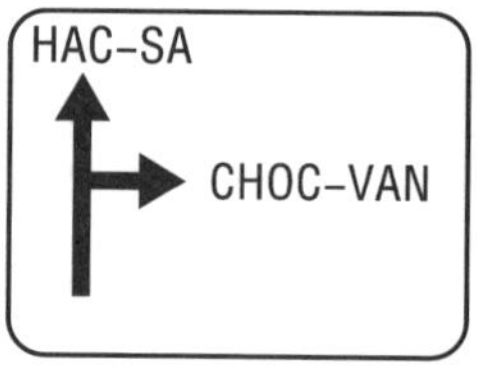　　42a) 方向预告　　43a) 紧急电话

43b) 城镇内方向箭头 　　43c) 城镇外方向箭头

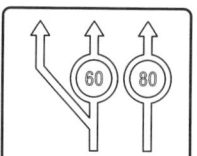  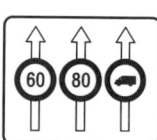

44a/e) 车道使用标志

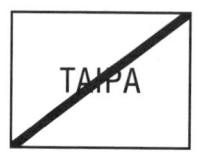    

45a/c) 车道使用标志

46a) 城镇终止　　46b) 右优先权道路终止　　46c) 速度忠告终止　　46d) 高速公路终止　　46e) 快速道路终止

图 4(C)　讯息标志

道路交通规章

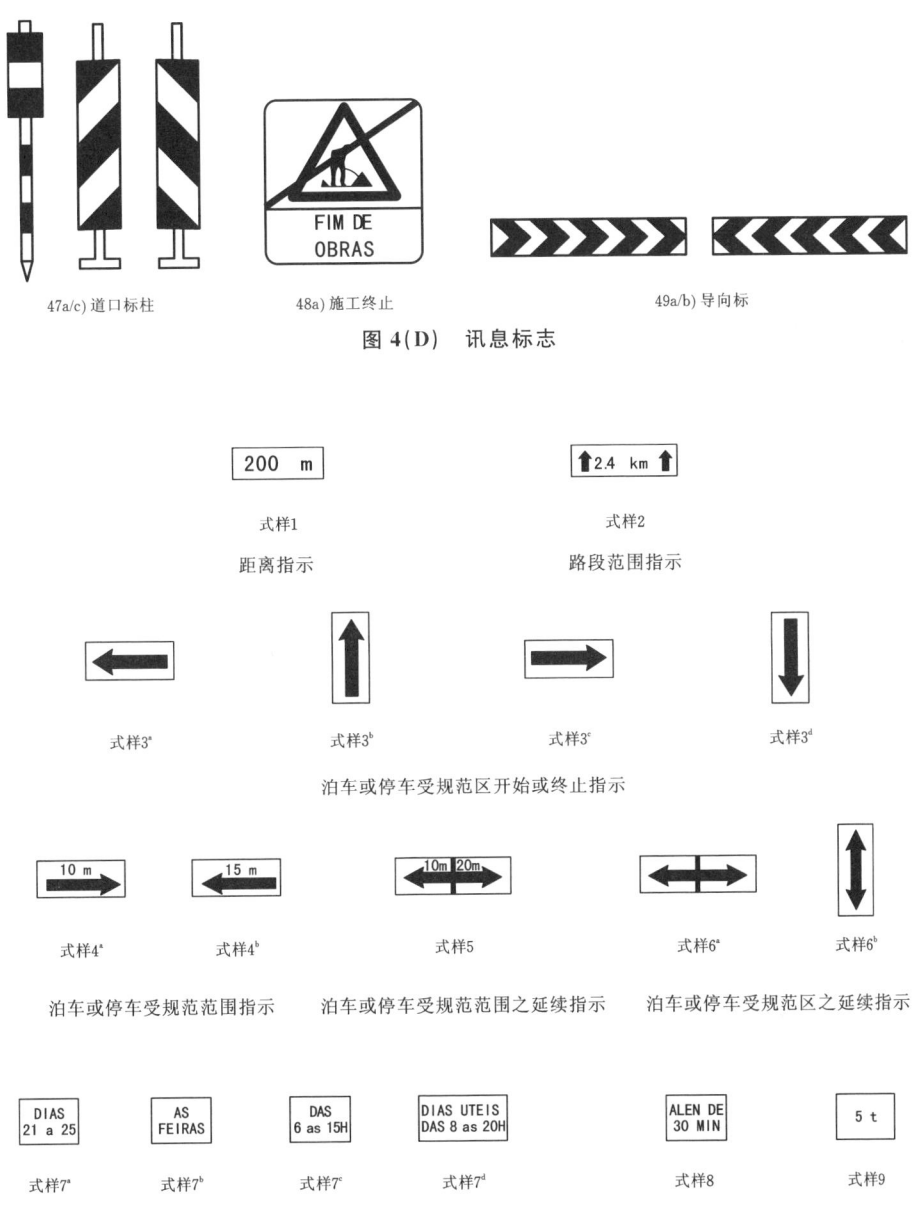

47a/c) 道口标柱　　　　48a) 施工终止　　　　　49a/b) 导向标

图 4(D)　讯息标志

式样1　　　　　　　　式样2
距离指示　　　　　　路段范围指示

式样3ª　　式样3ᵇ　　式样3ᶜ　　式样3ᵈ
泊车或停车受规范区开始或终止指示

式样4ª　　式样4ᵇ　　式样5　　式样6ª　　式样6ᵇ
泊车或停车受规范围指示　　泊车或停车受规范范围之延续指示　　泊车或停车受规范区之延续指示

式样7ª　　式样7ᵇ　　式样7ᶜ　　式样7ᵈ　　式样8　　式样9
周期性显示　　　　　　　　　　　　　时间指示　　重量指示

图 5(A)　标志之辅助标牌

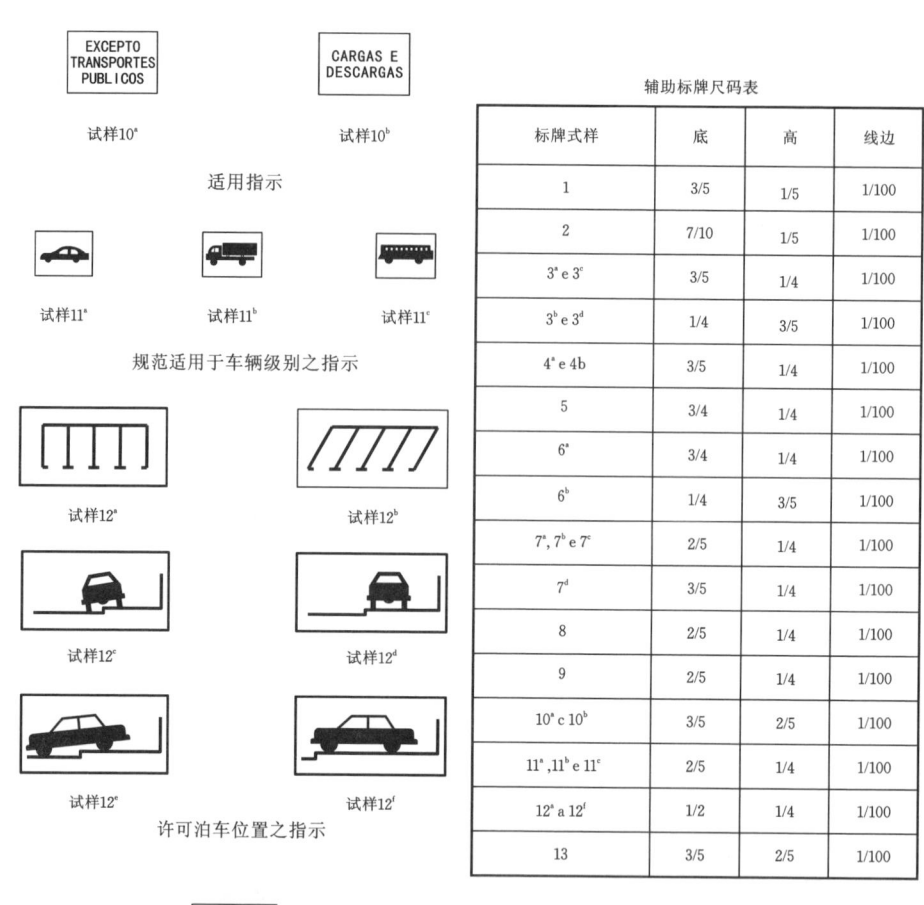

图 5(B) 标志之辅助标牌

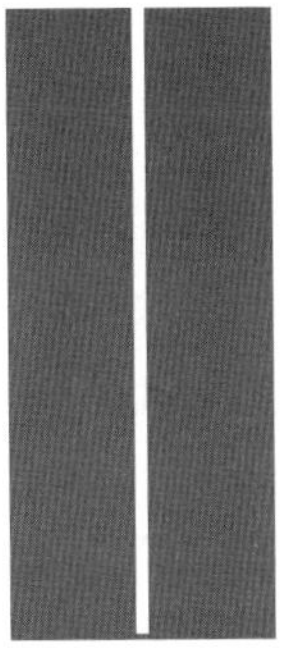

道路交通规章 | 185

M1 实线 　　M2 虚线 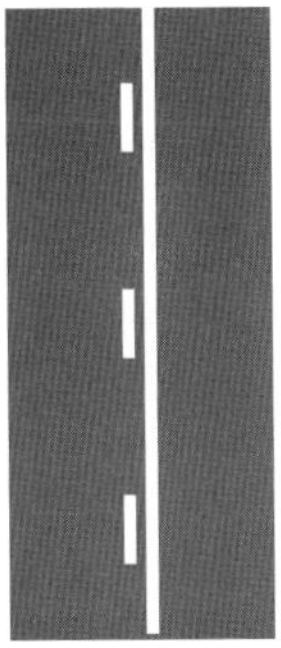　　M3 虚实线 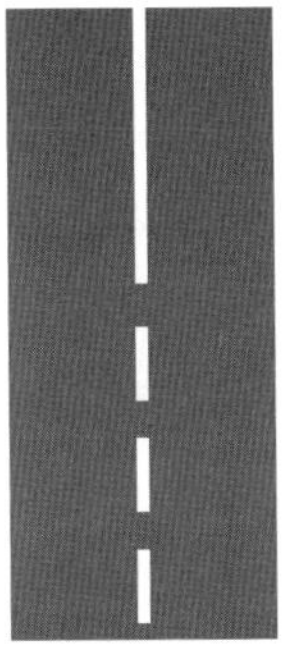　　M4 通告虚线 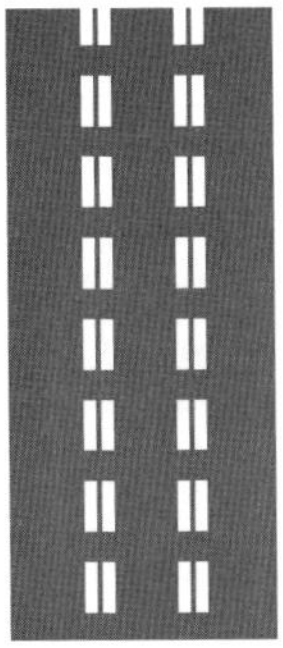　　M5 可逆方向线 　　M6 减速虚线

M6a 加速虚线 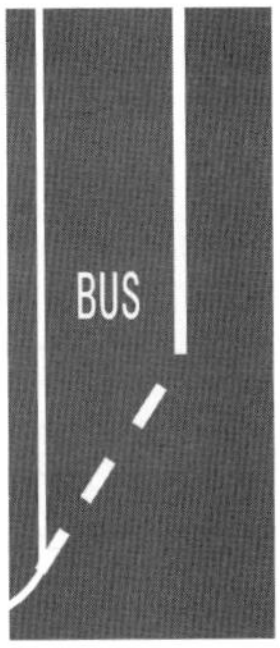　　M7 实线 　　M7a 虚线

界定专用车道之标线记

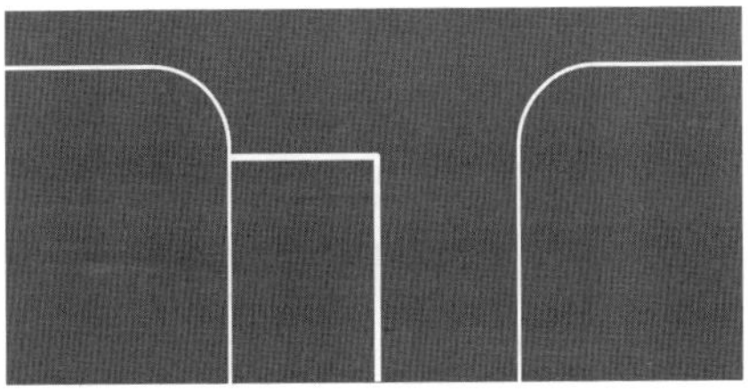

M8 停车线 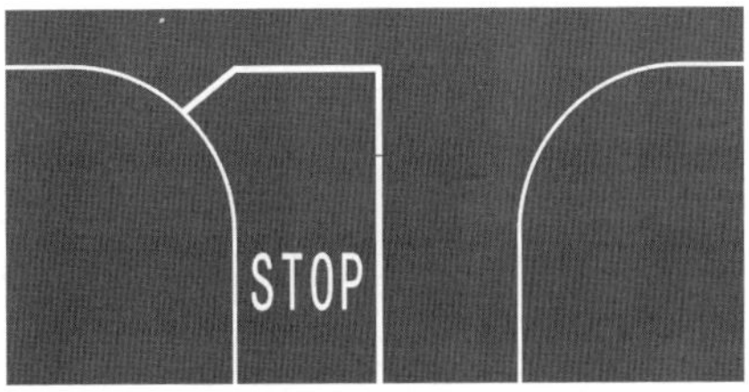　　M8a 附"STOP"符号之停车线

横向标记

图 6(A)　纵向标记

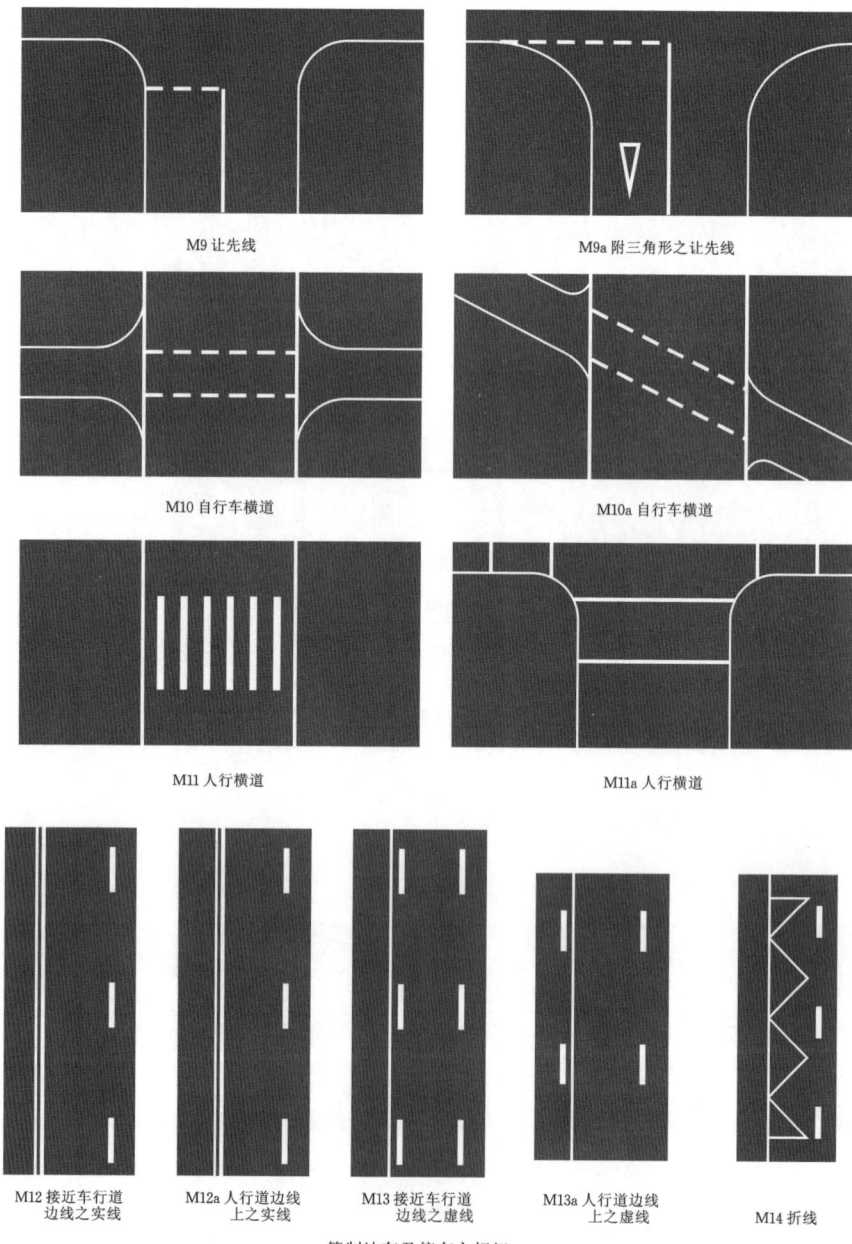

图 6(B) 纵向标记

道路交通规章

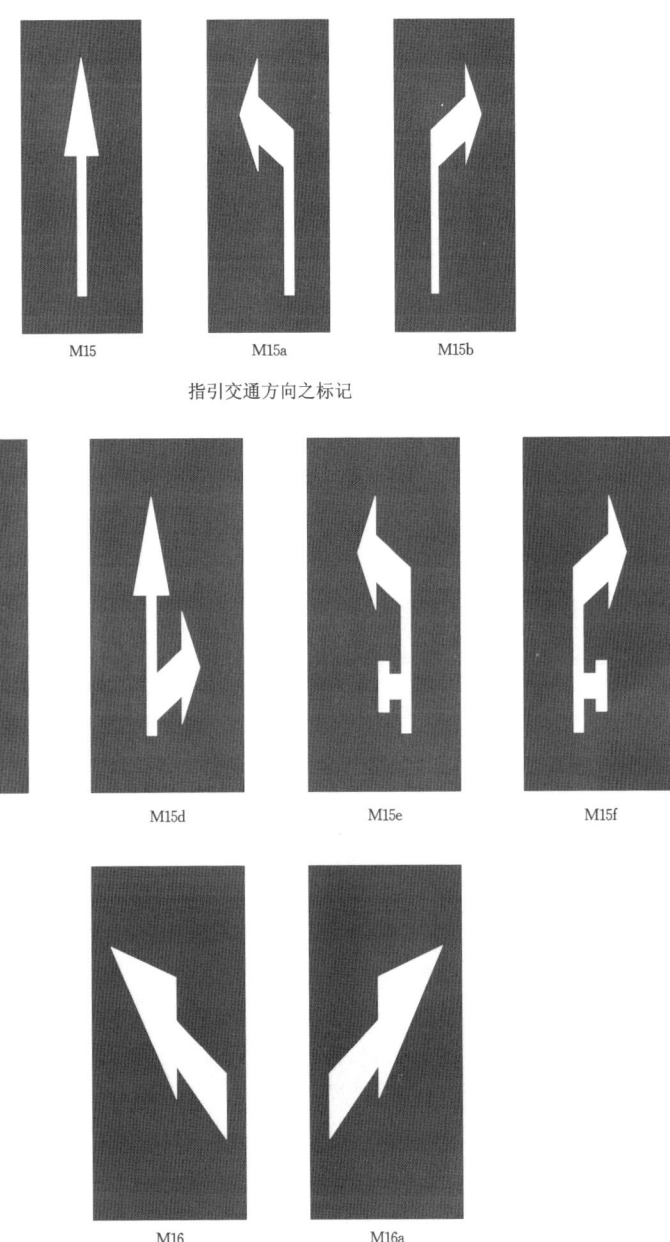

M15　　　M15a　　　M15b
指引交通方向之标记

M15c　　M15d　　M15e　　M15f

M16　　M16a
选择性箭头

图 6(C)　纵向标记

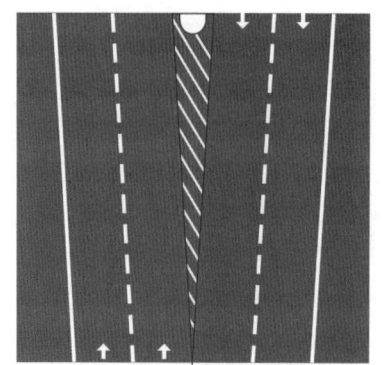

M17 以实线界定之导流线

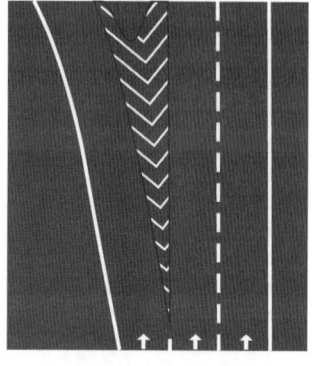

M17a 以实线界定之导流线

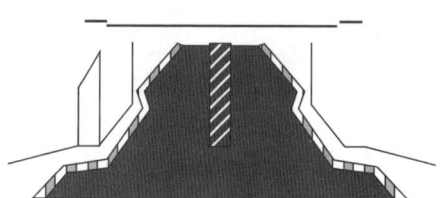

M18 毗邻车行道障碍物之标记

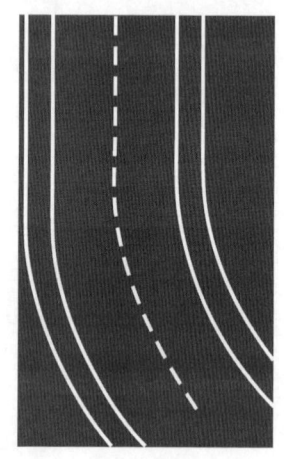

M19 导向线

M20 禁止在交汇处内停留

各种标记

图 6(D)　纵向标记

道路交通规章 | 189

前方交通停止　　　　　　后方交通停止　　　　　　前、后方交通停止

使交通前进之讯号

前方　　　　　　　　　　右方　　　　　　　　　　左方

使交通前进之讯号

图 7　执法人员之交通指挥讯号

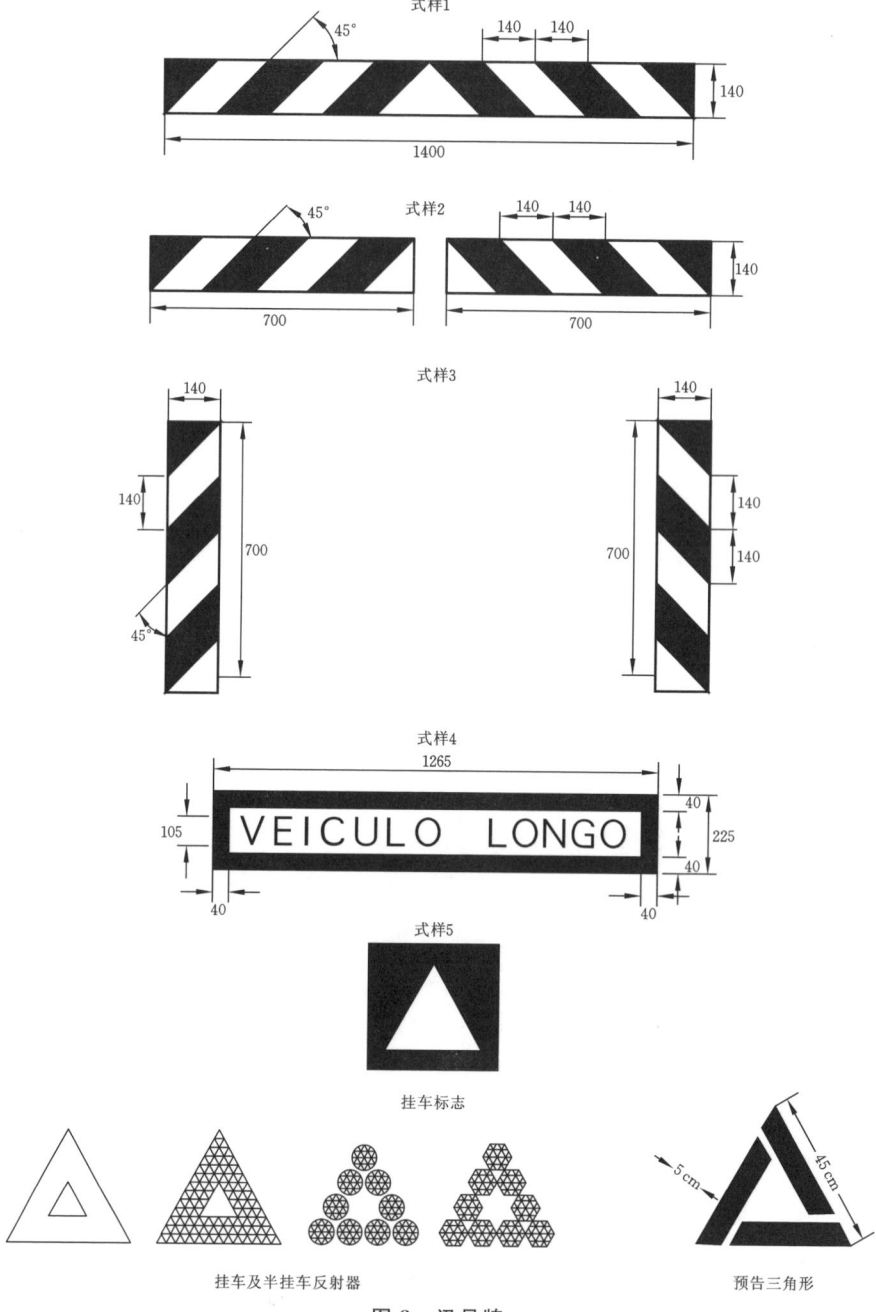

图 8 讯号牌

露营地　　　　旅舍或旅店　　　　纪念物　　　　　海滩　　　　　重要观景点

图 9　旅游点符号

  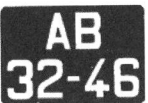 

图 10

图 11

图 12

第 24/93/M 号法令

一九九三年五月二十四日

确定在刑事诉讼程序内所扣押之车辆，被宣告归本地区所有，或遗弃之车辆

十二月二十七日第 157/GM/91 号批示所设立之改善澳门泊车情况工作小组，已全力探究造成澳门泊车情况混乱之各种原因。

上述小组所作之提议，其中一项在于修正对所扣押、宣告归本地区所有或遗弃之车辆之法律处理方式，从而使处置上述车辆之程序加速进行，尽管加速有限，总能改善目前道路交通挤塞之情况。

基于此；

经听取咨询会意见后；

护理总督根据《澳门组织章程》第十三条第一款之规定，命令制定在澳门地区具有法律效力之条文如下：

第一条　（适用范围）

本法规适用于：
a) 在刑事诉讼程序内所扣押，而可能宣告归本地区所有之车辆；
b) 宣告确定归本地区所有之车辆；
c) 视为遗弃并由本地区透过先占而取得之车辆。

第二条　（在刑事诉讼程序内所扣押之车辆）

一、在刑事诉讼程序内，可能宣告归本地区所有之车辆，扣押逾九十日时，检察院应使车辆接受检查及评估，可能时得使用拍摄工具为之。而在具管辖权之法官作批示后，将车辆特征，尤其是商标、型号、注册、评估价值，以及其所在地点，告知财政司（葡文简称 DSF）。

二、告知作出后，为发生本法规第六条至第九条规定之效力，财政司根据该等规定暂时处置有关车辆。

第三条　（对车辆可能归本地区所有之临时裁判）

一、如刑事诉讼程序之卷宗载有车主或车辆正当占有人之身份资料，则该等人士应获通知车辆已交财政司处置，并获通知得申请具管辖权之法官以批示临时宣告车辆不能归本地区所有。

二、如上述法官临时裁判车辆不能归本地区所有，且该法官在预审程序无须扣押该车辆时，即命令将该车辆之占有返还予车主或正当占有人，而上述裁判应告知财政司，但不妨碍法院或调查实体要求时，提交该车辆。

第四条　（确定归本地区所有）

一、车辆被宣告确定归本地区所有者，一概交财政司处置。

二、如确定裁判宣告任何车辆——包括临时交予财政司处置之车辆——确定归本地区所有，则检察院应将该裁判之证明送交财政司。

第五条　（本地区之先占）

一、车辆按照法律视为遗弃且由本地区透过先占而取得者，交予财政司处置，而负责监管有关程序之实体，应根据第二条第一款规定将该车辆特征向有关当局告知。

二、车辆之遗弃由总督以批示宣告，而该批示系本地区先占之取得凭证。

第六条　（财政司对车辆之检查）

一、财政司在接获以上各条所指之告知后，应命令车辆接受检查；检查由两名专业技术员为之，一名由政府船坞指派，一名由澳门市政厅指派。

二、财政司在审查技术员意见书后，应在十五日内，向监管有关程序之实体告知，车辆是否具备条件获纳入属本地区所有之车队。

三、如车辆具备条件，财政司得在检查后，立即采取保存车辆之必要措施，包括得要求澳门市政厅将车辆移往适当地点，并将事实告知监管有关程序之实体。

四、车辆之养护由政府船坞为之，而政府船坞得求助于第三人服务。

第七条　（扣押车辆之接收）

一、在上条第三款所规定之情况下，财政司作接收车辆之笔录，详细列明车辆之保存状况，包括机械方面，可能时，以拍摄工具为之。

二、为接收而作之车辆检查，在上条第二款所指之告知后起计二十日内，由一名系政府船坞所指派、一名系澳门市政厅所指派之专业技术员为之，并由财政司发出接收笔录之副本，以便并入有关卷宗内。

第八条　（车辆之维修及使用）

一、完成上条所指之检查及接收笔录后，有关车辆按照由总督批示所订定之条件得接受正常使用时所需之维修，并得停泊于属本地区所有之停车场。

二、本地区对上述车辆得进行使用收益，并须承担善意占有人之责任。

三、应为每部车辆编制一卷宗，在卷宗内注录车辆之任何改变、维修及为车辆而作之开支。

第九条　（无利于本地区车队之车辆）

一、有关车辆不符合属本地区所有之车队之条件时，则财政司使该车辆拆散，以存放于组件库内，或出售该车辆。

二、在进行上款所指之出售前，应在一份葡文报章，一份中文报章刊登公告，而出售所得经减除看管、保存、搬移及出售等方面之开支后，余者归本地区所有。

三、刑事诉讼程序内所扣押之车辆，经财政司向监管有关程序之实体告知无利于属本地区所有之车队，且经该实体宣告系无须为有关程序之预审而扣押时，则以上两款之规定亦适用于该等车辆；而出售所得予以存放，由法院支配。

四、在上款所指之情况下，如与所扣押之车辆有关之法律规定获遵守，且车辆所有人提供等同车辆价值之担保，则车辆得交与其所有人保管，至有关程序之终局裁判。

第十条　（车辆之返还及损害赔偿）

一、如基于任何原因而命令返还所扣押、归本地区所有或因遗弃而归本地区所有之车辆，则应确定因本地区使用收益而引致之下降价值，并确定本地区在使用车辆期间所作之改善费。

二、为确定上述所指之下降价值，有关车辆应根据本法规第七条之规定，接受两名专业技术员检查。

三、可能有之抵销作出后，有关受害人获所确定之剩余债权之赔偿。

四、以上各款所指之确定，经财政司司长建议，由总督以批示认可。

五、如车辆已出售，应将出售所得交予受害人；倘有根据四月二十二日第

28/91/M 号法令第十条第一款之规定而作之损害赔偿，尚应将之加于出售所得。

六、如车辆已拆散，则受害人根据上款规定获损害赔偿。

七、在任何情况下，车辆所有人按现行收费表缴纳搬移费、停放费、罚款及与本地区使用车辆无关之其他负担。

八、本地区对上款所指之债权享有留置权。

第十一条 （法院所订定之损害赔偿）

一、车辆所有人或正当占有人根据上条规定获确定返还车辆，而不同意上条第四款所确定之损害赔偿时，得申请法院订定损害赔偿。

二、请求应在刑事诉讼内提起，并附合于该诉讼而进行。

三、申请人应在请求书内附随一切证据，而本地区得在十日内答辩。

四、法官得命令提出经鉴定之证据，而鉴定报告书应在十五日内提交。

五、本地区一方之鉴定人由财政司指派。

六、请求法院订定损害赔偿，并不妨碍收取根据上条第四款规定所确定之款项，亦不妨碍车辆之返还，但上条第七及第八款之规定仍须遵守。

七、民事简易诉讼程序之规则，补充适用于上述请求。

第十二条 （车辆之正常化）

车辆系应纳入属本地区所有之车队或出售者，如欠缺法律所要求之认别资料，则财政司应采取必需措施，使车辆符合规范。

第十三条 （过渡性规定）

在本法规第八条第一款所指之总督批示开始生效前，有关车辆之用途，经财政司建议后，由总督视每一情况而决定。

一九九三年五月十七日核准。

命令公布。

护理总督 李必禄

第 49/93/M 号法令

一九九三年九月十三日

核准汽车登记制度

有关汽车所有权登记之现行法例，系于六十年代制定，并载于一九六七年九月二十二日第 47952 号法令及 47953 号命令，以及五月二十一日第 24/83/M 号法令内，而有关法例已不适合现时之情况。

鉴于有必要将上述法规配合现况，现决定以新法规将之替代，并推行一较为配合本地区现况及有关部门发展速度之新登记体系，在新体系内，较为重大之革新系对登记行为之简化及有关程序之信息化，旨在加强与作为服务对象之群体之联系。

同时，透过简化计算方法及调整为作出登记行为需付之手续费金额，对手续费表作出修正。

基于此；

经听取咨询会意见后；

总督根据《澳门组织章程》第十三条第一款之规定，命令制定在澳门地区具有法律效力之条文如下：

第一条 （登记之目的）

一、汽车登记之主要目的系对有关所有人作认别，以及一般旨在公开对机动车辆之权利。

二、汽车登记系透过采用崭新之信息处理科技进行。

第二条 （登记之标的）

一、为登记之目的，机动车辆仅指《道路法典》界定为机动车辆，且获交通事务署给予注册之车辆。

二、具有临时注册之车辆，只可作为所有权登记之标的。

三、以机动车辆为标的之法律行为，除有相反之表示外，系包括存在于车辆中之后备配件及附加设备或对象，而不论其对车辆之运行是否必要。

第三条 （注册之取消）

一、交通事务署应将其对注册所作出之取消及恢复，知会有权限之登记局。

二、取消车辆之注册后所作出之登记无效。

三、交通事务署对注册所作出之取消，不妨碍曾对车辆生效之登记。

第四条 （机动车辆之抵押）

一、机动车辆得作为法定、司法或自愿抵押之标的。

二、有关不动产抵押之规定，适用于机动车辆之抵押，但本法规对此作出修改者，不在此限。

三、抵押之设定及解除，得以私文书之方式作出，且须具认证书或签名之当场认定。

第五条 （须作登记之事实）

一、下列者须作登记：

a) 所有权及用益权；

b) 在机动车辆转让合同内规定之所有权之保留及使用权；

c) 抵押权、抵押权之变更及抵押权之让与，以及有关登记之优先级之让与；

d) 已登记之权利或债权之移转，以及债权之质权、假扣押及查封；

e) 机动车辆之假扣押及查封，以及本法规规定之扣押；

f) 车辆之所有人、用益权人或使用人先前已登记之权利或负担之消灭或变更、其姓名或名称组成之更改，以及其常居所或住所之变更；

g) 其他在《民法典》内特别规定须作登记之法律事实。

二、对于所有权、用益权以及从中产生之权利之转移，均须作登记；而对于上款b项所指之保留或使用权，以及车辆之所有人、用益权人或使用人之姓名或名称、常居所或住所之变更，亦须作登记。

三、在必须登记而不作登记之情况下，有权限监察交通法律之执行之当局，应扣押车辆及有关文件，并将之送交登记局存放，直至完成登记为止。

第六条 （须作登记之诉讼及裁判）

下列者亦须作登记：

a) 以承认、变更或消灭上条所指权利为主要或次要目的之诉讼；

b) 以一项登记之再造、宣告登记无效、撤销登记或取消登记为主要或次要目的之诉讼；

c) 关于上两项所包括之诉讼经确定之终局裁判。

第七条 （登记之性质）

一、第五条及第六条列举之权利或事实，仅在应作出确定性质之登记时，方得作登记。

二、对查封、假扣押及诉讼，得作属性质之临时登记。

第八条 （禁止设定质权）

机动车辆不得作为质权之标的。

第九条 （有关登记凭证之强制性）

一、每一机动车辆均有一相应之所有权登记凭证。

二、*

* 已废止-请查阅：第3/2007号法律

第十条 （在凭证内注录之资料）

一、在所有权登记凭证内，应载有一切生效之登记，但属质权、假扣押或扣押之登记，不在此限。

二、在登记凭证内，亦须注录已登录之所有人、用益权人或使用人常居所或住所之变更。

三、登记局局长在知悉凭证内之注录不符合现况时，得通知其持有人在指定期限内向登记局呈交凭证，逾期受到违令罪所科处之处罚。

第十一条 （登记凭证之呈交）

一、须在登记凭证内注录之行为，或以消灭或变更已注录事实为标的之行为，在未呈交已发出之凭证时，不得登记。

二、债权人如欲申请法定或司法抵押之登记，而不具登记凭证时，得透过出示证明其债权之文件，向有权限之登记局局长作口头请求，使凭证之占有人获通知，将凭证在指定期限内送交登记局，逾期受上条第三款所指之告诫。

三、通知系以具收件回执之挂号信作出，其费用由利害关系人支付，或应利害关系人之请求，以登记局其他可行之途径作出。

四、如通知未能收到，或凭证不在指定期限内送交登记局，登记局局长得请求任何行政当局或警察当局扣押该凭证。

五、第三款之规定经必要配合后，通用于诉讼登记及有关终局裁判之登记。

第十二条　（登记凭证之换发）

对保存不善之登记凭证，应由有权限监察交通法律之执行之当局扣押，并送交登记局进行换发。

第十三条　（虚假声明罪）

一、为获得登记凭证之重新发出而提供虚假或不正确之声明者，须对因此而引致之损害负责，并受对虚假声明罪科处之处罚。

二、故意使用在上款所指情况下取得之重新发出之凭证者，负有相同之责任并对之科处相同之处罚。

第十四条　（扣押车辆之申请）

一、抵押债权到期而未获支付，或未履行引致所有权保留之债务，则有关登记之权利人得向法院申请扣押车辆及有关文件。

二、申请人应在请求书内陈述请求之理由，并指明所要求之措施，其签名应经公证员认定。

三、请求书由所援引之登记之证明及作为登记依据文件之证明，以及透过任何机械复制方法所取得之上述登记及文件之影印本或副本所组成。

第十五条　（车辆之扣押）

一、经证实登记及债权到期，或在保留所有权之情况下，证实取得人一方不履行合同，法官应命令立即扣押车辆。

二、如在扣押行为中未发现车辆之有关文件，应通知申请之相对人在指定期限内向法院呈交有关文件，逾期受对加重违令罪规定之处罚。

第十六条　（实施扣押之主体）

一、对车辆之扣押得直接由法院实施，或经法院要求，由行政当局或警察当局实施。

二、实施扣押之当局应将车辆停放于一车房，或其他合适之地方，以待法院之处置，并应委任保管人，以便作出事件笔录。

三、在扣押之笔录收入卷宗后，书记应无须经批示而发出证明，并将证明送交申请人，申请人应将之呈交登记局以便登记。

第十七条　（出售扣押之车辆）

一、债权人应自扣押日起十五日内，促使被扣押车辆之出售，出售系按是否有债权人之竞合而分别透过民事诉讼法所规范之执行程序或出售质物程序进行；保留所有权之登记之权利人，应在相同期限内提起解除转让合同之诉讼。

二、由证明有关登记之证明文件或同等文件组成之扣押程序，如不符合上款所指之程序及诉讼，则此等程序及诉讼不得进行。

三、如车辆已出售，或有关宣告解除具所有权保留之转让合同之裁判已确定，则由法院将扣押之文件送交车辆之取得人或诉讼之原告，以便其占有有关车辆，而不需作出任何行为或手续。

第十八条　（扣押之终止）

一、在下列情况下，扣押不再产生效力：

a) 申请人不在法定期限内提起诉讼，或已提起诉讼，但由于申请人在促使诉讼程序进行时之过失，致使程序停顿超过三十日；

b) 根据已确定之裁判，诉讼被确定为理由不成立，或对被告之起诉不予受理；

c) 申请之相对人证明已支付债务，或已履行具所有权之保留之转让合同所规定之债务。

二、在上款 a 项及 b 项所指之情况下，终止扣押不需对申请人进行听证；在 c 项之情况下，仅在听取申请人后，且申请人未证实申请之相对人之言辞有不正确时，方得终止扣押。

三、终止扣押须知会登记局，以便依职权及免费作出适当附注。

第十九条　（无合理解释之扣押）

证实申请人作出行为时不具备正常谨慎，而使扣押被判定为无合理解释，或扣押已失效，则扣押之申请人须对其引致之损害负责。

第二十条　（扣押、查封及假扣押之后果）

一、车辆之扣押、查封及假扣押，将导致扣押有关文件。

二、扣押、查封及假扣押，将导致禁止有关车辆通行。

三、如车辆之通行为违反法定禁止者，保管人须受对加重违令罪科处之处罚。

四、第十五条之规定，适用于机动车辆之查封及假扣押。

五、为本地区或其他公共实体所作之有关查封及假扣押之登记，以及有关此等措施之终止之登记，不论其权利人为何人，应将该等登记知会登记局，以便依职权及免费作出适当附注。

第二十一条 （一九六八年一月一日前之法定抵押）

一九六八年一月一日前已作登记之机动车辆，其附期间之出售之法定抵押之一切效力均获承认。

第二十二条 （强制性通知及提供信息）

一、每月须将已登记之机动车辆之所有人、用益权人或使用人之姓名或名称、常居所或住所及车辆之注册通知交通事务署及治安警察厅交通部，通知得透过安装在有关部门之信息终端机作出。

二、许可司法警察司、治安警察厅及法院透过使用计算机终端机，直接查阅汽车登记所载之信息。

三、许可将汽车登记所载之信息知会其他公共或私人实体，但该等信息只限关于车辆之特征，而不涉及车辆之权利人。

第二十三条 （《汽车登记规章》之核准）

核准载于本法令附件一之《汽车登记规章》，该规章为本法令之组成部分。

第二十四条 （手续费）

对于在汽车登记局作出之行为，征收附件二所载之表内所指之手续费，但法律规定为免费或免除者，不在此限。

第二十五条 （补充法律）

物业登记之规定，经必要配合后，适用于汽车登记，但仅以为弥补汽车登记本身法规之漏洞而不可缺少，且以符合机动车辆之性质，以及本法规及有关规章之规定者为限。

第二十六条　（废止性规定）

废止：
a) 十二月三十一日第 82/90/M 号法令第七条及第八条；
b) 五月十四日第 24/83/M 号法令核准之汽车登记手续费表；
c) 一九六七年九月二十二日第 47952 号法令；
d) 一九六七年九月二十二日第 47953 号命令。

第二十七条　（开始生效）

本法规自公布三十日后开始生效。
一九九三年九月一日核准。
命令公布。

总督 韦奇立

附件一

汽车登记规章

第一章　文件资料基

第一节　汽车登记之组织

第一条　（资料基）

一、汽车登记系透过采用崭新之信息处理科技进行组织。

二、为作出登记行为或其他服务所需之文件，其呈交系透过在资料基记录下列资料作出：

a) 呈交之顺序编号及日期；

b) 呈交人之全名、商业名称或名称；

c) 透过载明注册编号及类别，对登记所涉及之车辆作出认别，而类别之认别得仅以有关名称之首字母作出；

d) 载明作为登记标的之权利或事实之种类；

e) 对申请人征收之手续费之预付金。*

三、登记此等资料后，应发出两份呈交之收条，其内载有上款所指之一切资料，一份交予呈交人，另一份则附于申请表及所呈交之其他文件内。

＊请查阅：更正

第二条　（车辆记录表之资料基）

由信息资料库代替机动车辆之记录表，其查阅得透过指明所登记之权利人姓名、注册编号或呈交日期为之。

第二节　档　案

第三条　（文件之归档）

一、作为登记行为或补发登记凭证之主要依据之申请表及文件，应按各类车辆相应注册编号之先后顺序及按有关呈交之先后顺序归档，以便易于查阅。

二、为取得证明或同类文件之申请表，以及在作出登记时仅具次要作用之文件，均应返还利害关系人。

第四条　（归档文件之代替）

一、应利害关系人口头请求，已归档之文件得以影印本或任何机械方法取得之副本所代替，并在影印本或副本上注录代替之日期。

二、透过上款所指方法或透过微缩胶片作出之文件代替，亦得依职权作出，在后一情况下，原件得被销毁。

第五条　（文件之销毁）

一、任何车辆之注册、有关车辆已归档之申请表及文件，经交通事务署取消后，均应予以销毁，但作为某项仍生效之登记依据者，不在此限。

二、除上款所指情况外，司法事务司得视情形，许可销毁归档超过二十年之申请表及文件。

第二章　一般登记行为

第一节　申　请　人

第六条　（代理）

一、由有关申请表或文件之签署人代理有关法人作登记之合规则性，在下列情况下均视为被证实：对拟作出登记之行为具有证明签名人有代理资格之公文书；或其签名经公证员认定，并在声明中指明签名人系法人之代理，且有权作出有关行为；或登记局局长或其助理个人知悉有关情况。

二、在申请表或声明上之以本地区、其他公法人或任何官方实体名义之签名人，如其签名经有关钢印认证，则推定为上列者之代理并有权作出有关行为。

三、本条第一款之规定，经必要配合后，适用于自然人之意定代理。

四、如登记之请求经律师或法律代办签名，则推定代理合规则性。

第七条　（免除法人正规设立之证明）

对登记服务之申请表或文件内涉及之法人，免除其正规设立之证明。

第二节 申　　请

第八条　（申请之要件）

一、登记行为之申请，系缮写于官方格式之印件上，并应载有下列资料：

a）申请人之全名、婚姻状况及常居所；如属法人，则为名称或商业名称及其住所并可载有获分配车辆之业务中心或分支之所在地；

b）所申请之登记及应构成登记标的之法律或事实之载明，以及详细列明有关之必要资料；

c）对登记所涉及车辆之认别，其系透过指明车辆之注册编号、商标、等级、种类、型号作出；

d）申请人及所申请行为之主动及被动主体之身份证明文件编号；

e）申请人之签名须由公证员认定，或申请人属官方实体且以此资格签名时，须经钢印认证。*

二、如所申请之登记属所有权登记，申请表上应载明登记折内已指明之车辆特征。

三、对于以口头买卖合约为依据之所有权登记之申请，应附有出售声明，该声明由出售者签名，并经公证认定。

四、如属共有权之登记，应指明有关份额之数目。

五、如属抵押权登记，申请表应载有投保金额之总额。

六、如登记所涉及之车辆属未分割遗产中之一部分，应载明此情况。

七、如申请人未婚，应指明是否为成年人。

八、如对有关之申请无上级核准之格式之印件，申请得在法定规格之普通纸张上作出。

九、如一张印件不能容纳关于申请之登记行为之全部载明，不论登记行为之标的为何，载明得在另一张相同格式之印件上继续作出。

＊请查阅：更正

第九条　（形式之要件）

登记行为之申请表，应以清晰易读之方式填写，且不容许作订正或涂改。

第三节　登　记　凭　证

第十条　（凭证之发出）

在下列情况下发出汽车登记凭证：

a) 属进口或在澳门装配、制造或重新制造之车辆之第一次所有权之登记；
b) 交通事务署对尚未有凭证之车辆以新格式登记折替换旧登记折；
c) 属于上款所指情况之车辆之旧登记折交予登记局。

第十一条　（新凭证之发出）

一、不论作何种登记，必须出示登记凭证，但属假扣押或查封之登记者，不在此限。

二、任何登记一经作出，即发给新凭证，而旧凭证随即失效。

三、在新凭证内应注录最近之所有权登记，并保持其最新资料，且应载明以往之所有权登记之编号及现仍生效之其他种类之登记。

第十二条　（登记凭证之格式）

登记凭证须依经司法事务司司长核准之格式为之。

第十三条　（在凭证内注录之资料）

一、在登记凭证内应载有下列资料：
a) 登记日期及有关之顺序编号；
b) 按车辆之种类作出认别，并载明有关注册编号及商标；
c) 所有人、用益权人或使用人之全名、商业名称或名称，以及常居所或住所；
d) 如属共有制度，应指明有关份额之数目；
e) 以往之所有权登记编号；
f) 现仍生效之其他登记之载明，但属查封、假扣押或扣押者，不在此限。

二、如为附所有权保留之车辆移转，除上款所指资料外，应载明在何种事件发生时约定之保留随即受限制。

第十四条　（登记凭证之认证）

登记凭证系透过登记局之钢印作认证。

第十五条　（在另一凭证内继续注录）

在凭证内用于载明所有人、用益权人、使用人或用于载明注录之空格填满后，此等资料将在与凭证接续之另一凭证内继续注录，并在两份凭证上作出必要之转移备注。

第十六条　（替换破损之凭证）

对保存不善之登记凭证，应依职权或经利害关系人之口头申请，以新凭证替换之。

第十七条　（凭证之遗失或损毁）

一、如登记凭证遗失或损毁，仅得应所有人、用益权人、使用人或附保留之车辆取得人提出之申请且在当场认定签名情况下重新发出凭证。*

二、为上款规定之效力，申请人应在申请表内，声明承诺如寻获丢失之凭证即将之送交登记局，或声明其确实被损毁。

三、本地区、其他公共实体或任何官方机构之所有权登记凭证，如遗失或损毁，得依据经钢印认证之简单公函而被替换。

四、在重新发出新登记凭证时，应在新凭证之第一页及有关申请表内以"于……（以数字表示日期）重新发出凭证"之注记作出注录。

＊请查阅：更正

第十八条　（以呈交之收条代替凭证及登记折）

一、如在为作出登记行为而将凭证及登记折送交登记局之当日，登记局基于有依据之理由，而不可能将之返还，则根据第一条第三款之规定，发出有关呈交收条作为代替凭证及登记折之凭单。

二、上款所指收条之有效期为三十日。

第四节　文　件

第十九条　（用作所有权首次登记之文件）

一、进口车辆，在澳门装配、制造或重新制造之车辆，其所有权之首次登记系以有关官方格式之申请表，连同登记折及交通事务署为登记目的而发给之凭单为依据。

二、首次登记仅得对凭单上指明之自然人或法人作出。

第二十条　（用于所有权其他登记之文件）

一、对于以口头买卖合同取得之所有权之嗣后登记，系根据买受人以专有格式印件提出之申请，及出售者在该印件上确认有关事实之后作出。

二、凡以与上款所指事实不同者为基础之所有权登记，应以下列文件中之任一项作为依据：

a）须承认、取得或分割车辆所有权之法律事实之任何证明文件；

b）在民事或刑事程序中作出并已确定之司法裁判之证明，以明示或暗示方式承认作为登记之权利人对车辆之所有权；

c）在透过继承而取得财产之情况下，从继承及赠予税结算程序之卷宗中摘录之证明，其中应载有包括列入有关财产目录内之车辆，所有利害关系人及享有一半财产之配偶之姓名，以及无强制财产清册之声明。

三、在财产分割中为所有利害关系人，包括享有一半财产之配偶所作之共同登记中，或在应任一名有关利害关系人之申请，为一名或数名利害关系人所作之登记中，上款 c 项所指之证明足以作为登记之依据之件。

第二十一条　　（同意之书证之欠缺）

对于未成年人买卖之车辆，即使欠缺其法定代理人同意之书证，亦不妨碍对有关车辆之所有权进行登记，但须有另一订立合同人在所呈交之申请表内声明，即使在此情况下，仍要求作出登记。

第二十二条　　（用于自愿抵押登记之文件）

自愿抵押之登记，系以有关合同之证明文件为依据。

第二十三条　　（用于消灭登记之文件）

一、对以往已作登记之任何权利或行为之消灭作登记，系根据关于要作登记之事实之证明文件作出。

二、如登记属抵押或所有权之保留，且申请人系抵押权人或转让人，则免除呈交文件。

第二十四条　　（用于登记名称、居所或住所变更之文件）

一、车辆之所有人、用益权人或使用人之姓名或名称，其组成之更改，或常居所或住所之变更，系根据利害关系人在官方格式印件上所作之通知作出登记，如属姓名或名称之更改，尚须附同证明文件。

二、在所有权、用益权或使用权实体组织范围内，车辆分配之变更，等同于居所之变更。

第二十五条　（签名之认定）

一、在作为登记依据之私文书上之签名，应接受公证认定。*

二、属本地区、其他公法人或任何官方实体发出之文件，其上之签名应经有关钢印认证。

* 请查阅：更正

第三章　各种登记行为

第一节　呈　交

第二十六条　（事先呈交）

如不能出示已发出之呈交收条，则不得对任何有关机动车辆之权利或事实作登记。

第二十七条　（事先检查）

一、已送交予登记局之申请表及文件，经适当检查及证实可受理所申请之事宜后，方得发出呈交之收条。

二、如申请表及文件系亲自送交，事先检查应随即进行，并在可能之情况下，在持有人在场时作出。

第二十八条　（呈交之收条）

一、事先检查结束后，如所申请之登记符合作登记之条件，应根据第一条第二款及第三款发出两份呈交之收条。

二、如在同一申请中，申请作登记行为多于一项者，发出之呈交之收条应与需要作登记行为之数目相同。

三、在发出呈交收条后方知登记为不可受理时，呈交之收条之发出不妨碍不予作出登记。

第二十九条　（预付金）

在呈交行为中应向呈交人征收与所申请之登记相应之手续费及其他负担，作为预付金。

第三十条　（呈交收条之资料）

一、呈交之收条载有第一条第二款所指之资料。

二、对呈交所作出之编号应每日重编。

三、如登记之权利人为多个，应指明在申请表上列于首位之姓名，商业名称或名称，随之写上"及其他"字句。

第二节　登　记

第三十一条　（应作出申请之期间）

一、所有权登记之申请，应在登记局收到第十九条所指凭单之日或取得车辆之日起计三十日之期间内作出，并应符合登记之有关条件。

二、因继承而取得之所有权之情况，不受上款规定之限，其登记应由财产目录收入有关税项结算卷宗日起计三十日之期间内作出，如属司法上之财产清册之情况，则在此财产清册程序终了之日起计三十日之期间内作出。

三、如为实行登记而必须具备任何公文书，有关期间将从要求该公文书之日开始中断，直至其发出日，此期间推定为八日，但有相反之证明除外。

四、上数款之规定，经必要配合后，适用于用益权及保留所有权之登记，以及机动车辆转让合同中规定之使用权之登记。

第三十二条　（登记之顺序及内容）

一、登记系按照相应之呈交顺序作出，而权利人及所登记之权利或事实之内容，则由呈交及作为登记基础之申请表及文件所决定。

二、登记顺序编号及登记日期，为一切效力，系指呈交之编号及日期，而呈交为登记之组成部分。

第三十三条　（登记标的之单位）

每一登记行为仅以一车辆为对象。

第三十四条　（如何作出登记）

一、权利之登记或与之有关事实之登记，系透过存入资料基为之。

二、登记局局长对申请表及文件作出分析后，在申请表上作出批示，如登记为可行，则根据第十三条及第十四条发出登记凭证。

三、当申请人将其持有之一份呈交之收条返还时，应将凭证交予申请人，凭证之存根须附于应归档于登记局之文件。

第三十五条 （保留所有权之登记）

在机动车辆转让合同内规定之所有权之保留，为专有登记之标的。

第三十六条 （已取消之注册之恢复或续期）

一、对以往取消之注册作恢复或续期，在车辆之所有人有变更之情况下，将引致所有权之新登记。

二、在上款所指情况下车辆之所有权登记，相等于最初之登记。

第四章 登记之文告

第三十七条 （文告之发出）

一、在必要收取或退还任何预付金金额，应发出一登记文告，该登记文告经公务员简签后，应连同登记凭证一并交予申请人。

二、如登记行为之标的为查封或假扣押，且由于车辆以不同于被执行人或假扣押之相对人之人名作登记，而该登记行为为临时性质者，应发出一登记文告，其中应载有有关登记之权利人之姓名及居所。

第五章 不予登记

第三十八条 （不予登记之特别情况）

在组成登记行为应具备之申请表及文件上，如填写或打印不清楚且不符合本法规其他条件，或税务负担未支付或未获保障之情况下，则不予作出所申请之登记行为。

第三十九条 （不予登记之批示）

一、不予登记之批示由登记局局长以书面作出，其内应详细列明不予登记之原因。

二、批示应存入资料基；在登记局局长使批示有效后，应将批示之一份副本给予利害关系人，以便其得提出诉愿或司法上诉。

第四十条 *

* 已废止-请查阅：第 56/99/M 号法令

第六章　登记之公布方式

第一节　证明及同类文件

第四十一条　（申请之正当性）

任何人得取得登记行为及归档文件之证明、影印本或副本。

第四十二条　（证明一应作为基础之资料）

登记行为之证明系以在资料基之记录及相应之归档文件为基础。

第四十三条　（证明及文件之影印本或副本）

一、应利害关系人之请求，对申请表及归档文件，不仅得以信息方式发出证明，还得以任何方式提取影印本或副本。
二、以信息方式发出之证明仅以登记局钢印作认证。
三、影印本或副本应指明其系符合原件。

第四十四条　（预付金）

一、呈交为发出证明或同类文件之申请表时，如非获免除，应以预付金方式缴付与相应负担相等之金额。
二、不附有预付金之请求不得被接纳。

第二节　信　　息

第四十五条　（所指供之信息）

一、如登记局得利用存在其内之资料向外提供信息，应免费向当局及公共机关提供对其要求之有关登记行为之信息。
二、如私人以口头或邮递方式作出请求，登记局给予之信息仅得以书面作出。
三、以邮递方式作出之信息请求，如不附有应付之手续费及回邮费用，则不被接纳。

第三节　强制性通知

第四十六条　（须通知之登记）

一、应每月向交通事务署及治安警察厅交通部通知有关机动车辆之所有权、用益权或使用权之登记，以及有关所有人、用益权人或使用人之姓名或名称之更改及居所或住所之变更之登记。

二、每月之强制通知得透过采用崭新之信息处理科技作出。

第四十七条　（信息之查阅）

一、司法警察司、治安警察厅及法院，得透过使用计算机终端机直接查阅汽车登记内存有之信息。

二、许可将汽车登记所载之信息知会其他公共或私人实体，但该等信息只限关于汽车之特征，而不涉及车辆之权利人。

第七章　最后规定

第四十八条　（印件之格式）

本法规所指印件之格式及其修改系由司法事务司司长核准。

第四十九条　（印件之提供）

制作有关登记凭证、申请表、呈交之收条及登记文告等印件，系专属司法、登记暨公证公库之权限，而该等印件系由该公库向登记局提供。

第五十条　（预付金之超出）

作为以邮递方式要求服务之预付金而收取之金额，如超过有关负担，经核算之超出部分应退还予利害关系人，如不超过澳门币十元者，退还得以收银印花或邮票作出。

附件二

汽车登记手续费表

第一条	金额/澳门币
一、对下条规定以外之每项登记：	
a) 有关重型汽车	$200.00
b) 有关轻型汽车	$160.00
二、如必须之登记于登记期间后方提出申请，则上款所指款项应为2倍。	
第二条　对姓名、名称、居所或住所之每项更改登记	$60.00
第三条	
一、每份证明、经认证之影印本或附带证明另一事实之经认证影印本。	$40.00
二、发出代替破损、损毁或遗失之证件之每项凭证。	$60.00
第四条　以书面或非经证明之影印本发出有关下列事项之每项信息：	
a) 车辆登录之现所有人及对该车辆所设定之负担	$20.00
b) 前所有人	$30.00
第五条　为发出证实申请之登记已具备条件进行之证明而提前书写之每份单行拟本	$50.00
第六条	
一、即使有相似或更充分之理由，对有关手续费表之规定不容许作扩张解释。	
二、如不能确定应缴交一项或另一项手续费时，则征收较低一项手续费。	

第57/94/M号法令

一九九四年十一月二十八日

修正汽车民事责任之强制性保险制度

七月九日第7/83/M号法律在本地区设立汽车民事责任强制保险制度,其为一项对社会引起重大影响之措施。

根据上指法律之生效期中所得经验,应对该类保险之法律制度作修改,以进一步保障交通事故受害人之正当利益。

因此,除大幅度提高保险金额之最低限额外,亦将强制保险之保障范围扩展至免费乘客。同时,本法规亦与四月二十八日第16/93/M号法令核准之新《道路法典》之规定相配合。

基于此;

鉴于澳门货币暨汇兑监理署建议及经听取澳门保险公会意见后;

经听取咨询会意见后;

总督根据《澳门组织章程》第十三条之规定,命令制定在澳门地区具有法律效力之条文如下:

第一章 强制保险

第一条 (范围)

机动车辆及其挂车,须在被许可之保险人处设有在其使用过程中对第三人引致损害之民事责任保险后,方得在公共道路通行。

第二条 (有义务投保者)

一、车辆之所有人有投保之义务,但在行使用益权、保留所有权之出卖、融资租赁制度及由车辆转让合同订定其使用权之情况下,投保之义务则由车辆之用益权人、保留所有权之取得人、承租人或使用人承担。

二、如其他人士已对车辆投保,上款所指之义务在该保险之有效期内视为已履行。

三、车房之所有人,及其他经常从事车辆买卖、维修、拖车服务或监督车辆良好运作业务之人士或实体，亦有义务对在从事有关业务时使用车辆而引致之民事责任投保。

第三条　（责任受保障之人士）

一、保险保障车辆所有人、用益权人、保留所有权之取得人、承租人或使用人、正当持有人或驾驶员之民事责任。

二、保险之保障亦包括在故意造成之交通事故，及在抢劫、盗窃或窃用车辆时发生可归责于犯罪行为人之交通事故中，对第三人所受损失作弥补之义务。

三、在上款所指之情况下，保险不保障应由有关正犯、从犯、包庇人对车辆所有人、用益权人、保留所有权之取得人、承租人或使用人，以及对其他正犯、从犯或包庇人，或对虽知悉车辆为非正当占有而自愿乘搭之乘客履行之损害赔偿。

第四条　（除外责任）

一、保险之保障不包括对下列人士造成之任何损害：

a) 车辆驾驶员及保险单权利人；

b) 所有根据上条第一款之规定，尤其是因共有被保车辆而责任受保障之人士；

c) 上两项所指人士之配偶、直系血亲尊亲属、直系血亲卑亲属或其所收养者，及直至第三亲等之其他血亲或与其共同居住或由其供养之直至第三亲等之姻亲；

d) 在执行职务时发生交通事故且应对该事故负责任之法人或公司之法定代理人，以及替被保险人服务之雇员、散工及受托人；

e) 因与上数项所指人士有联系，而根据《民法典》之规定有权要求赔偿之人士。

二、保险之保障亦不包括下列之任何损害：

a) 对被保车辆本身造成之损害；

b) 在运送、上货或卸货过程中对被保车辆运输之财货造成之损害；

c) 因上货及卸货而对第三人造成之损害；

d) 违反《道路法典》有关运输之规定而运送乘客时，对其造成之损害；

e) 直接或间接由原子蜕变或聚变、人工粒子加速或放射现象所引致之爆炸、热能释放或辐射造成之损害；

f) 在体育比赛及与比赛有关之正式练习中造成之损害，但按本法规规定有特定保障者除外。

第五条 （体育比赛之保险）

一、每次机动车辆之体育比赛及与比赛有关之正式练习，须在机动车辆设有保险后方得进行，该保险保障主办者、车辆所有人、持有人及驾驶员因车辆造成事故而负之民事责任。

二、在不妨碍上条规定之情况下，上款所指保险之保障不包括对参与者、有关辅助组、参与者及辅助组所使用车辆造成之损害，及对主办实体、服务人员或任何协助者造成之损害。

第六条 （保险金额之最低限额）

一、汽车民事责任保险金额之最低限额载于成为本法规组成部分之附件一之表内。

二、如凭司法裁定，损害赔偿系以定期金形式支付，保险人赔偿之义务在实际价值上不超过保险金额之最低限额，该定期金应根据澳门货币暨汇兑监理署通告内为以分期缴付终身定期金之人寿保险所定之技术基础而确定。

第二章 保险合同

第七条 （强制保险合同之订立）

一、被许可经营"汽车"保险之保险人，仅得根据训令订定之统一保险单之规定及条件，订立保险合同。

二、透过适用保险合同内之相应特别条款，得由保险单持有人向第三人就物质损害作部分赔偿，而保险人任何时候均不得以此种保障之限制对抗受害人或其继承人。

三、当车辆因其特别特征，不属"汽车"保险费及条件表所定之类别，或发生该表内所定之非常灾祸时，澳门货币暨汇兑监理署有权限按个别情况规定保险合同之接受或续期条件。

第八条 （接受合同之特别条件）

一、当最少有三个保险人拒绝与要保人订立合同时，要保人得请求澳门货币暨汇兑监理署订定接受合同之特别条件。

二、在上款所指之情况下，由要保人选定或由澳门货币暨汇兑监理署指定之保险人，必须按该实体所定条件接受有关保险，否则将被中止经营"汽车"保险六个月至三年。

三、上款所指合同之经营结余，将根据澳门货币暨汇兑监理署确定该结余之方式及其分配标准之通告内所载之规定，分配给经营"汽车"保险之保险人。

四、按本条所定条件订立之合同，不得有保险中介人参与，且不具备给予任何种类之佣金之权利。

第九条 （保险费之缴付）

一、在收到保险人发出有关收据时，应缴付保险费。

二、被保险人仅在缴付保险费后，方获发民事责任保险卡或临时保险证明书。

三、在欠缴保险费时，保险人应通知保险单权利人保险将于以挂号信发出通知之日起三十日后失效。

四、在上款所指之期间内，保险人不应发出民事责任保险卡。

五、如在第三款所指期间过后，仍未缴清保险费，保险人将立即撤销合同，且不妨碍根据现行价目收取与所过期间相应之保险费之权利。

六、如被保险人曾欠缴前保险人之保险费，保险人得拒绝以其名义为车辆所作之投保。

第十条 （车辆之检验）

一、在订立合同及因替换车辆而修改合同时，应向保险人呈交证明已作《道路法典》所规定之定期检验之文件。

二、如不呈交上款所指之文件或未作应作之检验，保险人应将事实通知交通高等委员会。

第十一条 （车辆之转让）

一、保险合同之效力于车辆转让当日之二十四时终止，但在此时刻之前保险用于另一车辆者除外。

二、保险单权利人应在车辆转让后之二十四小时内尽快将车辆之转让通知保险人。

三、对上款所指之义务之不履行，将导致合同失效。

四、车辆转让之通知应连同民事责任保险卡或临时保险证明书发出。

五、在不遵守上款规定之情况下，保险人应将事实向监察实体举报，以扣押有关民事责任保险卡或临时保险证明书。

第十二条　（被保险人之死亡）

保险合同不因被保险人之死亡而被撤销，有关权利及义务将转移予其继承人。

第十三条　（抗辩之不可对抗性）

一、在不超过保险金额之最低限额之范围内，保险人不得以本法规未有规定或于保险单内未作有效规定之任何抗辩、无效、撤销或限制责任条款对抗受害人。

二、保险人以挂号信发出撤销合同通知之日起三十日后，合同失效。

第十四条　（重复保险）

如对同一车辆投有第二条所指之数份保险，为所有法律效力，适用该条第三款所指之保险；如未设有第三款所指之保险，则适用第二款所指者。

第十五条　（优先赔偿）

一、凡涉及本法规所指之保险合同，将优先对身体侵害赔偿保险金。

二、如有数名受害人享有损害赔偿权，而赔偿总额超过保险金额者，受害人对保险人之权利按比例减少至保险金额之总额，但不妨碍其他责任人负责赔偿超出保险金额之部分。

三、如保险人属善意且在不知悉有其他要求赔偿之情况下，对受害人缴付超出上款所指其应得之数额，保险人则无义务对其他受害人赔偿超出保险金额之余额。

第十六条　（保险人之求偿权）

保险人在缴付赔偿后，仅对下列者有求偿权：

a) 故意造成事故者；

b) 抢劫、盗窃、窃用车辆之正犯及从犯且以该车辆造成事故者；

c) 未具法定资格或在酒精、麻醉品、其他毒品或有毒产品之影响下驾驶者，或遗弃遇难人之驾驶员；

d) 对在货物运输过程中或因货物处理不当引致之跌落而对第三人造成之损害负民事责任者；

e) 有责任将车辆送往以作第十条所指之定期检验而未履行该义务者，但如其能证明灾祸非因车辆之运作不良所引致或加重者除外。

第十七条　（交通事故及工作意外）

一、如事故同时为交通事故及工作意外者，适用本法规之规定，并应考虑有关工作意外及职业病保险之特别法例之规定。

二、当意外得根据《公职法律制度》之规定定性为在职时意外，上款之规定经适当配合后适用之。

第三章　保险之证明文件

第十八条　（保险之证明）

一、符合作为本法规组成部分之附件二之式样之民事责任保险卡或临时保险证明书，构成投保之证明。

二、临时保险证明书为暂时代替民事责任保险卡之文件；临时保险证明书之发出，应在接受保险时或当已生效之保险合同作修改而须发出新保险卡时为之。

三、为刑法之效力，民事责任保险卡及临时保险证明书视为公文书。

第十九条　（保险卡及证明书内所载资料）

一、汽车民事责任保险卡或临时保险证明书必须载有下列资料：
a) 保险人之商业名称及标志；
b) 有关编号；
c) 被保险人之名称；
d) 保险单之编号，仅须在保险卡内载明；
e) 保险开始之日期及时间，以及保险到期之日，在临时保险证明书内，则应载明有关有效期；
f) 车辆之商标及注册编号；
g) 每起事故及每年之赔偿限额；
h) 注明根据现行法例之规定，保险合同之效力于车辆转让当日之二十四时终止。

二、由保险人发出以证明订立保险合同，且权利人为第二条第三款所指人士之民事责任保险卡或临时保险证明书，应载有上款所指之资料，但 f 项所规定者除外，而应以可设保险之车辆类别取而代之。

第二十条 （保险卡之交付期间及证明书之有效期间）

一、不得在下列期间过后向被保险人交付民事责任保险卡：

a) 在首次缴付保险费之情况下，发出临时保险证明书后六十日；

b) 在继续缴付保险费之情况下，保险到期后三十日，如因修改合同而须发出新民事责任保险卡，则从修改生效日起计三十日。

二、如临时保险证明书在接受保险时发出，则其有效期最多为发出后之六十日；当因修改保险而必须发出新民事责任保险卡，且须以临时保险证明书代替保险卡时，则证明书之有效期最多为其发出后之三十日。

第二十一条 （存档之义务）

保险人有义务将每月报表或最近十二个月内发出之民事责任保险卡及临时保险证明书之副本，以档案或磁盘记录保存。

第二十二条 （监督之方式）

一、当有权限之实体要求时，驾驶员或有义务投保之人士应出示有关保险之证明文件。

二、有权限实体在进行交通监督时，应要求出示法律规定驾驶及通行所需之文件，以及任何能证明订立保险合同之文件。

第四章 汽车保障基金

第二十三条 （性质及目的）

一、汽车保障基金（葡文缩写为FGA），为在汽车民事责任强制保险方面设立，且拥有行政、财政及财产自治权之公法人。

二、在下列情况下，汽车保障基金有权限对受强制保险约束之车辆造成事故而引致之死亡或身体侵害，作损害赔偿：

a) 不知悉责任人或不受有效或产生效力之保险保障；

b) 保险人被宣告破产。

三、在涉及汽车保障基金之权利及义务之行为及合同方面，汽车保障基金受私法管辖。

四、汽车保障基金在每起事故中之赔偿限额，系根据本法规附件一所载表订定之数额确定。

第二十四条　（不受保险保障之情况）

一、汽车保障基金不负责对涉及下列人士之死亡或身体侵害作赔偿：
a) 第四条第一款所指人士；
b) 在上条第二款 a 项之前提下，而被受强制保险约束之车辆运送之人士。

二、汽车保障基金亦不保障抢劫、盗窃或窃用车辆之正犯、从犯或包庇人以该车辆造成事故而引致之对其本身之人身损害，亦不保障虽知悉车辆为非正当占有而自愿乘搭之乘客之损害。

第二十五条　（代位及诉）

一、当汽车保障基金对受害人支付损害赔偿后，将为受害人权利之代位人，且有权享有法定迟延利息及就在赔偿之支付及征收过程中之开支获得偿还。

二、在保险人破产之情况下，汽车保障基金仅对保险人而言为受害人权利之代位人。

三、受害人得直接对汽车保障基金提起诉讼，汽车保障基金有权使强制投保人及共同责任人参与诉讼。

四、受强制保险约束之人士如未投保，得由汽车保障基金根据第一款之规定对其提起诉讼，如事故有其他责任人，上指人士有权就其所付之款项向其他责任人求偿。

第二十六条　（资源及运用）

一、下列者为汽车保障基金之资源：
a) 由每一保险人支付之款项，该款项相应于上年内承保"汽车"直接保险中扣除退还保险费及撤销保险后之纯保险费之一百分率，而该百分率由训令订定；
b) 根据上条规定向汽车保障基金作偿还之结余；
c) 任何分配予其之收入；
d) 以上数项所指收入投资之结余。

二、保险人应于每年之第一季度向汽车保障基金缴交应付之款项。

三、为履行第一款 a 项所指之义务，保险人将获许可向其"汽车"保险之被保险人征收附加费，该附加费相等于 a 项所指纯保险费之一百分率。

四、在保险费之收据上，注明已收上款所指之附加费。

五、保险人应最迟于每年一月底前，送交澳门货币暨汇兑监理署一份上年承保"汽车"直接保险中扣除退还保险费及撤销保险后之纯保险费目录。

六、下列者由汽车保障基金运用：

a) 有关灾祸及偿还之程序组成及处理所必需之成本；

b) 所发生灾祸引致之负担；

c) 其他管理上之负担。

第二十七条　（其他资源）

一、为使汽车保障基金能履行可能超出其司库部可动用资金之承诺，汽车保障基金得向保险人要求获取不超过上年承保"汽车"直接保险中扣除退还保险费及撤销保险后之保险费总数之 1%。

二、根据上款规定在某年内获取之款项，应最迟至翌年四月三十日时偿还。

三、在经适当证明之例外情况下，得由本地区向汽车保障基金作一拨款，该拨款额相等于超出汽车保障基金预计收入之负担之数额。

第二十八条　（优先赔偿）

第十五条所指之优先赔偿可适用于汽车保障基金之规定，亦适用于汽车保障基金。

第二十九条　（汽车保障基金之机关）

汽车保障基金之机关为行政管理委员会、监察委员会及咨询委员会。

第三十条　（行政管理委员会）

行政管理委员会由澳门货币暨汇兑监理署之行政管理委员会主席及该机构之其他行政管理机关成员组成，上指之主席任汽车保障基金行政管理委员会主席，并有决定性投票权。

第三十一条　（行政管理委员会之权限及运作）

一、行政管理委员会之权限为：

a) 负责指导及协调汽车保障基金之活动；

b) 在法庭内外代表汽车保障基金，及在任何争议中有权作撤回、和解及自认，以及作仲裁协议；
c) 征收汽车保障基金之收入及许可支付由汽车保障基金负责之费用；
d) 核准汽车保障基金之本身预算及有关修正，并将预算呈交总督认可；
e) 制定报告书及管理账目，并呈交总督核准；
f) 根据法律之规定，将管理账目呈交审计法院审定；
g) 管理汽车保障基金之财产，行使一般或特别管理之权力，尤其得取得及转让财产、出租或承租财产，以及接受与财产有关之任何负担；
h) 监管汽车保障基金之所有活动；
i) 对所有与汽车保障基金之行政活动有关而法律未规定不属其权限之事宜作决议。

二、应主席或多数成员之召集，召开行政管理委员会，会议之决议须由多数通过，且应对所有会议缮立会议记录，由所有出席者签名。

三、行政管理委员会得透过会议记录对其一名或多名成员作授权，并许可其转授该等权力，且订立授权及转授权之限制及条件。

四、行政管理委员会得根据法律规定，透过会议记录或公证行为，在汽车保障基金外委任受托人。

五、行政管理委员会主席不在或因故不能视事时，由其指定之行政管理机关成员代任。

第三十二条 （监察委员会）

监察委员会由澳门货币暨汇兑监理署之监察委员会主席及该委员会之两名委员组成，上指之主席任汽车保障基金监察委员会主席，并有决定性投票权。

第三十三条 （监察委员会之权限及运作）

一、监察委员会之权限为：
a) 跟进汽车保障基金之运作，监督对所适用之法律及规章规定之遵守；
b) 检查会计及跟进预算之执行，取得跟进管理所需之资料；
c) 在认为有需要或适当时，检查及核对簿册、记录及文件，以及审查任何种类之价额；
d) 对汽车保障基金行政管理委员会呈交事宜发表意见；
e) 对汽车保障基金报告书及管理账目给予意见；

f) 制定每年活动报告书并将之送交监督实体；

g) 进行其他与汽车保障基金有关但与其本身职能无冲突之工作，以及总督特别要求作之工作。

二、应主席或两名委员之召集，召开监察委员会，会议之决议须由多数通过，且应对所有会议缮立会议记录，由所有出席者签名。

三、监察委员会之一名代表得参加行政管理委员会及咨询委员会之会议，但无表决权。

四、监察委员会应让行政管理委员会知悉所作之审查、采取之措施以及上述审查及措施之结果。

五、监察委员会主席不在或因故不能视事时，由其指定之委员代任。

第三十四条 （咨询委员会）

一、咨询委员会为一咨询性机关，由行政管理委员会主席及以下成员组成，上指之主席任咨询委员会主席，并有决定性投票权：

a) 行政管理委员会之其他成员；

b) 由澳门保险公会建议并由总督以批示委任之两名保险公会代表。

二、咨询委员会设有一名秘书，该秘书由主席委任，并得出席会议，但无表决权。

三、第一款b项所指之代表任职两年，任期届满后得续期。

四、咨询委员会主席不在或因故不能视事时，由其指定之委员代任。

第三十五条 （咨询委员会之权限及运作）

一、咨询委员会之权限为：

a) 对汽车保障基金之本身预算草案及管理账目给予意见；

b) 对损害赔偿之缴付及诉讼代理人之委任，发表意见；

c) 跟进汽车保障基金之活动，作出认为有需要之建议及提议。

二、应主席或过半数成员之召集，召开咨询委员会，会议之决议须由多数通过，且应对所有会议缮立会议记录，由所有出席者签名。

第三十六条 （财产）

因运用汽车保障基金之资源而获得之不动产，构成基金之财产。

第三十七条 （会计）

根据自治实体财政制度之规定，汽车保障基金之会计制度以与其性质及职责相符合之本身账目格式为基础，并与总督以批示核准之模式一致。

第三十八条 （预算之管理）

一、准备汽车保障基金预算之日程，应按照总督每年以批示所订定者作出。

二、汽车保障基金之本身预算由总督以训令核准，并于《政府公报》公布，且以附件形式成为本地区总预算之组成部分。

三、汽车保障基金最多得提交三次追加预算。

第三十九条 （技术上及行政上之辅助）

汽车保障基金之机关开展活动所需之技术上及行政上之辅助及会计之组织及处理，由澳门货币暨汇兑监理署负责。

第五章 罚 则

第四十条 （未投保车辆之通行及车辆之扣押）

一、任何人使受强制保险约束但未设该保险之车辆在公共道路上通行或同意该车辆之通行者，须根据《道路法典》之规定受处罚。

二、在第二十二条所指之情况下，被要求出示证明已作保险之文件后之八日内仍未作出示者，除科处《道路法典》规定之罚款外，有关车辆亦被扣押，直至提出保险证明时为止。

三、在发生事故之情况下，上款所指之未出示文件，将导致车辆之扣押；在缴付应付之损害赔偿后，或给付相当于保险金额之最低限额之担保金后，或能证明在发生事故之当日已有上指文件，车辆之扣押方被终止。

第四十一条* （不当使用保险文件）

不当使用临时保险凭证或民事责任保险卡者，科处罚款澳门币 900 元。

*已更改-请查阅：第 15/2007 号行政法规

第四十二条*

*已废止-请查阅：第 3/2007 号法律

第四十三条 （民事责任及刑事责任之保留）

第四十条至第四十二条之规定不妨碍倘有之违例者之民事责任及／或刑事责任。

第四十四条 （对保险人之处罚）

如保险人不遵守本法规之规定，应根据适用于保险人从事业务方面之违法行为之规定处罚。

第六章 最后规定

第四十五条 （程序规定）

一、在追究强制保险中之交通事故之民事责任之诉讼中，不论其为民事诉讼或刑事诉讼，被诉之保险人必须参与，否则为非正当。

二、如提出之请求不超过第六条第一款所指之限额，在民事诉讼中，诉讼必须仅针对保险人，如保险人愿意，得使被保险人参与诉讼。

三、如汽车保障基金根据本法规规定代替保险人作赔偿，以上两款之规定适用于汽车保障基金。

四、在第一款所指之诉讼中，如为民事诉讼者，得允许反诉。

五、《道路法典》所订定之刑事诉讼中请求损害赔偿之期间，自受害人获通知得提出请求时开始。

六、汽车保障基金如为诉讼中之利害关系人，免缴有关诉讼之预付金及诉讼费用。

第四十六条 （保险费及条件表）

"汽车"保险之保险费及条件表由训令订定。

第四十七条 （废止之法例）

废止：

a) 七月九日第 7/83/M 号法律，但第二条及第三条除外，该两条之废止自一九九六年一月一日生效；

b) 十二月三十日第 53/83/M 号法令；

c) 十二月三十日第 214/83/M 号训令；

d) 十二月三十日第 216/83/M 号训令。

第四十八条　（产生效力）

一、本法规自一九九五年一月一日开始生效，自此日起适用于所有将订立之合同及已订立之合同。

二、上款之规定不适用于第四条，第四条自一九九六年一月一日开始生效。

三、在本法规产生效力之日时已有效之合同，将自动与现订定之规定相配合；但不妨碍保险人收取应收之附加保险费之权利，该附加保险费应于有关年金到期前征收。

一九九四年十一月二十四日核准。

命令公布。

总督 韦奇立

附件一*

汽车民事责任保险的最低金额表

（十一月二十八日第 57/94/M 号法令第六条第一款所指者）

（澳门币）

车辆类别	保险金额	
	每年	每起事故
具备辅助发动机的脚踏车、轻型摩托车及农业牵引车	30 000 000.00	750 000.00
轻型机动车辆及重型摩托车	30 000 000.00	1 500 000.00
属的士的轻型机动车辆及属不论配备驾驶员与否的出租车的轻型机动车辆	30 000 000.00	3 000 000.00
集体客运重型机动车辆：		
对非乘客的第三人造成损害	30 000 000.00	4 000 000.00
对乘客造成损害	30 000 000.00	每名乘客的保险金额为 200 000.00，而总保险金额则为 200 000.00 乘以车辆载客量
集体货运重型车辆	30 000 000.00	4 000 000.00
重型货车及工业牵引车	30 000 000.00	4 000 000.00
体育比赛：		
重型摩托车比赛	30 000 000.00	10 000 000.00
汽车比赛	100 000 000.00	30 000 000.00

附件二 *

汽车民事责任保险卡及临时保险证明书的式样

（十一月二十八日第57/94/M号法令第十八条第一款所指者）

民事责任保险卡				编号 _____	
被保险人 _____					
保险单编号	到期	车辆		赔偿限额	
		商标	注册编号	每起事故	每年
_____	/ /			澳门币 元	澳门币三千万元
				公司名称：	
				签名：	

临时保险证明书				编号 _____	
被保险人 _____					
保险的开始		车辆		赔偿限额	
日期	时间	商标	注册编号	每起事故	每年
/ /				澳门币 元	澳门币三千万元
现声明本临时保险书暂代民事责任保险卡，有效期至 / /				公司名称： 签名：	

上述两份文件均应注明：根据现行法例的规定，保险合同于车辆转让当日的二十四时终止效力。

＊已更改-请查阅：第8/2011号行政法规

第250/94/M号训令

一九九四年十一月二十八日

核准汽车行业之保险费及条件

十一月二十八日第57/94/M号法令规定,"汽车"保险之保险费及条件表透过训令订定。

基于此;

鉴于澳门货币暨汇兑监理署建议及经听取澳门保险公会意见后;

经听取咨询会意见后;

总督根据十一月二十八日第57/94/M号法令第四十六条之规定及《澳门组织章程》第十六条第一款c项之规定,命令:

第一条——核准附于本训令之"汽车"保险之保险费及条件表,而所有在澳门经营此类保险业务之保险人均须遵守表内之规定。

第二条——废止十二月三十日第215/83/M号训令。

第三条——本训令自一九九五年一月一日开始生效。

一九九四年十一月二十四日于澳门政府。

命令公布。

汽车保险之保险费及条件表

第一章 一般规定及定义

第一条 (适用)

一、本表所载之规定强制适用于所有在澳门地区经营之保险业务,本表订定了经营上指之保险业务时应遵守之条件及保险费。

二、本表所指之加保费、扣除或优惠为固定及强制适用者,但有相反之明文规定者除外。

第二条 （投保书）

一、要保人必须填写有关投保车辆之认别资料、保障范围及欲投保之保险金额，尤其是附件一内所指之事项。

二、投保书内，特别是上款所指之事项及有关保险之开始日期，不得有所涂改。

三、投保书应由要保人签名，如要保人不懂或不能书写，根据其要求不得由他人代签，但须盖上要保人之指印。

第三条 （保险单）

强制适用统一保险单；每一保险单仅能保障一辆车辆，但下条所指之保险除外。

第四条 （特别保险）

一、车房、车行及工场之保险

a) 此保险系为十一月二十八日第57/94/M号法令第二条第三款所指人士及实体而设。

b) 当此保险由法人订立时，应在保险单之特约条件内注明所有驾驶员之姓名、年龄及其驾驶证或执照之编号及日期。

c) 此保险之保险费最少为本保险费表为被保险人从事职业活动而使用、作交易或维修之车辆类别订定之最大汽缸容积之保险费。

二、车队保险

a) 此保险为以一份或多份保险单同时为十辆或更多之车辆投保之被保险人而设，而该等车辆之所有权属一个人或一法人，且以该个人或该法人之名义而登记者。

b) 明文规定此保险不包括要保人之雇员或股东之车辆。

c) 以要保人联营法人或附属法人之名义登记之任何车辆，得视为所有权属要保人之车队之一部分，因此，包括在车队保险之范围内。

三、体育比赛保险

a) 此保险系透过为每次体育比赛特定之保险单订立，以保障主办者、车辆所有人、持有人及驾驶员因车辆造成对第三人身体侵害或物质损害之事故应负之民事责任；但不包括对参与者、有关辅助组、参与者及辅助组所使用车辆造成之损害，及对主办实体、服务人员或任何协助者造成之损害。

b) 此保险之保险费不受限制，按保险人之标准自行厘定。

四、车辆在前往贮存或出售地点途中之保险

a) 此保险为出售新车辆之企业而设，保障在从港口前往贮存或出售地点途中之属被保险人或托其出售之任何车辆。

b) 保险单有效期一年，有关保险费为备付性质，最少为澳门币二千元，且不得退还，每一车辆之一次运行之保险费为同类别车辆每年保险费之2%。

c) 在各次运行保险费之累加总数超出有关备付之保险费后，自超出之时至保险单到期时，保险人就每次运行分别征收保险费。

d) 对每一车辆之每次运行，均发出一临时保险证明书，被保险人必须每月将本月获发之临时保险证明书交予保险人。

五、运输危险物料之车辆之保险

a) 此保险系为每一车辆或每次运输而设。

b) 应采用相应于车辆所属类别之保险费，再按保险人之标准将保险费增加，最少增加25%。

c) 为 a 项及 b 项规定之效力，下列者视为危险物料：

爆炸性物料；

弹药；

纵火物料及烟花；

压缩气体、液化气体或压制溶解气体；

浸水后释放出可燃气体之物料；

自燃物料；

易燃固体；

助燃物；

有毒物料；

放射性物料；

腐蚀性物料；

令人恶心或能引起感染之物料。

第五条 （车辆之替换）

一、经被保险人以书面申请，得允许于保险单有效期间内，以另一车辆代替被保之车辆，并作出有关背书。

二、如替换之车辆之保险费与原车辆不同，则根据至保险单期限届满或至保险单该年之到期日之所余期间，按日作增加或减少之调整。

第六条　（附加车辆）

在第三条规定之例外情况下，如在保险单之生效期间内，有另一车辆列入保险单保障范围内，该车辆之保险费系根据至保险单期限届满或至保险单该年之到期日之所余期间，按日计算。

第七条　（保险单之转移）

不允许将保险单之权利转移予他人，但在被保险人死亡，配偶间所有权之转移、章程或法人合同有更改之情况下除外；如被保险人死亡，仅得转移予其继承人。

第八条　（车辆类别）

为适用本保险费表，车辆分为下列类别：

一、私用轻型汽车

私用之轻型机动车辆：

a) 不超过九座位之客运车；

b) 总重量不超过1 600 kg之客货两用车或货运车；

c) 专门供被保险人家庭、法人使用或供娱乐、商业或职业之用之车辆，即使由其雇员驾驶者亦然。

二、备驾驶员之出租车

无计程器之出租轻型机动车辆：

a) 不超过九座位之客运车；

b) 总重量不超过1 600 kg之客货两用车或货运车。

三、的士

用作提供出租服务且备计程器之轻型机动车辆。

四、不备驾驶员之出租车

用作提供出租服务，但不备驾驶员之轻型机动车辆：

a) 不超过九座位之客运车；

b) 总重量不超过1 600 kg之客货两用车或货运车；

c) 总重量为1 601 g至3 500 kg之客货两用车或货运车。

五、私用客货车

车辆所有人专用之不超过九座位及总重量不超过2 500 kg之客货两用机动车辆。

六、私用小卡车

专为车辆所有人提供服务之总重量为2 500 kg至3 500 kg之客货两用车或

货车。

七、出租小卡车

用作提供出租服务之总重量为 1 601 kg 至 3 500 kg 之客货两用机动车辆或货运机动车辆。

八、私用卡车

车辆所有人专用之总重量超过 3 500 kg 之货运机动车辆。

九、出租卡车

用作提供出租服务之总重量超过 3 500 kg 之货运机动车辆。

十、私用大客车

车辆所有人专用之十座位或多于十座位之客运机动车辆。

十一、出租大客车

用作提供出租服务之十座位或多于十座位之客运机动车辆。

十二、重型摩托车

具发动机且汽缸容积超过 50 cm³，具备或不具备旁卡或载荷箱之机动车辆，但不应视为轻型或重型汽车者。

十三、具备或不具备辅助发动机之脚踏车及轻型摩托车

具有两个或两个以上车轮，具备或不具备发动机且汽缸容积不超过 50 cm³ 之车辆。

十四、客运脚踏三轮车

十五、货运脚踏三轮车

十六、挂车

本身无行驶能力而仅为被拖带之车辆。

按用途分为以下类别：

载货挂车（有本身注册）；

体育运动挂车（运输船只、轻型机动车辆等）；

行李挂车（无本身注册）；

挂于任何车辆之工业机械（按其总重量及/或其用途而定）。

十七、特别类别

下列之车辆属特别类别：

铰接式车辆；

工业牵引车；

救护车；

本身有行驶能力之建筑机械（压路机、"翻斗车"、挖掘机、运土车、混凝土

车等）；
叉车；
起重机；
救援车；
供学车及考车用之重型摩托车；
供学车及考车用之轻型汽车；
供学车及考车用之重型汽车；
城市卫生车辆；
消防车；
不包括在以上类别之车辆。

第九条　（可保之风险）

一、透过汽车保险单，以下风险可受保：

风险Ⅰ——因对第三人造成损失或损害所负之民事责任。

风险Ⅱ——因对下列者造成损失或损害所负之民事责任：

a）属集体客运之用于公共服务车辆中之乘客；

b）集体货运车辆中之货物。

风险Ⅲ——由于"碰撞、相撞或翻车""火灾、闪电或爆炸""盗窃或抢劫""玻璃破碎"及属"水灾""台风""热带暴雨""火山爆发""地震""其他自然界变异"之"附加风险"引致被保车辆遭受之物质损害。

风险Ⅳ——由于"火灾、闪电或爆炸""盗窃或抢劫"引致被保车辆或（受保之）"额外设备"遭受之物质损害。

二、如在同一保险单内，未承保因对第三人造成损失或损害而负民事责任之风险，不允许单独保障本保险费表所指任何一种风险。

三、本保险费表及有关统一保险单所指之任何风险，不单独受他类保险之保险单保障，但涉及车辆停泊于指定地点之"火灾、闪电或爆炸""盗窃或抢劫"及/或"附加风险"之风险除外。

第十条　（合同之期限）

保险之期限得为：

一、一年及逐年之续期：当合同之期限订为一年时，如任何一方于有关期限到期日之最少三十日前，未以挂号信提出单方终止合同，合同自动延长。

二、短期：合同之期限订为少于或等于一年。

第十一条　（车辆之转让）

一、在转让车辆之情况下，保险合同在转让当日之二十四时前仍生效力，但在此时之前用于保障另一车辆者除外。

二、如在被保车辆出售后，该车辆之替换未作登记者，则保险单失效，由保险人退还之保险费系按剩余之时间作计算。

第十二条　（保险金额）

保险金额系由要保人遵照下列者决定：

风险Ⅰ及Ⅱ

—— 最少为附件内表"A"所规定之金额。

风险Ⅲ及Ⅳ

—— 车辆之市值，加上"额外设备"之价值及涂漆上"字样及图案"之费用，均应在保险单上特别标明该等价值。

第十三条　（免赔额）

一、风险Ⅲ之保障受保险单上所申报之金额之2％免赔额约束，该免赔额最少为澳门币六百元，于任何损害赔偿中扣除；如属车龄超过五年之车辆，该百分率及金额将提高至两倍，且不妨碍适用第五款所规定之免赔额。

二、为适用上款之效力，在车辆根据登记折满五年之该年内合同到期时，视为具五年车龄。

三、如被保车辆为以下之任何一种车辆，则第一款所指之免赔额不适用：

具备或不具备辅助发动机之脚踏车及轻型摩托车；

客运或货运脚踏三轮车。

四、免赔额亦不适用于因车辆或"额外设备"之"玻璃破碎"或"盗窃或抢劫"，又或因"火灾、闪电或爆炸"所引致之损害赔偿。

五、如被保车辆之驾驶员于事故发生时年龄未满二十五岁或领有驾驶执照未满两年者，第一款所定之免赔额将提高至两倍。

六、在适用以下简表之情况下，亦得将第一款所指之免赔额逐倍增加：

免赔额	保险费之扣除（风险Ⅲ）
双倍	10％
三倍	20％
四倍	30％

第十四条 （非常灾祸）

为十一月二十八日第 57/94/M 号法令第七条第三款规定之效力，下列者视为"非常灾祸"：

a) 被保险人在同一保险期间内向保险人通知发生超过五宗事故，且每宗事故之损害赔偿超过有关每起事故保险金额最低限额之二十分之一；

b) 不论事故之次数为多少，如同一保险期间内支付之损害赔偿总额超过有关每起事故保险金额最低限额之 75％。

第二章　保　险　费

第十五条 （开始生效）*

一、本保险费表所载的保险费及条件，包括保障民事责任的自愿投保的保险金额所定的保险费及条件，按表 B、表 C、表 D 及表 E 的规定适用于所有自二〇一一年六月一日起新订立或续期的保险。*

二、对于在上款所指日期已生效之所有保险，上款所指保险费及条件，自该日期后第一次到期起开始适用。

＊已更改-请查阅：第 18/2011 号行政命令

第十六条 （短期保险）

对于期限少于一年之保险合同（短期保险），最少征收每年保险费中之以下百分率之金额：

不超过一个月之保险	20％
不超过两个月之保险	30％
不超过三个月之保险	40％
不超过四个月之保险	50％
不超过五个月之保险	60％
不超过六个月之保险	70％
不超过八个月之保险	80％
超过八个月之保险	100％

第十七条 （保险费之分期）

一、每年保险费得分两期或四期给付，但每期不得少于澳门币六百元，如作两期给付时，增加 5％保险费，作四期给付时，增加 10％保险费。

二、每年保险费作分期给付时，如欠一期给付或通知发生灾祸，保险人应立即要求作所欠之各期给付。

第十八条* （加保费）

一、属下列情况，保险人可适用相应的加保费：

a) 汽车民事责任强制保险：

车龄满八年但少于十年的车辆，加保费最高限额为 30％；

车龄满十年的车辆，加保费最低限额为 50％，最高限额为 100％。

b) 汽车民事责任自愿保险：

车龄满八年但少于十年的车辆，加保费最低限额为 15％，最高限额为 25％；

车龄满十年的车辆，加保费最低限额为 25％，最高限额为 50％。

c) 被保险人或惯常驾驶员的年龄及取得驾驶执照的年数：

如被保险人或惯常驾驶员未满二十五岁，加保费最高限额为 20％；

如被保险人或惯常驾驶员取得驾驶执照不足两年，加保费最高限额为 20％。

二、上款 c 项规定的加保费与该款前两项规定的加保费同时适用。

＊已更改-请查阅：第 18/2011 号行政命令

第十九条 （附加费）

对于本保险费表中之保险必须征收下列附加费，且与保险费及加保费同时征收：

a) 印花税（对象为保险费及加保费，且按照有关规章所定之百分率征收）；

b) 交予汽车保障基金之百分率。

第二十条* （扣除）

一、按第四条第二款规定的条件而订立的合同，其保险费在合同订立后第一次到期时，适用 10％的扣除。

二、对没有保险中介人参与的合同，可给予不超过 10％的扣除。

＊已更改-请查阅：第 18/2011 号行政命令

第二十一条 （无灾祸优惠）

一、如在紧接保险单到期前之下列所指期间内，未通知发生须支付损害赔偿之灾祸时，或未通知发生因推定要支付而设立备用金之灾祸时，被保险人有权于下一年之保险费中，享有以下优惠：

保险期间	优惠
上一年	10％
连续两年	20％
连续三年	30％
连续四年	40％
连续五年	50％

二、尽管在保险金额作40％或50％扣除后通知发生灾祸，为给予优惠，被保险人在续期时，分别视为续保前一年无发生灾祸或两年无发生灾祸。

三、属保险单涉及多辆车辆之情况，对各车辆之保险费分别适用优惠，犹如对每一车辆发出一保险单。

四、在转移享有无灾祸优惠权利之保险时，根据前保险人以书面确认此权利，获保险转移之保险人得给予此折扣。

五、当被保险人来自其他国家或地区，且能证明在原地享有无灾祸折扣权，在澳门投设之保险得享有原来之折扣，犹如前保险受本条所定规则之约束。

第二十二条 （停驶之车辆）

不论何原因而停驶之车辆，不享有保险费之任何扣减。

第二十三条 （去尾数）

一、保险费及加保费之金额均取澳门币整数，不足澳门币一元亦作澳门币一元计。

二、印花税按法律规定去尾数。

第二十四条* 风险Ⅲ及风险Ⅳ的保险费表

一、属风险Ⅲ及风险Ⅳ一切保障范围内的收费不受限制。

二、保险人应于每年十月向澳门金融管理局送交拟于下一年度对上款所指风险适用的收费表。

*附加-请查阅：第18/2011号行政命令

附件一

投保书之强制记载事项

除用于识别投保之风险、要保人之身份、确定拟投保之保险保障范围之事项及为此所需之事项外，汽车投保书内尚必须填写下列事项：

要保人之身份资料：

—— 职业或业务

—— 以何身份投保（所有人、用益权人、保留所有权之取得人、承租人、使用人或驾驶员）

—— 曾否于其他保险人处被保？如答案为肯定者，应填写下列资料：

● 保险人

● 保险单之编号

● 是否已解除合同及其原因

● 保险人曾否建议增加保险费及其原因

● 在最近两年内曾否通知发生灾祸及其次数

惯常驾驶员之身份资料：

—— 姓名

—— 居所

—— 出生日期

—— 驾驶证之日期及编号

附件二*

表 A 汽车民事责任保险的最低保险金额表

（澳门币）

车辆类别	保险金额	
	每年	每起事故
具备辅助发动机的脚踏车、轻型摩托车及农业牵引车	30 000 000.00	750 000.00
轻型机动车辆及重型摩托车	30 000 000.00	1 500 000.00
属的士的轻型机动车辆及属不论配备驾驶员与否的出租车的轻型机动车辆	30 000 000.00	3 000 000.00
集体客运重型机动车辆：		
对非乘客的第三人造成损害	30 000 000.00	4 000 000.00
对乘客造成损害	30 000 000.00	每名乘客的保险金额为 200 000.00，而总保险金额则为 200 000.00 乘以车辆载客量。
集体货运重型车辆	30 000 000.00	4 000 000.00
重型货车及工业牵引车	30 000 000.00	4 000 000.00
体育比赛：		
重型摩托车比赛	30 000 000.00	10 000 000.00
汽车比赛	100 000 000.00	30 000 000.00

表 B 除"脚踏车""三轮车""挂车"及"特别类别"外
之所有类别车辆之风险 I 保险费表

(澳门币)

强制投保险车辆类别	金额/每年保险费							
	1 500 000	3 000 000	4 000 000	5 000 000	7 500 000	10 000 000	20 000 000	30 000 000
1. 私用轻型汽车								
-不超过 1 650 cc	1 180.00	1 475.00	1 623.00	1 785.00	1 964.00	2 455.00	3 069.00	3 836.00
-由 1 651 cc 至 3 500 cc	1 378.00	1 723.00	1 895.00	2 085.00	2 294.00	2 868.00	3 585.00	4 481.00
-超过 3 500 cc	1 514.00	1 893.00	2 082.00	2 290.00	2 519.00	3 149.00	3 936.00	4 920.00
2. 备驾驶员之出租车								
-不超过 1 650 cc	—	1 953.00	2 148.00	2 361.00	2 599.00	3 249.00	4 061.00	5 076.00
-由 1 651 cc 至 3 500 cc	—	2 257.00	2 483.00	2 731.00	3 004.00	3 755.00	4 694.00	5 868.00
-超过 3 500 cc	—	2 474.00	2 721.00	2 993.00	3 292.00	4 115.00	5 144.00	6 430.00
3. 的士								
-不超过 1 650 cc	—	5 132.00	5 645.00	6 210.00	6 831.00	8 339.00	10 674.00	13 343.00
-由 1 651 cc 至 3 500 cc	—	5 891.00	6 480.00	7 128.00	7 841.00	9 801.00	12 751.00	15 314.00
-超过 3 500 cc	—	6 493.00	7 142.00	7 856.00	8 642.00	10 803.00	13 504.00	16 880.00
4. 不备驾驶员之出租车								
• 客运(不超过九座位)								
-不超过 1 650 cc	—	3 121.00	3 433.00	3 776.00	4 154.00	5 193.00	6 491.00	8 114.00
-由 1 651 cc 至 3 500 cc	—	3 608.00	3 969.00	4 366.00	4 803.00	6 004.00	7 505.00	9 381.00
-超过 3 500 cc	—	3 949.00	4 344.00	4 778.00	5 256.00	6 570.00	8 213.00	10 266.00
• 总重量不超过 1 600 kg 之客货两用或货运车								
-不超过 1 650 cc	—	3 548.00	3 903.00	4 293.00	4 722.00	5 903.00	7 379.00	9 224.00
-由 1 651 cc 至 3 500 cc	—	4 078.00	4 486.00	4 935.00	5 429.00	6 786.00	8 483.00	10 604.00
-超过 3 500 cc	—	4 470.00	4 917.00	5 409.00	5 950.00	7 438.00	9 298.00	11 623.00
• 总重量为 1 601 至 3 500 kg 之客货两用或货运车								
-不超过 1 650 cc	—	4 078.00	4 486.00	4 935.00	5 429.00	6 786.00	8 483.00	10 604.00
-由 1 651 cc 至 3 500 cc	—	4 694.00	5 163.00	5 679.00	6 247.00	7 809.00	9 761.00	12 201.00
-超过 3 500 cc	—	5 156.00	5 672.00	6 239.00	6 863.00	8 579.00	10 724.00	13 405.00
5. 私用客货车								
-不超过 1 650 cc	1 101.00	1 376.00	1 514.00	1 665.00	1 832.00	2 290.00	2 863.00	3 579.00
-由 1 651 cc 至 3 500 cc	1 285.00	1 606.00	1 767.00	1 944.00	2 138.00	2 673.00	3 341.00	4 176.00
-超过 3 500 cc	1 419.00	1 774.00	1 951.00	2 146.00	2 361.00	2 951.00	3 689.00	4 611.00

续表

强制投保险车辆类别	金额/每年保险费							
	1 500 000	3 000 000	4 000 000	5 000 000	7 500 000	10 000 000	20 000 000	30 000 000
6. 私用小卡车								
-不超过 1 650 cc	1 321.00	1 651.00	1 816.00	1 998.00	2 198.00	2 748.00	3 435.00	4 294.00
-由 1 651 cc 至 3 500 cc	1 526.00	1 908.00	2 099.00	2 309.00	2 540.00	3 175.00	3 969.00	4 961.00
-超过 3 500 cc	1 673.00	2 091.00	2 300.00	2 530.00	2 783.00	3 479.00	4 349.00	5 436.00
7. 出租小卡车								
-不超过 1 650 cc	1 983.00	2 479.00	2 727.00	3 000.00	3 300.00	4 125.00	5 156.00	6 445.00
-由 1 651 cc 至 3 500 cc	2 276.00	2 845.00	3 130.00	3 443.00	3 787.00	4 734.00	5 918.00	7 398.00
-超过 3 500 cc	2 511.00	3 139.00	3 453.00	3 798.00	4 178.00	5 223.00	6 529.00	8 161.00
8. 私用卡车								
• 总重量不超过 10 000 kg								
-由 1 651 cc 至 3 500 cc	—	—	4 035.00	4 439.00	4 883.00	6 104.00	7 630.00	9 538.00
-超过 3 500 cc	—	—	4 445.00	4 890.00	5 379.00	6 724.00	8 405.00	10 506.00
• 总重量超过 10 000 kg								
-由 1 651 cc 至 3 500 cc	—	—	5 334.00	5 867.00	6 454.00	8 068.00	10 085.00	12 606.00
-超过 3 500 cc	—	—	5 880.00	6 468.00	7 115.00	8 894.00	11 118.00	13 898.00
9. 出租卡车								
• 总重量不超过 10 000 kg								
-不超过 1 650 cc	—	—	6 411.00	7 052.00	7 757.00	9 696.00	12 120.00	15 150.00
-超过 3 500 cc	—	—	7 060.00	7 766.00	8 543.00	10 679.00	13 349.00	16 686.00
• 总重量超过 10 000 kg								
-由 1 651 cc 至 3 500 cc	—	—	8 291.00	9 120.00	10 032.00	12 540.00	15 675.00	19 594.00
-超过 3 500 cc	—	—	9 111.00	10 022.00	11 024.00	13 780.00	17 225.00	21 531.00
10. 租用大客车								
-不超过 1 650 cc	—	—	3 077.00	3 385.00	3 724.00	4 655.00	5 819.00	7 274.00
-由 1 651 cc 至 3 500 cc	—	—	3 539.00	3 893.00	4 282.00	5 353.00	6 691.00	8 364.00
-超过 3 500 cc	—	—	3 898.00	4 288.00	4 717.00	5 896.00	7 370.00	9 213.00
11. 出租大客车								
-不超过 1 650 cc	—	—	3 333.00	3 666.00	4 033.00	5 041.00	6 301.00	7 876.00
-由 1 651 cc 至 3 500 cc	—	—	3 829.00	4 212.00	4 633.00	5 791.00	7 239.00	9 049.00
-超过 3 500 cc	—	—	4 189.00	4 608.00	5 069.00	6 336.00	7 920.00	9 900.00
12. 重轻摩托车								
-汽缸容积不超过 250 cc	527.00	659.00	725.00	798.00	878.00	1 098.00	1 373.00	1 716.00
-汽缸容积超过 250 cc	637.00	796.00	876.00	964.00	1 060.00	1 325.00	1 656.00	2 070.00

表 C "脚踏车""三轮车"及"挂车"之风险 I 保险费表

(澳门币)

强制投保车辆类别	金额/每年保险费							
	750 000	1 500 000	3 000 000	4 000 000	5 000 000	7 500 000	10 000 000	20 000 000	30 000 000
1)强制投保车辆类别									
13.具备辅助发动机之脚踏车及轻型摩托车									
-供伤残者使用	172.00	215.00	269.00	296.00	326.00	359.00	449.00	561.00	701.00
-其他	283.00	354.00	443.00	487.00	536.00	590.00	738.00	923.00	1 154.00
16.挂车									
-挂于脚踏车	204.00	255.00	319.00	351.00	386.00	425.00	531.00	664.00	830.00
-挂于重型摩托车	—	143.00	179.00	197.00	217.00	239.00	299.00	374.00	468.00
-挂于其他车辆									
* 总重量不超过 300 kg	—	143.00	179.00	197.00	217.00	239.00	299.00	374.00	468.00
* 总重量为 301 至 2 500 kg	—	204.00	255.00	281.00	309.00	340.00	425.00	531.00	664.00
* 总重量为 2 501 至 7 500 kg									
-私用	—	591.00	739.00	813.00	894.00	983.00	1 229.00	1 536.00	1 920.00
-出租	—	877.00	1 096.00	1 206.00	1 327.00	1 460.00	1 825.00	2 281.00	2 851.00
* 总重量超过 7 500 kgs									
-私用	—	694.00	868.00	955.00	1 051.00	1 156.00	1 445.00	1 806.00	2 258.00
-出租	—	1 019.00	1 274.00	1 401.00	1 541.00	1 695.00	2 119.00	2 649.00	3 311.00
2)非强制投保车辆类别									
13.不具备辅助发动机之脚踏车	147.00	184.00	230.00	253.00	278.00	306.00	383.00	479.00	599.00
14.客运脚踏三轮车	179.00	224.00	280.00	308.00	339.00	373.00	466.00	583.00	729.00
15.货运脚踏三轮车	219.00	274.00	343.00	377.00	415.00	457.00	571.00	714.00	893.00

表 D 分类为"特别类别"车辆之风险保险费表

（澳门币）

强制投保险车辆类别	金额/每年保险费							
	1 500 000	3 000 000	4 000 000	5 000 000	7 500 000	10 000 000	20 000 000	30 000 000
17.特别类别								
·铰接式车辆	—	—	6 695.00	7 365.00	8 102.00	10 128.00	12 660.00	15 825.00
*私用(任何汽缸容积)	—	—	10 041.00	11 045.00	12 150.00	15 188.00	18 985.00	23 731.00
*出租(任何汽缸容积)	—	—	651.00	716.00	788.00	985.00	1 231.00	1 539.00
*工业牵引车(任何汽缸容积)								
·救护车								
*轻型								
-不超过 1 650 cc	765.00	956.00	1 052.00	1 157.00	1 273.00	1 591.00	1 989.00	2 486.00
-由 1 651 至 3 500 cc	898.00	1 123.00	1 235.00	1 359.00	1 495.00	1 869.00	2 336.00	2 920.00
超过 3 500 cc	978.00	1 223.00	1 345.00	1 480.00	1 628.00	2 035.00	2 544.00	3 180.00
*重型								
-不超过 1 650 cc	—	—	1 151.00	1 266.00	1 393.00	1 741.00	2 176.00	2 720.00
-由 1 651 至 3 500 cc			1 331.00	1 464.00	1 610.00	2 013.00	2 516.00	3 145.00
-超过 3 500 cc			1 460.00	1 606.00	1 767.00	2 209.00	2 761.00	3 451.00
·救援车								
*轻型								
-不超过 1 650 cc	1 143.00	1 429.00	1 572.00	1 729.00	1 902.00	2 378.00	2 973.00	3 716.00
-由 1 651 至 3 500 cc	1 326.00	1 658.00	1 824.00	2 006.00	2 207.00	2 759.00	3 449.00	4 311.00
超过 3 500 cc	1 448.00	1 810.00	1 991.00	2 190.00	2 409.00	3 011.00	3 764.00	4 705.00
*重型								
-由 1 651 至 3 500 cc	—	—	3 150.00	3 465.00	3 812.00	4 765.00	5 956.00	7 445.00
超过 3 500 cc			3 464.00	3 810.00	4 191.00	5 239.00	6 549.00	8 186.00
·供学车及考车用之重型摩托车	623.00	779.00	857.00	943.00	1 037.00	1 296.00	1 620.00	2 025.00
·供学车及考车有之轻型汽车	1 183.00	1 479.00	1 627.00	1 790.00	1 969.00	2 461.00	3 076.00	3 845.00
·供学车及考车有之重型汽车	—	—	5 184.00	5 702.00	6 272.00	7 840.00	9 800.00	12 250.00
·消防车								
*轻型								
-不超过 1 650 cc	765.00	956.00	1 052.00	1 157.00	1 273.00	1 591.00	1 989.00	2 486.00
-由 1 651 至 3 500 cc	898.00	1 123.00	1 235.00	1 359.00	1 495.00	1 869.00	2 336.00	2 920.00
超过 3 500 cc	978.00	1 223.00	1 345.00	1 480.00	1 628.00	2 035.00	2 544.00	3 180.00
·重型								
-不超过 1 650 cc	—	—	1 674.00	1 841.00	2 025.00	2 531.00	3 164.00	3 955.00
-由 1 651 至 3 500 cc			1 929.00	2 122.00	2 334.00	2 918.00	3 648.00	4 560.00
超过 3 500 cc			2 150.00	2 365.00	2 602.00	3 253.00	4 066.00	5 083.00

表 E 风险 II 保险费表

a) 承保对集体运输乘客应负的民事责任

(澳门币)

每名乘客的保险金额	每名乘客的保险费
200 000.00	22.5
500 000.00	28
750 000.00	35
1 000 000.00	38.5
3 000 000.00	42.5
5 000 000.00	47
30 000 000.00	58.5

b) 承保以集体货运车辆运载的货物的保险费不受限制，其按保险人的标准厘定。

*已更改-请查阅：第 18/2011 号行政命令

第 249/94/M 号训令

一九九四年十一月二十八日

制定汽车保险之一般及特殊条件

十一月二十八日第 57/94/M 号法令规定，汽车保险之统一保险单之条件由训令订定。

基于此；

鉴于澳门货币暨汇兑监理署建议及经听取澳门保险公会意见后；

经听取咨询会意见后；

总督根据十一月二十八日第 57/94/M 号法令第七条第一款之规定及《澳门组织章程》第十六条第一款 c 项之规定，命令：

第一条——汽车民事责任强制保险之一般及特约条件载于成为本训令组成部分之附文内。

第二条——废止十二月三十日第 213/83/M 号训令。

第三条——本训令自一九九六年一月一日开始生效。

一九九四年十一月二十四日于澳门政府。

命令公布。

汽车保险之统一保险单

鉴于被保险人已承诺向……（以下简称本公司）缴付相应于特约条件内所指保障之保险费，本保险单证明本公司根据特约条件及有关投保书（该投保书成为本合同之组成部分），向被保险人保障：

a) 关于"民事责任"保障方面，支付因事故引致第三人身体侵害或物质损害所负民事责任而根据现行法律被要求之损害赔偿；

b) 关于"车辆本身保险"保障方面，如本公司负责该项保障，则赔偿因"碰撞、相撞或翻车""火灾、闪电或爆炸""盗窃或抢劫""玻璃破碎"及"水灾"、"台风"、"热带暴风雨"、"火山爆发"、"地震"或"其他自然界变异"而对被保车辆所造成之损失或损害。

汽车保险一般条件

序文 （内容及地域）

一、本保险单内容包括关于汽车民事责任保险及补充风险之条款，载有强制保险及自愿保险之专门规定，以及该两类保险之共同规定。

二、本保险单所指保障只限于澳门地区，但有相反协议者除外。

第一章 强制保险之专门规定

第一条 （范围）

由第一章所载条文规范之保险，符合有关法律对投保义务之规定；本保险单中规范该等保险之规定，不得修改。

第二条 （延伸）

一、上条所指保险保障车辆所有人、用益权人、保留所有权之取得人、承租人或使用人，及其正当持有人或驾驶员，因使用被保车辆而对第三人造成损害所负之民事责任，但仅以法定限额及条件为限。

二、上条所指保险亦包括在故意造成之交通事故，及在抢劫、盗窃或窃用车辆时发生可归责于犯罪行为人之交通事故中，对第三人所受损失作弥补之义务。

第三条 （除外责任）

一、保险之保障不包括对下列人士造成之任何损害：
a) 车辆驾驶员及保险单权利人；
b) 所有根据上条第一款之规定，尤其是因共有被保车辆而责任受保障之人士；
c) 上两项所指人士之配偶、直系血亲尊亲属、直系血亲卑亲属或其所收养者，及直至第三亲等之其他血亲或与其共同居住或由其供养之直至第三亲等之姻亲；

d) 在执行职务时发生交通事故且应对该事故负责任之法人或公司之法定代理人，以及替被保险人服务之雇员、散工及受托人；

e) 因与上数项所指人士有联系，而根据《民法典》之规定有权要求赔偿之人士。

二、保险之保障亦不包括下列之任何损害：

a) 对被保车辆本身造成之损害；

b) 在运送、上货或卸货过程中对被保车辆运输之财货造成之损害；

c) 因上货及卸货而对第三人造成之损害；

d) 违反《道路法典》有关运输之规定而运送乘客时，对其造成之损害；

e) 直接或间接由原子蜕变或聚变、人工粒子加速或放射现象所引致之爆炸、热能释放或辐射造成之损害；

f) 在体育比赛及与比赛有关之正式练习中造成之损害，但按本保险单之规定有特定保障者除外。

第四条　（保险之证明）

一、民事责任保险卡或临时保险证明书，构成投保之证明。

二、临时保险证明书为暂时代替民事责任保险卡之文件；临时保险证明书之发出，应在接受保险时或当已生效之保险合同作修改而须发出新保险卡时为之。

第二章　自愿保险之专门规定

第五条　（范围）

由第二章所载条文特别规范之自愿保险，承保汽车民事责任强制保险所不保障之风险。

第一节　民事责任之补充保障

第六条　（范围）

一、本保障涉及之民事责任保险，仅适用于强制保险以外之范围，对强制保险起补充作用，且须遵照特约条件内所载之规定。

二、上款所指保障不包括下列损失或损害：

a）第三条所指者，如合同明确对该条第二款 b 项所指损失或损害订有保障，则该等损失或损害不得被排除；

b）在故意造成之交通事故，及在抢劫、盗窃或窃用车辆时发生之交通事故中对第三人造成者。

第二节 "车辆本身保险"之保障

第七条 （范围）

一、"车辆本身保险"，承保由于"碰撞、相撞或翻车""火灾、闪电或爆炸""盗窃或抢劫""玻璃破碎"或由于"水灾""台风""热带暴风雨""火山爆发""地震"或"其他自然界变异"而对车辆引致之损失或损害。

二、"碰撞、相撞或翻车"保障，承保由于下列原因对被保车辆引致之损失或损害：

a）"碰撞"——车辆撞向任何固定物体；

b）"相撞"——车辆与任何移动中之其他物体碰撞；

c）"翻车"——使车辆失去正常位置之事故。

三、"火灾、闪电或爆炸"保障，承保因火灾、闪电或意外爆炸对被保车辆所引致之损失或损害，而不论车辆系在停顿或行驶中，或停泊于车房或其他楼宇内。

四、"盗窃或抢劫"保障，承保由于抢劫、盗窃或窃用（不论是未遂、实行未遂或既遂）而使被保车辆失踪、毁坏或破损所引致之损失或损害。如向警察报告车辆失踪后六十日内仍未寻回车辆，保险公司须负责支付应付之损害赔偿。

五、"玻璃破碎"保障，承保作为被保车辆一部分之玻璃在车辆停泊后或在行驶中不论是否因意外而损毁所引致之损失或损害；但车辆内外之任何镜片不包括在内，且第十一条所指除外责任亦适用于此。

六、"水灾""台风""热带暴风雨""火山爆发""地震"或"其他自然界变异"保障，承保被保车辆因任一该等风险所引致之损失或损害，但被保险人必须采取所有一般及合理之防范措施，以使本保险单所承保之车辆获得保护及安全。

第八条 （发生灾祸时保险公司之选择）

一、保险公司得选择以现金支付损失或损害之赔偿款额，或修理、修复或更换有关车辆或其任何部件、配件或备用零件。

二、上款所指之修理须足以使被保车辆受损部分恢复至发生灾祸前之状态，并须考虑第十四条所指规则。

三、保险公司之责任不超过损失或损坏部件之价值加上装嵌该等部件之合理费用；该项责任只限于事故发生时该车辆之市场价格，且不超过被保险人所声明并载于特约条件内之价值。

四、如所需零件在澳门无存货或本公司选择以现金支付损失或损害之赔款时，则本公司对该等零件之赔偿责任仅限于：

a) 制造商或其在澳门之代理之商品目录或最新价目表内所载价格；或如无商品目录或价目表，最新之出厂价加上以普通方式（不包括航空）将该零件运至澳门之合理费用及倘有之入口税。

b) 再加上装嵌该零件之合理费用。

第九条 （"车辆本身保险"之各风险之共同除外责任）

"车辆本身保险"之保障范围不包括下列之损失或损害：

a) 在保险单内未有指明及标明价值而涂漆于被保车辆上之字样、图案、标志、象征性标记、广告或宣传所遭受者；

b) 在保险单内无详细载明及标明价值之非原装于车辆上之器材、配件及器具（"额外设备"）所遭受者。

第十条 （"车辆本身保险"之各风险之特定除外责任）

一、"碰撞、相撞或翻车"之保障不包括下列损失或损害：

a) 因公路或道路之不良状况所引致，但该等事实不足以引致该等风险者除外；

b) 直接及单独由于被保车辆之构造、装嵌或调校系统之缺点、内在缺陷或保养不良所引致者；

c) 直接由泥泞、沥青或其他筑路材料引致者；

d) 对轮盘、内胎及外胎所引致者，但由于"碰撞、相撞或翻车"而引致且同时对有关车辆造成其他损害者则除外；

e) 由车辆内之人或其他人以任何手持或投掷对象有意或无意引致者；

f) 被保车辆在其不可通行之地点通行所引致者；

g）由运输对象或上货及卸货过程中所引致者；

h）因超载或运输对汽车之稳定及控制构成危险之对象所引致者。

二、"火灾、闪电或爆炸"之保障范围，不包括非因任何此等风险对电力器材或设备所引致之损失或损害。

三、"盗窃或抢劫"之保障范围不包括下列之损失或损害：

a）由被保险人或由被保险人所负责之人有意引致者；

b）因发生灾祸或车辆之正常贬值、自然耗损或消耗，引致被保车辆不能使用、替换费用之支付或车辆贬值，而对被保险人造成营业额损失、利润损失或后果损失。

四、"水灾""台风""热带暴风雨""火山爆发""地震"或"其他自然界变异"之保障不包括因灾祸引致被保车辆不能使用、替换费用之支付或车辆贬值，而对被保险人造成营业额损失、利润损失或后果损失方面之损失或损害。

第十一条 （其他除外责任）

除第三条（但不包括该条第二款 a 项）对强制保险所定之除外责任及第九条及第十条所指之其他除外责任外，保险公司承担之第六条所指"民事责任"，及"碰撞、相撞或翻车""火灾、闪电或爆炸"以及"玻璃破碎"之保障，亦不包括下列情况所引致之损失或损害：

a）车辆由非具法定资格之人士驾驶；

b）所引致之损害系由被保险人或被保险人所负责之人有意造成者；

c）本保险单所承保车辆之驾驶员因精神错乱或在酒精、麻醉品、其他毒品或有毒产品影响下驾驶；

d）由于战争、动员、革命、罢工、劳工骚动、暴动及/或不论是否参与扰乱公共秩序、破坏、使用武力或权力、执行戒严令或篡夺民政或军事权力之怀有恶意人士之行为所引致者；

e）将车辆作与合同特约条件内所指者不同且造成更大风险之用途所引致者；

f）因发生灾祸或车辆之正常贬值、自然耗损或消耗，引致被保车辆不能使用、替换费用之支付或车辆贬值，而对被保险人造成营业额损失、利润损失或后果损失方面之损失或损害。

第十二条 （免赔额）

一、"碰撞、相撞或翻车""水灾""台风""热带暴风雨""火山爆发""地震"或"其他自然界变异"风险之保障受一免赔额约束，该免赔额等于保险单上所申报金额之 2%，但最少为澳门币六百元，将从任何损害赔偿中扣除；如属车龄超过五年之车辆，该百分率及金额将提高至两倍，且不妨碍适用第三款所规定之免赔额。

二、如被保车辆为具备或不具备辅助发动机之脚踏车、轻型摩托车、客运或货运脚踏三轮车之任一种车辆，则第一款所指之免赔额不适用。

三、如被保车辆之驾驶员于事故发生时年龄未满二十五岁或领有驾驶执照未满两年者，第一款所定之免赔额最少将提高至两倍。

第十三条　　（保险金额之减少及恢复）

一、在投有"车辆本身保险"之车辆发生事故时，损害赔偿金额将从保险金额中扣减。此扣减系根据在有关保险费已付或到期前之保险合同有效期间内支付之损害赔偿金额，相应减少其保险金额。

二、被保险人得透过缴付附加保险费，将保险费恢复至原额，该附加保险费等于按所需恢复之保险金额在保险单期限届满或到期前所余期间应付之保险费。

第十四条　　（可赔偿损失之确定）

根据法例中有关之规定，对于因发生本保险单所承保之灾祸而使被保车辆遭受之损失或损害之赔偿系：

a）在保险金额低于市值之情况下，按两者差额比例计算；如因灾祸之发生而全部丧失，残余物之价值亦按同一比例由双方摊分；

b）不得超过有关车辆灾祸发生当日之市值，即使该市值低于保险单内申报之价值亦然。

第三章　强制及自愿保险之共同规定

第十五条　（保险金额）

由保险公司负责本保险单所承保风险之保险金额最高限额系载于本保险单特约条件内，但并不妨碍法律所规定之民事责任强制保险之最低限额。

第十六条　（保险之开始生效及期限）

一、本保险合同自民事责任保险卡或临时保险证明书内所载之日期起开始生效，并在保险单特约条件所定期限内有效。

二、保险合同之期限限定为某一固定及确定期限——短期保险——或定为一年并逐年续期。

三、如保险合同之期限定为一年并逐年续期，当任何一方于有关保险单到期日之最少三十日前，未以挂号信提出单方终止合同时，则自动续期一年。

第十七条　（合同之中止或撤销）

如因一般或特约条件内所定规定而中止或撤销合同，合同将自中止或撤销当日之二十四时起失效。

第十八条　（情事变更）

被保险人必须于八日内将一切能加重风险之情事变更通知保险公司，否则除须缴付应付之保险费外，亦须自行负责有关损失及损害。

第十九条　（车辆之转让）

一、保险合同之效力于车辆转让当日之二十四时终止，但在此时刻之前保险用于保障另一车辆者除外；如出售被保车辆后未作车辆替换之登记，保险单视为无效，而保险公司将按所余时间计算，将保险费退还。

二、被保险人应在车辆转让后之二十四小时内尽快将车辆之转让通知保险公司。

三、对上款所指之义务之不履行，将导致合同失效。

四、车辆转让之通知应连同民事责任保险卡或临时保险证明书发出。

五、在不遵守上款规定之情况下，保险公司应将事实向监察实体举报，以扣押有关民事责任保险卡或临时保险证明书。

第二十条　（被保险人之死亡）

本保险单不因被保险人之死亡而被撤销，有关权利及义务将转移予其继承人。

第二十一条　（保险费之缴付）

一、在收到保险公司发出有关收据时，应缴付保险费；在根据合同规定每年保险费系分期给付时，如欠一期给付，或在不妨碍第二十五条二款所指规定下提前撤销保险合同，又或发生灾祸，被保险人必须立即作所欠之各期给付。

二、被保险人仅在缴付保险费后，方获发民事责任保险卡或临时保险证明书。

三、在欠缴保险费时，保险公司应通知被保险人，保险将于以挂号信发出通知之日起三十日后失效。

四、在上款所指之期间内，保险公司不应发出民事责任保险卡。

五、如在第三款所指期间过后，仍未缴清保险费，保险公司将立即撤销合同，且不妨碍根据现行价目收取与所过期间相应之保险费之权利。

第二十二条　（无灾祸优惠）

一、如在紧接保险单到期前之下列所指期间内，未通知发生须支付损害赔偿之灾祸，或未通知发生因推定要支付而设立备用金之灾祸，被保险人有权于下一年之保险费中，享有以下优惠：

保险期间	优惠
上一年	10％
连续两年	20％
连续三年	30％
连续四年	40％
连续五年	50％

二、尽管在保险金额作40％或50％扣除后通知发生灾祸，为给予优惠，被保险人在续期时，分别视为续保前一年无发生灾祸或两年无发生灾祸。

三、属保险单涉及多辆车辆之情况，对各车辆之保险费分别适用优惠，犹如对每一车辆发出一保险单。

四、在转移享有无灾祸优惠权利之保险时，根据前保险人以书面确认此权利，获保险转移之保险人得给予此折扣。

五、当被保险人来自其他国家或地区，且能证明在原地享有无灾祸折扣权，在澳门投设之保险得享有原来之折扣，犹如前保险受本条所定规则之约束。

第二十三条　（事故之通知及索偿程序）

一、发生按照本保险单之规定得作出索偿之事故时，被保险人应在事故发生日起之不超过八日内尽快通知保险公司，并指明详细情况。

二、如被保险人不通知或延迟通知，尤其是因延迟通知而引致保险公司对第三人之责任加重者，被保险人必须赔偿保险公司所受之损失或损害。

三、被保险人应采取适当之措施以减少或不加重保险公司应承担之负担，否则将自行负责有关之损失及损害。在未得保险公司明示许可前，亦不应作出任何交易上之承诺。

四、被保险人在接获任何索偿书、勒令或诉讼通知后，应立即告知或递交予保险公司；如被保险人或索偿者知悉有任何与索偿有关之调查或专案调查时，亦应立即将该事实通知保险公司。

五、在车辆被抢劫、盗窃或窃用之情况下，被保险人应立即将事实向警方举报，且应与保险公司合作以确保将犯罪行为人判罪。

六、被保险人或有权根据本保险单提出索偿之任何人，在未得保险公司书面同意前不得作任何承认、提议、承诺或赔付求偿；保险公司有权在其认为有需要时，针对索偿为被保险人或上指人士作辩护或理赔。

七、保险公司亦得为本身利益，以被保险人或该等索偿者名义对损失及损害行使索偿权，以及完全有权进行任何程序及提出索偿。被保险人或该索偿者应提供保险公司所需之一切资料及协助。

第二十四条　（优先赔偿）

一、保障民事责任之保险，将优先对身体侵害赔偿保险金。

二、如有数名受害人享有损害赔偿权，而赔偿总额超过保险金额者，受害人对保险公司之权利按比例减少至保险金额之总额，但不妨碍其他责任人负责赔偿超出保险金额之部分。

三、如保险公司属善意且在不知悉有其他要求赔偿之情况下，对受害人支付超出上款所指其应得之数额，保险人则无义务对其他受害人赔偿超出保险金额之余额。

第二十五条　（撤销或保险金额之减少）

一、被保险人得随时撤销保险单或减少保险单之保险金额，而须最少提前三十日以挂号信通知保险公司，但不得将保险金额减至低于民事责任保障之法定限额；保险公司对自愿保险亦享有同等权利。

二、如撤销保险或减少保险金额系由保险公司提出，保险公司将根据所余期间之比例退还保险费；如由被保险人提出，退还之保险费将按短期保险之现行价目计算。如由于欠缴保险费而引致撤销保险合同，保险公司将按法律规定办理。

三、在保险有效年期内发生一宗或多宗灾祸，任何一方提出解除合同时，须受以上各款规定之约束。如相应之保险金额未得到恢复，为退还保险费之目的，仅以扣减赔偿金额后剩余之保险金额为计算基础。

四、根据以上各款之规定退还保险费时，被保险人必须将仍有效之民事责任保险卡或临时保险证明书交还。

第二十六条　（仲裁）

一、因本保险单所引起之争议将由双方以书面共同委任之一名仲裁员予以解决。如双方未能协议委任一名仲裁员时，则由每方各自委任一名仲裁员一起予以解决，委任在提出书面申请后三十日内为之。

二、如两名仲裁员未能就裁决达成一致意见，争议则由具决定性裁决权之第三名仲裁员解决之；该第三名仲裁员系由上述两名仲裁员于开始仲裁工作前以书面委出，且仲裁会议由该第三名仲裁员主持。

三、如上述两名仲裁员未能就委任具决定性裁决权之第三名仲裁员达成协议，则由澳门普通管辖法院指定。

四、争议双方各自支付其所委任仲裁员之费用及服务费，而第三名仲裁员之费用及服务费则由双方平均负担。

五、仲裁裁决之取得系对保险公司提起任何司法诉讼之必要条件。

第二十七条　（管辖）*

对由本合同引起之任何诉讼之司法管辖权属澳门法院。

汽车保险		特约条件		保险单编号	
被保险人				住址	
保险开始日期（　时）		保险期限		到期（至当日二十四时）	
被保车辆					
注册编号	商标	发动机或底盘编号	制造年份	汽缸容积	座位数量/总重量	方式	用途

保障的风险及有关限额					
民事责任			车辆本身损害		
保障范围	保险金额		保障范围	保险金额	
	每起事故	每年			
I. 对第三人造成的物质及身体损害	澳门币　　元	澳门币三千万元	III. 碰撞、相撞或翻车、火灾、闪电或爆炸、盗窃或抢劫、玻璃罩独破碎、水灾、台风、热带暴风雨、火山爆发、地震及其他自然界变异	澳门币　　元	
II. 对集体运输车辆的乘客造成的物质及身体损害	澳门币　　元（按每名乘客计）	澳门币三千万元	IV. 火灾、闪电或爆炸、盗窃或抢劫	澳门币　　元	
本保险单适用的特别条款	第十二条所指的免赔额	包括法定附加费的保险费总额	本保险单保障的额外设备		
编号	澳门币　　元	澳门币　　元	名称	商标	价值
					澳门币　　元
特别声明					
二〇　年　月　日于澳门发出			保险公司名称： 签名：		

* 已更改-请查阅：第17/2011号行政命令

当特约条件内明确指出时可适用之特别条款

条款一　权利之背书

保险单之权利已以背书转让予特别声明所指之受益人时，如未得该受益人之同意，不得判定或支付"车辆本身保险"之任何损害赔偿。

如保险公司欲撤销"车辆本身保险"之保障，应最少提前三十日通知保险单权利背书转让之受益人。

条款二　"挂车服务"不包括在内

为产生适当效力，兹特声明：透过被保险人之正式决定，"挂车服务"明确不包括在本合同之目标范围内，如本保险单所承保车辆拖带任何一车辆通行，所有保险效力即告终止。

条款三　"挂车服务"包括在内

当被保车辆拖带特约条件内所指车辆而通行时，民事责任保险仍予以保障，该保障延伸至在停泊中及与拖车脱离之挂车。

条款四　"车辆本身保险"之保障延伸至"额外设备"

"车辆本身保险"之保障延伸至特约条件内列明及标明价值之"额外设备"。

条款五　民事责任保障适用之免赔额

民事责任之保障受特约条件内指明之免赔额约束，但仅限于物质损害；而保险公司任何时候均不得以此种保障之限制对抗受害人及其继承人。

第 222/98/M 号训令

一九九八年十一月三日

核准《驾驶学校及教学规章》

鉴于《道路法典规章》以第四章整章来规范驾驶教学事宜，并表示将理论、技术及实习等有关教学视为公共利益，且该教学事宜仅得由受澳门市政厅根据拟订定之规章以执照形式给予许可之制度约束之驾驶学校进行，而非受雇形式之教练员之过渡状况不受影响。

故此，本规章首次对一些重要事宜作出管制，如驾驶学校之设施及装备应遵守之要件，以及驾驶教学课程、驾驶学校教练员培训课程及驾驶学校校长培训课程之大纲及持续时间。

基于此；

经听取咨询会意见后；

总督行使《澳门组织章程》第十六条第一款c项所赋予之权能，下令：

第一条 （规章之核准）

核准以附件形式公布之《驾驶学校及教学规章》，以下简称为本规章，其成为本法规之组成部分。

第二条 （驾驶学校执照之确认）

一、于本法规生效日已设立之驾驶学校应在本法规生效后三十日内向澳门市政厅申请确认执照。

二、上款所指申请适用经必要配合后之本规章第一章第二节所规定之程序，但不影响下条之规定。

第三条 （基本要件）

现有驾驶学校之执照仅在证明具备以下基本要件后方得按上条之规定被确认：

a) 设施应包括符合本规章第二条第二款及第三条规定之一间办事处及一间课室；

b) 驾驶学校拟教授之每一教学类型所需之教材应符合本规章第五条至第八

条之要求；

c) 教练车辆之限额在其数量及类别方面应与学校在完全运作时之学习驾驶员之容纳量相配合，但不得超逾本规章第九条所定之限额；

d) 学校应有一名校长及至少一名教练员，如校长在一年内连续或间断缺席或因故不能视事不超过九十日时，应由在该校任职之教练员或由持校长准照之人代任，而后者在担任另一所学校之校长职务时，可同时兼任该职务；

e) 校长可在校内从事教练员之工作，提供其具资格教授之类型及类别之教学；

f) 驾驶学校之内部规章应符合本规章第十六条之规定。

第四条　（非受雇形式之教练员准照之确认）

一、非受雇形式之教练员准照权利人应在本法规生效后三十日内向澳门市政厅申请确认准照，申请书须附同一份根据经必要配合后之本规章第十六条之规定而编制之内部规章草案。

二、为符合本规章所定之要件，尤其在设施及教材方面，非受雇形式之教练员可组织公司或合作社。

三、根据《道路法典规章》之规定对非受雇形式之教练员之教练车辆发出准照，但须遵守四月二十八日第17/93/M号法令第九条第四款及第五款所定之限制及限额。

第五条　（由其他实体举办之驾驶教学）

拟根据《道路法典规章》第七十六条之规定举办驾驶教学之实体及拟专门举办伤残人士驾驶教学之实体应在每一课程开始前，将本规章第二十二条所指之资料连同培训员之身份资料一并呈交澳门市政厅核准。

第六条　（格式及印件）

本规章所指之执照、准照及其他印件之格式均由澳门市政厅核准。

第七条　（过渡制度）

于本法规生效日已设立之驾驶学校，如未能在第二条规定之期限内符合最基本要件，得获准许于最多一年内进行必要之配合。

第八条 （补足规范）

澳门市政厅在本法规生效后三十日内，公布《驾驶学习暨考试中心规章》及有关价目表。

第九条 （开始生效）

本法规于公布后第六十日开始生效。
一九九八年十月二十六日于澳门政府。
命令公布。

总督 韦奇立

驾驶学校及教学规章

第一章 驾驶学校

第一节 设施及设备

第一分节 设　　施

第一条 （设施之一般要件）

一、驾驶学校仅得设于具有工业、商业或服务业用途使用准照之单位内。

二、驾驶学校之设施应符合《防火安全规章》及《商业场所、写字楼及服务性场所卫生与安全总规章》规定之所有要件。

三、教具、教练车辆及其他设备应经常处于良好保养及运作状态。

第二条 （工作区及公用地方）

一、驾驶学校应具备以下工作区及公用地方：
a) 办事处；
b) 等候室，设于办事处旁或其所属范围内；
c) 校长办公室；
d) 教练员休息室；

e) 卫生设施；

f) 通往驾驶学校课室及其他附属间隔之通道。

二、办事处应具备充分人力及技术资源，以确保妥善管理：

a) 学习驾驶员注册之登录；

b) 上课次数之登录；

c) 个人档案及统计数据文件；

d) 簿册；

e) 其他文件。

三、等候室应备有令使用者舒适所必需之家具及设备。

四、校长办公室及可设在该办公室内之教练员休息室，须备有令使用者舒适所必需之家具及设备。

五、有适当设备之男女卫生间，其数量能满足使用者之一般需要。

六、驾驶学校之课室及其他附属间隔之通道范围应有足够之结构性规模，便于用户安全通行。

第三条　（课室）

一、每一课室：

a) 面积至少为 15 m^2；

b) 应配备使所有学习驾驶员能安坐之家具及清楚看见教练员使用之教具，以及有作笔记用之台面之布置；

c) 应备有一张供教练员使用之桌子；

d) 应放置一块书写板及各种颜色之水笔以便书写或绘图以阐明课程内容；

e) 应放置收集废纸及其他固体废弃物之容器。

二、每一课室之容纳量由澳门市政厅在进行第十三条所指之检查后根据下列情况订定：

a) 为确保上款 b 项规定之情况之可用面积；

b) 供使用者自由进出及于紧急情况下可迅速从课室疏散所需之空间。

三、面积为 25 m^2 或以上之课室可作理论或技术教学等多种用途，只要能确保有效适合每一项用途并符合经订定之容纳量，但不得同时作不同教学之用。

第四条　（练习场地）

一、设有练习场地之驾驶学校，在安排场地时，应在不影响适当安全情况下，透过使用障碍物及尽量使用各类型交通标志设立学习路线，向学习驾驶员展示各种不同难度而常见之交通情况。

二、无练习场地之驾驶学校应按《驾驶学习暨考试中心规章》安排实习教学。

三、在练习场地内或最近处应有适当之急救用品。

第二分节 设　　备

第五条　（共同规定）

一、驾驶学校使用之教具应呈交澳门市政厅核准且须在使用前进行查核。

二、各课室应放置一本《道路法典》《道路法典规章》及其他与道路法有关之现行法例。

三、为补充上述教材，尚可使用具备路线图之桌子及微型车。

第六条　（理论教学之教具）

一、用于理论教学之课室应设有一套专为该类型教学而设计之幻灯片、高映胶片或电影胶片以及适合放映之器材。

二、上款所指幻灯片、高映胶片或电影胶片应与下列内容有关：

a) 所有直立式及地平式之灯光及图形交通标志；

b) 上述交通标志放置及使用之实际情况；

c) 正确及不正确实施交通安全规则之情况；

d) 进行危险及高风险驾驶操作之情况并清楚显示所造成之危险；

e) 重型摩托车及汽车前后部分，并须配备所有照明及讯号系统；

f) 须使用之附件及正确使用方法。

第七条　（实习教学之教具）

除上条所指教具外，只要能适用有关教学内容，尚可使用模拟器或其他计算机设备作实习教学之用。

第八条　（技术教学之教具）

一、用于技术教学之课室应有下列设备：

a) 具有可显示正用于教学之车辆之主要零件及构件以及有关运作之示意图板，例如底盘、转向及制动系统、悬挂系统、变速箱、电力系统、发动机及喷注系统；

b）三部以透明材料制造或剖面之发动机，其中汽油发动机一部、柴油发动机一部及二冲程发动机一部，可显示燃料供应新技术及电子组件；

c）一套用于重型摩托车及汽车之必要附件；

d）一块放置常用工具之展示板。

二、驾驶学校使用之教具应呈交澳门市政厅核准且须在使用前进行查核。

第九条　（教练车辆）

一、拟发给驾驶学校重型教练摩托车及轻型教练摩托车准照之车辆限额系按每位在该校之全职在职教练员配备六辆机动车计算，再加上计得数额之百分之二十，如多名兼职教练员之工作总时数与全职教练员之工作时数相同时，则兼职教练员亦按此方法计算。

二、拟发给驾驶学校汽车教练车准照之车辆限额系按每位在该校之全职在职教练员配备一辆机动车计算，如驾驶学校进行一种类型之汽车驾驶实习教学则加上计得数额之百分之二十，如驾驶学校进行多于一种类型之汽车驾驶实习教学则加上计得数额之百分之五十；如多名兼职教练员之工作总时数与全职教练员之工作时数相同时，则兼职教练员亦按此方法计算。

三、旁卡车、挂车及半挂车之限额由澳门市政厅根据已分配或将分配至驾驶学校之教练车辆数目及相应类别按不同情况订定。

四、如根据本条规定计算所得之数目为分数时，将该数目凑成比其高一个数字之整数。

五、申请每一教练车辆之准照时，须在申请书内指出供泊车之私人或专用地点；仅在车辆被用作实习教学、被车主或获分配为该辆车之教练员作私人用途，又或在维修或送往检验时，方得驶离泊车地点。

六、发出教练车辆准照系根据《道路法典规章》之规定办理。

第十条　（非受雇形式之教学）

非受雇形式之教练员在使用驾驶学习暨考试中心时，应按该中心之规章安排实习教学。

第二节　发 出 准 照

第十一条　（设立之可行性）

一、拟设立驾驶学校者，应向澳门市政厅提出预先审议设立学校之可行性之申请。

二、申请应以填写专用印件为之，填妥后附同以下文件：

a) 比例为1/1 000之学校位置平面图副本；

b) 标明家具、教具及其他设备布置之比例为1/100之学校平面图副本；

c) 如学校具备练习场地但该场地非与学校毗邻，须附同比例为1/1 000之练习场地位置平面图副本；

d) 如拟设立之学校无练习场地，须附同指明拟使用之练习场地之声明书。

三、澳门市政厅应于三十日内作出决定。

四、获通知属可行之决定后或上款所指之期限届满后，如属已存在且仅须作改建工程之设施，利害关系人应于九十日内提交执照申请书。

第十二条　（执照之申请）

一、申请开办及经营驾驶学校之执照应填写专用印件，填妥后附同以下文件递交澳门市政厅交通暨运输部：

a) 申请人之身份证明文件影印本及刑事记录证明书，如属法人，须附同有关公司合同影印本、在商业登记局登录及注册之证明书，以及其经理及董事之刑事记录证明书；

b) 校长及教练员准照影印本，以及将在学校担任职务之被指定之校长、代校长及教练员之刑事记录证明书；

c) 拥有学校设施之证明文件，其内载明申请人以何种身份拥有学校；

d) 如属对已存在且经检查之楼宇作改建工程者，附同由土地工务运输司发出之使用准照之经认证副本；

e) 三份比例为1/1 000之学校位置平面图副本；

f) 三份标明家具、教具及其他设备布置之比例为1/100之学校设施平面图副本及有关备忘说明书；

g) 如学校具备练习场地但该场地非与总校址毗邻，须附同三份比例为1/1 000之练习场地位置平面图副本；

h) 三份标明拟设定之路线及交通情况之比例为1/100之练习场地平面图副本；

i) 三份施工初步研究书副本及三份已安装或拟安装之防火灭火系统及电力系统之图则副本；

j) 符合第十六条规定之内部规章草案。

二、如申请人拟使用属另一已获发准照之驾驶学校之练习场地时，上款 f 项及g项所指之文件则由拥有该练习场地之学校之执照权利人声明书代替,并在声明书内载明双方使用练习场地之方式。

三、申请人亦可声明选择使用驾驶学习暨考试中心,但须签署载明使用该中心之条件之同意书。

第十三条 (检查)

一、完成驾驶学校设置并提交其内部规章后,申请人应将该等情况通知澳门市政厅交政厅交通暨运输部以便作出检查。

二、在检查中发现异常情况或不完善之处,又或无遵守与执照申请书一并提交之备忘说明书或澳门市政厅作出之提议时,应定出不超过三十日之期限以便作出必要修正并于期满后再作检查。

三、完成检查且核准内部规章后,澳门市政厅以批示确认每一课室之容纳量、拟根据类别发出准照之教练车辆之最高限额以及驾驶学校之运作时间。

第十四条 (执照)

一、根据第十六条之规定将一份保险单副本附入申请后,澳门市政厅向申请人批给有关准照及签发执照。

二、准照须每年续期,最迟应于有效期届满前三十日申请续期。

第十五条 (发出执照后之更改)

一、执照所载资料有任何更改时须作附注,并应在变更之日后十五日内提出申请。

二、拟对驾驶学校作出更改且该更改影响或改变内部规章所规定之组织及运作时,须预先得到澳门市政厅之核准。

三、对设施及使用不同家具或设备之更改,核准与否取决于所作之检查。

四、凡因持有执照之自然人身故或法人之消灭、学校顶让或经营让与、更换经理或董事,又或更换校长、代校长或任何一名教练员等情况而引致之更改,均须通知澳门市政厅交通暨运输部以作记录及附注,并附同证实更改依据之文件。

五、对有关学校之顶让或经营之让与、经理或董事之指定,校长、代校长或任何一名教练员之更换等之更改,在作出通知时应附同有关刑事记录证明书。

六、如更改引致公证书之签订或司法程序之提起,证明履行有关义务之证明书应在签署公证书或提起程序之日后十五日内呈交。

第三节 内部规章

第十六条 （内部规章）

一、驾驶学校之组织及运作均在内部规章中订定，并须包括以下事项：

a) 根据《道路法典规章》第八十七条及第一百一十一条至第一百一十三条之规定，学校拟使用之记录及统计工具以及有关之式样；

b) 根据本规章第二章第一节之规定，编排及计划不同类型之教学课程；

c) 课室之容纳量、课程表、教练员数目及每一类型教学之时数；

d) 按类别区分之教练车辆限额；

e) 使用练习场地、教具及其他设备之方式；

f) 按现行法例规定之整套保险计划，必须包括设施、学校之人员、学习驾驶员及教练车辆；

g) 簿册及其他文件之记录方式以及将载于其中之数据及资料传送至澳门市政厅之方式；

h) 适用于学习驾驶员之纪律制度；

i) 包括按课程节数付款及"执照到手"付款之付款方式之收费制度。

二、尚应遵守以下标准：

a) 如学校与住宅楼宇或医院相距少于200 m且拥有练习场地，学校运作时间不得早于清晨六时，亦不得超逾午夜十二时，而重型及轻型摩托车之驾驶实习教学则只限于上午八时至晚上十时；

b) 学习驾驶员出勤记录表，须每日记录，且应由各学习驾驶员签名，其内说明该等学习驾驶员在各类型教学之每一课中之出席情况，且须存档至少一年；

c) 课程可由多个单元组成，其计划应以令学习驾驶员在就读期间无须硬性连续上课之方式为之，但亦不影响学习驾驶员接受包括在有关课程内之所有培训；

d) 不论属何种类型之教学，分配予每一教练员之最多时数每日不得超逾十小时。

第二章 驾驶教学

第一节 驾驶教学之大纲

第十七条 （共同规定）

一、驾驶教学大纲包括以下各条所列明之内容，应在理论、技术或实习教学等每一类型教学之至少二十五个学时内充分教授。

二、通过理论考试后，学习驾驶员所获发之学习驾驶准照应由其保存，但仅在其教练员陪同及直接指导下于驾驶学习暨考试中心或公共道路上接受实习课时方可使用。

三、第一款规定之任何一类型教学学时在下列情况下得缩短至不少于十五小时，遇此情况，考试卷宗应附同一份由驾驶学校教练员及校长署名之投考人资格声明书：

a) 持有轻型摩托车确定性驾驶执照之重型摩托车学习驾驶员；

b) 持有 A1 小类之重型摩托车确定性驾驶执照之 A2 小类重型摩托车学习驾驶员；

c) 持有轻型汽车驾驶证之重型汽车学习驾驶员。

第十八条 （理论教学）

一、在进行驾驶理论教学时，应配合阅读《道路法典》及《道理法典规章》，并借助课室内之教具以解释有关内容。

二、驾驶理论教学包括以下内容：

a) 道路行车；

b) 驾驶员与车辆——驾驶方面之人机工程学；

c) 车辆之性能及保养；

d) 驾驶汽车之一般规则；

e) 在市区内、公路上及高速公路上驾驶；

f) 在夜间及恶劣天气情况下驾驶；

g) 遇事故或故障时之应变行为；

h) 驾驶员之民事及刑事责任；

i) 交通讯号及监察；

j) 公共道路之其他使用者。

第十九条 （实习教学）

一、最初阶段之驾驶实习教学共五小时，除了使学习驾驶员对保障安全驾驶之必要仪器有初步认识外，亦应使用模拟器提供教学，该模拟器可模仿汽车在湿路、滑路、夜间及高速下行使。

二、第二阶段共五小时之教学在驾驶学习暨考试中心内进行，除简要提供有关驾驶安全及注意事项之基本概念外，亦应使学习驾驶员对汽车有初步认识。

三、第三阶段之教学共十五小时，包括在可供驾驶学习之公共道路上进行之实习，以及包括第五款所指之各种情况以外之在繁忙时间及夜间进行之驾驶课。

四、投考人在以上各阶段中之两次期中测验及格后，方得报考驾驶实习试；其中一次测验为前两个学习阶段而设，另一次则为最后一个学习阶段而设。

五、驾驶实习教学包括以下内容：
a) 熟习车辆，说明其组件及有关功能；
b) 在发动机停顿下练习，所有安装在仪表板上之仪表之操作；
c) 控制汽车以及平衡及控制重型摩托车；
d) 在驾驶方面节约之基本知识；
e) 起动前，检查车辆之情况（燃料、机油及水、制动器及转向、灯及喇叭、后视镜、雨刮、附件及轮胎）；
f) 运转中之发动机操作及低挡起动；
g) 在封闭范围内慢驶；
h) 逐步增速及倒车、转向、掉头、空挡及泊车之主要操作；
i) 以中速在交通流量小及有上落斜坡、驼峰路、十字交叉及 T 形交叉路口以及其他常见交通情况下之公共道路及路线上行驶；
j) 在市区及交通流量大之路线上行驶；
l) 在夜间及尽量在恶劣天气情况下驾驶；
m) 道路行驶与污染。

六、在公共道路上作重型及轻型摩托车驾驶实习教学时，应由两名教练员陪同，而学习驾驶员之人数不得超过十人；在封闭场所作该驾驶实习时，每组仅须由一名教练员陪同，而学习驾驶员之人数最多为十人。

第二十条 （技术教学）

一、驾驶技术教学可包括一项参观一间重型摩托车修车行、一间轻型摩托车修车行及一间重型汽车修车行之学习活动，该项活动列入第十七条第一款所规定之学时内。

二、驾驶技术教学包括以下内容：
a) 机动车辆之分类；
b) 一般机械原理；
c) 内燃发动机之机械学；
d) 发动机之燃料供应系统；

e) 发动机及车辆之电子组件；
f) 转向、制动及电力系统；
g) 变速箱、传动及悬挂系统；
h) 轮辋及轮胎；
i) 必须使用之附件及工具；
j) 常见故障之维修。

第二十一条　　（知识评核及报考）

一、知识评核为持续性，并在理论及技术教学中包括两次期中测验及一次期末测验，该等测验计算成绩不具淘汰性。

二、完成第十七条第一款规定之学时后，如学习驾驶员被教练员认为未符合应考资格，则应进行必要之补课直至符合下款所指之要件，但如学习驾驶员作出自负责任声明指明其合符应考资格者除外。

三、在完成第十七条第一款规定学时后或学习驾驶员根据同一条第三款规定而被教练员认为合资格时，驾驶学校得为其申请报考，以便进行所选定之考试。

四、第二款及第三款之规定适用于在驾驶考试中任何一项考试不及格之学习驾驶员。

第二节　教练员培训课程

第二十二条　　（教练员培训课程之录取）

一、培训课程投考人之录取须符合以下要件：
a) 投考人不处于《道路法典规章》第九十七条规定之任一项无能力之情况；
b) 至少具备已获教育暨青年司认可之最低必需学历；
c) 拟成为驾驶理论教学教练员或技术教学教练员之投考人须持有驾驶执照至少两年；
d) 拟成为驾驶实习教学教练员之投考人须持有其拟提供教学之车辆类别之驾驶执照至少三年；
e) 具备经医生证明书证明有适合从事拟提供之教学类型之身心条件。

二、拟成为驾驶实习教学教练员之投考人尚须通过澳门市政厅以其拟考取教授之车辆类别而进行之一项特别驾驶实习考试。

三、具有包括汽车机械培训课程学历之投考人，只要提出申请且其履历经审核，得豁免就读有关培训课程之专门领域。

四、投考应透过填写专用印件为之，并附同印件内所指文件交予澳门市政厅交通暨运输部。

五、如投考人数目超过课程所定名额，甄选以下列优先因素为之：
a) 在驾驶员记录中有较少违例记录；
b) 较高学历；
c) 年龄在二十五岁至五十岁之间；
d) 持有驾驶执照时间较长。

六、被录取之投考人将获通知办理入读培训课程之注册手续并缴付有关学费。

第二十三条　（教练员培训课程大纲）

一、所有驾驶教学类型之教练员培训课程均有共同领域，而该三类型教学均各自设定专门领域。

二、各驾驶教学类型中之培训课程均有共同领域，其中包括以下内容：
a) 教练员之职业道德：
b) 教学技巧及视听教材之使用；
c) 道路法例，尤其适用于教练员之法例，以及教练员之义务、纪律制度及有关记录；
d) 澳门市政厅交通暨运输部之运作，尤其有关驾驶考试申请之提交及办理程序之部分。

三、驾驶理论教学教练员培训课程之专门领域包括第十八条所指之全部内容。

四、驾驶实习教学教练员培训课程之专门领域包括第十九条所指之全部内容。

五、驾驶技术教学教练员培训课程之专门领域包括第二十条所指之全部内容。

第三节　校长培训课程

第二十四条　（校长培训课程之录取）

一、校长培训课程投考人之录取须符合以下要件：
a) 投考人不处于《道路法典规章》第一百零一条所规定之任一项无能力之

情况；

b）持有具资格提供理论、技术及至少一种车辆类别之实习教学之教练员准照至少三年；

c）具备经医生证明书证明有适合从事该项职业之身心条件。

二、投考应透过填写专用印件为之，并附同印件内所指文件交予澳门市政厅交通暨运输部。

三、如投考人数目超过课程所定名额，甄选以下列优先因素为之：

a）在教练员记录中有较少违例记录；

b）持有教练员准照时间较长；

c）持有可教授车辆类别较多之实习教学教练员准照；

d）年龄在三十岁至五十岁之间。

四、被录取之投考人将获通知办理入读培训课程之注册手续并缴付有关学费。

第二十五条　（校长培训课程大纲）

校长培训课程包括以下内容：

a）驾驶学校校长之职业道德；

b）道路法例，尤其适用于驾驶学校及驾驶教学之法例，以及校长之义务、纪律制度及有关记录；

c）驾驶学校之组织、运作及管理；

d）不同类型驾驶教学课程之编排；

e）教学技巧及对学习驾驶员知识之评核。

第四节　再培训课程

第二十六条　（再培训课程之入读）

持有效准照之教练员及校长应每五年入读其所属领域之再培训课程，澳门市政厅将为此作出通知。

第二十七条　（再培训课程大纲）

再培训课程包含之内容须显示出因法例之修改及汽车工业之革新而进行知识更新之必要性。

第五节 教练员及校长培训课程及再培训课程之编排

第二十八条　（培训课程及再培训课程之开办）

培训课程及再培训课程之开办由澳门市政厅主席以批示订定，其中包括：
a) 课程之起止日期、持续时间及课程表；
b) 上课之地点；
c) 课程所定名额；
d) 课程大纲；
e) 学费。

第二十九条　（课程之就读、出席率之监督及知识评核）

一、所有获准入读培训及再培训课程之投考人必须上课并应于每一节课签到。

二、每一课程中如旷课时数达总课时之百分之十之学员将被取消资格，并丧失已缴付之学费。

三、知识评核具连续性，包括进行计算成绩但无淘汰性之测验。

四、已具备资格提供某一类型之驾驶教学而受训之教练员，只要证明在过去六个月已担任有关职务，得要求豁免修读包括其已有教学资格之有关内容之相应课时。

第三十条　（培训课程之考试及证书）

一、完成每一培训课程之上课部分后，受训者须经澳门市政厅指定之典试委员会考核。

二、考试由一具淘汰性之笔试及随后之口试组成，如为驾驶实习教学之教练员培训课程，则须设一实习考试取代口试，口试及实习考试均属淘汰性。

三、如受训者考试及格，则获发有关证书。

第三十一条　（就读再培训课程之证明书）

一、完成再培训课程后，有足够出席率且成绩及格之受训者获发就读再培训课程之证明书。

二、如受训者上课不足第二十九条第二款所指之时数或在课程中成绩不及格，须就读随后开办之首个再培训课程，否则其校长或教练员准照将被中止至最多五年内在同一性质之再培训课程中取得及格为止，如不及格，准照将被确定取消。

三、驾驶理论教学及技术教学之教练员得以其所具备之资格向拟成为任何类别车辆驾驶员之投考人提供教学。

第六节　教练员之准照及分类

第三十二条　（教练员准照及校长准照）

一、在有关课程考试中及格之受训者获发一教练员准照或校长准照，该准照应由利害关系人在最多五年内申请，否则所就读课程被宣告失效。

二、准照须每年续期。

三、准照之每年续期取决于其权利人证明已按第二十六条之规定每五年曾就读一再培训课程，且具足够出席率及成绩及格。

第三十三条　（教练员之分类）

一、根据具备资格提供之教学类型及可提供实习教学之车辆类别，教练员分别属于以下一种或多种级别，该级别附注于其准照内：

a) 驾驶理论教学教练员；
b) 技术教学教练员；
c) 重型摩托车驾驶实习教学教练员——A 类；
d) 轻型汽车驾驶实习教学教练员——B 类；
e) 重型货车驾驶实习教学教练员——C 类；
f) 重型客车驾驶实习教学教练员——D 类；
g) E 类车辆驾驶实习教学教练员——E+B、C、D 类。

二、驾驶理论教学及技术教学之教练员得以其所具备之资格向拟成为任何类别车辆驾驶员之投考人提供教学。

三、驾驶实习教学教练员仅得提供其具备资格之车辆类别之教学。

第三章　处罚制度

第三十四条*　（处罚）

实施违反本规章之行政违法行为者，如有关行为属《道路交通规章》第四章未予特别规定者，则科处罚款澳门币 600 元。

* 已更改-请查阅：第 15/2007 号行政法规

第三十五条 （科处罚款之权限）

根据《道路法典规章》第一百一十八条第二款，澳门市政厅以通过交通事务署之身份获赋予之职责执行科处上条所指之罚款。

第三十六条 （罚款之缴纳）

一、因违反本规章之行政违法行为而提起之处罚程序及相关决定之执行，适用第 3/2007 号法律第七章之规定。*

*已更改-请查阅：第 15/2007 号行政法规

二、在上款规定期间内未自愿缴纳罚款者，将通过有权限之实体按税务执行程序之规定作强制征收，而处罚决定证明书则成为执行凭证。*

*已废止-请查阅：第 15/2007 号行政法规

第三十七条 （上诉）

对科处罚款之决定，可向行政法院提起上诉。

第四章　最后规定

第三十八条 （保障）

私人有权根据《行政程序法典》之规定及所定之程序，透过声明异议或行政上诉，请求废止或变更在本规章范围内所作之行政行为，但不影响法律规定之其他保障情况。

澳门特别行政区

第 4/2004 号行政法规

陆路跨境客运

行政长官根据《澳门特别行政区基本法》第五十条（五）项，经征询行政会的意见，制定本行政法规。

第一条　核　　准

核准附于本行政法规并为其组成部分的《陆路跨境客运规章》。

第二条　现 有 企 业

在本法规公布之日前已于澳门特别行政区登记的陆路跨境客运企业，应自本行政法规生效之日起六十日内申请有关准照，但《陆路跨境客运规章》第四条第二款关于以股份有限公司类别设立公司的强制性规定不适用于此情况。

第三条　重型客运车辆的进口及注册

一、允许在澳门特别行政区进口并注册供获发从事陆路跨境客运业务准照的公司营运的全新重型客运车辆。

二、根据上款规定进口的车辆必须具备专用的停放地点，但当以申请实体名义注册的车辆数目被认为足以满足其需要时，经济局可根据民政总署或该局认为必须征询的其他实体的意见拒绝其进口。

第四条　生　　效

本行政法规于公布后满三十日生效。

二○○三年十月二十二日制定。

命令公布。

行政长官 何厚铧

陆路跨境客运规章

第一章 一般规定

第一条 范围

本规章的规定适用于重型客运车辆或轻型客运车辆的陆路跨境客运服务。

第二条 定义

为适用本规章及补足法例的规定，下列用词的定义为：

（一）陆路跨境客运：指跨越澳门特别行政区边境，但部分路程在澳门特别行政区境内的陆路运输服务；

（二）陆路境内客运：指全部路程均在澳门特别行政区境内的陆路运输服务；

（三）定期服务：指以重型客车并按照预定的路线、班次、时间表及收费提供的、在预定的车站上落客的客运服务；*

（四）非定期服务：指以轻型客车及预约形式提供的、以澳门特别行政区境内作为起点站或终点站且中途不可上落客的客运服务；*

（五）供监察用的文件：指在从事客运业务方面澳门特别行政区法例或其他适用法例，又或关于陆路客运的国际协约所要求的文件，尤其是准照、获许可的路线及车辆证明书；*

（六）准照：指由土地工务运输局发出从事陆路跨境客运业务的准照；*

（七）乘客：指由客运车辆运载的人士，但司机及向运输实体提供服务或执行监察工作的其他人员除外；*

（八）经营公司：指以陆路跨境客运为所营事业的公司。*

*已更改-请查阅：第32/2017号行政法规

第三条 陆路跨境客运服务*

一、提供澳门特别行政区与中华人民共和国其他地区之间的陆路跨境客运服务，须按预先许可制度取得有关地区主管当局的许可，并须遵守澳门特别行政区与中华人民共和国其他地区之间基于陆路跨境客运的安全及管理需要而协议的经

营条件。*

二、请求上款所指许可的申请书应向交通事务局局长提出，并由其将申请转介有关当局。*

三、请求许可的申请书内应列明服务的种类、收费、车辆的数目及种类，提供定期服务的申请书内尚应列明拟行走的路线、时间表及车站，并说明选择路线的理由。*

四、更改路线、时间表、车站、收费及车辆种类等均须经交通事务局批准。*

五、在所有营运车辆内应张贴一块尺寸不小于 210 mm×297 mm——A4 的标示牌，其内须载有关于经营公司的下列资料：

（一）公司商业名称；

（二）在商业及动产登记局的登记编号；

（三）陆路跨境客运准照编号；

（四）服务种类、终点站及路线；

（五）查询资料的电话号码。

* 已更改-请查阅：第 32/2017 号行政法规

第二章　从事业务的资格

第四条　发出准照

一、获交通事务局发给陆路跨境客运业务准照的实体，方可从事陆路跨境客运业务，不论属定期服务或非定期服务。*

二、从事陆路跨境客运业务的准照仅可发给在澳门特别行政区依法设立并证明具备从事该业务要件的股份有限公司。

三、从事陆路跨境客运业务须有准照作为凭证，该准照可透过证明仍具备从事该业务的要件而续期及不可转让。

四、业务应在发给准照的批示所定的期间内展开。

五、路线的更改须根据第十一条的规定提出申请，并附注于准照内。*

六、准照的发出、续期、更改及补发，须缴付附件一所载的费用。*

七、准照以载于附件二的式样发出。

* 已更改-请查阅：第 32/2017 号行政法规

第五条　准照的有效期

准照的有效期由发出日起计为期三年，并可以相同期间续期。

第六条　准照的续期

一、准照的续期须最迟在准照有效期届满前三十日，根据第十一条的规定提出申请。

二、在上款规定的期限届满后提出准照续期申请，须根据附件一的规定缴纳一项附加费。

第七条　从事业务的要件

从事业务的要件如下：
（一）适当资格；
（二）技术及专业能力；
（三）财力。

第八条　适当资格

一、无下列任何障碍的人，视为已具备适当资格：
（一）被法律禁止从事商业活动；
（二）因贩卖麻醉品、洗黑钱、税务或关税欺诈而被确定判罪；
（三）因蓄意或非蓄意破产及不正当据为己有而被确定判罪；
（四）因侵犯财产罪而被确定判处不少于两年的徒刑；
（五）因贿赂而被确定判罪；
（六）因任何性质的犯罪而被确定判处禁止在所定期间内从事有关职业；
（七）因不法竞争或不正当竞争行为而被确定判罪；
（八）因严重及重复违反有关驾驶时间、休息时间或陆路安全的规章性规定而被确定判罪及被命令禁止在所定期间内从事有关职业；
（九）因在从事运输业务时违反有关回报性质的给付制度或工作卫生及安全条件、环境保护及职业责任的规定而被确定判罪及被命令禁止在所定期间内从事有关职业；
（十）因实施七月三十日第 6/97/M 号法律所指的犯罪而被确定判罪。

二、适当资格的要件适用于行政管理机关成员、管理人及经营公司实际领导机关的任何其他负责人。

第九条　技术及专业能力

一、技术及专业能力是指具备从事陆路客运业务适当知识的人力资源。

二、经营公司应由一名以常设制度任职的管理人管理。

三、经营公司的人员编制中最少应设有一名具备领导一间陆路客运企业所需的学术培训或实践能力的管理人。

第十条　财力的确认

一、财力是指拥有能保证企业开业及良好管理所需的资源。

二、为开业，经营公司应拥有不少于＄5 000 000.00（澳门币伍佰万元）的公司资本，且在从事业务期间，应备有不低于其以所有权制度拥有或以融资租赁制度或透过长期租赁合同而持有的全部车辆价值的百分之十的储备金，其金额最少须为＄50 000.00（澳门币伍万元）。

三、为证明已遵守上款的规定，开业须以载有公司资本的商业登记证明，而在从事业务期间，以上一营业年度的资产负债表的复本或经认证的副本证明。

第十一条　申请准照的程序

一、申请发给准照须透过致交通事务局局长的申请书提出，申请书须由有权力约束申请实体的人签名，其身份及签名须经公证认定。申请书内须载有下列资料：*

（一）公司商业名称；

（二）住所；

（三）管理人的身份资料；

（四）营运服务计划，尤其包括营运服务安排、车辆的数目及种类、车辆载客量、车辆属申请实体所有或基于租赁等方式而持有的说明、收费计划、车队维修保养、车队停泊地点、客户服务、人员配置、紧急及特殊情况下的应变预案，如属定期服务，尚须说明每条路线的往返行程、上落客站点及班次时间表；*

（五）在拟经营业务的地区所取得的注册证明书。*

（六）**

（七）**

（八）**

（九）**

二、上款所指的申请书应附同下列文件的正本或认证缮本：

（一）公司的设立文件；

（二）商业登记证明；

（三）由财政局发出有关公司税务状况正常的证明；

（四）公司管理人的刑事记录证明；

（五）公司管理人的履历，连同有关学术培训及专业经验的证明文件；

（六）公司倘有的上一营业年度的资产负债表；

（七）以澳门特别行政区政府为受益人，金额为公司资本百分之十，作为开业保证的担保。

三、申请应附同申请书及上两款所指文件各六份的影印本。

四、第二款（七）项所指担保须以现金存款，或以在澳门特别行政区经营的银行或保险公司所订立的即付形式的适当银行担保或保险担保提供。

五、因提供担保而产生的负担由申请人承担；担保可在开业后解除。

* 已更改-请查阅：第 32/2017 号行政法规

** 已废止-请查阅：第 32/2017 号行政法规

第十二条　拟设立的公司

一、上条的规定经作出适当配合后，适用于以拟设立公司的名义申请发给准照的情况，但可暂时不要求提交该条第二款（一）项至（三）项所指的文件。

二、如属上款所指的情况，且申请获批准，准照仅在申请人提交上指文件后方发出。

第十三条　分析申请及作出决定*

一、发出准照的卷宗由交通事务局按序编号，其由申请书及附同申请书的文件组成。*

二、发出准照的卷宗须送交治安警察局、海关、消防局及旅游局，以便其在三十日内发出意见。*

三、自收到申请之日起计九十日内就发给准照的申请作出决定；该期限在经说明理由后可延长一次或多次，但以不超过九十日为限。

* 已更改-请查阅：第 32/2017 号行政法规

第三章　从事业务

第十四条　经营公司在车辆方面的义务

一、在不影响陆路客运车辆的种类及技术规格规章的适用下，经营公司必须：

（一）保持在性能、质素、舒适及安全等方面提供良好服务所需的车辆数目；

（二）保持在服务中的车辆有良好的保养和清洁状况及有良好的安全条件；

（三）在每辆车的内外显眼处张贴有关载客量的指示；

（四）在每辆车内的显眼处张贴有关禁止吸烟及乘客须遵守的其他安全使用规则的通告；

（五）在每辆车内存放经营公司的准照的经认证副本、法律或规章所要求的其他文件，以及所要求供监察用的文件。

二、为监察对上款（二）项的规定的遵守情况，经营公司应向土地工务运输局提交有关车队的年度维修保养计划，并指明将使用的工场。

三、用于陆路跨境客运服务的车辆应在民政总署交通运输部注册，并在商业及动产登记局登记。

第十五条　服务水平下降

一、如经营公司所提供的服务不符合获发给准照之日所具备的质素标准，则必须在四十五日内按照监察实体的提议作出必要的改善。

二、如所提供的服务仍未符合所要求的质素标准，则准照在上款所指期限届满后可被中止。

三、如中止超过九十日，则撤销有关准照。

第十六条　运 输 凭 证

每一使用陆路跨境客运服务的乘客均应持有由有关经营公司发出的有效运输凭证；凭证应有编号，并应指明实际已缴付的费用及经营公司的商业名称。

第十七条　强制性民事责任保险

经营公司应保持民事责任保险的适时性，使之可根据适用法例的规定保障乘客所受到的损害。

第十八条　经营的其他条件

一、根据本规章规定专门为经营跨境客运服务而设立的公司，不得以任何形式经营陆路境内客运的定期服务。

二、经营公司仅应在准照明示许可的地点上落客，而上落客的地点，包括设于澳门特别行政区的终点站在内不得多于三个。

三、经营公司必须遵守及使其人员遵守《道路法典》及有关规章的全部强制规定,以及其他现有或将来公布的适用法例。

四、用于提供陆路跨境客运服务的车辆不得运载动物,以及其体积、气味或任何原因可对乘客造成不便或可危及乘客安全的物品。

五、禁止在陆路跨境客运服务的车辆内吸烟。

第十九条 经营公司章程的修改

未经土地工务运输局预先许可,经营公司不得作出下列任一行为:
(一)更改公司所营事业;
(二)减少公司资本;
(三)变更、合并、分立或解散公司。

第四章 监察及处罚制度

第二十条 监 察

一、监察对本规章的遵守情况,属土地工务运输局、民政总署及治安警察局的职权。

二、上款所指的实体可根据有关职责及职权命令检查经营公司的设施、工场及车辆,以及当检查结果认为有需要时,可禁止用于提供陆路跨境客运服务的车辆通行。

三、具监察职权的公务员及服务人员在执行职务时,经出示其证明文件后,可自由进出经营公司用作从事业务的地方。

第二十一条 行政上的违法行为

本规章第二十三条至第二十九条所指的不法事实构成行政上的违法行为;十月四日第52/99/M号法令订定的制度适用于本规章未作特别规定的所有情况。

第二十二条 行政上的违法行为的处理程序

一、处理本规章所规定的行政上的违法行为,属土地工务运输局的职权。
二、科处罚款属土地工务运输局局长的职权。
三、土地工务运输局应对有关违法行为作出记录。

第二十三条 未获发给准照的实体经营客运业务

未获发给准照而经营陆路跨境客运服务的实体,自然人处以$10 000.00

（澳门币壹万元）至 $50 000.00（澳门币伍万元）罚款，法人处以 $30 000.00（澳门币叁万元）至 $150 000.00（澳门币拾伍万元）罚款。

第二十四条　欠缺标示牌

不张贴第三条第五款所指的标示牌，处以 $2 000.00（澳门币贰仟元）至 $10 000.00（澳门币壹万元）罚款。

第二十五条　使用未经许可的车站

使用未经许可的车站或地点上落客，处以 $3 000.00（澳门币叁仟元）至 $15 000.00（澳门币壹万伍仟元）罚款。

第二十六条　未经许可的境内客运服务

如未经许可而经营境内客运服务，则每运载一名乘客处以 $2 000.00（澳门币贰仟元）罚款。

第二十七条　企位乘客及超载

如运载企位乘客或超载，则每运载一名企位乘客或超载一名乘客处以 $2 000.00（澳门币贰仟元）罚款。

第二十八条　未经许可的路线

不遵照获许可的路线行走，处以 $7 000.00（澳门币柒仟元）至 $35 000.00（澳门币叁万伍仟元）罚款。

第二十九条　欠缺文件

在接受检查时未能出示应存放在车辆内的文件，处以 $700.00（澳门币柒佰元）至 $3 500.00（澳门币叁仟伍佰元）罚款，且驾驶员应在五日内向作出实况笔录的实体递交该等文件；如不递交且无合理解释，则处以 $17 500.00（澳门币壹万柒仟伍佰元）罚款。

第三十条　缴交罚款的期限

罚款应由作出处罚决定通知之日起计三十日内缴付。

第三十一条　中止准照

一、倘运输实体由首次处罚决定之日起计两年内重犯本规章第二十四条、第二十六条、第二十七条及第二十九条所指的违法行为，除被罚款外，还可处以中止经营业务准照的附加制裁。

二、上述中止的期限最长为两年。

附件一 *

费用

(第四条第六款及第六条第二款所指者)

一、发出准照：澳门币 10 000 元。

二、准照续期：澳门币 5 000 元。

三、逾期提出准照续期申请的附加费：

(一)逾期不超过三十日：澳门币 1 000 元；

(二)逾期超过三十日：澳门币 3 000 元。

四、更改或补发准照：澳门币 1 000 元。

* 已更改-请查阅：第 32/2017 号行政法规

附件二 *

准照式样

（第四条第七款所指者）

澳门特别行政区政府
Govemo da Região Administrative Especial de Macau
陆路跨境客运准照
Licença de transportes rodoviários in terurbanos de passageiros

所营地区：澳门—内地/澳门—香港
Regiões de openação：Macau-Interior da China/Macau-Hong Kong
服务种类：定期服务/非定期服务
Tipo de serviços：Serviços regulares/Serviços não regulares

                                准照编号：
                                Nº. de licença：

经营公司的中文、萄文商业名称：
Firma da operadora ern chinês e português：

商业及动产登记局的登记编号：
Nº. de registo na Conservatória dos registos Comercial e de Bens Móveis：

获准按附注所列内容从事陆路跨境客运业务。
Autorizado a exercer a actividade de transportes rodoviários interurbanos de passageiros de acordo com o averbado na licença.

本准照有效期至
Esta licença é válida até

应最迟于准照有效期届满前三十日申请续期。
A renovação da licença deve ser pedida aré 30 dias antes do termo do seu prazo de validade.

发出日期：   年   月   日
Data de cmissão：   ano   mes   dia

                                交通事务局局长
                    O Direclor da Dirccção dos Serviços
                       Para os Assuntos de Tráfego

附注：Aeverbamentos

* 已更改-请查阅：第 32/2017 号行政法规

澳门特别行政区

第 35/2003 号行政法规

公共泊车服务

行政长官根据《澳门特别行政区基本法》第五十条（五）项，经征询行政会的意见，制定本行政法规。

第一条 公共泊车服务规章

核准附于本行政法规并为其组成部分的《公共泊车服务规章》。

第二条 公共服务的特许

一、凡以有效的特许合同经营属提供公共泊车服务的泊车处，只要该合同未终止，便可继续根据法律规定以公共服务特许制度经营。

二、《公共泊车服务规章》所指的"营运实体"如涉及公共服务的特许，应理解为"被特许人"。

第三条 废 止

废止下列法规：

（一）二月二十二日第16/86/M号法令；
（二）四月二十七日第23/87/M号法令；
（三）七月十三日第52/87/M号法令；
（四）九月二十日第157/75号训令。

第四条 生 效

本行政法规于公布后满三十日生效。
二〇〇三年十月二十二日制定。
命令公布。

行政长官 何厚铧

公共泊车服务规章

第一章 一 般 规 定

第一条 范 围

本规章订定澳门特别行政区的公共泊车服务应遵守的规定。

第二条 定 义

为适用本规章的规定，下列用词的定义为：

（一）"停车场"是指供车辆停泊的楼宇或楼宇的部分；

（二）"公共停车场"是指以商业营运制度营运的属提供公共泊车服务的停车场；

（三）"营运实体"是指负责经营公共道路的泊车处或经营一个或多个属提供公共泊车服务的停车场的实体；

（四）"公共泊车处"是指位于公共道路的泊车处或属提供公共泊车服务的泊车处；

（五）"泊车位"是指专供车辆停泊的地方；

（六）"泊车处"是指有多个泊车位的划定范围；

（七）"非设于公共道路的泊车处"是指位于澳门特别行政区非为楼宇的私产内的泊车处，或位于公共道路区域内的只限车辆进入及专供车辆停泊的泊车处；

（八）"公共道路"是指供车辆通行的陆上道路，而不论其属于公产或澳门特别行政区私产。

第二章 公 共 服 务

第三条 公共泊车服务

一、下列者属提供公共泊车服务：

（一）位于公共道路的泊车位，不论其是否属泊车处的组成部分，亦不论其使用和控制停泊时间的方式；

（二）设于地下、地面上或两者混合的公共停车场内的泊车处；

（三）由公共行政当局的主管实体在公共道路外的公产或澳门特别行政区私产土地上设立的、机动车辆可进出的公共泊车处。

二、除由公共行政当局设立或设置的泊车处外，一切属提供公共泊车服务的被特许人在公产或澳门特别行政区私产土地上设立的泊车处，如该地段是为经营泊车处的目的及属提供公共泊车服务性质而获准许占用或批出者，亦属提供公共泊车服务的泊车处。

第四条　停泊的车辆

一、下列类型的车辆可使用上条所指的泊车处：

（一）轻型汽车；

（二）重型汽车；

（三）重型摩托车及轻型摩托车。

二、泊车处应根据十月三日第9/83/M号法律的规定，预留泊车位供伤残人士所使用的机动车辆停泊。

三、第一款所指泊车处，设有其许可停泊车辆类型的直立及地面式标志。

第五条　泊车处的设立

行政长官可根据土地工务运输局的建议，以公布于《澳门特别行政区公报》的批示将设于公产或澳门特别行政区私产土地上的任何泊车处纳入提供公共泊车服务的泊车处或将之从中剔除，亦可命令终止使用运作中的属提供公共泊车服务的泊车处或限制某种类或类型的车辆使用有关泊车处，以及订定其认为适宜的使用时间或其他限制条件。

第六条　公共服务的经营

一、设于公共道路或停车场属提供公共泊车服务的泊车位及泊车处的经营，可作为经营合同的标的。

二、上款所指的经营，可包括安装为提供公共泊车服务所需的设备。

三、进行以行政长官批示核准的公开竞投后，方可订立经营合同。

四、经营合同具有为直接公益而提供劳务的性质。

第七条　营运的收入

根据上数条的规定获准经营的泊车位及泊车处的使用收费，属营运实体的收入；行政长官可根据土地工务运输局的建议及经听取营运实体的意见后，以批示修订该等收费。

第八条　规　　章

一、属提供公共泊车服务的各泊车处的使用及营运条件，载于以行政长官批示核准的有关规章。

二、上款所指规章，旨在规范适用该等规章的泊车处的使用条件，以及规范下列内容：

（一）订定接待使用人的规定；

（二）人员的制服、识别及特定守则；

（三）须作的记录及其存档；

（四）设备的保养及使用；

（五）设施的卫生及安全。

第九条　收　　费

一、上条第一款所指的泊车处规章，尚应订定使用有关泊车处的应缴费用及其支付方式；如使用有关泊车处得以月票方式收费，应详细说明发出和使用月票的条件。

二、非根据本规章的规定获准经营的泊车处的使用收费，属澳门特别行政区的收入。

第十条　当值人员的识别及制服

负责管理公共道路的泊车位或泊车处的使用、在公共道路的泊车位或泊车处负责收集硬币、在停车场负责收费，以及负责移走和存放车辆等各种工作的营运实体的人员，应穿着专有的制服和佩戴识别证件，其式样由土地工务运输局核准。

第十一条　标　　志

本规章所指的泊车位及泊车处应设有适当的标志，尤应设有标示车辆出入口及车辆停泊区域，以及关于收费及可停泊车辆类型等的使用条件的标志。

第十二条　泊车处使用人应遵守的规定

一、使用人除遵守泊车处已核准的规章所载的特别规定外，尚应遵守下列各项规定：

（一）禁止吸烟或点火；

（二）停泊车辆后，车辆的驾驶员及乘客应尽快离开泊车处；

（三）如泊车处的当值人员或治安警察局的人员作出指示，禁止在泊车处逗留，尤其在设于停车场的泊车处逗留；

（四）禁止无充分理由响号；

（五）禁止进行车辆清洁、修理或整理等工序，但为移走故障车辆的工序除外；

（六）法律或规章规定的其他禁止事项。

二、在设于停车场的泊车处，使用人尚应遵守下列规定：

（一）遵守一般的使用规定；

（二）遵守设置于停车场内外的标志，尤其关于速度限制、进入限制及行驶方向的标志；

（三）车辆仅可停泊于为泊车目的而划定的范围，并停泊于标示车辆停泊位置的线内；

（四）车辆不得停泊于"留用车位"，但获准许者除外；

（五）停泊车辆后，应立即关掉发动机；

（六）服从停车场当值人员依法或按规章作出的一切指示；

（七）缴付有关费用后，应在停车场专用规章所定时间内将车辆驶离泊车处。

三、为适用上款（四）项的规定，以"留用"字样标示的车位或以车辆或特许车辆的车牌编号作识别的车位，均视为留用车位。

第十三条 职　　权

一、土地工务运输局的职权为：

（一）规范以停车及泊车为目的而对任何公共道路的使用，但不妨碍法律所赋予有关交通整治的职权；

（二）在公共道路，又或任何公产或澳门特别行政区私产土地上指定任何位置作停泊车辆之用；

（三）规范泊车位及泊车处的标志，包括在停车场附近范围的指示性标志，但不妨碍法律所赋予的有关交通整治的职权；

（四）监察对经营合同及营运实体义务的遵守情况。

二、上款（一）项所指的职权包括禁止停车和泊车、在泊车地点或在特定的时间及日期设定限制泊车条件，以及限制某种级别或种类的车辆停车和泊车。

三、治安警察局可主动或应土地工务运输局或营运实体的要求，监察违反本规章规定的情况。

第三章　公共道路的泊车处

第十四条　泊车位及泊车处

公共道路的泊车位，不论其使用方式为何，均可纳入或不纳入泊车处，且其泊车时间可受限制或不受限制。

第十五条　许可的车辆

一、公共道路的泊车位及泊车处只准停泊轻型汽车、重型摩托车及轻型摩托车。

二、在例外情况下，可设供其他类型车辆停泊的泊车位及泊车处。

第十六条　标　　志

设于或非设于公共道路的独立或毗连泊车位及泊车处，应个别以直立及地面式标志作独立标示；上述泊车位及泊车处如属毗连，亦可分组以直立及地面式标志作标示。

第十七条　强制性通告

一、设于或非设于公共道路的泊车位及泊车处，应设有以两种正式语文列明使用条件、许可停泊车辆类型、准许泊车的时间上限及适用的收费的指示牌或其他通告。

二、泊车收费表或其他收费系统，应设有指示牌或其他通告，其上以两种正式语文列明收费时段、收费、准许泊车的时间上限、用作缴付收费的货币或倘适用的其他获准的付款方式。

三、使用中央收费系统的设于或非设于公共道路泊车处的每个泊车位，应按序编号，并应在每个收费装置或其旁边设置上款所指的指示牌或通告。

第十八条　收　费　时　间

设有时间控制的泊车位的收费时间由每日九时起至二十二时止；在例外情况下，可由土地工务运输局局长以批示调整收费时间。

第十九条 收费系统

一、收费系统应适合现有的泊车位及泊车处的收费制度，以确保能收取准许泊车时段内应缴的费用。

二、如使用泊车收费表收取泊车费用，其装置应适用现时流通的货币单位，以支付相应于准许泊车时段所应缴的费用。

三、根据上款的规定，设于累进式收费的泊车位的泊车收费表，亦应能以累进式收费。

四、可利用收费系统控制一组或多组的泊车位，但该等系统应具备下列条件：

（一）能执行不同的收费方式，包括累进式收费，以及按时段及按每周的不同日子而定的不定式收费；

（二）如投入的金额超过拟停泊的时间所应缴的费用，能找回余款；

（三）除现时的流通货币单位外，尚能接受其他付款方式。

第二十条 收费

一、设于或非设于公共道路的泊车位及泊车处的使用收费，应按对其所在区域已订定的泊车管理措施厘定。

二、收费应根据对泊车处的轮用频率的需要厘定，以便能更好地管理有关地点的泊车处。

三、收费可为累进式。

四、可订定以预售卡或月票使用泊车位的特别方式，有关的适用条件及使用凭证，应详细列明于泊车处的使用规章。

五、行政长官根据土地工务运输局的建议及经听取营运实体的意见后，以批示厘定本条所指的收费。

六、上款所指的收费，属营运实体的收入。

第二十一条 收费的支付

一、收费泊车位及收费泊车处的使用人，应在停泊有关车辆后，立即缴付不超过准许泊车时间上限的拟停泊时间所应缴的费用。

二、禁止投入超出泊车收费表或其他收费系统最高收费的金额，并禁止将车辆停泊超过准许泊车的时间上限，即使显示其已支付相应的费用亦然。

三、如有关车辆停泊的时间超过拟停泊的时间，将导致车辆被移走，并须支付拖车费，且可被科罚款。

第四章 公共停车场的泊车处

第二十二条 泊 车 区 域

一、除公共泊车区域外，公共停车场尚可根据行政长官以批示核准的专门规章所定的条件设私人泊车区域。

二、本章的规定适用于公共泊车区域，然而，其内所载关于共同使用区域的规定，尤其进入泊车区域的信道的规定，以及一般的使用规则，亦适用于私人泊车区域的使用人。

第二十三条 标　　志

一、公共停车场外，应设有适当的识别标志，指示出入口的位置及进入车辆的限制。

二、公共停车场内，应以《道路法典规章》规定的直立及地面式标志以及合适的补充标志，标示行车方向、危险及限制事项。

第二十四条 强制性通告

一、公共停车场入口附近及其收费处附近，应设有指示牌或其他通告，其上以两种正式语文列明使用条件、准许泊车的期间上限、收费时段、适用的收费及可用作缴付费用的货币，或倘适用的其他获准的付款方式。

二、泊车位应按序编号。

第二十五条 使用的限制

一、借装设于公共停车场内外的适当标志，可禁止因车辆的特征可能妨碍停车场正常营运的车辆进入或于其内行驶，尤其禁止下列车辆：

（一）超过九座位的车辆；

（二）总重量超过 3.5 公吨的车辆；

（三）因其状况可对停车场内的任何使用人或停泊的车辆构成危险的车辆，尤其运载有毒、不卫生或易燃物品的车辆。

二、尚可禁止非使用停车场或可能妨碍停车场正常营运的人进入停车场及于其内通行。

三、可于各停车场专用规章订明禁止重型摩托车及轻型摩托车使用停车场。

四、在各停车场的专用规章内，可对载客量及总重量超过本条第一款（一）

项及（二）项规定的车辆，定出使用条件。

第二十六条 运 作 时 间

一、公共停车场全日二十四小时开放，但行政长官可根据营运实体的建议，以批示订定其他运作时间。

二、基于具有获土地工务运输局接纳的原因，营运实体可限制使用或暂时关闭停车场。

第二十七条 泊车期间的上限

一、公共停车场准许泊车的期间上限为连续八日；但持有月票或事先与营运实体以书面另订协议者，不在此限。

二、上款所指的期限届满后，营运实体可要求治安警察局锁车。

第二十八条 使 用 条 件

如拟使用公共停车场的驾驶员未持有月票，应于入口处为其车辆提取一张泊车票，在车辆离开时应支付停泊车辆的费用。

第二十九条 支付费用的方式

一、泊车费用得以下列方式支付：
（一）普通票；
（二）非留用车位月票；
（三）留用车位月票。

二、公共停车场可根据其容量的百分比，订定发出月票的数量，并应将之载于有关使用及营运的规章。

三、在特殊情况下，可厘定泊车位的其他使用方式及特别收费，供不同时段或月份使用，并应将之载于有关使用及营运的规章。

第三十条 月 票

一、使用月票者，可在有关月份内使用公共停车场，不受时间及次数限制。

二、营运实体须根据规定的月票数量，向任何支付规定月费的人发出月票或给予续期；如属首次购买月票，该票应按登记的次序发出。

三、月票不得转让。

第三十一条 年　　票

一、持有年票，可使用位于公共停车场私人泊车区域的泊车位。

二、营运实体须向已缴付有关凭证的成本费用且证实为私人泊车区域泊车位权利人的人发出年票或给予续期。

三、不得凭私人泊车区域泊车位的年票将车辆停泊于停车场公共泊车区域的泊车位。

第三十二条 普通票、月票及年票的保存及换发

一、普通票、月票及年票应妥善保存，以便泊车处的出入口处的装置能辨识之；任何使用人如发现普通票、月票或年票不能被有关装置辨识，应立即通知营运实体，以便将之换发。

二、月票或年票如有遗失，应立即通知营运实体，并应由持票人申请补发新票。

第五章　处　罚　规　定

第三十三条 公共服务使用人的义务

公共泊车服务的使用人，应遵守《道路法典》及本规章的规定，并应遵守有关的直立及地面式标志的指示，以及泊车处当值人员根据法律及有关规章所作的指示。

第三十四条 不获许可的泊车

一、禁止将车辆停泊于不获许可的地点。

二、违反上款的规定，将科处以下罚款：

（一）重型汽车澳门币 300 元；

（二）轻型汽车澳门币 150 元；

（三）重型摩托车及轻型摩托车澳门币 100 元。

三、停泊于不获许可地点的车辆尚可被移走。

第三十五条 公共道路泊车位的滥泊

一、未获许可凭证，将车辆停泊于公共道路的泊车位或将车辆停泊超过准许泊车时间一小时，均视为滥泊。

二、对于滥泊，将根据上条的规定科处处罚，营运实体亦可要求治安警察局

锁车。

三、锁车三小时后，有关车辆将被移走。

四、因移走和存放车辆而引致的开支以及由此造成的损失，均由有关车辆的所有人负责；但由营运实体故意或重大过错造成者，不在此限。

第三十六条 停车场的滥泊

一、下列情况视为滥泊：

（一）泊车时间超过第二十七条规定的泊车期间的上限；

（二）在留用或私人泊车位泊车；

（三）将车辆停泊于阻碍或妨碍其他车辆进出泊车位的地点，或以任何方式妨碍停车场的正常运作；

（四）一辆车占用多个泊车位。

二、对于滥泊，除须缴交应付的泊车费以及移走和存放车辆的费用外，尚须科澳门币 150 元罚款。

三、上条第三款及第四款的规定，适用于停车场的滥泊。

第三十七条 不支付收费

一、违反第二十一条第一款的规定，如泊车不超过一小时，则根据有关车辆的种类，科处相等于第三十四条规定的金额的一半的罚款；如超过一小时，则适用第三十五条的规定。

二、如违反第二十一条第二款的规定，应科处与上款规定相同的罚款。

第三十八条 妨碍时间控制系统正常运作的行为

一切干扰或妨碍任何时间控制系统正常运作的行为，如不属行使法定职权或职责者，科法定罚款，且可就有关情况被追偿有的刑事责任。

第三十九条 不当使用泊车收费表

实施下列行为者，科处罚款澳门币 600 元：*

（一）将适用的货币以外的任何对象投入泊车收费表；

（二）过失损坏泊车收费表或其他时间控制系统。

* 已更改-请查阅：第 15/2007 号行政法规

第四十条　故意破坏、更改或损坏时间控制系统

一、以任何方式故意破坏、更改或损坏任何时间控制系统，均科澳门币2 000元罚款，且可就有关情况被追究倘有的刑事责任；此外，违规者亦须向营运实体赔偿由其造成的损失。

二、如属累犯，科澳门币5 000元罚款。*

* 已废止-请查阅：第15/2007号行政法规

第四十一条　破坏、更改或损坏月票、年票或普通票

一、破坏、更改或损坏月票、年票或普通票，即使属过失，均科澳门币2 000元罚款，且可就有关情况被追究倘有的刑事责任。

二、如属累犯，科澳门币5 000元罚款。*

* 已废止-请查阅：第15/2007号行政法规

第四十二条　不出示停车场泊车凭证

一、不出示泊车票或月票者，科澳门币150元罚款，并须支付相等于二十四小时泊车的费用。

二、上款规定的处罚，适用于私人泊车区域的年票持有人将车辆停泊于公共泊车区域泊车位的情况。

第四十三条　月票的转让

转让月票者，将科澳门币5 000元罚款，并丧失有关泊车位的停泊权。

第四十四条　开　　锁

由治安警察局以指示性的通告或其他方式锁车后，有关车辆仅可由该局开锁；如由他人开锁，该人将科澳门币500元罚款，且可就有关情况被追究倘有的刑事责任。

第四十五条　违反使用规则

违反本规章第十二条及第二十五条的规定，除须缴交倘有的应付的泊车费以及移走和存放车辆的费用外，尚须科澳门币150元罚款。

第四十六条 罚款的归属

本规章所规定的罚款，属澳门特别行政区的收入。

第四十七条 费　　用

一、移走和存放车辆的应缴费用如下：
（一）移走：*
脚踏车：澳门币 250 元；
重型摩托车及轻型摩托车：澳门币 750 元；
轻型汽车：澳门币 1 500 元；
重型汽车及特别车辆：澳门币 6 000 元；
（二）存放：*
脚踏车：澳门币 20 元；
重型摩托车及轻型摩托车：澳门币 50 元；
轻型汽车：澳门币 100 元；
重型汽车及特别车辆：澳门币 600 元。

二、行政长官可根据土地工务运输局的建议及经听取营运实体的意见后，以批示调整上款规定的费用。

＊已更改-请查阅：第 526/2016 号行政长官批示

第四十八条 有关费用的债务成立

一、车辆一旦被锁，就必须缴付移走车辆的费用，即使无确实移走车辆亦然。

二、如根据第三十五条的规定锁车，但车辆尚未移走，其所有人仍须根据上条的规定立即向营运实体缴付移走车辆的相关费用，以便为车辆开锁。

三、车辆的存放费用，应自车辆进入存放地点起算，以每二十四小时为一计算单位，不足二十四小时者亦作一单位计。

第四十九条 费用的归属

第四十七条所定的费用，归营运实体所有；营运实体为移走和存放车辆，应要求治安警察局人员到场，以便该局锁车；如属移走车辆的情况，治安警察局人员应在有需要时协助将车辆移走。

第五十条　车辆的弃置及所有权的取得

一、《民法典》第一千二百四十七条的规定经作出必要配合后，适用于根据本规章的规定车辆被移走的情况，但该条第四款所指的索取报酬权利除外，并须将该条第三款规定的期限减为九十日。

二、上款所指的期限自作出通知或作出下条所指的最后公告之日起算。

三、如车辆未在第一款所指的期限内被认领，则根据《道路法典》的规定，视为弃置的车辆，并由澳门特别行政区以先占方式取得。

四、如车辆所有人明确表示自愿放弃其车辆，该车辆立即视为弃置的车辆。

五、《民法典》第一千二百四十七条第五款的规定，亦适用于移走的车辆。

第五十一条　移走后的程序

一、车辆移走后，营运实体应通知有关车辆的所有人。

二、通知书应载明车辆被移至何处，以及载明所有人在支付罚款以及移走和存放车辆的费用后，应于上条第一款所指的期限内取回车辆，否则该车辆将视为弃置的车辆。

三、通知书可致送车辆所指定的所有人居所内的任何人，或以双挂号信寄往上述居所，又或在两份本地出版的报章上连续两期以公告方式刊登，其中一份报章须为中文，而另一份须为葡文。

四、如车辆未依法载明其所有人的姓名及地址，通知书须按上款最后部分所指的条件，在两份本地出版的报章上连续两期以公告方式刊登。

第五十二条　车辆的查封

一、如知悉车辆被查封，移走车辆的实体应将移走车辆的理由向法院说明。

二、属上款所指情况，车辆将被交予法院为有关目的所指定的人，且无须预先支付移走车辆的费用。

第五十三条　被通知人的责任

如第五十一条第三款规定的通知书并非以公告方式刊登，且有关车辆已被设定用益权、抵押、保留所有权或查封，则被通知人须于十日内将上述情况告知存放车辆的实体，否则须对倘有的损失负责。

澳门特别行政区

第 3/2006 号行政法规

车辆进出澳门特别行政区陆路边境的监管

行政长官根据《澳门特别行政区基本法》第五十条（五）项，经征询行政会的意见，制定本行政法规。

第一条　标　的

本行政法规设立监管车辆进出澳门特别行政区陆路边境的制度。

第二条*　定　义

为适用本行政法规的规定，通行证是指海关为登记车辆进出澳门特别行政区而签发的车辆陆路边境通行证件或电子标签。

*已更改-请查阅：第 14/2018 号行政法规

第三条　监　管

车辆进出澳门特别行政区的监管工作，由具相关职权的海关检查站执行。

第四条　车辆进出境手续

进出澳门特别行政区的车辆，须出示根据本行政法规签发的通行证，但另有规定者除外。

第五条　申请及签发

通行证的申请及签发手续由海关关长以批示订定，该批示须经行政长官确认。

第六条　通行证的签发要件

一、通行证发给具有可在澳门特别行政区与中华人民共和国其他地区之间行驶所需的有效文件的车辆的所有人，但不影响下款规定的适用。*

二、在经适当说明理由的情况下，海关关长可免除公共实体的车辆及经主管当局许可经营陆路跨境客运业务的公司的车辆具备上款规定的要件。

*已更改-请查阅：第 14/2018 号行政法规

第六-A 条* 免除申请和发出通行证

在经适当说明理由的情况下，海关关长可免除取得中华人民共和国其他地区主管当局一次性许可进出其陆路边境的车辆的所有人申请通行证和免除向其发出通行证。

＊附加-请查阅：第 14/2018 号行政法规

第七条 有 效 期

一、通行证的有效期，与车辆获许可在澳门特别行政区与中华人民共和国其他地区之间行驶所需的文件的有效期相同。＊

二、为通行证续期时，须考虑上款所指文件的有效期。

三、根据上条第二款的规定签发的通行证，其有效期由海关关长以批示订定。

＊已更改-请查阅：第 14/2018 号行政法规

第八条 车辆的更换

因更换车辆而换发通行证时，须提交车辆获许可在澳门特别行政区与中华人民共和国其他地区之间行驶所需的文件及原有的通行证。＊

＊已更改-请查阅：第 14/2018 号行政法规

第九条 保 全 措 施

一、进行关检程序时，如有充分迹象显示车辆的用途违反《对外贸易法》或其他法例的规定，可中止通行证的效力作为保全措施。

二、海关关长有权中止通行证的效力，期间最长为六个月，但不影响《行政程序法典》第八十四条的适用。

第十条 通行证的损毁及遗失

一、如通行证因破损而导致不能正确核实持证人的身份或车辆的资料，则该证视作损毁。

二、因通行证损毁而申请换发时，须将已损毁的通行证交予海关。

三、如持证人遗失通行证，须实时通知海关。

第十一条 签 发 费 用

一、通行证的签发费用如下：

（一）首次签发：＄100.00（澳门币壹佰元）；

（二）因损毁而签发：＄200.00（澳门币贰佰元）；

（三）因遗失而签发：＄200.00（澳门币贰佰元）。

二、导致通行证损毁的原因属不可归责持证人时，可向海关关长申请免除上款（二）项所指的费用。

三、本条规定的费用金额可由行政长官以批示修改。

第十二条　换发通行证

一、现时持有海关为登记车辆进出澳门特别行政区陆路边境而签发的通行证的权利人，应自本行政法规生效之日起一百八十日内，根据本行政法规的规定，向海关申请新通行证。

二、海关为登记车辆进出澳门特别行政区陆路边境而签发的原通行证，在上款所指的期间届满后失效。

第十三条　换发的费用

一、申请换发上条第一款所指的通行证，须缴付＄100.00（澳门币壹佰元）的费用。

二、在上条第一款所指的期间届满后申请换发通行证，须额外缴付＄50.00（澳门币伍拾元）的费用。

第十四条　通行证的式样

一、第二条所指的证件及电子卷标，其式样分别载于作为本行政法规组成部分的附件一及附件二。

二、本条所指的式样可经行政命令修改。

第十五条　生　效

本行政法规于二○○六年三月一日起生效。

二○○六年一月二十日制定。

命令公布。

代理行政长官　陈丽敏

附件一

(第 3/2006 号行政法规第十四条第一款所指者)

车辆边境通行证

附件二

(第 3/2006 号行政法规第十四条第一款所指者)

车辆通关电子卷标

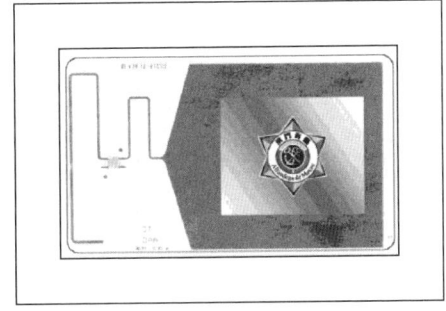   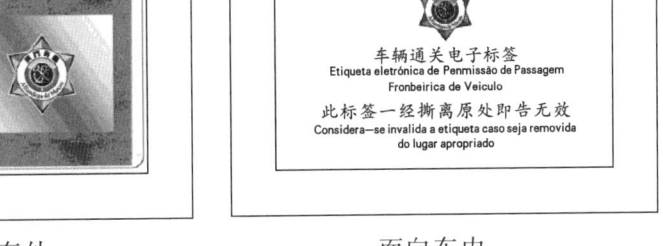

      面向车外　　　　　　　　　　面向车内

澳门特别行政区

第 1/2016 号行政法规

驾驶学习暨考试中心使用规章

行政长官根据《澳门特别行政区基本法》第五十条（五）项的规定，经征询行政会的意见，制定本独立行政法规。

第一条 标 的

本行政法规旨在规范驾驶学习暨考试中心（下称"中心"）的使用。

第二条 运 作 时 间

一、中心开放给教练员及学员用作学习驾驶的时间由早上七时至晚上九时。

二、交通事务局可根据实际情况延长上款所指的时间。

第三条 使 用 者

处于学习驾驶阶段或正在参加驾驶实习考试的学员，方可使用中心；使用中心时，须持有效学习驾驶准照且有一名教练员在场。

第四条 使用的规定

一、使用中心的学员及教练员，须遵从在场的交通事务局工作人员所编排的程序和管制。

二、因应中心的实际情况，尤其场地的状况、使用者的人数等，交通事务局可采取限制使用中心的临时措施。

三、为适用上款的规定，交通事务局须至少提前三十日在其接待公众的地点和中心张贴以两种正式语文编制的通告，并公布于澳门特别行政区的一份中文报章及一份葡文报章。

第五条 使 用 费

使用中心者，须缴付经第 366/2010 号行政长官批示核准的《交通事务局费用及价金表》所规定的费用。

第六条 监 察

一、交通事务局负责监察本行政法规的遵守情况。

二、如有人实施违反本行政法规的违法行为，目睹有关违法行为的交通事务局工作人员应立即作成实况笔录，以便就有关行政违法行为提起处罚程序。

第七条 行政违法行为

一、违反本行政法规的规定，构成行政违法行为，科下列罚款：

（一）不遵守第二条所指的时间者，科澳门币500至1 000元罚款；

（二）违反第三条或第四条第一款规定者，科澳门币1 000至2 000元罚款。

二、酌科罚款时，应考虑违法行为的严重程度及违法者的过错程度。

三、罚款须自处罚决定通知之日起三十日内缴付。

四、因实施第一款（一）项所指的违法行为而缴付罚款，并不免除违法者缴付第五条规定有关实际使用时间的费用。

第八条 处罚职权

科处罚款属交通事务局局长的职权。

第九条 补充法律

对本行政法规所定的行政违法行为，补充适用十月四日第52/99/M号法令《行政上之违法行为之一般制度及程序》的规定。

第十条 生 效

本行政法规自公布翌日起生效。

二〇一五年十二月十八日制定。

命令公布。

行政长官 崔世安

第 525/2016 号行政长官批示

核准《交通事务费用及价金表》

行政长官行使《澳门特别行政区基本法》第五十条赋予的职权，作出本批示。

一、核准附于本批示且为其组成部分的《交通事务局费用及价金表》（下称"价金表"）。

二、价金表的金额可透过运输工务司司长批示修改或更新，并公布于《澳门特别行政区公报》。

三、公共部门及公共实体无须缴付价金表中的费用及价金。

四、如无特别规定，年度准照的发出及续期的应付金额，按以下方式计算：

（一）发出年度准照的应付金额，以发出准照日的月份至该历年年终的完整月数按比例计算；

（二）年度准照每次续期的应付金额，为年度准照费用的全数，但收费表内另定准照续期金额者除外。

五、年度准照的续期申请应于一月至二月期间递交，但法律另定期限者除外。

六、如无特别制度，不在上款所定期限内为年度准照续期，导致不得进行获准的活动。

七、废止第 119/2008 号及第 366/2010 号行政长官批示。

八、本批示自二〇一七年一月一日起生效。

二〇一六年十二月七日
行政长官 崔世安

交通事务局费用及价金表

项目	费用/价金* （澳门币）
第一章——轻型出租汽车（的士）客运	
第一条——的士准照及执照	
一、签发的士准照及执照	透过竞投或批给
二、的士执照年度续期（于每年强制检验或更换车辆时缴交）	$300.00
三、的士执照的转移	$20 000.00
第二条——的士驾驶员专业工作证	
一、报考专门考试	豁免
二、重考（倘考试不合格或缺席）	$200.00
三、签发	$800.00
四、年度费用、补发或更换	$100.00
第二章——驾驶考试、准照及执照	
第三条——学习驾驶准照	
一、签发	$600.00
二、补发或更换	$200.00
第四条——驾驶考试[包括第3/2007号法律第八十条第一款（四）项所指的特别驾驶考试]	
一、申请驾驶理论测验	$300.00
二、申请驾驶实习测验	
（一）轻型或重型摩托车	$600.00
（二）轻型汽车	$700.00
（三）重型货车	$1 200.00
（四）重型客车	$1 200.00
（五）牵引车或铰接式车辆	$1 200.00
三、重考任何一项驾驶考试的测验	$600.00
四、提前任何一项驾驶考试的测验	$600.00
五、延迟任何一项驾驶考试的测验	$400.00

续表

项目	费用/价金*（澳门币）
六、驾驶学习暨考试中心使用费（每辆，每小时）	$20.00
第五条——驾驶执照及证明驾驶资格的其他文件	
一、澳门驾驶执照及特别驾驶许可证	
（一）签发澳门驾驶执照、特别驾驶许可证或相应的替代文件	豁免
（二）驾驶执照及特别驾驶许可证续期、更换或附注	$400.00
（三）补发驾驶执照及特别驾驶许可证	$600.00
（四）补发替代文件	$200.00
二、以其他国家签发的驾驶执照或同等证件换发澳门驾驶执照	$2 000.00
三、签发澳门驾驶执照证明（中文或葡文）	$100.00
四、签发国际驾驶执照	$300.00
五、特别驾驶执照（发予中华人民共和国驾驶执照持有人）	
（一）签发	$1 000.00
（二）按期续期	$600.00
（三）逾期续期	$1 100.00
（四）补发、更换或附注	$400.00
六、签发《道路交通规章》第七十二条第五款所指的特别许可	$1 500.00
第三章——教练员准照、校长准照及驾驶学校执照	
第六条——教练员准照	
一、教练员培训课程——学费	$800.00
二、教练员特别驾驶实习考试（每一类别）	$2 400.00
三、重考特别驾驶实习考试	$600.00
四、签发教练员准照	$1 200.00
五、教练员准照按期续期（每年）	$600.00
六、教练员准照逾期续期（每年）	$1 200.00
七、教练员准照的补发、更换或附注	$400.00

续表

项目	费用/价金* (澳门币)
第七条——校长准照	
一、校长培训课程——学费	$1 000.00
二、签发校长准照	$2 000.00
三、校长准照按期续期(每年)	$1 000.00
四、校长准照逾期续期(每年)	$2 000.00
五、校长准照的补发、更换或附注	$400.00
第八条——驾驶学校执照	
一、签发驾驶学校执照(包括检查设施)	$7 200.00
二、驾驶学校执照按期续期(每年)	$2 000.00
三、驾驶学校执照逾期续期(每年)	$4 000.00
四、因转移驾驶学校而于驾驶学校执照上作附注	$5 000.00
五、因更改驾驶学校执照上的其他数据而作附注	$4 000.00
六、驾驶学校执照的补发或更换	$400.00
第四章——车辆的核准、注册及登记	
第一节——核准车辆商标及型号	
第九条——核准程序(认可及检验)	
一、轻型汽车、重型汽车、工业机器车、挂车或半挂车	$9 600.00
二、轻型摩托车或重型摩托车	$4 400.00
三、发动机说明书或轮胎、预示信号装置、安全带或其他配件或组件的型号列表	$1 000.00
第十条——建造、改装或更换车厢、构件或其他组件	
核准建造、改装或更换任何种类车辆的车厢、构件或其他组件	$3 000.00
第二节——注册	
第十一条——机动车辆、挂车及半挂车的临时注册号牌	
一、特别号牌——每年	
(一)轻型汽车、重型汽车、挂车或半挂车(一对号牌)	$6 000.00

续表

项目	费用/价金 （澳门币）
（二）轻型摩托车或重型摩托车（单一块号牌）	$3 000.00
（三）逾期续期	
——轻型汽车、重型汽车、挂车或半挂车（一对号牌）	$9 000.00
——轻型摩托车或重型摩托车（单一块号牌）	$4 500.00
二、特别号牌——每15日	
（一）轻型汽车、重型汽车、挂车或半挂车（一对号牌）	$900.00
（二）轻型摩托车或重型摩托车（单一块号牌）	$500.00
三、试验号牌——每15日	$900.00
四、临时号牌——每日	$100.00
第十二条——注册、恢复注册及/或发出新注册号码（包括首次检验）	
一、轻型摩托车	$3 600.00
二、重型摩托车	$4 400.00
三、轻型汽车	$9 600.00
四、重型汽车或工业机器车	$10 800.00
五、挂车或半挂车	$5 400.00
第十三条——购置经挑选的普通注册号码、特别注册号码或个人专有注册	
一、购置于每日订定的首400个号码中挑选的普通注册号码（投标底价）	
（一）汽车	$40 000.00
（二）轻型或重型摩托车	$6 000.00
二、购置特别注册号码（投标底价）	
（一）汽车	
——A组	$250 000.00
——B组	$200 000.00
——C组	$120 000.00
——D组	$60 000.00

续表

项目	费用/价金* （澳门币）
（二）轻型或重型摩托车	
——A 组	$ 24 000.00
——B 组	$ 12 000.00
三、购置个人专有注册	
（一）由利害关系人提出的式样（人名或字母数字）	$ 2 000 000.00
（二）由交通事务局确定的字母数字式样（投标底价）	$ 2 000 000.00
（三）使用非规定颜色的附加费	有关费用的十分之一
四、参与竞投经挑选的普通注册号码	$ 500.00
五、参与竞投特别注册号码的保证金	
（一）A 组或 B 组汽车	$ 22 500.00
（二）C 组或 D 组汽车	$ 7 000.00
（三）轻型或重型摩托车	$ 1 800.00
六、延迟使用经挑选的普通注册号码、特别注册号码或个人专有注册，超过 90 日的附加费（每月或不足一个月）	$ 4 000.00
第十四条——注册号码的转移	
一、的士或教练车注册号码的转移	豁免
二、普通注册号码、特别注册号码及个人专有注册的转移（包括转移时新的注册检验）	
（一）汽车	
——已缴付购置费用	$ 6 000.00
——未缴付购置费用	$ 40 000.00
（二）轻型或重型摩托车	
——已缴付购置费用	$ 1 600.00
——未缴付购置费用	$ 6 000.00
三、转移已购置但未登记的注册号码	
（一）汽车	$ 30 000.00

续表

项目	费用/价金*（澳门币）
(二)轻型或重型摩托车	$4 500.00
第三节——登记	
第十五条——登记折	
一、签发	豁免
二、补发、更换或附注	$200.00
第十六条——所有权转移	
一、轻型或重型摩托车	$200.00
二、工业机器车、挂车或半挂车	$2 000.00
第五章——检验、专门鉴定、检查及的士计程表检定	
第十七条——定期检验	
一、于交通事务局订定日期内	
(一)重型汽车或工业机器车	$350.00
(二)私人用途的轻型汽车	$500.00
(三)职业用途的轻型汽车(包括教练车、的士、自驾之轻型出租汽车、货车及客货车)	$350.00
(四)私人用途的轻型或重型摩托车	$300.00
(五)职业用途的轻型或重型摩托车(包括轻型及重型摩托车之教练车、货车及自驾之轻型及重型出租摩托车)	$250.00
(六)挂车或半挂车	$350.00
(七)三轮车	豁免
二、在原定期限以外	$2 000.00
三、到场作实地检验的附加费(每一机动车辆)	$1 000.00
四、申请提前或延迟检验的附加费(每一车辆)	$400.00
第十八条——特别检验及重验	
一、法定期限内申请	
(一)重型汽车或工业机器车	$2 000.00

续表

项目	费用/价金*（澳门币）
(二)轻型汽车	$2 000.00
(三)轻型或重型摩托车	$1 200.00
(四)挂车或半挂车	$2 000.00
二、重验	
(一)重型汽车或工业机器车	$4 000.00
(二)轻型汽车	$4 000.00
(三)轻型或重型摩托车	$2 000.00
(四)挂车或半挂车	$4 000.00
三、由权限当局依法着令进行的检验	豁免
四、逾期申请(每逾期一个月或不足一个月的附加费)	
(一)重型汽车或工业机器车	$2 000.00
(二)轻型汽车	$2 000.00
(三)轻型或重型摩托车	$1 200.00
(四)挂车或半挂车	$2 000.00
五、到场作实地检验的附加费(每一机动车辆)	$1 000.00
六、申请提前或延迟检验的附加费(每一车辆)	$400.00
第十九条——专门鉴定、检查及的士计程表检定	
一、机动车辆专门鉴定	$600.00
二、检查车辆的整体状况(应车主要求)	$1 000.00
三、的士计程表检定	$200.00
四、到场作实地检验的附加费(每一机动车辆)	$1 000.00
五、申请提前或延迟检验的附加费(每一车辆)	$400.00
第六章——移走及存放车辆	
第二十条——移走车辆	
一、脚踏车	$250.00

续表

项目	费用/价金*（澳门币）
二、轻型或重型摩托车	$750.00
三、轻型汽车	$1 500.00
四、重型汽车或特别车辆	$6 000.00
第二十一条——存放车辆（每日）	
一、脚踏车	$20.00
二、轻型或重型摩托车	$50.00
三、轻型汽车	$100.00
四、重型汽车或特别车辆	$600.00
第七章——其他费用及价金	
第二十二条——书册及识别标志	
一、辅助驾驶考试书册	
（一）第一分册——交通标志（双语版或英文版）	$12.00
（二）第二分册——路面交通情况（双语版或英文版）	$12.00
（三）第三分册——交通规则（双语版或英文版）	$12.00
（四）第四分册——违规罚则（双语版或英文版）	$12.00
（五）第五分册——安全驾驶（双语版或英文版）	$12.00
（六）五册套装（双语版或英文版）	$60.00
二、第3/2007号法律第六十六条第二款规定所指的识别标志（铝质P牌）	$50.00
第二十三条——声明书、证明及其他	
一、各类声明书或附注	$120.00
二、证明书、证明或其他相同性质的文件	$120.00
三、补发或更换机动车辆使用牌照税标志	$100.00
四、补发其他没有规定特别费用的准照	$100.00
五、牌照现况说明（查车纸）	$20.00
六、加快费用	$400.00

*经六月二十七日第17/88/M号法律核准的《印花税缴税总表》所指的各类文件、文书及行为尚须缴付有关税额。

澳门回归二十年经验丛书

澳门与内地
两地交通法规对接初探
（第二卷）

芦海滨 赖崇斌 麦桂霞◎编

SPM
南方出版传媒
广东经济出版社
·广州·

图书在版编目（CIP）数据

澳门与内地两地交通法规对接初探：全三册／芦海滨，赖崇斌，麦桂霞编．—广州：广东经济出版社，2019.12

（澳门回归二十年经验丛书）

ISBN 978-7-5454-7087-1

I.①澳… II.①芦… ②赖… ③麦… III.①交通运输管理-法规-研究-中国 IV.①D922.144

中国版本图书馆CIP数据核字（2019）第268984号

出 版 人：李　鹏
责任编辑：毛一飞　高文彪
责任技编：陆俊帆

澳门与内地两地交通法规对接初探
AOMEN YU NEIDI LIANGDI JIAOTONG FAGUI DUIJIE CHUTAN

出版 发行	广东经济出版社（广州市环市东路水荫路11号11~12楼）
经销	全国新华书店
印刷	广东鹏腾宇文化创新有限公司 （珠海市高新区科技九路88号七号厂房）
开本	787毫米×1092毫米　1/16
印张	29.25
字数	559千字
版次	2019年12月第1版
印次	2019年12月第1次
书号	ISBN 978-7-5454-7087-1
定价	268.00元（全三册）

广东经济出版社网址：http://www.gebook.com　微博：http://e.weibo.com/gebook
图书营销中心地址：广州市环市东路水荫路11号11楼
电话：（020）87393530　邮政编码：510075
如发现印装质量问题，影响阅读，请与承印厂联系调换。
广东经济出版社常年法律顾问：胡志海律师
·版权所有　翻印必究·

目　录

中华人民共和国道路交通安全法 …………………………………………… 3
中华人民共和国公路法 ……………………………………………………… 22
中华人民共和国刑法 ………………………………………………………… 33
中华人民共和国道路交通安全法实施条例 ………………………………… 118
中华人民共和国道路运输条例 ……………………………………………… 137
公路安全保护条例 …………………………………………………………… 148
城市道路管理条例 …………………………………………………………… 160
中华人民共和国车船税法实施条例 ………………………………………… 166
机动车交通事故责任强制保险条例 ………………………………………… 170
最高人民法院关于审理交通肇事刑事案件具体应用法律若干问题的解释 …… 177
最高人民法院关于审理道路交通事故损害赔偿案件适用法律若干问题的解释 …
……………………………………………………………………………… 179
关于办理醉酒驾驶机动车刑事案件适用法律若干问题的意见 …………… 184
机动车登记规定 ……………………………………………………………… 186
机动车驾驶证申领和使用规定 ……………………………………………… 205
机动车驾驶证业务工作规范 ………………………………………………… 238
临时入境机动车和驾驶人管理规定 ………………………………………… 265
道路交通安全违法行为处理程序规定 ……………………………………… 269
道路交通事故处理程序规定 ………………………………………………… 281
机动车强制报废标准规定 …………………………………………………… 303
超限运输车辆行驶公路管理规定 …………………………………………… 308

中华人民共和国海关关于来往香港、澳门公路货运企业及其车辆和驾驶员的管理办法 ········· 318

中国保险监督管理委员会关于印发《机动车交通事故责任强制保险费率浮动暂行办法》的通知 ········· 324

广东省道路交通安全条例 ········· 327

广东省高级人民法院、广东省公安厅关于处理道路交通事故案件若干具体问题的意见 ········· 344

广东省高级人民法院、广东省公安厅关于处理道路交通事故案件若干具体问题的补充意见 ········· 351

广东省人民政府关于加强直通港澳车辆管理工作问题的通知 ········· 356

公路工程技术标准 ········· 358

机动车运行安全技术条件 ········· 388

附录 《澳门与内地两地交通法规对接初探(第三卷)》 ········· 462

澳门与内地两地交通法规对接初探

（第二卷）

内地交通法规汇编

中华人民共和国道路交通安全法

2003年10月28日第十届全国人民代表大会常务委员会第五次会议通过,根据2007年12月29日第十届全国人民代表大会常务委员会第三十一次会议《关于修改〈中华人民共和国道路交通安全法〉的决定》第一次修正,根据2011年4月22日第十一届全国人民代表大会常务委员会第二十次会议《关于修改〈中华人民共和国道路交通安全法〉的决定》第二次修正。

第一章 总 则

第一条 为了维护道路交通秩序,预防和减少交通事故,保护人身安全,保护公民、法人和其他组织的财产安全及其他合法权益,提高通行效率,制定本法。

第二条 中华人民共和国境内的车辆驾驶人、行人、乘车人以及与道路交通活动有关的单位和个人,都应当遵守本法。

第三条 道路交通安全工作,应当遵循依法管理、方便群众的原则,保障道路交通有序、安全、畅通。

第四条 各级人民政府应当保障道路交通安全管理工作与经济建设和社会发展相适应。

县级以上地方各级人民政府应当适应道路交通发展的需要,依据道路交通安全法律、法规和国家有关政策,制定道路交通安全管理规划,并组织实施。

第五条 国务院公安部门负责全国道路交通安全管理工作。县级以上地方各级人民政府公安机关交通管理部门负责本行政区域内的道路交通安全管理工作。

县级以上各级人民政府交通、建设管理部门依据各自职责,负责有关的道路交通工作。

第六条 各级人民政府应当经常进行道路交通安全教育,提高公民的道路交通安全意识。

公安机关交通管理部门及其交通警察执行职务时,应当加强道路交通安全法律、法规的宣传,并模范遵守道路交通安全法律、法规。

机关、部队、企业事业单位、社会团体以及其他组织,应当对本单位的人员进行道路交通安全教育。

教育行政部门、学校应当将道路交通安全教育纳入法制教育的内容。

新闻、出版、广播、电视等有关单位，有进行道路交通安全教育的义务。

第七条　对道路交通安全管理工作，应当加强科学研究，推广、使用先进的管理方法、技术、设备。

第二章　车辆和驾驶人

第一节　机动车、非机动车

第八条　国家对机动车实行登记制度。机动车经公安机关交通管理部门登记后，方可上道路行驶。尚未登记的机动车，需要临时上道路行驶的，应当取得临时通行牌证。

第九条　申请机动车登记，应当提交以下证明、凭证：

（一）机动车所有人的身份证明；

（二）机动车来历证明；

（三）机动车整车出厂合格证明或者进口机动车进口凭证；

（四）车辆购置税的完税证明或者免税凭证；

（五）法律、行政法规规定应当在机动车登记时提交的其他证明、凭证。

公安机关交通管理部门应当自受理申请之日起五个工作日内完成机动车登记审查工作，对符合前款规定条件的，应当发放机动车登记证书、号牌和行驶证；对不符合前款规定条件的，应当向申请人说明不予登记的理由。

公安机关交通管理部门以外的任何单位或者个人不得发放机动车号牌或者要求机动车悬挂其他号牌，本法另有规定的除外。

机动车登记证书、号牌、行驶证的式样由国务院公安部门规定并监制。

第十条　准予登记的机动车应当符合机动车国家安全技术标准。

申请机动车登记时，应当接受对该机动车的安全技术检验。但是，经国家机动车产品主管部门依据机动车国家安全技术标准认定的企业生产的机动车型，该车型的新车在出厂时经检验符合机动车国家安全技术标准，获得检验合格证的，免予安全技术检验。

第十一条　驾驶机动车上道路行驶，应当悬挂机动车号牌，放置检验合格标志、保险标志，并随车携带机动车行驶证。

机动车号牌应当按照规定悬挂并保持清晰、完整，不得故意遮挡、污损。

任何单位和个人不得收缴、扣留机动车号牌。

第十二条　有下列情形之一的，应当办理相应的登记：

（一）机动车所有权发生转移的；

（二）机动车登记内容变更的；

（三）机动车用作抵押的；

（四）机动车报废的。

第十三条　对登记后上道路行驶的机动车，应当依照法律、行政法规的规定，根据车辆用途、载客载货数量、使用年限等不同情况，定期进行安全技术检验。对提供机动车行驶证和机动车第三者责任强制保险单的，机动车安全技术检验机构应当予以检验，任何单位不得附加其他条件。对符合机动车国家安全技术标准的，公安机关交通管理部门应当发给检验合格标志。

对机动车的安全技术检验实行社会化。具体办法由国务院规定。

机动车安全技术检验实行社会化的地方，任何单位不得要求机动车到指定的场所进行检验。

公安机关交通管理部门、机动车安全技术检验机构不得要求机动车到指定的场所进行维修、保养。

机动车安全技术检验机构对机动车检验收取费用，应当严格执行国务院价格主管部门核定的收费标准。

第十四条　国家实行机动车强制报废制度，根据机动车的安全技术状况和不同用途，规定不同的报废标准。

应当报废的机动车必须及时办理注销登记。

达到报废标准的机动车不得上道路行驶。报废的大型客、货车及其他营运车辆应当在公安机关交通管理部门的监督下解体。

第十五条　警车、消防车、救护车、工程救险车应当按照规定喷涂标志图案，安装警报器、标志灯具。其他机动车不得喷涂、安装、使用上述车辆专用的或者与其相类似的标志图案、警报器或者标志灯具。

警车、消防车、救护车、工程救险车应当严格按照规定的用途和条件使用。

公路监督检查的专用车辆，应当依照公路法的规定，设置统一的标志和示警灯。

第十六条　任何单位或者个人不得有下列行为：

（一）拼装机动车或者擅自改变机动车已登记的结构、构造或者特征；

（二）改变机动车型号、发动机号、车架号或者车辆识别代号；

（三）伪造、变造或者使用伪造、变造的机动车登记证书、号牌、行驶证、检验合格标志、保险标志；

（四）使用其他机动车的登记证书、号牌、行驶证、检验合格标志、保险标志。

第十七条　国家实行机动车第三者责任强制保险制度，设立道路交通事故社会救助基金。具体办法由国务院规定。

第十八条　依法应当登记的非机动车，经公安机关交通管理部门登记后，方可上道路行驶。

依法应当登记的非机动车的种类，由省、自治区、直辖市人民政府根据当地实际情况规定。

非机动车的外形尺寸、质量、制动器、车铃和夜间反光装置，应当符合非机动车安全技术标准。

第二节　机动车驾驶人

第十九条　驾驶机动车，应当依法取得机动车驾驶证。

申请机动车驾驶证，应当符合国务院公安部门规定的驾驶许可条件；经考试合格后，由公安机关交通管理部门发给相应类别的机动车驾驶证。

持有境外机动车驾驶证的人，符合国务院公安部门规定的驾驶许可条件，经公安机关交通管理部门考核合格的，可以发给中国的机动车驾驶证。

驾驶人应当按照驾驶证载明的准驾车型驾驶机动车；驾驶机动车时，应当随身携带机动车驾驶证。

公安机关交通管理部门以外的任何单位或者个人，不得收缴、扣留机动车驾驶证。

第二十条　机动车的驾驶培训实行社会化，由交通主管部门对驾驶培训学校、驾驶培训班实行资格管理，其中专门的拖拉机驾驶培训学校、驾驶培训班由农业（农业机械）主管部门实行资格管理。

驾驶培训学校、驾驶培训班应当严格按照国家有关规定，对学员进行道路交通安全法律、法规、驾驶技能的培训，确保培训质量。

任何国家机关以及驾驶培训和考试主管部门不得举办或者参与举办驾驶培训学校、驾驶培训班。

第二十一条　驾驶人驾驶机动车上道路行驶前，应当对机动车的安全技术性能进行认真检查；不得驾驶安全设施不全或者机件不符合技术标准等具有安全隐患的机动车。

第二十二条　机动车驾驶人应当遵守道路交通安全法律、法规的规定，按照操作规范安全驾驶、文明驾驶。

饮酒、服用国家管制的精神药品或者麻醉药品，或者患有妨碍安全驾驶机动车的疾病，或者过度疲劳影响安全驾驶的，不得驾驶机动车。

任何人不得强迫、指使、纵容驾驶人违反道路交通安全法律、法规和机动车安全驾驶要求驾驶机动车。

第二十三条 公安机关交通管理部门依照法律、行政法规的规定，定期对机动车驾驶证实施审验。

第二十四条 公安机关交通管理部门对机动车驾驶人违反道路交通安全法律、法规的行为，除依法给予行政处罚外，实行累积记分制度。公安机关交通管理部门对累积记分达到规定分值的机动车驾驶人，扣留机动车驾驶证，对其进行道路交通安全法律、法规教育，重新考试；考试合格的，发还其机动车驾驶证。

对遵守道路交通安全法律、法规，在一年内无累积记分的机动车驾驶人，可以延长机动车驾驶证的审验期。具体办法由国务院公安部门规定。

第三章 道路通行条件

第二十五条 全国实行统一的道路交通信号。

交通信号包括交通信号灯、交通标志、交通标线和交通警察的指挥。

交通信号灯、交通标志、交通标线的设置应当符合道路交通安全、畅通的要求和国家标准，并保持清晰、醒目、准确、完好。

根据通行需要，应当及时增设、调换、更新道路交通信号。增设、调换、更新限制性的道路交通信号，应当提前向社会公告，广泛进行宣传。

第二十六条 交通信号灯由红灯、绿灯、黄灯组成。红灯表示禁止通行，绿灯表示准许通行，黄灯表示警示。

第二十七条 铁路与道路平面交叉的道口，应当设置警示灯、警示标志或者安全防护设施。无人看守的铁路道口，应当在距道口一定距离处设置警示标志。

第二十八条 任何单位和个人不得擅自设置、移动、占用、损毁交通信号灯、交通标志、交通标线。

道路两侧及隔离带上种植的树木或者其他植物，设置的广告牌、管线等，应当与交通设施保持必要的距离，不得遮挡路灯、交通信号灯、交通标志，不得妨碍安全视距，不得影响通行。

第二十九条 道路、停车场和道路配套设施的规划、设计、建设，应当符合道路交通安全、畅通的要求，并根据交通需求及时调整。

公安机关交通管理部门发现已经投入使用的道路存在交通事故频发路段，或者停车场、道路配套设施存在交通安全严重隐患的，应当及时向当地人民政府报告，并提出防范交通事故、消除隐患的建议，当地人民政府应当及时作出处理决定。

第三十条　道路出现坍塌、坑槽、水毁、隆起等损毁或者交通信号灯、交通标志、交通标线等交通设施损毁、灭失的，道路、交通设施的养护部门或者管理部门应当设置警示标志并及时修复。

公安机关交通管理部门发现前款情形，危及交通安全，尚未设置警示标志的，应当及时采取安全措施，疏导交通，并通知道路、交通设施的养护部门或者管理部门。

第三十一条　未经许可，任何单位和个人不得占用道路从事非交通活动。

第三十二条　因工程建设需要占用、挖掘道路，或者跨越、穿越道路架设、增设管线设施，应当事先征得道路主管部门的同意；影响交通安全的，还应当征得公安机关交通管理部门的同意。

施工作业单位应当在经批准的路段和时间内施工作业，并在距离施工作业地点来车方向安全距离处设置明显的安全警示标志，采取防护措施；施工作业完毕，应当迅速清除道路上的障碍物，消除安全隐患，经道路主管部门和公安机关交通管理部门验收合格，符合通行要求后，方可恢复通行。

对未中断交通的施工作业道路，公安机关交通管理部门应当加强交通安全监督检查，维护道路交通秩序。

第三十三条　新建、改建、扩建的公共建筑、商业街区、居住区、大（中）型建筑等，应当配建、增建停车场；停车泊位不足的，应当及时改建或者扩建；投入使用的停车场不得擅自停止使用或者改作他用。

在城市道路范围内，在不影响行人、车辆通行的情况下，政府有关部门可以施画停车泊位。

第三十四条　学校、幼儿园、医院、养老院门前的道路没有行人过街设施的，应当施画人行横道线，设置提示标志。

城市主要道路的人行道，应当按照规划设置盲道。盲道的设置应当符合国家标准。

第四章　道路通行规定

第一节　一般规定

第三十五条　机动车、非机动车实行右侧通行。

第三十六条　根据道路条件和通行需要，道路划分为机动车道、非机动车道和人行道的，机动车、非机动车、行人实行分道通行。没有划分机动车道、非机动车道和人行道的，机动车在道路中间通行，非机动车和行人在道路两侧通行。

第三十七条　道路划设专用车道的，在专用车道内，只准许规定的车辆通行，其他车辆不得进入专用车道内行驶。

第三十八条　车辆、行人应当按照交通信号通行；遇有交通警察现场指挥时，应当按照交通警察的指挥通行；在没有交通信号的道路上，应当在确保安全、畅通的原则下通行。

第三十九条　公安机关交通管理部门根据道路和交通流量的具体情况，可以对机动车、非机动车、行人采取疏导、限制通行、禁止通行等措施。遇有大型群众性活动、大范围施工等情况，需要采取限制交通的措施，或者作出与公众的道路交通活动直接有关的决定，应当提前向社会公告。

第四十条　遇有自然灾害、恶劣气象条件或者重大交通事故等严重影响交通安全的情形，采取其他措施难以保证交通安全时，公安机关交通管理部门可以实行交通管制。

第四十一条　有关道路通行的其他具体规定，由国务院规定。

第二节　机动车通行规定

第四十二条　机动车上道路行驶，不得超过限速标志标明的最高时速。在没有限速标志的路段，应当保持安全车速。

夜间行驶或者在容易发生危险的路段行驶，以及遇有沙尘、冰雹、雨、雪、雾、结冰等气象条件时，应当降低行驶速度。

第四十三条　同车道行驶的机动车，后车应当与前车保持足以采取紧急制动措施的安全距离。有下列情形之一的，不得超车：

（一）前车正在左转弯、掉头、超车的；

（二）与对面来车有会车可能的；

（三）前车为执行紧急任务的警车、消防车、救护车、工程救险车的；

（四）行经铁路道口、交叉路口、窄桥、弯道、陡坡、隧道、人行横道、市区交通流量大的路段等没有超车条件的。

第四十四条　机动车通过交叉路口，应当按照交通信号灯、交通标志、交通标线或者交通警察的指挥通过；通过没有交通信号灯、交通标志、交通标线或者交通警察指挥的交叉路口时，应当减速慢行，并让行人和优先通行的车辆先行。

第四十五条　机动车遇有前方车辆停车排队等候或者缓慢行驶时，不得借道超车或者占用对面车道，不得穿插等候的车辆。

在车道减少的路段、路口，或者在没有交通信号灯、交通标志、交通标线或者交通警察指挥的交叉路口遇到停车排队等候或者缓慢行驶时，机动车应当依次交替通行。

第四十六条　机动车通过铁路道口时，应当按照交通信号或者管理人员的指挥通行；没有交通信号或者管理人员的，应当减速或者停车，在确认安全后通过。

第四十七条　机动车行经人行横道时，应当减速行驶；遇行人正在通过人行横道，应当停车让行。

机动车行经没有交通信号的道路时，遇行人横过道路，应当避让。

第四十八条　机动车载物应当符合核定的载质量，严禁超载；载物的长、宽、高不得违反装载要求，不得遗洒、飘散载运物。

机动车运载超限的不可解体的物品，影响交通安全的，应当按照公安机关交通管理部门指定的时间、路线、速度行驶，悬挂明显标志。在公路上运载超限的不可解体的物品，并应当依照公路法的规定执行。

机动车载运爆炸物品、易燃易爆化学物品以及剧毒、放射性等危险物品，应当经公安机关批准后，按指定的时间、路线、速度行驶，悬挂警示标志并采取必要的安全措施。

第四十九条　机动车载人不得超过核定的人数，客运机动车不得违反规定载货。

第五十条　禁止货运机动车载客。

货运机动车需要附载作业人员的，应当设置保护作业人员的安全措施。

第五十一条　机动车行驶时，驾驶人、乘坐人员应当按规定使用安全带，摩托车驾驶人及乘坐人员应当按规定戴安全头盔。

第五十二条　机动车在道路上发生故障，需要停车排除故障时，驾驶人应当立即开启危险报警闪光灯，将机动车移至不妨碍交通的地方停放；难以移动的，应当持续开启危险报警闪光灯，并在来车方向设置警告标志等措施扩大示警距离，必要时迅速报警。

第五十三条　警车、消防车、救护车、工程救险车执行紧急任务时，可以使用警报器、标志灯具；在确保安全的前提下，不受行驶路线、行驶方向、行驶速度和信号灯的限制，其他车辆和行人应当让行。

警车、消防车、救护车、工程救险车非执行紧急任务时，不得使用警报器、标志灯具，不享有前款规定的道路优先通行权。

第五十四条　道路养护车辆、工程作业车进行作业时，在不影响过往车辆通行的前提下，其行驶路线和方向不受交通标志、标线限制，过往车辆和人员应当注意避让。

洒水车、清扫车等机动车应当按照安全作业标准作业；在不影响其他车辆通行的情况下，可以不受车辆分道行驶的限制，但是不得逆向行驶。

第五十五条　高速公路、大中城市中心城区内的道路，禁止拖拉机通行。其他禁止拖拉机通行的道路，由省、自治区、直辖市人民政府根据当地实际情况规定。

在允许拖拉机通行的道路上，拖拉机可以从事货运，但是不得用于载人。

第五十六条　机动车应当在规定地点停放。禁止在人行道上停放机动车；但是，依照本法第三十三条规定施划的停车泊位除外。

在道路上临时停车的，不得妨碍其他车辆和行人通行。

第三节　非机动车通行规定

第五十七条　驾驶非机动车在道路上行驶应当遵守有关交通安全的规定。非机动车应当在非机动车道内行驶；在没有非机动车道的道路上，应当靠车行道的右侧行驶。

第五十八条　残疾人机动轮椅车、电动自行车在非机动车道内行驶时，最高时速不得超过十五公里。

第五十九条　非机动车应当在规定地点停放。未设停放地点的，非机动车停放不得妨碍其他车辆和行人通行。

第六十条　驾驭畜力车，应当使用驯服的牲畜；驾驭畜力车横过道路时，驾驭人应当下车牵引牲畜；驾驭人离开车辆时，应当拴系牲畜。

第四节　行人和乘车人通行规定

第六十一条　行人应当在人行道内行走，没有人行道的靠路边行走。

第六十二条　行人通过路口或者横过道路，应当走人行横道或者过街设施；通过有交通信号灯的人行横道，应当按照交通信号灯指示通行；通过没有交通信号灯、人行横道的路口，或者在没有过街设施的路段横过道路，应当在确认安全后通过。

第六十三条　行人不得跨越、倚坐道路隔离设施，不得扒车、强行拦车或者实施妨碍道路交通安全的其他行为。

第六十四条　学龄前儿童以及不能辨认或者不能控制自己行为的精神疾病患者、智力障碍者在道路上通行，应当由其监护人、监护人委托的人或者对其负有管理、保护职责的人带领。

盲人在道路上通行，应当使用盲杖或者采取其他导盲手段，车辆应当避让盲人。

第六十五条　行人通过铁路道口时，应当按照交通信号或者管理人员的指挥通行；没有交通信号和管理人员的，应当在确认无火车驶临后，迅速通过。

第六十六条　乘车人不得携带易燃易爆等危险物品，不得向车外抛洒物品，不得有影响驾驶人安全驾驶的行为。

第五节　高速公路的特别规定

第六十七条　行人、非机动车、拖拉机、轮式专用机械车、铰接式客车、全挂拖斗车以及其他设计最高时速低于七十公里的机动车，不得进入高速公路。高速公路限速标志标明的最高时速不得超过一百二十公里。

第六十八条　机动车在高速公路上发生故障时，应当依照本法第五十二条的有关规定办理；但是，警告标志应当设置在故障车来车方向一百五十米以外，车上人员应当迅速转移到右侧路肩上或者应急车道内，并且迅速报警。

机动车在高速公路上发生故障或者交通事故，无法正常行驶的，应当由救援车、清障车拖曳、牵引。

第六十九条　任何单位、个人不得在高速公路上拦截检查行驶的车辆，公安机关的人民警察依法执行紧急公务除外。

第五章　交通事故处理

第七十条　在道路上发生交通事故，车辆驾驶人应当立即停车，保护现场；造成人身伤亡的，车辆驾驶人应当立即抢救受伤人员，并迅速报告执勤的交通警察或者公安机关交通管理部门。因抢救受伤人员变动现场的，应当标明位置。乘车人、过往车辆驾驶人、过往行人应当予以协助。

在道路上发生交通事故，未造成人身伤亡，当事人对事实及成因无争议的，可以即行撤离现场，恢复交通，自行协商处理损害赔偿事宜；不即行撤离现场的，应当迅速报告执勤的交通警察或者公安机关交通管理部门。

在道路上发生交通事故，仅造成轻微财产损失，并且基本事实清楚的，当事人应当先撤离现场再进行协商处理。

第七十一条　车辆发生交通事故后逃逸的，事故现场目击人员和其他知情人员应当向公安机关交通管理部门或者交通警察举报。举报属实的，公安机关交通管理部门应当给予奖励。

第七十二条　公安机关交通管理部门接到交通事故报警后，应当立即派交通警察赶赴现场，先组织抢救受伤人员，并采取措施，尽快恢复交通。

交通警察应当对交通事故现场进行勘验、检查，收集证据；因收集证据的需要，可以扣留事故车辆，但是应当妥善保管，以备核查。

对当事人的生理、精神状况等专业性较强的检验，公安机关交通管理部门应当委托专门机构进行鉴定。鉴定结论应当由鉴定人签名。

第七十三条　公安机关交通管理部门应当根据交通事故现场勘验、检查、调查情况和有关的检验、鉴定结论，及时制作交通事故认定书，作为处理交通事故的证据。交通事故认定书应当载明交通事故的基本事实、成因和当事人的责任，并送达当事人。

第七十四条　对交通事故损害赔偿的争议，当事人可以请求公安机关交通管理部门调解，也可以直接向人民法院提起民事诉讼。

经公安机关交通管理部门调解，当事人未达成协议或者调解书生效后不履行的，当事人可以向人民法院提起民事诉讼。

第七十五条　医疗机构对交通事故中的受伤人员应当及时抢救，不得因抢救费用未及时支付而拖延救治。肇事车辆参加机动车第三者责任强制保险的，由保险公司在责任限额范围内支付抢救费用；抢救费用超过责任限额的，未参加机动车第三者责任强制保险或者肇事后逃逸的，由道路交通事故社会救助基金先行垫付部分或者全部抢救费用，道路交通事故社会救助基金管理机构有权向交通事故责任人追偿。

第七十六条　机动车发生交通事故造成人身伤亡、财产损失的，由保险公司在机动车第三者责任强制保险责任限额范围内予以赔偿；不足的部分，按照下列规定承担赔偿责任：

（一）机动车之间发生交通事故的，由有过错的一方承担赔偿责任；双方都有过错的，按照各自过错的比例分担责任。

（二）机动车与非机动车驾驶人、行人之间发生交通事故，非机动车驾驶人、行人没有过错的，由机动车一方承担赔偿责任；有证据证明非机动车驾驶人、行人有过错的，根据过错程度适当减轻机动车一方的赔偿责任；机动车一方没有过错的，承担不超过百分之十的赔偿责任。

交通事故的损失是由非机动车驾驶人、行人故意碰撞机动车造成的，机动车一方不承担赔偿责任。

第七十七条　车辆在道路以外通行时发生的事故，公安机关交通管理部门接到报案的，参照本法有关规定办理。

第六章　执法监督

第七十八条　公安机关交通管理部门应当加强对交通警察的管理，提高交通警察的素质和管理道路交通的水平。

公安机关交通管理部门应当对交通警察进行法制和交通安全管理业务培训、考核。交通警察经考核不合格的，不得上岗执行职务。

第七十九条　公安机关交通管理部门及其交通警察实施道路交通安全管理，应当依据法定的职权和程序，简化办事手续，做到公正、严格、文明、高效。

第八十条　交通警察执行职务时，应当按照规定着装，佩戴人民警察标志，持有人民警察证件，保持警容严整，举止端庄，指挥规范。

第八十一条　依照本法发放牌证等收取工本费，应当严格执行国务院价格主管部门核定的收费标准，并全部上缴国库。

第八十二条　公安机关交通管理部门依法实施罚款的行政处罚，应当依照有关法律、行政法规的规定，实施罚款决定与罚款收缴分离；收缴的罚款以及依法没收的违法所得，应当全部上缴国库。

第八十三条　交通警察调查处理道路交通安全违法行为和交通事故，有下列情形之一的，应当回避：

（一）是本案的当事人或者当事人的近亲属；

（二）本人或者其近亲属与本案有利害关系；

（三）与本案当事人有其他关系，可能影响案件的公正处理。

第八十四条　公安机关交通管理部门及其交通警察的行政执法活动，应当接受行政监察机关依法实施的监督。

公安机关督察部门应当对公安机关交通管理部门及其交通警察执行法律、法规和遵守纪律的情况依法进行监督。

上级公安机关交通管理部门应当对下级公安机关交通管理部门的执法活动进行监督。

第八十五条　公安机关交通管理部门及其交通警察执行职务，应当自觉接受社会和公民的监督。

任何单位和个人都有权对公安机关交通管理部门及其交通警察不严格执法以及违法违纪行为进行检举、控告。收到检举、控告的机关，应当依据职责及时查处。

第八十六条　任何单位不得给公安机关交通管理部门下达或者变相下达罚款指标；公安机关交通管理部门不得以罚款数额作为考核交通警察的标准。

公安机关交通管理部门及其交通警察对超越法律、法规规定的指令，有权拒绝执行，并同时向上级机关报告。

第七章　法　律　责　任

第八十七条　公安机关交通管理部门及其交通警察对道路交通安全违法行为，应当及时纠正。

公安机关交通管理部门及其交通警察应当依据事实和本法的有关规定对道路交通安全违法行为予以处罚。对于情节轻微，未影响道路通行的，指出违法行为，给予口头警告后放行。

第八十八条　对道路交通安全违法行为的处罚种类包括：警告、罚款、暂扣或者吊销机动车驾驶证、拘留。

第八十九条　行人、乘车人、非机动车驾驶人违反道路交通安全法律、法规关于道路通行规定的，处警告或者五元以上五十元以下罚款；非机动车驾驶人拒绝接受罚款处罚的，可以扣留其非机动车。

第九十条　机动车驾驶人违反道路交通安全法律、法规关于道路通行规定的，处警告或者二十元以上二百元以下罚款。本法另有规定的，依照规定处罚。

第九十一条　饮酒后驾驶机动车的，处暂扣六个月机动车驾驶证，并处一千元以上二千元以下罚款。因饮酒后驾驶机动车被处罚，再次饮酒后驾驶机动车的，处十日以下拘留，并处一千元以上二千元以下罚款，吊销机动车驾驶证。

醉酒驾驶机动车的，由公安机关交通管理部门约束至酒醒，吊销机动车驾驶证，依法追究刑事责任；五年内不得重新取得机动车驾驶证。

饮酒后驾驶营运机动车的，处十五日拘留，并处五千元罚款，吊销机动车驾驶证，五年内不得重新取得机动车驾驶证。

醉酒驾驶营运机动车的，由公安机关交通管理部门约束至酒醒，吊销机动车驾驶证，依法追究刑事责任；十年内不得重新取得机动车驾驶证，重新取得机动车驾驶证后，不得驾驶营运机动车。

饮酒后或者醉酒驾驶机动车发生重大交通事故，构成犯罪的，依法追究刑事责任，并由公安机关交通管理部门吊销机动车驾驶证，终生不得重新取得机动车驾驶证。

第九十二条　公路客运车辆载客超过额定乘员的，处二百元以上五百元以下罚款；超过额定乘员百分之二十或者违反规定载货的，处五百元以上二千元以下罚款。

货运机动车超过核定载质量的，处二百元以上五百元以下罚款；超过核定载质量百分之三十或者违反规定载客的，处五百元以上二千元以下罚款。

有前两款行为的，由公安机关交通管理部门扣留机动车至违法状态消除。

运输单位的车辆有本条第一款、第二款规定的情形，经处罚不改的，对直接负责的主管人员处二千元以上五千元以下罚款。

第九十三条　对违反道路交通安全法律、法规关于机动车停放、临时停车规定的，可以指出违法行为，并予以口头警告，令其立即驶离。

机动车驾驶人不在现场或者虽在现场但拒绝立即驶离，妨碍其他车辆、行人通行的，处二十元以上二百元以下罚款，并可以将该机动车拖移至不妨碍交通的地点或者公安机关交通管理部门指定的地点停放。公安机关交通管理部门拖车不得向当事人收取费用，并应当及时告知当事人停放地点。

因采取不正确的方法拖车造成机动车损坏的，应当依法承担补偿责任。

第九十四条　机动车安全技术检验机构实施机动车安全技术检验超过国务院价格主管部门核定的收费标准收取费用的，退还多收取的费用，并由价格主管部门依照《中华人民共和国价格法》的有关规定给予处罚。

机动车安全技术检验机构不按照机动车国家安全技术标准进行检验，出具虚假检验结果的，由公安机关交通管理部门处所收检验费用五倍以上十倍以下罚款，并依法撤销其检验资格；构成犯罪的，依法追究刑事责任。

第九十五条　上道路行驶的机动车未悬挂机动车号牌，未放置检验合格标志、保险标志，或者未随车携带行驶证、驾驶证的，公安机关交通管理部门应当扣留机动车，通知当事人提供相应的牌证、标志或者补办相应手续，并可以依照本法第九十条的规定予以处罚。当事人提供相应的牌证、标志或者补办相应手续的，应当及时退还机动车。

故意遮挡、污损或者不按规定安装机动车号牌的，依照本法第九十条的规定予以处罚。

第九十六条　伪造、变造或者使用伪造、变造的机动车登记证书、号牌、行驶证、驾驶证的，由公安机关交通管理部门予以收缴，扣留该机动车，处十五日以下拘留，并处二千元以上五千元以下罚款；构成犯罪的，依法追究刑事责任。

伪造、变造或者使用伪造、变造的检验合格标志、保险标志的，由公安机关交通管理部门予以收缴，扣留该机动车，处十日以下拘留，并处一千元以上三千元以下罚款；构成犯罪的，依法追究刑事责任。

使用其他车辆的机动车登记证书、号牌、行驶证、检验合格标志、保险标志的，由公安机关交通管理部门予以收缴，扣留该机动车，处二千元以上五千元以下罚款。

当事人提供相应的合法证明或者补办相应手续的，应当及时退还机动车。

第九十七条　非法安装警报器、标志灯具的，由公安机关交通管理部门强制拆除，予以收缴，并处二百元以上二千元以下罚款。

第九十八条　机动车所有人、管理人未按照国家规定投保机动车第三者责任强制保险的，由公安机关交通管理部门扣留车辆至依照规定投保后，并处依照规定投保最低责任限额应缴纳的保险费的二倍罚款。

依照前款缴纳的罚款全部纳入道路交通事故社会救助基金。具体办法由国务院规定。

第九十九条　有下列行为之一的，由公安机关交通管理部门处二百元以上二千元以下罚款：

（一）未取得机动车驾驶证、机动车驾驶证被吊销或者机动车驾驶证被暂扣期间驾驶机动车的；

（二）将机动车交由未取得机动车驾驶证或者机动车驾驶证被吊销、暂扣的人驾驶的；

（三）造成交通事故后逃逸，尚不构成犯罪的；

（四）机动车行驶超过规定时速百分之五十的；

（五）强迫机动车驾驶人违反道路交通安全法律、法规和机动车安全驾驶要求驾驶机动车，造成交通事故，尚不构成犯罪的；

（六）违反交通管制的规定强行通行，不听劝阻的；

（七）故意损毁、移动、涂改交通设施，造成危害后果，尚不构成犯罪的；

（八）非法拦截、扣留机动车辆，不听劝阻，造成交通严重阻塞或者较大财产损失的。

行为人有前款第二项、第四项情形之一的，可以并处吊销机动车驾驶证；有第一项、第三项、第五项至第八项情形之一的，可以并处十五日以下拘留。

第一百条　驾驶拼装的机动车或者已达到报废标准的机动车上道路行驶的，公安机关交通管理部门应当予以收缴，强制报废。

对驾驶前款所列机动车上道路行驶的驾驶人，处二百元以上二千元以下罚款，并吊销机动车驾驶证。

出售已达到报废标准的机动车的，没收违法所得，处销售金额等额的罚款，对该机动车依照本条第一款的规定处理。

第一百零一条　违反道路交通安全法律、法规的规定，发生重大交通事故，构成犯罪的，依法追究刑事责任，并由公安机关交通管理部门吊销机动车驾驶证。

造成交通事故后逃逸的,由公安机关交通管理部门吊销机动车驾驶证,且终生不得重新取得机动车驾驶证。

第一百零二条　对六个月内发生二次以上特大交通事故负有主要责任或者全部责任的专业运输单位,由公安机关交通管理部门责令消除安全隐患,未消除安全隐患的机动车,禁止上道路行驶。

第一百零三条　国家机动车产品主管部门未按照机动车国家安全技术标准严格审查,许可不合格机动车型投入生产的,对负有责任的主管人员和其他直接责任人员给予降级或者撤职的行政处分。

机动车生产企业经国家机动车产品主管部门许可生产的机动车型,不执行机动车国家安全技术标准或者不严格进行机动车成品质量检验,致使质量不合格的机动车出厂销售的,由质量技术监督部门依照《中华人民共和国产品质量法》的有关规定给予处罚。

擅自生产、销售未经国家机动车产品主管部门许可生产的机动车型的,没收非法生产、销售的机动车成品及配件,可以并处非法产品价值三倍以上五倍以下罚款;有营业执照的,由工商行政管理部门吊销营业执照,没有营业执照的,予以查封。

生产、销售拼装的机动车或者生产、销售擅自改装的机动车的,依照本条第三款的规定处罚。

有本条第二款、第三款、第四款所列违法行为,生产或者销售不符合机动车国家安全技术标准的机动车,构成犯罪的,依法追究刑事责任。

第一百零四条　未经批准,擅自挖掘道路、占用道路施工或者从事其他影响道路交通安全活动的,由道路主管部门责令停止违法行为,并恢复原状,可以依法给予罚款;致使通行的人员、车辆及其他财产遭受损失的,依法承担赔偿责任。

有前款行为,影响道路交通安全活动的,公安机关交通管理部门可以责令停止违法行为,迅速恢复交通。

第一百零五条　道路施工作业或者道路出现损毁,未及时设置警示标志、未采取防护措施,或者应当设置交通信号灯、交通标志、交通标线而没有设置或者应当及时变更交通信号灯、交通标志、交通标线而没有及时变更,致使通行的人员、车辆及其他财产遭受损失的,负有相关职责的单位应当依法承担赔偿责任。

第一百零六条　在道路两侧及隔离带上种植树木、其他植物或者设置广告牌、管线等,遮挡路灯、交通信号灯、交通标志,妨碍安全视距的,由公安机关交通管理部门责令行为人排除妨碍；拒不执行的，处二百元以上二千元以下罚款，并强制排除妨碍，所需费用由行为人负担。

第一百零七条 对道路交通违法行为人予以警告、二百元以下罚款，交通警察可以当场作出行政处罚决定，并出具行政处罚决定书。

行政处罚决定书应当载明当事人的违法事实、行政处罚的依据、处罚内容、时间、地点以及处罚机关名称，并由执法人员签名或者盖章。

第一百零八条 当事人应当自收到罚款的行政处罚决定书之日起十五日内，到指定的银行缴纳罚款。

对行人、乘车人和非机动车驾驶人的罚款，当事人无异议的，可以当场予以收缴罚款。

罚款应当开具省、自治区、直辖市财政部门统一制发的罚款收据；不出具财政部门统一制发的罚款收据的，当事人有权拒绝缴纳罚款。

第一百零九条 当事人逾期不履行行政处罚决定的，作出行政处罚决定的行政机关可以采取下列措施：

（一）到期不缴纳罚款的，每日按罚款数额的百分之三加处罚款；

（二）申请人民法院强制执行。

第一百一十条 执行职务的交通警察认为应当对道路交通违法行为人给予暂扣或者吊销机动车驾驶证处罚的，可以先予扣留机动车驾驶证，并在二十四小时内将案件移交公安机关交通管理部门处理。

道路交通违法行为人应当在十五日内到公安机关交通管理部门接受处理。无正当理由逾期未接受处理的，吊销机动车驾驶证。

公安机关交通管理部门暂扣或者吊销机动车驾驶证的，应当出具行政处罚决定书。

第一百一十一条 对违反本法规定予以拘留的行政处罚，由县、市公安局、公安分局或者相当于县一级的公安机关裁决。

第一百一十二条 公安机关交通管理部门扣留机动车、非机动车，应当当场出具凭证，并告知当事人在规定期限内到公安机关交通管理部门接受处理。

公安机关交通管理部门对被扣留的车辆应当妥善保管，不得使用。

逾期不来接受处理，并且经公告三个月仍不来接受处理的，对扣留的车辆依法处理。

第一百一十三条 暂扣机动车驾驶证的期限从处罚决定生效之日起计算；处罚决定生效前先予扣留机动车驾驶证的，扣留一日折抵暂扣期限一日。

吊销机动车驾驶证后重新申请领取机动车驾驶证的期限，按照机动车驾驶证管理规定办理。

第一百一十四条　公安机关交通管理部门根据交通技术监控记录资料，可以对违法的机动车所有人或者管理人依法予以处罚。对能够确定驾驶人的，可以依照本法的规定依法予以处罚。

第一百一十五条　交通警察有下列行为之一的，依法给予行政处分：

（一）为不符合法定条件的机动车发放机动车登记证书、号牌、行驶证、检验合格标志的；

（二）批准不符合法定条件的机动车安装、使用警车、消防车、救护车、工程救险车的警报器、标志灯具，喷涂标志图案的；

（三）为不符合驾驶许可条件、未经考试或者考试不合格人员发放机动车驾驶证的；

（四）不执行罚款决定与罚款收缴分离制度或者不按规定将依法收取的费用、收缴的罚款及没收的违法所得全部上缴国库的；

（五）举办或者参与举办驾驶学校或者驾驶培训班、机动车修理厂或者收费停车场等经营活动的；

（六）利用职务上的便利收受他人财物或者谋取其他利益的；

（七）违法扣留车辆、机动车行驶证、驾驶证、车辆号牌的；

（八）使用依法扣留的车辆的；

（九）当场收取罚款不开具罚款收据或者不如实填写罚款额的；

（十）徇私舞弊，不公正处理交通事故的；

（十一）故意刁难，拖延办理机动车牌证的；

（十二）非执行紧急任务时使用警报器、标志灯具的；

（十三）违反规定拦截、检查正常行驶的车辆的；

（十四）非执行紧急公务时拦截搭乘机动车的；

（十五）不履行法定职责的。

公安机关交通管理部门有前款所列行为之一的，对直接负责的主管人员和其他直接责任人员给予相应的行政处分。

第一百一十六条　依照本法第一百一十五条的规定，给予交通警察行政处分的，在作出行政处分决定前，可以停止其执行职务；必要时，可以予以禁闭。

依照本法第一百一十五条的规定，交通警察受到降级或者撤职行政处分的，可以予以辞退。

交通警察受到开除处分或者被辞退的，应当取消警衔；受到撤职以下行政处分的交通警察，应当降低警衔。

第一百一十七条　交通警察利用职权非法占有公共财物，索取、收受贿赂，或者滥用职权、玩忽职守，构成犯罪的，依法追究刑事责任。

第一百一十八条　公安机关交通管理部门及其交通警察有本法第一百一十五条所列行为之一，给当事人造成损失的，应当依法承担赔偿责任。

第八章　附　　则

第一百一十九条　本法中下列用语的含义：

（一）"道路"，是指公路、城市道路和虽在单位管辖范围但允许社会机动车通行的地方，包括广场、公共停车场等用于公众通行的场所。

（二）"车辆"，是指机动车和非机动车。

（三）"机动车"，是指以动力装置驱动或者牵引，上道路行驶的供人员乘用或者用于运送物品以及进行工程专项作业的轮式车辆。

（四）"非机动车"，是指以人力或者畜力驱动，上道路行驶的交通工具，以及虽有动力装置驱动但设计最高时速、空车质量、外形尺寸符合有关国家标准的残疾人机动轮椅车、电动自行车等交通工具。

（五）"交通事故"，是指车辆在道路上因过错或者意外造成的人身伤亡或者财产损失的事件。

第一百二十条　中国人民解放军和中国人民武装警察部队在编机动车牌证、在编机动车检验以及机动车驾驶人考核工作，由中国人民解放军、中国人民武装警察部队有关部门负责。

第一百二十一条　对上道路行驶的拖拉机，由农业（农业机械）主管部门行使本法第八条、第九条、第十三条、第十九条、第二十三条规定的公安机关交通管理部门的管理职权。

农业（农业机械）主管部门依照前款规定行使职权，应当遵守本法有关规定，并接受公安机关交通管理部门的监督；对违反规定的，依照本法有关规定追究法律责任。

本法施行前由农业（农业机械）主管部门发放的机动车牌证，在本法施行后继续有效。

第一百二十二条　国家对入境的境外机动车的道路交通安全实施统一管理。

第一百二十三条　省、自治区、直辖市人民代表大会常务委员会可以根据本地区的实际情况，在本法规定的罚款幅度内，规定具体的执行标准。

第一百二十四条　本法自 2004 年 5 月 1 日起施行。

中华人民共和国公路法

1997年7月3日第八届全国人民代表大会常务委员会第二十六次会议通过，根据1999年10月31日第九届全国人民代表大会常务委员会第十二次会议《关于修改〈中华人民共和国公路法〉的决定》第一次修正，根据2004年8月28日第十届全国人民代表大会常务委员会第十一次会议《关于修改〈中华人民共和国公路法〉的决定》第二次修正，根据2009年8月27日第十一届全国人民代表大会常务委员会第十次会议《关于修改部分法律的决定》第三次修正，根据2016年11月7日第十二届全国人民代表大会常务委员会第二十四次会议《关于修改〈中华人民共和国对外贸易法〉等十二部法律的决定》第四次修正，根据2017年11月4日第十二届全国人民代表大会常务委员会第三十次会议《关于修改〈中华人民共和国会计法〉等十一部法律的决定》第五次修正。

第一章　总　　则

第一条　为了加强公路的建设和管理，促进公路事业的发展，适应社会主义现代化建设和人民生活的需要，制定本法。

第二条　在中华人民共和国境内从事公路的规划、建设、养护、经营、使用和管理，适用本法。

本法所称公路，包括公路桥梁、公路隧道和公路渡口。

第三条　公路的发展应当遵循全面规划、合理布局、确保质量、保障畅通、保护环境、建设改造与养护并重的原则。

第四条　各级人民政府应当采取有力措施，扶持、促进公路建设。公路建设应当纳入国民经济和社会发展计划。

国家鼓励、引导国内外经济组织依法投资建设、经营公路。

第五条　国家帮助和扶持少数民族地区、边远地区和贫困地区发展公路建设。

第六条　公路按其在公路路网中的地位分为国道、省道、县道和乡道，并按技术等级分为高速公路、一级公路、二级公路、三级公路和四级公路。具体划分标准由国务院交通主管部门规定。

新建公路应当符合技术等级的要求。原有不符合最低技术等级要求的等外公路，应当采取措施，逐步改造为符合技术等级要求的公路。

第七条　公路受国家保护，任何单位和个人不得破坏、损坏或者非法占用公路、公路用地及公路附属设施。

任何单位和个人都有爱护公路、公路用地及公路附属设施的义务，有权检举和控告破坏、损坏公路、公路用地、公路附属设施和影响公路安全的行为。

第八条　国务院交通主管部门主管全国公路工作。

县级以上地方人民政府交通主管部门主管本行政区域内的公路工作；但是，县级以上地方人民政府交通主管部门对国道、省道的管理、监督职责，由省、自治区、直辖市人民政府确定。

乡、民族乡、镇人民政府负责本行政区域内的乡道的建设和养护工作。

县级以上地方人民政府交通主管部门可以决定由公路管理机构依照本法规定行使公路行政管理职责。

第九条　禁止任何单位和个人在公路上非法设卡、收费、罚款和拦截车辆。

第十条　国家鼓励公路工作方面的科学技术研究，对在公路科学技术研究和应用方面作出显著成绩的单位和个人给予奖励。

第十一条　本法对专用公路有规定的，适用于专用公路。

专用公路是指由企业或者其他单位建设、养护、管理，专为或者主要为本企业或者本单位提供运输服务的道路。

第二章　公　路　规　划

第十二条　公路规划应当根据国民经济和社会发展以及国防建设的需要编制，与城市建设发展规划和其他方式的交通运输发展规划相协调。

第十三条　公路建设用地规划应当符合土地利用总体规划，当年建设用地应当纳入年度建设用地计划。

第十四条　国道规划由国务院交通主管部门会同国务院有关部门并商国道沿线省、自治区、直辖市人民政府编制，报国务院批准。

省道规划由省、自治区、直辖市人民政府交通主管部门会同同级有关部门并商省道沿线下一级人民政府编制，报省、自治区、直辖市人民政府批准，并报国务院交通主管部门备案。

县道规划由县级人民政府交通主管部门会同同级有关部门编制，经本级人民政府审定后，报上一级人民政府批准。

乡道规划由县级人民政府交通主管部门协助乡、民族乡、镇人民政府编制，报县级人民政府批准。

依照第三款、第四款规定批准的县道、乡道规划，应当报批准机关的上一级人民政府交通主管部门备案。

省道规划应当与国道规划相协调。县道规划应当与省道规划相协调。乡道规划应当与县道规划相协调。

第十五条　专用公路规划由专用公路的主管单位编制，经其上级主管部门审定后，报县级以上人民政府交通主管部门审核。

专用公路规划应当与公路规划相协调。县级以上人民政府交通主管部门发现专用公路规划与国道、省道、县道、乡道规划有不协调的地方，应当提出修改意见，专用公路主管部门和单位应当作出相应的修改。

第十六条　国道规划的局部调整由原编制机关决定。国道规划需要作重大修改的，由原编制机关提出修改方案，报国务院批准。

经批准的省道、县道、乡道公路规划需要修改的，由原编制机关提出修改方案，报原批准机关批准。

第十七条　国道的命名和编号，由国务院交通主管部门确定；省道、县道、乡道的命名和编号，由省、自治区、直辖市人民政府交通主管部门按照国务院交通主管部门的有关规定确定。

第十八条　规划和新建村镇、开发区，应当与公路保持规定的距离并避免在公路两侧对应进行，防止造成公路街道化，影响公路的运行安全与畅通。

第十九条　国家鼓励专用公路用于社会公共运输。专用公路主要用于社会公共运输时，由专用公路的主管单位申请，或者由有关方面申请，专用公路的主管单位同意，并经省、自治区、直辖市人民政府交通主管部门批准，可以改划为省道、县道或者乡道。

第三章　公路建设

第二十条　县级以上人民政府交通主管部门应当依据职责维护公路建设秩序，加强对公路建设的监督管理。

第二十一条　筹集公路建设资金，除各级人民政府的财政拨款，包括依法征税筹集的公路建设专项资金转为的财政拨款外，可以依法向国内外金融机构或者外国政府贷款。

国家鼓励国内外经济组织对公路建设进行投资。开发、经营公路的公司可以依照法律、行政法规的规定发行股票、公司债券筹集资金。

依照本法规定出让公路收费权的收入必须用于公路建设。

向企业和个人集资建设公路，必须根据需要与可能，坚持自愿原则，不得强行摊派，并符合国务院的有关规定。

公路建设资金还可以采取符合法律或者国务院规定的其他方式筹集。

第二十二条 公路建设应当按照国家规定的基本建设程序和有关规定进行。

第二十三条 公路建设项目应当按照国家有关规定实行法人负责制度、招标投标制度和工程监理制度。

第二十四条 公路建设单位应当根据公路建设工程的特点和技术要求，选择具有相应资格的勘察设计单位、施工单位和工程监理单位，并依照有关法律、法规、规章的规定和公路工程技术标准的要求，分别签订合同，明确双方的权利义务。

承担公路建设项目的可行性研究单位、勘察设计单位、施工单位和工程监理单位，必须持有国家规定的资质证书。

第二十五条 公路建设项目的施工，须按国务院交通主管部门的规定报请县级以上地方人民政府交通主管部门批准。

第二十六条 公路建设必须符合公路工程技术标准。

承担公路建设项目的设计单位、施工单位和工程监理单位，应当按照国家有关规定建立健全质量保证体系，落实岗位责任制，并依照有关法律、法规、规章以及公路工程技术标准的要求和合同约定进行设计、施工和监理，保证公路工程质量。

第二十七条 公路建设使用土地依照有关法律、行政法规的规定办理。

公路建设应当贯彻切实保护耕地、节约用地的原则。

第二十八条 公路建设需要使用国有荒山、荒地或者需要在国有荒山、荒地、河滩、滩涂上挖砂、采石、取土的，依照有关法律、行政法规的规定办理后，任何单位和个人不得阻挠或者非法收取费用。

第二十九条 地方各级人民政府对公路建设依法使用土地和搬迁居民，应当给予支持和协助。

第三十条 公路建设项目的设计和施工，应当符合依法保护环境、保护文物古迹和防止水土流失的要求。

公路规划中贯彻国防要求的公路建设项目，应当严格按照规划进行建设，以保证国防交通的需要。

第三十一条 因建设公路影响铁路、水利、电力、邮电设施和其他设施正常使用时，公路建设单位应当事先征得有关部门的同意；因公路建设对有关设施造成损坏的，公路建设单位应当按照不低于该设施原有的技术标准予以修复，或者给予相应的经济补偿。

第三十二条 改建公路时，施工单位应当在施工路段两端设置明显的施工标志、安全标志。需要车辆绕行的，应当在绕行路口设置标志；不能绕行的，必须修建临时道路，保证车辆和行人通行。

第三十三条　公路建设项目和公路修复项目竣工后，应当按照国家有关规定进行验收；未经验收或者验收不合格的，不得交付使用。

建成的公路，应当按照国务院交通主管部门的规定设置明显的标志、标线。

第三十四条　县级以上地方人民政府应当确定公路两侧边沟（截水沟、坡脚护坡道，下同）外缘起不少于一米的公路用地。

第四章　公路养护

第三十五条　公路管理机构应当按照国务院交通主管部门规定的技术规范和操作规程对公路进行养护，保证公路经常处于良好的技术状态。

第三十六条　国家采用依法征税的办法筹集公路养护资金，具体实施办法和步骤由国务院规定。

依法征税筹集的公路养护资金，必须专项用于公路的养护和改建。

第三十七条　县、乡级人民政府对公路养护需要的挖砂、采石、取土以及取水，应当给予支持和协助。

第三十八条　县、乡级人民政府应当在农村义务工的范围内，按照国家有关规定组织公路两侧的农村居民履行为公路建设和养护提供劳务的义务。

第三十九条　为保障公路养护人员的人身安全，公路养护人员进行养护作业时，应当穿着统一的安全标志服；利用车辆进行养护作业时，应当在公路作业车辆上设置明显的作业标志。

公路养护车辆进行作业时，在不影响过往车辆通行的前提下，其行驶路线和方向不受公路标志、标线限制；过往车辆对公路养护车辆和人员应当注意避让。

公路养护工程施工影响车辆、行人通行时，施工单位应当依照本法第三十二条的规定办理。

第四十条　因严重自然灾害致使国道、省道交通中断，公路管理机构应当及时修复；公路管理机构难以及时修复时，县级以上地方人民政府应当及时组织当地机关、团体、企业事业单位、城乡居民进行抢修，并可以请求当地驻军支援，尽快恢复交通。

第四十一条　公路用地范围内的山坡、荒地，由公路管理机构负责水土保持。

第四十二条　公路绿化工作，由公路管理机构按照公路工程技术标准组织实施。

公路用地上的树木，不得任意砍伐；需要更新砍伐的，应当经县级以上地方人民政府交通主管部门同意后，依照《中华人民共和国森林法》的规定办理审批手续，并完成更新补种任务。

第五章　路政管理

第四十三条　各级地方人民政府应当采取措施，加强对公路的保护。

县级以上地方人民政府交通主管部门应当认真履行职责，依法做好公路保护工作，并努力采用科学的管理方法和先进的技术手段，提高公路管理水平，逐步完善公路服务设施，保障公路的完好、安全和畅通。

第四十四条　任何单位和个人不得擅自占用、挖掘公路。

因修建铁路、机场、电站、通信设施、水利工程和进行其他建设工程需要占用、挖掘公路或者使公路改线的，建设单位应当事先征得有关交通主管部门的同意；影响交通安全的，还须征得有关公安机关的同意。占用、挖掘公路或者使公路改线的，建设单位应当按照不低于该段公路原有的技术标准予以修复、改建或者给予相应的经济补偿。

第四十五条　跨越、穿越公路修建桥梁、渡槽或者架设、埋设管线等设施的，以及在公路用地范围内架设、埋设管线、电缆等设施的，应当事先经有关交通主管部门同意，影响交通安全的，还须征得有关公安机关的同意；所修建、架设或者埋设的设施应当符合公路工程技术标准的要求。对公路造成损坏的，应当按照损坏程度给予补偿。

第四十六条　任何单位和个人不得在公路上及公路用地范围内摆摊设点、堆放物品、倾倒垃圾、设置障碍、挖沟引水、利用公路边沟排放污物或者进行其他损坏、污染公路和影响公路畅通的活动。

第四十七条　在大中型公路桥梁和渡口周围二百米、公路隧道上方和洞口外一百米范围内，以及在公路两侧一定距离内，不得挖砂、采石、取土、倾倒废弃物，不得进行爆破作业及其他危及公路、公路桥梁、公路隧道、公路渡口安全的活动。

在前款范围内因抢险、防汛需要修筑堤坝、压缩或者拓宽河床的，应当事先报经省、自治区、直辖市人民政府交通主管部门会同水行政主管部门批准，并采取有效的保护有关的公路、公路桥梁、公路隧道、公路渡口安全的措施。

第四十八条　铁轮车、履带车和其他可能损害公路路面的机具，不得在公路上行驶。

农业机械因当地田间作业需要在公路上短距离行驶或者军用车辆执行任务需

要在公路上行驶的，可以不受前款限制，但是应当采取安全保护措施。对公路造成损坏的，应当按照损坏程度给予补偿。

第四十九条　在公路上行驶的车辆的轴载质量应当符合公路工程技术标准要求。

第五十条　超过公路、公路桥梁、公路隧道或者汽车渡船的限载、限高、限宽、限长标准的车辆，不得在有限定标准的公路、公路桥梁上或者公路隧道内行驶，不得使用汽车渡船。超过公路或者公路桥梁限载标准确需行驶的，必须经县级以上地方人民政府交通主管部门批准，并按要求采取有效的防护措施；运载不可解体的超限物品的，应当按照指定的时间、路线、时速行驶，并悬挂明显标志。

运输单位不能按照前款规定采取防护措施的，由交通主管部门帮助其采取防护措施，所需费用由运输单位承担。

第五十一条　机动车制造厂和其他单位不得将公路作为检验机动车制动性能的试车场地。

第五十二条　任何单位和个人不得损坏、擅自移动、涂改公路附属设施。

前款公路附属设施，是指为保护、养护公路和保障公路安全畅通所设置的公路防护、排水、养护、管理、服务、交通安全、渡运、监控、通信、收费等设施、设备以及专用建筑物、构筑物等。

第五十三条　造成公路损坏的，责任者应当及时报告公路管理机构，并接受公路管理机构的现场调查。

第五十四条　任何单位和个人未经县级以上地方人民政府交通主管部门批准，不得在公路用地范围内设置公路标志以外的其他标志。

第五十五条　在公路上增设平面交叉道口，必须按照国家有关规定经过批准，并按照国家规定的技术标准建设。

第五十六条　除公路防护、养护需要的以外，禁止在公路两侧的建筑控制区内修建建筑物和地面构筑物；需要在建筑控制区内埋设管线、电缆等设施的，应当事先经县级以上地方人民政府交通主管部门批准。

前款规定的建筑控制区的范围，由县级以上地方人民政府按照保障公路运行安全和节约用地的原则，依照国务院的规定划定。

建筑控制区范围经县级以上地方人民政府依照前款规定划定后，由县级以上地方人民政府交通主管部门设置标桩、界桩。任何单位和个人不得损坏、擅自挪动该标桩、界桩。

第五十七条　除本法第四十七条第二款的规定外，本章规定由交通主管部门行使的路政管理职责，可以依照本法第八条第四款的规定，由公路管理机构行使。

第六章　收费公路

第五十八条　国家允许依法设立收费公路，同时对收费公路的数量进行控制。

除本法第五十九条规定可以收取车辆通行费的公路外，禁止任何公路收取车辆通行费。

第五十九条　符合国务院交通主管部门规定的技术等级和规模的下列公路，可以依法收取车辆通行费：

（一）由县级以上地方人民政府交通主管部门利用贷款或者向企业、个人集资建成的公路；

（二）由国内外经济组织依法受让前项收费公路收费权的公路；

（三）由国内外经济组织依法投资建成的公路。

第六十条　县级以上地方人民政府交通主管部门利用贷款或者集资建成的收费公路的收费期限，按照收费偿还贷款、集资款的原则，由省、自治区、直辖市人民政府依照国务院交通主管部门的规定确定。

有偿转让公路收费权的公路，收费权转让后，由受让方收费经营。收费权的转让期限由出让、受让双方约定，最长不得超过国务院规定的年限。

国内外经济组织投资建设公路，必须按照国家有关规定办理审批手续；公路建成后，由投资者收费经营。收费经营期限按照收回投资并有合理回报的原则，由有关交通主管部门与投资者约定并按照国家有关规定办理审批手续，但最长不得超过国务院规定的年限。

第六十一条　本法第五十九条第一款第一项规定的公路中的国道收费权的转让，应当在转让协议签订之日起三十个工作日内报国务院交通主管部门备案；国道以外的其他公路收费权的转让，应当在转让协议签订之日起三十个工作日内报省、自治区、直辖市人民政府备案。

前款规定的公路收费权出让的最低成交价，以国有资产评估机构评估的价值为依据确定。

第六十二条　受让公路收费权和投资建设公路的国内外经济组织应当依法成立开发、经营公路的企业（以下简称公路经营企业）。

第六十三条　收费公路车辆通行费的收费标准，由公路收费单位提出方案，报省、自治区、直辖市人民政府交通主管部门会同同级物价行政主管部门审查批准。

第六十四条 收费公路设置车辆通行费的收费站,应当报经省、自治区、直辖市人民政府审查批准。跨省、自治区、直辖市的收费公路设置车辆通行费的收费站,由有关省、自治区、直辖市人民政府协商确定;协商不成的,由国务院交通主管部门决定。同一收费公路由不同的交通主管部门组织建设或者由不同的公路经营企业经营的,应当按照"统一收费、按比例分成"的原则,统筹规划,合理设置收费站。

两个收费站之间的距离,不得小于国务院交通主管部门规定的标准。

第六十五条 有偿转让公路收费权的公路,转让收费权合同约定的期限届满,收费权由出让方收回。

由国内外经济组织依照本法规定投资建成并经营的收费公路,约定的经营期限届满,该公路由国家无偿收回,由有关交通主管部门管理。

第六十六条 依照本法第五十九条规定受让收费权或者由国内外经济组织投资建成经营的公路的养护工作,由各该公路经营企业负责。各该公路经营企业在经营期间应当按照国务院交通主管部门规定的技术规范和操作规程做好对公路的养护工作。在受让收费权的期限届满,或者经营期限届满时,公路应当处于良好的技术状态。

前款规定的公路的绿化和公路用地范围内的水土保持工作,由各该公路经营企业负责。

第一款规定的公路的路政管理,适用本法第五章的规定。该公路路政管理的职责由县级以上地方人民政府交通主管部门或者公路管理机构的派出机构、人员行使。

第六十七条 在收费公路上从事本法第四十四条第二款、第四十五条、第四十八条、第五十条所列活动的,除依照各该条的规定办理外,给公路经营企业造成损失的,应当给予相应的补偿。

第六十八条 收费公路的具体管理办法,由国务院依照本法制定。

第七章 监督检查

第六十九条 交通主管部门、公路管理机构依法对有关公路的法律、法规执行情况进行监督检查。

第七十条 交通主管部门、公路管理机构负有管理和保护公路的责任,有权检查、制止各种侵占、损坏公路、公路用地、公路附属设施及其他违反本法规定的行为。

第七十一条　公路监督检查人员依法在公路、建筑控制区、车辆停放场所、车辆所属单位等进行监督检查时，任何单位和个人不得阻挠。

公路经营者、使用者和其他有关单位、个人，应当接受公路监督检查人员依法实施的监督检查，并为其提供方便。

公路监督检查人员执行公务，应当佩戴标志，持证上岗。

第七十二条　交通主管部门、公路管理机构应当加强对所属公路监督检查人员的管理和教育，要求公路监督检查人员熟悉国家有关法律和规定，公正廉洁，热情服务，秉公执法，对公路监督检查人员的执法行为应当加强监督检查，对其违法行为应当及时纠正，依法处理。

第七十三条　用于公路监督检查的专用车辆，应当设置统一的标志和示警灯。

第八章　法律责任

第七十四条　违反法律或者国务院有关规定，擅自在公路上设卡、收费的，由交通主管部门责令停止违法行为，没收违法所得，可以处违法所得三倍以下的罚款，没有违法所得的，可以处二万元以下的罚款；对负有直接责任的主管人员和其他直接责任人员，依法给予行政处分。

第七十五条　违反本法第二十五条规定，未经有关交通主管部门批准擅自施工的，交通主管部门可以责令停止施工，并可以处五万元以下的罚款。

第七十六条　有下列违法行为之一的，由交通主管部门责令停止违法行为，可以处三万元以下的罚款：

（一）违反本法第四十四条第一款规定，擅自占用、挖掘公路的；

（二）违反本法第四十五条规定，未经同意或者未按照公路工程技术标准的要求修建桥梁、渡槽或者架设、埋设管线、电缆等设施的；

（三）违反本法第四十七条规定，从事危及公路安全的作业的；

（四）违反本法第四十八条规定，铁轮车、履带车和其他可能损害路面的机具擅自在公路上行驶的；

（五）违反本法第五十条规定，车辆超限使用汽车渡船或者在公路上擅自超限行驶的；

（六）违反本法第五十二条、第五十六条规定，损坏、移动、涂改公路附属设施或者损坏、挪动建筑控制区的标桩、界桩，可能危及公路安全的。

第七十七条　违反本法第四十六条的规定，造成公路路面损坏、污染或者影响公路畅通的，或者违反本法第五十一条规定，将公路作为试车场地的，由交通主管部门责令停止违法行为，可以处五千元以下的罚款。

第七十八条　违反本法第五十三条规定，造成公路损坏，未报告的，由交通主管部门处一千元以下的罚款。

第七十九条　违反本法第五十四条规定，在公路用地范围内设置公路标志以外的其他标志的，由交通主管部门责令限期拆除，可以处二万元以下的罚款；逾期不拆除的，由交通主管部门拆除，有关费用由设置者负担。

第八十条　违反本法第五十五条规定，未经批准在公路上增设平面交叉道口的，由交通主管部门责令恢复原状，处五万元以下的罚款。

第八十一条　违反本法第五十六条规定，在公路建筑控制区内修建建筑物、地面构筑物或者擅自埋设管线、电缆等设施的，由交通主管部门责令限期拆除，并可以处五万元以下的罚款。逾期不拆除的，由交通主管部门拆除，有关费用由建筑者、构筑者承担。

第八十二条　除本法第七十四条、第七十五条的规定外，本章规定由交通主管部门行使的行政处罚权和行政措施，可以依照本法第八条第四款的规定由公路管理机构行使。

第八十三条　阻碍公路建设或者公路抢修，致使公路建设或者抢修不能正常进行，尚未造成严重损失的，依照《中华人民共和国治安管理处罚法》的规定处罚。

损毁公路或者擅自移动公路标志，可能影响交通安全，尚不够刑事处罚的，适用《中华人民共和国道路交通安全法》第九十九条的处罚规定。

拒绝、阻碍公路监督检查人员依法执行职务未使用暴力、威胁方法的，依照《中华人民共和国治安管理处罚法》的规定处罚。

第八十四条　违反本法有关规定，构成犯罪的，依法追究刑事责任。

第八十五条　违反本法有关规定，对公路造成损害的，应当依法承担民事责任。

对公路造成较大损害的车辆，必须立即停车，保护现场，报告公路管理机构，接受公路管理机构的调查、处理后方得驶离。

第八十六条　交通主管部门、公路管理机构的工作人员玩忽职守、徇私舞弊、滥用职权，构成犯罪的，依法追究刑事责任；尚不构成犯罪的，依法给予行政处分。

第九章　附　　则

第八十七条　本法自 1998 年 1 月 1 日起施行。

中华人民共和国刑法

1979年7月1日第五届全国人民代表大会第二次会议通过，1997年3月14日第八届全国人民代表大会第五次会议修订，已先后被《中华人民共和国刑法修正案》（发布日期：1999年12月25日，实施日期：1999年12月25日）、《中华人民共和国刑法修正案（二）》（发布日期：2001年8月31日，实施日期：2001年8月31日）、《中华人民共和国刑法修正案（三）》（发布日期：2001年12月29日，实施日期：2001年12月29日）、《中华人民共和国刑法修正案（四）》（发布日期：2002年12月28日，实施日期：2002年12月28日）、《中华人民共和国刑法修正案（五）》（发布日期：2005年2月28日，实施日期：2005年2月28日）、《中华人民共和国刑法修正案（六）》（发布日期：2006年6月29日，实施日期：2006年6月29日）、《中华人民共和国刑法修正案（七）》（发布日期：2009年2月28日，实施日期：2009年2月28日）、《全国人民代表大会常务委员会关于修改部分法律的决定》（发布日期：2009年8月27日，实施日期：2009年8月27日）、《中华人民共和国刑法修正案（八）》（发布日期：2011年2月25日，实施日期：2011年5月1日）、《中华人民共和国刑法修正案（九）》（发布日期：2015年8月29日，实施日期：2015年11月1日）《中华人民共和国刑法修正案（十）》（发布日期：2017年11月4日，实施日期：2017年11月4日）修正或修改。

第一编 总 则

第一章 刑法的任务、基本原则和适用范围

第一条 【立法目的】为了惩罚犯罪，保护人民，根据宪法，结合我国同犯罪作斗争的具体经验及实际情况，制定本法。

第二条 【任务】中华人民共和国刑法的任务，是用刑罚同一切犯罪行为作斗争，以保卫国家安全，保卫人民民主专政的政权和社会主义制度，保护国有财产和劳动群众集体所有的财产，保护公民私人所有的财产，保护公民的人身权利、民主权利和其他权利，维护社会秩序、经济秩序，保障社会主义建设事业的顺利进行。

第三条　【罪刑法定】法律明文规定为犯罪行为的，依照法律定罪处刑；法律没有明文规定为犯罪行为的，不得定罪处刑。

第四条　【法律面前人人平等】对任何人犯罪，在适用法律上一律平等。不允许任何人有超越法律的特权。

第五条　【罪责刑相适应】刑罚的轻重，应当与犯罪分子所犯罪行和承担的刑事责任相适应。

第六条　【属地管辖权】凡在中华人民共和国领域内犯罪的，除法律有特别规定的以外，都适用本法。

凡在中华人民共和国船舶或者航空器内犯罪的，也适用本法。

犯罪的行为或者结果有一项发生在中华人民共和国领域内的，就认为是在中华人民共和国领域内犯罪。

第七条　【属人管辖权】中华人民共和国公民在中华人民共和国领域外犯本法规定之罪的，适用本法，但是按本法规定的最高刑为三年以下有期徒刑的，可以不予追究。

中华人民共和国国家工作人员和军人在中华人民共和国领域外犯本法规定之罪的，适用本法。

第八条　【保护管辖权】外国人在中华人民共和国领域外对中华人民共和国国家或者公民犯罪，而按本法规定的最低刑为三年以上有期徒刑的，可以适用本法，但是按照犯罪地的法律不受处罚的除外。

第九条　【普遍管辖权】对于中华人民共和国缔结或者参加的国际条约所规定的罪行，中华人民共和国在所承担条约义务的范围内行使刑事管辖权的，适用本法。

第十条　【对外国刑事判决的消极承认】凡在中华人民共和国领域外犯罪，依照本法应当负刑事责任的，虽然经过外国审判，仍然可以依照本法追究，但是在外国已经受过刑罚处罚的，可以免除或者减轻处罚。

第十一条　【外交代表刑事管辖豁免】享有外交特权和豁免权的外国人的刑事责任，通过外交途径解决。

第十二条　【溯及力】中华人民共和国成立以后本法施行以前的行为，如果当时的法律不认为是犯罪的，适用当时的法律；如果当时的法律认为是犯罪的，依照本法总则第四章第八节的规定应当追诉的，按照当时的法律追究刑事责任，但是如果本法不认为是犯罪或者处刑较轻的，适用本法。

本法施行以前，依照当时的法律已经作出的生效判决，继续有效。

第二章 犯　　罪

第一节　犯罪和刑事责任

第十三条　【犯罪概念】一切危害国家主权、领土完整和安全，分裂国家、颠覆人民民主专政的政权和推翻社会主义制度，破坏社会秩序和经济秩序，侵犯国有财产或者劳动群众集体所有的财产，侵犯公民私人所有的财产，侵犯公民的人身权利、民主权利和其他权利，以及其他危害社会的行为，依照法律应当受刑罚处罚的，都是犯罪，但是情节显著轻微危害不大的，不认为是犯罪。

第十四条　【故意犯罪】明知自己的行为会发生危害社会的结果，并且希望或者放任这种结果发生，因而构成犯罪的，是故意犯罪。

故意犯罪，应当负刑事责任。

第十五条　【过失犯罪】应当预见自己的行为可能发生危害社会的结果，因为疏忽大意而没有预见，或者已经预见而轻信能够避免，以致发生这种结果的，是过失犯罪。

过失犯罪，法律有规定的才负刑事责任。

第十六条　【不可抗力和意外事件】行为在客观上虽然造成了损害结果，但是不是出于故意或者过失，而是由于不能抗拒或者不能预见的原因所引起的，不是犯罪。

第十七条　【刑事责任年龄】已满十六周岁的人犯罪，应当负刑事责任。

已满十四周岁不满十六周岁的人，犯故意杀人、故意伤害致人重伤或者死亡、强奸、抢劫、贩卖毒品、放火、爆炸、投毒罪的，应当负刑事责任。

已满十四周岁不满十八周岁的人犯罪，应当从轻或者减轻处罚。

因不满十六周岁不予刑事处罚的，责令他的家长或者监护人加以管教；在必要的时候，也可以由政府收容教养。

第十七条之一　已满七十五周岁的人故意犯罪的，可以从轻或者减轻处罚；过失犯罪的，应当从轻或者减轻处罚。

第十八条　【特殊人员的刑事责任能力】精神病人在不能辨认或者不能控制自己行为的时候造成危害结果，经法定程序鉴定确认的，不负刑事责任，但是应当责令他的家属或者监护人严加看管和医疗；在必要的时候，由政府强制医疗。

间歇性的精神病人在精神正常的时候犯罪，应当负刑事责任。

尚未完全丧失辨认或者控制自己行为能力的精神病人犯罪的，应当负刑事责任，但是可以从轻或者减轻处罚。

醉酒的人犯罪，应当负刑事责任。

第十九条　【又聋又哑的人或盲人犯罪的刑事责任】又聋又哑的人或者盲人犯罪，可以从轻、减轻或者免除处罚。

第二十条　【正当防卫】为了使国家、公共利益、本人或者他人的人身、财产和其他权利免受正在进行的不法侵害，而采取的制止不法侵害的行为，对不法侵害人造成损害的，属于正当防卫，不负刑事责任。

正当防卫明显超过必要限度造成重大损害的，应当负刑事责任，但是应当减轻或者免除处罚。

对正在进行行凶、杀人、抢劫、强奸、绑架以及其他严重危及人身安全的暴力犯罪，采取防卫行为，造成不法侵害人伤亡的，不属于防卫过当，不负刑事责任。

第二十一条　【紧急避险】为了使国家、公共利益、本人或者他人的人身、财产和其他权利免受正在发生的危险，不得已采取的紧急避险行为，造成损害的，不负刑事责任。

紧急避险超过必要限度造成不应有的损害的，应当负刑事责任，但是应当减轻或者免除处罚。

第一款中关于避免本人危险的规定，不适用于职务上、业务上负有特定责任的人。

第二节　犯罪的预备、未遂和中止

第二十二条　【犯罪预备】为了犯罪，准备工具、制造条件的，是犯罪预备。

对于预备犯，可以比照既遂犯从轻、减轻处罚或者免除处罚。

第二十三条　【犯罪未遂】已经着手实行犯罪，由于犯罪分子意志以外的原因而未得逞的，是犯罪未遂。

对于未遂犯，可以比照既遂犯从轻或者减轻处罚。

第二十四条　【犯罪中止】在犯罪过程中，自动放弃犯罪或者自动有效地防止犯罪结果发生的，是犯罪中止。

对于中止犯，没有造成损害的，应当免除处罚；造成损害的，应当减轻处罚。

第三节　共同犯罪

第二十五条　【共同犯罪概念】共同犯罪是指二人以上共同故意犯罪。

二人以上共同过失犯罪，不以共同犯罪论处；应当负刑事责任的，按照他们所犯的罪分别处罚。

第二十六条　【主犯】组织、领导犯罪集团进行犯罪活动的或者在共同犯罪中起主要作用的，是主犯。

三人以上为共同实施犯罪而组成的较为固定的犯罪组织，是犯罪集团。

对组织、领导犯罪集团的首要分子，按照集团所犯的全部罪行处罚。

对于第三款规定以外的主犯，应当按照其所参与的或者组织、指挥的全部犯罪处罚。

第二十七条　【从犯】在共同犯罪中起次要或者辅助作用的，是从犯。

对于从犯，应当从轻、减轻处罚或者免除处罚。

第二十八条　【胁从犯】对于被胁迫参加犯罪的，应当按照他的犯罪情节减轻处罚或者免除处罚。

第二十九条　【教唆犯】教唆他人犯罪的，应当按照他在共同犯罪中所起的作用处罚。教唆不满十八周岁的人犯罪的，应当从重处罚。

如果被教唆的人没有犯被教唆的罪，对于教唆犯，可以从轻或者减轻处罚。

第四节　单位犯罪

第三十条　【单位负刑事责任的范围】公司、企业、事业单位、机关、团体实施的危害社会的行为，法律规定为单位犯罪的，应当负刑事责任。

第三十一条　【单位犯罪的处罚原则】单位犯罪的，对单位判处罚金，并对其直接负责的主管人员和其他直接责任人员判处刑罚。本法分则和其他法律另有规定的，依照规定。

第三章　刑　　罚

第一节　刑罚的种类

第三十二条　【主刑和附加刑】刑罚分为主刑和附加刑。

第三十三条　【主刑种类】主刑的种类如下：

（一）管制；

（二）拘役；

（三）有期徒刑；

（四）无期徒刑；

（五）死刑。

第三十四条 【附加刑种类】附加刑的种类如下：

（一）罚金；

（二）剥夺政治权利；

（三）没收财产。

附加刑也可以独立适用。

第三十五条 【驱逐出境】对于犯罪的外国人，可以独立适用或者附加适用驱逐出境。

第三十六条 【赔偿经济损失与民事优先原则】由于犯罪行为而使被害人遭受经济损失的，对犯罪分子除依法给予刑事处罚外，并应根据情况判处赔偿经济损失。

承担民事赔偿责任的犯罪分子，同时被判处罚金，其财产不足以全部支付的，或者被判处没收财产的，应当先承担对被害人的民事赔偿责任。

第三十七条 【非刑罚性处置措施、职业禁止】对于犯罪情节轻微不需要判处刑罚的，可以免予刑事处罚，但是可以根据案件的不同情况，予以训诫或者责令具结悔过、赔礼道歉、赔偿损失，或者由主管部门予以行政处罚或者行政处分。

第三十七条之一 因利用职业便利实施犯罪，或者实施违背职业要求的特定义务的犯罪被判处刑罚的，人民法院可以根据犯罪情况和预防再犯罪的需要，禁止其自刑罚执行完毕之日或者假释之日起从事相关职业，期限为三年至五年。

被禁止从事相关职业的人违反人民法院依照前款规定作出的决定的，由公安机关依法给予处罚；情节严重的，依照本法第三百一十三条的规定定罪处罚。

其他法律、行政法规对其从事相关职业另有禁止或者限制性规定的，从其规定。

第二节 管　制

第三十八条 【管制的期限与执行机关】管制的期限，为三个月以上二年以下。

判处管制，可以根据犯罪情况，同时禁止犯罪分子在执行期间从事特定活动，进入特定区域、场所，接触特定的人。

对判处管制的犯罪分子，依法实行社区矫正。

违反第二款规定的禁止令的，由公安机关依照《中华人民共和国治安管理处罚法》的规定处罚。

第三十九条 【被管制犯罪的义务与权利】被判处管制的犯罪分子，在执行期间，应当遵守下列规定：

（一）遵守法律、行政法规，服从监督；

（二）未经执行机关批准，不得行使言论、出版、集会、结社、游行、示威自由的权利；

（三）按照执行机关规定报告自己的活动情况；

（四）遵守执行机关关于会客的规定；

（五）离开所居住的市、县或者迁居，应当报经执行机关批准。

对于被判处管制的犯罪分子，在劳动中应当同工同酬。

第四十条　【管制期满解除】被判处管制的犯罪分子，管制期满，执行机关应即向本人和其所在单位或者居住地的群众宣布解除管制。

第四十一条　【管制刑期的计算和折抵】管制的刑期，从判决执行之日起计算；判决执行以前先行羁押的，羁押一日折抵刑期二日。

第三节　拘　　役

第四十二条　【拘役的期限】拘役的期限，为一个月以上六个月以下。

第四十三条　【拘役的执行】被判处拘役的犯罪分子，由公安机关就近执行。

在执行期间，被判处拘役的犯罪分子每月可以回家一天至两天；参加劳动的，可以酌量发给报酬。

第四十四条　【拘役刑期的计算和折抵】拘役的刑期，从判决执行之日起计算；判决执行以前先行羁押的，羁押一日折抵刑期一日。

第四节　有期徒刑、无期徒刑

第四十五条　【有期徒刑的期限】有期徒刑的期限，除本法第五十条、第六十九条规定外，为六个月以上十五年以下。

第四十六条　【有期徒刑与无期徒刑的执行】被判处有期徒刑、无期徒刑的犯罪分子，在监狱或者其他执行场所执行；凡有劳动能力的，都应当参加劳动，接受教育和改造。

第四十七条　【有期徒刑刑期的计算与折抵】有期徒刑的刑期，从判决执行之日起计算；判决执行以前先行羁押的，羁押一日折抵刑期一日。

第五节　死　　刑

第四十八条　【死刑、死缓的适用对象及核准程序】死刑只适用于罪行极其严重的犯罪分子。对于应当判处死刑的犯罪分子，如果不是必须立即执行的，可以判处死刑同时宣告缓期二年执行。

死刑除依法由最高人民法院判决的以外，都应当报请最高人民法院核准。死刑缓期执行的，可以由高级人民法院判决或者核准。

第四十九条 【死刑适用对象的限制】犯罪的时候不满十八周岁的人和审判的时候怀孕的妇女，不适用死刑。

审判的时候已满七十五周岁的人，不适用死刑，但以特别残忍手段致人死亡的除外。

第五十条 【死缓变更】判处死刑缓期执行的，在死刑缓期执行期间，如果没有故意犯罪，二年期满以后，减为无期徒刑；如果确有重大立功表现，二年期满以后，减为二十五年有期徒刑；如果故意犯罪，情节恶劣的，报请最高人民法院核准后执行死刑；对于故意犯罪未执行死刑的，死刑缓期执行的期间重新计算，并报最高人民法院备案。

对被判处死刑缓期执行的累犯以及因故意杀人、强奸、抢劫、绑架、放火、爆炸、投放危险物质或者有组织的暴力性犯罪被判处死刑缓期执行的犯罪分子，人民法院根据犯罪情节等情况可以同时决定对其限制减刑。

第五十一条 【死缓期间及减为有期徒刑的刑期计算】死刑缓期执行的期间，从判决确定之日起计算。死刑缓期执行减为有期徒刑的刑期，从死刑缓期执行期满之日起计算。

第六节 罚　　金

第五十二条 【罚金数额的裁量】判处罚金，应当根据犯罪情节决定罚金数额。

第五十三条 【罚金的缴纳、减免】罚金在判决指定的期限内一次或者分期缴纳。期满不缴纳的，强制缴纳。对于不能全部缴纳罚金的，人民法院在任何时候发现被执行人有可以执行的财产，应当随时追缴。

由于遭遇不能抗拒的灾祸等原因缴纳确实有困难的，经人民法院裁定，可以延期缴纳、酌情减少或者免除。

第七节 剥夺政治权利

第五十四条 【剥夺政治权利的含义】剥夺政治权利是剥夺下列权利：

（一）选举权和被选举权；

（二）言论、出版、集会、结社、游行、示威自由的权利；

（三）担任国家机关职务的权利；

（四）担任国有公司、企业、事业单位和人民团体领导职务的权利。

第五十五条 【剥夺政治权利的期限】剥夺政治权利的期限，除本法第五十七条规定外，为一年以上五年以下。

判处管制附加剥夺政治权利的，剥夺政治权利的期限与管制的期限相等，同时执行。

第五十六条 【剥夺政治权利的附加、独立适用】对于危害国家安全的犯罪分子应当附加剥夺政治权利；对于故意杀人、强奸、放火、爆炸、投毒、抢劫等严重破坏社会秩序的犯罪分子，可以附加剥夺政治权利。

独立适用剥夺政治权利的，依照本法分则的规定。

第五十七条 【对死刑、无期徒刑罪犯剥夺政治权利的适应】对于被判处死刑、无期徒刑的犯罪分子，应当剥夺政治权利终身。

在死刑缓期执行减为有期徒刑或者无期徒刑减为有期徒刑的时候，应当把附加剥夺政治权利的期限改为三年以上十年以下。

第五十八条 【剥夺政治权利的刑期计算、效力与执行】附加剥夺政治权利的刑期，从徒刑、拘役执行完毕之日或者从假释之日起计算；剥夺政治权利的效力当然施用于主刑执行期间。

被剥夺政治权利的犯罪分子，在执行期间，应当遵守法律、行政法规和国务院公安部门有关监督管理的规定，服从监督；不得行使本法第五十四条规定的各项权利。

第八节 没 收 财 产

第五十九条 【没收财产的范围】没收财产是没收犯罪分子个人所有财产的一部或者全部。没收全部财产的，应当对犯罪分子个人及其扶养的家属保留必需的生活费用。

在判处没收财产的时候，不得没收属于犯罪分子家属所有或者应有的财产。

第六十条 【以没收的财产偿还债务】没收财产以前犯罪分子所负的正当债务，需要以没收的财产偿还的，经债权人请求，应当偿还。

第四章 刑罚的具体运用

第一节 量 刑

第六十一条 【量刑的事实根据与法律依据】对于犯罪分子决定刑罚的时候，应当根据犯罪的事实、犯罪的性质、情节和对于社会的危害程度，依照本法的有关规定判处。

第六十二条 【从重处罚与从轻处罚】犯罪分子具有本法规定的从重处罚、从轻处罚情节的,应当在法定刑的限度以内判处刑罚。

第六十三条 【减轻处罚】犯罪分子具有本法规定的减轻处罚情节的,应当在法定刑以下判处刑罚;本法规定有数个量刑幅度的,应当在法定量刑幅度的下一个量刑幅度内判处刑罚。

犯罪分子虽然不具有本法规定的减轻处罚情节,但是根据案件的特殊情况,经最高人民法院核准,也可以在法定刑以下判处刑罚。

第六十四条 【犯罪物品的处理】犯罪分子违法所得的一切财物,应当予以追缴或者责令退赔;对被害人的合法财产,应当及时返还;违禁品和供犯罪所用的本人财物,应当予以没收。没收的财物和罚金,一律上缴国库,不得挪用和自行处理。

第二节 累　　犯

第六十五条 【一般累犯】被判处有期徒刑以上刑罚的犯罪分子,刑罚执行完毕或者赦免以后,在五年以内再犯应当判处有期徒刑以上刑罚之罪的,是累犯,应当从重处罚,但是过失犯罪和不满十八周岁的人犯罪的除外。

前款规定的期限,对于被假释的犯罪分子,从假释期满之日起计算。

第六十六条 【特别累犯】危害国家安全犯罪、恐怖活动犯罪、黑社会性质的组织犯罪的犯罪分子,在刑罚执行完毕或者赦免以后,在任何时候再犯上述任一类罪的,都以累犯论处。

第三节　自首和立功

第六十七条 【自首】犯罪以后自动投案,如实供述自己的罪行的,是自首。对于自首的犯罪分子,可以从轻或者减轻处罚。其中,犯罪较轻的,可以免除处罚。

被采取强制措施的犯罪嫌疑人、被告人和正在服刑的罪犯,如实供述司法机关还未掌握的本人其他罪行的,以自首论。

犯罪嫌疑人虽不具有前两款规定的自首情节,但是如实供述自己罪行的,可以从轻处罚;因其如实供述自己罪行,避免特别严重后果发生的,可以减轻处罚。

第六十八条 【立功】犯罪分子有揭发他人犯罪行为,查证属实的,或者提供重要线索,从而得以侦破其他案件等立功表现的,可以从轻或者减轻处罚;有重大立功表现的,可以减轻或者免除处罚。

第四节 数罪并罚

第六十九条 【判决宣告前一人犯数罪的并罚】判决宣告以前一人犯数罪的，除判处死刑和无期徒刑的以外，应当在总和刑期以下、数刑中最高刑期以上，酌情决定执行的刑期，但是管制最高不能超过三年，拘役最高不能超过一年，有期徒刑总和刑期不满三十五年的，最高不能超过二十年，总和刑期在三十五年以上的，最高不能超过二十五年。

数罪中有判处有期徒刑和拘役的，执行有期徒刑。数罪中有判处有期徒刑和管制，或者拘役和管制的，有期徒刑、拘役执行完毕后，管制仍须执行。

数罪中有判处附加刑的，附加刑仍须执行，其中附加刑种类相同的，合并执行，种类不同的，分别执行。

第七十条 【判决宣告后发现漏罪的并罚】判决宣告以后，刑罚执行完毕以前，发现被判刑的犯罪分子在判决宣告以前还有其他罪没有判决的，应当对新发现的罪作出判决，把前后两个判决所判处的刑罚，依照本法第六十九条的规定，决定执行的刑罚。已经执行的刑期，应当计算在新判决决定的刑期以内。

第七十一条 【判决宣告后又犯新罪的并罚】判决宣告以后，刑罚执行完毕以前，被判刑的犯罪分子又犯罪的，应当对新犯的罪作出判决，把前罪没有执行的刑罚和后罪所判处的刑罚，依照本法第六十九条的规定，决定执行的刑罚。

第五节 缓　　刑

第七十二条 【适用条件】对于被判处拘役、三年以下有期徒刑的犯罪分子，同时符合下列条件的，可以宣告缓刑，对其中不满十八周岁的人、怀孕的妇女和已满七十五周岁的人，应当宣告缓刑：

（一）犯罪情节较轻；

（二）有悔罪表现；

（三）没有再犯罪的危险；

（四）宣告缓刑对所居住社区没有重大不良影响。

宣告缓刑，可以根据犯罪情况，同时禁止犯罪分子在缓刑考验期限内从事特定活动，进入特定区域、场所，接触特定的人。

被宣告缓刑的犯罪分子，如果被判处附加刑，附加刑仍须执行。

第七十三条 【考验期限】拘役的缓刑考验期限为原判刑期以上一年以下，但是不能少于二个月。

有期徒刑的缓刑考验期限为原判刑期以上五年以下，但是不能少于一年。

缓刑考验期限，从判决确定之日起计算。

第七十四条　【累犯不适用缓刑】对于累犯和犯罪集团的首要分子，不适用缓刑。

第七十五条　【缓刑犯应遵守的规定】被宣告缓刑的犯罪分子，应当遵守下列规定：

（一）遵守法律、行政法规，服从监督；

（二）按照考察机关的规定报告自己的活动情况；

（三）遵守考察机关关于会客的规定；

（四）离开所居住的市、县或者迁居，应当报经考察机关批准。

第七十六条　【缓刑的考验及其积极后果】对宣告缓刑的犯罪分子，在缓刑考验期限内，依法实行社区矫正，如果没有本法第七十七条规定的情形，缓刑考验期满，原判的刑罚就不再执行，并公开予以宣告。

第七十七条　【缓刑的撤销及其处理】被宣告缓刑的犯罪分子，在缓刑考验期限内犯新罪或者发现判决宣告以前还有其他罪没有判决的，应当撤销缓刑，对新犯的罪或者新发现的罪作出判决，把前罪和后罪所判处的刑罚，依照本法第六十九条的规定，决定执行的刑罚。

被宣告缓刑的犯罪分子，在缓刑考验期限内，违反法律、行政法规或者国务院有关部门关于缓刑的监督管理规定，或者违反人民法院判决中的禁止令，情节严重的，应当撤销缓刑，执行原判刑罚。

第六节　减　　刑

第七十八条　【适用条件与限度】被判处管制、拘役、有期徒刑、无期徒刑的犯罪分子，在执行期间，如果认真遵守监规，接受教育改造，确有悔改表现的，或者有立功表现的，可以减刑；有下列重大立功表现之一的，应当减刑：

（一）阻止他人重大犯罪活动的；

（二）检举监狱内外重大犯罪活动，经查证属实的；

（三）有发明创造或者重大技术革新的；

（四）在日常生产、生活中舍己救人的；

（五）在抗御自然灾害或者排除重大事故中，有突出表现的；

（六）对国家和社会有其他重大贡献的。

减刑以后实际执行的刑期不能少于下列期限：

（一）判处管制、拘役、有期徒刑的，不能少于原判刑期的二分之一；

（二）判处无期徒刑的，不能少于十三年；

（三）人民法院依照本法第五十条第二款规定限制减刑的死刑缓期执行的犯罪分子，缓期执行期满后依法减为无期徒刑的，不能少于二十五年，缓期执行期满后依法减为二十五年有期徒刑的，不能少于二十年。

第七十九条　【程序】对于犯罪分子的减刑，由执行机关向中级以上人民法院提出减刑建议书。人民法院应当组成合议庭进行审理，对确有悔改或者立功事实的，裁定予以减刑。非经法定程序不得减刑。

第八十条　【无期徒刑减刑的刑期计算】无期徒刑减为有期徒刑的刑期，从裁定减刑之日起计算。

第七节　假　　释

第八十一条　【适用条件】被判处有期徒刑的犯罪分子，执行原判刑期二分之一以上，被判处无期徒刑的犯罪分子，实际执行十三年以上，如果认真遵守监规，接受教育改造，确有悔改表现，没有再犯罪的危险的，可以假释。如果有特殊情况，经最高人民法院核准，可以不受上述执行刑期的限制。

对累犯以及因故意杀人、强奸、抢劫、绑架、放火、爆炸、投放危险物质或者有组织的暴力性犯罪被判处十年以上有期徒刑、无期徒刑的犯罪分子，不得假释。

对犯罪分子决定假释时，应当考虑其假释后对所居住社区的影响。

第八十二条　【程序】对于犯罪分子的假释，依照本法第七十九条规定的程序进行。非经法定程序不得假释。

第八十三条　【考验期限】有期徒刑的假释考验期限，为没有执行完毕的刑期；无期徒刑的假释考验期限为十年。

假释考验期限，从假释之日起计算。

第八十四条　【假释犯应遵守的规定】被宣告假释的犯罪分子，应当遵守下列规定：

（一）遵守法律、行政法规，服从监督；
（二）按照监督机关的规定报告自己的活动情况；
（三）遵守监督机关关于会客的规定；
（四）离开所居住的市、县或者迁居，应当报经监督机关批准。

第八十五条　【假释考验及其积极后果】对假释的犯罪分子，在假释考验期限内，依法实行社区矫正，如果没有本法第八十六条规定的情形，假释考验期满，就认为原判刑罚已经执行完毕，并公开予以宣告。

第八十六条　【假释的撤销及其处理】被假释的犯罪分子，在假释考验期限内犯新罪，应当撤销假释，依照本法第七十一条的规定实行数罪并罚。

在假释考验期限内，发现被假释的犯罪分子在判决宣告以前还有其他罪没有判决的，应当撤销假释，依照本法第七十条的规定实行数罪并罚。

被假释的犯罪分子，在假释考验期限内，有违反法律、行政法规或者国务院有关部门关于假释的监督管理规定的行为，尚未构成新的犯罪的，应当依照法定程序撤销假释，收监执行未执行完毕的刑罚。

第八节　时　效

第八十七条　【追诉时效期限】犯罪经过下列期限不再追诉：

（一）法定最高刑为不满五年有期徒刑的，经过五年；

（二）法定最高刑为五年以上不满十年有期徒刑的，经过十年；

（三）法定最高刑为十年以上有期徒刑的，经过十五年；

（四）法定最高刑为无期徒刑、死刑的，经过二十年。如果二十年以后认为必须追诉的，须报请最高人民检察院核准。

第八十八条　【追诉期限的延长】在人民检察院、公安机关、国家安全机关立案侦查或者在人民法院受理案件以后，逃避侦查或者审判的，不受追诉期限的限制。

被害人在追诉期限内提出控告，人民法院、人民检察院、公安机关应当立案而不予立案的，不受追诉期限的限制。

第八十九条　【追诉期限的计算与中断】追诉期限从犯罪之日起计算；犯罪行为有连续或者继续状态的，从犯罪行为终了之日起计算。

在追诉期限以内又犯罪的，前罪追诉的期限从犯后罪之日起计算。

第五章　其他规定

第九十条　【民族自治地方刑法适用的变通】民族自治地方不能全部适用本法规定的，可以由自治区或者省的人民代表大会根据当地民族的政治、经济、文化的特点和本法规定的基本原则，制定变通或者补充的规定，报请全国人民代表大会常务委员会批准施行。

第九十一条　【公共财产的范围】本法所称公共财产，是指下列财产：

（一）国有财产；

（二）劳动群众集体所有的财产；

（三）用于扶贫和其他公益事业的社会捐助或者专项基金的财产。

在国家机关、国有公司、企业、集体企业和人民团体管理、使用或者运输中的私人财产，以公共财产论。

第九十二条 【公民私人所有财产的范围】本法所称公民私人所有的财产，是指下列财产：

（一）公民的合法收入、储蓄、房屋和其他生活资料；

（二）依法归个人、家庭所有的生产资料；

（三）个体户和私营企业的合法财产；

（四）依法归个人所有的股份、股票、债券和其他财产。

第九十三条 【国家工作人员的范围】本法所称国家工作人员，是指国家机关中从事公务的人员。

国有公司、企业、事业单位、人民团体中从事公务的人员和国家机关、国有公司、企业、事业单位委派到非国有公司、企业、事业单位、社会团体从事公务的人员，以及其他依照法律从事公务的人员，以国家工作人员论。

第九十四条 【司法工作人员的范围】本法所称司法工作人员，是指有侦查、检察、审判、监管职责的工作人员。

第九十五条 【重伤】本法所称重伤，是指有下列情形之一的伤害：

（一）使人肢体残废或者毁人容貌的；

（二）使人丧失听觉、视觉或者其他器官机能的；

（三）其他对于人身健康有重大伤害的。

第九十六条 【违反国家规定之含义】本法所称违反国家规定，是指违反全国人民代表大会及其常务委员会制定的法律和决定，国务院制定的行政法规、规定的行政措施、发布的决定和命令。

第九十七条 【首要分子的范围】本法所称首要分子，是指在犯罪集团或者聚众犯罪中起组织、策划、指挥作用的犯罪分子。

第九十八条 【告诉才处理的含义】本法所称告诉才处理，是指被害人告诉才处理。如果被害人因受强制、威吓无法告诉的，人民检察院和被害人的近亲属也可以告诉。

第九十九条 【以上、以下、以内之界定】本法所称以上、以下、以内，包括本数。

第一百条 【前科报告制度】依法受过刑事处罚的人，在入伍、就业的时候，应当如实向有关单位报告自己曾受过刑事处罚，不得隐瞒。

犯罪的时候不满十八周岁被判处五年有期徒刑以下刑罚的人，免除前款规定的报告义务。

第一百零一条 【总则的效力】本法总则适用于其他有刑罚规定的法律，但是其他法律有特别规定的除外。

第二编 分　　则

第一章　危害国家安全罪

第一百零二条　【背叛国家罪】勾结外国，危害中华人民共和国的主权、领土完整和安全的，处无期徒刑或者十年以上有期徒刑。

与境外机构、组织、个人相勾结，犯前款罪的，依照前款的规定处罚。

第一百零三条　【分裂国家罪、煽动分裂国家罪】组织、策划、实施分裂国家、破坏国家统一的，对首要分子或者罪行重大的，处无期徒刑或者十年以上有期徒刑；对积极参加的，处三年以上十年以下有期徒刑；对其他参加的，处三年以下有期徒刑、拘役、管制或者剥夺政治权利。

煽动分裂国家、破坏国家统一的，处五年以下有期徒刑、拘役、管制或者剥夺政治权利；首要分子或者罪行重大的，处五年以上有期徒刑。

第一百零四条　【武装叛乱、暴乱罪】组织、策划、实施武装叛乱或者武装暴乱的，对首要分子或者罪行重大的，处无期徒刑或者十年以上有期徒刑；对积极参加的，处三年以上十年以下有期徒刑；对其他参加的，处三年以下有期徒刑、拘役、管制或者剥夺政治权利。

策动、胁迫、勾引、收买国家机关工作人员、武装部队人员、人民警察、民兵进行武装叛乱或者武装暴乱的，依照前款的规定从重处罚。

第一百零五条　【颠覆国家政权罪、煽动颠覆国家政权罪】组织、策划、实施颠覆国家政权、推翻社会主义制度的，对首要分子或者罪行重大的，处无期徒刑或者十年以上有期徒刑；对积极参加的，处三年以上十年以下有期徒刑；对其他参加的，处三年以下有期徒刑、拘役、管制或者剥夺政治权利。

以造谣、诽谤或者其他方式煽动颠覆国家政权、推翻社会主义制度的，处五年以下有期徒刑、拘役、管制或者剥夺政治权利；首要分子或者罪行重大的，处五年以上有期徒刑。

第一百零六条　【与境外勾结的处罚规定】与境外机构、组织、个人相勾结，实施本章第一百零三条、第一百零四条、第一百零五条规定之罪的，依照各该条的规定从重处罚。

第一百零七条　【资助危害国家安全犯罪活动罪】境内外机构、组织或者个人资助实施本章第一百零二条、第一百零三条、第一百零四条、第一百零五条规定之罪的，对直接责任人员，处五年以下有期徒刑、拘役、管制或者剥夺政治权利；情节严重的，处五年以上有期徒刑。

第一百零八条 【投敌叛变罪】投敌叛变的，处三年以上十年以下有期徒刑；情节严重或者带领武装部队人员、人民警察、民兵投敌叛变的，处十年以上有期徒刑或者无期徒刑。

第一百零九条 【叛逃罪】国家机关工作人员在履行公务期间，擅离岗位，叛逃境外或者在境外叛逃的，处五年以下有期徒刑、拘役、管制或者剥夺政治权利；情节严重的，处五年以上十年以下有期徒刑。

掌握国家秘密的国家工作人员叛逃境外或者在境外叛逃的，依照前款的规定从重处罚。

第一百一十条 【间谍罪】有下列间谍行为之一，危害国家安全的，处十年以上有期徒刑或者无期徒刑；情节较轻的，处三年以上十年以下有期徒刑：

（一）参加间谍组织或者接受间谍组织及其代理人的任务的；

（二）为敌人指示轰击目标的。

第一百一十一条 【为境外窃取、刺探、收买、非法提供国家秘密、情报罪】为境外的机构、组织、人员窃取、刺探、收买、非法提供国家秘密或者情报的，处五年以上十年以下有期徒刑；情节特别严重的，处十年以上有期徒刑或者无期徒刑；情节较轻的，处五年以下有期徒刑、拘役、管制或者剥夺政治权利。

第一百一十二条 【资敌罪】战时供给敌人武器装备、军用物资资敌的，处十年以上有期徒刑或者无期徒刑；情节较轻的，处三年以上十年以下有期徒刑。

第一百一十三条 【危害国家安全罪适用死刑、没收财产的规定】本章上述危害国家安全罪行中，除第一百零三条第二款、第一百零五条、第一百零七条、第一百零九条外，对国家和人民危害特别严重、情节特别恶劣的，可以判处死刑。

犯本章之罪的，可以并处没收财产。

第二章 危害公共安全罪

第一百一十四条 【放火罪、决水罪、爆炸罪、投放危险物质罪、以危险方法危害公共安全罪之一】放火、决水、爆炸以及投放毒害性、放射性、传染病病原体等物质或者以其他危险方法危害公共安全，尚未造成严重后果的，处三年以上十年以下有期徒刑。

第一百一十五条 【放火罪、决水罪、爆炸罪、投放危险物质罪、以危险方法危害公共安全罪之二】放火、决水、爆炸以及投放毒害性、放射性、传染病病原体等物质或者以其他危险方法致人重伤、死亡或者使公私财产遭受重大损失的，处十年以上有期徒刑、无期徒刑或者死刑。

过失犯前款罪的，处三年以上七年以下有期徒刑；情节较轻的，处三年以下有期徒刑或者拘役。

第一百一十六条　【破坏交通工具罪】破坏火车、汽车、电车、船只、航空器，足以使火车、汽车、电车、船只、航空器发生倾覆、毁坏危险，尚未造成严重后果的，处三年以上十年以下有期徒刑。

第一百一十七条　【破坏交通设施罪】破坏轨道、桥梁、隧道、公路、机场、航道、灯塔、标志或者进行其他破坏活动，足以使火车、汽车、电车、船只、航空器发生倾覆、毁坏危险，尚未造成严重后果的，处三年以上十年以下有期徒刑。

第一百一十八条　【破坏电力设备罪、破坏易燃易爆设备罪】破坏电力、燃气或者其他易燃易爆设备，危害公共安全，尚未造成严重后果的，处三年以上十年以下有期徒刑。

第一百一十九条　【破坏交通工具罪、破坏交通设施罪、破坏电力设备罪、破坏易燃易爆设备罪】破坏交通工具、交通设施、电力设备、燃气设备、易燃易爆设备，造成严重后果的，处十年以上有期徒刑、无期徒刑或者死刑。

过失犯前款罪的，处三年以上七年以下有期徒刑；情节较轻的，处三年以下有期徒刑或者拘役。

第一百二十条　【组织、领导、参加恐怖组织罪】组织、领导恐怖活动组织的，处十年以上有期徒刑或者无期徒刑，并处没收财产；积极参加的，处三年以上十年以下有期徒刑，并处罚金；其他参加的，处三年以下有期徒刑、拘役、管制或者剥夺政治权利，可以并处罚金。

犯前款罪并实施杀人、爆炸、绑架等犯罪的，依照数罪并罚的规定处罚。

第一百二十条之一　【帮助恐怖活动罪】资助恐怖活动组织、实施恐怖活动的个人的，或者资助恐怖活动培训的，处五年以下有期徒刑、拘役、管制或者剥夺政治权利，并处罚金；情节严重的，处五年以上有期徒刑，并处罚金或者没收财产。

为恐怖活动组织、实施恐怖活动或者恐怖活动培训招募、运送人员的，依照前款的规定处罚。

单位犯前两款罪的，对单位判处罚金，并对其直接负责的主管人员和其他直接责任人员，依照第一款的规定处罚。

第一百二十条之二　【准备实施恐怖活动罪】有下列情形之一的，处五年以下有期徒刑、拘役、管制或者剥夺政治权利，并处罚金；情节严重的，处五年以上有期徒刑，并处罚金或者没收财产：

（一）为实施恐怖活动准备凶器、危险物品或者其他工具的；
（二）组织恐怖活动培训或者积极参加恐怖活动培训的；
（三）为实施恐怖活动与境外恐怖活动组织或者人员联络的；
（四）为实施恐怖活动进行策划或者其他准备的。

有前款行为，同时构成其他犯罪的，依照处罚较重的规定定罪处罚。

第一百二十条之三　【宣扬恐怖主义、极端主义、煽动实施恐怖活动罪】以制作、散发宣扬恐怖主义、极端主义的图书、音频视频资料或者其他物品，或者通过讲授、发布信息等方式宣扬恐怖主义、极端主义的，或者煽动实施恐怖活动的，处五年以下有期徒刑、拘役、管制或者剥夺政治权利，并处罚金；情节严重的，处五年以上有期徒刑，并处罚金或者没收财产。

第一百二十条之四　【利用极端主义破坏法律实施罪】利用极端主义煽动、胁迫群众破坏国家法律确立的婚姻、司法、教育、社会管理等制度实施的，处三年以下有期徒刑、拘役或者管制，并处罚金；情节严重的，处三年以上七年以下有期徒刑，并处罚金；情节特别严重的，处七年以上有期徒刑，并处罚金或者没收财产。

第一百二十条之五　【强制穿戴宣扬恐怖主义、极端主义服饰、标志罪】以暴力、胁迫等方式强制他人在公共场所穿着、佩戴宣扬恐怖主义、极端主义服饰、标志的，处三年以下有期徒刑、拘役或者管制，并处罚金。

第一百二十条之六　【非法持有宣扬恐怖主义、极端主义物品罪】明知是宣扬恐怖主义、极端主义的图书、音频视频资料或者其他物品而非法持有，情节严重的，处三年以下有期徒刑、拘役或者管制，并处或者单处罚金。

第一百二十一条　【劫持航空器罪】以暴力、胁迫或者其他方法劫持航空器的，处十年以上有期徒刑或者无期徒刑；致人重伤、死亡或者使航空器遭受严重破坏的，处死刑。

第一百二十二条　【劫持船只、汽车罪】以暴力、胁迫或者其他方法劫持船只、汽车的，处五年以上十年以下有期徒刑；造成严重后果的，处十年以上有期徒刑或者无期徒刑。

第一百二十三条　【暴力危及飞行安全罪】对飞行中的航空器上的人员使用暴力，危及飞行安全，尚未造成严重后果的，处五年以下有期徒刑或者拘役；造成严重后果的，处五年以上有期徒刑。

第一百二十四条　【破坏广播电视设施、公用电信设施罪】破坏广播电视设施、公用电信设施，危害公共安全的，处三年以上七年以下有期徒刑；造成严重后果的，处七年以上有期徒刑。

过失犯前款罪的,处三年以上七年以下有期徒刑;情节较轻的,处三年以下有期徒刑或者拘役。

第一百二十五条 【非法制造、买卖、运输、邮寄、储存枪支、弹药、爆炸物罪;非法制造、买卖、运输、储存危险物质罪】非法制造、买卖、运输、邮寄、储存枪支、弹药、爆炸物的,处三年以上十年以下有期徒刑;情节严重的,处十年以上有期徒刑、无期徒刑或者死刑。

非法制造、买卖、运输、储存毒害性、放射性、传染病病原体等物质,危害公共安全的,依照前款的规定处罚。

单位犯前两款罪的,对单位判处罚金,并对其直接负责的主管人员和其他直接责任人员,依照第一款的规定处罚。

第一百二十六条 【违规制造、销售枪支罪】依法被指定、确定的枪支制造企业、销售企业,违反枪支管理规定,有下列行为之一的,对单位判处罚金,并对其直接负责的主管人员和其他直接责任人员,处五年以下有期徒刑;情节严重的,处五年以上十年以下有期徒刑;情节特别严重的,处十年以上有期徒刑或者无期徒刑:

(一)以非法销售为目的,超过限额或者不按照规定的品种制造、配售枪支的;

(二)以非法销售为目的,制造无号、重号、假号的枪支的;

(三)非法销售枪支或者在境内销售为出口制造的枪支的。

第一百二十七条 【盗窃、抢夺枪支、弹药、爆炸物、危险物质罪;抢劫枪支、弹药、爆炸物、危险物质罪】盗窃、抢夺枪支、弹药、爆炸物的,或者盗窃、抢夺毒害性、放射性、传染病病原体等物质,危害公共安全的,处三年以上十年以下有期徒刑;情节严重的,处十年以上有期徒刑、无期徒刑或者死刑。

抢劫枪支、弹药、爆炸物的,或者抢劫毒害性、放射性、传染病病原体等物质,危害公共安全的,或者盗窃、抢夺国家机关、军警人员、民兵的枪支、弹药、爆炸物的,处十年以上有期徒刑、无期徒刑或者死刑。

第一百二十八条 【非法持有、私藏枪支、弹药罪;非法出租、出借枪支罪】违反枪支管理规定,非法持有、私藏枪支、弹药的,处三年以下有期徒刑、拘役或者管制;情节严重的,处三年以上七年以下有期徒刑。

依法配备公务用枪的人员,非法出租、出借枪支的,依照前款的规定处罚。

依法配置枪支的人员,非法出租、出借枪支,造成严重后果的,依照第一款的规定处罚。

单位犯第二款、第三款罪的,对单位判处罚金,并对其直接负责的主管人员和其他直接责任人员，依照第一款的规定处罚。

第一百二十九条　【丢失枪支不报罪】依法配备公务用枪的人员，丢失枪支不及时报告，造成严重后果的，处三年以下有期徒刑或者拘役。

第一百三十条　【非法携带枪支、弹药、管制刀具、危险物品危及公共安全罪】非法携带枪支、弹药、管制刀具或者爆炸性、易燃性、放射性、毒害性、腐蚀性物品，进入公共场所或者公共交通工具，危及公共安全，情节严重的，处三年以下有期徒刑、拘役或者管制。

第一百三十一条　【重大飞行事故罪】航空人员违反规章制度，致使发生重大飞行事故，造成严重后果的，处三年以下有期徒刑或者拘役；造成飞机坠毁或者人员死亡的，处三年以上七年以下有期徒刑。

第一百三十二条　【铁路运营安全事故罪】铁路职工违反规章制度，致使发生铁路运营安全事故，造成严重后果的，处三年以下有期徒刑或者拘役；造成特别严重后果的，处三年以上七年以下有期徒刑。

第一百三十三条　【交通肇事罪；危险驾驶罪】违反交通运输管理法规，因而发生重大事故，致人重伤、死亡或者使公私财产遭受重大损失的，处三年以下有期徒刑或者拘役；交通运输肇事后逃逸或者有其他特别恶劣情节的，处三年以上七年以下有期徒刑；因逃逸致人死亡的，处七年以上有期徒刑。

第一百三十三条之一　在道路上驾驶机动车，有下列情形之一的，处拘役，并处罚金：

（一）追逐竞驶，情节恶劣的；

（二）醉酒驾驶机动车的；

（三）从事校车业务或者旅客运输，严重超过额定乘员载客，或者严重超过规定时速行驶的；

（四）违反危险化学品安全管理规定运输危险化学品，危及公共安全的。

机动车所有人、管理人对前款第三项、第四项行为负有直接责任的，依照前款的规定处罚。

有前两款行为，同时构成其他犯罪的，依照处罚较重的规定定罪处罚。

第一百三十四条　【重大责任事故罪；强令违章冒险作业罪】在生产、作业中违反有关安全管理的规定，因而发生重大伤亡事故或者造成其他严重后果的，处三年以下有期徒刑或者拘役；情节特别恶劣的，处三年以上七年以下有期徒刑。

强令他人违章冒险作业，因而发生重大伤亡事故或者造成其他严重后果的，处五年以下有期徒刑或者拘役；情节特别恶劣的，处五年以上有期徒刑。

第一百三十五条　【重大劳动安全事故罪；大型群众性活动重大安全事故罪】安全生产设施或者安全生产条件不符合国家规定，因而发生重大伤亡事故或者造成其他严重后果的，对直接负责的主管人员和其他直接责任人员，处三年以下有期徒刑或者拘役；情节特别恶劣的，处三年以上七年以下有期徒刑。

第一百三十五条之一　举办大型群众性活动违反安全管理规定，因而发生重大伤亡事故或者造成其他严重后果的，对直接负责的主管人员和其他直接责任人员，处三年以下有期徒刑或者拘役；情节特别恶劣的，处三年以上七年以下有期徒刑。

第一百三十六条　【危险物品肇事罪】违反爆炸性、易燃性、放射性、毒害性、腐蚀性物品的管理规定，在生产、储存、运输、使用中发生重大事故，造成严重后果的，处三年以下有期徒刑或者拘役；后果特别严重的，处三年以上七年以下有期徒刑。

第一百三十七条　【工程重大安全事故罪】建设单位、设计单位、施工单位、工程监理单位违反国家规定，降低工程质量标准，造成重大安全事故的，对直接责任人员，处五年以下有期徒刑或者拘役，并处罚金；后果特别严重的，处五年以上十年以下有期徒刑，并处罚金。

第一百三十八条　【教育设施重大安全事故罪】明知校舍或者教育教学设施有危险，而不采取措施或者不及时报告，致使发生重大伤亡事故的，对直接责任人员，处三年以下有期徒刑或者拘役；后果特别严重的，处三年以上七年以下有期徒刑。

第一百三十九条　【消防责任事故罪；不报、谎报安全事故罪】违反消防管理法规，经消防监督机构通知采取改正措施而拒绝执行，造成严重后果的，对直接责任人员，处三年以下有期徒刑或者拘役；后果特别严重的，处三年以上七年以下有期徒刑。

第一百三十九条之一　在安全事故发生后，负有报告职责的人员不报或者谎报事故情况，贻误事故抢救，情节严重的，处三年以下有期徒刑或者拘役；情节特别严重的，处三年以上七年以下有期徒刑。

第三章　破坏社会主义市场经济秩序罪

第一节　生产、销售伪劣商品罪

第一百四十条　【生产、销售伪劣产品罪】生产者、销售者在产品中掺杂、掺假，以假充真，以次充好或者以不合格产品冒充合格产品，销售金额五万元以上不满二十万元的，处二年以下有期徒刑或者拘役，并处或者单处销售金额百分之五十以上二倍以下罚金；销售金额二十万元以上不满五十万元的，处二年以上七年以下有期徒刑，并处销售金额百分之五十以上二倍以下罚金；销售金额五十万元以上不满二百万元的，处七年以上有期徒刑，并处销售金额百分之五十以上二倍以下罚金；销售金额二百万元以上的，处十五年有期徒刑或者无期徒刑，并处销售金额百分之五十以上二倍以下罚金或者没收财产。

第一百四十一条　【生产、销售假药罪】生产、销售假药的，处三年以下有期徒刑或者拘役，并处罚金；对人体健康造成严重危害或者有其他严重情节的，处三年以上十年以下有期徒刑，并处罚金；致人死亡或者有其他特别严重情节的，处十年以上有期徒刑、无期徒刑或者死刑，并处罚金或者没收财产。

本条所称假药，是指依照《中华人民共和国药品管理法》的规定属于假药和按假药处理的药品、非药品。

第一百四十二条　【生产、销售劣药罪】生产、销售劣药，对人体健康造成严重危害的，处三年以上十年以下有期徒刑，并处销售金额百分之五十以上二倍以下罚金；后果特别严重的，处十年以上有期徒刑或者无期徒刑，并处销售金额百分之五十以上二倍以下罚金或者没收财产。

本条所称劣药，是指依照《中华人民共和国药品管理法》的规定属于劣药的药品。

第一百四十三条　【生产、销售不符合安全标准的食品罪】生产、销售不符合食品安全标准的食品，足以造成严重食物中毒事故或者其他严重食源性疾病的，处三年以下有期徒刑或者拘役，并处罚金；对人体健康造成严重危害或者有其他严重情节的，处三年以上七年以下有期徒刑，并处罚金；后果特别严重的，处七年以上有期徒刑或者无期徒刑，并处罚金或者没收财产。

第一百四十四条　【生产、销售有毒、有害食品罪】在生产、销售的食品中掺入有毒、有害的非食品原料的，或者销售明知掺有有毒、有害的非食品原料的食品的，处五年以下有期徒刑，并处罚金；对人体健康造成严重危害或者有其他严重情节的，处五年以上十年以下有期徒刑，并处罚金；致人死亡或者有其他特别严重情节的，依照本法第一百四十一条的规定处罚。

第一百四十五条　【生产、销售不符合标准的卫生器材罪】生产不符合保障人体健康的国家标准、行业标准的医疗器械、医用卫生材料，或者销售明知是不符合保障人体健康的国家标准、行业标准的医疗器械、医用卫生材料，足以严重危害人体健康的，处三年以下有期徒刑或者拘役，并处销售金额百分之五十以上二倍以下罚金；对人体健康造成严重危害的，处三年以上十年以下有期徒刑，并处销售金额百分之五十以上二倍以下罚金；后果特别严重的，处十年以上有期徒刑或者无期徒刑，并处销售金额百分之五十以上二倍以下罚金或者没收财产。

第一百四十六条　【生产、销售不符合安全标准的产品罪】生产不符合保障人身、财产安全的国家标准、行业标准的电器、压力容器、易燃易爆产品或者其他不符合保障人身、财产安全的国家标准、行业标准的产品，或者销售明知是以上不符合保障人身、财产安全的国家标准、行业标准的产品，造成严重后果的，处五年以下有期徒刑，并处销售金额百分之五十以上二倍以下罚金；后果特别严重的，处五年以上有期徒刑，并处销售金额百分之五十以上二倍以下罚金。

第一百四十七条　【生产、销售伪劣农药、兽药、化肥、种子罪】生产假农药、假兽药、假化肥，销售明知是假的或者失去使用效能的农药、兽药、化肥、种子，或者生产者、销售者以不合格的农药、兽药、化肥、种子冒充合格的农药、兽药、化肥、种子，使生产遭受较大损失的，处三年以下有期徒刑或者拘役，并处或者单处销售金额百分之五十以上二倍以下罚金；使生产遭受重大损失的，处三年以上七年以下有期徒刑，并处销售金额百分之五十以上二倍以下罚金；使生产遭受特别重大损失的，处七年以上有期徒刑或者无期徒刑，并处销售金额百分之五十以上二倍以下罚金或者没收财产。

第一百四十八条　【生产、销售不符合卫生标准的化妆品罪】生产不符合卫生标准的化妆品，或者销售明知是不符合卫生标准的化妆品，造成严重后果的，处三年以下有期徒刑或者拘役，并处或者单处销售金额百分之五十以上二倍以下罚金。

第一百四十九条　【对生产、销售伪劣商品行为的法条适用原则】生产、销售本节第一百四十一条至第一百四十八条所列产品，不构成各该条规定的犯罪，但是销售金额在五万元以上的，依照本节第一百四十条的规定定罪处罚。

生产、销售本节第一百四十一条至第一百四十八条所列产品，构成各该条规定的犯罪，同时又构成本节第一百四十条规定之罪的，依照处罚较重的规定定罪处罚。

第一百五十条　【单位犯本节规定之罪的处罚规定】单位犯本节第一百四十条至第一百四十八条规定之罪的，对单位判处罚金，并对其直接负责的主管人员和其他直接责任人员，依照各该条的规定处罚。

第二节　走　私　罪

第一百五十一条　【走私武器、弹药罪、走私核材料罪、走私假币罪；走私文物罪、走私贵重金属罪、走私珍贵动物罪、走私珍贵动物制品罪；走私国家禁止进出口的货物、物品罪】走私武器、弹药、核材料或者伪造的货币的，处七年以上有期徒刑，并处罚金或者没收财产；情节特别严重的，处无期徒刑，并处没收财产；情节较轻的，处三年以上七年以下有期徒刑，并处罚金。

走私国家禁止出口的文物、黄金、白银和其他贵重金属或者国家禁止进出口的珍贵动物及其制品的，处五年以上十年以下有期徒刑，并处罚金；情节特别严重的，处十年以上有期徒刑或者无期徒刑，并处没收财产；情节较轻的，处五年以下有期徒刑，并处罚金。

走私珍稀植物及其制品等国家禁止进出口的其他货物、物品的，处五年以下有期徒刑或者拘役，并处或者单处罚金；情节严重的，处五年以上有期徒刑，并处罚金。

单位犯本条规定之罪的，对单位判处罚金，并对其直接负责的主管人员和其他直接责任人员，依照本条各款的规定处罚。

第一百五十二条　【走私淫秽物品罪；走私废物罪】以牟利或者传播为目的，走私淫秽的影片、录像带、录音带、图片、书刊或者其他淫秽物品的，处三年以上十年以下有期徒刑，并处罚金；情节严重的，处十年以上有期徒刑或者无期徒刑，并处罚金或者没收财产；情节较轻的，处三年以下有期徒刑、拘役或者管制，并处罚金。

逃避海关监管将境外固体废物、液态废物和气态废物运输进境，情节严重的，处五年以下有期徒刑，并处或者单处罚金；情节特别严重的，处五年以上有期徒刑，并处罚金。

单位犯前两款罪的，对单位判处罚金，并对其直接负责的主管人员和其他直接责任人员，依照前两款的规定处罚。

第一百五十三条　【走私普通货物、物品罪】走私本法第一百五十一条、第一百五十二条、第三百四十七条规定以外的货物、物品的，根据情节轻重，分别依照下列规定处罚：

（一）走私货物、物品偷逃应缴税额较大或者一年内曾因走私被给予二次行政处罚后又走私的，处三年以下有期徒刑或者拘役，并处偷逃应缴税额一倍以上五倍以下罚金。

（二）走私货物、物品偷逃应缴税额巨大或者有其他严重情节的，处三年以上十年以下有期徒刑，并处偷逃应缴税额一倍以上五倍以下罚金。

（三）走私货物、物品偷逃应缴税额特别巨大或者有其他特别严重情节的，处十年以上有期徒刑或者无期徒刑，并处偷逃应缴税额一倍以上五倍以下罚金或者没收财产。

单位犯前款罪的，对单位判处罚金，并对其直接负责的主管人员和其他直接责任人员，处三年以下有期徒刑或者拘役；情节严重的，处三年以上十年以下有期徒刑；情节特别严重的，处十年以上有期徒刑。

对多次走私未经处理的，按照累计走私货物、物品的偷逃应缴税额处罚。

第一百五十四条　【特殊形式的走私普通货物、物品罪】下列走私行为，根据本节规定构成犯罪的，依照本法第一百五十三条的规定定罪处罚：

（一）未经海关许可并且未补缴应缴税额，擅自将批准进口的来料加工、来件装配、补偿贸易的原材料、零件、制成品、设备等保税货物，在境内销售牟利的；

（二）未经海关许可并且未补缴应缴税额，擅自将特定减税、免税进口的货物、物品，在境内销售牟利的。

第一百五十五条　【间接走私行为以相应走私犯罪论处的规定】下列行为，以走私罪论处，依照本节的有关规定处罚：

（一）直接向走私人非法收购国家禁止进口物品的，或者直接向走私人非法收购走私进口的其他货物、物品，数额较大的；

（二）在内海、领海、界河、界湖运输、收购、贩卖国家禁止进出口物品的，或者运输、收购、贩卖国家限制进出口货物、物品，数额较大，没有合法证明的。

第一百五十六条　【走私共犯】与走私罪犯通谋，为其提供贷款、资金、账号、发票、证明，或者为其提供运输、保管、邮寄或者其他方便的，以走私罪的共犯论处。

第一百五十七条　【武装掩护走私、抗拒缉私的处罚规定】武装掩护走私的，依照本法第一百五十一条第一款的规定从重处罚。

以暴力、威胁方法抗拒缉私的，以走私罪和本法第二百七十七条规定的阻碍国家机关工作人员依法执行职务罪，依照数罪并罚的规定处罚。

第三节　妨害对公司、企业的管理秩序罪

第一百五十八条　【虚报注册资本罪】申请公司登记使用虚假证明文件或者采取其他欺诈手段虚报注册资本，欺骗公司登记主管部门，取得公司登记，虚报注册资本数额巨大、后果严重或者有其他严重情节的，处三年以下有期徒刑或者拘役，并处或者单处虚报注册资本金额百分之一以上百分之五以下罚金。

单位犯前款罪的，对单位判处罚金，并对其直接负责的主管人员和其他直接责任人员，处三年以下有期徒刑或者拘役。

第一百五十九条　【虚假出资、抽逃出资罪】公司发起人、股东违反公司法的规定未交付货币、实物或者未转移财产权，虚假出资，或者在公司成立后又抽逃其出资，数额巨大、后果严重或者有其他严重情节的，处五年以下有期徒刑或者拘役，并处或者单处虚假出资金额或者抽逃出资金额百分之二以上百分之十以下罚金。

单位犯前款罪的，对单位判处罚金，并对其直接负责的主管人员和其他直接责任人员，处五年以下有期徒刑或者拘役。

第一百六十条　【欺诈发行股票、债券罪】在招股说明书、认股书、公司、企业债券募集办法中隐瞒重要事实或者编造重大虚假内容，发行股票或者公司、企业债券，数额巨大、后果严重或者有其他严重情节的，处五年以下有期徒刑或者拘役，并处或者单处非法募集资金金额百分之一以上百分之五以下罚金。

单位犯前款罪的，对单位判处罚金，并对其直接负责的主管人员和其他直接责任人员，处五年以下有期徒刑或者拘役。

第一百六十一条　【违规披露、不披露重要信息罪】依法负有信息披露义务的公司、企业向股东和社会公众提供虚假的或者隐瞒重要事实的财务会计报告，或者对依法应当披露的其他重要信息不按照规定披露，严重损害股东或者其他人利益，或者有其他严重情节的，对其直接负责的主管人员和其他直接责任人员，处三年以下有期徒刑或者拘役，并处或者单处二万元以上二十万元以下罚金。

第一百六十二条　【妨害清算罪；隐匿、故意销毁会计凭证、会计账簿、财务会计报告罪；虚假破产罪】公司、企业进行清算时，隐匿财产，对资产负债表或者财产清单作虚伪记载或者在未清偿债务前分配公司、企业财产，严重损害债权人或者其他人利益的，对其直接负责的主管人员和其他直接责任人员，处五年以下有期徒刑或者拘役，并处或者单处二万元以上二十万元以下罚金。

第一百六十二条之一　隐匿或者故意销毁依法应当保存的会计凭证、会计账簿、财务会计报告，情节严重的，处五年以下有期徒刑或者拘役，并处或者单处二万元以上二十万元以下罚金。

单位犯前款罪的，对单位判处罚金，并对其直接负责的主管人员和其他直接责任人员，依照前款的规定处罚。

第一百六十二条之二　公司、企业通过隐匿财产、承担虚构的债务或者以其他方法转移、处分财产，实施虚假破产，严重损害债权人或者其他人利益的，对其直接负责的主管人员和其他直接责任人员，处五年以下有期徒刑或者拘役，并处或者单处二万元以上二十万元以下罚金。

第一百六十三条　【非国家工作人员受贿罪】公司、企业或者其他单位的工作人员利用职务上的便利，索取他人财物或者非法收受他人财物，为他人谋取利益，数额较大的，处五年以下有期徒刑或者拘役；数额巨大的，处五年以上有期徒刑，可以并处没收财产。

公司、企业或者其他单位的工作人员在经济往来中，利用职务上的便利，违反国家规定，收受各种名义的回扣、手续费，归个人所有的，依照前款的规定处罚。

国有公司、企业或者其他国有单位中从事公务的人员和国有公司、企业或者其他国有单位委派到非国有公司、企业以及其他单位从事公务的人员有前两款行为的，依照本法第三百八十五条、第三百八十六条的规定定罪处罚。

第一百六十四条　【对非国家工作人员行贿罪；对外国公职人员、国际公共组织官员行贿罪】为谋取不正当利益，给予公司、企业或者其他单位的工作人员以财物，数额较大的，处三年以下有期徒刑或者拘役，并处罚金；数额巨大的，处三年以上十年以下有期徒刑，并处罚金。

为谋取不正当商业利益，给予外国公职人员或者国际公共组织官员以财物的，依照前款的规定处罚。

单位犯前两款罪的，对单位判处罚金，并对其直接负责的主管人员和其他直接责任人员，依照第一款的规定处罚。

行贿人在被追诉前主动交代行贿行为的，可以减轻处罚或者免除处罚。

第一百六十五条　【非法经营同类营业罪】国有公司、企业的董事、经理利用职务便利，自己经营或者为他人经营与其所任职公司、企业同类的营业，获取非法利益，数额巨大的，处三年以下有期徒刑或者拘役，并处或者单处罚金；数额特别巨大的，处三年以上七年以下有期徒刑，并处罚金。

第一百六十六条　【为亲友非法牟利罪】国有公司、企业、事业单位的工作人员，利用职务便利，有下列情形之一，使国家利益遭受重大损失的，处三年以下有期徒刑或者拘役，并处或者单处罚金；致使国家利益遭受特别重大损失的，处三年以上七年以下有期徒刑，并处罚金：

（一）将本单位的盈利业务交由自己的亲友进行经营的；

（二）以明显高于市场的价格向自己的亲友经营管理的单位采购商品或者以明显低于市场的价格向自己的亲友经营管理的单位销售商品的；

（三）向自己的亲友经营管理的单位采购不合格商品的。

第一百六十七条　【签订、履行合同失职被骗罪】国有公司、企业、事业单位直接负责的主管人员，在签订、履行合同过程中，因严重不负责任被诈骗，致使国家利益遭受重大损失的，处三年以下有期徒刑或者拘役；致使国家利益遭受特别重大损失的,处三年以上七年以下有期徒刑。

第一百六十八条 【国有公司、企业、事业单位人员失职罪;国有公司、企业、事业单位人员滥用职权罪】国有公司、企业的工作人员,由于严重不负责任或者滥用职权,造成国有公司、企业破产或者严重损失,致使国家利益遭受重大损失的,处三年以下有期徒刑或者拘役;致使国家利益遭受特别重大损失的,处三年以上七年以下有期徒刑。

国有事业单位的工作人员有前款行为,致使国家利益遭受重大损失的,依照前款的规定处罚。

国有公司、企业、事业单位的工作人员,徇私舞弊,犯前两款罪的,依照第一款的规定从重处罚。

第一百六十九条 【徇私舞弊低价折股、出售国有资产罪;背信损害上市公司利益罪】国有公司、企业或者其上级主管部门直接负责的主管人员,徇私舞弊,将国有资产低价折股或者低价出售,致使国家利益遭受重大损失的,处三年以下有期徒刑或者拘役;致使国家利益遭受特别重大损失的,处三年以上七年以下有期徒刑。

第一百六十九条之一 上市公司的董事、监事、高级管理人员违背对公司的忠实义务,利用职务便利,操纵上市公司从事下列行为之一,致使上市公司利益遭受重大损失的,处三年以下有期徒刑或者拘役,并处或者单处罚金;致使上市公司利益遭受特别重大损失的,处三年以上七年以下有期徒刑,并处罚金:

(一) 无偿向其他单位或者个人提供资金、商品、服务或者其他资产的;

(二) 以明显不公平的条件,提供或者接受资金、商品、服务或者其他资产的;

(三) 向明显不具有清偿能力的单位或者个人提供资金、商品、服务或者其他资产的;

(四) 为明显不具有清偿能力的单位或者个人提供担保,或者无正当理由为其他单位或者个人提供担保的;

(五) 无正当理由放弃债权、承担债务的;

(六) 采用其他方式损害上市公司利益的。

上市公司的控股股东或者实际控制人,指使上市公司董事、监事、高级管理人员实施前款行为的,依照前款的规定处罚。

犯前款罪的上市公司的控股股东或者实际控制人是单位的,对单位判处罚金,并对其直接负责的主管人员和其他直接责任人员,依照第一款的规定处罚。

第四节 破坏金融管理秩序罪

第一百七十条 【伪造货币罪】伪造货币的，处三年以上十年以下有期徒刑，并处罚金；有下列情形之一的，处十年以上有期徒刑或者无期徒刑，并处罚金或者没收财产：

（一）伪造货币集团的首要分子；

（二）伪造货币数额特别巨大的；

（三）有其他特别严重情节的。

第一百七十一条 【出售、购买、运输假币罪；金融工作人员购买假币、以假币换取货币罪；伪造货币罪】出售、购买伪造的货币或者明知是伪造的货币而运输，数额较大的，处三年以下有期徒刑或者拘役，并处二万元以上二十万元以下罚金；数额巨大的，处三年以上十年以下有期徒刑，并处五万元以上五十万元以下罚金；数额特别巨大的，处十年以上有期徒刑或者无期徒刑，并处五万元以上五十万元以下罚金或者没收财产。

银行或者其他金融机构的工作人员购买伪造的货币或者利用职务上的便利，以伪造的货币换取货币的，处三年以上十年以下有期徒刑，并处二万元以上二十万元以下罚金；数额巨大或者有其他严重情节的，处十年以上有期徒刑或者无期徒刑，并处二万元以上二十万元以下罚金或者没收财产；情节较轻的，处三年以下有期徒刑或者拘役，并处或者单处一万元以上十万元以下罚金。

伪造货币并出售或者运输伪造的货币的，依照本法第一百七十条的规定定罪从重处罚。

第一百七十二条 【持有、使用假币罪】明知是伪造的货币而持有、使用，数额较大的，处三年以下有期徒刑或者拘役，并处或者单处一万元以上十万元以下罚金；数额巨大的，处三年以上十年以下有期徒刑，并处二万元以上二十万元以下罚金；数额特别巨大的，处十年以上有期徒刑，并处五万元以上五十万元以下罚金或者没收财产。

第一百七十三条 【变造货币罪】变造货币，数额较大的，处三年以下有期徒刑或者拘役，并处或者单处一万元以上十万元以下罚金；数额巨大的，处三年以上十年以下有期徒刑，并处二万元以上二十万元以下罚金。

第一百七十四条 【擅自设立金融机构罪；伪造、变造、转让金融机构经营许可证、批准文件罪】未经国家有关主管部门批准，擅自设立商业银行、证券交易所、期货交易所、证券公司、期货经纪公司、保险公司或者其他金融机构的，处三年以下有期徒刑或者拘役，并处或者单处二万元以上二十万元以下罚金；情节严重的，处三年以上十年以下有期徒刑，并处五万元以上五十万元以下罚金。

伪造、变造、转让商业银行、证券交易所、期货交易所、证券公司、期货经纪公司、保险公司或者其他金融机构的经营许可证或者批准文件的，依照前款的规定处罚。

单位犯前两款罪的，对单位判处罚金，并对其直接负责的主管人员和其他直接责任人员，依照第一款的规定处罚。

第一百七十五条　【高利转贷罪；骗取贷款、票据承兑、金融票证罪】以转贷牟利为目的，套取金融机构信贷资金高利转贷他人，违法所得数额较大的，处三年以下有期徒刑或者拘役，并处违法所得一倍以上五倍以下罚金；数额巨大的，处三年以上七年以下有期徒刑，并处违法所得一倍以上五倍以下罚金。

单位犯前款罪的，对单位判处罚金，并对其直接负责的主管人员和其他直接责任人员，处三年以下有期徒刑或者拘役。

第一百七十五条之一　以欺骗手段取得银行或者其他金融机构贷款、票据承兑、信用证、保函等，给银行或者其他金融机构造成重大损失或者有其他严重情节的，处三年以下有期徒刑或者拘役，并处或者单处罚金；给银行或者其他金融机构造成特别重大损失或者有其他特别严重情节的，处三年以上七年以下有期徒刑，并处罚金。

单位犯前款罪的，对单位判处罚金，并对其直接负责的主管人员和其他直接责任人员，依照前款的规定处罚。

第一百七十六条　【非法吸收公众存款罪】非法吸收公众存款或者变相吸收公众存款，扰乱金融秩序的，处三年以下有期徒刑或者拘役，并处或者单处二万元以上二十万元以下罚金；数额巨大或者有其他严重情节的，处三年以上十年以下有期徒刑，并处五万元以上五十万元以下罚金。

单位犯前款罪的，对单位判处罚金，并对其直接负责的主管人员和其他直接责任人员，依照前款的规定处罚。

第一百七十七条　【伪造、变造金融票证罪；妨害信用卡管理罪；窃取、收买、非法提供信用卡信息罪】有下列情形之一，伪造、变造金融票证的，处五年以下有期徒刑或者拘役，并处或者单处二万元以上二十万元以下罚金；情节严重的，处五年以上十年以下有期徒刑，并处五万元以上五十万元以下罚金；情节特别严重的，处十年以上有期徒刑或者无期徒刑，并处五万元以上五十万元以下罚金或者没收财产：

（一）伪造、变造汇票、本票、支票的；

（二）伪造、变造委托收款凭证、汇款凭证、银行存单等其他银行结算凭证的；

（三）伪造、变造信用证或者附随的单据、文件的；

（四）伪造信用卡的。

单位犯前款罪的，对单位判处罚金，并对其直接负责的主管人员和其他直接责任人员，依照前款的规定处罚。

第一百七十七条之一 有下列情形之一，妨害信用卡管理的，处三年以下有期徒刑或者拘役，并处或者单处一万元以上十万元以下罚金；数量巨大或者有其他严重情节的，处三年以上十年以下有期徒刑，并处二万元以上二十万元以下罚金：

（一）明知是伪造的信用卡而持有、运输的，或者明知是伪造的空白信用卡而持有、运输，数量较大的；

（二）非法持有他人信用卡，数量较大的；

（三）使用虚假的身份证明骗领信用卡的；

（四）出售、购买、为他人提供伪造的信用卡或者以虚假的身份证明骗领的信用卡的。

窃取、收买或者非法提供他人信用卡信息资料的，依照前款规定处罚。

银行或者其他金融机构的工作人员利用职务上的便利，犯第二款罪的，从重处罚。

第一百七十八条 【伪造、变造国家有价证券罪；伪造、变造股票、公司、企业债券罪】伪造、变造国库券或者国家发行的其他有价证券，数额较大的，处三年以下有期徒刑或者拘役，并处或者单处二万元以上二十万元以下罚金；数额巨大的，处三年以上十年以下有期徒刑，并处五万元以上五十万元以下罚金；数额特别巨大的，处十年以上有期徒刑或者无期徒刑，并处五万元以上五十万元以下罚金或者没收财产。

伪造、变造股票或者公司、企业债券，数额较大的，处三年以下有期徒刑或者拘役，并处或者单处一万元以上十万元以下罚金；数额巨大的，处三年以上十年以下有期徒刑，并处二万元以上二十万元以下罚金。

单位犯前两款罪的，对单位判处罚金，并对其直接负责的主管人员和其他直接责任人员，依照前两款的规定处罚。

第一百七十九条 【擅自发行股票、公司、企业债券罪】未经国家有关主管部门批准，擅自发行股票或者公司、企业债券，数额巨大、后果严重或者有其他严重情节的，处五年以下有期徒刑或者拘役，并处或者单处非法募集资金金额百分之一以上百分之五以下罚金。

单位犯前款罪的，对单位判处罚金，并对其直接负责的主管人员和其他直接责任人员，处五年以下有期徒刑或者拘役。

第一百八十条　【内幕交易、泄露内幕信息罪；利用未公开信息交易罪】证券、期货交易内幕信息的知情人员或者非法获取证券、期货交易内幕信息的人员，在涉及证券的发行，证券、期货交易或者其他对证券、期货交易价格有重大影响的信息尚未公开前，买入或者卖出该证券，或者从事与该内幕信息有关的期货交易，或者泄露该信息，或者明示、暗示他人从事上述交易活动，情节严重的，处五年以下有期徒刑或者拘役，并处或者单处违法所得一倍以上五倍以下罚金；情节特别严重的，处五年以上十年以下有期徒刑，并处违法所得一倍以上五倍以下罚金。

单位犯前款罪的，对单位判处罚金，并对其直接负责的主管人员和其他直接责任人员，处五年以下有期徒刑或者拘役。

内幕信息、知情人员的范围，依照法律、行政法规的规定确定。

证券交易所、期货交易所、证券公司、期货经纪公司、基金管理公司、商业银行、保险公司等金融机构的从业人员以及有关监管部门或者行业协会的工作人员，利用因职务便利获取的内幕信息以外的其他未公开的信息，违反规定，从事与该信息相关的证券、期货交易活动，或者明示、暗示他人从事相关交易活动，情节严重的，依照第一款的规定处罚。

第一百八十一条　【编造并传播证券、期货交易虚假信息罪；诱骗投资者买卖证券、期货合约罪】编造并且传播影响证券、期货交易的虚假信息，扰乱证券、期货交易市场，造成严重后果的，处五年以下有期徒刑或者拘役，并处或者单处一万元以上十万元以下罚金。

证券交易所、期货交易所、证券公司、期货经纪公司的从业人员，证券业协会、期货业协会或者证券期货监督管理部门的工作人员，故意提供虚假信息或者伪造、变造、销毁交易记录，诱骗投资者买卖证券、期货合约，造成严重后果的，处五年以下有期徒刑或者拘役，并处或者单处一万元以上十万元以下罚金；情节特别恶劣的，处五年以上十年以下有期徒刑，并处二万元以上二十万元以下罚金。

单位犯前两款罪的，对单位判处罚金，并对其直接负责的主管人员和其他直接责任人员，处五年以下有期徒刑或者拘役。

第一百八十二条　【操纵证券、期货市场罪】有下列情形之一，操纵证券、期货市场，情节严重的，处五年以下有期徒刑或者拘役，并处或者单处罚金；情节特别严重的，处五年以上十年以下有期徒刑，并处罚金：

（一）单独或者合谋，集中资金优势、持股或者持仓优势或者利用信息优势联合或者连续买卖，操纵证券、期货交易价格或者证券、期货交易量的；

（二）与他人串通，以事先约定的时间、价格和方式相互进行证券、期货交易，影响证券、期货交易价格或者证券、期货交易量的；

（三）在自己实际控制的账户之间进行证券交易，或者以自己为交易对象，自买自卖期货合约，影响证券、期货交易价格或者证券、期货交易量的；

（四）以其他方法操纵证券、期货市场的。

单位犯前款罪的，对单位判处罚金，并对其直接负责的主管人员和其他直接责任人员，依照前款的规定处罚。

第一百八十三条　【职务侵占罪；贪污罪】保险公司的工作人员利用职务上的便利，故意编造未曾发生的保险事故进行虚假理赔，骗取保险金归自己所有的，依照本法第二百七十一条的规定定罪处罚。

国有保险公司工作人员和国有保险公司委派到非国有保险公司从事公务的人员有前款行为的，依照本法第三百八十二条、第三百八十三条的规定定罪处罚。

第一百八十四条　【公司、企业人员受贿罪】银行或者其他金融机构的工作人员在金融业务活动中索取他人财物或者非法收受他人财物，为他人谋取利益的，或者违反国家规定，收受各种名义的回扣、手续费，归个人所有的，依照本法第一百六十三条的规定定罪处罚。

国有金融机构工作人员和国有金融机构委派到非国有金融机构从事公务的人员有前款行为的，依照本法第三百八十五条、第三百八十六条的规定定罪处罚。

第一百八十五条　【挪用资金罪、挪用公款罪；背信运用受托财产罪；违法运用资金罪】商业银行、证券交易所、期货交易所、证券公司、期货经纪公司、保险公司或者其他金融机构的工作人员利用职务上的便利，挪用本单位或者客户资金的，依照本法第二百七十二条的规定定罪处罚。

国有商业银行、证券交易所、期货交易所、证券公司、期货经纪公司、保险公司或者其他国有金融机构的工作人员和国有商业银行、证券交易所、期货交易所、证券公司、期货经纪公司、保险公司或者其他国有金融机构委派到前款规定中的非国有机构从事公务的人员有前款行为的，依照本法第三百八十四条的规定定罪处罚。

第一百八十五条之一　商业银行、证券交易所、期货交易所、证券公司、期货经纪公司、保险公司或者其他金融机构，违背受托义务，擅自运用客户资金或者其他委托、信托的财产，情节严重的，对单位判处罚金，并对其直接负责的主管人员和其他直接责任人员，处三年以下有期徒刑或者拘役，并处三万元以上三十万元以下罚金；情节特别严重的，处三年以上十年以下有期徒刑，并处五万元以上五十万元以下罚金。

社会保障基金管理机构、住房公积金管理机构等公众资金管理机构，以及保险公司、保险资产管理公司、证券投资基金管理公司，违反国家规定运用资金的，对其直接负责的主管人员和其他直接责任人员，依照前款的规定处罚。

第一百八十六条　【违法发放贷款罪】银行或者其他金融机构的工作人员违反国家规定发放贷款，数额巨大或者造成重大损失的，处五年以下有期徒刑或者拘役，并处一万元以上十万元以下罚金；数额特别巨大或者造成特别重大损失的，处五年以上有期徒刑，并处二万元以上二十万元以下罚金。

银行或者其他金融机构的工作人员违反国家规定，向关系人发放贷款的，依照前款的规定从重处罚。

单位犯前两款罪的，对单位判处罚金，并对其直接负责的主管人员和其他直接责任人员，依照前两款的规定处罚。

关系人的范围，依照《中华人民共和国商业银行法》和有关金融法规确定。

第一百八十七条　【吸收客户资金不入账罪】银行或者其他金融机构的工作人员吸收客户资金不入账，数额巨大或者造成重大损失的，处五年以下有期徒刑或者拘役，并处二万元以上二十万元以下罚金；数额特别巨大或者造成特别重大损失的，处五年以上有期徒刑，并处五万元以上五十万元以下罚金。

单位犯前款罪的，对单位判处罚金，并对其直接负责的主管人员和其他直接责任人员，依照前款的规定处罚。

第一百八十八条　【违规出具金融票证罪】银行或者其他金融机构的工作人员违反规定，为他人出具信用证或者其他保函、票据、存单、资信证明，情节严重的，处五年以下有期徒刑或者拘役；情节特别严重的，处五年以上有期徒刑。

单位犯前款罪的，对单位判处罚金，并对其直接负责的主管人员和其他直接责任人员，依照前款的规定处罚。

第一百八十九条　【对违法票据承兑、付款、保证罪】银行或者其他金融机构的工作人员在票据业务中，对违反票据法规定的票据予以承兑、付款或者保证，造成重大损失的，处五年以下有期徒刑或者拘役；造成特别重大损失的，处五年以上有期徒刑。

单位犯前款罪的，对单位判处罚金，并对其直接负责的主管人员和其他直接责任人员，依照前款的规定处罚。

第一百九十条　【逃汇罪】国有公司、企业或者其他国有单位，违反国家规定，擅自将外汇存放境外，或者将境内的外汇非法转移到境外，情节严重的，对单位判处罚金，并对其直接负责的主管人员和其他直接责任人员，处五年以下有期徒刑或者拘役。

第一百九十一条　【洗钱罪】明知是毒品犯罪、黑社会性质的组织犯罪、恐怖活动犯罪、走私犯罪、贪污贿赂犯罪、破坏金融管理秩序犯罪、金融诈骗犯罪的所得及其产生的收益，为掩饰、隐瞒其来源和性质，有下列行为之一的，没收实施以上犯罪的所得及其产生的收益，处五年以下有期徒刑或者拘役，并处或者单处洗钱数额百分之五以上百分之二十以下罚金；情节严重的，处五年以上十年以下有期徒刑，并处洗钱数额百分之五以上百分之二十以下罚金：

（一）提供资金账户的；
（二）协助将财产转换为现金、金融票据、有价证券的；
（三）通过转账或者其他结算方式协助资金转移的；
（四）协助将资金汇往境外的；
（五）以其他方法掩饰、隐瞒犯罪所得及其收益的来源和性质的。

单位犯前款罪的，对单位判处罚金，并对其直接负责的主管人员和其他直接责任人员，处五年以下有期徒刑或者拘役；情节严重的，处五年以上十年以下有期徒刑。

第五节　金融诈骗罪

第一百九十二条　【集资诈骗罪】以非法占有为目的，使用诈骗方法非法集资，数额较大的，处五年以下有期徒刑或者拘役，并处二万元以上二十万元以下罚金；数额巨大或者有其他严重情节的，处五年以上十年以下有期徒刑，并处五万元以上五十万元以下罚金；数额特别巨大或者有其他特别严重情节的，处十年以上有期徒刑或者无期徒刑，并处五万元以上五十万元以下罚金或者没收财产。

第一百九十三条　【贷款诈骗罪】有下列情形之一，以非法占有为目的，诈骗银行或者其他金融机构的贷款，数额较大的，处五年以下有期徒刑或者拘役，并处二万元以上二十万元以下罚金；数额巨大或者有其他严重情节的，处五年以上十年以下有期徒刑，并处五万元以上五十万元以下罚金；数额特别巨大或者有其他特别严重情节的，处十年以上有期徒刑或者无期徒刑，并处五万元以上五十万元以下罚金或者没收财产：

（一）编造引进资金、项目等虚假理由的；
（二）使用虚假的经济合同的；
（三）使用虚假的证明文件的；
（四）使用虚假的产权证明作担保或者超出抵押物价值重复担保的；

（五）以其他方法诈骗贷款的。

第一百九十四条 【票据诈骗罪、金融凭证诈骗罪】有下列情形之一，进行金融票据诈骗活动，数额较大的，处五年以下有期徒刑或者拘役，并处二万元以上二十万元以下罚金；数额巨大或者有其他严重情节的，处五年以上十年以下有期徒刑，并处五万元以上五十万元以下罚金；数额特别巨大或者有其他特别严重情节的，处十年以上有期徒刑或者无期徒刑，并处五万元以上五十万元以下罚金或者没收财产：

（一）明知是伪造、变造的汇票、本票、支票而使用的；

（二）明知是作废的汇票、本票、支票而使用的；

（三）冒用他人的汇票、本票、支票的；

（四）签发空头支票或者与其预留印鉴不符的支票，骗取财物的；

（五）汇票、本票的出票人签发无资金保证的汇票、本票或者在出票时作虚假记载，骗取财物的。

使用伪造、变造的委托收款凭证、汇款凭证、银行存单等其他银行结算凭证的，依照前款的规定处罚。

第一百九十五条 【信用证诈骗罪】有下列情形之一，进行信用证诈骗活动的，处五年以下有期徒刑或者拘役，并处二万元以上二十万元以下罚金；数额巨大或者有其他严重情节的，处五年以上十年以下有期徒刑，并处五万元以上五十万元以下罚金；数额特别巨大或者有其他特别严重情节的，处十年以上有期徒刑或者无期徒刑，并处五万元以上五十万元以下罚金或者没收财产：

（一）使用伪造、变造的信用证或者附随的单据、文件的；

（二）使用作废的信用证的；

（三）骗取信用证的；

（四）以其他方法进行信用证诈骗活动的。

第一百九十六条 【信用卡诈骗罪、盗窃罪】有下列情形之一，进行信用卡诈骗活动，数额较大的，处五年以下有期徒刑或者拘役，并处二万元以上二十万元以下罚金；数额巨大或者有其他严重情节的，处五年以上十年以下有期徒刑，并处五万元以上五十万元以下罚金；数额特别巨大或者有其他特别严重情节的，处十年以上有期徒刑或者无期徒刑，并处五万元以上五十万元以下罚金或者没收财产：

（一）使用伪造的信用卡，或者使用以虚假的身份证明骗领的信用卡的；

（二）使用作废的信用卡的；

（三）冒用他人信用卡的；

（四）恶意透支的。

前款所称恶意透支，是指持卡人以非法占有为目的，超过规定限额或者规定期限透支，并且经发卡银行催收后仍不归还的行为。

盗窃信用卡并使用的，依照本法第二百六十四条的规定定罪处罚。

第一百九十七条　【有价证券诈骗罪】使用伪造、变造的国库券或者国家发行的其他有价证券，进行诈骗活动，数额较大的，处五年以下有期徒刑或者拘役，并处二万元以上二十万元以下罚金；数额巨大或者有其他严重情节的，处五年以上十年以下有期徒刑，并处五万元以上五十万元以下罚金；数额特别巨大或者有其他特别严重情节的，处十年以上有期徒刑或者无期徒刑，并处五万元以上五十万元以下罚金或者没收财产。

第一百九十八条　【保险诈骗罪】有下列情形之一，进行保险诈骗活动，数额较大的，处五年以下有期徒刑或者拘役，并处一万元以上十万元以下罚金；数额巨大或者有其他严重情节的，处五年以上十年以下有期徒刑，并处二万元以上二十万元以下罚金；数额特别巨大或者有其他特别严重情节的，处十年以上有期徒刑，并处二万元以上二十万元以下罚金或者没收财产：

（一）投保人故意虚构保险标的，骗取保险金的；

（二）投保人、被保险人或者受益人对发生的保险事故编造虚假的原因或者夸大损失的程度，骗取保险金的；

（三）投保人、被保险人或者受益人编造未曾发生的保险事故，骗取保险金的；

（四）投保人、被保险人故意造成财产损失的保险事故，骗取保险金的；

（五）投保人、受益人故意造成被保险人死亡、伤残或者疾病，骗取保险金的。

有前款第四项、第五项所列行为，同时构成其他犯罪的，依照数罪并罚的规定处罚。

单位犯第一款罪的，对单位判处罚金，并对其直接负责的主管人员和其他直接责任人员，处五年以下有期徒刑或者拘役；数额巨大或者有其他严重情节的，处五年以上十年以下有期徒刑；数额特别巨大或者有其他特别严重情节的，处十年以上有期徒刑。

保险事故的鉴定人、证明人、财产评估人故意提供虚假的证明文件，为他人诈骗提供条件的，以保险诈骗的共犯论处。

第一百九十九条　【部分金融诈骗罪的死刑规定】犯本节第一百九十二条规定之罪，数额特别巨大并且给国家和人民利益造成特别重大损失的，处无期徒刑

或者死刑，并处没收财产。（《中华人民共和国刑法修正案（九）》已删除）

第二百条　【单位犯金融诈骗罪的处罚规定】单位犯本节第一百九十二条、第一百九十四条、第一百九十五条规定之罪的，对单位判处罚金，并对其直接负责的主管人员和其他直接责任人员，处五年以下有期徒刑或者拘役，可以并处罚金；数额巨大或者有其他严重情节的，处五年以上十年以下有期徒刑，并处罚金；数额特别巨大或者有其他特别严重情节的，处十年以上有期徒刑或者无期徒刑，并处罚金。

第六节　危害税收征管罪

第二百零一条　【逃税罪】纳税人采取欺骗、隐瞒手段进行虚假纳税申报或者不申报，逃避缴纳税款数额较大并且占应纳税额百分之十以上的，处三年以下有期徒刑或者拘役，并处罚金；数额巨大并且占应纳税额百分之三十以上的，处三年以上七年以下有期徒刑，并处罚金。

扣缴义务人采取前款所列手段，不缴或者少缴已扣、已收税款，数额较大的，依照前款的规定处罚。

对多次实施前两款行为，未经处理的，按照累计数额计算。

有第一款行为，经税务机关依法下达追缴通知后，补缴应纳税款，缴纳滞纳金，已受行政处罚的，不予追究刑事责任；但是，五年内因逃避缴纳税款受过刑事处罚或者被税务机关给予二次以上行政处罚的除外。

第二百零二条　【抗税罪】以暴力、威胁方法拒不缴纳税款的，处三年以下有期徒刑或者拘役，并处拒缴税款一倍以上五倍以下罚金；情节严重的，处三年以上七年以下有期徒刑，并处拒缴税款一倍以上五倍以下罚金。

第二百零三条　【逃避追缴欠税罪】纳税人欠缴应纳税款，采取转移或者隐匿财产的手段，致使税务机关无法追缴欠缴的税款，数额在一万元以上不满十万元的，处三年以下有期徒刑或者拘役，并处或者单处欠缴税款一倍以上五倍以下罚金；数额在十万元以上的，处三年以上七年以下有期徒刑，并处欠缴税款一倍以上五倍以下罚金。

第二百零四条　【骗取出口退税罪、偷税罪】以假报出口或者其他欺骗手段，骗取国家出口退税款，数额较大的，处五年以下有期徒刑或者拘役，并处骗取税款一倍以上五倍以下罚金；数额巨大或者有其他严重情节的，处五年以上十年以下有期徒刑，并处骗取税款一倍以上五倍以下罚金；数额特别巨大或者有其他特别严重情节的，处十年以上有期徒刑或者无期徒刑，并处骗取税款一倍以上五倍以下罚金或者没收财产。

纳税人缴纳税款后，采取前款规定的欺骗方法，骗取所缴纳的税款的，依照本法第二百零一条的规定定罪处罚；骗取税款超过所缴纳的税款部分，依照前款的规定处罚。

第二百零五条　【虚开增值税专用发票、用于骗取出口退税、抵扣税款发票罪；虚开发票罪】虚开增值税专用发票或者虚开用于骗取出口退税、抵扣税款的其他发票的，处三年以下有期徒刑或者拘役，并处二万元以上二十万元以下罚金；虚开的税款数额较大或者有其他严重情节的，处三年以上十年以下有期徒刑，并处五万元以上五十万元以下罚金；虚开的税款数额巨大或者有其他特别严重情节的，处十年以上有期徒刑或者无期徒刑，并处五万元以上五十万元以下罚金或者没收财产。

单位犯本条规定之罪的，对单位判处罚金，并对其直接负责的主管人员和其他直接责任人员，处三年以下有期徒刑或者拘役；虚开的税款数额较大或者有其他严重情节的，处三年以上十年以下有期徒刑；虚开的税款数额巨大或者有其他特别严重情节的，处十年以上有期徒刑或者无期徒刑。

虚开增值税专用发票或者虚开用于骗取出口退税、抵扣税款的其他发票，是指有为他人虚开、为自己虚开、让他人为自己虚开、介绍他人虚开行为之一的。

第二百零五条之一　虚开本法第二百零五条规定以外的其他发票，情节严重的，处二年以下有期徒刑、拘役或者管制，并处罚金；情节特别严重的，处二年以上七年以下有期徒刑，并处罚金。

单位犯前款罪的，对单位判处罚金，并对其直接负责的主管人员和其他直接责任人员，依照前款的规定处罚。

第二百零六条　【伪造、出售伪造的增值税专用发票罪】伪造或者出售伪造的增值税专用发票的，处三年以下有期徒刑、拘役或者管制，并处二万元以上二十万元以下罚金；数量较大或者有其他严重情节的，处三年以上十年以下有期徒刑，并处五万元以上五十万元以下罚金；数量巨大或者有其他特别严重情节的，处十年以上有期徒刑或者无期徒刑，并处五万元以上五十万元以下罚金或者没收财产。

单位犯本条规定之罪的，对单位判处罚金，并对其直接负责的主管人员和其他直接责任人员，处三年以下有期徒刑、拘役或者管制；数量较大或者有其他严重情节的，处三年以上十年以下有期徒刑；数量巨大或者有其他特别严重情节的，处十年以上有期徒刑或者无期徒刑。

第二百零七条　【非法出售增值税专用发票罪】非法出售增值税专用发票的，处三年以下有期徒刑、拘役或者管制，并处二万元以上二十万元以下罚金；

数量较大的，处三年以上十年以下有期徒刑，并处五万元以上五十万元以下罚金；数量巨大的，处十年以上有期徒刑或者无期徒刑，并处五万元以上五十万元以下罚金或者没收财产。

第二百零八条　【非法购买增值税专用发票、购买伪造的增值税专用发票罪；虚开增值税专用发票罪、出售伪造的增值税专用发票罪、非法出售增值税专用发票罪】非法购买增值税专用发票或者购买伪造的增值税专用发票的，处五年以下有期徒刑或者拘役，并处或者单处二万元以上二十万元以下罚金。

非法购买增值税专用发票或者购买伪造的增值税专用发票又虚开或者出售的，分别依照本法第二百零五条、第二百零六条、第二百零七条的规定定罪处罚。

第二百零九条　【非法制造、出售非法制造的用于骗取出口退税、抵扣税款发票罪；非法制造、出售非法制造的发票罪；非法出售用于骗取出口退税、抵扣税款发票罪；非法出售发票罪】伪造、擅自制造或者出售伪造、擅自制造的可以用于骗取出口退税、抵扣税款的其他发票的，处三年以下有期徒刑、拘役或者管制，并处二万元以上二十万元以下罚金；数量巨大的，处三年以上七年以下有期徒刑，并处五万元以上五十万元以下罚金；数量特别巨大的，处七年以上有期徒刑，并处五万元以上五十万元以下罚金或者没收财产。

伪造、擅自制造或者出售伪造、擅自制造的前款规定以外的其他发票的，处二年以下有期徒刑、拘役或者管制，并处或者单处一万元以上五万元以下罚金；情节严重的，处二年以上七年以下有期徒刑，并处五万元以上五十万元以下罚金。

非法出售可以用于骗取出口退税、抵扣税款的其他发票的，依照第一款的规定处罚。

非法出售第三款规定以外的其他发票的，依照第二款的规定处罚。

第二百一十条　【盗窃罪、诈骗罪；持有伪造的发票罪】盗窃增值税专用发票或者可以用于骗取出口退税、抵扣税款的其他发票的，依照本法第二百六十四条的规定定罪处罚。

使用欺骗手段骗取增值税专用发票或者可以用于骗取出口退税、抵扣税款的其他发票的，依照本法第二百六十六条的规定定罪处罚。

第二百一十条之一　明知是伪造的发票而持有，数量较大的，处二年以下有期徒刑、拘役或者管制，并处罚金；数量巨大的，处二年以上七年以下有期徒刑，并处罚金。

单位犯前款罪的，对单位判处罚金，并对其直接负责的主管人员和其他直接责任人员，依照前款的规定处罚。

第二百一十一条 【单位犯危害税收征管罪的处罚规定】单位犯本节第二百零一条、第二百零三条、第二百零四条、第二百零七条、第二百零八条、第二百零九条规定之罪的，对单位判处罚金，并对其直接负责的主管人员和其他直接责任人员，依照各该条的规定处罚。

第二百一十二条 【税务机关征缴优先原则】犯本节第二百零一条至第二百零五条规定之罪，被判处罚金、没收财产的，在执行前，应当先由税务机关追缴税款和所骗取的出口退税款。

第七节　侵犯知识产权罪

第二百一十三条 【假冒注册商标罪】未经注册商标所有人许可，在同一种商品上使用与其注册商标相同的商标，情节严重的，处三年以下有期徒刑或者拘役，并处或者单处罚金；情节特别严重的，处三年以上七年以下有期徒刑，并处罚金。

第二百一十四条 【销售假冒注册商标的商品罪】销售明知是假冒注册商标的商品，销售金额数额较大的，处三年以下有期徒刑或者拘役，并处或者单处罚金；销售金额数额巨大的，处三年以上七年以下有期徒刑，并处罚金。

第二百一十五条 【非法制造、销售非法制造的注册商标标识罪】伪造、擅自制造他人注册商标标识或者销售伪造、擅自制造的注册商标标识，情节严重的，处三年以下有期徒刑、拘役或者管制，并处或者单处罚金；情节特别严重的，处三年以上七年以下有期徒刑，并处罚金。

第二百一十六条 【假冒专利罪】假冒他人专利，情节严重的，处三年以下有期徒刑或者拘役，并处或者单处罚金。

第二百一十七条 【侵犯著作权罪】以营利为目的，有下列侵犯著作权情形之一，违法所得数额较大或者有其他严重情节的，处三年以下有期徒刑或者拘役，并处或者单处罚金；违法所得数额巨大或者有其他特别严重情节的，处三年以上七年以下有期徒刑，并处罚金：

（一）未经著作权人许可，复制发行其文字作品、音乐、电影、电视、录像作品、计算机软件及其他作品的；

（二）出版他人享有专有出版权的图书的；

（三）未经录音录像制作者许可，复制发行其制作的录音录像的；

（四）制作、出售假冒他人署名的美术作品的。

第二百一十八条 【销售侵权复制品罪】以营利为目的，销售明知是本法第二百一十七条规定的侵权复制品，违法所得数额巨大的，处三年以下有期徒刑或者拘役，并处或者单处罚金。

第二百一十九条　【侵犯商业秘密罪】有下列侵犯商业秘密行为之一，给商业秘密的权利人造成重大损失的，处三年以下有期徒刑或者拘役，并处或者单处罚金；造成特别严重后果的，处三年以上七年以下有期徒刑，并处罚金：

（一）以盗窃、利诱、胁迫或者其他不正当手段获取权利人的商业秘密的；

（二）披露、使用或者允许他人使用以前项手段获取的权利人的商业秘密的；

（三）违反约定或者违反权利人有关保守商业秘密的要求，披露、使用或者允许他人使用其所掌握的商业秘密的。

明知或者应知前款所列行为，获取、使用或者披露他人的商业秘密的，以侵犯商业秘密论。

本条所称商业秘密，是指不为公众所知悉，能为权利人带来经济利益，具有实用性并经权利人采取保密措施的技术信息和经营信息。

本条所称权利人，是指商业秘密的所有人和经商业秘密所有人许可的商业秘密使用人。

第二百二十条　【单位犯侵犯知识产权罪的处罚规定】单位犯本节第二百一十三条至第二百一十九条规定之罪的，对单位判处罚金，并对其直接负责的主管人员和其他直接责任人员，依照本节各该条的规定处罚。

第八节　扰乱市场秩序罪

第二百二十一条　【损害商业信誉、商品声誉罪】捏造并散布虚伪事实，损害他人的商业信誉、商品声誉，给他人造成重大损失或者有其他严重情节的，处二年以下有期徒刑或者拘役，并处或者单处罚金。

第二百二十二条　【虚假广告罪】广告主、广告经营者、广告发布者违反国家规定，利用广告对商品或者服务作虚假宣传，情节严重的，处二年以下有期徒刑或者拘役，并处或者单处罚金。

第二百二十三条　【串通投标罪】投标人相互串通投标报价，损害招标人或者其他投标人利益，情节严重的，处三年以下有期徒刑或者拘役，并处或者单处罚金。

投标人与招标人串通投标，损害国家、集体、公民的合法利益的，依照前款的规定处罚。

第二百二十四条　【合同诈骗罪；组织、领导传销活动罪】有下列情形之一，以非法占有为目的，在签订、履行合同过程中，骗取对方当事人财物，数额较大的，处三年以下有期徒刑或者拘役，并处或者单处罚金；数额巨大或者有其他严重情节的，处三年以上十年以下有期徒刑，并处罚金；数额特别巨大或者有其他特别严重情节的，处十年以上有期徒刑或者无期徒刑，并处罚金或者没收财产：

（一）以虚构的单位或者冒用他人名义签订合同的；

（二）以伪造、变造、作废的票据或者其他虚假的产权证明作担保的；

（三）没有实际履行能力，以先履行小额合同或者部分履行合同的方法，诱骗对方当事人继续签订和履行合同的；

（四）收受对方当事人给付的货物、货款、预付款或者担保财产后逃匿的；

（五）以其他方法骗取对方当事人财物的。

第二百二十四条之一　组织、领导以推销商品、提供服务等经营活动为名，要求参加者以缴纳费用或者购买商品、服务等方式获得加入资格，并按照一定顺序组成层级，直接或者间接以发展人员的数量作为计酬或者返利依据，引诱、胁迫参加者继续发展他人参加，骗取财物，扰乱经济社会秩序的传销活动的，处五年以下有期徒刑或者拘役，并处罚金；情节严重的，处五年以上有期徒刑，并处罚金。

第二百二十五条　【非法经营罪】违反国家规定，有下列非法经营行为之一，扰乱市场秩序，情节严重的，处五年以下有期徒刑或者拘役，并处或者单处违法所得一倍以上五倍以下罚金；情节特别严重的，处五年以上有期徒刑，并处违法所得一倍以上五倍以下罚金或者没收财产：

（一）未经许可经营法律、行政法规规定的专营、专卖物品或者其他限制买卖的物品的；

（二）买卖进出口许可证、进出口原产地证明以及其他法律、行政法规规定的经营许可证或者批准文件的；

（三）未经国家有关主管部门批准非法经营证券、期货、保险业务的，或者非法从事资金支付结算业务的；

（四）其他严重扰乱市场秩序的非法经营行为。

第二百二十六条　【强迫交易罪】以暴力、威胁手段，实施下列行为之一，情节严重的，处三年以下有期徒刑或者拘役，并处或者单处罚金；情节特别严重的，处三年以上七年以下有期徒刑，并处罚金：

（一）强买强卖商品的；

（二）强迫他人提供或者接受服务的；

（三）强迫他人参与或者退出投标、拍卖的；

（四）强迫他人转让或者收购公司、企业的股份、债券或者其他资产的；

（五）强迫他人参与或者退出特定的经营活动的。

第二百二十七条　【伪造、倒卖伪造的有价票证罪；倒卖车票、船票罪】伪造或者倒卖伪造的车票、船票、邮票或者其他有价票证，数额较大的，处二年以下有期徒刑、拘役或者管制，并处或者单处票证价额一倍以上五倍以下罚金；数额巨大的，处二年以上七年以下有期徒刑，并处票证价额一倍以上五倍以下罚金。

倒卖车票、船票，情节严重的，处三年以下有期徒刑、拘役或者管制，并处或者单处票证价额一倍以上五倍以下罚金。

第二百二十八条　【非法转让、倒卖土地使用权罪】以牟利为目的，违反土地管理法规，非法转让、倒卖土地使用权，情节严重的，处三年以下有期徒刑或者拘役，并处或者单处非法转让、倒卖土地使用权价额百分之五以上百分之二十以下罚金；情节特别严重的，处三年以上七年以下有期徒刑，并处非法转让、倒卖土地使用权价额百分之五以上百分之二十以下罚金。

第二百二十九条　【提供虚假证明文件罪；出具证明文件重大失实罪】承担资产评估、验资、验证、会计、审计、法律服务等职责的中介组织的人员故意提供虚假证明文件，情节严重的，处五年以下有期徒刑或者拘役，并处罚金。

前款规定的人员，索取他人财物或者非法收受他人财物，犯前款罪的，处五年以上十年以下有期徒刑，并处罚金。

第一款规定的人员，严重不负责任，出具的证明文件有重大失实，造成严重后果的，处三年以下有期徒刑或者拘役，并处或者单处罚金。

第二百三十条　【逃避商检罪】违反进出口商品检验法的规定，逃避商品检验，将必须经商检机构检验的进口商品未报经检验而擅自销售、使用，或者将必须经商检机构检验的出口商品未报经检验合格而擅自出口，情节严重的，处三年以下有期徒刑或者拘役，并处或者单处罚金。

第二百三十一条　【单位犯扰乱市场秩序罪的处罚规定】单位犯本节第二百二十一条至第二百三十条规定之罪的，对单位判处罚金，并对其直接负责的主管人员和其他直接责任人员，依照本节各该条的规定处罚。

第四章　侵犯公民人身权利、民主权利罪

第二百三十二条　【故意杀人罪】故意杀人的，处死刑、无期徒刑或者十年以上有期徒刑；情节较轻的，处三年以上十年以下有期徒刑。

第二百三十三条　【过失致人死亡罪】过失致人死亡的，处三年以上七年以

下有期徒刑；情节较轻的，处三年以下有期徒刑。本法另有规定的，依照规定。

第二百三十四条 【故意伤害罪；组织出卖人体器官罪】故意伤害他人身体的，处三年以下有期徒刑、拘役或者管制。

犯前款罪，致人重伤的，处三年以上十年以下有期徒刑；致人死亡或者以特别残忍手段致人重伤造成严重残疾的，处十年以上有期徒刑、无期徒刑或者死刑。本法另有规定的，依照规定。

第二百三十四条之一 组织他人出卖人体器官的，处五年以下有期徒刑，并处罚金；情节严重的，处五年以上有期徒刑，并处罚金或者没收财产。

未经本人同意摘取其器官，或者摘取不满十八周岁的人的器官，或者强迫、欺骗他人捐献器官的，依照本法第二百三十四条、第二百三十二条的规定定罪处罚。

违背本人生前意愿摘取其尸体器官，或者本人生前未表示同意，违反国家规定，违背其近亲属意愿摘取其尸体器官的，依照本法第三百零二条的规定定罪处罚。

第二百三十五条 【过失致人重伤罪】过失伤害他人致人重伤的，处三年以下有期徒刑或者拘役。本法另有规定的，依照规定。

第二百三十六条 【强奸罪】以暴力、胁迫或者其他手段强奸妇女的，处三年以上十年以下有期徒刑。

奸淫不满十四周岁的幼女的，以强奸论，从重处罚。

强奸妇女、奸淫幼女，有下列情形之一的，处十年以上有期徒刑、无期徒刑或者死刑：

（一）强奸妇女、奸淫幼女情节恶劣的；

（二）强奸妇女、奸淫幼女多人的；

（三）在公共场所当众强奸妇女的；

（四）二人以上轮奸的；

（五）致使被害人重伤、死亡或者造成其他严重后果的。

第二百三十七条 【强制猥亵、侮辱罪、猥亵儿童罪】以暴力、胁迫或者其他方法强制猥亵他人或者侮辱妇女的，处五年以下有期徒刑或者拘役。

聚众或者在公共场所当众犯前款罪的，或者有其他恶劣情节的，处五年以上有期徒刑。

猥亵儿童的，依照前两款的规定从重处罚。

第二百三十八条 【非法拘禁罪】非法拘禁他人或者以其他方法非法剥夺他人人身自由的，处三年以下有期徒刑、拘役、管制或者剥夺政治权利。具有殴打、侮辱情节的，从重处罚。

犯前款罪，致人重伤的，处三年以上十年以下有期徒刑；致人死亡的，处十年以上有期徒刑。使用暴力致人伤残、死亡的，依照本法第二百三十四条、第二百三十二条的规定定罪处罚。

为索取债务非法扣押、拘禁他人的，依照前两款的规定处罚。

国家机关工作人员利用职权犯前三款罪的，依照前三款的规定从重处罚。

第二百三十九条 【绑架罪】以勒索财物为目的绑架他人的，或者绑架他人作为人质的，处十年以上有期徒刑或者无期徒刑，并处罚金或者没收财产；情节较轻的，处五年以上十年以下有期徒刑，并处罚金。

犯前款罪，杀害被绑架人的，或者故意伤害被绑架人，致人重伤、死亡的，处无期徒刑或者死刑，并处没收财产。

以勒索财物为目的偷盗婴幼儿的，依照前两款的规定处罚。

第二百四十条 【拐卖妇女、儿童罪】拐卖妇女、儿童的，处五年以上十年以下有期徒刑，并处罚金；有下列情形之一的，处十年以上有期徒刑或者无期徒刑，并处罚金或者没收财产；情节特别严重的，处死刑，并处没收财产：

（一）拐卖妇女、儿童集团的首要分子；

（二）拐卖妇女、儿童三人以上的；

（三）奸淫被拐卖的妇女的；

（四）诱骗、强迫被拐卖的妇女卖淫或者将被拐卖的妇女卖给他人迫使其卖淫的；

（五）以出卖为目的，使用暴力、胁迫或者麻醉方法绑架妇女、儿童的；

（六）以出卖为目的，偷盗婴幼儿的；

（七）造成被拐卖的妇女、儿童或者其亲属重伤、死亡或者其他严重后果的；

（八）将妇女、儿童卖往境外的。

拐卖妇女、儿童是指以出卖为目的，有拐骗、绑架、收买、贩卖、接送、中转妇女、儿童的行为之一的。

第二百四十一条 【收买被拐卖的妇女、儿童罪；强奸罪；非法拘禁罪；故意伤害罪；侮辱罪；拐卖妇女、儿童罪】收买被拐卖的妇女、儿童的，处三年以下有期徒刑、拘役或者管制。

收买被拐卖的妇女，强行与其发生性关系的，依照本法第二百三十六条的规定定罪处罚。

收买被拐卖的妇女、儿童，非法剥夺、限制其人身自由或者有伤害、侮辱等犯罪行为的，依照本法的有关规定定罪处罚。

收买被拐卖的妇女、儿童，并有第二款、第三款规定的犯罪行为的，依照数罪并罚的规定处罚。

收买被拐卖的妇女、儿童又出卖的，依照本法第二百四十条的规定定罪处罚。

收买被拐卖的妇女、儿童，对被买儿童没有虐待行为，不阻碍对其进行解救的，可以从轻处罚；按照被买妇女的意愿，不阻碍其返回原居住地的，可以从轻或者减轻处罚。

第二百四十二条　【妨害公务罪；聚众阻碍解救被收买的妇女、儿童罪】以暴力、威胁方法阻碍国家机关工作人员解救被收买的妇女、儿童的，依照本法第二百七十七条的规定定罪处罚。

聚众阻碍国家机关工作人员解救被收买的妇女、儿童的首要分子，处五年以下有期徒刑或者拘役；其他参与者使用暴力、威胁方法的，依照前款的规定处罚。

第二百四十三条　【诬告陷害罪】捏造事实诬告陷害他人，意图使他人受刑事追究，情节严重的，处三年以下有期徒刑、拘役或者管制；造成严重后果的，处三年以上十年以下有期徒刑。

国家机关工作人员犯前款罪的，从重处罚。

不是有意诬陷，而是错告，或者检举失实的，不适用前两款的规定。

第二百四十四条　【强迫劳动罪】以暴力、威胁或者限制人身自由的方法强迫他人劳动的，处三年以下有期徒刑或者拘役，并处罚金；情节严重的，处三年以上十年以下有期徒刑，并处罚金。

明知他人实施前款行为，为其招募、运送人员或者有其他协助强迫他人劳动行为的，依照前款的规定处罚。

单位犯前两款罪的，对单位判处罚金，并对其直接负责的主管人员和其他直接责任人员，依照第一款的规定处罚。

第二百四十四条之一　违反劳动管理法规，雇用未满十六周岁的未成年人从事超强度体力劳动的，或者从事高空、井下作业的，或者在爆炸性、易燃性、放射性、毒害性等危险环境下从事劳动，情节严重的，对直接责任人员，处三年以下有期徒刑或者拘役，并处罚金；情节特别严重的，处三年以上七年以下有期徒刑，并处罚金。

有前款行为，造成事故，又构成其他犯罪的，依照数罪并罚的规定处罚。

第二百四十五条　【非法搜查罪、非法侵入住宅罪】非法搜查他人身体、住宅，或者非法侵入他人住宅的，处三年以下有期徒刑或者拘役。

司法工作人员滥用职权，犯前款罪的，从重处罚。

第二百四十六条 【侮辱罪、诽谤罪】以暴力或者其他方法公然侮辱他人或者捏造事实诽谤他人，情节严重的，处三年以下有期徒刑、拘役、管制或者剥夺政治权利。

前款罪，告诉的才处理，但是严重危害社会秩序和国家利益的除外。

通过信息网络实施第一款规定的行为，被害人向人民法院告诉，但提供证据确有困难的，人民法院可以要求公安机关提供协助。

第二百四十七条 【刑讯逼供罪、暴力取证罪】司法工作人员对犯罪嫌疑人、被告人实行刑讯逼供或者使用暴力逼取证人证言的，处三年以下有期徒刑或者拘役。致人伤残、死亡的，依照本法第二百三十四条、第二百三十二条的规定定罪从重处罚。

第二百四十八条 【虐待被监管人罪】监狱、拘留所、看守所等监管机构的监管人员对被监管人进行殴打或者体罚虐待，情节严重的，处三年以下有期徒刑或者拘役；情节特别严重的，处三年以上十年以下有期徒刑。致人伤残、死亡的，依照本法第二百三十四条、第二百三十二条的规定定罪从重处罚。

监管人员指使被监管人殴打或者体罚虐待其他被监管人的，依照前款的规定处罚。

第二百四十九条 【煽动民族仇恨、民族歧视罪】煽动民族仇恨、民族歧视，情节严重的，处三年以下有期徒刑、拘役、管制或者剥夺政治权利；情节特别严重的，处三年以上十年以下有期徒刑。

第二百五十条 【出版歧视、侮辱少数民族作品罪】在出版物中刊载歧视、侮辱少数民族的内容，情节恶劣，造成严重后果的，对直接责任人员，处三年以下有期徒刑、拘役或者管制。

第二百五十一条 【非法剥夺公民宗教信仰自由罪、侵犯少数民族风俗习惯罪】国家机关工作人员非法剥夺公民的宗教信仰自由和侵犯少数民族风俗习惯，情节严重的，处二年以下有期徒刑或者拘役。

第二百五十二条 【侵犯通信自由罪】隐匿、毁弃或者非法开拆他人信件，侵犯公民通信自由权利，情节严重的，处一年以下有期徒刑或者拘役。

第二百五十三条 【私自开拆、隐匿、毁弃邮件、电报罪；盗窃罪】邮政工作人员私自开拆或者隐匿、毁弃邮件、电报的，处二年以下有期徒刑或者拘役。

犯前款罪而窃取财物的，依照本法第二百六十四条的规定定罪从重处罚。

第二百五十三条之一 【侵犯公民个人信息罪】违反国家有关规定，向他人出售或者提供公民个人信息，情节严重的，处三年以下有期徒刑或者拘役，并处或者单处罚金；情节特别严重的，处三年以上七年以下有期徒刑，并处罚金。

违反国家有关规定，将在履行职责或者提供服务过程中获得的公民个人信息，出售或者提供给他人的，依照前款的规定从重处罚。

窃取或者以其他方法非法获取公民个人信息的，依照第一款的规定处罚。

单位犯前三款罪的，对单位判处罚金，并对其直接负责的主管人员和其他直接责任人员，依照各该款的规定处罚。

第二百五十四条　【报复陷害罪】国家机关工作人员滥用职权、假公济私，对控告人、申诉人、批评人、举报人实行报复陷害的，处二年以下有期徒刑或者拘役；情节严重的，处二年以上七年以下有期徒刑。

第二百五十五条　【打击报复会计、统计人员罪】公司、企业、事业单位、机关、团体的领导人，对依法履行职责、抵制违反会计法、统计法行为的会计、统计人员实行打击报复，情节恶劣的，处三年以下有期徒刑或者拘役。

第二百五十六条　【破坏选举罪】在选举各级人民代表大会代表和国家机关领导人员时，以暴力、威胁、欺骗、贿赂、伪造选举文件、虚报选举票数等手段破坏选举或者妨害选民和代表自由行使选举权和被选举权，情节严重的，处三年以下有期徒刑、拘役或者剥夺政治权利。

第二百五十七条　【暴力干涉婚姻自由罪】以暴力干涉他人婚姻自由的，处二年以下有期徒刑或者拘役。

犯前款罪，致使被害人死亡的，处二年以上七年以下有期徒刑。

第一款罪，告诉的才处理。

第二百五十八条　【重婚罪】有配偶而重婚的，或者明知他人有配偶而与之结婚的，处二年以下有期徒刑或者拘役。

第二百五十九条　【破坏军婚罪；强奸罪】明知是现役军人的配偶而与之同居或者结婚的，处三年以下有期徒刑或者拘役。

利用职权、从属关系，以胁迫手段奸淫现役军人的妻子的，依照本法第二百三十六条的规定定罪处罚。

第二百六十条　【虐待罪】虐待家庭成员，情节恶劣的，处二年以下有期徒刑、拘役或者管制。

犯前款罪，致使被害人重伤、死亡的，处二年以上七年以下有期徒刑。

第一款罪，告诉的才处理，但被害人没有能力告诉，或者因受到强制、威吓无法告诉的除外。

第二百六十条之一　【虐待被监护、看护人罪】对未成年人、老年人、患病的人、残疾人等负有监护、看护职责的人虐待被监护、看护的人，情节恶劣的，处三年以下有期徒刑或者拘役。

单位犯前款罪的，对单位判处罚金，并对其直接负责的主管人员和其他直接责任人员，依照前款的规定处罚。

有第一款行为，同时构成其他犯罪的，依照处罚较重的规定定罪处罚。

第二百六十一条　【遗弃罪】对于年老、年幼、患病或者其他没有独立生活能力的人，负有扶养义务而拒绝扶养，情节恶劣的，处五年以下有期徒刑、拘役或者管制。

第二百六十二条　【拐骗儿童罪；组织残疾人、儿童乞讨罪；组织未成年人进行违反治安管理活动罪】拐骗不满十四周岁的未成年人，脱离家庭或者监护人的，处五年以下有期徒刑或者拘役。

第二百六十二条之一　以暴力、胁迫手段组织残疾人或者不满十四周岁的未成年人乞讨的，处三年以下有期徒刑或者拘役，并处罚金；情节严重的，处三年以上七年以下有期徒刑，并处罚金。

第二百六十二条之二　组织未成年人进行盗窃、诈骗、抢夺、敲诈勒索等违反治安管理活动的，处三年以下有期徒刑或者拘役，并处罚金；情节严重的，处三年以上七年以下有期徒刑，并处罚金。

第五章　侵犯财产罪

第二百六十三条　【抢劫罪】以暴力、胁迫或者其他方法抢劫公私财物的，处三年以上十年以下有期徒刑，并处罚金；有下列情形之一的，处十年以上有期徒刑、无期徒刑或者死刑，并处罚金或者没收财产：

（一）入户抢劫的；
（二）在公共交通工具上抢劫的；
（三）抢劫银行或者其他金融机构的；
（四）多次抢劫或者抢劫数额巨大的；
（五）抢劫致人重伤、死亡的；
（六）冒充军警人员抢劫的；
（七）持枪抢劫的；
（八）抢劫军用物资或者抢险、救灾、救济物资的。

第二百六十四条　【盗窃罪】盗窃公私财物，数额较大的，或者多次盗窃、入户盗窃、携带凶器盗窃、扒窃的，处三年以下有期徒刑、拘役或者管制，并处或者单处罚金；数额巨大或者有其他严重情节的，处三年以上十年以下有期徒刑，并处罚金；数额特别巨大或者有其他特别严重情节的，处十年以上有期徒刑或者无期徒刑，并处罚金或者没收财产。

第二百六十五条　【盗窃罪】以牟利为目的，盗接他人通信线路、复制他人电信码号或者明知是盗接、复制的电信设备、设施而使用的，依照本法第二百六十四条的规定定罪处罚。

第二百六十六条　【诈骗罪】诈骗公私财物，数额较大的，处三年以下有期徒刑、拘役或者管制，并处或者单处罚金；数额巨大或者有其他严重情节的，处三年以上十年以下有期徒刑，并处罚金；数额特别巨大或者有其他特别严重情节的，处十年以上有期徒刑或者无期徒刑，并处罚金或者没收财产。本法另有规定的，依照规定。

第二百六十七条　【抢夺罪；抢劫罪】抢夺公私财物，数额较大的，或者多次抢夺的，处三年以下有期徒刑、拘役或者管制，并处或者单处罚金；数额巨大或者有其他严重情节的，处三年以上十年以下有期徒刑，并处罚金；数额特别巨大或者有其他特别严重情节的，处十年以上有期徒刑或者无期徒刑，并处罚金或者没收财产。

携带凶器抢夺的，依照本法第二百六十三条的规定定罪处罚。

第二百六十八条　【聚众哄抢罪】聚众哄抢公私财物，数额较大或者有其他严重情节的，对首要分子和积极参加的，处三年以下有期徒刑、拘役或者管制，并处罚金；数额巨大或者有其他特别严重情节的，处三年以上十年以下有期徒刑，并处罚金。

第二百六十九条　【抢劫罪】犯盗窃、诈骗、抢夺罪，为窝藏赃物、抗拒抓捕或者毁灭罪证而当场使用暴力或者以暴力相威胁的，依照本法第二百六十三条的规定定罪处罚。

第二百七十条　【侵占罪】将代为保管的他人财物非法占为己有，数额较大，拒不退还的，处二年以下有期徒刑、拘役或者罚金；数额巨大或者有其他严重情节的，处二年以上五年以下有期徒刑，并处罚金。

将他人的遗忘物或者埋藏物非法占为己有，数额较大，拒不交出的，依照前款的规定处罚。

本条罪，告诉的才处理。

第二百七十一条　【职务侵占罪；贪污罪】公司、企业或者其他单位的人员，利用职务上的便利，将本单位财物非法占为己有，数额较大的，处五年以下有期徒刑或者拘役；数额巨大的，处五年以上有期徒刑，可以并处没收财产。

国有公司、企业或者其他国有单位中从事公务的人员和国有公司、企业或者其他国有单位委派到非国有公司、企业以及其他单位从事公务的人员有前款行为的，依照本法第三百八十二条、第三百八十三条的规定定罪处罚。

第二百七十二条 【挪用资金罪；挪用公款罪】公司、企业或者其他单位的工作人员，利用职务上的便利，挪用本单位资金归个人使用或者借贷给他人，数额较大、超过三个月未还的，或者虽未超过三个月，但数额较大、进行营利活动的，或者进行非法活动的，处三年以下有期徒刑或者拘役；挪用本单位资金数额巨大的，或者数额较大不退还的，处三年以上十年以下有期徒刑。

国有公司、企业或者其他国有单位中从事公务的人员和国有公司、企业或者其他国有单位委派到非国有公司、企业以及其他单位从事公务的人员有前款行为的，依照本法第三百八十四条的规定定罪处罚。

第二百七十三条 【挪用特定款物罪】挪用用于救灾、抢险、防汛、优抚、扶贫、移民、救济款物，情节严重，致使国家和人民群众利益遭受重大损害的，对直接责任人员，处三年以下有期徒刑或者拘役；情节特别严重的，处三年以上七年以下有期徒刑。

第二百七十四条 【敲诈勒索罪】敲诈勒索公私财物，数额较大或者多次敲诈勒索的，处三年以下有期徒刑、拘役或者管制，并处或者单处罚金；数额巨大或者有其他严重情节的，处三年以上十年以下有期徒刑，并处罚金；数额特别巨大或者有其他特别严重情节的，处十年以上有期徒刑，并处罚金。

第二百七十五条 【故意毁坏财物罪】故意毁坏公私财物，数额较大或者有其他严重情节的，处三年以下有期徒刑、拘役或者罚金；数额巨大或者有其他特别严重情节的，处三年以上七年以下有期徒刑。

第二百七十六条 【破坏生产经营罪；拒不支付劳动报酬罪】由于泄愤报复或者其他个人目的，毁坏机器设备、残害耕畜或者以其他方法破坏生产经营的，处三年以下有期徒刑、拘役或者管制；情节严重的，处三年以上七年以下有期徒刑。

第二百七十六条之一 以转移财产、逃匿等方法逃避支付劳动者的劳动报酬或者有能力支付而不支付劳动者的劳动报酬，数额较大，经政府有关部门责令支付仍不支付的，处三年以下有期徒刑或者拘役，并处或者单处罚金；造成严重后果的，处三年以上七年以下有期徒刑，并处罚金。

单位犯前款罪的，对单位判处罚金，并对其直接负责的主管人员和其他直接责任人员，依照前款的规定处罚。

有前两款行为，尚未造成严重后果，在提起公诉前支付劳动者的劳动报酬，并依法承担相应赔偿责任的，可以减轻或者免除处罚。

第六章　妨害社会管理秩序罪

第一节　扰乱公共秩序罪

第二百七十七条　【妨害公务罪】以暴力、威胁方法阻碍国家机关工作人员依法执行职务的，处三年以下有期徒刑、拘役、管制或者罚金。

以暴力、威胁方法阻碍全国人民代表大会和地方各级人民代表大会代表依法执行代表职务的，依照前款的规定处罚。

在自然灾害和突发事件中，以暴力、威胁方法阻碍红十字会工作人员依法履行职责的，依照第一款的规定处罚。

故意阻碍国家安全机关、公安机关依法执行国家安全工作任务，未使用暴力、威胁方法，造成严重后果的，依照第一款的规定处罚。

暴力袭击正在依法执行职务的人民警察的，依照第一款的规定从重处罚。

第二百七十八条　【煽动暴力抗拒法律实施罪】煽动群众暴力抗拒国家法律、行政法规实施的，处三年以下有期徒刑、拘役、管制或者剥夺政治权利；造成严重后果的，处三年以上七年以下有期徒刑。

第二百七十九条　【招摇撞骗罪】冒充国家机关工作人员招摇撞骗的，处三年以下有期徒刑、拘役、管制或者剥夺政治权利；情节严重的，处三年以上十年以下有期徒刑。

冒充人民警察招摇撞骗的，依照前款的规定从重处罚。

第二百八十条　【伪造、变造、买卖国家机关公文、证件、印章罪；盗窃、抢夺、毁灭国家机关公文、证件、印章罪；伪造公司、企业、事业单位、人民团体印章罪；伪造、变造、买卖身份证件罪】伪造、变造、买卖或者盗窃、抢夺、毁灭国家机关的公文、证件、印章的，处三年以下有期徒刑、拘役、管制或者剥夺政治权利，并处罚金；情节严重的，处三年以上十年以下有期徒刑，并处罚金。

伪造公司、企业、事业单位、人民团体的印章的，处三年以下有期徒刑、拘役、管制或者剥夺政治权利，并处罚金。

伪造、变造、买卖居民身份证、护照、社会保障卡、驾驶证等依法可以用于证明身份的证件的，处三年以下有期徒刑、拘役、管制或者剥夺政治权利，并处罚金；情节严重的，处三年以上七年以下有期徒刑，并处罚金。

第二百八十条之一　【使用虚假身份证件、盗用身份证件罪】在依照国家规定应当提供身份证明的活动中，使用伪造、变造的或者盗用他人的居民身份证、护照、社会保障卡、驾驶证等依法可以用于证明身份的证件,情节严重的,处拘役或者管制,并处或者单处罚金。

有前款行为,同时构成其他犯罪的,依照处罚较重的规定定罪处罚。

第二百八十一条 【非法生产、买卖警用装备罪】非法生产、买卖人民警察制式服装、车辆号牌等专用标志、警械,情节严重的,处三年以下有期徒刑、拘役或者管制,并处或者单处罚金。

单位犯前款罪的,对单位判处罚金,并对其直接负责的主管人员和其他直接责任人员,依照前款的规定处罚。

第二百八十二条 【非法获取国家秘密罪;非法持有国家绝密、机密文件、资料、物品罪】以窃取、刺探、收买方法,非法获取国家秘密的,处三年以下有期徒刑、拘役、管制或者剥夺政治权利;情节严重的,处三年以上七年以下有期徒刑。

非法持有属于国家绝密、机密的文件、资料或者其他物品,拒不说明来源与用途的,处三年以下有期徒刑、拘役或者管制。

第二百八十三条 【非法生产、销售专用间谍器材、窃听、窃照专用器材罪】非法生产、销售专用间谍器材或者窃听、窃照专用器材的,处三年以下有期徒刑、拘役或者管制,并处或者单处罚金;情节严重的,处三年以上七年以下有期徒刑,并处罚金。

单位犯前款罪的,对单位判处罚金,并对其直接负责的主管人员和其他直接责任人员,依照前款的规定处罚。

第二百八十四条 【非法使用窃听、窃照专用器材罪;考试作弊罪】非法使用窃听、窃照专用器材,造成严重后果的,处二年以下有期徒刑、拘役或者管制。

第二百八十四条之一 【组织考试作弊罪;非法出售、提供试题答案罪;代替考试罪】在法律规定的国家考试中,组织作弊的,处三年以下有期徒刑或者拘役,并处或者单处罚金;情节严重的,处三年以上七年以下有期徒刑,并处罚金。

为他人实施前款犯罪提供作弊器材或者其他帮助的,依照前款的规定处罚。

为实施考试作弊行为,向他人非法出售或者提供第一款规定的考试的试题、答案的,依照第一款的规定处罚。

代替他人或者让他人代替自己参加第一款规定的考试的,处拘役或者管制,并处或者单处罚金。

第二百八十五条 【非法侵入计算机信息系统罪;非法获取计算机信息系统

数据、非法控制计算机信息系统罪；提供侵入、非法控制计算机信息系统程序、工具罪】违反国家规定，侵入国家事务、国防建设、尖端科学技术领域的计算机信息系统的，处三年以下有期徒刑或者拘役。

违反国家规定，侵入前款规定以外的计算机信息系统或者采用其他技术手段，获取该计算机信息系统中存储、处理或者传输的数据，或者对该计算机信息系统实施非法控制，情节严重的，处三年以下有期徒刑或者拘役，并处或者单处罚金；情节特别严重的，处三年以上七年以下有期徒刑，并处罚金。

提供专门用于侵入、非法控制计算机信息系统的程序、工具，或者明知他人实施侵入、非法控制计算机信息系统的违法犯罪行为而为其提供程序、工具，情节严重的，依照前款的规定处罚。

单位犯前三款罪的，对单位判处罚金，并对其直接负责的主管人员和其他直接责任人员，依照各该款的规定处罚。

第二百八十六条　【破坏计算机信息系统罪；网络服务渎职罪】违反国家规定，对计算机信息系统功能进行删除、修改、增加、干扰，造成计算机信息系统不能正常运行，后果严重的，处五年以下有期徒刑或者拘役；后果特别严重的，处五年以上有期徒刑。

违反国家规定，对计算机信息系统中存储、处理或者传输的数据和应用程序进行删除、修改、增加的操作，后果严重的，依照前款的规定处罚。

故意制作、传播计算机病毒等破坏性程序，影响计算机系统正常运行，后果严重的，依照第一款的规定处罚。

单位犯前三款罪的，对单位判处罚金，并对其直接负责的主管人员和其他直接责任人员，依照第一款的规定处罚。

第二百八十六条之一　【拒不履行信息网络安全管理义务罪】网络服务提供者不履行法律、行政法规规定的信息网络安全管理义务，经监管部门责令采取改正措施而拒不改正，有下列情形之一的，处三年以下有期徒刑、拘役或者管制，并处或者单处罚金：

（一）致使违法信息大量传播的；
（二）致使用户信息泄露，造成严重后果的；
（三）致使刑事案件证据灭失，情节严重的；
（四）有其他严重情节的。

单位犯前款罪的，对单位判处罚金，并对其直接负责的主管人员和其他直接责任人员，依照前款的规定处罚。

有前两款行为，同时构成其他犯罪的，依照处罚较重的规定定罪处罚。

第二百八十七条　【利用计算机实施犯罪的提示性规定】利用计算机实施金融诈骗、盗窃、贪污、挪用公款、窃取国家秘密或者其他犯罪的，依照本法有关规定定罪处罚。

第二百八十七条之一　【非法利用信息网络罪】利用信息网络实施下列行为之一，情节严重的，处三年以下有期徒刑或者拘役，并处或者单处罚金：

（一）设立用于实施诈骗、传授犯罪方法、制作或者销售违禁物品、管制物品等违法犯罪活动的网站、通信群组的；

（二）发布有关制作或者销售毒品、枪支、淫秽物品等违禁物品、管制物品或者其他违法犯罪信息的；

（三）为实施诈骗等违法犯罪活动发布信息的。

单位犯前款罪的，对单位判处罚金，并对其直接负责的主管人员和其他直接责任人员，依照第一款的规定处罚。

有前两款行为，同时构成其他犯罪的，依照处罚较重的规定定罪处罚。

第二百八十七条之二　【帮助信息网络犯罪活动罪】明知他人利用信息网络实施犯罪，为其犯罪提供互联网接入、服务器托管、网络存储、通信传输等技术支持，或者提供广告推广、支付结算等帮助，情节严重的，处三年以下有期徒刑或者拘役，并处或者单处罚金。

单位犯前款罪的，对单位判处罚金，并对其直接负责的主管人员和其他直接责任人员，依照第一款的规定处罚。

有前两款行为，同时构成其他犯罪的，依照处罚较重的规定定罪处罚。

第二百八十八条　【扰乱无线电管理秩序罪】违反国家规定，擅自设置、使用无线电台（站），或者擅自使用无线电频率，干扰无线电通信秩序，情节严重的，处三年以下有期徒刑、拘役或者管制，并处或者单处罚金；情节特别严重的，处三年以上七年以下有期徒刑，并处罚金。

单位犯前款罪的，对单位判处罚金，并对其直接负责的主管人员和其他直接责任人员，依照前款的规定处罚。

第二百八十九条　【对聚众"打砸抢"行为的处理规定】聚众"打砸抢"，致人伤残、死亡的，依照本法第二百三十四条、第二百三十二条的规定定罪处罚。毁坏或者抢走公私财物的，除判令退赔外，对首要分子，依照本法第二百六十三条的规定定罪处罚。

第二百九十条　【聚众扰乱社会秩序罪；聚众冲击国家机关罪、扰乱国家机关工作秩序罪；组织、资助非法聚集罪】聚众扰乱社会秩序，情节严重，致使工作、生产、营业和教学、科研、医疗无法进行，造成严重损失的，对首要分子，处三年以上七年以下有期徒刑；对其他积极参加的，处三年以下有期徒刑、拘役、管制或者剥夺政治权利。

聚众冲击国家机关，致使国家机关工作无法进行，造成严重损失的，对首要分子，处五年以上十年以下有期徒刑；对其他积极参加的，处五年以下有期徒刑、拘役、管制或者剥夺政治权利。

多次扰乱国家机关工作秩序，经行政处罚后仍不改正，造成严重后果的，处三年以下有期徒刑、拘役或者管制。

多次组织、资助他人非法聚集，扰乱社会秩序，情节严重的，依照前款的规定处罚。

第二百九十一条 【聚众扰乱公共场所秩序、交通秩序罪；投放虚假危险物质罪；编造、故意传播虚假恐怖信息罪】聚众扰乱车站、码头、民用航空站、商场、公园、影剧院、展览会、运动场或者其他公共场所秩序，聚众堵塞交通或者破坏交通秩序，抗拒、阻碍国家治安管理工作人员依法执行职务，情节严重的，对首要分子，处五年以下有期徒刑、拘役或者管制。

第二百九十一条之一 【第一款罪名：编造、故意传播虚假信息罪】投放虚假的爆炸性、毒害性、放射性、传染病病原体等物质，或者编造爆炸威胁、生化威胁、放射威胁等恐怖信息，或者明知是编造的恐怖信息而故意传播，严重扰乱社会秩序的，处五年以下有期徒刑、拘役或者管制；造成严重后果的，处五年以上有期徒刑。

编造虚假的险情、疫情、灾情、警情，在信息网络或者其他媒体上传播，或者明知是上述虚假信息，故意在信息网络或者其他媒体上传播，严重扰乱社会秩序的，处三年以下有期徒刑、拘役或者管制；造成严重后果的，处三年以上七年以下有期徒刑。

第二百九十二条 【聚众斗殴罪；故意伤害罪；故意杀人罪】聚众斗殴的，对首要分子和其他积极参加的，处三年以下有期徒刑、拘役或者管制；有下列情形之一的，对首要分子和其他积极参加的，处三年以上十年以下有期徒刑：

（一）多次聚众斗殴的；
（二）聚众斗殴人数多，规模大，社会影响恶劣的；
（三）在公共场所或者交通要道聚众斗殴，造成社会秩序严重混乱的；
（四）持械聚众斗殴的。

聚众斗殴，致人重伤、死亡的，依照本法第二百三十四条、第二百三十二条的规定定罪处罚。

第二百九十三条 【寻衅滋事罪】有下列寻衅滋事行为之一，破坏社会秩序的，处五年以下有期徒刑、拘役或者管制：

（一）随意殴打他人，情节恶劣的；

（二）追逐、拦截、辱骂、恐吓他人，情节恶劣的；

（三）强拿硬要或者任意损毁、占用公私财物，情节严重的；

（四）在公共场所起哄闹事，造成公共场所秩序严重混乱的。

纠集他人多次实施前款行为，严重破坏社会秩序的，处五年以上十年以下有期徒刑，可以并处罚金。

第二百九十四条　【组织、领导、参加黑社会性质组织罪；入境发展黑社会组织罪；包庇、纵容黑社会性质组织罪】组织、领导黑社会性质的组织的，处七年以上有期徒刑，并处没收财产；积极参加的，处三年以上七年以下有期徒刑，可以并处罚金或者没收财产；其他参加的，处三年以下有期徒刑、拘役、管制或者剥夺政治权利，可以并处罚金。

境外的黑社会组织的人员到中华人民共和国境内发展组织成员的，处三年以上十年以下有期徒刑。

国家机关工作人员包庇黑社会性质的组织，或者纵容黑社会性质的组织进行违法犯罪活动的，处五年以下有期徒刑；情节严重的，处五年以上有期徒刑。

犯前三款罪又有其他犯罪行为的，依照数罪并罚的规定处罚。

黑社会性质的组织应当同时具备以下特征：

（一）形成较稳定的犯罪组织，人数较多，有明确的组织者、领导者，骨干成员基本固定；

（二）有组织地通过违法犯罪活动或者其他手段获取经济利益，具有一定的经济实力，以支持该组织的活动；

（三）以暴力、威胁或者其他手段，有组织地多次进行违法犯罪活动，为非作恶，欺压、残害群众；

（四）通过实施违法犯罪活动，或者利用国家工作人员的包庇或者纵容，称霸一方，在一定区域或者行业内，形成非法控制或者重大影响，严重破坏经济、社会生活秩序。

第二百九十五条　【传授犯罪方法罪】传授犯罪方法的，处五年以下有期徒刑、拘役或者管制；情节严重的，处五年以上十年以下有期徒刑；情节特别严重的，处十年以上有期徒刑或者无期徒刑。

第二百九十六条　【非法集会、游行示威罪】举行集会、游行、示威，未依照法律规定申请或者申请未获许可，或者未按照主管机关许可的起止时间、地点、路线进行，又拒不服从解散命令，严重破坏社会秩序的，对集会、游行、示威的负责人和直接责任人员，处五年以下有期徒刑、拘役、管制或者剥夺政治权利。

第二百九十七条　【非法携带武器、管制刀具、爆炸物参加集会、游行、示威罪】违反法律规定，携带武器、管制刀具或者爆炸物参加集会、游行、示威的，处三年以下有期徒刑、拘役、管制或者剥夺政治权利。

第二百九十八条　【破坏集会、游行、示威罪】扰乱、冲击或者以其他方法破坏依法举行的集会、游行、示威，造成公共秩序混乱的，处五年以下有期徒刑、拘役、管制或者剥夺政治权利。

第二百九十九条　【侮辱国旗、国徽罪】在公众场合故意以焚烧、毁损、涂划、玷污、践踏等方式侮辱中华人民共和国国旗、国徽的，处三年以下有期徒刑、拘役、管制或者剥夺政治权利。

在公共场合，故意篡改中华人民共和国国歌歌词、曲谱，以歪曲、贬损方式奏唱国歌，或者以其他方式侮辱国歌，情节严重的，依照前款的规定处罚。

第三百条　【组织、利用会道门、邪教组织，利用迷信破坏法律实施罪；组织、利用会道门、邪教组织，利用迷信致人重伤、死亡罪；强奸罪；诈骗罪】组织、利用会道门、邪教组织或者利用迷信破坏国家法律、行政法规实施的，处三年以上七年以下有期徒刑，并处罚金；情节特别严重的，处七年以上有期徒刑或者无期徒刑，并处罚金或者没收财产；情节较轻的，处三年以下有期徒刑、拘役、管制或者剥夺政治权利，并处或者单处罚金。

组织、利用会道门、邪教组织或者利用迷信蒙骗他人，致人重伤、死亡的，依照前款的规定处罚。

犯第一款罪又有奸淫妇女、诈骗财物等犯罪行为的，依照数罪并罚的规定处罚。

第三百零一条　【聚众淫乱罪；引诱未成年人聚众淫乱罪】聚众进行淫乱活动的，对首要分子或者多次参加的，处五年以下有期徒刑、拘役或者管制。

引诱未成年人参加聚众淫乱活动的，依照前款的规定从重处罚。

第三百零二条　【盗窃、侮辱、故意毁坏尸体、尸骨、骨灰罪】盗窃、侮辱、故意毁坏尸体、尸骨、骨灰的，处三年以下有期徒刑、拘役或者管制。

第三百零三条　【赌博罪；开设赌场罪】以营利为目的，聚众赌博或者以赌博为业的，处三年以下有期徒刑、拘役或者管制，并处罚金。

开设赌场的，处三年以下有期徒刑、拘役或者管制，并处罚金；情节严重的，处三年以上十年以下有期徒刑，并处罚金。

第三百零四条　【故意延误投递邮件罪】邮政工作人员严重不负责任，故意延误投递邮件,致使公共财产、国家和人民利益遭受重大损失的,处二年以下有期徒刑或者拘役。

第二节 妨害司法罪

第三百零五条 【伪证罪】在刑事诉讼中,证人、鉴定人、记录人、翻译人对与案件有重要关系的情节,故意作虚假证明、鉴定、记录、翻译,意图陷害他人或者隐匿罪证的,处三年以下有期徒刑或者拘役;情节严重的,处三年以上七年以下有期徒刑。

第三百零六条 【辩护人、诉讼代理人毁灭证据、伪造证据、妨害作证罪】在刑事诉讼中,辩护人、诉讼代理人毁灭、伪造证据,帮助当事人毁灭、伪造证据,威胁、引诱证人违背事实改变证言或者作伪证的,处三年以下有期徒刑或者拘役;情节严重的,处三年以上七年以下有期徒刑。

辩护人、诉讼代理人提供、出示、引用的证人证言或者其他证据失实,不是有意伪造的,不属于伪造证据。

第三百零七条 【妨害作证罪;帮助毁灭、伪造证据罪】以暴力、威胁、贿买等方法阻止证人作证或者指使他人作伪证的,处三年以下有期徒刑或者拘役;情节严重的,处三年以上七年以下有期徒刑。

帮助当事人毁灭、伪造证据,情节严重的,处三年以下有期徒刑或者拘役。

司法工作人员犯前两款罪的,从重处罚。

第三百零七条之一 【虚假诉讼罪】以捏造的事实提起民事诉讼,妨害司法秩序或者严重侵害他人合法权益的,处三年以下有期徒刑、拘役或者管制,并处或者单处罚金;情节严重的,处三年以上七年以下有期徒刑,并处罚金。

单位犯前款罪的,对单位判处罚金,并对其直接负责的主管人员和其他直接责任人员,依照前款的规定处罚。

有第一款行为,非法占有他人财产或者逃避合法债务,又构成其他犯罪的,依照处罚较重的规定定罪从重处罚。

司法工作人员利用职权,与他人共同实施前三款行为的,从重处罚;同时构成其他犯罪的,依照处罚较重的规定定罪从重处罚。

第三百零八条 【打击报复证人罪;泄密罪】对证人进行打击报复的,处三年以下有期徒刑或者拘役;情节严重的,处三年以上七年以下有期徒刑。

第三百零八条之一 【泄露不应公开的案件信息罪;故意泄露国家秘密罪;披露、报道不应公开的案件信息罪】司法工作人员、辩护人、诉讼代理人或者其他诉讼参与人,泄露依法不公开审理的案件中不应当公开的信息,造成信息公开传播或者其他严重后果的,处三年以下有期徒刑、拘役或者管制,并处或者单处罚金。

有前款行为,泄露国家秘密的,依照本法第三百九十八条的规定定罪处罚。

公开披露、报道第一款规定的案件信息,情节严重的,依照第一款的规定处罚。

单位犯前款罪的,对单位判处罚金,并对其直接负责的主管人员和其他直接责任人员,依照第一款的规定处罚。

第三百零九条 【扰乱法庭秩序罪】有下列扰乱法庭秩序情形之一的,处三年以下有期徒刑、拘役、管制或者罚金:

(一) 聚众哄闹、冲击法庭的;

(二) 殴打司法工作人员或者诉讼参与人的;

(三) 侮辱、诽谤、威胁司法工作人员或者诉讼参与人,不听法庭制止,严重扰乱法庭秩序的;

(四) 有毁坏法庭设施,抢夺、损毁诉讼文书、证据等扰乱法庭秩序行为,情节严重的。

第三百一十条 【窝藏、包庇罪】明知是犯罪的人而为其提供隐藏处所、财物,帮助其逃匿或者作假证明包庇的,处三年以下有期徒刑、拘役或者管制;情节严重的,处三年以上十年以下有期徒刑。

犯前款罪,事前通谋的,以共同犯罪论处。

第三百一十一条 【拒绝提供间谍犯罪、恐怖主义犯罪、极端主义犯罪证据罪】明知他人有间谍犯罪或者恐怖主义、极端主义犯罪行为,在司法机关向其调查有关情况、收集有关证据时,拒绝提供,情节严重的,处三年以下有期徒刑、拘役或者管制。

第三百一十二条 【掩饰、隐瞒犯罪所得、犯罪所得收益罪】明知是犯罪所得及其产生的收益而予以窝藏、转移、收购、代为销售或者以其他方法掩饰、隐瞒的,处三年以下有期徒刑、拘役或者管制,并处或者单处罚金;情节严重的,处三年以上七年以下有期徒刑,并处罚金。

单位犯前款罪的,对单位判处罚金,并对其直接负责的主管人员和其他直接责任人员,依照前款的规定处罚。

第三百一十三条 【拒不执行判决、裁定罪】对人民法院的判决、裁定有能力执行而拒不执行,情节严重的,处三年以下有期徒刑、拘役或者罚金;情节特别严重的,处三年以上七年以下有期徒刑,并处罚金。

单位犯前款罪的,对单位判处罚金,并对其直接负责的主管人员和其他直接责任人员，依照前款的规定处罚。

第三百一十四条 【非法处置查封、扣押、冻结的财产罪】隐藏、转移、变卖、故意毁损已被司法机关查封、扣押、冻结的财产，情节严重的，处三年以下有期徒刑、拘役或者罚金。

第三百一十五条 【破坏监管秩序罪】依法被关押的罪犯，有下列破坏监管秩序行为之一，情节严重的，处三年以下有期徒刑：

（一）殴打监管人员的；
（二）组织其他被监管人破坏监管秩序的；
（三）聚众闹事，扰乱正常监管秩序的；
（四）殴打、体罚或者指使他人殴打、体罚其他被监管人的。

第三百一十六条 【脱逃罪；劫夺被押解人员罪】依法被关押的罪犯、被告人、犯罪嫌疑人脱逃的，处五年以下有期徒刑或者拘役。

劫夺押解途中的罪犯、被告人、犯罪嫌疑人的，处三年以上七年以下有期徒刑；情节严重的，处七年以上有期徒刑。

第三百一十七条 【组织越狱罪；暴动越狱罪；聚众持械劫狱罪】组织越狱的首要分子和积极参加的，处五年以上有期徒刑；其他参加的，处五年以下有期徒刑或者拘役。

暴动越狱或者聚众持械劫狱的首要分子和积极参加的，处十年以上有期徒刑或者无期徒刑；情节特别严重的，处死刑；其他参加的，处三年以上十年以下有期徒刑。

第三节 妨害国（边）境管理罪

第三百一十八条 【组织他人偷越国（边）境罪】组织他人偷越国（边）境的，处二年以上七年以下有期徒刑，并处罚金；有下列情形之一的，处七年以上有期徒刑或者无期徒刑，并处罚金或者没收财产：

（一）组织他人偷越国（边）境集团的首要分子；
（二）多次组织他人偷越国（边）境或者组织他人偷越国（边）境人数众多的；
（三）造成被组织人重伤、死亡的；
（四）剥夺或者限制被组织人人身自由的；
（五）以暴力、威胁方法抗拒检查的；
（六）违法所得数额巨大的；
（七）有其他特别严重情节的。

犯前款罪，对被组织人有杀害、伤害、强奸、拐卖等犯罪行为，或者对检查人员有杀害、伤害等犯罪行为的，依照数罪并罚的规定处罚。

第三百一十九条 【骗取出境证件罪】以劳务输出、经贸往来或者其他名义，弄虚作假，骗取护照、签证等出境证件，为组织他人偷越国（边）境使用的，处三年以下有期徒刑，并处罚金；情节严重的，处三年以上十年以下有期徒刑，并处罚金。

单位犯前款罪的，对单位判处罚金，并对其直接负责的主管人员和其他直接责任人员，依照前款的规定处罚。

第三百二十条 【提供伪造、变造的出入境证件罪；出售出入境证件罪】为他人提供伪造、变造的护照、签证等出入境证件，或者出售护照、签证等出入境证件的，处五年以下有期徒刑，并处罚金；情节严重的，处五年以上有期徒刑，并处罚金。

第三百二十一条 【运送他人偷越国（边）境罪】运送他人偷越国（边）境的，处五年以下有期徒刑、拘役或者管制，并处罚金；有下列情形之一的，处五年以上十年以下有期徒刑，并处罚金：

（一）多次实施运送行为或者运送人数众多的；

（二）所使用的船只、车辆等交通工具不具备必要的安全条件，足以造成严重后果的；

（三）违法所得数额巨大的；

（四）有其他特别严重情节的。

在运送他人偷越国（边）境中造成被运送人重伤、死亡，或者以暴力、威胁方法抗拒检查的，处七年以上有期徒刑，并处罚金。

犯前两款罪，对被运送人有杀害、伤害、强奸、拐卖等犯罪行为，或者对检查人员有杀害、伤害等犯罪行为的，依照数罪并罚的规定处罚。

第三百二十二条 【偷越国（边）境罪】违反国（边）境管理法规，偷越国（边）境，情节严重的，处一年以下有期徒刑、拘役或者管制，并处罚金；为参加恐怖活动组织、接受恐怖活动培训或者实施恐怖活动，偷越国（边）境的，处一年以上三年以下有期徒刑，并处罚金。

第三百二十三条 【破坏界碑、界桩罪；破坏永久性测量标志罪】故意破坏国家边境的界碑、界桩或者永久性测量标志的，处三年以下有期徒刑或者拘役。

第四节　妨害文物管理罪

第三百二十四条 【故意损毁文物罪；故意损毁名胜古迹罪；过失损毁文物

罪】故意损毁国家保护的珍贵文物或者被确定为全国重点文物保护单位、省级文物保护单位的文物的,处三年以下有期徒刑或者拘役,并处或者单处罚金;情节严重的,处三年以上十年以下有期徒刑,并处罚金。

故意损毁国家保护的名胜古迹,情节严重的,处五年以下有期徒刑或者拘役,并处或者单处罚金。

过失损毁国家保护的珍贵文物或者被确定为全国重点文物保护单位、省级文物保护单位的文物,造成严重后果的,处三年以下有期徒刑或者拘役。

第三百二十五条　【非法向外国人出售、赠送珍贵文物罪】违反文物保护法规,将收藏的国家禁止出口的珍贵文物私自出售或者私自赠送给外国人的,处五年以下有期徒刑或者拘役,可以并处罚金。

单位犯前款罪的,对单位判处罚金,并对其直接负责的主管人员和其他直接责任人员,依照前款的规定处罚。

第三百二十六条　【倒卖文物罪】以牟利为目的,倒卖国家禁止经营的文物,情节严重的,处五年以下有期徒刑或者拘役,并处罚金;情节特别严重的,处五年以上十年以下有期徒刑,并处罚金。

单位犯前款罪的,对单位判处罚金,并对其直接负责的主管人员和其他直接责任人员,依照前款的规定处罚。

第三百二十七条　【非法出售、私赠文物藏品罪】违反文物保护法规,国有博物馆、图书馆等单位将国家保护的文物藏品出售或者私自送给非国有单位或者个人的,对单位判处罚金,并对其直接负责的主管人员和其他直接责任人员,处三年以下有期徒刑或者拘役。

第三百二十八条　【盗掘古文化遗址、古墓葬罪;盗掘古人类化石、古脊椎动物化石罪】盗掘具有历史、艺术、科学价值的古文化遗址、古墓葬的,处三年以上十年以下有期徒刑,并处罚金;情节较轻的,处三年以下有期徒刑、拘役或者管制,并处罚金;有下列情形之一的,处十年以上有期徒刑或者无期徒刑,并处罚金或者没收财产:

(一)盗掘确定为全国重点文物保护单位和省级文物保护单位的古文化遗址、古墓葬的;

(二)盗掘古文化遗址、古墓葬集团的首要分子;

(三)多次盗掘古文化遗址、古墓葬的;

(四)盗掘古文化遗址、古墓葬,并盗窃珍贵文物或者造成珍贵文物严重破坏的。

盗掘国家保护的具有科学价值的古人类化石和古脊椎动物化石的,依照前款的规定处罚。

第三百二十九条 【盗窃、抢夺国有档案罪；擅自出卖、转让国有档案罪】抢夺、窃取国家所有的档案的，处五年以下有期徒刑或者拘役。

违反档案法的规定，擅自出卖、转让国家所有的档案，情节严重的，处三年以下有期徒刑或者拘役。

有前两款行为，同时又构成本法规定的其他犯罪的，依照处罚较重的规定定罪处罚。

第五节　危害公共卫生罪

第三百三十条 【妨害传染病防治罪】违反传染病防治法的规定，有下列情形之一，引起甲类传染病传播或者有传播严重危险的，处三年以下有期徒刑或者拘役；后果特别严重的，处三年以上七年以下有期徒刑：

（一）供水单位供应的饮用水不符合国家规定的卫生标准的；

（二）拒绝按照卫生防疫机构提出的卫生要求，对传染病病原体污染的污水、污物、粪便进行消毒处理的；

（三）准许或者纵容传染病病人、病原携带者和疑似传染病病人从事国务院卫生行政部门规定禁止从事的易使该传染病扩散的工作的；

（四）拒绝执行卫生防疫机构依照传染病防治法提出的预防、控制措施的。

单位犯前款罪的，对单位判处罚金，并对其直接负责的主管人员和其他直接责任人员，依照前款的规定处罚。

甲类传染病的范围，依照《中华人民共和国传染病防治法》和国务院有关规定确定。

第三百三十一条 【传染病菌种、毒种扩散罪】从事实验、保藏、携带、运输传染病菌种、毒种的人员，违反国务院卫生行政部门的有关规定，造成传染病菌种、毒种扩散，后果严重的，处三年以下有期徒刑或者拘役；后果特别严重的，处三年以上七年以下有期徒刑。

第三百三十二条 【妨害国境卫生检疫罪】违反国境卫生检疫规定，引起检疫传染病传播或者有传播严重危险的，处三年以下有期徒刑或者拘役，并处或者单处罚金。

单位犯前款罪的，对单位判处罚金，并对其直接负责的主管人员和其他直接责任人员，依照前款的规定处罚。

第三百三十三条 【非法组织卖血罪；强迫卖血罪；故意伤害罪】非法组织他人出卖血液的，处五年以下有期徒刑，并处罚金；以暴力、威胁方法强迫他人出卖血液的,处五年以上十年以下有期徒刑,并处罚金。

有前款行为,对他人造成伤害的,依照本法第二百三十四条的规定定罪处罚。

第三百三十四条 【非法采集、供应血液、制作、供应血液制品罪;采集、供应血液、制作、供应血液制品事故罪】非法采集、供应血液或者制作、供应血液制品,不符合国家规定的标准,足以危害人体健康的,处五年以下有期徒刑或者拘役,并处罚金;对人体健康造成严重危害的,处五年以上十年以下有期徒刑,并处罚金;造成特别严重后果的,处十年以上有期徒刑或者无期徒刑,并处罚金或者没收财产。

经国家主管部门批准采集、供应血液或者制作、供应血液制品的部门,不依照规定进行检测或者违背其他操作规定,造成危害他人身体健康后果的,对单位判处罚金,并对其直接负责的主管人员和其他直接责任人员,处五年以下有期徒刑或者拘役。

第三百三十五条 【医疗事故罪】医务人员由于严重不负责任,造成就诊人死亡或者严重损害就诊人身体健康的,处三年以下有期徒刑或者拘役。

第三百三十六条 【非法行医罪;非法进行节育手术罪】未取得医生执业资格的人非法行医,情节严重的,处三年以下有期徒刑、拘役或者管制,并处或者单处罚金;严重损害就诊人身体健康的,处三年以上十年以下有期徒刑,并处罚金;造成就诊人死亡的,处十年以上有期徒刑,并处罚金。

未取得医生执业资格的人擅自为他人进行节育复通手术、假节育手术、终止妊娠手术或者摘取宫内节育器,情节严重的,处三年以下有期徒刑、拘役或者管制,并处或者单处罚金;严重损害就诊人身体健康的,处三年以上十年以下有期徒刑,并处罚金;造成就诊人死亡的,处十年以上有期徒刑,并处罚金。

第三百三十七条 【妨害动植物防疫、检疫罪】违反有关动植物防疫、检疫的国家规定,引起重大动植物疫情的,或者有引起重大动植物疫情危险,情节严重的,处三年以下有期徒刑或者拘役,并处或者单处罚金。

单位犯前款罪的,对单位判处罚金,并对其直接负责的主管人员和其他直接责任人员,依照前款的规定处罚。

第六节 破坏环境资源保护罪

第三百三十八条 【污染环境罪】违反国家规定,排放、倾倒或者处置有放射性的废物、含传染病病原体的废物、有毒物质或者其他有害物质,严重污染环境的,处三年以下有期徒刑或者拘役,并处或者单处罚金;后果特别严重的,处三年以上七年以下有期徒刑，并处罚金。

第三百三十九条　【非法处置进口的固体废物罪；擅自进口固体废物罪；走私固体废物罪】违反国家规定，将境外的固体废物进境倾倒、堆放、处置的，处五年以下有期徒刑或者拘役，并处罚金；造成重大环境污染事故，致使公私财产遭受重大损失或者严重危害人体健康的，处五年以上十年以下有期徒刑，并处罚金；后果特别严重的，处十年以上有期徒刑，并处罚金。

未经国务院有关主管部门许可，擅自进口固体废物用作原料，造成重大环境污染事故，致使公私财产遭受重大损失或者严重危害人体健康的，处五年以下有期徒刑或者拘役，并处罚金；后果特别严重的，处五年以上十年以下有期徒刑，并处罚金。

以原料利用为名，进口不能用作原料的固体废物、液态废物和气态废物的，依照本法第一百五十二条第二款、第三款的规定定罪处罚。

第三百四十条　【非法捕捞水产品罪】违反保护水产资源法规，在禁渔区、禁渔期或者使用禁用的工具、方法捕捞水产品，情节严重的，处三年以下有期徒刑、拘役、管制或者罚金。

第三百四十一条　【非法猎捕、杀害珍贵、濒危野生动物罪；非法收购、运输、出售珍贵濒危野生动物、珍贵、濒危野生动物制品罪】非法猎捕、杀害国家重点保护的珍贵、濒危野生动物的，或者非法收购、运输、出售国家重点保护的珍贵、濒危野生动物及其制品的，处五年以下有期徒刑或者拘役，并处罚金；情节严重的，处五年以上十年以下有期徒刑，并处罚金；情节特别严重的，处十年以上有期徒刑，并处罚金或者没收财产。

违反狩猎法规，在禁猎区、禁猎期或者使用禁用的工具、方法进行狩猎，破坏野生动物资源，情节严重的，处三年以下有期徒刑、拘役、管制或者罚金。

第三百四十二条　【非法占用农用地罪】违反土地管理法规，非法占用耕地、林地等农用地，改变被占用土地用途，数量较大，造成耕地、林地等农用地大量毁坏的，处五年以下有期徒刑或者拘役，并处或者单处罚金。

第三百四十三条　【非法采矿罪；破坏性采矿罪】违反矿产资源法的规定，未取得采矿许可证擅自采矿，擅自进入国家规划矿区、对国民经济具有重要价值的矿区和他人矿区范围采矿，或者擅自开采国家规定实行保护性开采的特定矿种，情节严重的，处三年以下有期徒刑、拘役或者管制，并处或者单处罚金；情节特别严重的，处三年以上七年以下有期徒刑，并处罚金。

违反矿产资源法的规定，采取破坏性的开采方法开采矿产资源，造成矿产资源严重破坏的，处五年以下有期徒刑或者拘役，并处罚金。

第三百四十四条 【非法采伐、毁坏国家重点保护植物罪；非法收购、运输、加工、出售国家重点保护植物、国家重点保护植物制品罪】违反国家规定，非法采伐、毁坏珍贵树木或者国家重点保护的其他植物的，或者非法收购、运输、加工、出售珍贵树木或者国家重点保护的其他植物及其制品的，处三年以下有期徒刑、拘役或者管制，并处罚金；情节严重的，处三年以上七年以下有期徒刑，并处罚金。

第三百四十五条 【盗伐林木罪；滥伐林木罪；非法收购、运输盗伐、滥伐的林木罪】盗伐森林或者其他林木，数量较大的，处三年以下有期徒刑、拘役或者管制，并处或者单处罚金；数量巨大的，处三年以上七年以下有期徒刑，并处罚金；数量特别巨大的，处七年以上有期徒刑，并处罚金。

违反森林法的规定，滥伐森林或者其他林木，数量较大的，处三年以下有期徒刑、拘役或者管制，并处或者单处罚金；数量巨大的，处三年以上七年以下有期徒刑，并处罚金。

非法收购、运输明知是盗伐、滥伐的林木，情节严重的，处三年以下有期徒刑、拘役或者管制，并处或者单处罚金；情节特别严重的，处三年以上七年以下有期徒刑，并处罚金。

盗伐、滥伐国家级自然保护区内的森林或者其他林木的，从重处罚。

第三百四十六条 【单位犯破坏环境资源保护罪的处罚规定】单位犯本节第三百三十八条至第三百四十五条规定之罪的，对单位判处罚金，并对其直接负责的主管人员和其他直接责任人员，依照本节各该条的规定处罚。

第七节 走私、贩卖、运输、制造毒品罪

第三百四十七条 【走私、贩卖、运输、制造毒品罪】走私、贩卖、运输、制造毒品，无论数量多少，都应当追究刑事责任，予以刑事处罚。

走私、贩卖、运输、制造毒品，有下列情形之一的，处十五年有期徒刑、无期徒刑或者死刑，并处没收财产：

（一）走私、贩卖、运输、制造鸦片一千克以上、海洛因或者甲基苯丙胺五十克以上或者其他毒品数量大的；

（二）走私、贩卖、运输、制造毒品集团的首要分子；

（三）武装掩护走私、贩卖、运输、制造毒品的；

（四）以暴力抗拒检查、拘留、逮捕，情节严重的；

（五）参与有组织的国际贩毒活动的。

走私、贩卖、运输、制造鸦片二百克以上不满一千克、海洛因或者甲基苯丙

胺十克以上不满五十克或者其他毒品数量较大的，处七年以上有期徒刑，并处罚金。

走私、贩卖、运输、制造鸦片不满二百克、海洛因或者甲基苯丙胺不满十克或者其他少量毒品的，处三年以下有期徒刑、拘役或者管制，并处罚金；情节严重的，处三年以上七年以下有期徒刑，并处罚金。

单位犯第二款、第三款、第四款罪的，对单位判处罚金，并对其直接负责的主管人员和其他直接责任人员，依照各该款的规定处罚。

利用、教唆未成年人走私、贩卖、运输、制造毒品，或者向未成年人出售毒品的，从重处罚。

对多次走私、贩卖、运输、制造毒品，未经处理的，毒品数量累计计算。

第三百四十八条　【非法持有毒品罪】非法持有鸦片一千克以上、海洛因或者甲基苯丙胺五十克以上或者其他毒品数量大的，处七年以上有期徒刑或者无期徒刑，并处罚金；非法持有鸦片二百克以上不满一千克、海洛因或者甲基苯丙胺十克以上不满五十克或者其他毒品数量较大的，处三年以下有期徒刑、拘役或者管制，并处罚金；情节严重的，处三年以上七年以下有期徒刑，并处罚金。

第三百四十九条　【包庇毒品犯罪分子罪；窝藏、转移、隐瞒毒品、毒赃罪】包庇走私、贩卖、运输、制造毒品的犯罪分子的，为犯罪分子窝藏、转移、隐瞒毒品或者犯罪所得的财物的，处三年以下有期徒刑、拘役或者管制；情节严重的，处三年以上十年以下有期徒刑。

缉毒人员或者其他国家机关工作人员掩护、包庇走私、贩卖、运输、制造毒品的犯罪分子的，依照前款的规定从重处罚。

犯前两款罪，事先通谋的，以走私、贩卖、运输、制造毒品罪的共犯论处。

第三百五十条　【非法生产、买卖、运输制毒物品，走私制毒物品罪】违反国家规定，非法生产、买卖、运输醋酸酐、乙醚、三氯甲烷或者其他用于制造毒品的原料、配剂，或者携带上述物品进出境，情节较重的，处三年以下有期徒刑、拘役或者管制，并处罚金；情节严重的，处三年以上七年以下有期徒刑，并处罚金；情节特别严重的，处七年以上有期徒刑，并处罚金或者没收财产。

明知他人制造毒品而为其生产、买卖、运输前款规定的物品的，以制造毒品罪的共犯论处。

单位犯前两款罪的，对单位判处罚金，并对其直接负责的主管人员和其他直接责任人员，依照前两款的规定处罚。

第三百五十一条　【非法种植毒品原植物罪】非法种植罂粟、大麻等毒品原植物的，一律强制铲除。有下列情形之一的，处五年以下有期徒刑、拘役或者管制，并处罚金：

（一）种植罂粟五百株以上不满三千株或者其他毒品原植物数量较大的；

（二）经公安机关处理后又种植的；

（三）抗拒铲除的。

非法种植罂粟三千株以上或者其他毒品原植物数量大的，处五年以上有期徒刑，并处罚金或者没收财产。

非法种植罂粟或者其他毒品原植物，在收获前自动铲除的，可以免除处罚。

第三百五十二条 【非法买卖、运输、携带、持有毒品原植物种子、幼苗罪】非法买卖、运输、携带、持有未经灭活的罂粟等毒品原植物种子或者幼苗，数量较大的，处三年以下有期徒刑、拘役或者管制，并处或者单处罚金。

第三百五十三条 【引诱、教唆、欺骗他人吸毒罪；强迫他人吸毒罪】引诱、教唆、欺骗他人吸食、注射毒品的，处三年以下有期徒刑、拘役或者管制，并处罚金；情节严重的，处三年以上七年以下有期徒刑，并处罚金。

强迫他人吸食、注射毒品的，处三年以上十年以下有期徒刑，并处罚金。

引诱、教唆、欺骗或者强迫未成年人吸食、注射毒品的，从重处罚。

第三百五十四条 【容留他人吸毒罪】容留他人吸食、注射毒品的，处三年以下有期徒刑、拘役或者管制，并处罚金。

第三百五十五条 【非法提供麻醉药品、精神药品罪】依法从事生产、运输、管理、使用国家管制的麻醉药品、精神药品的人员，违反国家规定，向吸食、注射毒品的人提供国家规定管制的能够使人形成瘾癖的麻醉药品、精神药品的，处三年以下有期徒刑或者拘役，并处罚金；情节严重的，处三年以上七年以下有期徒刑，并处罚金。向走私、贩卖毒品的犯罪分子或者以牟利为目的，向吸食、注射毒品的人提供国家规定管制的能够使人形成瘾癖的麻醉药品、精神药品的，依照本法第三百四十七条的规定定罪处罚。

单位犯前款罪的，对单位判处罚金，并对其直接负责的主管人员和其他直接责任人员，依照前款的规定处罚。

第三百五十六条 【毒品犯罪的再犯】因走私、贩卖、运输、制造、非法持有毒品罪被判过刑，又犯本节规定之罪的，从重处罚。

第三百五十七条 【毒品的范围及毒品数量的计算原则】本法所称的毒品，是指鸦片、海洛因、甲基苯丙胺（冰毒）、吗啡、大麻、可卡因以及国家规定管制的其他能够使人形成瘾癖的麻醉药品和精神药品。

毒品的数量以查证属实的走私、贩卖、运输、制造、非法持有毒品的数量计算，不以纯度折算。

第八节　组织、强迫、引诱、容留、介绍卖淫罪

第三百五十八条　【组织卖淫罪；强迫卖淫罪；协助组织卖淫罪】组织、强迫他人卖淫的，处五年以上十年以下有期徒刑，并处罚金；情节严重的，处十年以上有期徒刑或者无期徒刑，并处罚金或者没收财产。

组织、强迫未成年人卖淫的，依照前款的规定从重处罚。

犯前两款罪，并有杀害、伤害、强奸、绑架等犯罪行为的，依照数罪并罚的规定处罚。

为组织卖淫的人招募、运送人员或者有其他协助组织他人卖淫行为的，处五年以下有期徒刑，并处罚金；情节严重的，处五年以上十年以下有期徒刑，并处罚金。

第三百五十九条　【引诱、容留、介绍卖淫罪；引诱幼女卖淫罪】引诱、容留、介绍他人卖淫的，处五年以下有期徒刑、拘役或者管制，并处罚金；情节严重的，处五年以上有期徒刑，并处罚金。

引诱不满十四周岁的幼女卖淫的，处五年以上有期徒刑，并处罚金。

第三百六十条　【传播性病罪】明知自己患有梅毒、淋病等严重性病卖淫、嫖娼的，处五年以下有期徒刑、拘役或者管制，并处罚金。

第三百六十一条　【特定单位的人员组织、强迫、引诱、容留、介绍卖淫的处理规定】旅馆业、饮食服务业、文化娱乐业、出租汽车业等单位的人员，利用本单位的条件，组织、强迫、引诱、容留、介绍他人卖淫的，依照本法第三百五十八条、第三百五十九条的规定定罪处罚。

前款所列单位的主要负责人，犯前款罪的，从重处罚。

第三百六十二条　【包庇罪】旅馆业、饮食服务业、文化娱乐业、出租汽车业等单位的人员，在公安机关查处卖淫、嫖娼活动时，为违法犯罪分子通风报信，情节严重的，依照本法第三百一十条的规定定罪处罚。

第九节　制作、贩卖、传播淫秽物品罪

第三百六十三条　【制作、复制、出版、贩卖、传播淫秽物品牟利罪；为他人提供书号出版淫秽书刊罪】以牟利为目的，制作、复制、出版、贩卖、传播淫秽物品的，处三年以下有期徒刑、拘役或者管制，并处罚金；情节严重的，处三年以上十年以下有期徒刑，并处罚金；情节特别严重的，处十年以上有期徒刑或者无期徒刑，并处罚金或者没收财产。

为他人提供书号，出版淫秽书刊的，处三年以下有期徒刑、拘役或者管制，

并处或者单处罚金；明知他人用于出版淫秽书刊而提供书号的，依照前款的规定处罚。

第三百六十四条　【传播淫秽物品罪；组织播放淫秽音像制品罪】传播淫秽的书刊、影片、音像、图片或者其他淫秽物品，情节严重的，处二年以下有期徒刑、拘役或者管制。

组织播放淫秽的电影、录像等音像制品的，处三年以下有期徒刑、拘役或者管制，并处罚金；情节严重的，处三年以上十年以下有期徒刑，并处罚金。

制作、复制淫秽的电影、录像等音像制品组织播放的，依照第二款的规定从重处罚。

向不满十八周岁的未成年人传播淫秽物品的，从重处罚。

第三百六十五条　【组织淫秽表演罪】组织进行淫秽表演的，处三年以下有期徒刑、拘役或者管制，并处罚金；情节严重的，处三年以上十年以下有期徒刑，并处罚金。

第三百六十六条　【单位犯本节规定之罪的处罚】单位犯本节第三百六十三条、第三百六十四条、第三百六十五条规定之罪的，对单位判处罚金，并对其直接负责的主管人员和其他直接责任人员，依照各该条的规定处罚。

第三百六十七条　【淫秽物品的范围】本法所称淫秽物品，是指具体描绘性行为或者露骨宣扬色情的诲淫性的书刊、影片、录像带、录音带、图片及其他淫秽物品。

有关人体生理、医学知识的科学著作不是淫秽物品。

包含有色情内容的有艺术价值的文学、艺术作品不视为淫秽物品。

第七章　危害国防利益罪

第三百六十八条　【阻碍军人执行职务罪；阻碍军事行动罪】以暴力、威胁方法阻碍军人依法执行职务的，处三年以下有期徒刑、拘役、管制或者罚金。

故意阻碍武装部队军事行动，造成严重后果的，处五年以下有期徒刑或者拘役。

第三百六十九条　【破坏武器装备、军事设施、军事通信罪；过失损坏武器装备、军事设施、军事通信罪】破坏武器装备、军事设施、军事通信的，处三年以下有期徒刑、拘役或者管制；破坏重要武器装备、军事设施、军事通信的，处三年以上十年以下有期徒刑；情节特别严重的，处十年以上有期徒刑、无期徒刑或者死刑。

过失犯前款罪，造成严重后果的，处三年以下有期徒刑或者拘役；造成特别严重后果的，处三年以上七年以下有期徒刑。

战时犯前两款罪的，从重处罚。

第三百七十条　【故意提供不合格武器装备、军事设施罪；过失提供不合格武器装备、军事设施罪】明知是不合格的武器装备、军事设施而提供给武装部队的，处五年以下有期徒刑或者拘役；情节严重的，处五年以上十年以下有期徒刑；情节特别严重的，处十年以上有期徒刑、无期徒刑或者死刑。

过失犯前款罪，造成严重后果的，处三年以下有期徒刑或者拘役；造成特别严重后果的，处三年以上七年以下有期徒刑。

单位犯第一款罪的，对单位判处罚金，并对其直接负责的主管人员和其他直接责任人员，依照第一款的规定处罚。

第三百七十一条　【聚众冲击军事禁区罪；聚众扰乱军事管理区秩序罪】聚众冲击军事禁区，严重扰乱军事禁区秩序的，对首要分子，处五年以上十年以下有期徒刑；对其他积极参加的，处五年以下有期徒刑、拘役、管制或者剥夺政治权利。

聚众扰乱军事管理区秩序，情节严重，致使军事管理区工作无法进行，造成严重损失的，对首要分子，处三年以上七年以下有期徒刑；对其他积极参加的，处三年以下有期徒刑、拘役、管制或者剥夺政治权利。

第三百七十二条　【冒充军人招摇撞骗罪】冒充军人招摇撞骗的，处三年以下有期徒刑、拘役、管制或者剥夺政治权利；情节严重的，处三年以上十年以下有期徒刑。

第三百七十三条　【煽动军人逃离部队罪；雇用逃离部队军人罪】煽动军人逃离部队或者明知是逃离部队的军人而雇用，情节严重的，处三年以下有期徒刑、拘役或者管制。

第三百七十四条　【接送不合格兵员罪】在征兵工作中徇私舞弊，接送不合格兵员，情节严重的，处三年以下有期徒刑或者拘役；造成特别严重后果的，处三年以上七年以下有期徒刑。

第三百七十五条　【伪造、变造、买卖武装部队公文、证件、印章罪；盗窃、抢夺武装部队公文、证件、印章罪；非法生产、买卖武装部队制式服装罪；伪造、盗窃、买卖、非法提供、非法使用武装部队专用标志罪】伪造、变造、买卖或者盗窃、抢夺武装部队公文、证件、印章的，处三年以下有期徒刑、拘役、管制或者剥夺政治权利；情节严重的，处三年以上十年以下有期徒刑。

非法生产、买卖武装部队制式服装，情节严重的，处三年以下有期徒刑、拘役或者管制，并处或者单处罚金。

伪造、盗窃、买卖或者非法提供、使用武装部队车辆号牌等专用标志，情节严重的，处三年以下有期徒刑、拘役或者管制，并处或者单处罚金；情节特别严重的，处三年以上七年以下有期徒刑，并处罚金。

单位犯第二款、第三款罪的，对单位判处罚金，并对其直接负责的主管人员和其他直接责任人员，依照各该款的规定处罚。

第三百七十六条　【战时拒绝、逃避征召、军事训练罪；战时拒绝、逃避服役罪】预备役人员战时拒绝、逃避征召或者军事训练，情节严重的，处三年以下有期徒刑或者拘役。

公民战时拒绝、逃避服役，情节严重的，处二年以下有期徒刑或者拘役。

第三百七十七条　【战时故意提供虚假敌情罪】战时故意向武装部队提供虚假敌情，造成严重后果的，处三年以上十年以下有期徒刑；造成特别严重后果的，处十年以上有期徒刑或者无期徒刑。

第三百七十八条　【战时造谣扰乱军心罪】战时造谣惑众，扰乱军心的，处三年以下有期徒刑、拘役或者管制；情节严重的，处三年以上十年以下有期徒刑。

第三百七十九条　【战时窝藏逃离部队军人罪】战时明知是逃离部队的军人而为其提供隐蔽处所、财物，情节严重的，处三年以下有期徒刑或者拘役。

第三百八十条　【战时拒绝、故意延误军事订货罪】战时拒绝或者故意延误军事订货，情节严重的，对单位判处罚金，并对其直接负责的主管人员和其他直接责任人员，处五年以下有期徒刑或者拘役；造成严重后果的，处五年以上有期徒刑。

第三百八十一条　【战时拒绝军事征收、征用罪】战时拒绝军事征收、征用，情节严重的，处三年以下有期徒刑或者拘役。

第八章　贪污贿赂罪

第三百八十二条　【贪污罪】国家工作人员利用职务上的便利，侵吞、窃取、骗取或者以其他手段非法占有公共财物的，是贪污罪。

受国家机关、国有公司、企业、事业单位、人民团体委托管理、经营国有财产的人员，利用职务上的便利，侵吞、窃取、骗取或者以其他手段非法占有国有财物的，以贪污论。

与前两款所列人员勾结，伙同贪污的，以共犯论处。

第三百八十三条　【对犯贪污罪的处罚规定】对犯贪污罪的，根据情节轻重，分别依照下列规定处罚：

（一）贪污数额较大或者有其他较重情节的，处三年以下有期徒刑或者拘役，并处罚金。

（二）贪污数额巨大或者有其他严重情节的，处三年以上十年以下有期徒刑，并处罚金或者没收财产。

（三）贪污数额特别巨大或者有其他特别严重情节的，处十年以上有期徒刑或者无期徒刑，并处罚金或者没收财产；数额特别巨大，并使国家和人民利益遭受特别重大损失的，处无期徒刑或者死刑，并处没收财产。

对多次贪污未经处理的，按照累计贪污数额处罚。

犯第一款罪，在提起公诉前如实供述自己罪行、真诚悔罪、积极退赃，避免、减少损害结果的发生，有第一项规定情形的，可以从轻、减轻或者免除处罚；有第二项、第三项规定情形的，可以从轻处罚。

犯第一款罪，有第三项规定情形被判处死刑缓期执行的，人民法院根据犯罪情节等情况可以同时决定在其死刑缓期执行二年期满依法减为无期徒刑后，终身监禁，不得减刑、假释。

第三百八十四条　【挪用公款罪】国家工作人员利用职务上的便利，挪用公款归个人使用，进行非法活动的，或者挪用公款数额较大、进行营利活动的，或者挪用公款数额较大、超过三个月未还的，是挪用公款罪，处五年以下有期徒刑或者拘役；情节严重的，处五年以上有期徒刑。挪用公款数额巨大不退还的，处十年以上有期徒刑或者无期徒刑。

挪用用于救灾、抢险、防汛、优抚、扶贫、移民、救济款物归个人使用的，从重处罚。

第三百八十五条　【受贿罪】国家工作人员利用职务上的便利，索取他人财物的，或者非法收受他人财物，为他人谋取利益的，是受贿罪。

国家工作人员在经济往来中，违反国家规定，收受各种名义的回扣、手续费，归个人所有的，以受贿论处。

第三百八十六条　【对犯受贿罪的处罚规定】对犯受贿罪的，根据受贿所得数额及情节，依照本法第三百八十三条的规定处罚。索贿的从重处罚。

第三百八十七条　【单位受贿罪】国家机关、国有公司、企业、事业单位、人民团体，索取、非法收受他人财物，为他人谋取利益，情节严重的，对单位判处罚金，并对其直接负责的主管人员和其他直接责任人员，处五年以下有期徒刑或者拘役。

前款所列单位，在经济往来中，在账外暗中收受各种名义的回扣、手续费的，以受贿论，依照前款的规定处罚。

第三百八十八条 【受贿罪；利用影响力受贿罪】国家工作人员利用本人职权或者地位形成的便利条件，通过其他国家工作人员职务上的行为，为请托人谋取不正当利益，索取请托人财物或者收受请托人财物的，以受贿论处。

第三百八十八条之一 国家工作人员的近亲属或者其他与该国家工作人员关系密切的人，通过该国家工作人员职务上的行为，或者利用该国家工作人员职权或者地位形成的便利条件，通过其他国家工作人员职务上的行为，为请托人谋取不正当利益，索取请托人财物或者收受请托人财物，数额较大或者有其他较重情节的，处三年以下有期徒刑或者拘役，并处罚金；数额巨大或者有其他严重情节的，处三年以上七年以下有期徒刑，并处罚金；数额特别巨大或者有其他特别严重情节的，处七年以上有期徒刑，并处罚金或者没收财产。

离职的国家工作人员或者其近亲属以及其他与其关系密切的人，利用该离职的国家工作人员原职权或者地位形成的便利条件实施前款行为的，依照前款的规定定罪处罚。

第三百八十九条 【行贿罪】为谋取不正当利益，给予国家工作人员以财物的，是行贿罪。

在经济往来中，违反国家规定，给予国家工作人员以财物，数额较大的，或者违反国家规定，给予国家工作人员以各种名义的回扣、手续费的，以行贿论处。

因被勒索给予国家工作人员以财物，没有获得不正当利益的，不是行贿。

第三百九十条 【对犯行贿罪的处罚；关联行贿罪】对犯行贿罪的，处五年以下有期徒刑或者拘役，并处罚金；因行贿谋取不正当利益，情节严重的，或者使国家利益遭受重大损失的，处五年以上十年以下有期徒刑，并处罚金；情节特别严重的，或者使国家利益遭受特别重大损失的，处十年以上有期徒刑或者无期徒刑，并处罚金或者没收财产。

行贿人在被追诉前主动交代行贿行为的，可以从轻或者减轻处罚。其中，犯罪较轻的，对侦破重大案件起关键作用的，或者有重大立功表现的，可以减轻或者免除处罚。

第三百九十条之一 【对有影响力的人行贿罪】为谋取不正当利益，向国家工作人员的近亲属或者其他与该国家工作人员关系密切的人，或者向离职的国家工作人员或者其近亲属以及其他与其关系密切的人行贿的，处三年以下有期徒刑或者拘役，并处罚金；情节严重的，或者使国家利益遭受重大损失的，处三年以上七年以下有期徒刑，并处罚金；情节特别严重的，或者使国家利益遭受特别重大损失的，处七年以上十年以下有期徒刑，并处罚金。

单位犯前款罪的，对单位判处罚金，并对其直接负责的主管人员和其他直接责任人员，处三年以下有期徒刑或者拘役，并处罚金。

第三百九十一条　【对单位行贿罪】为谋取不正当利益，给予国家机关、国有公司、企业、事业单位、人民团体以财物的，或者在经济往来中，违反国家规定，给予各种名义的回扣、手续费的，处三年以下有期徒刑或者拘役，并处罚金。

单位犯前款罪的，对单位判处罚金，并对其直接负责的主管人员和其他直接责任人员，依照前款的规定处罚。

第三百九十二条　【介绍贿赂罪】向国家工作人员介绍贿赂，情节严重的，处三年以下有期徒刑或者拘役，并处罚金。

介绍贿赂人在被追诉前主动交代介绍贿赂行为的，可以减轻处罚或者免除处罚。

第三百九十三条　【单位行贿罪】单位为谋取不正当利益而行贿，或者违反国家规定，给予国家工作人员以回扣、手续费，情节严重的，对单位判处罚金，并对其直接负责的主管人员和其他直接责任人员，处五年以下有期徒刑或者拘役，并处罚金。因行贿取得的违法所得归个人所有的，依照本法第三百八十九条、第三百九十条的规定定罪处罚。

第三百九十四条　【贪污罪】国家工作人员在国内公务活动或者对外交往中接受礼物，依照国家规定应当交公而不交公，数额较大的，依照本法第三百八十二条、第三百八十三条的规定定罪处罚。

第三百九十五条　【巨额财产来源不明罪；隐瞒境外存款罪】国家工作人员的财产、支出明显超过合法收入，差额巨大的，可以责令该国家工作人员说明来源，不能说明来源的，差额部分以非法所得论，处五年以下有期徒刑或者拘役；差额特别巨大的，处五年以上十年以下有期徒刑。财产的差额部分予以追缴。

国家工作人员在境外的存款，应当依照国家规定申报。数额较大、隐瞒不报的，处二年以下有期徒刑或者拘役；情节较轻的，由其所在单位或者上级主管机关酌情给予行政处分。

第三百九十六条　【私分国有资产罪；私分罚没财物罪】国家机关、国有公司、企业、事业单位、人民团体，违反国家规定，以单位名义将国有资产集体私分给个人，数额较大的，对其直接负责的主管人员和其他直接责任人员，处三年以下有期徒刑或者拘役，并处或者单处罚金；数额巨大的，处三年以上七年以下有期徒刑，并处罚金。

司法机关、行政执法机关违反国家规定，将应当上缴国家的罚没财物，以单位名义集体私分给个人的，依照前款的规定处罚。

第九章 渎 职 罪

第三百九十七条 【滥用职权罪；玩忽职守罪】国家机关工作人员滥用职权或者玩忽职守，致使公共财产、国家和人民利益遭受重大损失的，处三年以下有期徒刑或者拘役；情节特别严重的，处三年以上七年以下有期徒刑。本法另有规定的，依照规定。

国家机关工作人员徇私舞弊，犯前款罪的，处五年以下有期徒刑或者拘役；情节特别严重的，处五年以上十年以下有期徒刑。本法另有规定的，依照规定。

第三百九十八条 【故意泄露国家秘密罪；过失泄露国家秘密罪】国家机关工作人员违反保守国家秘密法的规定，故意或者过失泄露国家秘密，情节严重的，处三年以下有期徒刑或者拘役；情节特别严重的，处三年以上七年以下有期徒刑。

非国家机关工作人员犯前款罪的，依照前款的规定酌情处罚。

第三百九十九条 【徇私枉法罪；民事、行政枉法裁判罪；执行判决、裁定失职罪；执行判决、裁定滥用职权罪；枉法仲裁罪】司法工作人员徇私枉法、徇情枉法，对明知是无罪的人而使他受追诉、对明知是有罪的人而故意包庇不使他受追诉，或者在刑事审判活动中故意违背事实和法律作枉法裁判的，处五年以下有期徒刑或者拘役；情节严重的，处五年以上十年以下有期徒刑；情节特别严重的，处十年以上有期徒刑。

在民事、行政审判活动中故意违背事实和法律作枉法裁判，情节严重的，处五年以下有期徒刑或者拘役；情节特别严重的，处五年以上十年以下有期徒刑。

在执行判决、裁定活动中，严重不负责任或者滥用职权，不依法采取诉讼保全措施、不履行法定执行职责，或者违法采取诉讼保全措施、强制执行措施，致使当事人或者其他人的利益遭受重大损失的，处五年以下有期徒刑或者拘役；致使当事人或者其他人的利益遭受特别重大损失的，处五年以上十年以下有期徒刑。

司法工作人员收受贿赂，有前三款行为的，同时又构成本法第三百八十五条规定之罪的，依照处罚较重的规定定罪处罚。

第三百九十九条之一 依法承担仲裁职责的人员，在仲裁活动中故意违背事实和法律作枉法裁决，情节严重的，处三年以下有期徒刑或者拘役；情节特别严重的，处三年以上七年以下有期徒刑。

第四百条 【私放在押人员罪；失职致使在押人员脱逃罪】司法工作人员私放在押的犯罪嫌疑人、被告人或者罪犯的，处五年以下有期徒刑或者拘役；情节严重的，处五年以上十年以下有期徒刑；情节特别严重的，处十年以上有期徒刑。

司法工作人员由于严重不负责任，致使在押的犯罪嫌疑人、被告人或者罪犯脱逃，造成严重后果的，处三年以下有期徒刑或者拘役；造成特别严重后果的，处三年以上十年以下有期徒刑。

第四百零一条　【徇私舞弊减刑、假释、暂予监外执行罪】司法工作人员徇私舞弊，对不符合减刑、假释、暂予监外执行条件的罪犯，予以减刑、假释或者暂予监外执行的，处三年以下有期徒刑或者拘役；情节严重的，处三年以上七年以下有期徒刑。

第四百零二条　【徇私舞弊不移交刑事案件罪】行政执法人员徇私舞弊，对依法应当移交司法机关追究刑事责任的不移交，情节严重的，处三年以下有期徒刑或者拘役；造成严重后果的，处三年以上七年以下有期徒刑。

第四百零三条　【滥用管理公司、证券职权罪】国家有关主管部门的国家机关工作人员，徇私舞弊，滥用职权，对不符合法律规定条件的公司设立、登记申请或者股票、债券发行、上市申请，予以批准或者登记，致使公共财产、国家和人民利益遭受重大损失的，处五年以下有期徒刑或者拘役。

上级部门强令登记机关及其工作人员实施前款行为的，对其直接负责的主管人员，依照前款的规定处罚。

第四百零四条　【徇私舞弊不征、少征税款罪】税务机关的工作人员徇私舞弊，不征或者少征应征税款，致使国家税收遭受重大损失的，处五年以下有期徒刑或者拘役；造成特别重大损失的，处五年以上有期徒刑。

第四百零五条　【徇私舞弊发售发票、抵扣税款、出口退税罪；违法提供出口退税证罪】税务机关的工作人员违反法律、行政法规的规定，在办理发售发票、抵扣税款、出口退税工作中，徇私舞弊，致使国家利益遭受重大损失的，处五年以下有期徒刑或者拘役；致使国家利益遭受特别重大损失的，处五年以上有期徒刑。

其他国家机关工作人员违反国家规定，在提供出口货物报关单、出口收汇核销单等出口退税凭证的工作中，徇私舞弊，致使国家利益遭受重大损失的，依照前款的规定处罚。

第四百零六条　【国家机关工作人员签订、履行合同失职被骗罪】国家机关工作人员在签订、履行合同过程中，因严重不负责任被诈骗，致使国家利益遭受重大损失的，处三年以下有期徒刑或者拘役；致使国家利益遭受特别重大损失的，处三年以上七年以下有期徒刑。

第四百零七条　【违法发放林木采伐许可证罪】林业主管部门的工作人员违反森林法的规定，超过批准的年采伐限额发放林木采伐许可证或者违反规定滥发林木采伐许可证，情节严重，致使森林遭受严重破坏的，处三年以下有期徒刑或者拘役。

第四百零八条　【环境监管失职罪；食品监管渎职罪】负有环境保护监督管理职责的国家机关工作人员严重不负责任，导致发生重大环境污染事故，致使公私财产遭受重大损失或者造成人身伤亡的严重后果的，处三年以下有期徒刑或者拘役。

第四百零八条之一　负有食品安全监督管理职责的国家机关工作人员，滥用职权或者玩忽职守，导致发生重大食品安全事故或者造成其他严重后果的，处五年以下有期徒刑或者拘役；造成特别严重后果的，处五年以上十年以下有期徒刑。

徇私舞弊犯前款罪的，从重处罚。

第四百零九条　【传染病防治失职罪】从事传染病防治的政府卫生行政部门的工作人员严重不负责任，导致传染病传播或者流行，情节严重的，处三年以下有期徒刑或者拘役。

第四百一十条　【非法批准征收、征用、占用土地罪；非法低价出让国有土地使用权罪】国家机关工作人员徇私舞弊，违反土地管理法规，滥用职权，非法批准征收、征用、占用土地，或者非法低价出让国有土地使用权，情节严重的，处三年以下有期徒刑或者拘役；致使国家或者集体利益遭受特别重大损失的，处三年以上七年以下有期徒刑。

第四百一十一条　【放纵走私罪】海关工作人员徇私舞弊，放纵走私，情节严重的，处五年以下有期徒刑或者拘役；情节特别严重的，处五年以上有期徒刑。

第四百一十二条　【商检徇私舞弊罪；商检失职罪】国家商检部门、商检机构的工作人员徇私舞弊，伪造检验结果的，处五年以下有期徒刑或者拘役；造成严重后果的，处五年以上十年以下有期徒刑。

前款所列人员严重不负责任，对应当检验的物品不检验，或者延误检验出证、错误出证，致使国家利益遭受重大损失的，处三年以下有期徒刑或者拘役。

第四百一十三条　【动植物检疫徇私舞弊罪；动植物检疫失职罪】动植物检疫机关的检疫人员徇私舞弊，伪造检疫结果的，处五年以下有期徒刑或者拘役；造成严重后果的，处五年以上十年以下有期徒刑。

前款所列人员严重不负责任，对应当检疫的检疫物不检疫，或者延误检疫出证、错误出证，致使国家利益遭受重大损失的，处三年以下有期徒刑或者拘役。

第四百一十四条　【放纵制售伪劣商品犯罪行为罪】对生产、销售伪劣商品犯罪行为负有追究责任的国家机关工作人员，徇私舞弊，不履行法律规定的追究职责，情节严重的，处五年以下有期徒刑或者拘役。

第四百一十五条　【办理偷越国（边）境人员出入境证件罪；放行偷越国（边）境人员罪】负责办理护照、签证以及其他出入境证件的国家机关工作人员，对明知是企图偷越国（边）境的人员，予以办理出入境证件的，或者边防、海关等国家机关工作人员，对明知是偷越国（边）境的人员，予以放行的，处三年以下有期徒刑或者拘役；情节严重的，处三年以上七年以下有期徒刑。

第四百一十六条　【不解救被拐卖、绑架妇女、儿童罪；阻碍解救被拐卖、绑架妇女、儿童罪】对被拐卖、绑架的妇女、儿童负有解救职责的国家机关工作人员，接到被拐卖、绑架的妇女、儿童及其家属的解救要求或者接到其他人的举报，而对被拐卖、绑架的妇女、儿童不进行解救，造成严重后果的，处五年以下有期徒刑或者拘役。

负有解救职责的国家机关工作人员利用职务阻碍解救的，处二年以上七年以下有期徒刑；情节较轻的，处二年以下有期徒刑或者拘役。

第四百一十七条　【帮助犯罪分子逃避处罚罪】有查禁犯罪活动职责的国家机关工作人员，向犯罪分子通风报信、提供便利，帮助犯罪分子逃避处罚的，处三年以下有期徒刑或者拘役；情节严重的，处三年以上十年以下有期徒刑。

第四百一十八条　【招收公务员、学生徇私舞弊罪】国家机关工作人员在招收公务员、学生工作中徇私舞弊，情节严重的，处三年以下有期徒刑或者拘役。

第四百一十九条　【失职造成珍贵文物损毁、流失罪】国家机关工作人员严重不负责任，造成珍贵文物损毁或者流失，后果严重的，处三年以下有期徒刑或者拘役。

第十章　军人违反职责罪

第四百二十条　【军人违反职责罪的概念】军人违反职责，危害国家军事利益，依照法律应当受刑罚处罚的行为，是军人违反职责罪。

第四百二十一条　【战时违抗命令罪】战时违抗命令，对作战造成危害的，处三年以上十年以下有期徒刑；致使战斗、战役遭受重大损失的，处十年以上有期徒刑、无期徒刑或者死刑。

第四百二十二条　【隐瞒、谎报军情罪；拒传、假传军令罪】故意隐瞒、谎报军情或者拒传、假传军令，对作战造成危害的，处三年以上十年以下有期徒刑；致使战斗、战役遭受重大损失的，处十年以上有期徒刑、无期徒刑或者死刑。

第四百二十三条　【投降罪】在战场上贪生怕死，自动放下武器投降敌人的，处三年以上十年以下有期徒刑；情节严重的，处十年以上有期徒刑或者无期徒刑。

投降后为敌人效劳的，处十年以上有期徒刑、无期徒刑或者死刑。

第四百二十四条　【战时临阵脱逃罪】战时临阵脱逃的，处三年以下有期徒刑；情节严重的，处三年以上十年以下有期徒刑；致使战斗、战役遭受重大损失的，处十年以上有期徒刑、无期徒刑或者死刑。

第四百二十五条　【擅离、玩忽军事职守罪】指挥人员和值班、值勤人员擅离职守或者玩忽职守，造成严重后果的，处三年以下有期徒刑或者拘役；造成特别严重后果的，处三年以上七年以下有期徒刑。

战时犯前款罪的，处五年以上有期徒刑。

第四百二十六条　【阻碍执行军事职务罪】以暴力、威胁方法，阻碍指挥人员或者值班、值勤人员执行职务的，处五年以下有期徒刑或者拘役；情节严重的，处五年以上十年以下有期徒刑；情节特别严重的，处十年以上有期徒刑或者无期徒刑。战时从重处罚。

第四百二十七条　【指使部属违反职责罪】滥用职权，指使部属进行违反职责的活动，造成严重后果的，处五年以下有期徒刑或者拘役；情节特别严重的，处五年以上十年以下有期徒刑。

第四百二十八条　【违令作战消极罪】指挥人员违抗命令，临阵畏缩，作战消极，造成严重后果的，处五年以下有期徒刑；致使战斗、战役遭受重大损失或者有其他特别严重情节的，处五年以上有期徒刑。

第四百二十九条　【拒不救援友邻部队罪】在战场上明知友邻部队处境危急请求救援，能救援而不救援，致使友邻部队遭受重大损失的，对指挥人员，处五年以下有期徒刑。

第四百三十条　【军人叛逃罪】在履行公务期间，擅离岗位，叛逃境外或者在境外叛逃，危害国家军事利益的，处五年以下有期徒刑或者拘役；情节严重的，处五年以上有期徒刑。

驾驶航空器、舰船叛逃的，或者有其他特别严重情节的，处十年以上有期徒刑、无期徒刑或者死刑。

第四百三十一条　【非法获取军事秘密罪；为境外窃取、刺探、收买、非法提供军事秘密罪】以窃取、刺探、收买方法，非法获取军事秘密的，处五年以下有期徒刑；情节严重的，处五年以上十年以下有期徒刑；情节特别严重的，处十年以上有期徒刑。

为境外的机构、组织、人员窃取、刺探、收买、非法提供军事秘密的，处十年以上有期徒刑、无期徒刑或者死刑。

第四百三十二条 【故意泄露军事秘密罪；过失泄露军事秘密罪】违反保守国家秘密法规，故意或者过失泄露军事秘密，情节严重的，处五年以下有期徒刑或者拘役；情节特别严重的，处五年以上十年以下有期徒刑。

战时犯前款罪的，处五年以上十年以下有期徒刑；情节特别严重的，处十年以上有期徒刑或者无期徒刑。

第四百三十三条 【战时造谣惑众罪】战时造谣惑众，动摇军心的，处三年以下有期徒刑；情节严重的，处三年以上十年以下有期徒刑；情节特别严重的，处十年以上有期徒刑或者无期徒刑。

第四百三十四条 【战时自伤罪】战时自伤身体，逃避军事义务的，处三年以下有期徒刑；情节严重的，处三年以上七年以下有期徒刑。

第四百三十五条 【逃离部队罪】违反兵役法规，逃离部队，情节严重的，处三年以下有期徒刑或者拘役。

战时犯前款罪的，处三年以上七年以下有期徒刑。

第四百三十六条 【武器装备肇事罪】违反武器装备使用规定，情节严重，因而发生责任事故，致人重伤、死亡或者造成其他严重后果的，处三年以下有期徒刑或者拘役；后果特别严重的，处三年以上七年以下有期徒刑。

第四百三十七条 【擅自改变武器装备编配用途罪】违反武器装备管理规定，擅自改变武器装备的编配用途，造成严重后果的，处三年以下有期徒刑或者拘役；造成特别严重后果的，处三年以上七年以下有期徒刑。

第四百三十八条 【盗窃、抢夺武器装备、军用物资罪；盗窃、抢夺枪支、弹药、爆炸物罪】盗窃、抢夺武器装备或者军用物资的，处五年以下有期徒刑或者拘役；情节严重的，处五年以上十年以下有期徒刑；情节特别严重的，处十年以上有期徒刑、无期徒刑或者死刑。

盗窃、抢夺枪支、弹药、爆炸物的，依照本法第一百二十七条的规定处罚。

第四百三十九条 【非法出卖、转让武器装备罪】非法出卖、转让军队武器装备的，处三年以上十年以下有期徒刑；出卖、转让大量武器装备或者有其他特别严重情节的，处十年以上有期徒刑、无期徒刑或者死刑。

第四百四十条 【遗弃武器装备罪】违抗命令，遗弃武器装备的，处五年以下有期徒刑或者拘役；遗弃重要或者大量武器装备的，或者有其他严重情节的，处五年以上有期徒刑。

第四百四十一条 【遗失武器装备罪】遗失武器装备，不及时报告或者有其他严重情节的，处三年以下有期徒刑或者拘役。

第四百四十二条 【擅自出卖、转让军队房地产罪】违反规定，擅自出卖、转让军队房地产，情节严重的，对直接责任人员，处三年以下有期徒刑或者拘役；情节特别严重的，处三年以上十年以下有期徒刑。

第四百四十三条 【虐待部属罪】滥用职权，虐待部属，情节恶劣，致人重伤或者造成其他严重后果的，处五年以下有期徒刑或者拘役；致人死亡的，处五年以上有期徒刑。

第四百四十四条 【遗弃伤病军人罪】在战场上故意遗弃伤病军人，情节恶劣的，对直接责任人员，处五年以下有期徒刑。

第四百四十五条 【战时拒不救治伤病军人罪】战时在救护治疗职位上，有条件救治而拒不救治危重伤病军人的，处五年以下有期徒刑或者拘役；造成伤病军人重残、死亡或者有其他严重情节的，处五年以上十年以下有期徒刑。

第四百四十六条 【战时残害居民、掠夺居民财物罪】战时在军事行动地区，残害无辜居民或者掠夺无辜居民财物的，处五年以下有期徒刑；情节严重的，处五年以上十年以下有期徒刑；情节特别严重的，处十年以上有期徒刑、无期徒刑或者死刑。

第四百四十七条 【私放俘虏罪】私放俘虏的，处五年以下有期徒刑；私放重要俘虏、私放俘虏多人或者有其他严重情节的，处五年以上有期徒刑。

第四百四十八条 【虐待俘虏罪】虐待俘虏，情节恶劣的，处三年以下有期徒刑。

第四百四十九条 【战时缓刑】在战时，对被判处三年以下有期徒刑没有现实危险宣告缓刑的犯罪军人，允许其戴罪立功，确有立功表现时，可以撤销原判刑罚，不以犯罪论处。

第四百五十条 【本章适用的主体范围】本章适用于中国人民解放军的现役军官、文职干部、士兵及具有军籍的学员和中国人民武装警察部队的现役警官、文职干部、士兵及具有军籍的学员以及执行军事任务的预备役人员和其他人员。

第四百五十一条 【战时的概念】本章所称战时，是指国家宣布进入战争状态、部队受领作战任务或者遭敌突然袭击时。

部队执行戒严任务或者处置突发性暴力事件时，以战时论。

附 则

第四百五十二条 【生效日期】本法自 1997 年 10 月 1 日起施行。

中华人民共和国道路交通安全法实施条例

中华人民共和国国务院令第 405 号

2004 年 4 月 28 日国务院第 49 次常务会议通过，自 2004 年 5 月 1 日起施行。根据 2017 年 10 月 7 日国务院令第 687 号《国务院关于修改部分行政法规的决定》修订。

第一章 总　则

第一条　根据《中华人民共和国道路交通安全法》（以下简称道路交通安全法）的规定，制定本条例。

第二条　中华人民共和国境内的车辆驾驶人、行人、乘车人以及与道路交通活动有关的单位和个人，应当遵守道路交通安全法和本条例。

第三条　县级以上地方各级人民政府应当建立、健全道路交通安全工作协调机制，组织有关部门对城市建设项目进行交通影响评价，制定道路交通安全管理规划，确定管理目标，制定实施方案。

第二章　车辆和驾驶人

第一节　机　动　车

第四条　机动车的登记，分为注册登记、变更登记、转移登记、抵押登记和注销登记。

第五条　初次申领机动车号牌、行驶证的，应当向机动车所有人住所地的公安机关交通管理部门申请注册登记。申请机动车注册登记，应当交验机动车，并提交以下证明、凭证：

（一）机动车所有人的身份证明；

（二）购车发票等机动车来历证明；

（三）机动车整车出厂合格证明或者进口机动车进口凭证；

（四）车辆购置税完税证明或者免税凭证；

（五）机动车第三者责任强制保险凭证；

（六）法律、行政法规规定应当在机动车注册登记时提交的其他证明、凭证。

不属于国务院机动车产品主管部门规定免予安全技术检验的车型的，还应当提供机动车安全技术检验合格证明。

第六条　已注册登记的机动车有下列情形之一的，机动车所有人应当向登记该机动车的公安机关交通管理部门申请变更登记：

（一）改变机动车车身颜色的；

（二）更换发动机的；

（三）更换车身或者车架的；

（四）因质量有问题，制造厂更换整车的；

（五）营运机动车改为非营运机动车或者非营运机动车改为营运机动车的；

（六）机动车所有人的住所迁出或者迁入公安机关交通管理部门管辖区域的。

申请机动车变更登记，应当提交下列证明、凭证，属于前款第（一）项、第（二）项、第（三）项、第（四）项、第（五）项情形之一的，还应当交验机动车；属于前款第（二）项、第（三）项情形之一的，还应当同时提交机动车安全技术检验合格证明：

（一）机动车所有人的身份证明；

（二）机动车登记证书；

（三）机动车行驶证。

机动车所有人的住所在公安机关交通管理部门管辖区域内迁移、机动车所有人的姓名（单位名称）或者联系方式变更的，应当向登记该机动车的公安机关交通管理部门备案。

第七条　已注册登记的机动车所有权发生转移的，应当及时办理转移登记。

申请机动车转移登记，当事人应当向登记该机动车的公安机关交通管理部门交验机动车，并提交以下证明、凭证：

（一）当事人的身份证明；

（二）机动车所有权转移的证明、凭证；

（三）机动车登记证书；

（四）机动车行驶证。

第八条　机动车所有人将机动车作为抵押物抵押的，机动车所有人应当向登记该机动车的公安机关交通管理部门申请抵押登记。

第九条　已注册登记的机动车达到国家规定的强制报废标准的，公安机关交通管理部门应当在报废期满的 2 个月前通知机动车所有人办理注销登记。机动车所有人应当在报废期满前将机动车交售给机动车回收企业，由机动车回收企业将报废的机动车登记证书、号牌、行驶证交公安机关交通管理部门注销。机动车所有人逾期不办理注销登记的，公安机关交通管理部门应当公告该机动车登记证书、号牌、行驶证作废。

因机动车灭失申请注销登记的，机动车所有人应当向公安机关交通管理部门提交本人身份证明，交回机动车登记证书。

第十条　办理机动车登记的申请人提交的证明、凭证齐全、有效的，公安机关交通管理部门应当当场办理登记手续。

人民法院、人民检察院以及行政执法部门依法查封、扣押的机动车，公安机关交通管理部门不予办理机动车登记。

第十一条　机动车登记证书、号牌、行驶证丢失或者损毁，机动车所有人申请补发的，应当向公安机关交通管理部门提交本人身份证明和申请材料。公安机关交通管理部门经与机动车登记档案核实后，在收到申请之日起15日内补发。

第十二条　税务部门、保险机构可以在公安机关交通管理部门的办公场所集中办理与机动车有关的税费缴纳、保险合同订立等事项。

第十三条　机动车号牌应当悬挂在车前、车后指定位置，保持清晰、完整。重型、中型载货汽车及其挂车，拖拉机及其挂车的车身或者车厢后部应当喷涂放大的牌号，字样应当端正并保持清晰。

机动车检验合格标志、保险标志应当粘贴在机动车前窗右上角。

机动车喷涂、粘贴标识或者车身广告的，不得影响安全驾驶。

第十四条　用于公路营运的载客汽车、重型载货汽车、半挂牵引车应当安装、使用符合国家标准的行驶记录仪。交通警察可以对机动车行驶速度、连续驾驶时间以及其他行驶状态信息进行检查。安装行驶记录仪可以分步实施，实施步骤由国务院机动车产品主管部门会同有关部门规定。

第十五条　机动车安全技术检验由机动车安全技术检验机构实施。机动车安全技术检验机构应当按照国家机动车安全技术检验标准对机动车进行检验，对检验结果承担法律责任。

质量技术监督部门负责对机动车安全技术检验机构实行计量认证管理，对机动车安全技术检验设备进行检定，对执行国家机动车安全技术检验标准的情况进行监督。

机动车安全技术检验项目由国务院公安部门会同国务院质量技术监督部门规定。

第十六条　机动车应当从注册登记之日起，按照下列期限进行安全技术检验：

（一）营运载客汽车5年以内每年检验1次；超过5年的，每6个月检验1次。

（二）载货汽车和大型、中型非营运载客汽车10年以内每年检验1次；超过10年的，每6个月检验1次。

（三）小型、微型非营运载客汽车6年以内每2年检验1次；超过6年的，每年检验1次；超过15年的，每6个月检验1次。

（四）摩托车4年以内每2年检验1次；超过4年的，每年检验1次。

（五）拖拉机和其他机动车每年检验1次。

营运机动车在规定检验期限内经安全技术检验合格的，不再重复进行安全技术检验。

第十七条 已注册登记的机动车进行安全技术检验时，机动车行驶证记载的登记内容与该机动车的有关情况不符，或者未按照规定提供机动车第三者责任强制保险凭证的，不予通过检验。

第十八条 警车、消防车、救护车、工程救险车标志图案的喷涂以及警报器、标志灯具的安装、使用规定，由国务院公安部门制定。

第二节 机动车驾驶人

第十九条 符合国务院公安部门规定的驾驶许可条件的人，可以向公安机关交通管理部门申请机动车驾驶证。

机动车驾驶证由国务院公安部门规定式样并监制。

第二十条 学习机动车驾驶，应当先学习道路交通安全法律、法规和相关知识，考试合格后，再学习机动车驾驶技能。

在道路上学习驾驶，应当按照公安机关交通管理部门指定的路线、时间进行。在道路上学习机动车驾驶技能应当使用教练车，在教练员随车指导下进行，与教学无关的人员不得乘坐教练车。学员在学习驾驶中有道路交通安全违法行为或者造成交通事故的，由教练员承担责任。

第二十一条 公安机关交通管理部门应当对申请机动车驾驶证的人进行考试，对考试合格的，在5日内核发机动车驾驶证；对考试不合格的，书面说明理由。

第二十二条 机动车驾驶证的有效期为6年，本条例另有规定的除外。

机动车驾驶人初次申领机动车驾驶证后的12个月为实习期。在实习期内驾驶机动车的，应当在车身后部粘贴或者悬挂统一式样的实习标志。

机动车驾驶人在实习期内不得驾驶公共汽车、营运客车或者执行任务的警车、消防车、救护车、工程救险车以及载有爆炸物品、易燃易爆化学物品、剧毒或者放射性等危险物品的机动车；驾驶的机动车不得牵引挂车。

第二十三条 公安机关交通管理部门对机动车驾驶人的道路交通安全违法行为除给予行政处罚外，实行道路交通安全违法行为累积记分（以下简称记分）制度，记分周期为12个月。对在一个记分周期内记分达到12分的，由公安机关交通管理部门扣留其机动车驾驶证,该机动车驾驶人应当按照规定参加道路交通安全法律、法规的学习并接受考试。考试合格的,记分予以清除,发还机动车驾驶证;考试不合格的,继续参加学习和考试。

应当给予记分的道路交通安全违法行为及其分值,由国务院公安部门根据道路交通安全违法行为的危害程度规定。

公安机关交通管理部门应当提供记分查询方式供机动车驾驶人查询。

第二十四条 机动车驾驶人在一个记分周期内记分未达到12分,所处罚款已经缴纳的,记分予以清除;记分虽未达到12分,但尚有罚款未缴纳的,记分转入下一记分周期。

机动车驾驶人在一个记分周期内记分2次以上达到12分的,除按照第二十三条的规定扣留机动车驾驶证、参加学习、接受考试外,还应当接受驾驶技能考试。考试合格的,记分予以清除,发还机动车驾驶证;考试不合格的,继续参加学习和考试。

接受驾驶技能考试的,按照本人机动车驾驶证载明的最高准驾车型考试。

第二十五条 机动车驾驶人记分达到12分,拒不参加公安机关交通管理部门通知的学习,也不接受考试的,由公安机关交通管理部门公告其机动车驾驶证停止使用。

第二十六条 机动车驾驶人在机动车驾驶证的6年有效期内,每个记分周期均未达到12分的,换发10年有效期的机动车驾驶证;在机动车驾驶证的10年有效期内,每个记分周期均未达到12分的,换发长期有效的机动车驾驶证。

换发机动车驾驶证时,公安机关交通管理部门应当对机动车驾驶证进行审验。

第二十七条 机动车驾驶证丢失、损毁,机动车驾驶人申请补发的,应当向公安机关交通管理部门提交本人身份证明和申请材料。公安机关交通管理部门经与机动车驾驶证档案核实后,在收到申请之日起3日内补发。

第二十八条 机动车驾驶人在机动车驾驶证丢失、损毁、超过有效期或者被依法扣留、暂扣期间以及记分达到12分的,不得驾驶机动车。

第三章 道路通行条件

第二十九条 交通信号灯分为:机动车信号灯、非机动车信号灯、人行横道信号灯、车道信号灯、方向指示信号灯、闪光警告信号灯、道路与铁路平面交叉道口信号灯。

第三十条 交通标志分为:指示标志、警告标志、禁令标志、指路标志、旅游区标志、道路施工安全标志和辅助标志。

道路交通标线分为：指示标线、警告标线、禁止标线。

第三十一条　交通警察的指挥分为：手势信号和使用器具的交通指挥信号。

第三十二条　道路交叉路口和行人横过道路较为集中的路段应当设置人行横道、过街天桥或者过街地下通道。

在盲人通行较为集中的路段，人行横道信号灯应当设置声响提示装置。

第三十三条　城市人民政府有关部门可以在不影响行人、车辆通行的情况下，在城市道路上施划停车泊位，并规定停车泊位的使用时间。

第三十四条　开辟或者调整公共汽车、长途汽车的行驶路线或者车站，应当符合交通规划和安全、畅通的要求。

第三十五条　道路养护施工单位在道路上进行养护、维修时，应当按照规定设置规范的安全警示标志和安全防护设施。道路养护施工作业车辆、机械应当安装示警灯，喷涂明显的标志图案，作业时应当开启示警灯和危险报警闪光灯。对未中断交通的施工作业道路，公安机关交通管理部门应当加强交通安全监督检查。发生交通阻塞时，及时做好分流、疏导，维护交通秩序。

道路施工需要车辆绕行的，施工单位应当在绕行处设置标志；不能绕行的，应当修建临时通道，保证车辆和行人通行。需要封闭道路中断交通的，除紧急情况外，应当提前5日向社会公告。

第三十六条　道路或者交通设施养护部门、管理部门应当在急弯、陡坡、临崖、临水等危险路段，按照国家标准设置警告标志和安全防护设施。

第三十七条　道路交通标志、标线不规范，机动车驾驶人容易发生辨认错误的，交通标志、标线的主管部门应当及时予以改善。

道路照明设施应当符合道路建设技术规范，保持照明功能完好。

第四章　道路通行规定

第一节　一般规定

第三十八条　机动车信号灯和非机动车信号灯表示：

（一）绿灯亮时，准许车辆通行，但转弯的车辆不得妨碍被放行的直行车辆、行人通行；

（二）黄灯亮时，已越过停止线的车辆可以继续通行；

（三）红灯亮时，禁止车辆通行。

在未设置非机动车信号灯和人行横道信号灯的路口，非机动车和行人应当按照机动车信号灯的表示通行。

红灯亮时，右转弯的车辆在不妨碍被放行的车辆、行人通行的情况下，可以通行。

第三十九条　人行横道信号灯表示：

（一）绿灯亮时，准许行人通过人行横道；

（二）红灯亮时，禁止行人进入人行横道，但是已经进入人行横道的，可以继续通过或者在道路中心线处停留等候。

第四十条　车道信号灯表示：

（一）绿色箭头灯亮时，准许本车道车辆按指示方向通行；

（二）红色叉形灯或者箭头灯亮时，禁止本车道车辆通行。

第四十一条　方向指示信号灯的箭头方向向左、向上、向右分别表示左转、直行、右转。

第四十二条　闪光警告信号灯为持续闪烁的黄灯，提示车辆、行人通行时注意瞭望，确认安全后通过。

第四十三条　道路与铁路平面交叉道口有两个红灯交替闪烁或者一个红灯亮时，表示禁止车辆、行人通行；红灯熄灭时，表示允许车辆、行人通行。

第二节　机动车通行规定

第四十四条　在道路同方向划有 2 条以上机动车道的，左侧为快速车道，右侧为慢速车道。在快速车道行驶的机动车应当按照快速车道规定的速度行驶，未达到快速车道规定的行驶速度的，应当在慢速车道行驶。摩托车应当在最右侧车道行驶。有交通标志标明行驶速度的，按照标明的行驶速度行驶。慢速车道内的机动车超越前车时，可以借用快速车道行驶。

在道路同方向划有 2 条以上机动车道的，变更车道的机动车不得影响相关车道内行驶的机动车的正常行驶。

第四十五条　机动车在道路上行驶不得超过限速标志、标线标明的速度。在没有限速标志、标线的道路上，机动车不得超过下列最高行驶速度：

（一）没有道路中心线的道路，城市道路为每小时 30 公里，公路为每小时 40 公里；

（二）同方向只有 1 条机动车道的道路，城市道路为每小时 50 公里，公路为每小时 70 公里。

第四十六条　机动车行驶中遇有下列情形之一的，最高行驶速度不得超过每小时 30 公里，其中拖拉机、电瓶车、轮式专用机械车不得超过每小时 15 公里：

（一）进出非机动车道，通过铁路道口、急弯路、窄路、窄桥时；

（二）掉头、转弯、下陡坡时；

（三）遇雾、雨、雪、沙尘、冰雹，能见度在50米以内时；

（四）在冰雪、泥泞的道路上行驶时；

（五）牵引发生故障的机动车时。

第四十七条　机动车超车时，应当提前开启左转向灯，变换使用远、近光灯或者鸣喇叭。在没有道路中心线或者同方向只有1条机动车道的道路上，前车遇后车发出超车信号时，在条件许可的情况下，应当降低速度、靠右让路。后车应当在确认有充足的安全距离后，从前车的左侧超越，在与被超车辆拉开必要的安全距离后，开启右转向灯，驶回原车道。

第四十八条　在没有中心隔离设施或者没有中心线的道路上，机动车遇相对方向来车时应当遵守下列规定：

（一）减速靠右行驶，并与其他车辆、行人保持必要的安全距离。

（二）在有障碍的路段，无障碍的一方先行；但有障碍的一方已驶入障碍路段而无障碍的一方未驶入时，有障碍的一方先行。

（三）在狭窄的坡路，上坡的一方先行；但下坡的一方已行至中途而上坡的一方未上坡时，下坡的一方先行。

（四）在狭窄的山路，不靠山体的一方先行。

（五）夜间会车应当在距相对方向来车150米以外改用近光灯，在窄路、窄桥与非机动车会车时应当使用近光灯。

第四十九条　机动车在有禁止掉头或者禁止左转弯标志、标线的地点以及在铁路道口、人行横道、桥梁、急弯、陡坡、隧道或者容易发生危险的路段，不得掉头。

机动车在没有禁止掉头或者没有禁止左转弯标志、标线的地点可以掉头，但不得妨碍正常行驶的其他车辆和行人的通行。

第五十条　机动车倒车时，应当查明车后情况，确认安全后倒车。不得在铁路道口、交叉路口、单行路、桥梁、急弯、陡坡或者隧道中倒车。

第五十一条　机动车通过有交通信号灯控制的交叉路口，应当按照下列规定通行：

（一）在划有导向车道的路口，按所需行进方向驶入导向车道。

（二）准备进入环形路口的让已在路口内的机动车先行。

（三）向左转弯时，靠路口中心点左侧转弯。转弯时开启转向灯，夜间行驶开启近光灯。

（四）遇放行信号时，依次通过。

（五）遇停止信号时，依次停在停止线以外。没有停止线的，停在路口以外。

（六）向右转弯遇有同车道前车正在等候放行信号时，依次停车等候。

（七）在没有方向指示信号灯的交叉路口，转弯的机动车让直行的车辆、行人先行。相对方向行驶的右转弯机动车让左转弯车辆先行。

第五十二条　机动车通过没有交通信号灯控制也没有交通警察指挥的交叉路口，除应当遵守第五十一条第（二）项、第（三）项的规定外，还应当遵守下列规定：

（一）有交通标志、标线控制的，让优先通行的一方先行；

（二）没有交通标志、标线控制的，在进入路口前停车瞭望，让右方道路的来车先行；

（三）转弯的机动车让直行的车辆先行；

（四）相对方向行驶的右转弯的机动车让左转弯的车辆先行。

第五十三条　机动车遇有前方交叉路口交通阻塞时，应当依次停在路口以外等候，不得进入路口。

机动车在遇有前方机动车停车排队等候或者缓慢行驶时，应当依次排队，不得从前方车辆两侧穿插或者超越行驶，不得在人行横道、网状线区域内停车等候。

机动车在车道减少的路口、路段，遇有前方机动车停车排队等候或者缓慢行驶的，应当每车道一辆依次交替驶入车道减少后的路口、路段。

第五十四条　机动车载物不得超过机动车行驶证上核定的载质量，装载长度、宽度不得超出车厢，并应当遵守下列规定：

（一）重型、中型载货汽车，半挂车载物，高度从地面起不得超过 4 米，载运集装箱的车辆不得超过 4.2 米。

（二）其他载货的机动车载物，高度从地面起不得超过 2.5 米。

（三）摩托车载物，高度从地面起不得超过 1.5 米，长度不得超出车身 0.2 米。两轮摩托车载物宽度左右各不得超出车把 0.15 米；三轮摩托车载物宽度不得超过车身。

载客汽车除车身外部的行李架和内置的行李箱外，不得载货。载客汽车行李架载货，从车顶起高度不得超过 0.5 米，从地面起高度不得超过 4 米。

第五十五条　机动车载人应当遵守下列规定：

（一）公路载客汽车不得超过核定的载客人数，但按照规定免票的儿童除外，在载客人数已满的情况下，按照规定免票的儿童不得超过核定载客人数的 10%。

（二）载货汽车车厢不得载客。在城市道路上，货运机动车在留有安全位置的情况下，车厢内可以附载临时作业人员1人至5人；载物高度超过车厢栏板时，货物上不得载人。

（三）摩托车后座不得乘坐未满12周岁的未成年人，轻便摩托车不得载人。

第五十六条　机动车牵引挂车应当符合下列规定：

（一）载货汽车、半挂牵引车、拖拉机只允许牵引1辆挂车。挂车的灯光信号、制动、连接、安全防护等装置应当符合国家标准。

（二）小型载客汽车只允许牵引旅居挂车或者总质量700千克以下的挂车。挂车不得载人。

（三）载货汽车所牵引挂车的载质量不得超过载货汽车本身的载质量。

大型、中型载客汽车，低速载货汽车，三轮汽车以及其他机动车不得牵引挂车。

第五十七条　机动车应当按照下列规定使用转向灯：

（一）向左转弯、向左变更车道、准备超车、驶离停车地点或者掉头时，应当提前开启左转向灯；

（二）向右转弯、向右变更车道、超车完毕驶回原车道、靠路边停车时，应当提前开启右转向灯。

第五十八条　机动车在夜间没有路灯、照明不良或者遇有雾、雨、雪、沙尘、冰雹等低能见度情况下行驶时，应当开启前照灯、示廓灯和后位灯，但同方向行驶的后车与前车近距离行驶时，不得使用远光灯。机动车雾天行驶应当开启雾灯和危险报警闪光灯。

第五十九条　机动车在夜间通过急弯、坡路、拱桥、人行横道或者没有交通信号灯控制的路口时，应当交替使用远、近光灯示意。

机动车驶近急弯、坡道顶端等影响安全视距的路段以及超车或者遇有紧急情况时，应当减速慢行，并鸣喇叭示意。

第六十条　机动车在道路上发生故障或者发生交通事故，妨碍交通又难以移动的，应当按照规定开启危险报警闪光灯并在车后50米至100米处设置警告标志，夜间还应当同时开启示廓灯和后位灯。

第六十一条　牵引故障机动车应当遵守下列规定：

（一）被牵引的机动车除驾驶人外不得载人，不得拖带挂车；

（二）被牵引的机动车宽度不得大于牵引机动车的宽度；

（三）使用软连接牵引装置时，牵引车与被牵引车之间的距离应当大于4米小于10米；

（四）对制动失效的被牵引车，应当使用硬连接牵引装置牵引；

（五）牵引车和被牵引车均应当开启危险报警闪光灯。

汽车吊车和轮式专用机械车不得牵引车辆。摩托车不得牵引车辆或者被其他车辆牵引。

转向或者照明、信号装置失效的故障机动车，应当使用专用清障车拖曳。

第六十二条　驾驶机动车不得有下列行为：

（一）在车门、车厢没有关好时行车；

（二）在机动车驾驶室的前后窗范围内悬挂、放置妨碍驾驶人视线的物品；

（三）拨打接听手持电话、观看电视等妨碍安全驾驶的行为；

（四）下陡坡时熄火或者空挡滑行；

（五）向道路上抛撒物品；

（六）驾驶摩托车手离车把或者在车把上悬挂物品；

（七）连续驾驶机动车超过 4 小时未停车休息或者停车休息时间少于 20 分钟；

（八）在禁止鸣喇叭的区域或者路段鸣喇叭。

第六十三条　机动车在道路上临时停车，应当遵守下列规定：

（一）在设有禁停标志、标线的路段，在机动车道与非机动车道、人行道之间设有隔离设施的路段以及人行横道、施工地段，不得停车；

（二）交叉路口、铁路道口、急弯路、宽度不足 4 米的窄路、桥梁、陡坡、隧道以及距离上述地点 50 米以内的路段，不得停车；

（三）公共汽车站、急救站、加油站、消防栓或者消防队（站）门前以及距离上述地点 30 米以内的路段，除使用上述设施的以外，不得停车；

（四）车辆停稳前不得开车门和上下人员，开关车门不得妨碍其他车辆和行人通行；

（五）路边停车应当紧靠道路右侧，机动车驾驶人不得离车，上下人员或者装卸物品后，立即驶离；

（六）城市公共汽车不得在站点以外的路段停车上下乘客。

第六十四条　机动车行经漫水路或者漫水桥时，应当停车察明水情，确认安全后，低速通过。

第六十五条　机动车载运超限物品行经铁路道口的，应当按照当地铁路部门指定的铁路道口、时间通过。

机动车行经渡口，应当服从渡口管理人员指挥，按照指定地点依次待渡。机动车上下渡船时，应当低速慢行。

第六十六条　警车、消防车、救护车、工程救险车在执行紧急任务遇交通受阻时,可以断续使用警报器,并遵守下列规定:

(一) 不得在禁止使用警报器的区域或者路段使用警报器;

(二) 夜间在市区不得使用警报器;

(三) 列队行驶时,前车已经使用警报器的,后车不再使用警报器。

第六十七条　在单位院内、居民居住区内,机动车应当低速行驶,避让行人;有限速标志的,按照限速标志行驶。

第三节　非机动车通行规定

第六十八条　非机动车通过有交通信号灯控制的交叉路口,应当按照下列规定通行:

(一) 转弯的非机动车让直行的车辆、行人优先通行。

(二) 遇有前方路口交通阻塞时,不得进入路口。

(三) 向左转弯时,靠路口中心点的右侧转弯。

(四) 遇有停止信号时,应当依次停在路口停止线以外。没有停止线的,停在路口以外。

(五) 向右转弯遇有同方向前车正在等候放行信号时,在本车道内能够转弯的,可以通行;不能转弯的,依次等候。

第六十九条　非机动车通过没有交通信号灯控制也没有交通警察指挥的交叉路口,除应当遵守第六十八条第(一)项、第(二)项和第(三)项的规定外,还应当遵守下列规定:

(一) 有交通标志、标线控制的,让优先通行的一方先行;

(二) 没有交通标志、标线控制的,在路口外慢行或者停车瞭望,让右方道路的来车先行;

(三) 相对方向行驶的右转弯的非机动车让左转弯的车辆先行。

第七十条　驾驶自行车、电动自行车、三轮车在路段上横过机动车道,应当下车推行,有人行横道或者行人过街设施的,应当从人行横道或者行人过街设施通过;没有人行横道、没有行人过街设施或者不便使用行人过街设施的,在确认安全后直行通过。

因非机动车道被占用无法在本车道内行驶的非机动车,可以在受阻的路段借用相邻的机动车道行驶,并在驶过被占用路段后迅速驶回非机动车道。机动车遇此情况应当减速让行。

第七十一条　非机动车载物,应当遵守下列规定:

（一）自行车、电动自行车、残疾人机动轮椅车载物，高度从地面起不得超过1.5米，宽度左右各不得超出车把0.15米，长度前端不得超出车轮，后端不得超出车身0.3米；

（二）三轮车、人力车载物，高度从地面起不得超过2米，宽度左右各不得超出车身0.2米，长度不得超出车身1米；

（三）畜力车载物，高度从地面起不得超过2.5米，宽度左右各不得超出车身0.2米，长度前端不得超出车辕，后端不得超出车身1米。

自行车载人的规定，由省、自治区、直辖市人民政府根据当地实际情况制定。

第七十二条　在道路上驾驶自行车、三轮车、电动自行车、残疾人机动轮椅车应当遵守下列规定：

（一）驾驶自行车、三轮车必须年满12周岁；

（二）驾驶电动自行车和残疾人机动轮椅车必须年满16周岁；

（三）不得醉酒驾驶；

（四）转弯前应当减速慢行，伸手示意，不得突然猛拐，超越前车时不得妨碍被超越的车辆行驶；

（五）不得牵引、攀扶车辆或者被其他车辆牵引，不得双手离把或者手中持物；

（六）不得扶身并行、互相追逐或者曲折竞驶；

（七）不得在道路上骑独轮自行车或者2人以上骑行的自行车；

（八）非下肢残疾的人不得驾驶残疾人机动轮椅车；

（九）自行车、三轮车不得加装动力装置；

（十）不得在道路上学习驾驶非机动车。

第七十三条　在道路上驾驭畜力车应当年满16周岁，并遵守下列规定：

（一）不得醉酒驾驭。

（二）不得并行，驾驭人不得离开车辆。

（三）行经繁华路段、交叉路口、铁路道口、人行横道、急弯路、宽度不足4米的窄路或者窄桥、陡坡、隧道或者容易发生危险的路段，不得超车。驾驭两轮畜力车应当下车牵引牲畜。

（四）不得使用未经驯服的牲畜驾车，随车幼畜须拴系。

（五）停放车辆应当拉紧车闸，拴系牲畜。

第四节　行人和乘车人通行规定

第七十四条　行人不得有下列行为：

（一）在道路上使用滑板、旱冰鞋等滑行工具；

（二）在车行道内坐卧、停留、嬉闹；
（三）追车、抛物击车等妨碍道路交通安全的行为。

第七十五条　行人横过机动车道，应当从行人过街设施通过；没有行人过街设施的，应当从人行横道通过；没有人行横道的，应当观察来往车辆的情况，确认安全后直行通过，不得在车辆临近时突然加速横穿或者中途倒退、折返。

第七十六条　行人列队在道路上通行，每横列不得超过2人，但在已经实行交通管制的路段不受限制。

第七十七条　乘坐机动车应当遵守下列规定：
（一）不得在机动车道上拦乘机动车；
（二）在机动车道上不得从机动车左侧上下车；
（三）开关车门不得妨碍其他车辆和行人通行；
（四）机动车行驶中，不得干扰驾驶，不得将身体任何部分伸出车外，不得跳车；
（五）乘坐两轮摩托车应当正向骑坐。

第五节　高速公路的特别规定

第七十八条　高速公路应当标明车道的行驶速度，最高车速不得超过每小时120公里，最低车速不得低于每小时60公里。

在高速公路上行驶的小型载客汽车最高车速不得超过每小时120公里，其他机动车不得超过每小时100公里，摩托车不得超过每小时80公里。

同方向有2条车道的，左侧车道的最低车速为每小时100公里；同方向有3条以上车道的，最左侧车道的最低车速为每小时110公里，中间车道的最低车速为每小时90公里。道路限速标志标明的车速与上述车道行驶车速的规定不一致的，按照道路限速标志标明的车速行驶。

第七十九条　机动车从匝道驶入高速公路，应当开启左转向灯，在不妨碍已在高速公路内的机动车正常行驶的情况下驶入车道。

机动车驶离高速公路时，应当开启右转向灯，驶入减速车道，降低车速后驶离。

第八十条　机动车在高速公路上行驶，车速超过每小时100公里时，应当与同车道前车保持100米以上的距离，车速低于每小时100公里时，与同车道前车距离可以适当缩短，但最小距离不得少于50米。

第八十一条　机动车在高速公路上行驶，遇有雾、雨、雪、沙尘、冰雹等低能见度气象条件时，应当遵守下列规定：

（一）能见度小于 200 米时，开启雾灯、近光灯、示廓灯和前后位灯，车速不得超过每小时 60 公里，与同车道前车保持 100 米以上的距离；

（二）能见度小于 100 米时，开启雾灯、近光灯、示廓灯、前后位灯和危险报警闪光灯，车速不得超过每小时 40 公里，与同车道前车保持 50 米以上的距离；

（三）能见度小于 50 米时，开启雾灯、近光灯、示廓灯、前后位灯和危险报警闪光灯，车速不得超过每小时 20 公里，并从最近的出口尽快驶离高速公路。

遇有前款规定情形时，高速公路管理部门应当通过显示屏等方式发布速度限制、保持车距等提示信息。

第八十二条　机动车在高速公路上行驶，不得有下列行为：

（一）倒车、逆行、穿越中央分隔带掉头或者在车道内停车；

（二）在匝道、加速车道或者减速车道上超车；

（三）骑、轧车行道分界线或者在路肩上行驶；

（四）非紧急情况时在应急车道行驶或者停车；

（五）试车或者学习驾驶机动车。

第八十三条　在高速公路上行驶的载货汽车车厢不得载人。两轮摩托车在高速公路行驶时不得载人。

第八十四条　机动车通过施工作业路段时，应当注意警示标志，减速行驶。

第八十五条　城市快速路的道路交通安全管理，参照本节的规定执行。

高速公路、城市快速路的道路交通安全管理工作，省、自治区、直辖市人民政府公安机关交通管理部门可以指定设区的市人民政府公安机关交通管理部门或者相当于同级的公安机关交通管理部门承担。

第五章　交通事故处理

第八十六条　机动车与机动车、机动车与非机动车在道路上发生未造成人身伤亡的交通事故，当事人对事实及成因无争议的，在记录交通事故的时间、地点、对方当事人的姓名和联系方式、机动车牌号、驾驶证号、保险凭证号、碰撞部位，并共同签名后，撤离现场，自行协商损害赔偿事宜。当事人对交通事故事实及成因有争议的，应当迅速报警。

第八十七条　非机动车与非机动车或者行人在道路上发生交通事故，未造成人身伤亡，且基本事实及成因清楚的，当事人应当先撤离现场，再自行协商处理损害赔偿事宜。当事人对交通事故事实及成因有争议的，应当迅速报警。

第八十八条　机动车发生交通事故，造成道路、供电、通信等设施损毁的，驾驶人应当报警等候处理，不得驶离。机动车可以移动的，应当将机动车移至不妨碍交通的地点。公安机关交通管理部门应当将事故有关情况通知有关部门。

第八十九条　公安机关交通管理部门或者交通警察接到交通事故报警，应当及时赶赴现场，对未造成人身伤亡，事实清楚，并且机动车可以移动的，应当在记录事故情况后责令当事人撤离现场，恢复交通。对拒不撤离现场的，予以强制撤离。

对属于前款规定情况的道路交通事故，交通警察可以适用简易程序处理，并当场出具事故认定书。当事人共同请求调解的，交通警察可以当场对损害赔偿争议进行调解。

对道路交通事故造成人员伤亡和财产损失需要勘验、检查现场的，公安机关交通管理部门应当按照勘查现场工作规范进行。现场勘查完毕，应当组织清理现场，恢复交通。

第九十条　投保机动车第三者责任强制保险的机动车发生交通事故，因抢救受伤人员需要保险公司支付抢救费用的，由公安机关交通管理部门通知保险公司。

抢救受伤人员需要道路交通事故救助基金垫付费用的，由公安机关交通管理部门通知道路交通事故社会救助基金管理机构。

第九十一条　公安机关交通管理部门应当根据交通事故当事人的行为对发生交通事故所起的作用以及过错的严重程度，确定当事人的责任。

第九十二条　发生交通事故后当事人逃逸的，逃逸的当事人承担全部责任。但是，有证据证明对方当事人也有过错的，可以减轻责任。

当事人故意破坏、伪造现场、毁灭证据的，承担全部责任。

第九十三条　公安机关交通管理部门对经过勘验、检查现场的交通事故应当在勘查现场之日起10日内制作交通事故认定书。对需要进行检验、鉴定的，应当在检验、鉴定结果确定之日起5日内制作交通事故认定书。

第九十四条　当事人对交通事故损害赔偿有争议，各方当事人一致请求公安机关交通管理部门调解的，应当在收到交通事故认定书之日起10日内提出书面调解申请。

对交通事故致死的，调解从办理丧葬事宜结束之日起开始；对交通事故致伤的，调解从治疗终结或者定残之日起开始；对交通事故造成财产损失的，调解从确定损失之日起开始。

第九十五条　公安机关交通管理部门调解交通事故损害赔偿争议的期限为10日。调解达成协议的，公安机关交通管理部门应当制作调解书送交各方当事人，调解书经各方当事人共同签字后生效；调解未达成协议的，公安机关交通管理部门应当制作调解终结书送交各方当事人。

交通事故损害赔偿项目和标准依照有关法律的规定执行。

第九十六条　对交通事故损害赔偿的争议，当事人向人民法院提起民事诉讼的，公安机关交通管理部门不再受理调解申请。

公安机关交通管理部门调解期间，当事人向人民法院提起民事诉讼的，调解终止。

第九十七条　车辆在道路以外发生交通事故，公安机关交通管理部门接到报案的，参照道路交通安全法和本条例的规定处理。

车辆、行人与火车发生的交通事故以及在渡口发生的交通事故，依照国家有关规定处理。

第六章　执法监督

第九十八条　公安机关交通管理部门应当公开办事制度、办事程序，建立警风警纪监督员制度，自觉接受社会和群众的监督。

第九十九条　公安机关交通管理部门及其交通警察办理机动车登记，发放号牌，对驾驶人考试、发证，处理道路交通安全违法行为，处理道路交通事故，应当严格遵守有关规定，不得越权执法，不得延迟履行职责，不得擅自改变处罚的种类和幅度。

第一百条　公安机关交通管理部门应当公布举报电话，受理群众举报投诉，并及时调查核实，反馈查处结果。

第一百零一条　公安机关交通管理部门应当建立执法质量考核评议、执法责任制和执法过错追究制度，防止和纠正道路交通安全执法中的错误或者不当行为。

第七章　法律责任

第一百零二条　违反本条例规定的行为，依照道路交通安全法和本条例的规定处罚。

第一百零三条　以欺骗、贿赂等不正当手段取得机动车登记或者驾驶许可的，收缴机动车登记证书、号牌、行驶证或者机动车驾驶证，撤销机动车登记或者机动车驾驶许可；申请人在3年内不得申请机动车登记或者机动车驾驶许可。

第一百零四条　机动车驾驶人有下列行为之一，又无其他机动车驾驶人即时替代驾驶的，公安机关交通管理部门除依法给予处罚外，可以将其驾驶的机动车移至不妨碍交通的地点或者有关部门指定的地点停放：

（一）不能出示本人有效驾驶证的；

（二）驾驶的机动车与驾驶证载明的准驾车型不符的；

（三）饮酒、服用国家管制的精神药品或者麻醉药品、患有妨碍安全驾驶的疾病，或者过度疲劳仍继续驾驶的；

（四）学习驾驶人员没有教练人员随车指导单独驾驶的。

第一百零五条　机动车驾驶人有饮酒、醉酒、服用国家管制的精神药品或者麻醉药品嫌疑的，应当接受测试、检验。

第一百零六条　公路客运载客汽车超过核定乘员、载货汽车超过核定载质量的，公安机关交通管理部门依法扣留机动车后，驾驶人应当将超载的乘车人转运、将超载的货物卸载，费用由超载机动车的驾驶人或者所有人承担。

第一百零七条　依照道路交通安全法第九十二条、第九十五条、第九十六条、第九十八条的规定被扣留的机动车，驾驶人或者所有人、管理人30日内没有提供被扣留机动车的合法证明，没有补办相应手续，或者不前来接受处理，经公安机关交通管理部门通知并且经公告3个月仍不前来接受处理的，由公安机关交通管理部门将该机动车送交有资格的拍卖机构拍卖，所得价款上缴国库；非法拼装的机动车予以拆除；达到报废标准的机动车予以报废；机动车涉及其他违法犯罪行为的，移交有关部门处理。

第一百零八条　交通警察按照简易程序当场作出行政处罚的，应当告知当事人道路交通安全违法行为的事实、处罚的理由和依据，并将行政处罚决定书当场交付被处罚人。

第一百零九条　对道路交通安全违法行为人处以罚款或者暂扣驾驶证处罚的，由违法行为发生地的县级以上人民政府公安机关交通管理部门或者相当于同级的公安机关交通管理部门作出决定；对处以吊销机动车驾驶证处罚的，由设区的市人民政府公安机关交通管理部门或者相当于同级的公安机关交通管理部门作出决定。

公安机关交通管理部门对非本辖区机动车的道路交通安全违法行为没有当场处罚的，可以由机动车登记地的公安机关交通管理部门处罚。

第一百一十条　当事人对公安机关交通管理部门及其交通警察的处罚有权进行陈述和申辩，交通警察应当充分听取当事人的陈述和申辩，不得因当事人陈述、申辩而加重其处罚。

第八章　附　　则

第一百一十一条　本条例所称上道路行驶的拖拉机，是指手扶拖拉机等最高设计行驶速度不超过每小时20公里的轮式拖拉机和最高设计行驶速度不超过每小时 40 公里、牵引挂车方可从事道路运输的轮式拖拉机。

第一百一十二条　农业（农业机械）主管部门应当定期向公安机关交通管理部门提供拖拉机登记、安全技术检验以及拖拉机驾驶证发放的资料、数据。公安机关交通管理部门对拖拉机驾驶人作出暂扣、吊销驾驶证处罚或者记分处理的，应当定期将处罚决定书和记分情况通报有关的农业（农业机械）主管部门。吊销驾驶证的，还应当将驾驶证送交有关的农业（农业机械）主管部门。

第一百一十三条　境外机动车入境行驶，应当向入境地的公安机关交通管理部门申请临时通行号牌、行驶证。临时通行号牌、行驶证应当根据行驶需要，载明有效日期和允许行驶的区域。

入境的境外机动车申请临时通行号牌、行驶证以及境外人员申请机动车驾驶许可的条件、考试办法由国务院公安部门规定。

第一百一十四条　机动车驾驶许可考试的收费标准，由国务院价格主管部门规定。

第一百一十五条　本条例自 2004 年 5 月 1 日起施行。1960 年 2 月 11 日国务院批准、交通部发布的《机动车管理办法》，1988 年 3 月 9 日国务院发布的《中华人民共和国道路交通管理条例》，1991 年 9 月 22 日国务院发布的《道路交通事故处理办法》，同时废止。

中华人民共和国道路运输条例

中华人民共和国国务院令第 406 号

2004 年 4 月 14 日国务院第 48 次常务会议通过，根据 2012 年 11 月 9 日中华人民共和国国务院令第 628 号《国务院关于修改和废止部分行政法规的决定》第一次修订，根据 2016 年 2 月 6 日中华人民共和国国务院令第 666 号《国务院关于修改部分行政法规的决定》第二次修订。

第一章 总 则

第一条 为了维护道路运输市场秩序，保障道路运输安全，保护道路运输有关各方当事人的合法权益，促进道路运输业的健康发展，制定本条例。

第二条 从事道路运输经营以及道路运输相关业务的，应当遵守本条例。

前款所称道路运输经营包括道路旅客运输经营（以下简称客运经营）和道路货物运输经营（以下简称货运经营）；道路运输相关业务包括站（场）经营、机动车维修经营、机动车驾驶员培训。

第三条 从事道路运输经营以及道路运输相关业务，应当依法经营，诚实信用，公平竞争。

第四条 道路运输管理，应当公平、公正、公开和便民。

第五条 国家鼓励发展乡村道路运输，并采取必要的措施提高乡镇和行政村的通班车率，满足广大农民的生活和生产需要。

第六条 国家鼓励道路运输企业实行规模化、集约化经营。任何单位和个人不得封锁或者垄断道路运输市场。

第七条 国务院交通主管部门主管全国道路运输管理工作。

县级以上地方人民政府交通主管部门负责组织领导本行政区域的道路运输管理工作。

县级以上道路运输管理机构负责具体实施道路运输管理工作。

第二章 道路运输经营

第一节 客 运

第八条 申请从事客运经营的，应当具备下列条件：

（一）有与其经营业务相适应并经检测合格的车辆；
（二）有符合本条例第九条规定条件的驾驶人员；
（三）有健全的安全生产管理制度。
申请从事班线客运经营的，还应当有明确的线路和站点方案。
第九条　从事客运经营的驾驶人员，应当符合下列条件：
（一）取得相应的机动车驾驶证；
（二）年龄不超过60周岁；
（三）3年内无重大以上交通责任事故记录；
（四）经设区的市级道路运输管理机构对有关客运法律法规、机动车维修和旅客急救基本知识考试合格。
第十条　申请从事客运经营的，应当依法向工商行政管理机关办理有关登记手续后，按照下列规定提出申请并提交符合本条例第八条规定条件的相关材料：
（一）从事县级行政区域内客运经营的，向县级道路运输管理机构提出申请；
（二）从事省、自治区、直辖市行政区域内跨2个县级以上行政区域客运经营的，向其共同的上一级道路运输管理机构提出申请；
（三）从事跨省、自治区、直辖市行政区域客运经营的，向所在地的省、自治区、直辖市道路运输管理机构提出申请。
依照前款规定收到申请的道路运输管理机构，应当自受理申请之日起20日内审查完毕，作出许可或者不予许可的决定。予以许可的，向申请人颁发道路运输经营许可证，并向申请人投入运输的车辆配发车辆营运证；不予许可的，应当书面通知申请人并说明理由。
对从事跨省、自治区、直辖市行政区域客运经营的申请，有关省、自治区、直辖市道路运输管理机构依照本条第二款规定颁发道路运输经营许可证前，应当与运输线路目的地的省、自治区、直辖市道路运输管理机构协商；协商不成的，应当报国务院交通主管部门决定。
第十一条　取得道路运输经营许可证的客运经营者，需要增加客运班线的，应当依照本条例第十条的规定办理有关手续。
第十二条　县级以上道路运输管理机构在审查客运申请时，应当考虑客运市场的供求状况、普遍服务和方便群众等因素。
同一线路有3个以上申请人时，可以通过招标的形式作出许可决定。
第十三条　县级以上道路运输管理机构应当定期公布客运市场供求状况。
第十四条　客运班线的经营期限为4年到8年。经营期限届满需要延续客运班线经营许可的，应当重新提出申请。

第十五条　客运经营者需要终止客运经营的，应当在终止前 30 日内告知原许可机关。

第十六条　客运经营者应当为旅客提供良好的乘车环境，保持车辆清洁、卫生，并采取必要的措施防止在运输过程中发生侵害旅客人身、财产安全的违法行为。

第十七条　旅客应当持有效客票乘车，遵守乘车秩序，讲究文明卫生，不得携带国家规定的危险物品及其他禁止携带的物品乘车。

第十八条　班线客运经营者取得道路运输经营许可证后，应当向公众连续提供运输服务，不得擅自暂停、终止或者转让班线运输。

第十九条　从事包车客运的，应当按照约定的起始地、目的地和线路运输。

从事旅游客运的，应当在旅游区域按照旅游线路运输。

第二十条　客运经营者不得强迫旅客乘车，不得甩客、敲诈旅客；不得擅自更换运输车辆。

第二节　货　　运

第二十一条　申请从事货运经营的，应当具备下列条件：

（一）有与其经营业务相适应并经检测合格的车辆；

（二）有符合本条例第二十二条规定条件的驾驶人员；

（三）有健全的安全生产管理制度。

第二十二条　从事货运经营的驾驶人员，应当符合下列条件：

（一）取得相应的机动车驾驶证；

（二）年龄不超过 60 周岁；

（三）经设区的市级道路运输管理机构对有关货运法律法规、机动车维修和货物装载保管基本知识考试合格。

第二十三条　申请从事危险货物运输经营的，还应当具备下列条件：

（一）有 5 辆以上经检测合格的危险货物运输专用车辆、设备；

（二）有经所在地设区的市级人民政府交通主管部门考试合格，取得上岗资格证的驾驶人员、装卸管理人员、押运人员；

（三）危险货物运输专用车辆配有必要的通信工具；

（四）有健全的安全生产管理制度。

第二十四条　申请从事货运经营的，应当依法向工商行政管理机关办理有关登记手续后，按照下列规定提出申请并分别提交符合本条例第二十一条、第二十三条规定条件的相关材料：

（一）从事危险货物运输经营以外的货运经营的，向县级道路运输管理机构提出申请；

（二）从事危险货物运输经营的，向设区的市级道路运输管理机构提出申请。

依照前款规定收到申请的道路运输管理机构，应当自受理申请之日起20日内审查完毕，作出许可或者不予许可的决定。予以许可的，向申请人颁发道路运输经营许可证，并向申请人投入运输的车辆配发车辆营运证；不予许可的，应当书面通知申请人并说明理由。

第二十五条　货运经营者不得运输法律、行政法规禁止运输的货物。

法律、行政法规规定必须办理有关手续后方可运输的货物，货运经营者应当查验有关手续。

第二十六条　国家鼓励货运经营者实行封闭式运输，保证环境卫生和货物运输安全。

货运经营者应当采取必要措施，防止货物脱落、扬撒等。

运输危险货物应当采取必要措施，防止危险货物燃烧、爆炸、辐射、泄漏等。

第二十七条　运输危险货物应当配备必要的押运人员，保证危险货物处于押运人员的监管之下，并悬挂明显的危险货物运输标志。

托运危险货物的，应当向货运经营者说明危险货物的品名、性质、应急处置方法等情况，并严格按照国家有关规定包装，设置明显标志。

第三节　客运和货运的共同规定

第二十八条　客运经营者、货运经营者应当加强对从业人员的安全教育、职业道德教育，确保道路运输安全。

道路运输从业人员应当遵守道路运输操作规程，不得违章作业。驾驶人员连续驾驶时间不得超过4个小时。

第二十九条　生产（改装）客运车辆、货运车辆的企业应当按照国家规定标定车辆的核定人数或者载重量，严禁多标或者少标车辆的核定人数或者载重量。

客运经营者、货运经营者应当使用符合国家规定标准的车辆从事道路运输经营。

第三十条　客运经营者、货运经营者应当加强对车辆的维护和检测，确保车辆符合国家规定的技术标准；不得使用报废的、擅自改装的和其他不符合国家规定的车辆从事道路运输经营。

第三十一条　客运经营者、货运经营者应当制定有关交通事故、自然灾害以及其他突发事件的道路运输应急预案。应急预案应当包括报告程序、应急指挥、应急车辆和设备的储备以及处置措施等内容。

第三十二条　发生交通事故、自然灾害以及其他突发事件，客运经营者和货运经营者应当服从县级以上人民政府或者有关部门的统一调度、指挥。

第三十三条　道路运输车辆应当随车携带车辆营运证，不得转让、出租。

第三十四条　道路运输车辆运输旅客的，不得超过核定的人数，不得违反规定载货；运输货物的，不得运输旅客，运输的货物应当符合核定的载重量，严禁超载；载物的长、宽、高不得违反装载要求。

违反前款规定的，由公安机关交通管理部门依照《中华人民共和国道路交通安全法》的有关规定进行处罚。

第三十五条　客运经营者、危险货物运输经营者应当分别为旅客或者危险货物投保承运人责任险。

第三章　道路运输相关业务

第三十六条　申请从事道路运输站（场）经营的，应当具备下列条件：

（一）有经验收合格的运输站（场）；

（二）有相应的专业人员和管理人员；

（三）有相应的设备、设施；

（四）有健全的业务操作规程和安全管理制度。

第三十七条　申请从事机动车维修经营的，应当具备下列条件：

（一）有相应的机动车维修场地；

（二）有必要的设备、设施和技术人员；

（三）有健全的机动车维修管理制度；

（四）有必要的环境保护措施。

第三十八条　申请从事机动车驾驶员培训的，应当具备下列条件：

（一）取得企业法人资格；

（二）有健全的培训机构和管理制度；

（三）有与培训业务相适应的教学人员、管理人员；

（四）有必要的教学车辆和其他教学设施、设备、场地。

第三十九条　申请从事道路运输站（场）经营、机动车维修经营和机动车驾驶员培训业务的，应当在依法向工商行政管理机关办理有关登记手续后，向所在地县级道路运输管理机构提出申请，并分别附送符合本条例第三十六条、第三十七条、第三十八条规定条件的相关材料。县级道路运输管理机构应当自受理申请之日起15日内审查完毕，作出许可或者不予许可的决定，并书面通知申请人。

第四十条　道路运输站（场）经营者应当对出站的车辆进行安全检查，禁止无证经营的车辆进站从事经营活动，防止超载车辆或者未经安全检查的车辆出站。

道路运输站（场）经营者应当公平对待使用站（场）的客运经营者和货运经营者，无正当理由不得拒绝道路运输车辆进站从事经营活动。

道路运输站（场）经营者应当向旅客和货主提供安全、便捷、优质的服务；保持站（场）卫生、清洁；不得随意改变站（场）用途和服务功能。

第四十一条　道路旅客运输站（场）经营者应当为客运经营者合理安排班次，公布其运输线路、起止经停站点、运输班次、始发时间、票价，调度车辆进站、发车，疏导旅客，维持上下车秩序。

道路旅客运输站（场）经营者应当设置旅客购票、候车、行李寄存和托运等服务设施，按照车辆核定载客限额售票，并采取措施防止携带危险品的人员进站乘车。

第四十二条　道路货物运输站（场）经营者应当按照国务院交通主管部门规定的业务操作规程装卸、储存、保管货物。

第四十三条　机动车维修经营者应当按照国家有关技术规范对机动车进行维修，保证维修质量，不得使用假冒伪劣配件维修机动车。

机动车维修经营者应当公布机动车维修工时定额和收费标准，合理收取费用。

第四十四条　机动车维修经营者对机动车进行二级维护、总成修理或者整车修理的，应当进行维修质量检验。检验合格的，维修质量检验人员应当签发机动车维修合格证。

机动车维修实行质量保证期制度。质量保证期内因维修质量原因造成机动车无法正常使用的，机动车维修经营者应当无偿返修。

机动车维修质量保证期制度的具体办法，由国务院交通主管部门制定。

第四十五条　机动车维修经营者不得承修已报废的机动车，不得擅自改装机动车。

第四十六条　机动车驾驶员培训机构应当按照国务院交通主管部门规定的教学大纲进行培训，确保培训质量。培训结业的，应当向参加培训的人员颁发培训结业证书。

第四章　国际道路运输

第四十七条　国务院交通主管部门应当及时向社会公布中国政府与有关国家政府签署的双边或者多边道路运输协定确定的国际道路运输线路。

第四十八条　申请从事国际道路运输经营的，应当具备下列条件：

（一）依照本条例第十条、第二十四条规定取得道路运输经营许可证的企业法人；

（二）在国内从事道路运输经营满3年，且未发生重大以上道路交通责任事故。

第四十九条　申请从事国际道路运输的，应当向省、自治区、直辖市道路运输管理机构提出申请并提交符合本条例第四十八条规定条件的相关材料。省、自治区、直辖市道路运输管理机构应当自受理申请之日起20日内审查完毕，作出批准或者不予批准的决定。予以批准的，应当向国务院交通主管部门备案；不予批准的，应当向当事人说明理由。

国际道路运输经营者应当持批准文件依法向有关部门办理相关手续。

第五十条　中国国际道路运输经营者应当在其投入运输车辆的显著位置，标明中国国籍识别标志。

外国国际道路运输经营者的车辆在中国境内运输，应当标明本国国籍识别标志，并按照规定的运输线路行驶；不得擅自改变运输线路，不得从事起止地都在中国境内的道路运输经营。

第五十一条　在口岸设立的国际道路运输管理机构应当加强对出入口岸的国际道路运输的监督管理。

第五十二条　外国国际道路运输经营者依法在中国境内设立的常驻代表机构不得从事经营活动。

第五章　执法监督

第五十三条　县级以上人民政府交通主管部门应当加强对道路运输管理机构实施道路运输管理工作的指导监督。

第五十四条　道路运输管理机构应当加强执法队伍建设，提高其工作人员的法制、业务素质。

道路运输管理机构的工作人员应当接受法制和道路运输管理业务培训、考核，考核不合格的，不得上岗执行职务。

第五十五条　上级道路运输管理机构应当对下级道路运输管理机构的执法活动进行监督。

道路运输管理机构应当建立健全内部监督制度，对其工作人员执法情况进行监督检查。

第五十六条　道路运输管理机构及其工作人员执行职务时，应当自觉接受社会和公民的监督。

第五十七条 道路运输管理机构应当建立道路运输举报制度，公开举报电话号码、通信地址或者电子邮件信箱。

任何单位和个人都有权对道路运输管理机构的工作人员滥用职权、徇私舞弊的行为进行举报。交通主管部门、道路运输管理机构及其他有关部门收到举报后，应当依法及时查处。

第五十八条 道路运输管理机构的工作人员应当严格按照职责权限和程序进行监督检查，不得乱设卡、乱收费、乱罚款。

道路运输管理机构的工作人员应当重点在道路运输及相关业务经营场所、客货集散地进行监督检查。

道路运输管理机构的工作人员在公路路口进行监督检查时，不得随意拦截正常行驶的道路运输车辆。

第五十九条 道路运输管理机构的工作人员实施监督检查时，应当有2名以上人员参加，并向当事人出示执法证件。

第六十条 道路运输管理机构的工作人员实施监督检查时，可以向有关单位和个人了解情况，查阅、复制有关资料。但是，应当保守被调查单位和个人的商业秘密。

被监督检查的单位和个人应当接受依法实施的监督检查，如实提供有关资料或者情况。

第六十一条 道路运输管理机构的工作人员在实施道路运输监督检查过程中，发现车辆超载行为的，应当立即予以制止，并采取相应措施安排旅客改乘或者强制卸货。

第六十二条 道路运输管理机构的工作人员在实施道路运输监督检查过程中，对没有车辆营运证又无法当场提供其他有效证明的车辆予以暂扣的，应当妥善保管，不得使用，不得收取或者变相收取保管费用。

第六章 法律责任

第六十三条 违反本条例的规定，未取得道路运输经营许可，擅自从事道路运输经营的，由县级以上道路运输管理机构责令停止经营；有违法所得的，没收违法所得，处违法所得2倍以上10倍以下的罚款；没有违法所得或者违法所得不足2万元的，处3万元以上10万元以下的罚款；构成犯罪的，依法追究刑事责任。

第六十四条 不符合本条例第九条、第二十二条规定条件的人员驾驶道路运输经营车辆的，由县级以上道路运输管理机构责令改正，处 200 元以上 2 000 元以下的罚款；构成犯罪的，依法追究刑事责任。

第六十五条　违反本条例的规定，未经许可擅自从事道路运输站（场）经营、机动车维修经营、机动车驾驶员培训的，由县级以上道路运输管理机构责令停止经营；有违法所得的，没收违法所得，处违法所得 2 倍以上 10 倍以下的罚款；没有违法所得或者违法所得不足 1 万元的，处 2 万元以上 5 万元以下的罚款；构成犯罪的，依法追究刑事责任。

第六十六条　违反本条例的规定，客运经营者、货运经营者、道路运输相关业务经营者非法转让、出租道路运输许可证件的，由县级以上道路运输管理机构责令停止违法行为，收缴有关证件，处 2 000 元以上 1 万元以下的罚款；有违法所得的，没收违法所得。

第六十七条　违反本条例的规定，客运经营者、危险货物运输经营者未按规定投保承运人责任险的，由县级以上道路运输管理机构责令限期投保；拒不投保的，由原许可机关吊销道路运输经营许可证。

第六十八条　违反本条例的规定，客运经营者、货运经营者不按照规定携带车辆营运证的，由县级以上道路运输管理机构责令改正，处警告或者 20 元以上 200 元以下的罚款。

第六十九条　违反本条例的规定，客运经营者、货运经营者有下列情形之一的，由县级以上道路运输管理机构责令改正，处 1 000 元以上 3 000 元以下的罚款；情节严重的，由原许可机关吊销道路运输经营许可证：

（一）不按批准的客运站点停靠或者不按规定的线路、公布的班次行驶的；

（二）强行招揽旅客、货物的；

（三）在旅客运输途中擅自变更运输车辆或者将旅客移交他人运输的；

（四）未报告原许可机关，擅自终止客运经营的；

（五）没有采取必要措施防止货物脱落、扬撒等的。

第七十条　违反本条例的规定，客运经营者、货运经营者不按规定维护和检测运输车辆的，由县级以上道路运输管理机构责令改正，处 1 000 元以上 5 000 元以下的罚款。

违反本条例的规定，客运经营者、货运经营者擅自改装已取得车辆营运证的车辆的，由县级以上道路运输管理机构责令改正，处 5 000 元以上 2 万元以下的罚款。

第七十一条　违反本条例的规定，道路运输站（场）经营者允许无证经营的车辆进站从事经营活动以及超载车辆、未经安全检查的车辆出站或者无正当理由拒绝道路运输车辆进站从事经营活动的，由县级以上道路运输管理机构责令改正，处 1 万元以上 3 万元以下的罚款。

违反本条例的规定，道路运输站（场）经营者擅自改变道路运输站（场）的用途和服务功能，或者不公布运输线路、起止经停站点、运输班次、始发时间、票价的，由县级以上道路运输管理机构责令改正；拒不改正的，处 3 000 元的罚款；有违法所得的，没收违法所得。

第七十二条　违反本条例的规定，机动车维修经营者使用假冒伪劣配件维修机动车，承修已报废的机动车或者擅自改装机动车的，由县级以上道路运输管理机构责令改正；有违法所得的，没收违法所得，处违法所得 2 倍以上 10 倍以下的罚款；没有违法所得或者违法所得不足 1 万元的，处 2 万元以上 5 万元以下的罚款，没收假冒伪劣配件及报废车辆；情节严重的，由原许可机关吊销其经营许可；构成犯罪的，依法追究刑事责任。

第七十三条　违反本条例的规定，机动车维修经营者签发虚假的机动车维修合格证，由县级以上道路运输管理机构责令改正；有违法所得的，没收违法所得，处违法所得 2 倍以上 10 倍以下的罚款；没有违法所得或者违法所得不足 3 000 元的，处 5 000 元以上 2 万元以下的罚款；情节严重的，由原许可机关吊销其经营许可；构成犯罪的，依法追究刑事责任。

第七十四条　违反本条例的规定，机动车驾驶员培训机构不严格按照规定进行培训或者在培训结业证书发放时弄虚作假的，由县级以上道路运输管理机构责令改正；拒不改正的，由原许可机关吊销其经营许可。

第七十五条　违反本条例的规定，外国国际道路运输经营者未按照规定的线路运输，擅自从事中国境内道路运输或者未标明国籍识别标志的，由省、自治区、直辖市道路运输管理机构责令停止运输；有违法所得的，没收违法所得，处违法所得 2 倍以上 10 倍以下的罚款；没有违法所得或者违法所得不足 1 万元的，处 3 万元以上 6 万元以下的罚款。

第七十六条　违反本条例的规定，道路运输管理机构的工作人员有下列情形之一的，依法给予行政处分；构成犯罪的，依法追究刑事责任：

（一）不依照本条例规定的条件、程序和期限实施行政许可的；

（二）参与或者变相参与道路运输经营以及道路运输相关业务的；

（三）发现违法行为不及时查处的；

（四）违反规定拦截、检查正常行驶的道路运输车辆的；

（五）违法扣留运输车辆、车辆营运证的；

（六）索取、收受他人财物，或者谋取其他利益的；

（七）其他违法行为。

第七章　附　　则

第七十七条　内地与香港特别行政区、澳门特别行政区之间的道路运输，参照本条例的有关规定执行。

第七十八条　外商可以依照有关法律、行政法规和国家有关规定，在中华人民共和国境内采用中外合资、中外合作、独资形式投资有关的道路运输经营以及道路运输相关业务。

第七十九条　从事非经营性危险货物运输的，应当遵守本条例有关规定。

第八十条　道路运输管理机构依照本条例发放经营许可证件和车辆营运证，可以收取工本费。工本费的具体收费标准由省、自治区、直辖市人民政府财政部门、价格主管部门会同同级交通主管部门核定。

第八十一条　出租车客运和城市公共汽车客运的管理办法由国务院另行规定。

第八十二条　本条例自 2004 年 7 月 1 日起施行。

公路安全保护条例

中华人民共和国国务院令第 593 号

《公路安全保护条例》于 2011 年 2 月 16 日国务院第 144 次常务会议通过，自 2011 年 7 月 1 日起施行。

第一章　总　　则

第一条　为了加强公路保护，保障公路完好、安全和畅通，根据《中华人民共和国公路法》，制定本条例。

第二条　各级人民政府应当加强对公路保护工作的领导，依法履行公路保护职责。

第三条　国务院交通运输主管部门主管全国公路保护工作。

县级以上地方人民政府交通运输主管部门主管本行政区域的公路保护工作；但是，县级以上地方人民政府交通运输主管部门对国道、省道的保护职责，由省、自治区、直辖市人民政府确定。

公路管理机构依照本条例的规定具体负责公路保护的监督管理工作。

第四条　县级以上各级人民政府发展改革、工业和信息化、公安、工商、质检等部门按照职责分工，依法开展公路保护的相关工作。

第五条　县级以上各级人民政府应当将政府及其有关部门从事公路管理、养护所需经费以及公路管理机构行使公路行政管理职能所需经费纳入本级人民政府财政预算。但是，专用公路的公路保护经费除外。

第六条　县级以上各级人民政府交通运输主管部门应当综合考虑国家有关车辆技术标准、公路使用状况等因素，逐步提高公路建设、管理和养护水平，努力满足国民经济和社会发展以及人民群众生产、生活需要。

第七条　县级以上各级人民政府交通运输主管部门应当依照《中华人民共和国突发事件应对法》的规定，制定地震、泥石流、雨雪冰冻灾害等损毁公路的突发事件（以下简称公路突发事件）应急预案，报本级人民政府批准后实施。

公路管理机构、公路经营企业应当根据交通运输主管部门制定的公路突发事件应急预案，组建应急队伍，并定期组织应急演练。

第八条 国家建立健全公路突发事件应急物资储备保障制度，完善应急物资储备、调配体系，确保发生公路突发事件时能够满足应急处置工作的需要。

第九条 任何单位和个人不得破坏、损坏、非法占用或者非法利用公路、公路用地和公路附属设施。

第二章 公路线路

第十条 公路管理机构应当建立健全公路管理档案，对公路、公路用地和公路附属设施调查核实、登记造册。

第十一条 县级以上地方人民政府应当根据保障公路运行安全和节约用地的原则以及公路发展的需要，组织交通运输、国土资源等部门划定公路建筑控制区的范围。

公路建筑控制区的范围，从公路用地外缘起向外的距离标准为：

（一）国道不少于20米；

（二）省道不少于15米；

（三）县道不少于10米；

（四）乡道不少于5米。

属于高速公路的，公路建筑控制区的范围从公路用地外缘起向外的距离标准不少于30米。

公路弯道内侧、互通立交以及平面交叉道口的建筑控制区范围根据安全视距等要求确定。

第十二条 新建、改建公路的建筑控制区的范围，应当自公路初步设计批准之日起30日内，由公路沿线县级以上地方人民政府依照本条例划定并公告。

公路建筑控制区与铁路线路安全保护区、航道保护范围、河道管理范围或者水工程管理和保护范围重叠的，经公路管理机构和铁路管理机构、航道管理机构、水行政主管部门或者流域管理机构协商后划定。

第十三条 在公路建筑控制区内，除公路保护需要外，禁止修建建筑物和地面构筑物；公路建筑控制区划定前已经合法修建的不得扩建，因公路建设或者保障公路运行安全等原因需要拆除的应当依法给予补偿。

在公路建筑控制区外修建的建筑物、地面构筑物以及其他设施不得遮挡公路标志，不得妨碍安全视距。

第十四条 新建村镇、开发区、学校和货物集散地、大型商业网点、农贸市场等公共场所，与公路建筑控制区边界外缘的距离应当符合下列标准，并尽可能在公路一侧建设：

（一）国道、省道不少于 50 米；

（二）县道、乡道不少于 20 米。

第十五条　新建、改建公路与既有城市道路、铁路、通信等线路交叉或者新建、改建城市道路、铁路、通信等线路与既有公路交叉的，建设费用由新建、改建单位承担；城市道路、铁路、通信等线路的管理部门、单位或者公路管理机构要求提高既有建设标准而增加的费用，由提出要求的部门或者单位承担。

需要改变既有公路与城市道路、铁路、通信等线路交叉方式的，按照公平合理的原则分担建设费用。

第十六条　禁止将公路作为检验车辆制动性能的试车场地。

禁止在公路、公路用地范围内摆摊设点、堆放物品、倾倒垃圾、设置障碍、挖沟引水、打场晒粮、种植作物、放养牲畜、采石、取土、采空作业、焚烧物品、利用公路边沟排放污物或者进行其他损坏、污染公路和影响公路畅通的行为。

第十七条　禁止在下列范围内从事采矿、采石、取土、爆破作业等危及公路、公路桥梁、公路隧道、公路渡口安全的活动：

（一）国道、省道、县道的公路用地外缘起向外 100 米，乡道的公路用地外缘起向外 50 米；

（二）公路渡口和中型以上公路桥梁周围 200 米；

（三）公路隧道上方和洞口外 100 米。

在前款规定的范围内，因抢险、防汛需要修筑堤坝、压缩或者拓宽河床的，应当经省、自治区、直辖市人民政府交通运输主管部门会同水行政主管部门或者流域管理机构批准，并采取安全防护措施方可进行。

第十八条　除按照国家有关规定设立的为车辆补充燃料的场所、设施外，禁止在下列范围内设立生产、储存、销售易燃、易爆、剧毒、放射性等危险物品的场所、设施：

（一）公路用地外缘起向外 100 米；

（二）公路渡口和中型以上公路桥梁周围 200 米；

（三）公路隧道上方和洞口外 100 米。

第十九条　禁止擅自在中型以上公路桥梁跨越的河道上、下游各 1 000 米范围内抽取地下水、架设浮桥以及修建其他危及公路桥梁安全的设施。

在前款规定的范围内，确需进行抽取地下水、架设浮桥等活动的，应当经水行政主管部门、流域管理机构等有关单位会同公路管理机构批准，并采取安全防护措施方可进行。

第二十条　禁止在公路桥梁跨越的河道上、下游的下列范围内采砂：

（一）特大型公路桥梁跨越的河道上游500米，下游3 000米；

（二）大型公路桥梁跨越的河道上游500米，下游2 000米；

（三）中小型公路桥梁跨越的河道上游500米，下游1 000米。

第二十一条　在公路桥梁跨越的河道上、下游各500米范围内依法进行疏浚作业的，应当符合公路桥梁安全要求，经公路管理机构确认安全方可作业。

第二十二条　禁止利用公路桥梁进行牵拉、吊装等危及公路桥梁安全的施工作业。

禁止利用公路桥梁（含桥下空间）、公路隧道、涵洞堆放物品，搭建设施以及铺设高压电线和输送易燃、易爆或者其他有毒有害气体、液体的管道。

第二十三条　公路桥梁跨越航道的，建设单位应当按照国家有关规定设置桥梁航标、桥柱标、桥梁水尺标，并按照国家标准、行业标准设置桥区水上航标和桥墩防撞装置。桥区水上航标由航标管理机构负责维护。

通过公路桥梁的船舶应当符合公路桥梁通航净空要求，严格遵守航行规则，不得在公路桥梁下停泊或者系缆。

第二十四条　重要的公路桥梁和公路隧道按照《中华人民共和国人民武装警察法》和国务院、中央军委的有关规定由中国人民武装警察部队守护。

第二十五条　禁止损坏、擅自移动、涂改、遮挡公路附属设施或者利用公路附属设施架设管道、悬挂物品。

第二十六条　禁止破坏公路、公路用地范围内的绿化物。需要更新采伐护路林的，应当向公路管理机构提出申请，经批准方可更新采伐，并及时补种；不能及时补种的，应当交纳补种所需费用，由公路管理机构代为补种。

第二十七条　进行下列涉路施工活动，建设单位应当向公路管理机构提出申请：

（一）因修建铁路、机场、供电、水利、通信等建设工程需要占用、挖掘公路、公路用地或者使公路改线；

（二）跨越、穿越公路修建桥梁、渡槽或者架设、埋设管道、电缆等设施；

（三）在公路用地范围内架设、埋设管道、电缆等设施；

（四）利用公路桥梁、公路隧道、涵洞铺设电缆等设施；

（五）利用跨越公路的设施悬挂非公路标志；

（六）在公路上增设或者改造平面交叉道口；

（七）在公路建筑控制区内埋设管道、电缆等设施。

第二十八条　申请进行涉路施工活动的建设单位应当向公路管理机构提交下列材料：

（一）符合有关技术标准、规范要求的设计和施工方案；

（二）保障公路、公路附属设施质量和安全的技术评价报告；

（三）处置施工险情和意外事故的应急方案。

公路管理机构应当自受理申请之日起 20 日内作出许可或者不予许可的决定；影响交通安全的，应当征得公安机关交通管理部门的同意；涉及经营性公路的，应当征求公路经营企业的意见；不予许可的，公路管理机构应当书面通知申请人并说明理由。

第二十九条　建设单位应当按照许可的设计和施工方案进行施工作业，并落实保障公路、公路附属设施质量和安全的防护措施。

涉路施工完毕，公路管理机构应当对公路、公路附属设施是否达到规定的技术标准以及施工是否符合保障公路、公路附属设施质量和安全的要求进行验收；影响交通安全的，还应当经公安机关交通管理部门验收。

涉路工程设施的所有人、管理人应当加强维护和管理，确保工程设施不影响公路的完好、安全和畅通。

第三章　公路通行

第三十条　车辆的外廓尺寸、轴荷和总质量应当符合国家有关车辆外廓尺寸、轴荷、质量限值等机动车安全技术标准，不符合标准的不得生产、销售。

第三十一条　公安机关交通管理部门办理车辆登记，应当当场查验，对不符合机动车国家安全技术标准的车辆不予登记。

第三十二条　运输不可解体物品需要改装车辆的，应当由具有相应资质的车辆生产企业按照规定的车型和技术参数进行改装。

第三十三条　超过公路、公路桥梁、公路隧道限载、限高、限宽、限长标准的车辆，不得在公路、公路桥梁或者公路隧道行驶；超过汽车渡船限载、限高、限宽、限长标准的车辆，不得使用汽车渡船。

公路、公路桥梁、公路隧道限载、限高、限宽、限长标准调整的，公路管理机构、公路经营企业应当及时变更限载、限高、限宽、限长标志；需要绕行的，还应当标明绕行路线。

第三十四条　县级人民政府交通运输主管部门或者乡级人民政府可以根据保护乡道、村道的需要，在乡道、村道的出入口设置必要的限高、限宽设施，但是不得影响消防和卫生急救等应急通行需要，不得向通行车辆收费。

第三十五条　车辆载运不可解体物品，车货总体的外廓尺寸或者总质量超过公路、公路桥梁、公路隧道的限载、限高、限宽、限长标准，确需在公路、公路桥梁、公路隧道行驶的，从事运输的单位和个人应当向公路管理机构申请公路超限运输许可。

第三十六条　申请公路超限运输许可按照下列规定办理：

（一）跨省、自治区、直辖市进行超限运输的，向公路沿线各省、自治区、直辖市公路管理机构提出申请，由起运地省、自治区、直辖市公路管理机构统一受理，并协调公路沿线各省、自治区、直辖市公路管理机构对超限运输申请进行审批，必要时可以由国务院交通运输主管部门统一协调处理；

（二）在省、自治区范围内跨设区的市进行超限运输，或者在直辖市范围内跨区、县进行超限运输的，向省、自治区、直辖市公路管理机构提出申请，由省、自治区、直辖市公路管理机构受理并审批；

（三）在设区的市范围内跨区、县进行超限运输的，向设区的市公路管理机构提出申请，由设区的市公路管理机构受理并审批；

（四）在区、县范围内进行超限运输的，向区、县公路管理机构提出申请，由区、县公路管理机构受理并审批。

公路超限运输影响交通安全的，公路管理机构在审批超限运输申请时，应当征求公安机关交通管理部门意见。

第三十七条　公路管理机构审批超限运输申请，应当根据实际情况勘测通行路线，需要采取加固、改造措施的，可以与申请人签订有关协议，制定相应的加固、改造方案。

公路管理机构应当根据其制定的加固、改造方案，对通行的公路桥梁、涵洞等设施进行加固、改造；必要时应当对超限运输车辆进行监管。

第三十八条　公路管理机构批准超限运输申请的，应当为超限运输车辆配发国务院交通运输主管部门规定式样的超限运输车辆通行证。

经批准进行超限运输的车辆，应当随车携带超限运输车辆通行证，按照指定的时间、路线和速度行驶，并悬挂明显标志。

禁止租借、转让超限运输车辆通行证。禁止使用伪造、变造的超限运输车辆通行证。

第三十九条 经省、自治区、直辖市人民政府批准，有关交通运输主管部门可以设立固定超限检测站点，配备必要的设备和人员。

固定超限检测站点应当规范执法，并公布监督电话。公路管理机构应当加强对固定超限检测站点的管理。

第四十条 公路管理机构在监督检查中发现车辆超过公路、公路桥梁、公路隧道或者汽车渡船的限载、限高、限宽、限长标准的，应当就近引导至固定超限检测站点进行处理。

车辆应当按照超限检测指示标志或者公路管理机构监督检查人员的指挥接受超限检测，不得故意堵塞固定超限检测站点通行车道、强行通过固定超限检测站点或者以其他方式扰乱超限检测秩序，不得采取短途驳载等方式逃避超限检测。

禁止通过引路绕行等方式为不符合国家有关载运标准的车辆逃避超限检测提供便利。

第四十一条 煤炭、水泥等货物集散地以及货运站等场所的经营人、管理人应当采取有效措施，防止不符合国家有关载运标准的车辆出场（站）。

道路运输管理机构应当加强对煤炭、水泥等货物集散地以及货运站等场所的监督检查，制止不符合国家有关载运标准的车辆出场（站）。

任何单位和个人不得指使、强令车辆驾驶人超限运输货物，不得阻碍道路运输管理机构依法进行监督检查。

第四十二条 载运易燃、易爆、剧毒、放射性等危险物品的车辆，应当符合国家有关安全管理规定，并避免通过特大型公路桥梁或者特长公路隧道；确需通过特大型公路桥梁或者特长公路隧道的，负责审批易燃、易爆、剧毒、放射性等危险物品运输许可的机关应当提前将行驶时间、路线通知特大型公路桥梁或者特长公路隧道的管理单位，并对在特大型公路桥梁或者特长公路隧道行驶的车辆进行现场监管。

第四十三条 车辆应当规范装载，装载物不得触地拖行。车辆装载物易掉落、遗洒或者飘散的，应当采取厢式密闭等有效防护措施方可在公路上行驶。

公路上行驶车辆的装载物掉落、遗洒或者飘散的，车辆驾驶人、押运人员应当及时采取措施处理；无法处理的，应当在掉落、遗洒或者飘散物来车方向适当距离外设置警示标志，并迅速报告公路管理机构或者公安机关交通管理部门。其他人员发现公路上有影响交通安全的障碍物的，也应当及时报告公路管理机构或者公安机关交通管理部门。公安机关交通管理部门应当责令改正车辆装载物掉落、遗洒、飘散等违法行为；公路管理机构、公路经营企业应当及时清除掉落、遗洒、飘散在公路上的障碍物。

车辆装载物掉落、遗洒、飘散后，车辆驾驶人、押运人员未及时采取措施处理，造成他人人身、财产损害的，道路运输企业、车辆驾驶人应当依法承担赔偿责任。

第四章 公路养护

第四十四条 公路管理机构、公路经营企业应当加强公路养护，保证公路经常处于良好技术状态。

前款所称良好技术状态，是指公路自身的物理状态符合有关技术标准的要求，包括路面平整，路肩、边坡平顺，有关设施完好。

第四十五条 公路养护应当按照国务院交通运输主管部门规定的技术规范和操作规程实施作业。

第四十六条 从事公路养护作业的单位应当具备下列资质条件：

（一）有一定数量的符合要求的技术人员；

（二）有与公路养护作业相适应的技术设备；

（三）有与公路养护作业相适应的作业经历；

（四）国务院交通运输主管部门规定的其他条件。

公路养护作业单位资质管理办法由国务院交通运输主管部门另行制定。

第四十七条 公路管理机构、公路经营企业应当按照国务院交通运输主管部门的规定对公路进行巡查，并制作巡查记录；发现公路坍塌、坑槽、隆起等损毁的，应当及时设置警示标志，并采取措施修复。

公安机关交通管理部门发现公路坍塌、坑槽、隆起等损毁，危及交通安全的，应当及时采取措施，疏导交通，并通知公路管理机构或者公路经营企业。

其他人员发现公路坍塌、坑槽、隆起等损毁的，应当及时向公路管理机构、公安机关交通管理部门报告。

第四十八条 公路管理机构、公路经营企业应当定期对公路、公路桥梁、公路隧道进行检测和评定，保证其技术状态符合有关技术标准；对经检测发现不符合车辆通行安全要求的，应当进行维修，及时向社会公告，并通知公安机关交通管理部门。

第四十九条 公路管理机构、公路经营企业应当定期检查公路隧道的排水、通风、照明、监控、报警、消防、救助等设施，保持设施处于完好状态。

第五十条 公路管理机构应当统筹安排公路养护作业计划，避免集中进行公路养护作业造成交通堵塞。

在省、自治区、直辖市交界区域进行公路养护作业,可能造成交通堵塞的,有关公路管理机构、公安机关交通管理部门应当事先书面通报相邻的省、自治区、直辖市公路管理机构、公安机关交通管理部门,共同制定疏导预案,确定分流路线。

第五十一条 公路养护作业需要封闭公路的,或者占用半幅公路进行作业,作业路段长度在2公里以上,并且作业期限超过30日的,除紧急情况外,公路养护作业单位应当在作业开始之日前5日向社会公告,明确绕行路线,并在绕行处设置标志;不能绕行的,应当修建临时道路。

第五十二条 公路养护作业人员作业时,应当穿着统一的安全标志服。公路养护车辆、机械设备作业时,应当设置明显的作业标志,开启危险报警闪光灯。

第五十三条 发生公路突发事件影响通行的,公路管理机构、公路经营企业应当及时修复公路、恢复通行。设区的市级以上人民政府交通运输主管部门应当根据修复公路、恢复通行的需要,及时调集抢修力量,统筹安排有关作业计划,下达路网调度指令,配合有关部门组织绕行、分流。

设区的市级以上公路管理机构应当按照国务院交通运输主管部门的规定收集、汇总公路损毁、公路交通流量等信息,开展公路突发事件的监测、预报和预警工作,并利用多种方式及时向社会发布有关公路运行信息。

第五十四条 中国人民武装警察交通部队按照国家有关规定承担公路、公路桥梁、公路隧道等设施的抢修任务。

第五十五条 公路永久性停止使用的,应当按照国务院交通运输主管部门规定的程序核准后作报废处理,并向社会公告。

公路报废后的土地使用管理依照有关土地管理的法律、行政法规执行。

第五章 法律责任

第五十六条 违反本条例的规定,有下列情形之一的,由公路管理机构责令限期拆除,可以处5万元以下的罚款。逾期不拆除的,由公路管理机构拆除,有关费用由违法行为人承担:

(一)在公路建筑控制区内修建、扩建建筑物、地面构筑物或者未经许可埋设管道、电缆等设施的;

(二)在公路建筑控制区外修建的建筑物、地面构筑物以及其他设施遮挡公路标志或者妨碍安全视距的。

第五十七条 违反本条例第十八条、第十九条、第二十三条规定的,由安全生产监督管理部门、水行政主管部门、流域管理机构、海事管理机构等有关单位依法处理。

第五十八条　违反本条例第二十条规定的，由水行政主管部门或者流域管理机构责令改正，可以处3万元以下的罚款。

第五十九条　违反本条例第二十二条规定的，由公路管理机构责令改正，处2万元以上10万元以下的罚款。

第六十条　违反本条例的规定，有下列行为之一的，由公路管理机构责令改正，可以处3万元以下的罚款：

（一）损坏、擅自移动、涂改、遮挡公路附属设施或者利用公路附属设施架设管道、悬挂物品，可能危及公路安全的；

（二）涉路工程设施影响公路完好、安全和畅通的。

第六十一条　违反本条例的规定，未经批准更新采伐护路林的，由公路管理机构责令补种，没收违法所得，并处采伐林木价值3倍以上5倍以下的罚款。

第六十二条　违反本条例的规定，未经许可进行本条例第二十七条第一项至第五项规定的涉路施工活动的，由公路管理机构责令改正，可以处3万元以下的罚款；未经许可进行本条例第二十七条第六项规定的涉路施工活动的，由公路管理机构责令改正，处5万元以下的罚款。

第六十三条　违反本条例的规定，非法生产、销售外廓尺寸、轴荷、总质量不符合国家有关车辆外廓尺寸、轴荷、质量限值等机动车安全技术标准的车辆的，依照《中华人民共和国道路交通安全法》的有关规定处罚。

具有国家规定资质的车辆生产企业未按照规定车型和技术参数改装车辆的，由原发证机关责令改正，处4万元以上20万元以下的罚款；拒不改正的，吊销其资质证书。

第六十四条　违反本条例的规定，在公路上行驶的车辆，车货总体的外廓尺寸、轴荷或者总质量超过公路、公路桥梁、公路隧道、汽车渡船限定标准的，由公路管理机构责令改正，可以处3万元以下的罚款。

第六十五条　违反本条例的规定，经批准进行超限运输的车辆，未按照指定时间、路线和速度行驶的，由公路管理机构或者公安机关交通管理部门责令改正；拒不改正的，公路管理机构或者公安机关交通管理部门可以扣留车辆。

未随车携带超限运输车辆通行证的，由公路管理机构扣留车辆，责令车辆驾驶人提供超限运输车辆通行证或者相应的证明。

租借、转让超限运输车辆通行证的，由公路管理机构没收超限运输车辆通行证，处1 000元以上5 000元以下的罚款。使用伪造、变造的超限运输车辆通行证的，由公路管理机构没收伪造、变造的超限运输车辆通行证，处3万元以下的罚款。

第六十六条　对1年内违法超限运输超过3次的货运车辆，由道路运输管理机构吊销其车辆营运证；对1年内违法超限运输超过3次的货运车辆驾驶人，由道路运输管理机构责令其停止从事营业性运输；道路运输企业1年内违法超限运输的货运车辆超过本单位货运车辆总数10%的，由道路运输管理机构责令道路运输企业停业整顿；情节严重的，吊销其道路运输经营许可证，并向社会公告。

第六十七条　违反本条例的规定，有下列行为之一的，由公路管理机构强制拖离或者扣留车辆，处3万元以下的罚款：

（一）采取故意堵塞固定超限检测站点通行车道、强行通过固定超限检测站点等方式扰乱超限检测秩序的；

（二）采取短途驳载等方式逃避超限检测的。

第六十八条　违反本条例的规定，指使、强令车辆驾驶人超限运输货物的，由道路运输管理机构责令改正，处3万元以下的罚款。

第六十九条　车辆装载物触地拖行、掉落、遗洒或者飘散，造成公路路面损坏、污染的，由公路管理机构责令改正，处5 000元以下的罚款。

第七十条　违反本条例的规定，公路养护作业单位未按照国务院交通运输主管部门规定的技术规范和操作规程进行公路养护作业的，由公路管理机构责令改正，处1万元以上5万元以下的罚款；拒不改正的，吊销其资质证书。

第七十一条　造成公路、公路附属设施损坏的单位和个人应当立即报告公路管理机构，接受公路管理机构的现场调查处理；危及交通安全的，还应当设置警示标志或者采取其他安全防护措施，并迅速报告公安机关交通管理部门。

发生交通事故造成公路、公路附属设施损坏的，公安机关交通管理部门在处理交通事故时应当及时通知有关公路管理机构到场调查处理。

第七十二条　造成公路、公路附属设施损坏，拒不接受公路管理机构现场调查处理的，公路管理机构可以扣留车辆、工具。

公路管理机构扣留车辆、工具的，应当当场出具凭证，并告知当事人在规定期限内到公路管理机构接受处理。逾期不接受处理，并且经公告3个月仍不来接受处理的，对扣留的车辆、工具，由公路管理机构依法处理。

公路管理机构对被扣留的车辆、工具应当妥善保管，不得使用。

第七十三条　违反本条例的规定，公路管理机构工作人员有下列行为之一的，依法给予处分：

（一）违法实施行政许可的；

（二）违反规定拦截、检查正常行驶的车辆的；

（三）未及时采取措施处理公路坍塌、坑槽、隆起等损毁的；

（四）违法扣留车辆、工具或者使用依法扣留的车辆、工具的；

（五）有其他玩忽职守、徇私舞弊、滥用职权行为的。

公路管理机构有前款所列行为之一的，对负有直接责任的主管人员和其他直接责任人员依法给予处分。

第七十四条　违反本条例的规定，构成违反治安管理行为的，由公安机关依法给予治安管理处罚；构成犯罪的，依法追究刑事责任。

第六章　附　　则

第七十五条　村道的管理和养护工作，由乡级人民政府参照本条例的规定执行。

专用公路的保护不适用本条例。

第七十六条　军事运输使用公路按照国务院、中央军事委员会的有关规定执行。

第七十七条　本条例自 2011 年 7 月 1 日起施行。1987 年 10 月 13 日国务院发布的《中华人民共和国公路管理条例》同时废止。

城市道路管理条例

中华人民共和国国务院令第 198 号

1996 年 6 月 4 日发布，自 1996 年 10 月 1 日起施行。根据 2011 年 1 月 8 日《国务院关于废止和修改部分行政法规的决定》第一次修订，根据 2017 年 3 月 1 日《国务院关于修改和废止部分行政法规的决定》第二次修订。

第一章 总 则

第一条 为了加强城市道路管理，保障城市道路完好，充分发挥城市道路功能，促进城市经济和社会发展，制定本条例。

第二条 本条例所称城市道路，是指城市供车辆、行人通行的，具备一定技术条件的道路、桥梁及其附属设施。

第三条 本条例适用于城市道路规划、建设、养护、维修和路政管理。

第四条 城市道路管理实行统一规划、配套建设、协调发展和建设、养护、管理并重的原则。

第五条 国家鼓励和支持城市道路科学技术研究，推广先进技术，提高城市道路管理的科学技术水平。

第六条 国务院建设行政主管部门主管全国城市道路管理工作。

省、自治区人民政府城市建设行政主管部门主管本行政区域内的城市道路管理工作。

县级以上城市人民政府市政工程行政主管部门主管本行政区域内的城市道路管理工作。

第二章 规划和建设

第七条 县级以上城市人民政府应当组织市政工程、城市规划、公安交通等部门，根据城市总体规划编制城市道路发展规划。

市政工程行政主管部门应当根据城市道路发展规划，制定城市道路年度建设计划，经城市人民政府批准后实施。

第八条 城市道路建设资金可以按照国家有关规定，采取政府投资、集资、国内外贷款、国有土地有偿使用收入、发行债券等多种渠道筹集。

第九条　城市道路的建设应当符合城市道路技术规范。

第十条　政府投资建设城市道路的，应当根据城市道路发展规划和年度建设计划，由市政工程行政主管部门组织建设。

单位投资建设城市道路的，应当符合城市道路发展规划。

城市住宅小区、开发区内的道路建设，应当分别纳入住宅小区、开发区的开发建设计划配套建设。

第十一条　国家鼓励国内外企业和其他组织以及个人按照城市道路发展规划，投资建设城市道路。

第十二条　城市供水、排水、燃气、热力、供电、通信、消防等依附于城市道路的各种管线、杆线等设施的建设计划，应当与城市道路发展规划和年度建设计划相协调，坚持先地下、后地上的施工原则，与城市道路同步建设。

第十三条　新建的城市道路与铁路干线相交的，应当根据需要在城市规划中预留立体交通设施的建设位置。

城市道路与铁路相交的道口建设应当符合国家有关技术规范，并根据需要逐步建设立体交通设施。建设立体交通设施所需投资，按照国家规定由有关部门协商确定。

第十四条　建设跨越江河的桥梁和隧道，应当符合国家规定的防洪、通航标准和其他有关技术规范。

第十五条　县级以上城市人民政府应当有计划地按照城市道路技术规范改建、拓宽城市道路和公路的接合部，公路行政主管部门可以按照国家有关规定在资金上给予补助。

第十六条　承担城市道路设计、施工的单位，应当具有相应的资质等级，并按照资质等级承担相应的城市道路的设计、施工任务。

第十七条　城市道路的设计、施工，应当严格执行国家和地方规定的城市道路设计、施工的技术规范。

城市道路施工，实行工程质量监督制度。

城市道路工程竣工，经验收合格后，方可交付使用；未经验收或者验收不合格的，不得交付使用。

第十八条　城市道路实行工程质量保修制度。城市道路的保修期为1年，自交付使用之日起计算。保修期内出现工程质量问题，由有关责任单位负责保修。

第十九条　市政工程行政主管部门对利用贷款或者集资建设的大型桥梁、隧道等，可以在一定期限内向过往车辆（军用车辆除外）收取通行费，用于偿还贷款或者集资款，不得挪作他用。

收取通行费的范围和期限，由省、自治区、直辖市人民政府规定。

第三章　养护和维修

第二十条　市政工程行政主管部门对其组织建设和管理的城市道路，按照城市道路的等级、数量及养护和维修的定额，逐年核定养护、维修经费，统一安排养护、维修资金。

第二十一条　承担城市道路养护、维修的单位，应当严格执行城市道路养护、维修的技术规范，定期对城市道路进行养护、维修，确保养护、维修工程的质量。

市政工程行政主管部门负责对养护、维修工程的质量进行监督检查，保障城市道路完好。

第二十二条　市政工程行政主管部门组织建设和管理的道路，由其委托的城市道路养护、维修单位负责养护、维修。单位投资建设和管理的道路，由投资建设的单位或者其委托的单位负责养护、维修。城市住宅小区、开发区内的道路，由建设单位或者其委托的单位负责养护、维修。

第二十三条　设在城市道路上的各类管线的检查井、箱盖或者城市道路附属设施，应当符合城市道路养护规范。因缺损影响交通和安全时，有关产权单位应当及时补缺或者修复。

第二十四条　城市道路的养护、维修工程应当按照规定的期限修复竣工，并在养护、维修工程施工现场设置明显标志和安全防围设施，保障行人和交通车辆安全。

第二十五条　城市道路养护、维修的专用车辆应当使用统一标志；执行任务时，在保证交通安全畅通的情况下，不受行驶路线和行驶方向的限制。

第四章　路政管理

第二十六条　市政工程行政主管部门执行路政管理的人员执行公务，应当按照有关规定佩戴标志，持证上岗。

第二十七条　城市道路范围内禁止下列行为：

（一）擅自占用或者挖掘城市道路；

（二）履带车、铁轮车或者超重、超高、超长车辆擅自在城市道路上行驶；

（三）机动车在桥梁或者非指定的城市道路上试刹车；

（四）擅自在城市道路上建设建筑物、构筑物；

（五）在桥梁上架设压力在4公斤/平方厘米（0.4兆帕）以上的煤气管道、

10 千伏以上的高压电力线和其他易燃易爆管线；

（六）擅自在桥梁或者路灯设施上设置广告牌或者其他挂浮物；

（七）其他损害、侵占城市道路的行为。

第二十八条　履带车、铁轮车或者超重、超高、超长车辆需要在城市道路上行驶的，事先须征得市政工程行政主管部门同意，并按照公安交通管理部门指定的时间、路线行驶。

军用车辆执行任务需要在城市道路上行驶的，可以不受前款限制，但是应当按照规定采取安全保护措施。

第二十九条　依附于城市道路建设各种管线、杆线等设施的，应当经市政工程行政主管部门批准，方可建设。

第三十条　未经市政工程行政主管部门和公安交通管理部门批准，任何单位或者个人不得占用或者挖掘城市道路。

第三十一条　因特殊情况需要临时占用城市道路的，须经市政工程行政主管部门和公安交通管理部门批准，方可按照规定占用。

经批准临时占用城市道路的，不得损坏城市道路；占用期满后，应当及时清理占用现场，恢复城市道路原状；损坏城市道路的，应当修复或者给予赔偿。

第三十二条　城市人民政府应当严格控制占用城市道路作为集贸市场。

第三十三条　因工程建设需要挖掘城市道路的，应当持城市规划部门批准签发的文件和有关设计文件，到市政工程行政主管部门和公安交通管理部门办理审批手续，方可按照规定挖掘。

新建、扩建、改建的城市道路交付使用后 5 年内、大修的城市道路竣工后 3 年内不得挖掘；因特殊情况需要挖掘的，须经县级以上城市人民政府批准。

第三十四条　埋设在城市道路下的管线发生故障需要紧急抢修的，可以先行破路抢修，并同时通知市政工程行政主管部门和公安交通管理部门，在 24 小时内按照规定补办批准手续。

第三十五条　经批准挖掘城市道路的，应当在施工现场设置明显标志和安全防围设施；竣工后，应当及时清理现场，通知市政工程行政主管部门检查验收。

第三十六条　经批准占用或者挖掘城市道路的，应当按照批准的位置、面积、期限占用或者挖掘。需要移动位置、扩大面积、延长时间的，应当提前办理变更审批手续。

第三十七条　占用或者挖掘由市政工程行政主管部门管理的城市道路的，应当向市政工程行政主管部门交纳城市道路占用费或者城市道路挖掘修复费。

城市道路占用费的收费标准，由省、自治区人民政府的建设行政主管部门、直辖市人民政府的市政工程行政主管部门拟订，报同级财政、物价主管部门核定；城市道路挖掘修复费的收费标准，由省、自治区人民政府的建设行政主管部门、直辖市人民政府的市政工程行政主管部门制定，报同级财政、物价主管部门备案。

第三十八条　根据城市建设或者其他特殊需要，市政工程行政主管部门可以对临时占用城市道路的单位或者个人决定缩小占用面积、缩短占用时间或者停止占用，并根据具体情况退还部分城市道路占用费。

第五章　罚　　则

第三十九条　违反本条例的规定，有下列行为之一的，由市政工程行政主管部门责令停止设计、施工，限期改正，可以并处3万元以下的罚款；已经取得设计、施工资格证书，情节严重的，提请原发证机关吊销设计、施工资格证书：

（一）未取得设计、施工资格或者未按照资质等级承担城市道路的设计、施工任务的；

（二）未按照城市道路设计、施工技术规范设计、施工的；

（三）未按照设计图纸施工或者擅自修改图纸的。

第四十条　违反本条例第十七条规定，擅自使用未经验收或者验收不合格的城市道路的，由市政工程行政主管部门责令限期改正，给予警告，可以并处工程造价2%以下的罚款。

第四十一条　承担城市道路养护、维修的单位违反本条例的规定，未定期对城市道路进行养护、维修或者未按照规定的期限修复竣工，并拒绝接受市政工程行政主管部门监督、检查的，由市政工程行政主管部门责令限期改正，给予警告；对负有直接责任的主管人员和其他直接责任人员，依法给予行政处分。

第四十二条　违反本条例第二十七条规定，或者有下列行为之一的，由市政工程行政主管部门或者其他有关部门责令限期改正，可以处以2万元以下的罚款；造成损失的，应当依法承担赔偿责任：

（一）未对设在城市道路上的各种管线的检查井、箱盖或者城市道路附属设施的缺损及时补缺或者修复的；

（二）未在城市道路施工现场设置明显标志和安全防围设施的；

（三）占用城市道路期满或者挖掘城市道路后，不及时清理现场的；

（四）依附于城市道路建设各种管线、杆线等设施，不按照规定办理批准手续的；

（五）紧急抢修埋设在城市道路下的管线，不按照规定补办批准手续的；

（六）未按照批准的位置、面积、期限占用或者挖掘城市道路，或者需要移动位置、扩大面积、延长时间，未提前办理变更审批手续的。

第四十三条　违反本条例，构成犯罪的，由司法机关依法追究刑事责任；尚不构成犯罪，应当给予治安管理处罚的，依照治安管理处罚法的规定给予处罚。

第四十四条　市政工程行政主管部门人员玩忽职守、滥用职权、徇私舞弊，构成犯罪的，依法追究刑事责任；尚不构成犯罪的，依法给予行政处分。

第六章　附　　则

第四十五条　本条例自 1996 年 10 月 1 日起施行。

中华人民共和国车船税法实施条例

中华人民共和国国务院令第 611 号

《中华人民共和国车船税法实施条例》于 2011 年 11 月 23 日国务院第 182 次常务会议通过，自 2012 年 1 月 1 日起施行。

第一条　根据《中华人民共和国车船税法》（以下简称车船税法）的规定，制定本条例。

第二条　车船税法第一条所称车辆、船舶，是指：

（一）依法应当在车船登记管理部门登记的机动车辆和船舶；

（二）依法不需要在车船登记管理部门登记的在单位内部场所行驶或者作业的机动车辆和船舶。

第三条　省、自治区、直辖市人民政府根据车船税法所附"车船税税目税额表"确定车辆具体适用税额，应当遵循以下原则：

（一）乘用车依排气量从小到大递增税额；

（二）客车按照核定载客人数 20 人以下和 20 人（含）以上两档划分，递增税额。

省、自治区、直辖市人民政府确定的车辆具体适用税额，应当报国务院备案。

第四条　机动船舶具体适用税额为：

（一）净吨位不超过 200 吨的，每吨 3 元；

（二）净吨位超过 200 吨但不超过 2 000 吨的，每吨 4 元；

（三）净吨位超过 2 000 吨但不超过 10 000 吨的，每吨 5 元；

（四）净吨位超过 10 000 吨的，每吨 6 元。

拖船按照发动机功率每 1 千瓦折合净吨位 0.67 吨计算征收车船税。

第五条　游艇具体适用税额为：

（一）艇身长度不超过 10 米的，每米 600 元；

（二）艇身长度超过 10 米但不超过 18 米的，每米 900 元；

（三）艇身长度超过 18 米但不超过 30 米的，每米 1 300 元；

（四）艇身长度超过 30 米的，每米 2 000 元；

（五）辅助动力帆艇，每米600元。

第六条 车船税法和本条例所涉及的排气量、整备质量、核定载客人数、净吨位、千瓦、艇身长度，以车船登记管理部门核发的车船登记证书或者行驶证所载数据为准。

依法不需要办理登记的车船和依法应当登记而未办理登记或者不能提供车船登记证书、行驶证的车船，以车船出厂合格证明或者进口凭证标注的技术参数、数据为准；不能提供车船出厂合格证明或者进口凭证的，由主管税务机关参照国家相关标准核定，没有国家相关标准的参照同类车船核定。

第七条 车船税法第三条第一项所称的捕捞、养殖渔船，是指在渔业船舶登记管理部门登记为捕捞船或者养殖船的船舶。

第八条 车船税法第三条第二项所称的军队、武装警察部队专用的车船，是指按照规定在军队、武装警察部队车船登记管理部门登记，并领取军队、武警牌照的车船。

第九条 车船税法第三条第三项所称的警用车船，是指公安机关、国家安全机关、监狱、劳动教养管理机关和人民法院、人民检察院领取警用牌照的车辆和执行警务的专用船舶。

第十条 节约能源、使用新能源的车船可以免征或者减半征收车船税。免征或者减半征收车船税的车船的范围，由国务院财政、税务主管部门商国务院有关部门制订，报国务院批准。

对受地震、洪涝等严重自然灾害影响纳税困难以及其他特殊原因确需减免税的车船，可以在一定期限内减征或者免征车船税。具体减免期限和数额由省、自治区、直辖市人民政府确定，报国务院备案。

第十一条 车船税由地方税务机关负责征收。

第十二条 机动车车船税扣缴义务人在代收车船税时，应当在机动车交通事故责任强制保险的保险单以及保费发票上注明已收税款的信息，作为代收税款凭证。

第十三条 已完税或者依法减免税的车辆，纳税人应当向扣缴义务人提供登记地的主管税务机关出具的完税凭证或者减免税证明。

第十四条 纳税人没有按照规定期限缴纳车船税的，扣缴义务人在代收代缴税款时，可以一并代收代缴欠缴税款的滞纳金。

第十五条 扣缴义务人已代收代缴车船税的，纳税人不再向车辆登记地的主管税务机关申报缴纳车船税。

没有扣缴义务人的，纳税人应当向主管税务机关自行申报缴纳车船税。

第十六条　纳税人缴纳车船税时，应当提供反映排气量、整备质量、核定载客人数、净吨位、千瓦、艇身长度等与纳税相关信息的相应凭证以及税务机关根据实际需要要求提供的其他资料。

纳税人以前年度已经提供前款所列资料信息的，可以不再提供。

第十七条　车辆车船税的纳税人按照纳税地点所在的省、自治区、直辖市人民政府确定的具体适用税额缴纳车船税。

第十八条　扣缴义务人应当及时解缴代收代缴的税款和滞纳金，并向主管税务机关申报。扣缴义务人向税务机关解缴税款和滞纳金时，应当同时报送明细的税款和滞纳金扣缴报告。扣缴义务人解缴税款和滞纳金的具体期限，由省、自治区、直辖市地方税务机关依照法律、行政法规的规定确定。

第十九条　购置的新车船，购置当年的应纳税额自纳税义务发生的当月起按月计算。应纳税额为年应纳税额除以12再乘以应纳税月份数。

在一个纳税年度内，已完税的车船被盗抢、报废、灭失的，纳税人可以凭有关管理机关出具的证明和完税凭证，向纳税所在地的主管税务机关申请退还自被盗抢、报废、灭失月份起至该纳税年度终了期间的税款。

已办理退税的被盗抢车船失而复得的，纳税人应当从公安机关出具相关证明的当月起计算缴纳车船税。

第二十条　已缴纳车船税的车船在同一纳税年度内办理转让过户的，不另纳税，也不退税。

第二十一条　车船税法第八条所称取得车船所有权或者管理权的当月，应当以购买车船的发票或者其他证明文件所载日期的当月为准。

第二十二条　税务机关可以在车船登记管理部门、车船检验机构的办公场所集中办理车船税征收事宜。

公安机关交通管理部门在办理车辆相关登记和定期检验手续时，经核查，对没有提供依法纳税或者免税证明的，不予办理相关手续。

第二十三条　车船税按年申报，分月计算，一次性缴纳。纳税年度为公历1月1日至12月31日。

第二十四条　临时入境的外国车船和香港特别行政区、澳门特别行政区、台湾地区的车船，不征收车船税。

第二十五条　按照规定缴纳船舶吨税的机动船舶，自车船税法实施之日起5年内免征车船税。

依法不需要在车船登记管理部门登记的机场、港口、铁路站场内部行驶或者作业的车船，自车船税法实施之日起5年内免征车船税。

第二十六条　车船税法所附"车船税税目税额表"中车辆、船舶的含义如下：

乘用车，是指在设计和技术特性上主要用于载运乘客及随身行李，核定载客人数包括驾驶员在内不超过9人的汽车。

商用车，是指除乘用车外，在设计和技术特性上用于载运乘客、货物的汽车，划分为客车和货车。

半挂牵引车，是指装备有特殊装置用于牵引半挂车的商用车。

三轮汽车，是指最高设计车速不超过每小时50公里，具有三个车轮的货车。

低速载货汽车，是指以柴油机为动力，最高设计车速不超过每小时70公里，具有四个车轮的货车。

挂车，是指就其设计和技术特性需由汽车或者拖拉机牵引，才能正常使用的一种无动力的道路车辆。

专用作业车，是指在其设计和技术特性上用于特殊工作的车辆。

轮式专用机械车，是指有特殊结构和专门功能，装有橡胶车轮可以自行行驶，最高设计车速大于每小时20公里的轮式工程机械车。

摩托车，是指无论采用何种驱动方式，最高设计车速大于每小时50公里，或者使用内燃机，其排量大于50毫升的两轮或者三轮车辆。

船舶，是指各类机动、非机动船舶以及其他水上移动装置，但是船舶上装备的救生艇筏和长度小于5米的艇筏除外。其中，机动船舶是指用机器推进的船舶；拖船是指专门用于拖（推）动运输船舶的专业作业船舶；非机动驳船，是指在船舶登记管理部门登记为驳船的非机动船舶；游艇是指具备内置机械推进动力装置，长度在90米以下，主要用于游览观光、休闲娱乐、水上体育运动等活动，并应当具有船舶检验证书和适航证书的船舶。

第二十七条　本条例自2012年1月1日起施行。

机动车交通事故责任强制保险条例

中华人民共和国国务院令第 462 号

2006 年 3 月 21 日公布，根据 2012 年 3 月 30 日《国务院关于修改〈机动车交通事故责任强制保险条例〉的决定》第一次修订，根据 2012 年 12 月 17 日《国务院关于修改〈机动车交通事故责任强制保险条例〉的决定》第二次修订，根据 2016 年 2 月 6 日《国务院关于修改部分行政法规的决定》第三次修订。

第一章 总 则

第一条 为了保障机动车道路交通事故受害人依法得到赔偿，促进道路交通安全，根据《中华人民共和国道路交通安全法》《中华人民共和国保险法》，制定本条例。

第二条 在中华人民共和国境内道路上行驶的机动车的所有人或者管理人，应当依照《中华人民共和国道路交通安全法》的规定投保机动车交通事故责任强制保险。

机动车交通事故责任强制保险的投保、赔偿和监督管理，适用本条例。

第三条 本条例所称机动车交通事故责任强制保险，是指由保险公司对被保险机动车发生道路交通事故造成本车人员、被保险人以外的受害人的人身伤亡、财产损失，在责任限额内予以赔偿的强制性责任保险。

第四条 国务院保险监督管理机构（以下称保监会）依法对保险公司的机动车交通事故责任强制保险业务实施监督管理。

公安机关交通管理部门、农业（农业机械）主管部门（以下统称机动车管理部门）应当依法对机动车参加机动车交通事故责任强制保险的情况实施监督检查。对未参加机动车交通事故责任强制保险的机动车，机动车管理部门不得予以登记，机动车安全技术检验机构不得予以检验。

公安机关交通管理部门及其交通警察在调查处理道路交通安全违法行为和道路交通事故时，应当依法检查机动车交通事故责任强制保险的保险标志。

第二章 投 保

第五条 保险公司可以从事机动车交通事故责任强制保险业务。

为了保证机动车交通事故责任强制保险制度的实行，保监会有权要求保险公司从事机动车交通事故责任强制保险业务。

除保险公司外，任何单位或者个人不得从事机动车交通事故责任强制保险业务。

第六条　机动车交通事故责任强制保险实行统一的保险条款和基础保险费率。保监会按照机动车交通事故责任强制保险业务总体上不盈利不亏损的原则审批保险费率。

保监会在审批保险费率时，可以聘请有关专业机构进行评估，可以举行听证会听取公众意见。

第七条　保险公司的机动车交通事故责任强制保险业务，应当与其他保险业务分开管理，单独核算。

保监会应当每年对保险公司的机动车交通事故责任强制保险业务情况进行核查，并向社会公布；根据保险公司机动车交通事故责任强制保险业务的总体盈利或者亏损情况，可以要求或者允许保险公司相应调整保险费率。

调整保险费率的幅度较大的，保监会应当进行听证。

第八条　被保险机动车没有发生道路交通安全违法行为和道路交通事故的，保险公司应当在下一年度降低其保险费率。在此后的年度内，被保险机动车仍然没有发生道路交通安全违法行为和道路交通事故的，保险公司应当继续降低其保险费率，直至最低标准。被保险机动车发生道路交通安全违法行为或者道路交通事故的，保险公司应当在下一年度提高其保险费率。多次发生道路交通安全违法行为、道路交通事故，或者发生重大道路交通事故的，保险公司应当加大提高其保险费率的幅度。在道路交通事故中被保险人没有过错的，不提高其保险费率。降低或者提高保险费率的标准，由保监会会同国务院公安部门制定。

第九条　保监会、国务院公安部门、国务院农业主管部门以及其他有关部门应当逐步建立有关机动车交通事故责任强制保险、道路交通安全违法行为和道路交通事故的信息共享机制。

第十条　投保人在投保时应当选择从事机动车交通事故责任强制保险业务的保险公司，被选择的保险公司不得拒绝或者拖延承保。

保监会应当将从事机动车交通事故责任强制保险业务的保险公司向社会公示。

第十一条　投保人投保时，应当向保险公司如实告知重要事项。

重要事项包括机动车的种类、厂牌型号、识别代码、牌照号码、使用性质和机动车所有人或者管理人的姓名（名称）、性别、年龄、住所、身份证或者驾驶证号码（组织机构代码）、续保前该机动车发生事故的情况以及保监会规定的其他事项。

第十二条　签订机动车交通事故责任强制保险合同时，投保人应当一次支付全部保险费；保险公司应当向投保人签发保险单、保险标志。保险单、保险标志应当注明保险单号码、车牌号码、保险期限、保险公司的名称、保险公司的地址和理赔电话号码。

被保险人应当在被保险机动车上放置保险标志。

保险标志式样全国统一。保险单、保险标志由保监会监制。任何单位或者个人不得伪造、变造或者使用伪造、变造的保险单、保险标志。

第十三条　签订机动车交通事故责任强制保险合同时，投保人不得在保险条款和保险费率之外，向保险公司提出附加其他条件的要求。

签订机动车交通事故责任强制保险合同时，保险公司不得强制投保人订立商业保险合同以及提出附加其他条件的要求。

第十四条　保险公司不得解除机动车交通事故责任强制保险合同；但是，投保人对重要事项未履行如实告知义务的除外。

投保人对重要事项未履行如实告知义务，保险公司解除合同前，应当书面通知投保人，投保人应当自收到通知之日起5日内履行如实告知义务；投保人在上述期限内履行如实告知义务的，保险公司不得解除合同。

第十五条　保险公司解除机动车交通事故责任强制保险合同的，应当收回保险单和保险标志，并书面通知机动车管理部门。

第十六条　投保人不得解除机动车交通事故责任强制保险合同，但有下列情形之一的除外：

（一）被保险机动车被依法注销登记的；

（二）被保险机动车办理停驶的；

（三）被保险机动车经公安机关证实丢失的。

第十七条　机动车交通事故责任强制保险合同解除前，保险公司应当按照合同承担保险责任。

合同解除时，保险公司可以收取自保险责任开始之日起至合同解除之日止的保险费，剩余部分的保险费退还投保人。

第十八条　被保险机动车所有权转移的，应当办理机动车交通事故责任强制保险合同变更手续。

第十九条　机动车交通事故责任强制保险合同期满，投保人应当及时续保，并提供上一年度的保险单。

第二十条　机动车交通事故责任强制保险的保险期间为1年，但有下列情形之一的，投保人可以投保短期机动车交通事故责任强制保险：

（一）境外机动车临时入境的；

（二）机动车临时上道路行驶的；

（三）机动车距规定的报废期限不足1年的；

（四）保监会规定的其他情形。

第三章　赔　　偿

第二十一条　被保险机动车发生道路交通事故造成本车人员、被保险人以外的受害人人身伤亡、财产损失的，由保险公司依法在机动车交通事故责任强制保险责任限额范围内予以赔偿。

道路交通事故的损失是由受害人故意造成的，保险公司不予赔偿。

第二十二条　有下列情形之一的，保险公司在机动车交通事故责任强制保险责任限额范围内垫付抢救费用，并有权向致害人追偿：

（一）驾驶人未取得驾驶资格或者醉酒的；

（二）被保险机动车被盗抢期间肇事的；

（三）被保险人故意制造道路交通事故的。

有前款所列情形之一，发生道路交通事故的，造成受害人的财产损失，保险公司不承担赔偿责任。

第二十三条　机动车交通事故责任强制保险在全国范围内实行统一的责任限额。责任限额分为死亡伤残赔偿限额、医疗费用赔偿限额、财产损失赔偿限额以及被保险人在道路交通事故中无责任的赔偿限额。

机动车交通事故责任强制保险责任限额由保监会会同国务院公安部门、国务院卫生主管部门、国务院农业主管部门规定。

第二十四条　国家设立道路交通事故社会救助基金（以下简称救助基金）。有下列情形之一时，道路交通事故中受害人人身伤亡的丧葬费用、部分或者全部抢救费用，由救助基金先行垫付，救助基金管理机构有权向道路交通事故责任人追偿：

（一）抢救费用超过机动车交通事故责任强制保险责任限额的；

（二）肇事机动车未参加机动车交通事故责任强制保险的；

（三）机动车肇事后逃逸的。

第二十五条　救助基金的来源包括：

（一）按照机动车交通事故责任强制保险的保险费的一定比例提取的资金；

（二）对未按照规定投保机动车交通事故责任强制保险的机动车的所有人、

管理人的罚款；

（三）救助基金管理机构依法向道路交通事故责任人追偿的资金；

（四）救助基金孳息；

（五）其他资金。

第二十六条　救助基金的具体管理办法，由国务院财政部门会同保监会、国务院公安部门、国务院卫生主管部门、国务院农业主管部门制定试行。

第二十七条　被保险机动车发生道路交通事故，被保险人或者受害人通知保险公司的，保险公司应当立即给予答复，告知被保险人或者受害人具体的赔偿程序等有关事项。

第二十八条　被保险机动车发生道路交通事故的，由被保险人向保险公司申请赔偿保险金。保险公司应当自收到赔偿申请之日起 1 日内，书面告知被保险人需要向保险公司提供的与赔偿有关的证明和资料。

第二十九条　保险公司应当自收到被保险人提供的证明和资料之日起 5 日内，对是否属于保险责任作出核定，并将结果通知被保险人；对不属于保险责任的，应当书面说明理由；对属于保险责任的，在与被保险人达成赔偿保险金的协议后 10 日内，赔偿保险金。

第三十条　被保险人与保险公司对赔偿有争议的，可以依法申请仲裁或者向人民法院提起诉讼。

第三十一条　保险公司可以向被保险人赔偿保险金，也可以直接向受害人赔偿保险金。但是，因抢救受伤人员需要保险公司支付或者垫付抢救费用的，保险公司在接到公安机关交通管理部门通知后，经核对应当及时向医疗机构支付或者垫付抢救费用。

因抢救受伤人员需要救助基金管理机构垫付抢救费用的，救助基金管理机构在接到公安机关交通管理部门通知后，经核对应当及时向医疗机构垫付抢救费用。

第三十二条　医疗机构应当参照国务院卫生主管部门组织制定的有关临床诊疗指南，抢救、治疗道路交通事故中的受伤人员。

第三十三条　保险公司赔偿保险金或者垫付抢救费用，救助基金管理机构垫付抢救费用，需要向有关部门、医疗机构核实有关情况的，有关部门、医疗机构应当予以配合。

第三十四条　保险公司、救助基金管理机构的工作人员对当事人的个人隐私应当保密。

第三十五条　道路交通事故损害赔偿项目和标准依照有关法律的规定执行。

第四章 罚 则

第三十六条 保险公司以外的单位或者个人，非法从事机动车交通事故责任强制保险业务的，由保监会予以取缔；构成犯罪的，依法追究刑事责任；尚不构成犯罪的，由保监会没收违法所得，违法所得20万元以上的，并处违法所得1倍以上5倍以下罚款；没有违法所得或者违法所得不足20万元的，处20万元以上100万元以下罚款。

第三十七条 保险公司违反本条例规定，有下列行为之一的，由保监会责令改正，处5万元以上30万元以下罚款；情节严重的，可以限制业务范围、责令停止接受新业务或者吊销经营保险业务许可证：

（一）拒绝或者拖延承保机动车交通事故责任强制保险的；

（二）未按照统一的保险条款和基础保险费率从事机动车交通事故责任强制保险业务的；

（三）未将机动车交通事故责任强制保险业务和其他保险业务分开管理，单独核算的；

（四）强制投保人订立商业保险合同的；

（五）违反规定解除机动车交通事故责任强制保险合同的；

（六）拒不履行约定的赔偿保险金义务的；

（七）未按照规定及时支付或者垫付抢救费用的。

第三十八条 机动车所有人、管理人未按照规定投保机动车交通事故责任强制保险的，由公安机关交通管理部门扣留机动车，通知机动车所有人、管理人依照规定投保，处依照规定投保最低责任限额应缴纳的保险费的2倍罚款。

机动车所有人、管理人依照规定补办机动车交通事故责任强制保险的，应当及时退还机动车。

第三十九条 上道路行驶的机动车未放置保险标志的，公安机关交通管理部门应当扣留机动车，通知当事人提供保险标志或者补办相应手续，可以处警告或者20元以上200元以下罚款。

当事人提供保险标志或者补办相应手续的，应当及时退还机动车。

第四十条 伪造、变造或者使用伪造、变造的保险标志，或者使用其他机动车的保险标志，由公安机关交通管理部门予以收缴，扣留该机动车，处200元以上2 000元以下罚款；构成犯罪的，依法追究刑事责任。

当事人提供相应的合法证明或者补办相应手续的，应当及时退还机动车。

第五章 附 则

第四十一条 本条例下列用语的含义：

（一）投保人，是指与保险公司订立机动车交通事故责任强制保险合同，并按照合同负有支付保险费义务的机动车的所有人、管理人。

（二）被保险人，是指投保人及其允许的合法驾驶人。

（三）抢救费用，是指机动车发生道路交通事故导致人员受伤时，医疗机构参照国务院卫生主管部门组织制定的有关临床诊疗指南，对生命体征不平稳和虽然生命体征平稳但如果不采取处理措施会产生生命危险，或者导致残疾、器官功能障碍，或者导致病程明显延长的受伤人员，采取必要的处理措施所发生的医疗费用。

第四十二条 挂车不投保机动车交通事故责任强制保险。发生道路交通事故造成人身伤亡、财产损失的，由牵引车投保的保险公司在机动车交通事故责任强制保险责任限额范围内予以赔偿；不足的部分，由牵引车方和挂车方依照法律规定承担赔偿责任。

第四十三条 机动车在道路以外的地方通行时发生事故，造成人身伤亡、财产损失的赔偿，比照适用本条例。

第四十四条 中国人民解放军和中国人民武装警察部队在编机动车参加机动车交通事故责任强制保险的办法，由中国人民解放军和中国人民武装警察部队另行规定。

第四十五条 机动车所有人、管理人自本条例施行之日起 3 个月内投保机动车交通事故责任强制保险；本条例施行前已经投保商业性机动车第三者责任保险的，保险期满，应当投保机动车交通事故责任强制保险。

第四十六条 本条例自 2006 年 7 月 1 日起施行。

最高人民法院关于审理交通肇事刑事案件
具体应用法律若干问题的解释

法释〔2000〕33号

2000年11月10日最高人民法院审判委员会第1136次会议通过。

为依法惩处交通肇事犯罪活动,根据刑法有关规定,现将审理交通肇事刑事案件具体应用法律的若干问题解释如下:

第一条 从事交通运输人员或者非交通运输人员,违反交通运输管理法规发生重大交通事故,在分清事故责任的基础上,对于构成犯罪的,依照刑法第一百三十三条的规定定罪处罚。

第二条 交通肇事具有下列情形之一的,处三年以下有期徒刑或者拘役:
(一)死亡一人或者重伤三人以上,负事故全部或者主要责任的;
(二)死亡三人以上,负事故同等责任的;
(三)造成公共财产或者他人财产直接损失,负事故全部或者主要责任,无能力赔偿数额在三十万元以上的。

交通肇事致一人以上重伤,负事故全部或者主要责任,并具有下列情形之一的,以交通肇事罪定罪处罚:
(一)酒后、吸食毒品后驾驶机动车辆的;
(二)无驾驶资格驾驶机动车辆的;
(三)明知是安全装置不全或者安全机件失灵的机动车辆而驾驶的;
(四)明知是无牌证或者已报废的机动车辆而驾驶的;
(五)严重超载驾驶的;
(六)为逃避法律追究逃离事故现场的。

第三条 "交通运输肇事后逃逸",是指行为人具有本解释第二条第一款规定和第二款第(一)至(五)项规定的情形之一,在发生交通事故后,为逃避法律追究而逃跑的行为。

第四条 交通肇事具有下列情形之一的,属于"有其他特别恶劣情节",处三年以上七年以下有期徒刑:
(一)死亡二人以上或者重伤五人以上,负事故全部或者主要责任的;
(二)死亡六人以上,负事故同等责任的;

（三）造成公共财产或者他人财产直接损失，负事故全部或者主要责任，无能力赔偿数额在六十万元以上的。

第五条　"因逃逸致人死亡"，是指行为人在交通肇事后为逃避法律追究而逃跑，致使被害人因得不到救助而死亡的情形。

交通肇事后，单位主管人员，机动车辆所有人、承包人或者乘车人指使肇事人逃逸，致使被害人因得不到救助而死亡的，以交通肇事罪的共犯论处。

第六条　行为人在交通肇事后为逃避法律追究，将被害人带离事故现场后隐藏或者遗弃，致使被害人无法得到救助而死亡或者严重残疾的，应当分别依照刑法第二百三十二条、第二百三十四条第二款的规定，以故意杀人罪或者故意伤害罪定罪处罚。

第七条　单位主管人员、机动车辆所有人或者机动车辆承包人指使、强令他人违章驾驶造成重大交通事故，具有本解释第二条规定情形之一的，以交通肇事罪定罪处罚。

第八条　在实行公共交通管理的范围内发生重大交通事故的，依照刑法第一百三十三条和本解释的有关规定办理。

在公共交通管理的范围外，驾驶机动车辆或者使用其他交通工具致人伤亡或者致使公共财产或者他人财产遭受重大损失，构成犯罪的，分别依照刑法第一百三十四条、第一百三十五条、第二百三十三条等规定定罪处罚。

第九条　各省、自治区、直辖市高级人民法院可以根据本地实际情况，在三十万元至六十万元、六十万元至一百万元的幅度内，确定本地区执行本解释第二条第一款第（三）项、第四条第（三）项的起点数额标准，并报最高人民法院备案。

最高人民法院关于审理道路交通事故损害赔偿案件适用法律若干问题的解释

法释〔2012〕19号

《最高人民法院关于审理道路交通事故损害赔偿案件适用法律若干问题的解释》于2012年9月17日由最高人民法院审判委员会第1556次会议通过,自2012年12月21日起施行。

为正确审理道路交通事故损害赔偿案件,根据《中华人民共和国侵权责任法》《中华人民共和国合同法》《中华人民共和国道路交通安全法》《中华人民共和国保险法》《中华人民共和国民事诉讼法》等法律的规定,结合审判实践,制定本解释。

一、关于主体责任的认定

第一条 机动车发生交通事故造成损害,机动车所有人或者管理人有下列情形之一,人民法院应当认定其对损害的发生有过错,并适用侵权责任法第四十九条的规定确定其相应的赔偿责任:

(一)知道或者应当知道机动车存在缺陷,且该缺陷是交通事故发生原因之一的;

(二)知道或者应当知道驾驶人无驾驶资格或者未取得相应驾驶资格的;

(三)知道或者应当知道驾驶人因饮酒、服用国家管制的精神药品或者麻醉药品,或者患有妨碍安全驾驶机动车的疾病等依法不能驾驶机动车的;

(四)其他应当认定机动车所有人或者管理人有过错的。

第二条 未经允许驾驶他人机动车发生交通事故造成损害,当事人依照侵权责任法第四十九条的规定请求由机动车驾驶人承担赔偿责任的,人民法院应予支持。机动车所有人或者管理人有过错的,承担相应的赔偿责任,但具有侵权责任法第五十二条规定情形的除外。

第三条 以挂靠形式从事道路运输经营活动的机动车发生交通事故造成损害,属于该机动车一方责任,当事人请求由挂靠人和被挂靠人承担连带责任的,人民法院应予支持。

第四条 被多次转让但未办理转移登记的机动车发生交通事故造成损害,属于该机动车一方责任，当事人请求由最后一次转让并交付的受让人承担赔偿责任的，人民法院应予支持。

第五条　套牌机动车发生交通事故造成损害，属于该机动车一方责任，当事人请求由套牌机动车的所有人或者管理人承担赔偿责任的，人民法院应予支持；被套牌机动车所有人或者管理人同意套牌的，应当与套牌机动车的所有人或者管理人承担连带责任。

第六条　拼装车、已达到报废标准的机动车或者依法禁止行驶的其他机动车被多次转让，并发生交通事故造成损害，当事人请求由所有的转让人和受让人承担连带责任的，人民法院应予支持。

第七条　接受机动车驾驶培训的人员，在培训活动中驾驶机动车发生交通事故造成损害，属于该机动车一方责任，当事人请求驾驶培训单位承担赔偿责任的，人民法院应予支持。

第八条　机动车试乘过程中发生交通事故造成试乘人损害，当事人请求提供试乘服务者承担赔偿责任的，人民法院应予支持。试乘人有过错的，应当减轻提供试乘服务者的赔偿责任。

第九条　因道路管理维护缺陷导致机动车发生交通事故造成损害，当事人请求道路管理者承担相应赔偿责任的，人民法院应予支持，但道路管理者能够证明已按照法律、法规、规章、国家标准、行业标准或者地方标准尽到安全防护、警示等管理维护义务的除外。

依法不得进入高速公路的车辆、行人，进入高速公路发生交通事故造成自身损害，当事人请求高速公路管理者承担赔偿责任的，适用侵权责任法第七十六条的规定。

第十条　因在道路上堆放、倾倒、遗撒物品等妨碍通行的行为，导致交通事故造成损害，当事人请求行为人承担赔偿责任的，人民法院应予支持。道路管理者不能证明已按照法律、法规、规章、国家标准、行业标准或者地方标准尽到清理、防护、警示等义务的，应当承担相应的赔偿责任。

第十一条　未按照法律、法规、规章或者国家标准、行业标准、地方标准的强制性规定设计、施工，致使道路存在缺陷并造成交通事故，当事人请求建设单位与施工单位承担相应赔偿责任的，人民法院应予支持。

第十二条　机动车存在产品缺陷导致交通事故造成损害，当事人请求生产者或者销售者依照侵权责任法第五章的规定承担赔偿责任的，人民法院应予支持。

第十三条　多辆机动车发生交通事故造成第三人损害，当事人请求多个侵权人承担赔偿责任的，人民法院应当区分不同情况，依照侵权责任法第十条、第十一条或者第十二条的规定，确定侵权人承担连带责任或者按份责任。

二、关于赔偿范围的认定

第十四条　道路交通安全法第七十六条规定的"人身伤亡"，是指机动车发生交通事故侵害被侵权人的生命权、健康权等人身权益所造成的损害，包括侵权责任法第十六条和第二十二条规定的各项损害。

道路交通安全法第七十六条规定的"财产损失"，是指因机动车发生交通事故侵害被侵权人的财产权益所造成的损失。

第十五条　因道路交通事故造成下列财产损失，当事人请求侵权人赔偿的，人民法院应予支持：

（一）维修被损坏车辆所支出的费用、车辆所载物品的损失、车辆施救费用；

（二）因车辆灭失或者无法修复，为购买交通事故发生时与被损坏车辆价值相当的车辆重置费用；

（三）依法从事货物运输、旅客运输等经营性活动的车辆，因无法从事相应经营活动所产生的合理停运损失；

（四）非经营性车辆因无法继续使用，所产生的通常替代性交通工具的合理费用。

三、关于责任承担的认定

第十六条　同时投保机动车第三者责任强制保险（以下简称"交强险"）和第三者责任商业保险（以下简称"商业三者险"）的机动车发生交通事故造成损害，当事人同时起诉侵权人和保险公司的，人民法院应当按照下列规则确定赔偿责任：

（一）先由承保交强险的保险公司在责任限额范围内予以赔偿；

（二）不足部分，由承保商业三者险的保险公司根据保险合同予以赔偿；

（三）仍有不足的，依照道路交通安全法和侵权责任法的相关规定由侵权人予以赔偿。

被侵权人或者其近亲属请求承保交强险的保险公司优先赔偿精神损害的，人民法院应予支持。

第十七条　投保人允许的驾驶人驾驶机动车致使投保人遭受损害，当事人请求承保交强险的保险公司在责任限额范围内予以赔偿的，人民法院应予支持，但投保人为本车上人员的除外。

第十八条　有下列情形之一导致第三人人身损害，当事人请求保险公司在交强险责任限额范围内予以赔偿，人民法院应予支持：

（一）驾驶人未取得驾驶资格或者未取得相应驾驶资格的；

（二）醉酒、服用国家管制的精神药品或麻醉药品后驾驶机动车发生交通事故的；

（三）驾驶人故意制造交通事故的。

保险公司在赔偿范围内向侵权人主张追偿权的，人民法院应予支持。追偿权的诉讼时效期间自保险公司实际赔偿之日起计算。

第十九条　未依法投保交强险的机动车发生交通事故造成损害，当事人请求投保义务人在交强险责任限额范围内予以赔偿的，人民法院应予支持。

投保义务人和侵权人不是同一人，当事人请求投保义务人和侵权人在交强险责任限额范围内承担连带责任的，人民法院应予支持。

第二十条　具有从事交强险业务资格的保险公司违法拒绝承保、拖延承保或者违法解除交强险合同，投保义务人在向第三人承担赔偿责任后，请求该保险公司在交强险责任限额范围内承担相应赔偿责任的，人民法院应予支持。

第二十一条　多辆机动车发生交通事故造成第三人损害，损失超出各机动车交强险责任限额之和的，由各保险公司在各自责任限额范围内承担赔偿责任；损失未超出各机动车交强险责任限额之和，当事人请求由各保险公司按照其责任限额与责任限额之和的比例承担赔偿责任的，人民法院应予支持。

依法分别投保交强险的牵引车和挂车连接使用时发生交通事故造成第三人损害，当事人请求由各保险公司在各自的责任限额范围内平均赔偿的，人民法院应予支持。

多辆机动车发生交通事故造成第三人损害，其中部分机动车未投保交强险，当事人请求先由已承保交强险的保险公司在责任限额范围内予以赔偿的，人民法院应予支持。保险公司就超出其应承担的部分向未投保交强险的投保义务人或者侵权人行使追偿权的，人民法院应予支持。

第二十二条　同一交通事故的多个被侵权人同时起诉的，人民法院应当按照各被侵权人的损失比例确定交强险的赔偿数额。

第二十三条　机动车所有权在交强险合同有效期内发生变动，保险公司在交通事故发生后，以该机动车未办理交强险合同变更手续为由主张免除赔偿责任的，人民法院不予支持。

机动车在交强险合同有效期内发生改装、使用性质改变等导致危险程度增加的情形，发生交通事故后，当事人请求保险公司在责任限额范围内予以赔偿的，人民法院应予支持。

前款情形下，保险公司另行起诉请求投保义务人按照重新核定后的保险费标准补足当期保险费的，人民法院应予支持。

第二十四条　当事人主张交强险人身伤亡保险金请求权转让或者设定担保的行为无效的，人民法院应予支持。

四、关于诉讼程序的规定

第二十五条　人民法院审理道路交通事故损害赔偿案件，应当将承保交强险的保险公司列为共同被告。但该保险公司已经在交强险责任限额范围内予以赔偿且当事人无异议的除外。

人民法院审理道路交通事故损害赔偿案件，当事人请求将承保商业三者险的保险公司列为共同被告的，人民法院应予准许。

第二十六条　被侵权人因道路交通事故死亡，无近亲属或者近亲属不明，未经法律授权的机关或者有关组织向人民法院起诉主张死亡赔偿金的，人民法院不予受理。

侵权人以已向未经法律授权的机关或者有关组织支付死亡赔偿金为理由，请求保险公司在交强险责任限额范围内予以赔偿的，人民法院不予支持。

被侵权人因道路交通事故死亡，无近亲属或者近亲属不明，支付被侵权人医疗费、丧葬费等合理费用的单位或者个人，请求保险公司在交强险责任限额范围内予以赔偿的，人民法院应予支持。

第二十七条　公安机关交通管理部门制作的交通事故认定书，人民法院应依法审查并确认其相应的证明力，但有相反证据推翻的除外。

五、关于适用范围的规定

第二十八条　机动车在道路以外的地方通行时引发的损害赔偿案件，可以参照适用本解释的规定。

第二十九条　本解释施行后尚未终审的案件，适用本解释；本解释施行前已经终审，当事人申请再审或者按照审判监督程序决定再审的案件，不适用本解释。

关于办理醉酒驾驶机动车刑事案件适用法律若干问题的意见

法发〔2013〕15 号

为保障法律的正确、统一实施，依法惩处醉酒驾驶机动车犯罪，维护公共安全和人民群众生命财产安全，根据刑法、刑事诉讼法的有关规定，结合侦查、起诉、审判实践，制定本意见。

一、在道路上驾驶机动车，血液酒精含量达到 80 毫克/100 毫升以上的，属于醉酒驾驶机动车，依照刑法第一百三十三条之一第一款的规定，以危险驾驶罪定罪处罚。

前款规定的"道路""机动车"，适用道路交通安全法的有关规定。

二、醉酒驾驶机动车，具有下列情形之一的，依照刑法第一百三十三条之一第一款的规定，从重处罚：

（一）造成交通事故且负事故全部或者主要责任，或者造成交通事故后逃逸，尚未构成其他犯罪的；

（二）血液酒精含量达到 200 毫克/100 毫升以上的；

（三）在高速公路、城市快速路上驾驶的；

（四）驾驶载有乘客的营运机动车的；

（五）有严重超员、超载或者超速驾驶，无驾驶资格驾驶机动车，使用伪造或者变造的机动车牌证等严重违反道路交通安全法的行为的；

（六）逃避公安机关依法检查，或者拒绝、阻碍公安机关依法检查尚未构成其他犯罪的；

（七）曾因酒后驾驶机动车受过行政处罚或者刑事追究的；

（八）其他可以从重处罚的情形。

三、醉酒驾驶机动车，以暴力、威胁方法阻碍公安机关依法检查，又构成妨害公务罪等其他犯罪的，依照数罪并罚的规定处罚。

四、对醉酒驾驶机动车的被告人判处罚金，应当根据被告人的醉酒程度、是否造成实际损害、认罪悔罪态度等情况，确定与主刑相适应的罚金数额。

五、公安机关在查处醉酒驾驶机动车的犯罪嫌疑人时，对查获经过、呼气酒精含量检验和抽取血样过程应当制作记录；有条件的，应当拍照、录音或者录像；有证人的，应当收集证人证言。

六、血液酒精含量检验鉴定意见是认定犯罪嫌疑人是否醉酒的依据。犯罪嫌疑人经呼气酒精含量检验达到本意见第一条规定的醉酒标准，在抽取血样之前脱逃的，可以以呼气酒精含量检验结果作为认定其醉酒的依据。

犯罪嫌疑人在公安机关依法检查时，为逃避法律追究，在呼气酒精含量检验或者抽取血样前又饮酒，经检验其血液酒精含量达到本意见第一条规定的醉酒标准的，应当认定为醉酒。

七、办理醉酒驾驶机动车刑事案件，应当严格执行刑事诉讼法的有关规定，切实保障犯罪嫌疑人、被告人的诉讼权利，在法定诉讼期限内及时侦查、起诉、审判。

对醉酒驾驶机动车的犯罪嫌疑人、被告人，根据案件情况，可以拘留或者取保候审。对符合取保候审条件，但犯罪嫌疑人、被告人不能提出保证人，也不交纳保证金的，可以监视居住。对违反取保候审、监视居住规定的犯罪嫌疑人、被告人，情节严重的，可以予以逮捕。

机动车登记规定

中华人民共和国公安部令第 102 号

2008 年 5 月 27 日中华人民共和国公安部令第 102 号发布,根据 2012 年 9 月 12 日中华人民共和国公安部令第 124 号公布的《公安部关于修改〈机动车登记规定〉的决定》修正。

第一章 总 则

第一条 根据《中华人民共和国道路交通安全法》及其实施条例的规定,制定本规定。

第二条 本规定由公安机关交通管理部门负责实施。

省级公安机关交通管理部门负责本省(自治区、直辖市)机动车登记工作的指导、检查和监督。直辖市公安机关交通管理部门车辆管理所、设区的市或者相当于同级的公安机关交通管理部门车辆管理所负责办理本行政辖区内机动车登记业务。

县级公安机关交通管理部门车辆管理所可以办理本行政辖区内摩托车、三轮汽车、低速载货汽车登记业务。条件具备的,可以办理除进口机动车、危险化学品运输车、校车、中型以上载客汽车以外的其他机动车登记业务。具体业务范围和办理条件由省级公安机关交通管理部门确定。

警用车辆登记业务按照有关规定办理。

第三条 车辆管理所办理机动车登记,应当遵循公开、公正、便民的原则。

车辆管理所在受理机动车登记申请时,对申请材料齐全并符合法律、行政法规和本规定的,应当在规定的时限内办结。对申请材料不齐全或者其他不符合法定形式的,应当一次告知申请人需要补正的全部内容。对不符合规定的,应当书面告知不予受理、登记的理由。

车辆管理所应当将法律、行政法规和本规定的有关机动车登记的事项、条件、依据、程序、期限以及收费标准、需要提交的全部材料的目录和申请表示范文本等在办理登记的场所公示。

省级、设区的市或者相当于同级的公安机关交通管理部门应当在互联网上建立主页,发布信息,便于群众查阅机动车登记的有关规定,下载、使用有关表格。

第四条 车辆管理所应当使用计算机登记系统办理机动车登记,并建立数据库。不使用计算机登记系统登记的，登记无效。

计算机登记系统的数据库标准和登记软件全国统一。数据库能够完整、准确记录登记内容，记录办理过程和经办人员信息，并能够实时将有关登记内容传送到全国公安交通管理信息系统。计算机登记系统应当与交通违法信息系统和交通事故信息系统实行联网。

第二章 登 记

第一节 注 册 登 记

第五条 初次申领机动车号牌、行驶证的，机动车所有人应当向住所地的车辆管理所申请注册登记。

第六条 机动车所有人应当到机动车安全技术检验机构对机动车进行安全技术检验，取得机动车安全技术检验合格证明后申请注册登记。但经海关进口的机动车和国务院机动车产品主管部门认定免予安全技术检验的机动车除外。

免予安全技术检验的机动车有下列情形之一的，应当进行安全技术检验：

（一）国产机动车出厂后两年内未申请注册登记的；

（二）经海关进口的机动车进口后两年内未申请注册登记的；

（三）申请注册登记前发生交通事故的。

专用校车办理注册登记前，应当按照专用校车国家安全技术标准进行安全技术检验。

第七条 申请注册登记的，机动车所有人应当填写申请表，交验机动车，并提交以下证明、凭证：

（一）机动车所有人的身份证明；

（二）购车发票等机动车来历证明；

（三）机动车整车出厂合格证明或者进口机动车进口凭证；

（四）车辆购置税完税证明或者免税凭证；

（五）机动车交通事故责任强制保险凭证；

（六）车船税纳税或者免税证明；

（七）法律、行政法规规定应当在机动车注册登记时提交的其他证明、凭证。

不属于经海关进口的机动车和国务院机动车产品主管部门规定免予安全技术检验的机动车，还应当提交机动车安全技术检验合格证明。

车辆管理所应当自受理申请之日起二日内，确认机动车，核对车辆识别代号拓印膜，审查提交的证明、凭证，核发机动车登记证书、号牌、行驶证和检验合格标志。

第八条 车辆管理所办理消防车、救护车、工程救险车注册登记时，应当对车辆的使用性质、标志图案、标志灯具和警报器进行审查。

车辆管理所办理全挂汽车列车和半挂汽车列车注册登记时，应当对牵引车和挂车分别核发机动车登记证书、号牌和行驶证。

第九条 有下列情形之一的，不予办理注册登记：

（一）机动车所有人提交的证明、凭证无效的；

（二）机动车来历证明被涂改或者机动车来历证明记载的机动车所有人与身份证明不符的；

（三）机动车所有人提交的证明、凭证与机动车不符的；

（四）机动车未经国务院机动车产品主管部门许可生产或者未经国家进口机动车主管部门许可进口的；

（五）机动车的有关技术数据与国务院机动车产品主管部门公告的数据不符的；

（六）机动车的型号、发动机号码、车辆识别代号或者有关技术数据不符合国家安全技术标准的；

（七）机动车达到国家规定的强制报废标准的；

（八）机动车被人民法院、人民检察院、行政执法部门依法查封、扣押的；

（九）机动车属于被盗抢的；

（十）其他不符合法律、行政法规规定的情形。

第二节 变更登记

第十条 已注册登记的机动车有下列情形之一的，机动车所有人应当向登记地车辆管理所申请变更登记：

（一）改变车身颜色的；

（二）更换发动机的；

（三）更换车身或者车架的；

（四）因质量问题更换整车的；

（五）营运机动车改为非营运机动车或者非营运机动车改为营运机动车等使用性质改变的；

（六）机动车所有人的住所迁出或者迁入车辆管理所管辖区域的。

机动车所有人为两人以上，需要将登记的所有人姓名变更为其他所有人姓名的，可以向登记地车辆管理所申请变更登记。

属于本条第一款第（一）项、第（二）项和第（三）项规定的变更事项的，机动车所有人应当在变更后十日内向车辆管理所申请变更登记；属于本条第一款第（六）项规定的变更事项的，机动车所有人申请转出前，应当将涉及该车的道路交通安全违法行为和交通事故处理完毕。

第十一条　申请变更登记的，机动车所有人应当填写申请表，交验机动车，并提交以下证明、凭证：

（一）机动车所有人的身份证明；

（二）机动车登记证书；

（三）机动车行驶证；

（四）属于更换发动机、车身或者车架的，还应当提交机动车安全技术检验合格证明；

（五）属于因质量问题更换整车的，还应当提交机动车安全技术检验合格证明，但经海关进口的机动车和国务院机动车产品主管部门认定免予安全技术检验的机动车除外。

车辆管理所应当自受理之日起一日内，确认机动车，审查提交的证明、凭证，在机动车登记证书上签注变更事项，收回行驶证，重新核发行驶证。

车辆管理所办理本规定第十条第一款第（三）项、第（四）项和第（六）项规定的变更登记事项的，应当核对车辆识别代号拓印膜。

第十二条　车辆管理所办理机动车变更登记时，需要改变机动车号牌号码的，收回号牌、行驶证，确定新的机动车号牌号码，重新核发号牌、行驶证和检验合格标志。

第十三条　机动车所有人的住所迁出车辆管理所管辖区域的，车辆管理所应当自受理之日起三日内，在机动车登记证书上签注变更事项，收回号牌、行驶证，核发有效期为三十日的临时行驶车号牌，将机动车档案交机动车所有人。机动车所有人应当在临时行驶车号牌的有效期限内到住所地车辆管理所申请机动车转入。

申请机动车转入的，机动车所有人应当填写申请表，提交身份证明、机动车登记证书、机动车档案，并交验机动车。机动车在转入时已超过检验有效期的，应当在转入地进行安全技术检验并提交机动车安全技术检验合格证明和交通事故责任强制保险凭证。车辆管理所应当自受理之日起三日内，确认机动车，核对车辆识别代号拓印膜，审查相关证明、凭证和机动车档案，在机动车登记证书上签注转入信息，核发号牌、行驶证和检验合格标志。

第十四条　机动车所有人为两人以上，需要将登记的所有人姓名变更为其他所有人姓名的，应当提交机动车登记证书、行驶证、变更前和变更后机动车所有人的身份证明和共同所有的公证证明，但属于夫妻双方共同所有的，可以提供

"结婚证"或者证明夫妻关系的"居民户口簿"。

变更后机动车所有人的住所在车辆管理所管辖区域内的，车辆管理所按照本规定第十一条第二款的规定办理变更登记。变更后机动车所有人的住所不在车辆管理所管辖区域内的，迁出地和迁入地车辆管理所按照本规定第十三条的规定办理变更登记。

第十五条　有下列情形之一的，不予办理变更登记：

（一）改变机动车的品牌、型号和发动机型号的，但经国务院机动车产品主管部门许可选装的发动机除外；

（二）改变已登记的机动车外形和有关技术数据的，但法律、法规和国家强制性标准另有规定的除外；

（三）有本规定第九条第（一）项、第（七）项、第（八）项、第（九）项规定情形的。

第十六条　有下列情形之一，在不影响安全和识别号牌的情况下，机动车所有人不需要办理变更登记：

（一）小型、微型载客汽车加装前后防撞装置；

（二）货运机动车加装防风罩、水箱、工具箱、备胎架等；

（三）增加机动车车内装饰。

第十七条　已注册登记的机动车，机动车所有人住所在车辆管理所管辖区域内迁移或者机动车所有人姓名（单位名称）、联系方式变更的，应当向登记地车辆管理所备案。

（一）机动车所有人住所在车辆管理所管辖区域内迁移、机动车所有人姓名（单位名称）变更的，机动车所有人应当提交身份证明、机动车登记证书、行驶证和相关变更证明。车辆管理所应当自受理之日起一日内，在机动车登记证书上签注备案事项，重新核发行驶证。

（二）机动车所有人联系方式变更的，机动车所有人应当提交身份证明和行驶证。车辆管理所应当自受理之日起一日内办理备案。

机动车所有人的身份证明名称或者号码变更的，可以向登记地车辆管理所申请备案。机动车所有人应当提交身份证明、机动车登记证书。车辆管理所应当自受理之日起一日内，在机动车登记证书上签注备案事项。

发动机号码、车辆识别代号因磨损、锈蚀、事故等原因辨认不清或者损坏的，可以向登记地车辆管理所申请备案。机动车所有人应当提交身份证明、机动车登记证书、行驶证。车辆管理所应当自受理之日起一日内，在发动机、车身或者车架上打刻原发动机号码或者原车辆识别代号，在机动车登记证书上签注备案事项。

第三节 转 移 登 记

第十八条 已注册登记的机动车所有权发生转移的，现机动车所有人应当自机动车交付之日起三十日内向登记地车辆管理所申请转移登记。

机动车所有人申请转移登记前，应当将涉及该车的道路交通安全违法行为和交通事故处理完毕。

第十九条 申请转移登记的，现机动车所有人应当填写申请表，交验机动车，并提交以下证明、凭证：

（一）现机动车所有人的身份证明；

（二）机动车所有权转移的证明、凭证；

（三）机动车登记证书；

（四）机动车行驶证；

（五）属于海关监管的机动车，还应当提交"中华人民共和国海关监管车辆解除监管证明书"或者海关批准的转让证明；

（六）属于超过检验有效期的机动车，还应当提交机动车安全技术检验合格证明和交通事故责任强制保险凭证。

现机动车所有人住所在车辆管理所管辖区域内的，车辆管理所应当自受理申请之日起一日内，确认机动车，核对车辆识别代号拓印膜，审查提交的证明、凭证，收回号牌、行驶证，确定新的机动车号牌号码，在机动车登记证书上签注转移事项，重新核发号牌、行驶证和检验合格标志。

现机动车所有人住所不在车辆管理所管辖区域内的，车辆管理所应当按照本规定第十三条的规定办理。

第二十条 有下列情形之一的，不予办理转移登记：

（一）机动车与该车档案记载内容不一致的；

（二）属于海关监管的机动车，海关未解除监管或者批准转让的；

（三）机动车在抵押登记、质押备案期间的；

（四）有本规定第九条第（一）项、第（二）项、第（七）项、第（八）项、第（九）项规定情形的。

第二十一条 被人民法院、人民检察院和行政执法部门依法没收并拍卖，或者被仲裁机构依法仲裁裁决，或者被人民法院调解、裁定、判决机动车所有权转移时，原机动车所有人未向现机动车所有人提供机动车登记证书、号牌或者行驶证的，现机动车所有人在办理转移登记时，应当提交人民法院出具的未得到机动车登记证书、号牌或者行驶证的"协助执行通知书"，或者人民检察院、行政执法部门出具的未得到机动车登记证书、号牌或者行驶证的证明。车辆管理所应当公告原机动车登记证书、号牌或者行驶证作废，并在办理转移登记的同时，补发机动车登记证书。

第四节 抵押登记

第二十二条 机动车所有人将机动车作为抵押物抵押的，应当向登记地车辆管理所申请抵押登记；抵押权消灭的，应当向登记地车辆管理所申请解除抵押登记。

第二十三条 申请抵押登记的，机动车所有人应当填写申请表，由机动车所有人和抵押权人共同申请，并提交下列证明、凭证：

（一）机动车所有人和抵押权人的身份证明；

（二）机动车登记证书；

（三）机动车所有人和抵押权人依法订立的主合同和抵押合同。

车辆管理所应当自受理之日起一日内，审查提交的证明、凭证，在机动车登记证书上签注抵押登记的内容和日期。

第二十四条 申请解除抵押登记的，机动车所有人应当填写申请表，由机动车所有人和抵押权人共同申请，并提交下列证明、凭证：

（一）机动车所有人和抵押权人的身份证明；

（二）机动车登记证书。

人民法院调解、裁定、判决解除抵押的，机动车所有人或者抵押权人应当填写申请表，提交机动车登记证书、人民法院出具的已经生效的"调解书""裁定书"或者"判决书"，以及相应的"协助执行通知书"。

车辆管理所应当自受理之日起一日内，审查提交的证明、凭证，在机动车登记证书上签注解除抵押登记的内容和日期。

第二十五条 机动车抵押登记日期、解除抵押登记日期可以供公众查询。

第二十六条 有本规定第九条第（一）项、第（七）项、第（八）项、第（九）项或者第二十条第（二）项规定情形之一的，不予办理抵押登记。对机动车所有人提交的证明、凭证无效，或者机动车被人民法院、人民检察院、行政执法部门依法查封、扣押的，不予办理解除抵押登记。

第五节 注销登记

第二十七条 已达到国家强制报废标准的机动车，机动车所有人向机动车回收企业交售机动车时，应当填写申请表，提交机动车登记证书、号牌和行驶证。机动车回收企业应当确认机动车并解体，向机动车所有人出具"报废机动车回收证明"。报废的校车，大型客、货车及其他营运车辆应当在车辆管理所的监督下解体。

机动车回收企业应当在机动车解体后七日内将申请表、机动车登记证书、号牌、行驶证和"报废机动车回收证明"副本提交车辆管理所，申请注销登记。

车辆管理所应当自受理之日起一日内，审查提交的证明、凭证，收回机动车登记证书、号牌、行驶证，出具注销证明。

第二十八条　除本规定第二十七条规定的情形外，机动车有下列情形之一的，机动车所有人应当向登记地车辆管理所申请注销登记：

（一）机动车灭失的；

（二）机动车因故不在我国境内使用的；

（三）因质量问题退车的。

已注册登记的机动车有下列情形之一的，登记地车辆管理所应当办理注销登记：

（一）机动车登记被依法撤销的；

（二）达到国家强制报废标准的机动车被依法收缴并强制报废的。

属于本条第一款第（二）项和第（三）项规定情形之一的，机动车所有人申请注销登记前，应当将涉及该车的道路交通安全违法行为和交通事故处理完毕。

第二十九条　属于本规定第二十八条第一款规定的情形，机动车所有人申请注销登记的，应当填写申请表，并提交以下证明、凭证：

（一）机动车登记证书；

（二）机动车行驶证；

（三）属于机动车灭失的，还应当提交机动车所有人的身份证明和机动车灭失证明；

（四）属于机动车因故不在我国境内使用的，还应当提交机动车所有人的身份证明和出境证明，其中属于海关监管的机动车，还应当提交海关出具的"中华人民共和国海关监管车辆进（出）境领（销）牌照通知书"；

（五）属于因质量问题退车的，还应当提交机动车所有人的身份证明和机动车制造厂或者经销商出具的退车证明。

车辆管理所应当自受理之日起一日内，审查提交的证明、凭证，收回机动车登记证书、号牌、行驶证，出具注销证明。

第三十条　因车辆损坏无法驶回登记地的，机动车所有人可以向车辆所在地机动车回收企业交售报废机动车。交售机动车时应当填写申请表，提交机动车登记证书、号牌和行驶证。机动车回收企业应当确认机动车并解体，向机动车所有人出具"报废机动车回收证明"。报废的校车，大型客、货车及其他营运车辆应当在报废地车辆管理所的监督下解体。

机动车回收企业应当在机动车解体后七日内将申请表、机动车登记证书、号牌、行驶证和"报废机动车回收证明"副本提交报废地车辆管理所，申请注销登记。

报废地车辆管理所应当自受理之日起一日内，审查提交的证明、凭证，收回机动车登记证书、号牌、行驶证，并通过计算机登记系统将机动车报废信息传递给登记地车辆管理所。

登记地车辆管理所应当自接到机动车报废信息之日起一日内办理注销登记，并出具注销证明。

第三十一条 已注册登记的机动车有下列情形之一的，车辆管理所应当公告机动车登记证书、号牌、行驶证作废：

（一）达到国家强制报废标准，机动车所有人逾期不办理注销登记的；

（二）机动车登记被依法撤销后，未收缴机动车登记证书、号牌、行驶证的；

（三）达到国家强制报废标准的机动车被依法收缴并强制报废的；

（四）机动车所有人办理注销登记时未交回机动车登记证书、号牌、行驶证的。

第三十二条 有本规定第九条第（一）项、第（八）项、第（九）项或者第二十条第（一）项、第（三）项规定情形之一的，不予办理注销登记。

第六节 校车标牌核发

第三十三条 学校或者校车服务提供者申请校车使用许可，应当按照《校车安全管理条例》向县级或者设区的市级人民政府教育行政部门提出申请。公安机关交通管理部门收到教育行政部门送来的征求意见材料后，应当在一日内通知申请人交验机动车。

第三十四条 县级或者设区的市级公安机关交通管理部门应当自申请人交验机动车之日起二日内确认机动车，查验校车标志灯、停车指示标志、卫星定位装置以及逃生锤、干粉灭火器、急救箱等安全设备，审核行驶线路、开行时间和停靠站点。属于专用校车的，还应当查验校车外观标识。审查以下证明、凭证：

（一）机动车所有人的身份证明；

（二）机动车行驶证；

（三）校车安全技术检验合格证明；

（四）包括行驶线路、开行时间和停靠站点的校车运行方案；

（五）校车驾驶人的机动车驾驶证。

公安机关交通管理部门应当自收到教育行政部门征求意见材料之日起三日内

向教育行政部门回复意见，但申请人未按规定交验机动车的除外。

第三十五条　学校或者校车服务提供者按照《校车安全管理条例》取得校车使用许可后，应当向县级或者设区的市级公安机关交通管理部门领取校车标牌。领取时应当填写表格，并提交以下证明、凭证：

（一）机动车所有人的身份证明；

（二）校车驾驶人的机动车驾驶证；

（三）机动车行驶证；

（四）县级或者设区的市级人民政府批准的校车使用许可；

（五）县级或者设区的市级人民政府批准的包括行驶线路、开行时间和停靠站点的校车运行方案。

公安机关交通管理部门应当在收到领取表之日起三日内核发校车标牌。对属于专用校车的，应当核对行驶证上记载的校车类型和核载人数；对不属于专用校车的，应当在行驶证副页上签注校车类型和核载人数。

第三十六条　校车标牌应当记载本车的号牌号码、机动车所有人、驾驶人、行驶线路、开行时间、停靠站点、发牌单位、有效期限等信息。校车标牌分前后两块，分别放置于前风窗玻璃右下角和后风窗玻璃适当位置。

校车标牌有效期的截止日期与校车安全技术检验有效期的截止日期一致，但不得超过校车使用许可有效期。

第三十七条　专用校车应当自注册登记之日起每半年进行一次安全技术检验，非专用校车应当自取得校车标牌后每半年进行一次安全技术检验。

学校或者校车服务提供者应当在校车检验有效期满前一个月内向公安机关交通管理部门申请检验合格标志。

公安机关交通管理部门应当自受理之日起一日内，确认机动车，审查提交的证明、凭证，核发检验合格标志，换发校车标牌。

第三十八条　已取得校车标牌的机动车达到报废标准或者不再作为校车使用的，学校或者校车服务提供者应当拆除校车标志灯、停车指示标志，消除校车外观标识，并将校车标牌交回核发的公安机关交通管理部门。

专用校车不得改变使用性质。

校车使用许可被吊销、注销或者撤销的，学校或者校车服务提供者应当拆除校车标志灯、停车指示标志，消除校车外观标识，并将校车标牌交回核发的公安机关交通管理部门。

第三十九条　校车行驶线路、开行时间、停靠站点或者车辆、所有人、驾驶人发生变化的，经县级或者设区的市级人民政府批准后，应当按照本规定重新领取校车标牌。

第四十条 公安机关交通管理部门应当每月将校车标牌的发放、变更、收回等信息报本级人民政府备案，并通报教育行政部门。

学校或者校车服务提供者应当自取得校车标牌之日起，每月查询校车道路交通安全违法行为记录，及时到公安机关交通管理部门接受处理。核发校车标牌的公安机关交通管理部门应当每月汇总辖区内校车道路交通安全违法和交通事故等情况，通知学校或者校车服务提供者，并通报教育行政部门。

第四十一条 校车标牌灭失、丢失或者损毁的，学校或者校车服务提供者应当向核发标牌的公安机关交通管理部门申请补领或者换领。申请时，应当提交机动车所有人的身份证明及机动车行驶证。公安机关交通管理部门应当自受理之日起三日内审核，补发或者换发校车标牌。

第三章 其他规定

第四十二条 申请办理机动车质押备案或者解除质押备案的，由机动车所有人和典当行共同申请，机动车所有人应当填写申请表，并提交以下证明、凭证：

（一）机动车所有人和典当行的身份证明；

（二）机动车登记证书。

车辆管理所应当自受理之日起一日内，审查提交的证明、凭证，在机动车登记证书上签注质押备案或者解除质押备案的内容和日期。

有本规定第九条第（一）项、第（七）项、第（八）项、第（九）项规定情形之一的，不予办理质押备案。对机动车所有人提交的证明、凭证无效，或者机动车被人民法院、人民检察院、行政执法部门依法查封、扣押的，不予办理解除质押备案。

第四十三条 机动车登记证书灭失、丢失或者损毁的，机动车所有人应当向登记地车辆管理所申请补领、换领。申请时，机动车所有人应当填写申请表并提交身份证明，属于补领机动车登记证书的，还应当交验机动车。车辆管理所应当自受理之日起一日内，确认机动车，审查提交的证明、凭证，补发、换发机动车登记证书。

启用机动车登记证书前已注册登记的机动车未申领机动车登记证书的，机动车所有人可以向登记地车辆管理所申领机动车登记证书。但属于机动车所有人申请变更、转移或者抵押登记的，应当在申请前向车辆管理所申领机动车登记证书。申请时，机动车所有人应当填写申请表，交验机动车并提交身份证明。车辆管理所应当自受理之日起五日内，确认机动车，核对车辆识别代号拓印膜，审查提交的证明、凭证，核发机动车登记证书。

第四十四条　机动车号牌、行驶证灭失、丢失或者损毁的，机动车所有人应当向登记地车辆管理所申请补领、换领。申请时，机动车所有人应当填写申请表并提交身份证明。

车辆管理所应当审查提交的证明、凭证，收回未灭失、丢失或者损毁的号牌、行驶证，自受理之日起一日内补发、换发行驶证，自受理之日起十五日内补发、换发号牌，原机动车号牌号码不变。

补发、换发号牌期间应当核发有效期不超过十五日的临时行驶车号牌。

第四十五条　机动车具有下列情形之一，需要临时上道路行驶的，机动车所有人应当向车辆管理所申领临时行驶车号牌：

（一）未销售的；

（二）购买、调拨、赠予等方式获得机动车后尚未注册登记的；

（三）进行科研、定型试验的；

（四）因轴荷、总质量、外廓尺寸超出国家标准不予办理注册登记的特型机动车。

第四十六条　机动车所有人申领临时行驶车号牌应当提交以下证明、凭证：

（一）机动车所有人的身份证明；

（二）机动车交通事故责任强制保险凭证；

（三）属于本规定第四十五条第（一）项、第（四）项规定情形的，还应当提交机动车整车出厂合格证明或者进口机动车进口凭证；

（四）属于本规定第四十五条第（二）项规定情形的，还应当提交机动车来历证明，以及机动车整车出厂合格证明或者进口机动车进口凭证；

（五）属于本规定第四十五条第（三）项规定情形的，还应当提交书面申请和机动车安全技术检验合格证明。

车辆管理所应当自受理之日起一日内，审查提交的证明、凭证，属于本规定第四十五条第（一）项、第（二）项规定情形，需要在本行政辖区内临时行驶的，核发有效期不超过十五日的临时行驶车号牌；需要跨行政辖区临时行驶的，核发有效期不超过三十日的临时行驶车号牌。属于本规定第四十五条第（三）项、第（四）项规定情形的，核发有效期不超过九十日的临时行驶车号牌。

因号牌制作的原因，无法在规定时限内核发号牌的，车辆管理所应当核发有效期不超过十五日的临时行驶车号牌。

对具有本规定第四十五条第（一）项、第（二）项规定情形之一，机动车所有人需要多次申领临时行驶车号牌的，车辆管理所核发临时行驶车号牌不得超过三次。

第四十七条　机动车所有人发现登记内容有错误的，应当及时要求车辆管理所更正。车辆管理所应当自受理之日起五日内予以确认。确属登记错误的，在机动车登记证书上更正相关内容，换发行驶证。需要改变机动车号牌号码的，应当收回号牌、行驶证，确定新的机动车号牌号码，重新核发号牌、行驶证和检验合格标志。

第四十八条　已注册登记的机动车被盗抢的，车辆管理所应当根据刑侦部门提供的情况，在计算机登记系统内记录，停止办理该车的各项登记和业务。被盗抢机动车发还后，车辆管理所应当恢复办理该车的各项登记和业务。

机动车在被盗抢期间，发动机号码、车辆识别代号或者车身颜色被改变的，车辆管理所应当凭有关技术鉴定证明办理变更备案。

第四十九条　机动车所有人可以在机动车检验有效期满前三个月内向登记地车辆管理所申请检验合格标志。

申请前，机动车所有人应当将涉及该车的道路交通安全违法行为和交通事故处理完毕。申请时，机动车所有人应当填写申请表并提交行驶证、机动车交通事故责任强制保险凭证、车船税纳税或者免税证明、机动车安全技术检验合格证明。

车辆管理所应当自受理之日起一日内，确认机动车，审查提交的证明、凭证，核发检验合格标志。

第五十条　除大型载客汽车、校车以外的机动车因故不能在登记地检验的，机动车所有人可以向登记地车辆管理所申请委托核发检验合格标志。申请前，机动车所有人应当将涉及机动车的道路交通安全违法行为和交通事故处理完毕。申请时，应当提交机动车登记证书或者行驶证。

车辆管理所应当自受理之日起一日内，出具核发检验合格标志的委托书。

机动车在检验地检验合格后，机动车所有人应当按照本规定第四十九条第二款的规定向被委托地车辆管理所申请检验合格标志，并提交核发检验合格标志的委托书。被委托地车辆管理所应当自受理之日起一日内，按照本规定第四十九条第三款的规定核发检验合格标志。

营运货车长期在登记以外的地区从事道路运输的，机动车所有人向营运地车辆管理所备案登记一年后，可以在营运地直接进行安全技术检验，并向营运地车辆管理所申请检验合格标志。

第五十一条　机动车检验合格标志灭失、丢失或者损毁的，机动车所有人应当持行驶证向机动车登记地或者检验合格标志核发地车辆管理所申请补领或者换领。车辆管理所应当自受理之日起一日内补发或者换发。

第五十二条　办理机动车转移登记或者注销登记后，原机动车所有人申请办理新购机动车注册登记时，可以向车辆管理所申请使用原机动车号牌号码。

申请使用原机动车号牌号码应当符合下列条件：

（一）在办理转移登记或者注销登记后六个月内提出申请；

（二）机动车所有人拥有原机动车三年以上；

（三）涉及原机动车的道路交通安全违法行为和交通事故处理完毕。

第五十三条 确定机动车号牌号码采用计算机自动选取和由机动车所有人按照机动车号牌标准规定自行编排的方式。

第五十四条 机动车所有人可以委托代理人代理申请各项机动车登记和业务，但申请补领机动车登记证书的除外。对机动车所有人因死亡、出境、重病、伤残或者不可抗力等原因不能到场申请补领机动车登记证书的，可以凭相关证明委托代理人代理申领。

代理人申请机动车登记和业务时，应当提交代理人的身份证明和机动车所有人的书面委托。

第五十五条 机动车所有人或者代理人申请机动车登记和业务，应当如实向车辆管理所提交规定的材料和反映真实情况，并对其申请材料实质内容的真实性负责。

第四章 法律责任

第五十六条 有下列情形之一的，由公安机关交通管理部门处警告或者二百元以下罚款：

（一）重型、中型载货汽车及其挂车的车身或者车厢后部未按照规定喷涂放大的牌号或者放大的牌号不清晰的；

（二）机动车喷涂、粘贴标识或者车身广告，影响安全驾驶的；

（三）载货汽车、挂车未按照规定安装侧面及后下部防护装置、粘贴车身反光标识的；

（四）机动车未按照规定期限进行安全技术检验的；

（五）改变车身颜色，更换发动机、车身或者车架，未按照本规定第十条规定的时限办理变更登记的；

（六）机动车所有权转移后，现机动车所有人未按照本规定第十八条规定的时限办理转移登记的；

（七）机动车所有人办理变更登记、转移登记，机动车档案转出登记地车辆管理所后，未按照本规定第十三条规定的时限到住所地车辆管理所申请机动车转入的。

第五十七条 除本规定第十条和第十六条规定的情形外，擅自改变机动车外形和已登记的有关技术数据的，由公安机关交通管理部门责令恢复原状，并处警告或者五百元以下罚款。

第五十八条 以欺骗、贿赂等不正当手段取得机动车登记的，由公安机关交通管理部门收缴机动车登记证书、号牌、行驶证，撤销机动车登记；申请人在三年内不得申请机动车登记。对涉嫌走私、盗抢的机动车，移交有关部门处理。

以欺骗、贿赂等不正当手段办理补、换领机动车登记证书、号牌、行驶证和检验合格标志等业务的，由公安机关交通管理部门处警告或者二百元以下罚款。

第五十九条 省、自治区、直辖市公安厅、局可以根据本地区的实际情况，在本规定的处罚幅度范围内，制定具体的执行标准。

对本规定的道路交通安全违法行为的处理程序按照《道路交通安全违法行为处理程序规定》执行。

第六十条 交通警察违反规定为被盗抢、走私、非法拼（组）装、达到国家强制报废标准的机动车办理登记的，按照国家有关规定给予处分，经教育不改又不宜给予开除处分的，按照《公安机关组织管理条例》规定予以辞退；对聘用人员予以解聘。构成犯罪的，依法追究刑事责任。

第六十一条 交通警察有下列情形之一的，按照国家有关规定给予处分；对聘用人员予以解聘。构成犯罪的，依法追究刑事责任：

（一）不按照规定确认机动车和审查证明、凭证的；

（二）故意刁难，拖延或者拒绝办理机动车登记的；

（三）违反本规定增加机动车登记条件或者提交的证明、凭证的；

（四）违反本规定第五十三条的规定，采用其他方式确定机动车号牌号码的；

（五）违反规定跨行政辖区办理机动车登记和业务的；

（六）超越职权进入计算机登记系统办理机动车登记和业务，或者不按规定使用机动车登记系统办理登记和业务的；

（七）向他人泄漏、传播计算机登记系统密码，造成系统数据被篡改、丢失或者破坏的；

（八）利用职务上的便利索取、收受他人财物或者谋取其他利益的；

（九）强令车辆管理所违反本规定办理机动车登记的。

第六十二条 公安机关交通管理部门有本规定第六十条、第六十一条所列行为之一的，按照国家有关规定对直接负责的主管人员和其他直接责任人员给予相应的处分。

公安机关交通管理部门及其工作人员有本规定第六十条、第六十一条所列行为之一，给当事人造成损失的，应当依法承担赔偿责任。

第五章 附 则

第六十三条 机动车登记证书、号牌、行驶证、检验合格标志的种类、式样，以及各类登记表格式样等由公安部制定。机动车登记证书由公安部统一印制。

机动车登记证书、号牌、行驶证、检验合格标志的制作应当符合有关标准。

第六十四条 本规定下列用语的含义：

（一）进口机动车是指：

1．经国家限定口岸海关进口的汽车；

2．经各口岸海关进口的其他机动车；

3．海关监管的机动车；

4．国家授权的执法部门没收的走私、无合法进口证明和利用进口关键件非法拼（组）装的机动车。

（二）进口机动车的进口凭证是指：

1．进口汽车的进口凭证，是国家限定口岸海关签发的"货物进口证明书"；

2．其他进口机动车的进口凭证，是各口岸海关签发的"货物进口证明书"；

3．海关监管的机动车的进口凭证，是监管地海关出具的"中华人民共和国海关监管车辆进（出）境领（销）牌照通知书"；

4．国家授权的执法部门没收的走私、无进口证明和利用进口关键件非法拼（组）装的机动车的进口凭证，是该部门签发的"没收走私汽车、摩托车证明书"。

（三）机动车所有人是指拥有机动车的个人或者单位。

1．个人是指我国内地的居民和军人（含武警）以及香港特别行政区、澳门特别行政区、台湾地区的居民、华侨和外国人；

2．单位是指机关、企业、事业单位和社会团体以及外国驻华使馆、领馆和外国驻华办事机构、国际组织驻华代表机构。

（四）身份证明是指：

1．机关、企业、事业单位、社会团体的身份证明，是该单位的"组织机构代码证书"、加盖单位公章的委托书和被委托人的身份证明。机动车所有人为单位的内设机构，本身不具备领取"组织机构代码证书"条件的，可以使用上级单位的"组织机构代码证书"作为机动车所有人的身份证明。上述单位已注销、撤销或者破产，其机动车需要办理变更登记、转移登记、解除抵押登记、注销登记、解除质押备案、申领机动车登记证书和补、换领机动车登记证书、号牌、行驶证的，已注销的企业的身份证明，是工商行政管理部门出具的注销证明。已撤销的机关、事业单位、社会团体的身份证明，是其上级主管机关出具的有关证明。已破产的企业的身份证明，是依法成立的财产清算机构出具的有关证明。

2. 外国驻华使馆、领馆和外国驻华办事机构、国际组织驻华代表机构的身份证明，是该使馆、领馆或者该办事机构、代表机构出具的证明。

3. 居民的身份证明，是"居民身份证"或者"临时居民身份证"。在暂住地居住的内地居民，其身份证明是"居民身份证"或者"临时居民身份证"，以及公安机关核发的居住、暂住证明。

4. 军人（含武警）的身份证明，是"居民身份证"或者"临时居民身份证"。在未办理"居民身份证"前，是指军队有关部门核发的"军官证""文职干部证""士兵证""离休证""退休证"等有效军人身份证件，以及其所在的团级以上单位出具的本人住所证明。

5. 香港、澳门特别行政区居民的身份证明，是其入境时所持有的"港澳居民来往内地通行证"或者"港澳同胞回乡证"，香港、澳门特别行政区"居民身份证"和公安机关核发的居住、暂住证明。

6. 台湾地区居民的身份证明，是其所持有的有效期六个月以上的公安机关核发的"台湾居民来往大陆通行证"或者外交部核发的"中华人民共和国旅行证"和公安机关核发的居住、暂住证明。

7. 华侨的身份证明，是"中华人民共和国护照"和公安机关核发的居住、暂住证明。

8. 外国人的身份证明，是其入境时所持有的护照或者其他旅行证件、居（停）留期为六个月以上的有效签证或者居留许可，以及公安机关出具的住宿登记证明。

9. 外国驻华使馆、领馆人员，国际组织驻华代表机构人员的身份证明，是外交部核发的有效身份证件。

（五）住所是指：

1. 单位的住所为其主要办事机构所在地的地址。

2. 个人的住所为其身份证明记载的地址。在暂住地居住的内地居民的住所是公安机关核发的居住、暂住证明记载的地址。

（六）机动车来历证明是指：

1. 在国内购买的机动车，其来历证明是全国统一的机动车销售发票或者二手车交易发票。在国外购买的机动车，其来历证明是该车销售单位开具的销售发票及其翻译文本，但海关监管的机动车不需提供来历证明。

2. 人民法院调解、裁定或者判决转移的机动车，其来历证明是人民法院出具的已经生效的"调解书""裁定书"或者"判决书"，以及相应的"协助执行通知书"。

3. 仲裁机构仲裁裁决转移的机动车，其来历证明是"仲裁裁决书"和人民法院出具的"协助执行通知书"。

4. 继承、赠予、中奖、协议离婚和协议抵偿债务的机动车，其来历证明是继承、赠予、中奖、协议离婚、协议抵偿债务的相关文书和公证机关出具的"公证书"。

5. 资产重组或者资产整体买卖中包含的机动车，其来历证明是资产主管部门的批准文件。

6. 机关、企业、事业单位和社会团体统一采购并调拨到下属单位未注册登记的机动车，其来历证明是全国统一的机动车销售发票和该部门出具的调拨证明。

7. 机关、企业、事业单位和社会团体已注册登记并调拨到下属单位的机动车，其来历证明是该单位出具的调拨证明。被上级单位调回或者调拨到其他下属单位的机动车，其来历证明是上级单位出具的调拨证明。

8. 经公安机关破案发还的被盗抢且已向原机动车所有人理赔完毕的机动车，其来历证明是"权益转让证明书"。

（七）机动车整车出厂合格证明是指：

1. 机动车整车厂生产的汽车、摩托车、挂车，其出厂合格证明是该厂出具的"机动车整车出厂合格证"；

2. 使用国产或者进口底盘改装的机动车，其出厂合格证明是机动车底盘生产厂出具的"机动车底盘出厂合格证"或者进口机动车底盘的进口凭证和机动车改装厂出具的"机动车整车出厂合格证"；

3. 使用国产或者进口整车改装的机动车，其出厂合格证明是机动车生产厂出具的"机动车整车出厂合格证"或者进口机动车的进口凭证和机动车改装厂出具的"机动车整车出厂合格证"；

4. 人民法院、人民检察院或者行政执法机关依法扣留、没收并拍卖的未注册登记的国产机动车，未能提供出厂合格证明的，可以凭人民法院、人民检察院或者行政执法机关出具的证明替代。

（八）机动车灭失证明是指：

1. 因自然灾害造成机动车灭失的证明是，自然灾害发生地的街道、乡、镇以上政府部门出具的机动车因自然灾害造成灭失的证明；

2. 因失火造成机动车灭失的证明是，火灾发生地的县级以上公安机关消防部门出具的机动车因失火造成灭失的证明；

3. 因交通事故造成机动车灭失的证明是，交通事故发生地的县级以上公安机关交通管理部门出具的机动车因交通事故造成灭失的证明。

（九）本规定所称"一日""二日""三日""五日""七日""十日""十五日"，是指工作日，不包括节假日。

临时行驶车号牌的最长有效期"十五日""三十日""九十日"，包括工作日和节假日。

本规定所称以下、以上、以内，包括本数。

第六十五条　本规定自 2008 年 10 月 1 日起施行。2004 年 4 月 30 日公安部发布的《机动车登记规定》（公安部令第 72 号）同时废止。本规定实施前公安部发布的其他规定与本规定不一致的，以本规定为准。

机动车驾驶证申领和使用规定

中华人民共和国公安部令第 123 号

根据 2016 年 1 月 29 日中华人民共和国公安部令第 139 号修改。

第一章 总 则

第一条 根据《中华人民共和国道路交通安全法》及其实施条例、《中华人民共和国行政许可法》，制定本规定。

第二条 本规定由公安机关交通管理部门负责实施。

省级公安机关交通管理部门负责本省（自治区、直辖市）机动车驾驶证业务工作的指导、检查和监督。直辖市公安机关交通管理部门车辆管理所、设区的市或者相当于同级的公安机关交通管理部门车辆管理所负责办理本行政辖区内机动车驾驶证业务。

县级公安机关交通管理部门车辆管理所可以办理本行政辖区内低速载货汽车、三轮汽车、摩托车驾驶证业务，以及其他机动车驾驶证换发、补发、审验、提交身体条件证明等业务。条件具备的，可以办理小型汽车、小型自动挡汽车、残疾人专用小型自动挡载客汽车驾驶证业务，以及其他机动车驾驶证的道路交通安全法律、法规和相关知识考试业务。具体业务范围和办理条件由省级公安机关交通管理部门确定。

第三条 车辆管理所办理机动车驾驶证业务，应当遵循严格、公开、公正、便民的原则。

车辆管理所办理机动车驾驶证业务，应当依法受理申请人的申请，审核申请人提交的材料。对符合条件的，按照规定的标准、程序和期限办理机动车驾驶证。对申请材料不齐全或者不符合法定形式的，应当一次书面告知申请人需要补正的全部内容。对不符合条件的，应当书面告知理由。

车辆管理所应当将法律、行政法规和本规定的有关办理机动车驾驶证的事项、条件、依据、程序、期限以及收费标准、需要提交的全部材料的目录和申请表示范文本等在办公场所公示。

省级、设区的市或者相当于同级的公安机关交通管理部门应当在互联网上建立主页，发布信息，便于群众查阅办理机动车驾驶证的有关规定，查询驾驶证使用状态、交通违法及记分等情况，下载、使用有关表格。

第四条 申请办理机动车驾驶证业务的人，应当如实向车辆管理所提交规定的材料，如实申告规定的事项，并对其申请材料实质内容的真实性负责。

第五条 公安机关交通管理部门应当建立对车辆管理所办理机动车驾驶证业务的监督制度，加强对驾驶人考试、驾驶证核发和使用的监督管理。

第六条 车辆管理所应当使用机动车驾驶证计算机管理系统核发、打印机动车驾驶证，不使用计算机管理系统核发、打印的机动车驾驶证无效。

机动车驾驶证计算机管理系统的数据库标准和软件全国统一，能够完整、准确地记录和存储申请受理、科目考试、机动车驾驶证核发等全过程和经办人员信息，并能够实时将有关信息传送到全国公安交通管理信息系统。

第七条 车辆管理所应当使用互联网交通安全综合服务管理平台，按规定办理机动车驾驶证业务。

互联网交通安全综合服务管理平台信息管理系统数据库标准和软件全国统一。

申请人使用互联网交通安全综合服务管理平台办理机动车驾驶证业务的，经过身份验证后，可以通过网上提交申请。

第二章 机动车驾驶证申请

第一节 机动车驾驶证

第八条 驾驶机动车，应当依法取得机动车驾驶证。

第九条 机动车驾驶人准予驾驶的车型顺序依次分为：大型客车、牵引车、城市公交车、中型客车、大型货车、小型汽车、小型自动挡汽车、低速载货汽车、三轮汽车、残疾人专用小型自动挡载客汽车、普通三轮摩托车、普通二轮摩托车、轻便摩托车、轮式自行机械车、无轨电车和有轨电车（附件1）。

第十条 机动车驾驶证记载和签注以下内容：

（一）机动车驾驶人信息：姓名、性别、出生日期、国籍、住址、身份证明号码（机动车驾驶证号码）、照片；

（二）车辆管理所签注内容：初次领证日期、准驾车型代号、有效期限、核发机关印章、档案编号。

第十一条 机动车驾驶证有效期分为六年、十年和长期。

第二节 申　　请

第十二条 申请机动车驾驶证的人，应当符合下列规定：

（一）年龄条件：

1. 申请小型汽车、小型自动挡汽车、残疾人专用小型自动挡载客汽车、轻便摩托车准驾车型的，在18周岁以上，70周岁以下；

2. 申请低速载货汽车、三轮汽车、普通三轮摩托车、普通二轮摩托车或者轮式自行机械车准驾车型的，在18周岁以上，60周岁以下；

3. 申请城市公交车、大型货车、无轨电车或者有轨电车准驾车型的，在20周岁以上，50周岁以下；

4. 申请中型客车准驾车型的，在21周岁以上，50周岁以下；

5. 申请牵引车准驾车型的，在24周岁以上，50周岁以下；

6. 申请大型客车准驾车型的，在26周岁以上，50周岁以下；

7. 接受全日制驾驶职业教育的学生，申请大型客车、牵引车准驾车型的，在20周岁以上，50周岁以下。

（二）身体条件：

1. 身高：申请大型客车、牵引车、城市公交车、大型货车、无轨电车准驾车型的，身高为155厘米以上。申请中型客车准驾车型的，身高为150厘米以上。

2. 视力：申请大型客车、牵引车、城市公交车、中型客车、大型货车、无轨电车或者有轨电车准驾车型的，两眼裸视力或者矫正视力达到对数视力表5.0以上。申请其他准驾车型的，两眼裸视力或者矫正视力达到对数视力表4.9以上。单眼视力障碍，优眼裸视力或者矫正视力达到对数视力表5.0以上，且水平视野达到150度的，可以申请小型汽车、小型自动挡汽车、低速载货汽车、三轮汽车、残疾人专用小型自动挡载客汽车准驾车型的机动车驾驶证。

3. 辨色力：无红绿色盲。

4. 听力：两耳分别距音叉50厘米能辨别声源方向。有听力障碍但佩戴助听设备能够达到以上条件的，可以申请小型汽车、小型自动挡汽车准驾车型的机动车驾驶证。

5. 上肢：双手拇指健全，每只手其他手指必须有三指健全，肢体和手指运动功能正常。但手指末节残缺或者左手有三指健全，且双手手掌完整的，可以申请小型汽车、小型自动挡汽车、低速载货汽车、三轮汽车准驾车型的机动车驾驶证。

6. 下肢：双下肢健全且运动功能正常，不等长度不得大于5厘米。但左下肢缺失或者丧失运动功能的，可以申请小型自动挡汽车准驾车型的机动车驾驶证。

7. 躯干、颈部：无运动功能障碍。

8. 右下肢、双下肢缺失或者丧失运动功能但能够自主坐立，且上肢符合本项第5目规定的，可以申请残疾人专用小型自动挡载客汽车准驾车型的机动车驾驶证。一只手掌缺失，另一只手拇指健全，其他手指有两指健全，上肢和手指运动功能正常，且下肢符合本项第6目规定的，可以申请残疾人专用小型自动挡载客汽车准驾车型的机动车驾驶证。

第十三条　有下列情形之一的，不得申请机动车驾驶证：

（一）有器质性心脏病、癫痫病、美尼尔氏症、眩晕症、癔症、帕金森病、精神病、痴呆以及影响肢体活动的神经系统疾病等妨碍安全驾驶疾病的；

（二）三年内有吸食、注射毒品行为或者解除强制隔离戒毒措施未满三年，或者长期服用依赖性精神药品成瘾尚未戒除的；

（三）造成交通事故后逃逸构成犯罪的；

（四）饮酒后或者醉酒驾驶机动车发生重大交通事故构成犯罪的；

（五）醉酒驾驶机动车或者饮酒后驾驶营运机动车依法被吊销机动车驾驶证未满五年的；

（六）醉酒驾驶营运机动车依法被吊销机动车驾驶证未满十年的；

（七）因其他情形依法被吊销机动车驾驶证未满二年的；

（八）驾驶许可依法被撤销未满三年的；

（九）法律、行政法规规定的其他情形。

未取得机动车驾驶证驾驶机动车，有第一款第五项至第七项行为之一的，在规定期限内不得申请机动车驾驶证。

第十四条　初次申领机动车驾驶证的，可以申请准驾车型为城市公交车、大型货车、小型汽车、小型自动挡汽车、低速载货汽车、三轮汽车、残疾人专用小型自动挡载客汽车、普通三轮摩托车、普通二轮摩托车、轻便摩托车、轮式自行机械车、无轨电车、有轨电车的机动车驾驶证。

已持有机动车驾驶证，申请增加准驾车型的，可以申请增加的准驾车型为大型客车、牵引车、城市公交车、中型客车、大型货车、小型汽车、小型自动挡汽车、低速载货汽车、三轮汽车、普通三轮摩托车、普通二轮摩托车、轻便摩托车、轮式自行机械车、无轨电车、有轨电车。

第十五条　已持有机动车驾驶证，申请增加准驾车型的，应当在本记分周期和申请前最近一个记分周期内没有记满12分记录。申请增加中型客车、牵引车、大型客车准驾车型的，还应当符合下列规定：

（一）申请增加中型客车准驾车型的，已取得驾驶城市公交车、大型货车、小型汽车、小型自动挡汽车、低速载货汽车或者三轮汽车准驾车型资格三年以上，并在申请前最近连续三个记分周期内没有记满12分记录；

（二）申请增加牵引车准驾车型的，已取得驾驶中型客车或者大型货车准驾车型资格三年以上，或者取得驾驶大型客车准驾车型资格一年以上，并在申请前最近连续三个记分周期内没有记满12分记录；

（三）申请增加大型客车准驾车型的，已取得驾驶城市公交车、中型客车或者大型货车准驾车型资格五年以上，或者取得驾驶牵引车准驾车型资格二年以上，并在申请前最近连续五个记分周期内没有记满12分记录。

正在接受全日制驾驶职业教育的学生，已在校取得驾驶小型汽车准驾车型资格，并在本记分周期和申请前最近一个记分周期内没有记满12分记录的，可以申请增加大型客车、牵引车准驾车型。

第十六条　有下列情形之一的，不得申请大型客车、牵引车、城市公交车、中型客车、大型货车准驾车型：

（一）发生交通事故造成人员死亡，承担同等以上责任的；

（二）醉酒后驾驶机动车的；

（三）被吊销或者撤销机动车驾驶证未满十年的。

第十七条　持有军队、武装警察部队机动车驾驶证，或者持有境外机动车驾驶证，符合本规定的申请条件，可以申请相应准驾车型的机动车驾驶证。

第十八条　申领机动车驾驶证的人，按照下列规定向车辆管理所提出申请：

（一）在户籍所在地居住的，应当在户籍所在地提出申请；

（二）在户籍所在地以外居住的，可以在居住地提出申请；

（三）现役军人（含武警），应当在居住地提出申请；

（四）境外人员，应当在居留地或者居住地提出申请；

（五）申请增加准驾车型的，应当在所持机动车驾驶证核发地提出申请；

（六）接受全日制驾驶职业教育，申请增加大型客车、牵引车准驾车型的，应当在接受教育地提出申请。

第十九条　初次申请机动车驾驶证，应当填写申请表，并提交以下证明：

（一）申请人的身份证明。

（二）县级或者部队团级以上医疗机构出具的有关身体条件的证明。属于申请残疾人专用小型自动挡载客汽车的，应当提交经省级卫生主管部门指定的专门医疗机构出具的有关身体条件的证明。

第二十条　申请增加准驾车型的，应当填写申请表，提交第十九条规定的证明和所持机动车驾驶证。属于接受全日制驾驶职业教育，申请增加大型客车、牵引车准驾车型的，还应当提交学校出具的学籍证明。

第二十一条　持军队、武装警察部队机动车驾驶证的人申请机动车驾驶证，应当填写申请表，并提交以下证明、凭证：

（一）申请人的身份证明。属于复员、转业、退伍的人员，还应当提交军队、武装警察部队核发的复员、转业、退伍证明。

（二）县级或者部队团级以上医疗机构出具的有关身体条件的证明。

（三）军队、武装警察部队机动车驾驶证。

第二十二条　持境外机动车驾驶证的人申请机动车驾驶证，应当填写申请表，并提交以下证明、凭证：

（一）申请人的身份证明。

（二）县级以上医疗机构出具的有关身体条件的证明。属于外国驻华使馆、领馆人员及国际组织驻华代表机构人员申请的，按照外交对等原则执行。

（三）所持机动车驾驶证。属于非中文表述的，还应当出具中文翻译文本。

申请人属于内地居民的，还应当提交申请人的护照或者"内地居民往来港澳通行证""大陆居民往来台湾通行证"。

第二十三条　实行小型汽车、小型自动挡汽车驾驶证自学直考的地方，申请人可以使用加装安全辅助装置的自备机动车，在具备安全驾驶经历等条件的人员随车指导下，按照公安机关交通管理部门指定的路线、时间学习驾驶技能，按照第十九条或者第二十条的规定申请相应准驾车型的驾驶证。

小型汽车、小型自动挡汽车驾驶证自学直考管理制度由公安部另行规定。

第二十四条　申请机动车驾驶证的人，符合本规定要求的驾驶许可条件，具有下列情形之一的，可以按照第十四条第一款和第十九条的规定直接申请相应准驾车型的机动车驾驶证考试：

（一）原机动车驾驶证因超过有效期未换证被注销的；

（二）原机动车驾驶证因未提交身体条件证明被注销的；

（三）原机动车驾驶证由本人申请注销的；

（四）原机动车驾驶证因身体条件暂时不符合规定被注销的；

（五）原机动车驾驶证因其他原因被注销的，但机动车驾驶证被吊销或者被撤销的除外；

（六）持有的军队、武装警察部队机动车驾驶证超过有效期的；

（七）持有的境外机动车驾驶证超过有效期的。

有前款第六项、第七项规定情形之一的，还应当提交超过有效期的机动车驾驶证。

第二十五条　申请人提交的证明、凭证齐全、符合法定形式的，车辆管理所应当受理，并按规定审核申请人的机动车驾驶证申请条件。属于第二十二条第二款规定情形的，还应当核查申请人的出入境记录；属于第二十四条第一款第一项至第五项规定情形之一的，还应当核查申请人的驾驶经历。

对于符合申请条件的，车辆管理所应当按规定安排预约考试；不需要考试的，一日内核发机动车驾驶证。

第二十六条　车辆管理所对申请人的申请条件及提交的材料、申告的事项有疑义的，可以对实质内容进行调查核实。

调查时，应当询问申请人并制作询问笔录，向证明、凭证的核发机关核查。

经调查，申请人不符合申请条件的，不予办理；有违法行为的，依法予以处理。

第三章　机动车驾驶人考试

第一节　考试内容和合格标准

第二十七条　机动车驾驶人考试内容分为道路交通安全法律、法规和相关知识考试科目（以下简称"科目一"）、场地驾驶技能考试科目（以下简称"科目二"）、道路驾驶技能和安全文明驾驶常识考试科目（以下简称"科目三"）。

第二十八条　考试内容和合格标准全国统一，根据不同准驾车型规定相应的考试项目。

第二十九条　科目一考试内容包括：道路通行、交通信号、交通安全违法行为和交通事故处理、机动车驾驶证申领和使用、机动车登记等规定以及其他道路交通安全法律、法规和规章。

第三十条　科目二考试内容包括：

（一）大型客车、牵引车、城市公交车、中型客车、大型货车考试桩考、坡道定点停车和起步、侧方停车、通过单边桥、曲线行驶、直角转弯、通过限宽门、通过连续障碍、起伏路行驶、窄路掉头，以及模拟高速公路、连续急弯山区路、隧道、雨（雾）天、湿滑路、紧急情况处置；

（二）小型汽车、小型自动挡汽车、残疾人专用小型自动挡载客汽车和低速载货汽车考试倒车入库、坡道定点停车和起步、侧方停车、曲线行驶、直角转弯；

（三）三轮汽车、普通三轮摩托车、普通二轮摩托车和轻便摩托车考试桩考、坡道定点停车和起步、通过单边桥；

（四）轮式自行机械车、无轨电车、有轨电车的考试内容由省级公安机关交通管理部门确定。

对第一款第一项、第二项规定的准驾车型，省级公安机关交通管理部门可以根据实际增加考试内容。

第三十一条　科目三道路驾驶技能考试内容包括：大型客车、牵引车、城市公交车、中型客车、大型货车、小型汽车、小型自动挡汽车、低速载货汽车和残疾人专用小型自动挡载客汽车考试上车准备、起步、直线行驶、加减挡位操作、变更车道、靠边停车、直行通过路口、路口左转弯、路口右转弯、通过人行横道线、通过学校区域、通过公共汽车站、会车、超车、掉头、夜间行驶；其他准驾车型的考试内容，由省级公安机关交通管理部门确定。

大型客车、中型客车考试里程不少于20公里，其中白天考试里程不少于10公里，夜间考试里程不少于5公里。牵引车、城市公交车、大型货车考试里程不少于10公里，其中白天考试里程不少于5公里，夜间考试里程不少于3公里。小型汽车、小型自动挡汽车、低速载货汽车、残疾人专用小型自动挡载客汽车考试里程不少于3公里，在白天考试时，应当进行模拟夜间灯光考试。

对大型客车、牵引车、城市公交车、中型客车、大型货车，省级公安机关交通管理部门应当根据实际增加山区、隧道、陡坡等复杂道路驾驶考试内容。对其他汽车准驾车型，省级公安机关交通管理部门可以根据实际增加考试内容。

第三十二条　科目三安全文明驾驶常识考试内容包括：安全文明驾驶操作要求、恶劣气象和复杂道路条件下的安全驾驶知识、爆胎等紧急情况下的临危处置方法以及发生交通事故后的处置知识等。

第三十三条　持军队、武装警察部队机动车驾驶证的人申请大型客车、牵引车、城市公交车、中型客车、大型货车准驾车型机动车驾驶证的，应当考试科目一和科目三；申请其他准驾车型机动车驾驶证的，免予考试核发机动车驾驶证。

第三十四条　持境外机动车驾驶证申请机动车驾驶证的，应当考试科目一。申请准驾车型为大型客车、牵引车、城市公交车、中型客车、大型货车机动车驾驶证的，还应当考试科目三。

内地居民持有境外机动车驾驶证，取得该机动车驾驶证时在核发国家或者地区连续居留不足三个月的，应当考试科目一、科目二和科目三。

属于外国驻华使馆、领馆人员及国际组织驻华代表机构人员申请的，应当按照外交对等原则执行。

第三十五条　各科目考试的合格标准为：

（一）科目一考试满分为 100 分，成绩达到 90 分的为合格；

（二）科目二考试满分为 100 分，考试大型客车、牵引车、城市公交车、中型客车、大型货车准驾车型的，成绩达到 90 分的为合格，其他准驾车型的成绩达到 80 分的为合格；

（三）科目三道路驾驶技能和安全文明驾驶常识考试满分分别为 100 分，成绩分别达到 90 分的为合格。

第二节　考　试　要　求

第三十六条　车辆管理所应当按照预约的考场和时间安排考试。申请人科目一考试合格后，可以预约科目二或者科目三道路驾驶技能考试。有条件的地方，申请人可以同时预约科目二、科目三道路驾驶技能考试，预约成功后可以连续进行考试。科目二、科目三道路驾驶技能考试均合格后，申请人可以当日参加科目三安全文明驾驶常识考试。

申请人预约科目二、科目三道路驾驶技能考试，车辆管理所在六十日内不能安排考试的，可以选择省（自治区、直辖市）内其他考场预约考试。

车辆管理所应当使用全国统一的考试预约系统，采用互联网、电话、服务窗口等方式供申请人预约考试。

第三十七条　初次申请机动车驾驶证或者申请增加准驾车型的，科目一考试合格后，车辆管理所应当在一日内核发学习驾驶证明（附件2）。

属于自学直考的，车辆管理所还应当按规定发放学车专用标识（附件3）。

第三十八条　申请人在场地和道路上学习驾驶，应当按规定取得学习驾驶证明。学习驾驶证明的有效期为三年，申请人应当在有效期内完成科目二和科目三考试。未在有效期内完成考试的，已考试合格的科目成绩作废。

学习驾驶证明可以采用纸质或者电子形式，纸质学习驾驶证明和电子学习驾驶证明具有同等效力。申请人可以通过互联网交通安全综合服务管理平台打印或者下载学习驾驶证明。

第三十九条　申请人在道路上学习驾驶，应当随身携带学习驾驶证明，使用教练车或者学车专用标识签注的自学用车，在教练员或者学车专用标识签注的指导人员随车指导下，按照公安机关交通管理部门指定的路线、时间进行。

申请人为自学直考人员的，在道路上学习驾驶时，应当在自学用车上按规定放置、粘贴学车专用标识，自学用车不得搭载随车指导人员以外的其他人员。

第四十条　初次申请机动车驾驶证或者申请增加准驾车型的，申请人预约考试科目二，应当符合下列规定：

（一）报考小型汽车、小型自动挡汽车、低速载货汽车、三轮汽车、残疾人专用小型自动挡载客汽车、轮式自行机械车、无轨电车、有轨电车准驾车型的，在取得学习驾驶证明满十日后预约考试；

（二）报考大型客车、牵引车、城市公交车、中型客车、大型货车准驾车型的，在取得学习驾驶证明满二十日后预约考试。

第四十一条　初次申请机动车驾驶证或者申请增加准驾车型的，申请人预约考试科目三，应当符合下列规定：

（一）报考低速载货汽车、三轮汽车、轮式自行机械车、无轨电车、有轨电车准驾车型的，在取得学习驾驶证明满二十日后预约考试；

（二）报考小型汽车、小型自动挡汽车、残疾人专用小型自动挡载客汽车准驾车型的，在取得学习驾驶证明满三十日后预约考试；

（三）报考大型客车、牵引车、城市公交车、中型客车、大型货车准驾车型的，在取得学习驾驶证明满四十日后预约考试。

第四十二条　持军队、武装警察部队或者境外机动车驾驶证申请机动车驾驶证的，应当自车辆管理所受理之日起三年内完成科目考试。

第四十三条　申请人因故不能按照预约时间参加考试的，应当提前一日申请取消预约。对申请人未按照预约考试时间参加考试的，判定该次考试不合格。

第四十四条　每个科目考试一次，考试不合格的，可以补考一次。不参加补考或者补考仍不合格的，本次考试终止，申请人应当重新预约考试，但科目二、科目三考试应当在十日后预约。科目三安全文明驾驶常识考试不合格的，已通过的道路驾驶技能考试成绩有效。

在学习驾驶证明有效期内，科目二和科目三道路驾驶技能考试预约考试的次数不得超过五次。第五次预约考试仍不合格的，已考试合格的其他科目成绩作废。

第四十五条　车辆管理所组织考试前应当使用全国统一的计算机系统当日随机选配考试员，随机安排考生分组，随机选取考试路线。

第四十六条　从事考试工作的人员，应当持有省级公安机关交通管理部门颁发的资格证书。公安机关交通管理部门应当在车辆管理所公安民警中选拔足够数量的专职考试员，可以在公安机关交通管理部门公安民警、文职人员中配置兼职考试员。可以聘用运输企业驾驶人、警风警纪监督员等人员承担考试辅助评判和监督职责。

考试员应当认真履行考试职责，严格按照规定考试，接受社会监督。在考试前应当自我介绍，讲解考试要求，核实申请人身份；考试中应当严格执行考试程序，按照考试项目和考试标准评定考试成绩；考试后应当当场公布考试成绩，讲评考试不合格原因。

每个科目的考试成绩单应当有申请人和考试员的签名。未签名的不得核发机动车驾驶证。

第四十七条　考试员、考试辅助和监管人员及考场工作人员应当严格遵守考试工作纪律，不得为不符合机动车驾驶许可条件、未经考试、考试不合格人员签注合格考试成绩，不得减少考试项目、降低评判标准或者参与、协助、纵容考试作弊，不得参与或者变相参与驾驶培训机构经营活动，不得收取驾驶培训机构、教练员、申请人的财物。

第四十八条　直辖市、设区的市或者相当于同级的公安机关交通管理部门应当根据本地考试需求建设考场，配备足够数量的考试车辆。对考场布局、数量不能满足本地考试需求的，应当采取政府购买服务等方式使用社会考场，并按照公平竞争、择优选定的原则，依法通过公开招标等程序确定。

考试场地建设、路段设置、车辆配备、设施设备配置以及考试项目、评判要求应当符合相关标准。考试场地、考试设备和考试系统应当经省级公安机关交通管理部门验收合格后方可使用。公安机关交通管理部门应当加强对辖区考场的监督管理，定期开展考试场地、考试车辆、考试设备和考场管理情况的监督检查。

第三节　考试监督管理

第四十九条　车辆管理所应当在办事大厅、候考场所和互联网公开各考场的考试能力、预约计划、预约人数和约考结果等情况，公布考场布局、考试路线和流程。考试预约计划应当至少在考试前十日在互联网上公开。

车辆管理所应当在候考场所、办事大厅向群众直播考试视频，考生可以在考试结束后三日内查询自己的考试视频资料。

第五十条　车辆管理所应当对考试过程进行全程录音、录像，并实时监控考试过程，没有使用录音、录像设备的，不得组织考试。严肃考试纪律，规范考场秩序，对考场秩序混乱的，应当中止考试。考试过程中，考试员应当使用执法记录仪记录监考过程。

车辆管理所应当建立音视频信息档案，存储录音、录像设备和执法记录仪记录的音像资料。建立考试质量抽查制度，每日抽查音视频信息档案，发现存在违反考试纪律、考场秩序混乱以及音视频信息缺失或者不完整的，应当进行调查处理。

省级公安机关交通管理部门应当定期抽查音视频信息档案，及时通报、纠正、查处发现的问题。

第五十一条　车辆管理所应当根据考试场地、考试设备、考试车辆、考试员数量等实际情况，核定每个考场、每个考试员每日最大考试量。

车辆管理所应当对驾驶培训机构教练员、教练车、训练场地等情况进行备案。

第五十二条　车辆管理所应当每周通过计算机系统对机动车驾驶人考试和机动车驾驶证业务办理情况进行监控、分析。省级公安机关交通管理部门应当建立全省（自治区、直辖市）机动车驾驶人考试监管系统，每月对机动车驾驶人考试、机动车驾驶证业务办理情况进行监控、分析，及时查处、通报发现的问题。

车辆管理所存在为未经考试或者考试不合格人员核发机动车驾驶证等严重违规办理机动车驾驶证业务情形的，上级公安机关交通管理部门可以暂停该车辆管理所办理相关业务或者指派其他车辆管理所人员接管业务。

第五十三条　直辖市、设区的市或者相当于同级的公安机关交通管理部门应当每月向社会公布车辆管理所考试员考试质量情况、三年内驾龄驾驶人交通违法率和交通肇事率等信息。

直辖市、设区的市或者相当于同级的公安机关交通管理部门应当每月向社会公布辖区内驾驶培训机构的考试合格率、三年内驾龄驾驶人交通违法率和交通肇事率等信息，按照考试合格率对驾驶培训机构培训质量公开排名，并通报培训主管部门。

第五十四条　对三年内驾龄驾驶人发生一次死亡3人以上交通事故且负主要以上责任的，省级公安机关交通管理部门应当倒查车辆管理所考试、发证情况，向社会公布倒查结果。对三年内驾龄驾驶人发生一次死亡1至2人的交通事故且负主要以上责任的，直辖市、设区的市或者相当于同级的公安机关交通管理部门应当组织责任倒查。

直辖市、设区的市或者相当于同级的公安机关交通管理部门发现驾驶培训机构及其教练员存在缩短培训学时、减少培训项目以及贿赂考试员、以承诺考试合格等名义向学员索取财物、参与违规办理驾驶证或者考试舞弊行为的，应当通报培训主管部门，并向社会公布。

公安机关交通管理部门发现考场、考试设备生产销售企业存在组织或者参与考试舞弊、伪造或者篡改考试系统数据的，不得继续使用该考场或者采购该企业考试设备；构成犯罪的，依法追究刑事责任。

第四章 发证、换证、补证

第五十五条 申请人考试合格后，应当接受不少于半小时的交通安全文明驾驶常识和交通事故案例警示教育，并参加领证宣誓仪式。

车辆管理所应当在申请人参加领证宣誓仪式的当日核发机动车驾驶证。属于申请增加准驾车型的，应当收回原机动车驾驶证。属于复员、转业、退伍的，应当收回军队、武装警察部队机动车驾驶证。

第五十六条 机动车驾驶人在机动车驾驶证的六年有效期内，每个记分周期均未记满12分的，换发十年有效期的机动车驾驶证；在机动车驾驶证的十年有效期内，每个记分周期均未记满12分的，换发长期有效的机动车驾驶证。

第五十七条 机动车驾驶人应当于机动车驾驶证有效期满前九十日内，向机动车驾驶证核发地或者核发地以外的车辆管理所申请换证。申请时应当填写申请表，并提交以下证明、凭证：

（一）机动车驾驶人的身份证明。

（二）机动车驾驶证。

（三）县级或者部队团级以上医疗机构出具的有关身体条件的证明。属于申请残疾人专用小型自动挡载客汽车的，应当提交经省级卫生主管部门指定的专门医疗机构出具的有关身体条件的证明。

第五十八条 机动车驾驶人户籍迁出原车辆管理所管辖区的，应当向迁入地车辆管理所申请换证。机动车驾驶人在核发地车辆管理所管辖区以外居住的，可以向居住地车辆管理所申请换证。申请时应当填写申请表，提交机动车驾驶人的身份证明和机动车驾驶证，并申报身体条件情况。

第五十九条 年龄在60周岁以上的，不得驾驶大型客车、牵引车、城市公交车、中型客车、大型货车、无轨电车和有轨电车；持有大型客车、牵引车、城市公交车、中型客车、大型货车驾驶证的，应当到机动车驾驶证核发地或者核发地以外的车辆管理所换领准驾车型为小型汽车或者小型自动挡汽车的机动车驾驶证。

年龄在70周岁以上的，不得驾驶低速载货汽车、三轮汽车、普通三轮摩托车、普通二轮摩托车和轮式自行机械车；持有普通三轮摩托车、普通二轮摩托车驾驶证的，应当到机动车驾驶证核发地或者核发地以外的车辆管理所换领准驾车型为轻便摩托车的机动车驾驶证。

申请时应当填写申请表，并提交第五十七条规定的证明、凭证。

机动车驾驶人自愿降低准驾车型的，应当填写申请表，并提交机动车驾驶人的身份证明和机动车驾驶证。

第六十条　具有下列情形之一的，机动车驾驶人应当在三十日内到机动车驾驶证核发地或者核发地以外的车辆管理所申请换证：

（一）在车辆管理所管辖区域内，机动车驾驶证记载的机动车驾驶人信息发生变化的；

（二）机动车驾驶证损毁无法辨认的。

申请时应当填写申请表，并提交机动车驾驶人的身份证明和机动车驾驶证。

第六十一条　机动车驾驶人身体条件发生变化，不符合所持机动车驾驶证准驾车型的条件，但符合准予驾驶的其他准驾车型条件的，应当在三十日内到机动车驾驶证核发地或者核发地以外的车辆管理所申请降低准驾车型。申请时应当填写申请表，并提交机动车驾驶人的身份证明、机动车驾驶证、县级或者部队团级以上医疗机构出具的有关身体条件的证明。

机动车驾驶人身体条件发生变化，不符合第十二条第二项规定或者具有第十三条规定情形之一，不适合驾驶机动车的，应当在三十日内到机动车驾驶证核发地车辆管理所申请注销。申请时应当填写申请表，并提交机动车驾驶人的身份证明和机动车驾驶证。

机动车驾驶人身体条件不适合驾驶机动车的，不得驾驶机动车。

第六十二条　车辆管理所对符合第五十七条至第六十条、第六十一条第一款规定的，应当在一日内换发机动车驾驶证。对符合第六十一条第二款规定的，应当在一日内注销机动车驾驶证。其中，对符合第五十八条至第六十一条规定的，还应当收回原机动车驾驶证。

第六十三条　机动车驾驶证遗失的，机动车驾驶人应当向机动车驾驶证核发地或者核发地以外的车辆管理所申请补发。申请时应当填写申请表，并提交以下证明、凭证：

（一）机动车驾驶人的身份证明；

（二）机动车驾驶证遗失的书面声明。

符合规定的，车辆管理所应当在一日内补发机动车驾驶证。

机动车驾驶人补领机动车驾驶证后，原机动车驾驶证作废，不得继续使用。

机动车驾驶证被依法扣押、扣留或者暂扣期间，机动车驾驶人不得申请补发。

第六十四条　机动车驾驶人向核发地以外的车辆管理所申请办理第五十七

条、第五十九条、第六十条、第六十一条第一款、第六十三条规定的换证、补证业务时，应当同时按照第五十八条规定办理。

第五章　机动车驾驶人管理

第一节　记　　分

第六十五条　道路交通安全违法行为累积记分周期（即记分周期）为12个月，满分为12分，从机动车驾驶证初次领取之日起计算。

依据道路交通安全违法行为的严重程度，一次记分的分值为：12分、6分、3分、2分、1分五种（附件4）。

第六十六条　对机动车驾驶人的道路交通安全违法行为，处罚与记分同时执行。

机动车驾驶人一次有两个以上违法行为记分的，应当分别计算，累加分值。

第六十七条　机动车驾驶人对道路交通安全违法行为处罚不服，申请行政复议或者提起行政诉讼后，经依法裁决变更或者撤销原处罚决定的，相应记分分值予以变更或者撤销。

第六十八条　机动车驾驶人在一个记分周期内累积记分达到12分的，公安机关交通管理部门应当扣留其机动车驾驶证。

机动车驾驶人应当在十五日内到机动车驾驶证核发地或者违法行为地公安机关交通管理部门参加为期七日的道路交通安全法律、法规和相关知识学习。机动车驾驶人参加学习后，车辆管理所应当在二十日内对其进行道路交通安全法律、法规和相关知识考试。考试合格的，记分予以清除，发还机动车驾驶证；考试不合格的，继续参加学习和考试。拒不参加学习，也不接受考试的，由公安机关交通管理部门公告其机动车驾驶证停止使用。

机动车驾驶人在一个记分周期内有两次以上达到12分或者累积记分达到24分以上的，车辆管理所还应当在道路交通安全法律、法规和相关知识考试合格后十日内对其进行道路驾驶技能考试。接受道路驾驶技能考试的，按照本人机动车驾驶证载明的最高准驾车型考试。

第六十九条　机动车驾驶人在一个记分周期内记分未达到12分，所处罚款已经缴纳的，记分予以清除；记分虽未达到12分，但尚有罚款未缴纳的，记分转入下一记分周期。

第二节 审 验

第七十条 机动车驾驶人应当按照法律、行政法规的规定，定期到公安机关交通管理部门接受审验。

机动车驾驶人按照本规定第五十七条、第五十八条换领机动车驾驶证时，应当接受公安机关交通管理部门的审验。

持有大型客车、牵引车、城市公交车、中型客车、大型货车驾驶证的驾驶人，应当在每个记分周期结束后三十日内到公安机关交通管理部门接受审验。但在一个记分周期内没有记分记录的，免予本记分周期审验。

持有本条第三款规定以外准驾车型驾驶证的驾驶人，发生交通事故造成人员死亡承担同等以上责任未被吊销机动车驾驶证的，应当在本记分周期结束后三十日内到公安机关交通管理部门接受审验。

机动车驾驶人可以在机动车驾驶证核发地或者核发地以外的地方参加审验、提交身体条件证明。

第七十一条 机动车驾驶证审验内容包括：

（一）道路交通安全违法行为、交通事故处理情况；

（二）身体条件情况；

（三）道路交通安全违法行为记分及记满12分后参加学习和考试情况。

持有大型客车、牵引车、城市公交车、中型客车、大型货车驾驶证一个记分周期内有记分的，以及持有其他准驾车型驾驶证发生交通事故造成人员死亡承担同等以上责任未被吊销机动车驾驶证的驾驶人，审验时应当参加不少于三小时的道路交通安全法律法规、交通安全文明驾驶、应急处置等知识学习，并接受交通事故案例警示教育。

对交通违法行为或者交通事故未处理完毕的，身体条件不符合驾驶许可条件的，未按照规定参加学习、教育和考试的，不予通过审验。

第七十二条 年龄在70周岁以上的机动车驾驶人，应当每年进行一次身体检查，在记分周期结束后三十日内，提交县级或者部队团级以上医疗机构出具的有关身体条件的证明。

持有残疾人专用小型自动挡载客汽车驾驶证的机动车驾驶人，应当每三年进行一次身体检查，在记分周期结束后三十日内，提交经省级卫生主管部门指定的专门医疗机构出具的有关身体条件的证明。

机动车驾驶人按照本规定第七十条第三款、第四款规定参加审验时，应当申报身体条件情况。

第七十三条　机动车驾驶人因服兵役、出国（境）等原因，无法在规定时间内办理驾驶证期满换证、审验、提交身体条件证明的，可以向机动车驾驶证核发地车辆管理所申请延期办理。申请时应当填写申请表，并提交机动车驾驶人的身份证明、机动车驾驶证和延期事由证明。

延期期限最长不超过三年。延期期间机动车驾驶人不得驾驶机动车。

第三节　监督管理

第七十四条　机动车驾驶人初次申请机动车驾驶证和增加准驾车型后的 12 个月为实习期。

新取得大型客车、牵引车、城市公交车、中型客车、大型货车驾驶证的，实习期结束后三十日内应当参加道路交通安全法律法规、交通安全文明驾驶、应急处置等知识考试，并接受不少于半小时的交通事故案例警示教育。

在实习期内驾驶机动车的，应当在车身后部粘贴或者悬挂统一式样的实习标志（附件 5）。

第七十五条　机动车驾驶人在实习期内不得驾驶公共汽车、营运客车或者执行任务的警车、消防车、救护车、工程救险车以及载有爆炸物品、易燃易爆化学物品、剧毒或者放射性等危险物品的机动车；驾驶的机动车不得牵引挂车。

驾驶人在实习期内驾驶机动车上高速公路行驶，应当由持相应或者更高准驾车型驾驶证三年以上的驾驶人陪同。其中，驾驶残疾人专用小型自动挡载客汽车的，可以由持有小型自动挡载客汽车以上准驾车型驾驶证的驾驶人陪同。

在增加准驾车型后的实习期内，驾驶原准驾车型的机动车时不受上述限制。

第七十六条　持有准驾车型为残疾人专用小型自动挡载客汽车的机动车驾驶人驾驶机动车时，应当按规定在车身设置残疾人机动车专用标志（附件 6）。

有听力障碍的机动车驾驶人驾驶机动车时，应当佩戴助听设备。

第七十七条　机动车驾驶人具有下列情形之一的，车辆管理所应当注销其机动车驾驶证：

（一）死亡的。

（二）提出注销申请的。

（三）丧失民事行为能力，监护人提出注销申请的。

（四）身体条件不适合驾驶机动车的。

（五）有器质性心脏病、癫痫病、美尼尔氏症、眩晕症、癔症、帕金森病、精神病、痴呆以及影响肢体活动的神经系统疾病等妨碍安全驾驶疾病的。

（六）被查获有吸食、注射毒品后驾驶机动车行为，正在执行社区戒毒、强制隔离戒毒、社区康复措施，或者长期服用依赖性精神药品成瘾尚未戒除的。

（七）超过机动车驾驶证有效期一年以上未换证的。

（八）年龄在70周岁以上，在一个记分周期结束后一年内未提交身体条件证明的；或者持有残疾人专用小型自动挡载客汽车准驾车型，在三个记分周期结束后一年内未提交身体条件证明的。

（九）年龄在60周岁以上，所持机动车驾驶证只具有无轨电车或者有轨电车准驾车型，或者年龄在70周岁以上，所持机动车驾驶证只具有低速载货汽车、三轮汽车、轮式自行机械车准驾车型的。

（十）机动车驾驶证依法被吊销或者驾驶许可依法被撤销的。

有第一款第二项至第十项情形之一，未收回机动车驾驶证的，应当公告机动车驾驶证作废。

有第一款第七项情形被注销机动车驾驶证未超过二年的，机动车驾驶人参加道路交通安全法律、法规和相关知识考试合格后，可以恢复驾驶资格。

有第一款第八项情形被注销机动车驾驶证，机动车驾驶证在有效期内或者超过有效期不满一年的，机动车驾驶人提交身体条件证明后，可以恢复驾驶资格。

有第一款第二项至第八项情形之一，按照第二十四条规定申请机动车驾驶证，有道路交通安全违法行为或者交通事故未处理记录的，应当将道路交通安全违法行为、交通事故处理完毕。

第七十八条　持有大型客车、牵引车、城市公交车、中型客车、大型货车驾驶证的驾驶人有下列情形之一的，车辆管理所应当注销其最高准驾车型驾驶资格，并通知机动车驾驶人在三十日内办理降级换证业务：

（一）发生交通事故造成人员死亡，承担同等以上责任，未构成犯罪的；

（二）在一个记分周期内有记满12分记录的；

（三）连续三个记分周期不参加审验的。

机动车驾驶人在规定时间内未办理降级换证业务的，车辆管理所应当公告注销的准驾车型驾驶资格作废。

机动车驾驶人办理降级换证业务后，申请增加被注销的准驾车型的，应当在本记分周期和申请前最近一个记分周期没有记满12分记录，且没有发生造成人员死亡承担同等以上责任的交通事故。

第七十九条　机动车驾驶人在实习期内发生道路交通安全违法行为被记满

12分的，注销其实习的准驾车型驾驶资格。被注销的驾驶资格不属于最高准驾车型的，还应当按照第七十八条第一款规定，注销其最高准驾车型驾驶资格。

持有大型客车、牵引车、城市公交车、中型客车、大型货车驾驶证的驾驶人在一年实习期内记6分以上但未达到12分的，实习期限延长一年。在延长的实习期内再次记6分以上但未达到12分的，注销其实习的准驾车型驾驶资格。

第八十条　机动车驾驶人联系电话、联系地址等信息发生变化，以及持有大型客车、牵引车、城市公交车、中型客车、大型货车驾驶证的驾驶人从业单位等信息发生变化的，应当在信息变更后三十日内，向驾驶证核发地车辆管理所备案。

第八十一条　道路运输企业应当定期将聘用的机动车驾驶人向所在地公安机关交通管理部门备案，督促及时处理道路交通安全违法行为、交通事故和参加机动车驾驶证审验。

公安机关交通管理部门应当每月向辖区内交通运输主管部门、运输企业通报机动车驾驶人的道路交通违法行为、记分和交通事故等情况。

第四节　校车驾驶人管理

第八十二条　校车驾驶人应当依法取得校车驾驶资格。

取得校车驾驶资格应当符合下列条件：

（一）取得相应准驾车型驾驶证并具有三年以上驾驶经历，年龄在25周岁以上，不超过60周岁；

（二）最近连续三个记分周期内没有被记满12分记录；

（三）无致人死亡或者重伤的交通事故责任记录；

（四）无酒后驾驶或者醉酒驾驶机动车记录，最近一年内无驾驶客运车辆超员、超速等严重交通违法行为记录；

（五）无犯罪记录；

（六）身心健康，无传染性疾病，无癫痫病、精神病等可能危及行车安全的疾病病史，无酗酒、吸毒行为记录。

第八十三条　机动车驾驶人申请取得校车驾驶资格，应当向县级或者设区的市级公安机关交通管理部门提出申请，填写申请表，并提交以下证明、凭证：

（一）申请人的身份证明；

（二）机动车驾驶证；

（三）县级或者部队团级以上医疗机构出具的有关身体条件的证明。

第八十四条　公安机关交通管理部门自受理申请之日起五日内审查提交的证明、凭证，并向所在地县级公安机关核查，确认申请人无犯罪、吸毒行为记录。对符合条件的，在机动车驾驶证上签注准许驾驶校车及相应车型，并通报教育行政部门；不符合条件的，应当书面说明理由。

第八十五条　校车驾驶人应当在每个记分周期结束后三十日内到公安机关交通管理部门接受审验。审验时，应当提交县级或者部队团级以上医疗机构出具的有关身体条件的证明，参加不少于三小时的道路交通安全法律法规、交通安全文明驾驶、应急处置等知识学习，并接受交通事故案例警示教育。

第八十六条　公安机关交通管理部门应当与教育行政部门和学校建立校车驾驶人的信息交换机制，每月通报校车驾驶人的交通违法、交通事故和审验等情况。

第八十七条　校车驾驶人具有下列情形之一的，公安机关交通管理部门应当注销其校车驾驶资格，通知机动车驾驶人换领机动车驾驶证，并通报教育行政部门和学校：

（一）提出注销申请的；

（二）年龄超过60周岁的；

（三）在致人死亡或者重伤的交通事故负有责任的；

（四）有酒后驾驶或者醉酒驾驶机动车，以及驾驶客运车辆超员、超速等严重交通违法行为的；

（五）有记满12分或者犯罪记录的；

（六）有传染性疾病、癫痫病、精神病等可能危及行车安全的疾病，有酗酒、吸毒行为记录的。

未收回签注校车驾驶许可的机动车驾驶证的，应当公告其校车驾驶资格作废。

第六章　法律责任

第八十八条　隐瞒有关情况或者提供虚假材料申领机动车驾驶证的，申请人在一年内不得再次申领机动车驾驶证。

申请人在考试过程中有贿赂、舞弊行为的，取消考试资格，已经通过考试的其他科目成绩无效；申请人在一年内不得再次申领机动车驾驶证。

申请人以欺骗、贿赂等不正当手段取得机动车驾驶证的，公安机关交通管理部门收缴机动车驾驶证，撤销机动车驾驶许可；申请人在三年内不得再次申领机动车驾驶证。

第八十九条 申请人在教练员或者学车专用标识签注的指导人员随车指导下,使用符合规定的机动车学习驾驶中有道路交通安全违法行为或者发生交通事故的,按照《道路交通安全法实施条例》第二十条规定,由教练员或者随车指导人员承担责任。

第九十条 申请人在道路上学习驾驶时,未按照第三十九条规定随身携带学习驾驶证明,由公安机关交通管理部门处二十元以上二百元以下罚款。

第九十一条 申请人在道路上学习驾驶时,有下列情形之一的,由公安机关交通管理部门对教练员或者随车指导人员处二十元以上二百元以下罚款:

(一) 未按照公安机关交通管理部门指定的路线、时间进行的;

(二) 未按照第三十九条规定放置、粘贴学车专用标识的。

第九十二条 申请人在道路上学习驾驶时,有下列情形之一的,由公安机关交通管理部门对教练员或者随车指导人员处二百元以上五百元以下罚款:

(一) 未使用符合规定的机动车的;

(二) 自学用车搭载随车指导人员以外的其他人员的。

第九十三条 申请人在道路上学习驾驶时,有下列情形之一的,由公安机关交通管理部门按照《道路交通安全法》第九十九条第一款第一项规定予以处罚:

(一) 未取得学习驾驶证明的;

(二) 学习驾驶证明超过有效期的;

(三) 没有教练员或者随车指导人员的;

(四) 由不符合规定的人员随车指导的。

将机动车交由有前款规定情形之一的申请人驾驶的,由公安机关交通管理部门按照《道路交通安全法》第九十九条第一款第二项规定予以处罚。

第九十四条 机动车驾驶人有下列行为之一的,由公安机关交通管理部门处二十元以上二百元以下罚款:

(一) 机动车驾驶人补领机动车驾驶证后,继续使用原机动车驾驶证的;

(二) 在实习期内驾驶机动车不符合第七十五条规定的;

(三) 驾驶机动车未按规定粘贴、悬挂实习标志或者残疾人机动车专用标志的;

(四) 持有大型客车、牵引车、城市公交车、中型客车、大型货车驾驶证的驾驶人,未按照第八十条规定申报变更信息的。

有第一款第一项规定情形的,由公安机关交通管理部门收回原机动车驾驶证。

第九十五条 机动车驾驶人有下列行为之一的,由公安机关交通管理部门处二百元以上五百元以下罚款：

（一）机动车驾驶证被依法扣押、扣留或者暂扣期间，采用隐瞒、欺骗手段补领机动车驾驶证的；

（二）机动车驾驶人身体条件发生变化不适合驾驶机动车，仍驾驶机动车的；

（三）逾期不参加审验仍驾驶机动车的。

有第一款第一项、第二项规定情形之一的，由公安机关交通管理部门收回机动车驾驶证。

第九十六条　伪造、变造或者使用伪造、变造的机动车驾驶证的，由公安机关交通管理部门予以收缴，依法拘留，并处二千元以上五千元以下罚款；构成犯罪的，依法追究刑事责任。

第九十七条　交通警察有下列情形之一的，按照有关规定给予纪律处分；聘用人员有下列情形之一的予以解聘。构成犯罪的，依法追究刑事责任：

（一）为不符合机动车驾驶许可条件、未经考试、考试不合格人员签注合格考试成绩或者核发机动车驾驶证的；

（二）减少考试项目、降低评判标准或者参与、协助、纵容考试作弊的；

（三）为不符合规定的申请人发放学习驾驶证明、学车专用标识的；

（四）与非法中介串通谋取经济利益的；

（五）违反规定侵入机动车驾驶证管理系统，泄漏、篡改、买卖系统数据，或者泄漏系统密码的；

（六）参与或者变相参与驾驶培训机构经营活动的；

（七）收取驾驶培训机构、教练员、申请人或者其他相关人员财物的。

交通警察未按照第五十条第一款规定使用执法记录仪的，根据情节轻重，按照有关规定给予纪律处分。

公安机关交通管理部门有本条第一款所列行为之一的，按照国家有关规定对直接负责的主管人员和其他直接责任人员给予相应的处分。

第七章　附　　则

第九十八条　国家之间对机动车驾驶证有互相认可协议的，按照协议办理。

国家之间签订有关协定涉及机动车驾驶证的，按照协定执行。

第九十九条　机动车驾驶人可以委托代理人代理换证、补证、提交身体条件证明、延期办理和注销业务。代理人申请机动车驾驶证业务时，应当提交代理人的身份证明和机动车驾驶人与代理人共同签字的申请表或者身体条件证明。

第一百条　机动车驾驶证和学习驾驶证明的式样、规格按照中华人民共和国公共安全行业标准《中华人民共和国机动车驾驶证件》执行。

第一百零一条　身体条件证明自出具之日起6个月内有效。

第一百零二条　拖拉机驾驶证的申领和使用另行规定。拖拉机驾驶证式样、规格应当符合中华人民共和国公共安全行业标准《中华人民共和国机动车驾驶证件》的规定。

第一百零三条　本规定下列用语的含义：

（一）身份证明是指：

1. 居民的身份证明，是"居民身份证"或者"临时居民身份证"。在户籍地以外居住的内地居民，按照第十九条、第二十一条、第二十二条、第八十三条规定提交的身份证明，是"居民身份证"或者"临时居民身份证"，以及公安机关核发的居住证明。

2. 现役军人（含武警）的身份证明，是"居民身份证"或者"临时居民身份证"。在未办理"居民身份证"前，是军队有关部门核发的"军官证""文职干部证""士兵证""离休证""退休证"等有效军人身份证件，以及其所在的团级以上单位出具的本人住所证明。

3. 香港、澳门特别行政区居民的身份证明，是其入境时所持有的"港澳居民来往内地通行证"或者外交部核发的"中华人民共和国旅行证"，香港、澳门特别行政区"居民身份证"和公安机关核发的住宿登记证明。

4. 台湾地区居民的身份证明，是其所持有的公安机关核发的五年有效的"台湾居民来往大陆通行证"或者外交部核发的"中华人民共和国旅行证"和公安机关核发的住宿登记证明。

5. 华侨的身份证明，是"中华人民共和国护照"和公安机关核发的住宿登记证明。

6. 外国人的身份证明，是其入境时所持有的护照或者其他旅行证件、居（停）留期为三个月以上的有效签证或者停留、居留证件，以及公安机关核发的住宿登记证明。

7. 外国驻华使馆、领馆人员，国际组织驻华代表机构人员的身份证明，是外交部核发的有效身份证件。

（二）住址是指：

1. 居民的住址，是"居民身份证"或者"临时居民身份证"记载的住址。

2. 现役军人（含武警）的住址，是"居民身份证"或者"临时居民身份证"

记载的住址。在未办理"居民身份证"前,是其所在的团级以上单位出具的本人住所证明记载的住址。

3. 境外人员的住址,是公安机关核发的住宿登记证明记载的地址。

4. 外国驻华使馆、领馆人员及国际组织驻华代表机构人员的住址,是外交部核发的有效身份证件记载的地址。

(三)境外机动车驾驶证是指外国,香港特别行政区、澳门特别行政区,台湾地区核发的具有单独驾驶资格的机动车驾驶证。

第一百零四条　本规定所称"以上""以下"均包含本数在内。

本规定所称"一日""五日""七日""十日""十五日",是指工作日,不包括节假日。

第一百零五条　本规定自 2013 年 1 月 1 日起施行,第五章第四节自发布之日起施行。2006 年 12 月 20 日发布的《机动车驾驶证申领和使用规定》(公安部令第 91 号)和 2009 年 12 月 7 日发布的《公安部关于修改〈机动车驾驶证申领和使用规定〉的决定》(公安部令第 111 号)同时废止。本规定生效后,公安部以前制定的规定与本规定不一致的,以本规定为准。

附件:
1. 准驾车型及代号
2. 学习驾驶证明式样
3. 学车专用标识式样
4. 道路交通安全违法行为记分分值
5. 实习标志式样
6. 残疾人机动车专用标志

附件 1

准驾车型及代号

准驾车型	代号	准驾的车辆	准予驾驶的其他准驾车型
大型客车	A1	大型载客汽车	A3、B1、B2、C1、C2、C3、C4、M
牵引车	A2	重型、中型全挂、半挂汽车列车	B1、B2、C1、C2、C3、C4、M
城市公交车	A3	核载10人以上的城市公共汽车	C1、C2、C3、C4
中型客车	B1	中型载客汽车(含核载10人以上、19人以下的城市公共汽车)	C1、C2、C3、C4、M
大型货车	B2	重型、中型载货汽车;重型、中型专项作业车	C1、C2、C3、C4、M
小型汽车	C1	小型、微型载客汽车以及轻型、微型载货汽车;轻型、微型专项作业车	C2、C3、C4
小型自动挡汽车	C2	小型、微型自动挡载客汽车以及轻型、微型自动挡载货汽车	
低速载货汽车	C3	低速载货汽车	C4
三轮汽车	C4	三轮汽车	
残疾人专用小型自动挡载客汽车	C5	残疾人专用小型、微型自动挡载客汽车(允许上肢、右下肢或者双下肢残疾人驾驶)	
普通三轮摩托车	D	发动机排量大于 50 mL 或者最大设计车速大于 50 km/h 的三轮摩托车	E、F
普通二轮摩托车	E	发动机排量大于 50 mL 或者最大设计车速大于 50 km/h 的二轮摩托车	F
轻便摩托车	F	发动机排量小于等于 50 mL,最大设计车速小于等于 50 km/h 的摩托车	
轮式自行机械车	M	轮式自行机械车	
无轨电车	N	无轨电车	
有轨电车	P	有轨电车	

附件 2

学习驾驶证明式样

（纸质）

学习驾驶证明

编号 No：	
姓名：	
性别：	
出生日期：	
身份证明号码：	
准驾车型代号：	
有效期起始日期：	年 月 日
有效期截止日期：	年 月 日

（右侧为相片、××省××市公安局交通警察支队车辆管理所业务专用章、二维码）

提示：
 1. 学习驾驶证明是在有资格的人员随车指导下准许学习驾驶技能的凭证。
 2. 学员在道路上学习驾驶应当按照公安机关交通管理部门指定的路线、时间，使用符合规定的机动车，在有资格的人员随车指导下进行，并随身携带本证明。
 3. 在学习驾驶证明有效期内，科目二和科目三道路驾驶技能考试预约考试的次数不得超过五次。第五次预约考试仍不合格的，已考试合格的其他科目成绩作废。

注：使用 A4 纸打印。

学习驾驶证明式样

（电子）

编号：320282198804054888

姓名	陈晓
性别	男
出生日期	1988-12-04
身份证明号码	301000100010101010
准驾车型代号	C1
有效期起	2015-12-01
有效期止	2018-12-01

提示信息：
1. 学习驾驶证明是在有资格的人员随车指导下准许学习驾驶技能的凭证。
2. 学员在道路上学习驾驶应当按照公安机关交通管理部门指定的路线、时间，使用符合规定的机动车，在有资格的人员随车指导下进行，并随身携带本证明。
3. 在学习驾驶证明有效期内，科目二和科目三道路驾驶技能考试预约考试的次数不得超过五次。第五次预约考试仍不合格的，已考试合格的其他科目成绩作废。

附件 3

学车专用标识式样

（正面）

注：1. 学车专用标识的主色为大红色 ▇M100Y100，配色为黄色 ▇Y100；
2. "学"字用大小为 400 磅的粗楷体，描边 12 磅；
3. 学车专用标识共 2 张，分别放置在车内挡风玻璃右下角、粘贴在车辆尾部。

（背面）

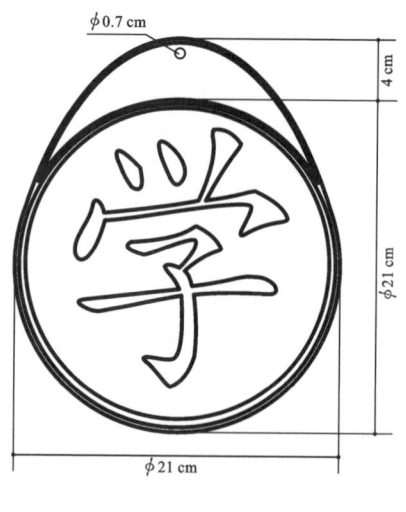

（规格）

附件 4

道路交通安全违法行为记分分值

一、机动车驾驶人有下列违法行为之一，一次记 12 分：

（一）驾驶与准驾车型不符的机动车的；

（二）饮酒后驾驶机动车的；

（三）驾驶营运客车（不包括公共汽车）、校车载人超过核定人数 20％以上的；

（四）造成交通事故后逃逸，尚不构成犯罪的；

（五）上道路行驶的机动车未悬挂机动车号牌的，或者故意遮挡、污损、不按规定安装机动车号牌的；

（六）使用伪造、变造的机动车号牌、行驶证、驾驶证、校车标牌或者使用其他机动车号牌、行驶证的；

（七）驾驶机动车在高速公路上倒车、逆行、穿越中央分隔带掉头的；

（八）驾驶营运客车在高速公路车道内停车的；

（九）驾驶中型以上载客载货汽车、校车、危险物品运输车辆在高速公路、城市快速路上行驶超过规定时速 20％以上或者在高速公路、城市快速路以外的道路上行驶超过规定时速 50％以上，以及驾驶其他机动车行驶超过规定时速 50％以上的；

（十）连续驾驶中型以上载客汽车、危险物品运输车辆超过 4 小时未停车休息或者停车休息时间少于 20 分钟的；

（十一）未取得校车驾驶资格驾驶校车的。

二、机动车驾驶人有下列违法行为之一，一次记 6 分：

（一）机动车驾驶证被暂扣期间驾驶机动车的；

（二）驾驶机动车违反道路交通信号灯通行的；

（三）驾驶营运客车（不包括公共汽车）、校车载人超过核定人数未达 20％的，或者驾驶其他载客汽车载人超过核定人数 20％以上的；

（四）驾驶中型以上载客载货汽车、校车、危险物品运输车辆在高速公路、城市快速路上行驶超过规定时速未达 20％的；

（五）驾驶中型以上载客载货汽车、校车、危险物品运输车辆在高速公路、城市快速路以外的道路上行驶或者驾驶其他机动车行驶超过规定时速 20％以上未达到 50％的；

（六）驾驶货车载物超过核定载质量30％以上或者违反规定载客的；

（七）驾驶营运客车以外的机动车在高速公路车道内停车的；

（八）驾驶机动车在高速公路或者城市快速路上违法占用应急车道行驶的；

（九）低能见度气象条件下，驾驶机动车在高速公路上不按规定行驶的；

（十）驾驶机动车运载超限的不可解体的物品，未按指定的时间、路线、速度行驶或者未悬挂明显标志的；

（十一）驾驶机动车载运爆炸物品、易燃易爆化学物品以及剧毒、放射性等危险物品，未按指定的时间、路线、速度行驶或者未悬挂警示标志并采取必要的安全措施的；

（十二）以隐瞒、欺骗手段补领机动车驾驶证的；

（十三）连续驾驶中型以上载客汽车、危险物品运输车辆以外的机动车超过4小时未停车休息或者停车休息时间少于20分钟的；

（十四）驾驶机动车不按照规定避让校车的。

三、机动车驾驶人有下列违法行为之一，一次记3分：

（一）驾驶营运客车（不包括公共汽车）、校车以外的载客汽车载人超过核定人数未达20％的；

（二）驾驶中型以上载客载货汽车、危险物品运输车辆在高速公路、城市快速路以外的道路上行驶或者驾驶其他机动车行驶超过规定时速未达20％的；

（三）驾驶货车载物超过核定载质量未达30％的；

（四）驾驶机动车在高速公路上行驶低于规定最低时速的；

（五）驾驶禁止驶入高速公路的机动车驶入高速公路的；

（六）驾驶机动车在高速公路或者城市快速路上不按规定车道行驶的；

（七）驾驶机动车行经人行横道，不按规定减速、停车、避让行人的；

（八）驾驶机动车违反禁令标志、禁止标线指示的；

（九）驾驶机动车不按规定超车、让行的，或者逆向行驶的；

（十）驾驶机动车违反规定牵引挂车的；

（十一）在道路上车辆发生故障、事故停车后，不按规定使用灯光和设置警告标志的；

（十二）上道路行驶的机动车未按规定定期进行安全技术检验的。

四、机动车驾驶人有下列违法行为之一，一次记2分：

（一）驾驶机动车行经交叉路口不按规定行车或者停车的；

（二）驾驶机动车有拨打、接听手持电话等妨碍安全驾驶的行为的；

（三）驾驶二轮摩托车，不戴安全头盔的；

（四）驾驶机动车在高速公路或者城市快速路上行驶时，驾驶人未按规定系安全带的；

（五）驾驶机动车遇前方机动车停车排队或者缓慢行驶时，借道超车或者占用对面车道、穿插等候车辆的；

（六）不按照规定为校车配备安全设备，或者不按照规定对校车进行安全维护的；

（七）驾驶校车运载学生，不按照规定放置校车标牌、开启校车标志灯，或者不按照经审核确定的线路行驶的；

（八）校车上下学生，不按照规定在校车停靠站点停靠的；

（九）校车未运载学生上道路行驶，使用校车标牌、校车标志灯和停车指示标志的；

（十）驾驶校车上道路行驶前，未对校车车况是否符合安全技术要求进行检查，或者驾驶存在安全隐患的校车上道路行驶的；

（十一）在校车载有学生时给车辆加油，或者在校车发动机引擎熄灭前离开驾驶座位的。

五、机动车驾驶人有下列违法行为之一，一次记1分：

（一）驾驶机动车不按规定使用灯光的；

（二）驾驶机动车不按规定会车的；

（三）驾驶机动车载货长度、宽度、高度超过规定的；

（四）上道路行驶的机动车未放置检验合格标志、保险标志，未随车携带行驶证、机动车驾驶证的。

附件 5

实习标志式样

一、汽车实习标志式样

二、摩托车实习标志式样

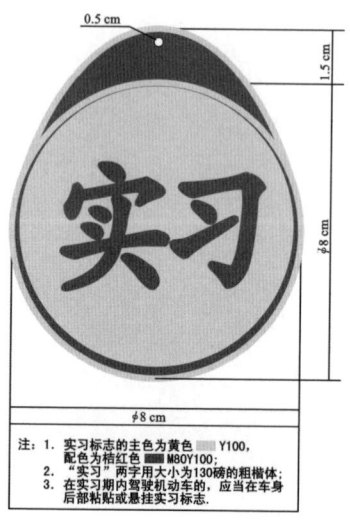

附件 6

残疾人机动车专用标志

式样

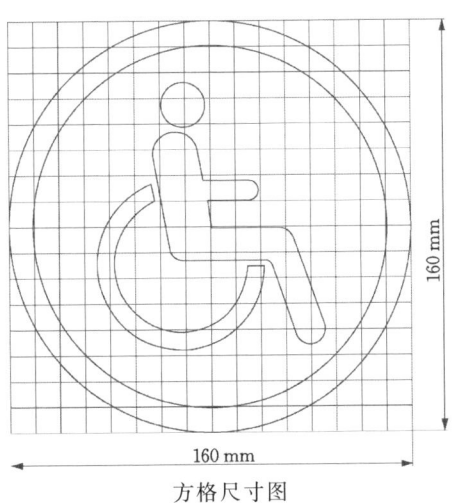

方格尺寸图

颜色值： C=100，M=80，Y=5，K=0

使用规定：

1. 残疾人驾驶机动车时，应当在车身前部和后部分别设置专用标志。
2. 专用标志应当设置在车身距离地面 0.4 m 以上、1.2 m 以下的位置。

机动车驾驶证业务工作规范

中华人民共和国公交管〔2016〕136号

第一章 总 则

第一条 根据《机动车驾驶证申领和使用规定》和《临时入境机动车和驾驶人管理规定》，制定本规范。

第二条 公安机关交通管理部门车辆管理所应当按照本规范规定的程序办理机动车驾驶证业务。申请人通过互联网办理机动车驾驶证业务的，按照互联网交通管理业务工作有关规定的程序办理。

车辆管理所办理机动车驾驶证业务时，应当设置受理岗、考试岗和档案管理岗。

第三条 车辆管理所在受理机动车驾驶证申请时，对申请材料齐全并符合法律、法规和规章规定的，应当在规定的时限内办结。对申请材料不齐全或者其他不符合法定形式的，应当一次书面告知申请人需要补正的全部内容。对不符合申请条件或者受理申请后经审查不符合法律、法规和规章规定的，应当出具"不予受理/许可申请决定书"，告知申请人不予受理、不予许可的理由。

第四条 车辆管理所应当按照机动车驾驶证信息数据库规范和信息代码标准建立计算机管理数据库。按照机动车驾驶证信息采集和签注标准，将信息录入计算机管理系统，打印有关证、表。按照车辆和驾驶人管理印章标准使用印章。

第二章 机动车驾驶证申领

第一节 初次申领

第五条 车辆管理所办理初次申领机动车驾驶证业务的流程和具体事项为：

（一）受理岗按照下列程序审核申请材料：

1. 审核机动车驾驶证申请人提交的"机动车驾驶证申请表""机动车驾驶人身体条件证明"（以下简称"身体条件证明"）和身份证明；属于申请人符合《机动车驾驶证申领和使用规定》第二十四条第一款第六项、第七项情形直接申请机动车驾驶证的，还应当审核超过有效期的军队、武装警察部队机动车驾驶证或者境外机动车驾驶证，境外机动车驾驶证属于非中文表述的，还应当审核其中文翻译文本；申请人属于自学直考的，可以一并审核申请签注学车专用标识的材料。确认申请人年龄、身体条件、申请的准驾车型等符合规定。

2. 通过计算机管理系统核查，确认申请人未申领机动车驾驶证，以及不具有《机动车驾驶证申领和使用规定》第十三条第一款第二项至第八项规定的情形；属于申请人符合《机动车驾驶证申领和使用规定》第二十四条第一款第一项至第五项情形直接申请机动车驾驶证的，还应当核查确认申请人具有曾经取得机动车驾驶证的记录和不具有道路交通安全违法行为或者交通事故未处理的记录。

3. 符合规定的，受理申请，并按照规定将相关信息录入计算机管理系统，在"机动车驾驶证申请表""受理岗"栏内签字或者签章，收存相关资料。

4. 因计算机网络问题暂时无法完成核查的，可以先受理，在每次考试预约前进行核查，并在核发机动车驾驶证前完成最终核查。核查结果证实具有不符合申请机动车驾驶证情形的，终止考试预约、考试或者核发机动车驾驶证，出具"不予受理/许可申请决定书"。

（二）受理岗受理科目一考试预约申请，录入考试预约信息，核发预约考试凭证。申请人属于驾校培训的，可以通过计算机计时培训管理系统核查培训情况。

（三）考试岗按规定进行科目一考试。考试合格的，确定"学习驾驶证明"编号，并制作、核发"学习驾驶证明"。

（四）受理岗受理科目二或者科目三考试预约申请，审核申请考试的时限和考试的次数，录入考试预约信息，核发预约考试凭证。申请人属于驾校培训的，可以通过计算机计时培训管理系统核查培训情况；申请人属于自学直考的，应当通过计算机系统核查申请人领取学车专用标识的记录。

（五）考试岗按规定进行科目二或者科目三考试。

（六）受理岗复核科目二、科目三考试资料；确认核查结果，核对计算机管理系统信息。符合规定的，在科目三安全文明驾驶常识考试合格后当日内，确定机动车驾驶证档案编号，制作机动车驾驶证，并安排申请人接受交通安全文明驾驶常识和交通事故案例警示教育、参加领证宣誓仪式后核发机动车驾驶证。

（七）档案管理岗核对计算机管理系统信息，复核、整理资料，装订、归档。

第六条 下列资料存入机动车驾驶证档案：

（一）"机动车驾驶证申请表"原件；

（二）申请人的身份证明复印件，属于在户籍地以外居住的内地居民，还需收存公安机关核发的居住证明复印件；

（三）"身体条件证明"原件；

（四）考试成绩表原件；

（五）属于申请人符合《机动车驾驶证申领和使用规定》第二十四条第一款第六项、第七项情形直接申请机动车驾驶证的，还需收存超过有效期的军队、武装警察部队机动车驾驶证或者境外机动车驾驶证复印件，境外机动车驾驶证属于非中文表述的，还需收存其中文翻译文本原件。

第二节　增加准驾车型申领

第七条　车辆管理所办理增加准驾车型申领业务的流程和具体事项为：

（一）受理岗按照本规范第五条第一项规定办理，同时审核申请人所持机动车驾驶证；申请人属于正在接受全日制驾驶职业教育的在校学生，申请增加大型客车、牵引车准驾车型的，还应当审核学校出具的学籍证明。通过计算机管理系统核查，确认申请人年龄、身体条件、驾龄、申请的准驾车型和累积记分符合《机动车驾驶证申领和使用规定》第十二条、第十五条、第七十八条第三款的规定。对申请大型客车、牵引车、城市公交车、中型客车、大型货车准驾车型的，还应当通过计算机管理系统核查，确认申请人不具有《机动车驾驶证申领和使用规定》第十六条规定的情形。

（二）符合规定的，受理岗、考试岗、档案管理岗按照本规范第五条第二项至第七项规定的流程和具体事项办理机动车驾驶证增加准驾车型业务。在核发机动车驾驶证时，受理岗还应当收回原机动车驾驶证。

第八条　下列资料存入机动车驾驶证档案：

（一）本规范第六条第一项至第四项规定的资料；

（二）原机动车驾驶证原件；

（三）属于正在接受全日制驾驶职业教育的，还应当收存学校出具的学籍证明。

第九条　车辆管理所在受理增加准驾车型申请至核发机动车驾驶证期间，发现申请人在一个记分周期内记满12分，机动车驾驶证转出及被注销、吊销、撤销，或者申请大型客车、牵引车、城市公交车、中型客车和大型货车准驾车型，具有《机动车驾驶证申领和使用规定》第十六条规定情形之一的，终止考试预约、考试或者核发机动车驾驶证，出具"不予受理/许可申请决定书"。

车辆管理所在核发机动车驾驶证时，距原机动车驾驶证有效期满不足九十日，或者已超过机动车驾驶证有效期但不足一年的，应当合并办理增加准驾车型和有效期满换证业务。

车辆管理所在核发机动车驾驶证时，原机动车驾驶证被公安机关交通管理部门扣押、扣留或者暂扣的，应当在驾驶证被发还后核发机动车驾驶证。

第三节 持军队、武装警察部队机动车驾驶证申领

第十条 车辆管理所办理持军队、武装警察部队机动车驾驶证申领机动车驾驶证业务的流程和具体事项为：

（一）受理岗按照本规范第五条第一项规定办理，同时审核申请人所持的军队或者武装警察部队机动车驾驶证，确认初次领取军队或者武装警察部队机动车驾驶证时申请人已年满18周岁。申请人属于复员、退伍、转业的，还应当审核其复员、退伍、转业证明，并收回军队、武装警察部队机动车驾驶证。

（二）受理岗对申请准驾车型为大型客车、牵引车、城市公交车、中型客车、大型货车或者申请两种以上准驾车型，其中之一为大型客车、牵引车、城市公交车、中型客车、大型货车机动车驾驶证的，应当受理科目一、科目三考试预约申请，核发预约考试凭证。

（三）受理岗对申请其他准驾车型机动车驾驶证的，确定机动车驾驶证档案编号，制作并核发机动车驾驶证。

（四）考试岗对已预约科目一、科目三考试的申请人，按规定进行科目一、科目三考试。

（五）受理岗复核科目一、科目三考试资料；核对计算机管理系统信息，符合规定的，在科目三安全文明驾驶常识考试合格当日内，确定机动车驾驶证档案编号，制作机动车驾驶证，并安排申请人接受交通安全文明驾驶常识和交通事故案例警示教育、参加领证宣誓仪式后核发机动车驾驶证。

（六）档案管理岗核对计算机管理系统信息，复核、整理资料，装订、归档。

第十一条 下列资料存入机动车驾驶证档案：

（一）本规范第六条第一项至第三项规定的资料；

（二）经过考试的，还需收存考试成绩表原件；

（三）军队、武装警察部队机动车驾驶证复印件，但属于复员、退伍、转业的，应当收存军队、武装警察部队机动车驾驶证原件和复员、退伍、转业证明复印件。

第四节 持境外机动车驾驶证申领

第十二条 持有境外机动车驾驶证的外国人，有居留证件的应当向居留证件

签发地的车辆管理所申请机动车驾驶证，没有居留证件但持有有效签证或者停留证件的应当向出具住宿登记证明的公安机关所在地的车辆管理所申请机动车驾驶证。

持有境外机动车驾驶证的外国驻华使馆、领馆人员，国际组织驻华代表机构人员应当向使馆、领馆、国际组织驻华代表机构所在地的车辆管理所申请机动车驾驶证。

持有境外机动车驾驶证的华侨，香港特别行政区、澳门特别行政区、台湾地区居民，应当向出具住宿登记证明的公安机关所在地的车辆管理所申请机动车驾驶证。

持有境外机动车驾驶证的内地居民、现役军人，应当向户籍地、居住地的车辆管理所申请机动车驾驶证。

第十三条 车辆管理所办理持境外机动车驾驶证申领机动车驾驶证业务的流程和具体事项为：

（一）受理岗按照本规范第五条第一项规定办理，同时审核申请人所持的境外机动车驾驶证，境外机动车驾驶证属于非中文表述的，还应当审核其中文翻译文本。申请人属于内地居民的，还应当审核申请人前往核发境外机动车驾驶证的国家或地区所持的护照、"往来港澳通行证"或者"大陆居民往来台湾通行证"，并通过公安部出入境管理系统核查、下载打印申请人出入境记录，确认其在境外的时间、地点与核发境外机动车驾驶证的情况相符；对取得该机动车驾驶证时在核发国家或者地区连续居留不足三个月的，将信息录入计算机管理系统，书面告知申请人需要参加科目一、科目二和科目三考试。申请人为外国驻华使馆、领馆人员及国际组织驻华代表机构人员的，按照外交对等原则审核"身体条件证明"。

（二）受理岗对持有与我国签订互相认可机动车驾驶证协议国家的机动车驾驶证或者外国驻华使馆、领馆人员及国际组织驻华代表机构人员持有境外机动车驾驶证，按照协议规定或者外交对等原则免于考试的，确定机动车驾驶证档案编号，制作并核发机动车驾驶证。

（三）受理岗受理科目一考试预约申请，核发预约考试凭证，考试岗按规定进行科目一考试。申请准驾车型为大型客车、牵引车、城市公交车、中型客车、大型货车或者申请两种以上准驾车型，其中之一为大型客车、牵引车、城市公交车、中型客车、大型货车机动车驾驶证的，受理岗还应当受理科目三考试预约申请，核发预约考试凭证，考试岗按规定进行科目三考试；申请人属于内地居民，在核发境外机动车驾驶证的国家或地区连续居留不足三个月的，受理岗还应当受理科目二、科目三考试预约申请，核发预约考试凭证，考试岗按规定进行科目

二、科目三考试；外国驻华使馆、领馆人员及国际组织驻华代表机构人员持境外机动车驾驶证申请的，按照外交对等原则进行考试。

（四）受理岗复核考试资料；核对计算机管理系统信息，符合规定的，确定机动车驾驶证档案编号，制作并核发机动车驾驶证。

（五）档案管理岗核对计算机管理系统信息，复核、整理资料，装订、归档。

（六）下列资料存入机动车驾驶证档案：

1. 本规范第六条第一项至第二项规定的资料。
2. "身体条件证明"原件；但按照外交对等原则免于审核的，可以不收存。
3. 经过考试的，还需收存考试成绩表原件。
4. 境外机动车驾驶证复印件；非中文表述的，还需收存中文翻译文本原件。
5. 申请人属于内地居民的，还需收存下载打印的申请人出入境记录原件，但与公安部出入境管理系统联网核查申请人出入境记录的，可以不收存。

第十四条　车辆管理所办理临时机动车驾驶许可申领业务的流程和具体事项为：

（一）受理岗按照下列程序审核申请材料：

1. 审核申请人提交的"临时机动车驾驶许可申请表"、入出境身份证件、年龄及身体条件符合中国驾驶许可条件的证明文件、境外机动车驾驶证，境外机动车驾驶证属于非中文表述的，还应当审核其中文翻译文本。参加有组织的比赛以及其他交往活动的，还应当审核中国相关主管部门出具的证明。属于驾驶自带临时入境机动车的，还需审核其自带临时入境机动车号牌、行驶证。
2. 通过计算机管理系统，对申请人以前的入境记录进行核查，发现有道路交通违法行为和交通事故未处理完毕的，告知其处理完毕后再申请；在中国境内有驾驶机动车交通肇事逃逸记录的，不予核发临时机动车驾驶许可。
3. 符合规定的，受理申请，录入相关信息，在"临时机动车驾驶许可申请表""经办人意见"栏内签字或者签章，收存相关资料。

（二）受理岗组织申请人参加道路交通安全法律、法规学习。学习完毕的，在"临时机动车驾驶许可申请表""参加交通安全法律、法规学习情况"栏内签字或者签章。制作并核发临时机动车驾驶许可，告知申请人临时驾驶许可的有效期限和使用要求。

（三）档案管理岗核对计算机管理系统信息，复核、整理资料，装订、归档。

（四）下列资料存入临时机动车驾驶许可档案：

1. "临时机动车驾驶许可申请表"原件。

2. 入出境身份证件复印件。

3. 境外机动车驾驶证复印件；非中文表述的，还需收存中文翻译文本复印件。

4. 年龄及身体条件符合中国驾驶许可条件的证明文件复印件。

5. 参加有组织的比赛以及其他交往活动的，收存中国相关主管部门出具的证明复印件。

第五节　学车专用标识

第十五条　车辆管理所办理申请签注学车专用标识业务的流程和具体事项为：

（一）受理岗按照下列程序审核申请材料：

1. 审核自学人员提交的"机动车驾驶证自学直考信息采集表"、身份证明、自学用车机动车登记证书、行驶证、所有人身份证明、自学用车交通事故强制责任保险等相关保险凭证、自学用车加装安全辅助装置后的安全技术检验合格证明等资料。通过计算机管理系统核查，确认自学用车不具有同时签注其他学车专用标识的情形；确认自学用车为自学直考申请地注册登记的非营运小型汽车、小型自动挡汽车；对签注过学车专用标识的自学用车确认自上次签注之日起已满三个月。

2. 审核随车指导人员提交的身份证明和机动车驾驶证等资料。通过计算机管理系统核查，确认随车指导人员不具有驾驶机动车造成人员死亡的交通责任事故或者造成人员重伤负主要以上责任的交通事故、吸食毒品记录、记满12分记录、驾驶证被吊销记录或者违规随车指导行为记录的情形；确认随车指导人员持有五年以上相应或者更高准驾车型的机动车驾驶证；确认随车指导人员不具有同时签注其他学车专用标识的情形；对签注过学车专用标识的随车指导人员确认自上次签注之日起已满三个月。

3. 审核自学用车的"机动车查验记录表"；确认申请人已取得"学习驾驶证明"，符合规定的，受理申请，一日内签注并制作学车专用标识。

（二）档案管理岗核对计算机管理系统信息，复核、整理资料，装订、归档。

（三）下列资料存入机动车驾驶证档案：

1. "机动车驾驶证自学直考信息采集表"原件；

2. 自学人员、随车指导人员身份证明复印件；

3. 随车指导人员机动车驾驶证复印件；

4. 自学用车机动车行驶证、所有人身份证明复印件；

5. 自学用车交通事故责任强制保险等相关保险凭证复印件；

6. 自学用车加装安全辅助装置后的安全技术检验合格证明复印件；

7."机动车查验记录表"原件。

第十六条 车辆管理所办理因变更随车指导人员申请重新签注学车专用标识业务的流程和具体事项为：

（一）受理岗按照下列程序审核申请材料：

1. 审核自学人员提交的"机动车驾驶证自学直考信息采集表"、身份证明、自学用车所有人身份证明等资料。

2. 审核随车指导人员提交的身份证明和机动车驾驶证等资料。通过计算机管理系统核查，确认随车指导人员不具有驾驶机动车造成人员死亡的交通责任事故或者造成人员重伤负主要以上责任的交通事故、吸食毒品记录、记满12分记录、驾驶证被吊销记录或者违规随车指导行为记录的情形；确认随车指导人员持有五年以上相应或者更高准驾车型的机动车驾驶证；确认随车指导人员不具有同时签注其他学车专用标识的情形；对签注过学车专用标识的随车指导人员确认自上次签注之日起已满三个月。

3. 符合规定的，受理申请，收回原学车专用标识，一日内签注并重新制作学车专用标识。

（二）档案管理岗核对计算机管理系统信息，复核、整理资料，装订、归档。

（三）下列资料存入机动车驾驶证档案：

1."机动车驾驶证自学直考信息采集表"原件；

2. 随车指导人员身份证明复印件，自学人员、自学用车所有人身份证明有变化的，还应当收存新的身份证明的复印件；

3. 随车指导人员机动车驾驶证复印件。

第十七条 车辆管理所办理因变更自学用车申请重新签注学车专用标识业务的流程和具体事项为：

（一）受理岗按照下列程序审核申请材料：

1. 审核自学人员提交的"机动车驾驶证自学直考信息采集表"、身份证明、自学用车机动车登记证书、行驶证、所有人身份证明、自学用车交通事故强制责任保险等相关保险凭证、自学用车加装安全辅助装置后的安全技术检验合格证明等资料。通过计算机管理系统核查，确认自学用车不具有同时签注其他学车专用标识的情形；确认自学用车为自学直考申请地注册登记的非营运小型汽车、小型自动挡汽车；对签注过学车专用标识的自学用车确认自上次签注之日起已满三个月。

2. 审核自学用车的"机动车查验记录表"。符合规定的，受理申请，收回原学车专用标识，一日内签注并重新制作学车专用标识。

（二）档案管理岗核对计算机管理系统信息，复核、整理资料，装订、归档。

（三）下列资料存入机动车驾驶证档案：

1. "机动车驾驶证自学直考信息采集表"原件；

2. 自学用车行驶证、所有人身份证明复印件，自学人员身份证明有变化的，还应当收存新的身份证明的复印件；

3. 自学用车交通事故责任强制保险等相关保险凭证复印件；

4. 自学用车加装安全辅助装置后的安全技术检验合格证明复印件；

5. "机动车查验记录表"原件。

第十八条　车辆管理所办理申请补、换领学车专用标识业务的流程和具体事项为：

（一）受理岗审核申请人提交的"机动车驾驶证自学直考信息采集表"、身份证明等资料。

（二）符合规定的，受理申请，当日内签注并重新制作学车专用标识，属于换领的，收回原学车专用标识，并按照规定将相关信息录入计算机管理系统。

（三）档案管理岗核对计算机管理系统信息，复核、整理资料，装订、归档。

（四）下列资料存入机动车驾驶证档案：

1. "机动车驾驶证自学直考信息采集表"原件；

2. 申请人身份证明复印件。

第十九条　车辆管理所办理申请注销学车专用标识业务的流程和具体事项为：

（一）受理岗按照下列程序审核申请材料：

1. 审核申请人提交的"机动车驾驶证自学直考信息采集表"、身份证明等资料；

2. 符合规定的，受理申请，收回原学车专用标识，并按照规定将相关信息录入计算机管理系统。

（二）档案管理岗核对计算机管理系统信息，复核、整理资料，装订、归档。

（三）下列资料存入机动车驾驶证档案：

1. "机动车驾驶证自学直考信息采集表"原件；

2. 申请人身份证明复印件。

第二十条　自学人员、随车指导人员、自学用车不符合《机动车驾驶证申领和使用规定》和《机动车驾驶证自学直考管理规定》有关条件或者自学人员取得相应驾驶证的，由计算机管理系统自动注销学车专用标识。

第二十一条　车辆管理所办理注销学车专用标识业务或者计算机管理系统自动注销学车专用标识时，未收回学车专用标识的，档案管理岗每月从计算机管理系统下载并打印学车专用标识注销信息，由公安机关交通管理部门公告学车专用标识作废。

学车专用标识作废公告应当采用在当地报纸刊登、电视媒体播放、车辆管理所办事大厅张贴、互联网网站公布等形式；公告内容应当包括学车专用标识编号、注销原因和注销时间。在车辆管理所办事大厅和互联网网站公布的公告，信息保留时间不得少于六十日。

第三章　换证、补证和注销

第一节　换　　证

第二十二条　车辆管理所办理机动车驾驶证有效期满换证、达到规定年龄换证、自愿降低准驾车型换证、机动车驾驶人信息发生变化换证、机动车驾驶证损毁换证和因身体条件变化降低准驾车型换证业务的流程和具体事项为：

（一）受理岗按照下列程序审核申请材料：

1. 审核申请人提交的"机动车驾驶证申请表"、身份证明和机动车驾驶证。属于驾驶证有效期满换证、达到规定年龄换证和因身体条件变化降低准驾车型换证的，还应当审核"身体条件证明"。

2. 通过计算机管理系统核查申请人不具有记满12分，逾期未审验，被扣押、扣留、暂扣、注销、吊销或者撤销机动车驾驶证的情形；属于驾驶证有效期满换证的，还应当核查不具有道路交通安全违法行为、交通事故未处理完毕的情形，对属于《机动车驾驶证申领和使用规定》第七十条第三款、第四款规定情形需要审验的，还应当核查公安机关交通管理部门出具的接受教育的凭证。

3. 符合规定的，受理申请，录入相关信息，在"机动车驾驶证申请表""受理岗"栏内签字或者签章，制作并核发机动车驾驶证，收存相关资料，同时收回原机动车驾驶证。办理有效期满换证、审验时，对本记分周期内当时无记分的大型客车、牵引车、城市公交车、中型客车、大型货车机动车驾驶人，应当书面告知其如在本记分周期结束前有记分的，还应当按规定参加审验。

（二）档案管理岗核对计算机管理系统信息，复核、整理资料，装订、归档。

（三）下列资料存入机动车驾驶证档案：

1. "机动车驾驶证申请表"原件；

2. 身份证明复印件；

3. 原机动车驾驶证原件；

4. 属于有效期满换证、达到规定年龄换证和因身体条件变化降低准驾车型换证的，还需收存"身体条件证明"原件。

车辆管理所办理机动车驾驶证有效期满换证、达到规定年龄换证、自愿降低准驾车型换证、机动车驾驶人信息发生变化换证、机动车驾驶证损毁换证和因身体条件变化降低准驾车型换证业务时，对同时申请办理两项或者两项以上换证业务且符合申请条件的，应当合并办理。

第二十三条　车辆管理所办理机动车驾驶证转入换证业务的流程和具体事项为：

（一）受理岗按照下列程序审核申请材料：

1. 审核申请人提交的"机动车驾驶证申请表"、身份证明、"机动车驾驶人身体情况申报表"和机动车驾驶证。属于申请人同时申请补领机动车驾驶证的，不审核机动车驾驶证。属于申请人同时申请有效期满换证、达到规定年龄换证和因身体条件变化降低准驾车型换证的，审核"身体条件证明"，不审核"机动车驾驶人身体情况申报表"。

2. 通过计算机管理系统核查申请人信息、机动车驾驶证信息，以及不具有记满12分，逾期未审验，被扣押、扣留、暂扣、注销、吊销、撤销机动车驾驶证或者道路交通安全违法行为、交通事故未处理完毕的情形。

3. 符合规定的，受理申请，录入相关信息，在"机动车驾驶证申请表""受理岗"栏内签字或者签章，制作并核发机动车驾驶证，收存相关资料，同时收回原机动车驾驶证。办理转入换证、审验时，对本记分周期内当时无记分的大型客车、牵引车、城市公交车、中型客车、大型货车机动车驾驶人，应当书面告知其如在本记分周期结束前有记分的，还应当按规定参加审验。

（二）档案管理岗核对计算机管理系统信息，复核、整理资料，装订、归档。

（三）下列资料存入机动车驾驶证档案：

1. "机动车驾驶证申请表"原件；

2. 身份证明复印件；

3. 原机动车驾驶证原件，但属于同时申请补领机动车驾驶证的，可以不收存；

4. "机动车驾驶人身体情况申报表"原件，但属于同时申请有效期满换证、达到规定年龄换证和因身体条件变化降低准驾车型换证的，需收存"身体条件证明"原件，不收存"机动车驾驶人身体情况申报表"。

车辆管理所档案管理岗每个工作日从全国公安交通管理信息系统下载并打印本辖区内的机动车驾驶证转出信息，并存入相关机动车驾驶证档案。

车辆管理所办理机动车驾驶证转入换证业务时，发现因入伍、退役、更换护照、身份证号码变更等原因造成机动车驾驶人身份证明的种类、号码等信息发生变化的，应当核对机动车驾驶人姓名、年龄、照片等信息，确认申请人姓名、年龄、照片等信息与驾驶证登记的驾驶人信息相符的，应当予以办理，同时变更相关信息。

车辆管理所办理机动车驾驶证转入换证业务时，申请人按照《机动车驾驶证申领和使用规定》第五十七条、第五十九条、第六十条、第六十一条第一款、第六十三条规定提交相应的申请材料并申请同时办理换证、补证的，对符合申请条件的应当合并办理换证、补证业务。

第二节 补 证

第二十四条 车辆管理所办理补领机动车驾驶证业务的流程和具体事项为：

（一）受理岗按照下列程序审核申请材料：

1. 审核申请人提交的"机动车驾驶证申请表"、身份证明。申请人同时申请办理有效期满、达到规定年龄换证和因身体条件变化降低准驾车型换证的，还应当审核"身体条件证明"。

2. 通过计算机管理系统核查申请人不具有记满12分，逾期未审验，被扣押、扣留、暂扣、注销、吊销或者撤销机动车驾驶证的情形。

3. 符合规定的，受理申请，录入相关信息，在"机动车驾驶证申请表""受理岗"栏内签字或者签章，制作并核发机动车驾驶证，收存相关资料。

（二）档案管理岗核对计算机管理系统信息，复核、整理资料，装订、归档。

车辆管理所办理补证业务时，距机动车驾驶证有效期满不足九十日的，可以同时办理有效期满换证业务。

第二十五条 下列资料存入机动车驾驶证档案：

（一）"机动车驾驶证申请表"原件；

（二）身份证明复印件；

（三）属于同时申请办理有效期满、达到规定年龄换证和因身体条件变化降低准驾车型换证的，还需收存"身体条件证明"原件。

第二十六条 机动车驾驶证被依法扣押、扣留或者暂扣期间，机动车驾驶人采用隐瞒、欺骗手段补领的机动车驾驶证，由公安机关交通管理部门收回，将机动车驾驶证和"公安交通管理转递通知书"转递至车辆管理所处理；机动车驾驶证属于本行政辖区以外的车辆管理所核发的，转递至核发地车辆管理所处理。

车辆管理所在计算机管理系统中恢复原机动车驾驶证信息，将"公安交通管理转递通知书"和收回的机动车驾驶证存入机动车驾驶证档案。

第三节 注销和恢复驾驶资格

第二十七条 车辆管理所办理申请注销机动车驾驶证业务的流程和具体事项为：

（一）受理岗审核申请人提交的"机动车驾驶证申请表"、身份证明和机动车驾驶证；属于监护人提出注销申请的，还应当审核监护人提交的身份证明。符合规定的，受理申请，录入相关信息，在"机动车驾驶证申请表""受理岗"栏内签字或者签章并出具"注销机动车驾驶许可决定书"，收存相关资料和机动车驾驶证。

（二）档案管理岗核对计算机管理系统信息，复核、整理资料，装订、归档。

（三）下列资料存入机动车驾驶证档案：

1. "机动车驾驶证申请表"原件；

2. 身份证明复印件，属于监护人提出注销申请的，还应当收存监护人的身份证明复印件；

3. 机动车驾驶证原件。

第二十八条 车辆管理所办理注销机动车驾驶证业务的流程和具体事项为：

（一）机动车驾驶证被撤销、吊销或者机动车驾驶人因交通事故死亡的，档案管理岗审核并收存机动车驾驶证、"公安交通管理撤销决定书"或者"公安交通管理转递通知书"。符合规定的，录入注销信息。

（二）机动车驾驶人具有《机动车驾驶证申领和使用规定》第七十七条第一款第四项至第六项情形之一，车辆管理所应当在通过信函、手机短信等方式告知机动车驾驶人在三十日内申请注销驾驶证。未按照规定申请注销机动车驾驶证的，档案管理岗审核并收存相关证明。符合规定的，录入注销信息。

（三）机动车驾驶人具有《机动车驾驶证申领和使用规定》第七十七条第一款第七项至第九项情形之一的，由计算机管理系统自动注销机动车驾驶证。车辆管理所应当在自动注销前三个月，通过信函、手机短信等方式告知机动车驾驶人。

第二十九条 车辆管理所办理注销机动车驾驶证业务或者计算机管理系统依法自动注销机动车驾驶证时，未收回机动车驾驶证的，档案管理岗每月从计算机管理系统下载并打印机动车驾驶证注销信息，由公安机关交通管理部门公告机动车驾驶证作废。有条件的，可以通过信函、手机短信等方式告知机动车驾驶人。

机动车驾驶证作废公告应当采用在当地报纸刊登、电视媒体播放、车辆管理所办事大厅张贴、互联网网站公布等形式；公告内容应当包括机动车驾驶人的姓名、档案编号、证芯编号，注销原因和注销时间。在车辆管理所办事大厅和辖区运输企业张贴的公告，信息保留时间不得少于六十日，在互联网网站公布的公告，信息保留时间不得少于六个月。

第三十条　车辆管理所办理恢复驾驶资格业务的流程和具体事项为：

（一）受理岗按照下列程序审核申请材料：

1. 审核申请人提交的"机动车驾驶证申请表"、身份证明和"身体条件证明"，确认申请人符合《机动车驾驶证申领和使用规定》第七十七条第三款、第四款规定的情形，且符合允许驾驶原准驾车型的年龄条件、身体条件；

2. 通过计算机管理系统核查申请人不具有记满12分以及道路交通安全违法行为、交通事故未处理完毕的情形；

3. 符合规定的，受理申请，录入相关信息，在"机动车驾驶证申请表""受理岗"栏内签字或者签章，收存相关资料。

（二）对符合《机动车驾驶证申领及使用规定》七十七条第三款规定情形的，受理岗受理科目一考试预约申请，核发预约考试凭证，在预约考试凭证上应当告知申请人恢复驾驶资格的截止时间；考试岗按规定进行科目一考试；受理岗复核科目一考试资料，核对计算机管理系统信息，考试合格后一日内，制作并核发机动车驾驶证。

（三）对符合《机动车驾驶证申领及使用规定》第七十七条第四款规定情形的，受理岗核对计算机管理系统信息，一日内制作并核发机动车驾驶证。

（四）档案管理岗核对计算机管理系统信息，复核、整理资料，装订、归档。

（五）下列资料存入机动车驾驶证档案：

1. "机动车驾驶证申请表"原件；

2. 身份证明复印件；

3. "身体条件证明"原件；

4. 经过考试的，还需收存考试成绩表原件。

第三十一条　车辆管理所受理恢复驾驶资格业务后，对符合《机动车驾驶证申领及使用规定》第七十七条第三款规定情形的，应当按照预约时间安排科目一考试。申请人应当在机动车驾驶证注销后二年内完成考试，逾期未完成考试的，终止恢复驾驶资格。在申请时或者考试期间，申请人超过原准驾车型允许的准驾年龄或者身体条件发生变化的，考试合格后核发对应准驾车型的机动车驾驶证；

申请人自愿降低准驾车型的，考试合格后，按照其申请的准驾车型核发相应的机动车驾驶证。

车辆管理所办理恢复驾驶资格业务时，距机动车驾驶证有效期满不足九十日的，可以同时办理有效期满换证业务。

第四章　监督管理

第一节　满分考试和审验

第三十二条　公安机关交通管理部门应当按照《机动车驾驶证申领和使用规定》第六十八条第二款规定，组织在一个记分周期内记满12分的机动车驾驶人进行为期七天的道路交通安全法律、法规和相关知识教育，并做好教育记录。对已接受教育的机动车驾驶人，出具接受教育的凭证。自公安机关交通管理部门通知之日起十五日内未接受教育的，参照本规范第二十九条第二款的规定公告其机动车驾驶证停止使用。

对一个记分周期内2次以上记满12分或者累积记分达到24分以上的机动车驾驶人，在申请参加满分考试时可以同时申请自愿降低准驾车型，车辆管理所按照自愿降低后的准驾车型进行科目三道路驾驶技能考试。

第三十三条　车辆管理所办理满分考试业务的流程和具体事项为：

（一）受理岗审核申请人提交的身份证明、公安机关交通管理部门出具的接受教育凭证。属于参加满分考试时申请自愿降低准驾车型的，还应当审核《机动车驾驶证申请表》。符合规定的，对一个记分周期内记满12分的受理科目一考试预约申请，对一个记分周期内2次以上记满12分或者累积记分达到24分以上的受理科目一、科目三道路驾驶技能考试预约申请，核发预约考试凭证。对参加满分考试时申请自愿降低准驾车型的，录入降低后的准驾车型并按照申请降低后的准驾车型受理考试预约。

（二）考试岗按规定进行科目一、科目三道路驾驶技能考试。

（三）受理岗审核考试资料，核对计算机管理系统信息，符合规定的，清除记分分值，打印并出具"机动车驾驶人违法满分考试信息反馈通知书"，并告知申请人到扣留其机动车驾驶证的公安机关交通管理部门领取机动车驾驶证。对准驾车型为大型客车、牵引车、城市公交车、中型客车、大型货车的，在"机动车驾驶人违法满分考试信息反馈通知书"上签注降级信息，书面告知申请人到机动车驾驶证核发地车辆管理所办理降级换证。对参加满分考试时申请自愿降低准驾车型的，在"机动车驾驶人违法满分考试信息反馈通知书"上签注降级信息，书面告知申请人到参加满分考试的车辆管理所办理换证。属于申请人持有其他车辆管理所核发的机动车驾驶证的，车辆管理所应当在 36 小时内将其满分考试信息传递到全国公安交通管理信息系统，对参加满分考试时申请自愿降低准驾车型的，将降级后的准驾车型信息同时传递到全国公安交通管理信息系统。

（四）档案管理岗核对计算机管理系统信息，复核、整理资料。收存的考试成绩表原件和接受教育的凭证，在下一个记分周期结束后销毁。属于参加满分考试时申请自愿降低准驾车型的，将"机动车驾驶证申请表"原件、身份证明复印件在办理换证时存入机动车驾驶证档案。

车辆管理所档案管理岗每个工作日从全国公安交通管理信息系统下载并打印本辖区内机动车驾驶人异地违法满分考试信息，清除记分分值。收存打印的异地违法满分考试信息，在下一个记分周期结束后销毁。

第三十四条　公安机关交通管理部门应当按照《机动车驾驶证申领和使用规定》第七十一条第二款和第八十五条的规定，组织驾驶人进行不少于三个小时的学习和教育，并做好记录。对已参加学习和接受教育的机动车驾驶人，出具接受教育的凭证。

省级公安机关交通管理部门应当制定全省（自治区、直辖市）统一学习教育大纲，组织编写交通安全文明常识和事故案例警示教材，制作教学片。直辖市、设区的市或者相当于同级的公安机关交通管理部门要定期汇总辖区典型交通事故案例，作为学习教育内容。

第三十五条　对具有《机动车驾驶证申领和使用规定》第七十条第三款、第四款规定情形的驾驶人，车辆管理所办理审验业务的流程和具体事项为：

（一）受理岗审核申请人提交的公安机关交通管理部门出具的接受教育的凭证、"机动车驾驶人身体情况申报表"和机动车驾驶证；机动车驾驶证遗失的，需审核身份证明。通过计算机管理系统核查申请人不具有记满 12 分、道路交通安全违法行为、交通事故未处理完毕以及被扣押、扣留、暂扣、注销、吊销或者撤销机动车驾驶证的情形。符合规定的，受理申请，录入相关信息，收存相关资料，出具审验证明。

（二）档案管理岗核对计算机管理系统信息，复核、整理资料。收存接受教育的凭证和"机动车驾驶人身体情况申报表"原件，在下一次接受审验的日期结束后销毁。

第三十六条　车辆管理所办理提交"身体条件证明"业务的流程和具体事项为：

（一）受理岗审核申请人提交的"身体条件证明"，通过计算机管理系统核查不具有记满 12 分以及注销、吊销或者撤销机动车驾驶证的情形。符合规定的，录入相关信息，出具提交"身体条件证明"回执。

（二）档案管理岗核对计算机管理系统信息，复核、整理资料。收存"身体条件证明"原件，在下一次提交"身体条件证明"的日期结束后销毁。

第三十七条　车辆管理所办理延期换证、延期审验、延期提交"身体条件证明"业务的流程和具体事项为：

（一）受理岗审核申请人提交的"机动车驾驶证申请表"、延期事由证明、身份证明和机动车驾驶证。符合规定的，受理申请，录入相关信息，在"机动车驾驶证申请表""受理岗"栏内签字或者签章，出具延期换证、延期审验、延期提交"身体条件证明"回执，告知申请人延期期间不得驾驶机动车，收存相关资料。

（二）档案管理岗核对计算机管理系统信息，复核、整理资料。收存"机动车驾驶证申请表"原件、身份证明复印件、延期事由证明复印件，在申请人办理期满换证或者提交"身体条件证明"后销毁。

延期期限自驾驶证有效期截止日期、记分周期结束日期或者应当提交身体条件证明的日期开始计算。

第三十八条　车辆管理所办理机动车驾驶人信息变更备案业务的流程和具体事项为：机动车驾驶人具有《机动车驾驶证申领和使用规定》第八十条情形的，受理岗核实申请人身份信息，录入变更后相关信息。属于从业单位发生变更的，还应当核实并收存从业单位出具的证明。

第二节　重点驾驶人管理

第三十九条　车辆管理所办理注销机动车驾驶证最高准驾车型业务的流程和具体事项为：

（一）档案管理岗每个工作日从全国公安交通管理信息系统下载并打印本辖区内的机动车驾驶人具有《机动车驾驶证申领和使用规定》第七十八条第一款情形的信息，在七日内以挂号邮件、特快专递等形式邮寄"办理注销最高/实习准驾车型业务通知书"，通知机动车驾驶人在三十日内办理降级换证手续。对具有《机动车驾驶证申领和使用规定》第七十八条第一款第二项情形的，还应当通知机动车驾驶人按规定参加满分学习考试后办理降级换证手续。对具有《机动车驾驶证申领和使用规定》第七十八条第一款第三项情形的，应当于注销前三十日通过信函、手机短信等方式告知机动车驾驶人。

（二）受理岗审核申请人提交的"机动车驾驶证申请表"、身份证明和机动车驾驶证。通过计算机管理系统核查申请人不具有记满12分、道路交通安全违法行为、交通事故未处理完毕以及被扣押、扣留、暂扣、注销、吊销或者撤销机动车驾驶证的情形。符合规定的，受理申请，录入相关信息，在"机动车驾驶证申请表""受理岗"栏内签字或者签章，制作并核发机动车驾驶证，打印并出具"注销最高/实习准驾车型决定书"，收存相关资料，同时收回原机动车驾驶证。办理降级换证时，需要审验的，一并办理。

（三）档案管理岗核对计算机管理系统信息，复核、整理资料，装订、归档。

（四）下列资料存入机动车驾驶证档案：

1."机动车驾驶证申请表"原件。

2.身份证明复印件。

3.原机动车驾驶证原件。属于机动车驾驶证被扣押、扣留、暂扣的，应当收存扣押、扣留、暂扣凭证。

对未按规定期限办理降级换证的，由计算机管理系统自动注销机动车驾驶证最高准驾车型。未收回机动车驾驶证的，档案管理岗每月从计算机管理系统下载并打印注销最高准驾车型信息，参照本规范第二十九条第二款的规定由公安机关交通管理部门公告注销机动车驾驶证最高准驾车型。公告注销后，机动车驾驶人申请办理降级换证的，按照前款规定办理。

对一个记分周期内同时具有《机动车驾驶证申领和使用规定》第七十八条第一款两种以上情形的，只办理一次注销机动车驾驶证最高准驾车型业务。

第四十条　车辆管理所办理注销机动车驾驶证实习准驾车型驾驶资格业务的流程和具体事项为：

（一）对初次申领机动车驾驶证的驾驶人在实习期内记满12分的，由计算机管理系统自动注销机动车驾驶证。未收回机动车驾驶证的，档案管理岗每月从计算机管理系统下载并打印注销信息，参照本规范第二十九条第二款的规定由公安机关交通管理部门公告机动车驾驶证作废。

（二）对增加准驾车型的驾驶人在实习期内记满12分的，按照下列流程办理：

1.档案管理岗每个工作日从全国公安交通管理信息系统下载并打印相关信息，在七日内以挂号邮件、特快专递等形式邮寄"办理注销最高/实习准驾车型业务通知书"，通知机动车驾驶人在三十日内办理换证手续。对在一个记分周期内记满12分的，还应当通知机动车驾驶人按规定参加满分学习考试后办理换证手续。

2.受理岗审核申请人提交的"机动车驾驶证申请表"、身份证明和机动车驾驶证。通过计算机管理系统核查申请人不具有记满 12 分、道路交通安全违法行为、交通事故未处理完毕以及被扣押、扣留、暂扣、注销、吊销或者撤销机动车驾驶证的情形。符合规定的，受理申请，注销增加的准驾车型，在"机动车驾驶证申请表""受理岗"栏内签字或者签章，制作并核发机动车驾驶证，打印并出具"注销最高/实习准驾车型决定书"，收存相关资料，同时收回原机动车驾驶证。

3. 原准驾车型为大型客车、牵引车、城市公交车、中型客车、大型货车的机动车驾驶人在一个记分周期内记满 12 分，且注销的实习准驾车型不属于最高准驾车型的，还应当按照本规范第三十九条的规定注销其最高准驾车型。

4. 档案管理岗核对计算机管理系统信息，复核、整理资料，装订、归档。

5. 下列资料存入机动车驾驶证档案：

（1）"机动车驾驶证申请表"原件；

（2）身份证明复印件；

（3）机动车驾驶证原件。

对未按规定期限办理换证的，由计算机管理系统自动注销机动车驾驶证实习准驾车型、最高准驾车型。未收回机动车驾驶证的，档案管理岗每月从计算机管理系统下载并打印注销实习准驾车型、最高准驾车型信息，参照本规范第二十九条第二款的规定由公安机关交通管理部门公告注销机动车驾驶证增加的准驾车型、最高准驾车型。注销后，机动车驾驶人申请办理换证的，按照前款规定办理。

第四十一条 车辆管理所办理延长机动车驾驶证实习准驾车型驾驶资格业务的流程和具体事项为：

（一）对初次申领城市公交车、大型货车驾驶证的驾驶人在一年实习期内记 6 分以上但未达到 12 分的，实习期结束后，由计算机管理系统自动延长一年实习期。在延长实习期内再次记 6 分以上的，由计算机管理系统自动注销机动车驾驶证。未收回机动车驾驶证的，档案管理岗每月从计算机管理系统下载并打印注销信息，参照本规范第二十九条第二款的规定由公安机关交通管理部门公告机动车驾驶证作废。

（二）对增加的准驾车型为大型客车、牵引车、城市公交车、中型客车和大型货车驾驶证在一年实习期内记 6 分以上但未达到 12 分的，按照下列流程办理：

1. 实习期结束后，由计算机管理系统自动延长一年实习期。在延长实习期内再次记 6 分以上的，档案管理岗每个工作日从全国公安交通管理信息系统下载并打印相关信息，在七日内以挂号邮件、特快专递等形式邮寄"办理注销最高/

实习准驾车型业务通知书",通知机动车驾驶人在三十日内办理换证手续。

2. 受理岗审核申请人提交的"机动车驾驶证申请表"、身份证明和机动车驾驶证。通过计算机管理系统核查申请人不具有记满12分、道路交通安全违法行为、交通事故未处理完毕以及被扣押、扣留、暂扣、注销、吊销或者撤销机动车驾驶证的情形。符合规定的,受理申请,注销增加的准驾车型,在"机动车驾驶证申请表"的"受理岗"栏内签字或者签章,制作并核发机动车驾驶证,打印并出具"注销最高/实习准驾车型决定书",收存相关资料,同时收回原机动车驾驶证。

3. 档案管理岗核对计算机管理系统信息,复核、整理资料,装订、归档。

4. 下列资料存入机动车驾驶证档案:

(1)"机动车驾驶证申请表"原件;

(2)身份证明复印件;

(3)机动车驾驶证原件。

对未按规定期限办理换证的,由计算机管理系统自动注销机动车驾驶证实习准驾车型。未收回机动车驾驶证的,档案管理岗每月从计算机管理系统下载并打印注销实习准驾车型信息,参照本规范第二十九条第二款的规定由公安机关交通管理部门公告注销机动车驾驶证增加的准驾车型。注销后,机动车驾驶人申请办理换证的,按照前款规定办理。

对计算机管理系统自动延长一年实习期的,车辆管理所应当在实习期自动延长之日起三十日内通过信函、手机短信等方式告知机动车驾驶人。

第四十二条 对新取得大型客车、牵引车、城市公交车、中型客车、大型货车驾驶证的驾驶人,不具有《机动车驾驶证申领和使用规定》第七十九条规定情形的,实习期结束后,车辆管理所应在七日内通知其在三十日内参加教育考试;对申请教育考试的机动车驾驶人,应在当日安排教育考试。实习期结束后未参加教育考试的,公安机关交通管理部门应当在实习期结束后驾驶人首次审验时安排教育考试。

第四十三条 车辆管理所办理实习期满教育考试业务的流程和具体事项为:

(一)受理岗审核申请人提交的身份证明和机动车驾驶证。符合规定的,安排教育考试。

(二)考试岗按规定进行道路交通安全法律法规、交通安全文明驾驶、应急处置等知识考试,也可以使用由计算机考试系统生成的纸质试卷进行考试。考试结束后,公布考试答案,对申请人进行不少于半小时的交通事故案例警示教育。

(三)受理岗审核考试资料,签注机动车驾驶证。

(四)下列资料存入机动车驾驶证档案:

1. 身份证明复印件;
2. 考试试卷原件。

第四十四条　车辆管理所办理道路运输企业聘用的机动车驾驶人备案业务的流程和具体事项为:

(一) 受理岗审核申请人提交的"机动车驾驶证申请表"、身份证明、从业单位出具的证明和机动车驾驶证。通过计算机管理系统核查申请人信息、机动车驾驶证信息,以及不具有记满12分,逾期未审验,被扣押、扣留、暂扣、注销、吊销、撤销机动车驾驶证或者道路交通安全违法行为、交通事故未处理完毕的情形;符合规定的,受理申请,录入相关信息,在"机动车驾驶证申请表""受理岗"栏内签字或者签章,收存相关资料。

(二) 档案管理岗核对计算机管理系统信息,复核、整理资料,装订、归档。

(三) 下列资料存入机动车驾驶证档案:

1. "机动车驾驶证申请表"原件;
2. 身份证明复印件;
3. 从业单位出具的证明。

已办理备案机动车驾驶人的联系电话、联系地址和从业单位等信息发生变化的,由备案地车辆管理所按照本规范第三十八条的规定办理。

第三节　校车驾驶资格许可

第四十五条　车辆管理所办理机动车驾驶人申请取得校车驾驶资格业务的流程和具体事项为:

(一) 受理岗按照下列程序审核申请材料:

1. 审核申请人提交的"校车驾驶资格申请表"、身份证明、县级或者部队团级以上医疗机构出具的"身体条件证明"和机动车驾驶证;

2. 通过计算机管理系统核查申请人符合《机动车驾驶证申领和使用规定》第八十二条第二款第一项至第四项规定的条件,不具有吸毒行为记录和道路交通安全违法行为、交通事故未处理完毕以及被扣押、扣留、暂扣、注销、吊销或者撤销机动车驾驶证的情形;

3. 符合规定的,受理申请,录入相关信息,在"校车驾驶资格申请表""受理岗"栏内签字或者签章,签注机动车驾驶证,收存相关资料。

(二) 档案管理岗核对计算机管理系统信息,复核、整理资料,装订、归档。

(三) 下列资料存入机动车驾驶证档案:

1. "校车驾驶资格申请表"原件;

2. 申请人的身份证明复印件，属于在户籍地以外居住的内地居民，还需收存公安机关核发的居住证明复印件；

3. "身体条件证明"原件。

第四十六条　车辆管理所办理校车驾驶人审验业务的流程和具体事项为：

（一）对已按照本规范第三十四条规定接受学习和教育的申请人，受理岗审核申请人提交的公安机关交通管理部门出具的接受教育的凭证、"身体条件证明"和机动车驾驶证。通过计算机管理系统核查申请人不具有记满12分、道路交通安全违法行为、交通事故未处理完毕以及被扣押、扣留、暂扣、注销、吊销或者撤销机动车驾驶证的情形。符合规定的，受理申请，录入相关信息，收存相关资料，出具审验证明。

（二）档案管理岗核对计算机管理系统信息，复核、整理资料。收存接受教育的凭证和"身体条件证明"原件，在下一记分周期结束后销毁。

第四十七条　车辆管理所办理申请注销校车驾驶资格业务的流程和具体事项为：

（一）受理岗审核申请人提交的"校车驾驶资格申请表"、身份证明和机动车驾驶证。符合规定的，受理申请，录入相关信息，在"校车驾驶资格申请表""受理岗"栏内签字或者签章，制作并核发机动车驾驶证，打印并出具"注销校车驾驶资格许可决定书"，收存相关资料，同时收回原机动车驾驶证。

（二）档案管理岗核对计算机管理系统信息，复核、整理资料，装订、归档。

（三）下列资料存入机动车驾驶证档案：

1. "校车驾驶资格申请表"原件；

2. 身份证明复印件；

3. 机动车驾驶证原件。

第四十八条　车辆管理所办理注销校车驾驶资格业务的流程和具体事项为：

（一）校车驾驶人具有《机动车驾驶证申领和使用规定》第八十七条第一款第二项至第五项情形或者有吸毒行为记录的，由计算机管理系统自动注销校车驾驶资格。

（二）校车驾驶人具有传染性疾病、癫痫病、精神病等可能危及行车安全的疾病以及酗酒记录，但未按照规定申请注销校车驾驶资格的，档案管理岗审核并收存相关证明。符合规定的，录入注销信息。

车辆管理所办理注销校车驾驶资格未收回机动车驾驶证的，参照本规范第二十九条第二款的规定公告注销校车驾驶资格。

校车驾驶人被注销校车驾驶资格后申请换证的，按照本规范第四十七条的规定办理。

第五章 档案管理

第四十九条 车辆管理所应当建立机动车驾驶证档案。机动车驾驶证档案包括实物档案和电子档案。

实物档案应当保存机动车驾驶人提交的资料。保存的资料应当装订成册，并填写档案资料目录，置于资料首页，案卷编号为档案编号。

电子档案包括计算机录入信息、操作日志、考试音视频监控资料。

车辆管理所及其工作人员不得泄露机动车驾驶证档案中的个人信息。任何单位和个人不得擅自涂改、故意损毁或者伪造机动车驾驶证档案。

第五十条 车辆管理所办理更正机动车驾驶证档案记载事项业务的流程和具体事项为：

（一）属于申请人提出更正申请的，受理岗核实需要更正的事项，填写机动车驾驶证更正意见表；属于档案管理岗提出更正要求的，档案管理岗填写机动车驾驶证更正意见表。受理岗录入更正信息，需要重新制作机动车驾驶证的，制作并核发机动车驾驶证，同时收回原机动车驾驶证。

（二）档案管理岗核对计算机管理系统信息，复核并收存机动车驾驶证更正意见表原件。

第五十一条 人民法院、人民检察院、公安机关或者其他行政执法部门、纪检监察部门以及公证机构、仲裁机构、律师事务所因办案需要查阅机动车驾驶证档案的，应当出具公函和经办人的工作证；机动车驾驶人查询本人档案的，应当出具身份证明和机动车驾驶证。由档案管理人员报经业务领导批准后查阅，查阅档案应当在档案查阅室进行，档案管理人员应当在场。需要出具证明或者复印档案资料的，应当经业务领导批准。已入库的机动车驾驶证档案原则上不得出库。

第五十二条 车辆管理所因意外事件致使机动车驾驶证档案损毁、丢失的，应当书面报告省级公安机关交通管理部门，经批准后，按照计算机管理系统信息补建机动车驾驶证档案，打印机动车驾驶证在计算机管理系统内的所有记录信息，并补充机动车驾驶证持证人照片和身份证明复印件。

机动车驾驶证档案补建完毕后，应当报省级公安机关交通管理部门审核。省级公安机关交通管理部门与计算机管理系统核对，并出具核对公函。补建的机动车驾驶证档案与原机动车驾驶证档案有同等效力，但档案资料内无省级公安机关交通管理部门批准补建档案的文件和核对公函的除外。

第五十三条 机动车驾驶证已注销的，机动车驾驶证档案资料保留二年后销毁，但因具有《机动车驾驶证申领和使用规定》第七十七条第一款第八项情形被注销机动车驾驶证的，机动车驾驶证档案资料保留十年后销毁；吊销机动车驾驶证的，机动车驾驶证档案资料保留至申领机动车驾驶证限制期满后销毁，但饮酒、醉酒驾驶机动车发生重大交通事故、构成犯罪，依法追究刑事责任或者造成交通事故后逃逸被吊销机动车驾驶证的，档案资料长期保留；撤销机动车驾驶许可的，档案资料保留三年后销毁。临时机动车驾驶许可档案资料保留二年后销毁。

销毁机动车驾驶证档案时，车辆管理所应当对需要销毁的档案登记造册，并书面报告所属直辖市、设区的市或者相当于同级公安机关交通管理部门，经批准后方可销毁。销毁机动车驾驶证档案应当在指定的地点，监销人和销毁人应当共同在销毁记录上签字。记载销毁档案情况的登记簿和销毁记录存档备查。

第六章 其他规定

第五十四条 持有外国人永久居留证的外国人办理机动车驾驶证业务的，外国人的身份证明是其外国人永久居留证。

在户籍地以外居住的内地居民的居住证明，是公安机关核发的居住证或者暂住登记凭证等。

第五十五条 持有军队、武装警察部队机动车驾驶证或者持有境外机动车驾驶证申领机动车驾驶证的申请人具有下列情形之一的，可以降级申请符合申请条件的机动车驾驶证：

（一）因年龄、身高等不符合申请条件的；

（二）自愿降低准驾车型的。

持有军队、武装警察部队机动车驾驶证或者持有境外机动车驾驶证申领机动车驾驶证的申请人，同时申请大型客车和牵引车，或者同时申请中型客车和大型货车准驾车型机动车驾驶证的，车辆管理所应当按照最高准驾车型考试科目一后，分别按照两种准驾车型各自的规定考试科目三。

第五十六条 代理人代理机动车驾驶证的换证、补证，提交身体条件证明，延期办理和注销业务时，受理岗应当审核代理人提交的身份证明和机动车驾驶人与代理人共同签字的"机动车驾驶证申请表"或者"身体条件证明"；档案管理岗应当收存代理人身份证明的复印件。

第五十七条 "学习驾驶证明"、考试预约凭证、"机动车驾驶人违法满分考试信息反馈通知书"，以及审验、提交"身体条件证明"，延期换证，延期审验，延期提交"身体条件证明"回执遗失的，申请人可以凭身份证明到车辆管理所申请补领，车辆管理所应当予以办理。

第五十八条　车辆管理所在办理机动车驾驶证业务时，应当核实机动车驾驶人联系地址、联系电话等信息，发生变化的，进行变更备案；经核查发现未按规定参加审验的，应当按规定进行审验；经核查发现记满12分的，应当按规定扣留机动车驾驶证，并书面告知其应当在十五日内接受道路交通安全法律、法规和相关知识的教育和考试。

对持有大型客车、牵引车、城市公交车、中型客车、大型货车驾驶证的驾驶人，在满分考试中需要接受道路驾驶技能考试的，按照降级后的最高准驾车型进行考试。

第五十九条　车辆管理所在办理机动车驾驶证业务过程中，对申请人的申请条件、提交的材料和申告的事项有疑义的或者申请人提出异议的，按照下列程序进行调查核实：

（一）对身份证明有疑义的，通过向发证机关查询、与全国人口信息系统比对、使用身份证明阅读器等方法核查。经核实为使用伪造、变造或者冒用他人的身份证明的，移交公安机关相关部门处理。

（二）对机动车驾驶证有疑义的，通过全国公安交通管理信息系统或者向发证机关查询等手段核查。经核实为使用伪造、变造或者冒用他人驾驶证的，按照《中华人民共和国道路交通安全法》第九十六条的规定进行处罚。涉嫌犯罪的，移交公安机关相关部门处理。

（三）对军队、武装警察部队机动车驾驶证有疑义的，向发证机关或者发证机关上级军车监理部门进行核查。经核实为使用伪造、变造军队、武装警察部队机动车驾驶证的，移交公安机关或者军队、武装警察部队相关部门处理。

（四）对内地居民持有的境外机动车驾驶证有疑义的，可以通过政府外事部门与核发境外机动车驾驶证的国家（地区）的驻华使领馆或办事机构联系进行核查。

（五）对申请人的身体条件是否适合驾驶机动车有疑义的，向省级卫生主管部门指定的医疗机构进行核查。

（六）对申请人有精神病嫌疑的，应当委托精神病司法鉴定机构进行鉴定；对有其他妨碍安全驾驶疾病嫌疑的，应由省级卫生主管部门指定的医疗机构进行诊断。

（七）对申请人吸毒行为记录、戒毒治疗记录有疑义的，委托机动车驾驶证核发地或者转入地公安机关禁毒部门进行核查。

车辆管理所在发现嫌疑情况后，应当在计算机管理系统中录入嫌疑信息，出具受理证明，告知申请人将对嫌疑情况进行调查。调查的时间不计入驾驶证业务办理时限。

经调查，确认申请人提供虚假申请材料、未如实申告或者不符合机动车驾驶证申请条件的，询问申请人、代理人或者监护人并制作询问笔录。属于在受理时发现的，不予受理申请；属于在驾驶证核发时发现的，不予核发机动车驾驶证；属于驾驶证核发后发现的，依法撤销或者注销机动车驾驶证。对申请时使用欺骗、贿赂等不正当手段的，在计算机管理系统录入相关信息，申请人一年内不得申请机动车驾驶证；对使用欺骗、贿赂等不正当手段取得机动车驾驶证的，在计算机管理系统录入相关信息，依法撤销机动车驾驶证后申请人三年内不得申请机动车驾驶证。

嫌疑情况调查处理完毕，应当将核查、鉴定、检测证明，调查报告、询问笔录、法律文书等材料整理、装订后建立档案。

第七章　附　　则

第六十条　车辆管理所办理机动车驾驶证业务时，业务受理、资料审查，应当由民警承担或者由文职、聘用人员按照规定在民警监督下执行。业务导办、制作证件、档案整理等工作可以由文职、聘用人员承担。

车辆管理所民警和文职、聘用人员办理机动车驾驶证业务时，应当使用本人的用户名、密码或者数字身份证书登录计算机管理系统，并定期更换密码。严禁使用他人的用户名、密码或者数字身份证书登录计算机管理系统。

车辆管理所办理机动车驾驶证业务时，应当于业务办结后两个工作日内在计算机管理系统中归档，并在三十六小时内将信息上传到全国交通管理信息系统。

第六十一条　车辆管理所应当为残疾人申请机动车驾驶证提供方便，在办公、考试场所设置无障碍通道，优先安排考试，提供科目一专用考试机位。

车辆管理所应当在业务办公大厅内设受理岗，对外统一设置"业务受理"窗口标识。实习标志、残疾人机动车专用标志式样，应当在车辆管理所业务办公大厅公布。

第六十二条　对机动车驾驶证有效期满未换证、未按期审验或者未按期提交身体条件证明的，车辆管理所应当在驾驶证有效期满或者一个记分周期结束后的二个月内向社会公告。有条件的，可以通过信函、手机短信等方式告知机动车驾驶人。

车辆管理所应当积极推行通过互联网、电话、传真、短信等方式预约、受理、办理机动车驾驶证等业务，推行使用计算机打印申请表格。

第六十三条 车辆管理所应当与有关部门建立信息交换机制，定期获取患有精神病、癫痫病等疾病、死亡、吸毒人员的信息，在办理机动车驾驶证业务时，进行核查并依法处理。

第六十四条 车辆管理所应当通过机动车驾驶证业务监管系统每周对机动车驾驶人考试、机动车驾驶证业务进行监控、分析。省级公安机关交通管理部门应当每月对机动车驾驶人考试、机动车驾驶证业务进行监控、分析。对发现的问题要进行通报，依法查处责任人。

车辆管理所存在严重违规办理机动车驾驶证业务的，上级公安机关交通管理部门可以指派其他车辆管理所人员接管办理该车辆管理所相关业务。

第六十五条 本规范自 2016 年 4 月 1 日起施行。《机动车驾驶证业务工作规范》（公交管〔2012〕332 号）同时废止。

临时入境机动车和驾驶人管理规定

中华人民共和国公安部令第 90 号

第一条 根据《中华人民共和国道路交通安全法》及其实施条例,制定本规定。

第二条 本规定适用于下列临时进入中华人民共和国境内不超过三个月的机动车和机动车驾驶人:

(一)经国家主管部门批准,临时入境参加有组织的旅游、比赛以及其他交往活动的外国机动车和机动车驾驶人;

(二)临时入境后仅在边境地区一定范围内行驶的外国机动车和机动车驾驶人;

(三)临时入境后需驾驶租赁的中国机动车的外国机动车驾驶人。

与中国签订有双边或者多边过境运输协定的,按照协定办理。国家或者政府之间对机动车牌证和驾驶证有互相认可协议的,按照协议办理。

第三条 外国机动车临时入境行驶,应当向入境地或者始发地所在的直辖市或者设区的市公安机关交通管理部门申领临时入境机动车号牌和行驶证。

第四条 申请临时入境机动车号牌、行驶证的,应当用中文填写《临时入境机动车号牌、行驶证申请表》,交验机动车,并提交以下证明、凭证:

(一)境外主管部门核发的机动车登记证明,属于非中文表述的,还应当出具中文翻译文本;

(二)中国海关等部门出具的准许机动车入境的凭证;

(三)属于有组织的旅游、比赛以及其他交往活动的,还应当提交中国相关主管部门出具的证明;

(四)机动车安全技术检验合格证明,属于境外主管部门核发的,还应当出具中文翻译文本;

(五)不少于临时入境期限的中国机动车交通事故责任强制保险凭证。

公安机关交通管理部门应当在收到申请材料之日起三日内审查提交的证明、凭证,查验机动车。符合规定的,核发临时入境机动车号牌和行驶证。

第五条 临时入境机动车号牌为纸质号牌,载明允许行驶的区域、线路和有效期。

临时入境机动车号牌背面为临时入境机动车行驶证，签注车辆类型、号牌号码、厂牌型号、行驶区域或者线路、有效期等信息。

第六条　临时入境机动车号牌和行驶证有效期应当与入境批准文件上签注的期限一致，但最长不得超过三个月。临时入境机动车号牌和行驶证有效期不得延期。

第七条　临时入境汽车号牌应当放置在前挡风玻璃内右侧。临时入境摩托车号牌应当随车携带，以备检查。

第八条　临时入境的外国机动车，可以凭入境凭证行驶至本规定第三条规定的临时入境机动车号牌和行驶证核发机关所在地，并于入境后二日内申请临时入境机动车号牌和行驶证。

第九条　临时入境的境外机动车驾驶人，可以驾驶其自带的临时入境的机动车或者租赁的中国机动车。

第十条　临时入境的机动车驾驶人在中国道路上驾驶自带临时入境的机动车，应当向入境地或者始发地所在的直辖市或者设区的市公安机关交通管理部门申领临时机动车驾驶许可。

第十一条　临时入境的机动车驾驶人驾驶租赁的中国机动车，应当向机动车租赁单位所在的直辖市或者设区的市公安机关交通管理部门申领临时机动车驾驶许可。

第十二条　临时机动车驾驶许可的准驾车型应当符合申请人所持境外机动车驾驶证的准驾车型。驾驶自带临时入境机动车的，临时机动车驾驶许可的准驾车型还应当与其自带机动车车型一致。驾驶租赁中国机动车的，临时机动车驾驶许可的准驾车型为小型汽车和小型自动挡汽车。

第十三条　申领临时机动车驾驶许可的，应当用中文填写《临时机动车驾驶许可申请表》，提交下列证明、凭证：

（一）入出境身份证件；

（二）境外机动车驾驶证，属于非中文表述的，还应当出具中文翻译文本；

（三）年龄、身体条件符合中国驾驶许可条件的证明文件；

（四）两张一寸彩色照片（近期半身免冠正面白底）；

（五）参加有组织的旅游、比赛以及其他交往活动的，还应当提交中国相关主管部门出具的证明。

公安机关交通管理部门应当在收到申请材料之日起三日内进行审查，符合规定的，组织道路交通安全法律、法规学习，核发临时机动车驾驶许可。

第十四条　临时机动车驾驶许可有效期截止日期应当与机动车驾驶人入出境

身份证件上签注的准许入境期限的截止日期一致，但有效期最长不超过三个月。临时机动车驾驶许可有效期不得延期。

第十五条　临时机动车驾驶许可应当随身携带，并与所持境外机动车驾驶证及其中文翻译文本同时使用。

第十六条　临时入境的机动车驾驶人，可以凭所持境外机动车驾驶证和入境凭证，驾驶自带机动车行驶至本规定第十条规定的临时机动车驾驶许可核发机关所在地，并于入境后二日内申请临时机动车驾驶许可。

第十七条　公安机关交通管理部门核发临时入境机动车号牌、行驶证和临时机动车驾驶许可时，应当对境外机动车和机动车驾驶人以前的入境记录进行核查，发现有道路交通违法行为和交通事故未处理完毕的，告知其处理完毕后再核发牌证；在中国境内有驾驶机动车交通肇事逃逸记录的，不予核发临时机动车驾驶许可。

第十八条　临时入境的机动车驾驶人应当按照下列规定驾驶机动车：

（一）遵守中国的道路交通安全法律、法规及规章；

（二）按照临时入境机动车号牌上签注的行驶区域或者路线行驶；

（三）遇有交通警察检查的，应当停车接受检查，出示入出境证件、临时机动车驾驶许可和所持境外机动车驾驶证及其中文翻译文本；

（四）违反道路交通安全法律、法规的，应当依法接受中国公安机关交通管理部门的处理；

（五）发生交通事故的，应当立即停车，保护现场，抢救受伤人员，并迅速报告执勤的交通警察或者公安机关交通管理部门，依法接受中国公安机关交通管理部门的处理。

第十九条　临时入境的机动车驾驶人有下列行为之一的，公安机关交通管理部门应当按照下列规定处理：

（一）未取得临时机动车驾驶许可驾驶机动车，或者临时机动车驾驶许可超过有效期驾驶机动车的，按照《中华人民共和国道路交通安全法》第九十九条处理；

（二）驾驶未取得临时入境机动车号牌和行驶证的机动车，或者驾驶临时入境机动车号牌和行驶证超过有效期的机动车的，按照《中华人民共和国道路交通安全法》第九十五条处理；

（三）驾驶临时入境的机动车超出行驶区域或者路线的，按照《中华人民共和国道路交通安全法》第九十条处理。

第二十条　边境地区因边贸活动、客货运输、边民往来或借道通行活动等频繁入出境，且入境后仅在边境地区一定范围内行驶的外国机动车和机动车驾驶人，申请临时入境机动车号牌和行驶证、临时机动车驾驶许可时，可以由省级公安机关结合本省实际制定实施意见。

"边境地区一定范围"的界限由省级公安机关确定。

第二十一条　香港特别行政区、澳门特别行政区和台湾地区机动车因参加有组织的旅游、比赛以及其他交往活动的，参照本规定执行。

持香港特别行政区、澳门特别行政区和台湾地区机动车驾驶证的人员临时进入内地（大陆）需驾驶机动车的，参照本规定执行。

第二十二条　临时入境机动车号牌、行驶证和临时机动车驾驶许可由公安部统一印制。

第二十三条　本规定所称"临时入境的机动车"，是指在国外注册登记，需临时进入中国境内行驶的机动车。"临时入境的机动车驾驶人"，是指持有境外机动车驾驶证，需临时进入中国境内驾驶机动车的境外人员。

第二十四条　本规定所称"始发地"，是指有组织的旅游、比赛以及其他交往活动的出发地。

第二十五条　本规定自 2007 年 1 月 1 日起施行。1989 年 5 月 1 日发布的《临时入境机动车辆与驾驶员管理办法》（公安部令第 4 号）同时废止。2007 年 1 月 1 日前公安部发布的其他规定与本规定不一致的，以本规定为准。

道路交通安全违法行为处理程序规定

中华人民共和国公安部令第 105 号

第一章 总 则

第一条 为了规范道路交通安全违法行为处理程序，保障公安机关交通管理部门正确履行职责，保护公民、法人和其他组织的合法权益，根据《中华人民共和国道路交通安全法》及其实施条例等法律、行政法规制定本规定。

第二条 公安机关交通管理部门及其交通警察对道路交通安全违法行为（以下简称违法行为）的处理程序，在法定职权范围内依照本规定实施。

第三条 对违法行为的处理应当遵循合法、公正、文明、公开、及时的原则，尊重和保障人权，保护公民的人格尊严。

对违法行为的处理应当坚持教育与处罚相结合的原则，教育公民、法人和其他组织自觉遵守道路交通安全法律法规。

对违法行为的处理，应当以事实为依据，与违法行为的事实、性质、情节以及社会危害程度相当。

第二章 管 辖

第四条 交通警察执勤执法中发现的违法行为由违法行为发生地的公安机关交通管理部门管辖。

对管辖权发生争议的，报请共同的上一级公安机关交通管理部门指定管辖。上一级公安机关交通管理部门应当及时确定管辖主体，并通知争议各方。

第五条 交通技术监控资料记录的违法行为可以由违法行为发生地、发现地或者机动车登记地的公安机关交通管理部门管辖。

违法行为人或者机动车所有人、管理人对交通技术监控资料记录的违法行为事实有异议的，应当向违法行为发生地公安机关交通管理部门提出，由违法行为发生地公安机关交通管理部门依法处理。

第六条 对违法行为人处以警告、罚款或者暂扣机动车驾驶证处罚的，由县级以上公安机关交通管理部门作出处罚决定。

对违法行为人处以吊销机动车驾驶证处罚的，由设区的市公安机关交通管理部门作出处罚决定。

对违法行为人处以行政拘留处罚的，由县、市公安局、公安分局或者相当于县一级的公安机关作出处罚决定。

第三章　调查取证

第一节　一般规定

第七条　交通警察调查违法行为时，应当表明执法身份。

交通警察执勤执法应当严格执行安全防护规定，注意自身安全，在公路上执勤执法不得少于两人。

第八条　交通警察应当全面、及时、合法收集能够证实违法行为是否存在、违法情节轻重的证据。

第九条　交通警察调查违法行为时，应当查验机动车驾驶证、行驶证、机动车号牌、检验合格标志、保险标志等牌证以及机动车和驾驶人违法信息。对运载爆炸物品、易燃易爆化学物品以及剧毒、放射性等危险物品车辆驾驶人违法行为调查的，还应当查验其他相关证件及信息。

第十条　交通警察查验机动车驾驶证时，应当询问驾驶人姓名、住址、出生年月并与驾驶证上记录的内容进行核对；对持证人的相貌与驾驶证上的照片进行核对。必要时，可以要求驾驶人出示居民身份证进行核对。

第十一条　调查中需要采取行政强制措施的，依照法律、法规、本规定及国家其他有关规定实施。

第十二条　交通警察对机动车驾驶人不在现场的违法停放机动车行为，应当在机动车侧门玻璃或者摩托车座位上粘贴违法停车告知单，并采取拍照或者录像方式固定相关证据。

第十三条　调查中发现违法行为人有其他违法行为的，在依法对其道路交通安全违法行为作出处理决定的同时，按照有关规定移送有管辖权的单位处理。涉嫌构成犯罪的，转为刑事案件办理或者移送有权处理的主管机关、部门办理。

第十四条　公安机关交通管理部门对于控告、举报的违法行为以及其他行政主管部门移送的案件应当接受，并按规定处理。

第二节　交通技术监控

第十五条　公安机关交通管理部门可以利用交通技术监控设备收集、固定违法行为证据。

交通技术监控设备应当符合国家标准或者行业标准，并经国家有关部门认定、检定合格后，方可用于收集违法行为证据。

交通技术监控设备应当定期进行维护、保养、检测，保持功能完好。

第十六条　交通技术监控设备的设置应当遵循科学、规范、合理的原则，设置的地点应当有明确规范相应交通行为的交通信号。

固定式交通技术监控设备设置地点应当向社会公布。

第十七条　使用固定式交通技术监控设备测速的路段，应当设置测速警告标志。

使用移动测速设备测速的，应当由交通警察操作。使用车载移动测速设备的，还应当使用制式警车。

第十八条　作为处理依据的交通技术监控设备收集的违法行为记录资料，应当清晰、准确地反映机动车类型、号牌、外观等特征以及违法时间、地点、事实。

第十九条　自交通技术监控设备收集违法行为记录资料之日起的十日内，违法行为发生地公安机关交通管理部门应当对记录内容进行审核，经审核无误后录入道路交通违法信息管理系统，作为违法行为的证据。

公安机关交通管理部门对交通技术监控设备收集的违法行为记录内容应当严格审核制度，完善审核程序。

第二十条　交通技术监控设备记录的违法行为信息录入道路交通违法信息管理系统后三日内，公安机关交通管理部门应当向社会提供查询；并可以通过邮寄、发送手机短信、电子邮件等方式通知机动车所有人或者管理人。

第二十一条　交通技术监控设备记录或者录入道路交通违法信息管理系统的违法行为信息，有下列情形之一并经核实的，应当予以消除：

（一）警车、消防车、救护车、工程救险车执行紧急任务的；

（二）机动车被盗抢期间发生的；

（三）有证据证明救助危难或者紧急避险造成的；

（四）现场已被交通警察处理的；

（五）因交通信号指示不一致造成的；

（六）不符合本规定第十八条规定要求的；

（七）记录的机动车号牌信息错误的；

（八）因使用伪造、变造或者其他机动车号牌发生违法行为造成合法机动车被记录的；

（九）其他应当消除的情形。

第四章 行政强制措施适用

第二十二条 公安机关交通管理部门及其交通警察在执法过程中,依法可以采取下列行政强制措施:
(一)扣留车辆;
(二)扣留机动车驾驶证;
(三)拖移机动车;
(四)检验体内酒精、国家管制的精神药品、麻醉药品含量;
(五)收缴物品;
(六)法律、法规规定的其他行政强制措施。

第二十三条 采取本规定第二十二条第(一)、(二)、(四)、(五)项行政强制措施,应当按照下列程序实施:
(一)口头告知违法行为人或者机动车所有人、管理人违法行为的基本事实、拟作出行政强制措施的种类、依据及其依法享有的权利。
(二)听取当事人的陈述和申辩,当事人提出的事实、理由或者证据成立的,应当采纳。
(三)制作行政强制措施凭证,并告知当事人在十五日内到指定地点接受处理。
(四)行政强制措施凭证应当由当事人签名、交通警察签名或者盖章,并加盖公安机关交通管理部门印章;当事人拒绝签名的,交通警察应当在行政强制措施凭证上注明。
(五)行政强制措施凭证应当当场交付当事人;当事人拒收的,由交通警察在行政强制措施凭证上注明,即为送达。

现场采取行政强制措施的,可以由一名交通警察实施,并在二十四小时内将行政强制措施凭证报所属公安机关交通管理部门备案。

第二十四条 行政强制措施凭证应当载明当事人的基本情况、车辆牌号、车辆类型、违法事实、采取行政强制措施种类和依据、接受处理的具体地点和期限、决定机关名称及当事人依法享有的行政复议、行政诉讼权利等内容。

第二十五条 有下列情形之一的,依法扣留车辆:
(一)上道路行驶的机动车未悬挂机动车号牌,未放置检验合格标志、保险标志,或者未随车携带机动车行驶证、驾驶证的;
(二)有伪造、变造或者使用伪造、变造的机动车登记证书、号牌、行驶证、检验合格标志、保险标志、驾驶证或者使用其他车辆的机动车登记证书、号牌、行驶证、检验合格标志、保险标志嫌疑的；

（三）未按照国家规定投保机动车交通事故责任强制保险的；

（四）公路客运车辆或者货运机动车超载的；

（五）机动车有被盗抢嫌疑的；

（六）机动车有拼装或者达到报废标准嫌疑的；

（七）未申领《剧毒化学品公路运输通行证》通过公路运输剧毒化学品的；

（八）非机动车驾驶人拒绝接受罚款处罚的。

对发生道路交通事故，因收集证据需要的，可以依法扣留事故车辆。

第二十六条　交通警察应当在扣留车辆后二十四小时内，将被扣留车辆交所属公安机关交通管理部门。

公安机关交通管理部门扣留车辆的，不得扣留车辆所载货物。对车辆所载货物应当通知当事人自行处理，当事人无法自行处理或者不自行处理的，应当登记并妥善保管。对容易腐烂、损毁、灭失或者其他不具备保管条件的物品，经县级以上公安机关交通管理部门负责人批准，可以在拍照或者录像后变卖或者拍卖，变卖、拍卖所得按照有关规定处理。

第二十七条　对公路客运车辆载客超过核定乘员、货运机动车超过核定载质量的，公安机关交通管理部门应当按照下列规定消除违法状态：

（一）违法行为人可以自行消除违法状态的，应当在公安机关交通管理部门的监督下，自行将超载的乘车人转运、将超载的货物卸载。

（二）违法行为人无法自行消除违法状态的，对超载的乘车人，公安机关交通管理部门应当及时通知有关部门联系转运；对超载的货物，应当在指定的场地卸载，并由违法行为人与指定场地的保管方签订卸载货物的保管合同。

消除违法状态的费用由违法行为人承担。违法状态消除后，应当立即退还被扣留的机动车。

第二十八条　对扣留的车辆，当事人接受处理或者提供、补办的相关证明或者手续经核实后，公安机关交通管理部门应当依法及时退还。

公安机关交通管理部门核实的时间不得超过十日；需要延长的，经县级以上公安机关交通管理部门负责人批准，可以延长至十五日。核实时间自车辆驾驶人或者所有人、管理人提供被扣留车辆合法来历证明，补办相应手续，或者接受处理之日起计算。

发生道路交通事故因收集证据需要扣留车辆的，扣留车辆时间依照《道路交通事故处理程序规定》有关规定执行。

第二十九条　有下列情形之一的，依法扣留机动车驾驶证：

（一）饮酒后驾驶机动车的；

（二）将机动车交由未取得机动车驾驶证或者机动车驾驶证被吊销、暂扣的人驾驶的；

（三）机动车行驶超过规定时速百分之五十的；

（四）驾驶有拼装或者达到报废标准嫌疑的机动车上道路行驶的；

（五）在一个记分周期内累积记分达到十二分的。

第三十条　交通警察应当在扣留机动车驾驶证后二十四小时内，将被扣留机动车驾驶证交所属公安机关交通管理部门。

具有本规定第二十九条第（一）、（二）、（三）、（四）项所列情形之一的，扣留机动车驾驶证至作出处罚决定之日；处罚决定生效前先予扣留机动车驾驶证的，扣留一日折抵暂扣期限一日。只对违法行为人作出罚款处罚的，缴纳罚款完毕后，应当立即发还机动车驾驶证。具有本规定第二十九条第（五）项情形的，扣留机动车驾驶证至考试合格之日。

第三十一条　违反机动车停放、临时停车规定，驾驶人不在现场或者虽在现场但拒绝立即驶离，妨碍其他车辆、行人通行的，公安机关交通管理部门及其交通警察可以将机动车拖移至不妨碍交通的地点或者公安机关交通管理部门指定的地点。

拖移机动车的，现场交通警察应当通过拍照、录像等方式固定违法事实和证据。

第三十二条　公安机关交通管理部门应当公开拖移机动车查询电话，并通过设置拖移机动车专用标志牌明示或者以其他方式告知当事人。当事人可以通过电话查询接受处理的地点、期限和被拖移机动车的停放地点。

第三十三条　车辆驾驶人有下列情形之一的，应当对其检验体内酒精，国家管制的精神药品、麻醉药品含量：

（一）对酒精呼气测试等方法测试的酒精含量结果有异议的；

（二）涉嫌饮酒、醉酒驾驶车辆发生交通事故的；

（三）涉嫌服用国家管制的精神药品、麻醉药品后驾驶车辆的；

（四）拒绝配合酒精呼气测试等方法测试的。

对酒后行为失控或者拒绝配合检验的，可以使用约束带或者警绳等约束性警械。

第三十四条　检验车辆驾驶人体内酒精，国家管制的精神药品、麻醉药品含量的，应当按照下列程序实施：

（一）由交通警察将当事人带到医疗机构进行抽血或者提取尿样；

（二）公安机关交通管理部门应当将抽取的血液或者提取的尿样及时送交有检验资格的机构进行检验，并将检验结果书面告知当事人。

检验车辆驾驶人体内酒精、国家管制的精神药品、麻醉药品含量的，应当通知其家属，但无法通知的除外。

第三十五条　对非法安装警报器、标志灯具或者自行车、三轮车加装动力装置的，公安机关交通管理部门应当强制拆除，予以收缴，并依法予以处罚。

交通警察现场收缴非法装置的，应当在二十四小时内，将收缴的物品交所属公安机关交通管理部门。

对收缴的物品，除作为证据保存外，经县级以上公安机关交通管理部门批准后，依法予以销毁。

第三十六条　公安机关交通管理部门对扣留的拼装或者已达到报废标准的机动车，经县级以上公安机关交通管理部门批准后，予以收缴，强制报废。

第三十七条　对伪造、变造或者使用伪造、变造的机动车登记证书、号牌、行驶证、检验合格标志、保险标志、驾驶证的，应当予以收缴，依法处罚后予以销毁。

对使用其他车辆的机动车登记证书、号牌、行驶证、检验合格标志、保险标志的，应当予以收缴，依法处罚后转至机动车登记地车辆管理所。

第三十八条　对在道路两侧及隔离带上种植树木、其他植物或者设置广告牌、管线等，遮挡路灯、交通信号灯、交通标志，妨碍安全视距的，公安机关交通管理部门应当向违法行为人送达排除妨碍通知书，告知履行期限和不履行的后果。违法行为人在规定期限内拒不履行的，依法予以处罚并强制排除妨碍。

第三十九条　强制排除妨碍，公安机关交通管理部门及其交通警察可以当场实施。无法当场实施的，应当按照下列程序实施：

（一）经县级以上公安机关交通管理部门负责人批准，可以委托或者组织没有利害关系的单位予以强制排除妨碍；

（二）执行强制排除妨碍时，公安机关交通管理部门应当派员到场监督。

第五章　行政处罚

第一节　行政处罚的决定

第四十条　交通警察对于当场发现的违法行为，认为情节轻微、未影响道路通行和安全的，口头告知其违法行为的基本事实、依据，向违法行为人提出口头警告，纠正违法行为后放行。

各省、自治区、直辖市公安机关交通管理部门可以根据实际确定适用口头警告的具体范围和实施办法。

第四十一条　对违法行为人处以警告或者二百元以下罚款的，可以适用简易程序。

对违法行为人处以二百元（不含）以上罚款、暂扣或者吊销机动车驾驶证的，应当适用一般程序。不需要采取行政强制措施的，现场交通警察应当收集、固定相关证据，并制作违法行为处理通知书。

对违法行为人处以行政拘留处罚的，按照《公安机关办理行政案件程序规定》实施。

第四十二条　适用简易程序处罚的，可以由一名交通警察作出，并应当按照下列程序实施：

（一）口头告知违法行为人违法行为的基本事实、拟作出的行政处罚、依据及其依法享有的权利。

（二）听取违法行为人的陈述和申辩，违法行为人提出的事实、理由或者证据成立的，应当采纳。

（三）制作简易程序处罚决定书。

（四）处罚决定书应当由被处罚人签名、交通警察签名或者盖章，并加盖公安机关交通管理部门印章；被处罚人拒绝签名的，交通警察应当在处罚决定书上注明。

（五）处罚决定书应当当场交付被处罚人；被处罚人拒收的，由交通警察在处罚决定书上注明，即为送达。

交通警察应当在二日内将简易程序处罚决定书报所属公安机关交通管理部门备案。

第四十三条　简易程序处罚决定书应当载明被处罚人的基本情况、车辆牌号、车辆类型、违法事实、处罚的依据、处罚的内容、履行方式、期限、处罚机关名称及被处罚人依法享有的行政复议、行政诉讼权利等内容。

第四十四条　制发违法行为处理通知书应当按照下列程序实施：

（一）口头告知违法行为人违法行为的基本事实。

（二）听取违法行为人的陈述和申辩，违法行为人提出的事实、理由或者证据成立的，应当采纳。

（三）制作违法行为处理通知书，并通知当事人在十五日内接受处理。

（四）违法行为处理通知书应当由违法行为人签名、交通警察签名或者盖章，并加盖公安机关交通管理部门印章；当事人拒绝签名的，交通警察应当在违法行为处理通知书上注明。

（五）违法行为处理通知书应当当场交付当事人；当事人拒收的，由交通警察在违法行为处理通知书上注明，即为送达。

交通警察应当在二十四小时内将违法行为处理通知书报所属公安机关交通管理部门备案。

第四十五条　违法行为处理通知书应当载明当事人的基本情况、车辆牌号、车辆类型、违法事实、接受处理的具体地点和时限、通知机关名称等内容。

第四十六条　适用一般程序作出处罚决定，应当由两名以上交通警察按照下列程序实施：

（一）对违法事实进行调查，询问当事人违法行为的基本情况，并制作笔录；当事人拒绝接受询问、签名或者盖章的，交通警察应当在询问笔录上注明。

（二）采用书面形式或者笔录形式告知当事人拟作出的行政处罚的事实、理由及依据，并告知其依法享有的权利。

（三）对当事人陈述、申辩进行复核，复核结果应当在笔录中注明。

（四）制作行政处罚决定书。

（五）行政处罚决定书应当由被处罚人签名，并加盖公安机关交通管理部门印章；被处罚人拒绝签名的，交通警察应当在处罚决定书上注明。

（六）行政处罚决定书应当当场交付被处罚人；被处罚人拒收的，由交通警察在处罚决定书上注明，即为送达；被处罚人不在场的，应当依照《公安机关办理行政案件程序规定》的有关规定送达。

第四十七条　行政处罚决定书应当载明被处罚人的基本情况、车辆牌号、车辆类型、违法事实和证据、处罚的依据、处罚的内容、履行方式、期限、处罚机关名称及被处罚人依法享有的行政复议、行政诉讼权利等内容。

第四十八条　一人有两种以上违法行为，分别裁决，合并执行，可以制作一份行政处罚决定书。

一人只有一种违法行为，依法应当并处两个以上处罚种类且涉及两个处罚主体的，应当分别制作行政处罚决定书。

第四十九条　对违法行为事实清楚，需要按照一般程序处以罚款的，应当自违法行为人接受处理之时起二十四小时内作出处罚决定；处以暂扣机动车驾驶证的，应当自违法行为人接受处理之日起三日内作出处罚决定；处以吊销机动车驾驶证的，应当自违法行为人接受处理或者听证程序结束之日起七日内作出处罚决定，交通肇事构成犯罪的，应当在人民法院判决后及时作出处罚决定。

第五十条　对交通技术监控设备记录的违法行为，当事人应当及时到公安机关交通管理部门接受处理，处以警告或者二百元以下罚款的，可以适用简易程序；处以二百元（不含）以上罚款、吊销机动车驾驶证的，应当适用一般程序。

第二节　行政处罚的执行

第五十一条　对行人、乘车人、非机动车驾驶人处以罚款，交通警察当场收缴的，交通警察应当在简易程序处罚决定书上注明，由被处罚人签名确认。被处罚人拒绝签名的，交通警察应当在处罚决定书上注明。

交通警察依法当场收缴罚款的，应当开具省、自治区、直辖市财政部门统一制发的罚款收据；不开具省、自治区、直辖市财政部门统一制发的罚款收据的，当事人有权拒绝缴纳罚款。

第五十二条　当事人逾期不履行行政处罚决定的，作出行政处罚决定的公安机关交通管理部门可以采取下列措施：

（一）到期不缴纳罚款的，每日按罚款数额的百分之三加处罚款，加处罚款总额不得超出罚款数额；

（二）申请人民法院强制执行。

第五十三条　公安机关交通管理部门对非本辖区机动车驾驶人给予暂扣、吊销机动车驾驶证处罚的，应当在作出处罚决定之日起十五日内，将机动车驾驶证转至核发地公安机关交通管理部门。

违法行为人申请不将暂扣的机动车驾驶证转至核发地公安机关交通管理部门的，应当准许，并在行政处罚决定书上注明。

第五十四条　对违法行为人决定行政拘留并处罚款的，公安机关交通管理部门应当告知违法行为人可以委托他人代缴罚款。

第六章　执法监督

第五十五条　交通警察执勤执法时，应当按照规定着装，佩戴人民警察标志，随身携带人民警察证件，保持警容严整，举止端庄，指挥规范。

交通警察查处违法行为时应当使用规范、文明的执法用语。

第五十六条　公安机关交通管理部门所属的交警队、车管所及重点业务岗位应当建立值日警官和法制员制度，防止和纠正执法中的错误和不当行为。

第五十七条　各级公安机关交通管理部门应当加强执法监督，建立本单位及其所属民警的执法档案，实施执法质量考评、执法责任制和执法过错追究。

执法档案可以是电子档案或者纸质档案。

第五十八条　公安机关交通管理部门应当依法建立交通民警执勤执法考核评

价标准，不得下达或者变相下达罚款指标，不得以处罚数量作为考核民警执法效果的依据。

第七章 其他规定

第五十九条 当事人对公安机关交通管理部门采取的行政强制措施或者作出的行政处罚决定不服的，可以依法申请行政复议或者提起行政诉讼。

第六十条 公安机关交通管理部门应当使用道路交通违法信息管理系统对违法行为信息进行管理。对记录和处理的交通违法行为信息应当及时录入道路交通违法信息管理系统。

第六十一条 公安机关交通管理部门对非本辖区机动车有违法行为记录的，应当在违法行为信息录入道路交通违法信息管理系统后，在规定时限内将违法行为信息转至机动车登记地公安机关交通管理部门。

第六十二条 公安机关交通管理部门对非本辖区机动车驾驶人的违法行为给予记分或者暂扣、吊销机动车驾驶证以及扣留机动车驾驶证的，应当在违法行为信息录入道路交通违法信息管理系统后，在规定时限内将违法行为信息转至驾驶证核发地公安机关交通管理部门。

第六十三条 对非本辖区机动车驾驶人申请在违法行为发生地参加满分学习、考试的，公安机关交通管理部门应当准许，考试合格后发还扣留的机动车驾驶证，并将考试合格的信息转至驾驶证核发地公安机关交通管理部门。

驾驶证核发地公安机关交通管理部门应当根据转递信息清除机动车驾驶人的累积记分。

第六十四条 以欺骗、贿赂等不正当手段取得机动车登记的，应当收缴机动车登记证书、号牌、行驶证，由机动车登记地公安机关交通管理部门撤销机动车登记。

以欺骗、贿赂等不正当手段取得驾驶许可的，应当收缴机动车驾驶证，由驾驶证核发地公安机关交通管理部门撤销机动车驾驶许可。

非本辖区机动车登记或者机动车驾驶许可需要撤销的，公安机关交通管理部门应当将收缴的机动车登记证书、号牌、行驶证或者机动车驾驶证以及相关证据材料，及时转至机动车登记地或者驾驶证核发地公安机关交通管理部门。

第六十五条 撤销机动车登记或者机动车驾驶许可的，应当按照下列程序实施：

（一）经设区的市公安机关交通管理部门负责人批准，制作撤销决定书送达当事人；

（二）将收缴的机动车登记证书、号牌、行驶证或者机动车驾驶证以及撤销决定书转至机动车登记地或者驾驶证核发地车辆管理所予以注销；

（三）无法收缴的，公告作废。

第六十六条　简易程序案卷应当包括简易程序处罚决定书。一般程序案卷应当包括行政强制措施凭证或者违法行为处理通知书、证据材料、公安交通管理行政处罚决定书。

在处理违法行为过程中形成的其他文书应当一并存入案卷。

第八章　附　　则

第六十七条　本规定中下列用语的含义：

（一）"违法行为人"，是指违反道路交通安全法律、行政法规规定的公民、法人及其他组织。

（二）"县级以上公安机关交通管理部门"，是指县级以上人民政府公安机关交通管理部门或者相当于同级的公安机关交通管理部门。"设区的市公安机关交通管理部门"，是指设区的市人民政府公安机关交通管理部门或者相当于同级的公安机关交通管理部门。

第六十八条　本规定未规定的违法行为处理程序，依照《公安机关办理行政案件程序规定》执行。

第六十九条　本规定所称以上、以下，除特别注明的外，包括本数在内。

本规定所称的"二日""三日""七日""十日""十五日"，是指工作日，不包括节假日。

第七十条　执行本规定所需要的法律文书式样，由公安部制定。公安部没有制定式样，执法工作中需要的其他法律文书，各省、自治区、直辖市公安机关交通管理部门可以制定式样。

第七十一条　本规定自 2009 年 4 月 1 日起施行。2004 年 4 月 30 日发布的《道路交通安全违法行为处理程序规定》（公安部第 69 号令）同时废止。本规定生效后，以前有关规定与本规定不一致的，以本规定为准。

道路交通事故处理程序规定

中华人民共和国公安部令第 146 号

第一章 总 则

第一条 为了规范道路交通事故处理程序，保障公安机关交通管理部门依法履行职责，保护道路交通事故当事人的合法权益，根据《中华人民共和国道路交通安全法》及其实施条例等有关法律、行政法规，制定本规定。

第二条 处理道路交通事故，应当遵循合法、公正、公开、便民、效率的原则，尊重和保障人权，保护公民的人格尊严。

第三条 道路交通事故分为财产损失事故、伤人事故和死亡事故。

财产损失事故是指造成财产损失，尚未造成人员伤亡的道路交通事故。

伤人事故是指造成人员受伤，尚未造成人员死亡的道路交通事故。

死亡事故是指造成人员死亡的道路交通事故。

第四条 道路交通事故的调查处理应当由公安机关交通管理部门负责。

财产损失事故可以由当事人自行协商处理，但法律法规及本规定另有规定的除外。

第五条 交通警察经过培训并考试合格，可以处理适用简易程序的道路交通事故。

处理伤人事故，应当由具有道路交通事故处理初级以上资格的交通警察主办。

处理死亡事故，应当由具有道路交通事故处理中级以上资格的交通警察主办。

第六条 公安机关交通管理部门处理道路交通事故应当使用全国统一的交通管理信息系统。

鼓励应用先进的科技装备和先进技术处理道路交通事故。

第七条 交通警察处理道路交通事故，应当按照规定使用执法记录设备。

第八条 公安机关交通管理部门应当建立与司法机关、保险机构等有关部门间的数据信息共享机制，提高道路交通事故处理工作信息化水平。

第二章 管 辖

第九条 道路交通事故由事故发生地的县级公安机关交通管理部门管辖。未设立县级公安机关交通管理部门的，由设区的市公安机关交通管理部门管辖。

第十条 道路交通事故发生在两个以上管辖区域的，由事故起始点所在地公安机关交通管理部门管辖。

对管辖权有争议的，由共同的上一级公安机关交通管理部门指定管辖。指定管辖前，最先发现或者最先接到报警的公安机关交通管理部门应当先行处理。

第十一条 上级公安机关交通管理部门在必要的时候，可以处理下级公安机关交通管理部门管辖的道路交通事故，或者指定下级公安机关交通管理部门限时将案件移送其他下级公安机关交通管理部门处理。

案件管辖权发生转移的，处理时限从案件接收之日起计算。

第十二条 中国人民解放军、中国人民武装警察部队人员、车辆发生道路交通事故的，按照本规定处理。依法应当吊销、注销中国人民解放军、中国人民武装警察部队核发的机动车驾驶证以及对现役军人实施行政拘留或者追究刑事责任的，移送中国人民解放军、中国人民武装警察部队有关部门处理。

上道路行驶的拖拉机发生道路交通事故的，按照本规定处理。公安机关交通管理部门对拖拉机驾驶人依法暂扣、吊销、注销驾驶证或者记分处理的，应当将决定书和记分情况通报有关的农业（农业机械）主管部门。吊销、注销驾驶证的，还应当将驾驶证送交有关的农业（农业机械）主管部门。

第三章 报警和受案

第十三条 发生死亡事故、伤人事故的，或者发生财产损失事故且有下列情形之一的，当事人应当保护现场并立即报警：

（一）驾驶人无有效机动车驾驶证或者驾驶的机动车与驾驶证载明的准驾车型不符的；

（二）驾驶人有饮酒、服用国家管制的精神药品或者麻醉药品嫌疑的；

（三）驾驶人有从事校车业务或者旅客运输，严重超过额定乘员载客，或者严重超过规定时速行驶嫌疑的；

（四）机动车无号牌或者使用伪造、变造的号牌的；

（五）当事人不能自行移动车辆的；

（六）一方当事人离开现场的；

（七）有证据证明事故是由一方故意造成的。

驾驶人必须在确保安全的原则下，立即组织车上人员疏散到路外安全地点，避免发生次生事故。驾驶人已因道路交通事故死亡或者受伤无法行动的，车上其他人员应当自行组织疏散。

第十四条　发生财产损失事故且有下列情形之一，车辆可以移动的，当事人应当组织车上人员疏散到路外安全地点，在确保安全的原则下，采取现场拍照或者标划事故车辆现场位置等方式固定证据，将车辆移至不妨碍交通的地点后报警：

（一）机动车无检验合格标志或者无保险标志的；

（二）碰撞建筑物、公共设施或者其他设施的。

第十五条　载运爆炸性、易燃性、毒害性、放射性、腐蚀性、传染病病原体等危险物品车辆发生事故的，当事人应当立即报警，危险物品车辆驾驶人、押运人应当按照危险物品安全管理法律、法规、规章以及有关操作规程的规定，采取相应的应急处置措施。

第十六条　公安机关及其交通管理部门接到报警的，应当受理，制作受案登记表并记录下列内容：

（一）报警方式、时间，报警人姓名、联系方式，电话报警的，还应当记录报警电话；

（二）发生或者发现道路交通事故的时间、地点；

（三）人员伤亡情况；

（四）车辆类型、车辆号牌号码，是否载有危险物品以及危险物品的种类、是否发生泄漏等；

（五）涉嫌交通肇事逃逸的，还应当询问并记录肇事车辆的车型、颜色、特征及其逃逸方向、逃逸驾驶人的体貌特征等有关情况。

报警人不报姓名的，应当记录在案。报警人不愿意公开姓名的，应当为其保密。

第十七条　接到道路交通事故报警后，需要派员到现场处置，或者接到出警指令的，公安机关交通管理部门应当立即派交通警察赶赴现场。

第十八条　发生道路交通事故后当事人未报警，在事故现场撤除后，当事人又报警请求公安机关交通管理部门处理的，公安机关交通管理部门应当按照本规定第十六条规定的记录内容予以记录，并在三日内作出是否接受案件的决定。

经核查道路交通事故事实存在的，公安机关交通管理部门应当受理，制作受案登记表；经核查无法证明道路交通事故事实存在，或者不属于公安机关交通管理部门管辖的，应当书面告知当事人，并说明理由。

第四章　自行协商

第十九条　机动车与机动车、机动车与非机动车发生财产损失事故，当事人应当在确保安全的原则下，采取现场拍照或者标划事故车辆现场位置等方式固定证据后，立即撤离现场，将车辆移至不妨碍交通的地点，再协商处理损害赔偿事宜，但有本规定第十三条第一款情形的除外。

非机动车与非机动车或者行人发生财产损失事故，当事人应当先撤离现场，再协商处理损害赔偿事宜。

对应当自行撤离现场而未撤离的，交通警察应当责令当事人撤离现场；造成交通堵塞的，对驾驶人处以200元罚款。

第二十条　发生可以自行协商处理的财产损失事故，当事人可以通过互联网在线自行协商处理；当事人对事实及成因有争议的，可以通过互联网共同申请公安机关交通管理部门在线确定当事人的责任。

当事人报警的，交通警察、警务辅助人员可以指导当事人自行协商处理。当事人要求交通警察到场处理的，应当指派交通警察到现场调查处理。

第二十一条　当事人自行协商达成协议的，制作道路交通事故自行协商协议书，并共同签名。道路交通事故自行协商协议书应当载明事故发生的时间、地点、天气、当事人姓名、驾驶证号或者身份证号、联系方式、机动车种类和号牌号码、保险公司、保险凭证号、事故形态、碰撞部位、当事人的责任等内容。

第二十二条　当事人自行协商达成协议的，可以按照下列方式履行道路交通事故损害赔偿：

（一）当事人自行赔偿；

（二）到投保的保险公司或者道路交通事故保险理赔服务场所办理损害赔偿事宜。

当事人自行协商达成协议后未履行的，可以申请人民调解委员会调解或者向人民法院提起民事诉讼。

第五章　简易程序

第二十三条　公安机关交通管理部门可以适用简易程序处理以下道路交通事故，但有交通肇事、危险驾驶犯罪嫌疑的除外：

（一）财产损失事故；

（二）受伤当事人伤势轻微，各方当事人一致同意适用简易程序处理的伤人事故。

适用简易程序的，可以由一名交通警察处理。

第二十四条　交通警察适用简易程序处理道路交通事故时，应当在固定现场证据后，责令当事人撤离现场，恢复交通。拒不撤离现场的，予以强制撤离。当事人无法及时移动车辆影响通行和交通安全的，交通警察应当将车辆移至不妨碍交通的地点。具有本规定第十三条第一款第一项、第二项情形之一的，按照《中华人民共和国道路交通安全法实施条例》第一百零四条规定处理。

撤离现场后，交通警察应当根据现场固定的证据和当事人、证人陈述等，认定并记录道路交通事故发生的时间、地点、天气、当事人姓名、驾驶证号或者身份证号、联系方式、机动车种类和号牌号码、保险公司、保险凭证号、道路交通事故形态、碰撞部位等，并根据本规定第六十条确定当事人的责任，当场制作道路交通事故认定书。不具备当场制作条件的，交通警察应当在三日内制作道路交通事故认定书。

道路交通事故认定书应当由当事人签名，并现场送达当事人。当事人拒绝签名或者接收的，交通警察应当在道路交通事故认定书上注明情况。

第二十五条　当事人共同请求调解的，交通警察应当当场进行调解，并在道路交通事故认定书上记录调解结果，由当事人签名，送达当事人。

第二十六条　有下列情形之一的，不适用调解，交通警察可以在道路交通事故认定书上载明有关情况后，将道路交通事故认定书送达当事人：

（一）当事人对道路交通事故认定有异议的；

（二）当事人拒绝在道路交通事故认定书上签名的；

（三）当事人不同意调解的。

第六章　调　　查

第一节　一　般　规　定

第二十七条　除简易程序外，公安机关交通管理部门对道路交通事故进行调查时，交通警察不得少于二人。

交通警察调查时应当向被调查人员出示"人民警察证"，告知被调查人依法享有的权利和义务，向当事人发送联系卡。联系卡载明交通警察姓名、办公地址、联系方式、监督电话等内容。

第二十八条　交通警察调查道路交通事故时，应当合法、及时、客观、全面地收集证据。

第二十九条　对发生一次死亡三人以上道路交通事故的，公安机关交通管理部门应当开展深度调查；对造成其他严重后果或者存在严重安全问题的道路交通事故，可以开展深度调查。具体程序另行规定。

第二节 现场处置和调查

第三十条 交通警察到达事故现场后，应当立即进行下列工作：

（一）按照事故现场安全防护有关标准和规范的要求划定警戒区域，在安全距离位置放置发光或者反光锥筒和警告标志，确定专人负责现场交通指挥和疏导。因道路交通事故导致交通中断或者现场处置、勘查需要采取封闭道路等交通管制措施的，还应当视情在事故现场来车方向提前组织分流，放置绕行提示标志。

（二）组织抢救受伤人员。

（三）指挥救护、勘查等车辆停放在安全和便于抢救、勘查的位置，开启警灯，夜间还应当开启危险报警闪光灯和示廓灯。

（四）查找道路交通事故当事人和证人，控制肇事嫌疑人。

（五）其他需要立即开展的工作。

第三十一条 道路交通事故造成人员死亡的，应当经急救、医疗人员或者法医确认，并由具备资质的医疗机构出具死亡证明。尸体应当存放在殡葬服务单位或者医疗机构等有停尸条件的场所。

第三十二条 交通警察应当对事故现场开展下列调查工作：

（一）勘查事故现场，查明事故车辆、当事人、道路及其空间关系和事故发生时的天气情况。

（二）固定、提取或者保全现场证据材料。

（三）询问当事人、证人并制作询问笔录；现场不具备制作询问笔录条件的，可以通过录音、录像记录询问过程。

（四）其他调查工作。

第三十三条 交通警察勘查道路交通事故现场，应当按照有关法规和标准的规定，拍摄现场照片，绘制现场图，及时提取、采集与案件有关的痕迹、物证等，制作现场勘查笔录。现场勘查过程中发现当事人涉嫌利用交通工具实施其他犯罪的，应当妥善保护犯罪现场和证据，控制犯罪嫌疑人，并立即报告公安机关主管部门。

发生一次死亡三人以上事故的，应当进行现场摄像，必要时可以聘请具有专门知识的人参加现场勘验、检查。

现场图、现场勘查笔录应当由参加勘查的交通警察、当事人和见证人签名。

当事人、见证人拒绝签名或者无法签名以及无见证人的，应当记录在案。

第三十四条 痕迹、物证等证据可能因时间、地点、气象等原因导致改变、毁损、灭失的，交通警察应当及时固定、提取或者保全。

对涉嫌饮酒或者服用国家管制的精神药品、麻醉药品驾驶车辆的人员，公安机关交通管理部门应当按照《道路交通安全违法行为处理程序规定》及时抽血或者提取尿样等检材，送交有检验鉴定资质的机构进行检验。

车辆驾驶人员当场死亡的，应当及时抽血检验。不具备抽血条件的，应当由医疗机构或者鉴定机构出具证明。

第三十五条 交通警察应当核查当事人的身份证件、机动车驾驶证、机动车行驶证、检验合格标志、保险标志等。

对交通肇事嫌疑人可以依法传唤。对在现场发现的交通肇事嫌疑人，经出示"人民警察证"，可以口头传唤，并在询问笔录中注明嫌疑人到案经过、到案时间和离开时间。

第三十六条 勘查事故现场完毕后，交通警察应当清点并登记现场遗留物品，迅速组织清理现场，尽快恢复交通。

现场遗留物品能够当场发还的，应当当场发还并做记录；当场无法确定所有人的，应当登记，并妥善保管，待所有人确定后，及时发还。

第三十七条 因调查需要，公安机关交通管理部门可以向有关单位、个人调取汽车行驶记录仪、卫星定位装置、技术监控设备的记录资料以及其他与事故有关的证据材料。

第三十八条 因调查需要，公安机关交通管理部门可以组织道路交通事故当事人、证人对肇事嫌疑人、嫌疑车辆等进行辨认。

辨认应当在交通警察的主持下进行。主持辨认的交通警察不得少于二人。多名辨认人对同一辨认对象进行辨认时，应当由辨认人个别进行。

辨认时，应当将辨认对象混杂在特征相类似的其他对象中，不得给辨认人任何暗示。辨认肇事嫌疑人时，被辨认的人数不得少于七人；对肇事嫌疑人照片进行辨认的，不得少于十人的照片。辨认嫌疑车辆时，同类车辆不得少于五辆；对肇事嫌疑车辆照片进行辨认时，不得少于十辆的照片。

对尸体等特定辨认对象进行辨认，或者辨认人能够准确描述肇事嫌疑人、嫌疑车辆独有特征的，不受数量的限制。

对肇事嫌疑人的辨认，辨认人不愿意公开进行时，可以在不暴露辨认人的情况下进行，并应当为其保守秘密。

对辨认经过和结果，应当制作辨认笔录，由交通警察、辨认人、见证人签名。必要时，应当对辨认过程进行录音或者录像。

第三十九条　因收集证据的需要，公安机关交通管理部门可以扣留事故车辆，并开具行政强制措施凭证。扣留的车辆应当妥善保管。

公安机关交通管理部门不得扣留事故车辆所载货物。对所载货物在核实重量、体积及货物损失后，通知机动车驾驶人或者货物所有人自行处理。无法通知当事人或者当事人不自行处理的，按照《公安机关办理行政案件程序规定》的有关规定办理。

严禁公安机关交通管理部门指定停车场停放扣留的事故车辆。

第四十条　当事人涉嫌犯罪的，因收集证据的需要，公安机关交通管理部门可以依据《中华人民共和国刑事诉讼法》《公安机关办理刑事案件程序规定》，扣押机动车驾驶证等与事故有关的物品、证件，并按照规定出具扣押法律文书。扣押的物品应当妥善保管。

对扣押的机动车驾驶证等物品、证件，作为证据使用的，应当随案移送，并制作随案移送清单一式两份，一份留存，一份交人民检察院。对于实物不宜移送的，应当将其清单、照片或者其他证明文件随案移送。待人民法院作出生效判决后，按照人民法院的通知，依法作出处理。

第四十一条　经过调查，不属于公安机关交通管理部门管辖的，应当将案件移送有关部门并书面通知当事人，或者告知当事人处理途径。

公安机关交通管理部门在调查过程中，发现当事人涉嫌交通肇事、危险驾驶犯罪的，应当按照《中华人民共和国刑事诉讼法》《公安机关办理刑事案件程序规定》立案侦查。发现当事人有其他违法犯罪嫌疑的，应当及时移送有关部门，移送不影响事故的调查和处理。

第四十二条　投保机动车交通事故责任强制保险的车辆发生道路交通事故，因抢救受伤人员需要保险公司支付抢救费用的，公安机关交通管理部门应当书面通知保险公司。

抢救受伤人员需要道路交通事故社会救助基金垫付费用的，公安机关交通管理部门应当书面通知道路交通事故社会救助基金管理机构。

道路交通事故造成人员死亡需要救助基金垫付丧葬费用的，公安机关交通管理部门应当在送达尸体处理通知书的同时，告知受害人亲属向道路交通事故社会救助基金管理机构提出书面垫付申请。

第三节　交通肇事逃逸查缉

第四十三条　公安机关交通管理部门应当根据管辖区域和道路情况，制定交通肇事逃逸案件查缉预案，并组织专门力量办理交通肇事逃逸案件。

发生交通肇事逃逸案件后，公安机关交通管理部门应当立即启动查缉预案，布置警力堵截，并通过全国机动车缉查布控系统查缉。

第四十四条 案发地公安机关交通管理部门可以通过发协查通报、向社会公告等方式要求协查、举报交通肇事逃逸车辆或者侦破线索。发出协查通报或者向社会公告时，应当提供交通肇事逃逸案件基本事实、交通肇事逃逸车辆情况、特征及逃逸方向等有关情况。

中国人民解放军和中国人民武装警察部队车辆涉嫌交通肇事逃逸的，公安机关交通管理部门应当通报中国人民解放军、中国人民武装警察部队有关部门。

第四十五条 接到协查通报的公安机关交通管理部门，应当立即布置堵截或者排查。发现交通肇事逃逸车辆或者嫌疑车辆的，应当予以扣留，依法传唤交通肇事逃逸人或者与协查通报相符的嫌疑人，并及时将有关情况通知案发地公安机关交通管理部门。案发地公安机关交通管理部门应当立即派交通警察前往办理移交。

第四十六条 公安机关交通管理部门查获交通肇事逃逸车辆或者交通肇事逃逸嫌疑人后，应当按原范围撤销协查通报，并通过全国机动车缉查布控系统撤销布控。

第四十七条 公安机关交通管理部门侦办交通肇事逃逸案件期间，交通肇事逃逸案件的受害人及其家属向公安机关交通管理部门询问案件侦办情况的，除依法不应当公开的内容外，公安机关交通管理部门应当告知并做好记录。

第四十八条 道路交通事故社会救助基金管理机构已经为受害人垫付抢救费用或者丧葬费用的，公安机关交通管理部门应当在交通肇事逃逸案件侦破后及时书面告知道路交通事故社会救助基金管理机构交通肇事逃逸驾驶人的有关情况。

第四节 检验、鉴定

第四十九条 需要进行检验、鉴定的，公安机关交通管理部门应当按照有关规定，自事故现场调查结束之日起三日内委托具备资质的鉴定机构进行检验、鉴定。

尸体检验应当在死亡之日起三日内委托。对交通肇事逃逸车辆的检验、鉴定自查获肇事嫌疑车辆之日起三日内委托。

对现场调查结束之日起三日后需要检验、鉴定的，应当报经上一级公安机关交通管理部门批准。

对精神疾病的鉴定，由具有精神病鉴定资质的鉴定机构进行。

第五十条 检验、鉴定费用由公安机关交通管理部门承担，但法律法规另有规定或者当事人自行委托伤残评定、财产损失评估的除外。

第五十一条 公安机关交通管理部门应当与鉴定机构确定检验、鉴定完成的期限，确定的期限不得超过三十日。超过三十日的，应当报经上一级公安机关交通管理部门批准，但最长不得超过六十日。

第五十二条 尸体检验不得在公众场合进行。为了确定死因需要解剖尸体的，应当征得死者家属同意。死者家属不同意解剖尸体的，经县级以上公安机关或者上一级公安机关交通管理部门负责人批准，可以解剖尸体，并且通知死者家属到场，由其在解剖尸体通知书上签名。

死者家属无正当理由拒不到场或者拒绝签名的，交通警察应当在解剖尸体通知书上注明。对身份不明的尸体，无法通知死者家属的，应当记录在案。

第五十三条 尸体检验报告确定后，应当书面通知死者家属在十日内办理丧葬事宜。无正当理由逾期不办理的应记录在案，并经县级以上公安机关或者上一级公安机关交通管理部门负责人批准，由公安机关或者上一级公安机关交通管理部门处理尸体，逾期存放的费用由死者家属承担。

对于没有家属、家属不明或者因自然灾害等不可抗力导致无法通知或者通知后家属拒绝领回的，经县级以上公安机关或者上一级公安机关交通管理部门负责人批准，可以及时处理。

对身份不明的尸体，由法医提取人身识别检材，并对尸体拍照、采集相关信息后，由公安机关交通管理部门填写身份不明尸体信息登记表，并在设区的市级以上报纸刊登认尸启事。登报后三十日仍无人认领的，经县级以上公安机关或者上一级公安机关交通管理部门负责人批准，可以及时处理。

因宗教习俗等原因对尸体处理期限有特殊需要的，经县级以上公安机关或者上一级公安机关交通管理部门负责人批准，可以紧急处理。

第五十四条 鉴定机构应当在规定的期限内完成检验、鉴定，并出具书面检验报告、鉴定意见，由鉴定人签名，鉴定意见还应当加盖机构印章。检验报告、鉴定意见应当载明以下事项：

（一）委托人；

（二）委托日期和事项；

（三）提交的相关材料；

（四）检验、鉴定的时间；

（五）依据和结论性意见，通过分析得出结论性意见的，应当有分析证明过程。

检验报告、鉴定意见应当附有鉴定机构、鉴定人的资质证明或者其他证明文件。

第五十五条　公安机关交通管理部门应当对检验报告、鉴定意见进行审核，并在收到检验报告、鉴定意见之日起五日内，将检验报告、鉴定意见复印件送达当事人，但有下列情形之一的除外：

（一）检验、鉴定程序违法或者违反相关专业技术要求，可能影响检验报告、鉴定意见公正、客观的；

（二）鉴定机构、鉴定人不具备鉴定资质和条件的；

（三）检验报告、鉴定意见明显依据不足的；

（四）故意作虚假鉴定的；

（五）鉴定人应当回避而没有回避的；

（六）检材虚假或者检材被损坏、不具备鉴定条件的；

（七）其他可能影响检验报告、鉴定意见公正、客观的情形。

检验报告、鉴定意见有前款规定情形之一的，经县级以上公安机关交通管理部门负责人批准，应当在收到检验报告、鉴定意见之日起三日内重新委托检验、鉴定。

第五十六条　当事人对检验报告、鉴定意见有异议，申请重新检验、鉴定的，应当自公安机关交通管理部门送达之日起三日内提出书面申请，经县级以上公安机关交通管理部门负责人批准，原办案单位应当重新委托检验、鉴定。检验报告、鉴定意见不具有本规定第五十五条第一款情形的，经县级以上公安机关交通管理部门负责人批准，由原办案单位作出不准予重新检验、鉴定的决定，并在作出决定之日起三日内书面通知申请人。

同一交通事故的同一检验、鉴定事项，重新检验、鉴定以一次为限。

第五十七条　重新检验、鉴定应当另行委托鉴定机构。

第五十八条　自检验报告、鉴定意见确定之日起五日内，公安机关交通管理部门应当通知当事人领取扣留的事故车辆。

因扣留车辆发生的费用由作出决定的公安机关交通管理部门承担，但公安机关交通管理部门通知当事人领取，当事人逾期未领取产生的停车费用由当事人自行承担。

经通知当事人三十日后不领取的车辆，经公告三个月仍不领取的，对扣留的车辆依法处理。

第七章　认定与复核

第一节　道路交通事故认定

第五十九条　道路交通事故认定应当做到事实清楚、证据确实充分、适用法律正确、责任划分公正、程序合法。

第六十条　公安机关交通管理部门应当根据当事人的行为对发生道路交通事故所起的作用以及过错的严重程度，确定当事人的责任。

（一）因一方当事人的过错导致道路交通事故的，承担全部责任；

（二）因两方或者两方以上当事人的过错发生道路交通事故的，根据其行为对事故发生的作用以及过错的严重程度，分别承担主要责任、同等责任和次要责任；

（三）各方均无导致道路交通事故的过错，属于交通意外事故的，各方均无责任。

一方当事人故意造成道路交通事故的，他方无责任。

第六十一条　当事人有下列情形之一的，承担全部责任：

（一）发生道路交通事故后逃逸的；

（二）故意破坏、伪造现场、毁灭证据的。

为逃避法律责任追究，当事人弃车逃逸以及潜逃藏匿的，如有证据证明其他当事人也有过错，可以适当减轻责任，但同时有证据证明逃逸当事人有第一款第二项情形的，不予减轻。

第六十二条　公安机关交通管理部门应当自现场调查之日起十日内制作道路交通事故认定书。交通肇事逃逸案件在查获交通肇事车辆和驾驶人后十日内制作道路交通事故认定书。对需要进行检验、鉴定的，应当在检验报告、鉴定意见确定之日起五日内制作道路交通事故认定书。

有条件的地方公安机关交通管理部门可以试行在互联网公布道路交通事故认定书，但对涉及的国家秘密、商业秘密或者个人隐私，应当保密。

第六十三条　发生死亡事故以及复杂、疑难的伤人事故后，公安机关交通管理部门应当在制作道路交通事故认定书或者道路交通事故证明前，召集各方当事人到场，公开调查取得的证据。

证人要求保密或者涉及国家秘密、商业秘密以及个人隐私的，按照有关法律法规的规定执行。

当事人不到场的，公安机关交通管理部门应当予以记录。

第六十四条　道路交通事故认定书应当载明以下内容：

（一）道路交通事故当事人、车辆、道路和交通环境等基本情况；

（二）道路交通事故发生经过；

（三）道路交通事故证据及事故形成原因分析；

（四）当事人导致道路交通事故的过错及责任或者意外原因；

（五）作出道路交通事故认定的公安机关交通管理部门名称和日期。

道路交通事故认定书应当由交通警察签名或者盖章，加盖公安机关交通管理部门道路交通事故处理专用章。

第六十五条　道路交通事故认定书应当在制作后三日内分别送达当事人，并告知申请复核、调解和提起民事诉讼的权利、期限。

当事人收到道路交通事故认定书后，可以查阅、复制、摘录公安机关交通管理部门处理道路交通事故的证据材料，但证人要求保密或者涉及国家秘密、商业秘密以及个人隐私的，按照有关法律法规的规定执行。公安机关交通管理部门对当事人复制的证据材料应当加盖公安机关交通管理部门事故处理专用章。

第六十六条　交通肇事逃逸案件尚未侦破，受害一方当事人要求出具道路交通事故认定书的，公安机关交通管理部门应当在接到当事人书面申请后十日内，根据本规定第六十一条确定各方当事人责任，制作道路交通事故认定书，并送达受害方当事人。道路交通事故认定书应当载明事故发生的时间、地点、受害人情况及调查得到的事实，以及受害方当事人的责任。

交通肇事逃逸案件侦破后，已经按照前款规定制作道路交通事故认定书的，应当按照本规定第六十一条重新确定责任，制作道路交通事故认定书，分别送达当事人。重新制作的道路交通事故认定书除应当载明本规定第六十四条规定的内容外，还应当注明撤销原道路交通事故认定书。

第六十七条　道路交通事故基本事实无法查清、成因无法判定的，公安机关交通管理部门应当出具道路交通事故证明，载明道路交通事故发生的时间、地点、当事人情况及调查得到的事实，分别送达当事人，并告知申请复核、调解和提起民事诉讼的权利、期限。

第六十八条　由于事故当事人、关键证人处于抢救状态或者因其他客观原因导致无法及时取证，现有证据不足以认定案件基本事实的，经上一级公安机关交通管理部门批准，道路交通事故认定的时限可中止计算，并书面告知各方当事人或者其代理人，但中止的时间最长不得超过六十日。

当中止认定的原因消失，或者中止期满受伤人员仍然无法接受调查的，公安机关交通管理部门应当在五日内，根据已经调查取得的证据制作道路交通事故认定书或者出具道路交通事故证明。

第六十九条　伤人事故符合下列条件，各方当事人一致书面申请快速处理的，经县级以上公安机关交通管理部门负责人批准，可以根据已经取得的证据，自当事人申请之日起五日内制作道路交通事故认定书：

（一）当事人不涉嫌交通肇事、危险驾驶犯罪的；

（二）道路交通事故基本事实及成因清楚，当事人无异议的。

第七十条　对尚未查明身份的当事人，公安机关交通管理部门应当在道路交通事故认定书或者道路交通事故证明中予以注明，待身份信息查明以后，制作书面补充说明送达各方当事人。

第二节　复　　核

第七十一条　当事人对道路交通事故认定或者出具道路交通事故证明有异议的，可以自道路交通事故认定书或者道路交通事故证明送达之日起三日内提出书面复核申请。当事人逾期提交复核申请的，不予受理，并书面通知申请人。

复核申请应当载明复核请求及其理由和主要证据。同一事故的复核以一次为限。

第七十二条　复核申请人通过作出道路交通事故认定的公安机关交通管理部门提出复核申请的，作出道路交通事故认定的公安机关交通管理部门应当自收到复核申请之日起二日内将复核申请连同道路交通事故有关材料移送上一级公安机关交通管理部门。

复核申请人直接向上一级公安机关交通管理部门提出复核申请的，上一级公安机关交通管理部门应当通知作出道路交通事故认定的公安机关交通管理部门自收到通知之日起五日内提交案卷材料。

第七十三条　除当事人逾期提交复核申请的情形外，上一级公安机关交通管理部门收到复核申请之日即为受理之日。

第七十四条　上一级公安机关交通管理部门自受理复核申请之日起三十日内，对下列内容进行审查，并作出复核结论：

（一）道路交通事故认定的事实是否清楚、证据是否确实充分、适用法律是否正确、责任划分是否公正；

（二）道路交通事故调查及认定程序是否合法；

（三）出具道路交通事故证明是否符合规定。

复核原则上采取书面审查的形式，但当事人提出要求或者公安机关交通管理部门认为有必要时，可以召集各方当事人到场，听取各方意见。

办理复核案件的交通警察不得少于二人。

第七十五条　复核审查期间，申请人提出撤销复核申请的，公安机关交通管理部门应当终止复核，并书面通知各方当事人。

受理复核申请后，任何一方当事人就该事故向人民法院提起诉讼并经人民法院受理的，公安机关交通管理部门应当将受理当事人复核申请的有关情况告知相关人民法院。

受理复核申请后，人民检察院对交通肇事犯罪嫌疑人作出批准逮捕决定的，公安机关交通管理部门应当将受理当事人复核申请的有关情况告知相关人民检察院。

第七十六条　上一级公安机关交通管理部门认为原道路交通事故认定事实清楚、证据确实充分、适用法律正确、责任划分公正、程序合法的，应当作出维持原道路交通事故认定的复核结论。

上一级公安机关交通管理部门认为调查及认定程序存在瑕疵，但不影响道路交通事故认定的，在责令原办案单位补正或者作出合理解释后，可以作出维持原道路交通事故认定的复核结论。

上一级公安机关交通管理部门认为原道路交通事故认定有下列情形之一的，应当作出责令原办案单位重新调查、认定的复核结论：

（一）事实不清的；

（二）主要证据不足的；

（三）适用法律错误的；

（四）责任划分不公正的；

（五）调查及认定违反法定程序可能影响道路交通事故认定的。

第七十七条　上一级公安机关交通管理部门审查原道路交通事故证明后，按下列规定处理：

（一）认为事故成因确属无法查清，应当作出维持原道路交通事故证明的复核结论；

（二）认为事故成因仍需进一步调查的，应当作出责令原办案单位重新调查、认定的复核结论。

第七十八条　上一级公安机关交通管理部门应当在作出复核结论后三日内将

复核结论送达各方当事人。公安机关交通管理部门认为必要的，应当召集各方当事人，当场宣布复核结论。

第七十九条　上一级公安机关交通管理部门作出责令重新调查、认定的复核结论后，原办案单位应当在十日内依照本规定重新调查，重新作出道路交通事故认定，撤销原道路交通事故认定书或者原道路交通事故证明。

重新调查需要检验、鉴定的，原办案单位应当在检验报告、鉴定意见确定之日起五日内，重新作出道路交通事故认定。

重新作出道路交通事故认定的，原办案单位应当送达各方当事人，并报上一级公安机关交通管理部门备案。

第八十条　上一级公安机关交通管理部门可以设立道路交通事故复核委员会，由办理复核案件的交通警察会同相关行业代表、社会专家学者等人员共同组成，负责案件复核，并以上一级公安机关交通管理部门的名义作出复核结论。

第八章　处罚执行

第八十一条　公安机关交通管理部门应当按照《道路交通安全违法行为处理程序规定》，对当事人的道路交通安全违法行为依法作出处罚。

第八十二条　对发生道路交通事故构成犯罪，依法应当吊销驾驶人机动车驾驶证的，应当在人民法院作出有罪判决后，由设区的市公安机关交通管理部门依法吊销机动车驾驶证。同时具有逃逸情形的，公安机关交通管理部门应当同时依法作出终生不得重新取得机动车驾驶证的决定。

第八十三条　专业运输单位六个月内两次发生一次死亡三人以上事故，且单位或者车辆驾驶人对事故承担全部责任或者主要责任的，专业运输单位所在地的公安机关交通管理部门应当报经设区的市公安机关交通管理部门批准后，作出责令限期消除安全隐患的决定，禁止未消除安全隐患的机动车上道路行驶，并通报道路交通事故发生地及运输单位所在地的人民政府有关行政管理部门。

第九章　损害赔偿调解

第八十四条　当事人可以采取以下方式解决道路交通事故损害赔偿争议：

（一）申请人民调解委员会调解；

（二）申请公安机关交通管理部门调解；

（三）向人民法院提起民事诉讼。

第八十五条　当事人申请人民调解委员会调解，达成调解协议后，双方当事人认为有必要的，可以根据《中华人民共和国人民调解法》共同向人民法院申请司法确认。

当事人申请人民调解委员会调解，调解未达成协议的，当事人可以直接向人民法院提起民事诉讼，或者自人民调解委员会作出终止调解之日起三日内，一致书面申请公安机关交通管理部门进行调解。

第八十六条　当事人申请公安机关交通管理部门调解的，应当在收到道路交通事故认定书、道路交通事故证明或者上一级公安机关交通管理部门维持原道路交通事故认定的复核结论之日起十日内一致书面申请。

当事人申请公安机关交通管理部门调解，调解未达成协议的，当事人可以依法向人民法院提起民事诉讼，或者申请人民调解委员会进行调解。

第八十七条　公安机关交通管理部门应当按照合法、公正、自愿、及时的原则进行道路交通事故损害赔偿调解。

道路交通事故损害赔偿调解应当公开进行，但当事人申请不予公开的除外。

第八十八条　公安机关交通管理部门应当与当事人约定调解的时间、地点，并于调解时间三日前通知当事人。口头通知的，应当记入调解记录。

调解参加人因故不能按期参加调解的，应当在预定调解时间一日前通知承办的交通警察，请求变更调解时间。

第八十九条　参加损害赔偿调解的人员包括：

（一）道路交通事故当事人及其代理人；

（二）道路交通事故车辆所有人或者管理人；

（三）承保机动车保险的保险公司人员；

（四）公安机关交通管理部门认为有必要参加的其他人员。

委托代理人应当出具由委托人签名或者盖章的授权委托书。授权委托书应当载明委托事项和权限。

参加损害赔偿调解的人员每方不得超过三人。

第九十条　公安机关交通管理部门受理调解申请后，应当按照下列规定日期开始调解：

（一）造成人员死亡的，从规定的办理丧葬事宜时间结束之日起；

（二）造成人员受伤的，从治疗终结之日起；

（三）因伤致残的，从定残之日起；

（四）造成财产损失的，从确定损失之日起。

公安机关交通管理部门受理调解申请时已超过前款规定的时间，调解自受理调解申请之日起开始。

公安机关交通管理部门应当自调解开始之日起十日内制作道路交通事故损害赔偿调解书或者道路交通事故损害赔偿调解终结书。

第九十一条　交通警察调解道路交通事故损害赔偿，按照下列程序实施：

（一）告知各方当事人权利、义务；

（二）听取各方当事人的请求及理由；

（三）根据道路交通事故认定书认定的事实以及《中华人民共和国道路交通安全法》第七十六条的规定，确定当事人承担的损害赔偿责任；

（四）计算损害赔偿的数额，确定各方当事人承担的比例，人身损害赔偿的标准按照《中华人民共和国侵权责任法》《最高人民法院关于审理人身损害赔偿案件适用法律若干问题的解释》《最高人民法院关于审理道路交通事故损害赔偿案件适用法律若干问题的解释》等有关规定执行，财产损失的修复费用、折价赔偿费用按照实际价值或者评估机构的评估结论计算；

（五）确定赔偿履行方式及期限。

第九十二条　因确定损害赔偿的数额，需要进行伤残评定、财产损失评估的，由各方当事人协商确定有资质的机构进行，但财产损失数额巨大涉嫌刑事犯罪的，由公安机关交通管理部门委托。

当事人委托伤残评定、财产损失评估的费用，由当事人承担。

第九十三条　经调解达成协议的，公安机关交通管理部门应当当场制作道路交通事故损害赔偿调解书，由各方当事人签字，分别送达各方当事人。

调解书应当载明以下内容：

（一）调解依据；

（二）道路交通事故认定书认定的基本事实和损失情况；

（三）损害赔偿的项目和数额；

（四）各方的损害赔偿责任及比例；

（五）赔偿履行方式和期限；

（六）调解日期。

经调解各方当事人未达成协议的，公安机关交通管理部门应当终止调解，制作道路交通事故损害赔偿调解终结书，送达各方当事人。

第九十四条　有下列情形之一的，公安机关交通管理部门应当终止调解，并记录在案：

（一）调解期间有一方当事人向人民法院提起民事诉讼的；

（二）一方当事人无正当理由不参加调解的；

（三）一方当事人调解过程中退出调解的。

第九十五条　有条件的地方公安机关交通管理部门可以联合有关部门，设置道路交通事故保险理赔服务场所。

第十章　涉外道路交通事故处理

第九十六条　外国人在中华人民共和国境内发生道路交通事故的，除按照本规定执行外，还应当按照办理涉外案件的有关法律、法规、规章的规定执行。

公安机关交通管理部门处理外国人发生的道路交通事故，应当告知当事人我国法律、法规、规章规定的当事人在处理道路交通事故中的权利和义务。

第九十七条　外国人发生道路交通事故有下列情形之一的，不准其出境：

（一）涉嫌犯罪的；

（二）有未了结的道路交通事故损害赔偿案件，人民法院决定不准出境的；

（三）法律、行政法规规定不准出境的其他情形。

第九十八条　外国人发生道路交通事故并承担全部责任或者主要责任的，公安机关交通管理部门应当告知道路交通事故损害赔偿权利人可以向人民法院提出采取诉前保全措施的请求。

第九十九条　公安机关交通管理部门在处理道路交通事故过程中，使用中华人民共和国通用的语言文字。对不通晓我国语言文字的，应当为其提供翻译；当事人通晓我国语言文字而不需要他人翻译的，应当出具书面声明。

经公安机关交通管理部门批准，外国人可以自行聘请翻译，翻译费由当事人承担。

第一百条　享有外交特权与豁免的人员发生道路交通事故时，应当主动出示有效身份证件，交通警察认为应当给予暂扣或者吊销机动车驾驶证处罚的，可以扣留其机动车驾驶证。需要对享有外交特权与豁免的人员进行调查的，可以约谈，谈话时仅限于与道路交通事故有关的内容。需要检验、鉴定车辆的，公安机关交通管理部门应当征得其同意，并在检验、鉴定后立即发还。

公安机关交通管理部门应当根据收集的证据，制作道路交通事故认定书送达当事人，当事人拒绝接收的，送达其所在机构；没有所在机构或者所在机构不明确的，由当事人所属国家的驻华使领馆转交送达。

享有外交特权与豁免的人员应当配合公安机关交通管理部门的调查和检验、鉴定。对于经核查确实享有外交特权与豁免但不同意接受调查或者检验、鉴定的，公安机关交通管理部门应当将有关情况记录在案，损害赔偿事宜通过外交途径解决。

第一百零一条　公安机关交通管理部门处理享有外交特权与豁免的外国人发生人员死亡事故的，应当将其身份、证件及事故经过、损害后果等基本情况记录在案，并将有关情况迅速通报省级人民政府外事部门和该外国人所属国家的驻华使馆或者领馆。

第一百零二条　外国驻华领事机构、国际组织、国际组织驻华代表机构享有特权与豁免的人员发生道路交通事故的，公安机关交通管理部门参照本规定第一百条、第一百零一条规定办理，但《中华人民共和国领事特权与豁免条例》、中国已参加的国际公约以及我国与有关国家或者国际组织缔结的协议有不同规定的除外。

第十一章　执法监督

第一百零三条　公安机关警务督察部门可以依法对公安机关交通管理部门及其交通警察处理道路交通事故工作进行现场督察，查处违纪违法行为。

上级公安机关交通管理部门对下级公安机关交通管理部门处理道路交通事故工作进行监督，发现错误应当及时纠正，造成严重后果的，依纪依法追究有关人员的责任。

第一百零四条　公安机关交通管理部门及其交通警察处理道路交通事故，应当公开办事制度、办事程序，建立警风警纪监督员制度，并自觉接受社会和群众的监督。

任何单位和个人都有权对公安机关交通管理部门及其交通警察不依法严格公正处理道路交通事故、利用职务上的便利收受他人财物或者谋取其他利益、徇私舞弊、滥用职权、玩忽职守以及其他违纪违法行为进行检举、控告。收到检举、控告的机关，应当依据职责及时查处。

第一百零五条　在调查处理道路交通事故时，交通警察或者公安机关检验、鉴定人员有下列情形之一的，应当回避：

（一）是本案的当事人或者是当事人的近亲属的；

（二）本人或者其近亲属与本案有利害关系的；

（三）与本案当事人有其他关系，可能影响案件公正处理的。

交通警察或者公安机关检验、鉴定人员需要回避的，由本级公安机关交通管理部门负责人或者检验、鉴定人员所属的公安机关决定。公安机关交通管理部门负责人需要回避的，由公安机关或者上一级公安机关交通管理部门负责人决定。

对当事人提出的回避申请，公安机关交通管理部门应当在二日内作出决定，并通知申请人。

第一百零六条　人民法院、人民检察院审理、审查道路交通事故案件，需要公安机关交通管理部门提供有关证据的，公安机关交通管理部门应当在接到调卷公函之日起三日内，或者按照其时限要求，将道路交通事故案件调查材料正本移送人民法院或者人民检察院。

第一百零七条　公安机关交通管理部门对查获交通肇事逃逸车辆及人员提供有效线索或者协助的人员、单位，应当给予表彰和奖励。

公安机关交通管理部门及其交通警察接到协查通报不配合协查并造成严重后果的，由公安机关或者上级公安机关交通管理部门追究有关人员和单位主管领导的责任。

第十二章　附　　则

第一百零八条　道路交通事故处理资格等级管理规定由公安部另行制定，资格证书式样全国统一。

第一百零九条　公安机关交通管理部门应当在邻省、市（地）、县交界的国、省、县道上，以及辖区内交通流量集中的路段，设置标有管辖地公安机关交通管理部门名称及道路交通事故报警电话号码的提示牌。

第一百一十条　车辆在道路以外通行时发生的事故，公安机关交通管理部门接到报案的，参照本规定处理。涉嫌犯罪的，及时移送有关部门。

第一百一十一条　执行本规定所需要的法律文书式样，由公安部制定。公安部没有制定式样，执法工作中需要的其他法律文书，省级公安机关可以制定式样。

当事人自行协商处理损害赔偿事宜的，可以自行制作协议书，但应当符合本规定第二十一条关于协议书内容的规定。

第一百一十二条　本规定中下列用语的含义是：

（一）"交通肇事逃逸"，是指发生道路交通事故后，当事人为逃避法律责任，驾驶或者遗弃车辆逃离道路交通事故现场以及潜逃藏匿的行为。

（二）"深度调查"，是指以有效防范道路交通事故为目的，对道路交通事故发生的深层次原因以及道路交通安全相关因素开展延伸调查，分析查找安全隐患及管理漏洞，并提出从源头解决问题的意见和建议的活动。

（三）"检验报告、鉴定意见确定"，是指检验报告、鉴定意见复印件送达当事人之日起三日内，当事人未申请重新检验、鉴定的，以及公安机关交通管理部门批准重新检验、鉴定，鉴定机构出具检验报告、鉴定意见的。

（四）"外国人"，是指不具有中国国籍的人。

（五）本规定所称的"一日""二日""三日""五日""十日"，是指工作日，不包括节假日。

（六）本规定所称的"以上""以下"均包括本数在内。

（七）"县级以上公安机关交通管理部门"，是指县级以上人民政府公安机关交通管理部门或者相当于同级的公安机关交通管理部门。

（八）"设区的市公安机关交通管理部门"，是指设区的市人民政府公安机关交通管理部门或者相当于同级的公安机关交通管理部门。

（九）"设区的市公安机关"，是指设区的市人民政府公安机关或者相当于同级的公安机关。

第一百一十三条　本规定没有规定的道路交通事故案件办理程序，依照《公安机关办理行政案件程序规定》《公安机关办理刑事案件程序规定》的有关规定执行。

第一百一十四条　本规定自 2018 年 5 月 1 日起施行。2008 年 8 月 17 日发布的《道路交通事故处理程序规定》（公安部令第 104 号）同时废止。

机动车强制报废标准规定

中华人民共和国商务部、中华人民共和国国家发展和改革委员会、中华人民共和国公安部、中华人民共和国环境保护部令 2012 年第 12 号

第一条 为保障道路交通安全，鼓励技术进步，加快建设资源节约型、环境友好型社会，根据《中华人民共和国道路交通安全法》及其实施条例、《中华人民共和国大气污染防治法》《中华人民共和国噪声污染防治法》，制定本规定。

第二条 根据机动车使用和安全技术、排放检验状况，国家对达到报废标准的机动车实施强制报废。

第三条 商务、公安、环境保护、发展改革等部门依据各自职责，负责报废机动车回收拆解监督管理、机动车强制报废标准执行有关工作。

第四条 已注册机动车有下列情形之一的应当强制报废，其所有人应当将机动车交售给报废机动车回收拆解企业，由报废机动车回收拆解企业按规定进行登记、拆解、销毁等处理，并将报废机动车登记证书、号牌、行驶证交公安机关交通管理部门注销：

（一）达到本规定第五条规定使用年限的；

（二）经修理和调整仍不符合机动车安全技术国家标准对在用车有关要求的；

（三）经修理和调整或者采用控制技术后，向大气排放污染物或者噪声仍不符合国家标准对在用车有关要求的；

（四）在检验有效期届满后连续 3 个机动车检验周期内未取得机动车检验合格标志的。

第五条 各类机动车使用年限分别如下：

（一）小、微型出租客运汽车使用 8 年，中型出租客运汽车使用 10 年，大型出租客运汽车使用 12 年；

（二）租赁载客汽车使用 15 年；

（三）小型教练载客汽车使用 10 年，中型教练载客汽车使用 12 年，大型教练载客汽车使用 15 年；

（四）公交客运汽车使用 13 年；

（五）其他小、微型营运载客汽车使用 10 年，大、中型营运载客汽车使用 15 年；

（六）专用校车使用 15 年；

（七）大、中型非营运载客汽车（大型轿车除外）使用 20 年；

（八）三轮汽车、装用单缸发动机的低速货车使用 9 年，装用多缸发动机的低速货车以及微型载货汽车使用 12 年，危险品运输载货汽车使用 10 年，其他载货汽车（包括半挂牵引车和全挂牵引车）使用 15 年；

（九）有载货功能的专项作业车使用 15 年，无载货功能的专项作业车使用 30 年；

（十）全挂车、危险品运输半挂车使用 10 年，集装箱半挂车 20 年，其他半挂车使用 15 年；

（十一）正三轮摩托车使用 12 年，其他摩托车使用 13 年。

对小、微型出租客运汽车（纯电动汽车除外）和摩托车，省、自治区、直辖市人民政府有关部门可结合本地实际情况，制定严于上述使用年限的规定，但小、微型出租客运汽车不得低于 6 年，正三轮摩托车不得低于 10 年，其他摩托车不得低于 11 年。

小、微型非营运载客汽车、大型非营运轿车、轮式专用机械车无使用年限限制。

机动车使用年限起始日期按照注册登记日期计算，但自出厂之日起超过 2 年未办理注册登记手续的，按照出厂日期计算。

第六条 变更使用性质或者转移登记的机动车应当按照下列有关要求确定使用年限和报废：

（一）营运载客汽车与非营运载客汽车相互转换的，按照营运载客汽车的规定报废，但小、微型非营运载客汽车和大型非营运轿车转为营运载客汽车的，应按照本规定附件 1 所列公式核算累计使用年限，且不得超过 15 年；

（二）不同类型的营运载客汽车相互转换，按照使用年限较严的规定报废；

（三）小、微型出租客运汽车和摩托车需要转出登记所属地省、自治区、直辖市范围的，按照使用年限较严的规定报废；

（四）危险品运输载货汽车、半挂车与其他载货汽车、半挂车相互转换的，按照危险品运输载货车、半挂车的规定报废。

距本规定要求使用年限 1 年以内（含 1 年）的机动车，不得变更使用性质、转移所有权或者转出登记地所属地市级行政区域。

第七条 国家对达到一定行驶里程的机动车引导报废。

达到下列行驶里程的机动车，其所有人可以将机动车交售给报废机动车回收拆解企业，由报废机动车回收拆解企业按规定进行登记、拆解、销毁等处理，并将报废的机动车登记证书、号牌、行驶证交公安机关交通管理部门注销：

（一）小、微型出租客运汽车行驶 60 万千米，中型出租客运汽车行驶 50 万千米，大型出租客运汽车行驶 60 万千米；

（二）租赁载客汽车行驶60万千米；

（三）小型和中型教练载客汽车行驶50万千米，大型教练载客汽车行驶60万千米；

（四）公交客运汽车行驶40万千米；

（五）其他小、微型营运载客汽车行驶60万千米，中型营运载客汽车行驶50万千米，大型营运载客汽车行驶80万千米；

（六）专用校车行驶40万千米；

（七）小、微型非营运载客汽车和大型非营运轿车行驶60万千米，中型非营运载客汽车行驶50万千米，大型非营运载客汽车行驶60万千米；

（八）微型载货汽车行驶50万千米，中、轻型载货汽车行驶60万千米，重型载货汽车（包括半挂牵引车和全挂牵引车）行驶70万千米，危险品运输载货汽车行驶40万千米，装用多缸发动机的低速货车行驶30万千米；

（九）专项作业车、轮式专用机械车行驶50万千米；

（十）正三轮摩托车行驶10万千米，其他摩托车行驶12万千米。

第八条　本规定所称机动车是指上道路行驶的汽车、挂车、摩托车和轮式专用机械车；非营运载客汽车是指个人或者单位不以获取利润为目的的自用载客汽车；危险品运输载货汽车是指专门用于运输剧毒化学品、爆炸品、放射性物品、腐蚀性物品等危险品的车辆；变更使用性质是指使用性质由营运转为非营运或者由非营运转为营运，小、微型出租、租赁、教练等不同类型的营运载客汽车之间的相互转换，以及危险品运输载货汽车转为其他载货汽车。本规定所称检验周期是指《中华人民共和国道路交通安全法实施条例》规定的机动车安全技术检验周期。

第九条　省、自治区、直辖市人民政府有关部门依据本规定第五条制定的小、微型出租客运汽车或者摩托车使用年限标准，应当及时向社会公布，并报国务院商务、公安、环境保护等部门备案。

第十条　上道路行驶拖拉机的报废标准规定另行制定。

第十一条　本规定自2013年5月1日起施行。2013年5月1日前已达到本规定所列报废标准的，应当在2014年4月30日前予以报废。《关于发布〈汽车报废标准〉的通知》（国经贸经〔1997〕456号）、《关于调整轻型载货汽车报废标准的通知》（国经贸经〔1998〕407号）、《关于调整汽车报废标准若干规定的通知》（国经贸资源〔2000〕1202号）、《关于印发〈农用运输车报废标准〉的通知》（国经贸资源〔2001〕234号）、《摩托车报废标准暂行规定》（国家经贸委、发展计划委、公安部、环保总局令〔2002〕第33号）同时废止。

附件 1

非营运小、微型载客汽车和大型轿车变更使用性质后累计使用年限计算公式：

$$累计使用年限 = 原状态已使用年 + \left(1 - \frac{原状态已使用年}{原状态使用年限}\right) \times 状态改变后年限$$

备注：公式中原状态已使用年中不足一年的按一年计算，例如，已使用 2.5 年按照 3 年计算；原状态使用年限数值取定值为 17；累计使用年限计算结果向下圆整为整数，且不超过 15 年。

附件 2

机动车使用年限及行驶里程参考值汇总表

车辆类型与用途				使用年限（年）	行驶里程参考值（万千米）
汽车	载客	营运	出租客运 小、微型	8	60
			出租客运 中型	10	50
			出租客运 大型	12	60
			租赁	15	60
			教练 小型	10	50
			教练 中型	12	50
			教练 大型	15	60
			公交客运	13	40
			其他 小、微型	10	60
			其他 中型	15	50
			其他 大型	15	80
			专用校车	15	40
		非营运	小、微型客车、大型轿车*	无	60
			中型客车	20	50
			大型客车	20	60
	载货		微型	12	50
			中、轻型	15	60
			重型	15	70
			危险品运输	10	40
			三轮汽车、装用单缸发动机的低速货车	9	无
			装用多缸发动机的低速货车	12	30
	专项作业		有载货功能	15	50
			无载货功能	30	50

续表

车辆类型与用途			使用年限（年）	行驶里程参考值（万千米）
挂车	半挂车	集装箱	20	无
		危险品运输	10	无
		其他	15	无
	全挂车		10	无
摩托车	正三轮		12	10
	其他		13	12
轮式专用机械车			无	50

注：

1.表中机动车主要依据《机动车类型 术语和定义》(GA802—2008)进行分类；标注＊车辆为乘用车。

2.对小、微型出租客运汽车(纯电动汽车除外)和摩托车，省、自治区、直辖市人民政府有关部门可结合本地实际情况，制定严于表中使用年限的规定，但小、微型出租客运汽车不得低于6年，正三轮摩托车不得低于10年，其他摩托车不得低于11年。

超限运输车辆行驶公路管理规定

中华人民共和国交通运输部令 2016 年第 62 号

第一章 总 则

第一条 为加强超限运输车辆行驶公路管理,保障公路设施和人民生命财产安全,根据《中华人民共和国公路法》《公路安全保护条例》等法律、行政法规,制定本规定。

第二条 超限运输车辆通过公路进行货物运输,应当遵守本规定。

第三条 本规定所称超限运输车辆,是指有下列情形之一的货物运输车辆:

(一)车货总高度从地面算起超过 4 米。

(二)车货总宽度超过 2.55 米。

(三)车货总长度超过 18.1 米。

(四)二轴货车,其车货总质量超过 18 000 千克。

(五)三轴货车,其车货总质量超过 25 000 千克;三轴汽车列车,其车货总质量超过 27 000 千克。

(六)四轴货车,其车货总质量超过 31 000 千克;四轴汽车列车,其车货总质量超过 36 000 千克。

(七)五轴汽车列车,其车货总质量超过 43 000 千克。

(八)六轴及六轴以上汽车列车,其车货总质量超过 49 000 千克,其中牵引车驱动轴为单轴的,其车货总质量超过 46 000 千克。

前款规定的限定标准的认定,还应当遵守下列要求:

(一)二轴组按照二个轴计算,三轴组按照三个轴计算;

(二)除驱动轴外,二轴组、三轴组以及半挂车和全挂车的车轴每侧轮胎按照双轮胎计算,若每轴每侧轮胎为单轮胎,限定标准减少 3 000 千克,但安装符合国家有关标准的加宽轮胎的除外;

(三)车辆最大允许总质量不应超过各车轴最大允许轴荷之和;

(四)拖拉机、农用车、低速货车,以行驶证核定的总质量为限定标准;

(五)符合《汽车、挂车及汽车列车外廓尺寸、轴荷及质量限值》(GB 1589)规定的冷藏车、汽车列车、安装空气悬架的车辆,以及专用作业车,不认定为超限运输车辆。

第四条 交通运输部负责全国超限运输车辆行驶公路的管理工作。

县级以上地方人民政府交通运输主管部门负责本行政区域内超限运输车辆行驶公路的管理工作。

公路管理机构具体承担超限运输车辆行驶公路的监督管理。

县级以上人民政府相关主管部门按照职责分工，依法负责或者参与、配合超限运输车辆行驶公路的监督管理。交通运输主管部门应当在本级人民政府统一领导下，与相关主管部门建立治理超限运输联动工作机制。

第五条 各级交通运输主管部门应当组织公路管理机构、道路运输管理机构建立相关管理信息系统，推行车辆超限管理信息系统、道路运政管理信息系统联网，实现数据交换与共享。

第二章 大件运输许可管理

第六条 载运不可解体物品的超限运输（以下称大件运输）车辆，应当依法办理有关许可手续，采取有效措施后，按照指定的时间、路线、速度行驶公路。未经许可，不得擅自行驶公路。

第七条 大件运输的托运人应当委托具有大型物件运输经营资质的道路运输经营者承运，并在运单上如实填写托运货物的名称、规格、重量等相关信息。

第八条 大件运输车辆行驶公路前，承运人应当按下列规定向公路管理机构申请公路超限运输许可：

（一）跨省、自治区、直辖市进行运输的，向起运地省级公路管理机构递交申请书，申请机关需要列明超限运输途经公路沿线各省级公路管理机构，由起运地省级公路管理机构统一受理并组织协调沿线各省级公路管理机构联合审批，必要时可由交通运输部统一组织协调处理；

（二）在省、自治区范围内跨设区的市进行运输，或者在直辖市范围内跨区、县进行运输的，向该省级公路管理机构提出申请，由其受理并审批；

（三）在设区的市范围内跨区、县进行运输的，向该市级公路管理机构提出申请，由其受理并审批；

（四）在区、县范围内进行运输的，向该县级公路管理机构提出申请，由其受理并审批。

第九条 各级交通运输主管部门、公路管理机构应当利用信息化手段，建立公路超限运输许可管理平台，实行网上办理许可手续，并及时公开相关信息。

第十条 申请公路超限运输许可的，承运人应当提交下列材料：

（一）公路超限运输申请表，主要内容包括货物的名称、外廓尺寸和质量，车辆的厂牌型号、整备质量、轴数、轴距和轮胎数，载货时车货总体的外廓尺寸、总质量、各车轴轴荷、拟运输的起讫点、通行路线和行驶时间；

（二）承运人的道路运输经营许可证，经办人的身份证件和授权委托书；

（三）车辆行驶证或者临时行驶车号牌。

车货总高度从地面算起超过 4.5 米，或者总宽度超过 3.75 米，或者总长度超过 28 米，或者总质量超过 100 000 千克，以及其他可能严重影响公路完好、安全、畅通情形的，还应当提交记录载货时车货总体外廓尺寸信息的轮廓图和护送方案。

护送方案应当包含护送车辆配置方案、护送人员配备方案、护送路线情况说明、护送操作细则、异常情况处理等相关内容。

第十一条　承运人提出的公路超限运输许可申请有下列情形之一的，公路管理机构不予受理：

（一）货物属于可分载物品的；

（二）承运人所持有的道路运输经营许可证记载的经营资质不包括大件运输的；

（三）承运人被依法限制申请公路超限运输许可未满限制期限的；

（四）法律、行政法规规定的其他情形。

载运单个不可解体物品的大件运输车辆，在不改变原超限情形的前提下，加装多个品种相同的不可解体物品的，视为载运不可解体物品。

第十二条　公路管理机构受理公路超限运输许可申请后，应当对承运人提交的申请材料进行审查。属于第十条第二款规定情形的，公路管理机构应当对车货总体外廓尺寸、总质量、轴荷等数据和护送方案进行核查，并征求同级公安机关交通管理部门意见。

属于统一受理、集中办理跨省、自治区、直辖市进行运输的，由起运地省级公路管理机构负责审查。

第十三条　公路管理机构审批公路超限运输申请，应当根据实际情况组织人员勘测通行路线。需要采取加固、改造措施的，承运人应当按照规定要求采取有效的加固、改造措施。公路管理机构应当对承运人提出的加固、改造措施方案进行审查，并组织验收。

承运人不具备加固、改造措施的条件和能力的，可以通过签订协议的方式，委托公路管理机构制定相应的加固、改造方案，由公路管理机构进行加固、改造，或者由公路管理机构通过市场化方式选择具有相应资质的单位进行加固、改造。

采取加固、改造措施所需的费用由承运人承担。相关收费标准应当公开、透明。

第十四条　采取加固、改造措施应当满足公路设施安全需要，并遵循下列原则：

（一）优先采取临时措施，便于实施、拆除和可回收利用；

（二）采取永久性或者半永久性措施的，可以考虑与公路设施的技术改造同步实施；

（三）对公路设施采取加固、改造措施仍无法满足大件运输车辆通行的，可以考虑采取修建临时便桥或者便道的改造措施；

（四）有多条路线可供选择的，优先选取桥梁技术状况评定等级高和采取加固、改造措施所需费用低的路线通行；

（五）同一时期，不同的超限运输申请，涉及对同一公路设施采取加固、改造措施的，由各承运人按照公平、自愿的原则分担有关费用。

第十五条　公路管理机构应当在下列期限内作出行政许可决定：

（一）车货总高度从地面算起未超过 4.2 米、总宽度未超过 3 米、总长度未超过 20 米且车货总质量、轴荷未超过本规定第三条、第十七条规定标准的，自受理申请之日起 2 个工作日内作出，属于统一受理，集中办理跨省、自治区、直辖市大件运输的，办理的时间最长不得超过 5 个工作日；

（二）车货总高度从地面算起未超过 4.5 米、总宽度未超过 3.75 米、总长度未超过 28 米且总质量未超过 100 000 千克的，属于本辖区内大件运输的，自受理申请之日起 5 个工作日内作出，属于统一受理，集中办理跨省、自治区、直辖市大件运输的，办理的时间最长不得超过 10 个工作日；

（三）车货总高度从地面算起超过 4.5 米，或者总宽度超过 3.75 米，或者总长度超过 28 米，或者总质量超过 100 000 千克的，属于本辖区内大件运输的，自受理申请之日起 15 个工作日内作出，属于统一受理，集中办理跨省、自治区、直辖市大件运输的，办理的时间最长不得超过 20 个工作日。

采取加固、改造措施所需时间不计算在前款规定的期限内。

第十六条　受理跨省、自治区、直辖市公路超限运输申请后，起运地省级公路管理机构应当在 2 个工作日内向途经公路沿线各省级公路管理机构转送其受理的申请资料。

属于第十五条第一款第二项规定的情形的，途经公路沿线各省级公路管理机构应当在收到转送的申请材料起 5 个工作日内作出行政许可决定；属于第十五条第一款第三项规定的情形的，应当在收到转送的申请材料起 15 个工作日内作出行政许可决定，并向起运地省级公路管理机构反馈。需要采取加固、改造措施的，由相关省级公路管理机构按照本规定第十三条执行；上下游省、自治区、直辖市范围内路线或者行驶时间调整的，应当及时告知承运人和起运地省级公路管理机构，由起运地省级公路管理机构组织协调处理。

第十七条　有下列情形之一的，公路管理机构应当依法作出不予行政许可的决定：

（一）采用普通平板车运输，车辆单轴的平均轴荷超过 10 000 千克或者最大轴荷超过 13 000 千克的；

（二）采用多轴多轮液压平板车运输，车辆每轴线（一线两轴 8 轮胎）的平均轴荷超过 18 000 千克或者最大轴荷超过 20 000 千克的；

（三）承运人不履行加固、改造义务的；

（四）法律、行政法规规定的其他情形。

第十八条　公路管理机构批准公路超限运输申请的，根据大件运输的具体情况，指定行驶公路的时间、路线和速度，并颁发《超限运输车辆通行证》。其中，批准跨省、自治区、直辖市运输的，由起运地省级公路管理机构颁发。

《超限运输车辆通行证》的式样由交通运输部统一制定，各省级公路管理机构负责印制和管理。申请人可到许可窗口领取或者通过网上自助方式打印。

第十九条　同一大件运输车辆短期内多次通行固定路线，装载方式、装载物品相同，且不需要采取加固、改造措施的，承运人可以根据运输计划向公路管理机构申请办理行驶期限不超过 6 个月的《超限运输车辆通行证》。运输计划发生变化的，需按原许可机关的有关规定办理变更手续。

第二十条　经批准进行大件运输的车辆，行驶公路时应当遵守下列规定：

（一）采取有效措施固定货物，按照有关要求在车辆上悬挂明显标志，保证运输安全。

（二）按照指定的时间、路线和速度行驶。

（三）车货总质量超限的车辆通行公路桥梁，应当匀速居中行驶，避免在桥上制动、变速或者停驶。

（四）需要在公路上临时停车的，除遵守有关道路交通安全规定外，还应当在车辆周边设置警告标志，并采取相应的安全防范措施；需要较长时间停车或者遇有恶劣天气的，应当驶离公路，就近选择安全区域停靠。

（五）通行采取加固、改造措施的公路设施，承运人应当提前通知该公路设施的养护管理单位，由其加强现场管理和指导。

（六）因自然灾害或者其他不可预见因素而出现公路通行状况异常致使大件运输车辆无法继续行驶的，承运人应当服从现场管理并及时告知作出行政许可决定的公路管理机构，由其协调当地公路管理机构采取相关措施后继续行驶。

第二十一条　大件运输车辆应当随车携带有效的《超限运输车辆通行证》，主动接受公路管理机构的监督检查。

大件运输车辆及装载物品的有关情况应当与《超限运输车辆通行证》记载的内容一致。

任何单位和个人不得租借、转让《超限运输车辆通行证》，不得使用伪造、变造的《超限运输车辆通行证》。

第二十二条　对于本规定第十条第二款规定的大件运输车辆，承运人应当按照护送方案组织护送。

承运人无法采取护送措施的，可以委托作出行政许可决定的公路管理机构协调公路沿线的公路管理机构进行护送，并承担所需费用。护送收费标准由省级交通运输主管部门会同同级财政、价格主管部门按规定制定，并予以公示。

第二十三条　行驶过程中，护送车辆应当与大件运输车辆形成整体车队，并保持实时、畅通的通信联系。

第二十四条　经批准的大件运输车辆途经实行计重收费的收费公路时，对其按照基本费率标准收取车辆通行费，但车辆及装载物品的有关情况与《超限运输车辆通行证》记载的内容不一致的除外。

第二十五条　公路管理机构应当加强与辖区内重大装备制造、运输企业的联系，了解其制造、运输计划，加强服务，为重大装备运输提供便利条件。

大件运输需求量大的地区，可以统筹考虑建设成本、运输需求等因素，适当提高通行路段的技术条件。

第二十六条　公路管理机构、公路经营企业应当按照有关规定，定期对公路、公路桥梁、公路隧道等设施进行检测和评定，并为社会公众查询其技术状况信息提供便利。

公路收费站应当按照有关要求设置超宽车道。

第三章　违法超限运输管理

第二十七条　载运可分载物品的超限运输（以下称违法超限运输）车辆，禁止行驶公路。

在公路上行驶的车辆，其车货总体的外廓尺寸或者总质量未超过本规定第三条规定的限定标准，但超过相关公路、公路桥梁、公路隧道限载、限高、限宽、限长标准的，不得在该公路、公路桥梁或者公路隧道行驶。

第二十八条　煤炭、钢材、水泥、砂石、商品车等货物集散地以及货运站等场所的经营人、管理人（以下统称货运源头单位），应当在货物装运场（站）安装合格的检测设备，对出场（站）货运车辆进行检测，确保出场（站）货运车辆合法装载。

第二十九条　货运源头单位、道路运输企业应当加强对货运车辆驾驶人的教育和管理，督促其合法运输。

道路运输企业是防止违法超限运输的责任主体，应当按照有关规定加强对车辆装载及运行全过程监控，防止驾驶人违法超限运输。

任何单位和个人不得指使、强令货运车辆驾驶人违法超限运输。

第三十条　货运车辆驾驶人不得驾驶违法超限运输车辆。

第三十一条　道路运输管理机构应当加强对政府公布的重点货运源头单位的监督检查。通过巡查、技术监控等方式督促其落实监督车辆合法装载的责任，制止违法超限运输车辆出场（站）。

第三十二条　公路管理机构、道路运输管理机构应当建立执法联动工作机制，将违法超限运输行为纳入道路运输企业质量信誉考核和驾驶人诚信考核，实行违法超限运输"黑名单"管理制度，依法追究违法超限运输的货运车辆、车辆驾驶人、道路运输企业、货运源头单位的责任。

第三十三条　公路管理机构应当对货运车辆进行超限检测。超限检测可以采取固定站点检测、流动检测、技术监控等方式。

第三十四条　采取固定站点检测的，应当在经省级人民政府批准设置的公路超限检测站进行。

第三十五条　公路管理机构可以利用移动检测设备，开展流动检测。经流动检测认定的违法超限运输车辆，应当就近引导至公路超限检测站进行处理。

流动检测点远离公路超限检测站的，应当就近引导至县级以上地方交通运输主管部门指定并公布的执法站所、停车场、卸载场等具有停放车辆及卸载条件的地点或者场所进行处理。

第三十六条　经检测认定违法超限运输的，公路管理机构应当责令当事人自行采取卸载等措施，消除违法状态；当事人自行消除违法状态确有困难的，可以委托第三人或者公路管理机构协助消除违法状态。

属于载运不可解体物品，在接受调查处理完毕后，需要继续行驶公路的，应当依法申请公路超限运输许可。

第三十七条　公路管理机构对车辆进行超限检测，不得收取检测费用。对依法扣留或者停放接受调查处理的超限运输车辆，不得收取停车保管费用。由公路管理机构协助卸载、分装或者保管卸载货物的，超过保管期限经通知当事人仍不领取的,可以按照有关规定予以处理。

第三十八条　公路管理机构应当使用经国家有关部门检定合格的检测设备对车辆进行超限检测;未定期检定或者检定不合格的,其检测数据不得作为执法依据。

第三十九条　收费高速公路入口应当按照规定设置检测设备,对货运车辆进行检测,不得放行违法超限运输车辆驶入高速公路。其他收费公路实行计重收费的,利用检测设备发现违法超限运输车辆时,有权拒绝其通行。收费公路经营管理者应当将违法超限运输车辆及时报告公路管理机构或者公安机关交通管理部门依法处理。

公路管理机构有权查阅和调取公路收费站车辆称重数据、照片、视频监控等有关资料,经确认后可以作为行政处罚的证据。

第四十条　公路管理机构应当根据保护公路的需要,在货物运输主通道、重要桥梁入口处等普通公路以及开放式高速公路的重要路段和节点,设置车辆检测等技术监控设备,依法查处违法超限运输行为。

第四十一条　新建、改建公路时,应当按照规划,将超限检测站点、车辆检测等技术监控设备作为公路附属设施一并列入工程预算,与公路主体工程同步设计、同步建设、同步验收运行。

第四章　法律责任

第四十二条　违反本规定,依照《中华人民共和国公路法》《公路安全保护条例》《中华人民共和国道路运输条例》和本规定予以处理。

第四十三条　车辆违法超限运输的,由公路管理机构根据违法行为的性质、情节和危害程度,按下列规定给予处罚:

(一)车货总高度从地面算起未超过4.2米、总宽度未超过3米且总长度未超过20米的,可以处200元以下罚款;车货总高度从地面算起未超过4.5米、总宽度未超过3.75米且总长度未超过28米的,处200元以上1 000元以下罚款;车货总高度从地面算起超过4.5米、总宽度超过3.75米或者总长度超过28米的,处1 000元以上3 000元以下的罚款。

(二)车货总质量超过本规定第三条第一款第四项至第八项规定的限定标准,但未超过1 000千克的,予以警告;超过1 000千克的,每超1 000千克罚款500元,最高不得超过30 000元。

有前款所列多项违法行为的,相应违法行为的罚款数额应当累计,但累计罚款数额最高不得超过30 000元。

第四十四条　公路管理机构在违法超限运输案件处理完毕后7个工作日内，应当将与案件相关的下列信息通过车辆超限管理信息系统抄告车籍所在地道路运输管理机构：

（一）车辆的号牌号码、车型、车辆所属企业、道路运输证号信息；

（二）驾驶人的姓名、驾驶人从业资格证编号、驾驶人所属企业信息；

（三）货运源头单位、货物装载单信息；

（四）行政处罚决定书信息；

（五）与案件相关的其他资料信息。

第四十五条　公路管理机构在监督检查中发现违法超限运输车辆不符合《汽车、挂车及汽车列车外廓尺寸、轴荷及质量限值》（GB 1589），或者与行驶证记载的登记内容不符的，应当予以记录，定期抄告车籍所在地的公安机关交通管理部门等单位。

第四十六条　对1年内违法超限运输超过3次的货运车辆和驾驶人，以及违法超限运输的货运车辆超过本单位货运车辆总数10％的道路运输企业，由道路运输管理机构依照《公路安全保护条例》第六十六条予以处理。

前款规定的违法超限运输记录累计计算周期，从初次领取"道路运输证"、道路运输从业人员从业资格证、道路运输经营许可证之日算起，可跨自然年度。

第四十七条　大件运输车辆有下列情形之一的，视为违法超限运输：

（一）未经许可擅自行驶公路的；

（二）车辆及装载物品的有关情况与"超限运输车辆通行证"记载的内容不一致的；

（三）未按许可的时间、路线、速度行驶公路的；

（四）未按许可的护送方案采取护送措施的。

第四十八条　承运人隐瞒有关情况或者提供虚假材料申请公路超限运输许可的，除依法给予处理外，并在1年内不准申请公路超限运输许可。

第四十九条　违反本规定，指使、强令车辆驾驶人超限运输货物的，由道路运输管理机构责令改正，处30 000元以下罚款。

第五十条　违法行为地或者车籍所在地公路管理机构可以根据技术监控设备记录资料，对违法超限运输车辆依法给予处罚，并提供适当方式，供社会公众查询违法超限运输记录。

第五十一条　公路管理机构、道路运输管理机构工作人员有玩忽职守、徇私舞弊、滥用职权的，依法给予行政处分；涉嫌犯罪的，移送司法机关依法查处。

第五十二条　对违法超限运输车辆行驶公路现象严重，造成公路桥梁垮塌等重大安全事故，或者公路受损严重、通行能力明显下降的，交通运输部、省级交通运输主管部门可以按照职责权限，在1年内停止审批该地区申报的地方性公路工程建设项目。

第五十三条　相关单位和个人拒绝、阻碍公路管理机构、道路运输管理机构工作人员依法执行职务，构成违反治安管理行为的，由公安机关依法给予治安管理处罚；构成犯罪的，依法追究刑事责任。

第五章　附　　则

第五十四条　因军事和国防科研需要，载运保密物品的大件运输车辆确需行驶公路的，参照本规定执行；国家另有规定的，从其规定。

第五十五条　本规定自2016年9月21日起施行。原交通部发布的《超限运输车辆行驶公路管理规定》（交通部令2000年第2号）同时废止。

中华人民共和国海关关于来往香港、澳门公路货运企业及其车辆和驾驶员的管理办法

中华人民共和国海关总署令第 118 号

2004 年 8 月 27 日公布，自 2004 年 10 月 1 日起施行。

第一章 总 则

第一条 为规范对来往港澳公路货运企业及其车辆和驾驶员的管理，根据《中华人民共和国海关法》及其他相关法律、行政法规，制定本办法。

第二条 本办法下列用语的含义是：

（一）来往港澳公路货运企业（以下简称货运企业），是指依照本办法规定在海关备案的从事来往港澳公路货物运输业务的企业，包括专业运输企业和生产型企业；

（二）来往港澳公路货运车辆（以下简称货运车辆），是指依照本办法规定在海关备案的来往港澳公路货运车辆，包括专业运输企业的车辆和生产型企业的自用车辆；

（三）来往港澳公路货运车辆驾驶员（以下简称驾驶员），是指依照本办法规定在海关备案的驾驶本条第（二）项所称车辆的驾驶员。

第三条 海关对货运企业、车辆、驾驶员实行联网备案管理。

货运企业、车辆、驾驶员的备案、变更备案、注销备案、年审等业务以及相关后续管理工作，由进出境地的直属海关或者其授权的隶属海关按照本办法的规定办理。

第二章 备案管理

第四条 货运企业备案时，应当向进出境地的直属海关或者其授权的隶属海关提交下列文件：

（一）"来往香港/澳门货运企业备案申请表"（见附件1）。

（二）政府主管部门的批准文件。

（三）工商行政管理部门核发的"企业法人营业执照"或者"营业执照"复印件。

（四）技术监督部门核发的"中华人民共和国组织机构代码证"复印件。

（五）专业货运企业提交交通行政管理部门核发的"公路运输经营许可证"复印件；生产型企业提交海关核发的"自理报关企业注册登记证书"复印件。

（六）海关认可的银行或者非银行金融机构出具的担保函。

提交本条（三）、（四）、（五）项文件复印件时，还应当同时出示原件正本供海关核对。

第五条　车辆备案时，应当向进出境地的直属海关或者其授权的隶属海关提交下列文件：

（一）"来往香港/澳门货运车辆及驾驶员备案登记表"（见附件2）。

（二）"来往香港/澳门货运车辆海关验车记录表"（以下简称"验车记录表"，见附件3）或者海关认可的公安交通车检部门出具的验车报告。

（三）公安交通车管部门核发的"车辆及驾驶人员进出境批准通知书"海关联。

（四）公安交通车管部门核发的"机动车辆行驶证"（以下简称"行驶证"）复印件。

（五）符合海关要求的车辆彩色照片4张（其中，2张为车辆左前侧面45度角拍摄并可明显看见油箱和粤港/澳两地车牌；2张为后侧面45度角拍摄并可明显看见粤港/澳两地车牌，均为4×3寸）。

在香港/澳门地区办理车辆登记证明文件的进出境车辆（以下简称港/澳籍车辆），应当同时提交境外有关政府管理机构签发的车辆登记文件复印件；在内地办理车辆登记证明文件的进出境车辆（以下简称内地籍车辆），应当同时提交"机动车辆登记证书"复印件。

运载危险品的车辆，应当同时提交主管部门的批准文件复印件。

港/澳籍车辆，应当同时提交"来往香港/澳门车辆备案临时进境验车申报表"（以下简称"临时进境验车申报表"，见附件4）。

生产型企业的自用车辆，应当同时提交"自理报关企业注册登记证书"复印件。

提交本条第一款第（四）项和第二、三、五款文件复印件时，还应当同时出示原件正本供海关核对。

第六条　货运车辆应当为集装箱式货车或者集装箱牵引车，并应当符合下列条件：

（一）车辆的类型、牌名、车身颜色、发动机号码、车身号码、车辆牌号等应当与公安交通车管部门核发的证件所列内容相符。

（二）集装箱式货车的车厢监管标准应当按照《中华人民共和国海关对装载海关监管货物的集装箱及集装箱式货车车厢的监管办法》附件1的有关规定执行；如有特殊需要加开侧门的，应当经海关批准，并符合海关监管要求。

（三）集装箱式货车或者集装箱牵引车应当使用海关的电子关锁，并可以安装符合海关要求的车载收发信装置。

（四）车辆的油箱和备用轮胎等装备以原车出厂时的配置为准，不得擅自改装或者加装。

第七条　经海关批准，散装货车可以作为来往香港/澳门的货运车辆，用于承运不具备施封条件的超大型机械设备或者鲜活水产品等散装货物。

第八条　驾驶员（包括后备驾驶员）备案时，应当向进出境地的直属海关或者其授权的隶属海关提交下列文件：

（一）"来往香港/澳门货运车辆及驾驶员备案登记表"。

（二）"车辆及驾驶人员进出境批准通知书"海关联。

（三）公安交通车管部门核发的"机动车辆驾驶员驾驶证"（以下简称"驾驶证"）复印件。

（四）驾驶员身份证、回乡证或者护照复印件。

（五）驾驶员彩色近照2张（规格：大一寸、免冠、红底）。

提交本条第（三）、（四）项文件复印件时，还应当同时出示原件正本供海关核对。

第九条　经海关备案的货运企业，海关核发"来往香港/澳门货运企业备案登记证"（以下简称"货运企业备案登记证"，见附件5）。

经海关备案的货运车辆、驾驶员，海关核发"来往香港/澳门车辆进出境签证簿"（以下简称"签证簿"，见附件6）和用于证明驾驶员和载运进出境货物实际情况的通关证件。

第十条　"货运企业备案登记证""签证簿"和通关证件需要更新的，可以凭原件向备案海关申请换发；发生损毁或者灭失的，应当及时向海关报告，经备案海关审核情况属实的，予以补发。

第十一条　海关对货运企业、车辆、驾驶员实行年审制度。年审时，海关应当重点审核企业、驾驶员当年度的守法状况，并按本办法第六条规定验核车辆及厢体。

第十二条　货运企业年审时需提交下列文件：

（一）"来往香港/澳门货运企业年检报告书"（见附件7）；

（二）"货运企业备案登记证"原件正本；

（三）政府主管部门批准企业成立或者延期的批准文件。

第十三条　货运车辆、驾驶员年审时需提交下列文件：

（一）"来往香港/澳门车辆及驾驶员年检报告书"（见附件8）；

（二）"签证簿"原件正本；

（三）"验车记录表"或者海关认可的公安交通车检部门出具的验车报告；

（四）公安交通车管部门核发准予延期的"批准通知书"海关联；

（五）海关核发的通关证件。

第十四条　车辆需进行车体、厢体改装的，应当向备案海关申请，经海关同意，按照本办法第六条和《中华人民共和国海关对装载海关监管货物的集装箱及集装箱式货车车厢的监管办法》的规定办理。

改装后的车辆经备案海关重新检验认可后，海关收回原车辆的"签证簿"和通关证件，注销原车辆的备案资料，按照本办法第五条的规定重新予以核准备案，签发新的"签证簿"和通关证件。

第十五条　货运企业出现变更企业名称、通行口岸或者更换车辆、驾驶员等情况的，应当持政府有关主管部门的批准文件及相关资料，到备案海关办理变更备案手续。

第十六条　货运企业、车辆、驾驶员在备案有效期内暂停或者停止进出境营运业务的，应当向海关报告，海关收回"签证簿"和通关证件，对有关备案资料作暂停或者注销处理。

港/澳籍车辆在办结海关手续并已出境后，海关予以办理暂停或者注销手续。

第三章　海关监管

第十七条　货运车辆应当由在海关备案的驾驶员驾驶，特殊情况下可以由后备驾驶员驾驶；驾驶员应当按照海关指定的路线和规定的时限，将所承运的货物完整地运抵指定的监管场所，并确保承运车辆、海关封志、海关监控设备及装载货物的箱（厢）体完好无损。

第十八条　货运车辆进出境时，企业或者驾驶员应当按照海关规定如实申报，交验单证，并接受海关监管和检查。

承运海关监管货物的车辆从一个设立海关地点驶往另一个设立海关地点的，企业或者驾驶员应当按照海关监管要求，办理转关手续。

第十九条　海关检查进出境车辆及查验所载货物时，驾驶员应当到场，并根据海关的要求开启车门，搬移货物，开拆和重封货物包装。

第二十条　货运车辆完成当次运输后，应当由原驾驶员驾驶原车辆复出境。

因故需人、车分离出境的,应当经备案地海关或者出境地海关同意。

港/澳籍进出境车辆进境后,应当在3个月内复出境;特殊情况下,经海关同意,可以在车辆备案有效期内予以适当延期。

第二十一条 已进境的港/澳籍车辆,包括集装箱牵引架、集装箱箱体,未经海关同意并办结报关纳税手续,不得在境内转让或者移作他用。

第二十二条 进出境车辆的备用物料和驾驶员携带的物品,应当限于旅途自用合理数量部分;超出自用合理数量,应当向海关如实申报。

第二十三条 未经海关许可,任何人不得拆装运输工具上的海关监控设备,包括海关电子关锁、车载收发信装置等。特殊情况需要拆装的,应当报经备案海关同意;监控设备拆装后,应当报请备案海关验核。

第二十四条 货运企业、驾驶员应当妥善保管"签证簿"和通关证件,不得转借或者转让他人,不得涂改或者故意损坏。

第二十五条 集装箱牵引车承运的集装箱应当符合《中华人民共和国海关对装载海关监管货物的集装箱及集装箱式货车车厢的监管办法》规定的标准要求。

第二十六条 因特殊原因,车辆在境内运输途中需要更换或者驾驶员需要更换的,驾驶员或者货运企业应当立即报告附近海关,在海关监管下更换。附近海关应当及时将更换情况通知货物进境地和指运地海关或者启运地和出境地海关。

第二十七条 海关监管货物在境内运输途中,发生损坏或者灭失的,驾驶员或者货运企业应当立即向附近海关报告。除不可抗力外,货运企业应当承担相应的税款及其他法律责任。

第四章 法 律 责 任

第二十八条 违反本办法规定,构成走私或者违反海关监管规定行为的,由海关依照《中华人民共和国海关法》《中华人民共和国海关法行政处罚实施细则》等有关法律、行政法规的规定予以处理;构成犯罪的,依法追究刑事责任。

第五章 附 则

第二十九条 驻港、澳部队的车辆和驾驶员的管理按照国家有关规定办理。

第三十条 本办法由海关总署负责解释。

第三十一条 本办法自2004年10月1日起施行。《中华人民共和国海关对来往香港、澳门汽车及所载货物监管办法》(〔88〕署货字第6号)同时废止。

附件：（略）

1. 来往香港/澳门货运企业备案申请表
2. 来往香港/澳门车辆及驾驶员备案登记表
3. 来往香港/澳门车辆海关验车记录表
4. 来往香港/澳门车辆备案临时进境验车申报表
5. 来往香港/澳门货运企业备案登记证
6. 来往香港/澳门车辆进出境签证簿
7. 来往香港/澳门货运企业年检报告书
8. 来往香港/澳门车辆及驾驶员年检报告书

中国保险监督管理委员会关于印发
《机动车交通事故责任强制保险费率浮动暂行办法》的通知

保监发〔2007〕52号

各中资财产保险公司，各保监局，中国保险行业协会：

根据《机动车交通事故责任强制保险条例》第八条的规定，我会会同国务院公安部门经广泛征求意见，制定了《机动车交通事故责任强制保险费率浮动暂行办法》（以下简称《暂行办法》）。现印发给你们，请遵照执行，并就有关问题通知如下：

一、2007年7月1日起，在全国范围内统一实行机动车交通事故责任强制保险（以下简称交强险）费率浮动与道路交通事故相联系，暂不在全国范围内统一实行与道路交通安全违法行为相联系。按《机动车交通事故责任强制保险条例》第九条的规定精神，保监会将会同国务院公安部门逐步推进机动车联合信息平台建设。在有条件地区，可以探索通过相互报盘、简易查询、信息平台等多种方式实现公安部门和保险行业数据交换。

二、实行交强险费率浮动机制有利于促使驾驶人提高道路交通安全意识和守法意识，有利于预防和减少道路交通事故的发生。各从事交强险业务的保险公司（以下简称各保险公司）要高度重视《暂行办法》实施工作，切实做好业务系统的修改、调试等各项准备工作，确保按时顺利实现交强险费率浮动机制。

三、各保险公司应督促各分支机构严格执行《暂行办法》的各项规定，严禁通过违规批单退费、虚列营业费用等各种方式变相提高或降低交强险费率。

四、各保监局要加大对辖区内各保险公司的监管力度，对不严格执行交强险条款、费率，不按照《暂行办法》进行交强险费率浮动等违规行为严加查处。

五、中国保险行业协会要根据《暂行办法》规定，及时组织修订并下发《机动车交通事故责任强制保险承保、理赔实务规程要点》，同时，要组织各有关保险公司加快交强险信息共享机制建设。

附件：《机动车交通事故责任强制保险费率浮动暂行办法》

二〇〇七年六月二十七日

附件：

机动车交通事故责任强制保险费率浮动暂行办法

一、根据国务院《机动车交通事故责任强制保险条例》第八条的有关规定，制定本办法。

二、从2007年7月1日起签发的机动车交通事故责任强制保险（以下简称交强险）保单，按照本办法，实行交强险费率与道路交通事故相联系浮动。

三、交强险费率浮动因素及比率如下：

		浮动因素	浮动比率
与道路交通事故相联系的浮动 A	A_1	上一个年度未发生有责任道路交通事故	-10%
	A_2	上两个年度未发生有责任道路交通事故	-20%
	A_3	上三个及以上年度未发生有责任道路交通事故	-30%
	A_4	上一个年度发生一次有责任不涉及死亡的道路交通事故	0%
	A_5	上一个年度发生两次及两次以上有责任道路交通事故	10%
	A_6	上一个年度发生有责任道路交通死亡事故	30%

四、交强险最终保险费计算方法是：交强险最终保险费＝交强险基础保险费×(1＋与道路交通事故相联系的浮动比率A)

五、交强险基础保险费根据中国保监会批复中国保险行业协会《关于中国保险行业协会制定机动交通事故责任强制保险行业协会条款费率的批复》（保监产险〔2006〕638号）执行。

六、交强险费率浮动标准根据被保险机动车所发生的道路交通事故计算。摩托车和拖拉机暂不浮动。

七、与道路交通事故相联系的浮动比率A为A_1至A_6其中之一，不累加。同时满足多个浮动因素的，按照向上浮动或者向下浮动比率的高者计算。

八、仅发生无责任道路交通事故的，交强险费率仍可享受向下浮动。

九、浮动因素计算区间为上期保单出单日至本期保单出单日之间。

十、与道路交通事故相联系浮动时，应根据上年度交强险已赔付的赔案浮动。上年度发生赔案但还未赔付的，本期交强险费率不浮动，直至赔付后的下一年度交强险费率向上浮动。

十一、几种特殊情况的交强险费率浮动方法：

（一）首次投保交强险的机动车费率不浮动。

（二）在保险期限内，被保险机动车所有权转移，应当办理交强险合同变更手续，且交强险费率不浮动。

（三）机动车临时上道路行驶或境外机动车临时入境投保短期交强险的，交强险费率不浮动。其他投保短期交强险的情况下，根据交强险短期基准保险费并按照上述标准浮动。

（四）被保险机动车经公安机关证实丢失后追回的，根据投保人提供的公安机关证明，在丢失期间发生道路交通事故的，交强险费率不向上浮动。

（五）机动车上一期交强险保单满期后未及时续保的，浮动因素计算区间仍为上期保单出单日至本期保单出单日之间。

（六）在全国车险信息平台联网或全国信息交换前，机动车跨省变更投保地时，如投保人能提供相关证明文件的，可享受交强险费率向下浮动。不能提供的，交强险费率不浮动。

十二、交强险保单出单日距离保单起期最长不能超过三个月。

十三、除投保人明确表示不需要的，保险公司应当在完成保险费计算后、出具保险单以前，向投保人出具《机动车交通事故责任强制保险费率浮动告知书》（附件），经投保人签章确认后，再出具交强险保单、保险标志。投保人有异议的，应告知其有关道路交通事故的查询方式。

十四、已经建立车险联合信息平台的地区，通过车险联合信息平台实现交强险费率浮动。除当地保险监管部门认可的特殊情形以外，《机动车交通事故责任强制保险费率浮动告知书》和交强险保单必须通过车险信息平台出具。

未建立车险信息平台的地区，通过保险公司之间相互报盘、简易理赔共享查询系统或者手工方式等，实现交强险费率浮动。

十五、本办法适用于从 2007 年 7 月 1 日起签发的交强险保单。2007 年 7 月 1 日前已签发的交强险保单不适用本办法。

广东省道路交通安全条例

2006年1月18日广东省第十届人民代表大会常务委员会第二十二次会议通过，2011年3月30日广东省第十一届人民代表大会常务委员会第二十五次会议修订，根据2014年9月25日广东省第十二届人民代表大会常务委员会第十一次会议《关于修改〈广东省商品房预售管理条例〉等二十七项地方性法规的决定》修正。

第一章 总 则

第一条 根据《中华人民共和国道路交通安全法》《中华人民共和国道路交通安全法实施条例》和有关法律、法规，结合本省实际，制定本条例。

第二条 本省行政区域内的车辆驾驶人、车辆所有人、行人、乘车人以及与道路交通活动有关的单位和个人，应当遵守本条例。

第三条 县级以上人民政府公安机关交通管理部门负责本行政区域内的道路交通安全管理工作。

县级以上人民政府交通、建设、农业（农业机械）主管部门依据各自职责，负责有关的道路交通工作。

第四条 各级人民政府应当建立道路交通安全评价制度。对辖区内发生的交通事故、政府及其职能部门对交通安全采取的预防和治理措施、完成道路交通安全管理目标情况，以及下一年度工作目标等进行综合评价，每年度向社会公布。

第五条 各级人民政府及其有关部门应当经常开展道路交通安全宣传教育活动，提高公众的道路交通安全意识。

教育主管部门应当将道路交通安全教育纳入法制教育的内容，组织、指导、监督学校以及其他教育机构做好道路交通安全教育工作。

公安机关交通管理部门应当通过各种途径宣传道路交通安全知识，提供道路交通安全咨询，发布道路交通安全信息。

新闻、出版、广播、电视等单位应当加强道路交通安全法律法规等公益宣传，刊播道路交通安全管理信息。

第二章 车辆和驾驶人

第六条 本省注册登记的机动车改变登记事项的，机动车所有人应当自变更之日起十个工作日内，向登记该机动车的公安机关交通管理部门或者农业（农业机械）主管部门申请变更登记，并提交有关变更资料。

机动车驾驶人在申领机动车驾驶证时提供的实际住所地址或者联系电话等联系方式发生变更的，应当自变更之日起十个工作日内，向公安机关交通管理部门或者农业（农业机械）主管部门提交有关变更资料。

第七条　本省注册登记的机动车应当按照下列规定喷涂、粘贴标识、标志，并保持清晰、完整和有效：

（一）载货汽车及其挂车后部、侧面粘贴符合国家标准的车身反光标识，重型、中型载货汽车还应当在驾驶室两侧喷涂车属单位名称、驾驶室核载人数及核定载质量；

（二）拖拉机及其挂车后部、侧面粘贴红白车身反光标识；

（三）大型、中型客车驾驶室两侧喷涂车属单位名称、核载人数；

（四）校车应当按照国家标准统一标识，车身后部喷涂最高行驶限速标识；

（五）危险货物运输车辆，应当按照有关规定喷涂相关标识、标志。

机动车驾驶人在实习期内驾驶机动车的，应当按照规定在车辆后部明显位置粘贴或者悬挂实习标志。

具体喷涂式样由省人民政府公安机关规定。

第八条　下列机动车应当安装、使用符合国家和省有关标准的卫星定位汽车行驶记录仪，并保持完好、有效运行：

（一）在本省注册登记的重型载货汽车、半挂牵引车、危险货物运输车辆、建设施工单位散装物料车、校车、教练车、从事道路营运的载客汽车；

（二）不在本省注册登记但在本省作业的建设施工单位散装物料车。

机动车所有人或者驾驶人可以自行选择购买、安装符合国家和省有关标准的卫星定位汽车行驶记录仪。

第九条　总质量大于三千五百千克的货车和挂车，应当按照国家标准在其侧面及后下部安装防护装置。

机动车不得安装影响交通技术监控设备正常使用的装置，不得加装、改装影响交通安全的灯具。机动车号牌上不得喷涂、粘贴影响交通技术监控信息接收的材料。

第十条　机动车未按照规定进行安全技术检验上道路行驶的，应当扣留机动车进行强制检验。机动车安全技术检验机构由当事人自行选定。检验合格的，由违法行为发现地公安机关交通管理部门或者农业（农业机械）主管部门发给检验合格标志。

被扣留机动车拖移至机动车安全技术检验机构及检测的费用，由当事人承担。

第十一条　电动自行车、残疾人机动轮椅车等安装有动力装置的非机动车实行登记制度，经公安机关交通管理部门登记后，方可上道路行驶。

在一定区域内限制电动自行车和其他安装有动力装置的非机动车上道路行驶的，由所在地的地级以上市人民政府经公开征求意见后报省人民政府批准。

其他种类的非机动车需要实行登记制度的，由地级以上市人民政府报省人民政府批准。

第十二条　申请非机动车登记的，应当提交非机动车所有人身份证明、车辆来历证明、合格证明或者进口凭证。申请残疾人机动轮椅车登记的，还应当提交县级以上残疾人联合会出具的残疾人下肢残疾证明。

已注册登记的非机动车所有权发生转移的，当事人应当携带本人身份证明和车辆、号牌、行驶证，到登记该非机动车的公安机关交通管理部门及时办理变更登记。

申请登记的电动自行车等安装有动力装置的非机动车，应当符合国家安全技术标准，并经检验合格。

公安机关交通管理部门应当自受理申请之日起三个工作日内完成非机动车登记审查工作，对符合条件的，应当发放非机动车登记证书、号牌和行驶证；对不符合条件的，应当向申请人说明不予登记的理由。登记只收取工本费用。

非机动车号牌、行驶证的式样由省人民政府公安机关交通管理部门规定并监制。

第十三条　驾驶应当登记的非机动车上道路行驶，必须悬挂非机动车号牌。驾驶残疾人机动轮椅车、电动自行车等安装有动力装置的非机动车时，还应当随车携带行驶证。

非机动车号牌、行驶证丢失或者灭失的，车辆所有人应当携带本人身份证明和车辆，到登记该非机动车的公安机关交通管理部门补领。

第十四条　申请汽车类机动车驾驶证，应当通过道路驾驶技能考试。道路驾驶技能考试由省人民政府公安机关交通管理部门组织。

在地级以上市辖区内道路上学习驾驶技能的，应当按照地级以上市公安机关交通管理部门指定的路线、时间进行；在跨地级以上市道路上学习驾驶技能的，应当按照省人民政府公安机关交通管理部门指定的路线、时间进行。

第十五条　公安机关交通管理部门应当对机动车驾驶人的道路交通安全违法行为、累积记分、处罚的执行和发生交通事故的情况等信息予以记录。

公安机关交通管理部门可以向机动车驾驶人、驾驶人所在单位、保险机构以及政府交通、建设、农业（农业机械）等相关主管部门提供机动车驾驶人交通安全记录。机动车驾驶人要求提供其本人交通安全记录的，公安机关交通管理部门应当免费提供。

用人单位雇用人员、保险机构办理保险业务需要参考机动车驾驶人交通安全记录的，可以要求被雇用人、投保人提供交通安全记录。

第三章 道路通行条件

第十六条 道路主管部门或者交通设施管理部门应当根据国家技术标准或者规范要求，结合道路实际通行条件和交通安全运行评价报告，设定不同路段道路通行速度；在急弯、陡坡、临水、临崖等危险路段，设置钢筋混凝土、波纹钢防撞栏或者其他有效的安全防护设施，并根据危险程度及路段环境情况在长坡路段设置车辆紧急避险区。

第十七条 交通信号、交通技术监控设备的设置应当征求公安机关交通管理部门的意见，符合道路交通安全、畅通的要求和国家标准，并保持清晰、醒目、准确、完好。

道路主管部门或者交通设施管理部门应当根据道路通行需要或者公安机关交通管理部门的建议，及时增设、调换、更新道路交通信号灯、交通标志、交通标线。增设、调换、更新限制性的道路交通信号灯、交通标志、交通标线，应当提前十个工作日向社会公告，广泛进行宣传。

任何单位和个人不得设置、移动、占用、损毁交通信号和交通技术监控设备。

第十八条 道路主管部门应当在没有交通信号灯控制的道路交叉路口，以及通道、出入口进入道路的明显位置，设置规范的警示标志、让行标志、标线以及减速装置。在高速公路入口的明显位置应当设置道路限速标志，因路况原因确需减速通行的路段，应当在减速路段前合理距离设置限速标志或者减速警示标志。

学校、幼儿园、医院、养老院门前的道路及路口应当设置清晰、醒目的交通信号；没有行人过街设施的，应当施画人行横道线，设置提示标志。

第十九条 国道、省道沿线的加油站、停车场、客货运站场等单位，应当在加油站、停车场、客货运站出入口与公路交接处两端设置黄色闪光警示装置或者反光警示桩，并设置减速设施。黄色闪光警示装置或者反光警示桩应当符合国家标准。

任何单位和个人不得在设置警示标志的地方设置广告及其他标牌。

第二十条 新建、改建、扩建道路建设项目的交通安全设施，应当按照国家标准与建设道路同时设计、同时施工、同时投入使用。安全设施投资应当纳入建设项目概算。

高速公路交通安全的管理设施、场所应当与高速公路同时设计、同时施工、同时投入使用。

第二十一条 国道、省道穿越城镇的路段,有条件的应当设置中心隔离设施、交通信号灯、照明、机动车与非机动车隔离栏等交通安全设施。

设有中心隔离设施的公路,确有需要设置缺口的,间隔不得少于五百米。

第二十二条 道路主管部门可以在有条件的高速公路入口和国道、省道的收费站设置车辆载重检测设备,并在发卡或者收费时对载货的汽车进行超限超载检测。超限超载检测不得收取费用。

第二十三条 使用固定式交通技术监控设备测速的路段,应当在合理间距提前设置测速警告标志。

使用移动测速设备测速的,应当由交通警察操作。使用车载移动测速设备的,还应当使用制式警车。

第二十四条 在不影响行人、车辆通行的情况下,县级以上人民政府公安机关交通管理部门或者县级以上人民政府确定的管理部门会同公安机关交通管理部门根据道路交通状况,可以在城市道路范围内施画、调整或者撤销道路停车泊位,并及时调整相应交通标志、标线,将道路停车泊位的情况向社会公布。

任何单位和个人不得擅自划定道路停车泊位,不得在城市内街或者窄道设置收费停车站(点)。机动车停放在未经批准的停车泊位或者停车站(点),公安机关交通管理部门及其交通警察应当先行劝告驾驶人驾驶机动车离开;驾驶人拒不驶离的,依法予以处理。

道路停车泊位的收入应当上交县级以上人民政府财政部门。

第二十五条 未经县级以上人民政府公安机关交通管理部门会同有关部门的许可,任何单位和个人不得占用道路从事非交通活动。

因工程建设需要占用、挖掘道路,或者跨越、穿越道路架设、增设管线设施的,应当事先征得道路主管部门的同意;影响交通安全的,还应当征得公安机关交通管理部门的同意。道路主管部门、公安机关交通管理部门应当根据工程建设和道路实际情况,确定施工作业路段和时间;道路主管部门应当加强监督管理,督促施工作业单位按期完工;公安机关交通管理部门应当加强交通安全监督检查,维护道路交通秩序。

施工作业单位应当将批准施工作业的部门、施工作业的路段、车道以及时间等在施工现场公布,并提前向社会公告,在经批准的路段和时间内完成施工作业。

道路施工需要车辆绕行的，施工作业单位应当在绕行处设置标志；不能绕行的，应当修建临时通道，保证车辆和行人安全通行。

第四章 道路通行规定

第二十六条 县级以上人民政府对机动车、非机动车限制、禁止通行区域或者道路作出规定，应当提前十五个工作日向社会公告，必要时公开征求意见。

第二十七条 车辆应当按照规定各行其道。低速载货汽车、三轮汽车、拖拉机、摩托车应当在最右侧车道行驶。

高速公路、城市快速路同方向有两条车道的，载货汽车除因超车需要外，不得驶入左侧车道；同方向有三条以上车道的，载货汽车不得驶入最左侧车道。

同方向有两条以上机动车道的道路，可以划设专用车道。专用车道可以划分为小客车、公交车、摩托车等专用道。

第二十八条 驾驶车辆驶入、驶出道路或者借道通行时，应当让在道路内正常行驶的车辆或者行人优先通行。

未设置导向标志、标线的交叉路口，左转弯的机动车应当提前驶入最左侧的车道转弯，右转弯的机动车应当提前驶入最右侧的车道转弯。

驾驶车辆不得在超越前方车辆后突然减速、转弯。

行车遇前方有障碍时，在确保安全前提下可以借用相邻的机动车道通行。

第二十九条 机动车在夜间或者遇风、雨、雪、雾等低能见度情况下在道路上临时停车，应当开启危险报警闪光灯、示廓灯、后位灯。

第三十条 机动车行经没有交通信号的道路时，遇行人横过道路，应当避让；遇老年人、儿童、孕妇、抱婴者，以及持盲杖的盲人、行走不便的残疾人横过道路，应当停车让行。

机动车遇喷涂"校车"字样并载有学生的车辆应当让行。

第三十一条 机动车安全带应当按照国家标准配备，保持齐备有效，不得拆除。机动车行驶时，驾驶人和乘坐人员应当按照规定使用安全带。

驾驶人应当督促乘坐人员使用安全带。驾驶人不得在乘坐人员未按照规定使用安全带的情况下驾驶机动车。

第三十二条 机动车在高速公路上通行，不得停车、上下乘客，但遇交通事故、车辆故障、失火、运载的危险品发生泄漏等紧急情况以及交通阻塞必须停车的除外。

车辆在高速公路上发生故障时，车上人员应当迅速转移到右侧路肩上或者应急车道内，不得在车道内或者骑、轧车行道分界线检修车辆。遇交通阻塞停车时，应当持续开启危险报警闪光灯，夜间还应当保持开启示廓灯和后位灯。

第三十三条 两轮摩托车只允许在后座位置搭载一人，但不得搭载未满十二周岁的未成年人。

摩托车行驶时，驾驶人以及乘坐人员应当佩戴符合国家规定标准的安全头盔，并系扣牢固。驾驶人应当督促乘坐人员正确使用安全头盔，不得在乘坐人员未按照规定使用安全头盔的情况下驾驶摩托车。

第三十四条 低速载货汽车、三轮汽车、拖拉机不得进入高速公路、城市快速路，也不得在大中城市中心城区内的道路通行。其他限制拖拉机通行的道路，由地级以上市人民政府根据当地实际情况规定，并报省人民政府批准。

经批准进入大中城市中心城区作业的建设施工单位散装物料车，应当按照公安机关交通管理部门批准的路线和时间行驶。

第三十五条 未经批准，任何单位和个人不得组织、参与道路赛车。

禁止在道路上驾驶机动车追逐竞驶。

第三十六条 非机动车和行人不得进入城市快速路、高速公路。

在没有划分非机动车道和人行道的道路，非机动车和行人应当在道路两侧通行。通行宽度从道路（不含路肩）右侧边缘线算起，行人不得超过一米，电动自行车、自行车不得超过一点五米，三轮车不得超过二点二米，畜力车不得超过二点六米。

第三十七条 自行车、电动自行车在城市市区道路上不得载人，但安装有固定安全座椅的，可以附载一名身高一点二米以下儿童。在其他道路上载人不得超过一人。

残疾人机动轮椅车等其他非机动车载人的规定，由地级以上市人民政府根据当地实际情况制定，报省人民政府批准。

第三十八条 在道路上作业的人员应当按照规定穿着反光服饰，过往车辆应当减速避让。作业人员横穿车行道应当直行通过，注意来往车辆。

第三十九条 客运站场应当按照规定对进站公路客运车辆进行安全检查，不准超载和不符合安全技术条件的公路客运车辆驶出站场。

货运站场应当按照规定对车辆配载，不准超载超限的货车驶出站场。

第四十条 任何单位和个人不得使用不具备危险货物运输资格的车辆运输危险货物，不得将危险货物交付不具备危险货物运输资格的运输单位或者驾驶人承运。

任何单位和个人不得使用未经注册登记的或者不符合安全要求的车辆运输货物，也不得将货物交付不具备相应资格的驾驶人承运。

任何单位和个人不得使用无相应客运经营资格的车辆运送旅客。

第五章 交通事故处理

第四十一条 交通事故发生后，公安机关交通管理部门应当立即派交通警察赶赴现场处理事故，有关单位应当及时通告并协助尽快恢复交通。当事人应当予以配合。

当事人拒不配合、无力实施或者遇有影响公众利益等紧急情况的，公安机关交通管理部门可以指定单位将车辆移至不妨碍交通的地点，并清理现场，所需费用由当事人承担。当事方应当接收、保管从现场清理的所属物品。

机动车在道路上发生故障难以移动影响通行的，现场清理适用本条第二款规定。

第四十二条 因调查交通事故的需要，公安机关交通管理部门可以查阅或者复制道路收费站、停车场、渡口，以及道路管理部门和其他有关单位记录的车辆信息、相关人员的有关资料，有关单位应当及时无偿提供。

第四十三条 在高速公路、城市快速路和大中城市中心城区道路上发生交通事故，未造成人身伤亡且当事人之间对交通事故事实及成因无争议的，应当即行撤离现场；对交通事故事实及成因有争议的，当事人应当迅速报警，按照公安机关交通管理部门或者交通警察的指令，在确保安全的前提下对现场拍照，及时将可移动的车辆和物品移至安全地带，不得妨碍其他车辆通行。

造成供电、通信等设施损毁的，驾驶人应当报警，不得驶离。公安机关交通管理部门应当及时通知有关部门处理；造成路产损坏或者公路污染的，公安机关交通管理部门应当及时通知公路管理机构处理。

第四十四条 发生交通事故后当事人未立即停车，未保护现场，或者有条件报案而不及时报案，致使事故基本事实无法查清的，应当按照下列规定承担事故责任：

（一）一方当事人有上述行为的，承担全部责任。

（二）当事人均有上述行为的，共同承担责任；但是，机动车与非机动车、行人发生交通事故的，由机动车一方承担事故主要责任。

依法可以自行协商处理和第四十三条规定的交通事故除外。

第四十五条 发生交通事故后，当事人为了逃避法律追究，驾驶车辆或者遗弃车辆逃离交通事故现场的，逃逸的当事人应当承担事故的全部责任。

第四十六条 机动车与非机动车驾驶人、行人之间发生交通事故，造成人身伤亡、财产损失的，由保险公司在机动车第三者责任强制保险责任限额范围内予以赔偿。不足的部分，按照下列规定承担赔偿责任：

（一）非机动车驾驶人、行人无事故责任的，由机动车一方承担赔偿责任；

（二）非机动车驾驶人、行人负事故次要责任的，由机动车一方承担百分之八十的赔偿责任；

（三）非机动车驾驶人、行人负事故同等责任的，由机动车一方承担百分之六十的赔偿责任；

（四）非机动车驾驶人、行人负事故主要责任的，由机动车一方承担百分之四十的赔偿责任；

（五）非机动车驾驶人、行人负事故全部责任的，由机动车一方承担不超过百分之十的赔偿责任。

交通事故的损失是由非机动车驾驶人、行人故意造成的，机动车一方不承担责任。

非机动车驾驶人、行人与处于静止状态的机动车发生交通事故，机动车一方无交通事故责任的，不承担赔偿责任。

未参加机动车第三者责任强制保险的，由机动车方在该车应当投保的最低保险责任限额内予以赔偿，对超过最低保险责任限额的部分，按照第一款的规定赔偿。

第四十七条　本省依法设立道路交通事故社会救助基金。

有下列情形之一的，由交通事故发生地的道路交通事故社会救助基金垫付交通事故受害人人身伤亡的部分或者全部抢救费用、丧葬费用：

（一）抢救费用超过机动车第三者责任强制保险责任限额的；

（二）肇事机动车未参加机动车第三者责任强制保险的；

（三）机动车肇事后逃逸的。

道路交通事故社会救助基金管理机构垫付抢救费用、丧葬费用的，有权向交通事故责任人追偿。

交通事故死亡人员身份无法确认的，其死亡赔偿金按照事故发生地的上一年度城镇居民人均可支配收入计算二十年，交由道路交通事故社会救助基金管理机构代为保存。

第四十八条　有下列情形之一，当事人直接向保险公司报告的，保险公司应当依法理赔：

（一）当事人依法自行协商处理的交通事故；

（二）仅造成投保车辆损失的单方交通事故；

（三）车辆在道路以外通行时发生的事故。

第六章 执法监督

第四十九条 公安机关交通管理部门及其交通警察应当依法履行职责，公开办事制度和程序，简化办事手续，方便人民群众，严格、公正、文明执法，保障道路交通有序、安全、畅通。

第五十条 公安机关交通管理部门应当建立健全行政执法责任制，采取有效措施，防止和纠正道路交通安全执法中的错误或者不当行为。

第五十一条 公安机关和上一级公安机关交通管理部门应当对公安机关交通管理部门及其交通警察的执法活动进行指导和监督，发现执法有过错的，依法予以纠正；发现处罚决定有错误的，依法予以撤销或者变更。

第五十二条 公安机关交通管理部门应当建立健全投诉、举报制度，公布投诉、举报电话，信箱或者电子邮箱。公安机关交通管理部门应当自接到投诉、举报之日起十五日内决定是否受理，并告知投诉、举报人；对决定受理的，应当及时组织调查并将处理结果告知投诉、举报人。

第五十三条 当事人要求查阅公安机关交通管理部门确认其交通违法行为的交通技术监控记录资料时，公安机关交通管理部门应当允许查阅并提供方便。

第五十四条 交通警察在道路上执勤执法时，不得有下列行为：

（一）违法扣留车辆、机动车行驶证、驾驶证和机动车号牌；

（二）违反规定当场收缴罚款，依法当场收缴罚款但不开具罚款收据、不开具简易程序处罚决定或者不如实填写罚款金额；

（三）利用职务便利索取、收受他人财物或者谋取其他利益；

（四）违法使用警报器、标志灯具；

（五）非执行紧急公务时拦截搭乘机动车；

（六）故意刁难违法行为人；

（七）因自身的过错与违法行为人或者群众发生纠纷或者冲突；

（八）从事非职责范围内的活动。

第七章 法律责任

第五十五条 行人、乘车人违反道路交通安全法律、行政法规和本条例关于道路通行规定的，处警告或者十元罚款。

非机动车驾驶人违反道路交通安全法律、行政法规和本条例关于道路通行规定的，处警告或者二十元罚款；但有下列行为之一的，责令改正，处警告或者五十元罚款：

（一）逆向行驶的；

（二）醉酒驾驶或者驾驭的；

（三）违反规定载人，或者行驶时速超过十五公里的；

（四）进入高速公路的；

（五）驾驶自行车、电动自行车、三轮车横过机动车道时未下车推行的；

（六）非下肢残疾人驾驶残疾人机动轮椅车的；

（七）自行车、三轮车加装动力装置的；

（八）电动自行车等安装有动力装置的非机动车未依法登记，或者未按照规定悬挂号牌，或者未携带行驶证的；

（九）在划分机动车道、非机动车道和人行道的道路上未按照规定车道行驶的。

第五十六条　驾驶机动车有下列行为之一的，责令改正，处警告或者五十元罚款：

（一）行经铁路道口或者渡口，未按照规定通行的；

（二）未避让正在作业的道路养护车、工程作业车的；

（三）未按照规定鸣喇叭示意的；

（四）在驾驶室的前后窗范围内悬挂、放置妨碍驾驶人视线物品的；

（五）行经漫水路或者漫水桥时未低速通过的；

（六）没有关好车门、车厢的；

（七）在没有划分机动车道、非机动车道和人行道的道路上行驶，未在道路中间通行的；

（八）违反警告标志、标线指示的。

第五十七条　驾驶机动车有下列行为之一的，责令改正，处警告或者一百元罚款：

（一）违反依次交替通行规定或者让行规定的；

（二）遇前方机动车停车排队等候或者缓慢行驶时，在人行横道、网状线区域内停车等候的；

（三）载运超限物品行经铁路道口时未按照指定的道口、时间通过的；

（四）在单位院内、居民居住区内未低速行驶、避让行人的；

（五）未放置检验合格标志、保险标志，或者未携带行驶证、驾驶证的；

（六）违反规定会车或者倒车的；

（七）违反路口通行规定的；

（八）违反牵引故障机动车规定的；

（九）使用手持电话或者有其他妨碍安全驾驶行为的；

（十）未按照规定喷涂、粘贴标识或者放大牌号的；

（十一）从匝道驶入或者驶离高速公路未按照规定使用转向灯的；

（十二）从匝道驶入高速公路妨碍正常行驶车辆的；

（十三）非紧急情况时在高速公路应急车道上行驶的。

第五十八条　驾驶机动车有下列行为之一的，责令改正，处警告或者一百五十元罚款：

（一）在划分机动车道、非机动车道和人行道的道路上未按照规定车道行驶的；

（二）在划设专用车道的道路上，违反规定使用专用车道的；

（三）载货长度、宽度、高度超过规定的；

（四）载物行驶时遗洒、飘散载运物的；

（五）运载影响交通安全的超限不可解体物品，未按照规定的时间、路线、速度行驶的，或者未悬挂明显标志的；

（六）在禁止鸣喇叭的区域或者路段鸣喇叭的；

（七）超过规定时速百分之五十以下的；

（八）违反规定牵引挂车的；

（九）未避让持盲杖的盲人的；

（十）驾驶摩托车手离车把或者在车把上悬挂物品的；

（十一）拖拉机驶入禁止通行的道路，或者牵引多辆挂车的；

（十二）在高速公路匝道、加速车道或者减速车道上超车的；

（十三）两轮摩托车在高速公路载人的；

（十四）机动车在高速公路发生故障，驾驶人没有组织车上人员迅速转移到右侧路肩上或者应急车道内的。

第五十九条　驾驶机动车有下列行为之一的，责令改正，处警告或者二百元罚款：

（一）在机动车道内未按照规定车道行驶，或者变更车道时影响其他车辆正常行驶的；

（二）遇前方停车排队等候或者缓慢行驶时，未依次等候，从前方车辆两侧穿插或者超越行驶的；

（三）违反规定掉头，或者超车的；

（四）逆向行驶，或者下陡坡时熄火、空挡滑行的；

（五）行经人行横道未减速行驶，或者遇行人正在通过人行横道时未停车让行的；

（六）行经没有交通信号的道路，遇行人横过道路未避让的；

（七）未按照交通信号灯规定通行的；

（八）在同车道未按照规定与前车保持必要的安全距离的；

（九）未按照规定避让执行紧急任务的警车、消防车、救护车、工程救险车的；

（十）载人超过核定人数的；

（十一）驾驶人或者乘坐人员未按照规定使用安全带的；

（十二）未按照规定使用灯光、警报器、标志灯具的；

（十三）违反禁令标志、禁止标线指示的；

（十四）使用他人机动车驾驶证的；

（十五）驾驶证丢失、损毁，或者被依法扣留期间以及记分达到十二分仍驾驶机动车的；

（十六）交通事故发生后，不服从交警指挥，造成交通阻塞的；

（十七）违反规定运载危险物品的；

（十八）未将故障车辆移到不妨碍交通的地方停放的；

（十九）道路养护施工作业车辆、机械作业时未开启示警灯和危险报警闪光灯的；

（二十）连续驾驶超过四小时未停车休息，或者停车休息时间少于二十分钟的；

（二十一）实习期内违反规定驾驶机动车，或者未在机动车后部粘贴、悬挂实习标志的；

（二十二）在道路上发生故障或者事故后，未按照规定使用灯光或者设置警告标志的；

（二十三）违反规定停放、临时停车，妨碍其他车辆、行人通行的；

（二十四）未悬挂、未按照规定安装、故意遮挡或者污损机动车号牌的；

（二十五）其他机动车喷涂警车、消防车、救护车、工程救险车专用或者与其相类似的标志图案的；

（二十六）服用国家管制的精神药品或者麻醉药品，或者过度疲劳的；

（二十七）在机动车上安装影响交通技术监控设备正常使用的装置，或者在机动车号牌上喷涂、粘贴影响交通技术监控信息接收材料的；

（二十八）拖拉机载人的；

（二十九）摩托车驾驶人未按照规定戴安全头盔，或者乘坐人员未按照规定戴安全头盔的；

（三十）禁止进入高速公路的机动车进入高速公路的；

（三十一）在高速公路发生故障，未按照规定使用危险报警闪光灯或者设置警告标志的；

（三十二）违反规定拖曳故障车、事故车的；

（三十三）在正常情况下以低于规定最低时速在高速公路行驶，或者在高速公路行驶超过限定时速但未超过百分之五十的；

（三十四）在低能见度气象条件下未按照规定在高速公路行驶的；

（三十五）载货汽车车厢在高速公路载人的；

（三十六）在高速公路倒车、逆行、穿越中央分隔带掉头或者在车道内停车的；

（三十七）在高速公路试车、学习驾驶，或者上下乘客的；

（三十八）在高速公路路肩上行驶，或者骑、轧高速公路车行道分界线，或者非紧急情况时在应急车道上或者路肩上停车的；

（三十九）通过高速公路施工作业路段，未减速行驶的；

（四十）运输剧毒化学品超过规定时速不足百分之五十的。

行为人有前款第四十项情形的，可以并处吊销机动车驾驶证。

第六十条　行为人有下列情形之一的，处五百元罚款：

（一）公路客运车辆载客超过额定乘员的；

（二）货运机动车超过核定载质量的；

（三）总质量大于三千五百千克的货车和挂车未按照国家标准在其侧面及后下部安装防护装置的；

（四）未按照规定安装、使用卫星定位汽车行驶记录仪的；

（五）擅自更改、删除或者伪造卫星定位汽车行驶记录仪信息资料的；

（六）非机动车违反交通管制的规定强行通行，不听劝阻的。

行为人有前款规定第一项、第二项情形之一的，应当扣留机动车至违法状态消除；有前款规定第三项、第四项、第五项情形之一的，应当责令改正。

第六十一条　行为人有下列情形之一的，处一千元罚款：

（一）非法安装警报器或者标志灯具的；

（二）未取得机动车驾驶证、机动车驾驶证被吊销或者被暂扣期间，驾驶非汽车类机动车的；

（三）驾驶非机动车造成交通事故后逃逸，尚未构成犯罪的；

（四）机动车行驶超过规定时速百分之五十不足百分之一百的；

（五）驾驶拼装或者已达报废标准的非汽车类机动车上道路行驶的；

（六）在高速公路、城市快速路和大中城市中心城区道路上发生未造成人身伤亡的交通事故，当事人应当即行撤离事故现场而未撤离，导致发生严重阻塞或者次生事故的。

行为人有前款第一项情形的，由公安机关交通管理部门强制拆除警报器或者标志灯具，予以收缴；有前款第四项情形的，可以并处吊销机动车驾驶证；有前款第五项情形的，应当收缴车辆，强制报废，并吊销机动车驾驶证；有前款第六项情形，情节严重的，可以并处吊销机动车驾驶证。

第六十二条 行为人有下列情形之一的，处一千五百元罚款：

（一）未取得机动车驾驶证、机动车驾驶证被吊销或者被暂扣期间，驾驶汽车类机动车的；

（二）将机动车交由未取得机动车驾驶证或者机动车驾驶证被吊销、暂扣的人驾驶的；

（三）强迫机动车驾驶人违反道路交通安全法律、法规和机动车安全驾驶要求驾驶机动车，造成交通事故，尚未构成犯罪的；

（四）故意损毁、移动、涂改交通设施，造成危害后果，尚未构成犯罪的；

（五）驾驶拼装或者已达报废标准的汽车类机动车上道路行驶的。

行为人有前款第二项情形的，可以并处吊销机动车驾驶证；有前款第五项情形的，应当收缴车辆，强制报废，并吊销机动车驾驶证。

第六十三条 行为人有下列情形之一的，处二千元罚款：

（一）公路客运车辆载客超过额定乘员百分之二十或者违反规定载货的；

（二）货运机动车超过核定载质量百分之三十或者违反规定载客的；

（三）驾驶机动车造成交通事故后逃逸，尚未构成犯罪的；

（四）机动车行驶超过规定时速百分之一百以上，或者运输剧毒化学品超过规定时速百分之五十以上的；

（五）机动车违反交通管制的规定强行通行，不听劝阻的；

（六）非法拦截、扣留机动车辆，不听劝阻，造成交通严重阻塞或者较大财产损失的；

（七）参与未经批准的道路赛车的；

（八）在道路上驾驶机动车追逐竞驶的；

（九）驾驶人在三年内的任一记分周期内的道路交通安全违法行为记分超过规定分值继续驾驶校车的。

行为人有前款第一项、第二项情形之一的，由公安机关交通管理部门扣留机动车至违法状态消除；有前款第四项情形的，可以并处吊销机动车驾驶证；有前款第七项情形的，可以并处吊销机动车驾驶证，五年内不得重新取得机动车驾驶证；有前款第八项情形的，可以并处吊销机动车驾驶证，五年内不得重新取得机动车驾驶证，构成犯罪的，依法追究刑事责任。

第六十四条　运输单位的公路客运车辆载客超过额定乘员或者违反规定载货，货运机动车超过核定载质量或者违反规定载客，经处罚未改正的，对直接负责的主管人员处五千元罚款。

擅自划定道路停车泊位或者停车站（点）的，责令改正，对个人处五千元罚款，对单位处二万元罚款；有违法所得的，没收违法所得。

未经批准，擅自挖掘公路、占用公路施工或者从事其他影响公路交通安全活动的，由交通主管部门责令停止违法行为，并恢复原状，可以处三万元罚款；未经批准，擅自挖掘城市道路、占用城市道路施工或者从事其他影响城市道路交通安全活动的，由城市道路主管部门责令停止违法行为，并恢复原状，可以处二万元罚款。

组织未经批准的道路赛车的，处五万元罚款，有违法所得的，没收违法所得。

第六十五条　在道路上醉酒驾驶机动车的，依法追究刑事责任，给予行政处罚和行政处理。

第六十六条　未取得机动车驾驶证驾驶车辆发生交通事故后逃逸，尚未构成犯罪的，五年内不得申领机动车驾驶证；构成犯罪的，终生不得申领机动车驾驶证。

第六十七条　机动车有三次以上道路交通违法行为记录，机动车所有人、驾驶人经公安机关交通管理部门依法送达违法行为处理通知书后拒不接受处理的，公安机关交通管理部门可以扣留机动车驾驶证、行驶证；确有必要的，可以扣留机动车。机动车所有人、驾驶人接受处理后，公安机关交通管理部门应当立即返还机动车驾驶证、行驶证或者机动车。

第六十八条　公安机关交通管理部门根据交通技术监控记录资料或者经查实的公民举报的道路交通安全违法行为，可以对违法的机动车所有人或者管理人依法予以处罚。对能够确认驾驶人的，依法对驾驶人予以处罚。

第六十九条　公安机关交通管理部门及其工作人员有下列行为之一的，对直接负责的主管人员、其他直接责任人员，或者有关工作人员给予处分；构成犯罪的，依法追究刑事责任：

（一）违反规定条件、程序作出审批决定或者发放牌证、许可证的；

（二）违法扣留车辆、机动车行驶证、驾驶证、车辆号牌的；

（三）违反规定当场收缴罚款，依法当场收缴罚款但不开具罚款收据、不开具简易程序处罚决定或者不如实填写罚款金额的；

（四）违法使用警报器、标志灯具的；

（五）非执行紧急公务时拦截搭乘机动车的；

（六）故意刁难违法行为人的；

（七）因自身的过错与违法行为人或者群众发生纠纷或者冲突的；

（八）徇私舞弊，不公正处理交通事故的；

（九）接到具有重大影响的交通事故报告后，故意隐瞒不报、拖延报告，或者不及时处置，或者因处置不力导致事故后果扩大的；

（十）利用职权非法占有公共或者他人财物，索取、收受贿赂，或者滥用职权、玩忽职守的；

（十一）其他未按照规定实施行政处罚和未履行法定职责的。

第七十条　道路主管部门、交通设施管理部门及其工作人员有下列行为之一的，对直接负责的主管人员、其他直接责任人员，或者有关工作人员给予处分；构成犯罪的，依法追究刑事责任：

（一）未按照国家标准或者规范要求设定道路通行速度的；

（二）未按照规定设置交通安全防护设施、交通监控设备、交通信号等，或者未保持其清晰、醒目、准确、完好的；

（三）对占用、挖掘道路或者跨越、穿越道路架设、增设管线设施的施工作业未依法审批的；

（四）未督促经批准占用、挖掘道路或者跨越、穿越道路架设、增设管线设施的施工作业单位按期完工的；

（五）对未经批准擅自挖掘道路、占用道路施工或者从事其他影响道路交通安全活动疏于监督的；

（六）滥用职权、徇私舞弊、玩忽职守的；

（七）其他未履行法定职责的。

第八章　附　　则

第七十一条　对道路交通安全违法行为的罚款处罚，可以实行异地缴纳罚款制度，具体办法由省人民政府自本条例施行之日起一年内制定。

卫星定位汽车行驶记录仪的安装、使用、监管办法，道路交通事故社会救助基金实施办法，电动自行车等安装有动力装置的非机动车的检验办法由省人民政府自本条例施行之日起一年内制定。

第七十二条　本条例自2011年10月1日起施行。2006年1月18日广东省第十届人民代表大会常务委员会第二十二次会议通过的《广东省道路交通安全条例》同时废止。

广东省高级人民法院、广东省公安厅
关于处理道路交通事故案件若干具体问题的意见

1996 年 7 月 13 日 粤高法发〔1996〕15 号

最高人民法院、公安部于 1992 年 12 月 1 日联合发出《关于处理道路交通事故案件有关问题的通知》（以下简称《通知》）以来，我省各级人民法院和公安机关认真贯彻执行国务院《道路交通事故处理办法》（以下简称《办法》）、《广东省道路交通事故处理规定》（以下简称《规定》）和《通知》，密切配合，互相支持，依法办案，积累了一些经验。为了进一步贯彻执行好《办法》《规定》和《通知》，根据我省实际，结合办案实践经验，提出如下意见。

一、保证金和抢救治疗费的预付

1. 交通事故造成人员伤亡或者财产损失，公安交通管理部门应当暂时扣留交通事故车辆并责令交通事故当事人及其所在单位或者机动车的所有人缴纳事故责任保证金。当事人拒绝缴纳保证金，或者缴纳的保证金不足额的，公安交通管理部门可以继续扣留交通事故车辆。

事故责任保证金的数额应不超过交通事故当事人承担全部责任时的损害赔偿数额。

2.《办法》第十三条和《规定》第七条规定的交通事故当事人及其所在单位或者机动车的所有人应当预付的抢救治疗的医疗费，是指从伤者接受抢救治疗起至治疗终结定残之日或者抢救无效、停止抢救时止所发生的医疗费用。无论公安交通管理部门是否已经作出责任认定，负有预付抢救治疗费义务的单位或者个人不得以其无道路交通事故责任或者责任轻为由，拒绝或者不继续预付抢救治疗费。

抢救治疗费分期预付的，在付足全部医疗费前，公安交通管理部门可以继续扣留交通事故车辆。

交通事故当事人及其所在单位或者机动车的所有人对预付的抢救治疗费超过其责任部分有异议的，按《通知》第七条规定处理。

3. 交通事故发生后，公安交通管理部门应及时督促伤者就诊的医院对伤者整个治疗过程所需医疗费作出初步估价，并以书面方式通知负有预付医疗费义务的单位或者个人按该数额缴纳。

4. 根据上述第1、2条意见和《办法》第十三条规定，当交通事故当事人及所在单位或者机动车的所有人没有按要求缴纳事故责任保证金或者预付抢救治疗费时，公安交通管理部门可以暂时扣留交通事故车辆。扣车期限适用本意见第18条的规定。

二、责任认定和责任承担

5. 道路交通事故发生后，公安交通管理部门应依照《办法》和《道路交通事故处理程序规定》等有关规定，查明事故原因，在规定的期限内作出责任认定，制作"道路交通事故责任认定书"（以下简称事故责任认定书），对不属于任何一方当事人违章行为造成的事故，及时作出书面结论，并将事故责任认定书或者书面结论及时送交各方当事人。

6. 人民法院在审理案件时认为公安交通管理部门作出的交通事故责任认定不准确的，在决定不予采信之前，应征求公安交通管理部门的意见，妥善处理。

7. 机动车所有人员是指机动车在车辆管理机关入户注册登记的单位或者个人。由于车辆异动不办理过户手续、挂靠登记、承包经营、分期付款购买或者租用、借用车辆等原因产生的机动车的实际支配人与机动车所有人不一致时，《办法》第三十一条规定的机动车所有人和各类责任（垫付责任或者赔偿责任）由机动车所有人和实际支配人连带承担。

机动车的实际支配人和驾驶员为同一人时，仍按《办法》第三十一条规定处理，即实际支配人承担赔偿责任，机动车所有人承担垫付责任。

本条所称"实际支配人"是指车辆异动中的承买人（发生多手交易的，为最后一次买卖关系的承买人）、挂靠人、承包经营人、实行分期付款购买而未办理过户手续的承买人或者车辆的租用人、借用人。

8. 经审查确属被盗抢的车辆在被盗期间发生的交通事故，车辆所有人不承担赔偿责任。

9. 负有交通事故责任的机动车一方对无偿乘车人造成的损害，应负赔偿责任。

10. 《办法》第三十一条规定，承担赔偿责任的机动车驾驶员暂时无力赔偿的，由驾驶员所在单位或者机动车的所有人负责垫付。因驾驶员逃逸而无法查明其身份的，公安交通管理部门可以只通知机动车所有人前来调解，人民法院可不作必要共同诉讼，先行处理由机动车所有人承担垫付责任。

11. 道路交通事故发生后，由于驾驶员弃车逃逸，交通事故车辆的号牌属伪造或者已被拆走，经过三十日仍无法查明机动车所有人的，公安交通管理部门可以对交通事故车辆作拍卖处理，所得价款优先低偿受害人，抵偿后如有剩余的价款，由公安交通管理部门提存保管；如拍卖后所得价款不足以抵偿受害人的，受害人在法律规定的诉讼时效内有向侵害人追偿的权利。

三、公安交通管理部门对交通事故的调解

12. 公安交通管理部门对交通事故损害赔偿问题主持调解时，应严格执行《办法》和省公安厅公布的"道路交通事故损害赔偿的计算标准"等有关规定。在调解过程中，事故当事人提出《办法》中没有规定的赔偿项目和要求时，不予支持。对调解达成协议的，应制作"道路交通事故损害赔偿调解书"（以下简称调解书）；对经两次调解不能达成调解协议的，应制作"道路交通事故损害赔偿调解终结书"（以下简称调解终结书）和"道路交通事故经济赔偿建议书"（以下简称经济赔偿建议书）。

13. 公安交通管理部门应认真做好调解工作，两次调解的时间间隔至少为一日。损害赔偿的调解期限，按《办法》第三十二条规定的开始时间起算，最长不得超过四十五日。

14. 在法定的调解期限内，公安交通管理部门经两次书面通知当事人，但当事人无正当理由不参加调解的，视为调解达不成协议，公安交通管理部门即可制作调解终结书和经济赔偿建议书。

15. 同一宗交通事故造成的伤亡人数为二人以上，由于伤者治疗终结或者定残的时间各不相同，伤者治疗终结或者定残的时间与死者丧葬事宜结束的时间也不相同，造成对各受害人损害赔偿的调解期限的起始时间各不相同的，公安交通管理部门应根据各受害人的不同情况分别结案。

16. 经济赔偿建议书是公安交通管理部门向人民法院提出的损害赔偿意见，不发给事故当事人。

经济赔偿建议书应具体列明赔偿项目、各项目的赔偿标准及计算办法、计算结果。一方已同意赔偿条件的，应加以注明。

经济赔偿建议书应及时制作附卷，供人民法院审理时参考。

17. 公安交通管理部门在制作调解终结书或者调解书时，须按规定写明当事人如向人民法院提起民事诉讼，应在接到调解终结书或者调解书之次日起一年内行使诉讼权利（财产损失赔偿为二年），并有送达回证附卷。

18. 因调解不成而终结案件的，公安交通管理部门对扣留的交通事故车辆，可以在当事人收到调解终结书之次日起三个月内继续予以扣留；对收取的事故责任保证金，在一年内（财产损失赔偿为二年）不能发还一方当事人或者转交对方当事人。

因调解达成协议而结案的，公安交通管理部门对扣留的交通事故车辆或者收取的事故责任保证金,在当事人全部履行协议前不能发还一方当事人或者转交对方当事人,但自达成调解协议约定的履行期限届满的次日起,公安交通管理部门扣留交通事故车辆,最长不得超过三个月;保存事故责任保证金,最长不得超过一年(财产损失赔偿为二年)。

公安交通管理部门应告知当事人在收到调解终结书或在调解书约定的履行期限届满的次日起,如需要向人民法院提起民事诉讼并扣留原由公安交通管理部门扣留的车辆,应在三个月内依法向人民法院起诉并提出扣留该车的申请。

19. 公安交通管理部门处理道路交通事故要统一使用公安部发布的《道路交通事故案卷文书》格式,确保案卷材料完整、齐全、规范、有效。文书的书写要整洁,内容表达清楚、简明,符合法定要求。

四、文书送达

20. 公安交通管理部门向事故当事人送交事故责任认定书、调解书、调解终结书、参加调解的书面通知、交通事故不属于任何一方当事人的违章行为造成的书面结论、道路交通事故预付费通知书、缴纳事故责任保证金通知书、尸体处理通知书等文书必须有送达回证,由受送达人在送达回证上注明收到日期,并签名或者盖章。

公安交通管理部门送达上款文书应当参照民事诉讼法的有关规定,直接送交受送达人;受送达人或者他的同住成年家属拒绝接收文书的,适用留置送达。

直接送达文书有困难的,可以邮寄送达。文书以一般挂号寄出的,挂号收据应当附卷,并在案卷中注明原因和经过,自寄出之日起,经过十日,视为送达。

五、受理案件的程序

21. 因道路交通事故引起的损害赔偿纠纷,任何一方当事人均可持公安交通管理部门制作的调解终结书或者调解书,向人民法院提起民事诉讼。人民法院应依法及时予以受理,并按《通知》规定向公安交通管理部门调阅处理该案的全部案卷。公安交通管理部门应当在收到调卷函五日内将案卷移交法院。法院应在结案后五日内将上述案卷退还公安交通管理部门,并附送审结案件的法律文书。

22. 人民法院在受理道路交通事故损害赔偿案件之日起五日内,应书面通知公安交通管理部门,公安交通管理部门应当在接到法院的书面通知之日起五日内将暂扣的车辆等财物移交受理案件的法院,并共同做好交接手续。人民法院对接到的车辆等财物应依法作出财产保全裁定并抄送有关公安交通管理部门。

23. 人民法院受理道路交通事故损害赔偿案件后,道路交通事故中无责任或者责任较轻的受害方,为了治疗或者生活上的急需,向人民法院申请对主要责任人的车辆或其他财产先予执行的,人民法院应根据《民事诉讼法》第九十七条和

第九十八条的规定，及时作出裁定。具体可采用拍卖、变卖或作价抵偿等方法处理。

24. 人民法院受理案件后，当事人提出没有接到公安交通管理部门制发的事故责任认定书，人民法院应当告知当事人向公安交通管理部门联系解决。当事人对该责任认定仍有异议的，人民法院在审查确认后应裁定中止诉讼，告知当事人向上一级公安交通管理部门申请重新认定。上一级公安交通管理部门应及时作出认定。

25. 交通事故发生后，当事人不报案而"私下"协议，协议不成或者达成协议后又反悔再报案的，由公安交通管理部门按《办法》第二十一条第二款的规定立案处理。人民法院不作民事案件直接受理。

26. 公安交通管理部门以调解方式结案后，一方当事人已部分履行了调解书确定的义务，对方当事人仅就未履行部分向人民法院起诉的，人民法院应予受理。

27. 经公安交通管理部门确认属于非道路上发生的交通事故引起的损害赔偿纠纷，当事人向人民法院起诉，符合《民事诉讼法》第一百零八条规定的起诉条件的，人民法院可以直接受理。对该类事故责任的认定，公安交通管理部门应积极予以协助，在作出非道路交通事故结论的同时，以书面方式提出对事故责任的认定意见，以利于案件的处理。

28. 经公安交通管理部门确认不属于任何一方当事人违章行为造成的交通事故，当事人持公安交通管理部门制发的不属于任何一方当事人的违章行为造成的书面结论向人民法院提起民事诉讼，符合《民事诉讼法》第一百零八条规定的起诉条件的，人民法院可以直接受理。

29. 被公安交通管理部门确认对道路交通事故负主要责任或全部责任的一方，在公安交通管理部门调解不成时，或在非道路交通事故中属加害或无损失或损失较少的一方，对另一方提出的损害赔偿数额有异议，向人民法院提起民事诉讼，符合立案条件的，人民法院应予受理。

六、损害赔偿数额的确定

30. 人民法院审理道路交通事故损害赔偿案件，要依法确定赔偿数额。依照《办法》和省公安厅公布的损害赔偿计算标准，确实难以弥补当事人实际损失的，可在责任方同意的前提下，或者参照精神损害赔偿的原则，赔偿的数额可适当高于法定标准。

31. 在人民法院主持调解下，一方当事人已同意高于法定标准或超出自己应承担的责任给予对方当事人作出赔偿，由于对方当事人仍不同意而无法达成调解协议的，人民法院可按一方当事人已同意的赔偿数额作出判决。

32．对香港、澳门、台湾同胞和华侨、外国人、无国籍人的损害赔偿，按省公安厅公布的城镇居民的赔偿标准计算。

33．人民法院对伤者医疗费的审查，应按照1990年7月2日省高级人民法院、省卫生厅《关于医疗费赔偿有关问题的联合通知》办理。

34．根据伤情需对伤者作分期治疗的，公安交通管理部门对损害赔偿的调解期限从第一期治疗结束出院或者定残之日起开始。对结案后继续治疗所需医疗费，可在征求县级以上人民医院的意见后，在结案时一次性计算付清。

35．按《规定》的第二十一条规定，残疾用具在本省选用国产普及型产品（不包括高级豪华型的电子器具），如同一种类的国产普及型残疾用具有多种不同价格的，一般以最高价格的产品价格计算。

从台湾进口的残疾用具，由于须在海关完税，故不列入国产普及型产品范围。

36．残疾用具为上、下假肢的，其分期更换的费用按结案时的价格标准计算一次性付清。

37．当事人及其亲属参加处理交通事故时采用租车、自行开车方式或者乘坐飞机、火车软卧前往的，租车费、汽油费或者飞机、软卧费以不超出国家机关一般工作人员的差旅费标准为限，超出部分不列入赔偿范围。但是，属情况紧急需迅速赶赴事故现场协助处理事故的，其交通费用由公安交通管理部门和人民法院视具体情况酌定。

当事人为华侨、外国人、无国籍人的，其亲属从境外来华参加处理交通事故所需交通费按照实际必需的费用计算，凭据支付；误工费、住宿费按照《办法》和省公安厅公布的损害赔偿标准计算。

参加处理交通事故必须以接到公安交通管理部门的通知为准。对于当事人及其亲属无公安交通管理部门通知，往返造成的不合理的交通、住宿费用，不列入赔偿范围。

38．"被抚养人"包括胎儿和违反计划生育政策出生的子女。

被抚养人在公安交通管理部门或者人民法院结案前已死亡的，其生活费计至死亡之日。

39．交通事故造成怀孕妇女死亡或受伤流产的，胎儿不列入损害赔偿范围。

40．残者或死者属于二个以上的抚养人中的其中之一的，被抚养人生活费按残者或残者应承担的份额计算。

41．《办法》第三十七条第（九）项所指"丧失劳动能力"包括全部或部分丧失劳动能力两种情况。被抚养人生活费按丧失劳动能力的残疾者的伤残等级确定，即Ⅰ级的按100％计算，Ⅱ级的减少10％，其他依次类推。

42. 对"无名尸"的处理，其死亡补偿费按照省公安厅公布的城镇居民的平均生活费计算，补偿十年，因年龄问题需减少补偿年限的，按《办法》三十七条第（八）项规定处理。经法医鉴定，凡男死者年龄在二十三周岁以上、六十周岁以下，女死者年龄在二十一周岁以上、五十五周岁以下的，被抚养人一律推定为一人，抚养十年，其他年龄范围不定被抚养人。"无名尸"的死亡补偿费和被抚养人生活费由公安交通管理部门提存保管。

对交通事故中的下落不明者，经公安交通管理部门查明是失踪的，视为死亡人员，其交通事故损害赔偿费按《办法》有关规定和省公安厅公布的赔偿标准计算。

43. 死者或残者的法定继承人（表示放弃继承的除外）、被抚养人应全部列为诉讼主体的一方，但可指定其中的一名代表作为诉讼代理人。

44. 公安交通管理部门在制作调解书或者人民法院在制作民事调解书、判决书时，应逐项写明赔偿项目及其数额。

45. 道路交通事故损害赔偿案件交由交通事故发生地基层人民法院管辖。

46. 人民法院对道路交通事故损害赔偿案件受理费的计算，属人身伤害赔偿的每件收取人民币一百元，财产损失赔偿部分按争议标的额计算收取。

广东省高级人民法院、广东省公安厅
关于处理道路交通事故案件若干具体问题的补充意见

2001年2月20日　粤高法发〔2001〕6号

广东省高级人民法院、广东省公安厅于1996年7月13日联合下发《关于处理道路交通事故案件若干具体问题的意见》（粤高法发〔1996〕15号）以来，我省各级人民法院和公安交通管理部门各司其职，密切配合，严格依法办案，取得了良好的法律效果和社会效果。为解决目前交通事故处理工作和案件审理工作中出现的新情况、新问题，提出以下补充意见。

1. 公安交通管理部门在处理交通事故过程中，应当准确认定交通事故车辆驾驶人的身份，同时查明交通事故车辆所有人、车辆实际支配人的情况，以及交通事故车辆驾驶人、车辆所有人、车辆实际支配人之间的关系。

2. 人民法院在审理道路交通事故损害赔偿案件过程中，当事人对急需的医疗费、生活费、护理费申请先予执行的，人民法院可根据案件情况裁定先予执行，并向公安交通管理部门发出协助执行通知书。公安交通管理部门在收到先予执行裁定书和协助执行通知书后，可以从被执行人交纳的交通事故责任保证金中支付相应的款额。

支付交通事故责任保证金额须经县级或相当于县级以上的公安交通管理部门负责人核准，并由公安交通管理部门的财务部门办理有关支付手续。

3. 交通事故当事人暂时无法交纳或足额交纳交通事故责任保证金的，应当提供财产担保或保证人。

保证人应当符合下列条件：

（1）住所地在广东省境内的自然人或者企业法人，有合法的收入或固定资产，有能力履行担保义务；

（2）保证人应当出具书面保证书，并经县级以上公证部门公证。

保证人应当履行下列义务：

（1）履行被保证人应尽的预付抢救治疗费义务；

（2）在被保证人不履行交通事故损害赔偿义务时，由保证人承担相应的保证责任。

保证人不履行保证义务的，对方当事人可以向人民法院提起民事诉讼。

4. 因交通事故伤者伤情变化等原因，导致交通事故损害赔偿数额增大，已交纳的交通事故责任保证金数额少于交通事故当事人应承担的赔偿数额时，公安交通管理部门可以要求当事人及其所在单位或者车辆所有人、车辆实际支配人补交交通事故责任保证金不足额部分。当事人拒绝交纳的，公安交通管理部门可以再次扣留交通事故车辆。

5. 被盗抢的机动车辆在被盗抢期间发生道路交通事故的，车辆所有人或者车辆实际支配人必须提供盗抢案件发生地县（市）、市辖区公安局、公安分局或者相当于同级的公安局、公安局刑事侦查部门出具的证明。

6. 交通事故伤者经治疗已达到临床效果稳定，但医疗单位拒绝出具治疗终结证明或对治疗终结意见不一致时，公安交通管理部门可提交伤残评定机构对交通事故伤者是否达到临床治疗终结进行鉴定。经鉴定已达到治疗终结的，应组织评残和进行损害赔偿调解。

经调解达成损害赔偿协议或者调解终结后，交通事故伤者有证据证明确需继续治疗的，公安交通管理部门对继续治疗费用不再进行调解，当事人可以直接向人民法院提起民事诉讼。

7. 对边远山区发生的交通事故，当地没有就近的县级医院的，交通事故伤者确因抢救治疗需要，而在乡镇医院支付的医疗费，公安交通管理部门可据实认定。

8. 对挪用车辆牌证、使用假牌证以及无牌无证的车辆或者已报废车辆发生交通事故，公安交通管理部门应在查明车辆来源的真实情况后，按下列办法处理：

（1）属走私汽车和无进口汽车的，负责事故处理的公安交通管理部门应将车辆上缴市公安交警支队，并按规定予以没收处理，交通事故造成走私汽车和无进口证明汽车损坏所需的修复费不列入交通事故损害赔偿范围；

（2）属有合法来源证明，但未依法办理入户、领牌手续的车辆，公安交通管理部门应依法纠正并处罚驾驶员的交通违章行为，因交通事故造成的车辆损坏所需的修复费应列入交通事故损害赔偿范围；

（3）属已报废车辆的，公安交通管理部门应对车辆予以强制报废，因交通事故造成报废车辆损坏的，不列入交通事故损害赔偿范围。

对挪用车辆牌证、使用假牌证以及无牌无证车辆或报废的车辆发生的交通事故，不论该车辆是否有合法来源证明，车辆的驾驶人、承买人、实际支配人均应依法承担交通事故损害赔偿责任。

9. 发生交通事故造成车辆装载的货物受损的，公安交通管理部门应查明货物来源的真实情况。属走私货物的，公安交通管理部门应移交海关缉私部门处理，因交通事故造成走私货物的损失，不列入交通事故损害赔偿范围。属非走私但又无合法来源证明货物的，应在进行货物损失价格鉴定后，移送事故发生地公安机关刑事侦查部门处理。

10. 交通肇事逃逸案或者属无名氏的重大交通事故，经公安交通管理部门调查取证后，案件的基本事实清楚、基本证据确实充分，仅当事人身份未能查明的，公安交通管理部门可以根据已查清的事实和已取得的证据作出交通事故责任认定。责任认定书中对不明身份的当事人可用"××车驾驶员"或"无名氏（男或女）"等名词进行表述。此类案件，人民法院对符合民事诉讼法第一百零八条规定的，应当受理；在审理中对用上述方式认定的交通事故责任，应予采纳。

11. 从香港、澳门进口的残疾用具，不列入国产普及型残疾用具范围。

12. 公安交通管理部门作出的事故责任认定书、伤残评定书、调解书、处罚决定书等，均应分别送达车辆所有人、车辆实际支配人、车辆驾驶人、事故受损害人及死者家属。上述各方对公安交通管理部门所作的事故责任认定、伤残评定不服的，均可以自己的名义向上一级公安交通管理部门申请重新认（评）定。

上一级公安交通管理部门决定重新评定伤残等级，伤残方无正当理由拒不前往交通事故伤残评定机构进行伤残重新评定，造成交通事故伤残评定机构无法作出伤残重新评定结论的，交通事故伤残评定机构可作出不能评定伤残等级的结论。

13. 公安交通管理部门根据《道路交通事故处理程序规定》和广东省高级人民法院、广东省公安厅联合下发的《关于处理道路交通事故案件若干具体问题的意见》的规定，暂扣交通事故车辆期满后，应当书面通知交通事故车辆驾驶人、车辆所有人领回被暂扣车辆。经通知超过六个月不到公安交通管理部门领取被暂扣车辆的，公安交通管理部门可以撤销机动车号牌和行驶证，并按规定将车辆上缴县级以上（含县级）财政部门。

14. 交通事故当事人就交通事故造成的损害赔偿纠纷向人民法院提起民事诉讼，人民法院受理后，要求公安交通管理部门移送被暂扣的交通事故车辆的，除属于被盗抢、无合法来源或报废的车辆外，公安交通管理部门应在接到移送通知的五日内移送，不得以其他理由拒绝移送。

15. 当事人只起诉车辆驾驶人、车辆所有人或实际支配人中部分主体的，人民法院应当告知其他有关人员的责任。当事人坚持只起诉部分主体的，人民法院应当准许，对不起诉部分，视为放弃权利。

车辆所有人主张因车辆异动致使车辆所有人与车辆实际支配人不一致的，应当承担举证责任。不能查明车辆实际支配人的,车辆所有人应承担交通事故损害赔偿责任。

16. 当事人没有在治疗终结后十五日内申请伤残评定,致使伤残者没有伤残等级评定结论,当事人就此持调解书或调解终结书向人民法院起诉的,人民法院应当受理。当事人能举证证明伤残是交通事故造成的,人民法院可根据当事人的请求委托有关机构进行评定;对造成伤残原因不能查明的,驳回当事人有关残疾赔偿的诉讼请求。

没有收到伤残评定书的当事人在诉讼中要求对伤残进行重新评定的,人民法院经审查认为确有必要的,应当允许,并通知公安交通管理部门另行送达,当事人可在受送达后十五日内申请重新评定伤残等级。

17. 人民法院在审理道路交通事故损害赔偿案件中,当事人对伤残等级评定提出异议,人民法院经审查认为公安交通管理部门的伤残评定结论确有不当,或者公安交通管理部门依据前述第12条作出不能评定伤残等级结论后当事人有异议的,可以委托有关机构另行评定,并通知原作出评定的公安交通管理部门伤残评定机构。

18. 人民法院审理道路交通事故损害赔偿案件,对有关损害赔偿金的计算,均应采用道路交通事故发生时的标准。

19. 因交通事故致人伤残或者死亡,当事人据此提起精神损害赔偿的,人民法院可以根据交通事故造成的后果、交通事故责任人的责任大小及经济能力等情况确定赔偿数额。

因交通事故造成怀孕妇女流产的,交通事故责任人应承担适当的精神损害赔偿。

20. 因履行运输合同发生交通事故,侵害当事人的人身、财产权益的,当事人有权选择依照《道路交通事故处理办法》要求过错方承担侵权损害赔偿责任,或者依照《中华人民共和国合同法》的有关规定,要求承运方承担违约责任。

21. 人民法院拍卖交通事故车辆所得费用,优先用于支付交通事故损害赔偿金。

22. 对发生在广东省内的交通事故损害请求赔偿,交通事故当事人住所地不在广东省内的,依据民事诉讼法的有关规定确定案件管辖;交通事故当事人双方都在广东省内的,由交通事故发生地法院管辖。

23. 人民法院受理交通事故人身伤害赔偿案件,按财产案件的收费标准收取案件受理费。

当事人确因经济困难不能按时足额交纳诉讼费用的,可以向人民法院申请缓交、减交或免交。人民法院应当依照最高人民法院、司法部《关于民事法律援助工作若干问题的联合通知》以及最高人民法院《关于对经济确有困难的当事人予以司法救助的规定》,决定是否缓交、减交或免交。

24. 人民法院因审理道路交通事故案件需要,在一审中调阅了公安交通管理部门处理该案的卷宗,一审宣判以后,当事人提起上诉的,一审法院可以将该卷宗随案移送二审法院,但应当同时通知公安交通管理部门。二审法院审理终结后,应将该卷宗随案退回一审法院。一审法院在收到该卷宗后,应在五日内将该卷宗退回公安交通管理部门。

25. 广东省高级人民法院、广东省公安厅于 1996 年 7 月 13 日联合下发的《关于处理道路交通事故案件若干具体问题的意见》(粤高法发〔1996〕15 号)与本补充意见有抵触的,以本补充意见为准。

广东省人民政府关于加强直通港澳车辆管理工作问题的通知

粤府［1992］125号

各市、县、自治县人民政府，省府直属有关单位：

改革开放以来，我省与香港、澳门间的汽车运输业有很大发展，特别市直通香港的汽车运输发展更为迅速。这对促进进粤港两地经济繁荣起了积极的作用，但由于口岸和公路通过能力不足，皇岗口岸未投入使用前，文锦渡和沙头角两口岸经常出现严重堵塞。一些不法分子趁机进行走私、偷引渡等非法活动，给口岸管理带来极大的困难。为了改变这种状况，这几年，省人民政府坚持严格把关，对直通港澳车辆实行指标管理；从而较好地控制了车辆的增长速度，缓解了主要口岸的压力，取得了明显的成效。

但是，随着我国对外经济贸易的发展，对直通港澳车辆的渴求又日趋增加，中央单位、兄弟省市、省内各地新增申请直通香港运输的汽车累计已达一万多辆，而目前日通过深圳的三个陆路口岸的车辆已达二万客车次。进出深圳的公路通过能力也不足，近期不可能大幅增加直通车辆指标。供需矛盾突出，口岸、公路的压力越来越大。对直通香港车辆数量继续进行宏观调控，仍十分必要。

为了进一步加强直通港澳车辆的管理工作，使之适应改革开放和对外经济发展的需要，本着宏观调控，简化审批程序的原则，省人民政府决定：

一、加强对粤港直通车辆的宏观管理工作。今后，每年如出境车辆（包括与境外合作客货运输车、企业自货自运车、公务车和私家车）增车指标以及外省单位所需的车辆指标，由省口岸办公室根据对外经济发展的需要和口岸承受能力、公路交通等情况，会同有关部门后提出方案，报省人民政府审批，经批准后，各市的指标下达给市人民政府掌握分配；省直单位（包括中央驻粤机构）的指标，由省经贸委会同省公安厅掌握分配；外省单位的指标，由省口岸办掌握分配。各市、各有关部门必须坚持原则，严格把关。任何部门不得违反规定审批，不得突破限额分配指标。省人民政府不再直接审批直通港澳运输公司车辆。

二、进一步明确直通港澳运输车辆的审批手续。直通车指标"切块"分配后，审批手续仍按现行规定办理，但审批机关要尊重各市政府和指标分配部门的意见。具体审批办法如下：

（一）省内（包括中央驻粤单位）直通港澳合作运输公司车辆，由省经贸委会省公安厅后审批；省外直通港澳运输公司车辆，按我省口岸办分配的指标，由各省、市（区）审批。省外直通港澳运输车辆除在口岸接驳本省货物外，一律不得在广东境内装卸广东进出口货物。

（二）企业自货自运车辆，由省经贸委审批；公务车及私家汽车由省公安厅审批。

（三）境内车辆出港指标的谈判工作，由省外办、公安厅负责。指标分配参照上述办法进行。

（四）营运车辆的营运手续，由省公路运输管理部门负责办理。

（五）上述各种车辆的牌证由省公安厅核发，合作运输公司的登记注册由省工商局承办，各有关部门分配、审批直通运输车辆、企业的批件，应同时抄送省府办公厅、口岸办、经贸委、公安厅、交通厅、工商局、海关分署以及口岸海关备案。

三、严格执行对直通运输车辆的收费管理规定，用经济手段辅助直通车辆供求关系。

（一）国家有关部门直接下达有关出入境车辆的收费项目和收费标准，应统一由省物价局会同有关部门提出具体执行办法，报经省人民政府同意后执行。口岸各检验部门按国家规定收取车辆入境签证费，原则上应采取一次征收、统一管理、内部结算的办法，以简化手续，缩短车辆在口岸的停留时间，具体方案请省物价局和省口岸办会同有关部门提出，报省人民政府审批。

（二）为适当控制车辆日进出口岸次数，对一天内多次进出口岸的车辆可适当征收过境车辆增容费，具体征收标准，由省物价局和省口岸办会同有关部门提出后报省人民政府审批。

（三）适当提高入境直通车辆的管理费，同时，要从中方的管理费收入中提取一部分上交省财政，用以扶贫和发展公益实业。具体办法由省经贸委提出，报省政府批准后执行。

四、由省经贸委负责，积极探索粤港客货直通运输车辆指标公开招标拍卖的办法，取得经验后逐步推行。

五、努力创造条件，大力扶持我省对外运输业务。省内出境车辆应优先安排国营专业运输企业，逐渐增加我省直通港澳的运输车辆，促进粤港澳经济的发展和繁荣。

广东省人民政府
1992-09-07

公路工程技术标准

(JTG B01—2003) 的公告 第 1 号

为适应公路建设的可持续发展,交通部以厅公路发〔2002〕36 号文决定对 1998 年 1 月 1 日实施的《公路工程技术标准》(JTJ 001—1997)进行修订,修订工作由交通部公路司和中国工程建设标准化协会公路工程委员会负责,并得到了各省(市、自治区)交通厅的支持与配合。

该标准的修订工作全面总结了 1997 年以来我国公路建设的经验,在 12 项关键技术研究成果的基础上,充分借鉴和吸收了国外的相关标准和先进技术。修订后的标准进一步明确了各级公路的功能和相应的技术指标,突出体现了公路工程建设中安全、环保以及以人为本的指导思想和建设理念,科学、实用、易于掌握,对加快我国公路建设步伐,促进公路交通事业健康、协调、持续发展,具有重要的指导作用。

一、总 则

1. 为统一公路工程技术标准,指导公路工程建设,制定本标准。
2. 本标准适用于新建和改建公路。
3. 公路根据功能和适应的交通量分为以下五个等级:

3.1 高速公路为专供汽车分向、分车道行驶并应全部控制出入的多车道公路。

四车道高速公路应能适应将各种汽车折合成小客车的年平均日交通量 25 000~55 000 辆;

六车道高速公路应能适应将各种汽车折合成小客车的年平均日交通量 45 000~80 000 辆;

八车道高速公路应能适应将各种汽车折合成小客车的年平均日交通量 60 000~100 000 辆。

3.2 一级公路为供汽车分向、分车道行驶,并可根据需要控制出入的多车道公路。

四车道一级公路应能适应将各种汽车折合成小客车的年平均日交通量 15 000~30 000 辆；

六车道一级公路应能适应将各种汽车折合成小客车的年平均日交通量 25 000~55 000 辆。

3.3 二级公路为供汽车行驶的双车道公路。

双车道二级公路应能适应将各种汽车折合成小客车的年平均日交通量 5 000~15 000 辆。

3.4 三级公路为主要供汽车行驶的双车道公路。

双车道三级公路应能适应将各种车辆折合成小客车的年平均日交通量 2 000~6 000 辆。

3.5 四级公路为主要供汽车行驶的双车道或单车道公路。

双车道四级公路应能适应将各种车辆折合成小客车的年平均日交通量 2 000 辆以下；

单车道四级公路应能适应将各种车辆折合成小客车的年平均日交通量 400 辆以下。

4. 各级公路设计交通量的预测应符合下列规定：

4.1 高速公路和具干线功能的一级公路的设计交通量应按 20 年预测；具集散功能的一级公路，以及二、三级公路的设计交通量应按 15 年预测；四级公路可根据实际情况确定。

4.2 设计交通量预测的起算年应为该项目可行性研究报告中的计划通车年。

4.3 设计交通量的预测应充分考虑走廊带范围内远期社会、经济的发展和综合运输体系的影响。

5. 公路等级选用的基本原则：

5.1 公路等级的选用应根据公路功能、路网规划、交通量，并充分考虑项目所在地区的综合运输体系、远期发展等，经论证后确定。

5.2 一条公路，可分段选用不同的公路等级或同一公路等级不同的设计速度、路基宽度，但不同公路等级、设计速度、路基宽度间的衔接应协调，过渡应顺适。

5.3 预测的设计交通量介于一级公路与高速公路之间时，拟建公路为干线公路时，宜选用高速公路；拟建公路为集散公路时，宜选用一级公路。

5.4 干线公路宜选用二级及二级以上公路。

6. 公路建设应贯彻落实保护耕地、节约用地的原则，在确定公路用地范围时应符合以下规定：

6.1 公路用地范围为公路路堤两侧排水沟外边缘（无排水沟时为路堤或护坡道坡脚）以外，或路堑坡顶截水沟外边缘（无截水沟为坡顶）以外不小于1m范围内的土地；在有条件的地段，高速公路、一级公路不小于3m、二级公路不小于2m范围内的土地。

6.2 在风沙、雪害等特殊地质地带，设置防护设施时，应根据实际需要确定用地范围。

6.3 桥梁、隧道、互通式立体交叉、分离式立体交叉、平面交叉、交通安全设施、服务设施、管理设施、绿化以及料场、苗圃等用地，应根据实际需要确定用地范围。

7. 公路建设必须贯彻国家环境保护的政策，并符合以下规定：

7.1 公路环境保护应贯彻"以防为主、以治为辅、综合治理"的原则。

7.2 公路建设应根据自然条件进行绿化、美化路容，保护环境。

7.3 高速公路、一级公路和有特殊要求的公路建设项目应作环境影响评价。

7.4 生态环境脆弱的地区，或因工程施工可能造成环境近期难以恢复的地带，应作环境保护设计。

8. 公路分期修建必须遵照统筹规划、总体设计、分期实施的原则，使前期工程在后期仍能充分利用。

高速公路整体式断面路段不得横向分幅、分期修建。

9. 公路交通量接近或达到饱和时，应对改建与新建方案进行比选论证。采用改建方案时，应符合以下规定：

9.1 改建公路，当利用现有公路的局部路段，因提高设计速度可能诱发工程地质病害时，经论证并报主管部门批准，该局部路段的设计可维持原设计速度，但其长度不宜大于相应公路等级的设计路段长度。

9.2 高速公路的改建必须在交通量预测、交通组织设计、交通安全评价等基础上作出具体实施方案设计。在工程实施中，应减少对既有公路的干扰，并应有保证通行安全的措施。维持通车路段的服务水平可降低一级。

9.3 一、二、三级公路改建时，应作保通设计方案。

10. 公路建设项目，应综合考虑设计、施工、养护、管理等成本效益，分析其安全、环保、运营等社会效益，选用综合效益最佳的方案。

二、控 制 要 素

1. 公路设计所采用的设计车辆外廓尺寸规定如表 2-1。

表 2-1 设计车辆外廓尺寸

车辆类型	总长（m）	总宽（m）	总高（m）	前悬（m）	轴距（m）	后悬（m）
小客车	6	1.8	2	0.8	3.8	1.4
载重汽车	12	2.5	4	1.5	6.5	4
鞍式列车	16	2.5	4	1.2	12.8	2

2. 交通量换算采用小客车为标准车型。确定公路等级的各汽车代表车型和车辆折算系数规定如表 2-2。

表 2-2 各汽车代表车型与车辆折算系数

汽车代表车型	车辆折算系数	说 明
小客车	1.0	≤19 座的客车和载质量≤2 t 的货车
中型车	1.5	>19 座的客车和载质量>2 t～≤7 t 的货车
大型车	2.0	载质量>7 t～≤14 t 的货车
拖挂车	3.0	载质量>14 t 的货车

2.1 畜力车、人力车、自行车等非机动车，在设计交通量换算中按路侧干扰因素计。

2.2 一、二级公路上行驶的拖拉机按路侧干扰因素计。

三、四级公路上行驶的拖拉机每辆折算为 4 辆小客车。

2.3 公路通行能力分析所要求的车辆折算系数应针对路段、交叉口等形式、按不同的地形条件和交通需求，采用相应的折算系数。

3. 公路设计小时交通量宜采用年第 30 位小时交通量，也可根据公路功能采用当地的年第 20～40 位小时之间最为经济合理时位的小时交通量。

4. 公路服务水平分为四级。各级公路设计采用的服务水平规定如表 2-3。

表 2-3 各级公路设计采用的服务水平

公路等级	高速公路	一级公路	二级公路	三级公路	四级公路
服务水平	二级	二级	三级	三级	—

4.1 一级公路作为集散公路时，可采用三级服务水平设计。

4.2 互通式立体交叉的分合流区段匝道以及交织区段可采用三级服务水平设计。

5. 各级公路设计速度规定如表 2-4 所示。

表 2-4 各级公路设计速度

公路等级	高速公路			一级公路			二级公路		三级公路		四级公路
设计速度(km/h)	120	100	80	100	80	60	80	60	40	30	20

5.1 高速公路特殊困难的局部路段，且因新建工程可能诱发工程地质病害时，经论证并报主管部门批准，该局部路段的设计速度可采用 60 km/h，但长度不宜大于 15 km，或仅限于相邻两互通式立体交叉之间，与其相邻路段的设计速度不应大于 80 km/h。

5.2 一级公路作为干线公路时，设计速度宜采用 100 km/h 或 80 km/h。

一级公路作为集散公路时，根据混合交通量、平面交叉间距等因素，设计速度宜采用 60 km/h 或 80 km/h。

5.3 二级公路作为干线公路时，设计速度宜采用 80 km/h。

二级公路作为集散公路时，混合交通量较大、平面交叉间距较小的路段，设计速度宜采用 60 km/h。

二级公路位于地形、地质等自然条件复杂的山区时，经论证该路段的设计速度可采用 40 km/h。

6. 高速公路设计路段不宜小于 15 km；一、二级公路设计路段不宜小于 10 km。

不同设计速度的设计路段间必须设置过渡段。

7. 各级公路建筑限界应符合图 2-1 的规定。

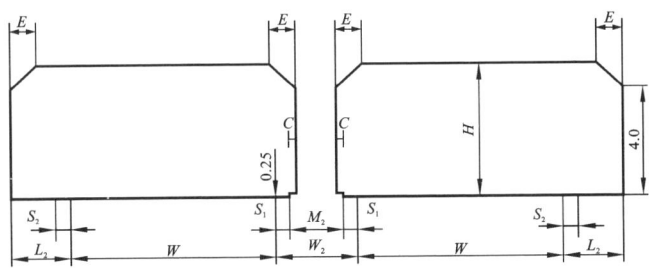

(1) 高速公路、一级公路（整体式）

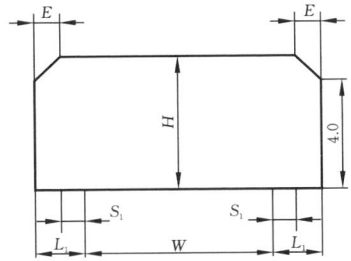

(2) 高速公路、一级公路（分离式）

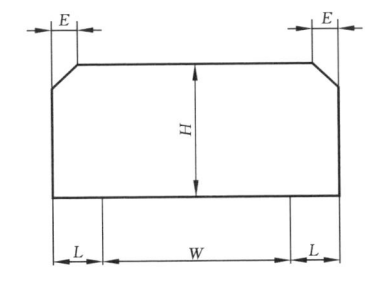

(3) 二、三、四级公路

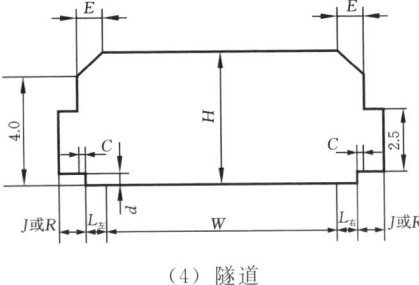

(4) 隧道

图 2-1　公路建筑限界（单位：m）

图中：W——行车道宽度；

L_1——侧硬路肩宽度；

L_2——右侧硬路肩宽度；

S_1——左侧路缘带宽度；

S_2——右侧路缘带宽度；

L——侧向宽度：高速公路、一级公路的侧向宽度为硬路肩宽度（L_1或L_2）；二、三、四级公路的侧向宽度为路肩宽度减去 0.25 m；隧道内侧向宽度（$L_左$或$L_右$）应符合本标准"七、隧道"之"3.1"项隧道最小侧向宽度的规定；

C——当设计速度大于 100 km/h 时为 0.5 m，等于或小于 100 km/h 时为 0.25 m；

M_1——中间带宽度；

M_2——中央分隔带宽度；

J——隧道内检修道宽度；

R——隧道内人行道宽度；

d——隧道内检修道或人行道高度；

E——建筑限界顶角宽度：当 $L \leqslant 1$ m 时，$E = L$；当 $L > 1$ m 时 $E = 1$ m；

H——净空高度。

7.1 当设置有加（减）速车道、紧急停车带、爬坡车道、慢车道、错车道时，建筑限界应包括相应部分的宽度。

7.2 八车道及其以上的高速公路（整体式）建筑限界应包括左侧硬路肩的宽度，如图 2-1 中（2）所示。

7.3 桥梁、隧道设置检修道、人行道时，建筑限界应包括相应部分的宽度。

7.4 一条公路应采用同一净高。高速公路、一级公路、二级公路的净高应为 5.00 m；三级公路、四级公路的净高应为 4.50 m。

7.5 检修道、人行道与行车道分开设置时，其净高应为 2.50 m。

8. 抗震设计应符合以下规定：

8.1 地震动峰值加速度系数小于或等于 0.05 地区的公路工程，除有特殊要求外，可采用简易设防。

8.2 地震动峰值加速度系数等于 0.10、0.15、0.20、0.30 地区的公路工程，应进行抗震设计。

8.3 地震动峰值加速度系数大于或等于 0.40 地区的公路工程，应进行专门的抗震研究和设计。

8.4 做过地震小区划地区的公路工程,应按主管部门审批的地震动峰值加速度系数进行抗震设计。

三、路　　线

1. 一般规定:

1.1 路线设计应根据公路等级及其功能,正确运用技术指标,保持线形连续、均衡,确保行驶安全、舒适。

1.2 确定路线走廊带应考虑走廊带内各种运输体系的分工与配合,据以统筹规划、近远期结合、合理布局,充分发挥和提高公路总体综合效益。

1.3 公路选线必须由面到带、由带到线,在对地形、工程地质、水文地质等调查与勘察的基础上论证、确定路线方案。

1.4 路线线位应考虑同农田与水利建设、城市规划的配合,尽可能避让不可移动文物、自然保护区,保护环境且同当地景观相协调。

1.5 高速公路、一级公路应做好总体设计,使各技术指标的设置与平、纵组合恰当线形平面顺适、纵面均衡;各构造物的选型与布置合理、实用、经济。

2. 车道宽度应符合表3-1的规定。

表3-1　车道宽度

设计速度(km/h)	120	100	80	60	40	30	20
车道宽度(m)	3.75	3.75	3.75	3.50	3.50	3.25	3.00(单车道时为3.50)

注:高速公路为八车道,当设置左侧硬路肩时,内侧车道宽度可采用3.50 m。

3. 高速公路、一级公路各路段的车道数应根据设计交通量、采用的服务水平确定。当车道数为四车道以上时,应按双数增加。

4. 高速公路、一级公路整体式断面必须设置中间带。中间带由两条左侧路缘带和中央分隔带组成,其各部分宽度应符合表3-2的规定。

表3-2　中间带宽度

设计速度(km/h)		120	100	80	60
中央分隔带宽度(m)	一般值	3.00	2.00	2.00	2.00
	最小值	2.00	2.00	1.00	1.00

续表

设计速度（km/h）		120	100	80	60
左侧路缘带宽度（m）	一般值	0.75	0.75	0.50	0.50
	最小值	0.75	0.50	0.50	0.50
中央带宽度（m）	一般值	4.50	3.50	3.00	3.00
	最小值	3.50	3.00	2.00	2.00

注："一般值"为正常情况下的采用值；"最小值"为条件受限制时可采用的值。

5. 路肩宽度应符合表 3-3 的规定。

表 3-3 路肩宽度

设计速度（km/h）		高速公路、一级公路				二级公路、三级公路、四级公路				
		120	100	80	60	80	60	40	30	20
右侧硬路肩宽度（m）	一般值	3.00 或 3.50	3.00	2.50	2.50	1.50	0.75	—	—	—
	最小值	3.00	2.50	1.50	1.50	0.75	0.25			
土路肩宽度（m）	一般值	0.75	0.75	0.75	0.50	0.75	0.75	0.75	0.50	0.25（双车道） 0.50（单车道）
	最小值	0.75	0.75	0.75	0.50	0.50	0.50			

注：① "一般值"为正常情况下的采用值；"最小值"为条件受限制时可采用的值。
② 设计为 120 km/h 的四车道高速公路，采用 3.50 m 的右侧硬路肩；六车道、八车道高速公路，采用 3.00 m 的右侧硬路肩。

5.1 高速公路、一级公路应在右侧硬路肩宽度内设右侧路缘带，其宽度为 0.50 m。

5.2 高速公路、一级公路采用分离式断面时，应设置左侧硬路肩，其宽度应符合表 3-4 的规定。左侧硬路肩宽度包含左侧路缘带宽度。

表 3-4 分离式断面高速公路、一级公路左侧路肩宽度

设计速度（km/h）	120	100	80	60
左侧硬路肩宽度（m）	1.25	1.00	0.75	0.75
左侧土路肩宽度（m）	0.75	0.75	0.75	0.50

5.3 八车道高速公路宜设置左侧硬路肩,其宽度应为 2.50 m。左侧硬路肩宽度内含左侧路缘带宽度。

6. 高速公路、一级公路的右侧硬路肩宽度小于 2.50 m 时,应设置紧急停车带。紧急停车带宽度应为 3.50 m,有效长度不应小于 30 m,间距不宜大于 500 m。

7. 高速公路、一级公路的互通式立体交叉、服务区、停车区、公共汽车停靠站、管理与养护设施等的出入口处,应设置加(减)速车道。

8. 高速公路、一级公路以及二级公路的连续上坡路段,当通行能力、运行安全受到影响时,应设置爬坡车道。爬坡车道宽度应为 3.50 m。

9. 连续长陡下坡路段,危及运行安全处应设置避险车道。

10. 四级公路采用 4.50 m 路基时,应设置错车道。设置错车道路段的路基宽度应不小于 6.50 m。

11. 各级公路路基宽度应符合表 3-5 的规定。

表 3-5 各级公路路基宽度

公路等级		高速公路、一级公路、二级公路、三级公路、四级公路								
设计速度(km/h)		120			100			80		60
车道数		8	6	4	8	6	4	6	4	4
路基宽度 (m)	一般值	45.00	34.50	28.00	44.00	33.50	26.00	32.00	24.50	23.00
	最小值	42.00	—	26.00	41.00	—	24.50	—	21.50	20.00
公路等级		二级公路、三级公路、四级公路								
设计速度(km/h)		80	60	40	30		20			
车道数		2	2	2	2		2 或 1			
路基宽度 (m)	一般值	12.00	10.00	8.50	7.50		6.50 (双车道)	4.50 (单车道)		
	最小值	10.00	8.50	—	—		—	—		

注:①"一般值"为正常情况下的采用值;"最小值"为条件受限制时可采用的值。
② 八车道高速公路路基宽度"一般值"为设置左侧硬路肩、内侧车道采用 3.50 m 时的宽度;八车道高速公路路基宽度"最小值"为不设置左侧硬路肩、内侧车道采用 3.75 m 时的宽度。

11.1 各级公路路基宽度为车道宽度与路肩宽度之和，当设有中间带、加（减）速车道、爬坡车道、紧急停车带、错车道等时，应计入这些部分的宽度。

11.2 二级公路因交通量、交通组成等需设置慢车道的路段，设计速度为 80 km/h 时，其路基宽度可采用 15.0 m；设计速度为 60 km/h 时可采用 12.0 m。

11.3 四级公路宜采用双车道路基宽；交通量小的路段，可采用单车道 4.50 m 路基宽。

11.4 确定路基宽度时，中央分隔带宽度、左侧路缘带宽度、右侧硬路肩宽度、土路肩宽度等的"一般值"和"最小值"应同类项相加。

12. 视距应符合以下规定：

12.1 高速公路、一级公路的停车视距应符合表 3-6-1 规定。

表 3-6-1　高速公路 一级公路停车视距

设计速度(km/h)	120	100	80	60
停车视距(m)	210	160	110	75

12.2 二、三、四级公路的停车视距、会车视距与超车视距应符合表 3-6-2 的规定。

表 3-6-2　二、三、四级公路的停车视距、会车视距与超车视距

设计速度(km/h)	80	60	40	30	20
停车视距(m)	110	75	40	30	20
会车视距(m)	220	150	80	60	40
超车视距(m)	550	350	200	150	100

12.3 双车道公路应间隔设置具有超车视距的路段。

12.4 高速公路、一级公路以及大型车比例高的二、三级公路，应采用货车停车视距对相关路段进行检验。

12.5 积雪冰冻地区的停车视距宜适当增加。

13. 直线的最大与最小长度应有所限制。一条公路的直线与曲线的长度设计应合理。

14. 圆曲线最小半径应符合表 3-7 规定。

表 3-7 圆曲线最小半径

设计速度(km/h)		120	100	80	60	40	30	20
一般值(m)		1 000	700	400	200	100	65	30
极限值(m)		650	400	250	125	60	30	15
不设超高最小半径(m)	路拱≤2.0%	5 500	4 000	2 500	1 500	600	350	150
	路拱>2.0%	7 500	5 250	3 350	1 900	800	450	200

15. 直线与小于表 3-7 所列不设超高的圆曲线最小半径相衔接处，应设置回旋线。回旋线参数及其长度应根据线形设计以及对安全、视觉、景观等的要求，选用较大的数值。

四级公路的直线与小于不设超高的圆曲线最小半径相衔接处，可不设置回旋线，用超高、加宽缓和段径相连接。

16. 最大纵坡应符合表 3-8 的规定。

表 3-8 最大纵坡

设计速度(km/h)	120	100	80	60	40	30	20
最大纵坡(%)	3	4	5	6	7	8	9

16.1 设计速度为 120 km/h、100 km/h、80 km/h 的高速公路受地形条件或其他特殊情况限制时，经技术经济论证，最大纵坡值可增加 1%。

16.2 公路改建中，设计速度为 40 km/h、30 km/h、20 km/h 的利用原有公路的路段，经技术经济论证，最大纵坡值可增加 1%。

16.3 越岭路线连续上坡（或下坡）路段，相对高差为 200～500 m 时，平均纵坡不应大于 5.5%；相对高差大于 500 m 时，平均纵坡不应大于 5%。任意连续 3 km 路段的平均纵坡不应大于 5.5%。

17. 纵坡长度应符合以下规定：

17.1 纵坡的最小坡长应符合表 3-9-1 的规定。

17.2 不同纵坡的最大坡长应符合表 3-9-2 的规定。

表 3-9-1 最小坡长

设计速度(km/h)	120	100	80	60	40	30	20
最小坡长(m)	300	250	200	150	120	100	60

表 3-9-2　不同纵坡最大坡长

纵坡坡度(%) \ 设计速度(km/h) 最大坡长(m)	120	100	80	60	40	30	20
3	900	1 000	1 100	1 200	—	—	—
4	700	800	900	1 000	1 100	1 100	1 200
5	—	600	700	800	900	900	1 000
6	—	—	500	600	700	700	800
7	—	—	—	500	500	500	600
8	—	—	—	—	300	300	400
9	—	—	—	—	—	200	300
10	—	—	—	—	—	—	200

17.3　连续上坡（或下坡）时，应在不大于表 3-9-2 所规定的纵坡长度范围内设置缓和坡段。缓和坡段的纵坡应不大于 3%，其长度应符合纵坡长度的规定。

18.　公路纵坡变更处应设竖曲线。竖曲线最小半径和最小长度应符合表 3-10 的规定。

表 3-10　竖曲线最小半径和最小长度

设计速度(km/h)		120	100	80	60	40	30	20
凸形竖曲线半径(m)	一般值	17 000	10 000	4 500	2 000	700	400	200
	最小值	11 000	6 500	3 000	1 400	450	250	100
凹形竖曲线半径(m)	一般值	6 000	4 500	3 000	1 500	700	400	200
	最小值	4 000	3 000	2 000	1 000	450	250	100
竖曲线最小长度(m)		100	85	70	50	35	250	20

四、路基路面

1.　一般规定：

1.1　路基路面应根据公路功能、公路等级、交通量，结合沿线地形、地质及路用材料等自然条件进行设计，保证其具有足够的强度、稳定性和耐久性。同时，路面面层应满足平整和抗滑的要求。

1.2 路基设计应重视排水设施与防护设施的设计,取土、弃土应进行专门设计,防止水土流失、堵塞河道和诱发路基病害。

1.3 路基断面形式应与沿线自然环境相协调,避免因深挖、高填对其造成不良影响。高速公路、一级公路宜采用浅挖、低填、缓边坡的路基断面形式。

1.4 通过特殊地质和水文条件的路段,必须查明其规模及其对公路的危害程度,采取综合治理措施,增强公路防灾、抗灾能力。

1.5 高速公路、一级公路路面不宜分期修建,但位于软土、高填方等工后沉降较大的局部路段,可按"一次设计、分期实施"的原则实施。

2. 路基设计洪水频率应符合表4-1规定。

表 4-1 路基设计洪水频率

公路等级	高速公路	一级公路	二级公路	三级公路	四级公路
设计洪水频率	1/100	1/100	1/50	1/25	按具体情况确定

3. 路基高度设计,应使路肩边缘高出路基两侧地面积水高度,同时考虑地下水、毛细水和冰冻的作用,不使其影响路基的强度和稳定性。

沿河及受水浸淹的路基边缘标高,应高出表4-1规定设计洪水频率的计算水位加壅水高、波浪侵袭高和0.5 m的安全高度。

4. 路基压实度和原地面处理要求:

4.1 路堤基底应清理和压实。基底强度、稳定性不足时,应进行处理,以保证路基稳定、减少工后沉降。

4.2 路基压实度应符合表4-2规定。

表 4-2 路基压实度

填挖类别	路床顶面以下深度(m)	路基压实度(%)		
		高速公路、一级公路	二级公路	三级公路、四级公路
零填及挖方	0~0.30	—	—	≥94
	0~0.80	≥96	≥95	—
填方	0~0.80	≥96	≥95	≥94
	0.80~1.50	≥94	≥94	≥93
	>1.50	≥93	≥92	≥90

注:① 表列数值以重型击实试验法为准。
② 特殊干旱或特殊潮湿地区的路基压实度,表列数值可适当降低。
③ 三级公路修筑沥青混凝土或水泥混凝土路面时,其路基压实度应采用二级公路标准。

5. 路基防护应根据公路功能，结合当地气候、水文、地质等情况，采取相应防护措施，保证路基稳定。

5.1 路基防护应采取工程防护与植物防护相结合的防护措施，并与景观相协调。

5.2 深挖、高填路基边坡路段，必须查明工程地质情况，针对其工程特性进行路基防护设计。

对存在稳定性隐患的边坡，应进行稳定性分析，采用加固、防护措施。

5.3 沿河路段必须查明河流特性及其演变规律，采取防止冲刷路基的防护措施。

凡侵占、改移河道的地段，必须做出专门防护设计。

6. 路面设计标准轴载为双轮组单轴 100 kN。

7. 路面面层类型的选用应符合表 4-3 的规定。

表 4-3 路面面层类型及适用范围

面层类型	适用范围
沥青混凝土	高速公路、一级公路、二级公路、三级公路、四级公路
水泥混凝土	高速公路、一级公路、二级公路、三级公路、四级公路
沥青贯入、沥青碎石、沥青表面处治	三级公路、四级公路
砂石路面	四级公路

8. 路面结构层所选材料应满足强度、稳定性和耐久性的要求。同时路面垫层材料宜采用水稳性好的粗粒料或各种稳定类粒料。

9. 路基路面排水应符合以下规定：

9.1 路基、路面排水设计应综合规划、合理布局，并与沿线排灌系统相协调，保护生态环境，防止水土流失和污染水源。

9.2 根据公路等级，结合沿线气象、地形、地质、水文等自然条件，设置必要的地表排水、路面内部排水、地下排水等设施，并与沿线排水系统相配合，形成完整的排水体系。

9.3 特殊地质环境地段的路基、路面排水设计，必须与该特殊工程整治措施相结合，进行综合设计。

五、桥　涵

1. 一般规定：

1.1 桥梁应根据公路功能、等级、通行能力及抗洪防灾要求，结合水文、地质、通航、环境等条件进行综合设计。

1.2 特大、大桥桥位应选择河道顺直稳定、河床地质良好、河槽能通过大部分设计流量的河段，不宜选择在断层、岩溶、滑坡、泥石流等不良地质地带。

1.3 桥梁设计应遵循安全、适用、经济、美观和环保的原则，并考虑因地制宜、便于施工、就地取材和养护等因素。

1.4 桥涵的设置应结合农田基本建设考虑排灌的需要。

1.5 特殊大桥宜进行景观设计；上跨高速公路、一级公路的桥梁，应与自然环境和景观相协调。

1.6 桥梁结构应考虑桥面铺装进行综合设计。桥面铺装应有完善的桥面防水、排水系统。

1.7 采用标准化跨径的桥涵宜采用装配式结构，机械化和工厂化施工。

2. 桥涵分类规定如表5-1所示。

表5-1 桥涵分类

桥涵分类	多孔跨径总长 L(m)	单孔跨径 L_K(m)
特大桥	$>1\ 000$	$L_K>150$
大桥	$100 \leqslant L \leqslant 1\ 000$	$40 \leqslant L_K <150$
中桥	$30 < L < 100$	$20 \leqslant L_K < 40$
小桥	$8 \leqslant L \leqslant 30$	$5 \leqslant L_K < 20$
涵洞	—	$L_K < 5$

注：① 单孔跨径系指标准跨径。
② 梁式桥、板式桥的多孔跨径总长为多孔标准跨径的总长；拱式桥为两岸桥台内起拱线间的距离；其他形式桥梁为桥面系车道长度。
③ 管涵及箱涵不论管径或跨径大小，孔数多少，均称为涵洞。
④ 标准跨径：梁式桥、板式桥以两桥墩中线间距离或桥墩中线与台背前缘间距为准；涵洞以净跨径为准。

3. 桥梁全长：有桥台的桥梁应为两岸桥台侧墙或八字墙尾端间的距离；无桥台的桥梁应为桥面系长度。

桥涵的跨径小于或等于50 m时，宜采用标准化跨径。

桥涵标准化跨径规定如下：

0.75 m、1.0 m、1.25 m、1.5 m、2.0 m、2.5 m、3.0 m、4.0 m、5.0 m、6.0 m、8.0 m、10 m、13 m、16 m、20 m、25 m、30 m、35 m、40 m、45 m、50 m。

4. 桥涵设计洪水频率应符合表5-2规定。

表 5-2 桥涵设计洪水频率

公路等级	设计洪水频率				
	特大桥	大桥	中桥	小桥	涵洞及小型排水构造物
高速公路	1/300	1/100	1/100	1/100	1/100
一级公路	1/300	1/100	1/100	1/100	1/100
二级公路	1/100	1/100	1/100	1/50	1/50
三级公路	1/100	1/50	1/50	1/25	1/25
四级公路	1/100	1/50	1/50	1/25	不作规定

4.1 二级公路的特大桥以及三级、四级公路的大桥，在水势猛急、河床易于冲刷的情况下，可提高一级设计洪水频率验算基础冲刷深度。

4.2 沿河纵向高架桥和桥头引道的设计洪水频率应符合本标准"四、路基路面"之"2"条路基设计洪水频率的规定。

5. 桥面净空应符合本标准"二、控制要素"之"7"条公路建筑限界的规定，并应符合以下要求：

5.1 高速公路、一级公路的特殊大桥为整体式上部结构时，其中央分隔带和路肩的宽度可适当减小，但减窄后的宽度不应小于本标准表 3-2 和表 3-3 规定的"最小值"。

5.2 桥上设置的各种管线等设施不得侵入公路建筑限界。

6. 桥下净空应符合以下规定：

6.1 通航或流放木筏的河流，桥下净空应符合通航标准及流放木筏的要求。

6.2 跨线桥桥下净空，应符合被交叉公路、铁路、其他道路等建筑限界的规定。

6.3 桥下净空还应考虑排洪、流冰、漂流物、冰塞以及河床冲淤等情况。

7. 桥梁及其引道的平、纵、横技术指标应与路线总体布设相协调。

桥上纵坡不宜大于4%，桥头引道纵坡不宜大于5%。

位于市镇混合交通繁忙处，桥上纵坡和桥头引道纵坡均不得大于3%。

桥头两端引道线形应与桥上线形相配合。

8. 渡口码头设计应符合下列要求：

8.1 渡口位置应选在河床稳定、水力水文状态适宜、无淤积或少淤积的河段。

8.2 直线码头的引道纵坡宜采用9%～10%；锯齿式码头宜采用4%～6%。

8.3 二级、三级公路的码头引道宽度不应小于 8.5 m；四级公路不应小于 7.0 m。

六、汽车及人群荷载

1. 汽车荷载分为公路-Ⅰ级和公路-Ⅱ级两个等级。

汽车荷载由车道荷载和车辆荷载组成。车道荷载由均布荷载和集中荷载组成。

桥梁结构的整体计算采用车道荷载；桥梁结构的局部加载、涵洞、桥台和挡土墙土压力等的计算采用车辆荷载。车道荷载与车辆荷载的作用不得叠加。

2. 各级公路桥涵设计的汽车荷载等级应符合表 6-1 规定。

表 6-1 汽车荷载等级

公路等级	高速公路	一级公路	二级公路	三级公路	四级公路
汽车荷载等级	公路-Ⅰ级	公路-Ⅰ级	公路-Ⅱ级	公路-Ⅱ级	公路-Ⅱ级

二级公路作为干线公路且重型车辆多时，其桥涵设计可采用公路-Ⅰ级汽车荷载。

四级公路重型车辆少时，其桥涵设计可采用公路-Ⅱ级车道荷载效应的 0.8 倍，车辆荷载效应可采用 0.7 倍。

3. 车道荷载的计算图式如图 6-1 所示。

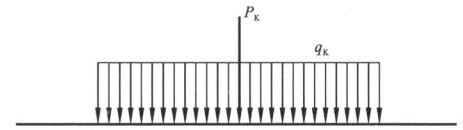

图 6-1 车道荷载

注：计算跨径为设支座的为相邻两支座中心间的水平距离；不设支座的为上、下部结构相交面中心间的水平距离。

3.1 公路-Ⅰ级车道荷载的均布荷载标准值为 $q_K=10.5$ kN/m；集中荷载标准值 P_K 按以下规定选取：

桥涵计算跨径小于或等于 5 m 时，$P_K=180$ kN；

桥涵计算跨径等于或大于 50 m 时，$P_K=360$ kN；

桥涵计算跨径大于 5 m、小于 50 m 时，P_K 值采用直线内插求得。

上述计算得到的剪力效应值应乘以 1.2 的系数。

公路-Ⅱ级车道荷载的均布荷载标准值 q_K 和集中荷载标准值 P_K，为公路-Ⅰ级车道荷载的 0.75 倍。

3.2 车道荷载的均布荷载标准值应满布于使结构产生最不利效应的同号影响线上；集中荷载标准值只作用于相应影响线中一个影响线峰值处。

4. 车辆荷载布置图如图 6-2 所示，其主要技术指标规定如表 6-2 所示。

公路-Ⅰ级和公路-Ⅱ级汽车荷载采用相同的车辆荷载标准值。

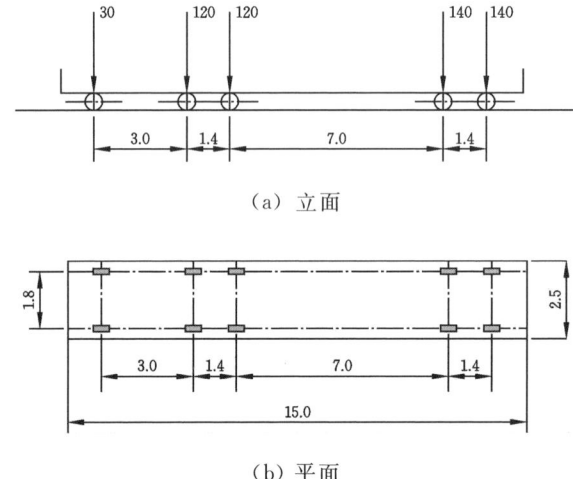

图 6-2 车辆荷载布置图（轴重力单位：kN；尺寸单位：m）

表 6-2 车辆荷载主要技术指标

项目	单位	技术指标
车辆重力标准值	kN	550
前轴重力标准值	kN	30
中轴重力标准值	kN	2×120
后轴重力标准值	kN	2×140
轴距	m	3+1.4+7+1.4
轮距	m	1.8
前轮着地宽度及长度	m	0.3×0.2
中、后轮着地宽度及长度	m	0.6×0.2
车辆外形尺寸（长×宽）	m	15×2.5

5. 车道荷载横向分布系数，应按设计车道数如图6-3所示布置车辆荷载进行计算。

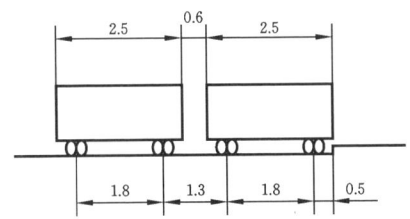

图 6-3 车辆荷载横向布置（尺寸单位：m）

6. 桥涵设计车道数应符合表6-3-1的规定。多车道桥梁的汽车荷载应考虑折减。当桥涵设计车道数等于或大于2时，由汽车荷载产生的效应应按表6-3-2规定的多车道横向折减系数进行折减，但折减后的效应不得小于两条设计车道的荷载效应。

表 6-3-1　桥涵设计车道数

桥面宽度 W(m)		桥面设计车道数（条）
单向行驶桥梁	双向行驶桥梁	
W＜7.0	—	1
7.0≤W＜10.5	6.0≤W＜14.0	2
10.5≤W＜14.0	—	3
14.0≤W＜17.5	14.0≤W＜21.0	4
17.5≤W＜21.0	—	5
21.0≤W＜24.5	21.0≤W＜28.0	6
24.5≤W＜28.0	—	7
28.0≤W＜31.5	28.0≤W＜35.0	8

表 6-3-2　横向折减系数

横向布置设计车道数（条）	2	3	4	5	6	7	8
横向折减系数	1.00	0.78	0.67	0.60	0.55	0.52	0.50

7. 大跨径桥梁应考虑车道荷载纵向折减。

桥梁计算跨径大于150 m时，应按表6-4规定的纵向折减系数进行折减。

桥梁为多跨连续结构时，整个结构应按其最大计算跨径的纵向折减系数进行折减。

表 6-4　纵向折减系数

计算跨径 L_o(m)	纵向折减系数
$150 < L_o < 400$	0.97
$400 \leq L_o < 600$	0.96
$600 \leq L_o < 800$	0.95
$800 \leq L_o < 1\,000$	0.94
$L_o \geq 1\,000$	0.93

8. 公路桥梁设置人行道时，应同时计入人群荷载。

8.1　桥梁计算跨径小于或等于 50 m 时，人群荷载标准值为 $3.0\ kN/m^2$。

桥梁计算跨径等于或大于 150 m 时，人群荷载标准值为 $2.5\ kN/m^2$。

桥梁计算跨径在大于 50 m、小于 150 m 时，可由线性内插得到人群荷载标准值。

跨径不等的连续结构，采用最大计算跨径的人群荷载标准值。

8.2　城镇郊区行人密集地区的公路桥梁，人群荷载标准值为上述标准值的 1.15 倍。

8.3　专用人行桥梁，人群荷载标准值为 $3.5\ kN/m^2$。

七、隧　　道

1. 一般规定：

1.1　隧道应根据公路功能和发展的需求，遵照安全、经济、利于保护生态环境的原则，结合隧道所处地区的地形、地质、施工、运营、管理等条件进行综合设计。

1.2　隧道选址必须对该区域的自然地理、场地与生态环境、工程地质、水文地质、地震等进行勘察，取得完整勘察基础资料，经技术经济论证后确定。

1.3　隧道的标高和平面位置应根据公路等级、路线总体设计方案确定，选在地层稳定，利于设置洞口、洞口两端接线、防灾救助系统、管理养护等设施的地段。

1.4　在拟定路线设计方案中，应论证采用隧道或深挖等不同方案给生态环境带来的影响。对生态环境脆弱的地带或可能因施工造成生态环境难以恢复的地段，应优先选择对环境影响小的方案，并辅以治理措施。

2. 隧道分类应符合表 7-1 规定。

表 7-1　隧道分类

隧道分类	特长隧道	长隧道	中隧道	短隧道
隧道长度 L(m)	$L>3\,000$	$3\,000 \geqslant L>1\,000$	$1\,000 \geqslant L>500$	$L \leqslant 500$

3. 隧道净空应符合本标准"二、控制要素"之"7"条公路建筑限界的规定，且横断面各组成部分宽度应符合以下要求：

3.1 隧道内的最小侧向宽度应符合表 7-2 的规定。

表 7-2　隧道最小侧向宽度

设计速度(km/h)	高速公路、一级公路				二级公路、三级公路、四级公路				
	120	100	80	60	80	60	40	30	20
左侧侧向宽度 $L_{左}$(m)	0.75	0.50	0.50	0.50	0.75	0.50	0.25	0.25	0.50
右侧侧向宽度 $L_{右}$(m)	1.25	1.00	0.75	0.75	0.75	0.50	0.25	0.25	0.50

3.2 高速公路、一级公路的隧道应在两侧设置检修道，其宽度应等于或大于 0.75 m。

二、三级公路的隧道宜在两侧设置人行道（兼检修道），其宽度应等于或大于 0.75 m。

四级公路可不设人行道，但应保留 0.25 m 的 C 值。

3.3 特长、长隧道内右侧侧向宽度小于 2.50 m 时，应设置紧急停车带。紧急停车带宽度应为 3.50 m，长度不应小于 30 m，间距不宜大于 750 m。

3.4 单车道四级公路的隧道应按双车道四级公路标准修建。

4. 隧道及其洞口两端路线的平、纵、横技术指标应符合以下规定：

4.1 隧道洞口内侧不小于 3 s 设计速度行程长度与洞口外侧不小于 3 s 设计速度行程长度范围内的平、纵线形应一致。

4.2 洞口外与之相连接的路段应设置距洞口不小于 3 s 设计速度行程长度，且不小于 50 m 的过渡段，以保持横断面过渡的顺适。

4.3 隧道内的纵坡应小于 3%，但短于 100 m 的隧道不受此限。

4.4 高速公路、一级公路的中、短隧道，当条件受限制时，经技术经济论证后最大纵坡可适当加大，但不宜大于 4%。

5. 隧道应根据所处地质条件等，确定结构形式和适应于地层特性的施工方法。

6. 隧道防水和排水应按照排、防、截、堵相结合的原则进行综合设计，使洞内、洞口与洞外构成完整的防水、排水系统，并应注意防止水土流失和保护自然环境。隧道内纵坡应大于 0.3%。

7. 隧道交通工程及沿线设施的配置应符合以下规定：

7.1 隧道交通工程及沿线设施的技术标准与建设规模应根据公路功能、等级、交通量、隧道长度等确定，并应符合交通工程及沿线设施总体设计的要求。

7.2 公路隧道应采用反光标志、反光标线。对高速公路、一级公路隧道洞口两端的标志、标线、视线诱导标及护栏与洞口连接过渡等应进行专门设计。

7.3 特长隧道和高速公路、一级公路的长隧道，应设置监控设施。

7.4 隧道通风设施应根据交通组成和交通量增长情况等，按统筹规划、总体设计、分期实施的原则设置。

7.5 高速公路、一级公路的隧道，其长度大于 100m 时应设置照明设施。二、三、四级公路的隧道，其照明设施可根据具体情况设置。

7.6 特长隧道和高速公路、一级公路的长隧道，其重要电力负荷必须保证供电可靠，技术、经济合理。

7.7 特长隧道和高速公路、一级公路的长隧道，必须配置报警设施、警报设施、消防设施、救助设施等。

二、三级公路的长隧道，可根据需要设置报警设施、警报设施、消防设施、救助设施等。

8. 隧道设计应拟定发生交通或火灾事故的应急处理预案。

八、路 线 交 叉

1. 互通式立体交叉。

1.1 互通式立体交叉分为枢纽互通式立体交叉和一般互通式立体交叉两类。

互通式立体交叉的位置应根据公路网规划、相交公路状况、地形和地质条件、社会与环境因素等确定。

互通式立体交叉的形式应根据相交公路的功能、等级、交通量及其分布、收费制式等，并综合考虑用地条件、经济与环境因素等确定。

1.2 高速公路与各级公路交叉必须采用立体交叉。符合下列条件者应设置互通式立体交叉：

1.2.1 高速公路与通往市（县）级及其以上城市或其他重要政治、经济中心的主要公路相交时。

1.2.2 高速公路与通往重要的工矿区、港口、机场、车站和游览胜地等的主要公路相交时。

1.2.3 高速公路与连接其他重要交通源的公路相交而使该公路成为其支线时。

1.3 一级公路与交通量大的公路交叉应采用立体交叉。符合下列条件者应设置互通式立体交叉：

1.3.1 一级公路与通往市（县）级及其以上城市或其他重要政治、经济中心的主要公路相交时。

1.3.2 一级公路与通往重要的工矿区、港口、机场、车站和游览胜地等的主要公路相交时。

1.3.3 采用平面交叉冲突交通量较大、通过渠化或信号控制仍不能满足通行能力要求时。

1.3.4 经对投资成本、运营费用和安全性分析，设置互通式立体交叉的效益投资比和社会效益等大于设置平面交叉时。

1.4 相邻互通式立体交叉的间距应符合下列规定：

1.4.1 相邻互通式立体交叉的间距不应小于 4 km。

受地形条件或其他特殊情况限制，经论证相邻互通式立体交叉的间距需适当减小时，其上一互通式立体交叉加速车道终点至下一互通式立体交叉减速车道起点之间的距离不得小于 1 000 m，且应设置完善、醒目的标志、标线和视线诱导标等交通安全设施。

相邻互通式立体交叉的间距小于上述规定的 1 000 m 最小值，且经论证必需设置时，应将两互通式立体交叉合并设置为复合式互通式立体交叉。

1.4.2 相邻互通式立体交叉的最大间距不宜超过 30 km。在人烟稀少地区其间距可适当加大，但应在适当位置设置"U 形转弯"设施。

1.5 互通式立体交叉与服务区、停车区、公共汽车停靠站、隧道等其他重要设施之间的距离应能满足设置出口预告标志的需要。

1.6 互通式立体交叉匝道设计速度应符合表 8-1 的规定。

表 8-1 互通式立体交叉匝道设计速度

匝道形式		直连式	半直连式	环形匝道
匝道设计速度 (km/h)	枢纽互通式立体交叉	80、60、50	80、60、50、40	40
	一般互通式立体交叉	60、50、40	60、50、40	40、35、30

1.7 匝道车道数应根据匝道交通量和匝道长度确定。主线与匝道或匝道与匝道的分、合流连接部，应保持车道数的平衡。

2. 分离式立体交叉。

2.1 分离式立体交叉的设置应根据公路网规划，相交公路的功能、等级、交通量、地形和地质条件、经济与环境因素等确定。

2.1.1 高速公路与其他公路交叉除已设置互通式立体交叉外，其余均必须设置分离式立体交叉。

2.1.2 一级公路与直行交通量较大的公路相交叉，在不考虑交通转换或地形条件适宜时，宜采用分离式立体交叉。

2.1.3 二、三、四级公路间的交叉，直行交通量很大，在不考虑交通转换或地形条件适宜时，宜采用分离式立体交叉。

2.2 主线上跨或下穿应根据相交公路的功能、等级、地形和地质条件、跨线桥对主线线形及相关工程的影响程度、工程造价等确定。

2.3 主线下穿时，跨线桥及其引道工程应采用被交叉公路现有公路等级的技术指标；当被交叉公路的规划已获批准时，应采用规划公路等级的技术指标。

2.4 分离式立体交叉跨线桥桥下净空及布孔除应符合本标准"二、控制要求"之"7"条公路建筑限界规定外，还应满足桥下公路的视距和对前方信息识别的要求，其结构形式应与周围环境相协调。

3. 平面交叉。

3.1 平面交叉位置的选定应考虑公路网规划、地形和地质条件、经济与环境因素等。

平面交叉形式应根据相交公路的功能、等级、交通量、交通管理方式和用地条件等确定。

平面交叉范围内相交公路线形的技术指标应能满足视距、平面交叉连接部衔接等的要求。

一级公路作为干线公路时，应优先保证干线公路的畅通，适当限制平面交叉数量；一级公路作为集散公路时，应合理设置平面交叉，减少对主线交通的干扰，且应设置齐全、完善的交通安全设施。

3.2 平面交叉的交通管理方式分为主路优先、无优先交叉和信号交叉三种，应在总体设计中根据相交公路的功能、等级、交通量等确定所采用的方式。

3.3 两相交公路的等级或交通量相近时，平面交叉范围内的设计速度可适当降低，但不得低于路段设计速度的 70%。

平面交叉右转弯车道的设计速度不宜大于 40 km/h，左转弯车道的设计速度不宜大于 20 km/h。

3.4 平面交叉的间距应根据其对行车安全、通行能力和交通延误等的影响确定。一、二级公路平面交叉的最小间距应符合表 8-2 的规定。

表 8-2　平面交叉最小间距

公路等级	一级公路			二级公路	
公路功能	干线公路		集散公路	干线公路	集散公路
	一般值	最小值			
间距(m)	2 000	1 000	500	500	300

3.5　四车道以上的多车道公路的平面交叉必须作渠化设计。

二级公路的平面交叉，应作渠化设计。

三级公路的平面交叉，当转弯交通量较大时应作渠化设计。

4．公路、铁路相交叉。

4.1　高速公路、一级公路与铁路相交叉时，必须设置立体交叉。

准高速铁路、路段旅客列车设计行车速度为 140 km/h 的铁路与公路相交叉时，必须设置立体交叉。

4.2　公路、铁路相交叉，符合下列情况之一者应设置立体交叉：

4.2.1　铁路、二级公路相交时。

4.2.2　路段旅客列车设计行车速度为 120 km/h 的铁路、公路相交时。

4.2.3　由于铁路调车作业对公路上行驶的车辆会造成较严重延误时。

4.2.4　受地形等条件限制，采用平面交叉会危及行车安全时。

4.3　公路、铁路立体交叉范围内的公路平、纵技术指标应符合公路路线设计规定的要求。

铁路从公路上跨越通过时，其跨线桥下净空及布孔应符合本标准第"二、控制要求"之"7"条公路建筑限界、"三、路线"之"12"条视距的规定，以及对前方信息识别的要求。

铁路从公路跨线桥下通过时，桥下净空应符合现行铁路净空限界标准的规定。

4.4　公路、铁路平面相交时，交叉角宜为正交；必须斜交时，交叉角应大于 45°，且道口应符合侧向瞭望视距的规定。

4.5　公路、铁路相邻时，铁路用地界与高速公路、一级公路用地界相距不应小于 10 m；与二、三、四级公路用地界相距不应小于 5 m。

5．公路、乡村道路相交叉。

5.1　公路与乡村道路相交叉的位置、形式、间隔等的确定，应考虑县、乡（镇）土地利用总体规划中农业耕作机械需求。必要时应结合规划，对农业机耕道作适当调整或归并。

5.2 高速公路与乡村道路相交叉必须设置通道或天桥。

一级公路与乡村道路相交叉宜设置通道或天桥。

二级公路与乡村道路相交叉应设置平面交叉，地形条件有利或公路交通量大时宜设置通道或天桥。

二级及其以上公路位于城镇或人口稠密的村落或学校附近时，宜设置专供行人通行的人行地道或人行天桥。

5.3 车行通道的净空应符合以下规定：

净高：通行拖拉机、畜力车时应大于或等于2.70 m；通行农用汽车时应大于或等于3.20 m。

净宽：根据交通量和通行农业机械类型选用，应不小于4.00 m；通道过长或敷设排水渠时，宜视情况增宽。

5.4 人行通道净高应大于或等于2.20 m；净宽应大于或等于4.00 m。

5.5 车行天桥桥面净宽按交通量和通行农业机械类型可选用4.50 m或7.00 m；其汽车荷载应符合本标准"六、汽车及人群荷载"之"2"条有关四级公路汽车荷载等级的规定。

5.6 人行天桥桥面净宽应大于或等于3.00 m，其人群荷载应符合本标准"六、汽车及人群荷载"之"8"条的规定。

6. 公路管线等相交叉。

6.1 电讯线、电力线、电缆、管道等均不得侵入公路建筑限界，不得妨害公路交通安全，并不得损害公路的构造和设施。

6.2 架空送电线路与公路相交叉时宜为正交，必须斜交时，应大于45°。

架空送电线路跨越公路时，送电线路导线与公路交叉处距路面的最小垂直距离必须符合相应送电线路标称电压规定的要求。

6.3 原油管道、天然气输送管道与公路相交叉时，应为正交；必须斜交时，不应小于60°。

6.4 管道与高速公路、一级公路相交叉且采用下穿方式时，应埋置地下通道；管道与二级及二级以下公路相交叉时，应埋置套管。通道与套管应按相应公路等级的汽车荷载等级进行验算。

6.5 严禁天然气输送管道、输油管道利用公路桥梁跨越河流。

九、交通工程及沿线设施

1. 一般规定。

1.1 交通工程及沿线设施的建设规模与标准应根据公路网规划，公路的功能、等级、交通量等确定。

1.2 交通工程及沿线设施总体设计应符合公路总体设计的要求，准确体现设计意图，相互匹配，协调统一，充分发挥公路的整体效益。

1.3 交通工程及沿线设施应按照保障安全、提供服务、利于管理的原则进行设计。

2. 交通工程及沿线设施等级分为 A、B、C、D 四级，各级公路交通工程及沿线设施等级与适用范围应符合表 9-1 规定。

表 9-1 交通工程及沿线设施等级与适用范围

交通工程及沿线设施等级	适用范围
A	高速公路
B	一级公路、二级公路作为干线公路时
C	一级公路、二级公路作为集散公路时
D	三级公路、四级公路

3. 交通工程及沿线设施包括交通安全设施、服务设施和管理设施三种，各项设施应按统筹规划、总体设计、分期实施的原则配置，并结合交通量的增长与技术发展状况等逐步补充、完善。

4. 交通安全设施的配置应符合下列规定。

4.1 A 级应配置系统、完善的标志、标线、视线诱导标、隔离栅、防护网；中间带必须连续设置中央分隔带护栏和必需的防眩设施；桥梁与高路堤路段必须设置路侧护栏；互通式立体交叉及其周边地区路网应连续设置预告、指路标志；车道边缘线、分合流路段宜连续设置反光突起路标；出口分流三角端应设置防撞设施。

4.2 B 级应配置完善的标志、标线、视线诱导标，以及必需的隔离栅、防护网；一级公路中间带必须连续设置中央分隔带护栏和必需的防眩设施；桥梁与高路堤路段必须设置路侧护栏；互通式立体交叉及其周边地区路网应连续设置预告、指路标志；平面交叉必须设置完善的预告、指路或警告、支线减速让行或停车让行等标志，反光突起路标和配套完善的交通安全设施，并保证视距。

4.3 C 级应配置较完善的标志、标线及必需的视线诱导标、隔离设施；一级公路中间带必须设置隔离设施；桥梁与高路堤路段应设置路侧护栏；平面交叉应设置预告、指路或警告、支线减速让行或停车让行等标志和配套完善的交通安全设施并保证视距。

4.4 D级应设置标志；视距不良、急弯、陡坡等路段应设置路面标线及必需的视线诱导标；路侧有悬崖、深谷、深沟、江河湖泊等路段应设置路侧护栏；平面交叉应设置标志和必需的交通安全设施。

4.5 特殊情况下的交通安全设施。

4.5.1 连续长陡下坡路段，危及运行安全处应设置避险车道。必要时宜在长陡下坡路段的起始端前设置试制动车道等交通安全设施。

4.5.2 风、雪、沙、坠石等危及公路安全的路段，应设置防风栅、防雪（沙）栅、防落网、积雪标杆等交通安全设施。

4.5.3 公路养护作业时，应设置限制速度等醒目的交通警示、诱导等交通安全设施。

4.5.4 公路改（扩）建时，交通安全设施的设置应进行专门设计。

5. 服务设施的配置应符合以下规定：

5.1 A级应设置服务区、停车区和公共汽车停靠站。

服务设施建设规模应根据公路设计交通量、交通组成等计算确定。服务区、停车区位置应根据区域路网、地形、景观、环保等进行规划和布设。

服务区应提供停车场、公共厕所、加油站、车辆修理所、餐饮与小卖部等设施，平均间距应为 50 km。

停车区应提供公共厕所、长凳等设施和少量停车车位。停车区与服务区或停车区之间的间距宜为 15～25 km。

公共汽车停靠站应根据沿线城镇分布、出行需求并结合服务区或互通式立体交叉设置。

5.2 B级宜设置服务区、停车区、公共汽车停靠站。

服务区应提供停车场、公共厕所、加油站、小卖部等设施，平均间距宜为 50 km。

停车区应提供公共厕所、长凳等设施和少量停车车位。

公共汽车停靠站可根据沿线城镇分布、出行需求选择适宜地点设置。

5.3 C级、D级可根据需要设置加油站、公共厕所等设施。

6. 管理设施的配置应符合以下规定：

6.1 A级应设置监控、收费、通信、配电、照明和管理养护等设施，实时收集交通流信息并及时发布，迅速采取相应对策，疏导交通、保障行车安全。

监控设施分为 A1 和 A2 两类。A1 类适用于：八车道高速公路；四、六车道高速公路的特长隧道、特大桥、服务水平低于二级的路段。A2 类适用于四、六车道高速公路的其他路段。

A1类应配置完善的信息采集、交通异常自动判断、交通监视、诱导、主线及匝道控制、信息处理及发布等设施。

A2类应设置较完善的信息采集、交通异常判断、交通监视、诱导及主线控制、信息处理和发布等设施。

当桥梁、隧道设置结构监测、养护监测等设施时，应与路段的监控系统统一规划设计，协调管理。

收费设施应与公路设计采用的服务水平相协调。

通信设施应满足监控、收费和管理业务需求，结合路网统一规划、统一标准、统一体制，适应信息化管理和通信技术的发展。

公路两侧应设置紧急报警设施。

公路收费广场、服务区应设置照明设施。位于城市出入口路段的互通式立体交叉、特大桥等宜设置照明设施。

管理所（监控分中心）和养护工区应根据公路管理业务需求设置，平均间距宜为50 km。

6.2 B级宜设置基本的信息采集、交通监视、简易信息处理及发布等监控设施，及时疏导交通、保障行车安全。平面交叉应视交通量情况配置警示灯或信号灯等设施。管理所和养护工区应根据公路管理养护业务需求设置。

6.3 C级平面交叉应视交通量情况设置警示灯或信号灯等设施。道班房和养护工区应根据公路管理养护业务需求设置。

6.4 D级应根据公路管理养护业务需求设置道班房等养护设施。

6.5 管理设施其他相关规定。

6.5.1 监控、收费、通信、照明等管理设施的建设规模应根据预测交通量进行总体设计，并据此实施基础工程、地下管线及预留预埋工程等。

6.5.2 监控设施宜分期修建，当服务水平降至二级时，实施二期工程。

6.5.3 收费设施的机电设备宜按开通后第5年的预测交通量配置；收费广场、站房及其征地等应按远期规划设计。

6.5.4 公路地下通信管道应按远期规划设计。干线通信管道铺设容量：六、八车道高速公路应等于或大于6标准管孔；四车道高速公路应等于或大于4标准管孔。

6.5.5 公路房屋布局应合理，建筑应经济实用、环保节能，且与周围环境相协调。

6.5.6 房屋建筑规模宜按第10年的预测交通量设计。

机动车运行安全技术条件

(GB 7258—2017)，2017年9月29日发布，2018年1月1日实施。

前　　言

本标准的全部技术内容为强制性。

本标准按照GB/T 1.1—2009给出的规则起草。

本标准代替GB 7258—2012《机动车运行安全技术条件》。与GB 7258—2012相比，除编辑性修改外主要技术变化如下：

——修改了汽车的术语和定义（见3.2，2012年版的3.2）；

——修改了乘用车、客车的术语和定义（见3.2.1.1、3.2.1.3，2012年版的3.2.1.1、3.2.1.2），增加了旅居车、未设置乘客站立区的客车、未设置乘客站立区的公共汽车、专用客车、设有乘客站立区的客车的术语和定义（见3.2.1.2、3.2.1.3.1、3.2.1.3.1.3、3.2.1.3.1.4、3.2.1.3.2）；

——修改了载货汽车的术语和定义（见3.2.2，2012年版的3.2.2）；

——删除了危险货物运输车的术语和定义（见2012年版的3.2.2.3）；

——修改了专项作业车的术语和定义（见3.2.3，2012年版的3.2.3）；

——修改了两用燃料汽车、双燃料汽车的术语和定义（见3.2.5、3.2.6，2012年版的3.2.5、3.2.6）；

——修改了纯电动汽车、插电式混合动力汽车、燃料电池汽车的术语和定义（见3.2.7、3.2.8、3.2.9，2012年版的3.2.7、3.2.8、3.2.9）；

——修改了中置轴挂车的术语和定义（见3.3.2，2012年版的3.3.2）；

——增加了旅居挂车的术语和定义（见3.3.4）；

——修改了铰接列车的术语和定义（见3.4.3，2012年版的3.4.3）；

——增加了危险货物运输车辆的术语和定义（见3.5）；

——修改了摩托车、两轮普通摩托车、正三轮摩托车、两轮轻便摩托车的术语和定义（见3.6、3.6.1.1、3.6.1.3、3.6.2.1，2012年版的3.5、3.5.1.1、3.5.1.3、3.5.2.1）；

——修改了车身前部外表面设置的商标或厂标的要求（见4.1.1，2012年版的4.1.1）；

——修改了产品标牌的标示要求（见表1，2012年版的表1）；

——修改了货车、货车底盘改装的专项作业车和挂车的车辆识别代号打刻位置要求及总质量小于等于 3 500 kg 的封闭式货车的打刻深度要求（见 4.1.3，2012年版的 4.1.3），增加了打刻车辆识别代号（或产品识别代码、整车型号和出厂编号）的部件不应采用凿改、重新涂漆的方式处理，汽车和挂车打刻的车辆识别代号应能拍照，打刻的车辆识别代号（或产品识别代码、整车型号和出厂编号）总长度应小于等于 200 mm 且字母和数字的字体和大小应相同，起止标记（如有）与字母数字的间距应紧密均匀，打刻的车辆识别代号可按 GB 16735 的规定重新标示或变更的要求（见 4.1.3）；

——修改了轮边电机、轮毂电机的标识要求（见 4.1.4，2012年版的 4.1.4）；

——修改了电子控制单元（ECU）应能记载车辆识别代号等特征信息的车型范围和读取等要求（见 4.1.5，2012年版的 4.1.5）；

——增加了总质量大于等于 12 000 kg 的部分货车和总质量大于等于 10 000 kg 的部分挂车应在货箱（常压罐体）打刻至少两个车辆识别代号的要求（见 4.1.8）；

——增加了罐式危险货物运输车辆的罐体或与罐体焊接的支座的右侧应有金属的罐体铭牌，罐体铭牌应标注唯一性编码、罐体设计代码、罐体容积等信息的要求（见 4.1.9）；

——增加了对机动车进行修理或改装时不应破坏或未经授权修改电子控制单元（ECU）等记载的车辆识别代号的要求（见 4.1.10）；

——修改了警用摩托车、发动机排量大于等于 800 mL 或电机额定功率总和大于等于 40 kW 的两轮普通摩托车的外廓尺寸限值要求（见表2的注a，2012年版的表2）；

——删除了后悬要求（见 2012年版的 4.3）；

——删除了汽车或汽车列车驱动轴的轴荷应大于等于汽车或汽车列车总质量的 25% 的要求（见 2012年版的 4.5.1.4）；

——修改了乘客舱内部宽度、驾驶室（区）内部宽度的说明（见 4.4.2.1 的注、4.4.4.1 的注，2012年版的 4.5.2.1、4.5.4.1）；

——增加了坐垫宽、坐垫深的说明（见 4.4.2.2 的注4、注5），以及旅居车和部分乘用车设置有后向座椅、侧向座椅时的核载要求（见 4.4.2.3、4.4.2.4），修改了旅居车核定乘员数要求（见 4.4.2.5，2012年版的 4.5.2.3）；

——增加了未设置乘客站立区的客车的核定乘员数应小于等于 56 人的要求（见 4.4.3.5）；

——增加了专项作业车（消防车除外）核定乘坐人数应小于等于9人、危险货物运输货车的核定乘坐人数应小于等于3人的要求（见4.4.4.5），修改了摩托车核定乘坐人数要求（见4.4.5.1，2012年版的4.5.5.1）；

——修改了设计和制造上具有行动不便乘客（如轮椅乘坐者）乘坐设施的载客汽车、装备有担架的救护车等用于载运特定乘客的汽车的核载要求（见4.4.6.1，2012年版的4.5.6.1）；

——修改了纯电动汽车的比功率要求（见4.5，2012年版的4.6）；

——修改了发动机中置且宽高比小于等于0.9的乘用车、设有乘客站立区的客车、消防车和前轮距小于等于460 mm的正三轮摩托车的侧倾稳定性要求（见4.6.1、4.6.3、4.6.4，2012年版的4.7.1、4.7.3）；

——修改了电动汽车操纵件、指示器及信号装置的图形标志要求，以及多用途货车、罐式危险货物运输车辆、冷藏车的喷涂要求（见4.7.1、4.7.6，2012年版的4.8.1、4.8.6）；

——修改了放大的号牌号码的喷涂/粘贴/放置要求及载客汽车的外观喷涂、行李舱可运载的最大行李总质量的标识要求（见4.7.7、4.7.8，2012年版的4.8.7、4.8.8）；

——增加了部分最大设计车速小于70 km/h的汽车应在车身后部喷涂/悬挂表示最大设计车速的标记的要求（见4.7.11）；

——删除了机动车外观应整洁的要求（见2012年版的4.9.1）；

——修改了机动车的漏水、漏油检查要求（见4.9、4.10，2012年版的4.10、4.11）；

——修改了行驶轨迹要求（见4.12，2012年版的4.13）；

——修改了驾驶人耳旁噪声要求（见4.13，2012年版的4.14、附录A）；

——修改了产品使用说明书的要求（见4.15，2012年版的4.16）；

——增加了乘用车列车的特殊要求（见4.16）；

——增加了专项作业车及其他装备有专用仪器或设备的汽车，装备的专用仪器和设备应固定可靠的要求（见4.17.1）；

——增加了部分客车应装备车道保持辅助系统和自动紧急制动系统的要求（见4.17.3）；

——增加了车高大于等于3.7 m的未设置乘客站立区的客车应装备电子稳定性控制系统的要求（见4.17.4）；

——增加了车辆运输车应符合GB/T 26744的要求（见4.17.5）；

——增加了插电式混合动力汽车的纯电动续驶里程要求（见4.17.6）；

——增加了新出厂的机动车的安全装置配备、质量和尺寸参数偏差及在用的货车、挂车的相关要求（见4.17.7）；

——增加了对采用了主被动安全新技术、新装置、新结构的机动车的特殊规定（见4.17.8）；

——删除了发动机应有良好的起动性能、汽车（三轮汽车和装用单缸柴油机的低速货车除外）发动机应能由驾驶人在座位上起动的要求（见2012年版的5.2）；

——增加了纯电动汽车的电机系统应运转平稳的要求（见5.4）；

——修改了允许使用方向盘转向的摩托车类型（见6.1，2012年版的6.1）；

——删除了装有电动转向助力装置的汽车在产品使用说明书规定的正常使用状态下应保证转向助力装置的电能供应的要求（见2012年版的6.9）；

——删除了汽车和汽车列车的通过性要求（见2012年版的6.10）；

——增加了危险货物运输半挂车、三轴的栏板式和仓栅式半挂车的所有车轮应装备盘式制动器的要求（见7.2.6）；

——增加了所有客车、危险货物运输车辆及总质量大于3 500 kg的货车、专项作业车和半挂车（具有全轮驱动功能的货车和专项作业车除外）的所有行车制动器应装备制动间隙自动调整装置的要求（见7.2.7）；

——增加了采用气压制动的汽车、挂车的制动响应时间要求（见7.2.10）；

——删除了汽车列车行车制动系的设计和制造应保证挂车最后轴制动动作滞后于牵引车前轴制动动作的时间小于等于0.2 s的要求（见2012年版的7.2.10）；

——增加了货车列车和铰接列车行车制动系的匹配要求（见7.2.11）；

——修改了应装备防抱制动装置的机动车范围（见7.2.12，2012年版的7.2.11），增加了总质量大于等于12 000 kg的危险货物运输货车应装备电控制动系统的要求（见7.2.12）；

——增加了防抱制动装置的特殊要求（见7.2.13）；

——增加了自学用车的行车制动应装备有副制动装置的要求（见7.2.14）；

——增加了采用气压制动的汽车、挂车在设计和制造上应具有可用于测试制动管路压力的连接器的要求（见7.2.15）；

——删除了应急制动可以是行车制动系统具有应急特性或是与行车制动分开的系统的要求（见2012年版的7.3.3）；

——增加了部分汽车的剩余制动性能要求（见7.3.5）；

——修改了辅助制动装置的配置要求和性能要求（见7.5.1，2012年版的

7.5),增加了装备电涡流缓速器的汽车其电涡流缓速器的安装部位应设置温度报警系统或自动灭火装置的要求(见7.5.2);

——修改了气压制动管路的密封性要求(见7.7.1,2012年版的7.7.1);

——增加了车长大于9 m的客车、总质量大于等于12 000 kg的货车和货车底盘改装的专项作业车采用气压制动时储气筒的额定工作气压要求(见7.8.1);

——增加了采用气压制动的汽车和具有储气筒的挂车应标示储气筒额定工作气压的要求(见7.8.5);

——增加了安装制动间隙自动调整装置的部分汽车的报警装置要求(见7.9.5);

——修改了乘用车列车的制动距离和制动稳定性要求,以及部分汽车和汽车列车的试验通道宽度要求(见表3、表4,2012年版的表3、表4);

——删除了应急制动性能检验要求(见2012年版的7.10.3);

——修改了驻车制动性能的检验时间要求(见7.10.3,2012年版的7.10.4);

——增加了挂车的台试检验制动力要求(见表5),修改了总质量小于等于整备质量的1.2倍的专项作业车的空载制动力总和与整车重量的百分比要求(见表5,2012年版的表6);

——修改了允许闪烁的外部灯具的范围(见8.1.2,2012年版的8.1.2);

——修改了仪表灯的点亮要求(见8.3.1,2012年版的8.3.1);

——修改了应装备车身反光标识的车辆类型(见8.4.1、8.4.2,2012年版的8.4.1、8.4.2),增加了后部车身反光标识的面积要求(见8.4.1);

——修改了应装备反射器型车身反光标识的车辆类型,修改了车型车身反光标识粘贴式样要求(见8.4.5,2012年版的8.4.5);

——增加了安装有自适应前照明系统的应符合GB/T 30036的规定的要求(见8.5.1.2);

——增加了部分汽车应具有前照灯光束高度调整装置/功能的要求(见8.5.1.4);

——修改了前照灯光束照射位置要求(见8.5.3.1、8.5.3.3,2012年版的8.5.3.1、8.5.3.3);

——增加了乘用车、专用校车喇叭在车钥匙取下及车门锁止时在车内仍能正常使用的要求(见8.6.1);

——删除了发电机技术性能应良好及蓄电池应能保持常态电压的要求(见2012年版8.6.2),修改了电器导线的耐温要求(见8.6.2,2012年版的8.6.2);

——修改了机动车装备的仪表内容显示的要求(见8.6.3,2012年版的8.6.3);

——修改了行驶记录装置的技术要求及应装备行驶记录装置和车内外视频监控录像系统的车辆类型（见 8.6.5，2012 年版的 8.6.5），增加了车内外视频监控录像系统的摄像头配备等相关要求（见 8.6.5）；

——增加了乘用车应配备事件数据记录系统（EDR）或车载视频行驶记录装置的要求（见 8.6.6）；

——增加了总质量大于等于 12 000 kg 的货车应装备车辆右转弯音响提示装置的要求（见 8.6.7）；

——增加了危险货物运输车辆的电路系统应符合 GB 21668 的规定的要求（见 8.6.8）；

——增加了车身外部设有广告屏（箱）的汽车和挂车应保证广告屏（箱）在车辆行驶状态下处于关闭状态的要求（见 8.6.9）；

——增加了旅居车和旅居挂车电气系统的特殊要求（见 8.6.10）；

——增加了总质量大于 3 500 kg 的货车、挂车（封闭式货车、旅居挂车等特殊用途的挂车除外）装用轮胎的总承载能力应小于等于总质量的 1.4 倍的要求（见 9.1.1）；

——增加了发动机中置且宽高比小于等于 0.9 的乘用车不应使用轮胎名义宽度小于等于 155 mm 规格的轮胎及设置了车内随行物品存放区的公路客车的后轮轮胎特殊要求（见 9.1.5）；

——修改了摩托车轮胎胎冠花纹深度要求（见 9.1.6，2012 年版的 9.1.6）；

——增加了客车、货车的车轮及车轮上的所有螺栓、螺母不应安装有碍于检查其技术状况的装饰罩或装饰帽，且车轮螺母、轮毂罩盖和保护装置不应有任何蝶形凸出物的要求（见 9.2.1）；

——增加了部分客车和危险货物运输货车的转向轮应装备轮胎爆胎应急防护装置的要求（见 9.2.4）；

——删除了部分乘用车的悬架特性要求（见 2012 年版的 9.3.5）；

——增加了部分危险货物运输车辆和半挂车应装备空气悬架的要求（见 9.4）；

——修改了自动变速器的换挡动作要求（见 10.2.1，2012 年版的 10.2.1），增加了变速器出现功能限制使用情形时对驾驶人应有警示信息提示的要求（见 10.2.1）；

——修改了纯电动汽车和插电式混合动力汽车通过改变电机旋转方向实现前进和倒车两个行驶方向转换的操作安全要求（见 10.2.4，2012 年版的 10.2.4）；

——修改了车长大于等于 6 m 的客车的超速报警功能要求（见 10.5.1，2012 年版的 10.5.1）；

——增加了三轴及三轴以上货车应具有超速报警功能的要求（见10.5.2）；

——修改了应具有限速功能或配备限速装置的载客汽车范围（见10.5.3，2012年版的10.5.3）；

——修改了客车上部结构强度的要求（见11.2.1，2012年版的11.2.1）；

——增加了客车车底行李舱净高的要求（见11.2.5）；

——增加了部分公路客车车内随行物品存放区的要求（见11.2.8）；

——增加了公路客车、旅游客车和未设置乘客站立区的公共汽车燃油箱数量和容积的要求（见11.2.9）；

——增加了在设计和制造上不应设置有货厢（货箱）加高、加长、加宽的结构、装置的要求（见11.3.1）；

——修改了中置轴车辆运输列车的主车载货部分的结构要求（见11.3.4，2012年版的11.3.4）；

——增加了罐体、货厢（箱）和侧帘式载货车辆、危险货物运输货车燃油箱数量和容积的相关要求（见11.3.6～11.3.12）；

——增加了前轮距小于等于460 mm的正三轮摩托车的特殊要求（见11.4.4）；

——增加了旅居车的乘客门要求（见11.5.2）；

——修改了乘客门开启的要求和车长大于9 m的未设置乘客站立区的客车的乘客门数量要求（见11.5.4，2012年版的11.5.4）；

——修改了汽车车窗采用安全玻璃类型的表述（见11.5.6，2012年版的11.5.6）；

——修改了部分汽车车窗玻璃的可见光透射比要求（见11.5.7，2012年版的11.5.7）；

——增加了客车、旅居车、专项作业车乘坐区的两侧应设置车窗的要求（见11.5.8）；

——增加了电动天窗的相关要求（见11.5.9）；

——增加了使用遥控钥匙的汽车的特殊要求（见11.5.10）；

——增加了所有乘员座椅及其布置应能保证就座乘客的乘坐空间的要求（见11.6.2）；

——修改了车长小于6 m的乘用车、旅居车的座椅布置要求（见11.6.3，2012年版的11.6.3）；

——删除了客车车组人员若为折叠座椅时的相关要求（见2012年版的11.6.5）；

——增加了客车（乘坐人数小于20的专用客车除外）踏步区域不应设置座椅，乘客通道内不应设置供乘客使用的折叠座椅，应急门引道处座椅布置和测量及设有乘客站立区的客车应安装供站立乘客用的护栏、扶手等装置的要求（见11.6.5）；

——增加了客车座椅在车辆横向上不应采用"2＋3"布置（最后一排座椅除外）的要求（见11.6.6）；

——增加了两轮普通摩托车、两轮轻便摩托车和边三轮摩托车主车驾乘人员的坐垫长度要求，以及装有与后轮对称分布的两个前轮的正三轮摩托车的驾驶人座位和乘员座位（如有）的布置要求（见11.6.10）；

——修改了发动机舱应使用的隔音、隔热材料的阻燃性能应达到GB 8410规定的A级的要求的客车的类型（见11.7.2，2012年版的11.7.2）；

——增加了汽车（无驾驶室的汽车除外）应设置用于电子标识安装的微波窗口的要求（见11.9）；

——增加了部分货车、货车底盘改装的专项作业车、挂车的防飞溅系统要求（见11.10.1）；

——修改了应装备汽车安全带的座椅范围（见12.1.1，2012年版的12.1.1）；

——修改了应装备三点式（或全背带式）汽车安全带的座椅范围（见12.1.2，2012年版的12.1.2）；

——增加了能折叠进入车辆的后部或行李舱的整体座椅或坐垫或靠背的相关要求（见12.1.4）；

——修改了应装备驾驶人汽车安全带佩戴提醒装置的车辆类型和功能要求（见12.1.5，2012年版的12.1.5）；

——增加了部分载客汽车应装备能有效固定轮椅、担架的安全带或其他约束装置的要求（见12.1.7）；

——修改了间接视野要求（见12.2.1、12.2.2、12.2.3，2012年版的12.2.1、12.2.2、12.2.3）；

——增加了自学用车应安装有符合规定的辅助后视镜的要求（见12.2.6）；

——增加了客车应设置与其乘坐人数相匹配数量的乘客门、应急窗的要求（见12.4.1.1）；

——修改了撤离舱口的设置要求（见12.4.1.2，2012年版的12.4.1.2）；

——增加了客车不应安装有其他固定、锁止应急门的装置的要求（见12.4.2.5）；

——修改了应急窗的面积要求（见12.4.3.1，2012年版的12.4.3.1）；

——修改了应急窗的开启方式要求（见12.4.3.2，2012年版的12.4.3.2）；

——修改了设有乘客站立区的客车的应急窗的形式要求（见12.4.3.3，2012年版的12.4.3.2）；

——增加了未设置乘客站立区的客车的应急出口形式要求及自动破窗功能要求（见12.4.3.4）；

——增加了应急出口字样的字体高度要求（见12.4.4.1）；

——增加了不准许用户改动燃料种类的要求（见12.5.1）；

——修改了车用气瓶出气（液）口端的过流保护功能要求（见12.6.1，2012年版的12.6.1）；

——增加了液化天然气管路减压阀不应设置在密封空间或其上部有相对密封气穴的位置的要求（见12.6.4）；

——增加了加气量大于等于375 L的气体燃料车辆应安装导静电橡胶拖地带的要求（见12.6.8）；

——增加了安装在汽车后轴之后的钢瓶后方应采取有效防护措施的要求（见12.6.12）；

——增加了货车列车、铰接列车牵引杆孔、牵引座牵引销的规格应与其挂车总质量相匹配的要求（见12.7.2）；

——增加了牵引连接件、牵引杆孔、牵引座牵引销、连接钩及环形孔等机械连接件的规定（见12.7.4）；

——增加了货车、专项作业车的前下部防护要求（见12.8）；

——修改了应提供后下部防护的货车、专项作业车范围（见12.9.3，2012年版的12.8.3）；

——修改了客车灭火装置的配置要求（见12.10.2，2012年版的12.9.2、12.9.3）；

——增加了车长大于等于6 m的纯电动客车和插电式混合动力客车电池箱安全防护的特殊要求（见12.10.3）；

——增加了公共汽车客舱固定灭火系统的性能要求（见12.10.4）；

——修改了封闭式货车的隔离装置的要求（见12.11.3，2012年版的12.10.3）；

——增加了安装有起重尾板的货车和挂车的特殊安全防护要求（见12.11.4、12.11.5）；

——修改了专门用于运送易燃和易爆物品的危险货物运输车辆的排气管布置和导静电橡胶拖地带要求（见12.12.1，2012年版的12.11.1）；

——修改了罐式危险货物运输车辆罐体顶部的倾覆保护装置要求（见12.12.2，2012年版的12.11.2）；

——增加了装有紧急切断装置的罐式危险货物运输车辆的紧急切断阀应能自动关闭或通过明显的信号装置提示驾驶人需要关闭紧急切断阀的要求（见12.12.4）；

——增加了纯电动汽车、插电式混合动力汽车的特殊安全防护要求（见12.13）；

——增加了汽车（无驾驶室的三轮汽车除外）应装备1件反光背心及车长大于等于6 m的客车和总质量大于3 500 kg的货车应装备至少2个停车楔的要求（见12.15.2）；

——增加了旅居车应在前、后部设置保险杠及在前风窗玻璃上装有除雾、除霜装置的要求（见12.15.3、12.15.4）；

——修改了机动车排气管口的朝向要求（见12.15.7，2012年版的12.13.7）；

——增加了旅居车应装备灭火器的要求（见12.15.8）；

——增加了两轮普通摩托车应配备1个乘员头盔的要求（见12.15.9）；

——删除了典型车身反光标识粘贴示例要求（见2012年版的附录B）。

本标准由中华人民共和国公安部提出并归口。

本标准负责起草单位：公安部交通管理科学研究所、交通运输部公路科学研究院、中国汽车技术研究中心。

本标准参加起草单位：公安部道路交通安全研究中心、成都市公安局交通管理局车辆管理所、中国公路学会客车分会、天津摩托车技术中心、上海外高桥出入境检验检疫局。

本标准主要起草人：应朝阳、周炜、王学平、孙巍、何勇、孙枝鹏、裴志浩、罗跃、潘汉中、张国胜、朱彤、刘欣、黄卫东、舒强、吴云强、仝晓平、刘地、穆文浩、董金松、何云堂、王艺帆、龚标、李毅、贾国强。

本标准所代替标准的历次版本发布情况为：

——GB 7258—1987、GB 7258—1997、GB 7258—2004、GB 7258—2012。

引　言

GB 7258是我国机动车国家安全技术标准的重要组成部分，是进行注册登记检验和在用机动车检验、机动车查验等机动车运行安全管理及事故车检验最基本的技术标准，同时也是我国机动车新车定型强制性检验、新车出厂检验和进口机动车检验的重要技术依据之一。

需要说明的是：

a) 有轨电车属于《中华人民共和国道路交通安全法》规定的机动车（即道路机动车辆），但其结构和技术特性与汽车、轮式专用机械车等其他道路机动车辆有明显的差异，故不适用GB 7258；

b) 鉴于轮式专用机械车的种类繁多、功能各异，GB 7258未对其外廓尺寸、轴荷及质量参数、转向性能、制动性能、外部照明和信号装置及电气设备、车身、安全防护装置等参数和要求作出具体规定；

c) 叉车不属于道路机动车辆，鉴于其外形和结构的特殊性，不适于在道路上行驶和使用。

机动车运行安全技术条件

1. 范围

本标准规定了机动车的整车及主要总成、安全防护装置等有关运行安全的基本技术要求，以及消防车、救护车、工程救险车和警车及残疾人专用汽车的附加要求。

本标准适用于在我国道路上行驶的所有机动车，但不适用于有轨电车及并非为在道路上行驶和使用而设计和制造、主要用于封闭道路和场所作业施工的轮式专用机械车。

注：有轨电车是指以电机驱动，架线供电，有轨道承载的道路车辆。

2. 规范性引用文件

下列文件对于本文件的应用是必不可少的。凡是注日期的引用文件，仅注日期的版本适用于本文件。凡是不注日期的引用文件，其最新版本（包括所有的修改单）适用于本文件。

GB 811　摩托车乘员头盔

GB 1589　汽车、挂车及汽车列车外廓尺寸、轴荷及质量限值

GB/T 2408—2008　塑料　燃烧　性能的测定　水平法和垂直法

GB/T 3181　漆膜颜色标准

GB 4094　汽车操纵件、指示器及信号装置的标志

GB/T 4094.2　电动汽车操纵件、指示器及信号装置的标志

GB 4599　汽车用灯丝灯泡前照灯

GB 4785　汽车及挂车外部照明和光信号装置的安装规定

GB 5948　摩托车白炽丝光源前照灯配光性能

GB 7956.1　消防车　第1部分：通用技术条件

GB 8108　车用电子警报器

GB/T 8196　机械安全　防护装置　固定式和活动式防护装置设计与制造一般要求

GB 8410　汽车内饰材料的燃烧特性

GB 9656　汽车安全玻璃

GB 10396　农林拖拉机和机械、草坪和园艺动力机械安全　标志和危险图形总则

GB 11567　汽车及挂车侧面和后下部防护要求

GB/T 12428　客车装载质量计算方法

GB 12676　商用车辆和挂车制动系统技术要求及试验方法

GB 13057　客车座椅及其车辆固定件的强度

GB 13365　机动车排气火花熄灭器

GB 13392　道路运输危险货物车辆标志

GB 13954　警车、消防车、救护车、工程救险车标志灯具

GB/T 14172　汽车静侧翻稳定性台架试验方法

GB 15084　机动车辆　间接视野装置　性能和安装要求

GB 15365　摩托车和轻便摩托车操纵件、指示器及信号装置的图形符号

GB 16735　道路车辆　车辆识别代号（VIN）

GB 17352　摩托车和轻便摩托车后视镜的性能和安装要求

GB 17578　客车上部结构强度要求及试验方法

GB/T 17676　天然气汽车和液化石油气汽车　标志

GB 18100.1　摩托车照明和光信号装置的安装规定　第1部分：两轮摩托车

GB 18100.2　摩托车照明和光信号装置的安装规定　第2部分：两轮轻便摩托车

GB 18100.3　摩托车照明和光信号装置的安装规定　第3部分：三轮摩托车

GB/T 18411　道路车辆　产品标牌

GB 18447.1　拖拉机安全要求　第1部分：轮式拖拉机

GB 18564.1　道路运输液体危险货物罐式车辆　第1部分：金属常压罐体技术要求

GB 18564.2　道路运输液体危险货物罐式车辆　第2部分：非金属常压罐体技术要求

GB/T 18697　声学　汽车车内噪声测量方法

GB/T 19056　汽车行驶记录仪

GB 19151　机动车用三角警告牌

GB 19152　发射对称近光和/或远光的机动车前照灯

GB 20074　摩托车和轻便摩托车外部凸出物

GB 20075　摩托车乘员扶手

GB 20300　道路运输爆炸品和剧毒化学品车辆安全技术条件

GB 21259　汽车用气体放电光源前照灯

GB 21668　危险货物运输车辆结构要求

GB 23254　货车及挂车　车身反光标识

GB 24315　校车标识

GB 24406　专用校车学生座椅系统及其车辆固定件的强度

GB 24407　专用校车安全技术条件

GB/T 24545　车辆车速限制系统技术要求

GB/T 25978　道路车辆　标牌和标签

GB 25990　车辆尾部标志板

GB 25991　汽车用 LED 前照灯

GB 26511　商用车前下部防护要求

GB/T 26774　车辆运输车通用技术条件

GB/T 30036　汽车用自适应前照明系统

GB 30678　客车用安全标志和信息符号

GB/T 31883　道路车辆　牵引连接件、牵引杆孔、牵引座牵引销、连接钩及环形孔机械连接件使用磨损极限

GB 34655　客车灭火装备配置要求

GA 524　2004 式警车汽车类外观制式涂装规范

GA 525　2004 式警车摩托车类外观制式涂装规范

GA 923　公安特警专用车辆外观制式涂装规范

GA 1264　公共汽车客舱固定灭火系统

3. 术语和定义

下列术语和定义适用于本文件。

3.1　机动车 power-driven vehicle

由动力装置驱动或牵引，上道路行驶的供人员乘用或用于运送物品以及进行工程专项作业的轮式车辆，包括汽车及汽车列车、摩托车、拖拉机运输机组、轮式专用机械车、挂车。

3.2　汽车 motor vehicle

由动力驱动、具有四个或四个以上车轮的非轨道承载的车辆，包括与电力线相连的车辆（如无轨电车）；主要用于：

——载运人员和/或货物（物品）；

——牵引载运货物（物品）的车辆或特殊用途的车辆；
——专项作业。
本术语还包括以下由动力驱动、非轨道承载的三轮车辆：
a) 整车整备质量超过 400 kg、不带驾驶室、用于载运货物的三轮车辆；
b) 整车整备质量超过 600 kg、不带驾驶室、不具有载运货物结构或功能且设计和制造上最多乘坐 2 人（包括驾驶人）的三轮车辆；
c) 整车整备质量超过 600 kg 的带驾驶室的三轮车辆。

3.2.1　载客汽车 passenger vehicle

设计和制造上主要用于载运人员的汽车，包括装置有专用设备或器具但以载运人员为主要目的的汽车。

3.2.1.1　乘用车 passenger car

设计和制造上主要用于载运乘客及其随身行李和/或临时物品的汽车，包括驾驶人座位在内最多不超过 9 个座位。它可以装置一定的专用设备或器具，也可以牵引一辆中置轴挂车。

3.2.1.2　旅居车 motor caravan

装备有睡具（可由桌椅转换而来）及其他必要的生活设施、用于旅行宿营的汽车。

3.2.1.3　客车 bus

设计和制造上主要用于载运乘客及其随身行李的汽车，包括驾驶人座位在内座位数超过 9 个。根据是否设置有站立乘客区，分为未设置乘客站立区的客车和设有乘客站立区的客车。

3.2.1.3.1　未设置乘客站立区的客车 bus without standing passenger area

设计和制造上无乘客站立区、不允许乘客站立、全体乘客均乘坐在座位上或卧睡的客车，包括公路客车、旅游客车、未设置乘客站立区的公共汽车、专用客车等。

3.2.1.3.1.1　公路客车 interurban bus

长途客车

为城间（城乡）运输乘客设计和制造、专门从事旅客运输的客车；包括卧铺客车，即设计和制造供全体乘客卧睡的客车。

3.2.1.3.1.2　游客车 touring bus

为旅游设计和制造、专门用于运载游客的客车。

3.2.1.3.1.3　未设置乘客站立区的公共汽车 public bus without standing passenger area

为城市内运输乘客设计和制造，有固定的公交营运线路和车站，主要在城市道路运营的客车。

3.2.1.3.1.4 专用客车 special bus

设计和制造上用于载运特定人员并完成特定功能的客车，如专用校车；也包括装置有专用设备或器具，座位数（包括驾驶人座位）超过9个的专用汽车。

3.2.1.3.2 设有乘客站立区的客车 bus with standing passenger area

最大设计车速小于70 km/h、设有座椅及乘客站立区，并有足够的空间供频繁停站时乘客上下车走动，有固定的公交营运线路和车站，主要在城市建成区运营的客车；也包括无轨电车，即以电机驱动，与电力线相连的客车。

3.2.1.4 校车 school bus

用于有组织地接送3周岁以上学龄前幼儿或接受义务教育的学生上下学的7座以上的载客汽车。

3.2.1.4.1 幼儿校车 school bus for infants

接送3周岁以上学龄前幼儿上下学的校车。

3.2.1.4.2 小学生校车 school bus for primary student

接送小学生上下学的校车。

3.2.1.4.3 中小学生校车 school bus for primary and middle school student

接送九年制义务教育阶段学生（小学生和初中生）上下学的校车。

3.2.1.4.4 专用校车 special school bus

设计和制造上专门用于运送3周岁以上学龄前幼儿或义务教育阶段学生的专用客车。

3.2.2 载货汽车 goods vehicle

货车

设计和制造上主要用于载运货物或牵引挂车的汽车，也包括：

a) 装置有专用设备或器具但以载运货物为主要目的的汽车；

b) 由非封闭式货车改装的，虽装置有专用设备或器具，但不属于专项作业车的汽车。

注：封闭式货车是指载货部位的结构为封闭厢体且与驾驶室联成一体，车身结构为一厢式或两厢式的载货汽车。

3.2.2.1 半挂牵引车 semi-trailer towing vehicle

装备有特殊装置用于牵引半挂车的汽车。

3.2.2.2 低速汽车 low-speed vehicle

三轮汽车和低速货车的总称。

3.2.2.2.1 三轮汽车 tri-wheel vehicle

最大设计车速小于或等于 50 km/h 的，具有三个车轮的载货汽车。
(GB 1589—2016，定义 3.4)

3.2.2.2.2　低速货车 low-speed goods vehicle
低速载货汽车
最大设计车速小于 70 km/h 的，具有四个车轮的载货汽车。
(GB 1589—2016，定义 3.5)

3.2.3　专项作业车 special motor vehicle
专用作业车
装置有专用设备或器具，在设计和制造上用于工程专项（包括卫生医疗）作业的汽车，如汽车起重机、消防车、混凝土泵车、清障车、高空作业车、扫路车、吸污车、钻机车、仪器车、检测车、监测车、电源车、通信车、电视车、采血车、医疗车、体检医疗车等，但不包括装置有专用设备或器具而座位数（包括驾驶人座位）超过 9 个的汽车（消防车除外）。

3.2.4　气体燃料汽车 gaseous fuel vehicle
装备以石油气、天然气或煤气等气体为燃料的发动机的汽车。

3.2.5　两用燃料汽车 bi-fuel vehicle
具有两套相互独立的燃料供给系统，且两套燃料供给系统可分别但不可同时向燃烧室供给燃料的汽车，如汽油/压缩天然气两用燃料汽车、汽油/液化石油气两用燃料汽车等。

3.2.6　双燃料汽车 dual-fuel vehicle
具有两套燃料供给系统，且两套燃料供给系统按预定的配比向燃烧室供给燃料，在缸内混合燃烧的汽车，如柴油-压缩天然气双燃料汽车、柴油-液化石油气双燃料汽车等。

3.2.7　纯电动汽车 battery electric vehicle
由电机驱动，且驱动电能来源于车载可充电能量储存系统（REESS）的汽车。

3.2.8　插电式混合动力汽车 plug-in hybrid electric vehicle
具有可外接充电功能，且有一定纯电驱动模式续驶里程的混合动力汽车，包括增程式电动汽车。

3.2.9　燃料电池汽车 fuel cell electric vehicle
以燃料电池作为主要动力电源的汽车。

3.2.10　教练车 training vehicle
专门从事驾驶技能培训的汽车。

3.2.11 残疾人专用汽车 vehicle for handicapped driving

在采用自动变速器的乘用车上加装符合标准和规定的驾驶辅助装置，专门供特定类型的肢体残疾人驾驶的汽车。

3.3 挂车 trailer

设计和制造上需由汽车或拖拉机牵引，才能在道路上正常使用的无动力道路车辆，包括牵引杆挂车、中置轴挂车和半挂车，用于：

——载运货物；

——特殊用途。

3.3.1 牵引杆挂车 draw-bar trailer

全挂车

至少有两根轴的挂车，具有：

——一轴可转向；

——通过角向移动的牵引杆与牵引车联结；

——牵引杆可垂直移动，联结到底盘上，因此不能承受任何垂直力。

3.3.2 中置轴挂车 centre axle trailer

牵引装置不能垂直移动（相对于挂车），车轴位于紧靠挂车的重心（当均匀载荷时）的挂车，这种车辆只有较小的垂直静载荷作用于牵引车，不超过相当于挂车最大质量的10%或10 000 N的载荷（两者取较小者）。其中一轴或多轴可由牵引车来驱动。

(GB 1589—2016，定义 3.13)

3.3.3 半挂车 semi-trailer

均匀受载时挂车质心位于车轴前面，装有可将垂直力和/或水平力传递到牵引车的联结装置的挂车。

3.3.4 旅居挂车 caravan

装备有睡具（可由桌椅转换而来）及其他必要的生活设施、用于旅行宿营的挂车，包括中置轴旅居挂车和旅居半挂车。

3.4 汽车列车 combination of vehicles

由汽车(低速汽车除外)牵引挂车组成,包括乘用车列车、货车列车和铰接列车。

3.4.1 乘用车列车 passenger/car trailer combination

乘用车和中置轴挂车的组合。

3.4.2 货车列车 goods road train

货车和牵引杆挂车或中置轴挂车的组合。

3.4.2.1 牵引杆挂车列车 draw-bar trailer combination

全挂拖斗车

全挂汽车列车

货车和牵引杆挂车的组合。

3.4.2.2　中置轴挂车列车 centre axle trailer combination

货车和中置轴挂车的组合。

3.4.3　铰接列车 articulated vehicle

半挂汽车列车

半挂牵引车和半挂车的组合，也包括带有连接板的货车和旅居半挂车的组合。

3.5　危险货物运输车辆 road transportation vehicle for dangerous goods

设计和制造上用于运输危险货物的货车、挂车、汽车列车。

3.6　摩托车 motorcycle and moped

由动力装置驱动的，具有两个或三个车轮的道路车辆，但不包括：

a) 整车整备质量超过 400 kg、不带驾驶室、用于载运货物的三轮车辆；

b) 整车整备质量超过 600 kg、不带驾驶室、不具有载运货物结构或功能且设计和制造上最多乘坐 2 人（包括驾驶人）的三轮车辆；

c) 整车整备质量超过 600 kg 的带驾驶室的三轮车辆；

d) 最大设计车速、整车整备质量、外廓尺寸等指标符合相关国家标准和规定的，专供残疾人驾驶的机动轮椅车；

e) 符合电动自行车国家标准规定的车辆。

3.6.1　普通摩托车 motorcycle

无论采用何种驱动方式，其最大设计车速大于 50 km/h，或如使用内燃机，其排量大于 50 mL，或如使用电驱动，其电机额定功率总和大于 4 kW 的摩托车，包括两轮普通摩托车、边三轮摩托车、正三轮摩托车。

3.6.1.1　两轮普通摩托车 motorcycle with two wheels

车辆纵向中心平面上装有两个车轮的普通摩托车。

3.6.1.2　边三轮摩托车 motorcycle with sidecar

在两轮普通摩托车的右侧装有边车的摩托车。

3.6.1.3　正三轮摩托车 right three-wheeled motorcycle

装有三个车轮，其中一个车轮在纵向中心平面上，另外两个车轮与纵向中心平面对称布置的普通摩托车，包括：

a) 装有与前轮对称分布的两个后轮的摩托车，且如设计和制造上允许载运货物或超过 2 名乘员（含驾驶人），其最大设计车速小于 70 km/h；

b) 装有与后轮对称分布的两个前轮、设计和制造上不具有载运货物结构且最多乘坐 2 人（包括驾驶人）的摩托车。

3.6.2 轻便摩托车 moped

无论采用何种驱动方式，其最大设计车速不大于 50 km/h 的摩托车，且：

——如使用内燃机，其排量不大于 50 mL；

——如使用电驱动，其电机额定功率总和不大于 4 kW。

3.6.2.1 两轮轻便摩托车 moped with two wheels

车辆纵向中心平面上装有两个车轮的轻便摩托车。

3.6.2.2 正三轮轻便摩托车 right three-wheeled moped

装有与前轮对称分布的两个后轮的轻便摩托车。

3.7 拖拉机运输机组 tractor towing trailer for transportation

由拖拉机牵引一辆挂车组成的用于载运货物的机动车，包括轮式拖拉机运输机组和手扶拖拉机运输机组。

注1：本标准所指的拖拉机是指最高设计车速不大于 20 km/h、牵引挂车方可从事道路货物运输作业的手扶拖拉机和最高设计车速不大于 40 km/h、牵引挂车方可从事道路货物运输作业的轮式拖拉机。

注2：手扶拖拉机运输机组还包含手扶变型运输机，即发动机 12 h 标定功率不大于 14.7 kW，采用手扶拖拉机底盘，将扶手把改成方向盘，与挂车连在一起组成的折腰转向式运输机组。

3.8 轮式专用机械车 wheeled mobile machinery for special purposes

轮式自行机械车

有特殊结构和专门功能，装有橡胶车轮可以自行行驶，最大设计车速大于 20 km/h 的轮式机械，如装载机、平地机、挖掘机、推土机等，但不包括叉车。

3.9 特型机动车 special-sized vehicle

质量参数和/或尺寸参数超出 GB 1589 规定的汽车、挂车、汽车列车。

4. 整车

4.1 整车标志

4.1.1 机动车在车身前部外表面的易见部位上应至少装置一个能永久保持的、与车辆品牌相适应的商标或厂标。

4.1.2 机动车应至少装置一个能永久保持的产品标牌，该标牌的固定、位置及形式应符合 GB/T 18411 的规定；产品标牌如采用标签标示，则标签应符合 GB/T 25978 规定的标签一般性能、防篡改性能及防伪性能要求。改装车应同时具有改装后的整车产品标牌及改装前的整车（或底盘）产品标牌。

机动车均应在产品标牌上标明品牌、整车型号、制造年月、生产厂名及制造国，各类机动车产品标牌应标明的其他项目见表1。产品标牌上标明的内容应规范、清晰、耐久且易于识别，项目名称均应有中文名称。

表1 各类机动车产品标牌应补充标明的项目

机动车类型		应补充标明的项目
汽车[a]	载客汽车[b]	车辆识别代号、发动机(内燃机)型号、发动机最大净功率/转速、最大允许总质量(以下简称为"总质量")、乘坐人数(乘员数)
	载货汽车[c]	车辆识别代号、发动机型号、发动机最大净功率/转速、总质量(半挂牵引车除外)、整车整备质量(以下简称为"整备质量")、最大允许牵引质量(无牵引功能的货车除外)
	专项作业车[c]	车辆识别代号、发动机型号、发动机最大净功率/转速、总质量、专用功能关键技术参数
挂车		车辆识别代号、总质量、整备质量
摩托车[d]		车辆识别代号、发动机型号[e]、发动机实际排量或最大净功率[e]、整备质量
轮式专用机械车		产品识别代码(或车辆识别代号)、发动机型号、发动机标定功率、整备质量、最大设计车速
组成拖拉机运输机组的拖拉机		出厂编号、发动机标定功率、使用质量
特型机动车		车辆识别代号(或车架号)、发动机型号、发动机最大净功率、总质量、整备质量、外廓尺寸

 a. 纯电动汽车、插电式混合动力汽车、燃料电池汽车还应标明驱动电机型号和峰值功率,动力电池系统额定电压和额定容量(安时数),储氢容器形式、容积、工作压力(燃料电池汽车);纯电动汽车不标发动机相关信息;最大设计车速小于70 km/h的汽车(低速汽车、设有乘客站立区的客车除外)还应标明最大设计车速

 b. 乘用车、旅居车可不标发动机最大净功率转速,但还应标明发动机排量,乘用车具备牵引功能时还应标明最大允许牵引质量

 c. 总质量小于12 000 kg的货车和专项作业车可不标发动机最大净功率转速,半挂牵引车还应标明牵引座最大设计静载荷

 d. 正三轮摩托车还应标明装载质量或乘坐人数,两轮普通摩托车及两轮轻便摩托车可不标车辆识别代号

 e. 电动摩托车应标明电机型号、额定功率、额定电压

4.1.3 汽车、摩托车、挂车应具有唯一的车辆识别代号,其内容和构成应符合 GB 16735 的规定;应至少有一个车辆识别代号打刻在车架(无车架的机动车为车身主要承载且不能拆卸的部件)能防止锈蚀、磨损的部位上。

乘用车的车辆识别代号应打刻在发动机舱内能防止替换的车辆结构件上,或

打刻在车门立柱上，如受结构限制没有打刻空间时也可打刻在右侧除行李舱外的车辆其他结构件上；对总质量大于等于 12 000 kg 的货车、货车底盘改装的专项作业车及所有牵引杆挂车，车辆识别代号应打刻在右前轮纵向中心线前端纵梁外侧，如受结构限制也可打刻在右前轮纵向中心线附近纵梁外侧；对半挂车和中置轴挂车，车辆识别代号应打刻在右前支腿前端纵梁外侧（无纵梁的除外）；其他汽车和无纵梁挂车的车辆识别代号、轮式专用机械车的产品识别代码（或车辆识别代号）应打刻在右侧前部的车辆结构件上，如受结构限制也可打刻在右侧其他车辆结构件上。其他机动车（摩托车除外）应在相应的易见位置打刻整车型号和出厂编号，型号在前，出厂编号在后，在出厂编号的两端应打刻起止标记。

打刻车辆识别代号（或产品识别代码、整车型号和出厂编号）的部件不应采用打磨、挖补、垫片、凿改、重新涂漆（设计和制造上为保护打刻的车辆识别代号而采取涂漆工艺的情形除外）等方式处理，从上（前）方观察时打刻区域周边足够大面积的表面不应有任何覆盖物；如有覆盖物，该覆盖物的表面应明确标示"车辆识别代号"或"VIN"字样，且覆盖物在不使用任何专用工具的情况下能直接取下（或揭开）及复原，以方便地观察到足够大的包括打刻区域的表面。

打刻的车辆识别代号（或产品识别代码、整车型号和出厂编号）从上（前）方应易于观察、拓印；对于汽车和挂车还应能拍照。打刻的车辆识别代号的字母和数字的字高应大于等于 7.0 mm、深度应大于等于 0.3 mm（乘用车及总质量小于等于 3 500 kg 的封闭式货车深度应大于等于 0.2 mm），但摩托车字高应大于等于 5.0 mm、深度应大于等于 0.2 mm。打刻的整车型号和出厂编号字高应为 10.0 mm，深度应大于等于 0.3 mm。打刻的车辆识别代号（或产品识别代码、整车型号和出厂编号）总长度应小于等于 200 mm，字母和数字的字体和大小应相同（打刻在不同部位的车辆识别代号除外）；打刻的车辆识别代号两端有起止标记的，起止标记与字母、数字的间距应紧密、均匀。

车辆识别代号（或产品识别代码、整车型号和出厂编号）一经打刻不应更改、变动，但按 GB 16735 的规定重新标示或变更的除外。同一辆机动车的车架（无车架的机动车为车身主要承载且不能拆卸的部件）上，不应既打刻车辆识别代号（或产品识别代码），又打刻整车型号和出厂编号。同一辆车上标识的所有车辆识别代号内容应相同。

注1：打刻区域周边足够大面积的表面（足够大的包括打刻区域的表面）是指打刻车辆识别代号的部件的全部表面；但所暴露表面能满足查看打刻车辆识别代号的部件有无挖补、重新焊接、粘贴等痕迹的需要时，也应视为满足要求。

注2：对摩托车，打刻的车辆识别代号在不举升车辆的情形下可观察、拓印的，视为满足要求。

4.1.4 发动机型号和出厂编号应打刻（或铸出）在气缸体上且应能永久保持，在出厂编号的两端应打刻起止标记（没有打刻起止标记的空间时不打刻）；摩托车应在发动机的易见部位铸出商标或厂标，发动机出厂编号应打刻在曲轴箱易见部位，在出厂编号的两端应打刻起止标记（没有打刻起止标记的空间时不打刻）；如打刻（或铸出）的发动机型号和出厂编号不易见，则应在发动机易见部位增加能永久保持的发动机型号和出厂编号的标识。

纯电动汽车、插电式混合动力汽车、燃料电池汽车和电动摩托车应在驱动电机壳体上打刻电机型号和编号。对除轮边电机、轮毂电机外的其他驱动电机，如打刻的电机型号和编号被覆盖，应留出观察口，或在覆盖件上增加能永久保持的电机型号和编号的标识；增加的标识应易见，且非经破坏性操作不能被完整取下。

4.1.5 对具有电子控制单元（ECU）的汽车，其至少有一个 ECU 应记载有车辆识别代号等特征信息，且记载的特征信息不应被篡改并能被市场上可获取的工具读取。

4.1.6 乘用车和总质量小于等于 3 500 kg 的货车（低速汽车除外）应在靠近风窗立柱的位置设置能永久保持的车辆识别代号标识；该标识从车外应能清晰地识读，且非经破坏性操作不能被完整取下。

4.1.7 除按照 4.1.2、4.1.3、4.1.5、4.1.6 标示车辆识别代号之外，乘用车还应在行李舱从车外无法观察但打开后能直接观察的合适位置标示车辆识别代号，并至少在 5 个主要部件上标示车辆识别代号；但如制造厂家使用了能从零部件编号溯及车辆识别代号等车辆唯一性信息的生产管理系统，主要部件上可标示零部件编号。

车辆识别代号或零部件编号应直接打刻或采用能永久保持的标签粘贴在制造厂家规定主要部件的目标区域内，其字码高度应保证内容能清晰确认。

4.1.8 除按照 4.1.2、4.1.3、4.1.5 标示车辆识别代号之外，总质量大于等于 12 000 kg 的栏板式、仓栅式、自卸式、罐式货车及总质量大于等于 10 000 kg 的栏板式、仓栅式、自卸式、罐式挂车还应在其货箱或常压罐体（或设计和制造上固定在货箱或常压罐体上且用于与车架连接的结构件）上打刻至少两个车辆识别代号。打刻的车辆识别代号应位于货箱（常压罐体）左、右两侧或前端面且易于拍照，深度、高度和总长度应符合 4.1.3 的规定；且若打刻在货箱（常压罐体）左、右两侧时距货箱（常压罐体）前端面的距离应小于等于 1 000 mm，若打刻在左、右两侧连接结构件时应尽量靠近货箱（常压罐体）前端面。

4.1.9 危险货物运输车辆的标志应符合 GB 13392 的规定；其中，道路运输爆炸品和剧毒化学品车辆还应符合 GB 20300 的规定。罐式危险货物运输车辆的罐体或与罐体焊接的支座的右侧应有金属的罐体铭牌,罐体铭牌应标注唯一性编码、罐体设计代码、罐体容积等信息。

4.1.10 对机动车进行改装或修理时,不应对车辆识别代号(或整车型号和出厂编号)、发动机型号和出厂编号、零部件编号、产品标牌、发动机标识等整车标志进行遮盖(遮挡)、打磨、挖补、垫片等处理及凿孔、钻孔等破坏性操作,也不应破坏或未经授权修改电子控制单元(ECU)等记载的车辆识别代号。

4.2 外廓尺寸

汽车、挂车及汽车列车的外廓尺寸应符合 GB 1589 的规定,摩托车、拖拉机运输机组的外廓尺寸限值见表2。

表2 摩托车、拖拉机运输机组外廓尺寸限值

(单位:米)

机动车类型		长	宽	高
摩托车	两轮普通摩托车[a]	≤2.50	≤1.00	≤1.40
	边三轮摩托车	≤2.70	≤1.75	≤1.40
	正三轮摩托车	≤3.50	≤1.50	≤2.00
	两轮轻便摩托车	≤2.00	≤0.80	≤1.10
	正三轮轻便摩托车	≤2.00	≤1.00	≤1.10
拖拉机运输机组	轮式拖拉机运输机组	≤10.00[b]	≤2.50	≤3.00[b]
	手扶拖拉机运输机组	≤5.00	≤1.70	≤2.20

a. 对警用摩托车、发动机排量大于等于 800 mL 或电机额定功率总和大于等于 40 kW 的两轮普通摩托车,外廓尺寸限值为长小于等于 2.80 m,宽小于等于 1.30 m,高小于等于 2.00 m

b. 对标定功率大于 58 kW 的轮式拖拉机运输机组,长度、高度限值为长小于等于 12.00 m,高小于等于 3.50 m

4.3 轴荷和质量参数

4.3.1 汽车、挂车及汽车列车的轴荷及质量参数应符合 GB 1589 的规定。

4.3.2 机动车在空载和满载状态下,整备质量和总质量应在各轴之间合理分配,轴荷应在左右车轮之间均衡分配。

4.3.3 边三轮摩托车处于空载及满载状态时,边车车轮轮荷应分别为整备质量及总质量的 35% 以下。

4.4 核载

4.4.1 质量参数核定

4.4.1.1 机动车最大允许总质量依据发动机功率、最大设计轴荷、轮胎的承载能力及正式批准的技术文件进行核算后,从中取最小值核定。

4.4.1.2 机动车在空载和满载状态下,转向轴轴荷(或转向轮轮荷)分别与该车整备质量和总质量的比值应大于等于:
——乘用车:30%;
——三轮汽车、正三轮摩托车:18%;
——其他机动车:20%。

铰接列车应在空载和满载状态下对牵引车部分进行核算,铰接客车和铰接式无轨电车应在空载和满载状态下对前车进行核算。

4.4.1.3 清障车在托牵状态下,转向轴轴荷应大于等于总质量的15%。

4.4.1.4 货车列车的挂车的最大允许装载质量应小于等于货车的最大允许装载质量。

4.4.1.5 铰接列车的半挂车的总质量应小于等于半挂牵引车的最大允许牵引质量。

4.4.1.6 轮式拖拉机运输机组的挂拖质量比(挂车最大允许总质量与拖拉机使用质量之比)应小于等于3。

4.4.2 乘用车、旅居车乘坐人数核定

4.4.2.1 前排座位按乘客舱内部宽度大于等于1 200 mm时核定2人,大于等于1 650 mm时核定3人,但每名前排乘员的坐垫宽和坐垫深均应大于等于400 mm,且不应作为学生座位核定乘坐人数。

注:前排座位乘客舱内部宽度,系指在两侧门窗下缘延伸至车门后支柱处,量取的车门内饰板间最小值;如车门设计和制造上有搁手区域,则量取搁手平面上方的车门内饰板间最小值。

4.4.2.2 除前排座位外的其他排座位,在能保证与前一排座位的间距大于等于600 mm且坐垫深度大于等于400 mm(对第二排以后的可折叠座椅座间距大于等于570 mm且坐垫深度大于等于350 mm)时,按坐垫宽每400 mm核定1人;但作为学生座位使用时,对幼儿校车按每280 mm核定1人,对小学生校车按每350 mm核定1人,对中小学生校车按380 mm核定1人。单人座椅坐垫宽大于等于400 mm时核定1人。

注1:学生座位(椅)是指幼儿校车上专门供幼儿乘坐的座位(椅)、小学生校车上专门供小学生乘坐的座位(椅)及中小学生校车上专门供义务教育阶段学生使用的座位(椅)。

注2:可折叠座椅是指靠背、坐垫铰接且折叠在一起后能完全收起的座椅。

注3:座间距是指座椅坐垫和靠背均未被压陷、座椅处于滑轨中间位置、靠背角度可调式座椅的靠背角度及座椅其他调整坐垫处于制造厂规定的正常使用位置时,在通过(单人)座椅中心线的垂直平面内,在坐垫上表面最高点所处平面与地板上方620 mm高度范围内水

平测量所得的座椅间距数值。

注4：坐垫宽是指在座椅坐垫未被压陷时，在坐垫最前端以后200 mm（对第二排以后的可折叠座椅为150 mm）处坐垫上表面测量所得的坐垫宽度数值；对既可分离、又可组合的同排座椅，根据产品使用说明书的标注，选择一种座椅状态测量。

注5：坐垫深是指在由制造厂设定的座椅前后位置和靠背角状态，座椅坐垫和靠背均未被压陷时，在坐垫宽度方向中间位置、沿坐垫平面测量取得的坐垫最前端至坐垫靠背垂直投影面的距离。

4.4.2.3 旅居车、设计和制造上具有行动不便乘客（如轮椅乘坐者）乘坐设施的乘用车，设置有后向座椅时，在与相向座椅的座间距大于等于1 150 mm且坐垫深度大于等于400 mm时，按坐垫宽每400 mm核定1人。

4.4.2.4 旅居车设置的侧向座椅，及车长大于等于6 m的乘用车设置的侧向座椅和不符合4.4.2.3规定的后向座椅，不核定乘坐人数。

4.4.2.5 旅居车的核定乘员数应小于等于9人，但车长小于6 m时的核定乘员数应小于等于6人。车长大于等于6 m的货车底盘改装的旅居车，驾驶室与旅居车厢之间无法保证人员的走动时，旅居车厢不核定乘坐人数；车长小于6 m的货车底盘改装的旅居车，驾驶室与旅居车厢之间有面积大于等于4.0×10^5 mm^{2}且能内接一个500 mm×700 mm矩形的贯通开口时，旅居车厢可核定乘坐人数。旅居车的铺位（包括由桌椅转换而来的铺位）不核定乘坐人数。

4.4.3 客车乘员数核定

4.4.3.1 按乘员质量核定：按GB/T 12428确定。

4.4.3.2 按坐垫宽和站立乘客有效面积核定：长条座椅（指坐垫靠背均为条形的供两人或多人乘坐的座椅）按坐垫宽每400 mm核定1人，但作为学生座位使用时，对幼儿校车按每280 mm（对幼儿专用校车按每330 mm）核定1人，对小学生校车按每350 mm核定1人，对中小学生校车按380 mm核定1人；单人座椅坐垫宽大于等于400 mm（对学生座椅为380 mm）时核定1人。设有乘客站立区的客车，按GB/T 12428确定的站立乘客有效面积计算，每0.125 m^{2}核定站立乘客1人；双层客车的上层及其他客车不核定站立人数。

4.4.3.3 按卧铺铺位核定：卧铺客车的每个铺位核定1人，驾驶人座椅核定1人，乘客座椅（包括车组人员座椅）不核定乘坐人数。

4.4.3.4 可折叠的单人座椅及驾驶人座椅R点所处的横向垂直平面之前的座椅不应作为学生座位（椅）核定人数。

4.4.3.5 幼儿校车、小学生校车和中小学生校车按4.4.3.2和4.4.3.4核定乘员数，其他客车以4.4.3.1、4.4.3.2及4.4.3.3计算的乘员数取最小值核定乘员数。幼儿校车的核定乘员数应小于等于 45 人,其他校车的核定乘员数应小于等于 56 人。未设置乘客站立区的客车的核定乘员数应小于等于 56 人,其中二轴卧铺客车的核定乘员数应小于等于 36 人,三轴卧铺客车的核定乘员数应小于等于 40 人。

4.4.4 其他机动车的乘坐人数核定（摩托车除外）

4.4.4.1 驾驶室（区）的前排座位,按驾驶室（区）内部宽度大于等于 1 200 mm 时核定 2 人,大于等于 1 650 mm 时核定 3 人,但每名前排乘员的坐垫宽和坐垫深均应大于等于 400 mm。

注：驾驶室（区）内部宽度,系指在两侧门窗下缘延伸至车门后支柱处,量取的车门内饰板间最小值；如车门设计和制造上有搁手区域,则量取搁手平面上方的车门内饰板间最小值。

4.4.4.2 双排座位驾驶室的后排座位,按坐垫中间位置测量的车身内部宽度,在能保证与前排座位的间距大于等于 650 mm 且坐垫深度大于等于 400 mm 时,每 400 mm 核定 1 人。

4.4.4.3 带卧铺的货车,卧铺铺位不核定乘坐人数。

4.4.4.4 有驾驶室的拖拉机运输机组和使用方向盘转向的三轮汽车,除驾驶人外可再核定一名乘员,但其坐垫宽应大于等于 350 mm,座椅深应大于等于 300 mm,且座椅不应增加拖拉机运输机组或三轮汽车的外廓尺寸；不具备上述条件时,只准许乘坐驾驶人 1 人。

4.4.4.5 货车核定乘坐人数应小于等于 6 人,专项作业车（消防车除外）核定乘坐人数应小于等于 9 人,危险货物运输货车的核定乘坐人数应小于等于 3 人。

4.4.5 摩托车乘坐人数核定

4.4.5.1 两轮普通摩托车和前面两个车轮、后面一个车轮的正三轮摩托车,除驾驶人外,有固定座位的再核定乘坐 1 人。

4.4.5.2 边三轮摩托车除驾驶人外,主车和边车有固定座位的各核定乘坐 1 人。

4.4.5.3 正三轮摩托车驾驶室核定乘坐驾驶人 1 人；车厢在有纵向布置（与机动车前进方向相同）的固定座椅（该固定座椅的坐垫深度大于等于 400 mm 且与驾驶人座椅的间距大于等于 650 mm）时,按坐垫宽度每 400 mm 核定 1 人,但最多为 2 人；不具备上述条件时,车厢不核定乘坐人数。

4.4.5.4 轻便摩托车核定乘坐驾驶人 1 人。

4.4.6 特殊规定

4.4.6.1 设计和制造上具有行动不便乘客（如轮椅乘坐者）乘坐设施的载客汽车、装备有担架的救护车等用于载运特定乘客的汽车,设有轮椅（或担架）及其使用者的约束系统时,每一套约束系统核定 1 人,其他座位（座椅）参照

4.4.2.1、4.4.2.2、4.4.2.3、4.4.3 和 4.4.4 核定乘坐人数。

4.4.6.2 消防车、医疗车、体检医疗车等专项作业车的乘坐人数，参照 4.4.2.1、4.4.2.2、4.4.2.3、4.4.3 和 4.4.4 核定。

4.4.6.3 旅居挂车不核定乘坐人数。

4.4.6.4 货车驾驶室（区）以外部位设置的座椅和卧铺不核定乘坐人数。

4.5 比功率

低速汽车及拖拉机运输机组的比功率应大于等于 4.0 kW/t，除无轨电车、纯电动汽车外的其他机动车的比功率应大于等于 5.0 kW/t。

注：比功率为发动机最大净功率（或 0.9 倍的发动机额定功率或 0.9 倍的发动机标定功率）与机动车最大允许总质量之比。

4.6 侧倾稳定性及驻车稳定角

4.6.1 按 GB/T 14172 规定的方法，客车、发动机中置且宽高比小于等于 0.9 的乘用车在乘客区满载、行李舱空载的情况下测试时，向左侧和右侧倾斜的侧倾稳定角均应大于等于 28°（对专用校车均应大于等于 32°）；且除设有乘客站立区的客车外，在空载、静态条件下，向左侧和右侧倾斜的侧倾稳定角均应大于等于 35°。

注：铰接客车和铰接式无轨电车按前车考核。发动机中置是指发动机缸体整体位于汽车前后轴之间的布置形式。

4.6.2 罐式汽车和罐式挂车在满载、静态状态下，向左侧和右侧倾斜的侧倾稳定角应大于等于 23°。

4.6.3 除消防车外的其他机动车在空载、静态状态下，向左侧和右侧倾斜的侧倾稳定角应大于等于：

——三轮机动车（包括三轮汽车和三轮摩托车，但不包括前轮距小于等于 460 mm 的正三轮摩托车，下同）：25°；

——总质量为整备质量的 1.2 倍以下的机动车：28°；

——总质量不小于整备质量的 1.2 倍的专项作业车和轮式专用机械车：32°；

——其他机动车（特型机动车、两轮普通摩托车及轻便摩托车除外）：35°。

4.6.4 消防车的侧倾稳定性要求应符合 GB 7956.1 的规定。

4.6.5 两轮普通摩托车、两轮轻便摩托车和前轮距小于等于 460 mm 的正三轮摩托车在用撑杆支撑时，向左、向右、向前的驻车稳定角分别应大于等于 9°、5°、6°；在用停车架支撑时，向左、向右、向前的驻车稳定角均应大于等于 8°。

4.7 图形和文字标志

4.7.1 汽车（三轮汽车和装用单缸柴油机的低速货车除外）、摩托车应分别按照 GB 4094、GB/T 4094.2 和 GB 15365 的规定设置操纵件、指示器及信号装置的图形标志。

4.7.2 三轮汽车和装用单缸柴油机的低速货车的变速杆、手柄和开关等操纵机构，除作用非常明确的外，应在操纵机构上或其附近用耐久性标志明确标明其功能、操作方向等。标志所用操作符号应与背景有明显的色差。

4.7.3 机动车标注的警告性文字应有中文。

4.7.4 旅居车和旅居挂车旅居室内的专用装备设施应明示相应的安全使用规定。

4.7.5 低速汽车和拖拉机运输机组应对需要提醒人们注意的安全事项设置相应的安全标志。安全标志应符合 GB 10396 的规定。

4.7.6 所有货车（多用途货车除外）和专项作业车（消防车除外）均应在驾驶室（区）两侧喷涂总质量（半挂牵引车为最大允许牵引质量）。其中，栏板货车和自卸车还应在驾驶室两侧喷涂栏板高度，罐式汽车和罐式挂车（罐式危险货物运输车辆除外）还应在罐体两侧喷涂罐体容积及允许装运货物的种类。栏板挂车应在车厢两侧喷涂栏板高度。冷藏车还应在外部两侧易见部位上喷涂或粘贴明显的"冷藏车"字样和冷藏车类别的英文字母。喷涂的中文及阿拉伯数字应清晰，高度应大于等于 80 mm。

注：多用途货车是指具有长头车身和驾驶室结构、核定乘坐人数小于等于 5 人（含驾驶人）、驾驶室高度小于等于 2 100 mm、货箱栏板上端离地高度小于等于 1 500 mm、最大设计总质量小于等于 3 500 kg 的货车。

4.7.7 总质量大于等于 4 500 kg 的货车（半挂牵引车除外）和货车底盘改装的专项作业车（消防车除外）、总质量大于 3 500 kg 的挂车，以及车长大于等于 6 m 的客车均应在车厢后部喷涂或粘贴/放置放大的号牌号码，总质量大于等于 12 000 kg 的自卸车还应在车厢左右两侧喷涂放大的号牌号码。受结构限制车厢后部无法粘贴/放置放大的号牌号码时，车厢左右两侧喷涂有放大的号牌号码的，视为满足要求。放大的号牌号码字样应清晰。

4.7.8 所有客车（专用校车和设有乘客站立区的客车除外）及发动机中置且宽高比小于等于 0.9 的乘用车应在乘客门附近车身外部易见位置，用高度大于等于 100 mm 的中文及阿拉伯数字标明该车提供给乘员（包括驾驶人）的座位数。具有车底行李舱的客车，应在行李舱打开后前部易见位置设置能永久保持的、标有所有行李舱可运载的最大行李总质量的标识。

4.7.9 专用校车车身外观标识应符合 GB 24315 规定。校车运送学生时，应在前风窗玻璃右下角和后风窗玻璃适当位置各放置一块可以从车外清楚识别的校车标牌；但专门用于接送学生上下学的非专用校车，车身外观标识还应符合专用校车相关规定。

注：非专用校车是指除专用校车外的其他校车。

4.7.10 气体燃料汽车、两用燃料汽车和双燃料汽车应按 GB/T 17676 的规定标注其使用的气体燃料类型。

4.7.11 最大设计车速小于 70 km/h 的汽车（低速汽车、设有乘客站立区的客车除外）应在车身后部喷涂/粘贴表示最大设计车速（单位：km/h）的阿拉伯数字；阿拉伯数字的高度应大于等于 200 mm，外围应用尺寸相匹配的红色圆圈包围。

4.7.12 教练车应在车身两侧及后部喷涂高度大于等于 100 mm 的"教练车"等字样。

4.7.13 警车、消防车、救护车和工程救险车以外的机动车，不应喷涂和安装与警车、消防车、救护车和工程救险车相同或相类似的标志图案和灯具。

4.8 外观

4.8.1 机动车各零部件应完好，连接牢固，无缺损。

4.8.2 车体应周正，车体外缘左右对称部位高度差应小于等于 40 mm。

4.8.3 两轮普通摩托车和轻便摩托车的方向把和导流板等左右对称的零部件离地面高度差应小于等于 10 mm；正三轮摩托车的驾驶室和车厢等左右对称的零部件离地面高度差应小于等于 20 mm。

4.9 漏水检查

在发动机运转及停车时，散热器、水泵、缸体、缸盖、暖风装置及所有连接部位均不应有滴漏现象。

4.10 漏油检查

机动车连续行驶距离不小于 10 km，停车 5 min 后观察，不应有滴漏现象。

4.11 车速表指示误差（最大设计车速不大于 40 km/h 的机动车除外）

车速表指示车速 v_1（单位：km/h）与实际车速 v_2（单位：km/h）之间应符合下列关系式：

$$0 \leqslant v_1 - v_2 \leqslant (v_2/10) + 4$$

4.12 行驶轨迹

汽车列车和轮式拖拉机运输机组在平坦、干燥的路面上以 30 km/h 的速度直线行驶时，挂车后轴中心相对于牵引车前轴中心的最大摆动幅度，铰接列车、乘用车列车和中置轴挂车列车应小于等于 110 mm，牵引杆挂车列车和轮式拖拉机运输机组应小于等于 220 mm。

4.13 驾驶人耳旁噪声要求

4.13.1 汽车（纯电动汽车、燃料电池汽车和低速汽车除外）驾驶人耳旁噪声声级应小于等于 90 dB(A)。

4.13.2 测量驾驶人耳旁噪声时：

a) 汽车空载，处于静止状态且置变速器于空挡，发动机应处于额定转速状态（当发动机正常工作状态下无法达到额定转速时，则采用可达到的最大转速进行测量，并对测量转速进行记录说明），门窗紧闭；

b) 测量位置应符合 GB/T 18697 的规定；

c) 环境噪声应低于被测噪声值至少 10 dB（A）；

d) 声级计置于"A"计权、"快"档。

4.14 环保要求

机动车的排气污染物排放及噪声应符合国家环保标准的规定。

4.15 产品使用说明书

4.15.1 机动车的产品使用说明书应用文字标明与车型（整车型号）相一致的以下结构参数和技术特征，必要时还应用图案辅助说明：

——整车产品标牌、按 4.1.3 和 4.1.8 规定打刻的车辆识别代号（或整车型号和出厂编号）、打刻（或铸出的）发动机型号和出厂编号（或电机型号和编号）、标有发动机型号和出厂编号（或电机型号和编号）的标识等标志的具体位置，同车型存在不同打刻位置时应全部予以说明；车辆识别代号（或整车型号和出厂编号）打刻的具体位置还应有图示说明，设计和制造上为保护打刻的车辆识别代号而采取了重新涂漆的工艺时也应予以说明；

——长、宽、高等整车外廓尺寸参数；

——轴荷、整备质量、最大允许总质量等质量参数；

——发动机主要技术参数（如发动机最大净功率/转速、额定功率/转速、最大扭矩/转速）；

——罐体容积及允许装运货物的种类；

——燃料种类及标号；

——机动车整车出厂时所达到的排放水平；

——指定试验条件下的整车燃料消耗量；

——最大设计车速、最大爬坡度等动力性能参数；

——（气压制动系统的）储气筒额定工作压力；

——起步气压的具体数值；

——驱动形式；

——可以使用的轮胎规格、备胎规格，以及轮胎气压等使用注意事项；

——钢板弹簧的形式和规格；

——空气悬挂（如装备）的正常使用状态；

——制造厂设定的（测量坐垫深时）座椅前后位置和靠背角状态；

——座椅靠背的正常使用状态；

——侧面及后下部防护装置的材质、结构、尺寸、连接部位和形式、外形；

——封闭式货车隔离装置的承受能力及装载货物注意事项；

——最大设计车速大于 100 km/h 的机动车的车轮动平衡要求；

——车轮定位值；

——制动踏板自由行程的合理范围；

——制动摩擦副的合理使用范围；

——制动液技术要求及合理的更换周期；

——（采用气压制动的汽车）从踩下制动踏板到最不利的制动气室响应时间 A、到主挂间气压控制管路接头处响应时间 B；

——（采用气压制动的挂车）从主挂间气压控制管路接头处到最不利的制动气室响应时间 C；

——燃油（燃气）胶管的合理更换周期；

——变速器功能限制使用的特殊情形（如有）；

——（客车）座位数、站立乘客人数及车内座椅布置示意图；

——（罐式危险货物运输车辆）适装介质列表；

——（罐式危险货物运输车辆）紧急切断装置的类型、安装位置及使用说明；

——涉及安全使用车辆的其他事项；

——按 GB 1589 规定不计入车辆外廓尺寸的部件的名称、位置。

注：对发动机最大净功率、额定功率/转速等发动机主要技术参数，以及车轮动平衡要求、车轮定位值、制动踏板自由行程的合理范围、制动摩擦副的合理使用范围等主要用于车辆维修的技术参数，在其他随车正式文件上有说明的，也视为满足要求。

4.15.2 汽车的产品使用说明书应对其前风窗玻璃处微波窗口的具体位置，以及装备的安全气囊、防抱制动装置、辅助制动装置、限速功能或限速装置、电子稳定性控制系统等安全装置的功能、用法和注意事项等加以说明；装备有安全气囊的汽车，还应在产品使用说明书中明确安全气囊的位置、展开的条件和情形。

4.15.3 具有电子控制单元（ECU）或电子数据接口的汽车，应在产品使用说明书中说明从 ECU 中读取车辆识别代号信息的方法。

4.15.4 配备了事件数据记录系统（EDR）的汽车，其产品使用说明书应：

——包括"本车配备了事件数据记录系统（EDR）"等内容的声明；

——对 EDR 所记录数据项的含义及可能的用途加以说明；
——对 EDR 数据读取工具的获取途径加以说明。

4.15.5 乘用车、旅居车的产品使用说明书应对适合安装的儿童座椅的类型及固定方法加以说明。

4.15.6 具备牵引功能的乘用车，应在其产品使用说明书中对以下事项加以说明：
——最大允许牵引质量（按中置轴挂车有无制动两种情形分别描述）；
——配备的电连接接头对应的国家标准或国际标准号，以及各接线的功能；
——配备的连接球头对应的国家标准或国际标准号；
——附加后视镜及支架的安装位置；
——允许牵引的中置轴挂车的尺寸限值；
——乘用车与中置轴挂车的制动系统连接要求及安装和操作说明；
——乘用车列车的驾驶人员要求；
——乘用车列车在行驶中的注意事项。

4.15.7 旅居挂车的产品使用说明书应注明连接装置对应的国家标准或国际标准号，并明示车辆行驶过程中旅居室内不得载人。

4.15.8 纯电动汽车、燃料电池汽车、混合动力汽车的产品说明书中，应注明操作安全和故障防护特殊要求。

4.15.9 专项作业车的产品使用说明书应注明其装备的专用设备或器具的类型、规格、专用功能、关键技术参数和专项作业的特殊说明；其他装备有专用仪器或设备的汽车的产品使用说明书，应对其装备的专用设备或器具的类型、规格予以说明。

4.15.10 三轮汽车的产品使用说明书应明示所有操纵机构的操作说明。

4.15.11 轮式专用机械车、特型机动车的产品使用说明书应明示其制造时所执行的相关国家标准和/或行业标准的标准顺序号和年号。

4.15.12 机动车的产品使用说明书的所有文字性内容均应有中文。

4.16 乘用车列车的特殊要求

4.16.1 组成乘用车列车的乘用车应符合以下要求：

a）乘用车车宽应大于等于 1 650 mm；

b）乘用车应装备防抱制动装置；

c）乘用车应装备符合标准规定的电连接接头，乘用车到挂车输出端的电路容量应大于等于 20 A；

d）乘用车应装备符合标准规定的 A50 连接球头，连接球头应位于车辆纵向中心线上（偏差应小于等于 10 mm）。

4.16.2　组成乘用车列车的中置轴挂车应符合以下要求：

a）中置轴挂车的总质量应小于等于 2 500 kg；

b）中置轴挂车应装备符合标准规定的连接装置；

c）总质量大于 750 kg 的中置轴挂车应装备制动系统。

4.16.3　乘用车列车应符合以下要求：

a）乘用车和中置轴挂车的电连接器、电缆线的型号和尺寸相互匹配。

b）对于全轮和后轮驱动的乘用车，中置轴挂车总质量与乘用车整备质量的比小于等于 1.5；对于前轮驱动的乘用车，中置轴挂车总质量与乘用车整备质量的比小于等于 1.0。

c）对于无制动的中置轴挂车，挂车总质量与乘用车整备质量的比值小于等于 0.6。

d）所有车辆牵引支架配备安全链，以保证在列车制动前挂车和牵引车不能分离且挂车具备一定的转向能力。

e）作用在连接装置上的垂直载荷同时满足：

——大于等于乘用车最大允许牵引质量的 4% 且大于等于 25 kg；

——小于等于乘用车最大允许牵引质量的 10% 且乘用车后轴轴荷小于等于允许轴荷。

f）乘用车列车的比功率大于等于 20 kW/t。

g）不使用任何工具即可安全地连接或者断开乘用车和中置轴挂车。

h）中置轴挂车的转向、制动等信号与乘用车的信号一致。

4.17　其他要求

4.17.1　专项作业车和轮式专用机械车的特殊结构和专用装置不应影响机动车的安全运行；专项作业车及其他装备有专用仪器或设备的汽车，装备的专用仪器和设备应固定可靠。

4.17.2　轮式专用机械车的外廓尺寸、轴荷及质量参数、转向系、制动系、外部照明和信号装置及电气设备、车身、安全防护装置等要求按土方机械相关强制性标准实施。

4.17.3　车长大于 11 m 的公路客车和旅游客车应装备符合标准规定的车道保持辅助系统和自动紧急制动系统。

4.17.4　车高大于等于 3.7 m 的未设置乘客站立区的客车应装备电子稳定

性控制系统，以保证对车辆的防侧翻控制。

4.17.5 车辆运输车应符合 GB/T 26774 的规定。

4.17.6 插电式混合动力汽车的纯电动续驶里程应大于等于 50 km。

4.17.7 新出厂的机动车，其安全装置的配备应与批准的状态一致，质量和尺寸参数与批准数值的偏差应符合规定。在用的货车、货车底盘改装的专项作业车、挂车，其货厢（罐体）结构及尺寸、钢板弹簧片数及形式、轮胎规格等技术参数和结构特征应与注册登记时一致，整车整备质量、货厢内部尺寸、外廓尺寸（长、宽、高）等主要技术参数应与注册登记时记载的技术参数保持在合理的偏差范围。

4.17.8 采用了主被动安全新技术、新装置、新结构的机动车，新技术、新装置、新结构的性能不应低于本标准及其他机动车强制性国家标准对应的运行安全技术要求。

5. 发动机和驱动电机

5.1 发动机应能起动，怠速稳定，机油压力和温度正常。发动机功率应大于等于标牌（或产品使用说明书）标明的发动机功率的 75%。

5.2 柴油机停机装置应有效。

5.3 发动机起动、燃料供给、润滑、冷却和进排气等系统的机件应齐全。

5.4 纯电动汽车的电机系统应运转平稳。

6. 转向系

6.1 汽车（三轮汽车除外）的方向盘应设置于左侧，其他机动车的方向盘不应设置于右侧；专项作业车、教练车按需要可设置左、右两个方向盘。装有两个后轮、有驾驶室的正三轮摩托车如使用方向盘转向，则方向盘中心立柱距车辆纵向中心平面的水平距离应小于等于 200 mm；其他摩托车不应使用方向盘转向。

6.2 机动车的方向盘（或方向把）应转动灵活，无卡滞现象。机动车应设置转向限位装置。转向系在任何操作位置上，不应与其他部件有干涉现象。

6.3 机动车（摩托车、三轮汽车、手扶拖拉机运输机组除外）正常行驶时，转向轮转向后应有一定的回正能力（允许有残余角），以使机动车具有稳定的直线行驶能力。

6.4 机动车方向盘的最大自由转动量应小于等于：

a) 最大设计车速大于等于 100 km/h 的机动车：15°；

b) 三轮汽车：35°；

c) 其他机动车：25°。

6.5 汽车（三轮汽车除外）应具有适度的不足转向特性。

6.6 三轮汽车、摩托车的转向轮向左或向右转角应小于等于：

a) 三轮汽车、三轮摩托车、正三轮轻便摩托车：45°；

b) 两轮普通摩托车、两轮轻便摩托车：48°。

6.7 机动车在平坦、硬实、干燥和清洁的道路上行驶不应跑偏，其方向盘（或方向把）不应有摆振等异常现象。

6.8 机动车在平坦、硬实、干燥和清洁的水泥或沥青道路上行驶，以 10 km/h 的速度在 5 s 之内沿螺旋线从直线行驶过渡到外圆直径为 25 m 的车辆通道圆行驶，施加于方向盘外缘的最大切向力应小于等于 245 N。

6.9 专用校车应采用转向助力装置；其他机动车转向轴最大设计轴荷大于 4 000 kg 时，也应采用转向助力装置。装有转向助力装置的机动车，转向时其转向助力功能不应出现时有时无的现象，且转向助力装置失效时仍应具有用方向盘控制机动车的能力。

6.10 汽车（三轮汽车除外）的车轮定位应与该车型的技术要求一致。对前轴采用非独立悬架的汽车（前轴采用双转向轴时除外），其转向轮的横向侧滑量，用侧滑台检验时侧滑量值应小于等于 5 m/km。

6.11 转向节及臂，转向横、直拉杆及球销应连接可靠，且不应有裂纹和损伤，并且转向球销不应松旷。对机动车进行改装或修理时横、直拉杆不应拼焊。

6.12 三轮汽车、摩托车的前减振器、上下联板和方向把不应有变形和裂损。

7. 制动系

7.1 基本要求

7.1.1 机动车应设置足以使其减速、停车和驻车的制动系统或装置，且行车制动的控制装置与驻车制动的控制装置应相互独立。

7.1.2 制动系统的机构和装置应经久耐用，不会因振动或冲击而损坏。

7.1.3 制动踏板（包括教练车的副制动踏板）及其支架、制动主缸及其活塞、制动总阀、制动气室、轮缸及其活塞、制动臂及凸轮轴总成之间的连接杆件等零部件应易于维修。

7.1.4 制动系统的各种杆件不应与其他部件在相对位移中发生干涉、摩擦，以防杆件变形、损坏。

7.1.5 制动管路应为专用的耐腐蚀的高压管路，安装应保证具有良好的连续功能、足够的长度和柔性，以适应与之相连接的零件所需要的正常运动，而不致造成损坏；制动管路应有适当的安全防护，以避免擦伤、缠绕或其他机械损伤，同时应避免安装在可能与机动车排气管或任何高温源接触的地方。制动软管不应与其他部件干涉且不应有老化、开裂、被压扁、鼓包等现象。其他气动装置在出现故障时不应影响制动系统的正常工作。

7.1.6　汽车制动完全释放时间（从松开制动踏板到制动消除所需要的时间）对两轴汽车应小于等于 0.80 s，对三轴及三轴以上汽车应小于等于 1.2 s。

7.1.7　机动车在运行过程中不应有自行制动现象，但属于设计和制造上为保证车辆安全运行的除外。当挂车（由轮式拖拉机牵引的装载质量 3 000 kg 以下的挂车除外）与牵引车意外脱离后，挂车应能自行制动，牵引车的制动仍应有效。

7.2　行车制动

7.2.1　机动车（总质量小于等于 750 kg 的挂车除外）应具有完好的行车制动系，其中汽车（三轮汽车除外）的行车制动应采用双回路或多回路。

7.2.2　行车制动应保证驾驶人在行车过程中能控制机动车安全、有效地减速和停车。行车制动应是可控制的，且除残疾人专用汽车外，应保证驾驶人在其座位上双手无须离开方向盘（或方向把）就能实现制动。

7.2.3　行车制动应作用在机动车（三轮汽车、拖拉机运输机组及总质量不大于 750 kg 的挂车除外）的所有车轮上。

7.2.4　行车制动的制动力应在各轴之间合理分配。

7.2.5　机动车（边三轮摩托车除外）行车制动的制动力应在同一车轴左右轮之间相对机动车纵向中心平面合理分配。

7.2.6　汽车（三轮汽车除外）、摩托车（边三轮摩托车除外）、挂车（总质量不大于 750 kg 的挂车除外）的所有车轮应装备制动器。其中，所有专用校车和危险货物运输货车的前轮和车长大于 9 m 的其他客车的前轮，以及危险货物运输半挂车、三轴的栏板式和仓栅式半挂车的所有车轮，应装备盘式制动器。

7.2.7　制动器应有磨损补偿装置。制动器磨损后，制动间隙应易于通过手动或自动调节装置来补偿。制动控制装置及其部件以及制动器总成应具备一定的储备行程，当制动器发热或制动衬片的磨损达到一定程度时，在不必立即作调整的情况下，仍应保持有效的制动。客车、总质量大于 3 500 kg 的货车和专项作业车（具有全轮驱动功能的货车和专项作业车除外）、总质量大于 3 500 kg 的半挂车，以及所有危险货物运输车辆的所有行车制动器应装备制动间隙自动调整装置。

7.2.8　制动踏板的自由行程应与该车型的技术要求一致。

7.2.9 行车制动在产生最大制动效能时的踏板力或手握力应小于等于：
——乘用车和正三轮摩托车：500 N；
——摩托车（正三轮摩托车除外）：350 N（踏板力）或 250 N（手握力）；
——其他机动车：700 N。

7.2.10 采用气压制动的汽车，按照 GB 12676 规定的方法进行测试时，从踩下制动踏板到最不利的制动气室响应时间 A 应小于等于 0.6 s，且对具有牵引功能的汽车从踩下制动踏板到主挂间气压控制管路接头延长管路末端的响应时间 B 还应小于等于 0.4 s；采用气压制动的挂车，按照 GB 12676 规定的方法进行测试时，从主挂间气压控制管路接头处到最不利的制动气室响应时间 C 应小于等于 0.4 s。A、B、C 的数值（取值到 0.01 s，精确到 0.05 s）应在产品标牌（或车辆易见部位上设置的其他能永久保持的标识）上清晰标示。

7.2.11 货车列车和铰接列车（带有连接板的货车和旅居半挂车的组合除外）行车制动系的匹配，应保证满载状态下牵引车（或挂车）制动力与列车制动力的比值大于等于牵引车（或挂车）质量与汽车列车质量的比值的 90％。

7.2.12 所有汽车（三轮汽车、五轴及五轴以上专项作业车除外）及总质量大于 3 500 kg 的挂车应装备符合规定的防抱制动装置。总质量大于等于 12 000 kg 的危险货物运输货车还应装备电控制动系统（EBS）。

注：本条中挂车的总质量对半挂车是指半挂车在满载并且和牵引车相连的情况下，通过半挂车的所有车轴垂直作用于地面的静载荷，不包括转移到牵引车牵引座的静载荷。

7.2.13 防抱制动装置中的任何电器故障不应使行车制动器的制动促动时间和制动释放时间延长。在需要电源进行操纵防抱制动装置的挂车上，电源应由专用电源线路供给。

7.2.14 教练车（三轮汽车除外）及自学用车的行车制动应装备有副制动装置。副制动装置应安装牢固、动作可靠，保证教练员在行车过程中能有效地控制机动车减速和停车。

7.2.15 采用气压制动的汽车、挂车，在设计和制造上每个储气筒（有压力表等压力显示装置的除外）和制动气室都应具有可用于测试制动管路压力的连接器。

7.3 应急制动和剩余制动性能

7.3.1 汽车（三轮汽车除外）应具有应急制动功能。

7.3.2 应急制动应保证在行车制动只有一处失效的情况下，在规定的距离内将汽车停住。

7.3.3 应急制动应是可控制的，其布置应使驾驶人容易操作，驾驶人在座位上至少用一只手握住方向盘的情况下（对乘用车为双手不离开方向盘的情况下），就可以实现制动。它的控制装置可以与行车制动的控制装置结合，也可以与驻车制动的控制装置结合。

7.3.4 采用助力制动系的行车制动系，当助力装置失效后，仍应能保持规定的应急制动性能。

7.3.5 客车、货车和货车底盘改装的专项作业车，当行车制动传输装置部分失效时，仍应具有符合 GB 12676 规定的剩余制动性能。

7.4 驻车制动

7.4.1 机动车（两轮普通摩托车、边三轮摩托车、前轮距小于等于 460 mm 的正三轮摩托车和两轮轻便摩托车除外）应具有驻车制动装置。

7.4.2 驻车制动应能使机动车即使在没有驾驶人的情况下，也能停在上、下坡道上。驾驶人应在座位上就可以实现驻车制动。对于汽车列车和轮式拖拉机运输机组，如挂车与牵引车脱离，挂车（由轮式拖拉机牵引的装载质量 3 000 kg 以下的挂车除外）应能产生驻车制动。挂车的驻车制动装置应能由在地面上的人实施操纵。

7.4.3 驻车制动应通过纯机械装置把工作部件锁止，并且驾驶人施加于操纵装置上的力：

——手操纵时，乘用车应小于等于 400 N，其他机动车应小于等于 600 N；

——脚操纵时，乘用车应小于等于 500 N，其他机动车应小于等于 700 N。

7.4.4 驻车制动操纵装置的安装位置应适当，操纵装置应有足够的储备行程（开关类操作装置除外），一般应在操纵装置全行程的三分之二以内产生规定的制动效能；驻车制动机构装有自动调节装置时允许在全行程的四分之三以内达到规定的制动效能。驻车制动使用电子控制装置时，锁止装置应为纯机械装置，发生断电情况锁止装置仍应保持持续有效。棘轮式制动操纵装置应保证在达到规定的驻车制动效能时，操纵杆往复拉动的次数不应超过三次。

7.4.5 采用弹簧储能制动装置做驻车制动时，应保证在失效状态下能方便地解除驻车状态；如需使用专用工具，应随车配备。

7.5 辅助制动

7.5.1 车长大于 9 m 的客车（对专用校车为车长大于 8 m）、总质量大于等于 12 000 kg 的货车和专项作业车、总质量大于 3 500 kg 的危险货物运输货车，应装备缓速器或其他辅助制动装置。车长大于 9 m 的未设置乘客站立区的客车、总质量大于 3 500 kg 的危险货物运输货车、半挂牵引车装备的辅助制动装置的性能要求应使汽车能通过 GB 12676 规定的ⅡA 型试验。

7.5.2 装备电涡流缓速器的汽车,电涡流缓速器的安装部位应设置温度报警系统或自动灭火装置。

7.6 液压制动的特殊要求

7.6.1 采用液压制动的机动车,制动管路不应存在渗漏(包括外泄和内泄)现象,在保持踏板力为 700 N(摩托车为 350 N)达到 1 min 时,踏板不应有缓慢向前移动的现象。

注:自学用车,是指用于自学人员在道路上学习驾驶技能的小型汽车、小型自动挡汽车。

7.6.2 液压行车制动在达到规定的制动效能时,踏板行程应小于等于踏板全行程的四分之三,制动器装有自动调整间隙装置的机动车踏板行程应小于等于踏板全行程的五分之四,且乘用车应小于等于 120 mm,其他机动车应小于等于 150 mm。

注:踏板全行程是指在无制动液状态下制动踏板从完全释放状态到不能踩动的行程。

7.6.3 液压行车制动系不应由于制动液对制动管路的腐蚀或由于发动机及其他热源的作用形成气阻而影响行车制动系的功能。

7.7 气压制动的特殊要求

7.7.1 采用气压制动的机动车,在气压升至 750 kPa(或能达到的最大行车制动管路压力,两者取小的值)且不使用制动的情况下,停止空气压缩机工作 3 min 后,其气压的降低值应小于等于 10 kPa。在气压为 750 kPa(或能达到的最大行车制动管路压力,两者取小的值)的情况下,停止空气压缩机工作,将制动踏板踩到底,待气压稳定后观察 3min,气压降低值对汽车应小于等于 20 kPa,对汽车列车、铰接客车及铰接式无轨电车、轮式拖拉机运输机组应小于等于 30 kPa。

7.7.2 采用气压制动的机动车,发动机在 75% 的额定转速下,4 min(汽车列车为 6 min,铰接客车和铰接式无轨电车为 8min)内气压表的指示气压应从零开始升至起步气压。

注:起步气压是指车辆制造厂家标明的车辆(起步后)能够满足正常(制动)工作要求的贮气筒最小压力。

7.7.3 气压制动系统应装有限压装置,以确保贮气筒内气压不超过允许的最高气压。

7.7.4 气压制动系应安装保持压缩空气干燥、油水分离的装置。

7.8 储气筒

7.8.1 车长大于 9 m 的客车、总质量大于等于 12 000 kg 的货车和货车底盘改装的专项作业车，采用气压制动时，储气筒的额定工作气压应大于等于 850 kPa，且装备有空气悬架或盘式制动器时还应大于等于 1 000 kPa。

7.8.2 装备储气筒或真空罐的机动车应采用单向阀或相应的保护装置，以保证在筒（罐）与压缩空气（真空源）连接失效或漏损的情况下，筒（罐）内的压缩空气（真空度）不致全部丧失。

7.8.3 储气筒的容量应保证在额定工作气压且不继续充气的情况下，机动车在连续五次踩到底的全行程制动后，气压不低于起步气压。

7.8.4 储气筒应有排污阀。

7.8.5 采用气压制动的汽车和具有储气筒的挂车，应在产品标牌（或车辆易见部位上设置的其他能永久保持的标识）上清晰标示储气筒额定工作气压的数值。

7.9 制动报警装置

7.9.1 采用液压制动的机动车，其储液器的加注口应易于接近，从结构设计上应保证在不打开容器的条件下就能很容易地检查液面。如不能满足此条件，则应安装制动液面过低报警装置。

7.9.2 采用液压制动的汽车（三轮汽车和装用单缸柴油机的低速货车除外），如液压传能装置任一部件失效，应通过红色报警信号灯警示驾驶人。只要失效继续存在且点火开关处在开（运行）的位置，该信号灯应保持发亮。报警信号灯即使在白天也应很醒目，驾驶人在其座位上应能很容易地观察报警信号灯工作是否正常。报警装置的失效不应导致制动系统完全丧失制动效能。

7.9.3 采用气压制动的机动车，当制动系统的气压低于起步气压时，报警装置应能连续向驾驶人发出容易听到或看到的报警信号。

7.9.4 安装具有防抱制动装置的汽车，当防抱制动装置失效时，报警装置应能连续向驾驶人发出容易听到或看到的报警信号。

7.9.5 安装制动间隙自动调整装置的客车、货车和总质量大于 3 500 kg 的专项作业车，当行车制动器制动衬片需要更换时，应采用光学或声学的报警装置向在驾驶座上的驾驶人报警。

7.10 路试检验制动性能

7.10.1 基本要求

7.10.1.1 机动车行车制动性能和应急制动性能检验应在平坦、硬实、清洁、干燥且轮胎与地面间的附着系数大于等于 0.7 的混凝土或沥青路面上进行。

7.10.1.2 检验时发动机应与传动系统脱开，但对于采用自动变速器的机动车,其变速器换挡装置应位于驱动挡("D"挡)。

7.10.2 行车制动性能

7.10.2.1 用制动距离检验行车制动性能

机动车在规定的初速度下的制动距离和制动稳定性要求应符合表3的规定。对空载检验的制动距离有质疑时,可用表3规定的满载检验制动距离要求进行。

制动距离:是指机动车在规定的初速度下急踩制动时,从脚接触制动踏板(或手触动制动手柄)时起至机动车停住时止机动车驶过的距离。

制动稳定性要求:是指制动过程中机动车的任何部位(不计入车宽的部位除外)不超出规定宽度的试验通道的边缘线。

表3 制动距离和制动稳定性要求

机动车类型	制动初速度 km/h	空载检验制动距离要求 m	满载检验制动距离要求 m	试验通道宽度 m
三轮汽车	20	≤5.0		2.5
乘用车	50	≤19.0	≤20.0	2.5
总质量小于等于3 500 kg的低速货车	30	≤8.0	≤9.0	2.5
其他总质量小于等于3 500 kg的汽车	50	≤21.0	≤22.0	2.5
铰接客车、铰接式无轨电车、汽车列车(乘用车列车除外)	30	≤9.5	≤10.5	3.0[a]
其他汽车、乘用车列车	30	≤9.0	≤10.0	3.0[a]
两轮普通摩托车	30	≤7.0		—
边三轮摩托车	30	≤8.0		2.5
正三轮摩托车	30	≤7.5		2.3
轻便摩托车	20	≤4.0		—
轮式拖拉机运输机组	20	≤6.0	≤6.5	3.0
手扶变型运输机	20	≤6.5		2.3
a. 对车宽大于2.55 m的汽车和汽车列车,其试验通道宽度(单位:m)为"车宽(m)+0.5"				

7.10.2.2 用充分发出的平均减速度检验行车制动性能

汽车、汽车列车在规定的初速度下急踩制动时充分发出的平均减速度及制动稳定性要求应符合表 4 的规定，且制动协调时间对液压制动的汽车应小于等于 0.35 s，对气压制动的汽车应小于等于 0.60 s，对汽车列车、铰接客车和铰接式无轨电车应小于等于 0.80 s。对空载检验的充分发出的平均减速度有质疑时，可用表 4 规定的满载检验充分发出的平均减速度进行。

充分发出的平均减速度 MFDD：

$$MFDD = \frac{v_b^2 - v_e^2}{25.92\,(S_e - S_b)}$$

式中：MFDD——充分发出的平均减速度，单位为米二次方秒（m/s²）；

v_0——试验车制动初速度，单位为千米每小时（km/h）；

v_b——$0.8v_0$，试验车速，单位为千米每小时（km/h）；

v_e——$0.1v_0$，试验车速，单位为千米每小时（km/h）；

S_b——试验车速从 v_0 到 v_b 之间车辆行驶的距离，单位为米（m）；

S_e——试验车速从 v_0 到 v_e 之间车辆行驶的距离，单位为米（m）。

制动协调时间：是指在急踩制动时，从脚接触制动踏板（或手触动制动手柄）时起至机动车减速度（或制动力）达到表 4 规定的机动车充分发出的平均减速度（或表 5 所规定的制动力）的 75% 时所需的时间。

表 4　制动减速度和制动稳定性要求

机动车类型	制动初速度（km/h）	空载检验充分发出的平均减速度（m/s²）	满载检验充分发出的平均减速度（m/s²）	试验通道宽度（m）
三轮汽车	20	≥3.8		2.5
乘用车	50	≥6.2	≥5.9	2.5
总质量小于等于 3 500 kg 的低速货车	30	≥5.6	≥5.2	2.5
其他总质量小于等于 3 500 kg 的汽车	50	≥5.8	≥5.4	2.5
铰接客车、铰接式无轨电车、汽车列车（乘用车列车除外）	30	≥5.0	≥4.5	3.0[a]
其他汽车、乘用车列车	30	≥5.4	≥5.0	3.0[a]
a. 对车宽大于 2.55 m 的汽车和汽车列车，其试验通道宽度（单位:m）为"车宽(m)+0.5"				

7.10.2.3 制动踏板力或制动气压要求

进行制动性能检验时的制动踏板力或制动气压应符合以下要求：

a）满载检验时：

气压制动系：气压表的指示气压≤额定工作气压。

液压制动：踏板力，乘用车≤500 N；其他机动车≤700 N。

b）空载检验时：

气压制动系：气压表的指示气压≤750 kPa。

液压制动系：踏板力，乘用车≤400 N；其他机动车≤450 N。

摩托车（正三轮摩托车除外）检验时，踏板力应小于等于350 N，手握力应小于等于250 N。

正三轮摩托车检验时，踏板力应小于等于500 N。

三轮汽车和拖拉机运输机组检验时，踏板力应小于等于600 N。

7.10.2.4 合格判定要求

汽车、汽车列车在符合7.10.2.3规定的制动踏板力或制动气压下的路试行车制动性能如符合7.10.2.1或7.10.2.2规定，即为合格。

7.10.3 驻车制动性能

在空载状态下，驻车制动装置应能保证机动车在坡度为20%（对总质量为整备质量的1.2倍以下的机动车为15%）、轮胎与路面间的附着系数大于等于0.7的坡道上正、反两个方向保持固定不动，时间应大于等于2 min。检验汽车列车时，应使牵引车和挂车的驻车制动装置均起作用。检验时操纵力按7.4.3规定。

注1：在规定的测试状态下，机动车使用驻车制动装置能停在坡度值更大且附着系数符合要求的试验坡道上时，应视为达到了驻车制动性能检验规定的要求。

注2：在不具备试验坡道的情况下，可参照相关标准使用符合规定的仪器测试驻车制动性能。

7.11 台试检验制动性能

7.11.1 行车制动性能

7.11.1.1 制动力百分比要求

汽车、汽车列车在制动检验台上测出的制动力应符合表5的要求。对空载检验制动力有质疑时，可用表5规定的满载检验制动力要求进行检验。使用转鼓试验台检测时，可通过测得制动减速度值计算得到最大制动力。

摩托车的前、后轴制动力应符合表5的要求，测试时只准许乘坐一名驾驶人。检验时制动踏板力或制动气压按7.10.2.3的规定。

表 5 台试检验制动力要求

机动车类型	制动力总和与整车重量的百分比		轴制动力与轴荷[a] 的百分比	
	空载	满载	前轴[b]	后轴[b]
三轮汽车	—	—	—	≥60[c]
乘用车、其他总质量小于等于 3 500 kg 的汽车	≥60	≥50	≥60[c]	≥20[c]
铰接客车、铰接式无轨电车、汽车列车	≥55	≥45	—	—
其他汽车	≥60[d]	≥50	≥60[c]	≥50[e]
挂车	—	—	—	≥55[f]
普通摩托车	—	—	≥60	≥55
轻便摩托车	—	—	≥60	≥50

a. 用平板制动检验台检验乘用车、其他总质量小于等于 3 500 kg 的汽车时应按左右轮制动力最大时刻所分别对应的左右轮动态轮荷之和计算

b. 机动车(单车)纵向中心线中心位置以前的轴为前轴,其他轴为后轴;挂车的所有车轴均按后轴计算;用平板制动试验台测试并装轴制动力时,并装轴可视为一轴

c. 空载和满载状态下测试均应满足此要求

d. 对总质量小于等于整备质量的 1.2 倍的专项作业车应大于等于 50%

e. 满载测试时后轴制动力百分比不做要求;空载用平板制动检验台检验时应大于等于 35%;总质量大于 3 500 kg 的客车,空载用反力滚筒式制动试验台测试时应大于等于 40%,用平板制动检验台检验时应大于等于 30%

f. 满载状态下测试时应大于等于 45%

7.11.1.2 制动力平衡要求(两轮、边三轮摩托车,前轮距小于等于 460 mm 的正三轮摩托车和轻便摩托车除外)

在制动力增长全过程中同时测得的左右轮制动力差的最大值,与全过程中测得的该轴左右轮最大制动力中大者(当后轴制动力小于该轴轴荷的 60% 时为与该轴轴荷)之比,对新注册车和在用车应分别符合表 6 的要求。

表 6 台试检验制动力平衡要求

	前轴	后轴	
		轴制动力大于等于该轴轴荷 60% 时	制动力小于该轴轴荷 60% 时
新注册车	≤20%	≤24%	≤8%
在用车	≤24%	≤30%	≤10%

7.11.1.3 制动协调时间要求

汽车的制动协调时间,对液压制动的汽车应小于等于0.35 s,对气压制动的汽车应小于等于0.60 s;铰接客车、铰接式无轨电车的制动协调时间应小于等于0.80 s。

7.11.1.4 车轮阻滞率要求

进行制动力检验时,汽车、汽车列车各车轮的阻滞力均应小于等于轮荷的10%。

7.11.1.5 合格判定要求

台试检验汽车、汽车列车行车制动性能时,检验结果同时满足7.11.1.1～7.11.1.4的规定,方为合格。

7.11.2 驻车制动性能

当采用制动检验台检验汽车和正三轮摩托车驻车制动装置的制动力时,机动车空载,使用驻车制动装置,驻车制动力的总和应大于等于该车在测试状态下整车重量的20%,但总质量为整备质量1.2倍以下的机动车应大于等于15%。

7.11.3 检验结果的复核

对机动车台架检验制动性能结果有异议的,在空载状态下按7.10复检。对空载状态复检结果有异议的,以满载路试复检结果为准。

8. 照明、信号装置和其他电气设备

8.1 基本要求

8.1.1 机动车的灯具应安装牢靠、完好有效,不应由于机动车振动而松脱、损坏、失去作用或改变光照方向;所有灯光的开关应安装牢固、开关自如,不应由于机动车振动而自行开关。开关的位置应便于驾驶人操纵。

8.1.2 机动车不应安装或粘贴遮挡外部照明和信号装置透光面的护网、防护罩等装置(设计和制造上带有护网、防护罩且配光性能符合要求的灯具除外)。除转向信号灯、危险警告信号、紧急制动信号、校车标志灯,扫路车、护栏清洗车、洗扫车、吸尘车等专项作业车在作业状态下的指示灯具,以及消防车、救护车、工程救险车和警车安装使用的标志灯具外,其他外部灯具不应闪烁。

8.1.3 用户不应对外部照明和信号装置进行改装,也不应加装强制性标准以外的外部照明和信号装置,如货车和挂车向前行驶时向后方照射的灯具。

8.2 照明和信号装置的数量、位置、光色和最小几何可见度

8.2.1 汽车(三轮汽车和装用单缸柴油机的低速货车除外)及挂车的外部照明和信号装置的数量、位置、光色、最小几何可见度应符合GB 4785的规定。总质量大于等于4 500 kg的货车、专项作业车和挂车的每一个后位灯、后转向

信号灯和制动灯,透光面面积应大于等于一个 80 mm 直径圆的面积;如属非圆形的,透光面的形状还应能将一个 40 mm 直径的圆包含在内。

8.2.2 摩托车的照明和信号装置及其安装应分别符合 GB 18100.1、GB 18100.2 和 GB 18100.3 的规定。

8.2.3 三轮汽车、装用单缸柴油机的低速货车及拖拉机运输机组应设置前照灯、前位灯(手扶拖拉机运输机组除外)、后位灯、制动灯、后牌照灯、后反射器和前后转向信号灯,其光色应符合 GB 4785 相关规定。

8.2.4 机动车应装置后反射器。挂车及车长大于等于 6 m 的机动车应安装侧反射器和侧标志灯。反射器应与机动车牢固连接,且后反射器应能保证夜间在机动车正后方 150 m 处,用符合本标准规定的汽车前照灯照射时,在照射位置就能确认其反射光。

8.2.5 宽度大于 2 100 mm 的机动车均应安装示廓灯。

8.2.6 牵引杆挂车应在挂车前部的左右各装一只前白后红的牵引杆挂车标志灯,其高度应比牵引杆挂车的前栏板高出 300～400 mm,距车厢外侧应小于 150 mm。

8.2.7 校车应配备统一的校车标志灯和停车指示标志。

8.3 照明和信号装置的一般要求

8.3.1 机动车(手扶拖拉机运输机组除外)的前位灯、后位灯、示廓灯、侧标志灯、牵引杆挂车标志灯、牌照灯应能同时启闭,仪表灯(仪表板的背景灯)和上述灯具当前照灯关闭和发动机熄火时仍应能点亮。汽车和挂车的电路连接应保证前位灯、后位灯、示廓灯、侧标志灯和牌照灯只能同时打开或关闭,但前位灯、后位灯、侧标志灯作为驻车灯使用(复合或混合)的除外。

8.3.2 机动车的前后转向信号灯、危险警告信号及制动灯白天在距其 100 m 处应能观察到其工作状况,侧转向信号灯白天在距 30 m 处应能观察到其工作状况;前后位置灯、示廓灯、挂车标志灯夜间能见度良好时在距其 300 m 处应能观察到其工作状况;后牌照灯夜间能见度良好时在距其 20 m 处应能看清号牌号码。制动灯的发光强度应明显大于后位灯。

8.3.3 对称设置、功能相同的灯具的光色和亮度不应有明显差异。

8.3.4 机动车照明和信号装置的任一条线路出现故障,不应干扰其他线路的正常工作。

8.3.5 驾驶区的仪表板应采用不反光的面板或护板,车内照明装置及其在风窗玻璃、视镜、仪表盘等处的反射光线不应使驾驶人眩目。

8.3.6 仪表板上应设置仪表灯。仪表灯点亮时,应能照清仪表板上所有的仪表且不应眩目。

8.3.7　汽车（三轮汽车和装用单缸柴油机的低速货车除外）仪表板上应设置蓝色远光指示信号和与行驶方向相适应的转向指示信号。

8.3.8　汽车（三轮汽车除外）和轮式拖拉机运输机组均应具有危险警告信号装置，其操纵装置不应受灯光总开关的控制。对于牵引挂车的汽车，危险警告信号控制开关也应能打开挂车上的所有转向信号灯，即使在发动机不工作的情况下，仍应能发出危险警告信号。危险警告信号和转向信号灯的闪光频率应为 1.5 Hz±0.5 Hz，起动时间应小于等于 1.5 s。如某一转向灯发生故障（短路除外）时，其他转向灯应继续工作，但闪光频率可以不同于上述规定的频率。

8.3.9　客车应设置车厢灯和门灯。车长大于 6 m 的客车应至少有两条车厢照明电路，仅用于进出口处的照明电路可作为其中之一。当一条电路失效时，另一条仍应能正常工作，以保证车内照明。车厢灯和门灯不应影响本车驾驶人的视线和其他机动车的正常行驶。

8.4　车身反光标识和车辆尾部标志板

8.4.1　总质量大于等于 12 000 kg 的货车（半挂牵引车除外）和货车底盘改装的专项作业车、车长大于 8.0 m 的挂车及所有最大设计车速小于等于 40 km/h 的汽车和挂车，应按 GB 25990 规定设置车辆尾部标志板；半挂牵引车应在驾驶室后部上方设置能体现驾驶室的宽度和高度的车身反光标识，其他货车（多用途货车除外）、货车底盘改装的专项作业车和挂车（设置有符合规定的车辆尾部标志板的专项作业车和挂车，以及旅居挂车除外）应在后部设置车身反光标识。后部的车身反光标识应能体现机动车后部的高度和宽度，对厢式货车和挂车应能体现货厢轮廓，且采用一级车身反光标识材料时与后反射器的面积之和应大于等于 0.1 m²，采用二级车身反光标识材料时与后反射器的面积之和应大于等于 0.2 m²。

8.4.2　所有货车（半挂牵引车、多用途货车除外）、货车底盘改装的专项作业车和挂车（旅居挂车除外）应在侧面设置车身反光标识。侧面的车身反光标识长度应大于等于车长的 50%，对三轮汽车应大于等于 11.2 m，对侧面车身结构无连续平面的货车底盘改装的专项作业车应大于等于车长的 30%，对货厢长度不足车长 50% 的货车应为货厢长度。

8.4.3　道路运输爆炸品和剧毒化学品车辆，除应按 8.4.1、8.4.2 设置车身反光标识外，还应在后部和两侧粘贴能标示出车辆轮廓、宽度为 150 mm±20 mm 的橙色反光带。

8.4.4　拖拉机运输机组应按照相关标准的规定在车身上粘贴反光标识。

8.4.5　货车、货车底盘改装的专项作业车和挂车（组成拖拉机运输机组的挂车除外）的车身反光标识材料应符合 GB 23254 的规定，其中总质量大于 3 500 kg 的厢式货车（不含封闭式货车、侧帘式货车）、厢式挂车（不含侧帘式半挂车）和厢式专项作业车应装备反射器型车身反光标识。车身反光标识的粘贴/设置应符合 GB 23254 的规定。

8.4.6 货车（半挂牵引车除外）和挂车（组成拖拉机运输机组的挂车除外）设置的车身反光标识或车辆尾部标志板被遮挡的，应在被遮挡的车身后部和侧面至少水平固定一块 2 000 mm×150 mm 的柔性反光标识。

8.5 前照灯

8.5.1 基本要求

8.5.1.1 机动车装备的前照灯应有远、近光变换功能；当远光变为近光时，所有远光应能同时熄灭。同一辆机动车上的前照灯不应左、右的远、近光灯交叉开亮。

8.5.1.2 所有前照灯的近光均不应眩目，汽车（三轮汽车和装用单缸柴油机的低速货车除外）、摩托车装用的前照灯应分别符合 GB 4599、GB 21259、GB 25991、GB 5948 及 GB 19152 的规定。安装有自适应前照明系统的，应符合 GB/T 30036 的规定。

8.5.1.3 机动车前照灯光束照射位置在正常使用条件下应保持稳定。

8.5.1.4 汽车（三轮汽车，及设计和制造上能保证前照灯光束高度照射位置在规定的各种装载情况下均符合 GB 4785 要求的汽车除外）应具有前照灯光束高度调整装置/功能，以方便地根据装载情况对光束照射位置进行调整；该调整装置如为手动的，应坐在驾驶座上就能被操作。

8.5.2 远光光束发光强度要求

机动车每只前照灯的远光光束发光强度应达到表 7 的要求；并且，同时打开所有前照灯（远光）时，其总的远光光束发光强度应符合 GB 4785 的规定。测试时，电源系统应处于充电状态。

表 7 前照灯远光光束发光强度最小值要求

（单位：坎德拉）

机动车类型	检查项目					
	新注册车			在用车		
	一灯制	二灯制	四灯制[a]	一灯制	二灯制	四灯制[a]
三轮汽车	8 000	6 000	—	6 000	5 000	—
最大设计车速小于 70 km/h 的汽车	—	10 000	8 000	—	8 000	6 000

续表

机动车类型		检查项目					
		新注册车			在用车		
		一灯制	二灯制	四灯制[a]	一灯制	二灯制	四灯制[a]
其他汽车		—	18 000	15 000	—	15 000	12 000
普通摩托车		10 000	8 000	—	8 000	6 000	—
轻便摩托车		4 000	3 000	—	3 000	2 500	—
拖拉机运输机组	标定功率＞18 kW	—	8 000	—	—	6 000	—
	标定功率≤18 kW	6 000[b]	6 000	—	5 000[b]	5 000	—

a. 四灯制是指前照灯具有四个远光光束；采用四灯制的机动车其中两只对称的灯达到两灯制的要求时视为合格

b. 允许手扶拖拉机运输机组只装用一只前照灯

8.5.3 光束照射位置要求

8.5.3.1 在空载车状态下，汽车、摩托车前照灯近光光束照射在距离 10 m 的屏幕上，近光光束明暗截止线转角或中点的垂直方向位置，对近光光束透光面中心（基准中心，下同）高度小于等于 1 000 mm 的机动车，应不高于近光光束透光面中心所在水平面以下 50 mm 的直线且不低于近光光束透光面中心所在水平面以下 300 mm 的直线；对近光光束透光面中心高度大于 1 000 mm 的机动车，应不高于近光光束透光面中心所在水平面以下 100 mm 的直线且不低于近光光束透光面中心所在水平面以下 350 mm 的直线。除装用一只前照灯的三轮汽车和摩托车外，前照灯近光光束明暗截止线转角或中点的水平方向位置，与近光光束透光面中心所在处置面相比，向左偏移应小于等于 170 mm，向右偏移应小于等于 350 mm。

8.5.3.2 在空载车状态下，轮式拖拉机运输机组前照灯近光光束照射在距离 10 m 的屏幕上，近光光束中点的垂直位置应小于等于 0.7 H（H 为前照灯近光光束透光面中心的高度），水平位置向右偏移应小于等于 350 mm 且不应向左偏移。

8.5.3.3 在空载车状态下，对于能单独调整远光光束的汽车、摩托车前照灯，前照灯远光光束照射在距离 10 m 的屏幕上，其发光强度最大点的垂直方向位置，应不高于远光光束透光面中心所在水平面（高度值为 H）以上 100 mm 的直线且不低于远光光束透光面中心所在水平面以下 0.2H 的直线。除装用一只前照灯的三轮汽车和摩托车外,前照灯远光发光强度最大点的水平位置,与远光光束透光面中心所在垂直面相比,左灯向左偏移应小于等于 170 mm 且向右偏移应小于等于 350 mm,右灯向左和向右偏移均应小于等于 350 mm。

8.6 其他电气设备和仪表

8.6.1 机动车(手扶拖拉机运输机组除外)应设置具有连续发声功能的喇叭,喇叭声级在距车前 2 m、离地高 1.2 m 处测量时,发动机最大净功率(或电机额定功率总和)为 7 kW 以下的摩托车为 80～112 dB(A),其他机动车为 90～115 dB(A)。乘用车、专用校车喇叭在车钥匙取下及车门锁止时在车内应仍能正常使用;但对任何情况下所有供乘员上下车的车门均能从车内打开(乘用车车门安装的儿童锁锁止时除外),或安装有自动探测报警装置、在车钥匙取下及车门锁止时能自动探测车内是否有移动物体且在发现移动物体时能发出明显警示信号的乘用车、专用校车,应视为满足要求。教练车(三轮汽车除外)还应设置辅助喇叭开关,其工作应可靠。

8.6.2 电器导线应具有阻燃性能;客车发动机舱内和其他热源附近的线束应采用耐温不低于 125 ℃ 的阻燃电线,其他部位的线束应采用耐温不低于 100 ℃ 的阻燃电线,波纹管应达到 GB/T 2408—2008 的表 1 规定的 V-o 级。所有电器导线均应捆扎成束、布置整齐、固定卡紧、接头牢固并在接头处装设绝缘套,在导线穿越孔洞时应装设阻燃耐磨绝缘套管。电子元件应连接可靠,乘员舱外部的接插件应有防水要求。

8.6.3 摩托车应装有车速里程表。三轮汽车、装用单缸柴油机的低速货车和轮式拖拉机运输机组应装有水温表(蒸发式水冷却系统除外)、机油压力表或机油压力指示器、电流表或充电指示器;其他汽车应装有燃料表[气体燃料汽车为气量显示装置,纯电动汽车、插电式混合动力汽车为可充电储能系统(REESS)电量显示装置,燃料电池汽车为氢气量显示装置],并能显示水温或水温报警信息、机油压力或油压报警信息、电流或电压或充电指示信息、车速、里程等信息;采用气压制动的机动车,还应能显示气压。机动车装备的仪表应完好,规定信息的显示功能应有效。

8.6.4 专用校车应设置电源总开关,车长大于等于 6 m 的客车应设置电磁式电源总开关;但如在蓄电池端对所有供电线路均设置了保险装置,或车辆用电设备由电子控制单元直接驱动且具有负载监控功能、电子控制单元供电线路和个别直接供电的线路均设置有保险装置时,可不设电磁式电源总开关。车长大于等于 6 m 的客车,还应设置能切断蓄电池和所有电路连接的手动机械断电开关。

8.6.5 所有客车、危险货物运输货车、半挂牵引车和总质量大于等于

12 000 kg 的其他货车应装备具备记录、存储、显示、打印或输出车辆行驶速度、时间、里程等车辆行驶状态信息的行驶记录仪；行驶记录仪应接入车辆速度、制动等信号，规范设置车辆参数并配置驾驶人身份识别卡，显示部分应易于观察，数据接口应便于移动存储介质的插拔，技术要求应符合 GB/T 19056 的规定。校车、公路客车、旅游客车、危险货物运输货车装备具有行驶记录功能的卫星定位装置，且行驶记录功能的技术要求符合本标准及 GB/T 19056 相关规定，或车长小于 6 m 的其他客车装备符合标准规定的事件数据记录系统（EDR），应视为满足要求。专用校车、卧铺客车和设有乘客站立区的客车，还应装备车内外视频监控录像系统；车内外视频监控录像系统摄像头的配备数量及拍摄方向应符合相关标准和管理规定，无遮挡。

8.6.6 乘用车应配备能记录碰撞等特定事件发生时的车辆行驶速度、制动状态等数据信息的事件数据记录系统（EDR）；若配备了符合标准规定的车载视频行驶记录装置，应视为满足要求。

8.6.7 总质量大于等于 12 000 kg 的货车，应装备符合标准要求的车辆右转弯音响提示装置，并在设计和制造上保证驾驶人不能关闭车辆右转弯音响提示装置。

8.6.8 危险货物运输车辆的电路系统应符合 GB 21668 的规定。

8.6.9 汽车装备以及加装的所有电气设备不应影响本标准规定的制动、转向、照明和信号装置等运行安全要求。车身外部设有广告屏（箱）的汽车和挂车，应保证广告屏（箱）在车辆行驶状态下处于关闭状态。

8.6.10 旅居车和旅居挂车的特殊要求如下：

a）由中性点绝缘关系供电的旅居车和旅居挂车应配备良好的接地系统，其接地电阻应小于等于 50 Ω，旅居车厢及用电设备均应进行接地保护。

b）旅居车应设电源总开关，并设置漏电保护设施。

c）旅居车内除起动机、点火电路、蓄电池及其充电电路外，其他电路均应设置电路断电器，低耗电器可设置公用电路断电器。

d）旅居车应能采用外接电源供电，并具有电源转换装置与漏电保护功能。

8.6.11 无轨电车的特殊要求如下：

a）周围空气相对湿度在 75%～90% 时，无轨电车的总绝缘电阻值应大于等于 3 MΩ；相对湿度在 90% 以上时应大于等于 1 MΩ。

b）集电头自由升起的最大高度，距地面应小于等于 7 m，且在最高点应有弹性限位。当集电头距地面高度在 4.2～6.0 m 范围内时，集电器应能正常工作。

c）线网在标准高度时，集电头对触线网的压力应能在 80～130 N 范围内调节，行驶中集电头在触线上滑行不应产生火花；经分、并线器及交叉器等时，不应产生严重火花。

d）车门踏步和车门扶手以及人站在地面上能接触到的车门口周边的扶手，应和车体金属结构绝缘或用绝缘材料制成，使用 1 000 V 兆欧表测量时绝缘电阻应大于等于 0.6 MΩ，或在车门打开操作时实现整车高压电路系统与供电线网的断路互锁。

e）各车门均应设有与车身导电良好的接地链。车门处于开启状态时，接地链应与地面可靠接触。

f）高压电气总成应具备过流保护、短路保护、过压保护、欠压保护等功能。

g）集电头应具备防挂线网防护或挂线后的防护装置。

h）集电杆与集电头之间的电气绝缘应具备面耐水性。自集电头沿集电杆向下至 2.5 m 处的集电杆表面，应具有绝缘防护层。集电杆与集电头之间应有带绝缘结构的安全绳，安全绳的牵引断裂负荷不低于 10 kN。

i）无轨电车在允许的偏线距离内行驶时，当集电杆拉紧弹簧断裂后，集电杆在车辆左右偏线位置自由下降，在其最低高度距地面 2.5 m 的位置应有限位装置。

j）无轨电车上的电源接通程序，至少应经过两次有意识的不同的连续动作，才能完成从"电源切断"状态到"可行驶"状态。

k）无轨电车应装备漏电检测报警器，车辆一旦到达漏电临界值，报警器能发出明显的光或声的报警信号。

9. 行驶系

9.1 轮胎

9.1.1 机动车所装用轮胎的速度级别不应低于该车最大设计车速的要求，但装用雪地轮胎时除外。总质量大于 3 500 kg 的货车和挂车（封闭式货车、旅居挂车等特殊用途的挂车除外）装用轮胎的总承载能力，应小于等于总质量的 1.4 倍。

9.1.2 公路客车、旅游客车和校车的所有车轮及其他机动车的转向轮不应装用翻新的轮胎；其他车轮若使用翻新的轮胎，应符合相关标准的规定。

9.1.3 同一轴上的轮胎规格和花纹应相同，轮胎规格应符合整车制造厂的规定。

9.1.4 乘用车车用轮胎应有胎面磨耗标志。乘用车备胎规格与该车其他轮胎不同时，应在备胎附近明显位置（或其他适当位置）装置能永久保持的标识，以提醒驾驶人正确使用备胎。

9.1.5 专用校车和卧铺客车应装用无内胎子午线轮胎,危险货物运输车辆及车长大于 9 m 的其他客车应装用子午线轮胎。发动机中置且宽高比小于等于 0.9 的乘用车不应使用轮胎名义宽度小于等于 155 mm 规格的轮胎。设置了符合 11.2.8 规定的车内随行物品存放区的公路客车的后轮若采用单胎,则后轮的轮胎名义宽度应大于等于 195 mm。

9.1.6 乘用车、挂车轮胎胎冠花纹上的深度应大于等于 1.6 mm,摩托车轮胎胎冠花纹上的深度应大于等于 0.8 mm;其他机动车转向轮的胎冠花纹深度应大于等于 3.2 mm,其余轮胎胎冠花纹深度应大于等于 1.6 mm。

9.1.7 轮胎胎面不应由于局部磨损而暴露出轮胎帘布层。轮胎不应有影响使用的缺损、异常磨损和变形。

9.1.8 轮胎的胎面和胎壁上不应有长度超过 25 mm 或深度足以暴露出轮胎帘布层的破裂和割伤。

9.1.9 轮胎负荷不应大于该轮胎的额定负荷,轮胎气压应符合该轮胎承受负荷时规定的压力。具有轮胎气压自动充气装置的汽车,其自动充气装置应能确保轮胎气压符合出厂规定。

9.1.10 双式车轮的轮胎的安装应便于轮胎充气,双式车轮的轮胎之间应无夹杂的异物。

9.2 车轮总成

9.2.1 轮胎螺母和半轴螺母应完整齐全,并应按规定力矩紧固。客车、货车的车轮及车轮上的所有螺栓、螺母不应安装有碍于检查其技术状况的装饰罩或装饰帽(设计和制造上为防止生锈等情形发生而配备的、易于拆卸及安装的装饰罩和装饰帽除外),且车轮螺母、轮毂罩盖和保护装置不应有任何蝶形凸出物。

9.2.2 车轮总成的横向摆动量和径向跳动量,总质量小于等于 3 500 kg 的汽车应小于等于 5 mm,摩托车应小于等于 3 mm,其他机动车小于等于 8 mm。

9.2.3 最大设计车速大于 100 km/h 的机动车,车轮的动平衡要求应与该车型的技术要求一致。

9.2.4 专用校车、车长大于 9 m 的未设置乘客站立区的客车及总质量大于 3 500 kg 的危险货物运输货车的转向轮应装备轮胎爆胎应急防护装置。

9.3 悬架系统

9.3.1 悬架系统各球关节的密封件不应有切口或裂纹,稳定杆应连接可靠,结构件不应有残损或变形。

9.3.2 钢板弹簧不应有裂纹和断片现象,同一轴上的弹簧形式和规格应相同,其弹簧形式和规格应符合产品使用说明书中的规定。中心螺栓和 U 形螺栓应紧固、无裂纹且不应拼焊。钢板弹簧卡箍不应拼焊或残损。

9.3.3 空气弹簧应无裂损、漏气及变形，控制系统应齐全有效。

9.3.4 减振器应齐全有效，减振器不应有滴漏油现象。

9.4 空气悬架

总质量大于等于 12 000 kg 的危险货物运输货车的后轴，所有危险货物运输半挂车，以及三轴栏板式、仓栅式半挂车应装备空气悬架。

9.5 其他要求

9.5.1 车架不应有裂纹及变形、锈蚀，螺栓和铆钉不应缺少或松动。

9.5.2 前、后桥不应有裂纹及变形。

9.5.3 车桥与悬架之间的各种拉杆和导杆不应有变形，各接头和衬套不应松旷或移位。

9.5.4 三轴公路客车的随动轴应具有随动转向或主动转向的功能。

10. 传动系

10.1 离合器

10.1.1 机动车的离合器应接合平稳，分离彻底，工作时不应有异响、抖动或不正常打滑等现象。

10.1.2 踏板自由行程应与该车型的技术要求一致。

10.1.3 离合器彻底分离时，踏板力应小于等于 300 N（拖拉机运输机组应小于等于 350 N），手握力应小于等于 200 N。

10.2 变速器和分动器

10.2.1 换挡时齿轮应啮合灵便，互锁、自锁和倒挡锁装置应有效，不应有乱挡和自行跳挡现象；运行中应无异响；换挡杆及其传动杆件不应与其他部件干涉。采用自动变速器的机动车，应通过设计保证只有当变速器换挡装置处于驻车挡（"P"挡）或空挡（"N"挡）时方可起动发动机［具有自动起停功能时在驱动挡（"D"挡）也可起动发动机］；变速器换挡装置换入或经过倒车挡（"R"挡），以及由驻车挡（"P"挡）位置换入其他挡位时，应通过驾驶人的不同方向的两个动作（驾驶人踩下制动踏板应视为一个动作）完成，但车速低于 10 km/h 时通过汽车电子控制技术能有效避免驾驶人误操作的除外。变速器出现功能限制使用情形时，对驾驶人应有警示信息提示。

10.2.2 在换挡装置上应有驾驶人在驾驶座位上即可容易识别变速器和分动器挡位位置的标志。如换挡装置上难以布置，则应布置在换挡杆附近易见部位或仪表板上。

10.2.3 有分动器的机动车，应在挡位位置标牌或产品使用说明书上说明连通分动器的操作步骤。

10.2.4 如果纯电动汽车和插电式混合动力汽车是通过改变电机旋转方向来实现前进和倒车两个行驶方向转换的，应满足以下要求，以防止当车辆行驶时意外转换到反向行驶：

a) 前进和倒车两个行驶方向的转换，应通过驾驶人不同方向的两个动作来完成，或者仅通过驾驶人的一个操作动作来完成；

b) 应使用一个安全设备使模式转换只有在车辆静止或低速时才能够完成。

10.3 传动轴

传动轴在运转时不应发生振抖和异响，中间轴承和万向节不应有裂纹和/或松旷现象。发动机前置后驱动的客车的传动轴在车厢地板的下面沿纵向布置时，应有防止传动轴滑动连接（花键或其他类似装置）脱落或断裂等故障而引起危险的防护装置。

10.4 驱动桥

驱动桥壳、桥管不应有裂纹和变形，驱动桥工作应正常且无异响。

10.5 超速报警和限速功能

10.5.1 车长大于等于 6 m 的客车应具有超速报警功能，当行驶速度超过允许的最大行驶速度（允许的最大行驶速度不应大于 100 km/h）时能通过视觉和声觉信号报警，但具有符合规定的限速功能或限速装置的除外。

10.5.2 三轴及三轴以上货车（具有限速功能或配备有限速装置，且限速功能或装置符合规定的除外）应具有超速报警功能，当行驶速度对混凝土搅拌运输车大于等于 60 km/h、对其他货车大于等于 100 km/h 时，能通过视觉和声觉信号报警。

10.5.3 公路客车、旅游客车和危险货物运输货车及车长大于 9 m 的其他客车、车长大于等于 6 m 的旅居车应具有限速功能，否则应配备限速装置。限速功能或限速装置应符合 GB/T 24545 的要求，且限速功能或限速装置调定的最大车速对设置了符合 11.2.8 规定的车内随行物品存放区的公路客车应小于 70 km/h，对其他公路客车、旅游客车和车长大于 9 m 的其他客车、车长大于等于 6 m 的旅居车不应大于 100 km/h，对危险货物运输货车不应大于 80 km/h。专用校车应安装符合 GB/T 24545 要求的限速装置，且调定的最大车速不应大于 80 km/h。

10.6 车速受限车辆的特殊要求

低速汽车、轻便摩托车、正三轮摩托车、拖拉机运输机组等车速受限车辆应在设计及制造上确保其实际最大行驶速度在满载状态下不会超过其最大设计车速，在空载状态下不会超过其最大设计车速的 110%。

注：实际最大行驶速度是指车辆在平坦良好路面行驶时能达到的最大速度。

11. 车身

11.1 基本要求

11.1.1 车身的技术状况应能保证驾驶人有正常的工作条件和客货安全,其外部不应产生明显的镜面反光(局部区域使用镀铬、不锈钢装饰件的除外)。

11.1.2 机动车驾驶室应保证驾驶人的前方视野和侧方视野。

11.1.3 车身和驾驶室应坚固耐用,覆盖件无开裂。车身和驾驶室在车架上的安装应牢固,不会因机动车振动而引起松动。

11.1.4 车身外部和内部乘员可能触及的任何部件、构件都不应有任何可能使人致伤的尖锐凸起物(如尖角、锐边等)。

11.2 客车的特殊要求

11.2.1 专用校车的上部结构强度应符合 GB 24407 的规定,其他未设置乘客站立区的客车的上部结构强度应符合 GB 17578 的规定。车长大于 6 m 的专用校车应为车身骨架结构,同一横截面上的顶梁、立柱和底架主横梁应形成封闭环(轮罩与顶风窗处除外),从侧窗上纵梁到底横梁之间的车身立柱应采用整体结构,中间不应通过拼焊连接;车长小于等于 6 m 的专用校车未采用上述结构的,应采用覆盖件与加强梁共同承载。车长大于 11 m 的公路客车和旅游客车及所有卧铺客车,车身应为全承载整体式框架结构。

11.2.2 客车车身及地板应密合并有足够强度。

11.2.3 客车应设置乘客通道或无障碍通路,并保证在不拆卸或手动翻转任何部件的情况下,符合规定的通道测量装置能顺利通过。幼儿专用校车乘客区应采用平地板结构(轮罩处的局部凸起除外)。

11.2.4 空载状态下,车长大于等于 6 m 的设有乘客站立区的客车的乘客门的一级踏步高应小于等于 400 mm;如采用钢板悬架,则后乘客门的一级踏步高应小于等于 430 mm;车长大于等于 6 m 的其他客车乘客门的一级踏步高应小于等于 430 mm。对专用校车,在空载状态下,第一级踏步离地高应小于等于 350 mm(允许使用伸缩踏步达到要求),其他各级踏步的高度应小于等于 250 mm。

11.2.5 车长大于 7.5 m 的客车和所有校车不应设置车外顶行李架。其他客车需设置车外顶行李架时,行李架高度应小于等于 300 mm、长度不应超过车长的三分之一。客车如有车底行李舱,则车底行李舱净高应小于等于 1 200 mm;专用校车如有行李舱体,则行李舱体顶部离地面高度应小于等于 1 000 mm。

11.2.6 专用校车前部应设置碰撞安全结构。若为前横置发动机,则发动机曲轴中心线应位于前风窗玻璃最前点以前；若为前纵置发动机，则发动机第一缸和第二缸的中心线应位于前风窗玻璃最前点以前；对车长大于 6m 的专用校车，若其前部碰撞性能不低于前两种结构，可以不限定发动机布置形式。

11.2.7 幼儿校车、小学生校车的侧窗下边缘距其下方座椅上表面的高度应大于等于 250 mm，否则应加装防护装置。

11.2.8 车长小于等于 7.5m 的公路客车，若在车内设有随行物品存放区，则存放区面积应大于等于乘客区面积的 20% 并小于等于乘客区面积的 25%，且存放区与乘客区之间应有安装牢固可靠的隔板或格栅有效隔离，隔板或格栅的安装高度应至车内顶部，格栅的网眼尺寸应小于等于 100 mm×100 mm。

11.2.9 公路客车、旅游客车和未设置乘客站立区的公共汽车应装备单燃油箱，且单燃油箱的容积应小于等于 400 L。

11.3 货运机动车的特殊要求

11.3.1 货厢（货箱）应安装牢固可靠，且在设计和制造上不应设置有货厢（货箱）加高、加长、加宽的结构、装置。

11.3.2 货箱或其他载货装置，其构造应保证安全、稳妥地装载货物，栏板和底板应规整且具有足够的强度。集装箱运输车和集装箱运输半挂车的构造应保证集装箱运输过程中始终安全、稳妥地固定在车辆上。

11.3.3 货车和挂车的载货部分不应设置乘客座椅。

11.3.4 货车和挂车的载货部分不应设计成可伸缩的结构，但中置轴车辆运输列车的主车后部的延伸结构除外。

11.3.5 货车驾驶室（区）最后一排座位靠背最上端（前后位置可调座椅应处于滑轨中间位置，靠背角度可调式座椅的靠背角度及座椅其他调整量应处于制造厂规定的正常使用位置）与驾驶室后壁（驾驶区隔板）平面的间距对带卧铺的货车应小于等于 950 mm，对其他货车应小于等于 450 mm。

11.3.6 仓栅式载货车辆的载货部位应采用仓笼式或栅栏式结构。载货部位的顶部应安装有与侧面栅栏固定的、不能拆卸和调整的顶棚杆；顶棚杆间的纵向距离应小于等于 500 mm。

11.3.7 自卸式载货车辆的车厢栏板应开闭灵活，锁紧可靠；根据需要应安装手动锁紧机构，确保在行驶中不自行打开，或自动开启装置失效时卸货安全。侧开式车厢栏板与立柱、底板之间以及后开式车厢后栏板与车厢后断面之间应贴合。

11.3.8 厢式载货车辆的货厢的顶部应封闭、不可开启（翼开式车辆除外），其与侧面的连接应采用焊接等永久固定的方式；货厢的后面或侧面应设有固定位置的车门。

11.3.9　侧帘式载货车辆应设置有竖向滑动立柱、横向挡货杆、托盘、固货绳钩等防护装置；且车厢内应设置有用于对货物进行必要固定和捆扎的固定装置，帘布锁紧装置应锁紧可靠。

11.3.10　所有集装箱车、集装箱运输半挂车的载货部位应采用骨架式结构。

11.3.11　液体危险货物运输罐式车辆的常压罐体应符合 GB 18564.1 和 GB 18564.2 的规定，且在设计和制造上其进料口、卸料口的形式、位置应考虑受到意外撞击时的安全防护要求。

11.3.12　危险货物运输货车应装备单燃油箱，且单燃油箱的容积应小于等于 400L。

11.4　摩托车的特殊要求

11.4.1　两轮普通摩托车、两轮轻便摩托车的前后轮和边三轮摩托车的主车前后轮中心平面允许偏差应小于等于 10 mm。

11.4.2　摩托车外部不应有朝外的尖锐零件，车身上其他道路使用者有可能接触到的外部零部件布置应符合 GB 20074 的规定。

11.4.3　两轮普通摩托车和边三轮摩托车主车的客座应设坐垫、扶手（或拉带）和脚蹬。两轮普通摩托车扶手应符合 GB 20075 的规定。

11.4.4　前轮距小于等于 460 mm 的正三轮摩托车，在设计和制造上应保证转弯时前部的两个车轮同时与地面接触并与车身整体倾斜。

11.5　车门和车窗

11.5.1　车门和车窗应启闭轻便，不应有自行开启现象，门锁应牢固可靠。门窗应密封良好，无漏水现象。

11.5.2　除设计上专门用于运送特定类型的人员且使用上有特殊需求的乘用车外，乘用车应保证每个乘员至少能从两个不同的车门上下车；并且，当乘用车静止时，所有供乘员上下车的车门（安装的儿童锁锁止时除外）均应能从车内开启。旅居车至少应有两个车门，其中，应有一个乘客门位于车厢后部或右侧，且该乘客门的净高度应大于等于 1 650 mm、净宽度应大于等于 500 mm，但乘客门净宽度大于等于 750 mm 时，净高度大于等于 1 400 mm 即视为满足要求。

11.5.3　客车除驾驶人门和应急门外，不应在车身左侧开设车门。但对只在沿道路中央车道设置的公共汽车专用道上运营使用的公共汽车，由于公交站台位置的原因须在车身左侧上下乘客时，允许在车身左侧开设乘客门；此类公共汽车不应在车身右侧开设乘客门。对既在沿道路中央车道设置的公共汽车专用道上运营，同时又在普通道路上运营使用的公共汽车，允许在车身左右两侧均开设乘客门，但在设计和制造上应保证车身的强度和刚度达到使用要求，且两侧的乘客门在正常状态下应不能同时开启。

11.5.4 当客车静止时,乘客门应易于从车内开启。在正常使用情况下,乘客门向车内开启时,其结构应保证开启运动不致伤害乘客,必要时应装有适当的防护装置;对车长大于等于 6 m 的客车,紧急情况下,乘客门还应能从车外开启。车外开门装置离地高度应小于等于 1 800 mm。车长大于 9 m 的未设置乘客站立区的客车(专用校车及乘坐人数小于 20 的其他专用客车除外)应设置两个乘客门。

11.5.5 客车采用动力开启的乘客门,在有故障或意外的情况下,仍应能通过车门应急控制器简便地从车内打开;车门应急控制器应能让临近车门的乘客容易看见并清楚识别,并应有醒目的标志和使用方法;对公共汽车及车长大于等于 6 m 的其他客车,还应在驾驶人座位附近驾驶人易于操作部位设置乘客门应急开关。

11.5.6 机动车的门窗应使用符合 GB 9656 规定的安全玻璃。但作为击碎玻璃式应急窗的车窗,应使用厚度小于等于 5 mm 的钢化玻璃或每层厚度不超过 5 mm 的中空钢化玻璃。

11.5.7 前风窗玻璃驾驶人视区部位及驾驶人驾驶时用于观察外后视镜的部位的可见光透射比应大于等于 70%。所有车窗玻璃不应张贴镜面反光遮阳膜。公路客车、旅游客车、设有乘客站立区的客车、校车和发动机中置且宽高比小于等于 0.9 的乘用车所有车窗玻璃的可见光透射比均应大于等于 50%,且除符合 GB 30678 规定的客车用安全标志和信息符号外,不应张贴有不透明和带任何镜面反光材料的色纸或隔热纸。

11.5.8 客车、旅居车、专项作业车乘坐区的两侧应设置车窗。对于厢式货车和封闭式货车,驾驶室(区)两旁应设置车窗,货厢部位不应设置车窗〔但驾驶室(区)内用于观察货物状态的观察窗除外〕。

11.5.9 装有电动窗(包括电动天窗)的乘用车,其控制装置应确保车窗玻璃在运动过程中能在任意位置可靠停住或遇障碍可自动下降(缩回)。

11.5.10 汽车(专项作业车除外)在发动机运行状态下,在车外使用遥控钥匙能锁止车门的,应明确警示驾驶人;但对在车外使用遥控钥匙锁止车门后发动机在规定时间内(最长不大于 30 min)能自动熄火的,视为满足要求。若汽车装备有取消上述功能的装置,则每次汽车点火系统重新启动时上述功能均应处于激活状态(即取消上述功能的装置应处于非激活状态)。

11.6 座椅(卧铺)

11.6.1 驾驶人座椅应具有足够的强度和刚度,固定可靠,汽车(三轮汽车除外)驾驶人座椅的前后位置应可以调整。驾驶区各操作机件应布置合理,操作方便。

11.6.2 所有乘员座椅及其布置应能保证就座乘客的乘坐空间。载客汽车的乘员座椅应符合相关规定，布置合理，无特殊要求时应尽量均匀分布，不应由于座椅的集中布置而形成与车辆设计功能不相适应的、明显过大的行李区（但行李区与乘客区用隔板或隔栅有效隔离的除外）。客车（设有乘客站立区的客车和专用校车除外）乘客座椅及其车辆固定件的强度应符合 GB 13057 的规定。

11.6.3 车长小于 6 m 的乘用车（救护车、囚车除外）不应设置侧向座椅和后向座椅，但设计和制造上具有行动不便乘客（如轮椅乘坐者）乘坐设施的乘用车设置的后向座椅除外。乘用车、旅居车同方向座椅的座间距应大于等于 600 mm（乘用车第二排以后的可折叠座椅应大于等于 570 mm），对发动机中置且宽高比小于等于 0.9 的乘用车还应小于等于 1 000 mm，旅居车、设计和制造上具有行动不便乘客（如轮椅乘坐者）乘坐设施的乘用车相向座椅的座间距应大于等于 1 150 mm。

11.6.4 除设有乘客站立区的客车及设计和制造上有特殊使用需求的专用客车（如专用校车的照管人员座椅等）外，其他客车的座椅均应纵向布置（与车辆前进的方向相同）。

11.6.5 客车（乘坐人数小于 20 的专用客车除外）踏步区域不应设置座椅（专用校车在踏步区域设置的照管人员折叠座椅除外），乘客通道内不应设置供乘客使用的折叠座椅。应急门引道处前排座椅靠背即使调整到最后位置也不能侵入应急门引道空间；沿应急门引道侧面设有不能自动折叠的座椅时，量规通过的自由空间应在该座椅打开位置处测量，若设有自动折叠座椅则可在其折叠位置测量。设有乘客站立区的客车，应安装供站立乘客用的护栏、扶手等装置，且护栏、扶手等装置的数量应与核定站立人数相适应。

11.6.6 幼儿专用校车和小学生专用校车学生座椅的座间距应分别大于等于 500 mm 和 550 mm；其他客车同方向座椅的座间距大于等于 650 mm，相向座椅的座间距应大于等于 1 200 mm。专用校车的学生座椅在车辆横向上最多采用"2+3"布置；其他客车座椅在车辆横向上不应采用"2+3"布置（最后一排座椅除外）。

11.6.7 卧铺客车的卧铺应纵向布置（与机动车前进方向相同），卧铺宽度应大于等于 450 mm，卧铺纵向间距应大于等于 1 600 mm，相邻卧铺的横向间距应大于等于 350 mm；卧铺不应布置为三层或三层以上，双层布置时上铺高应大于等于 780 mm、铺间高应大于等于 750 mm。

11.6.8 校车应至少设置 1 个照管人员座位。对小学生校车和中小学生校车，当学生座位数大于等于 40 个时，应设置 2 个或 3 个照管人员座位。对幼儿校车，当学生座位数大于等于20且小于40个时，应设置2个或3个照管人员座位；当学生座位数大于等于40个时，应设置3个或4个照管人员座位。对专用校车及专门用于接送学生上下学的非专用校车，照管人员座位应有永久性标识。专用校车学生座椅及其车辆固定件的强度应符合GB 24406的要求。

11.6.9 专用校车靠近通道的学生座椅应在通道一侧设置座椅扶手；扶手和把手应有足够的强度，其扶手应使乘客易于抓紧，每个扶手的表面应防滑。

11.6.10 两轮普通摩托车、两轮轻便摩托车和边三轮摩托车主车的每个驾乘人员的固定坐垫，长度应大于等于220 mm。正三轮摩托车的乘客座椅应纵向布置（与车辆前进的方向相同），且与前方驾驶人座椅后表面（或客厢前表面）的间距应小于等于1 000 mm；装有与后轮对称分布的两个前轮的正三轮摩托车，其驾驶人座位和乘员座位（如有）还应布置在车辆纵向中心平面上。

11.7 内饰材料和隔音、隔热材料

11.7.1 汽车驾驶室和乘员舱所用的内饰材料应采用阻燃性符合GB 8410规定的阻燃材料，其中客车内饰材料的燃烧速度应小于等于70 mm/min。

11.7.2 发动机舱或其他热源（如缓速器或车内采暖装置，但不包括热水循环装置）与车辆其他部分之间应安装隔热材料，用于连接隔热材料的固定夹、垫圈等也应防火。对设有乘客站立区的客车和发动机后置的其他客车，其发动机舱使用的隔音、隔热材料应达到GB 8410规定的A级的要求。

11.8 号牌板（架）

11.8.1 机动车应设置能满足号牌安装要求的号牌板（架）。前号牌板（架）（摩托车除外）应设于前面的中部或右侧（按机动车前进方向），后号牌板（架）应设于后面的中部或左侧。

11.8.2 每面号牌板（架）上应设有4个号牌安装孔［三轮汽车前号牌板（架）、摩托车后号牌板（架）应设有2个号牌安装孔］，以保证能用M6规格的螺栓将号牌直接牢固可靠地安装在车辆上。

11.9 汽车电子标识安装

汽车（无驾驶室的汽车除外）应在前风窗玻璃不影响驾驶视野的位置设置微波窗口，以保证汽车电子标识的规范安装和数据的有效读取。

11.10 其他要求

11.10.1 乘用车应装有护轮板，总质量大于7 500 kg的货车、货车底盘改装的专项作业车及总质量大于3 500 kg的挂车应装有防飞溅系统，其他机动车的所有车轮均应有挡泥板。

11.10.2 乘用车（三厢车除外）行李区的纵向长度应小于等于车长的30%。

11.10.3　客车车内行李架应能防止物件跌落,其静态承载能力应大于等于 40 kg/m²。

11.10.4　客车台阶踏板（包括伸缩踏板）应有防滑功能,前缘应清晰可辨,有效深度（从该台阶前缘到下一个台阶前缘的水平距离）应大于等于 200 mm。

11.10.5　对于可翻转驾驶室,应有驾驶室锁止附加安全装置（如安全钩）,并且在翻转操纵机构附近易见部位应有提醒驾驶人如何正确使用该操纵机构的文字。

11.10.6　自卸车等装有液压举升装置的机动车,应装备有车厢举升的声响报警装置和（车厢举升状态下）防止车厢自降保险装置;并且,在设计和制造上应保证机动车在行驶过程中不会出现车厢自动举升现象。

12.　安全防护装置

12.1　汽车安全带

12.1.1　乘用车、旅居车、未设置乘客站立区的客车、货车（三轮汽车除外）、专项作业车的所有座椅,设有乘客站立区的客车的驾驶人座椅和前排乘员座椅均应装备汽车安全带。

注：前排乘员座椅是指"最前 H 点"位于驾驶人"R 点"的横截面上或在此横截面前方的座椅。

12.1.2　除三轮汽车外,所有驾驶人座椅、乘用车的所有乘员座椅（设计和制造上具有行动不便乘客乘坐设施的乘用车设置的后向座椅除外）、总质量小于等于 3 500 kg 的其他汽车的所有外侧座椅、其他汽车（设有乘客站立区的客车除外）的前排外侧乘员座椅,装备的汽车安全带均应为三点式（或全背带式）汽车安全带。

12.1.3　专用校车和专门用于接送学生上下学的非专用校车的每个学生座位（椅）及卧铺客车的每个铺位均应装备两点式汽车安全带。

12.1.4　汽车安全带应可靠有效,安装位置应合理,固定点应有足够的强度。对于能够折叠以方便进入车辆的后部或行李舱的整体座椅或坐垫或靠背,在折叠并恢复座椅到乘坐位置后,依据车辆产品使用说明书,单人就能方便地使用这些座椅配套的安全带,或很容易从这些座椅的下面或后面方便地进行恢复。

12.1.5　汽车（三轮汽车除外）应装备驾驶人汽车安全带佩戴提醒装置。当驾驶人未按规定佩戴汽车安全带时,应能通过视觉和声觉信号报警。

12.1.6　乘用车（单排座的乘用车除外）应至少有一个座椅配置符合规定的 ISOFIX 儿童座椅固定装置,或至少有一个后排座椅能使用汽车安全带有效固定儿童座椅。

12.1.7　设计和制造上具有行动不便乘客（如轮椅乘坐者）乘坐设施的载客

汽车、装备有担架的救护车，应装备能有效固定轮椅、担架的安全带或其他约束装置。

12.2 间接视野装置

12.2.1 机动车（挂车除外）应在左右至少各设置一面主后视镜；乘用车、总质量小于等于 3 500 kg 的货车和货车底盘改装的专项作业车还应设置一面内视镜，但为满足专用功能的要求安装了遮挡内视镜视野范围的非玻璃材料的装置时，可不设置内视镜；总质量大于 3 500 kg 的货车和货车底盘改装的专项作业车还应在右侧至少设置一面补盲后视镜，但驾驶室/区高度无法满足镜面或其托架的任何部分离地高度大于等于 1 800 mm 时，不应设置补盲后视镜；总质量大于 7 500 kg 的货车和货车底盘改装的专项作业车，以及在车辆右侧设置了补盲后视镜的总质量大于 3 500 kg 且小于等于 7 500 kg 的货车和货车底盘改装的专项作业车，还应在左右两侧至少各设置一面广角后视镜。汽车及车身部分或全部封闭驾驶人的摩托车，设置有符合 GB 15084 规定的其他间接视野装置（如摄影/监视装置）时，应视为满足要求。

12.2.2 汽车、车身部分或全部封闭驾驶人的摩托车内视镜和外视镜（或其他间接视野装置）的安装位置和角度，应保证驾驶人能借助内视镜和外视镜（或其他间接视野装置）在水平路面上看见符合 GB 15084 规定区域的交通情况；专用校车应保证驾驶人能看清乘客门关闭后乘客门车外附近的情况及后窗玻璃后下方地面上长 3.6 m、宽 2.5 m 范围内的情况，并且在正常驾驶状态下能通过内视镜观察到车内所有乘客区。对于汽车列车，当所牵引挂车的宽度超过牵引车宽度时，牵引车应加装后视镜加长架（延长支架）以保证其后视镜的视野仍满足要求。

12.2.3 车长大于等于 6 m 的平头载客汽车及总质量大于 7 500 kg 的平头货车和平头货车底盘改装的专项作业车，应在车前至少设置一面前视镜或相应的监视装置，以保证驾驶人能看清风窗玻璃前下方长 1.5m、左侧驾驶室最外点平行于车辆纵向中心线，右侧为车辆纵向中心线向右 1.5 m 宽范围内的情况；但驾驶室/区高度无法满足前视镜的镜面或其托架的任何部分离地高度大于等于 1 800 mm 时，不应设置前视镜。

12.2.4 车外后视镜和前视镜应易于调节，并能有效保持其位置。

12.2.5 安装在外侧距地面 1.8 m 以下的后视镜，当行人等接触该镜时，应具有能缓和冲击的功能。

12.2.6 教练车（三轮汽车除外）及自学用车应安装有符合规定的辅助后视镜，以使教练员能有效观察到车辆两侧及后方的交通状态。

12.2.7 摩托车(车身部分或全部封闭驾驶人的摩托车除外)后视镜的性能和安装要求应符合 GB 17352 的规定,轮式拖拉机运输机组后视镜的性能和安装要求应符合 GB 18447.1 的规定。

12.3 前风窗玻璃刮水器

12.3.1 机动车的前风窗玻璃应装备刮水器,其刮刷面积应确保驾驶人具有良好的前方视野。

12.3.2 刮水器应能正常工作。

12.3.3 刮水器关闭时,刮片应能自动返回至初始位置。

12.4 应急出口

12.4.1 基本要求

12.4.1.1 客车应设置与其乘坐人数相匹配数量的乘客门、应急窗。

12.4.1.2 车长大于等于 6 m 的客车(乘坐人数小于 20 的专用客车除外),如车身右侧仅有一个乘客门且在车身左侧未设置驾驶人门,应在车身左侧或后部设置应急门。车长大于 7 m 的客车(乘坐人数小于 20 的专用客车除外)应设置撤离舱口。卧铺客车的卧铺布置为上、下双层时,侧窗洞口应为上下两层。

12.4.2 应急门

12.4.2.1 应急门的净高应大于等于 1 250 mm,净宽应大于等于 550 mm;但车长小于 7 m 的客车,应急门的净高应大于等于 1 100 mm,若自门洞最低处向上 400 mm 以内有轮罩凸出,则在轮罩凸出处应急门净宽可减至 300 mm。

12.4.2.2 车辆侧面的铰接式应急门铰链应位于前端,向外开启角度应大于等于 100°,并能在此角度下保持开启。如在应急门打开时能提供大于等于 550 mm 的自由通道,则开度大于等于 100°的要求可不满足。

12.4.2.3 通向应急门的引道宽度应大于等于 300 mm,不足 300 mm 时允许采用迅速翻转座椅的方法加宽引道。专用校车沿引道侧面设有折叠座椅时,在折叠座椅打开的情况下(对在不使用时能自动折叠的座椅,在座椅处于折叠位置时),引道宽度仍应大于等于 300 mm。

12.4.2.4 应急门应有锁止机构且锁止可靠。应急门关闭时应能锁止,且在车辆正常行驶情况下不会因车辆振动、颠簸、冲撞而自行开启。

12.4.2.5 当车辆停止时,不用工具应急门应能从车内外很方便打开,并设有车门开启声响报警装置。允许从车外将门锁住,但应保证始终能用正常开启装置从车内将其打开;门外手柄应设保护套或其他能手动拆除的保护装置,且离地面高度(空载时)应小于等于 1 800 mm。客车不应安装有其他固定、锁止应急门的装置。

12.4.3 应急窗和撤离舱口

12.4.3.1 应急窗和撤离舱口的面积应大于等于（4×10^5）mm^2，且能内接一个 500 mm×700 mm（对车长小于等于 7 m 的客车为 450 mm×700 mm）的矩形；如应急窗位于客车后端面，则能内接一个 350 mm×1 550 mm、四角曲率半径小于等于 250 mm 的矩形时也视为满足要求。

12.4.3.2 应急窗应采用易于迅速从车内、外开启的装置；或采用自动破窗装置；或在车窗玻璃上方中部或右角标记有直径不小于 50 mm 的圆心击破点标志，并在每个应急窗的邻近处提供一个应急锤以方便地击碎车窗玻璃，且应急锤取下时应能通过声响信号实现报警。

12.4.3.3 设有乘客站立区的客车车身两侧的车窗，若洞口可内接一个面积大于等于 800 mm×900 mm 的矩形时，应设置为推拉式或外推式应急窗；若洞口可内接一个面积大于等于 500 mm×700 mm 的矩形时，应设置为击碎玻璃式的应急窗，并在附近配置应急锤或具有自动破窗功能。

注：侧窗洞口尺寸在车辆制造完成后从侧窗立柱内侧测量。

12.4.3.4 公路客车、旅游客车和未设置乘客站立区的公共汽车，车长大于 9 m 时车身左右两侧应至少各配置 2 个外推式应急窗并应在车身左侧设置 1 个应急门，车长大于 7 m 且小于等于 9 m 时车身左右两侧应至少各配置 1 个外推式应急窗；外推式应急窗玻璃的上方中部或右角应标记有击破点标记，邻近处应配置应急锤。其他车长大于 9 m 的未设置乘客站立区的客车，车身左右两侧至少各有 2 个击碎玻璃式的应急窗（车身两侧击碎玻璃式的应急窗总数小于等于 4 个时为所有击碎玻璃式的应急窗）具有自动破窗功能的，应视为满足要求。

12.4.3.5 安全顶窗应易于从车内、外开启或移开或用应急锤击碎。安全顶窗开启后，应保证从车内、外进出的畅通。弹射式安全顶窗应能防止误操作。

12.4.4 标志

12.4.4.1 每个应急出口应在其附近设有"应急出口"字样，字体高度应大于等于 40 mm。

12.4.4.2 乘客门和应急出口的应急控制器（包括用于击碎应急窗车窗玻璃的工具）应在其附近标有清晰的符号或字样，并注明其操作方法，字体高度应大于等于 10 mm。

12.5 燃料系统的安全保护

12.5.1 燃料箱及燃料管路应坚固并固定牢靠，不会因振动和冲击而发生损坏和泄漏现象。不准许用户改动或加装燃料箱，不准许用户改动燃料管路和燃料种类。

12.5.2 燃料箱的加注口及通气口应保证在机动车晃动时不泄漏。

12.5.3 机动车（摩托车及装用单缸柴油机的汽车除外）的燃料系统不应用重力或虹吸方法直接向化油器或喷油器（燃油轨）供油。

12.5.4 燃料箱的加注口和通气口不应对着排气管的开口方向，且应距排气管的出气口端 300 mm 以上，否则应设置有效的隔热装置。燃料箱的加注口和通气口应距裸露的电气接头及外部可能产生火花的电气开关 200 mm 以上。车长大于 6 m 的客车的燃料箱的加注口和通气口应距排气管的任一部位 300 mm 以上。

12.5.5 汽车燃料箱各部分不应前伸至前置汽油发动机的前端面。车长大于 6 m 的客车燃料箱距客车前端面应大于等于 600 mm，距客车后端面应大于等于 300 mm。发动机后置的公路客车和旅游客车，其燃料箱的前端面应位于前轴之后。

12.5.6 机动车燃料箱的通气口和加注口不应设置在有乘员的车厢内。

12.6 气体燃料专用装置的安全防护

12.6.1 气体燃料的供给系统应有有效的安全保护结构措施，以防止气体泄漏；每个车用气瓶出气（液）口端应具有燃料流量限制功能，以保证在其后部的燃料供给管路发生泄漏、破裂、断裂等情况下能自动关闭。

12.6.2 对于两用燃料汽车，应设置燃料转换系统并安装燃料转换开关。在燃料控制上，应具有当发动机突然停止运转时，即使点火开关打开也能自动切断气体燃料供给的功能。燃料转换开关的安装位置应便于驾驶人操作，其挡位标记应明显，能分别控制供油、供气两种状态。气体燃料和汽油电磁阀的操作均应由燃料转换开关统一控制；当电流被切断时，电磁阀应处于"关闭"位置。

12.6.3 压缩天然气管路应采用不锈钢管或其他车用高压天然气专用管路，高压液化石油气管路应采用专用管路。不准许用户改动或加装气瓶。

12.6.4 通气接口排气方向应指向车尾方向并与地面成 45°圆锥的范围内，能将泄漏气体排出车外，通气接口至排气管和其他热源距离应大于等于 250 mm，通气总面积应大于等于 450 mm^2。液化天然气管路减压阀不应设置在密封空间或其上部有相对密封气穴的位置。

12.6.5 高压管路的特殊部位（如相对移动的部件之间）应采用柔性管路，其余部位应采用刚性管路。

12.6.6 刚性高压管路应排列整齐、布置合理、固定有效，不应与相邻部件碰撞和摩擦，所有高压管路和高压管接头应得到有效的保护，高压管接头应安装在操作者易于接近的位置。

12.6.7　气体燃料车辆应安装泄漏报警装置，所有管路接头处均不应出现漏气现象。

12.6.8　加气量大于等于375 L的气体燃料汽车应安装导静电橡胶拖地带，拖地带导体截面积应大于等于100 mm^2，且拖地带接地端无论空、满载应始终接地。

12.6.9　钢瓶应被可靠地固定在车上，安装钢瓶的固定座应具有阻止钢瓶旋转、移动的能力，固定座应便于拆装工作。钢瓶安装在车上后，钢瓶编号应易见，钢瓶的强度和刚度不应下降，车架（车身）结构强度也不应受影响。

12.6.10　钢瓶安装位置应远离热源，必要时应采取隔热措施。在任何情况下，钢瓶及其所有高压管路和高压接头与发动机排气管和传动轴的任何部位之间的距离应大于等于100 mm；当钢瓶及其所有高压管路和高压接头与发动机排气管的距离在100～200 mm之间时，应设置固定可靠的隔热装置。

12.6.11　钢瓶应安装在通风位置或采取有效的通风措施，阀门渗漏的气体不应进入驾驶室或载人车厢。

12.6.12　钢瓶与汽车后轮廓边缘的距离应大于等于200 mm，且钢瓶及其附件不应布置在汽车前轴之前。钢瓶安装在汽车车架下时，钢瓶下方和后方应采取有效防护措施。钢瓶安装在汽车后轴之后时，钢瓶后方应采取有效防护措施。

12.6.13　钢瓶不应直接安装在驾驶室、载人车厢和货箱内。当不得不安装在上述位置时，应用密封盒、波纹管及通气接口将瓶口阀及连接的高压接头与驾驶室、载人车厢或货箱安全隔离。密封盒等隔离装置应有很强的防护功能，当车辆受到冲撞时应能有效地防止钢瓶冲入驾驶室、载人车厢或货箱内。

12.6.14　钢瓶的安装和保护罩的设置，应能保证钢瓶集成阀的正常操作和检查。

12.6.15　手动截止阀应安装在钢瓶到调压器之间易于操作的位置，手动截止阀不应直接安装在驾驶室或载人车厢内。

12.6.16　钢瓶至调压器之间应安装滤清装置，并易于检查、清洗和更换。

12.7　牵引车与被牵引车的连接装置

12.7.1　连接装置应坚固耐用。

12.7.2　牵引车和被牵引车连接装置的结构应能确保相互牢固的连接，货车列车、铰接列车牵引杆孔、牵引座牵引销的规格应与其挂车总质量相匹配。

12.7.3　牵引车和被牵引车的连接装置上应装有防止机动车在行驶中因振动和撞击而使连接脱开的安全装置。

12.7.4　牵引连接件、牵引杆孔、牵引座牵引销、连接钩及环形孔等机械连接件不应有可视裂痕，其磨损极限尺寸应符合GB/T 31883的规定。

12.8 货车、专项作业车前下部防护要求

总质量大于 7 500 kg 的货车、货车底盘改装的专项作业车，应按 GB 26511 的规定提供对平行车辆纵轴方向的作用力具有足够阻挡力的前下部防护，以防止正面碰撞时发生钻入碰撞。

12.9 货车、专项作业车和挂车侧面及后下部防护要求

12.9.1 总质量大于 3 500 kg 的货车（半挂牵引车除外）、货车底盘改装的专项作业车和挂车，应按 GB 11567 的规定提供防止人员卷入的侧面防护。

12.9.2 货车列车的货车和挂车之间应提供防止人员卷入的侧面防护。

12.9.3 总质量大于 3 500 kg 的货车、货车底盘改装的专项作业车（半挂牵引车及由于客观原因而无法安装后下部防护装置的专用货车和专项作业车除外）和挂车（长货挂车除外）的后下部，应提供符合 GB 11567 规定的后下部防护，以防止追尾碰撞时发生钻入碰撞。

注：长货挂车是指为搬运无法分段的长货物而专门设计和制造的特殊用途车，如运输木材、钢材棒料等货物的车辆。

12.10 客车的特殊要求

12.10.1 客车在设计和制造上应保证发动机排气不会进入客厢。

12.10.2 客车的灭火装备配置应符合 GB 34655 的规定。

12.10.3 车长大于等于 6 m 的纯电动客车、插电式混合动力客车，应能监测动力电池工作状态并在发现异常情形时报警，且报警后 5 min 内电池箱外部不能起火爆炸。

12.10.4 安装有客舱固定灭火系统的公共汽车，其客舱固定灭火系统的性能应符合 GA 1264 的规定。

12.11 货车的特殊要求

12.11.1 货车货箱（自卸车、装载质量 1 000 kg 以下的货车除外）前部应安装比驾驶室高至少 70 mm 的安全架。

12.11.2 无驾驶室的三轮汽车货箱前部应安装具有足够强度的安全架，其高度应高出驾驶人坐垫平面至少 800 mm。

12.11.3 封闭式货车在最后排座位的后方应安装具有足够强度的板式隔离装置。隔离板若设置有用于观察货厢货物状态的观察窗，则观察窗的尺寸和设置位置应合理，且应采用安全玻璃。

12.11.4 安装有起重尾板的货车和挂车，应安装防止其中尾板承载平台自动下落或自动打开的机械锁紧装置。

12.11.5 安装有悬臂式、垂直升降式起重尾板的货车和挂车，起重尾板背部应设置有警示旗,且警示旗应能摆动,警示旗上的反光标识应朝向车辆外侧。

12.12 危险货物运输车辆的特殊要求

12.12.1 专门用于运送易燃和易爆物品的危险货物运输车辆,车上应备有消防器材并具有相应的安全措施;排气管的布置应能避免加热和点燃货物,距燃油箱、燃油管净距离应大于等于 200 mm,排气管出口应装在罐体/箱体前端面之前、不高于车辆纵梁上平面的区域,并安装符合 GB 13365 规定的机动车排气火花熄灭器,机动车尾部应安装接地端导体截面积大于等于 100 mm^2 的导静电橡胶拖地带,且拖地带接地端无论空、满载应始终接地。

12.12.2 罐式危险货物运输车辆的罐体顶部如有安全阀、通气阀组件以及检查孔、装卸料阀门、管道等附件设备设施,应设置能承受 2 倍车辆总质量乘以重力加速度的惯性力的倾覆保护装置,且该装置应具有能将积聚在其内部的液体排出的结构或功能;若罐体顶部无任何附属设备设施或附属设备设施未露出罐体,不应设置倾覆保护装置。罐体顶部的管接头、阀门及其他附件的最高点应低于倾覆保护装置的最高点至少 20 mm。

12.12.3 罐式危险货物运输车辆罐体上的管路和管路附件不应超出车辆的侧面及后下部防护装置,且罐体后封头及罐体后封头上的管路和管路附件外端面与后下部防护装置内侧在车辆长度方向垂直投影的距离应大于等于 150 mm。

12.12.4 装有紧急切断装置的罐式危险货物运输车辆,在设计和制造上应保证运输液体危险货物的车辆行驶速度大于 5 km/h 时紧急切断阀能自动关闭,或在发动机起动时能通过一个明显的信号装置(例如:声或光信号)提示驾驶人需要关闭紧急切断阀。

12.13 纯电动汽车、插电式混合动力汽车的特殊要求

12.13.1 车辆驱动系统的车载可充电储能系统(REESS)可以通过车辆外电源充电的纯电动汽车、插电式混合动力汽车,当车辆被物理连接到外部电源时,应不能通过自身的驱动系统移动。

12.13.2 纯电动汽车、插电式混合动力汽车在车辆起步且车速低于 20 km/h 时,应能给车外人员发出适当的提示性声响。

12.13.3 纯电动汽车、插电式混合动力汽车 B 级电压电路中的可充电储能系统(REESS)应用符合规定的警告标记予以标识;当人员能接近 REESS 的高压部分时,还应清晰可见地注明 REESS 的种类(例如,超级电容器、铅酸电池、镍氢电池、锂离子电池等)。当移开遮栏或外壳可以露出 B 级电压带电部分时,遮栏和外壳上也应有同样的警告标记,清晰可见。

12.13.4 纯电动汽车、插电式混合动力汽车 B 级电压电气设备的外露可导

电部分,包括外露可导电的遮栏和外壳,应当按照要求连接到电平台以保持电位均衡。

12.13.5 当驾驶人离开纯电动汽车、插电式混合动力汽车时,若车辆驱动系统仍处于"可行驶模式",则应通过一个明显的信号装置(例如:声或光信号)提示驾驶人。切断电源后,纯电动汽车应不能产生由自身电驱动系统造成的不期望的行驶。

12.13.6 对没有嵌入在一个完整的电路里的REESS,其绝缘电阻 R_i 除以最大工作电压的REESS阻值:

a) 若在整个寿命期内没有交流电路,或交流电路有附加防护,应大于等于 100 Ω/V;

b) 若包括交流电路且没有附加防护,应大于等于 500 Ω/V。

若REESS集成在了一个完整电路里,则REESS阻值应大于等于 500 Ω/V 或制造厂家规定的更高阻值。

12.13.7 若REESS自身没有防短路功能,则应有一个REESS过电流断开装置能在车辆制造厂商规定的条件下断开REESS电路,以防止对人员、车辆和环境造成危害。

12.13.8 当纯电动汽车、插电式混合动力汽车的绝缘电阻值低于12.13.6规定的数值(或车辆制造厂家规定的更高阻值)时,应通过一个明显的信号装置(例如:声或光信号)提示驾驶人。

12.13.9 纯电动汽车、插电式混合动力汽车应具有能切断动力电路的功能。

12.14 三轮汽车和拖拉机运输机组的特殊要求

12.14.1 三轮汽车正常起动和运行过程中可能触及的,且在环境温度为 (23±3)℃下测定温度大于80 ℃的热表面应有永久性联结或固定(不使用工具无法拆卸)的防护装置或挡板。

12.14.2 三轮汽车和拖拉机运输机组的传动皮带、风扇、起动爪和动力输出轴等外露旋转件应加防护罩,并应符合 GB/T 8196 的规定。

12.14.3 三轮汽车的踏板、脚踏板必要时应采取防滑措施。

12.15 其他要求

12.15.1 汽车驾驶室内应设置防止阳光直射而使驾驶人产生眩目的装置,且该装置在汽车碰撞时,不应对驾驶人造成伤害。

12.15.2 汽车(无驾驶室的三轮汽车除外)应配备1件反光背心和1个符合 GB 19151 规定的三角警告牌,三角警告牌在车上应妥善放置;车长大于等于 6 m 的客车和总质量大于 3 500 kg 的货车,还应装备至少2个停车楔(如三角垫木)。

12.15.3 乘用车、旅居车、专用校车和车长小于 6 m 的其他客车前后部应设置保险杠，货车（三轮汽车除外）和货车底盘改装的专项作业车应设置前保险杠。

12.15.4 乘用车、旅居车、专用校车的前风窗玻璃应装有除雾、除霜装置。

12.15.5 校车应配备急救箱，急救箱应放置在便于取用的位置并确保有效适用。

12.15.6 对装备有辅助正面和/或侧面防撞安全气囊系统的汽车，驾乘人员如已按照制造厂家规定正确使用了安全带等安全装置，在发生正面或侧面碰撞时不应由于安全气囊系统未正常展开而遭受不合理伤害。

12.15.7 机动车发动机的排气管口不应指向车身右侧（如受结构限制排气管口必须偏向右侧时，排气管口气流方向与机动车纵向中心面的夹角应小于等于15°），且若排气管口朝下则其气流方向与水平面的夹角应小于等于45°；客车的排气尾管如为直式的，排气管口应伸出车身外蒙皮。

12.15.8 旅居车应装备灭火器，灭火器在车上应安装牢靠并便于取用。

12.15.9 两轮普通摩托车应配备 1 个符合 GB 811 的乘员头盔。

13. 消防车、救护车、工程救险车和警车的附加要求

13.1 消防车的车身颜色应符合相关标准的规定。

13.2 救护车的车身颜色应为白色，左、右侧及车后正中应喷符合规定的图案。

13.3 工程救险车的车身颜色应为符合 GB/T 3181 规定的 Y07 中黄色，其车身两侧应喷"工程救险"字样。

13.4 警车的外观制式应分别符合 GA 524、GA 923 和 GA 525 的规定。

13.5 消防车、救护车、工程救险车和警车应装备与其功能相适应的装置，各装置应布局合理、固定可靠、便于使用。

13.6 消防车、救护车、工程救险车和警车安装使用的警报器应符合 GB 8108 的规定，安装使用的标志灯具应符合 GB 13954 的规定，警报器和标志灯具应固定可靠。

14. 残疾人专用汽车的附加要求

14.1 应根据驾驶人的残疾类型，在采用自动变速器的乘用车上，加装相应类型的、符合相关规定的驾驶辅助装置。加装的驾驶辅助装置安装应牢固可靠，位置应适宜操纵，且不应与车辆的其他操纵指示系统冲突或妨碍车辆其他操纵指示系统的操作。

14.2 驾驶辅助装置加装后，不应改变原车结构的完整性和安全性及影响原车操纵件的电器功能、机械性能，且不应使驾驶人驾驶时受到视野内产品部件的反光眩目。

14.3 加装的方向盘控制辅助手柄应间隙适当,操纵灵活、方便,无阻滞现象。

14.4 加装的制动和加速辅助装置应具有制动、加速互锁功能并保证制动灵活、方便,不会发生失效现象。制动和加速迁延控制手柄传动到制动踏板表面的正压力达到 500 N 时,控制手柄表面的正压力应小于等于 300 N。

14.5 加装的转向信号迁延开关及驻车制动辅助手柄应刚性固定。转向信号迁延开关应开关自如,功能可靠,不会因振动和其他外力条件而自行开关;驻车制动辅助手柄应操纵轻便、锁止可靠,操纵力应小于等于 200 N。

14.6 加装的驾驶辅助装置的各部件应完好有效,表面不应有影响使用的凹凸、划伤、返锈等,在接触人体的表面部位不应有毛刺、刃口、棱角或其他有害使用者的缺陷。

14.7 残疾人专用汽车应设置符合规定的残疾人机动车专用标志。

15. 标准实施的过渡期要求

15.1 以下要求自本标准实施之日起第 13 个月开始对新生产车实施:

——4.1.2 产品标牌应标示发动机最大净功率转速的要求;

——4.1.3 关于总质量大于等于 12 000 kg 的货车、货车底盘改装的专项作业车及所有挂车车辆识别代号打刻位置的要求;

——4.1.5 关于具有电子控制单元(ECU)的汽车至少有一个 ECU 应记载有车辆识别代号等特征信息的要求,对于除乘用车以外的其他汽车;

——4.4.2.2 中注 4 坐垫宽、注 5 坐垫深的规定对第二排以后的可折叠座椅;

——7.2.6 关于危险货物运输半挂车的所有车轮应装备盘式制动器的要求;

——7.2.12 汽车应装备防抱制动装置的要求,对总质量小于等于 3 500 kg 的货车和专项作业车;

——7.2.15 关于采用气压制动的汽车、挂车在设计和制造上每个储气筒和制动气室都应具有可用于测试制动管路压力的接口的要求;

——7.5.2 关于装备电涡流缓速器的汽车电涡流缓速器的安装部位应设置温度报警系统或自动灭火装置的要求;

——8.6.1 关于乘用车、专用校车喇叭在车钥匙取下及车门锁止时在车内仍能正常使用的要求;

——8.6.5 安装行驶记录仪的要求,对公路客车、旅游客车、未设置乘客站立区的公共汽车、校车、设有乘客站立区的客车以外的其他客车;

——8.6.7 总质量大于等于 12 000 kg 的货车应装备车辆右转弯音响提示装置的要求;

——10.2.1 关于变速器出现功能限制使用情形时对驾驶人应有警示信息提示的要求；

——10.5.1 关于车长大于 6 m 的客车行驶速度超过允许的最大行驶速度时能通过视觉和声觉信号报警的要求；

——10.5.2 关于三轴及三轴以上货车应具有超速报警功能的要求；

——10.5.3 车长大于等于 6 m 的旅居车应具有限速功能或配备限速装置的要求；

——11.2.5 客车车底行李舱净高的要求；

——11.2.9 部分客车燃油箱数量及容积的要求；

——11.3.12 危险货物运输货车燃油箱数量及容积的要求；

——11.9 汽车（无驾驶室的汽车除外）应设置微波窗口的要求；

——12.1.5 乘用车汽车安全带佩戴提醒装置应能通过视觉和声觉信号报警的要求；

——12.4.3.4 关于应急出口形式和自动破窗功能的要求；

——12.10.3 车长大于等于 6 m 的纯电动客车、插电式混合动力客车电池箱安全防护的特殊要求；

——12.12.4 紧急切断阀应能自动关闭或通过明显的信号装置提示需要关闭紧急切断阀的要求；

——12.13.8 绝缘电阻值低于规定数值时提示驾驶人的要求。

15.2　以下要求自本标准实施之日起第 25 个月开始对新生产车实施：

——4.17.4 关于车高大于等于 3.7 m 的未设置乘客站立区的客车应装备电子稳定性控制系统的要求；

——7.2.6 关于三轴栏板式、仓栅式半挂车的所有车轮应装备盘式制动器的要求；

——7.9.5 关于行车制动器衬片需要更换时应报警的要求，对采用鼓式制动器的汽车；

——9.2.4 部分汽车的转向轮应装备轮胎爆胎应急防护装置的要求；

——9.4 空气悬架的要求；

——11.5.10 使用遥控钥匙的汽车的特殊要求；

——12.1.5 汽车（三轮汽车除外）应装备驾驶人汽车安全带佩戴提醒装置的要求；

——12.4.3.1 关于应急窗面积的要求，对车长小于等于 7 m 的客车；

——12.15.7 排气管口朝下时气流方向与水平面的夹角应小于等于 45°的要求。

15.3 7.8.1 储气筒额定工作气压的要求，自本标准实施之日起第 25 个月开始对新定型车实施。

15.4 8.6.6 乘用车应配备事件数据记录系统或车载视频行驶记录装置的要求，自本标准实施之日起第 37 个月开始对新生产车实施。

15.5 4.17.3 关于车长大于 11 m 的公路客车和旅游客车应装备符合标准规定的自动紧急制动系统的要求，以及 7.2.12 总质量大于等于 12 000 kg 的危险货物运输货车应装备电控制动系统的要求，自本标准实施之日起第 37 个月开始对所有新定型车实施。

15.6 4.17.3 关于车长大于 11 m 的公路客车和旅游客车应装备符合标准规定的车道保持辅助系统的要求，自本标准实施之日起第 49 个月开始对所有新定型车实施。

15.7 本标准较 GB 7258—2012 新增的涉及车辆结构及安全装置的技术要求，以及 4.4.3.5 中未设置乘客站立区的客车的核定乘员数应小于等于 56 人的要求，不适用于本标准实施之日前出厂的机动车。

15.8 本标准涉及实施过渡期的要求，机动车生产厂家提前实施的应视为满足要求。

附 录
《澳门与内地两地交通法规对接初探（第三卷）》

澳门交通法规汇集

目 录

道路交通法

车辆使用牌照税

通过《机动车辆税规章》

规范澳门特别行政区车辆的一般原则

订定车辆在道路上停泊之管制措施

核准澳门运输法律制度的一般基础

道路交通规章

确定在刑事诉讼程序内所扣押之车辆，被宣告归本地区所有，或遗弃之车辆

核准汽车登记制度

修正汽车民事责任之强制性保险制度

核准汽车行业之保险费及条件

制定汽车保险之一般及特殊条件

核准《驾驶学校及教学规章》
陆路跨境客运
公共泊车服务
车辆进出澳门特别行政区陆路边境的监管
驾驶学习暨考试中心使用规章
核准《交通事务费用及价金表》